国家出版基金项目
NATIONAL PUBLICATION FOUNDATION

國家出版基金項目

教育部哲學社會科學研究重大課題攻關項目

「十一五」國家重點圖書出版規劃項目・重大工程出版規劃

國家社會科學基金重大項目

北京大學「九八五工程」重點項目

儒藏

精華編二六四冊上

集部

儒藏

北京大學《儒藏》編纂與研究中心

《儒藏》精華編第二六四册

首席總編纂　季羡林
項目首席專家　湯一介
總　編　纂　湯一介　龐　樸　孫欽善　安平秋（按年齡排序）
本册主編　董　平

《儒藏》精華編凡例

一、中國傳統文化以儒家思想爲中心。《儒藏》爲儒家經典和反映儒家思想、體現儒家經世做人原則的典籍的叢編。收書時限自先秦至清代結束。

二、《儒藏》精華編爲《儒藏》的一部分，選收《儒藏》中的精要書籍。

三、《儒藏》精華編所收書籍，包括傳世文獻和出土文獻。傳世文獻按《四庫全書總目》經史子集四部分類法分類，大類、小類基本參照《中國叢書綜録》和《中國古籍善本書目》，於個别處略作調整。凡單書已收入入選的個人叢書或全集者，僅存目録，並注明互見。出土文獻單列爲一個部類，原件以古文字書寫者一律收其釋文文本。韓國、日本、越南儒學者用漢文寫作的儒學著作，編爲海外文獻部類。

四、所收書籍的篇目卷次，一仍底本原貌，不選編，不改編，保持原書的完整性和獨立性。

五、對入選書籍進行簡要校勘。以對校爲主，確定内容完足、精確率高的版本爲底本，精選有校勘價值的版本爲校本。出校堅持少而精，以校正誤爲主，酌校異同。校記力求規範、精煉。

六、根據現行標點符號用法，結合古籍標點通例，進行規範化標點。專名號除書名號用角號（《》）外，其他一律省略。

七、對較長的篇章，根據文字内容，適當劃分段落。正文原已分段者，不作改動。千字以内的短文一般不分段。

八、各書卷端由整理者撰寫《校點説明》，簡要介紹作者生平、該書成書背景、主要内容及影響，以及整理時所確定的底本、校本（舉全稱後括注簡稱）及其他有關情況。重複出現的作者，其生平事蹟按出現順序前詳後略。

九、本書用繁體漢字豎排，小注一律排爲單行。

《儒藏》精華編第二六四册

集部

#《儒藏》精華編第二六四册

集部

上册

周海門先生文録

〔明〕周汝登 撰

張夢新 校點

目録

周海門先生文録卷之十……二三六

周海門先生文録卷之十一……二八四

校點説明

周汝登（一五四七—一六二九），字繼元，號海門，明代浙江嵊縣（今嵊州市）人。萬曆五年（一五七七）舉二甲進士，授南京工部主事，因榷税不如額，謫兩淮轉運司判官，尋遷順天府通判，轉南京兵部主事，出爲雲南參政，官至南京尚寶司卿。

周汝登二十四歲時師從山陰王畿，爲王陽明再傳弟子，畢生服膺陽明之學。曾創辦鹿山書院，從學者千餘，人稱「海門先生」。所著有《周海門先生文録》、《東越證學録》、《王門宗旨》、《聖學宗傳》、《佛法正輪》等。

《周海門先生文録》（以下簡稱「《文録》」）十二卷，《千頃堂書目》有著録，《四庫全書總目》「存目」著録爲《海門先生集》，卷數同。《文録》包括文十卷、詩二卷，文又以文體排列，前三卷多講學語録，卷四至卷七爲題詞序跋之類，卷八爲遊記、行狀、墓誌、祭文，卷九較雜，卷十皆書信，末兩卷爲詩作。今存世唯有周氏門人張元憬、錢經國、張企之、劉塙、王繼晃等校刊本（每卷卷首所題校刊人不同，此爲卷一所題），《中國古籍善本書目》定爲明萬曆刻本，《四庫全書存目叢書》曾據中國國家圖書館所藏本影印。萬曆本《文録》有兩序，一爲陶望齡《海門先生文集序》，一爲鄒元標《東越證學録序》。這就要求我們考察《文録》與《東越證學録》的關係。

《東越證學録》，《千頃堂書目》、《（雍正）浙江通志》著録爲十二卷，《天一閣書目》、《傳是樓書目》著録爲十六卷。今傳世者有十六卷本和二十卷本兩種，《中國古籍善本書目》皆定爲萬曆刻本。則千頃堂等著録爲十二卷者，或將《文録》名爲《東越證學録》，或將「二十」訛爲「十二」了。比較十六卷本與二十卷本，後者是在前者版片的基礎上補刻而成，或在各卷後新增版片，或剜改卷數、頁數以改變編次。因《四庫全書總目》著録爲十六卷，故《四庫全書存目叢書》影印了清華大學圖書館藏十六卷本。另，據《兩浙輶軒續録》卷三十六記載，清道光間人吕至（字秉中，號與岑，嵊諸生）「尤深姚江之學，以周海門先生《證學録》語多放誕，擷其精華，删爲善本」。又《（民國）嵊縣志》卷十五載「錢壎，字蘇門，長樂人，咸豐丙辰歲貢生，嘗集同志刻《周海門證學録》」。此兩本今皆未見。

取《文録》與《東越證學録》（以下簡稱《證學録》）相較，首先兩書皆載陶望齡、鄒元標序，在《文録》中，陶序名《海門先生文集序》，鄒序名《東越證學録序》；在《證學録》中，陶序名《海門先生證學録序》，鄒序名同《文録》。其次，《文録》收文較少，且兩者雖皆按文體分類編纂，但文體排列順序不同，同一文體中篇章排列順序也不同。再次，即便兩書所載同一篇文章，文字也往往不同，而且《證學録》的文章較爲整飭凝練，可知《文録》所載乃原貌，《證學録》乃經過修改後的文字。

由於《文録》明確可知是由周氏弟子校刊，且文章保持了原始的面貌，而《證學録》雖然爲《中國古籍善本書目》斷爲萬曆刻本，但恐怕主要是由鄒元標序中的紀年推論出的，而且《證學録》没有明確的校刊人的題名，文章的修改也不知出於誰手，所以我們選擇《四庫全書存目叢書》影印明萬曆張元憬等刻本《文録》爲底本，主要校以清華大學圖書館藏十六卷本《證學録》，參校以浙江圖書館所藏十六卷本《證學録》（校記中分别簡稱「清華本」、「浙圖本」）。對於《文録》與《證學録》的異文，擇要出校，除去可以補正《文録》訛脱衍倒外，校記也試圖展示兩種本子之間差别的性質，增進讀者對兩書的瞭解。校點者還參校了通行本《論語》、《孟子》、《老子》、《莊子》、《王文成公全書》以及中華書局一九八五年沈芝盈點校本《明儒學案》卷三十六《泰州學案五・尚寶周海門先生汝登》（簡稱「《泰州學案五》」）等相關文獻。

持底本目録與正文篇題相較，文字往往不同，大都是目録篇題省減，今一以正文篇題爲準。另有文章編次不同，如卷八《誥封奉直大夫貴州定番州知州五峰王公墓誌銘》，底本目録原在《先太安人行狀》下，今一依正文次序。另有目録闕漏篇題者，皆依正文補登篇題，並在正文篇題下出校説明，如卷五《别駕繼泉徐公樂聚圖紀言》、《題東坡手筆》、《題知非卷》等。另有目録有篇題而正文闕漏的情况，如果《證學録》有文，則據《證學録》補入相應位置，出校説明，如卷六《燕約》；如《證學録》無文可補，則於正文僅出篇題，以存其目，並出校説明，如卷六《歌詩引》。也就是説，按照《文録》目録與正文的信息盡量補全所有内容，溢出二者之外的内容則不再補録，以求保持《文録》的面貌。

還須説明兩點。一，底本多用俗字及版刻混用字，整理過程中我們一般依文意徑改爲規範用字。二，詩歌部分，底本將詩序也刻作大字。整理時，爲清眉目，我們將詩序改作了小字。另有三首詩，卷中以序當題，但目録中又另擬了詩題，我們將目録詩題移作正題，將序文小字排於其後，並出校説明。凡此，皆請讀者留意。

浙江大學哲學系董平教授審閲了全部校點稿，並對標點多所匡正；北京大學《儒藏》中心的老師更是嚴格把關，一絲不苟，在此一併謹致謝意！校點者亦對浙江圖書館古籍部的大力支持深表謝忱！限於水平，錯訛之處仍所不免，敬請專家學者和廣大讀者指正。

校點者　張夢新

海門先生文集序

望齡嘗聞諸達人，明文學最盛，修古業爲詞章者多矣，而卓然可垂無窮者蓋鮮，非獨無以加諸宋唐，而鮮有及焉。自陽明先生盛言理學，雷聲電舌，雨雲鬯施，以著爲文詞之用；龍溪紹厥統，沛乎江河之既滙。於是天下聞二先生遺風，讀其書者，若饑得飽，熱得濯，病得汗解。蓋不獨道術至是大明，而言語文字足以妙乎一世。明興二百年，其較然可耀前代、傳來兹者，惟是而已。

會稽，東海僻處也。天下言文者，以二先生故歸之，若曰明文在焉。進者曰：「二先生之文也，非文人之文，而文王、孔子之文也。」孔子既没，文不在兹乎！蓋以當代而得二人焉，以系千聖，跨作者。郁郁乎明文，於斯爲盛。越之爲越，其亦幸矣！

海門子少聞道龍溪之門，晚而有詣焉。自信力，故尊其師説也益堅；其契也親，故詞不飾而甚辨。四方從之遊者皆曰：「先生，今龍溪也。」其門人塙輩，裒其答贈之文刻之。讀者又曰：「龍溪子之文，曷以異諸？」

望齡蒙鄙，獲以鄉曲事先生，受教最久。舍而北來，先生憂其日趨於艱僻，莫知反也，投之以藥言，意甚苦，具在刻中。每展讀，未嘗不慙恧汗下。顧復自念：古今之學術非二，古人重言悟，而今稍易之者，曷故哉？没人之教其子泅，始必有憑之者也，浮囊也，汎木也。既蹈之不測之淵，驟掣其藉而去之，俾自力以出，而子於是善游矣。先生殆誘人而投諸淵乎？ 見予而未見其奪，故惑以爲易令學者杖成説，滯故塗，先生且轉而奪之，吾惡知不爲浮囊、汎木也哉？

教下生陶望齡謹序

東越證學録序

《東越證學》，周子繼元譔也。或問曰：「學何證爲？」鄒子曰：「學斯證，證斯學。」周子自學自證，亦欲人共學共證也。證者，明也，誠也。誠明，人人本有，然或蔽一隅，或局聲聞。聲聞者，如人譚山水之勝，聞者據以爲實，不知陟巔窮源者不以譚也；蔽一隅者，如從隙中覩日，以爲日體如是，不知日之體光周九有而不滯一隅也。今末學媛媛姝姝，總不越此兩涂轍。至有直窺性命自然而告之，又如蜀犬吠日，兹周子《證學》之所由傳乎？

鄒子故與周子同籍。初，周子拜南部，人謂其弈擅國手者，久而又謂其通象數者。更十餘年，周子從謫籍起復，與鄒子聚首南都，旦夕惟以學相切劘。余訝其變而之道。一日大會中，觥籌交錯，周子復持論娓娓。鄒子中以小言歸，而周子與諸同志大并心神，一旦恍然無疑。既持憲嶺南，過鄒子茅菴，相對旬餘，始知周子刳心于無窮之途、不匱之源，忘能所，泯色相，視彼弄影摶空者，方且悲憐之無及，真可謂大勇矣。

或曰：「新建《傳習》諸録，所稱存理遏欲，諄諄詳摯。《天泉證道》初語，如花欲吐，尚含其萼。後龍谿氏稍稍拈出，聞者多不開悟，周子復揚其波，何耶？」鄒子曰：「學必知性體，而後爲真學；證必徹性地，而後爲實證。」山盡水窮，能者從之。龍谿見地，非不了義者所能究竟。繼元，後龍谿而出者也，雙目炯炯，橫衝直撞，所至能令人膽落心驚，亦能使人神怡情曠。東越之學，從今益顯益光者，非繼元氏乎？雖然，語上語下，吾夫子蓋並言之。望鞭影而行者，千里得一士，如比肩焉。繼元其謹護世法，堅持末路，世不自證，以繼元之身爲證者，重且周矣。

萬曆乙巳春正月，吉水年弟鄒元標頓首拜撰。

周海門先生文録卷之一

山陰張元憬　山陰劉塙
門人山陰錢經國　校梓
山陰張企之　剡城王繼晃

九解引

宦南都者，舊有講學之會，而至萬曆二十年前後，一時會聚尤盛。不肖時得隨諸公之後，盤桓印證。一日，偶拈舉《天泉證道》一篇，重宣其秘，而座上敬菴許先生未之首肯。明日，出《九諦》以示，不肖僭爲《九解》復之。先生於不肖爲先達，言宜順受，而師門之旨不可不明，且學問亦不嫌於明辨，故敢冒昧如是。其或當或否，俟知者判焉。❶

一解

《諦》一云：《易》言：「元者，善之長也。」又言：「繼之者善，成之者性。」《書》言：「德無常師，主善爲師。」《大學》首提三綱，而歸於止至善。夫子告哀公以「不明乎善，不誠乎身」。顏子得一善，則拳拳服膺而弗失。《孟子》七篇，大旨道性善而已。性無善無不善，則告子之説，孟

❶ 此節，《泰州學案五》文字異，兹照録如下：「南都舊有講學之會，萬曆二十年前後，名公畢集，會講尤盛。一日拈《天泉證道》一篇，相與闡發，而座上許敬菴公未之深肯。明日，公出九條目，命曰《九諦》，以示會中。先生爲《九解》復之。天泉宗旨益明，具述于左云。」清華本則將此節文字置于該書卷一《南都會語》卷首。

子深闢之。聖學源流，歷歷可考而知也。今皆捨置不論，而一以無善無惡爲宗，則經傳皆非歟？

維世範俗，以爲善去惡爲隄防，而盡性知天，必無善無惡爲究竟。無善無惡，即爲善去惡而無跡，而爲善去惡，悟無善無惡而始真。教本相通，不相悖；語可相濟，難相非，此《天泉證道》之大較也。今必以無善無惡爲非然者，見謂無善，豈慮入於惡乎？不知善且無，而惡更從何容？無病不須疑病。見謂無惡，豈疑少却善乎？不知惡既無，而善不必再立。頭上難以安頭。故一物難加者，本來之體；而兩頭不立者，妙密之言。是爲「厥中」，是爲「一貫」，是爲「至誠」，是爲「至善」，聖學如是而已。經傳中言「善」字，固多善惡對待之善，至於發心性處，❶善率不與惡對，如中心安仁之「仁」，不與「忍」對，主静立極之「静」，不與「動」對。《大學》「善」上加一「至」字，尤自可見。蕩蕩難名爲至治，無得而稱爲至德，他若「至仁」、「至禮」等，皆因不可名言擬議，而以「至」名之。「至善」之善，亦猶是耳。夫惟善不可名言擬議，未易識認，故必明善，乃可誠身。若使對待之善，有何難辨，而必先明乃誠耶？明道曰：「人生而静以上不容説，纔説性時，便已不是性也。」凡人説性，只是説「繼之者善也」，孟子言「人性善」是也。悟此，益可通於經傳之旨矣。

二　解

《諦》二云：宇宙之内，中正者爲善，

❶「發」，《泰州學案五》作「發明」。

偏頗者爲惡，如冰炭黑白，非可以私意增損其間。故天地有貞觀，日月有貞明，星辰有常度，嶽峙川流有常體，人有真心，物有正理，家有孝子，國有忠臣。反是者爲悖逆，爲妖怪，爲不祥。故聖人教人以爲善而去惡。其治天下也，必賞善而罰惡。天之道，亦福善而禍淫。「積善之家，必有餘慶；積不善之家，必有餘殃。」自古及今，未有能違者也。而今曰「無善無惡」，則人將安所趨舍與？

曰「中正」，曰「偏頗」，皆自我立名，自我立見，不干宇宙事。以「中正」與「偏頗」對，是兩頭語，是增損法。不可增損者，絶名言，無對待者也。天地貞觀，不可以貞觀爲天地之善；日月貞明，不可以貞明爲日月之善；星辰有常度，不可以常度爲星辰之善。嶽不以峙爲善，川不以流爲善。人有真心，而莫不飲食者此心，飲食豈以爲善乎？物有正理，而鳶飛魚躍者此理，飛躍豈以爲善乎？有不孝，而後有孝子之名，孝子無孝；有不忠，而後有忠臣之名，忠臣無忠。若有忠有孝，便非忠非孝矣。賞善罰惡，皆是「可使由之」邊事；慶殃之説，猶禪家譚宗旨，而因果之説，實不相礙。然以此論性宗則粗。悟性宗，則「趨舍」二字是學問大病，不可有也。

三　解

《諦》三云：人心如太虚，元無一物可着，而實有所以爲天下之大本者在。故聖人名之曰中，曰極，曰善，曰誠，以至曰仁，曰義，曰禮，曰智，曰信，皆此物也。善也者，中正純粹而無疵之名，不雜氣質，不落知見，所謂「人心之同然」者也，故聖賢欲其止之。而今曰「無善」，則將以何者爲天下之大本？其爲物不貳，則其生物不測。天地且不能無主，而况於人乎？

說「心如太虛」，說「無一物可着」，說「不雜氣質，不落知見」，已是斯旨矣，而卒不放捨一「善」字，則又不虛矣，又著一物矣，又雜氣質，又落知見矣，豈不悖乎？太虛之心無一物可著者，正是天下之大本，而更曰「實有所以爲天下之大本者在」，而命之曰「中」，則是中與太虛之心二也。太虛之心與未發之中，果可二乎？如此言中，則曰極，曰善，曰誠，以至曰仁，曰義，曰禮，曰智，曰信等，皆以爲更有一物，而不與太虛同體，無惑乎無善無惡之旨不相入。以此言天地，是爲物而貳，失其主矣。

四解

《諦》四云：人性本善，自蔽於氣質，陷於物欲，而後有不善。然而本善者，原未嘗泯滅，故聖人多方誨迪，使反其性之初而已。祛蔽爲明，歸根爲止，心無邪爲正，意無僞爲誠，知不迷爲致，物不障爲格，此徹上徹下之語，何等明白簡易。而今曰「心是無善無惡之心，意是無善無惡之意，知是無善無惡之知，物是無善無惡之物」，則格致誠正功夫，俱無可下手處矣。豈《大學》之教，專爲中人以下者設，而近世學者皆上智之資，不待學而能者與？

「人性本善」者，至善也。不明至善，便成蔽陷。「反其性之初」者，不失赤子之心耳。赤子之心無惡，豈更有善耶？可無疑於大人矣。心、意、知、物，只是一箇，分别言之者，方便語耳。下手工夫，只是明善，明則誠，而格致誠正之功，更無别法。上中根人，皆如是學。舍是而言正誠致格，❶頭腦一差，則正亦是邪，誠亦是僞，致亦是迷，格亦是障。非明之之明，❷其蔽難開；非止之止，其根難拔，豈《大學》之所以教乎？

五　解

《諦》五云：古之聖賢秉持世教，提撕人心，全靠這些子秉彝之良在，故曰：「民之所好好之，民之所惡惡之。」「斯民也，三代之所以直道而行也。」惟有此秉彝之良不可殘滅，故雖昏愚而可喻，雖疆暴而可馴，移風易俗，反薄還醇，其操柄端在於此。奈何以爲無善無惡，舉所謂秉彝者而抹殺之？是説唱和流傳，恐有病於世道非細。

無作好、無作惡之心，是秉彝之良，是直道而行。着善着惡，便作好作惡，非直矣。喻昏愚，馴疆暴，移風俗，須以善養人。以善養人者，無善之善也。有其善者，以善服人，喻之馴之必不從，如昏愚疆暴何！如風俗何！至所謂世道計，則請更詳論之。蓋凡世上學問不力之人，病在有惡而閉藏；學問用力之人，患在有善而執著。閉惡者，教之爲善去惡，使有所持循，以免於過。惟彼着善之人，皆世所謂賢人君子者，不知本自無善，妄作善見，捨彼取此，拈

❶「致格」，《泰州學案五》作「格致」。
❷「明之之明」，清華本作「明之明」。

一放一，謂誠意而意實不能誠，謂正心而心實不能正。象山先生云：「惡能害心，善亦能害心。」以其害心者而事心，則亦何由誠、何由正也？ 夫害於其心，則必及於政與事矣。故用之成治，效止驩虞，而以之撥亂，害有不可言者。後世若黨錮之禍，雖善人不免自激其波；而新法之行，即君子亦難盡辭其責。其究至於禍國家、殃生民，而有不可勝痛者，豈是少却善哉？ 范滂之語其子曰：「我欲教汝爲惡，則惡不可爲；欲教汝爲善，則我未嘗爲惡。」蓋至於臨刑追考，覺無下落，而天下方且恥不與黨，效尤未休，真學問不明，而認善字之不徹，其弊乃一至此。故程子曰：「東漢尚名節，有雖殺身不悔者，只爲不知道。」嗟乎！ 使諸人而知道，則其所造就、所康濟當更何如？ 而秉世教者，可徒任其所見而不喚醒之，將如斯世斯民何哉？ 是以文成於此，指出無善無惡之體，使之去縛解粘，歸根識止。不以善爲善，而以無善爲善；不以去惡爲究竟，而以無惡證本來。夫然後可言誠正實功，而收治平至效。蓋以成就君子，使盡爲皐、夔、稷、契之佐；轉移世道，使得躋黄、虞、三代之隆。上有不動聲色之政，而下有何有帝力之風者，舍兹道，其無繇也。孔子曰：「聽訟，吾猶人也。必也使無訟乎！」無訟者，無善無惡之效也。嗟乎，文成兹旨，豈特不爲世道之病而已乎？

六　解

《諦》六云：登高者不辭步履之難，涉川者必假舟檝之利，志道者必竭修爲之力。以孔子之聖，自謂下學而上達，好古敏求，忘食忘寢，有終其身而不能已者焉。其所謂克己復禮，閑邪存誠，洗心藏密，以至於懲忿窒欲、改過遷善之訓，昭昭洋洋，不一而足也。而今皆以爲未足取法，直欲頓悟無善之宗，立躋神聖之地，豈退之所謂務勝於孔子者邪？在高明醇謹之士，着此一見，猶恐其涉於疎略而不情，而況天資魯鈍、❶根器淺薄者，隨聲附和，則吾不知其可也。

文成何嘗不教人修爲？即「無惡」二字，亦足竭力一生，可嫌少乎？既無惡而又無善，修爲無跡，斯真修爲也。夫以子文之忠、文子之清，以至原憲克伐怨欲之不行，豈非所謂竭力脩爲者？而孔子皆不與其仁，則其所以敏求忘食，與夫復禮而存誠、洗心而藏密者，亦自可思，故知修爲自有真也。陽明使人學孔子之真學，疎略不情之疑，過矣。

七　解

《諦》七云：《書》曰：「有其善，喪厥善。」言善不可矜而有也。先儒亦曰：「有意爲善，雖善亦粗。」言善不可有意而爲也。以善自足，則不弘，而天下之善，種種固在；有意爲善，則不純，而吉人爲善，常惟日不足。古人立言，各有攸當，豈得以此病彼，而概目之曰「無善」？然則善果無可爲，爲善亦可已乎？賢者之疑過矣。

「有善喪善」與「有意爲善，雖善亦私」之

❶「鈍」，原作「純」，據清華本、《泰州學案五》改。

言，正可證無善之旨。堯舜事業，❶一點浮雲過太虛，謂實有種種善在天下，不可也。吉人爲善，爲此不有之善、無意之善而已矣。

八解

《諦》八云：王文成先生致良知宗旨，元與聖門不異。其集中有云：「性無不善，故知無不良。良知即是未發之中，即是廓然大公、寂然不動之本體，但不能不昏蔽於物欲，故須學以去其昏蔽。」又曰：「聖人之所以爲聖人者，以其心之純乎天理，而無人欲之私也。學聖人者，期此心之純乎天理而無人欲，則必去人欲而存天理。」又曰：「善念存時，即是天理。立志者，常立此善念而已。」此其立論，至爲明析。「無善無惡心之體」一語，蓋指其未發廓然寂然者而言之，而不深惟《大學》止至善之本旨，亦不覺其矛盾於平日之言。至謂「有善有惡意之動，知善知惡是良知，爲善去惡是格物」，則指點下手功夫，亦自平正切實。而今以心、意、知、物俱無善惡可言者，竊恐其非文成之正傳也。

致良知之旨，與聖門不異，則無善惡之旨，豈與致良知異耶？不慮者爲良，有善則慮而不良矣。「無善無惡心之體」一語，既指未發廓然寂然處言之，已發後豈有二耶？未發而廓然寂然，已發亦只是廓然寂然。知未發、已發不二，則知心、意、知、物難以分析，而四無之説，一一皆文成之秘

❶「業」下，影印文淵閣四庫全書本《明儒學案》有「雖蟠天極地究之不過」九字。

密；非文成之秘密，吾之秘密也，何疑之有？於此不疑，方能會通其立論宗旨，而工夫不謬。不然，以人作天，認欲爲理，背文成之旨良多。夫自生矛盾，以病文成之矛盾，不可也。

九　解

《諦》九云：龍溪王子所著《天泉橋會語》，以四無、四有之説判爲兩種法門，當時緒山錢子已自不服。《易》不云乎，「神而明之，存乎其人。默而成之，不言而信，存乎德行」。神明默成，蓋不在言語授受之際而已。顔子之終日如愚，曾子之真積力久，此其氣象可以想見，而奈何以玄言妙語，便謂可接上根之人，其中根以下之人，又别有一等説話，故使之扞格而不通也？且云：「汝中所見是傳心秘藏，顔子、明道所不敢言。今已説破，亦是天機該發泄時，豈容復秘？」嗟乎！信斯言也，文成發孔子之所未發，而龍溪子在顔子、明道之上矣。其後四無之説，龍溪子譚不離口，而聰明之士亦人人能言之，然而聞道者竟不知爲誰氏。竊恐《天泉會語》畫蛇添足，非以尊文成，反以病文成，吾儕未可以是爲極則也。

人有中人以上、中人以下二等，所以語之亦殊。此兩種法門，發自孔子，非判自王子也。均一言語，而信則相接，疑則扞格。自信自疑，非有能使之者。蓋授受不在言語，亦不離言語，神明默成，正存乎其人。知所謂神而明、默而成，則知顔子之如愚，曾子之真積，自有入微之處。而云「想見氣象」，抑又遠矣。聞道與否，各宜責歸自己，未可疑人，兼以之疑教。至謂「顔子、明道所不敢言」等語似覺過高，然要之論學話頭，未足深怪。孟子未必過於顔、閔，而公孫丑問其所安，絶無遜讓，直曰：「姑舍是而學孔子。」曹交未足比於萬章輩，而孟子教以希堯，❶不言等待，直言誦言行行是堯而已。然則有志此事，一時自信得及，誠不妨立論之高、承當之大也。若夫四無之説，豈是鑿空自創？究其淵源，實千聖所相傳者。太上之無懷，《易》之何思何慮，舜之無爲，禹之無事，文王之不識不知，孔子之無意無我、無可無不可，子思之不見不動、無聲無臭，孟子之不學不慮，周子之無静無動，程子之無情無心，盡皆此旨，無有二義。天泉所證，雖陽明氏且爲祖述，而況可以龍溪氏當之也耶？雖然，聖人立教，俱是應病設方，病盡方消，初無實法，言有非真，言無亦不得已。若惟言是泥，則何言非礙？而不肖又重以言，或者更增蛇足之疑，則不肖之罪也夫！

程門微旨引附論

學者自孔門而後，尊程門矣，然尊之而未必信也。夫信與疑對，信則不疑。今觀《遺書》中，若論性，則有「人生而静以上不容説」數語；論學，則有「學者先須識仁」一篇。此皆直截吐露，最爲喫緊者也。而後之儒者曰：若因不容説，而遂不可説，終至渺茫而無止。又曰：識仁一段説話，乃地位高者之事，學者取此甚遠。由斯以觀，則於前語俱不能無疑矣。即所稱信，又不過

❶「希堯」，《泰州學案五》作「堯舜」。

泥諸方便接引之辭以爲極則，而直截根源，反爲所掩，猶之取櫝而遺珠，終不可謂之信能及也。信不及於程門，則繼此爲象山，爲陽明，真得其傳，而皆不免於疑且詆，益無足怪。真宗莫辨，學術分岐，是非亂而人不知歸，所從來已。夫學不尊程，難以語學，尊不真信，難以語尊。然真信在契其直截之旨，而語與方便雜出，如水中乳，貴乎鑒擇。不肖因與友朋參訂，摘而抄之，類爲一帙，分爲八篇：曰在己，曰此箇，曰不二，曰本知，曰冥行，❶曰聖妙，曰活潑潑，總命曰《程門微旨》。旨在語中，如味在飲食，人鮮能知，故云微耳。雖然，既飲食之矣，何微之有？微之言如也，旨之言此也，以明其如此而已矣。程門如此，象山、陽明如此，孔門如此，千聖如此，吾亦如此。後有作者，無不如此，又奚疑哉，又奚疑哉？

首、在己篇論篇中有「爲己，在己也」之句，因名《在己篇》，凡二十二條。

爲己由己，乃孔宗也。學問頭腦，只在信得自己。自己一毫無所虧欠，不必更求幫補。信不及者，向外馳求，愈求愈遠，聖學之所以失其宗。故篇中特指而示之，曰莫不在己，曰非在外也，曰反身，曰自得，語語歸根，是入門第一義諦。

次、此箇篇論篇中有「不可對此箇別有天地」之句，因名《此箇篇》，凡二十六條。

學固在信自己，然自己真頭面，不可以

❶「行」下，據下文當有「曰定性」三字，疑奪。

軀殼承當，不可以情識擬議，極口道盡。若篇中不過曰此箇，曰甚物，曰斯，曰是，曰難爲名狀，曰如天理的意思，曰看他不見，曰當深思，曰當默識自得而已，真無所容其言説也。《大學》知止，《中庸》明善，止與善，亦皆示之頭面。只爲人將訓詁解説，容易領過，遂終自不知不明，妄用修誠之功，而孔門真傳以失。程子脱落言詮，開示妙密，説幾句説不破的話頭，令人於此參證悟入。而人又不察，惟以爲於其謂涵養、謂躬行、謂考索問辨等處，遵守持循，便是程門極則。却不知於此不明，則涵養箇甚麽，躬行箇甚麽，考索問辨箇甚麽。譬如習耕耘而不辨穀種，雖使終歲勤劬，也只培植得荑稗荆棘，可惜！　故余於千萬言中，揭取此二十餘條語爲一篇，真志是事者，到此慎勿輕易放過，猛着精彩，直至汗流淚下，自然不言而喻矣。

三、不二篇論

篇中有「知不二本，便是篤恭而天下平」語，因名《不二篇》，凡三十五條。

悟得真己，則縱横卷放，應用無窮，千差萬别，不外此箇。蓋名目有許多般，此箇無許多般；此箇無許多般，應用隨許多般。故曰：「識得一，萬事畢。」當下即了，不用推尋；一了百當，絶無等待。此非敢作禪語也。篇中所云，一一皆是此旨，無有二義。且「一以貫之」，夫子之言，而曾子繼之，曰「忠恕而已矣」。「而已矣」者，「萬事畢」也，可以悟矣。

四、本知篇論篇中有「須以知爲本」句，因名《本知篇》，凡四十三條。

所謂真已者，不是説了便休，須要了了真知。真知得，便無餘事，故學惟知爲本。此篇俱是説知，後來陽明子亦單提良知爲宗。《大學》知而得，《中庸》明則誠，聖賢先後一旨。

五、冥行篇論篇中有「不知天地，不理會得日月，此冥然而行者也」之語，因名《冥行篇》，凡一十四條。

這些子不徹，謂之「不知而作」，總是冥行。蓋不特凡民，即篇中於莊周不許，於東漢名節諸人不許，即如君實、堯夫，猶然未許。畢竟如何方是不冥行？若不能於此討箇下落，雖使竭力疲神，亦爲枉事學問，可惜！

六、定性篇論篇中首《定性書》，因名《定性篇》，凡六十九條。

《定性書》而下，凡千有餘言，論心論學，蓋其詳且深哉，而皆不可執捉。言不可用智，而又言智周萬物；言必有事，而又言不可有一事；言深思，而又言以無思得之；言敬，而又言忘敬；言忘，而又言忘即是馳；言不可如槁木，而又言且静坐；言必存養，而又言説甚涵養。其餘種種諸言，果可爲典要乎哉？不可爲典要，而惟言之泥，此俗儒之所以失也。然則讀者如何？曰：前不云乎，知爲本，惟知則我轉言，而非言轉我。操縱卷舒，隨宜方便，觸處拈來，自然頭頭與我合轍矣。

七、聖妙篇論 篇中有「退藏于密，聖人之妙處」語，因名《聖妙篇》，凡三十三條。

范醇夫曰：「二程之學，以聖人爲必可學而至，而己必欲學而至於聖人。」此真知二程者。夫爲學而不言希聖，安可語學？希聖而不言必至，安可言希？然此要在知聖之所以爲聖，而後能不自驚疑，觀篇中諸語，則聖可知矣。首謂退藏於密，而不支離多端求諸外，即此數語，義已無餘。後謂凝然不動即密也。老安少懷，賞善罰惡，種種妙用，俱不從外得。是故知不必無不至，行不必無不盡，動業不必强所不能。喜怒哀樂，率與人同；孝廉清忠，不與人異，聖之爲聖者如此。可見聖即在己，己即是聖。此見一真，則此志自決，而尚有何學不是聖，何聖不可必也哉？

八、活潑潑篇論 篇中有「會得時，活潑潑地」句，因名《活潑潑篇》，凡七十二條。

此篇皆妙悟後語，淺言拈舉，便是深言。擬議難施，切實中深藏奥妙，奇特處不外尋常。會得者，一切道德性命之微、生死有無之故，與夫天地日月陰陽鬼神昆虫草木之變，無一不了了句下。不然，鏡花水月，難爲撈摸。嗟乎，亦微矣哉！

共學心期録引 款附

登本無知識，辱以師禮見推，循省生慚；時用顒顒盟衷，以求不負。諸君以是事相求，便有性命之期，不是草草，各相黽勉，斯兩無負耳。顧心以提撕而儆，教必約束而嚴，不儆不覺，不嚴不尊，則中豈無有口相諾、身相違，始則合、終則離者？是用立簿登名，以明共學，申之盟約，示以矩繩。蓋天地鬼神，實臨鑒之。倘有逾越，諭令改圖；諭之不從，衆削其名。毋爲兹録汙，毋貽我輩羞。或曰：「大道無域，至教鮮盟，兹不亦費詞矣乎？」余曰：唐虞君臣，不忘告戒；孔子四教雅言，九思三戒，非款約乎？非徒而攻，辭疾而歌，非教律乎？予否天厭，非盟誓乎？録約之設，謂非孔氏家法不可，未可廢也。嗚呼！兹如宗乘，對之情聯；兹如國史，見之心凛。終身永訂，一念難欺，各期以心而已。命曰《共學心期録》。

先立志

「立志」二字，從來以此提儆，無志不必言學。然此志在初學，難保不放倒。放倒不要着忙，只覺轉便是，所謂不遠之復也。常常將性命提在心上，常常如師友對在面前，久之，自能打成一片。此事不是容易，各須自家着緊。光陰易邁，莫負此生，念之念之。

明學術

近來學術多岐，只要辨本末二端：從聞見上輳泊者是末，謂之摘葉尋枝；從心體上參證者是本，謂之直截根源。《庸》言明善，《學》言知止，此宗旨也，須從此入。

不能信此者，是名俗學，與道無干。

擴虛懷

天下事未有不從虛受者，而況學乎？必須心體空洞，不先主一物，方能受益。若以成説錮之，以己見當之，人未言而我先解，人雖言而我不疑，自是不入，最醫不得之病，戒之！

敦倫紀

孟子以孝弟盡堯舜，盡仁義智禮樂之實。道寧有越於孝弟者哉！各在家庭，務須殫力盡分，事親從兄之間，常要見得自己欠缺，方是真精神，真踐履。若此處脚跟不穩，更言何學？家庭無間言，然後可言朋情友誼。我輩相勸相規、相周相卹之意，自然難解難已，何用言説！

慎容止

容貌詞氣，德之符。昔曾子謂動斯遠慢，出斯遠鄙，正斯近信，兹道之所爲可貴耳。故一切容儀皆能淑慎，使他人望而知其爲我輩人，方見實學；不然，必其無與於道者也。

修職業

出仕者以官常爲職業，在學者以文課爲職業，❶布衣之士亦隨常有當盡之事，俱

❶「在學」，清華本作「習舉」。

是職業，各從本等，朴實脩舉，盡分安心，不生妄想，便是實學。若圖高而厭近，掠虛而寡實，皆學之棄也。

崇儉素

儉乃美德，日用衣食等，俱須節省。世味之淡從此始，然後一切淡得去。「淡」字莫看輕，《中庸》一部書，結果只一「淡」字，到無聲無臭，不過淡之極耳。若殺生一節，尤宜慎省，無故不殺犬豕與遠庖厨，皆吾儒之教，不可忽也。

明義利

義利一關，不能容易打破，須高着眼睛勘破之，硬着肩膊擺脱之，稍爲點染，便成穢器。若奔兢鑽刺等，是利中惡道，更不待言。至於名根隱隱，尤難掃除，省察極宜着力。大抵只要向道心切，用功心真，諸病自少，有亦能消；不然，泥裏洗土，終難了脱。

周海門先生文録卷之二

門人 山陰祁承㸁 會稽周敬先 會稽范維達 會稽錢忠愛 校梓

越中會語

一日，會于書院，一友問曰：「《論語》言好學，有云敏事慎言者，有云不遷怒不貳過者，有云日知所亡、月無忘所能者。何好學所指不同？或者謂顏子在性情上着力尤爲切要，如何？」先生曰：「不遷不貳之學，豈離言行；日知月無忘，亦不能外言行性情而別有。所以均爲好學，不可分孰爲切要非切要也。然聖賢話頭不同，亦不止此。蓋上達之旨，祇惟一原，而下學之功，隨事自盡。上達處不可言傳，聖賢只說得下學功夫，而上達在其中。上達既一，則語下學處，雖就事拈舉，不可謂有彼此之別。是故或就言行上言敏慎，或就性情上言不貳不遷，或就知能上言日知月無忘，似若各有所主，而要之敏是誰敏，慎是誰慎，不貳是誰不貳，不遷是誰不遷，知是誰知，無忘是誰無忘？此箇根本，曾有二乎？象山先生云：『學有本領，則知之所及者及此，仁之所守者守此，時習之習習此，❶說者說此，樂者樂此，如高屋之上建瓴水矣。』即此之謂也。象山又謂孔子以前，及唐虞之際，舉起便是此事，說來便是本領，後來始要伸說。蓋後世俗學，迷却本領，將下學上達分

❶「習習」，據《象山集》卷三四，不當重文。

爲二，語言行便泥在言行上，語性情便泥在性情上，語日知月無忘，便泥在見聞功行上。所以末學多岐，而微言日晦。今日切要，全在本領，不可不明也。」

張懋之問：「崇修持而過執，與中有所見而忽修持者，孰愈？」先生曰：「修持過執，固不是究竟法，但有所見者，又必然修持；若忽不修持，見亦非真，如明眼人，決不踐汙穢。」

「不亦説乎」是贊上句語，觀下「不亦樂乎」、「不亦君子乎」，益可見。

問：「有子言孝弟，何便説到不好犯上作亂？」先生曰：「汝看犯上作亂遠乎？只隱微中有毫忽見親長不是處，便是犯上；因見不是，有毫忽動心，便是作亂。心動則亂，非作亂而何？此言其微也。有問朱晦翁曰：『人清介的諸好俱無，只有愛官職之念未忘，如何？』晦翁曰：『只愛官職，他日弒父與君也敢。』此言其流也。犯上作亂遠乎哉？」曰：「下『好』字何故？恐亦無此『好』者？」曰：「一念不已，又第二念，一次不已，又第二次，則謂之『好』矣。」

樊遲從遊舞雩，宜得玩賞之趣，而乃問崇德脩辨之功，夫子善之。曾點侍側言志，宜答知爾之問，而乃談沂水、舞雩之樂，夫子與之。今人俱説見在，二子大不見在，而夫子俱取。見在之旨，亦須善會。

「人能弘道，非道弘人。」《註》曰：「人外無道，道外無人。」二語盡矣。人外無道，道即是人；率性謂道，道因人顯。故曰：「人能弘道。」道外無人，人即是道，非有道可跳身而入，與人爲二，故曰：「非道弘人。」

《論語》中具有六經，蓋其神也。得其

神，不必更讀六經，讀六經，亦語語融通矣。「一以貫之」，《易》之神，一即乾卦之一畫也。「是亦爲政，奚其爲爲政」，《書》之神。「思無邪」，《詩》之神。「子聞之，曰：是禮也」，《禮》之神。「子語魯太師」，《樂》之神。「以吾從大夫之後，不敢不告也」，《春秋》之神。悟此，則一坐語之間，而六經具備。

舜命后夔典樂，所以語之甚詳。而夔曰：「於！予擊石拊石，百獸率舞。」簡徑妙密之旨，語下可見。重黎欲求人而佐，舜曰：「夫樂，天地之精也。夔能若此，一而足矣。」君臣相契之微，固如此哉！後夫子於太師語樂，直云翕如、純如、皦如、繹如爲樂之成，絶不言制度器數，四如不知是何物。孟子論古樂，只就民情之欣欣盡之；陽明論元聲，只心氣和平便是元聲之始。聖賢授受，未有不統於宗者也。

今人説聖人，便做天大，不敢易語。孟子只作尋常，梁惠、齊宣與滕、宋小國，無不以堯、舜、三代期之。教滕世子以堯舜，教曹交以堯舜，教貉稽以文王、孔子。不論何人，皆望之是事，彼其看得人皆可爲堯舜真故耳。故謂不以堯之所以治民治民，賊其民者也；不以舜之所以事堯事君，賊其君者也。自謂不能者，自賊者也；謂其君不能者，賊其君者也。要人上這一路，何等鞭策得緊。梁惠王不知王道，而移民移粟以爲盡心，正如學問不知聖宗，而强制盲脩以爲極則，究竟皆無成。

《孟子》「以小事大」、「以大事小」，同一「事」字，《註》中于「事小」處改「事」爲「字」，便有分别形跡之意。

孟子言「同」字多，如囿與民同、樂與民同、好貨好色與民同、善與人同、心之同然、堯舜與人同，「同」字皆無精粗之別。

好貨好色，與民同之。「同」字極妙，非方便語，乃聖神之極功也。凡貨色遂於己，而使人不得共遂，是人不與己同。謂人好貨色，而我獨無此好，是己不與人同。人不與己同者，魯穆公之倉庫也；己不與人同者，陳仲子之居食也。惟聖人，則天下與己同遂此好，而不使人異己；己與天下同在好中，而不見己異人。蓋人之好即己之好，而何得獨無？己之好即人之好，而何嘗獨有？此之謂大同。嗚呼，至矣！

問：「孟子何不言人皆有仁心，而言人皆有不忍人之心？」先生曰：「此正立言之妙。若言仁心，人便作道理解，又推在聖人身上去了。只言不忍人，便知當下人人具足，無有仁名，不待聖有。後又換作『怵惕惻隱』四字，更自躍然，俱堪體認。即此尋常之心，察識擴充，遂足彌綸四海，何等簡易直截！前告齊襄王一天下，❶亦不曰仁人能一之，而曰不嗜殺人者能一之，立言皆同。」

問：「周公之過，不亦宜乎？《註》言天理人情之至，畢竟還算不得過。」先生曰：「不然，當時周公若不使管蔡監殷，豫爲曲全之計，又豈非天理人情之至？周公計不及此而使之，分明是過信兄弟，安謂無過？只是此過不足爲周公累耳。聖人未嘗無過，孟子決不爲周公掩護。必欲斡全，皆不知聖人者也。」

孟子接引人，只就心上撥動。如告夷子，不言墨道薄葬之非，不言儒者厚葬之是，不講禮，不講義，只就其顙有泚、睨而不

❶「齊」，據《孟子·梁惠王上》，當作「梁」。

視處，一點點動真心，夷子便憮然。後來儒者有所論説，則引聖言，證古典，費多少辨駁，他愈不服。

學道與行政，都只是「疑」「畏」二字作祟。故孟子告人言：「王請弗疑。」「世子疑吾言乎？」「吾何畏彼哉！」「秦楚雖大，何畏焉！」皆是喚醒極緊要處。

孟子言道援、手援不可分兩截。「嫂溺，援之以手」，獨非道乎？蓋髡言「夫子之不援」，此一句，已不知孟子。孟子無一日不援，或明辨昌言，或潛移默轉，只是援之以道，人人在拯援之中，而不覺耳，非若手援之可使見也。「子欲手援天下乎」者，言子謂不援，將使我手援而使之見乎？詰之之辭，非以枉道作手援之謂也。

仁義禮知樂是名，事親從兄是實，只事親從兄加個仁義知禮樂之名耳，豈另有所謂仁義禮知樂乎？孝弟亦是名，故只言事親從兄，而孝弟之名亦不立。一切俱掃，皮膚脱落，惟有真實。

孟子言大人者，是最上一乘人。言不必信，行不必果，不失赤子之心。正己而物正，先立乎其大者。爲學須知此血脉，不然，皆所謂小人儒。

養生者一節，恐不當作事親看。事親只當言生養，而何云「養生」？曾子曰：「椎牛而祭，不如鷄豚之待親存也。」人子於親，生養亦大矣。此章蓋言自養自生，自送自死。邵子云：「也能康濟自己身。」此養生之説也。莊子將死，曰：「吾以萬物爲齎送。」蘇子曰：「須料理死時帶得去的。」是故朝聞夕可，存順没寧，皆送死之説也。曾子平日戰戰兢兢，正是養生，未可爲大事。直到吾今而後，庶幾免夫，方可言大事了畢。故曰：惟送死可以當大事。

問「人之所以異於禽獸者幾希」。先生曰：「人與禽獸異處，不過毫末。人不知者可使之知，禽獸終不可使知；人可以言通，禽獸不可以言喻。僅争此耳。若人不求知，不可與言，則禽獸而已矣。」

問「明於庶物，察於人倫」。先生曰：「盈兩間皆物也，誰能明之？所謂在覆載中，不知天地；在照臨下，不知日月，日與萬物群，而不知萬物備於我也。故須明於庶物。日用常行，皆人倫也，誰能察之？所謂行不著，習不察，百姓日用而不知也。故須察於人倫。明察，則爲由仁義行；不明察，則爲行仁義。」

孟子只言義外之非，不言義内。而公都子曰：「故謂之内也。」若言内，與言外能隔多少？論性，不言三説之非。而公都子曰「然則彼皆非與」，便起是非。答他亦不言性善，只借情言之。而公都子曰「今曰性善」，失孟子之微，與三説同爲摸象之見。

惻隱之心，如見孺子入井時；羞惡之心，如受嘑蹴之食時。與恭敬是非等心，臨時俱不自知。不自知則亦不自有，自知自有則反成僞矣。故曰無善者，乃所以爲至善也。孟子言「人皆有之」者，只提醒與人看，又就此心而加個美名，曰仁義禮智。就本人心上，其實無如是念，無如是名，安得謂之有？因顯此妙用，不可謂之無，非從外得，故曰「我固有之也」。

孟子告曹交，皆直截承當之事，分明以千斤擔授之。交非凡品也，《註》中太説他低。

孟子認得頭腦清，處處言「我」字、「反」字、「身」字、「自」字、「約」字、「己」字，最堪悟入。論治，則不離「民」字。

「良知」「良」字，漢註疏訓「甚也」，極當。如「至善」、「至德」、「至禮」、「至樂」、「太極」、「太初」等「至」字、「太」字，皆共「甚」字之義，有不可擬議、不可名言之妙。

學不見性，猶井不及泉。故雖不至九軔而及泉，是井也；雖過九軔而不及泉，非井也。不以工力之多寡、地位之淺深論也。棄井者，廢井無用，非棄九軔之功之謂也。

問形色天性。先生曰：「言形色中有天性，則二之矣，形色即天性。不二之旨，非真見性者不能道。試取喻論之：形色如人像，天性如黄金，以黄金鑄人像，則渾身無不是黄金。是故耳黄金也，目黄金也，口鼻黄金也，以至手足腹背，無一而非黄金，再無別物。然而人不識者，見耳則謂耳也，而不見金；見目則謂目也，而不見金；以至口、鼻、手、足、腹、背，皆見口、鼻、手、足、腹、背，而不見黄金。蓋一鑄爲形，則泥於形，是以謂之『日用而不知』也。夫此黄金之體，聖凡皆同，惟其不知，是以有等馳求之士，慕聖非凡，而不知自身黄金，不用博金。又有等暴棄之人，咎己根性，而不知自身黄金，本貴本尊。夫此黄金之體，磨瑩之，華美之，置之清廟明堂之上而貴潔，懸之青天白日之中而燦爛，而黄金不增也。薰染之，輕賤之，蒙之糞土厠溷之內而污穢，陷之九地重淵之下而沉埋，而黄金不變也，亦奇矣哉！形色天性之旨，不可不悟也。」

問踐形。先生曰：「踐形即盡性，恐人以形性爲二，故如此立言耳。即如金像之喻，人見耳而不見金，則是金不到耳矣，何以爲耳？見目而不見金，則是金不到目矣，何以爲目？以至口、鼻、手、足、腹、背皆然。且又受薰受染，色改質昏，則金像全虛，謂之不踐。惟聖人，則真見遍體皆金，無非黄金用事，且又不染不薰，色明質瑩，然後金人之形乃爲不虛，而謂之踐耳。慈湖子云：『動静語默，皆天性也。人謂我爲之，是將黄金作頑鐵用耳。』不作頑鐵用，夫是之謂『踐形』。」

中甫問：「烏獲百鈞之力，非可强爲，何以證可爲堯舜之易也？」先生曰：「莫求烏獲於烏獲，求自己之烏獲而已矣。今夫百萬軍中，提刀取上將之首，此人知雲長之勇也。曾聞有八歲童子，同父母避寇山中，一日，寇掩至。寇專剥人之衣者，將剥其父母之衣，童子拔劍露刃，挺立於前，曰：『衣不可得，莫來取死！』寇竟舍之去。夫雲長所提之刀，與童子所拔之劍，孰重孰輕乎？不可謂童子非雲長也。如此，則百鈞誰不可舉，烏獲誰不能爲？」

或問：「學而時習，乃能悦樂，前與祖玄輩論悦樂，不無太現成否？」先生曰：「悦樂，吾心之本體，豈容汝一毫勉强安排者乎？學者，覺也；時習者，常覺也。吾令汝輩認識此體，乃示之覺。覺即是學，常覺即常學，豈可以爲少却學也？」曰：「然則所謂立如齋、坐如尸等工夫，可無用乎？」先生曰：「覺的人何嘗廢却此等工夫，只是他爲著爲察，而悦樂自存，不知手之舞之，足之蹈之耳。若彼不覺，只做效得工夫，縱工夫不間，亦是冥行，求個悦樂不得，是故十五年學恭而安不成。彼學乃做效之學，非覺悟之學，故卒無成。不然，積以十五年之工夫，亦當習慣成自然矣，而何猶云未成也耶？此當是張子蚤年事，後來方纔覺悟。」

「是集義所生。」「集」字字義，作安也，止也。集義，有安、止之義。是集義，乃由義行；非義襲，乃非行義也。

問：「《孟子》篇終『然而無有乎爾』二句。漢儒謂孟子自當名世，而世謂之無有其人，是天不欲使我行道也，故重言之。宋林氏謂無見知，則亦無聞知，要見自任之意於言外。似皆不得其旨，畢竟如何？」先生曰：「孟子私淑於子思，子思作《中庸》，以『無聲無臭』終篇。孟子作七篇，以此終篇，殆有微旨。《註》中『神會而心得之』一句最妙，前無有轍跡可尋，則後亦無有典要可據，以神以心，此孟子之真見真知也，至矣！」

問：「見知聞知，豈真無所見所聞得之前聖者乎？」先生曰：「若謂前聖有什麼可令後聖見、後聖聞，若謂後聖有所見於前聖、有所聞於前聖，皆是不知聖人者也。自古聖人無有一法與人，亦無有一法從人而得。見者自見，聞者自聞，知者自知而已。」曰：「如此，何以謂之聖聖相傳？」先生曰：「聖聖正相傳自見自聞自知，同歸於宗，如水合水，非真有物可相授受之謂也。」

問輪迴之說。先生曰：「輪迴吾不能道，即如鬼神之說，汝信之乎？」曰：「信。」先生曰：「汝之信也，真知其情狀而信之乎？抑亦聞言而信之乎？」曰：「情狀則實未知，但觀自古祀典之設，與夫經傳之言，則知鬼神決有，不可誣，是以不敢不信。」先生曰：「如此，則亦隨人言轉，非真信也。」曰：「真信如何？」先生曰：「知鬼神之情狀，雖無前人之語，吾知其然，然後爲真信耳。」曰：「鬼神之情狀如何求知？」先生曰：「《中庸》不云乎：『質諸鬼神而無疑，知天也。』孟子不云乎：『知其性，則知天矣。』故知鬼神在知天，知天在知性。性汝自具，汝不求知，而欲通幽明之説、死生之故於語言文字耳目聞見之間，其爲迷昧益甚矣！故子須力求知性，知性則一切自能判斷，不可泛泛然難明者求明，未信者稱信也。」

問：「四端如何擴充？」先生曰：「知皆擴充，若火然泉達，工夫在知。知者，不昧此真機也。真機不昧，自然不匱。如火有真種，一星可以燎原；泉有真源，一線可以達海。不須安排，不論多寡。《註》中『反求默識』訓『知』，『自不能已矣』訓『擴充』，俱妙。」

「博學而詳説，將以反説約」，正與陽明「惟精者，惟一之功；博文者，約禮之功」同旨。「將」字不是等待，人學問思辨爲甚事來？爲箇歸根處，故曰反約。然實無可指，故下「將」字，甚圓。

問《大學》首章。先生曰：「《大學》之旨，已盡頭二節，不於頭二節求了，而言下文，蹉過多矣。開口説明德親民，若分體用，而隨繼之以止至善，體用一原，本不可分，此歸根之旨也。止於至善者，止即至善，故下單言止。止本自止，只是要知，故提個知。知止，則定静安慮，自然相因。即以見明德親民之皆在其中。《大學》之道，一知止盡矣，於此了然，則不須重説。恐人不能盡了，所以更有下文，無本末中强言本末，無終始中强言終始。雖列八條目，而要之，一止俱止，實只有一個知止，誠正脩平，即定静安慮，非有二也。末言脩身爲本，而又即治亂厚薄之相因，以明知本知至之義。

非知何以脩身？始終不離於知，是《大學》之要詮也已！」

問：「明德、至善何别？」先生曰：「明德，是昭昭靈靈處；至善，則昭昭靈靈之所自來。不離昭昭靈靈，而不可以昭昭靈靈言，即《中庸》所謂『無聲無臭』，程子所謂『人生而静以上不容説』處也。今人語學，只認得個昭昭靈靈，以爲極則，而不知至善之止，縱謂有個至善，終不能離聲臭言説，所以失却真宗，病根在此。」

問：「知止，重知乎？重止乎？」先生曰：「工夫重知，而究竟知即止，止即知。有止可知，終非真知；待知而止，終非真止。」曰：「止義甚精，而淺處亦可通乎？」先生曰：「止無精粗，無深淺。不識不知，無然畔援歆羡，止也；不貳不遷，止也；即如隨緣自足，安分守己，皆此止也。無處用不是，無人用不著。」

問：「八條目何以只一知止？況格物之説不同，何説近之？」先生曰：「上言知止，而下文八條目處另有一工夫，則《大學》有二旨矣。格物之説雖不同，歸根知止，説説可通。陽明格其不正，以歸於正，總歸時行時止而已。心齋格『物有本末』之物，物即止也。晦翁窮至事物之理，豈有至善外之理乎？故格致一止也。止仁，止敬，止慈，止孝，止信，意心身一時俱了，故誠正脩一止也。人人親其親，長其長，各止其所，家國天下一道，故齊治平一止也。嗚呼，知止焉，盡矣！」

問《中庸》首章。先生曰：「首言天命之性，下言不覩不聞也，隱微也，獨也，中也，皆性也，一也。次言率性之謂道，下言見也，顯也，和也，天地位萬物育也，皆道也，一也。又次言脩道之教，下言戒慎恐懼也，慎也，致也，皆教也，一也。究而言之，天外無性，性外無道，道外無教，教即是道，道即是性，性即是天，一也。故下單言道，而性、教在其中。有時單言天，而性、道、教在其中，如所謂『不可以不知天』是也。有時單言性，而天與道與教在其中，如『惟天下至誠爲能盡性』是也。有時單言教，而天、性、道在其中，如所謂『自明誠之謂教』是也。名號雖殊，本體實無分別。聖賢教人，只一而已矣。」

問「天命之謂性」。先生曰：「莫爲而爲，曰天；莫致而至，曰命。孟子註得分明，性與受不得的，分合不得的。故人性自本自根，因其天然自有，不可得而知，故曰『天命之謂性』。凡言天者，如天成天設之意。邵子曰：『自然之外別無天。』亦自分明。張子韶亦云：『不可知者爲命。』晦翁註『維天之命』，盡性至命處，亦不言令也。於此不必泥。」

問：「天命之性，又有箇氣質之性，如何？」先生曰：「言氣質之性，孔孟無有。孔子只曰：『習相遠也。』孟子亦只曰：『其所以陷溺其心者然也。』言習，言陷溺，分明由我；言氣質之性，則諉之於天矣。」曰：「言氣質之性，亦只要變化。」先生曰：「言習在我，則可變化；言氣質之性天付，❶則不可變化。在我，如器受染，我自染之；如衣受熏，我自熏之，故可變化。天付，❷則如紅花必不可爲緑花，蕕臭必不可爲熏臭，變化亦虛語矣，可乎？」曰：「然則氣質無

❶「付」，清華本作「賦」。
❷「付」，清華本作「賦」。

耶？」先生曰：「氣質亦即是習，自氣自生，自質自成，無有賦之者。夫性，一而已矣。始終惟我，故謂之一。若謂稟來氣質由天，而後來變化由我，則成兩截。孟子曰：『非天之降才爾殊也。』言有氣質之性，則殊矣。」曰：「昏明清濁之不同，何耶？」先生曰：「箇箇明，箇箇清，無有不同。」曰：「人固有生而惡者矣，有教之而不改者矣，亦有雖不爲惡，只諭之義理、示之經書，一字不能通曉者矣，豈非昏濁？」先生曰：「生而惡者，豈不知非，即穿窬亦知不可爲穿窬，見忠孝，未嘗不知稱嘆也。何嘗不明？何嘗不清？教之不改者，心亦難昧，刑威亦知懼也。知懼，則何嘗不清？何嘗不明？經書義理或不能通曉，不知飲乎？不知食乎？不知父母兄弟之爲親乎？知此，則何嘗不清？何嘗不明？凡有不善，習而已矣，陷溺而已矣。故曰：無氣質之性。」

周子曰：「一物各具一太極也。」具一太極，則陰陽五行自備矣。邵子曰：「一身自有一乾坤。」乾坤具於我也。惟其如此，所以致中和而天地位。明道言孔子「我做着天裹」。又論贊化育曰：「只有一箇誠，何贊之有。」即此而讀《西銘》，猶差一格。

先生曰：「四書中語，有箇微妙處，有箇切實處，又有箇直截處。知切實而不悟微妙，則爲俗學；知微妙而不知切實，則爲空談。然切實微妙，又非可以擬議而合，悟其直截，則微妙即切實，切實即微妙，不着言説心思。夫語至直截，則近而遠，易而難矣。」曰：「請舉示之。」先生曰：「《論語》如『朝聞夕死』，『可使由，不可使知』，是指示微妙處，切實只是不厭不倦。《大學》『在止於至善』，是指示微妙處，切實只是好惡。

《中庸》『不覩不聞』，『無聲無臭』，是指示微妙處，切實只是喜怒哀樂。《孟子》『行之不著，習矣不察，終身由之而不知』，是指示微妙處，切實只是孝弟。若直截，則《論語》『知之爲知之，不知爲不知』；《大學》『未有學養子而後嫁者也』；《中庸》『人莫不飲食也，鮮能知味也』；《孟子》『徐行者，豈人所不能哉』。又，《論語》『山梁雌雉，時哉時哉』；《大學》『綿蠻黄鳥，止於丘隅』，『於止，知其所止』；《中庸》『鳶飛戾天，魚躍於淵』；《孟子》『睟然見於面，盎於背，施於四体，四体不言而喻』。此等處，但可以心悟，而不可以意識；可以默喻，而不可以言宣。悟至此，方可謂得孔子、曾子、子思、孟子之神。」

《易》云：「中孚，豚魚吉。」《書》云：「擊石拊石，百獸率舞。」《詩》云：「思無邪，思馬斯徂。」《禮》云：「嗜欲將至，有開必先；天降時雨，山川出雲。」此等處不能了然，不可言讀經。以意見擬議、言詞訓詁而稱了然者，亦不可謂了然也。須自神解，始得。

《易》云：「自强不息。」《書》云：「能自得師。」《詩》云：「自求多福。」《記》云：「射者各射己之鵠。」孔子云：「見過而内自訟。」顔子云：「博我以文，約我以禮。」曾子云：「皆自明也。」子思云：「誠者自成也，而道自道也。」這「自」字、「己」字、「我」字，孟子學問淵源從此得來，真千聖一脉。

王仲淹答英雄曰：「自知者英，自勝者雄。」問知，曰：「無知。」問識，曰：「無識。」曰：「何謂其然？」曰：「是究是圖，亶其然乎？」漢唐以來，直接孟子之傳者，惟仲淹氏。陸子曰：「唐虞之際，道在臯陶。」孟子亦曰：「若禹、臯陶，則見而知之。」臯陶「念茲在茲，釋茲在茲，名言茲在茲，允出茲在茲，邇可遠在茲」。「茲」字，即「必於是」之「是」。唐虞曰「時」，尹曰「協於克一」，説曰「允懷于茲」，皆是物也，先後一揆。

《易》曰：「精氣爲物，游魂爲變。」《書》曰：「予仁若考，能多材多藝，能事鬼神。」《詩》云：「文王在上，於昭于天。」《記》曰：「其氣發揚於上，爲昭明，焄蒿悽愴，此百物之精也，神之著也。」程子曰：「死者不可謂有知，不可謂無知。」又曰：「原始則足以知其終，反終則足以知其始。死生之説，如是而已矣。故以春爲始而原之，必有冬；❶以冬爲終而反之，其必有春。死生之説，其與是類也。」胡氏曰：「生聚而可見則爲有，散而不可見則爲無。❷見者，物之形也；物之理，則未嘗有無也。」邵子曰：「人者，鬼之形也；鬼者，人之影也。人謂鬼無形而無知者，吾不信也。」又曰：「與其虚過死萬遍，却似不曾生一般。」張子曰：「聚亦吾體，散亦吾體。知死之不亡者，可與言性矣。」鬼神之情，死生之故，聖賢之訓，昭昭在前。而人於此，只作言辭領過，不求下落，可憐蹉過一生。

臯、傅、伊、周而後，得堯舜之傳者，衛武公哉！切磋琢磨，日減之學也。庶人之愚，日用不知也；哲人之愚，仁知之見也。德行本於覺，知德者也。興寐洒掃，尋常即道也。神之格思，吾心即神也。未知臧否，求擇善也。手攜示事，面命耳提，明白指示，不外耳目手足語默動静之間也。借曰未知，亦既抱子，抱子之知，即知也誰？夙

❶「必」上，據《程氏遺書》卷二五當有「其」字。

❷「散」上，據胡氏《知言》卷一當有「死」字。

知而暮成，無等待也。武公之學，伊、傅之學也。謂之睿聖，不亦宜乎！

孔子於諸弟子，顔、曾而下，尤注意于由、賜，然二子視顔、曾，分量大有間矣。於賜，示之無言，而疑何述，啓之莫知，而疑何爲。又以回之孰愈導之，而又較量于知二知十之多寡。他日以博濟求仁，以文章、性道分言，皆未一也。故卒方示之以一，曰：「多學而識，非也，予一以貫之。」夫子嘗言：未見好仁，未見剛；人而無信，不知其可。而於由，則將好仁、好剛、好信等俱不許，而歸之於學。學者，覺也。不覺，則皆非矣。夫子嘗言據德脩德，而於由則言知德，不知則據與脩皆非矣。他日，由於先勞而請益，於「脩己以敬」而曰「如斯而已乎」，猶未知也。故卒乃示之以知，曰：「知之爲知之，不知爲不知，是知也。」一即知也，知即一也。夫子於二子，可謂苦心極力也已。

問：「晦翁言全放下，如何是『放下』？」先生曰：「夫子浮雲富貴，顔子不改簞瓢，孟子不淫不移，此是境遇處放得下。『則可謂云爾已矣』，『雖欲從之，末由也已』，『如此而已矣』，此是道理處放得下。境遇處放得下，人則易知，而道理處放得下，知之難矣。然道理處放不下，而稱境遇處放得下者，無有是處。」

湯問伊尹曰：「壽可爲耶？」尹曰：「王欲之，則可爲；弗欲，則不可爲也。」或問鬼神于謝上蔡，曰：「我要有便有，要無便無，天下事無一不由我。」於此，須斷然信得過。

吴康齋，本朝理學第一人，集中《日録》，將失鴨暴怒等俱不嫌直書，見此老一味爲己，名心盡忘。乃其微處，在《陳言》一疏。首言「崇聖志」，願斷然以堯舜自任、雍熙自期，勿貳勿疑。此語非知本領者不能道。次「廣聖學」，願博訪儒臣知此道者，講而明之，皆懇篤簡徑。此等處，人以爲尋常，而吾以爲極至；人以爲迂遠，而吾以爲切要。見康齋之面，全在此。

《論語》一書，將孔子言「吾」字、「我」字處類觀之，甚妙。如曰「吾十有五而志於學」，曰「何有于我」，曰「是吾憂也」等，不知凡幾見于篇。其精神全歸自身，此是旨要。門弟子，惟顏子「博我約我」，曾子「吾省吾身」，漆雕開「吾斯未信」，得夫子之旨。他有能及此者乎？有知個「吾」字、「我」字者乎？獨子貢「我不欲人」二語似亦着己，然又在功效上度量，去顏、曾遠矣。夫孔門諸弟子，如顏、曾知在「我」，固難；顧一切問仁問孝等，亦是着己之問，固善問也。獨孟子以反身之學專一提撕，而及其門者，非惟不知用力，且無一知善問者。公孫丑有十二問，十問在孟子身上查考，餘問曾子羊棗、王子短喪而已。❶萬章有十四問，十問在古人身上查考，餘亦問孟子之身而已。公都子數問俱不切，獨性善一問，亦止是較量人語。若大人、小人一問，差爲緊要，亦未離較量。樂正子絶無問端，亦無自語。軻之死，不得其傳，其及門諸人之罪也夫！❷當時反是曹交、滕世子、齊宣王稍覺着實，所以惓惓。❸

客有念佛大類比丘行者，先生語之曰：「經云：應以居士宰官身得度者，即現身而爲説法。此非我外有箇佛來説法，只

❶ 下「子」字，據《孟子·盡心上》當作「欲」。

❷ 「其及」至「也夫」九字，清華本作「是及門諸人之過也」。

❸ 「所以」，清華本作「孟子故深爲」。

是自身自度，自法自説。吾輩既是宰官居士身，隨還他一箇宰官居士，即此便是説法，更不得别生取舍。夫學問無他，素位而已，生如是，死如是，貧賤如是，富貴如是，隨緣自在便了。若必舍居士宰官而爲比丘，舍現今而希來生，盡屬妄見。」

論「畏聖人之言」。先生曰：「聖人之言，關係甚大。如日用之間，如此則爲人，不如此則爲禽獸；如死生之際，如此則可以没寧，不如此則虚生枉死。人人有此至寶，不是聖人指點出來，則萬古如長夜，永世盡沉淪。默地思量，直令汗下，烏得不畏？」

或問本體功夫。先生曰：「龍溪先師云：『上根人即工夫是本體，中下根人須用工夫合本體。』蓋功夫不離本體，本體不離工夫，此不易之論也。近有妄用工夫，戕賊本體者，是不知工夫不離本體，固甚害道。然亦有窺見本體影響，便任情無憚，謂工夫無有，是不知本體即工夫，害道尤甚。」

或問顔子、原憲之學。先生曰：「學者須識根宗。顔子與原憲功夫只差毫釐，但顔子契得根宗，所以一聞復禮之旨，直請問其目。有頭腦，然後有眼目；有大綱，然後有條目。不然，非禮勿視聽言動，與原憲克伐怨欲不行，有何差别？」

偶論律法次，先生曰：「《大明律》亦不可不看，中間輕重出入，俱從天則自然所定，稍減稍增，便不愜快。聖帝明王之心如此，匹夫匹婦之心亦如此；執法人之心如此，犯法人之心亦如此。是一部《春秋》，亦是一部《易經》，即《書》、《禮》、《樂》，都在裏許。」衆惕然曰是。

一友時以誦習爲工夫，適謁先生，問

云：「某於聖宗一着竊亦有志，但苦無下手處，故以誦習求息妄念爲依據耳。請問入門工夫畢竟如何？」先生曰：「還須識心。」問：「心如何識？」吃茶次，先生曰：「只今茶來便接，接了便飲，飲知味否？」曰：「然則廢誦習耶？」先生曰：「誦習何異飲茶？」

有一士來訪，自言持齋斷欲，戒行精嚴。先生曰：「兄此等戒律，已破凡情執。更破聖情執，始得。」

世道之所以常維，人心之所以不死，❶賴此公論。公論何來？吾心所出。❷故慈湖有云：我自有公論。雖習氣如山岳，如膠膝，而常覺。我輩臨事，或當或否，宜自本公論以斷之。即此便是不昧良知，是最喫緊功夫，人人用得着。❸

湛然和尚謂一切惟心造，辟如人偶然喫一跌，何曾造此跌來？先生曰：「此跌造即有，不造即無。」諸子曰：「已是跌了，云何得無？」先生曰：「昔呂正惠公使高麗，遇風濤，檣折，舟人大恐，公恬然若在齋閣時。呂滎陽公過山陽，渡橋，橋壞，轎人與從者俱墜，有溺死者。滎陽公安坐轎上，神色不動。由此觀之，舟人、轎人有險有墜，正惠公、滎陽公無險無墜，各隨心造，豈不顯然？」

先生曰：「學問不可懸空立論，須於言下就體人自身。即今説良知，就看我只今問答，是良知不是良知；説不覩不聞，就看

❶ 此句七字清華本無。

❷ 「吾」，清華本作「人」。

❸ 「故慈湖」至「用得着」五十七字，清華本作「即是良知。一部《春秋》，只是留得一箇公論；千載公論，只是提得一箇良知」。

我只今問答，是覩聞是不覩不聞。密密自察，方有下落。若只泛泛論去，言自言，我自我。又欲等待他時體驗，則愈論愈支。如說食不飽，竟有何益？」

吾輩所最喫緊者，忠信。有忠信爲地，方堪論學。忠信的人，一言一動，俱不自欺，久之，有許大自在快樂。夫子說好學，亦非有增於忠信，特日用省覺保任之耳。❶

我輩在此爲自家性命，事無有重大於此者。伊川曰：「餓死事極小，失節事極大。」今人役役於名利，只爲軀殼放不下。若見得「餓死事小，失節事大」的意思，世間更有恁事勘不破？

釋氏朝夕只理會此事，我輩在家在外，許多牽累，不賴師友夾持，便要沉溺。然至於日用應事，風波摇蕩時，須自家做主，又靠師友不得。不靠師友，亦不離師友，用自作方便。

客有持齋念佛，不合於家人父兄之心者。先生深示之曰：「學術不外尋常。舍了家庭，更無所謂學者，故吾儒以堯舜之道盡孝弟。六祖謂『心平何勞持戒，行直不用脩禪』。可見所重有在，豈徒吃一口齋，便足爲究竟法耶？因吃齋素，使父兄家人盡成乖戾，是何佛法？此雖謂之尊佛法，實是背佛門也，可深思之。古德云：『萬法無過方寸。』此心不明，終靠佛力不得。」已而先生又示之曰：「萬法總是調心，如釋門中教人布施，所以破慳心；禮拜，所以破慢心；持齋，所以破殺心。種種方便，總不出

❶「忠信的人」至「保任之耳」四十二字，清華本作「究學問之極，亦不過是忠信。夫子説好學，亦非有增，特日用省覺保任此忠信而已」。

調理自心。豈外有功德可希冀耶？」

坐中歌慈湖詩：「若問如何是此心？能思能索又能尋。」陶石簣曰：「能思能索既是心，如何佛斥阿難云『此非汝心』？」先生曰：「若言心不思索，則心是槁木死灰矣，故云『能思能索又能尋』。若言思索是心，則心有起滅斷續矣，故云『此非汝心』。能思能索者，即心即佛；此非汝心者，非心非佛。」

或曰：「人非大悟，畢竟是箇愚夫愚婦，與聖人終不同。」先生曰：「聖人亦只做箇愚夫愚婦。」曰：「如此，則愚夫愚婦就是了？」先生曰：「是則是，只是不知。」

論地獄、天堂之義。先生曰：「莫擬外跡，但看自心。辟如有人身在禁中，心不恐怖，終日快活自在；有一人身在外面，世事營營，心日愁苦，如繫枷鎖。此將以誰爲天堂，誰爲地獄乎？」

先生曰：「學問只在心悟，全不由見聞幫湊。雲菴上人者，自陳歷履，説己蕭山人，不識一字，家貧，傭工。後入郡，與人舂米爲活。因在苦中起修行之願，止知念佛。過一二年，有教之拜《蓮經》者，遂日舂米，夜拜經。凡五年，拜至七十餘部。一日心開，晏坐樓頭，微微自笑。有道友見其獨坐，問曰：『子得些什麼耶？』菴曰：『有何可得。』友曰：『何故笑嘻嘻耶？』菴亦自笑，從此身心泰然。老來不能舂米，在市中化飯盞度日，今十餘年矣。予與之語，見其瀟洒自在，承當直截處，雖積學飽參，不能遠過。眼見僧人，如是者絶少。學問果從外得，從自得耶？觀此僧可省矣。」

祁爾光問：「入門工夫，若克伐怨慾不行，何如？」先生曰：「克伐怨慾不行，識得主腦，此工夫亦難少。程子曰：『學者先須識仁。』象山曰：『存養是主翁，檢點是奴婢。』夫四者之不行，是奴婢，不是主翁，須識得仁方可。譬如人知得自家屋裏，然後修葺鋪設，自有不容已處。若不曾認得屋裏，則修葺鋪設等，有何下落？」問：「仁如何識？」先生曰：「克伐怨慾，對境而有，對境之時，境從何起？境未起時，心從何着？如此密密參求，閒忙不舍，到豁然處，冷暖自知，非可以言喻意解也。」

先生語范淳之曰：「此事未入門的，要知易；既曉此事者，又要知難。今人略曉意思，便一向放縱去，如何使得？只爲看得易了；有一種不肯用力，又是看得難了。」

袁德玄問：「手持足行是道，不持行時，如何？」先生曰：「子以何時爲不持行？」曰：「即如睡着不做夢時，亦不得謂之持行矣。」先生曰：「無有二也。」曰：「持行不持行，分明不同，何以不二？」先生曰：「子當手持足行時，持行焉而已，不知持、不知行也；當不持行時，不持行焉而已，不知不持、不知不行也。如此，則同於不知，豈有二耶？」曰：「既不知，則何以謂了了常知耶？」先生曰：「當持行時，便知持行；當不持行時，便知不持行。豈非了了常知也耶？知而不知，不知而知，總無有二。悟至此，則道亦强名，何宜復有是道非道之疑也哉！」

先生謂諸子曰：「我朝國號大明，不獨掃清胡元，乾坤再造，乃理學實至本朝而大明。聖經道奥，宣洩昭朗，如日月中天，與國號相符，比之五星聚奎，抑又盛矣。惟是諸書自行於下，學宮未頒。所以考試取士，有用近説者約束甚嚴，甚至廢置黜落，不特人才可惜，而要之理學宗旨，亦須覈歸至當。爲今之計，居言責或在廟堂者，宜昌言一疏：其經書大全，一切仍舊，不敢議更，惟於大全之外，會集名儒，搜括漢、唐、宋之遺文，及采取本朝諸儒之所發揮，編輯訂正，另爲一書，以羽翼大全。或有説宜兩存者，或有稍宜變通者，務究孔氏之真宗，期於不謬不惑，以之頒行天下，傳示將來。大道爲公，豈非千載一時！事有似緩而實急者，莫逾於此矣。」

先生曰：「唐、虞、三代君臣，只是講學。當時君臣既以此相講，則知天下無一人不以此爲事。後來杏壇師友，會聚問答，亦無有一時不講。吾人言稱堯舜，誦法孔子，舍此榜樣，其何師也？或謂見前實踐，無非是學，何必立講之名？夫此正與『何必讀書然後爲學』之言相類耳。嗟乎，豪傑之士，無待而興。不然，鼓舞興起，全在德位之君子。昔羅近溪先生對執政言，須勸天子講學，此千古大關件。留此議論，當有任之者。華亭相公在政府時，令入覲官員及會試舉人會講顯靈宮，自書疑義，送至會所。此亦希逢之盛事也。」

問：「夫子之道，忠恕而已矣；堯舜之道，孝弟而已矣。師常拈舉此語。吾輩講學，恐亦只講得到此？」先生曰：「此語雖常拈舉，中有箇喫緊處，汝輩漫然已乎。」曰：「何爲喫緊？」先生曰：「喫緊在『而已矣』三字。『而已矣』者，曾子、孟子大休歇地也。」曰：「請問如何？」先生曰：「謂之『而已矣』者，信領得及，承當得過，疑慮盡忘，馳求頓息，故謂之休歇耳。蓋『忠恕』二字，當時惟曾子信領得及，便謂無餘，所以一唯之外更無言，即同時門人莫與。後來謂借此明彼，由勉至安，去之益遠。近雖不如此説，而徹底無疑，真能『已矣』者亦難。徐行盡孝弟，孝弟盡堯舜，亦惟孟子承當得過，灼然無疑。所以語下再不將第二義示人，到處接引，要人承當堯舜。余嘗問一友人：『子服堯之服』三句如何解？其友答言：『此亦不在迹上求，只服無不衷，言無妄言，行無妄動，便是矣。』余謂此説甚好。我再問汝：『汝今服無異服，堯服矣；相對論證，堯言矣；起坐如禮，堯行矣。即今是堯，毫無疑否？』其友低頭擬議。余喝之曰：『既而已矣，更擬議箇甚麽！孟子豈哄汝耶？』然而人到此不擬議者，亦少矣。『服堯之服』四句，人皆謂工夫在服，在誦，在行，而不知精神全在『是堯而已矣』一句上。於此承當無疑，方可謂之真服堯服，真誦堯言，真行堯行。蓋非强合，始步步皆真；不等待，乃時時是實。不然，早相隔截，祇成優孟學孫叔敖耳。此所以不可不知喫緊，務求個信領承當也夫。這一信領承當，不是意見，不是伎倆，用多少參求，須多少醒悟。所以講學力行，全是爲此。若漫然過去，失却淵微，亦可惜已。」

己亥季秋，先生同石匱陶公及郡友數十人，共祭告陽明之祠，定爲月會之期，務相與發明其遺教。先生語諸友曰：「我輩去陽明先生之世，幾八十年矣。陽明先生初倡此學時，不知經多少風波；後賴龍谿先生嗣續，亦不知受多少屈抑。今日我輩得此路頭，坦然趨步，可忘前人之恩力耶？蓋當時人士，只疑良知之教不切躬脩，是以非詆，曾不知所示格物處，俱是日可見之行，何等着實。今遺教具在，我輩正當以身發明，從家庭中竭力，必以孝弟忠信爲根基；在境緣上勘磨，莫爲聲色貨利所玷染。習心浮氣，消融必盡；改過知非，絲髮莫縱。察之隱微，見之行事，使人知致良知之教，原是如此。然後微言始著，吾道益明，是乃所以爲報。不然，足不從口，言是而行非，使人致疑我輩，而因以疑於相傳之教，是非惟不足爲報，而且以敗壞阻塞之。其爲罪戾滋大，又何取于今日之創會。言念及此，吾輩其可不凜凜然懼，而亟孜孜矻矻以共勉也哉！嗟乎！越有陽明，猶魯有仲尼；龍谿，一唯參也。今日正須得一孟子，而後仲尼之道益尊。誰其任之？各自力而已矣！」

先生與石匱陶公及諸友二十餘人遊於戈山，隨飲張允及宅。酒闌，一友曰：「我輩學問，頭腦雖一，方便不同，連日講論已多，亦從人受用，各各當有下手用功處，試言之。」諸友隨有所陳。陳畢，請問陶公，曰：「去偷心。」又請問先生，曰：「孝弟。」

辛丑中秋之夜，昏時微雲稍翳，已而雲淨月朗。諸友迎先生，凡五十餘人，宴於碧霞池之天泉橋。酒數行，先生曰：「此橋乃陽明夫子證道處也，證道在嘉靖丁亥歲。先三年甲申，亦以中秋燕門人於此，在侍者百餘人。月白如晝，酒酣歌發，諸生興劇，陽明子樂之，有『鏗然舍瑟春風裏，點也雖狂得我情』之句。今日我輩復燕于此，秋同節也，地同景也，月同明也，歌同聲也，人同濟濟也，真是百年希有之遇。既值此遇，便當不負，即如所謂『得我情』者，何情耶？豈賞玩光景凡情而已耶？又豈賞玩光景之外，別有所爲道情在耶？邵子云：『未必逢春便得春。』且道今夜逢秋，誰個得秋？又云：『眼明方會識青天。』且道今夜見月，誰個眼明？於此得個悟入，方爲不負斯遇耳。萬古此中秋，萬古此明月，從人領略。百年幾中秋？百年幾明月？切莫蹉跎。」先生語畢，又賦詩一章以紀之。諸友有屬和者，乃更引酒浮白，歌笑盡懽，更闌而別。

先生曰：「庚子之秋，予視兒輩應試赴省。時彭智甫、劉特倩俱不與科舉，就試遺才不録，又試大考不録，絶無入場之望矣。日過予寓，燕笑賦詩爲樂。已而復泛舟湖上，遨遊未歸舍。適宗主以場中席舍有餘，訪求名士，而智甫、特倩與焉。時已八月初八日矣。明日，遂得入院。揭曉，二子中式。夫科舉取之考外，一奇也；臨期猶未渡江，若將有待，又一奇也。由此觀之，事一切皆有數命，不必皇皇。諸友遇試，視此可以自安也已。」

鄭世德問：「朋友久要之誼，或心盟不在責諸耶？」先生曰：「我輩相期，全重信約，即尋常語言，亦難違負。古人有約在千里之外、數年之後而不爽者，務存此道。」

癸卯春，王世韶隨乃翁北上。先生書扇頭二段與之，曰：「『道理只是平常』，此爲好奇作怪人言耳。若實欲負荷此事，非有超人之識、過人之行，人趨我不超、人取我不取一種孤高品格，恐終難與言道。孔子云『不可彫』、『不可杇』、『未足與議』，皆謂是也。故我輩切不可以『平常』二字自騙自過。」　「人未知學問之事，未負學問之名，而悠悠然，泄泄然，無責之笑之者。既知之、既名之矣，而猶然悠悠泄泄，若此者，非特人笑之，鬼神亦笑之；非特人責之，鬼神亦責之。思量至是，豈不赧然，豈不汗然？可復泄泄，可復悠悠已耶？」

南都會語

或謂蘧伯玉之賢，何五十而始知非？先生曰：「伯玉知非，恐不是言行有可指摘處，直是其着意用力，有一生執以爲是者，而今始覺其非。辟如醒時想醉時，雖恭謙，皆非也。此其徹悟之時，至六十而化，則無是無非，無知無不知矣。」

一日，過敬菴公，公語之曰：「學只是言忠信、行篤敬便是。」先生曰：「然忠信篤敬，飲食也，日用自不可少，恐還要知味。❶『立，則見其參於前也；在輿，則見其倚於衡也』，正是説知味處。」

或曰：「學雖在此講，須再去躬行。雖説學聖人，聖人終不可易語。」先生曰：「真躬行，無等待，真學聖，❷亦無等待，皆須當下便看：即今是躬行，爲未躬行？是與聖同，爲與聖異？若謂此時不躬行，則是道可須臾離，見今作何事？若謂此時即躬行，緣何蹉過當面，等待他時？若謂此時與聖異，則聖人能於此際加得什麽些子？若謂與聖同，則何爲退托，自畫自輕？」

一日，會講設饌，偶有鰣魚。一友曰：「此魚未經貢獻，似不當食。然衆食我不食，將謂立異。請問食是？不食是？」先生曰：「但看自心，不必問人。自心真見得不當食，決無許多顧忌商量。漫然相問，是口非心。心不自真，問人無益。」

一友謂學莫先義利之辨。先生曰：

❶「味」下，浙圖本有「在曰如何知味曰」七字。

❷「聖」下，清華本有「人」字。

「更須識取當下。」曰：「當下如何？」時天暑，人各摇扇。先生舉扇示之曰：「只此一摇，義耶，利耶？辨耶，不辨耶？」其友默然。

孟公連洙，以一銀鍾贈李樵山，爲旅中資斧。樵山璧歸之，不受。孟公乃椎破其鍾，再致之，曰：「以示必用，無卻。」樵山受而卒不忍毁，復拓而全之，以與諸生行酒。一日燕集，偶論未發之中，未竟，樵山以鍾勸酒，問曰：「這鍾與那中，是同是異？」時解者紛紛，皆不契。以問於先生，先生曰：「諸君須要有孟公手段，椎破了，我與他說。」樵山大笑。當下俱各有省。❶

一生問曰：「學不能離見聞？」先生曰：「學者於見聞，如人飲食，飲食所以養人，却須脾胃消化。脾胃消化，則雖烏頭附子，可以理病；脾胃不消化，則雖膏粱芻豢，皆能殺人。今人只揀好飲食，不顧脾胃，❷吃食不消，病從食生。」

一友不喜聞佛。先生曰：「闢佛須自有安身處，不可茫然隨俗詆毁。如朱晦翁闢佛，其自身如泰山喬嶽，有安頓處，不如今人茫茫然隨人口轉也。然其所闢，亦皆二乘之學，游定夫所謂彼不自以爲然者。世間若盡作二乘見解，亦不成世界。能知如此，闢佛者亦不可無，吾亦不敢不敬承之也。」

或謂道在天地間，須要超人頭地的方行得。先生曰：「天地間有個甚麽，只依本分，平平行去便是。卑污的與道無與，奇特

❶「樵山大笑當下俱各有省」，清華本作「曰：『椎破將何行酒？』先生曰：『未發難道無中？』」。

❷「胃」下，清華本有「消化」二字。

的亦與道相懸，非卑污，即奇特，去此兩病，無別有道。」

或問曰：「某終日尋求，只撈摸不着，奈何？」先生曰：「元是無可撈摸的，要撈摸個甚麼？」

或問：「象山、陽明之學雜禪，是否？」先生曰：「子還體認見之，抑隨聲和之者？夫禪與儒名言耳。一碗飯在前，可以充飢，可以養生，只管吃便了。又要問是和尚家煮的？百姓家煮的？」或曰：「是飯便吃，將無傷人而不覺乎？」先生曰：「傷人者，祇恐不是飯耳。若是飯，豈得傷人？爾欲別其是飯非飯，須眼看口嘗始得，不可懸度。二公之學，若是棄君臣、離父子，一切與人不同，這便害人，不是飯矣。今二公所舉者孝弟忠信，所扶者倫理綱常，朝饔夕飧，家常無改，試受用之，便自知味。何得隨聲妄度，只在門面上較量，不思自己性命，求箇實落安頓處？真爲可憫可悲之甚也已！」

或云：「學者發願須勇猛，工夫却須從容做去。」先生曰：「發願處便是工夫，不可分兩截。」吃茶餅次，或云：「人雖愛喫此餅，却一口喫不下。」師曰：「纔吃一口，全體滋味已無餘，口口吃去，不離一口。」

或問云：「『君子無終食之間違仁。』如今喫餅，心不在焉是『違』；若把持不令外走，又覺執着，亦是『違』，奈何？」先生曰：「汝却被講學虧，汝不講學時，只如此喫餅去，何曾有許多圖度？須是還他平日始得。」

或問：「佛氏有神通，吾儒獨無神通，何也？」先生曰：「目含萬象，耳含萬聲，鼻含萬臭，舌含萬味，見前俱是神通，此人人所同者，何謂無神通？至於作用不同，則不可盡泥。如邵康節之先知，濂溪不做；大禹之神功，后稷不能。聖人之所以爲聖，全不在此。」

王調元述泰州唐先生主會，每言學問只在求箇下落。敢問如何是下落去處？先生曰：「當下自身受用得着，便是有下落；若止懸空説去，便是無下落。」

王調元誦書有錯，云是矜持之故。先生曰：「這矜持，可是戒慎恐懼麽？」調元曰：「此不是戒慎恐懼。」先生曰：「然則不矜持是否？」調元曰：「不矜持，又恐放逸。」先生曰：「如此，須理會戒慎恐懼明白。」調元曰：「如何理會？」先生曰：「《中庸》分明言『戒慎不覩，恐懼不聞』。」調元曰：「不覩不聞，如何認取？」先生曰：「我若可以説與，則覩聞矣。」

志乃最初起念，是吾人因地，終身結果，只成就得這一念。孔子十五志學，便從性命起念。鄭玄居家考索，便從著述起念。孔明自比管、樂，便從勳業起念。叔子峴山墮淚，便從名稱起念。儀、秦力攻揣摩，便從勢利起念。禪家爲一大事因緣，便從生死起念。今日吾輩從事此學，要看從何處起念。於此草草，不可言學。

當初象山先生在鵝湖爲諸生説，故從科舉處説起。然吾輩追思，實是一向汩没，所謂自從「上大人丘乙己」時便錯了也。回頸轉腦，正在今時。若更向書册中討聞見、博名高，不推窮到自己着實處，則是汩没中又汩没，深爲可惜。

信能及者，當下即是，稍涉擬議，即迢迢萬里。然有程途可涉，人便肯信；不行而至，便自茫然。所以開口實難。

人到諸事沉溺時能迴光一照。此一照，是起死迴生之靈舟。千生萬劫，不致墮落者，全靠此。

一日會講，敬菴許公曰：「大舜齋慄之孝，一片精誠，爲感格有苗之本，所以萬世稱聖。」先生曰：「後世泣竹笋生、卧冰鯉躍，諸人之孝，精誠亦至，乃不得稱聖者何？」公曰：「諸人不曾擴充，他事不能盡如行孝，偏全不同，是以有别。」先生曰：「一日復禮，天下歸仁，朝聞道，可以夕死，何不言他事全不全耶？且一孝立而萬善從，諸人孝既精誠，何無善從之應？或者謂舜爲明察之孝，而諸人猶行矣不著，果如斯言，則病在不著。夫孝，至真誠可矣，而又當如何求著？此殆未可忽也。」公曰：「王祥、孟宗之精誠，豈得遂比大舜？且看舜號泣旻天，負罪引慝，固是精誠之極；而焚廩則脱，浚井則脱，與夫不告而娶，又何等達權知變。卒之存其身以豫其親，此所謂聖人之孝也。豈若他人，一念一事偶發於精誠，而不知曲盡事親之道，或至傷生滅性，則正所謂行矣不著之弊也。」先生曰：「若就精誠論，謂泣竹卧冰不得比於號泣旻天，恐王祥、孟宗不服。論舜之孝，直要觀其焚廩浚井，與夫不告而娶，達權通變，方謂之行著，則是號泣旻天、負罪引慝處，皆未足以見其孝之全矣。所論行著，恐不宜如是也。愚葢以爲誠使行之而著，則雖問寢問安，尋常小節而已。該天經地義之全，使行之而不著，則雖達變知權、全生曲體，而亦不得爲明物察倫之聖。故論聖不當在每事上求，而論行著，不可以一念一事而忽之也。」

公曰：「充得孝弟盡時，即堯舜之道，

亦不過是。」先生曰：「孟子只言『堯舜之道，孝弟而已矣』。若加個充得盡，則是孝弟猶未盡也。」

公曰：「不從經綸而語立本者虛，不知立本而語經綸者粗，不通造化而語經綸與立本者淺。」先生曰：「經綸、立本、知化，三者一體異名，一時俱了，根源只在至誠。《註》云：『此至誠，自然之功用。』義亦自明。若謂于立本處求諸不虛，于經綸處求箇不粗不淺，則全然有倚矣。」

公曰：「曰孝，曰仁，曰道，本同一原。大小深淺，從人理會，豈有二耶？若所云『朝聞夕死』，『一日克復，天下歸仁』，此等地位誠不易言，亦由人妄圖襲取不得。顔子必既竭吾才，而後有卓爾之見；曾子真積力久，而後唯一貫之傳，並非言解所及。學顔、曾之學，但竭吾才而已矣，但從事忠恕而已矣！深造自得，一旦豁然，不由人力，可入商量耶？近時學者喜談禪理，惟求妙悟，浮慕朝聞夕死之境，而不循下學上達之規，甚則躬行疎略，私意叢生，而自謂見超上乘，了悟生死，惑也久矣！」先生曰：「如前所諭，語語切實，人人所當佩領。但今日論辨之意，非謂躬行可略，只欲於躬行處識箇旨歸，不徒爲不著不察之行習而已。如所云理會二字，❶斷不可少也。妙理誠非言解所及，而古人學問思辨之功，正以求明其不可言解者耳。不然，《大學》何以首提『知止』，《中庸》何以根歸『明善』？知也，明也，即所謂悟也，非必禪門始有也。深造自得，一旦豁然之境，固不可以商量而入，亦豈可以盲修而致耶？謂：『顔子竭

❶「所」，清華本作「前」。

才而後見卓爾，曾子真積而後唯一貫。學顔、曾者，竭才而已矣，忠恕而已矣。』誠然誠然。但所謂竭才忠恕，亦未可易語也。顔子仰鑽瞻忽之後，方説得個竭才；曾子既唯一貫之後，方認得個忠恕。不然，所竭何才，忠恕何物耶？朝聞夕可，一日克復，天下歸仁，此等地位，中道而立。若執以爲不易，而一經拈舉，便道妄圖襲取，則是聖人言皆虚設，徒令好聽而已，恐不如是也。下學如飲食，上達如知味，味固不離飲食，而飲食則必知味。執原憲之學，亦稱是下學也，而上達終自昧，則聖人之所謂不知也已。」

公曰：「謂儒、釋無異，以悟爲宗，竊恐於孔門道脉稍隔一指。」先生曰：「悟之一字，前云即知即明，知知止明善爲孔門道脉，則避却悟字亦得。至于儒、釋同異，從來辨論已多，不必重舉。今日所辨，在儒門中之異同，如所謂由仁義行，與行仁義，同一仁義，而真僞迥殊，不可不知。學術之辨，爲此而已。」

問：「無善無惡，則爲人臣子，何所持循？」先生曰：「爲人臣者，只求免于不忠；爲人子者，只求免于不孝。如此持循，工夫儘有可做。」曰：「聖人，忠孝之極也，然則希聖非與？」先生曰：「止敬曰文，大孝曰舜，此自人稱之耳。若文王小心翼翼，曰臣罪當誅，何嘗有忠？虞舜負罪引慝，曰不可爲子，何嘗有孝？今人只要立忠立孝，便是私心。聖人之心如此，吾亦如此，謂之希聖，不得其心，而徒慕其名，去聖遠矣！」

問：「龍谿子與近溪子語録如何？」先生曰：「龍谿子之語，上、中、下根俱接得着；近溪子之語，須上根方能領略，中下根人，輳泊不易。」

何應咸問：「六祖云：『本來無一物，何處惹塵埃？』又云：『仁者心動。』不知仁從何來，心從何起，乃有動耶？」先生曰：「汝看自己這一問，從何來？從何起？是動是不動？是有物是無物？不必問人。」

何應咸又問：「子云：『吾道一以貫之。』又云：『朝聞道，夕死可矣。』是但得一，萬事畢，更無等待，更無漸次矣。而又云：『十五志學，三十而立，四十而不惑，五十而知天命，六十而耳順，七十而從心所欲，不踰矩。』儻夫子以六十終也，尚從心不得耶？從心不得，如何能貫？如何死得？凡此微言，望爲剖悉。」先生曰：「汝看大日輪升天，朝時初出，午時中天，夕時一日之照始圓。光之和猛，步之推移，不可云無漸次。此所以有『志學』至『從心』之分。然只這一箇日輪，無第二箇，豈非『一貫』？初出時，光便完全，就使未到中天，欠缺什麽？何不可死之有？然此都是解説，須自親證。汝但回光自照，看每日穿衣吃飯，入孝出弟時，這是什麽，一耶道耶？學耶矩耶？若不是，應非別有；若是，又如何貫？如何聞？如何志？如何不踰？要求下落，不可只向聖人身上揣摩，空爲語句文字所礙也。」

問：「無善無惡，則世有敢諫之節、康濟之猷者，非爲善而何？」先生曰：「無善可爲，爲善則非善矣。《孟子》言『乍見孺子入井』二句，最可體驗。今人若乍見孺子入井，必然驚呼一聲，足亦便跑，跑到定然抱住。此豈待爲乎？此豈知有善而行之者乎？故今有目擊時事，危論昌言者，就是這一呼；拯民之溺，八年於外者，就是這一跑；懷保小民，哀此煢獨者，就是這一抱。此非不足，彼非有餘；此不安排，彼不意必，一而已矣。今人看得目前小，事業大，忽却目前，着意去做事業；做得成時，亦只是霸功小道，去聖學不啻天淵。三代之治，必不可希，此所以學術不可不明也。『唐虞揖讓三盃酒，湯武征誅一局棋。』此皆了徹之語，而人但以爲譬喻設言，亦可嘆已！」

問：「致中和後，須有許多裁成輔相，方纔得位育。至星辰順軌，動植咸熙，此亦不是容易，也須積久。」先生曰：「如此，則子思爲不了之談矣。即致即位即育，不是功效，無有等待。今有患頭眩眼昏者，天地便摇動，四方都易位；頭目清而天地正，四方定矣，非天地位乎？今有心氣乖戾者，眼前物物可憎，都不停當；静後見萬物皆有春意，滿街都是聖人矣，非萬物育乎？裁成輔相，一一不少，即致中和内，不必更言；星辰順軌，動植咸熙，一一不外，即吾心之天地萬物内，不可分看。下文盡人物、贊化育，即在盡性内；形著變化、博厚、高明、悠久，即在至誠内，皆同此旨。此旨不明，則支離之學起，而《中庸》之旨湮矣。欲做真學問，欲顯真事功者，不可不於此了徹也。」

周海門先生文録卷之三

門人 上虞鄭一驥　山陰錢宗經
　　 山陰劉　埈　山陰王繼𤏡校梓
　　 　　　　　　會稽范繼華

剡中會語

辛丑二月，會于惠安僧寺。趙學訓諭良知未足盡學，須從不覩不聞上着力。先生謂諸士曰：「趙師之言或以救弊，恐人不知良知，而以情識爲知，故指示箇『不覩不聞』，使之認良知不錯。若真謂良知不足以盡，而更求之『不覩不聞』，則是不慮之知尚有覩聞在，離良知之外，又有箇『不覩不聞』，爲病不小，大須善會。夫良知即是不覩聞，不覩聞即是良知。今日便提箇不覩聞亦可，只是不覩聞如何着力？今日大衆雲集，中亦有初入門者，未免茫然無路，不可不示之切實也。蓋《中庸》首言『戒慎不覩，恐懼不聞』，而隨言『莫見乎隱，莫顯乎微』。隱見微顯無二，深明不覩不聞即共覩共聞。後又指喜怒哀樂未發謂中，已發謂和，而教之致中和。陽明子特解之曰：『未發不離已發，和即是中。』又曰：『致和即是致中，别無致中工夫。』由此而觀，可見『不覩不聞』無處着力，各人但當從日用間喜怒哀樂性情上調理，察之念慮之微，常自見過，不欺不放，綿密將去，自然打成一片，與道相當。此着實工夫，謂之戒懼所不覩不聞固可，謂之致良知亦可；謂之慎獨，謂之致中和，俱可。上根、中根皆用得着。若教人懸空口説箇『不覩不聞』，便謂玄妙，是重增學人之迷昧矣。」

張我綱、袁祖和、丁光祖及孕淳夜侍，先生曰：「此往書房中，須勤修舉業，來科得發幾人乃可。」我綱曰：「恐有必得之心則不可。」先生曰：「有必得之心固不可，然亦不可謂全不欲得，而漫然爾爾。蓋士人職業不可不修，修而得之，亦以完吾職業。士以文課爲職業，猶農以耕種爲職業。士之遇不遇，農之收不收，固皆聽之在天，不當熱中動念。然而習文課，則將以中式也；勤耕種，則將以有收也。此本然之事，亦自然之理。若士以爲不必中式而姑玩愒，農以爲不必有收而且鹵莽，則舍此何爲？職業不盡，于德業亦非矣。只是吾所謂勤修者，不與鑽故紙襲陳言者同，要從根本着力，從根本發生。吾所謂願發幾人者，亦不爲汝輩自身榮顯，要令人人知此學與進取不礙，假此鼓舞興起接引人故耳。此意則當知之！」

宏甫曰：「綱于舉業進取，常常有意棄去。世路嶮巇，不樂與處，退而明農糊口，未爲不可也。」先生曰：「吾人處世，各安其遇。見在爲士，則當素士之位而行，不可復萌出位之想。若論世路嶮巇，則退處亦有嶮巇。爲士固難，爲農亦不易也。古人有舍富就貧、舍貴處賤者，俱是時勢所遭，流行坎止，非厭彼取此，而有意揀擇。揀擇便非學問。只據見在調服自心，因緣到時，或出或處，自然難違。隨遇而安，與擇便而處，徑路差別，不可不辨也。」

宏甫問曰：「綱聞道理只是尋常，不得作奇特想。然只說尋常，恐人冒認。如貪富貴、厭貧賤，皆以爲常情如此，便承當過了。」先生曰：「尋常者，隨緣盡分，心無異想。有貪有厭，則其畔援特甚，此自是卑陋耳，與尋常不同，冒認不過。若欲冒認，則何語不可冒認？胡廣之中庸，馮道之無可無不可，皆是也。故尋常與卑陋，難以假借，須要識認。」

元旦，諸子集先生宅，因舉去歲元日亦集宅中，一年光景如夢，了不可得。先生曰：「豈惟一年，即適纔事，已了不可得。究而言之，須臾之間，無有停住，只此等處，雖能言之，不能實知，所以不悟。慈湖云：『人雖知有一死，而實不知。』自是切論。」

問：「致良知，只從知是知非上着力，恐非最上一乘事也。」先生曰：「此徹上徹下語。下根者知是知非，而隨覺隨改，於此持循，亦與義外之學不同。上根者一般知是知非，隨覺隨改，只是他悟得知是知非時，雖知是非，而未嘗有知也；無是無非時，雖無是非，而未嘗無知也。如此謂之良知。悟與不悟，存乎其人。良知之教，寧有二乎？」

先生曰：「致良知，須是下老實做工夫。如家庭日用間有不妥處，便須於此知非，知得便改。知要真知，不可自放出路。這個學問，再不許空談。空談得良知活靈靈，成甚用？」有成曰：「心中見得有不安處，極力克治，到得妥當時，是良知否？」先生曰：「若說到妥當時方是良知，即今是什麼？只如此去，且莫分別，若分別，知便不良。」

中甫問曰：「此事究竟如何？」先生曰：「心安穩處是究竟。」

問：「易者，逆也。湯武反之，皆是逆以成聖。然與？」先生曰：「然。」曰：「水之流行，惟取其順，亦將逆之乎？」先生曰：「隄防圩岸，皆是逆以成順。不然，泛濫不由地中矣。」曰：「率性之謂道。率之爲義，順乎，逆乎？」先生曰：「當言而言，當行而行，是順而率之；不當言而不言，不當行而不行，是逆而率之，無非性也。」

問「過而不改」二句。先生曰：「此夫子以簡易作聖之旨示人。凡人所以視聖太高，視己太卑者，皆以爲惟聖人能立于無過之地，而我猶不免于過，何可與聖人同年而語？故一有過失，便自棄自畫。就有改者，猶將前過在念，不忘消阻之意。若此，皆不知如何而謂之過耳。凡人之過，初失不可便謂之過，既改不可追謂之過。何也？初雖失之無心，本體猶不受傷，而復之不遠，隨即消融，則亦何過之有哉？惟過而不改，以無心失之者以有心成之，以前念迷之者以後念遂之，然後乃謂之過。然則過之所以爲過者，全在不改；能改，則人人皆立于無過之地矣。聖人所稱無過者，亦是如此，豈生而無纖毫之失之謂哉！邵子曰：『秦穆公伐鄭，敗，而有悔過自誓之言。此非止霸者之事，幾于王道。能悔，則無過矣，此聖人所以録于《書》末也。』甚矣，邵子深知聖人之旨也！」

中甫問思位：「近來何如？」思位曰：「台前番苦於拘縛，今稍覺開舒，亦有豁然一空時節。」中甫曰：「此亦恐只是枝葉工夫，未識得主宰在。」思位曰：「主宰時時不失，事至物來，心中皆能返照。此能照處，非我之主宰乎？」以問先生，先生曰：「當未返照時，主宰是如何？」思位曰：「此照自然不昧，不必返之乃照。」先生曰：「亦有不及照處，如疾雷不及掩耳，要見主宰如何。」思位曰：「慈湖云疑者亦是此旨，不怕他走到何處去。」先生曰：「貪財嗜色，亦可云不怕走到何處去耶？」思位默然。

或說：「學而時習之，若有一時不習，便不是。如日間好習，即做夢時記得，亦還好習；至睡着不做夢時，如何習得？」先生曰：「且不須說到做夢時，只如今會上與會散時，順境時與逆境時，如何於此校勘做工夫，再商量睡着時事。」少頃，先生又曰：「《易》不云乎：『不習无不利。』」❶

商無射、張時素初謁先生，先生曰：「二賢何所爲而來？」曰：「爲慕道。」先生曰：「平日亦用何功？」時素曰：「采平日雖有此志，實無功夫可呈示，但於聲色貨利染着處，亦知其非，求自改耳。」先生曰：「於過處能知，知了能改，入道功夫，更莫有切于此者。只恐言易行艱，優悠因循，則知猶不知，改猶不改耳。優游因循，亦自能知，知得便策勵起來。只依此着實做去，便是明師，不必外求。」無射曰：「妥平日過失甚多，今始回頭，欲做一好人耳。」先生曰：「我輩在此期約，亦只爲做人，無有別事，然必知人之所以爲人，方做得耳。」無射曰：「人之所以爲人，實不知。」先生曰：「既不知，便須即今反觀：如何是我？我如何是人？務求明白。不明白，只管求，不可忘却。」思位曰：「二兄台素相與，見台持齋，頗疑儒釋不同，今始知釋氏亦是耳。」先生曰：「辨釋氏同異，不是急務。二賢初疑不

❶「少頃」至「无不利」十五字，清華本作「曰：『會時散時，順時逆時，還都是日間事，畢竟睡着時如何習？』先生曰：『日間如何習？』曰：『常不放舍。』先生曰：『以此爲習，宜乎分作兩截。《易》不云乎：「不習無不利。」知不習之利，方通晝夜。』」

同，只是聞人説，今知是，亦只是隨人轉，俱於自身無干。但能知得人之所以爲人，則或同或異，不着問，亦不着辨，方爲自得之學也。」

二友來見，先生曰：「近來志向若何？」曰：「聖人難學，未敢承當。」先生曰：「予亦非强汝爲聖人，只要求免爲禽獸耳。」衆皆惕然。

歌慈湖先生詩：「但只事親兼事長，只如此去莫回頭。」孟剛云：「莫回頭，只是無疑否？」先生曰：「事親敬長，有何可疑？」孟剛曰：「恐是不能推，如王祥等孝，若處處推得去，便是。」先生曰：「又添一推。」孟剛云：「畢竟如何即是？」先生曰：「不知又幾回頭了也。」

宏甫問：「慈湖『不起意』之語如何？」先生曰：「乍見孺子入井，怵惕惻隱，是不起意；内交要譽，便起意了。」宏甫曰：「察識擴充，以全此心，是起意否？」先生曰：「察識只察識此無意，擴充亦只擴充此無意。認得無意，便是察識，常能無意，便是擴充，非有增也。」宏甫曰：「掃除妄心，是起意否？」先生曰：「妄即是意，掃除者意復無意，如日銷雪，掃除亦無。」

中甫問：「如何了得生死？」先生曰：「生死俱是心，心放下，有甚生死可了。」曰：「心如何一時放得下？」曰：「要知孔門説知生知死，通乎晝夜之道而知。」❶

或問先生用功。先生曰：「余口過身過心過時亦不少，只是喜得太阿之柄在手，隨覺隨改，必不敢放過，亦不爲驚慌，調帖

❶「通乎」至「而知」八字，清華本作「知則放下二字俱多」。

將去，如此度日子耳。」

思位問：「佛説放光現瑞，謂何？」先生曰：「此是本有的。夫子温良恭儉讓，堯光被四表，格於上下，都是放光處。」思位曰：「釋迦明説百千億萬刼事，何孔子不言？」先生曰：「夫子言百世可知，百世以俟聖人而不惑，何嘗不言？」思位曰：「夫子只言可知，若釋氏，則明言汝前刼是何人，今刼是何人，來刼復何人，此似不同。」先生曰：「始終不離當下。佛言千百億刼，即言須臾事。汝但返照自身：適一念迷，便前刼是衆生；今一念覺，便即今是佛；再迷，則來刼復是衆生；常覺，則來刼常是佛。各各可言，不待佛也。」

有友人自謂見本心者。先生曰：「如何是心？」友曰：「只今問答而不落意見者是。」先生曰：「如此説，人人能之，則人人見心矣。汝此一答，意見紛然。」偶論鐘聲。先生曰：「還須參入鐘未鑄以前。」友人曰：「鐘未鑄時，其聲呟呟；鐘既鑄後，其聲寂寂。」先生曰：「此是舊説話，莫拾人餘唾。」

思位問：「二六時中，參求到去不得時，但見寂然無物而已，何如？」先生曰：「汝見無物，便是物在。」

一友自咎學不得力，請問方便法門。先生曰：「平日説的，亦曾行否？」曰：「亦行，只不見得力，須再示一路。」先生曰：「我説箇譬喻與汝：有一敗子，蕩廢家業將盡。一日，被人捉之歸家。安妥得一二日，此子輒語人曰：『我回來如此作家，緣何不見發積？』又有一多慾之人，奄奄欲死。一日，被人捉到身邊，節制得一二日，此人輒語人曰：『我近來如此保養，緣何不見彊健？』彼敗子不見發積，道作家無驗，思量得箇聚寶盤、如意珠。彼多慾之人，道保養無功，思量遇箇神仙，得顆靈藥。思量不已，必至發狂；尋覓多方，終當疲死，亦爲可憫之甚矣！」

性甫云：「既知此事，則清夜自思，自知欠發勇猛，幾番内愧汗下。此念不可謂不真，如何轉眼又不覺墮落？」先生曰：「此念初萌，只爲情移境奪，必須百般方便，以長養之。是故親師取友，或看書，或静坐，無非所以長養此念耳。」

論《孟子》「牿之反覆」，先生曰：「此語最可儆省。今人在世，真似枷鎖一般，卑者名利，高者意見，自纏自縛，終無出頭，誠可憐愍。所以象山云：『我只與人減擔。』釋氏曰：『我只與人解縛。』」

問「後生可畏」。先生曰：「大人者，只是不失赤子之心。後生去赤子未遠，無習聞習見，聞道不難，故爲可畏。人將謂其後來之涉歷多、討論博，爲可勝于今日，而不知智故日增，障礙反重，實不如今日未雕之體。故曰：『焉知來者之不如今也。』試看有等後生，不知努力，延至四十、五十，窠臼已成，習心難化。聞見非不多，事故非不熟，而教無所施，言無所受，于道無聞，無復可望，又何足畏之有哉！來不如今，亦可覩已。」

問「人無遠慮，必有近憂」。先生曰：「人以性命爲慮，有深長之思者，方謂之遠，不然，必在目前種種身家之計爲憂而已。心無二用，出此入彼，人當何所擇哉！」

和卿問：「『朝聞道，夕死可矣。』既云『夕死』，形骸魂魄決裂潰散，聞道何爲？但云生順死安，則世之不聞道者，老死牖下，豈皆生不順而死不安耶？」先生曰：

「夕死説形骸魂魄決裂潰散，此正是不聞道之語。世之不聞道者，謾説到老死時，且看眼前利害得失到時，能順安否？知今日，則知那時。」問：「眼、耳、鼻、舌，拂面皆有，經何云無？」先生曰：「如以拂面摸着者爲有，則諸已死皆在，可謂有乎？如以能視、能聽、能臭、能嘗者爲有，則可覩可聞乎？」問：「適外面所對光景，難説是無，今事已過，難説是有，畢竟是有是無？」先生曰：「外面光景，妄見其有；事既應過，妄見其無，皆非真實。辟如當在夢時，在夢説有，有非真有；在夢説無，無非真無，必寤乃明。」問：「顧愷之隣有美女，乃繪爲像，以棘刺其心，隣女輒自呻吟。何故？」先生曰：「揮戈止日，含冤飛霜，泣竹笋生，自心一到，無所不應。」問：「禪家養鵝之説，莫是騙人否？」先生曰：「不受騙者誰？」問：「得道真人多見徵應，有從石間出者，有逆立而化者，有涉深淵而不溺者，何以能如是？」先生曰：「人只是泥于聞見，習見習聞者，便以爲常；乍見乍聞者，即以爲異。人從人身中生出，若只一人兩人，亦説是異。」問：「萬物原是一體，今口言彼此得聞，心思遂有不通，是未免隔絶了。」先生曰：「南人與北人説，口言亦多不聞，饑要食，寒要衣，心思悉悉皆通，何謂隔絶？」問：「高人往往遺落物情，如何？」先生曰：「謂之高人，所以遺落物情。若只尋常，自然無事。」問：❶「佛出離三界，何在？」先生曰：「汝道三界是甚麽？佛今見在，何事出離？」

祖玄問：「相參天命之謂性，毫無所

❶「問」，原作「聞」，據清華本改。

見，但于處家庭間，稍覺得力。」先生曰：「孟子謂：『莫之爲而爲者，天也；莫之致而至者，命也。』孝弟乃不學不慮之良，即此便是天命。」

祖玄云：「相平日凡事但見他人不是，今始覺自己欠缺，不干人事。」先生曰：「學問只在自反。孔子曰：『反求諸其身。』孟子曰：『皆反求諸己。』此是第一關鍵。不但人有拂逆，即雨暘寒暑之不調，昆虫草木之不遂，俱須反歸自己。」

閲「視思明」課，有瞽者在前。先生曰：「如此人者，思明工夫如何用？」衆默然。

問「視其所以」章。先生曰：「此舊作觀人看。聖賢用功，似不向別人身上着緊。視、觀、察，皆是反照之功。凡人日用不知，醉生夢死，只爲不自視、不自觀、不自察。誠能反而自視我視聽言動、食息起居何以能如是，必有『所以』；觀我此身何所由來，察我安身立命處何在，反覆諦審，微細參求，即《易》所謂『原始反終』、『窮理盡性』之實功。如是，則生人之理了了目前，更有何隱匿而不著察哉！語云：『人有至寶，蔽在形山。』此『廋』之謂也。知生知死，知人知天，學者頃刻難違之功。若只在他人身上觀察，孔子云『夫我則不暇』；況鏡明則妍媸立辨，『抑亦先覺』，何用此深刻爲也。」

承節問：「和對境易失脚，❶奈何？」先生曰：「因地失脚，就地掙起，掙起便走，遵道遵路去，莫爲着忙。」

中甫問：「百姓日用而不知，如今坐在這裏，如何用知？」先生云：「坐只是軀殼

❶「和」，清華本無。

傀儡登場，畢竟有人在。世人不知，只認軀殼爲身，軀殼在，便道是生；不在，便道是死。然則堯舜其心至今在，當是何物？孔子云『知生』，知此而已。」和卿問：「知本來的又是何物？」先生曰：「本來之知，無能知，亦無所知。若未知，須求知，乃合本來之知。打頭儱侗不得。」

宏甫問：「本體處處圓融，雖當作惡時，亦是此體否？」先生曰：「説是也得，説不是也得。如人一旦發狂，可説是此人，可説不是此人。」

國芝問曰：「慈湖云：『聞過而意不逆，千百無一二。』夫聞過而意逆固非，若慮人意逆而不直告，恐亦非朋友之道。」先生曰：「只是照管自己，自己不意逆，便不慮人意逆。聞過之勇，與直告之忠，一個精神。」❶

問「君子尊德性」章。先生曰：「『尊德性』節，説得何等微密；下節『居上不驕』等語，何等平實。上節只在下節見，下節只是上節事。末『其斯之謂與』，直指上一節。」

孟剛問：「鈺只是放不下。」❷先生曰：「莫是境上打不過麼？」孟剛曰：「然。」先生曰：「雖聖人不能無過，只改便了。然此等疑懼，皆緣不識自心故耳。」孟剛曰：「只是常有昏擾擾時。」先生曰：「當昏擾擾時，知得昏擾擾的是甚麽，於此識得，何怕他昏擾擾。此體毫無虧欠，與聖人無二，只要信得及耳。」孟剛恍然有悟，起曰：「此便足究竟否？」先生曰：「何爲問我？」孟剛禮拜。

歌「春到人間草木知」之句，先生曰：

❶「一個精神」，清華本作「一時俱了」。
❷「鈺」，清華本無。

「汝輩且道草木如何有知？」可大曰：「草木自有良知在。」先生曰：「怎見得他有良知在？」可大曰：「若無良知，何以時到便能生長？」先生曰：「瓦礫有知否？」若言無知，何與草木異？若言有知，何不生長？」衆未達，請問。先生曰：「汝輩正不宜向草木瓦礫上理會。當時格物之學，向物物上格，如何得了。陽明只歸本自心，且此亦非獨陽明之旨。孟子言：『萬物皆備于我。』萬物皆備，草木瓦礫豈在外乎？故草木瓦礫之知，乃我之知；我之知，即草木瓦礫之知。生長者生長，不生長者不生長，皆我之知體，知外無我，我外無草木瓦礫。」

鄉農張嘉相割股療父，先生以字旌之。是日來謁，先生因語諸子曰：「此人朴實無知，乃能盡孝若是，可見良心自具，不由學習。多有士人讀書萬卷，家庭中一字用不着，雖多讀何益。」

時諸子皆赴試，先生曰：「爲學正在遇境時磨煉，❶即如諸子應試，若便以此着忙，則雖平時言出成經，亦是空談。譬之治家者，聚積家資，凡爲衣食受用爾。若無益于用，即千倉萬箱，何益？」良甫曰：「此工夫全在平時。」先生曰：「無時無處不是工夫。當對境時，如三軍對壘，正是我見功之日。」

和卿舉一友人着意欲做好事，但語及上一層者，即以爲涉于禪學。《程門微旨》中所云「此箇」等語，皆不能信。思位云：「此等人雖見地未超，然既欲爲好事，引進亦易。」和卿云：「恐窠臼已成，拔之甚難。」先生曰：「肯入頭，則此等人如菜作菹，加人百倍；若不肯回頭，恐漸流入鄉愿而不

❶「煉」，清華本作「勘」。

覺，固可敬，亦可懼也。」

無射問：「『本來無一物』，與『不誠無物』之物，是同是異？」❶先生曰：「本來無一物，即是誠。」曰：「如何『不誠無物』？」曰：「如耳無物然後聽，有物則聽而不聞，不成耳矣；目無物然後明，有物則視而不見，不成目矣。推而至于酬酢萬事，若有一物，便顛倒錯亂，事不成事，此之謂『不誠無物』。」曰：「兩『物』字畢竟不同。」曰：「形色，天性也。豈離物之外，而别有無物之物？謂之同亦得。然無物如水，有物如冰，不誠無物，與本來無物，有冰水之分，謂之異亦得。」❷

數友新進，請示。先生曰：「今士子讀聖賢書，只曉得將來取科第，榮身家，父兄之所以教，子弟之所以學，全在於此。所以一生沉埋，不復知有身心大事。今新入門者，須知聖人立教，句句皆爲我的身心而發。如《大學》開口便説『明德』、『親民』，須眼前即體認此時德如何明，此時民如何親。《中庸》開口便説『天命之謂性』，須即今反看自身，如何是我性，如何是天命。《論語》開口便説『學而時習之』。學者，覺也。我今如何覺，着實向己躬下參尋，方可謂之讀書，方可謂之聖賢之徒。若浮空只學幾句文字，取得科第便了，如鸚鵡學人口語，空過一生。聖人立教之意，豈如此而已乎？新入門者，務要於此猛省。我輩聚會，也只爲提醒這一着。孟子惓惓啓人思，各人須自着實去思，能思方有覺。」

❶「與不」至「是異」十一字，清華本作「又云不誠無物者何」。

❷「曰兩物」至「異亦得」五十九字，清華本無。

子嘉問：「賓今試不利，自家亦勉强把持，只當世情冷暖不得。」先生曰：「把持固好，然須看破，方纔妥帖。冷暖不是世情，是你自心。」

思位謂：「台學力只是起倒，奈何？」先生曰：「但恐全不相干，無有起倒可言，則無如之奈。今説有箇起，便好保任，有箇倒，便好扶植，正好進步，莫自諉自輕。」

喻允瑛入會聽講，和卿曰：「此子性頗近正，居常覽書史，遇古人名節處，輒稱歎不置，所向慕在此；至諸儒語録，猶未識旨趣。」先生曰：「喜名節，便是善根，只恐喜之不真耳。名節豈容易，必是舍得身命。他時舍得身命，須眼前輕得嗜欲，懸空浮慕當不得。即此一念，推求勘驗，莫令埋没，待得名節真時，再與商量語録。」

思位問曰：「台常因念慮紛飛，甚爲着忙，今稍覺定疊，不知若何？」先生曰：「不見本原，惟在念慮上遏抑，以妄滅妄，雖暫寧息，終非了期。孔子曰：『苟志于仁矣，無惡也。』何紛飛之患？」思位曰：「敢問仁是如何？」先生曰：「念慮紛飛處看。」

祖玄問曰：「相近心無所着，但覺昏昏黑黑地，奈何？」先生曰：「汝聲色貨利當前時，亦昏黑得去否？」祖玄曰：「此際又覺昏黑不去。」先生曰：「如此，還欠昏黑。」

祖玄曰：「境緣當前，只見得是者便做，不是者便不做，恐工夫亦只可如此用。」先生曰：「境緣當前時如此，境緣未當前時如何？」

周竟志問：「成時常亦能提起，然對境時未免有過，奈何？」先生曰：「人誰無過？只患不能改。有過便改，不妨。只怕你提起處頭腦先差，過不獨在對境之時。

《中庸》云『明善』，善不可不明。」

國芝問：「湛然法師俗家何姓？」諸友云不識。先生曰：「云何不識？」諸友問：「何姓？」先生曰：「與我爾同。」

宏甫問云：「情愛難割處須割，如愛戀父母之情，如何可割？」一友曰：「只是不着意便是。」先生曰：「此處如何説得着意不着意？於父母身上，一念不容已處，縱百般加意，百般用情，總是意而無意，情而無情。良知無知無不知之妙，於此最是親切。故聖賢只將孝弟直指示人，有子謂『孝弟爲仁之本』，亦是此意。」

問：「聖賢畢竟與我如何？恐終難學。」先生曰：「我與聖人毫無差别。辟如一面鏡，聖人的不是金銀，我們的不是鉛鐵，一般是銅鑄也。不是聖人的完全，我們的缺些，一般的圓滿，只是聖人明，我們暗，暗是塵垢所障，若無塵垢，與聖人等無分别。且我們鏡内，或塵不盡障，亦有一兩點明處顯見，這些明處，就與聖人全體之明無二，今日我們只要加工夫磨刮。」友曰：「如何是塵垢？如何去磨刮？如何是全體之明？」先生曰：「只汝謂聖人難學，看得自己輕，便是塵垢。立起必爲聖人之志，便是磨刮。真信得及，豁然無疑，便是全體之明。塵垢不是外來，磨刮非有可去，全明不用加添。」

祖玄叩悦樂之義。先生曰：「悦樂不在書籍上求，即今反觀，要見如何是悦樂，始得。」少頃，先生問曰：「祖玄，悦樂否？」祖玄曰：「今尚未見悦樂。若意念不紛擾時，方見悦樂。」先生曰：「汝將悦樂可惜都蹉過了，又等箇悦樂。」先生又問調元曰：「調元，悦樂否？」曰：「此時在師友前，亦不知有不悦不樂。」先生曰：「不知有不悦不樂，便是悦樂，何以不肯承當？」吴國超曰：「若有箇悦樂，恐不是未發之體。」先生曰：「且自悦樂，又去説書。」

中甫問：「美亦偶有所見，而終不能放下者何？」先生曰：「女所見者是知識，不是真體。」偶坐飲，中甫問：「只此坐飲時，如何是知識？ 如何是真體？」先生曰：「女坐飲時是真體，纔起較量，便落知識。」❶

思位舉近溪先生説「捧茶童子是戒懼」問：「此意如何？」先生曰：「女亦有如童子捧茶時否？」思位曰：「有。」先生曰：「女認得否？」思位曰：「認不得。」先生曰：「既自認不得，如何又問童子？ 且自認看。」

中甫問思位：「近來何如？」答曰：「近苦心地齷齪，正在廓清。」中甫曰：「《心經》言『不垢不淨』，因何得有齷齪？」思位曰：「心本無垢，但妄念不能不發，當其發時，須消除始得。」中甫曰：「未發以前，可參求得入否？」思位曰：「似參求不入。做來做去，只好在獨覺上用功。上乘工夫，覺照恐亦不廢。」因以問先生。先生曰：「汝既覺照，只帖帖地做去，不必追咎心地齷齪。若復追咎，反增障礙。」曰：「如何是未發以前？」曰：「能覺照者是。」曰：「不覺照時如何？」曰：「不覺照者是。」曰：「如此，何用參求？」曰：「不參求，那知是。」曰：「知與不知的覺照如何分別？」曰：「他不分別。」

問：「老子云：『有之以爲利，無之以爲用。』如何？」先生曰：「此亦説得透。即如此屋，居住全是空處，明取牖、由取户是空，

❶「女坐」至「知識」十五字，清華本作「汝且坐飲，切莫較量，一起較量，便忘知識，莫問真體」。

如此卓上面鋪説處是空，此椅坐處亦是空。至如人身，目竅空，故能視；耳竅空，故能聽；鼻竅空，故能嗅；口竅空，故能食。總只是受用得箇空。然空亦離不得有，非有，空亦無。乃世有一種著空的，又要并去其有，辟如因住處是空，連屋也不用，如何使得？可見有以成無，無以成有，實處是空，空處是實，有無空實分不得，取捨不得，於此圓融，方稱妙悟。」

中甫問：「分明其中有物，緣何又言本來無物？」先生曰：「有原是有，只是耳目不能到，言語不能及，心思不能與。除此三者，一任你有。」

祖玄問曰：「師所論天根、月窟，何與龍溪子不同？龍溪子以動處言天根，而師指寂處；龍溪子以静處言月窟，而師指動處。何相違也？」先生曰：「語貴善會耳。語天根而不知莫爲之妙，則人從情識上求矣，故吾指不思不慮之體，動而無動者爲天根。邵子《復卦》詩云：『一陽初動處，萬物未生時。玄酒味方淡，太音聲正希。』此寧有聲臭可尋乎？『先王至日閉關，商旅不行，后不省方。』正保任此一些子，恐天而殺之以人耳。語月窟而言其静，則人以爲枯槁者是矣。故吾指其感遇初交，静而非静者爲月窟。地爲陰，而萬物本之成質；女爲陰，而人類由之受形。故『姤者，遇也』。《象》之辭曰：『天地相遇，品物咸章也。』先王履霜之戒，正防感遇之紛紜隨之而去。感遇紛紜，情識用事，即謂之陰界，謂之鬼窟矣。予之言，固與龍溪先師之言相表裏也。大抵『天根』、『月窟』雖云往來，非真有時節界限。言『天根』，不離『月窟』；言『月窟』，不離『天根』，動静無端，顯微一致，其可泥乎？」祖玄又曰：「三十六宫，宋儒以坤一、坎二、八卦卦數乘之爲三十六，又以乾三連、坤六斷、八卦畫數乘之爲三十六。今所言又不同，何也？」先生曰：「邵子此詩專言《垢》、❶《復》二卦，其往也，由《垢》，❷而《遯》，而《否》，而《觀》，而《剥》，而《坤》；其來也，由《復》，而《臨》，而《泰》，而《大壯》，而《夬》，而《乾》。每卦六爻，六卦往來，共三十六，此三十六宫之謂也。若取諸八卦，與詩不合，舊解恐未必是，何必盡泥也耶！」

甲辰閏九月十一日，郡中諸子鄭世德、全若可、劉冲倩、范孟兼、王世韜、劉特倩、周聚之、王世弘、沈虞卿、余羅卿、王世文輩，同劉玉笥先生入剡，湛然和尚亦相與俱。先生設燕，具有魚肉。湛然曰：「此味何來？皆從宰殺而致，諸公誠不宜食。儒教説『遠庖厨』。庖厨之遠，亦何救於宰殺？豈遠之將爲食地耶？」先生曰：「湛然之言，真仁人之論。此心儒釋皆同，只因在家出家，因緣不同，故食肉斷腥，教法稍異。君子遠庖厨，亦只不忍見，不忍聞，仁心自然，非爲食肉之地也。吾且問禪師：釋門食肉之戒，固爲殺生，即如飲酒茹葷，皆非宰殺，而佛教與肉同戒，何也？」湛然曰：「飲酒之戒，爲有一等人飲酒亂性、廢時失事者設，特遮罪耳，不比殺生，吾今未除。至若食葷，惹惡鬼跟隨；佩香，則賢聖歡喜。故五辛不可不戒。」先生曰：「飲酒食肉，較罪輕重則淺，況飲酒亂性，殺、盗、淫皆從此生，可謂輕耶？謂惡鬼之隨，賢聖之喜，係于葷香，抑又淺矣。明德惟馨，

❶「垢」，《易經》作「姤」。

❷「垢」，《易經》作「姤」。

穢德惟臭，心邪是惡鬼，心正是聖賢，可求之於外乎？大抵人生嗜慾，根生於貪。聖賢立教，使人除貪心而已。貪心之除，隨緣自盡。因緣在釋，則守釋之戒，不食肉，不飲酒，不茹葷。不可言孰重而孰輕，孰可犯而孰不可犯也。因緣在儒，則守儒之教，不近庖厨，不爲酒困，齋必變食。不必舍儒而狥釋，亦不必據釋以病儒也。故戒者心戒，不求諸心，而以罪福感應爲言，小乘之見解，去至道遠矣！」已而冲倩又與湛然論境緣、辨夢覺。湛然曰：「夢不是境，與日間不同。」先生曰：「湛然稱禪師，於此二之，不必論矣。」遂散去。明日，湛然曰：「夢即是覺，覺亦是夢，本無有二。只是人睡着有不做夢時，此是真境界，人必造到這個境界方是。不然，以見聞覺知爲自性，失之多矣。」先生曰：「近時俗學，只認得昭昭靈靈，以爲極則，而湛然提出最上一着，此湛然之超悟也。然謂有境界可到，又云如睡着不做夢時，是必槁木死灰而後可。於此，殆更須翻身一下也。相宗家於八識之上，更言第九識，此極是入微之談，而六祖又言『即識即智』，换名不换體。古德言『學道之人不識真，只爲從前認識神』，而永嘉又云『無明實性即佛性』，於此必須融通。所謂百尺竿頭，更有進步也。」湛然曰：「百尺竿頭，進步後如何？」先生曰：「竿頭百尺。」湛然曰：「見性無不周遍，即如人牆内見，牆外便不見，何也？」先生曰：「汝知不見，早見了也。」❶湛然患有頭痛之疾，問先生乞藥。先生曰：「頭痛如何？」湛然曰：「頭一

❶「汝知」至「了也」八字，清華本作「見性非見非不見，莫被肉眼瞞」。

時痛來，須岑寂一回方可。不然，痛不可忍。」先生曰：「此是佛祖教誨處，要汝岑寂，不可醫他。」湛然曰：「如此安得時時痛？」先生曰：「也强如時時不痛。」湛然頗近曠達，故先生規之如此云。

東粵會語

一生問：「生知聖人畢竟靈異於人，不待于學耶？」先生曰：「一般是耳，聖人雖聰，無加于耳；一般是目，聖人雖明，無加于目。謂生而知者，只是生而知有此事；學知者，由提醒而知有此事；困知者，由困心衡慮、猛省回頭而知有此事。知有此事，方能必有事。工夫問學，生知、學知、困知，一也，豈生知之聖不待學而自能哉！孔子自『志學』以至『從心』，皆非虛語。」

此事雖無滋味，却有無味之味。嚼得此中滋味，始自浹洽。所以夫子開口便説悦樂，是將滋味示人。

先生曰：「不追既往，不逆將來，此是教人之方，自修之方亦如此。『舉爾所知，爾所不知，人其舍諸。』此是舉賢才之道，濟人利生之道亦如此。」

一生問曰：「静時還有着落，動時則多紛擾，不知如何用功？」先生曰：「静時有着落，即是紛擾；動時多紛擾，終無着落。若能戒慎恐懼所不覩不聞，方知不着落之着落，在紛擾中無紛擾。」

一生論學問思辨不可少。先生曰：「要識所學所問、所思所辨者何事？堯以是傳之舜，舜以是傳之禹，湯、文、武、周公、孔子、孟軻，以是相傳，是指何物？學問思辨功夫，正求識是而已。」生曰：「是指心？」先生曰：「既是心，何以堯舜心至今在，孟軻之死，不得其傳？」

一生問：「現在此心便是，白沙又要静中養出端倪，何也？」先生曰：「現在此心，説不是固非，别有説是，則又全非。『静中養出端倪』，善用之，亦自得力，不善用之，『養出』二字反成大病。皆不可徒泥成言，須自體認，所謂『丈夫自有冲天志，不向如來行處行』。」

一生問：「孝者所以事君，孝即是忠，抑移孝可以爲忠？」先生曰：「如一盞燈光，處處照見，無非此燈之用。曾子論孝，凡處友、戰陣，以至殺禽、伐木，事事皆是，不但事君。」曰：「若是，則衣可以爲食，食可以爲衣乎？」先生曰：「衣食不同，而衣衣食食之心，曾有二乎？」

一生問：「宰我之賢，欲短喪，何也？」先生曰：「宰我短喪，不得輕議。今人三年，恐當不得宰我三月。宰我只恐禮壞樂崩，求禮樂於外，不知三年之喪，即禮即樂。至禮至樂在吾心，宰我當求之真心，故孔子以其心不安處覺之。」

一生問：「浩然之氣，塞乎天地，何處見得？」先生曰：「何處見不得？」

一生問：「尋仲尼、顔子樂處，畢竟所樂何事？」先生曰：「且説如今所講何事？」

一生問曰：「事有可否，適莫豈能無？」先生曰：「不是無可否，只是無適莫。適莫不可有，可否不曾無。」

新安會語

壬寅九月十一日，會于婺之霞源書院，諸生請教。先生曰：「學問之道，不必他求，各各在當人之心。千聖相傳，只傳此心而已。夫人生而有此心，這箇心，晦翁先生謂之具衆理而應萬事。衆理本自完具，萬事自然能應。遇親自知孝，遇長自知弟，遇見孺子入井，自知怵惕惻隱，一毫無欠，不必加添。見在運用，皆是此心。孔子云：『欲仁仁至。』象山云：『纔警策，便與天地相似。』須臾不離，不須等待。造化具我心握，故致中和，便天地位，萬物育。境緣皆從心轉，故素位之君子，無入而不自得。此心完完全全、平平坦坦。率此本心，便是大道。只爲習氣濃重，下者以聲色貨利汩没此心，上之者又好高務奇，起爐作竈，情識揣摩，執成窠臼。凡此皆是戕賊其心，所以本心迷昧，愈求愈遠。有志於學者，但當信此一心，力自反求，隨事隨時，察識磨鍊，遇聲色貨利，莫隨之而去。倫理上率踐，性情上調理，不要好高務奇。虚其心，不先主一物，莫落情識窠臼。廓之聞見，以觸發此心；資之師友，以夾持此心。有過即覺，一覺便改，綿綿密密，如此做去，總不離心。若此心一刻自得，便是一刻聖賢；一日自得，便是一日聖賢；常常如是，便是終身聖賢。聖賢原非絶德，太阿之柄，具在我手。信此心法，更何堯舜不可爲，孔子不可學哉！是故聖賢立言處，凡曰性、曰命、曰才、曰情等，以至種種百千名目，皆是一心之別號。聖賢設做工夫處，❶如六經、《論》、《孟》中，種種百千方便，皆只爲此一心而設。堯、舜執中，孔子一貫，孟子先立其大，周子立極，程子識仁，邵子弄丸，朱子之源頭活水，語若玄微，豈離此心而別有哉！

❶「設」，清華本作「説」。

此易簡直截之旨，聖賢相傳之宗，離心無別有學。故今日大會，首舉商之，再不須他求也。」

十二日復會。先生曰：「昨説惟心之旨，已無第二義，各各便須從此信入，方有商量。若只要敷陳義理，講解經書，當下身心受用不來，有何寔益。晦翁云：『不會殺人者，載兵器數車無用；會殺人者，只持寸鐵便足。』所以區區論學，決不許多言，決不許等待。即今聽得，便自體察，如輪刀上陣，生死立判，不容眨眼。諸君且道，請區區千里到此，連六邑之衆，大家會集，當爲何事？若不于此討箇消息，莫論一會、兩會，便會百千遍，衹是虚文。」

汪澄老言：「學問之道，在求放心，如何是放？」先生曰：「不特爲聲色貨利牽引心馳是放，一切有着，皆是放。」澄老曰：「今人且不知心之所以放，人若有必爲聖人之志，自然知放。」先生曰：「然。」

洪舒民問：「認得心時，顔、曾、思、孟與我一般，但今人終身講學，到底只做得箇鄉人，何也？不知此心果與顔、曾、思、孟同否？」先生曰：「此心豈特與顔、曾、思、孟同，即孔子與我不差毫釐，只是信不及耳。汝且道，我輩今日滿堂聚集，答問詠歌，一種平心實意，與孔子杏壇時有二乎？」舒民曰：「無有二也。」先生曰：「如此，則何有鄉人之疑？」舒民曰：「只是他時便違了。」先生曰：「違則便覺，依舊不違。」舒民曰：「真是常常提起方可。」先生曰：「違則提起，不違提箇什麽？」

佘永寧問：「道本不思不勉，終不免思勉，奈何？」先生曰：「汝這一問，着有多少思勉來？」永寧曰：「敬領教。」

十三日復會。先生曰：「大家各各將心自看，眼是睛，耳是竅，方寸之舍，亦只是一塊血肉，且道這能視能聽的什麽？須如此便看。若是論事，須待案卷；若要看書，須待簡册。只這心，便好體察，不必他假。」或問：「初機人如何能與于此？須有方便。」先生曰：「耳聽聲時，不使爲聲所引；眼看色時，不使爲色所牽，這便是能視能聽的。作得主宰，就是心上實功夫。初機人何嘗用不着？」先生又云：「區區今日説了三日，當或有信，或有疑。信得的，便看如何受用；有疑的，便要辨證；若不信又不疑，便是無益之會。」

有友率然發論，先生曰：「這所論，謾言是不是，且要反觀隱微處：我此一論，果心有真疑，爲身心受用發耶？抑入耳而出，信口一論耶？心虚否耶？氣平否耶？只此反照，即未吐一言，而學已深矣。然後徐徐發論，自然真精神感召不同。不然，句句説着，亦只是説鈴畫餅，況未着耶。」

游一老曰：❶「諸友今日在此，身心收斂，他日須要常不失此心方好。願老先生着寔指教，使有持循。」先生曰：「只游老先生這兩言，便自受用不盡。區區雖屢言，能加此兩言乎？大家能常不失此心，便是終身持循之法。大凡良醫用藥，不能舍諸方藥，别有靈丹，只是庸醫用得雜亂，便自不效。良醫與他揀去幾種雜藥，單用對症之藥，便是妙方。區區雖不敢冒良醫，只精專之意，竊自信之，故願諸賢決信自心，常常體驗，永無失也。」

❶「老」，清華本作「川公」。

孫欽齋偶言至「中庸不可能」。或問：「中庸如何不可能？」先生曰：「喜怒哀樂未發謂之中，這裏用得些能的意思麽？」曰：「用不得。」先生曰：「如是，則不可能也。」或又問曰：「如何又説惟聖者能之？」先生曰：「子知有能之能，豈知無能之能乎？」方文坡曰：「是惟聖者能之，是無能之能。」

十四日復會。一友問：「『盡其心』章，緣何有這幾等不同？」先生曰：「陽明先生云：『盡心即是生知安行事，❶存心即是學知利行事，妖壽即是困知勉行事』，❷所以有這幾等。然此亦只是説書，縱分疏得明，于汝身上無與。汝只就心性上用功去，儻一念自然相應，便是生知安行；深思力究，而後有得，便是學知利行；深思力究，極至艱難辛苦，百倍其功，而後有得，便是困知勉行。隨自根器，只管用工，不必分疏等級。」

熊念塘言：「人須有殀壽不貳之心，方可入道。」先生曰：「殀壽不特在身命之短長，眼前順逆憎愛，一念生滅，就是殀壽。」

一友問：「覺是本體，照便落第二義，如何又要照？」先生曰：「這等講解没用。且問：❸你這一問，從覺來？從照來？」其友曰：「從覺來。」先生曰：「早落第三四義了也。」❹友又欲答，先生曰：「信口之談，❺且照去。」❻

❶「心」下，影印文淵閣四庫全書本《王文成全書》卷一《語録一》有「知性知天」四字。

❷「妖」，影印文淵閣四庫全書本《王文成全書》卷一《語録一》作「夭」，爲是。

❸「這等」至「且問」八字，清華本無。

❹「早」上，清華本有「覺則無從汝」五字。「了也」，清華本作「不啻矣」。

❺「談」下，清華本有「何益」二字。

❻「且照去」，清華本作「汝還照看」。

座中歌《耳目聰明男子身》詩一章，歌畢，一友問：「『洪鈞付與』既是一樣，緣何天下人又有厚薄貧富不同？」先生曰：「汝莫泛論別人，且道汝自身上，只今一問一答，有甚貧薄來？」其友曰：「恐多不中節。」先生曰：「只今問答，未見有不中節處，汝莫自輕自疑。」又問「天根」、「月窟」之義。先生曰：「若就文義上説，五陰在上，一陽在下，是爲復。復者，天心初動，謂之『天根』。五陽在上，一陰在下，是爲姤。姤者，陰氣始遇，謂之『月窟』。姤而剥，剥而又復；復而夬，夬而又姤，『天根』、『月窟』，來往不窮。一爻之變成一卦，六爻變成六卦，六六成三十六卦，總之太極之流行。故曰：『三十六宫都是春。』然此皆是講解，與你身上無交涉。若要在你身上用得着，汝身渾是太極，念頭初萌，纔發此問，便是『月窟』；問處寂然，念慮俱忘，便是『天根』。寂而萌，萌而寂，便是『天根』、『月窟』之來往。萬事萬化，皆不外此，處處皆真，頭頭是道，這便『三十六宫都是春』。」其友忙然，又問曰：「如何是閑？」先生曰：「汝只不忙便是。」❶

熊念塘言：「世界缺陷，吾人當隨分自足，心方寬太。」先生曰：「自心缺陷，世界缺陷；自心滿足，世界滿足，不干世界事。」

十五日復會。汪澄老曰：❷「學者於此事有不能信者，何以使之信？信而無處下手者，何以使之下手？下手而間斷者，何以使之無間斷？請先生一指示之。」先生曰：「若説有以使之，雖聖人不能，大要只

❶「只」，清華本作「今」。
❷「老」，清華本作「源公」。

在自思。凡不信學者，只是不思。誠能反而自思，見在功名富貴，畢竟有盡，如何收因結果，且莫論到後頭。只今見在受用，雖富貴之極，安飽之外，便於身無與。若只安飽，禽獸亦有禽獸之安飽，何以別于禽獸？如此深思，必自惕然，安得不起信而求學？思之信入處，便是下手；深思不已，到自然難歇處，便不間斷。三項一思，足以盡之。故曰：思者聖功之本。孟子言：『人人有貴於己者，弗思耳。』孟子亦只教人思，思是成始成終之語，若不肯思，則所謂下愚不移，終無如之何已。」

一老學究問曰：「心一也，何以有人心、道心種種引論，不一而足？」先生曰：「人一也，何以有正人、邪人？豈另一人耶？然在公分上，恐無暇如此泛論。老年光陰有限，但反觀自照，討些身心實受用處便了，一切分疏論辨，終是他時帶不去的，毋務于此可也。」

十九日，途次，有言心宜虛者；有言心宜實者；有言真虛便是真寔，真寔便是真虛，虛實不二者。先生曰：「後兩言甚好，然亦只是言語耳。吾試問：❶如人腹中饑餓，分明是虛，如何說得實？吃飯下肚，分明是實，如何說得虛？於此理會個虛實不二看。」衆不能答，請問。先生曰：「義理解亦不難，人饑是實饑，寔饑方受得食，假饑決不能受，此便虛即是實。吃下飯去，若實有物，便成痞積，畢竟不覺有物，一切求食之心盡忘，此便實即是虛。然此亦講解，再須體驗。」

廿一日，會于巖鎮之南山道院，有金子

❶「問」下，清華本有「汝」字。

言學宜宗孔子，不當言二氏。先生曰：「吾人服儒服，行儒行，自然誦法孔子。只是孔子精藴處，須自體究，不可徒徇口耳。」金子又言本體元自完全，只爲氣習障蔽。先生問曰：「氣習從何來？」金子曰：「從刼前來。」先生曰：「如何是刼前？」曰：「父母未生前。」曰：「此兩語儒門中未有，汝何得又竊二氏語耶？」❶

又論明善。先生問曰：「如何是善？」曰：「説不得。」先生曰：「豈真説不得？試説看。」金曰：「人要常立此志，認得個主宰處，有此主宰，然後視聽言動，俱此應去，方謂之善。」因問先生：「如何言善？」先生曰：「吾所言善，與汝又别，只心虚無一物，便是善。」金曰：「無柁之舟，可乎？」先生曰：「夫子毋意必固我，豈亦無柁耶？許敬菴先生云：『心如太虚，一物不容，而寔有所以爲天下之大本者在，而命之曰中。』汝與許先生意同否？」金曰：「又略差些子。」先生曰：「請言其差處。」金曰：「説不得。」先生曰：「終是梢突。」

方伯雨自陳：「初年讀《易》，深有所疑，看程朱傳義，似未足盡《易》之妙，因見卓吾先生，遂相論證，成此《易因》。然謂之因者，啓其端而猶未盡也。」先生曰：「兄只初時一疑，便是入道深根。卓吾『因』字之義甚妙，蓋欲借此《易》書，引兄窺自性之『易』，若只書上研窮，非究竟之意也。太極生兩儀，兩儀生四象，四象生八卦，八卦重爲六十四，六十四分爲三百八十四爻，則此爻詞，又在太極下幾層矣。邵子謂『畫前原

❶ 「耶」下，清華本有「況父母未生前如何得有氣習」十二字。

有易』，要見畫前之易，如何理會？ 爻象之詞，至文王、周公而始有，要見文王、周公之前爻象，又如何理會？ 于此再起一疑情，方是究竟之因。 蓋舍三百八十四爻，而空言太極，固爲儱侗。 若只在爻詞上尋究，而不知太極之根宗，殊失頭腦。❶ 大要須見得書即是心，爻象即見前用得着的，方爲深于《易》。 卓吾子『因』字之意，其在此乎！」

二十四日會于歙之開化寺，諸友請教。先生曰：「昨在婺源，也只講得一心之法，各于心上用功。 心功又要朴實頭在家庭内做，不必務高慕遠。 各人試看：若父母前心低不下，更説甚降心；兄弟間心捨不得，更説甚輕利；以至待奴僕處心忍不住，更説甚忍性。 家庭中不踏實，外面粉飾，一切是假；若從家庭中做得實，外面自不須言。 能知此用工旨要，毫不放過，則舉足住足，無非道場；治生理務，皆爲真訣；父兄妻子，即成師友；奴僕下人，俱吾砥礪。 綿密做去，必然欲罷不能。 此是入聖正路。 不然，一切空談虚見，於道絶不相關，縱有聞見，徒增意識，且長傲慢，成箇醫不得之病，終身耽閣，可惜也！」

一友論：「萬物一體，誠然，但偶遇猛虎在前，力既不能制，避又避不去，既是一體，畢竟如何？」一友曰：「道德高者，還能騎虎，豈遂聽之而已。」先生曰：「若能騎虎，固見一體之意，然看來尚隔一層皮。 倘聽他吃在肚裏，豈不渾成一體耶？ 似這箇，汝可捨得？ 那箇道德高者之事，汝一時難到，且莫希冀。」友人笑而有省。

有友問：「儒生有深信佛法出家者，如

❶「腦」，原作「惱」，據清華本改。

何?」先生曰:「此等毋論儒道不許,即佛法未之許也。佛原説治生産業,不相違背。宰官身,居士身,比丘身,各各隨緣,不相混濫。此如來之教也。《壇經》言:『若欲修行,在家亦得。』故其偈云:『恩則孝養父母,義則上下相憐。心平何勞持戒,行直何用修禪?』此祖師之教也。大慧言:『學道就從塵勞中打出,不須毁形易姓,棄妻子,滅宗祀,作名教中罪人,佛不教人如此。』此大善知識之教也。然則必欲出家,豈真知佛教者哉!凡一切做作,棄此就彼,俱是取捨心、奇特心。此心調伏消化不去,更説甚皈依佛法?凡此皆是初入門時導師所誤,故師承不可不審慎之哉!」

周海門先生文録卷之四

門人　山陰全繼志　山陰劉　垙
　　　山陰梁應期　休寧吴可期校梓
　　　　　　　　　會稽余萬宗

學的教衡引言❶

吾人成己成人，惟學惟教，學固須臾莫離，而教亦不必爲師，即友朋間一言相發，皆是也。顧學不知所喫緊，究竟非實，辟之射不知的，而矢發皆虚。教執一法以概人，而授多弗契，猶之御物無衡，而低昂倒置，斯於人己，奚當焉！余讀陸、王二先生集，有《講義》、《證言》各一篇，語徹上下，而於教學爲最切，因揭以示之的，示之衡。夫惟循的而學，持衡而教，庶有真修而無强聒，而教學爲不徒也已。然余又惟象山《講義》爲晦翁而發，兩賢同堂唱和，生徒濟濟，自杏壇而後，未可多聞。陽明開千古法眼，意常含蓄，而偶然一夜之證，秘密斯宣。卒之哲人隨萎，而所證即爲傳衣遺語。天泉之會，實關乎天。是皆古今儒賢奇遇，與匡岳、會稽争勝於天壤間，而覽之又時足自快者。因思凡我同志，能無心賞于斯，而學的、教衡尤可共勵，是宜公之，乃更以命諸梓人云。

❶「引言」，清華本作「序」。

讀象山喻義喻利説二條

或曰：「象山言多妙密，而兹特其淺者，學盡是乎？」余惟學之密，密在己身。當時義利一指，使人汗浹涕流。言之切己，故聞之動心，密莫密于此者。人能循此觀省，如所謂自少至長無非爲利者，能不墮其中否？所謂心乎國與民者，能無愧否？隱微獨覺，常自見過内訟，而念念不離自身，必然與道相當。蓋孔門之學，若賜求識，由求聞，皆非切要，而曾子省己，乃獨得其宗。學寧有過于反己者乎？而辨義利，其實矣。故吾取爲學的，而以此設教，則人人可通，是又持衡者所不能外也。

初求義者辨利，進乎義矣，則當辨似義之利。夫義、利有兩名，而喻無兩心，喻一，則兩者豈隔絲毫？不隔絲毫，豈實有利可舍而有義可取哉？冬飲湯，夏飲水，不言而喻，非以去利而爲義也。故凡以取舍求義者，是利而非義也；以情識當喻者，雖義而亦利也，皆似之而非者也。真喻義者，利固難言，而義亦難着。喻即是義，而非以義爲喻。此舜之非行義，曾子一貫之旨也。反己者，必徹此而後盡。

讀天泉證道語二條

教即是學，而教無當，即學鹵莽，顧教難言矣。遇其人失之，則瞽；非其人語之，則誣。嘗觀禪宗家，亦有凡夫前語，地位人前語，語不應時，皆名綺語。毋以穢物置寶器，毋以大海内牛跡，蓋其審哉。而爲吾道計，何可不加詳慎！吾見語之漫然，有聚訟而争，按劍而起者，無以利人，且以失己，是教學之大疵也。嗟乎！學道貴在謙下，人師未可好爲，惟不得已而爲人，則陽明子之訓在，循之，庶無失矣。

無善無惡之旨，與喻義同。喻義而無義可喻，則何善之有？而惡不必言矣。象山云：「惡能害心，善亦能害心。」二先生之究竟，有弗合者乎？而至其説教，一云拔其汩没，一云隨處對治，示以修持之法，是乃所謂衡哉！而要之，道無二也。夫子之道一貫，而曾子語門人曰「忠恕」；堯舜之道「執中」，而孟子示曹交曰「孝弟」。然一貫實不外于忠恕，而孝弟實可以盡執中。悟則同，迷則異，彼見自殊，道何增損哉！故爲善去惡與無善無惡之旨並傳，而謂同謂異，則存乎其人。

恭題先君手書

先君入仕，不肖與仲兄侍，而伯兄侍太安人於舍。先君以書歸訓吾伯兄，三年不下十餘，而今僅存兩首。不肖請得之，寶藏二十餘年，手澤依然。夫父命子札，一無緣飾，家常瑣屑，宜或未可示人。而先君吐辭成訓，❶具足法今傳後，且作字行列點畫俱自不苟，學力行誼，逼追古人，❷此亦可見大都矣！❸首書所示，❹皆誠正脩齊之大旨，次書丁寧訓飭，因微戒鉅，子孫率循，上可入賢聖，而次足衛身家，百代龜鑑，昭昭具是。

❶「吐辭」，清華本作「語語」。
❷「逼追」，清華本作「比於」。
❸「可」，清華本作「足」。
❹「首」，清華本作「手」。

登也不才，無能仰希萬一，而奉持儆省，則自誓頃刻不忘。故凡在家，或五日，或十日，必一展誦；出外，或百里，或千里，常自隨身。蓋不肖十四歲而孤，面命時少，得此相對，便常如侍膝趨庭。且先君不著述，而讀書所紀，早遭回禄。於今手書不可復得，是以于此保惜愛重，尤自兢兢。手持既久，恐歲遠漸至漫漶，乃更加裱飾，什襲珍收。而因以貽之後人，當使百千年常無恙，❶永保爲世世典則也。不肖男汝登盥沐百拜識。

題伯兄書後

不肖中鄉榜時，伯兄寓燕邸，以書歸，示取《禮經》「敖不可長」四語爲箴，甚愛之，而今失其書矣。蓋是時兄方盛年，謂面命日長，不加意，詎意今不可再也。檢笥中，猶得兩書，皆發自金陵，一丁丑獲於京師，一己卯獲於真州。書中規戒及期望我處，真情藹藹，幾忘形骸。吾兄友愛至心，此可想見，而知得於先君之教者深矣。敬列先君書後，以示無忘賢父兄云。

題駱峰伯岐山兄書後

《傳》曰：「父母所愛，亦愛之。」先君于宗中所最親愛者，吾從伯駱峰公、❷從叔瑞泉公、從兄岐山公。且不肖猶及見三公品格。❸駱峰公爲古遺直，稱儒材高節；瑞泉叔孝友誠篤，受學龍谿先生之門；岐山兄

❶「使百」至「無恙」七字，清華本無。
❷「吾」，清華本無。
❸「且不」至「品格」十字，清華本作「三公品格不肖猶及見之」。

温温揖讓，皆難於今人中求者。先君之與，豈徒哉！今三公者俱先君逝矣，敬存其書各一首，附先君後，❶以永先君交好之誼，而愛先君之所愛焉。前駱峰伯書，不肖舉進士時獲；次岐山兄書，發建德官邸，不肖家食時獲，一示訪道，一戒恤身，言言可誦。而獨瑞泉叔書無獲者。蓋叔在，不肖鮮遠出；而不肖遠出，則叔謝世，以故有面談而無筆札。惟不肖中鄉榜，叔以片柬書數語寄示曰：「初入榮途，意氣易至飛揚，當力爲收斂，以膺天眷，庶無負山川靈氣也。」今失其柬，惜哉！然語具在，足訓矣。

題繼實兄書後

繼實兄生有至稟，少自不群。十五六歲時，瑞泉叔率拜龍谿師，故其向學特早，操勵嚴謹，所至目不一邪視。友朋雖極昵狎，無一謔語。不肖幼時對之，竦然慕焉。乃兄亦謂我直腸，纔弱冠即進而與友。乙丑結文社相砥礪。後兄出遊苕霅間，歲十九在外，然意未嘗不懇懇如面也。癸酉，余舉於鄉，而兄下第，不爲意。❷百凡酬應，皆兄料理。後兄信内典益深，❸絶慾斷腥，遠貨利，身不蓄一錢，❹行益孤高，而名亦日起。余親之敬之，而不能盡信。❺丁丑，余舉進士，兄移書教我，而余亦未之領略。己卯，余使真州。訪余真州，時余有所醒悟，機話乃投，相視各不覺一笑。庚辰，余使蕪

❶「君」下，清華本有「訓」字。
❷「不爲意」，清華本無。
❸「後」，清華本無。「益」，清華本作「甚」。
❹「身」，清華本作「囊中」。
❺「不能盡信」，清華本作「見不能合」。

湖，兄亦至蕪湖。余大病垂死，兄晝夜省視不怠，病中談證，則又莫逆。辛巳，余憂歸家食，而兄歸出不常。壬午，兄讀書郡城。六月來歸，與談數日。頃之疾作，又數日，奄然逝矣。余哭之不欲生。嗚呼，斯人者，無論天倫中難遇，即世不再見，且以吾相與之情若此，其何能忘！因採其手書表揭之，而時展對，以志吾思。

恭題先君同選録

國家以貢科第三途入仕，而偕途並進者，各録名序齒，敦世講。❶録同，❷而情則有間矣。科第者，彼此津津脩好，而貢録徒然，是蓋以入仕崇卑而炎凉之也。夫炎凉之者，在傍人或可，而録中人自相視，則何以自相輕也。知道者，必不其然。先君乙卯貢上天官，拜職同選，刻録如故事。先君襲藏其録，以貽不肖輩曰：❸「後有能宦游四方，所至按録而稽之，用情加禮，無如路人，盡在我而已矣，不必問彼也。」嗟乎，嚴訓昭然以古道戒勉，是豈可以世情俗見測哉！不肖收藏三十年，宦轍所經，不忘問訊。今歲久，恐漸損壞，❹爲之重整珍收。既祇承先志，而且貽子孫，使永藏之。蓋不惟訓戒難忘，而父祖諱字儼然在上，尤不可輕褻廢置也，尚慎之哉！敬題于《録》末。

❶「敦」上，清華本有「用」字。
❷「録」上，清華本有「顧」字。
❸「輩」下，清華本有「命之」二字。
❹「漸」，原作「慚」，據清華本改。

書諸師手札後

民生於三，事之如一。師等君親，情與義兼，重矣。不肖自入小學，至對公車，教我、造我、舉我稱師者，凡十有八位焉。❶即恩有等差，而均難忽於報。乃報或勢阻，而時莫置於懷，蓋誠所謂「中心藏之，何日忘之」而已。語曰：「受人恩而不忍忘者，爲子必孝，爲臣必忠。」然則忘恩者，必不忠不孝可知，此非惟不可爲人，冥冥中且或鑒之，不可不省也。雖然，是豈容于勉强安排者哉！不肖言念諸師，於情於義自不能解于心，顧其中存没隔世，遠近異里，無由見面，每爲扼腕。因輯其手書爲册，書不可得，書氏號爵里，以備顧諟而志羹牆，且以貽後之人得有所考，世世思焉。

題友人書札

余一生全得友樂，全得友力。少時習舉，八九爲群，肝膽相對，形骸盡忘。寧可終歲不問田園，而必欲常時相聚書舍；寧可半載不近房室，而不可一日不見友朋。中年慕道，則有道友，孚合談證，趣味尤爲不淺。花時、月時、風雨時，必得道友談道斯慰；愁時、苦時、病時、寂寞時、昏憒時、過誤時、沉溺時，一得道友談道乃開。後遇宗門之友，更自奇特，或以微言相挑，或以峻語相逼。一日問予：「如何是心？」予以訓語相答，喝之曰：「奴才話！」數日又問，予不敢答，止曰：「尚未明白。」又喝之曰：

❶「位焉」，清華本無。

「爲人不識自心，狗亦不直！」時大衆中，面爲發赤，而心實清凉，無可奈何，而意實懽喜。歸來終夜不寐，參求不得，辛苦徬徨。而次日下床，又惟恐其會之不早集，語之不加厲也。余得友之樂如此。

早年文業獲就科第，竊叨友之力也。性情舒暢，他好不移，雖以弱稟孱軀，而得少病延年，友之力也。中年知有此事，既知而不退轉，不厭苦，友之力也。大病垂死，有藥力不能到，而友之一言，直療膏肓，卒以不死，友之力也。晚年於斯事頗能信入，不至終爲奴才、爲狗，友之力也。余得友之力如此，故余謂師之恩如天地，而友之恩如日月；非日月，天地亦不成覆載。師之恩如菽粟，而友之恩如水火；非水火，菽粟亦不能濟人。「不亦説乎」，人知在「不亦樂乎」之先，而不知「不亦樂乎」乃所以爲「不亦説乎」之實。邵子曰：「兑，説也。其他説皆有所害，惟朋友講習，無説於此。」又曰：「學不至於樂，不可謂之學。」此皆非身履其境者不能知斯味也。

嗟乎！惟余知友之樂，感友之力，同余者幾人？今頭顱種種，回首故交，有隔九泉者矣，有阻一天者矣。無由見面，每自傷心，因各取其手書，類爲一帙。無書者，書姓氏貫藉，俱記會于何所何年。時而展玩，想見生平，心爲戚戚，意便欣欣。蓋即此其樂猶存，其力不少云。

自題録語

《録語》，余與諸子游而有是也。所以與諸子游，何也？余生平不能無友，老來同輩彫殘，則有後進之士，相與游從，余將忘年友之，而諸子以余髮白齒長，請事爲師。余辭，而諸子無以自居，則又請，終不得辭。借師之名而取友之益，果是師？果是友？浮名緣起，其有定乎？然所以録是語者，何也？相游從，則有問答，或理觸往訓，或憤起自心，決疑印得，日日生焉。而諸子又自筆存之，不輕放過。筆復相示，示復相參，彼啟余，余啟彼，此段精神，屬之誰乎？然所以必如是者，何也？用功在無間，用志貴不分。語也者，口口不越是談；録也者，手手不離是事。要使無時無處不出這個場中，如置莊嶽，如入芝林，浸漬既久，透入必深。故即語即踐，即録即脩，非有所待於將來，而惟求共了於今日。有此葛藤不得，無此葛藤不得，居肆成事，其能已乎？蓋自數年來所録若干語，余總覽之，而因自題其所以如此。若夫由此而更日，有語有録；由此而相忘，無語無録；由此而能知應對唯諾，嬉笑怒罵，里談巷唱，鵲噪驢鳴之無非是語，無不是録。水到渠成，不能必矣。

自題詩文

余蚤年亦欲爲文，後棄去，必不以心役于此。不無應酬，信筆而已。詩頗慕其趣，而力不逮。偶有所觸，亦杜撰吟哦耳。皆非實爲文，實爲詩，雖謂之非文非詩可也。然既應酬，既吟哦，則必有稿，稿在敗紙堆頭。一日，欲與敗紙俱去；轉而思之，亦不必也。試看春來百花齊發，發而足賞者發，不足賞者亦發，均不容已於發，不可言孰當發，而孰不當發也。百禽齊鳴，鳴而稱善者鳴，不稱善者亦鳴，均不容已於鳴，不可言孰當鳴，而孰不當鳴也。然則余爲詩文，如花如鳥共發共鳴，不容已而已矣，吾又烏知是文非文，是詩非詩哉！存之何意，而去之何心，何用于必存，而亦何消于必去也！大抵才情之工拙，人眼之稱譏，皆不足爲我重輕。惟是爲文爲詩，而本之以矜能取名之意，刻削安排，失造化自然之妙，此不足貴。詩文示人，希人取憐，怕人譏彈，憐之則氣盈，彈之則色赧，此尤弱中薄植，不堪比數。故吾論詩文，未及工拙，而先究爲詩文與所以處詩文之心。此等心若在詩文之外，而要之善觀善聽者，審之詩文之中，亦大約不能逃。欲事詩文，先治心哉！偶檢舊稿，所作在眼，因自題若此，而且以反察自心，果能不犯前病否？一念兢兢，重在此，不在詩文也。

題世韜卷

余自春來遁跡山寺，郡中三五知契，俱成間闊。一旦，世韜買舟過訪，曰：「晃且北發覲家大人，願乞一言爲佩。」乃允及、冲倩，亦以書告我曰：「世韜近發憤彌深，茲來重有請，即弟子輩，洗耳俟其餘矣。」時不肖正際老母誕辰，治醴爲樂，而世韜亦遂登堂相拜，日惟飲酒，無片語足商量者。明日當别，世韜固請一語，且將以復允及、冲倩，乃述問答語書之。

一

予謂世韜曰：「龍溪先師祖訓歷然，子歸，求有餘師，尚須他請耶？」世韜曰：「晃祖訓具存，而茫乎莫得其涯涘，不知畢竟以何語爲要也。」予因歌先師《再示諸生》詩：「浮世光陰祇百年，百年事業豈徒然。亡羊逐逐終何補，夢鹿紛紛亦妄傳。本性淡中須着便，世情濃處莫争先。人間未必皆聾耳，高閣鐘聲豈浪宣。」

二

予問世韜曰：「先師之學，近尊而信者十人幾人，吾欲使人人皆尊，人人皆信也，將何道致之？」世韜曰：「是不可必也，奈何？」予曰：「不然，是誠在子。孔子之道大矣，不得子思，萬世豈必如是之尊。何也？無伋則無軻，無軻則孔子之道不著。彼尊孔者，非伋耶？故使子而一一無疑，舉世自然信矣。子而誠伋也，則先師仲尼矣。不然，而子且信之不及，焉能及人？子而猶夫人孫，則先師亦猶夫人祖。嗚呼，先師之顯晦，子任之矣！」世韜爲之凛然。

三

予謂世韜曰：「子與子思奚若？」世韜曰：「未敢望也。」余曰：「不然。朱濟道即是文王，子何讓焉？吾子之學仲尼而已矣，即子思且姑舍是，吾知子之必不讓也。子於先師，將尊之信之，豈在求之先師而尊，求之先師而信？在自尊自信，自尊則先師尊矣，自信則先師信矣。」世韜曰：「敢不黽勉！」

四

世韜問予曰：「吾師近在山中，以何爲精進？」予曰：「世之不敏，無如予者。予絶無伎倆可呈，近惟以『改過遷善』作四字符，終日終年力此四字，覺無處用不着，無刻放得過。蓋此四字與『着衣、吃飯、梳頭、洗面』八字，終吾身矣。不肖，先師之門人也。先師學在良知，而不肖以此四字與良知合轍。孔子曰：『能見其過而内自訟。』慧能云：『常自見己過。』詎别有希奇高妙語乎？此予日所津津用享之者也。夫人食果而甘，尚思割分所愛，今予願以此與諸君共享之也，世韜其更以告之允及、冲倩。」

證脩會録序

吾越中故有學會，自龍溪先師主教席以來，陽和子時號召之，而嗣後莫爲之倡。雖三五同心餼羊未去，而寥寥寡和，蓋已不絶如絲矣。《語》謂：「民之於仁，甚於水火。」人或可一日無水火，必不可一日無學；不可一日無學，則必不可一日不求友。自古帝庭君臣吁咈，孔壇師弟樂群，孜孜皇皇，當爲何事？而今人視爲緩圖，曾不知身心性命爲何物，良亦可悲！且我越陽明夫子間生，用作千載生人之眼目，而我輩近其居既甚，去其世未遠，曾不知興起而願學，殆無異稱東家丘者，更爲可惜！嗟乎！有能知在己大事之當明，念哲人遺言之可遡，勇猛追求，極力負荷，非豪傑之士，其誰與望？乃今見某輩聲氣應求，非謀自合，立會立約，直以證脩交勉。倘所稱豪傑其人非與？空谷跫然，吾將爲吾道一慶也已！

雖然，謂證，而證則何證？謂脩，而脩果何脩？學固有本，功必知根。孔門未信曰「斯」，堯、舜、禹、湯、文、武、周、孔相傳曰「是」。斯與是，果何指耶？證必證此，乃爲實證；脩必修此，始是真修。證此之證，證外無修；修此之脩，脩即是證。證脩爲會。殆必了此，而後盡也。

或者曰：「立會之道，在要之久、踐之寔，可無勖耶？」余曰：「以意氣爲久要，雖要必離；以俗學爲實踐，雖踐亦假。明於此者，無人己、無離合，何要不久？以忠恕爲一貫，以孝弟爲堯舜，以性情爲位育，何踐不實？故曰：了此而後盡也。有餘事哉？」或又曰：「諸君邇習舉子業，將無妨功奪志之礙？」余曰：「此明，則事事皆吾實際，雖寫字是，洒掃應對是，而又何問舉業？舉業之功即此功，舉業之志即此志。一證俱證，一脩俱脩，無有二者矣。」

余與石簣陶子以箇事相質，扁舟往來娥江剡水間，而因諸公造請，入爲鏡波洗心之會。盤桓良久，更書此以弁會録之首。蓋將與諸君共證共脩，而且以質諸陶子，其當有以進我云。

同參説送太史石簣陶公北上❶

學問一着，自陽明、龍溪二先生而後，聚集修講，蓋于今爲暢矣。惟時主盟，則太

❶ 此篇清華本題作「送太史石簣陶公北上序」。

史石簣陶公，實究真參，爲後學倡。而不肖粗知切緊，黽勉追隨，往來稽山剡水之間，訂正極爲綿密。今公釋吉期深，將戒舟北發。不肖與同學諸子送之河干，而推不肖爲言以別，則計何以爲公言。公今行年四十，正孔子不惑之期。以素所聞不惑之説，而且備陳所惑以相質，可乎？

竊聞孔子語不惑雖在四十時，然要學之道，祇惟不惑，終身所造，特漸詣漸穩而已。始不辨惑，無以入；既惑不除，不能安。終謂有加於不惑，即非究竟。故志也，立也，知也，順也，不踰也，皆不惑之别名，非有二也。聖人萬語千言，語上語下，無非爲人解惑。學者學問思辨，百倍工夫，無非求以祛惑。夫學之惑，蓋非一端矣。執言頓，有頓之惑；執言漸，有漸之惑；執言難，有難之惑；執言易，有易之惑；執言無脩證，有無脩證之惑；執言有修證，有有修證之惑。

試更取譬而備論之。如築九仞之臺，不無損墜，隨墜隨築，久之，根愈固而累愈堅，要在不止爾。而或因之疑法自疑，則有消阻之惑。又如決泉赴海，在濬其不竭之源，赴之塗，或江或河，俱可無論，而較量彼此，則有分别之惑。又如百萬軍中，直取上將，匹馬單戈，貴在心專神定。而或謂且先其副，一入茲言，交戈之際，心目稍移，大事乃去，則有轉念之惑。又如人有學步者，試之庭除間，足力壯王，則一切高崖險道，不外此步，自然可勝。舍足下而遥度自危，則有懸想之惑。又如人有寄情花木之間，不必花開果實而意始足，即根而榦，榦而枝葉，皆趣也。雖是嚴霜剥落，而一般意思自存。如必求其樂之時節，則有等待之惑。又如學琴操絃，漸以成聲，在純之而已。而心計以爲當如孔子於琴中見文王焉，方操方計而心手亂，則有馳慕之惑。又如人處暗室，或諭之見日乃可，爲之鑿隙光露，爲之啓户光滿，而皆以爲非日非見，曾不知光即是日，用即是見，則有狗象之惑。又如病醉求醒，能知醉，能知醉之由於酒，皆醒之因。既知，則時而嘔逆昏睡，皆所以醒。日惟有不强酒爲工夫，帖帖地而已，而別求醒法，則有增入之惑。又如聞譚飽適之味，而一旦以爲己尋常皆不足與於斯味，爲之變其飲食求之，而卒無當於適，反仍其饔飧之舊，乃知平常所受享皆是也，故亂於名言，則有不自信之惑。又如人有不知夢境者，人與之曲爲名狀，自爲之極其度量而不得，乃放下不求，就睡而夢境見矣。故事有以不求爲求，而必求之，則有取必之惑。夫惑種種如是，可勝數哉？惟辨此惑，而後可以袪惑；能袪此惑，而後可以言不惑。學至不惑，無餘事者。

不肖蓋真見孔子之學決然如是，而卒未能脱然於諸惑之中，是以自覺自辨，矻矻窮年而不能自已，蓋誠舍是無以爲功者矣。孔子之不惑，傳之孟子，曰：「我四十不動心。」不動心者，不惑也。不動心，斯可加卿相而行道，大用乃彰。公兹行，當路有日，將經世出世，舉乾坤而旋轉，以顯吾道，是惟不動心可以當之，則不惑之學，公將密而加密焉。不肖脩之家，而公用之世，千里之遥，相與同參，惟此而已。故於今日之別，書以爲質，公更何以進我？并與諸子聞之。夫繼二王先生之後，而眼目一世，責更誰待，公其深念之哉！

不隔絲毫卷序送昌孺梁子北上

萬曆庚子，八月之望，昌孺梁子偕計吏上春官。明日，入武林，時周子及同志十餘輩，崇殽載酒，相與餞之西湖，而各申以詩歌，類爲卷帙。余叨一日之長，得弁言於首以勖焉。

蓋余憶丙子歲亦以中秋日北發，時親朋餞我溪滸，有語者曰：「子兹行，其取巍科，躋華要，以耀閭里。」再語者曰：「子且樹奇節，光汗青，爲世偉男子。」末更語之者曰：「前所勖子未盡，有賢聖學術在，志求道達，吾將以是觀子焉。」余頓首受命而往。昌孺自蓬萊發棹而西，親朋致語，能更有加此三言者乎？

昌孺決擇所告，定以末語書紳。余在當年，亦同此意，然兹難言矣。望之欲趨，而行之每不能前。賢聖之學方在念，而歆榮慕利與喜事好名之心，往往交戰，時欲屏謝富貴功名，一意此事，而卒不可得。蓋貿貿悠悠，出入起倒於三言中，而忨愒時光，終莫究竟，此學人之通病也。然則如之何？作聖有本，在識其本而已。識其本，然後謂之真希聖。真能希聖，然後交戰之心自知調攝。不識本而言希聖，如磨鑑不得其面，決不生明，又如持太阿不得其柄，轉自傷手。不知希聖而欲除交戰之病，如鬱火毆煙，煙何可盡？如乘風止浪，浪何可平？故余願昌孺之求本也。本不可名，陽明子不得已以「致良知」三字爲訣，苦心哉！其言之矣。知之一字，衆妙之門，學無有越於知者；知之一字，衆禍之門，知莫有妙於良者。千古聖賢，單傳此竅，是爲本根，然須覿體自見，乃可言致。今有不曾灼見而謂能致良知者，如亡子尚自迷家，而遂妄言住處；又有不曾灼見而謂良知未足盡學者，如盲人不見日輪，而妄咎照用不徧。此皆所謂不得其本。俗儒窠臼，往往洗刷開示爲難，蓋可懼也。昌孺胸中灑灑，不受一塵，如未彫之璞，如未發之機，根器猛利，簡徑直截，便須篤信此知，極力參證，質之師友，察之隱微，煉之事變，勿以言句承當，勿以情識領略，直至豁然不礙，灼爾無疑，天下自然無復餘事。貧賤固可，即取第登樞，如風動雲出，一任卷舒；尋常固可，即立名豎節，如水到渠成，信地流止。前有三語，總歸一真，應用如如，都無揀擇，此方爲大究竟、大休歇地。賢聖之學，如是而已，昌孺勉乎哉！

昌孺聞已，欣然請事，乃更起謝曰：「茲行如師友間隔何？」余曰：「良知通乎晝夜，無有人我，豈歲月里道所得間乎？茲行縱千里而遥，經年之曠，何曾隔絲毫許？即此不隔絲毫處，最可尋繹。昌孺其從此入。」因遂以「不隔絲毫」四字題之卷端，而更次第茲語，并附詩歌於其後，以授行李。昌孺登途，試自看取，且道隔絲毫否耶？

立本説送進士養初喻君北上❶

爲「三不朽」之説者，曰：立言，立德，立功。兼之乃全，而或擅其一，亦足以誇示一世。士君子自期期人，如是至矣！余謂茲言似之而未盡也。夫是三者，有本焉。君子之立，在立其本。本之既立，宜於口爲

❶ 此篇清華本題作「送喻中卿進士北上序」。

言，被於身爲德，及於物爲功。一立俱立，非有別也；不立而立，非有期也。辟之水濬其源則流通，而風動之文生，石激之波湧，淵渟之體澄，皆隨流所到而已。明道之言曰：「得此義理在此，更有甚事出得。視世功名事業如閒，視世仁義者煦煦孑孑，如匹夫匹婦之爲諒。自視天來大事，處以此理，曾何足論。」此立本之説也，盡之矣。顧所謂本者何？謂之義理，而不可義理承當；假之思辨，而難以思辨懸想。聲臭俱無，助忘不得。立之之道無奇，宣于口，被于身，及于物，如是而已。嗟乎，此古臯、夔、稷、契之學術，固難爲世戔戔者道也。

養初喻君，❶妻余兄子，稱至戚，而且時與談名理甚契。去年成進士，奉使過里。今事竣還京，將謁選服官政，不朽之事立，自茲始。君性與道符，具有古人風格，而且以余戚且契若此，則不當以今時豪傑相勉。象山云：「以流俗人望子，則子固流俗中賢者矣。」惟所望不盡於今，故持爲茲説以進。惟君亦且無疑於此，而當之不爲讓云。

別二子序 二跋附

昔陽明夫子謂自宋諸大儒後，師友道喪者三百年，❷當陽明子世，始有所稱師友者。今去陽明子又近百年，茲事漸曠。我輩一旦起而私淑其傳，修明其業，乃諸子不自滿假，謬推余以存師道餼羊，而各相爲友，則皆古道真情，實求砥礪，自然孚合，真一時難遇之緣。但業修久曠，群目駭觀，鄉

❶「養初」，清華本作「中卿」。
❷「三」，原作「二」，據清華本改。

邦之人不無迂詆我者。至於舉業不售，以爲失其正經，則雖父兄之疑，不免矣。縱毀譽無關實證，而群情未協，興起無機，是亦共學一慮。

今年秋，彭子智甫、劉子特倩聯捷於鄉，而後來者駸駸有氣。於是人人知此事與一切事原不相違背，而聞風者向往勃然。蓋庶幾厭群望而慰父兄之心，助發道因，機緣逾暢，真大可爲吾道一愉快也已。雖然，吾更有爲二子慮者。前之時，屬望在一鄉耳，今而後行，且對大廷，服官政，師友既以日遠，而又擔當愈大，責望愈宏，震撼摇蕩我者百出而交投。此非有定識定力，鮮不眩回其間。二子能無惕然已耶？夫樂正子之將爲政也，而孟子喜；漆雕開之不輕仕也，而孔子悦。彼既以喜，而此又以悦，此其故亦可思矣。然則余何以贈子？陽明子之門有三子舉於鄉，而子别之曰：「行矣則焉往而非學也。」余取兹言而已矣。「焉往而非學」者，無間歇，無等待，不師而嚴，不友而礪。明此以往，可以群，可以獨，可以忙，可以閑，可以細，可以鉅，可以仕，可以不仕，可以不仕而仕，可以仕而不仕。二子其永佩兹言哉！是又余與諸子之所當共勵也。於是二子頓首受命，請筆之以當書紳。而一時同志，各申以語，類次爲册，題其首曰「焉往非學」云。

彭子卷跋

彭子問于予曰：「子言『焉往非學』，夫何以能持之，使焉往而非也？」余曰：「學者，覺也。子何往而不覺乎？覺寒，覺暑，覺痛，覺癢，以至於夜寐沉寂，而覺未嘗少，豈待持之使之而後覺？焉往非覺，則焉往非學矣。」曰：「此覺則人人同之矣，何以言學不學？」曰：「雖同而不覺此覺，日用不知也。求覺此覺，明明德也。未覺求覺，既覺則覺之而已。覺亦無覺，而況于覺覺？無覺之覺，方可爲覺，故曰始終惟覺耳。」曰：「單言覺，遂廢脩持已乎？」曰：「覺如眼開，眼開者，些須之瞳，而山河大地，宛委曲折，包含照燭，俱無所遺，廣大明妙，其何可比。以此馳騁于康莊大道之中，不必言避荆棘，而自不踐；不必言防坑塹，而自不墮。夫是之謂焉往而非，可言修持不修持乎？若彼不覺，辟如眼盲，物蔽之，瘴生之。而不求明其眼也，日惟荆棘坑塹之爲防範，以爲工夫，以爲究竟，其中局局，其步蹐蹐，吾見其愈行而愈非，豈不稱可憫者哉！嗟乎，世以無所往而不爲愿，人遂謂之焉往而非學者，不少也，慎之哉！」彭子唯唯，因記而書之册末。

劉子卷跋

劉子問于予曰：「子以『焉往非學』語埒，而不言所以學，何也？」余曰：「《語》言『學而時習』，『學而不厭』，不聞更言何學。以此知時習即學，不厭即學，焉往而非即學，更何言耶？雖然，爲子强言之。君子無入而不自得，則焉往非學之義也。何以明其然？蓋不自得，則必不可時習，必不能不厭，必無由焉往而非也。故余以自得盡學。」曰：「何言乎自得也？」曰：「不待人之謂自，本無失之謂得。不待于人，則物無所加；本無所失，則已無所欠。無欠無加，優游舒泰，而所至無礙。孔子之樂在中，孟子之心不動，皆是物也。是以可時習，可不厭，可焉往而非。彼不知自本得者，常見物足累我而欲屏去之。如癡人怖影於日中，而不悟影即是形，妄作分別，困苦隨生。不知得在自者，以爲我有虧欠，而欲幫補之。如狂人迷頭于鏡中，而不悟頭本無失，馳求無已，徒自作勞。如此者，謂之戚戚，謂之茫茫，舉步即非，又何焉往而非？此余以自得盡學也。」曰：「自得者言其成，而學則奈何？」曰：「始欲其自得之，終惟自得之耳。以是入門，以是究竟，無有二也。」劉子唯唯，因記而書之卷末。

爾瞻鄒子講義序

子思子謂道考三王不謬，俟百世不惑。子與氏亦謂聖人復起，不易其言。茲何以能信其必然，而語之斷斷如此哉？千古聖人，祇同一竅，而我與千聖不隔絲毫。我竅既通，千聖自不能違，猶之目竅通，而青黄赤白必無異視；耳竅通，而高下清濁必無異聽；舌竅通，而辛酸甘苦必無異嘗。不費一毫揣摩，而自然彼此合轍。故凡不謬不惑而不能易者，不謬不惑不易於自心而已，非求在前王後聖者也。用是窮經，是爲經註我，而非我註經；我轉經，而非經轉我。此直截信心之學，實難爲支離狥外者道也。

余友吉水爾瞻鄒子，蚤志此事，直究真宗，於所謂千聖之竅者，蓋已獨有證入，故論學博引群經，隨文闡義。本之見在尋常，而自然精深幼渺，❶真有可必其考俟，無所

❶「幼渺」，清華本作「奧妙」。

疑惑而不能易者。於是其及門士若干輩，記日所講義若干篇，筆之成帙，謀付梓以廣其傳。時余有嶺表之行，道出白沙，會鄒子於林間，而諸士相率求一言爲之引。

夫《鄒子講義》，豈易言者哉！余蓋憶壬辰之夏，與鄒子論學留都，間出「直指」一語。時聽之，藐然不以爲當；已而反之自心，密證深求，稍有覺省，然後信前語爲不欺。别去五年，近始再會於鐵佛菴中。蒲團對坐，覿體共呈，惟有相視而笑。今觀《講義》所發，大約不越前旨。予今日或可以序鄒子之言，而鄒子亦曰：「吾言待子言以行。」是用因諸士之請，爲之論著如左。而人讀鄒子之言，有未盡了了者，其尚本自心爲印證，毋徒狗支離之故習云。

一樂堂説❶

椿榮萱茂，棣蕚交映，入亨途，履泰境，嘉祥善慶，萃之一門，此人生極願，或難必致，蓋其主之在天。父子兄弟，慈孝友恭，菽水歡生，枕衾情洽，而且婦順孫隨，家人合愛，此盡分殫心，力堪自勉，蓋其率之在人。天合於人，人情乃暢；人合之天，天慶彌隆。以此爲樂，一切勢位、名稱，吾身外者，舉無以尚，故命之曰「一」。然吾又聞之程子曰：「天人本無二，不必言合。」《中庸》曰：「君子不可以不事親，思事親，不可以不知人；思知人，不可以不知天。」天、人有兩名，而知惟一。知一，則天、人寧有二

❶ 此篇清華本題作「題一樂堂册」。

乎？故造化在我，何天非人；學慮不事，何人非天。凡言合者，猶歧之也。歧之不離湊泊，而不二乃無，始終一樂。悟此，樂斯爲至。蓋子思、孟子、程子相傳之旨也。

山陰劉氏兄弟三子者，皆玉質錦心，怡怡無間，而兩尊人且具慶高堂。楊太史貞復，祝給諫無功爲書「一樂」貽之，而更乞語於予。三子皆從予游，其於以人合天之學，蓋孶孶各自勉矣，而予欲其遡思、孟之真傳，故更進之天人不二之説。

刻邵楊詩微引❶

子程子之言曰：「人有篤學力行而不知道者。」夫篤學力行以求道，至矣，而猶云有所不知，舍篤學力行外，道何有乎？就篤學力行中，道何指乎？人而不爲性命則已，若真實爲己性命，未有不於此起疑情，不於此求決了，而肯自冥然悍然而遂已者也。自古千聖相傳，只此秘密之旨，而《周易》一經宣洩爲詳，《論》、《孟》、《學》、《庸》中，若所謂「朝聞夕死」、「行著習察」、「飲食知味」等，皆已剖破端倪，示使知歸。而無奈學者以意識承當，訓詁抹過，間有微辭奥語與聖經相發明者，則推而拒之於禪，曰異教中語也，不肯一加紬繹。此譬如人饑餓欲死，美食在前，特以其命名之異而棄置弗餐，甘爲溝中之瘠，可謂真實爲性命者哉？

余嘗次有《程門微旨》，闡抉真宗，而世之拘儒，於其中所謂此箇等語，皆以爲近禪而欲别爲之解。吾誠不知其將作如何解也。近讀康節、慈湖二先生詩，其語彌似禪，而其

❶ 此篇清華本題作「邵楊詩微序」。

旨彌徹，因爲摘揭各數十首以附《微旨》之後。學者讀此，莫問是禪非禪，一味起疑起信，參求既久，有日醒然，庶幾謂之知道，而可以不虚此生。不然，雖使篤學力行，亦爲徒然而已，而況其下者。孟曰「哀哉」，孔曰「末如之何」，皆以歎惜是人，人宜自惜。

重刻心齋王先生語録序

心齋王先生，其東海之聖人矣乎！何以知之？陸子曰：千百世之前，千百世之後，與夫東西南北海，有聖人出焉，此心此理同也，故聖則無弗同，同則無弗聖矣。先生自信與伏羲、神農、黄帝、堯、舜、禹、湯、文、武、周公、孔子同此心，同此理，斷斷乎其不惑也，豈不既聖矣乎！或者曰：「此心此理，人無不同，人人同，豈人人聖乎？」曰：人人本同，人人本聖，知而信者誰？信則同，不信則異，聖凡之分也。千金之子，舍而負販，不信己富也，信之，則千金握中矣；侯王之子，棄而胥徒，不信己貴也，信之，則侯王刻下矣。或者又曰：「言信，則脩爲已乎？」曰：不爲烏信，不信烏爲，千金之子而欲自信，則必稽基業所自，寶藏所存；侯王之子而欲自信，則必遡統系所承，符券所在。此爲以求信，非漫信也。信自千金，則常守此富，有自然之料理；信自侯王，則常守此貴，有難忘之制節。此信而後爲，非盲爲也。不然而有漫信者，基業統系不知來，寶藏不入眼，符券不在手，則千金妄度、侯王妄號而已矣。不然而有盲爲者，業負販，則曰：「吾積累以致裕焉。」儘其積累終身，負販之雄而止已。事胥徒，曰：「吾操勵以階進焉。」極其操勵終身，胥徒之良而止已。嗟乎，此聖學、俗學之所以分也。

聖學不明，凡幾百年，而陽明先生作，繼有先生，又有龍溪先生，共將此心此理昭揭示人。一時三王，可謂千古奇遇。吾觀先生初過闕里，便奮然太息。正德六年間，居仁三月半，此何等信入乎！力行孝弟，體驗經書，行住語默，俱在覺中，此何等脩爲乎！如先生者，真以一窶子而立亨千金，以一匹夫而坐位侯王，宴然當之，毫不驚怖。陽明子曰：「此真爲聖人者也。」真爲，則真聖矣，又何疑哉！三王之書流行於世，皆世間一日不可無者。越中二王先生之書多，而先生之語寡。真方療疾，一味與衆味同效；真金示人，一鎰與百鎰同精，固不必以多寡論也。

不肖嘗過先生之里，拜先生之墓而脩先生之祠，今十五年矣。先生之孫之垣重刻先生之語，而命子元鼎千里走乞不肖序其首。以不肖於先生仰止特深，不肖固願爲之言，而且喜先生之有後也，敬齋沐書此。嗟乎，人而不欲希聖則已，苟有志乎伏羲、神農、黄帝、堯、舜、禹、湯、文、武、周公、孔子之爲聖，舍先生之言無由入。先生之言與越中二先生之言，一而已矣，千聖一而已矣。

周海門先生文録卷之五

門人 山陰彭若昌
山陰繆伯昇
會稽范繼益
山陰王繼炳 校梓
山陰何光達

鄒子學庸商求序

古聖賢以道相授受，自有喫緊入微之旨，爲千聖之所不能二。然既謂之微，則亦語言不能及，又千聖之所不能傳。不能二而不能傳，如空合空，默契而已。故欲希聖而不探其不二之微，妄生意識，猶之烝沙作飯，決無濟生之益；欲探微而不悟其不傳之妙，滯於語言，猶之認影爲形，豈有識面之期。吾觀《大學》、《中庸》，豈非孔門傳道之書，而今之讀其書者，果能得喫緊之旨於語言之外乎？主己見以附聖經，滯死語而談秘密，牽制於章句，辨析於異同，其去聖人之旨遠矣。《大學》之言曰：「未有學養子而後嫁者也。」不學之能，是喫緊之旨，讀《大學》，在了此而已。而乃務求養子之方以爲典要，則天能愈漓。《中庸》之言曰：「人莫不飲食也，鮮能知味也。」日用之知，是喫緊之旨，讀《中庸》，在悟此而已。而乃懸辨飲食之事以爲究竟，則知味益遠。此後儒讀《學》、《庸》之失，而其所爲格致誠正、戒慎恐懼之似是而非，皆已可知，誤己誤人，其能免乎？

夫《學》、《庸》之旨，晦隱幾百年，至陽明子而始昭揭。今去陽明子未百年，而諸説紛起，真旨漸湮，徒使後學惑亂，蓋又爲

《學》、《庸》一厄，揭而醒之，誠有待乎其人已。吾友爾瞻鄒子，以天挺之豪力究聖真，心參境鍊，豁然有得。蓋嘗製有《仁文講義》，間發《論》、《孟》之旨，而至於《學》、《庸》，則全篇有所闡發，命曰《商求》。其見益超，其言益詣。吾觀其論格物曰：「執一説以概者，諸儒之陋。」論諸本曰：「能知止，則石本可，古本可，朱本亦可，不然，無一而可。」論標宗曰：「有宗即有的，有的豈不日亡。」論明德曰：「自然本明，示以人力之不庸。」論修道曰：「去汙除棘，又見工夫之不礙。」論天命之性曰：「千古無人識得。」論化育之贊曰：「凡夫可以與能。」其他種種發明，了徹圓明。不二之宗，不傳之秘，滿盤托出，即聖人復起，可必不易其言。學者由是以入，庶得《學》、《庸》之精髓，而識止知根，他岐不眩。陽明子而後，明道覺世之任，惟鄒子足當之矣。夫陽明子之論學，旋轉乾坤，與天下相更始，其勢誠難，而今闡發所已明，力若易然者。然當陽明時，人有習聞而無己見，淘洗耳目，猶稱難中之易；近世儒者自起爐竈，成不可破之窠臼，正象山所謂救人於根本之時，反覺似易而難。然則鄒子今日之苦心，殆有甚焉者！余與鄒子以此事參質，素稱莫逆，而讀此真信其爲千聖之正脉，故忘其鄙陋而敬爲之序。

剡源遺草序

剡源爲夢科繼廉別號，而繼廉於余爲從弟。先，繼廉有世兄繼實，稱剡山高士，於余爲從兄。高士以理學著，志節比于古人，與處非辟自消，無俟言説。余敬事之，稱莫逆，而不幸殀亡。後繼廉亦有兄風，遊龍溪、陽和二先生門，爲人倜儻曠達，脱落風塵。家徒壁立，而意常宴如，然偶餘儋石，則挈振貧人，隨手銷盡，弗計也。其意氣多類此。談名理，時有悟入，而質行砥節，必先孝友。蓋自高士没，余時與繼廉游，而心相許、道相摩也。興至，輒娱情詩酒。余有草堂三楹，蓄書可數千卷。繼廉居相望數十武，而近傍有兩大樹，直幹摩雲，濃陰覆地，四時可玩。晨夕相過，非與誦習堂中，即共謳吟樹底，十餘年無虚日。時起征途，同爲吴楚燕趙游，臨流弔古，立馬看山，所向傾倒，誠不知勳名富貴爲何物者。余行作吏，稍稱間阻，而一日相思，輒千里命駕。前年，余理鹽鹺，訪余鹺司；舊年，余判京兆，過余京邸；今年又並舫南行，至廣陵别去。余抵石頭，彼還越水，猶以詩相問訊。别不再閲月，而訃傳吾弟死矣，悲夫！

余駑質蓬心，每樂廣取師友，用自夾植。乃近于兄弟三從間得兩傑士，方其晤對，意未嘗不逌然自快，以爲挾是可遺世而忘老者。而不意先後舍余以逝，使余孑處孤吟，漠然何向。高士長我十齡，年不逮艾；繼廉少我十載，又不逮彊。身世悠悠莫料，而俯仰天地，吾亦能更幾時？良可悲夫！而余又痛恨夫兩士者，何皆厄塞困頓於生前，曾不得一遇以死。高士一諸生，而繼廉渺然布衣已爾。然高士没，而郡大夫表其墓，祀之學宫，亦以不亡；繼廉寡交遊，名不踰闤闠，今死，有發其潛光而托之不朽者乎？不可知已。

繼廉有詩數百首，余欲校次之，開卷輒淚淫淫不能竟。愚上人者，與余兄弟爲方外友，具詩家隻眼者。一日，問訊感泣，余以詩草屬之。上人卒業，稱賞曰：「是有古韋孟之風，清抗絶俗，似其爲人。」又曰：「《山居四時》、《送身上人述懷》等作，即不越數十言，而胸中萬畝丘壑自具，取數不在多也。」手爲校讐，擇什一於千百而付之梓，命曰《剡源遺草》。上人又曰：「兹刻行，而知言者因言得其心，則所謂不朽者，其或有托矣乎！」余惟繼廉於生死貴賤常自擺脱，以爲一切無有，而身後之名，殆不必區區有此，然以生人之愛惜，辟如玉樹庭蘭早就摧殘，而流芳餘彩難忍頓令消歇，則兹刻爲不可已矣。若余草多與賡酬之句，請以併行，亦上人之意，而兄弟同聲之應，自有不忍相遺于生死者。故忘其鄙俚而勉從所請以梓，是稱《池塘草》云。

寄贈李檣山先生

冲倩兄弟之從余游也，蓋更師於檣山李先生。冲倩兄弟殫精問學，極力親師，來往彼此不怠。余時與盤桓，猶不免拖帶泥水，而先生簡徑直截，片語之下精神透洽，以故諸子受先生之益良多，而尤不能一日忘先生也。豈惟諸子，即登所受益於先生不少。先生蚤歲參尋，一意此事。三四十年來，奔走道途，于身家不啻浮雲視之。剛腸鐵脊，坐對令人意遠；斷除嗜慾，勇猛超於上蔡。行李蕭蕭，若許由然。一瓢不掛，身輕意適，目擊令人慮空。且自幼不習詞章訓詁之學，見聞盡掃，直自悟通，談經一闡己靈，不襲前人半語。相與傾談，真有孤立天壤之趣。蓋登所受益於先生如此，而門牆士又可知矣。先生亦自與予針投芥合，余有狂言，滿座未契，而先生獨爲點頭。余于先生，相與爲何如哉！

今别先生，七八年往矣。余驅馳宦轍，近始謝事歸里，而先生杖履所税，竟未知何所。不肖自惟年始望六，已覺衰疲，而先生及縱心之期，精神當更何若？沖倩負笈而追訪先生於千餘里之間，區區之神與俱往矣，顧更有所質於先生者。不肖近歲來獨參自證，益信陽明「良知」二字是千聖真血脉。近聞有謂良知非本體者，先生以爲何如哉？良知無知無不知。無知，至矣，而更何以進？豈爲無不知猶在分别上事耶？古德云：「知而無知，不是無知，而説無知。」舍無不知而言無知，不啻千里也已。嘗觀鄧子《南詢録》，亦以良知不足了生死，惟人睡着不做夢時，方是妙心真脉。是此非彼，邊見爲祟，卒至枯槁淪陷而無歸。學術之謬，只在毫釐，辨可不蚤乎哉？

先生近相證者何人？所得當更益深，聞余斯言，不知猶爲點頭否耳？憶前與先生别，有「共有人間事」之句。人間事，莫大於明學術也，且近與沖倩輩參究，惟此一着，故於其行而申以相質。先生儻有意東來，得與覿面參證，因使後學永不惑於他岐，更爲大快事。先生其無忘之哉！

渭水仙舟册序

損之范子，從太史石簣爲京國之游，損之于太史有渭陽之戚，而太史名重當世，得被晉接者比于登龍不啻。❶ 損之得從兹游，

❶「不啻」，清華本無。

故稱「渭水僊舟」云。

損之之行，一時共學諸子送之河干，而推余勖以言。人有謂損之從太史學道，須屏塵緣、祛嗜慾，然方爲諸生，則當事佔俾，且善病，則當知調燮。佔俾不免役心，調燮未能忘味，于學道若相妨者。而或者取世相與實相不相違背之旨，謂不妨尋常行履，自可契道明心。勖損之者，玆言爲至，而余亦不能外。然是言舉之易，真了之難。不能真了，爲病有二，余爲言其病：其一，習氣本重，心法未明，乃假托不背爲垛根，放蕩恣睢，猶稱妙用，貪婪決裂，自謂無拘，此匹夫之妄號，狂慧之撥無，雖使玄言妙論，難逃誅陷；其一，雖謂善會，終隔一塵，當下未即相應，現在每生疑畏，分別見伏，取舍根滋，將壞世間相而取實相，是所謂精進勿道心，是妄非精進，雖使枯形殫力，拘泥愈深。

此二病者，此善于彼，其爲悖經則同。何以證其然？經云：「應以宰官身得度者，即見宰官身而爲説法；應以居士身得度者，即見居士身而爲説法；應以比丘等身得度者，即現比丘等身而爲説法。」夫所説之法，本無異同，而所見之身，不須混濫。應何圓也？彼假托者任見在之身而廢乎法，此拘泥者昧不定之法而礙于身。六祖云：「心平何勞持戒，行直何用修禪。」夫心平行直者，但解懷中之垢衣；而無持無脩者，不誇向外之精進。旨何密也！彼假托者，徒知脩持不須膠執，而并心非其心，行非其行；此拘泥者，不知平直即是持脩，而必以戒爲戒，以禪爲禪。故曰：其爲悖經則同，皆由不能真了故耳。故不相違背之旨，余不能爲損之加，而所望于損之者，在求真了。真了則於世法不須移易一少許，而佛法自存；佛法不必希冀一絲毫，而世法不染。舉業當脩，修之而已，而舉業何嘗非德業？色身當調，調之而已，而色身須知即法身。損之侍于太史，其當日以是義爲請事。不然，前二病者，非彼則此，非惟自身無利，而世道之轉移、佛教之流行，所關不淺，故重爲之勖。若夫求爲真了工夫，太史當更爲子發，損之其俱毋忽之哉！

送和卿過江西序

蓋諸子之辱與余游也，自新春以來，眺賞無倦，金庭石鼓，覽邑中之勝，而且拜石佛於南明，探禹穴於會稽，撫景談心，無時無地不相後先。

當茲九月，和卿喻子獨泛江西之棹。和卿兄中卿，司理南昌，迎養母氏夫人於官邸，而和卿爲奉板輿，掖侍而西。此行將有經年之别，於是余與諸子送之溪滸，各把酒而勞之，曰：「子茲行奉母從兄，脩孝弟之實行。❶所至鄉土雖異，而省視不違，宴笑如常，蓋庭闈之至樂也。凡出門，皆必有營，非縛我以職守，則自驅於名利。而子獨閑閑，一無所罣，行無事之事，蓋達人之真適也。我輩前所登覽，未離一郡，而子遡錢水，渡鄱湖，南浦、西山、龍沙、鐵柱將歷覽焉。彼都人士，好脩慕古，昔陽明夫子之高弟半出其鄉，而今龍象猶多，將參請焉，斯又天下之壯游也。而且時值清秋，天涼氣淨，夕露非寒，朝暾非暑，子奈何獨擅茲樂哉？」笑以語余，余曰：「斯游洵可樂，而和

❶「脩孝弟之實行」，清華本無。

卿處此，則宜惕不宜隨。何也？乘時遘會，人願天從，如前所稱者，皆順也。昔人有言：『逆境易打，順境難排。』逆我意者，有力者輒能醒悟；而遇順，則或不覺不知，❶優游放散。譬如居常飲食，不思辨味；如舟行平水，柁易忘操；如以玉攻玉，不得其礪。蓋恒人之所易，而志士之所虞。故順則利用惕，惕則利用剛。剛者，乾之『行健』，復之『見心』。從一念靈明處自省自勘，常覺常明，如睡必寤，如倦必起，如臨深履薄，而時不敢悠悠泄泄，玩弄承當，要須頃刻不至遺忘，萬境不能回換，然後可以言事親從兄，可以言覽勝收奇，可以言隨意逍遥，閑曠而行無事。蓋剛之用，不可一刻弛也。和卿其念之哉！」❷

和卿蚤志此事，信契已深，❸獨證深參，當自有得力，無待余言。惟今朋友漸遠，情境易流，沉潛之養雖至，剛克之用宜多，故復申此，以當臨行之贈。和卿抵洪都，更以質之伯氏司理君，其以爲然乎否耶？❹

論交紀送聶遡源❺

蓋余先後爲郎白下，凡經紀餘，留滯既久，而因得以博交遐邇知識瑰傑之士。滁陽有遡源聶公者，亦在交中。

或有問曰：「子何以交於聶公，公何如人哉？」余曰：「公其翻然方之外者乎！」或者曰：「不然，公居編户，披冠裳，朝夕飲

❶「不覺不知」，清華本無。
❷「和卿其念之哉」，清華本無。
❸「信契已深」，清華本無。
❹「其以爲然乎否耶」，清華本無。
❺此篇清華本題作「贈聶遡源序」。

食鹽醯蔬果豚魚，俱人所常御，無以異者。過其里，婚嫁如俗，臧獲治産業不廢，且課督諸孫脩營墓宅，種種行履，豈方外者流耶？」余曰：「公固猶吾人哉！」❶

或者又曰：「是不盡然。嘗初見公，問年，半百且近耆矣，其顔渥然，髪黳然，耳目精力聰明彊健，即未見公壯，而其去壯時度當不異也。後踰十餘年見之，顔髪精力具如初見時。又餘十餘年見之，顔髪精力亦只如再見時。三十餘年來，無由得其幾微衰狀，則過此難老可知已。且公善游，足跡遍天下，歲無虚日。身不逐逐爲生計，而家自裕，則遵何術哉？詢公，少遇異人，得秘術，製神丹，餌其精可以久視，而餘亦足以却疾回生。夫爾，則公宜掃景人間，而何其跡不甚與人遠也？子何以處而交之？」余曰：「余何以名公，而余所以交公者，或以此夫。世惟田舍相侈，印組相軋，而不知以恬愉尊生者固無足道，乃知有是事而木茹菌衣，棄群絶類，道亦不載。如柳子所謂：『無夫婦父子，不爲耕桑而活乎人。』若是，雖吾亦不樂也。』惟公飄然塵外，善自陶生，齒耄顔童，綽有真符，而且行履俯仰不詭於人群，殆庶幾乎不離俗而證真者。余其以是與公乎！且公族江右，其先有至人偉士繼顯於世，今靈骨復以鍾公。公移家滁水，而日惟祖德是念，興祠舉禮，❷脩譜明宗，❸真知報本之大義。公在滁，以恩義被於鄰里，人人稱長者。交遊縉紳間，慷慨不覊，囊貯金丹，價且不貲，而時時握以相贈，故

❶「余曰」至「人哉」八字，清華本無。
❷「舉禮」，清華本無。
❸「明宗」，清華本無。

又稱豪士。夫是則安得不公之與也？而又烏知其方之內、方之外者耶？雖然，余于公更有深焉者。余有老母，以踰耄之年，頭目時眩，自服公之丹，而精神步履日益加健，數年以來，壽且彌高，而若有不知老之至者。蓋余日侍老母之加餐，而未嘗不手額以頌公之恩。嗟乎，余何能一日忘公哉！此之爲誼，蓋將世世講之，非猶夫交而已者矣！」或者曰：「子交良至是哉！吾因是乃知聶公矣！」或者退。乃記之，更以示聶公，公且以爲知言否耶？❶

題張芝亭家藏卷

萬曆申酉間，余以論學獲教於陽和太史先生，而時已知其有子芝亭君矣。又十餘年，太史既没，而芝亭復相論證於洗心鏡波之館，蓋孳孳求不墜其先訓焉。暇日出一卷相示，中爲太史手筆，時時顧諟，誠不啻於羹牆。前爲其祖先太僕公一書，將克念厥祖，以永言太史之孝。後爲鄧少宰祭太史文一首，少宰于太史爲莫逆，而敬父之所敬。觀芝亭是卷，蓋真篤於思哉！率是心不倦，學無餘事矣。蓋余觀太僕公書，乃言芝亭君十歲時患痘症，瀕死而得生，至今讀之，猶令人且愕且喜。夫遭大難而不死者，必非偶然。然亦有二焉：其一，脩道備德，無論窮顯，皆將爲世用者，不死；其一，於時雖無損益，而榮名厚禄在後將膺世福者，亦不死。不死皆天，而爲此爲彼，則柄有在我而不在天者。芝亭君吾知其必有顯於世矣，而二者何從，當能自決，因書此以俟之。

❶「乃記」至「否耶」十六字，清華本作「乃紀之以贈」。

題楊太史四書併稿

太史復所楊公，製有《四書近義》若干首，合併舊作而付之梓以行。此不過經生業耳，而妙悟在筆墨蹊徑之外，讀者文視之則文，義求之則義，神會之則神。蓋嘗見吴道子有畫大士像一幅，或以其得丹青之妙詣而寢處摸擬，則見在畫；或望慈相宛然而歡喜皈依，則見在像；或對之是畫非畫、非佛是佛而悟無相之旨，則其見有難爲擬者。其不同如此。公之文，道子一幅畫耳，是在讀者自得之。

重刻評選楊太史公時義引❶

太史復所楊公於學，無時無事非講也，而茲且以時義爲講。公有《四書合併義》二帙，余已序行之，而於中又選其最精者數十首，加以批評，以宣洩其妙詣而梓之留都。蓋余於公文有獨契，而公亦語余曰：「子無論物色我者，即所批剥瑕纇處，宜存以示吾兩人之相信也。」夫今天下文弊極矣，而救之者須拔其根。拔文弊之根，必先明學，學明則文正。茲文是其左券，可以作則，故余重梓以行。雖然，天下學亦多岐矣，學岐，則覽斯文者焉能必其盡信？惟論以久定，吾據吾見，姑以俟其定耳，吾又何能以言重公文耶！

歲丁酉，余入嶺表，出其文示秦博士，見而篤好，與余同請以梓。越明年，始諾而授之，更爲弁數語於端。

❶ 此篇清華本題作「題重刻評選楊太史公時義」。

刻文引言

夫文必本諸學也，力學而後可以言文。昔有問作時文法於晦翁夫子者，教之曰：「略用體式，而隱栝以至理。」故爲文必以理爲主，鑒文必以理爲衡。惟學，然後可以明理而自信。今文有戾於理而飾於詞，世争趣尚之者，識不徹也；即有精研之士，亦知時尚之非，而勢摇風靡，心目用移，卒亦不能自立者，力不定也，皆學不足之故也。

余郡邑某輩之相與爲會，平時究竟一意在學，若無意於爲文者。試之爲文，率有所本，而能自信其言，曰：「吾不知爲文，知説理而已矣；吾不知時尚之取舍，知理之是否而已。」又曰：「吾信心信理，求守朱夫子之訓，必不能詭遇，明得意。執是而往，即旦暮有所遇，固可。不然，姑以待之，不能與時人較遲速。知不必人人，有一二真人知我足矣，不能於相知論多寡。」蓋其所自盟誓如此。諸子之所爲文，即諸子之所爲學也。於是有請其文梓以行者以質于予，予曰：「姑行之。夫行之者，亦不獨以文而已也。」因爲言以引其端。

普渡一方册引言❶

昔宋殿直范延貴以使歷下邑入萍鄉境，見驛傳橋道完葺，廛肆無賭博，市易不諠，夜宿更鼓分明，遂以宰張希賢告之樞密張公詠。詠曰：「希賢固善矣，天使亦善。」即日同薦之于朝。余讀此，未嘗不嘆贊稱

❶「引言」，清華本作「序」。

快。竊謂是有三難焉：宰職在安民，而道路橋梁與夫廛肆市易之間，皆民日所利用，其措置宜周，乃上所稽殿最不在是，則多緩視之。而或才不逮心，精神難遍。是惟誠與才合，而後能克舉諸務，故宰如希顔良難。以如是之政而得之偶然經臨之頃，至夜宿更漏亦在審察，遂不更問其他而決其賢，知人如殿直又難。知人所知而信之，而更以知能知之人而并薦之，隨遇隨詢，隨知隨舉，嗜賢如饑，受善若谷，如樞密又更難。嗟乎！三賢者，可謂巧相值矣，而今更有若此輩者乎？

語曰：「一命之士，苟存心愛物，於人必有濟。」故凡舉安民之務者，不必盡宰，爲倅，爲尉，皆宰類也。能其職，不問其官，余蓋得邵公焉。邵公來佐吾嵊，禔身恭慎，擘畫才通，諸所興革，頃刻指揮如意。城之西，古有石橋，跨溪南北，爲洞凡十有幾，利濟四十餘鄉，及婺州、南明之往來者。近以歲久傾頽，徒輿具病，民望脩建，如溺求拯，而莫爲之倡。惟公不受上檄，不待人祈，慨然身荷專督之，累石取材，鳩工集衆，凡閲歲而功成。車馬肩負，利涉無虞，蓋公之功利濟於一方者，真久且鉅矣。由是而推，而凡事有類於橋梁者，安其危[illegible]，理其蒙茸，若市易更漏之必飭其盡心，又不可待哉。

公之政，真庶幾乎萍鄉之善，而知之而薦之者誰？余于今達官有厚望矣。余爲邑中産，往來是橋，即月不知凡幾過，固不特偶經而已者。心知公賢，欲誦述聞之當路，而余病且退矣，言之或無以取信。則以待如殿直公者之至吾邦而爲之汲引，而邑僻，未可須也。則以謀諸余兄，采縉紳學士之謳歌，與夫一切輿人之誦凡若干篇，而更序述數言冠其首，類爲卷帙，流傳之，以俟夫觀風而周諮者。夫世豈真無樞密其人者乎？倘其人見是帙，即余言未重，而輿誦可采。公之遇，爲有日矣！

題刻立命文

萬曆辛丑之歲，臘盡雪深，客有持文一首過余者，迺檇李了凡袁公所自述其生平行善因之超越數量，得增壽胤，揭之家庭以訓厥子者。客曰：「是宜梓行否耶？」余曰：「茲文於人大有利益，宜亟以行。」客曰：「子談無善無惡宗旨，奚取茲言？果盡上乘語耶？」余曰：「無善者，無執善之心，善則非虛。未嘗嚼着一顆米，而饔飧之養廢乎？未嘗掛着一縷絲，而衣裳之用缺乎？且中所述雲谷老人語：『明禍福由己，約造化在心。』非大徹者不能道。謂非上乘法，不可也。」客曰：「所稱祈求等可乎？」余曰：「要在明了，事不爲礙。不明了，則雖求道德仁義，總是執心；能明了，則便求福壽子孫，俱成妙用。如農人力作，雖於豐歉無心，而田祖可迓，甘雨宜祈也。《孟子》曰：『以堯舜之道要湯。』經云：『永言配命，自求多福。』如是要求，何不可之？」有客曰：「能必人人明了乎？」余曰：「上士假之遊戲以接衆生，中下援之鈎引而入真智。啟之入門，誘之明了。茲文有無限方便存焉。余蚤年不知是事，有從兄剡山者，乃苦行頭陀，與我談，不能入。一日，會袁公於真州，一夜之語，而我心豁然，始知世間有此正經一大事，皈依自此始。余迄今不能一日忘此公之恩，公於接引人，固有緣也。茲文之行，利益必廣。雲谷老人，余在留都聞其名，而今始識其面，獅子音當自有聞而醒悟者。」於是更引古德語三條附後，授客梓行。古德語者，一《葛繁事實》，一中峰《善惡論》，一龍谿子《禍福説》云。

題長桑秘業卷

知之者不如好之者，好之者不如樂之者。夫所知所好所樂是何物耶？人不知所知所好所樂所在，而欲與之語知語好語樂，難矣。知之者，知其可好可樂，好樂者，知之乃真。總之一知，無有二也。人且無論能知，但知有當知之事，而求知之亦難。人之所以異於禽獸者幾希，幾希者，知不知之間而已。此人獸之關，至重也，而願可貿貿已耶？

余每以是期人，而未遇足開口者。蓋今遊石橋、雁蕩間，過赤城，遇豐輿王子，一語針投，已又遇元陽許子，晤對考鏡，非此不談，言之津津，寔落知有此事矣。豐輿以宰官應世，海内知名；而元陽僅以岐黄濟一邑，名未踰百里。異哉，古所稱高士多在醫卜間，蓋于元陽見之。余兹遊，不以得覽諸奇勝爲快，而與豐輿笑接、元陽盤桓，真可快也。元陽有子應東，年甫十三，已嶄然露頭角，他日取青紫易易。而元陽又問：「何以使吾兒知也？」余曰：「使知孝知弟，知爲舉子業而已，毋令鑿也。」元陽頷之。蓋余觀元陽之子，而知元陽旦暮且顯，當不得以醫卜終自韜晦哉。人有以册贈元陽，題曰《長桑秘業》。其所稱頌，皆其精攻之術、慷慨之概，非深知元陽者。余特著其所得秘密如是。

日記録序

余覽了凡公立命之言，因以勸二三子共發積善之願，而予以身先焉。爲録以紀，月系以日，日系以事，雖纖小弗遺，雖冗遝弗廢也。

客有問曰：「子爲是，弗勞矣乎？」曰：「樂此則不爲疲矣。不有博奕者乎？予差以是勝之。」客曰：「善可紀，不有限矣乎？」曰：「余旦旦而起，則竊自念曰：『其無忘是録乎？』一喚醒間，而吾之善念已盎然溢矣。事與物至前，則竊自計曰：『作何方便利之？』有以利之則利，即無以利之，而吾之意懇然到矣。有時貪嗔根伏，取捨情滋，則又竊自省曰：『吾將以利人，得乃爾乎？』而一切妄慮，涣然冰釋矣。故凡可紀者有限，而不盡於所紀者且充塞宇宙，與虛空等，謂之有限可乎？」

客曰：「子爲是者，將有求乎？求必得乎？與世逐逐者何以異乎？」曰：「余求亦是有，亦是無；與世同，亦與世異也。」客曰：「何以言之？」曰：「世所祈者，富貴福壽已耳。夫既爲人，則必欲富而不欲貧，欲貴而不欲賤，欲福而不欲禍，欲壽而不欲夭。欲即是求，豈非是有？欲，自聖人以至塗人一也，而何獨我？豈非是同？然吾不求諸他而求諸自，不求諸外而求諸心。既曰自心，則誰司之而誰求之？誰受之而誰與之？求之者即司之者，則無求；司之者即求之者，則無司；受之者即與之者，則無受；與之者即受之者，則無與。故余所云求亦是有，而亦是無。人所以欲富貴壽福者，豈非以其享諸身而樂諸心乎？然世有未享此者，心固戚戚；既享此者，心亦戚戚。夫然，則不得固不得也，得亦不得，無一日而有富貴壽福之奉。吾則不然，未享此也，心固蕩蕩；❶既享此也，心亦蕩蕩。❷夫然，則得固得也，不得亦得，無一日而非富貴壽福之中。故余所云得與世同，而亦與世異。」

客曰：「子之旨玄矣。」曰：「吾烏知其玄，知如是爲善而已矣，知如是爲紀而已矣。」客曰：「有足共語此者乎？」曰：「可共語者在信，信必有恒。無恒之人多，則實信之士少。『得見有恒者斯可』，孔子云云，吾亦云云。」客退識之，因以示諸二三子。

別駕繼泉徐公樂聚圖紀言❸

《語》云：「學優則仕，仕優則學。」優者，優閑自得，非餘功之謂也。學而自得，與物咸熙，學即是仕；仕而自得，與道俱泰，仕即是學。蓋深明仕、學之不二也。孔門言知爾之志，由、求、赤方計乎兵食禮樂，而點獨鼓瑟詠歌，非獨以此爲曠達，使點誠得國而理，直以鼓瑟詠歌治之，無難也。唐虞之君臣，人知其命官治采，而不知都俞吁咈之日相論學，明良喜起之日與賡歌。故干羽舞而苗格，石擊拊而獸舞，蓋其徵也。後若子賤之治單父，鳴琴而已矣；子游之宰武城，絃歌而已矣。夫所謂鼓瑟鳴琴而絃歌者，非真舉一切政務而廢置之也，簿書期會，種種不遺，未明日晐，時時刻勵，聽斷

❶「固蕩蕩」，清華本作「無覬覦」。
❷「亦蕩蕩」，清華本作「隨止足」。
❸ 此篇題不見於底本目録。

撫摩，處處周到，而優閑自得之意恒存，雖謂之無事可耳。蓋此道自帝廷孔門而後，近惟陽明子得其旨要，故雖庶務倥偬，兵戈旁午，而未嘗不聯群聚講，歌吟論證於一堂之間。此其襟期氣象爲何如也，仕、學有二乎哉？嗟乎！兹義甚微，固難爲淺淺者道也。

繼泉徐公來署予剡，催科不擾，問理當情，吏肅民安，而堂署蕭然。暇日，聯縉紳孝廉及文學士凡若干輩，登覽封亭，吊王、謝之風流。及問所謂事斯堂者，顧而樂之，過坐其間，觸咏爲樂。有童子善歌者十餘輩，命歌古詩，凡數巡，日暮而旋。明日，復聚如昨，民庶之環而觀聽者，莫不欣欣然也。公學問淵源由江右之鄒公、京口之喜公，以私淑於陽明。試觀公今日所以治剡，其不媿於陽明之一脉矣哉！公由剡返郡，閭閻有誦，黌校有章，而縉紳孝廉又別爲圖畫，以紀樂聚之盛。蓋以其事不可無紀，而且仕學之道，將借公以發其微。是以余重爲之言，以表於圖之上云。

題東坡手筆❶

東坡手書四十二字，世韜王生得之華堂宗人家，❷持示予，請爲跋數語其尾。按字後稱宋元祐四年，是年歲在己巳，迄今萬曆甲辰，閱八甲子有奇，凡五百一十六年矣。墨跡猶新，手澤依然，不至漫漶，蓋以寶重珍收之密，故傳之永久如是。予嘗觀東坡與孫子思書，有云：「紙軸持去，餘空

❶ 此篇題不見於底本目録。
❷ 「宗人」，清華本作「故」。

紙兩幅，留與五百年後人跋尾。」蓋真能自信其必傳者。夫惟自信，故必傳耳。學問亦然，學問用力，究竟在自信，自信不過，終難語學。顧自信非可以言詞强承、伎倆冒認，獨覺隱微不容自昧，須密證密許，毫髮不惑始得，不然，皆苟焉而已也。嗟乎，才藝且然，況于學哉！況于學哉！

題知非卷❶

伯玉五十知非，六十而化。夫知非，非淺淺也，一念知非，本體工夫於此具足。其所謂化，常自知非，無事而已，非有所加，舍知非而別求化境，則又非矣。玉笥劉公年六十，而題其卷曰：「過時知非，乞言自勵。」夫知非一言，自勵足矣，更何乞焉！屏山子云：「有先知焉，知則非先；有後覺焉，覺則非後。」知本無時，誰名過者，故但知非而已。前無所追，見無所昧，後無所期，是爲無事，可以優游而忘老也。衛武公年九十，不忘箴儆，❷公有意乎？舍茲二言，皆長語矣。敬因丁寧之，以當於矇瞽之祝。

❶ 此篇題不見於底本目録。
❷ 「箴」，原作「歲」，據清華本改。

周海門先生文録卷之六

會稽陶尊治　會稽沈應龍
門人上虞鄭一鰲　上虞鄭汝鉞校梓
餘姚史孝蒙　剡城袁祖乾

題陟岵遺思卷

蕭拙齋先生以方伯掛冠林間，有遨遊五嶽之志，未遂而没。其家嗣孝廉伯穀君，傷父志之未竟也，爲之肖像而遊，登陟而思，曰：「吾一舉目一動步，無能忘吾父也。」手持《陟岵遺思卷》，請言於余。余曰：「舉目動步不忘矣，未舉目、未動步以前，能無忘乎？」伯穀沉思欲對，余曰：「縱君極力思擬，猶是舉目動步邊事，只在舉目動步處言不忘，則忘時更多。晝不忘，夜時忘矣；夢不忘，不夢忘矣。謂之常無忘，得乎？」伯穀曰：「於此不能無疑。」余曰：「留此疑團，處處參求，時時捕覷。伯穀之疑破，斯先人之志竟，其毋追毋怠。」因書於卷以歸之。

答邵季躬求書❶

歲在丁酉，余會宛陵邵季躬於白下。已而相攜過舍，日談此事不置。將别，書會語三條贈之，要皆道理語耳。别去七年，今始再會，顔面鬚髮，兩皆非故。齋頭相視，歡粥飲醻。留連兩日，季躬復出昔時語以

❶ 此篇清華本題作「題邵季躬扇頭」。

請曰：「玆字，吾時時手之，今且澌滅，其爲我再書可乎？」索之甚懇。余笑曰：「此疇昔語，爲疇昔人書耳，今更用此乎？殘羹餘瀝，再進必嘔，其無用此。」卒不爲書。於是告別，送之出郊，語之曰：「已贈子不澌滅者，能手之無乎？他時相會，莫更問我索。」遂行。

華堂建土塍紀言❶

近世營建屋宅丘井，率重堪輿家術者言，信持良篤，而或者又以爲渺茫非道，不足據。夫信之過篤，固爲太泥，而一概渺茫忽之者，亦未覩其全。古之降觀卜吉，豈徒然者哉！吾嘗以是辟之論兵，堪輿言如孟氏所稱地利殊不能少，❷而特其本在人和，未可專恃。❸故凡地脉所種，❹皆與人心相爲翕散，有其心，乃有其應。心以私利而求地道，❺真氣已乖，浮氣不協。❻有大長者，善念滿腔，❼不爲身計，慇慇懇懇，濟物是先，❽而況本以尊祖厚宗一念，❾能使人人喜洽，口口懽騰。❿夫是則至念乃爲真龍，群情即是融結。⓫有所建作，以斡旋氣脉，

❶此篇清華本題作「題華堂建土塍紀言册」。
❷「殊不能少」，清華本無。
❸「未可專恃」，清華本無。
❹「種」，清華本作「鍾」。
❺「地道」，清華本無。
❻「協」下，清華本有「其如地道何哉」六字。
❼「念」，清華本作「慈」。
❽「慇慇懇懇，濟物是先」，此八字清華本無。
❾「況」、「一」，清華本作「且」、「之」。
❿「口口懽騰」，清華本無。
⓫「夫是」至「融結」十五字，清華本作「夫至念一萌，即是真龍，群情共協，乃爲融結」。

神丁自然贊護，❶靈秀自爾凝鍾，❷祥符隨着，福澤攸綿。❸此理鑿鑿可據，❹顧盡云渺茫，可耶？❺

邑東華堂王氏，由晉來聚族千餘指，比屋而居，東南北皆山環，而水從西瀉，其口稍曠。術家以爲宜加障翰以補其空，❻卒未有爲之倡者。❼五峰王公，處善厚倫，有古人風節，一切追遠聯宗義舉，靡不力肩。❽度視水口曰：「是果如術家言，築爲土塍乃可。苟利族人，吾其任之。」然又惟慮始之不易也，先建亭山頂，❾建祠宇數楹山麓爲之兆，迄今數年所，而族駸駸有豐亨之漸，于是建塍之議人咸樂舉，若恐不速就緒者。❿公曰：「人心苟同，吾其順之。」于是以己田便爲塍址，計長廣各該若干丈。今年春，擇日肇工，先具牲酒告之土祇。⓫乃祝文一化，上指于空，⓬漸高而漸不可覩望之者，皆以爲神，詫未曾有。⓭或持其事以告周子，周子曰：「神惟義與氣以心通，是理之常，無足怪者。茲塍之造，蓋以人和爲

❶「然贊」，清華本無。
❷「自爾凝」，清華本作「聿」。
❸「祥符隨着，福澤攸綿」，清華本無。
❹「此理鑿鑿可據」，清華本作「斯理不誣」。
❺「顧盡」至「可耶」七字，清華本作「非可盡云渺茫已也」。
❻「家」，清華本作「者」。
❼「卒」，清華本無。
❽「處善厚倫」至「靡不力肩」二十一字，清華本無。
❾「建亭山頂」，清華本無。
❿「迄今」至「緒者」三十一字，清華本作「需之數年而人共樂舉」。
⓫「于是」至「土祇」三十二字，清華本作「于是擇日肇工具牲酒告之土祇」。
⓬「指」，清華本作「騰」。
⓭「詫未曾有」，清華本無。

地利，利乃無疆。故其靈應先兆，❶王氏之福，其未有艾耶。」於是從周子遊者，❷皆爲詩歌侈其異，而登亦樂覩而喜談，乃更爲論著其事。❸蓋此厚義誠足以風，❹而且以示凡信堪輿者，無徒據地脉，而務協人心，❺如五峰公今日之舉，則術亦是道，乃爲不可廢云。❻五峰公兩膺封誥。子應昌，方爲刺史，晉右軍第幾十幾代孫。

題傅長孺乃見交情卷

南都人士從來以學相砥礪，而來宦者比之莊嶽之肆，芝桂之林。當在辛壬間，若傅長孺三五輩，鼓舞號召，氣力猶雄。余觀長孺，力進此道，如匹騎單戈突入千軍，直取上將，絶無轉盻；擔當此事，如博地凡夫一旦授與王侯之璽，神情慷慨，更不驚疑，蓋其勇猛簡截如此。而一片婆心，則又逢人逼索，如覓自珠；對客呼號，若療己痛。片言之下，足令人人自失。長孺其真挺挺乎可畏也與哉！藉使天更假年，方且進而未止，而乃别不一年以死。長孺在當年，亦若逆覩且死，而乃時不放舍，卒獲庶幾有聞，倘稍悠悠，幾不逮矣。長孺其更岌岌乎可懼而可幸也與哉！

嗟乎，人於此道，俱無欠少，如掘地求泉，不掘則已，掘必相應。人生迅速，俱無幾時，如履春冰而渡河，急須傍岸，不然崩

❶「兆」下，清華本有「如是」二字。
❷「從周子遊」，清華本作「見者聞」。
❸「而登」至「其事」十五字，清華本作「而余更爲論著如左」。
❹「此厚義誠足以」，清華本作「既以明厚義之可」。
❺「協」，清華本作「本」。
❻「云」下至文末，清華本無。

陷須臾。斯兩者，於長孺之身明白可作左驗。人交長孺，便須悟此，乃爲不負。不然，而徒沾沾悲慰以爲情，可謂相厚而不相知，如交情何哉！余於長孺，亦以箇事相契，今日覽《交情》之卷，而感概生平不能復作兒女子語，惟爲書吾所以知長孺，而求不負長孺於生死者如此。

題程復之一室游卷

問：「游可乎？」余曰：「可。」問：「游不可乎？」余曰：「不可。」或疑之，又問。余曰：「吾見有一汪生者，津津慕學，時作經年遠游，而其父苦之，至不能容。余見而力爲排擯，趣之必歸乃已。以是爲游，吾未見其可者。」程氏二子全之、復之，姱脩好古，志在四方，白下、武林之間，來往歲無虚日。而其尊人子方公，號高隱，示之詩曰：「離家漸與親幃遠，問道寧辭客路長。」此其意可知。以是爲游，吾未見其不可者。夫游可不可，寧有定耶？

嗟乎，人不可不知學，尤不可不知所以學。所以學者何？順親，止矣。故凡切切游從，孜孜師友，皆以求得此旨。非謂順親不足以盡學，而更事馳求；亦非謂學問有加於順親，而别須咨討。復之好游，而祝無功氏命其册曰《一室游》以贈之。夫一室中，家人父子。了此一室，而天下古今不能外；游盡宇宙，而卒不能加一室中毫末。故一室之游，至游也。知一室之游，然後可以游，可以不游。祝子其深於學哉！時余以入賀北走，舟次吴闗，復之持册立索余語。余揮汗書此以進復之，而因以闡無功之旨。

題唱和無垢詩集

道不可象，聖人不得已而示以言，辟如善丹青者，爲人祖父傳真，精神所寄在筆墨蹊徑之外。或者妄添注脚，於鬚眉記其根莖，於口鼻較其長闊，雖色色不差，而祖父真面目轉成迷昧，誤却後代兒孫不小。今之訓詁聖言者，何以異此。嗟乎！此固難爲尋聲執影者道也。

宋張無垢《心傳録》中有《咏論語絶句詩》若干首，一洗箋釋，自闡性靈，游戲咿唔，描摸聖意，如唐人落月屋梁、松際微月之句，以詩爲畫，面目俱無，而顏容宛爾，蓋真神品哉！無垢詩未大行，而張芝亭氏有家藏繕本，諷咏神乎，吟和成帙。白、祁二君又相續和之，并以梓行，稱《唱和無垢集》。夫郭象註《莊子》，識者謂《莊子》註郭象。然則三君和無垢，安知非無垢和三君？知音者當自鑒焉。

題故友星亭小像

此余故友星亭張兄像也，然亦其入仕以後時像，而非少與壯時像也。余與兄八九歲時便自相識，兄時貌清拔，眉目秀發，今憶之，猶在眼前。後蓄髮垂髫，同入泮庠；已同舉於鄉，而兄幹漸偉，然俊拔之度不減曩昔。後入仕，會於京師，而兄貌偉然盎晬，大異壯時。今所繪，正其時像。然兄是時稍近衰老，鬚髮不啻二毛，而兹像黧然，則亦非真實耳。人顏貌與年俱改，大約計之有少、壯、老三時。丹青者能摸寫其一，而欲以一圖盡三時之貌，雖天下之神品絶技不能。豈惟丹青人，至親無如家人父子夫婦間，而舉不能得其全。爲兄尊人者，見少與壯而不識老；爲兄夫人者，見壯與老而不知少；而兄嗣子，且見老而不及其壯矣。而惟余乃得三時俱見，朋友之誼，顧不重與？

余觀世人所寶，惟此軀殼，展轉眷恋，不能捨離。今至親間聚首會面，不過如此，則枝頭宿鳥、水上浮漚，一切可覩；而親之愛子與子之事親，俱有大慈大孝之實，有不徒在形骸聚散而已者。高偉之士，當於此有達觀已。是義炳然，人信難及，莫可與語。兄嗣子宏甫從余游，一日持像過余而索余言。余聞之古云「可與知者道」，宏甫所謂知者，非與？時將展假而悟其真，於是爲之次歷履，而更作究竟語，手書貽之而歸其像。

秣陵紀聞題詞❶

今天下談名理者，❷蓋有長者李卓吾、❸太史楊復所二先生。❹長者所論著，予聞其大都，而不及炙其行事，相傳以爲多逆行莫測，久之掛彈章，斃于獄。❺或者曰：「是固有以取之。」❻然乎否耶？❼不可

❶ 此篇清華本題作「題秣陵紀聞」。

❷ 「天下」，清華本作「先後」。「理」下，清華本有「於秣陵」三字。

❸ 「蓋」，清華本無。「長者」，清華本作「比部」。

❹ 「二先生」，清華本無。

❺ 「長者」至「于獄」三十四字，清華本作「途徑兩分，而見處各有超詣。比部罷官，稱長者事多逆行，卒掛彈章斃于獄」。

❻ 「固」，清華本無。

❼ 「然乎否耶」，清華本作「然否」。

知。太史吾日接其謦咳而擊其行實，彼動循矩矱，❶無毛髮蕩踰，久之亦掛彈章，又連喪其母若妻與子，而身繼之。是又何所取而然？亦不可知。或者曰：「天者不可知，而彼由人者可知也。」夫人果可知耶？非聖莫若蒙莊，而卒全其身；伊川修有完行，涪陵之貶，幾乎不免。然則人不可知，甚於天也。長者既死，而其遺書猶禁格不行，❷人莫敢道。太史之書不在禁例，而人亦鮮頌述之者，又不可知。

歙之生有余常吉者，游二先生門，追慕於既没，口時娓娓頌長者語不休，若不知有禁例者。❸而又將類次太史之語，付梓以廣其傳。其中殆有深契乎二先生之旨而不與俗同者，❹如常吉所見，益不可知矣。❺或者曰：「太史者，羅南城之門人也，相隨七日之師，❻終身敬慕，補報無方。昔南城曾傾家貲以出其師于難，以故食其報于太史。」由此推之，太史食報于門人，當未有艾。❼繼常吉而善發太史之藴者，❽他日更不可數，❾理或然與？而予謂此其尤不可知者。❿常吉次太史之語既成，而求序于予。⓫予惟太史之語何待予敘，姑爲書此，明其不可知，以寄吾感慨之思云。

❶「太史吾」至「循矩矱」十八字，清華本作「太史躬修儒行，動履法繩，服官守己」。
❷「猶」，清華本無。
❸「若不」至「例者」七字，清華本無。
❹「乎二先生之旨而」，清華本無。
❺「如常」至「知矣」十字，清華本無。
❻「相隨」，清華本無。
❼「當」，清華本作「必」。
❽「繼」上，清華本有「他日」二字。
❾「他日」至「可數」六字，清華本作「當更有人」。
❿「此其尤」，清華本作「亦」。
⓫「序」，清華本作「言」。

題卓吾手書

此卓吾老子與汪鼎甫手筆一幅字耳，吾知其必傳。鼎甫試出此幅示人，當必有愛之者，尤必有惡之者，愛惡之者亦必極。夫使不令人愛，不令人惡，愛惡之又不極，何取于字？亦何以爲卓吾老子？惟其不但愛，而且惡，惡之且必極，所以爲卓吾老子之字。人情極則不可磨滅，是以吾知其必傳世間。字以愛傳者，古來多矣；以惡傳者，自卓吾老子始。雖然，凡此皆就識字人言耳，世有不識一字人，卓吾老子其如之何哉？其如卓吾老子何哉？鼎甫是識字人，是不識字人？於此參入，爲不辜負老子。

題亡姪子遠册

余族中，蓋彬彬多君子矣。遠者弗論，就予所見，若父行，則有若駱峰翁之介直，瑞泉翁之忠信，望濂翁之爽邁；兄弟行，則岐山謙挹下人，剡山清高絶世，繼廉奇拔超塵；而姪行，又有若子遠者，質謹樸茂，皆余宗之柱石而鳳麟也，可易得哉！兹六七君子者，余於家庭間，尊者得嚴事，而卑者得友善之。乃後漸彫零，獨望濂翁及繼廉、子遠尚在，而余通藉後，移疾在家，相與最密，居無一日不會，會無一言不在道義。不十年間，又皆次第奄逝，而余孑然無侶矣，悲夫！

然余於諸君子中，又竊嘆子遠遇最苦。年十五而孤，大父母俱耄在堂，而隨以一時服三喪；壯年喪偶，遂不能娶，稱鰥夫，卒無子。居遭回禄，棲止無歸，而耕無田，蚕無桑，饔飧寒暑，食衣常無以自給，然口絶不言利，時以繼母之節操不得表揚爲恨。樂親有道，雖遠方，不憚艱苦一往。不知者以爲迂，而不知其志誠遠矣。年未六十而卒，善行多可紀者。余每欲爲一傳概其生平，未逮也。卒之十有餘年，而其姪有成乃檢其生前所見信於諸名賢之書若文，而類次之成帙，以問言於余。夫爲子遠言，余之夙心，而有成之敬尊表德，意可尚也，乃爲手書兹語貽之，而其母節，則當另述。然子遠之名不泯，則母節亦必彰，母節彰，而子遠之目亦瞑矣！

子遠少爲諸生，有聲，讀書深研奥旨，試場屋輒不利。常自責，以爲功名不足揚親，而且無後，誠天地間大罪人，愧無所容。中年乃絶酒去腥，勵難堪之苦行以重自戮辱，其志益可悲云。

策問

問：學者誦法孔子，而教在《論語》，其言入孝出弟、敏事慎言等，可謂明白簡易，❶徹上徹下，無遺旨矣。而後之儒者，乃謂《論語》多有無頭柄語，如言時習、言知及仁守，皆不知所習、所及、所守者何事。然此人且詆其雜禪，❷而濂、洛諸儒，亦謂孔、顔之樂當尋，樂則何事？堯、舜、禹、湯列聖以是相傳，❸是則何指？此與前語若出一

❶「明白簡易」，清華本無。
❷「人且詆」，清華本作「或疑」。
❸「禹湯」，清華本無。

轍，審爾則孝弟敏慎而外，聖人尚有未盡之教耶？彼濂洛語中，又有謂人在覆載中不知天地，在照臨中不理會得日月，皆冥然而行者。夫孝弟敏慎，人人可循，而至於理會覆載照臨，則似智有不可强者，❶此視《論語》之教，❷不更高遠耶？誠於此理會，則於所謂何事何指者，果相貫通否耶？吾觀《論語》而外，❸若《易》闡資始資生、陰陽剛柔等，是爲理會天地處否？《書》言旋璣玉衡、治曆明時等，是爲理會日月處否？以是爲理會，則古康成、一行之徒，皆不可謂之冥然者矣，而果然乎？以爲未然而更有理會處，❹則不知如何爲力，彼《易》、《書》之旨，又何未盡耶？試各明言之，以觀希聖之學。

嵊志諸論

論沿革

登聞之父老云，❺嵊之五十五六都，❻乃會稽之二十五六都也。❼會稽丞徵兩都税，❽民抗，丞乃奏請割地與民歸嵊。夫抗會，丞則割歸嵊，再抗嵊，丞又焉歸？兩都去兩

❶「則似」至「强者」八字，清華本無。
❷「此」，清華本作「則」。
❸「吾觀論語而外」，清華本無。
❹「以爲未然」，清華本作「不然」。
❺「登聞之父老云」，清華本無。
❻「之」，清華本無。
❼「之」，清華本無。
❽「會」上，清華本有「成化間」三字。

縣道里遠近等，忽祖制而更置之，❶於計非得。諸所種種弗便姑弗論，論其大者，在兩都來而貽我東關瑶役，❷嵊因以敝矣，詳具廢署考中。

論廢署

余志廢署，❸至訪戴驛，蓋執筆噓唏久之。宋、元有驛，而國朝罷不設，以僻故。烏知百年後，非故嵊耶！ 嵊故監司經年不一至，而今台郡有專制之兵巡，❹旬時來去驛道，東出寧波，而近以彼濱海迂阻，避不走，走嵊。 以故屬史胥徒奔走旁午於途，❺嵊夫廩之供，歳無虚日，度費與驛稱矣，而歳且協濟水岸夫銀一千三百餘兩於東關驛。夫邑自有驛之費，而更遠濟東關謂何？ 濟東關，蓋自成化間始，❻以割都故。議者謂宜以兩都復歸會稽，而歸我所助東關銀，合歳自所供應費，復訪戴驛於東門外或浦口。惟是設丞無費，則嵊邑小，可例新昌，裁簿一員。 裁簿置丞，事兩利，計甚便也。斟酌而損益之，是所望于持衡之君子。若義倉，若勸農亭，亦古常平補助之遺，今圮。今長加意，反覆手耳，不以志廢。

論城池

有城無兵，城孰與守？ 嵊賴吴侯有

❶「忽祖制」至本論末四十六字，清華本作「祖制不宜。更書以俟之」。
❷「瑶」，依文義當作「徭」。
❸「署」，原作「置」。本文題爲「論廢署」，作「署」爲是。清華本亦作「署」，今據改。
❹「郡有專制之」，清華本作「設」。
❺「屬史」至「於途」十字，清華本無。
❻「自成化間始」，清華本無。

城，守則何恃？邑故設民壯若干名。民壯者，民兵也。兵不奔走是供，而簡汰訓練，令專習武事，一足當十，一旦緩急可倚。不爾，如城何？若夫飭器械、豫儲畜，亦時宜與城俱講。夫桑土之計，常在事先，是所稱瞿瞿者哉！

論橋渡

城以内無橋，而有稱大橋、三板橋者何？余聞兩隅故有渠，則橋有之，近渠壅，而橋廢矣。然渠必不可使終壅也，故志兩橋，以示之餼羊，詳備《山水考》中。❶南渡浮橋濟甚普，❷説具夏氏札。余自燥髮來，睹記東南間民以渡被流死者無虛歲。上官南北交馳，人争渡，困苦特甚，故浮橋用爲急。❸邇嘗建議興舉，不旋踵而廢，則咎在當事者例之海東驅石，而退托不肩，謬矣。夫管造擇人則必成，置田以備補葺，編夫以時啓閉，則必久。如是垂百千年可也。垂百千年，所陰活人何可紀，業垂而利鉅，仁者致力焉。人後寧無我輩？我矣，寧我輩之須。❹

論災祥

邑之災，其饑饉爲尤可慮也。夫饑饉臻，而寇亂、疾疫因之，故災大都饑饉始也。嵊近無湖陂，而溪水道清風間亹隘。無陂

❶「詳備山水考中」，清華本無。
❷「南渡浮橋」，清華本作「若南橋」。
❸「浮」、「用」，清華本作「建」、「近」。
❹「邇嘗」至文末九十五字，清華本僅「吾以望仁者致力焉」八字。

湖，故乍晴即涸；疊隘，故乍雨即盈。嵊爲水旱，視他邑特易，凡所志，蓋其甚。而他時小爲災者，十歲而九。省斂積貯、節巡施惠之典，宜急講而時行者。❶ 夫備在人者，天不能災；無備之災，雖天亦人。惟人所災，則有籲天已耳。而其何從？乃一切他災繼起，是真可慮。故余志災異以示人，毋徒云天。若夫志祥瑞，奚取？古有之，使民田疇有禾黍，不必有醴泉、芝草；使民伏臘有雞豚，不必有麒麟、鳳凰。置弗志。

論形勝

夫剡中，蓋古名士所樂遊而侈談云。

若越首剡面，清紗秀異，與夫渭水、輞川之擬，累代之咏歌備矣。顧論形勝之實者，於遊觀無取，指所控引要害已耳。嵊南孔道與新昌唇齒，而東、西、北三面跨山，長江爲帶，據姚、會之上流，作温、台之門户，乃形勝之險阻，亦云壯哉！雖然，險德之辨，一介胄士能言之，故知固國域民自有道，即退遊觀而談險阻。夫險阻足恃哉？險阻足恃哉？

論山水

剡，古以山水名，其析入新昌者，山僅五之一，水，余邑專焉。夫山水匪人不名，剡山水，名自王、戴諸人。今有若王、戴者或度越之，則山水之名不特甲東南矣。山水惟人是藉哉！或者曰：剡建星亭，鑿新河，而文物益振，則知山水靈淑乃鍾人文，

❶「者」，清華本作「焉」。

山水實人所藉耳。要之，建且鑿以導厥靈者，亦莫匪人。故余以前若人責生斯者，以後若人責吏斯者。夫有兩若人，即謂山水藉人、人藉山水也，無弗可矣。

論砩塘

嵊田所賴者，惟砩與塘，而砩利大。顧善堋職水者，❶當時巡而濬治焉。余又覩夫夏時稍不雨，人輒以水爭，甚且聚衆百餘，持梃石相格不下。❷夫爭始不均，田于砩有遠近，而勢有彊弱，或界限不明致是。昔召信臣既導水利，更立均水約束，刻石田畔，以防紛爭，其慮周矣。今司水者督之，長砩次其先後，而設牌輪轉，其田屬何砩，砩管何阪，令井井不得亂，爭何自起？此宜先時爲計，俟其爭乃理，不直農事廢，而且以圮其家。夫溝洫本以爲利，而反階之禍，是職水者之責。風之讓畔不易，乃次莫如息爭。

論井渠

舊《志》城内井不載，而載在鄉者。余故詳内者何？城内井其尤不可湮。夫使烽燧或儆，計欲閉城，城守即積貯裕，而烏可無不匱之泉？嘉靖間，曾以倭夷故，城不開者兩日，人乃病渴。裘甫據城時，❸亦惟渴是困。往可鏡已！故諺有焉：「城之蕩蕩，莫倚其彊。三日無水，十日無糧。」以

❶「堋」，清華本於該字右面注有「坍」字。
❷「梃」，原作「挺」，據清華本改。
❸「裘」，原作「表」，據清華本改。

是知井之用大。所志特其顯者，民居内尤夥，守土者禁不得填壅，乃防臨渴之思哉。若夫渠塞而水走街衢，民居率沮洳爲病。地理家又謂水出無道，❶如人身血脉壅腫，風氣亦乖。故道可遡，撤僭者而濬復之，邑利也，舊《志》亦不載。余并揭之，蓋以示利弊之微而鉅者。

論風俗

火耕水耨，民食魚稻菓蓏嬴蛤，❷食物常足，無凍餒之夫，無千金之子。《貨殖傳》概江以南，而不專語越。勤勞儉嗇，愛而容，廉而遜，好學篤志，尊師擇友。士大夫家估産甚薄，務縮衣節食以足伏臘；農賈工作之徒，皆著本業，不以奢侈華靡爲事。《會稽賦》及《郡志》，❸概全越而不專語嵊。然以嵊俗質諸，語不爽，雖謂專爲嵊語之，亦可。夏雷云：「嵊俗敦古禮，重爲邪，力本務穡，不作無益。嚴尊卑，不獨於宗，里閈中肩隨父事之節，無敢踰越。内外之辨截然。婦女，❹雖世戚，寡所識面。不鬻男女外境。屋廬服食，多從卑陋菲惡。安土而樂業，商賈無出鄉。山林隱逸者，能以詩文自娱。入仕多潔廉自完，尚節概。其敝在溺女、鬬狠。喪死治酒延賓，溺堪輿家言，久停棺不葬。畜婢，老死不嫁。」美惡之故，蓋其詳哉。由今覩往，大都無改，乃家立祠堂，喪間用素，字女或不受財，此今差勝。惟服食奢淫僭越，家人子一切御綺縠

❶「理」，原作「里」，據清華本改。
❷「嬴」，原作「蠃」，據《史記・貨殖列傳》改。
❸「郡」，原作「群」，據清華本改。
❹「婦」，原作「歸」，據清華本改。

純采，燕聚窮極珍異，盤盂狼藉無算；子弟赴試，百出詐巧，圖倖進；崇富羞貧之數事，不逮往昔遠甚。夫嵊俗初本舜、禹，二聖人嘗過化是，舜山、禹溪其徵。而清曠玄朗，經術節義，得之晉以下諸賢所浸沐。且山峭古，水湍瀉清洌，鍾爲人，往往勁朴。輿地稱世系久遠，始自晉六代或宋，聚族嘗千餘指，累世比屋而居，祖風能不遺忘。山居而谷處，不見瑰奇異産，爲欲易足；性率直，鮮緣飾，是非不枉其真。或者謂難治，而實易感。本以列聖賢教澤而所繫于水土，成于性者如是，故其稱美見諸史志不誣。

惟近所紀奢僭諸敝乖其故，爲元氣傷不細，可慮，然亦非其性所安，唱之乃和。若或毆之，邑且未盡爾，而風靡者才十之三四。因其性，乘其未甚，司風教者急宜示之趨舍，左富厚而右真修，崇恬退而抑躁競，使人知以詐巧進者，其似穿窬，不足羨悦；黷貨嗜利，侈田宅衣馬，美飲食以誇耀鄉閭，其究饕餮，不足倣效。民務以敦龐好義爲良，士務以學古慕道爲高，雖貧賤不足愧耻。趨舍定而俗蒸蒸返其古初，若順流矣。昔巴蜀化譏刺爲文儒，潁川改爭訟爲篤厚，猶然可待，而況復其文儒篤厚之故者，易可知已。

《語》曰：「魯一變至于道。」今嵊蓋似魯。夫魯入道易，語其變，不變失其故魯。爲嵊計者，毋令失其故嵊，則善矣。嗟乎！風行草偃之機在上，而邦人士亦自宜遡古亟反，即無待猶興，庶幾不負嵊也與哉！

論歲時

余讀《豳風·七月》之詩，其所記日月、

剥棗食瓜、采苴祭韭等，至猥細矣，皆緣其習，不易其宜，而道之禮俗，以稱美我邦人。歳時崇習，揆之典禮，不必悉中，惟在因習利導，使之不詭于正。夫誠使樂防淫，饗用慤，少長儉豐，勿踰其節，即歳節閒燕間，謳吟伐鼓爲壽，伏臘俎瓜享獻，進劇飲食，小大醉飽，衎衎奚盭焉？語云：「俎豆之義，始諸飲食。」余爲采民間好尚，不忌細小，著於篇。

論古蹟

褚伯玉之居，以深僻而愈顯；戴安道之琴，以不鼓而有聲。破塚之硯，荒墟之壺，以沉埋而益重。物有晦極而彌光者，在質有其内耳。語有之：「避名名歸，逃名名隨。」詎不信哉！

論物産

邑所産自足於用者，秔耳，然必歳乃然。秔而外，雞豚耳，餘皆待賈而足。夫邑蠶桑寡，藥不足市，所種種本無者，待賈無論已。若木綿、稉稻、竹木等，邑故不乏，而猶無以自給，乃强半衣松、蕪之布，飲郡城酒，求新昌、温、歙之木以爲宮室。此豈民隋或智計鮮，不務盡地力而失觀時變乃爾？抑其所有者，本不堪爲用耶？夫地不四通，産不瑰異，而人不計然，民之日就貧瘠也亦宜。故爲嵊民者，無如折節爲儉，乃足自存；逐時好，爲侈靡，是重自殘矣。若夫樽節愛養之，尤宜在上治之。廳扁曰「節愛」。節愛於貧瘠之民更急，扁固有深思哉！

論賦役

邑之民瘠甚矣！閒嘗出遊於鄉，民稱匱饑寒不免者踵相接，而蓋藏之家，十無二三。父老相傳，以爲今編户，無論富不及成、弘間，以視嘉靖時倍徙矣，觸目可爲流涕。事催科者似不宜急，而國用又不可緩，用一緩二調劑之，使國與民兩無病者，非豈弟君子，誰賴焉？若夫「一條鞭法」，邑可永永利賴。而或者議數太儉，令掌者掣肘，則下便而上不宜，豈無圖陰壞是者？故論者以爲諸所議毋爲民每畝惜鳌毫，俱稍從寬裕，使經費常得方圓數外，法乃可久。斯老成却顧之識，我黎民尚亦有利哉！

論學校

余嘗覩士在諸生時，朔望旅進，觀殿宇頹蕪不治，輒忿邑見顔色，惟當事之非；乃其身一旦當事他邑，則視學頹蕪多不問，有告者，曰：「姑置之，吾且有政。」此爲志以境遷者也。乃學官所掌，祭祀鄉飲，用以交至聖，激世風，率典禮之大，而或者忽之。祭，齋戒省視不必虔，簠簋豆籩不必飭。鄉飲，在座者不必盡淳篤，而視若典弁髦然，蓋禮幾以廢。禮廢，即崇其殿宇，彌文已。夫世見上官則折節，禮賓薦則隆施，而忽兹兩者，謂神冥冥而賓無位耳。狥勢而闇于理，悖孰甚焉！

邑先有王公天和，加意兩者。今賢者在，所稱諸弊，庶幾以袪。余不忍夫所在積習廢禮，而懼後來者或履斯弊，其爲侮聖瀆典，傷教化不細。故著于篇，使當事者不得玩，且將以聞諸握風紀爲廣大教化主者。

論祭祀

郡縣具立啓聖公祠，届期同文廟舉祭，始自嘉靖間，稱甚盛典云。顧祭祠廟後先所在不一，《傳》曰：「子雖齊聖，不先父食。」先廟者非情，非情則非禮。先祠者同日兩祭，則誠竭，竭則懈，懈不可以共神。國學先期遣官祭聖公，丁日祭先師，乃其制不達之郡縣，使人得以私臆自後先，則督學之任哉！或者又曰：「先期祀祠，則孔鯉得以先夫子，可乎？然統於尊，姑弗論；乃祭爲夫子設，而反後之，可乎？故莫若同時舉祭。廟主正官，而以他官奉祠祀，則精誠各殫，而後先無妨矣。」先君子爲静海訓時，丁祭主此議，而卒以忤有司。然此議終不能易也，因附存于此云。

論書院

嵊止慈湖書院一所，而近更有鹿山書院。《語》以學不講爲吾憂，知吾憂則必講學，務講學則必聯群，欲聯群則必有止，而書院設焉。人家父兄于子弟，教之讀書則爲之舍，讀書之子弟多，而舍亦廣。故其家之昌明熾大，用是卜焉。不然，子孫愚，門祚薄矣。爲世道計，何以異此？故書院惟恐其不繁興，而脩舉時飭，非末務也。古稱杏壇，即書院之别名。而後來白鹿、鵝湖，益以稱盛。吾輩法孔從朱，當何做耶？曩有甘心毁廢之者，幾於坑焚之慘，而卒以自坑自焚，亦足監矣。

論學田

田以群士於業而免士於厄者也，可少哉？嵊學故田僅餘數畝，何興之艱而廢以易也！薛侯周以所度盈田地凡百計贍貧生，❶用心殷矣！已義民繼捨，而姜侯克昌又以入官田益之，田益以富。夫姜侯益田修廟，兩者實勞于學，就勞劂勞，誰宜掩之？余獨異夫朱侯一栢，羅俊髦數十輩，課之學宫，而時其既廩經歲有常不輟，迄今人口其勞不置，而久且彌以思。既不田不乏而勞不石不磨，吾不知其所由然。

論典籍

稽掌故，邑所爲典籍，蓋其寥寥哉。好古者宜廣收博購，使士得貫穿古今而稱博雅。邑固不乏彊記士也，若鄉先達及巖穴之士所撰述，亦往往不少，然自戴、王後，率堙滅不傳。所謂非附青雲之士，無以聲施後世者也，悲夫！間有存者，附著名氏下或傳中。

論祠廟

邑祭典統自秩宗者，一廟兩祠，故論次爲獨詳。賢宦祠主之督學使者，爲厲世大

❶「贍」，原作「瞻」，據清華本改。

括，是烏可忽。他頗不經，顧里社所奉，按舊《志》，姑著其名不削，抑予於賢宦祠慨焉。世所祠鄉賢，往往稱濫，以故主者鄭重不易予。獨予邑與他邑異，濫生于有權力者，而予邑鮮權力者，賢者以寡援卒卒不得聞，聞矣以無資輒中廢。夫士有曾參、閔損之行而無所先容，不能使人信，則寡援者堙。上有楊綰、包拯之公，而煩以文檄，不能使無費，則無資者阻。以故他邑病濫，余邑病遺。濫則僞者倖，使人不耻不修；遺則真者没，使人不貴能修。濫與遺，其爲教化傷等耳。持衡者宜於文檄外，詢之周，一獲其真斷之果，既防其濫，更慮其遺，卒能使不濫不遺。斯人文教化之大藉也已！

邑賢若前代而遺，有周公汝士；本朝而遺，有王公鈍、不肖先君子諱謨、喻公褧、杜公民表，德學事功，炳人耳目。余從兄夢秀，又業有成議。茲六七君子者，誰可少哉？而且更有未盡者存。若名宦之遺，亦類是。前代有賀侯齊、丁侯寶臣、過侯昱、史侯安之，本朝有臧侯鳳、朱侯一栢，是德與功俱懋者。而專語功，則有吴侯三畏；專語德，則有張侯暄、林侯森；學之諭有王公天和。以是求之他邑，欲賢與宦之遺若是夥者，蓋鮮矣！夫國朝以來二百餘年，入賢祠者僅僅兩賢；晉以來千四百年，入宦祠者僅僅兩宦，則烏得不遺且夥若是也！

余慮夫遠益無徵，私心痛焉，揭其名，以俟持衡者按名而密諏，其或有信乎余言。若不肖先君子，有其實，義不得掩，故不避而筆于篇。

論寺觀

寺觀興廢廢興，不知凡幾，然歷千餘年卒以不堙，惟其公不有耳。乃世有力者，利其地善，欲奪以爲居或墓，公者私之，不有者有之，心且盭矣，何地之足云！或更托「廬居焚書」之説實其口。夫假韓、朱之公談以濟己私，是蹠竊仁義以爲盜，必棄于韓、朱者，韓、朱其與哉？若彼二氏之徒，亦不必過爲侈大增擴，❶過爲侈大增擴，曇與聃之教亦不然。❷

論仕宦

舊《志》令籍中無稱楊公簡者，近乃祀之宦祠，創立書院，以爲簡固嘗令剡，此何以稱焉？按史，簡中乾道五年進士，授富陽簿，爲紹興司理常平使者。朱熹薦之，差浙西撫幹，軍政大修，改知嵊縣。丁外艱，服除，知樂平縣。夫是，則往《志》爲疎。然《剡録》去其時不五十年，不應疎略至是。豈以丁艱不果至嵊，故弗録耶？至不至，或不可知，而令名不宜湮。若邑建祠立院，則辟之瑞鳳祥麟，望者知慕，以爲美談而尸祝之；即不至，曷云非義？余固不敢誣爲之傳，而特按史表其名，紀祠院于他考，蓋各從其實哉。

❶「增擴過爲侈大增擴」，清華本無。
❷「亦不然」，清華本作「自有其實也」。

論鄉賢

鄉賢元以前凡二十四人，國朝三十八人，而孝義總之二十八人。遠代按舊牒，近世進退抑揚，不敏竊取其義，即人知罪莫必，然以論評求閭里，而以心事質鬼神，毋苛毋濫，如是焉爾矣，他吾何知焉！鄉賢有以名附著者以類從，或以其後乃爾，實無關差等，覽者當自見焉。

論補遺

《志》以十二卷竟矣，而更補遺曷？文藝故實，或掛漏於耳目，心思所未周，而間分類不盡者，補録焉。然隨遺隨補，不復分門別類，而年所亦不甚次。蓋示奇於正，繼

方以圓，辟之天十二月而合閏以成歲，錯綜參伍，俟覽者自得焉。

燕約❶

近時風俗奢靡，種種不可勝道。即燕飲一節，其敗禮踰度，殫力靡財，亦甚矣。東越諸邑，剡最朴略近古。余髫時，見丈人行宴止五饌，新賓上客加倍，極矣。父老傳聞，謂成、弘間簡儉尤甚，盛燕不過五饌，中猶間以蔬腐。乃近羞果盤盂，動計百餘不啻，彼此倣效成風，群然披靡，不如是則以爲薄。或以爲矯，雖有不安，特立爲難矣。夫眉州近古之俗，蘇長公稱累世而不遷。

❶ 此篇題見於底本目録，而正文中無此篇。兹據清華本卷十三補。

余誠不忍父母之邦美道淳風之日澌滅而無遺也，敢集同袍及文學耆民，共以請於邑大夫博士，立爲燕飲一約。殽有定數，生無濫殺，使尚侈者有所制而不渝，慕古者有所據以自立。夫余非故違時尚，以還吾故剡而已矣；亦非過嗇難堪，姑去其太甚而已矣。凡我邦人，其毋迂我。若由燕飲一節而推之事事，由吾剡一鄉而推之天下，余竊志之，而綿力難持，于德位君子有深望焉。

歌詩引❶

❶ 此篇題見於底本目録，而正文中無此篇，清華本亦無。兹據目録存其題。

周海門先生文録卷之七

婺源余懋孳　古歙鄭　澤
門人金陵吴自弘　休寧吴世寵校梓
錢塘袁升聞　餘姚王先達

三一窩册序

朋友之道，難言矣！友道之難，難于真。世有真學問，而後有真朋友。學問以生死爲念，而知有最上乘一事，立決定志、起決定信者，是爲真學。此學一真，則如病欲安，務求按切；如旅欲歸，必藉提攜。我以真求，人以真應，忘形骸，渾爾我，貫終始，友道之至也。世有真朋友，而後見真學問，兹道難言哉！

今見邵季躬、查汝定、蕭伯穀三人者，蓋誠庶幾乎！此三人，宛陵産也，季躬、汝定以布衣好道，於塵勞毫無牽絆，勇猛精進，直求脱悟，不壞世間相而談寔相，有古龐蘊、維摩之風。若伯穀，登鄉舉，行以宰官身應世，莫與爲友，而獨於二子是親，皭然世味之外，其意可知矣。三君自相考證，時不放捨，一聞善識，不遠千里，裹糧相訪，北走燕趙，南遊吴楚，足跡半天下未已也。既又思終老聚頭，不可無所，共作一區之宅於牛頭、采石間，以示終此生不相離。其意密且篤如此，所謂真朋友者，非耶？

時余爲南曹司封，而諫議祝無功氏亦宦都下，與三君往來，最號莫逆。宅起，問名於諫議，命曰「三一窩」，而申以説。或者曰：「諫議、司封於三人交不淺，他時宦轍所經，退休時暇過窩中與之盤桓落草，雖謂五一亦可。且三人者，將以友盡一世，而三一云乎哉？」以問於余。余曰：「語妙用，則非特三一、五一，即六道一，大千沙界一。而此窩中，偏有河沙國土、一切衆生。語寔際，則非惟無大千無六道、無五無三，即一亦非一。而此窩中無有寸土，不見一人。如是而名之泥也，得乎？夫不泥名言，掀翻數量，安身立命，灼爾知歸，然後止宿此窩，不在門外也已。」或者曰：「門内止宿事如何？」余曰：「一窩蕞爾，地設天開，誰爲内外，本無級階。江間運水，隴畔搬柴，拈香撥火，供佛脩齋。男婚女嫁，生作死埋。布衣居士，宰官茂才，强名學問，假説朋儕。玆爲三一窩，究竟也與哉？」

張陽和先生文選序

自陽明子以理學倡於越，越中人士遡其學者，先後不乏。當時及門，固有獨傳其心印者矣。後數十年，有陽和公。公篤信良知，歸依誠切，懼末學談本體而忽工夫，則揭「致」字爲提撕，謂：言良知而不言致，非陽明子所以教也。故其禔身，率先倫理，竭力事其父太僕公，生死以之。弱冠，爲文吊楊忠愍，後立朝，往往有同臭味之意，故人以「忠孝狀元」稱之。然此固其大節之顯然者，更一片精神流貫世道，尤爲近世士人所希。方江陵柄國時，人人諱言學，而公口不絶談，在京師聯群京師，在越聯群於越。嘗登公懷永之堂，朋徒滿座，子弟侍側。三五諸孫，方爲童子，布衣革履，洒掃詩歌，志意忻暢，而一郡興起，不戒以喻，其在他所可知矣。見人之善，多方接引，義所當爲，挺身一無所避。至今想見其慇懇之衷，直前之氣，猶令人神王而心竦。以此精神擔當世道，鼓舞人心，似宇宙間不可一日無若人者。公於世重矣！

昔聞肅皇帝之謂陽明子也，曰：「王某是有用道學。」大哉王言！道學而無用，則亦無用此學矣。世之談學不少，而有實用者幾人？無用之學，雖稱孝稱弟，猶爲士之次；忠節比於東漢諸人，猶謂之無救於時，而況其下者乎？此余所爲重公，而深有感乎近時之不易得也已！然公學足用，而世又以不究於用爲惜。夫既以精神爲用，則又何問存亡！公往矣，而弟若子脩公之業不廢。今伯子清江君，以其學施之政事，且我輩講究是事者，日滿文成之祠，而語必念公，則公之精神作用，未嘗不在也。公有遺文若干卷，業已付梓。而近吉水南臯鄒子，知公最深，復加選訂，精光愈露。既成，而清江君與其弟太學君乞言於余，以余素與公游，而且同學陽明子之學也，余因爲敍述，以附鄒子後。夫茲集行，而公之究于用者，其更有終窮也乎哉！

銘吾袁君六十壽言

萬曆辛丑十月某日，銘吾袁君介六十之壽，謝一切戚里賀弗受，獨友人若干輩，得升堂而致賀焉。我友締結數十餘年，久矣。今所旅進，皆昔相與總角之交；今所履堂，即昔共習句讀之所。追談在昔，笑指二毛，古人久要不忘之誼，庶幾無愧。白沙有云：「白頭不負垂髫志，記得城南就館時。」詩若爲我輩詠者。於是取詩而歌，各舉酒酌銘吾君爲壽。而諸君又顧語周子曰：「今日之會，❶不可無言，言之惟子。」余惟吾輩録約相繩，款語日接，何者非言，而更須今日？雖然，亦有不得不言者。人生有一大事，雖水火衣食不足喻其急且重者，而況各冉冉老矣，尤不可不以是爲切切。凡人未能切切者，未嘗諦觀焉爾。試各轉盼而默維：方爾童年，忽成耆艾，爲時能得幾何？中間所歷情境，猶如昨夢，何事足堪把玩？往既如然，來亦可覩，是一切皆虛，而以何爲實？固自有安身立命處，不可不參求而明了者。明之而生，庶不虛生；了之而壽，乃爲至壽。蓋不假外物，而現前真實受用；無容導引，而自然常住不毀者，惟此一事。昔人謂之真樂，謂之不朽，謂之至尊至貴、可愛而可求者，無非是物。故於今日壽觴之祝，而特拈出爲銘吾君願之。若但爲世俗之贊頌而已者，非所稱於我輩也。

君齒於吾輩最長，稱祭酒，而行誼亦自度越，每事從惇大則群讓寛，務先施之誼則衆推厚。推心置腹，而一切城府不立，則莫不歸誠。君蚤事二尊人以孝，配李孺人，琴瑟之諧，老如一日；教二子以義方，具克家，❷而諸孫玉立可愛。君操行敦倫，卒多與道合，而更了此向上一機，亦不過一著察間耳，君其能無意哉！憶在庚午之年，相與共遊龍谿夫子之門。當時不肖尚未足領略其微言，近稍有所窺，始能篤信此事至急且重。而又不敢不孜孜求同于友，故願相

❶「之會」，清華本無。

❷「具」，清華本作「且」。

與脩明，共究竟了此，方爲真寔，不負久要，不然，亦世俗要結之小信爾，終愧白沙之歌。

君今年始六十耳，由此年數日增，而向道當彌切。其若衛武公然，既耄而不忘箴儆，則不肖請歲歲托於矇瞽，會中繼君而稱壽者，從此且不乏。當其期，不肖皆願以是説進領袖，亦惟銘吾君故，於今日尤惓惓云。

贈玉笥劉公六十壽序

山陰劉氏兄弟冲倩、特倩、量倩三子，俱力學慕古，文行彬彬，❶以同胞稱同志，人謂爲難，而遡其必有自也，蓋其尊人爲玉笥公云。

玉笥公之行，其大者在孝友。聞其幼時家貧甚，稍長爲諸生，值父以户役負累，罪當遣。公徬徨身請代，不得，乃計緩父刑。自刻苦誦讀，手一編，曰：「生吾父者，此耳。」極力至嘔血不休。比試，受知守若令，而父罪得豁。于同事二百人中，獨蒙異數，固至心所感也。後公奉養益虔。有二弟且幼，公哺育之，長爲婚娶，曰：「吾畢力養親，不過口體，撫鞠吾弟，庶得親志耳。」親既没，而友愛不衰。夫孝友，百行之先，而公以此自力，庶幾所稱足法者乎！公以貧故，不能爲子延外傅，輒自爲口授蒙時句讀，與之爲句讀師，長可通經學文，與之爲經師，爲文師。公處宗黨能忍，即以忍誨三子曰：「不忍，禍從外至；不遣，病從内出。」人謂爲名言。公善衛生，即以衛生誨三子，

❶「文行彬彬」，清華本無。

曰：「《周禮》疾醫止頒庶人，士君子治未病，不治已病也。」公取與甚謹，即以護名節誨三子，或一語之及曰：「何因有是？」必終夜詰省，不能帖席。夫公于三子，行範言提，豈不誠苦心極力哉！而今見樹立，遡所自爲不誣矣。

公學富才嫺，名流推許，自亦俯視一世，慨然抱經濟之思，而竟厄于數，七赴棘闈，不遇以老。今年壽届六十，絶意進取，督學使者欲優之冠帶，弗受也。着隱者服，遨遊鏡水間以自放。三子所與交游之士凡若干輩，皆父事公，當懸弧之辰，旅進持觴上壽，而請不肖爲言以侑。公聞而辭，諸士固請，公曰：「即有言，願以規，不以頌也。」夫不肖其將何言以當公意？蓋思前有《一樂説》貽三子，而今數年來，公與安人年壽彌增，桂子加馨，蘭孫加茁，駸駸繩繩，樂愈進矣，更何言哉！蓋嘗聞吴康齋先生之言曰：「一樂，君子所深願欲而不可必得，衆人得之而不知其樂者多矣。」旨哉，知之一言，其知道者乎！蓋日用而不知者，衆人也。不知，則止足之意少，而凝承之道虧。故履此者貴知，知則謂遇所難得能安享之，于身所已脩能加勵之。安享則共恬共愉，而太和之保合益固；加勵則愈培愈厚，而慶澤之流衍斯長。故惟知乃爲不辜負耳。吾觀古時父子兄弟履茲樂者，若程太中有明道、伊川，陸宣教有梭山、復齋、象山，皆以古道自相發明。而至於周公，則直曰：「文王，我師也。」此其樂在家庭，自可想見，乃不辜負之榜樣。而吾人取法，舍此何歸？是尤不可不知者。

不肖交公父子間，分義最深，今日相期，必欲公爲太中、爲文王，三子爲明道、爲象山、爲周公，而後締交之願始遂。即如所提知之一言，亦不離良知宗旨，而奉爲入聖鎖鑰。蓋區區真信聖必可爲，人必爲聖。一念悃誠，斷斷言之，❶是所以侑壽觴之祝，而副公相規之求者，無第二義也。如徒期以今時豪傑而已者，則公所以教三子，與三子所以受教于公者，亦已自備，而又何俟區區之更嚽也哉！

贈張母陳安人七十壽序

閨閫之行雖甚盛，不能自彰，每每徵于夫若子，而至於所稱生母者，則尤必以子顯。我國家令典，體悉子情備至，凡所生母，具得以子貴貴之。是故子郎官，則母稱安人，以至恭人、夫人，皆得視其子，封號不二于嫡。人子遭時，可謂無不遂之情矣。然此猶孟子所謂人爵，得在外者耳。修我天爵以報所生，則更隆重不朽。是故子而賢人，則母賢母矣；子而聖人，則母聖母矣。主爵之柄，貽恩之權，係我天君，不由外假。孟子曰「人人有貴於己者」，得之可不謂甚便矣乎？人而悟此，斯爲真能孝也已。

山陰張子昜，❷從余游有年，一時同志若干輩，咸於子昜爲通家。子昜有生母陳安人，壽屆七十，今月某日，其設帨之期，凡在通家，登堂稱慶，而徵言于余。余聞安人父，故燕都富賈，有大略，與子昜尊人太僕公交好，遂屈節歸之。既歸而相其嫡母劉太安人，拮据生產，不憚勞勩。太僕公宦遊，有事四方，間關辛苦，則惟安人隨侍，內

❶「斷斷」，依文義疑當作「齗齗」。
❷「昜」，清華本作「易」。

襄克力，而公不知其在旅也。已公解組歸，子昜伯兄諭德公舉掄魁，賓客滿堂，工務遝作，而安人料理供應，無不曲當。且善得劉太安人心，晨夕視眠食，能使諭德公無憂内顧。歸而省覲，則再拜望安人稱謝，且致祝焉。

安人舉二子，長即子昜，次元恂。太僕公背時，俱在襁褓，安人煦哺，得有成立。且慈不失訓，斤斤然約之矩矱，不少縱也。蓋安人有塞淵之德、齊遬之儀，閨閫懿美，未易殫述。今壽考康寧，兒孫羅侍，享有遐福，天眷備隆。諸通家子相率而舉壽祝之觴，豈不足稱休祥盛事矣哉！

然更有進而榮之不朽者，則在子昜矣。子昜學懋才宏，取上第，膺誥章，如所謂以人爵之榮而奉母者，旦暮且致，然未可以此盡子昜之孝思也。子昜與余游，相期甚重，非賢聖不爲願；相證甚密，非賢聖之語不爲談，而要須微細檢點，實落參求，使願非虛設，語匪空談，而後見真詣。子昜慷慨豁達，視世碌碌，不啻鶴立鷄群，豈非人倫傑士。顧賢聖之學，貴在入微，豪傑之上，更有著察，故願子昜必進此步，直至比肩賢聖，使他時遡母道於安人者，亦因以稱聖稱賢，安人之名顯而子昜之孝全矣。余又聞安人邇且掃室焚香，齋居禮誦，一切絲絮米鹽，俱置不問，則安人當有夙禀至識。子昜密勤聖脩，必然意爲愉惬，是承歡之大者，其益勉以副之哉！

壽楊母郭太夫人序

太史復所楊公，奉詔起爲南少宗伯，掖其母郭太夫人以俱。太夫人夙閑禮教，動引大體，公所進止，壹禀於太夫人，而兹行亦惟太夫人之命云。至之日，都人士望見板輿，謂太夫人成其子，行道立身而斗山望重，母德茂矣，既相與嘖嘖稱賢；而又謂太夫人行年七十，聲容步履，比於壯齡，得天厚矣，更相與嘖嘖稱慶。

越明歲，爲今丙申，太夫人年進而七十又一。八月厶日，其設帨之期，公友生寮屬濟濟登堂致賀，而各徵有壽言。惟公門牆士文生、孔生輩，則介於文堂黎先生而過周子，請以言。謂登與公同年舉進士，於太夫人義稱猶子，而且時從公論學，知公深也。登於是作而語曰：

太夫人内德淵源，其奉姑氏、相司訓公，種種徽音見於諸名公所論次，悉矣，則何能更贊一辭！惟諸君從公受學，亦知太夫人所以壽，而公所以壽其親者乎？太夫人，今之孟母，而公將比於孟軻。其所學有真境在家庭者，諸君亦能想像之乎？江門先生者，公鄉邦理學之前標，而吾聞其語有云：「子之養親，期於適焉耳。苟至於適，雖聖人不能加。」旨哉斯言！即是可窺公母子之際矣。夫適非强爲，即所見於孩提時者。人在孩提時，母顧復喻於不言，而子愛慕知以不慮，適之至也。雖甚賢孝，能加毫末於此乎？今人有頌太夫人之德者，謂撫公莊、訓公義，而實何莊何義之足言，要以率其顧復之常。公所奉於太夫人者，人咸以其牲鼎之養、翠翟之榮，爲足以異於恒人賤士，而不知公且比跡愚夫，同情孺子，晨昏出入，怡志承顔，不越唯諾，左右之間，而百順攸生，且婦隨孫繞，合敬聯懽，而太夫人悠悠有餘適矣。夫適則快，快則神完而體固；適則和，和則祥召而祉綏。太夫人壽考且寧，而百歲千齡將未有艾。蓋其所以壽而公所以壽其親者，皆無待于外，不假以人，是其學之所謂真境者哉！

夫大道本在尋常，而萬行罔踰方寸。故《詩》《書》所紀賢母孝子之實，即澣衣治葛，而聖善攸彰；請與分餘，而愛敬以備。真旨要無多，而世且日用不覺。適之一言，簡截示人，非江門不能發，而非公無以明。登敢因太夫人之壽、諸士之請而表著之，既以侑今日之壽觴，而且爲諸士作則，使歸求實體，茲學共明。他時遡所自出，則皆太夫人靈長之壽云。

賀喻母丁太安人五十壽序

萬曆辛丑，喻母丁太安人壽届五十，端月二十有三日，當初度之期。太安人爲邦伯石臺公配，而公先見背。有二子：中卿、和卿。中卿成進士，方爲洪都司理；和卿補邑弟子員。壽之日，和卿捧觴舞彩膝前，而中卿千里致脆甘、列章服，使其弟代獻爲壽。太安人南向披衣而舉觴，里閈中望以爲榮且樂。

周子汝登會同志之徒十餘輩，亦以是日肅容旅進。❶周子蚤荷石臺公與可，極相友善，而中卿妻余兄子，且於余有肝膈之好。和卿過信投誠，謬崇師禮。周子於其父子兄弟間，分誼爲何如哉！而諸同志與和卿共學論交，比於同氣，以母事太安人，於是具得升堂請拜。而太安人念世講，出襜帷，受諸禮賀。乃諸子更請致語，志不朽，而屬管周子。

❶「旅」，原作「旋」，據清華本改。

周子當敬受管，其何辭？遂起爲颺言曰：

《禮》「五十未稱壽」，而惟如太安人，則可以壽矣。古稱内助之賢，惟是婦德母儀，而兩者難備，是故鹿車之操，不著其母；而熊丸之教，夫無裨焉。豈惟德不易全，而遇亦難偶。今如太安人，得備稱之矣。太安人初歸石臺公，所贊助具古道淳風。故公爲舉子，不一妄謁公府；令興寧，操勵噢咻，政澤卓冠一時，卒稱名令。後公見背，太安人年始踰二十，即冰霜自矢，迄今幾三十年如一日。夫早成克相之能，而晚樹未亡之節，此爲人婦之完行也。二孤之撫，一方垂髫，一在襁褓，拮据鞠育，俟其成，次第置室。而余女姪爲道太安人静莊之度、均一之慈，纖悉具中繩幅。督二子就外傅，使無廢學。今中卿居官守，三事惟謹，會公輔是期；而和卿旦暮科名可立致，然俱不以此沾沾自足，方究心性命微宗，以賢聖自期許。是皆太安人所以教，而母道庶幾比於三遷。夫順德貞修，相夫成子，具可贊述，如太安人者，舉世能幾？且大孝之慕，以五十卜其終，太安人行當兹年，遇齊而性以定，可以表世享名，格天而介祉，内外持觴而致千秋之祝，誰曰不宜？余故謂如太安人，則可以壽矣！

雖然，太安人今五十耳，不有六十、七十、耄耋、期頤于後乎？當其時，更爲太安人致語，則他無以加，而獨賢母之績，當與壽俱高，歲歲可以加頌。然此又惟二子之責。蓋孟軻之詣漸實，而後孟母之名愈長。惟中卿、和卿其于前所謂究心期許者，尚更自精猛不怠，要以願學孔子志學從心，凡十年一較，以爲母壽。余蓋握管而竢，將以登太安人他時頌祝之章，且以告我同志，其俱無忘茲義哉！

贈張母應太宜人壽序

天下之至親，當奉以天下之至壽，天下之至壽，必歸諸天下之至人。至親者父母，至壽者不朽，至人者聖賢。人爲聖賢，則身不朽，此謂以至人膺至壽；身不朽，則父母與之俱不朽，此謂以至壽奉至親。凡人有親，孰不願壽？語壽不朽，孰不知歆？而一旦責之至人，則退然以爲不敢當。夫人而不當至人，則庸人耳。庸人者，與草木同腐耳。與草木同腐者，謂之虧體辱親。有志者，其能宴然俯首而遂已乎？故吾以爲人而不知事親則已，真有罔極之深懷者，不求夫壽之至，吾知必不能釋於衷；人而不慕至壽則已，真有不朽之深圖者，不求爲人之至，吾知必不能滿於願。誠求之矣，則亦未有不至者也。

余不敏，妄有志於斯義，而更懇懇焉以號於人。近同志十餘輩，謬相推信，日爲之證印磨脩。凡同志之父母有慶，則皆升堂拜賀，而更爲詞以相勖。今年辛丑七月六日，宏甫張子有母應太宜人届五十之壽。諸子推余致詞，則余計何以爲宜人壽。宏甫之尊人刺史星亭公，與余同鄉舉，交稱莫逆最蚤，宜人之賢，余得耳熟之。宜人産自名宗，夙承父訓，深閑閫則。既歸而事舅姑孝，相刺史，有鷄鳴之操，有解珮之風。刺史之蚤拾青紫而治郡稱優者，宜人有内助焉。余將以是壽宜人，而要不過贊其所已然。宜人享不盡賢，從此福綏當日益加茂，進之耄耋期頤，康寧無害。余將以是壽宜人，而亦不過頌其所自致。宜人訓宏甫，慈不失義，致丸熊之苦心；宏甫循母教，將奮跡科名，行有封章翠翟之奉以爲榮。余將以是爲宜人壽，而亦不越世俗之共艷許者耳，是皆未取焉。而若今日所壽於宜人者，則在宏甫奉之以不朽，而畢此至人之願已耳，豈更有他詞哉！

或者曰：「至人不朽，何以言之易也？」余曰：「人謂不易者，在不求之心耳。人之所以爲人者心，則人之至者亦至之以心。今有一念之投誠、一事之懇到，必曰至心，是至心人所時有也，而至人顧遠乎哉？皆有是心，而能察識不迷，不爲情移境奪，心無不至則人至矣。此心與太虛同體，亦與太虛同壽，不必引之使長而自不朽矣。以此事親，舜、文之至孝也，術豈多乎哉！先儒之言曰：『温清定省，可以爲孝。』閭巷之人能之，不可爲有道。實欲知道，則自省察：吾事親時，此心如之何？知此心，則知道。此察識此心之説也，盡之矣。是故善壽其親者，不求之親而求之身；善壽吾身者，不求之身而求之心。一識此心，而至人、至壽、至孝，當下自全。可與明是義者，惟我同志。故今於宜人之壽，而重爲宏甫勖，兼爲諸子言，不然，猶夫人之爲壽而已也，豈稱我輩相期之至誼哉！」

贈吴氏鄭太安人暨紹南吴公母子繼壽序

性命之學，或謂高深，宜未易言。夫天命之性，《中庸》首揭，《學》言明德，《語》言爲仁，皆性命之旨。我輩自燥髮來，即以受句讀，而既長，師儒之所傳習，有司之所掄求，無非以是義爲發明，是豈不宜易言者哉！且性果何物？即吾所爲視聽言動，而措之食息起居，以至綱常倫理，無非此性之顯見。天命者，莫爲莫致之妙。周子謂「無極而太極」，太極，性之别名；而無極，則天命之謂。故曰「上天之載，無聲無臭」是也。此人之所以爲人，生與之俱，未嘗須臾離；匪高匪深，而人自不察，謂之日用不知。不知則七尺之軀，塊然血肉，而與草木同榮腐，亦何以稱貴于天地之間？故人惟盡性知命而生理明，然後造化在手，常伸萬物。古有稱擅天爵之尊而不以位，握無價之珍而不必財，享無疆之壽而不在年者，舉是物耳！

邑吴生孟剛，與其外弟丁生中甫凡十餘同志，皆與余游從，共求究竟兹義。今年暢月念有三日，孟剛尊人紹南公届六十之壽。又餘月，而其祖母鄭太安人當八十初度。旬月之間，子耆母耄，於是同志相率稱觴上壽，而推余以言。夫言則寧更有加於性命之説哉！余記弱冠時，與公同爲博士弟子。公質金玉而行準繩，太安人訓公以義，而公色養無方，以篤孝聞。公長余五歲，余心敬慕，欲兄事之而未逮也。今别且三十餘年，以令子通家之義再接公顔，公行益完，而太安人之恬於孝養益至。夫堯舜之道盡孝弟，孝友如公，性命之旨可謂身發無餘。然《中庸》推事親而本之知人知天，蓋必知人之所以爲人，而契無聲臭之載，以此爲孝，乃爲著察。公與令子晨昏講證，其必有以進此者乎！余每羡古爲父子者，若堯夫之於伯温，太中之於明道，以道相成，此家庭極樂。公父子真誠世濟，更以學力加充，則有爲若是，寧令遜彼？公負儁才，以一諸生自老；孟剛積學攻文，猶然有待。

近家徒壁立，人或爲公邑邑，而不知公誠太中，子誠明道，性分之中，何所不足，而更以外爲重輕？故今日稱觴，余惟談性命之學爲公壽，而且以壽太安人。身與賢聖比德，而壽與太虛齊年。畢幼學之事，率生理之常，此易簡之旨，當下可了。公且於兹首肯，其毋謂余易言之也！

紀志事❶

剡有《志》，自宋嘉定間高公似孫始。嘉定後百七十年元至正間，許公汝霖有《志》，至正後又百九十年，迨我國朝，有錢氏《志》，弗行，行夏公雷《志》。今去夏公時，又八十七年所矣。先是，嘉靖中，繕部喻公褧、❷余從叔別駕公震，議修志。業經始，弗竟，廢。後邑令譚公禮、學諭王公天和，復議修志。具草將付梓，以授惠昌令胡公采，校閲久之，又弗就，廢，乃卒無議志者。歲丙戌，郡守宛陵蕭公良幹修郡志，而太史山陰張公元忭、太常餘姚孫公鑛專筆削。太史詢八邑掌故，獨《嵊志》闕曠無徵，曰：「邑不志，曷爲郡志地？太守右文，舉四百年曠典，寧當兹太守世，而其所隸邑，猶有以乏文獻稱者？是在邦伯。」乃以語南城萬公民紀，萬公謀之博士内江楊公繼朝、吴興趙公楝、連江陳公賓，乃告郡公修之。報可。而余小子汝登方卧病，以筆札來請，余謝不文；請之固，太史復贊我。余

❶「紀」下，清華本有「剡」字。

❷「褧」，原作「聚」。《明清進士題名碑録索引》載，喻褧，浙江嵊縣人，明嘉靖二十九年庚戌科二甲進士。清華本及卷六《嵊志諸論·論祠廟》皆作喻褧，今據改。

重兩公指，更自念《志》不文未足深患，患不公。文不可强，公可持。夫所患者，足持以免，而所不可强者，則亦所未足深患者。

明年受札，既編摩累月，甫半。萬公考績，不暇問。逡巡易歲，是爲戊子，萬公謝職去，別駕冀州王公太康來眎篆。王公任事無爾我，請畢草。時余同門友亳州李公國士，由名給事僉憲浙司，分鎮台越，往來剡上，吊王、謝風流，稽户藉耗實，問《志》，謂宜亟就。余益殫力以圖，從弟夢科、宋君應光，實相左右。而侍御董君子行，方予告家居，及州貳邢君德健、鄉舉士張君向辰、李君春榮，時從請正。又間與文學尹君紹元、汝陽王君嘉士、李君德榮、兄士麟、侄玄齡、山人錢君思棠參訂之。五月藁具，付剞劂，邑貳吴君鶚鳴經紀甫就。八月，令君晉江林君岳偉至，更申閱，始布行焉。

嗟乎！嵊上下數千年，《志》録匵三覩，而近且數十年，謀議莫決，其艱曠如是，是令太史咨嗟！今一旦肇議，投艱小子，卒獲潰於成以布，則惟諸名公主決裁畫。而余不敏，幸際其逢，典筆札以竊爲己效，稱幸藉矣！顧所論次多謬略，無以厭衆志，則無如所不可强，而勉所可持，獨一念耿耿在卷，姑以藉手謝諸名公，對往哲而俟來許，且以其艱曠若彼，或庶幾已之愈云爾。《志》凡十三卷。

鄭母吴太孺人八十壽序

萬曆己亥，新安太學生鄭于榮氏有母吴太孺人年届八十，臘月二十有七日，其設帨之辰。二載而于榮遣力東走會稽，凡千餘里，徵言于余。余與于榮交二十餘年，久矣，則言其何辭！

余竊嘆太孺人之壽爲難，而更有羨于于榮之壽母哉！粤古傳紀中頌母德者，或賢或壽，或以能聞，而卒未有備兹三者。太孺人早適鄭圃公，值家旁落，躬克儉素，縮衣節口，脱奩飾以佐資本；而公賈遊荆、岳間，家日益饒。未幾，稱未亡人，而訓督兩子益恢先業，不可謂非能。事姑孝，處妯娌以巽，婦職閫儀，一切敦修。而且命子倡舉宗祠，明報本聯宗之大義，置田以瞻貧，❶立亭以休旅，而鄉閭頌義，皆烈丈夫之舉，不可謂非賢。今年登大耋，白髮絳衣，雍容堂上，稱壽母焉。二子伯仲怡怡，具能孝養懽承，且芝蘭馥郁，行且高大其閭。太孺人所以食有餘之報，而自得其天年者，福亦云備矣。壽如太孺人，不稱難矣哉！

余有母，亦年八十有六，諸所操勵，庶幾比太孺人，而余所事母，視于榮或多未備。余十餘年來，奉母馳驅，未有寧期。近得優遊邑屋，才一二載耳，何似于榮之日侍庭幃而向不知舟車之頓。余饔飧之養，土醴豚鷄，未踰菽水，何似于榮之物備無方而時不乏水陸之羞。于榮力足遂施，凡所奉義，事事洪鉅可紀，而余所利濟，隨念隨緣，未盡稱無涯之慈願。于榮交游半四海，洪文大章，輝榮母壽，而余特以斑衣自舞，笑語爲懽。蓋余真有羨于榮之爲壽，而思所以自廣也已。

然余又聞太孺人有王姑許，❷年百三歲，而太孺人今精力比于盛年，年將度越之，不啻世壽相引，要非偶然。得無有養性

❶「瞻」，清華本同，據文義疑當作「贍」。
❷「許」，清華本作「汪」。

全真之術相授受閨閤中耶？果爾，則願竊一二以奉吾母。或又謂太孺人與王姑無異術，特情鮮瞋喜，慈心樂施，修功行所致。夫是則吾母且似之。獨功行之修，愈積而愈無窮，惟余與于榮當無論鉅細，益殫兹心以廣母慈，而效罔極之報、致千齡之頌者，獨此爲實。孝子不匱，惟于榮其爲能起予也哉！

贈文麓金學訓擢太和諭序

文麓金公訓剡六年，今擢掌太和教，諸生不能别，相率謀贈以言，而拜乞於余。惟余昔宦游，便道過里，乍一接公，已私識其爲古心士者。越五載，舟過接公，乃益信之。蓋公底裏洞豁，檢押峻嚴，待諸生後利先義，僚寀塤篪之叶，藹如也。對邑大夫，恭而有體，公以實心制行，故精神孚於士類，真庶幾稱賢師哉！

或者曰：「以公之賢，當路者宜列薦牘，使居六館、膺民社，乃與公稱，今循資之擢，無乃未足盡公與？」余曰：「不然，清議在下久矣。若郡邑之官，有上之人百口而交誇者，無如閭閻一語爲真。公取信在士心，而薦牘之有無，何足爲增損？且今天下倭虜交訌，災沴相繼，所至財已竭而賦日加，開採之令四出，即一中貴人，可以彈射郎官，司民社者，調劑爲難，間有一二賢令，未補多艱，急須多得人，錯落布之天下，時乃可濟。設以公處一令，利在一境爾矣，何如師儒之職，優游得行其志而陶鑄士類，❶養棟梁榱桷之材，以待國家十年數十年之

❶「優游」至「志而」七字，清華本無。

用。此忠臣藎士之上計，所謂功過于民社者也。顧職師儒在六館亦爲贅員，吾見卯酉徒勤，而見之有不知其名氏者，更何論課績，故又無如處郡邑中，情洽勢聯而教實舉。然則公茲行，孰謂所處未盡耶！」

公在剡，士彬彬興于文行者不可勝紀，皆公之化。今移之太和，其職益專。太和，我高皇湯沐地，聖人之澤可尋，而御製一編，具闡精一危微之旨。公惟取是而表章之，以訓多士，他時有出而名於時，稱真儒偉士而樹旋轉之殊勳者，皆公勳也。是用因諸生之請而書之，且以爲勉。

司馬大夫宗溪王公壽言❶

人相生也，而有祖父、有兒孫；道相傳也，而亦有祖父、有兒孫。相生者以身，而相傳者以心。身相生者，引之乎一家；而心相傳者，爲天下後世之所賴。❷一家之引，傳之億萬代，與天地相終始；而利賴天下後世者，引之無前後，與太虛同無窮。此兩者常足以相兼，而不易以相遇。生我之祖父，而道不在焉，是故仲尼祖堯舜而父文武；道在祖父矣，不能挈而畀之所生，是故濂溪子明道，而明道孫上蔡、仲素諸人，是皆以異姓爲遇合，而遠或在百千年間矣。若隨世系以相接，而當面相承，以生我之祖父爲授道之祖父，以所生之兒孫爲受道之兒孫者，惟周公之於文王、子思之於孔子足以當之。而他若伊川之邵、建陽之蔡，以是事相作述，亦庶幾謂之不辜負。蓋此千載

❶ 清華本作「宗溪王公六十壽序」。

❷ 「賴」，清華本作「利賴」。

之奇逢，斯文之快事，固古今所稱難，❶而要亦爲之自我，後世寧無有履斯盛者而已耶！❷

我越陽明夫子，崛起群聖之後，首倡致良知之旨，祖洙泗而父濂洛，源流不爽。其言曰：「吾所示良知，乃認祖父之滴骨血也。」斯不益信矣乎！ 嗣陽明者，則吾師龍溪夫子，曰：「我是師門一唯參。」又曰：「師門『致良知』三字，誰人不聞，惟我信得及。」蓋當時及陽明之門者不知凡幾，而稱嫡骨子者，惟師一人。 師之道，近且彌久彌尊，爲天下宗仰，然畢竟宜有所付托。 嗣師者，又誰歸乎？

宗谿兄者，師之季嗣也，今日之任，宜在兄矣。 兄生有奇兆，幼有遠志，法器非凡，❸故先師默爲授記。 所見於付受之詞，訓勉期許，肫肫懇懇，❹抑何至也。 而且兄性行所克肖吾師處良多。 心懷豁達，使人洞見底裏，❺則肖吾師之坦夷。 掩人之瑕，樂人之善，與人處其厚，不處其薄，❻則肖吾師之博大。 事二親孩提愛篤，待兄和而克讓，有君賓之風；伉儷之好，如瑟如賓，❼訓子慈不失方，一切修持，❽肖吾師之植本而敦倫。 兄於道，❾已自性與之符，❿惟是入微一着，⓫千聖秘密，吾師時時拈舉。 而兄

❶「千載」至「事固」十一字，清華本無。
❷「後世寧無有履斯盛者」，清華本無此九字。
❸「法器非凡」，清華本無。
❹「肫肫懇懇」，清華本無。
❺「使人洞見底裏」，清華本無此六字。
❻「與人」至「其薄」九字，清華本無。
❼「有君」至「如賓」十三字，清華本無。
❽「修持」，清華本無。
❾「道」下，清華本有「近」字。
❿「已自性與之符」，清華本無。
⓫「惟」上，清華本有「已」字。

蚤年聯朋習静，已嘗於此參求。蓋是事非易非難，須在自證自肯，本之不覩不聞之先而非虚玄，❶練之人情事變之衝而非馳逐，❷擺脱於塵情世味之外而凝之以淡，❸參訂於明師益友之間而致之以專。❹此吾師之教旨，循循可率，固兄平日之所飫領，吾知不究竟於此不已也。❺吾師蚤歲莫容，歸以木鐸振撕聾聵，謂之窮而道明。兄嚮用途長，行且見之行事，畢師未了之經濟，要惟信斯爲急，兄豈能一日忘此學哉！

兄有子世韜、世弘、世文，富年厚植，且有力肩此擔之志。余嘗題其齋，有「不出户庭成遠致，定知於此續《中庸》」之句，是非敢漫爲之語者。❻周公、子思之業，期于兄家庭父子間見之，今日之任，不責之兄而誰責也耶？不肖早遊師門，毫無知識，而近稍窺見一斑，雖足不逮眼，而願托爲異姓之子者，亦無敢多讓。後進諸生，若某子某子輩，皆奮力鼓趣，❼務究明宗脉以稱於異姓之孫，他時成立，則師門真可謂兒孫滿地，然而登壇之羽，惟兄是秉。順風之呼，聲聞更遠，❽弟且爲之肩隨，而諸生方爲之父事，❾兄責亦重矣哉！今年某月某日，❿兄届六十初度之辰，適以使事，便道歸里。⓫不肖與劉子輩升堂稱賀，擊鼓歌詩，持觴爲

❶「之先而非虚玄」，清華本無。
❷「之衝而非馳逐」，清華本無。
❸「而凝之以淡」，清華本無。
❹「而致之以專」，清華本無。
❺「吾知」至「已也」十字，清華本作「能不究竟已耶」。
❻「是非」至「語者」八字，清華本無。
❼「奮力鼓趣」，清華本無。
❽「順風」至「更遠」八字，清華本無。
❾「方爲之」，清華本無。
❿「某日」，清華本無。
⓫「便道」，清華本無。

壽，而推以余言。余惟今日所履者師之講堂，所擊者師之講鼓，所歌者師「良知」之章，而眼前濟濟雍雍，具有天泉鼓瑟之風，則今日所以壽兄祝兄者，已色色自備矣。而更須以言，是猶處蓬萊員嶠之上，方飲玉露瓊漿，而復問仙人談仙術，良爲可笑。雖然，一舉一回新，提醒箴規，明聖不廢，故爲敍述而交期之如是。❶而諸生且繪之以圖，圖寓壽祝之意，❷上書余言而進之兄。兄儻攜之東西南北，時時展圖而覽言，則俯仰見聞、交游燕處，將無適而非斯堂斯鼓斯景斯人也已！❸

贈剡庠司訓懷蓮趙公陞任序

昔陸象山氏謂聖賢之書，非學有本領，固未易讀。然則今之所謂讀書者，皆未可謂之能讀書者也。夫士也，童而授之句讀，長而習其文詞，曰：「吾以是應制舉、投有司，制舉可應、有司可投，畢矣。」夫讀書果止是而已乎？此卑卑無足論者也。其有不囿於是而號稱窮理者，則又爲文義牽制、習聞錮蔽，而加之以意識揣摩，卒無以與於微旨微言。凡此，皆所謂失其本領者也。夫書何爲者也？人有身心性命所當理會，而聖人筆於書，教之以理會之法。然凡物可指，而心性不可指；凡事可言，而理會心性處不可言。不可指、不可言也而強指之、強言之，則亦有不盡於指與言者，故謂之微。然惟其微也，而人固已失之矣。失之

❶「而交期之」，清華本無。
❷「寓壽祝之意」，清華本無。
❸「兄儻」至「斯人也已」三十九字，清華本作「以致交儆之意云」。

而讀書何爲者哉？故曰：「皆未可謂之能讀書者也。」

今以觀懷蓮趙公，其獨異於是，而超然有悟于本領者哉。公蚤歲遊天臺耿先生之門，即知讀書一事，不徒爲進取之具而已者。既而反身内究，博采約收，乃深信學有根宗，務以明心性爲要。其來司訓剡庠也，聯朋聚講，非學不談。凡所提倡，本孟子之先立其大、伯子之先須識仁。與之論《大學》，曰：「總在格物。格物者，格物先天地之物。故上言物有本末，知本而已。」論《中庸》，曰：「君子之所率而修者，惟是不覩不聞。故末言不見不言，不動不賞，不怒不顯。自下學以至聖神，始終惟是。纔着睹聞，便成俗學，所謂反中庸者也。」論《論語》，曰：「開言吾斯，夫子説之；回惟有是，夫子與之。是故言隱居以求其志。夫隱居而考索踐履，當求者多矣，而獨言志，志何物哉？志也，斯也，是也，《學》之本也，《庸》之不覩聞也，一也。聖賢千言萬語，學問千條萬貫，無有不歸于一者也。」夫以公之論如此，此非于本領處體驗真切，而又烏能究竟分明直截一至是哉！

然非徒言之，而吾又以覩其所履矣。公養神以寧，持身以簡，應事以坦，而且於世無求，於物無兢，於言無詡，於器無盈，於職事常無廢。公蓋隨在反諸心性之微，而體究聖賢之秘密。如公，真可謂之能讀書者矣！居剡五年，人謂將殊擢以究公之用，而不意轉王官以去。公年力尚比于壯彊，何遂置之冷局，豈真人難合，而或有爲之排擠者乎？然知希乃見公貴，而公且處之裕如，升沉不問，則益以驗公之所得爲不可測也已。

惟公門下士從公而論學者若干輩，於公之行不能爲之別，而去不能已於思。余問諸士之所以思公者何在？而諸士不能言也。余嘗憶剡司訓，昔有所稱美山先生者，以禮爲教，人今思之，而具能言其所率先；既有所稱憶素先生者，以圖書爲教，人今思之，而具能言其所撰述。今公之爲教，究無文之禮、示無畫之圖而已，固宜多士之思無所寄其言説。無所寄其言説之思，極深而不可斁者也。然則公之教澤在剡，其得有時而磨滅也哉！

贈司訓誠軒趙公擢德府序

師儒之職，不列於稗官，而所以稽之，當自有體。夫官有以幹辦爲良、敏健爲最者，則考在才力，而非所以論於師儒之官。職師儒者，體尚尊嚴，功收坐鎮，是故先行而後藝，重品而輕能。何也？師之職，以造士也。師於士，如金之範，如器之型，惟行修品卓，取其可以漸摩涵育而已。是故有澹然無欲之趣，則可使士知廉；有介然不狥之概，則可使士知節；有懇懇然不欺之實，則可使士知誠。夫惟此三行之不虧，則足以列於師儒之林，而藝能有所不必問也已。若使藝能雖最，而根實未培，先之以市道，則士且穰穰；倡之以繞指，則士爲靡靡；示之以浮誇，則士率爰爰，遢遢而不知歸。若是者，雖優于藝能，奚取哉！夫以藝能論儒職，藝能猶非儒職所先，而況于傴僂拜起、曲折趨蹌，以至一切送迎唯諾之彌文，其不爲師儒之所宜習尚可知，而上之人，固亦不宜以是而稽師儒之殿最。蓋立官考職，固有體在，不可爽也。❶乃今於趙公有感焉。趙公起家歲薦，初授剡庠司訓，未及兩期，而遂有德府之遷。其任且淺，而遷一以驟也，求其故而不得。則豈以所責於師儒者，惟拜起趨蹌與夫迎送唯諾之爲恭，而公有不盡然者，遂以爲公少，則立官任職之意謂何哉？余以予告歸邑屋，得時接公談，而悉公之大都。公居家素窘，且由山東抵浙，途長費鉅，抵任後，奉入半以償所貸，而日用饔飧，僅以取給。人或未堪，而公口不言利，意味澹如。與人交，不亢不隨，❷絕無片札干請縣庭，守不皎皎而嚴。語不輕吐，有吐則肺腑是傾，舉動具有繩幅，古貌雍容，即望見而知其爲長者。以公爲師，如前所稱三行者，亦庶幾其無愧矣哉！而況時與諸士談文論學，亹亹不倦，鄉飲大祭，禮文明察；即藝能亦具可稱述。剡士方以得師爲幸，而奈何其遂以是處公？即公自視恬然，而公道輿情，不能不爲公深太息矣！雖然，余嘗讀《易》至《漸》之上九，鴻離所止而處空虛，若爲無用，然羽可爲儀，則無用而未嘗不用也。公今轉閒冷，有漸陸之象，然而流風在剡，多士頌之，縉紳重之。且今日之贈言，又邑大夫吳侯所不惜枉駕而命於余者。公行有餘色，其羽儀亦即炳耀於今時矣。況由此輔導藩封，焉知無可表見？即不然，而偃仰林泉，逍遙杖屨，以餘慶遺其後裔，而厚道化其鄉閭，則爲儀之羽，又焉往不足用，而公亦焉往而不自得也哉！於是周子次第其語以復于吳侯，侯曰：「吾媿不能丕爲公

❶「固有」至「爽也」八字，清華本作「固各有體也」。

❷「意味」至「不隨」十一字，清華本無。

地，而徒重公惜公，然得兹言，可爲公慰矣。」於公之發，因書以贈。

贈居士畢惟吉六十壽序

蓋余因與宛陵蕭伯穀游也，而知其里中有邵季躬、查汝定。又因與查、邵二子游也，而知閔川有居士畢惟吉。居士與三子相友善，同事懷松上人，稱弟子。懷松悟入宗乘，爲禪門龍象，而宛陵三子者，皆自擺脱塵樊，善通師旨。余嘗有《三一窩説》貽之，今居士何以師且友于其間哉！居士身在闤闠市肆間，而業不離子母什一，則所取於師若友者何也？三子者曰：「居士蚤年能爲所後祖振既湮之祀，而不利其有；受故友遺孤之托，而能無愧於死生。諸所操勵，具烈丈夫之概，而居之若無。獨謂人生有此大事，遂一意皈依，凡四上普陀，遍尋知識。中年投禮懷師方丈，時與吾三人論證交契獨深。捐貲創淨社三所，以安徒衆。歲旱疫，爲施藥糜，所全活人不可殫。功德種種，備自精勤，然所治常業，卒亦未嘗捨去。」

又曰：「居士有配張孺人者，共持淨律，斷葷血。有年子加勤，嘗代居士刲股以療大母疾。善集一門，識者謂有龐藴之風。今年居士、孺人俱届六十，戚里既頌其功德，而且以難老祝，子能爲一言壽乎？」余曰：「有是哉？果爾，則余能爲言進之。蓋凡戚里所贊頌祈祝爲居士壽者，世壽耳。世壽，壽世人耳，學佛者不宜徒以世壽壽之。世壽有數，而有不限於數者；世壽有量，而有不局於量者；世壽可稱可議，而有不可稱不可議者。此無數無量而不可稱議者，一切平等。既平等，則足下即大地也，刹那即古今也，俗緣即嘔和也，賈業即梵網也，臧獲即師友也，而後居士即龐蘊也，六十即難老也。此方可謂之學佛，方可謂之學佛人之壽。吾將以是進居士，而居士亦當進此者也。儻不明是義，則不免墮數量名言中。既墮數量名言中，無論所稱豪舉，盡爲土苴，即修持施捨，俱成縛執；無論所賀今壽尚在耆年，即百歲千秋，同歸有盡；無論終身行脚，未得盡如龐蘊，即使步步皆符，亦難强合。此豈所宜爲居士壽，而居士亦豈宜以此自限哉！故余願居士更進之也。」余未面居士，則妙密未可輕宣，而爲懷松弟子言，爲宛陵三子之友言。雖然，茲言即三子亦足取證，獨居士云乎哉！

時汝定與居士姪貫之方過余舍，于其歸，書以畀之，俟居士七八十時，再各呈所見，試校勘於此，更何如也。

贈別駕繼泉徐公還郡序❶

士君子談經世之業，豈不推原王道？而或者曰：「此三代時事，近未可冀。」茲實不然。程子云：「有天德便可語王道。」子思云：「君子有大道，必忠信以得之。」忠信即天德之別名也。天德無有聲臭，而忠信未彫未琢，不學不慮，肫然赤子之初，故與天德合體。古人行蠻貊、孚豚魚，出入波濤之中而不濡者，無非是物。仲尼好學，保任此而已，非有加也。人而全此忠信，果何道之不致者？忠信施於家，則家人孚，而王道在一家；忠信施於邑，則邑人孚，而王道

❶ 此篇題不見於底本目録。

在一邑；忠信施於郡國天下，則郡國天下之人孚，而王道在郡國天下。蓋即尋常見在之心，而隨用隨效，固不可云有古今之異也。惟後世學術不明，真心蒙昧，厭平實而務神奇，以意識爲聰明，以伎倆爲作用，天能漸漓，忠信日薄，故心愈勞而機愈窒，令愈鎖而民愈離。效難力强，而遂以王道歸之三代。夫反諸初心，何所虧欠，而顧以之自誣，且以之誣世也耶？今以觀繼泉徐公之爲政，其庶幾足發兹義者矣。

公始奉命來判吾越，越人士翕然頌德。近以予邑缺令，借署予邑，事纔兩閲月，而百姓戴若慈母。黌校青衿之子，尤依依若春風之披，有心醉而神輸者。俄頃之化，則何以若是速耶？公賦性渾樸，絶無藻飾，守謹四知而不炫其清，才周百務而不逞其能。撫民待士，一切以肫肫實意出之；精神感格，喻於不言而通於無朕。蓋忠信之明效，非偶然而已者也。且公之學問具有淵源，公爲諸生時，出江右鄒穎泉公之門；已而從京口喜北固公游。穎泉公祖述陽明子之教，而北固公爲龍溪子高第，弟子轉相授受，具本良知之旨，正以發明天德之微，而示人元始之真心。學究真宗，而治明古道，公所建立，大率有所自來。夫今日於公見一斑耳，充公之造，展公之施，人品事業，純乎三代，進而希之，維公是期。夫王道之易易，其他日將借公爲左驗乎！公其益懋之矣！維時公將返郡，邑學訓任君偕諸生幾百輩，造予而請言。夫必予言之請，豈將謬以予爲知公也耶！不佞亦樂爲之道，而因爲論述，以贈其行。

壽張南山翁九十序❶

惟敍張君，蓋與不肖稱莫逆云。君年十一，余年十三，時同赴有司試，既同爲博士弟子員。先是，剡科第連蹇，士氣爲奪，君奮臂以呼，而余爲之助曰：「丈夫七尺，謂何乃坐令地限耶！」結同志十餘人爲文社，作焚舟計。無何，社中鵬鶚繼起，余與君與焉，乃共偕計北征，爲京國遊。

二十餘年來，風雨孤燈，江湖杯酒，無地不偕，而進取亦兩相當。以故兩人者一視其兩家人。君尊人南山翁者，余父事之，今年届九十。正月十四日，其生之辰，文社諸君共繪一圖，皆神仙家物以頌翁，而又顧語余曰：「子盍申以詞？」余與君交，且事翁若此，而得無言夫？翁喜談神仙，圖之繪，有以也。余觀翁何者不仙？神仙家首尚功行，次導養，次風骨，而翁具有焉。翁廓落無他腸，熙熙于于終其身，與人無幾微郤。性好生，見魚鱉螺蚌，時市而縱之江。即人瀕死，而翁手全活者三，而終不以此市德。故求翁爲人者，不于今，而于無懷、唐、黄間。翁精存想玄修之法，時惟子午起，危坐吐納，他時爲五禽術，至老不休。翁美鬚髯，偉幹長身，凝然山立。翁悉具神仙家所尚，何者不仙？《禮》：「九十杖於朝。」而翁步履如壯時。頃恩授冠帶，而邑大夫迎爲鄉飲賓，磬折而次賓筵之右，望之者曰：「若仙人，若仙人。」翁直若之已耶！

夫剡巍科多遜他邑，而異壽則他邑莫

❶ 此篇題見於底本目録，而正文中無此篇。兹據清華本《東越證學録》卷八補。

能先。㓵形家者謂四山峭古，足當之。然余詢問異人，則姚江有岑氏者，年百八歲尚健，善飯。大江而北，新都有胡氏者，爲前丁卯鄉貢士，計其年百六十歲，猶能放浪江湖。兹兩人者，實㓵所未有。今以觀翁，即未語飛昇，而度其年數百不止。彼胡氏或得以顔行進而未以數，岑則信乎四山之有異也。壽若翁，天下何能數屈指？然胡氏者，吾不知其爲之後者何若。張君學日富而養日益深，翁積又足厚貽君，則巍科上第，亦豈終讓他邑，行唾手掄魁而待詔金馬，他日裁尚方之錦，進非時之鮮，歌步玄之曲，爲翁稱觴舞彩，壽且榮若翁，天下又何能再屈指？以夸視一世而爲㓵振古奇觀，是在翁父子間哉！

余有老親，壽或可庶幾翁，而余卑卑一第，將不足當君。若進而修聖哲之行，計不朽以顯揚其親，更第一義事，君且有意，登不肖，猶能助君奮臂而呼也。

南疇李翁八十序❶

夫世有必願而無必致者，則惟孟子車氏所稱一樂。李子邦秀尊人南疇翁及母王孺人並壽且康，故儕輩相羡，以爲遇莫如李子。先是，南疇翁年七十，邦秀烹葵摘瓠，偕弟造翁前，跪上巵爲壽，以及孺人。兩人飲之快。李子之友曰：「是天予之樂，而承以懽者也，即鶉結爲彩，藜藿皆珍。」已請賀，惟李子頻蹙不爲悦，辭且語曰：「子解吾懽，而未解吾頻。吾翁昔居壠畮間，以不

❶ 此篇題見於底本目録，而正文中無此篇。兹據清華本《東越證學録》卷八補。

肖故徒今里，授之一經，而我弗克副；且菽水洵懽，孰與捧檄爲喜如樂何？」李子時布衣，家壁立，故以云。卒不受賀。

於是李子益殫精博士家言。越數載，舉於鄉，又三載，爲今戊子，翁進而八十。李子重肉列錦，復偕弟造翁前，跪上壽巵，以及孺人。兩人飲之，快彌甚。縣大夫、博士、長者之車轂相擊於門。友人進曰：「子今則喜者，庶云遂矣夫！青袍何如布緼，甘毳何如藿食，冠履交錯，何如伯季孑立而門張羅也，顧不樂與？」李子曰：「吾且未有上官之羞、命誥之榮也。」友人曰：「以子若抱掇上第，若持券取責，試且一驗，由今則可以竢矣。」於是十餘輩相率造翁爲賀，而命汝登致詞。

汝登曰：「李子偕計吏上春官，蓋嘗涉黄河，望泰華。夫河之長以源深，華之巉以體厚耳。彼德積而壽峨，理寧是異？南疇翁有龐德，悃愊類古人。處宗黨，不作苟同。居常誦偈禮佛，一意虔修。嘗見被流溺者，奮往援之，出諸水道。拾遺金，挈還其主。他率義多類此。而孺人者，閨德與翁稱，以德召壽，兩人百歲當未艾也。李子樂寧有既哉！然余又惟親年百歲可樂，皆親所自爲，子莫益之，而子若或親益，則前所云爲懽爲喜爲榮者是；而更有大者，惟立身之義在。曾子輿，欣欣樂其親者，而其論孝極之居處莊，事君忠，莅官慎，朋友信，戰陣勇，斷樹殺禽以時，而道始備。孟氏亦以俯仰不愧怍次之俱存、無故。孔門相傳旨要，大約可睹。夫惟身立道行，然後父母享無疆之上壽，而稱至樂；彼口體之奉、命服之榮，皆其外者，李子豈以是自足哉？曩余談丹霄之業，世多迂駭，而和惟李子，今豈無迂視兹義者，要惟李子弗疑。」於是李子唯唯莫逆，作河山圖以象壽，而書曾、孟語其旁，蓋既爲翁慶，而且以自志弗忘云。

吉寰王公六十序❶

❶ 此篇題見於底本目録，而正文無此篇，清華本亦無。兹據目録存其題。

周海門先生文録卷之八

雷陽柯時復　會稽陶　鑑
門人金陵何應咸　古歙佘永寧校梓
泰州王元鼎　高郵李自華

遊剡溪記前

丙戌冬季望後十日，周子與弟夢科、姪玄齡步出郊門，臨流而視曰：「茲剡溪也，可一日負耶？」❶時有虛舟泊岸下，微風自南，買舟攜酒而北。頃至艇湖，登王猷橋，爲王猷回艇處。夫此去戴安道宅半里而近，猷不見而返，豈云興盡，正留不盡之興耳，是以興至今存。因相笑引觴滿酌。坐舟頭而下，至竹山，舟泊山趾。山小而峭，仰視卓絶。一宇巋然其上，名竹峰菴。起登菴，倚檻臨江而樂之。適坐江中，未盡此江之觀，而今覩其全，固知超物外而後可觀物也。舉頭天外，其幾乎！

明日，過仙巖，陸行五里，謁仙君廟。土人稱仙君爲謝康樂靈運，鄉名遊謝，亦以康樂故。余取酒酹仙君，嘉其才而弔其不終。❷由仙巖而下，兩岸山壁立相向愈迫，江流曲折，窮而復開。溪禽谷鳥，聲同應和，舟容與竟夕不能舍。又明日，至印月寺，山勢逆上，如吞江復吐。再下數里，爲清風嶺，宋王貞婦投厓死節處。因歌元李孝光詩：「此心若愧王貞婦，莫向清風嶺上

❶「可」上，清華本有「我輩生長是」五字。
❷「余取酒」至「弔其不終」十四字，清華本無。

行。」野人孺子環而聽之，俱爲動色。

清風而下，抵嶀浦，兩岸勢稍開，臨江一山如拳，三面跨水，山下石磈磊如砌，上有廟，廟碑爲宋名士樓鑰記文。嶀山在北，隆崛雲間，積雪迷道，不可上。問謝車騎桐亭，無知者。走嶀山東北數里，入龍宫寺，有唐李紳碑記，是千年物，里稱嵊亭。齊張稷爲剡令，過嵊亭生子，遂名嵊。嵊忠節炳史册，兹所生，宜立石表其處。❶是夜，舟泊嶀橋下，星明，水沙一色。三人起坐沙石間，且飲且吟，不覺徹旦。

開舟及三界。三界，古始寧地。東山在望，雲月如待。周子顧語二子曰：「余自少至長，於兹江山百里之間，往來當以百計。然向也山，吾履，而不知其高；水，吾泛，而不知其深。林林磈磈者，觸乎目而如不見；淙淙嘤嘤者，接乎耳而如不聞。而今乃知有兹山若水也。夫知何得耶？不知何失耶？將昔不逮今醒耶，抑今不逮往忘耶？」言未已，❷風轉北來，舟艱于下。舟人曰：「返棹則順。」遂張帆而返。凡故所歷處，逆而視之，若更爲一景，奇麗不可復識。周子顧謂其弟曰：「子善圖，圖其逆而上者；余爲記，記其順而下者。俱系以詩，各就舟中爲之。」甫就，而舟抵城下。漏下三鼓，入城，街衢燈火熏灼，人奔走如狂。問之，蓋除夕云。❸

兹游凡五日夜，往返歷百數十里，飲酒五斗，而玄齡斷飲，不與。得詩近二十首，記一，圖一。從行僕一，舟子一。

❶「其」下，清華本有「生」字。「處」下，清華本有「而有司者闕焉」六字。

❷「言」上，清華本有「二子默然」四字。

❸「蓋」下，清華本有「是夕爲」三字。

遊剡溪記後

丁亥元日，周子將出遊，以陰翳，不果。夜大雨如注，翼日復霽，可遊，而不可陸也。周子復與其友五六人者，泛于剡之上流。時溪水清淺，中流如鏡，掛席數里，反而容與石橋之下。座有善笛者，三弄，酒數行，周子起而觀流，則兩岸若拓而開，橋可俯視之矣。直望一碧萬頃，湯湯洋洋，不可以際。向登舟時所覩沙洲土渚，盡失其處。以問舟人，舟人曰：「疇昔之夜，四山雨水乍集，故暴漲乃爾，顧消亦可竢！」周子曰：「嗟乎，是何消漲倏忽至此哉？」余因以思昔之出遊，去此兩日，乃歲新舊異令矣，余與諸君齒加長異數矣，則何以異是水之倏忽漲消哉！夫漲消可以識桑海，新舊可以見古今，齒長可以度生死，倏忽可以覩千百年。愚者見于著，智者燭于微，則何可以不樂？或者曰：「歲之新舊，汝自名也；齒之長少，汝自憶也；水之漲消，汝自見也。不名不憶不見者，無新舊無長少無漲消，如此則亦無桑海，無古今，無生死，無倏忽千年，烏乎樂？烏乎不樂？」周子大笑而首肯之。❶於是復與諸君飲，酒數十行，泛舟澎湃之湍。諸君曰：「水石噌吰，聲何壯耶！」周子曰：「寂然。」有雲拂樹而過，周子曰：「聞耶？」諸君笑，周子亦笑，曰：「子烏知聲之非寂，而寂之非聲也？」已復放舟石壁之下，周子曰：「水者止乎！石者流乎！」諸君笑，周子亦笑，曰：「子烏知流之非止，而止之非流也？」於是諸君有目

❶「而首肯之」，清華本無。

周子醉者，謂言非情也。周子曰：「子又烏知醉之非醒而醒之非醉，非之非是而是之非非耶？ 子休矣！」於是周子起而歌，歌曰：「水清淺兮安流，魚潑潑兮幾頭，我歌初起兮群鷗滿洲。」又歌曰：「水乍漲兮連天，芳草發兮年年，我歌既放兮餘音滿舷。」歌闋而歸。

車駕司置書記

周子爲駕部郎，凡二年往矣。同省諸郎，交締如貫。尋常公暇與歲時居宿在署，相過必爲樂，而樂必有寄。庫部牡丹二種，春時爛熳，伐鼓張筵；而司馬署桂樹叢生，秋香堪把；後圃脩竹千竿，納凉宜夏，且壼且弈，錚錚如吹；職方古梅一樹，雪裏攜樽。而獨余署不栽一花一竹，燕集孤樽相對，澹如也。先是，部長郎蔡體國氏遺有餘俸數金，余稍益之，爲市書數十卷，藏之署篋。諸君過而酒闌語間，出篋中書，信閲數行，則意洽神流，興倦復起。蓋將以是備四時不盡之賞，而當于諸司之奇花翠竹哉。

一日諸君夜坐，臨書談名理，亹亹不休，而各爲説相難。有起而問曰：「臨花竹則樂，臨書則樂，而所以樂者，物耶？我耶？ 謂物，則我爲之主；謂我，則物爲之宣。而或謂物與我兩相觸則樂，豈物我和者耶？ 且吾爾聚則同人賞物，散每因物思人，爲賞爲思，又若從朋聚中生，而有非物非我者，此樂何著？ 子其辨焉！」而又有問曰：「書契，聖人之品彙；而花竹，造化之文章。跡原共顯，理則俱微。故得其微，均爲妙契；而狥其跡，總屬形聲。奈何人以見花竹爲尋常，而謂通書契爲玄妙？ 口解文字之粗，與目辨夭喬之色者，去幾何也，而命之曰學？彼有記誦彌博，則障礙彌深，曾不若蚩蚩木石之夫，猶爲未鑿其真者，而韙之曰儒。若此者，子奚以解焉？」而又有問曰：「吾聞萬物備我，一切總屬自心，故六經謂爲心之註脚。而陽明子指桃花爲心開，濂溪氏即庭草爲自思，是非徒强言之者。夫花者自花，竹者自竹，果何關我？即謂枯榮我同舒慘，而生死不共去來，想像擬議，難言真知，於此終二之也。此二，則書契亦于我判然耳。夫會書契花竹爲自心，而後能以今日留連樂聚之意交通於治理，不然，我輩舟車戎馬之是司而玩物，不將喪所司耶？」周子聞諸言，爽然自失，卒不能措一語。各大笑，别去。

無何，而周子記所市書以永蔡君之澤，而因及昔者交懽答難之語，使後來者省覽，當必有續而大笑者云。

郡守拙齋蕭侯崇祀記

宛陵拙齋蕭侯，守吾越也凡五年所。當在任時，無赫赫之譽，既去而頌聲起，民信且思。今於其没，舉郡涕泣，❶傍徨追慕無已。維時孝廉文學某輩，切儀刑之想，通黎庶之情，相與肖像於稽山書院之仕學所而崇祀之。又上其治蹟於當道，請列之名宦，與古循良劉、范諸公配告於剡邑。周汝登爲之記，以勒於石。

汝登竊惟人生而有家國天下之寄，事功隨遇以顯，皆吾分内，然未可襲取也，惟學術先之。學術於事功，猶水之源、木之本

❶「涕泣」，清華本無。

也。孔子謂用行舍藏，惟我有是。其誨二三子曰：「如或知爾，則何以哉？」曰「是」曰「以」，皆有所指。當杏壇間師友尋求，朝夕論證，惟此一事。於此體驗究竟，有所證入，而後推之用世，精神貫，力量全，蓋不越身心性情之際，而自裕彌綸康濟之施。道本如是，非意之者也。彼學無宗領，妄冀勳猷，與夫索於陳言，按之粗跡，以爲學在是者，皆所謂無本之木、無源之泉，雖枝葉波流，安排湊泊，至一一相似，終就枯涸，此學術不可不明也。

今觀蕭侯之政，非從學問中來，有是耶？蓋近自陽明先生以良知之旨開世眼目，而旋轉之業即從此出。後龍溪先生益爲闡發，播之四方。宛陵水西之會，尤所專注，以故其地人士興起，彬彬比於鄒魯。侯時爲諸生，已力進此道，身履心研，非徒口耳。隨舉進士，爲比部郎，出守吾越，遂以所聞二先生之學，治二先生之鄉。其持身有特操，愛民有真心，任事有定力。首復稽山書院，群士肄業其中，而身臨講究，以示所先。隨之正風俗、頒禮教、搜隱逸，近世所迂視者，而侯獨重。脩江閘、築海塘、創府志，前人所遜避者，而侯獨肩。救荒弭盜，時著異功，禱雨祀潮，動輒靈應。彼其毁譽置之度外，一切信心以發，不令人喜而卒令人思，此尤難於時吏中求者。總之，學問明則人品真，人品真則事功實，事功實則惠澤長。由本敷幹，由源達流，自然不匱，是豈可以伎倆智術致之者哉！

侯政如是，是以没世難忘。按諸成典，協諸輿情，尸而祝之，百世如生，自莫之能已者矣。雖然，侯之神豈住一方，而其式臨於吾土也，不在俎豆，而在篤慕之衷；侯之志無希身後，而其居歆於斯堂也，不在褒崇，而在道脉之契。然則後之所以昭格侯者，亦自有原本，❶未可漫然。余既推敘侯政，而更以是告後來之登堂而拜像者，稱《蕭侯崇祀記》云。侯名良幹，字某，拙齋其別號，歷官至中州方伯致仕。

聽其樓記❷

余有樓在邑之南鄙，去城十餘里而近鄉，四面夷曠，田有泉穴，非亢旱不能災。戊辰大水，城中深丈餘，而樓址水不能及。他時水微漲，田無沮洳，計畝之獲，與負郭田稱，而米加白，亦稱沃土矣。余于其間得田數十畝，往視耕斂必有止，乃市馬氏故樓而徙焉。樸木爲柱，築土爲牆，而無雕鏤丹堊之麗。傍有竹，有桑柘，有稼場蔬圃，而無奇花、異卉、怪石、方池之勝。具農器，貯倉廪，歲時與農人甿子登樓望雲氣而占豐兇，話秔稻而慶收穫，則相酌瓠鼓缶，而無棋壺琴畫之賞玩，及高軒皂蓋之往來。

是樓人或謂陋，而余所安也。凡田屋，先大父所創以遺家君及季父，不肖幼時屢至其所，後入仕奔走，不至者凡幾閏。而今再至，則季父之居猶存，乃家君所遺舊舍頹不可止。故前市樓而新之，先業亦僅不廢而已。夫土稱膏沃，則力耕可守，居無奇勝，則豪勢不侵，而況先人累世之業，宜後世子孫之日兢兢以求不墜者也，然不可必矣。馬氏樓得之袁氏，袁氏徙於施氏，以兩

❶「然則」至「原本」十五字，清華本作「然則思所以昭格侯者，務尋原本相爲紹述」。

❷此篇題見於底本目録，而正文無此篇。兹據清華本卷十一補。

氏子孫不能有也。乃樓傍有居，與大父俱起者，其後人又非市非徙而丘墟之，蓋其無常類若此。而獨大父後，若家君、季父，或仍故且更新，以世其業，今余亦勉以嗣。繼余而有斯樓者爲何如，其可必乎？仍之、新之、市之、徙之、墟之，數者足盡樓之變矣，余將聽焉。

客有問曰：「子將奚聽？一微物成毁，人得否有數，而況玆樓，數必有前定者，則聽在樓。後人賢，則樓爲仍爲新，不賢，則樓爲市爲墟。樓之變，人實宰之，則聽之人。或者又謂樓之數與人賢不肖恒相會，其所以然，非樓非人，天也，則聽之天。夫是三者孰爲近？」曰：「是余皆不足以知之，蓋讀蘇子賦有省矣。曰：『反而登舟，放乎中流，聽其所止而休焉。』夫舟所以行止疾徐者，舟耶？水耶？風爲之耶？人操之耶？知舟則知樓矣。」吾以樓例蘇子之舟，命之曰「聽其樓」，而爲之記。

十黄庄記❶

十黄鄉去縣治西四十里，田枯瘠，穫不當負郭者四之一，故直亦稱是。直雖廉，人猶以瘠，弗取也。然曾大父則嘗創田屋玆地，以貽大父及諸父，數世矣。傍張氏有屋數楹，田數十畝，鬻之十年，弗獲其主。余獨取而有焉。

余嘗至其鄉，土曠人稀，治田糞少而力薄，故獲不多。田不果瘠，有上農，則利倍矣。余諸父昔嘗以是田致饒益，固富資也。

❶ 此篇題，底本目録作「石黄庄記」，而正文無此篇。兹據清華本卷十一補。

近余弟姪輩貧者盡鬻其負郭膏腴之業，而此中田以人共棄，獨得不鬻。無以，乃率其妻子就耕於此，而因不飢。藉第令膏腴，亦他人有，寧復有可耕之土哉！則此又貧資也。先是，曾大父爲萬石長，鄉人德之，争迎致爲置室，乃有兹土，則創也以義。大父繼拓而大之。大父嘗以室借居其里人，里人婦，姑畜之嚴，一日，婦偶墮其姑所置器，婦懼，欲自縊。大父覺之，并夜入城，爲市器，以潛償其姑，而婦得免。婦感德，夜過大父室請謝。大父方秉燭坐，語之曰：「吾所以活汝者，吾自不忍爾，豈有他耶！」正色斥之去。大父所以立生平之大節，質鬼神而裕後昆者，此其地也。

夫田沃而直厚者，余力不能致，則非此奚宜？而況自足以起富而支貧。且曾大父、大父裕後之德，入其地，可繹思焉，故余樂有之也。今年臘月重修其屋既成，而記其事，書於屋壁，使後人知毋棄人所棄，而更以求世德云。

密園記❶

先府君行狀

嗚呼，先府君棄三孤蓋二十餘年遠矣！府君舉三孤晚，而汝登在三孤中更晚。府君背三孤且早，時汝登年甫十四耳，所睹記，僅府君末五六年間事。既弱冠，考詢遺聞，得素履大都，而春秋窀穸，尚未有

❶ 此篇題見於底本目録，而正文無此篇，清華本亦無。兹據目録存其題。

銘，恒怦怦焉，懼懿德就泯，以告吾伯兄。❶伯兄方謁選，逡巡未逮，而庚辰不幸殞京師。❷ 時汝登視榷蕪湖，聞訃，不勝戚，已亦遘疾，幾殆。自念即死，他無所繫，惟是前所懼先德未有銘言，爲不能置耳，顧孑然莫可告語。❸ 明日，從兄夢秀，今所稱高士者，❹偶自家至，則首以是囑曰：❺「爲了此，死乃可瞑。」❻高士即手録所見聞，❼以示曰：「茲倉卒具草慰汝。所未詳，爲加潤，任之在我矣！」汝登病，殆不能視，❽而度其言必當，心亦自放。❾ 越數月，再聞吾嫡母太安人訃，痛愈甚，❿病爲加劇，歸家僅不死。⓫ 三年，始能取前藁視之，而高士已先一歲卒，恨無由面訂所潤。⓬ 乃仍其原筆，而又與吾仲兄及諸父計，稍增未備，攄次成篇，因以不朽之計，⓭徼惠于下執事，伏惟垂鑒焉！

府君諱謨，字居正，學者稱雙溪先生。上世汝南人，扈宋南渡，徙武林。諱天祥者，始遷剡，仕元，臨海學官。再傳諱承祖，

❶「兄」下，清華本有「圖之」二字。

❷「伯兄方」至「殞京師」十七字，清華本作「未幾伯兄殞京師」。

❸「自念」至「告語」三十一字，清華本作「垂死中，惟此銘言是念，顧孑然莫可語者」。

❹「今所」至「士者」六字，清華本無。

❺「首以是囑」，清華本作「就枕中躍起」。

❻「爲了」至「可瞑」七字，清華本作「是可托矣，亟以語之」。

❼「高士」至「見聞」八字，清華本作「從兄手録所見聞凡若干言」。

❽「汝登」至「能視」七字，清華本作「時汝登不能視草」。

❾「心亦自放」，清華本無。

❿「痛愈甚」，清華本無。

⓫「僅不死」，清華本無。

⓬「恨」，清華本無，而「訂」下有「悲恨無窮」四字。

⓭「不朽之計」，清華本無。

仕提舉。承祖孫諱用彰，布衣，積善，邑侯臨其喪，題曰：「一生仁義，千載吉昌。」用彰子諱澤榮。澤榮子諱克温，治家循禮，喜施予。克温子諱岑，以長厚聞。岑子諱河，性慈祥，多隱德，稱友松公，是爲先大父。娶于史氏，有淑行。生五子：伯簡，仕主簿；仲曄；叔即府君；叔宣；季書，爲藩官。

府君幼以貧故，大父弗遣視學。❶時主簿公就外傅，而府君潛往從之，晝理務，夜輒誦讀。誦日益，而友松公不覺也。久之，❷卒從府君志。年二十一，友松公捐館，府君哀毁骨立。服除，負笈從天台陳文治先生受《詩》，誦讀國清寺中。明年試，督學劉公考第一，補邑諸生。自是試輒高等，督學萬公取補廩生，時年三十三矣。後凡八試鄉闈，弗售。丁史孺人憂，時年五十四，禮不致毁，而哀傷特甚。癸丑，年五十七，循資貢禮部，明年，授静海縣學訓導。發京師，過縣門不入，徑返舍，意不欲仕。親友固强，乃行。顧蓴鱸之思，即上任日，已戚戚矣。❸居官守禮，多與時左，益無宦情。會聞仲兄喪，哭咽仆地，而歸志益決。上書求解職，不許，御史臨河間，竟不赴考。己未春，以禮致仕，欣然曰：「遂吾志矣！」行時，❹士子追送，泣涕以別。歸家期年，疾，不起。嗚呼痛哉！府君席珍厚蓄，試輒弗利，遲暮獲貢，而仕不究施。嘗聞友松公善

❶「大父弗遣視學」，清華本作「大父早宅貧府君幼時未遣習學」。
❷「久」，清華本作「奇」。
❸「顧蓴」至「戚矣」十三字，清華本無。
❹「欣然」至「行時」九字，清華本無。

推星命，方府君幼時，❶即謂富于學，而終不得第，❷仕不顯，❸壽不逮中。❹ 夫才德不能勝命也，固如此哉？

府君天性方嚴，自幼寡言笑，絶詼謔，無欺誑。及長，不事講學之名，而力先實踐。榜其齋曰：「謹獨致知，務守程朱教旨；爲仁集義，必求孔孟真傳。」時以此自勉。❺ 步準履繩，瞻視不苟，雖燕居無惰容，盛暑必衣冠，未嘗見體。奉養史孺人，供調旨脆，百順其意。孺人在耄年，省視益周，蓋無日不愉愉也。❻ 家務無鉅細，必與吾二伯父商晝，每夕杯酒，或茶果，相聚而談，❼坐必移晷，數十年如一日。❽ 讀書究析精微，於箋註反覆體認，不遺忘一字，手不釋卷，至老無異諸生時。❾ 嘗記口授汝登《詩》、《書》大義，或理學宗旨，今雖精思力索，未能或加也。顧不樂著述，曰：「是可易言耶！」❿終日默寂，兀然無營，而事至徐應，渺有踈忒。即庶務旁午，而神凝氣斂，安閒若無事。北上途貽兒書，示「修己在務學寡慾，⓫舉業雖非聖學，而於此專一，便是收放心。心收業精，而聖學亦不外此」。⓬「凡欲不必至淫蕩，即居室飲食間，皆當以

❶「方府君幼時」，清華本作「府君初生時」。

❷「即謂」至「得第」十字，清華本作「即謂科名不可得」。

❸「顯」，清華本作「久」。

❹「中」下，清華本有「竟無弗驗」四字。

❺「時以此自勉」，清華本無。

❻「孺人」至「愉也」十六字，清華本無。

❼「相」上，清華本有「兄弟」二字。

❽「數十年如一日」，清華本無。

❾「讀書」至「諸生時」二十九字，清華本作「讀書至老，手不釋卷。於箋注反覆體認，究析精微」。

❿「述曰」至「言耶」七字，清華本無。

⓫「修己」至「寡慾」七字，清華本作「示之修己務學」。

⓬「此」下，清華本有「戒之寡欲」四字。

命制性，以禮制情，教之孝親，教之撫下。」蓋滿函無一事不是正經，無一言不歸大道。倉卒私書，便堪傳後。❶ 且中字有萬餘，細似蠅頭，而行列整齊，點畫不謬。家常命子如此，他事他人，又可知矣。❷

於世間玩好，一切無幾微艷羡，不苟狥俗情，有舉世共趨而詭于禮者，介立不少依回。初析箸，❸僅田十畝，後治生無他計，惟歲有廩入，不爲妄費，乃致家倍舊産，❹而儉朴不改。笥有餘帛，❺一布袍污瀚，常十年不斁，以群綺縠中，宴如也。養祭必豐，而自奉隨常，未常特市一脯、殺一生，見殺及聞聲，俱不食。家有牛，老不可耕，仍善蓄之，俟其自斃，以敝帷葬焉。汝登兒時，於啓蟄，戒勿戕害。見遺隻字于道，必手拾勿踐。事無輕諾，一諾不爽。義利之介斬如，❻非義一介不妄取與。邑呂侯請師其子，終歲不以事干囑，侯且授意，若弗聞也。擇士而友，不妄交游，❼惟三五莫逆，相與鑿鑿，以實意相規勸，至白首，敬不衰。遇非類頻笑，不相假，學者呼爲端方先生。每對，必肅然整容。頑夫孺子見府君，❽或聞謦咳聲，輒自斂戢。府君初無疾厲言色加人，而自然嚴憚如此。❾ 然善隱人過，無論人陰私不發，即微眚，絶口不談。量弘廓，

❶「倉卒」至「傳後」八字，清華本無。
❷「家常」至「知矣」十四字，清華本無。
❸「箸」，原作「著」，據文義改。
❹「後治」至「舊産」二十一字，清華本作「後因歲有廩入，家倍舊産」。
❺「笥有餘帛」，清華本無。
❻「義利之介斬如」，清華本無。
❼「不妄交游」，清華本無。
❽「頑夫」至「府君」七字，清華本作「雖狂夫孺子」。
❾「府君」至「如此」十七字，清華本無。

有容納。一日，有以言犯府君者，府君闔户不校。旁聽者謂府君必不在舍，竊窺之，危坐讀書如常時，嘆不可及。而犯者亦愧悔，請謝。❶

居官，謂教職有師道在，與他稗官不同，不宜貶損傷體。❷見上官，決不傴僂道左，❸拜起恭謹，而雍容不失自重。率諸生嚴而恕，諸生執經問難無虚日，❹講解勤懇，即塾師不能過。且崇實抑浮，❺而静海人士知砥名行，❻私相議，以爲如師學問，未有如師議論；如師議論，未有如師行實者。汝登丙子過静海，士子思之，猶有淚下者。鄉飲時多苟簡，府君謂此厲世大端，奈何不知重也，❼特申飭：賓必得人，禮必加慎。春秋祭先師，殫禮致誠，以倡僚友，❽且以督諸生，誨之曰：「國大事在祀，而祀莫大于夫子之祀。《傳》曰『使民如承大祭』，言推此敬耳。若大祭不敬，更何有于他？諸生今能致敬，方可爲他日事業地也。」一時皆竦然。祀啓聖祠在祀文廟後，向以爲常。府君曰：「子雖齊聖，不先父食，恐先聖不安，宜一時分祭。」主者堅持不可，卒忤其意。時有司有爲酷虐者，府君不忍，❾爲文規之，而民用稍甦。❿以不得禄養親爲恨，設主晨昏祭拜，若生事然。值忌辰，未嘗不變服爲

❶「嘆不」至「請謝」十二字，清華本無。
❷「貶損傷體」，清華本作「過自貶損」。
❸「決不傴僂道左」，清華本作「不於道左折腰」，且「左」下，「拜起恭謹，而雍容不失自重」十一字，清華本無。
❹「諸生」至「虚日」九字，清華本作「而執經問難」。
❺「且崇實抑浮」，清華本無。
❻「而」字、「知砥名行」四字，清華本無。
❼「奈何不知重也」，清華本無。
❽「以倡僚友」，清華本無。
❾「不忍」，清華本無。
❿「而民用稍甦」，清華本作「稍戢」。

流涕也。

府君生平專用心于内養，深湛既未易測，而居家入仕，諸所目擊傳聞不過如此，蓋亦僅存什一于千佰，而全不可殫矣。❶嗚呼，痛哉！ 府君卒之十八年，汝登倖從子大夫後，授留京工部主事。聖天子加兩宫徽號，覃恩庶官，❷獲贈府君如汝登官。蓋府君宜享其隆，而不有于躬，故雖以汝登之鮮學亡技，而亦得藉兹餘慶。嗚呼，兹豈致自汝登者哉！

府君生以弘治丙辰六月十九日，歿以嘉靖庚申七月十一日，享年六十有五。娶丁氏，封太安人。府君年四十時娶吾生母黄氏，二十八都故居士公結女。吾生母舉三子：長汝强，庠生，援例授南京内庫使，娶尹氏；次汝思，邑掾，娶金氏；幼即汝登，娶王氏。一女，適邢東全。六孫男：紹龍，娶袁氏，汝强出；九芳，聘吴氏，九華，聘章氏，九萬，聘張氏，汝思出；孕衷，聘知州王公大楝女，孕淳，聘邢氏，汝登出。六孫女：長適知縣喻公思化子安性，庠生，汝强出；次適張存義，又次適裘紹燧，庠生，又次適吕子德，汝思出；又次許聘新昌吕承雲，庠生；又次許聘袁祖復，庠生，汝登出。曾孫有本，聘王氏；有奎，紹龍出。

先是，府君卒之歲十二月吉，藁葬于邑西五里後王山之陽。今將以□年□月□日，奉丁太安人柩合葬，而因以銘府君墓。伏惟太史公念府君行或足采，而汝登亦朴愚，不敢誣親，亮而賜之一言。汝登少不能致一日之養，長未有尺寸之樹，不孝之罪，

❶「而全不可殫」，清華本無。

❷「官」，清華本作「宷」。

捫心自痛。惟是太史一言，足使府君名行永永天壤，而汝登亦藉是得稱爲人子，存没且不朽，伏惟哀憐焉！

先太安人行狀❶

先妣系丁氏，故剡閭右族。曾大父諱梗，大父諱熺，父諱篁，母黄氏。父祖世有淳德，俱以處士之義終焉。

太安人生而幽静，不妄言笑。及笄，歸府君，默默低頭，一室或疑少能。既廟見，精刺枲饉饎之事，獨先諸姒。事舅姑，日夕備進甘毳，❷以善養稱。府君蚤年生産未裕，而太安人茹苦食貧，❸拮据匍匐，以勤佐理。府君業儒，則夜篝燈以佐讀。❹府君所與交者過論學，則操作供具，不言匱。既齋用稍優，而布裳蔬食，不易其素。俗方服御僭侈相誇耀，而太安人澹如也。❺待諸妯娌，無論踈戚，恂恂以身下之，❻皆化於和。非慶吊大節，履聲不越於閾，花晨燈夕，絶足不視。❼一日，設女樂于庭，諸姒娣畢集，而太安人闔扉静坐，即咫尺，强之不出。

太安人以己未有子，時贊府君再置室爲宗祊計。❽府君曰：「余年尚可待也。」逡巡四十至矣，而太安人年三十有八，乃聘吾生母黄安人。安人歸，而太安人待之怡怡，

❶ 此篇清華本題作「嫡母丁太安人行狀」。
❷ 「日夕備進甘毳」，清華本無。
❸ 「茹苦食貧」，清華本無。
❹ 「則夜篝燈以佐讀」，清華本無。
❺ 「俗方」至「如也」十六字，清華本無。
❻ 「無論」至「下之」十字，清華本無，且「之」下有「能使」二字。
❼ 「花晨」至「不視」八字，清華本無。
❽ 「爲宗祊計」，清華本無。

無幾微勉强，一切慶吊宜往者，以遜安人。安人固引避，曰：「代吾勞，弗辭也。」❶安人舉三男一女，而太安人同心鞠育，諸兒亦依依太安人膝下，有所啼號向太安人前，隨飲食之，無弗中者。壯爲置婦，婦歸，撫之如女。孫紹龍生，抱同寢食者十餘歲，始令就傅。❷愛諸孫皆然。❸

理壼政，衰年不自逸豫。甲寅遭回禄，隨假廳居傭作，日嘗數十人待食，太安人手自爲饔，分食之，數十人食已，乃食。下至鷄豚米鹽，纖悉躬視。旦未辨色起，丙夜始休，終身爲常。府君赴静海任，强太安人俱。❹太安人曰：「吾家居出不數武，能爲數千里行乎？且吾往，家秉誰與任者？」卒不行。府君亦以太安人在，無内顧憂。

府君捐館，哭之哀，誨兒輩曰：「各黽勉，毋隳而父業，則父不死矣。」癸酉，汝登舉于鄉，太安人再拜謝天，顧謂汝登曰：「余自初歸至老，未嘗見汝父手一日釋卷，而乃白首一貢，生平亦無纖介昧方寸地者，而福不享其隆。今汝承學，一出見録於主司，是而父不盡之遺，毋忘而父也。」汝登聞之泣下，敬以銘心自誓，終身不敢忘。❺又三年，汝登當偕計上春官，太安人寢疾。太安人性不服藥，亦不受醫切脉，兒徬徨不知計。識者曰：「太安人無恙，德厚而未食其報也。」決諸筮，筮吉。已而果不藥愈，汝登乃行。

❶「安人」至「辭也」十二字，清華本無。
❷「始令就傅」，清華本作「始就外傅」。
❸「愛諸孫皆然」，清華本無。
❹「强太安人俱」，清華本作「請俱往」。
❺「敬以」至「敢忘」十一字，清華本作「請銘之終身」。

明年丁丑，汝登倖舉進士，視政司空。❶而太安人年八十，八月十九日爲初度辰，汝登欲告歸爲壽。是年，天子加兩宫徽號，覃恩庶寀，不受職無以拜恩命，於是留就職，❷而遣使持衣幣歸，致吾兄代爲壽。吾兄率諸婦及孫男女輩稱觴，縣大夫博士皆以頌言進。太安人同遜謝，綺筵一切不御。又明年，汝登授留京司空主事，❸歸迎太安人。太安人曰：「而父官時不能往，今更老矣，尚能往乎？」汝登以太安人不發，❹遲疑於行，則又曰：「汝受國恩，則身在國。汝父教汝，望汝做事，豈可以余故兩負之邪？❺余尚健，善飯，且汝仲兄侍，❻汝行矣！」已而促之，辭益切。汝登勉就道，然心竊計：三年必作歸計，無能久稽也。❼至留京，拜領制辭，使者馳上太安人，翟冠翠翹，北向稽首。謝畢，則又蹙額顧語吾兄曰：❽「而父不得生受其封也，❾吾非黄安人，無以有是，而黄安人顧未及也。」❿拜命之二年，⓫爲庚辰，汝登視榷蕪關，而吾伯兄汝强，六月殞京師。太安人聞之，傷甚。明年，汝登當考績。正月五日，⓬未及期，而太安人訃至，實卒於歲前十二月二十七日矣。嗚呼，痛哉！

❶「司空」，清華本作「屯部」。
❷「留就職」，清華本作「在部謁選」。
❸「而遣使」至「又明年，汝登」五十二字，清華本無。
❹「以太安人不發」，清華本無。
❺「汝受國恩」至「負之邪」二十五字，清華本無。
❻「侍」下，清華本有「毋虞」二字。
❼「三年」至「稽也」十一字，清華本作「三年爲期耳」。
❽「蹙額」，清華本無。
❾「而父」至「封也」九字，清華本作「而父封不得生受」。
❿「也」下，清華本有「頻蹙久之」四字。
⓫「拜命之二年」，清華本作「越二年」。
⓬「正月五日」，清華本在「而太安人訃至」後。

太安人與府君終身相敬如賓，❶無謔語，無違言。❷蓄一婢，未嘗加一詈語。❸見人貧困，喜賑助。太安人閨範母儀，誠不愧古人，❹而至樛木螽斯之德，尤世罕儔。宗黨閭里稱述，❺以爲女中兆人之人，❻豈不信哉！以太安人之德，千齡當未艾，福履所以綏太安人者，未萬萬中一。❼今卒之年，距生年戊午八十三耳。嗚呼痛哉！不肖諸男有此身，則思太安人淑德和氣之鍾；長能成立，則思太安人同心教育之力；配有房室，則思太安人聘定迎娶之勞；享有田宅，則思太安人一生租茶之苦；生有孫男，則思太安人百代流澤之長。汝登輩何敢一日忘太安人，乃竊禄升斗，不克迎養，病不及視湯飲，卒不及視含殮，居喪禮以病廢，汝登不孝莫贖，悲恨終天！

今將以□年□月□日奉太安人柩合葬府君墓，惟是借金石垂永久。汝登雖不文，不足表暴，而梱中之脩，又難藉手，用勉自詮次，實不能盡。❽太安人孫男女婦名氏，備府君狀，而儀範大較具右，伏惟鑒而賜之一言，使天下後世知今時亦有如古詩史所稱賢婦聖母者。而太安人之名行不朽，則汝登不孝，竊覆義足致命，是用拭淚捧狀，稽顙爲請。

❶「終身」、「如賓」四字，清華本無。
❷「無謔語無違言」，清華本作「端嚴天合」。
❸「蓄一」至「詈語」九字，清華本作「蓄婢未嘗施一詈語」。
❹「太安」至「古人」十二字，清華本無。
❺「宗黨」，清華本無。
❻「中」下，清華本有「億」字。
❼「福履」至「中一」十四字，清華本無。
❽「汝登」至「能盡」二十七字，清華本無。

隱君袁丹泉墓誌銘

萬曆乙酉十一月十四日，隱君袁丹泉以病卒。丹泉故居剡城市，暮年徙於鄉。丹泉慕道而力學，余與之遊。丹泉生嘉靖丙戌六月二十有三日，❶今年當甲子一週。《禮》：六十始稱壽。余以十月至其所稱壽觴，且爲言贈之，居無何，訃傳丹泉死矣。其姪子德、子齊、子儀來請銘。余所握爲君書壽言管尚無恙，而即以茲管書君銘，其可哀也哉！

先是，至丹泉所觴時，修竹在徑，黃花滿籬，丹泉左手持觴，右手指花，而語曰：「壽彌增，則年數彌不足，不知見此花復幾開謝？夫死，人所必有，余復何懼。第余學晚，願得少假年，卒斯業耳。」余笑語丹泉：「子體厚而神王，即不百歲，八九十歲或有之。誠九十，去此三十年所；八十，去此二十年所，何業不就？要在不怠耳。」丹泉亦大笑，各飲盡觴而別。別不二十日，丹泉病。又五日，丹泉死。死固丹泉必有，不謂如是速；年數固知彌不足，不謂以日計。余期之三十年，不能三十日，此花開謝，見且不得再矣，其可哀也哉！

丹泉少習博士業，不得志，棄去。蚤未知學，年四十餘，翻然曰：「人生有一大事，而吾行冥矣，何可以虛吾生？夫賢聖必可爲，近若陳剩夫、王心齋，皆爲之者也。彼何人，予何人？」於是發憤于學，潛心《性理》一書，擇可而語，慎趾而趨，屏紛靡而崇恬淡，挺然流俗之中，服古衣冠以自別。不

❶「三」，清華本作「二」。

足君者呶呶語曰：「袁家子始作何狀，而今高論乃爾耶？」丹泉謝曰：「吾之素實不足信於人。」有知君者，則曰：「一變入道，如丹泉尤難。所謂勇猛而有力者，其人耶！」或稱之「吉士」，或號之「隱君」。國賓宋子、余弟繼廉，皆與友善，丹泉則又謝曰：「吾何修？敢以當諸公之與！」丹泉蓋將益勵，以謝呶呶者而副知者，而今死矣！夫人生無所志與志不于道者，即假之數十年，與即死何異？若丹泉以彼其志，生之年必有爲也，而天故奪之，豈不大可哀哉！

雖然，丹泉死二十年後，不啻今日，然獨不能死二十年前乎？則何有今日。凡人蚤事問學與晚慕道而天假年者爲厚幸，不然，雖學一日愈於已，若丹泉，亦可慰矣。丹泉病革，他無囑，囑曰：「人初死以紙覆面，禮無是也。或謂生有慚行者用之，吾無懿行，亦庶幾無甚慚者，其無用是。」乃瞑。

君諱榜，字仲奎，丹泉其號。曾祖某，祖昱，父泮，俱不仕。配盧氏，無子，以某嗣。某月日，葬路田山之原。銘曰：

四十懞懞市中子，五十恂恂爲善士。兩截其行君勇只，誰覺君迷心自使。謂爲不早爲可矣，天假之年君未已。嘻乎君年奚止此，纍纍山下塚相似，君獨無慚庶不死。

高士兒應鼎瘞誌銘

應鼎，兒名，萬曆辛巳生，爲余從弟夢科繼廉第三子。生二年，出爲其世父夢秀、今所稱高士者後，於是禰高士而叔繼廉。先是，高士自有子，夭；以仲弟子嗣，又夭；以繼廉第二子嗣，又夭。人相傳以爲高士命不宜後，後高士不祥。乃高士則已屬意兒，口不即言，而繼廉心知之。高士終不及言，卒，族議置後，謂宜立所屬意者。而或以不祥尼之，繼廉曰：「謂不祥者，無稽而惑之，非達也。吾業已心許，而以死倍，吾心愧，延陵解劒何，非信也。兒積德累善，而使不嗣，非仁也。兒承皇考、考二世之宗而斬之，非孝也。兒雖無擔石之儲以遺，而遺行則饒，人謂我不忍置兒於貧，非義也。倍兹五者，非夫也，吾已決矣。」乃定爲後。於是人人韙繼廉，而且爲高士慰。

爲後之三年，乙酉秋，兒以病夭死。嗚呼，兒有不可夭者四，何夭耶？承三世宗，不可夭；繼善人後，人用卜天道，不可夭；後高士者三，三則極，極則窮，不可夭；繼廉仗義繼絶，庶幾見其成，以彰其義，不可夭。負兹四不可夭，奈何夭耶？兒垂死，余往視，猶謂可起，意必不至是也，乃竟至是耶！即至是，猶恍惚不謂真，乃竟真耶！高士三世失其宗矣，自無子而又不得後猶子，天道渺矣。縱諸弟不忍絶高士，而窮於勢，復繼歲遠矣，行義者不見其成矣，其可哀也夫！

兒生而警敏知孝，有飲食，即思奉大母。大母時膳諸父，亦固迎致之，人嘆以爲稱高士子。未病時，忽念其所後父，欲見之，蘇蘇隕涕以告母，❶凡所言，斷斷若成人。後五日病，病十日死。諸父、生母胡及其族親哭之慟，以兒慟，有以高士慟也；且或議以爲不祥之言驗也；以爲爲善無益，若高士，不克庇其一世也。死之明日，瘞兒於高士墓傍。繼廉過謂余：「子何以慰慟

❶「涕」，原作「涕」，據清華本改。

者而塞議者，請以銘，使兒亦得以瞑。」余爲之銘，銘曰：

汝命殤耶，不後亦殤，非殤以後。彼高士者，以殤爲後，非後故殤。高士不嗣，有名天壤。彼既不死，汝亦不亡。汝後彼短，彼汝後長；汝幸有托，夭可無傷。死而即朽，百歲何久？莊生有言，殤年莫壽。庶幾以此謝人言，而慰汝生父母。

誥封奉直大夫貴州定番州知州五峰王公墓誌銘

汝登與刺史王君應昌家文，弱冠論交，稱莫逆，又同鄉舉，因得拜其尊人五峰公，諸父事之。顧公所居遠，而登且奔走仕途，不得時侍。近乞歸在舍，始得一望其鄉而造焉。未至其鄉二十里，遥見一峰巋然，問之，曰：「此文峰，五峰公建也。」又過數里，嶺下一亭，行者負者休焉飲焉。又問之，曰：「此茶亭，五峰公建也。」入其鄉，有廟翼然，❶畚鍤紛然，則又問之，曰：「此水口廟，五峰公爲一族建此，畚鍤築堤捍族，亦五峰公方率作之耳。」因嘆向雖以通家事公，而不知其行義之多，一至此矣。

既登堂謁拜，覩所居陋室數楹，廳事蕭然，不改于舊。蓋身家之圖，固絶不爲意。時年餘七十，精神不減少壯，執手坐談，杯酒殷勤，高風古意，自覺可親。歸而醉心無已，竊嘆向道途所見，又其跡矣。

别二年，而公以訃聞，往奠而吊之。時家文以遷官歸里，❷得手調湯飲，躬視含斂，

❶「翼」，原作「翌」，據清華本改。
❷「歸」，清華本作「過」。

慈孝兩慰，真有天緣。家文時且匆匆，乃再祥過我，嗚咽言曰：「甚矣，應昌之負先君也！先君望昌特重，意若曰：學則學爲醇儒耳，仕則仕爲循吏耳。❶平居誨戒，無非積德存心敦倫善世之事，❷而昌具不能副。自黔歸省，甫拜膝下，即蹙額語曰：『兒知過乎？由不學，故仕輒悶悶如此也。』❸先君嘗自語曰：『丈夫之難，難在做人。』製有《做人難》詞，昌讀之，而終不知人如何做。近方圖所以自艾，而率循于教，今長已矣。❹莪蒿之恨，其有窮乎！」登聞家文所以自訟，而益知公之賢，至「不學」與「做人」二語，幾於知道矣。❺家文更手持一狀，再拜授我，而余得卒讀，益見公行事之詳。

公父舉三子，而公爲長。仲游邑庠，父鍾愛厚期之。適遘危疾，❻公徬徨，懼傷父心，焚香千拜，籲天爲禱。❼仲疾竟不起，而公百計諭慰父前，且言久當爲仲立嗣，庶雖死不亡耳。❽父意稍解。已屬意季，季業不見售，而家旁落。公乃割己産與資佐益之，曰：「吾弟即未成名，得成家，猶足慰吾父也。」一妹早寡且貧，❾公居且養之，撫其子，而没爲斂葬焉。❿色養二親五十年，凡所愛惡，一從親所愛惡。既没，而哀慕不忘終其身。

❶「特重」至「吏耳」十九字，清華本作「學爲醇儒」。
❷「積德存心」，清華本無此四字。
❸「自黔」至「如此也」二十八字，清華本無。
❹「近方」至「已矣」十六字，清華本作「方圖所以率循于教，而今長已矣」。
❺「登聞」至「道矣」二十七字，清華本無。
❻「適」，清華本作「仲」。
❼「焚香」至「爲禱」八字，清華本作「拜禱誠切」。
❽「而公」至「亡耳」二十二字，清華本作「百計諭慰」。
❾「一妹」至「且貧」六字，清華本作「妹早寡」。
❿「撫其」至「葬焉」九字，清華本無。

剡多古族，而華堂王氏，其來尤遠。自晉右軍愛金庭之勝，遂徙家于此，爲建崇妙觀，置田六百，❶以道士住掌，而祠與墓附焉。❷歲時忌節，則爲具牲醴，以待子孫祭拜。祭畢而燕，聚族千指，小大醉飽，共樂祖餘，❸歷數十世無改。嘉靖間，爲一巨豪所敗，田去十九，而祠與觀俱廢。公憤恨無計，後以家文入仕，得乘一會佃，復其田而歸之。再新祠觀，千年故物猶還，而廟貌不改，❹公之力也。公又念其祖有白雲仙士者，爲建祠猊山；有弘基居士者，爲建祠硃山。凡此，皆仁孝之業，❺不直以義稱而已者。❻

公少習舉子業，以病瘵棄去，而至老不廢觀書。守文公禮，不踰尺寸，睦和族黨，相見，彼此藹然慰勞。或偶不出，輒群相造問曰：「何以不見顏色，將無恙乎？」有大疑議，或爭訟久不決，惟公一言乃定。公初以子貴，封文林郎，知縣；繼晉大夫，爲知州。制誥重領，❼俗以爲榮，而公澹然如常。縣大夫博士歲鄉飲，虛席延爲上賓，先後凡四請，不應。此其於勢利何如也！凡此，皆公所以求不愧于做人者，誠三代之遺。而向登堂所見，又足以盡公乎哉！

公名尚德，字惟本，居對五老峰，故號

❶「剡多古族」至「置田六百」三十六字，清華本作「公先世自晉右軍徙家華堂，建有崇妙觀，置田六百畝」。
❷「而」下，清華本有「右軍」二字。
❸「歲時」至「祖餘」三十一字，清華本無。
❹「得乘」至「不改」二十六字，清華本作「得復其田而再新祠觀。故物還而廟貌不改」。
❺「公又念」至「之業」三十四字，清華本無。
❻「不直」至「已者」八字，清華本無。
❼「領」，清華本作「膺」。

五峰。公族自右軍後，歷唐及宋，俱在剡。❶至我明，諱文高者多義蹟，余脩邑志，傳其行，是爲公高祖。文高曾孫諱誕，即公父，好行義，人稱義士，不名，配俞氏。公生嘉靖丁亥四月初八日，卒萬曆壬寅四月十三日，享年七十有六。配姚氏，累封宜人。子男四：長即應昌，應癸酉鄉薦，累官雷州府同知；次應明；又次應朋；❷應星，庠生，繼仲後，先公卒。女二。孫男七：心純，庠生，應昌出；心澄，應明出，繼應星後；餘幼。公以卒之明年十二月廿一日，葬於本都瑞雪巒之原。蓋家文之授我以狀也，求爲之銘。而余謂公心術行誼於世炳然，所在勞蹟，盡爲銘石，里巷稱述，靡匪銘辭，而又奚必予言之贅？家文曰：「君言不可已也。」乃爲之銘。銘曰：

於祖於父，於弟於子，一念肫肫，俯仰終始。爲堤爲廟，爲亭爲祠，一生矻矻，物力心思。訓戒爲學，詞歌《做人》，深言有本，百世宜循。人其三代，碑其衆口，行其不誣，銘其不朽。

秀州興善菴懷松禪師塔銘

佛法非有爲耶？聖具二嚴，歸同萬善，且異律於定慧者，不可與言佛，有爲何可忽也？佛法盡有爲耶？功德在心，精進非外，假使有人化衆生，盡行十善，且不如有人於一食頃正思此法，而況其他？有爲不可泥也。忽有爲，如無基作室；泥有

❶「公族」至「在剡」十三字，清華本作「公族自晉歷唐及宋，最古」。

❷「明又次應朋」，清華本作「朋又次應明」。

爲，如捉影鏤金。而深徹是義，不墮兩頭者，惟懷松師。

師蚤歲出家，即知有第一義諦，徧參海內，深求秘密。初舉「石邊水冷，花裏風香」之句，未自瞥然。久之，於熱病中打脱桶底，通身汗流，默知下落。質之本師，無不印可，於是掃除建立，隨意縱横。蓋嘗束茅蓋頂，草食菌衣，坐風宿雪，艱苦備至，人高其行，而卒不以着相誇脩。亦嘗究經論，誦《法華》，施餤口，像法時廣，人被其教，而必不於向外取證。又嘗機鋒時起，意語俱捐，漚看沙界，電拂聖賢，人企其宗，而終不以恣情越檢稱員融。放而不流，用而無作，若師者，爲耶？無爲耶？師之入，是諸佛之正因耶？師之藏莫能窺，而用莫能擬耶？師之師承，其所投祝髮爲大淵，其所從入室爲大安，其相與同參交證則爲月心、便融、❶天然諸善識。而又有居士桂南松者，激發薦揚，成其終始。有藉乎師，而亦不藉乎師耶？師之游履，其初爲廬嶽之黄巖，既爲蓮花峰普濟寺，歷白下、武林諸勝刹間，孤峰鬧市，靡不經練，而卒老于秀州之張家橋故長水焚脩處。菴稱普善，住本無處，而亦隨處爲住耶？師之徒衆，其以比丘稟戒者，爲智洪等；其以優婆塞受法者，爲查汝定、邵季躬、蕭伯穀、畢惟吉、無逸、貫之等。而吴澹菴者，尤建菴頂禮。誰是付囑，而亦誰非付囑耶？

師之系，出江西星子錢氏，法名滿賢。師之生，以嘉靖甲午；師之没，以萬曆戊戌；壽六十五。爲僧四十五年，來何來而去何去耶？蓋既没，而顔面如生，函之以

❶「便」，清華本作「遍」。

龕，而將崇以塔。又三年，而汝定、無逸、貫之等以塔銘來請。謂師住世時，因緣未偶，不得宣弘大化，而没當紀其行履，❶勒之堅珉，照耀來嗣。使末法邪因執着放蕩者，因師表義皆得知歸，以師爲眼目，而借銘辭爲光明，既重師恩，而亦憐衆冥。查、畢諸子，意廣大矣！於是爲之銘。其辭曰：

佛之法莊嚴何拘？師爲而無爲，無爲非虚。佛之法究竟何得？師無爲而爲，所爲非寔。偏歷交參，幾經鍾鑄，一旦脱然，言忘汗澍。消息既通，縱横隨在，與物大同，諸相不壞。或贊宗乘，或稱淨行，師亦何心？惟人是命。末法道敝，莫辨正輪，我銘厥石，眼目斯存。若彼虚空，何勞雕梓？廣法酬恩，從諸弟子。

告陽明夫子文

萬曆己亥九月丁未朔十一日丁巳，後學周汝登等，敢昭告于陽明夫子之靈：

越有夫子，即魯有仲尼。徐、王、錢先生，及門于前，如回如伋，請事足發，以啓後人。登等居幸同里，世未百年，私淑有資，願學良切。敬聯同志凡數十人，月會夫子之堂，用體夫子之教。嗚呼！夫子之教，首揭良知。良知非口耳，敢蹈支離？良知無始終，永無作輟。共期心領，務以身明。夫子在上，其默相之。尚饗！

❶「行」，清華本作「所」。

祭伯兄文

萬曆八年庚辰六月四日，弟汝登聞兄喪於蕪湖官邸，爲位哭之。三日，乃能銜哀致誠。❶ 托最叔率家童三兒輩來迎柩于燕，遠具時羞香帛，告我故將仕郎石匈伯兄之靈。

嗚呼痛哉！ 先君子初年艱於得嗣，年四十二，始育兄，繼育仲兄及不肖。三人先君教愛備至，望有成立。不幸先君早背，兄弟煢煢，近稍自樹，以爲庶幾可慰先君，而兄竟不逮于老以逝。❷ 先君悲傷地下矣！侍養吾母，三子偕則喜，違必問方，❸有書定省則喜。❹ 今稱觴少一人，倚閭無還期矣，母痛何極耶！ 寡嫂零丁，弱姪孤苦，奈何中道而棄捐也！

兄狀貌清拔，❺襟懷爽朗，❻才局智計，皆可大用。❼ 少遊庠序有聲，試再不偶，遂棄就捷徑。❽ 舉步微蹊，終身蹉跌，卒之位不稱才，識者嗟屈。且以一官之故，艱辛萬狀，❾奔走燕趙，五六往返。被盜於家，溺舟於徐，疫痢纏侵，瀕死十九。❿ 遭批駁之累，賠運錢之費，空乏困頓，⓫極苦難堪。今南

❶ 「能銜哀致誠」，清華本無。
❷ 「先君教愛」至「以逝」四十一字，清華本作「頭角未露，而先君見違。近稍各樹，以爲庶幾用慰，不謂遽奪其長」。
❸ 「違必問方」，清華本無。
❹ 「有」，清華本作「遠違以」。
❺ 「狀貌清拔」，清華本作「貌清識拔」。「貌」，原作「藐」，據清華本改。
❻ 「襟懷」，清華本作「果毅」。
❼ 「皆可大用」，清華本作「可當八面」。
❽ 「捷徑」，清華本作「他途」。
❾ 「卒之」至「萬狀」二十字，清華本無。
❿ 「疫痢」至「十九」八字，清華本無。
⓫ 「空乏」，清華本作「疾疫」。

庫考滿，循資轉擢可待，意履福自兹，盈虚相補耳，❶豈知職方及而身亡，途稍通而日落。虚受辛苦于一生，枉涉風波于半世，❷而竟不獲一日之優游以卒耶！

弟與兄，計聚首能得幾時？❸兄生十年，弟始誕育。弟生十年，幼無知識。弟十二三歲時，❹侍先君官邸，而兄不與俱。既歸，才六七年，而兄遂外出。後弟亦奔走，俱無虚歲。去歲七月六日，弟自真州還部，兄官内庫，移就同寓，晨夕共侍母傍。舉酒笑談，十餘年來此數月耳。臘盡，弟使燕湖，兄亦北上，謂來日尚多，别不爲意。豈知從此頓成永訣，而笑談之酒不可復斟耶！❺

别後四五月，鱗羽寥寂。一月前，人自家至，云兄三月舟過吕梁，繼此無風波，可喜。後日問訊無自。❻今月四日，會客江亭，舍人戚宷北還，手無兄書，心頗疑之。問，以疾對，則益驚疑。於是蓋不及張，從不及導，急引歸細詢，堅匿不告。❼無何，陳雲川至矣，以訃聞矣。弟一哭遂仆，嗚呼痛哉！少甦，再問，則雲川視含殮而來者矣，其果然矣！❽又哭，又仆。嗚呼痛哉！雲川謂臨終無一遺言。嗚呼，兄何意有此而遺囑之耶！又謂若有憾狀然者。嗚呼！

❶「今南」至「補耳」二十一字，清華本作「近甫膺一命，轉擢可需，意履福自兹，盈虚相補」。

❷「虚受」至「半世」十四字，清華本無。

❸「計」，清華本無。

❹「幼無」至「歲時」十字，清華本無。

❺「笑談」，清華本作「母傍」。

❻「四五月」至「問訊無自」三十五字，清華本作「三月，書傳舟過吕梁，繼此無風浪，良用爲喜。後日問訊無由」。

❼「於是蓋」至「不告」十九字，清華本無。

❽「其果然矣」，清華本無。

兄所遇，雖行道傷心，豈得無憾耶？詢後事，棺衾皆吾嫂親視，兵部優以勘合。今弟加備歸貲，再娶一婢侍嫂。❶

兄雖才不竟用，而屬意詩詞書畫，亦足少見。凡有遺跡，❷俱令襲藏。老母垂白，嫂姪無依，弟當任之。壽不五十，似爲未足，千秋百載，同歸於盡。❸兄精魂宜附吾嫂，以歸故鄉。柩歸，當卜兆而葬。❹兄尚聞弟言而少慰兮，其無永以爲憾兮！嗚呼！弟慰兄如是，而弟悲痛于兄者，何時已耶！❺弟以職守，躬迎不得，以意授最叔，而以勞任諸僕，終非弟心也。❻

嗚呼！以兄精神，百倍于弟，猶然不壽，如弟孱弱，可更望長年永世乎？即今當請告以歸，臨棺一慟，便謝事養身，以終養吾母，他尚何望？嗚呼痛哉！尚饗！

祭胡在田兄文

嗚呼！旬日之前，與君飲酒，擊節論詩，徘徊良久。相違未幾，訃忽以聞，暗風吹雨，驚起夜分。事之叵測，乃至於斯！

維君之死，疑愈以滋。君爲文章，湯湯浩浩，七戰棘闈，不遇以老。廩禄之入，歲不滿鎰，榮富幾何，將及而失。豫章晚成，人爲君必。消息莫憑，滋疑者一。君行孝友，憲

❶「娶」，清華本作「買」，似是；且「嫂」下有「長途已可無慮」六字。

❷「兄雖才」至「遺跡」二十一字，清華本作「若兄才不竟用，真可悲嗟，而詩詞字畫足表世者」。

❸「壽不五十」至「同歸於盡」十六字，清華本無。

❹「柩歸」至「而葬」七字，清華本無。

❺「嗚呼」至「已耶」十八字，清華本無。

❻「也」，清華本無，下有「兄其諒之耶」五字。

道褒旌，交親有道，引接後英。人短弗談，人長弗忌，享有期年，仁壽之義，今胡不然？滋疑者二。寡慾維生，君日孜孜，朋儕飲燕，傾倒淋漓，君獨醒然，以正自持。余出八年，故人衰白，君髮黟然，顔面如昔，覩君之養，似有奇術。誰謂三朝，遽殞一疾，生死之故，誰復能諳？問彼蒼蒼，滋疑者三。

嘻乎君死，理不可明，言念哽咽，有淚如傾。嗟余同志，一時幾人？握手論心，經三十春。蘭交久締，一旦摧落，視余若捐，余獨何樂？嘻乎胡君，豈即死死，人亦有言，不亡惟子。君有遺孤，駒而汗血，抑鬱生平，終爲爾雪。高堂白髮，菽水堪娱，九泉冥冥，君復何吁！君之葬事，卜兆未果，葬而宜銘，則以屬我。設祭棺前，陳心以辭，維君之靈，知乎未知？

祭丁岐陽文

嗚呼岐陽，其竟止於是耶！親友過臨，音容如在，覩諸孤之躃踊，嘆百贖之無從，憑棺涕洟，且悲且慰。

悲之者曰：「君之年，曾不得及於半百也。二子行有青雲之奮，而不得見其成也。門閭未大，田園未廣，而一切未滿其期也。君其遂可以死耶？」慰之者曰：「壽夭之數，賢聖莫必，而何疑於君也？二子青雲有具，則終自昂霄，❶況孜孜性命之旨，非猶夫人子而已者。彼幼子，亦自克家可冀，❷

❶ 「則」，清華本無。

❷ 「彼幼」至「可冀」九字，清華本作「幼子克家，亦自可冀」。

捐館之前一月，而蘭孫載育，君及見之，君於身後何計也？❶ 君秉家幹蠱，❷祖業克承，❸堂構依然，田園如故，可宅可耕。其爲燕貽何少也，君其奚不足耶？」❹

嗟乎，從前之悲，則君懷當未平；從後之慰，則君目可常瞑。瞑耶否耶，其奚取耶？雖然，爲悲爲慰者，論事之了不了耳。因事不了而悲，豈無更可悲者而猶不悲；必事云了而慰，豈無更可慰者而猶不慰。大抵世事無窮，人年有限。以有限之年，而妄希無窮之事，❺日生則事隨生，自古及今，決無有一人能言了者；以無窮之事，而終割於有限之年，❻身盡則事亦盡，自古及今，亦無有一人能不了者。既難了矣，則無賚必了之心；既已了矣，則無遺不了之憾。不賚必了之心，則無所罣於生前；不遺不了之憾，則無所繫於死後。死後生前，罣繫俱泯，逍遥擺脱，自可以度越沉淪。此蓋非惟不足爲悲，亦且不必爲慰者。冥冥之中，君其辨此。

嗟乎！我作斯語，實惟了心。既以殫友親之情，效道義之雅，而且將以當于全部蓮花，三期佛事。君其聽之，則亦可以應念而超矣。

祭亡女文❼

萬曆二十四年，歲次丙申，十二月癸亥

❶「君」，清華本作「其」。
❷「秉家幹蠱」，清華本作「幹蠱承家」。
❸「承」，清華本作「紹」。
❹「足」，清華本作「可死」。
❺「而妄」，清華本無。
❻「而終」，清華本無。
❼「祭」，清華本作「哭」。

朔，越二十六日戊寅，❶女父以服官留滯陪京，遣女二弟孕衷、孕淳歸來，以牲醴庶羞之奠告于吾女敬小姐之靈。❷

蓋自八月二十八日家僮來報，云爾於七月之初始遘一疾，其症爲痢，繼之小産，身乃益瘁。如是月餘，奄奄床席，日進粥糜，無幾而展轉不能自力。予聞之魂飛，欲身視，其何由克。急遣再問，則來傳饕食漸加，漸有起色。余得聞之，憂以稍釋。後時時訊問，則皆傳以爲且愈且起。余益用慰，曾不爲意。未幾何而人以書至，開緘視之，吾女以十月十六日逝矣。嗚呼痛哉！

爾父遠兮，爾母不存；爾弟幼兮，爾兄無人。數千里之迢遞，有誰來奔？乃僮僕之往來，屢傳而屢非其真。嗚呼痛哉！吾愛爾如掌上之珠，而不意爲草際之塵；吾望爾如就盈之月，而不意爲倏散之雲。吾自育爾以來，無一日不念爾居起，問爾寒温，而今乃瀕死而不得一視，蓋棺而不得一憑。且爾病當初起，調燮宜勤，爾夫且病，料理何人？三旬伏枕，尺一未聞，言念及此，使我嗚咽難禁。病一以就，日復沉沉，僵卧幾月，百楚備膺。吾不及覩爾皮骨瘦作何狀，吾不及聞爾呻吟苦作何聲，吾不知爾戚戚之目合兮未合，吾不知爾眷眷之魂寧兮未寧。我痛將何日解，而恨可幾時平？

憶初字爾，吾以境隔，而幾自躊躕不決；爾後既字，吾慮音踈，而更爲宛轉締結。吾之念爾良深，計爾良切，而不竟以一官之誤，頓成遼絶？嗚呼痛哉！爾言吶

❶「歲次丙申」至「戊寅」十七字，清華本作「十二月二十六日戊寅」。

❷「庶羞之奠」，清華本無。

吶，爾性温温，貞静幽閒，視古無愧，以金玉相夫子，❶真稱淑配。和於姒娌，若手足之肫肫；撫諸婢媵，若兒女之殷殷。時歸寧而對我，則爲頌尊章之罔極，口口不忘，念念在臆。以此知爾孝於家庭，百順攸集。爾之性行，種種稱賢，而何福善無徵，曾不得逮於壯年？爾之五行，具有二德，日者推之，貴封兩國；寸福未膺，遽爾短折。天不可知，命不可測！爾身所遺，子女二息，綿綿引之，視茲一脉。吾歸以撫，待其成立，時時見之，將如見爾。一爲破涕，❷惟斯而已。

嗚呼！吾之衷懷，千索萬結。一語未成，肝腸先裂。經月以來，執筆幾輟。輟而又執，延至于今。草茲數語，未殫予心。爾弟歸來，聊以代陳，程途遠涉，到在初春。有帛在筐，有酒微斟，爾其不昧，居然來歆。嗚呼痛哉！尚饗！

祭董貞復文

嗚呼！子淵短年，弗替其祀；伯道無兒，猶子是似。子輿、永叔，早歲孤苦，而養獲終於母氏。天以張弓而施有道，盈虛昭昭如是。今兄年不逮艾，胤嗣弗繼，四世一身，終鮮兄弟。寡母比於孟、歐，而兄將爲軻、爲脩；乃空賫厥志，天道何知？使爾百苦備萃。兄處女褆身，凛凛若浼；寧人負己，冲冲惟退。石畫之疏，上動主聽；俸直之捐，以活餓民。誠篤著於戚里，直諒孚於友朋，雖兄素履未易殫悉，而總之心務質于神明，行當求之古昔。宜介壽祺，以享多

❶「子」，清華本無。

❷「涕」，原作「沛」，據清華本改。

益；天道何知，使至此極？

惟弟與兄，進取既偕，臭味亦契，事事肺肝，言言道義。余性如蓬，賴子如麻。今其已矣，余其奈何！嗟乎！余爲私悲，有淚千行，而更爲蒼社慟，爲鄉邦傷，爲兄宗祀短氣，爲兄老母斷腸。嗟乎！捐百身而莫贖，其可奈夫彼蒼？

孔子曰：「亡之，命矣夫。」「不知命，無以爲君子。」仁兄，君子也。九泉之下，以命自慰，惟斯而已。然余又惟世有苟且利達之士，豈乏歲年，不無孫子，揚揚意得，倖生媿死。道眼達觀，終不以彼加此。爾生而盡瘁，死不易方，究立身之本末，於所生爲有光。古云：「行之不迷，雖顛沛何妨。」人心不死，兄亦不亡。蓋人有匪年之壽，不胤之傳，兄取斯義，逍遥九泉。

祭袁西渠翁文

惟翁仲子與某少聯朋好，長締姻盟，豈惟是令子若姓之卓犖岐嶷，使予神賞而心傾，而亦雅重翁之敦龎周慎，可必源濬而波清。❶予與令子交二十年矣，二十年來所覩記翁者，亦足殫翁之生平。翁有安親之行，余聞不獲見，而猶及見翁治于厥閫，友于厥兄。言吶吶如不出口，而身兢兢，常若負重有所不勝。治生産，操奇贏，握計然、鴟夷之長算，而初不覩刀錐銖兩之或争。無論宗黨間，幾微忿色之不作，而以御彼臧甬厮養，絶不聞叱咤之聲。蓋翁衷若大陸之坦夷，而氣若萬頃之渟泓，是足表式閭里，而保艾後生，

❶ 「波」，清華本作「流」。

宜享大耋，歷期頤，而胡遽殞于一疾之嬰？使予聞風悽愴，而不覺涕泗之交零。雖然，翁少負尫疾，貌癯不勝衣矣，而導養得理，至於六十有五齡。優游闤闠，未嘗一日去其鄉矣，而坐致素封，堂構足以似祖而攸寧。冠帶之錫恩賁白首矣，而邑大夫延以賓席，使據上座而聽《鹿鳴》。三子各以業昌厥閾矣，而諸孫繼起者，方若鶩發而蘭馨。則翁亦可超哉，洋洋乎無憾于世。而余猶噓唏而申以詞者，聊以致吾姻婭之私情。

周海門先生文録卷之九

剡城應鳳儀　剡城魏觀光
門人剡城王三台　剡城葉應斗校梓
婺源歐陽豪　金陵吴承郃

佛法正輪引[1]

儒與禪合乎？曰：不可合也。儒與禪分乎？曰：不可分也。何以明之？譬之水然。水有江有河，江不可爲河，猶河不可爲江，欲合爲一，雖至神不能。此儒、禪不可合也。江、河殊矣，而濕性同，流行同，利濟同，到海同，必岐爲二，雖至愚不許。此儒、禪不可分也。不可合者，因緣之應跡難齊；而不可分者，心性之根宗無二。了此無二之宗，何因緣之不可？順彼難齊之遇，何心性之不存？而今之爲儒、禪者，蓋滯于分合之跡矣。儒者執儒以病禪曰：「禪，異端也，足以亂正也。」襲人口吻，辭而拒之，乃使忘言絶慮之旨，知生知死之微，皆推之于禪而不敢當之爲儒。夫如是，則儒門洵粗淺淡薄矣，無惑乎有志者之逃禪。雖曰尊儒而實隘之，雖曰闢佛而實毆之，則今時爲儒者之過也。禪者執禪而病儒曰：「儒，世法也，非以出世也。」謂爲别有壞而取之，卒使日用飲食之常，經世宰物之事，皆推之於儒而不敢當之爲禪。夫如是，則禪教洵不可以治家國天下矣，無惑乎崇儒者之力排。雖曰信佛而實謗之，雖曰崇佛

[1] 「引」，清華本作「序」。

而將禍之，則今時爲禪者之過也。爲儒者之過，非其不通禪也，不知孔子之儒也。孔子言「朝聞夕死」，「無可無不可」，如《周易》太極之旨，悟之則無疑於禪，可以不逃，可以不闢矣。爲禪者之過，非其不通儒也，不知如來之禪也。如來言治生産業，與實相不相違悖，如《維摩》、《華嚴》之旨，悟之則無礙于儒，可以用世，可以超世矣。孔子之旨，闡在濂洛以後諸儒；如來之旨，闡在曹溪以下諸師。嗟乎！人而有悟于此，則儒自儒，禪自禪，不見其分；儒即禪，禪即儒，不見其合。譬禹治水，行所無事，水由地中，人居平土，天下宴然，豈不快哉！濂洛之語別見，而此專曹溪以下禪家語也，號之曰《佛法正輪》。知佛法正輪，而儒門微言，亦可通矣。永嘉云：「欲得不招無間業，莫謗如來正法輪。」

刻起信論序

嶺南有盧公，蓋佛教之鄒魯云。法壇如故，遺教常存，此邦人士，宜其薰習更篤，而至心善識，時時不乏。

今萬曆丙申，有憨山上人者來止斯地。法筵初啓，信士景從，明宗闡旨，一雨普滋，隨根大小，更自敷萌。於是柯生時復、陳生鳴陽，讀《起信論》有契，更思廣兹法施。柯生手自謄寫，陳子捐貲壽梓。梓成，以示周居士。居士曰：「兹事人人自足，不假外求。一切經論，言吾家中事耳。今有人久旅在外，而一旦聞鄉音、論鄉事，自然觸膈驚懷。」二子津津於是，還家庶有日矣。論造自馬鳴，先魯祖而至，單傳之旨已備，實與《壇經》相表裏。《壇經》言四智八識，同體異名，一切掃除，歸之無物。而茲論言真言妄、言生滅不生滅等種種名言，亦無實義。蓋佛唯一乘，而二三之説，總歸方便，悟一乃了。即吾儒有之，言一貫，言無言，而又曰性，曰習，曰中，曰和，曰才情，曰心意，曰知物。豈有多般？俱爲善巧。《易》曰：「天下一致而百慮，同歸而殊途。」蓋其旨哉。

論名《起信》，起信者，起正信也，泥之則邪。故吾更書此，以爲讀斯論者之前茅云。

書覺音卷

萬曆丁酉，余量移嶺表，十月始入境，頓轡五羊，而憨山上人者，先自雷陽至止。余公事之暇，輒過其方丈，焚香啜茗以坐，或三日、五日、七日一至，即風雨不輟也。有僧覺音，自吴會輕數千里來訪。余兩人坐，則音時侍其旁。一日，手一卷以請曰：「此諸名公贈我行者。」又曰：「卷中東溟居士種種問難，歸何以答？俱願乞一言。」余受而諾之，凡五閲月，未有以應。

越明年，余以入賀北走，上人扁舟送我于曹溪之口，是爲濛瀼，有寺月華，智藥真身在焉。作禮既竟，兩人欲別。上人曰：「向者覺音乞語，將無忘乎？」余始瞿然記憶，亟命取卷，就舟次倚棹書此以授上人，且曰：「傳語覺音，歸見東溟居士，當如是答。」時戊戌孟夏之吉。

題重興太岳禪寺卷

佛法載在諸經，奉在釋子，而寺又以藏

經而處釋，儼靈山之未散，而起俗士之皈依者，惟寺是托。蓋余嘗過一城一落，人煙雜沓，使此中無供佛之宇，則如走炎酷之長途而不逢清泠之泉，又如登方丈之華筵而只聞魚肉之氣，令人煩嘔不禁。又嘗到一丘一壑，形勝幽奇，使此中無木魚之聲，則如延賓滿座，止談市價之低昂，又如遠客還鄉，不聞家人之謦咳，令人徬徨如有所失。蓋寺在城郭山林，俱不可少也。今寓内寺刹，悉創自先朝，而近有廢無興，所至問詢，蓋十亡其三四不啻，即云興者，亦不過修其廢墜，而絶無新創。創之不敢，而廢之不問，修之不亟，數百載而後，其不至盡湮没者幾希。故余一聞僧人有能興廢寺者，便願爲從臾，雖無大力護持，而要惟殫竭此念，即余亦不自知其然而然也。

今年夏仲，余避暑明覺寺中。一日，三僧過訪。其一爲石梁寺建齋僧之田者，爲書數語壯之。其二則二上人，共興上虞之太岳寺而來乞言者。其首已有東溟子題詞。東溟子，余以箇事契者也。彼言矣，余更何言？然言且自彼矣，余亦不可無言，乃爲敍述如右，要以道吾從臾之願已爾。

余又惟兩上人者，皆虔心篤行，所處人歸，所營立就，一寺無庸兩知識。余邑有明心寺，地當虞、剡、新、台之沖，既可接衆，而又古名山勝刹，近且頹壞宜修。余將留一任此，而以一專住彼寺可乎？二上人因唯唯，莫逆如余言，分任之。太岳與明心，相去八十里而近，舟行五十里，則起乘肩輿，一日可到。余將葛巾野服，旬時來往兩寺之間，以相經營之終始。二上人其各懸一榻以遲予云。

送竹溪上人語

余蚤歲慕道，參尋知識，期遍天下。❶乃檇李有竹溪上人者，知名久而杖錫未逢，每從人前問訊，❷具道辨才慧質，經律精諳。初，余意以爲或如皎然、惟儼其人耳。今年冬，偶會于邑閑閑菴。焚香啜茗，默然相視，眉睫動定，已覺非常，叩之于第一義諦，大有證入，足稱龍象。❸是豈止如諸人所稱述已耶！

上人過武林，有故人强之談經。上人曰：「吾不入是保社久矣！汝更欲執指算沙，何爲哉？」❹竟拂衣去。入剡過余，一見，自是針投。盤桓久之，言别。余問所往，上人曰：「將度石橋，過鴈宕，隨往峨嵋，暫頓錫五臺。蓋既以歷覽名山，而且求明眼者遇焉。然此行人有贈我文字者，人非箇中，吾謝，不願累我行李。若子雖無言，吾將請焉。」余笑曰：「余不作文字，猶上人不談經，棄置俱久，而猶將拾取敗管，點綴虛空，其將能乎？雖然，遇如是人，上人爲我展如是經百千萬億卷，我以目聞。今余亦作如是語，書之片紙，上人受之無底囊中，前途示人，是文字、非文字，試令卜度。倘遇其人，如所謂明眼者，不妨酬唱；非其人者，卷却此紙，莫令汙染。上人亦截斷舌頭，❺再向閑閑菴中啜此苦茗。上人其

❶「余蚤」至「天下」十三字，清華本無。
❷「知名」至「問訊」十四字，清華本無。
❸「足稱龍象」，清華本無。
❹「上人曰」至「爲哉」二十一字，清華本無。
❺「截斷」，清華本作「留取」。

記取之哉！」❶

題愚公募緣册

愚上人者，始吾見其來往吳、楚、燕、齊間，若雲中之鴈、水上之萍，翱翔飄泊，無定所矣。已而會之金陵，人有勸之買山而止者，乃就某寺之左偏而頓錫焉。地故有佛菴僧宇，歲深就圮，即慈容寶相，不免日炙風吹矣。而宰官、居士，有爲捐貲而助其料理者。上人於是新其菴，曰「萬法」，奉金像居之。菴後搆宇，曰「歸一」，以處僧徒而修淨業。而其工鉅，未可竟也，則又惟十方檀越是仰，爲之册，以紀其所已捐，而募其所未有者。過而乞言于余以引之。

余何言哉？作苦海慈航度一切衆生者佛，莊嚴寶相爲皈禮地者菴，奉佛造菴弘法普化者僧，金錢米帛隨緣施捨者十方衆。然衆寔無所施僧，僧寔未嘗造菴，菴寔非以禮佛，佛寔不能度人。不能度人者，人自度也；非以禮佛者，心自禮也；未嘗造菴者，法自幻也；❷無所施僧者，因自植也。余何言？

題建華頂塔募緣卷

天台山華頂峰，高一萬八千丈，群山舉無與賓者，即無塔，稱卓絶矣。然昔智者大師曾於此建降魔塔，近廢無存。至人遺跡，亦當追尋而興復之者。夫山高費鉅，塔不易成。當時大師因顯有神通，山魔海鬼，投

❶「上人」至「之哉」七字，清華本作「因書以別」。

❷「幻」，清華本作「顯」。

石而就。今千餘年來，塔廢不興，❶未聞有光大其事者。

海印上人結廬峰頂有年，一旦有興塔之願。或謂上人：「憑何神力，乃希此舉？」余獨以爲聚心一處，則無事不辦。上人專力此事，死生以之，以精誠感召八方，檀信孚應，當必有布金之士滿足上人之願者。上人運此神通，與智者等無差別，祇惟一念不退，是惟上人肩之已耳。蓋余與王鴻臚太初、馮太史具區同年同里，同以箇事相契。上人走白下，乞言於太初，❷而太初又令上人索余兩人語。時具區已有所題，而余以量移嶺表，未覩兹卷。今南還已踰三年所，而上人遇我於南明，乃太初又作泉下客越歲矣。上人口述太初生前語，更出卷相示。余爲之泫然，不忍出一語，而又不欲負其言，因揮淚書此，以勉上人，告八方善信，而謝太初於地下云。

題碧淵上人募鑄金身聖像疏册

碧淵上人德潫者，余與爲方外交二十餘年矣。今年復會于長安道上，見其破衲隨身，骨剛貌顇，行益高而志益苦，余心壯之。一日語余，謂：「行游且倦，將歸老天台國清寺中，然須乞諸十方檀越，鑄五金身聖像隨行，而後以畢吾願焉。」余聞其言，則又益壯之。

或者曰：「碧淵之歸，一錫一瓢可矣，鑄像何爲？且求心求佛，愚智斯分，碧淵將非智者徒與？兹像其可無乞。」余曰：

❶「廢」，原作「費」，據清華本改。

❷「太」，原作「大」，據清華本改，以與上下文統一。

「可無乞。」又有問曰：「栴檀説法，古佛遺規，無爲有爲，初無二義，兹像乞亦何妨？」余曰：「乞何妨。」或者又曰：「五金身之鑄，費近三百金，而行斧居藏，將亦稱是。末法衆生，因緣難偶，上人之願，其未必酬。」余曰：「其未必酬。」又有言曰：「誠則物動，善必天從。上人負高行，秉至心，兹像之鑄，何慮不成！」余曰：「何慮不成。」或者曰：「子語漫無所定，使碧淵將奚適之從？」余曰：「一切自定，吾復何定？若求定者，是則非定。」或者默然。碧淵長跪起謝曰：「命之矣！」回，紀於册。

題幻也上人募鑄三十二觀音化身疏册

余蚤年參尋知識，掛衲持瓢，咸與作禮，乃撒手明心，千未酬一。今遇幻也上人，契焉。❶ 上人簡徑脱落，不涉近時阿師窠臼。來自虎跑，❷寓居天寧，❸化鑄三十二觀音化身，奉歸瞻禮。❹ 或謂：「幻也既談宗乘，而何復作如是功德，不離法相？」上人持卷，乞予一言。予爲申之以偈：

若以諸相求見佛，不知是相元非相；執以諸相非諸佛，不知非相即是相。超出是非諸見門，幻此三十二觀音。悟知自身即觀音，觀音何勞更鑄就？須知觀音即一切，鑄就之者亦自身。四十九年佛説法，不離文字證寔義。今此三十二金身，爲代千百億經卷；口口時時海潮音，聞者以目不以耳。如以花蕊説陽春，如以丹青説自面。

❶「余蚤年」至「契焉」三十二字，清華本無。
❷「自」下，清華本有「杭之」二字。
❸「天寧」，清華本作「京都天寧寺」。
❹「奉歸瞻禮」，清華本無。

寄語十方皈禮人，作如是觀名正觀。

請磐石普見二上人住明心寺書

天下不問何僧，是寺堪住；天下不問何寺，是僧宜興。僧不興寺，何當佛子之名？寺不着僧，誰作空門之主？惟僧寺相倚，斯佛法常隆。近有無藉之徒，冒稱佛子，敢肆不檢之行，敗壞空門。此在佛法、王法，皆所不容，一切達士、達官，寧能坐視！

邑中明心禪寺，坐在北鄙二都，近隔三五里，留傳百千年。蘇老賓、陳承業、高學士，名賢之遺跡不磨；歸鴻閣、歸雲亭、閑閑菴，附郭之精廬最勝。地衝而衆緣可結，景寂而淨業宜脩。豈遇惡僧，頓隳成業。土田任其蕩廢，殿宇幾至丘墟，行道傷心，居民切齒。爲此，會同檀越及一方居民、各寺僧徒，訪得如瑞、法眼二僧，素習禪那，精持《梵網》，深心奉塵刹，誓報佛恩；苦行學頭陀，允孚輿論。敬用敦請，托之住持。雖雲來遠岫，本無去住之心，而月渡寒潭，願駐清圓之影。自此隨因緣而弘化，際時節以興慈，使清規著於八方，古刹傳之萬載。受茲重寄，益厲初心！

請湛然師臨講席啓

汪洋有岸，資寶筏以通援；蒙穉無知，藉法輪而救度。靈山付囑，歷刼難忘；鹿苑敷宣，逢時益暢。

兹剡溪稱東南形勝，而明心坐台、鴈通衢。堂廡新開，衲僧駢集。顧六時之鼓常鳴，而方丈之草漸没。恭惟法師，本末一際，真俗雙融，雖無相真空，而慈悲大願，每誓不捨衆生；縱忘言寂滅，而清淨音聲，善能隨諸佛子。一方久瞻法眼，四衆延佇毫光。用殫精心，特申敦請。宰官居士，同此涕淚投誠；❶天人脩羅，一切皈依懽喜。萬祈速出慈雲，恭候蚤垂甘露。威奔香象，始知獅子聲雄；葉止兒啼，共仰老婆心切。謹啟。

圓覺堂募緣題詞

寂菴身禪師者，戒律精嚴，修持勇猛。闡旨明宗，真僧門之龍象；匡徒領衆，爲末法之梯航。蚤歲參尋，隨方信足，晚居圓覺堂，將終老焉。先有信心居士，爲師塑佛像三尊，惟菴宇低隘，供禮未稱，於是諸徒謀更新之。工力頗煩，欲求檀信樂助。而海門居士與師爲方外交有年，爲之引言以告十方。

蓋惟禪師身似浮雲，心無住着，其視茲堂何有，而諸徒之脩，爲十方脩。十方皈依諸佛，即以自依；敬禮高僧，即以自禮。故茲堂是吾取寶之山，茲舉是吾栽因之會，而一切捐舍爲自身捨。吾嘗即圓覺之理，而明布施之道有三種焉：

上者，直悟圓覺之體，本無所欠，本自不迷。此不欠不迷者，無成無壞，無我無人。是故布金捨宅，割體亡身，以至低頭拱手，撮土聚沙，不見一法。如是悟徹，則無受無施，無捨無不捨，其捨也不可思議。

其次，則知圓覺之體，雖人人無虧，止因執悋我人，遂成障隔。是故方便遣除，多

❶「涕」，原作「沸」，據清華本改。

方薰習，難割處割，難斷處斷，財帛既捐，慳貪隨捨。故欲證圓覺，必從布施門入，自然樂捨。

又其次，則圓覺之體雖未知有，而篤信因果，如形影不謬。見寶所而心希，覩三塗而内怖，希則求遂，怖則求離，是故不得不捨。

三種名殊，施捨歸一，無非圓覺，皆佛弟子。十方善信，其必處一於斯。嗟乎！良緣易失，妙法難聞，切莫棄負己靈，當面蹉失。種粟得粟，經不欺人；求佛得佛，佛不輕汝。各將臭腐之家財，用博摩尼之至寶，孰重孰輕，孰得孰失，能自反乎靈知，當有觸乎兹語。

蒿壩建毘盧閣募緣引

由郡城而東，水行八十里，分二支：一支稍折而南，行十里爲東關，截江而渡，達虞姚、寧波諸處，而禮舍利、上補陀者之所必經；一支稍折而北，行十里爲蒿壩，泝江而上，達嵊、新、台、温諸處，而禮石佛、上石梁，及游寒巖、鴈蕩諸勝者之所必經。東關有驛，江之東有叢林，而來往者公私便焉。蒿壩無驛，無叢林菴舍，以故官宰無駐節之地，而方上僧徒欲寄一宿、乞杯水無從，蓋公私之所交病也已。數年來，有發善願者，借神宇後暫爲接衆，而地湫隘特甚，齋厨卧起展足皆難。蓋其慈悲雖切，而計畫終非久遠。

今年之夏，會稽陶我明告我曰：「蒿壩

叢林之興，其時節因緣至乎！有僧來自天台，堪任是事。而本壩信士，有夙具善根者，慨然起利衆大願。於是相基于神宇之後，而其屋店，適予宗人業産，語之，欣然樂捨。因共謀即此建毘盧閣三間，以其中供佛，左處僧徒，而右待官庶；傍構庫厨浴淨之所，共爲房該若干楹。然費亦不貲，非得十方之贊助不可。僧將持簿募乞，而簿首不可無言，惟師引之。」

予惟我明之言可信也，題其首曰：

佛典載六波羅密，惟檀波羅密最勝。檀者，布施也。外財布施，則内心慳吝，亦隨布施。明此便是般若，而況栽因植果，福不唐捐，冥報歷然，如影隨形，雖上智不居，而理自難却。茲工之舉，人人當自樂從，然是語猶有信及信不及者。吾即不言佛乘，但舉世法，未論果報，且說人情。則斯閣之建也，豈特諸方雲水，來至如歸，此地善良，皈禮有地，而凡一切往來，若達官貴客、學子騷人，與夫商賈胥皂之輩，儻遇晨昏風雨，亦得借茲頓足。如是利濟，揆之世法，宜乎不宜乎？一切人利賴，則一切人懽喜，一切人懽喜，則一切人贊頌。如是興舉，稽之人情，順乎不順乎？世法通，則佛乘亦無別理；人情順，則果報即在目前。茲固人人可通者。人或未信前旨，亦當無疑後說。雲集日成，或自可必焉者。若夫幹辨終始，則又須當事者有一片血誠爲之感格，有萬觔鐵脊爲之荷擔，然後巨任可勝，衆情益鼓。是在僧人與諸會首之責也，予何言。

題募石梁齋僧寺田卷

余讀《東坡集》，見其善談佛理，超詣處，直透最上一乘，而指示修持，則專重有爲諸法。命釋子持戒誦經，崇飾塔廟以爲正經，而信佛者務須施捨拜禮，各隨其願。蓋其形諸記、頌、書、傳中，往往不離是義。夫世談無爲宗旨者，若將屏除一切，無所事事，而蘇公乃獨此諄諄。蓋無爲元不礙有爲，豈惟不礙，捨有爲無別無爲，此蘇公之所以爲悟入也。

有石梁寺僧，欲爲其寺置田，以贍方上之來參禮者。❶蓋思齋糧有限，而田之利益無窮，可謂寔修釋子之職事，而深得坡公之意者。將乞諸十方，而持卷問言於予。予惟願十方善信各味蘇子之訓，共植無量之因，樂施者益弘其願，吝與者力去其慳。蓋一念投誠，既是心田，而多生受報，亦是福田。即須起願，莫負良緣。

明心寺接衆募緣疏

明心寺當台、温孔道，四方僧衆，凡瞻禮天台、華頂、石梁、國清、鴈宕諸勝者，杖錫之所必經。上人新興此寺，即謀募化齋糧以待往來，使風雨早暮，皆得頓錫而少憇焉。

夫當草創之初，肩此浩大之舉，上人其真荷擔有力之士哉！持簿問言于予，予惟植果栽因，獨布施波羅密最勝，而布金施寶，又獨齋僧福德難量。何以故？今有杯

❶「贍」，原作「瞻」，據清華本改。

水濟渴、壺飡救饑，耳目所值，濟止一人。若施粟齋僧，無論百十擔斛，即使一升一斗，隨有隨施，以此升斗之粟，雜諸百十斛中，粒粒布散，便有百千顆數，人沾一粒，自有百千勝緣。何況捨施更多，善緣更大，愈多愈大，不可稱量。

又惟杯水壺飡，施之壯士英雄，猶稱奇特。況此方上往來，凡聖雜沓中，固有梵綱精持，如水不漏，是頭陀苦行，神天懽喜；亦有明宗悟道，混迹游行，是菩薩化身，難遭難值。如是等輩，我得供養，即供一人，勝供百千萬億衆，乃至算如恒河沙數，亦不可及。布施齋僧，寔有如此廣大因緣，寔有如此殊勝遭遇。

凡在與聞，不可蹉失。若當此時節自行辜負，猶入寶山空手而回，豈不可惜？況娑婆衆生，極是慳根難拔，戀小迷大，永無度期；歷刧沉淪，更可憐憫。既在人倫，具有智慧，速宜轉念回頭，求其方便，莫漫剖身藏玉，自謂堅牢。十方善信，其各各諦聽之。

重脩曹溪志序

余移官嶺表，因得至韶水，上曹溪，瞻禮六祖真身。方度嶺初地，見一華表卓立，題曰「禪林洙泗」。因竊嘆禪本曹溪，儒宗泗水，彼此相況，庶幾近之。蓋嘗縱論宇内名區，所在賢聖托跡，在峨嵋則有普賢，在五臺則有文殊，在補陀則有觀音。非不各稱靈奇，然而智者於此，見斯了然，苟非其人，不生奇特之想，即起渺茫之疑者不少矣。後在少林則有初祖，在黄梅則有忍師，自是東土真宗。然而一雨初滋，真言未普，單辭密語，銕壁懸崕，中根俗士，輳泊不易矣。惟至大鑒肇生，曹溪説法，而後上下俱接，顯密齊彰。數卷《壇經》，依希《論語》，隨緣率履，不越尋常。夫人試觀新州百姓，而知佛祖即是凡夫也；觀安置母宜，而知出家即是在族也；觀隱身避難，而知神通即是見用也；觀平直頌偈，而知法語即是恒言也；觀問難請益，而知機鋒即是唯諾也；觀香泉寶嶺，而知西天即是東土也。上智上根，一毫不得馳騁；愚夫愚婦，隨人可以與能。闢佛者足自相忘無言，崇佛者庶幾不入岐路。下學上達，與孔同旨；承前啟後，與孔同功。以曹溪擬洙泗，豈不庶幾近之哉！

嗟乎！自有宇宙，即有此溪山，直至唐時，寶林斯顯，謂非天地造設，以待真人不可。自師之顯，以迄於今，棟宇千楹，山田千頃，僧徒千衆，香火千年，一毫不改，引之更自無窮，謂非人天呵護，以衍真傳不可。蓋自杏壇孔林而外，於此爲奇。甚矣，曹溪之不可不到也！余作禮既竟，聿詢掌故，僧持舊《志》呈示，而余嗟未稱，意與重脩，特難其人。既入五羊，長干憨山清公恩遣在省，公戒律凛嚴，名理精透，辨才無礙，是古大慧、覺範之流亞，堪任是事，因以屬之，而公首肯。

明年，余入賀北走，又明年《志》成。公寄示，且命以序。余辭，而公命無已。夫事匪偶然，人如有待。若茲地以待大師，是靈山聖祖，妙合不違；茲《志》以待清公，是異跡名僧，相期不爽。乃以茲序命余，不知清公奚取焉？因其命終不可謝，而敬序以此。余入嶺表在萬曆丁酉，別清公以戊戌，《志》成在己亥、庚子之間，而余序在甲辰云。

周海門先生文録卷之十

剡城吴　鈺
門人剡城錢永澄
剡城吴振昇
剡城吴應雷
剡城喻安情　校梓

與范損之書

相别又逾半載，精進如何？莫負良緣，區區蓋刮目待之矣。舉業即是德業，前已具别語中。舉業之奪志，只是得失心耳，除却得失心，舉業皆吾妙用。舉業之不精，亦只是得失心耳，做舉業無得失心，則説理自然精明。得失之心有二：遠則懸想科第，近則便要人道好，纔患得，便患失。有此念頭，即須推究，要見得失在何所？此身何處領受此計？得失之心從何發起？究來究去，究到無可去處，畢竟寂然，自然脱洒。然亦有懶做舉業者，便是怠心；或他好移之，便是畔援心；假托脱略功名以爲高曠，便是奇特心。此等心，俱當推究，使不可容。故區區勸損之不置舉業者，以治心而已矣。

道本無奇，功惟見在。爲士子則習舉業，爲農夫則事耕田，爲比丘則誦經課，爲宰官則修政績。各素其位，各安其心，而道存乎其間矣。此個工夫，徹上徹下，知頭腦者便得休歇，未知頭腦者自堪寡過，故僕願損之無忽於此也。

前損之過吴下，見東溟先生諸刻，知損之已大自敬服。此老博綜經藏，具大辨才，矯矯風節，懇懇真修，非特損之敬服，即僕亦敬之服之。近世之泰山喬岳，此老當之真無愧者。至於學問，則須另作商量耳。試質之令母舅，以爲何如。

與陶石梁

邗洲上人來，接手教，知掃門課誦，近日禪悦之味可知。辱來翰，謂「領略浮淺者，境緣上容易打失」，此真膏肓之劑。謂「朴實做去，不作過頭語」，尤是喫緊之方。生每每與證修諸子言，皆令從家庭日用上踐履，從聲色貨利上勘磨。若於此打不過，於此踏不實，更論何學！區區之意，實與來諭合轍。至於「提綱挈領處，或示之宗旨所歸，使知有頭腦，得無漏洩太過」，敬當佩逗機之諭。顧此事指示在我，領略在人，言易言難，亦只是説話。若真切用功之人，言易易上得力，言難難上得力。若就説話承當者，於言易處不能入頭，即言難時亦終不着緊。箇中人難得，但盡吾接引之心待之而已。

來諭謂「作隊成群，有所不必」，則竊以爲太自限隔。鄙意尤欲吾兄廣此一步。昔陽明子征思田、征浰頭時，凡書示門人，必惓惓以郡城之會爲囑。自古杏壇闕洛，未嘗一日離群，又非特陽明家法也。若謂龍蛇混雜，則自來不無，又安得因噎而廢食哉！且一會聚間，關係有不輕者，辟如三家村裏、大市闤頭，個個長吟短唱，習曲成風，則必有善音者出乎其間，而唱曲之種子亦因以不斷；個個敲棋排子，習弈成群，則必有善弈者出乎其間，而習弈之種子亦因以常引。故學不聯群拈弄，借假磨真，冷落將去，恐見聞踈而種子絶。他時突然一個兩個講學，便以爲作怪，此大可慮者也。江左徽、寧之間，無論縉紳文學，即布衣學道者不知凡幾，真可嘉尚。彼中人非獨真實超常，特以此風相鼓舞不絶故耳。然則聯群之會，關吾道之流行、人心之習尚，未可便以爲餼羊而去之也。即如來教所謂大匠，一生淘汰得幾人？夫淘汰者，沙裏淘出真金，若真金在前，則淘汰二字亦不必矣。吾非斯人之徒與而誰與？將此深心奉塵刹，是則名爲報佛恩。願丈出而振作此會，爲後來人作前導，爲吾道計無窮，方爲大善知識之運用也。燕昭不惜黄金以市死馬，越王見怒蛙而式，以其有氣。謀國尚然，況爲道謀哉！令兄前每欲致此意，今因言及，偶爲發之，惟高明裁督。

明歲遨游，實所欣往，但賤體秋冬間輒復多病，明春不識精神可奮否耳。近在宅上朝夕談證何人，明歲久住何所，或東山之間，得時與往還，尤鄙懷所望也。

與劉量倩

接來翰，知精神奮樹，言言刻骨，非大勇不能。可快可慰！太阿之柄，元在量倩之手，要用便用，切玉剸犀，等閑事耳。量倩朴實頭，心地素與道合，更加一番精進，其過人遠矣。會文無有，真爲事勢所阻，亦自可諒，或略可作一二首，而竟以蹉跎，則亦是懶，須自察之。

與王世韜

入郡來，辱賢昆玉款待太稠，轉自不安。世韜病足，須斷慾一二年，此根本之藥。煩惱思維一切皆斷，心病除時，足病亦愈。病是助道良因，更不可以病病心也。昔有病目而苦楚者，往見陽明先生。先生叱之曰：「汝何貴目而賤心？」此以病病心者也，可以爲戒。病中最堪進步，莫忘莫忘！

與錢仲將

辱翰言敘謝，何未忘耶？貴恙入夏炎焚，更宜加意。覽會卷及詩詞，已見神王思爽，知不藥之喜矣。高徒俱懇切誠篤，此段精神難得。仲將陶鑄諸徒處，便是自陶鑄也。諸宗儒語録，須令熟玩，改過遷善，不可不時提醒。以此始，以此終，初無二法。昔人有云：「學道人須於一針一草上降伏其心。」故我輩自勉勉人，皆須從實地上着力。惟仲將念之。

與范孟兼

前淳之令弟來，接手翰，中間商量「心明境練」語。❶蓋境即是心，心即是境，原不得分之爲兩，但因近世學者之病，不得不如此分疏。只在境上着力，而不知境是心者，此俗學之不著察；虛自承當，謂心已明白，而境上打不過者，此狂禪之無忌憚。有此二病，故只得説「心明境鍊」四字耳。

陽明言致知格物者，致吾心之知於事事物物之間，格有格其不正以歸於正之義。凡意所到皆物，如意在事親，則事親是一物，格得事親的物，則事親之知方致。此亦

❶「練」，下文作「鍊」。

明心鍊境之意也。大抵纔落言詮，便非密義。孟兼所謂方便者，大是須自密體，他人難爲言也。

與張中一

覽前後書詞，具見懇切之懷，且自誓永不退轉，如此脚踏實地，乃決然入聖之因也。但中一再須看不退轉是不退轉個什麽？來翰謂「把良知提醒作主」，則所謂不退轉者或在此。然又須認得良知明白。來翰謂「念未起時，空明無物」，則所謂良知或在此。然良知又不滯在念未起時，念起時如何爲良？稍量度，即非良矣。再須於此一默究之也。

做好人與承當聖賢，都無兩樣，是則俱是，非則俱非。聖人學問，只有内外之辨耳。何謂外？格套上檢點，見聞上輳泊，情識上把持，一切是外。外則雖做到無滲漏，亦非聖賢之學也。何謂内？一念入微處識取，不覩不聞上戒懼，常見己過處潛修，此方是内。内則無聖賢可爲，而亦無聖賢不可爲也。於此時時省察，不使放過，則所謂「認良知」、「不退轉」，方有下落耳。

來諭又謂「朋類龐雜，誠當慎擇」。但聖人爲己學問，照管自身更緊。孔子曰：「毋友不如己。」又曰：「三人行，擇善而從，不善而改。」六祖云：「若見他非處，自非却是左。」總之知爲己，則無往而非益。故論交如子夏、子張，皆各有受用處也。

聞大峰山上，與智甫共事，正好同參。何日放剡溪之棹，一相促膝？僕近多病，日惟閉户却掃而已。

與趙伯闇

春間一別，又入炎蒸，過辱相求，深媿無以副荅，但願時常不忘此事，是區區贊助之朴誠也。此事自古聖賢孜孜屹屹，畢竟有不容已處，須自勘破，方爲不負此生。但流俗之人駭笑者多，非豪傑之士，必不能獨信而獨行也。

來翰謂「索心不得，本之良知」，可謂得其要領。然又謂「欲時提醒，而不免塵埃間蔽，遂致本來面目忽以埋没」。夫知得蔽時，便已不蔽，面目現自炯然，又何憂他埋没也。古人謂「不怕妄起，只怕覺遲」。但妄起便覺，忘了又提，不可縱容，亦不必追悔。綿綿密密，竭力做去，終有打成一片之日。然尋常亦用將眼前光景一一追究，世事如流，無一足堪把玩，將以何者爲真實？吾身渾是血肉，將以何者爲靈明？看來看去，不要放手，自然有消息可通。消息一通，則覺照之功尤更有省力得力處也。通前俱是致良知之旨，非有二法，此亦不與舉業妨礙，舉業亦不妨礙此事，隨緣盡分，而覺照常存，此大精進之學問也。

相望不遠，何日相過，面質是望。

答陶仲明

承翰言，冲益勇猛，具見辭表，即此便是自家本地風光，儘堪受用，更何患荒棄不理耶？來翰謂「赤條條，光裸裸，無處下手着脚」。此等處莫作光景想過，須實見得分明，實見得思索快活，都是妙用，更何足爲礙！亦不須别求畔岸，别尋門路矣。所云

「盲人行路，杖子常時放失不得，須終日在手」。僕謂眼盲人，須用金篦刮眼令開，求倚杖子，猶是第二着。草草容面證。

與張允及劉冲倩王世韜三子

邇來聚首，想一切如常。此事非草草，當時不放舍，方有相應。舉起便有，放倒即無，見師友便有，獨處即無，此是學人通病。打成一片，雖未得一時能然，然時刻提省，久之自然無間。不然，只成悠悠，無益也。

臨行舟中數言，能莫逆否？僕僻居孤陋，所自救度，惟此一念歷歷地耳，寂寥中有無限快樂，頗知受用。抱此弗諼，蓋以永矢。偶爲諸友道及，願與共享之耳。

與董侍御貞復

前僧人募化事，曾面言，畢竟回心否？知丈雅不信佛，夫闢佛元自程、朱，何怪吾丈。但孔子「朝聞夕死」、「知生知死」之言，丈於此作何解？切不可以文字訓詁虛領過，須實了了於心，而後可言儒。佛不足學，儒亦當朦朧已耶？願丈無堅已是。人生止此一事，虛過可惜，雖躬行君子不侈浮談，然修講實相須。温公人品雖高，比之濂溪、明道，其事業行誼秋毫矣，幸加意焉。

上棠翁李座師

不肖向拜教旨，寤寐不忘。念不奉函丈者十有二年，北斗在天，注目無已。邇會向良佐於淮上，得悉台居，喜慰無量。

登丘園八載，自分終老。去冬祇奉慈命，兼之親侶促行，力疾驅車，違心就道。迄今兩月，長途一望如天。今歲元夕，獲抵彭城。水道艱澁，只可舍舟就陸，奈其地一時偶無車馬，計偕之士守候百千，人人中熱，盡向遠道要逆，乃至僕從紛争，兩主並詬。私心厭薄，起上放鶴亭，拜石佛，低回良久，狂風倏起，陡覺衣單。少選，塵沙障日，波浪連天，望之悽然懷土。反而登舟，北風可乘，乃遂放棹南歸。從兹已往，進止又不可知矣。

方今正人滿朝，登非不知稗官亦足自效，且母景桑榆，婚嫁未畢，又非不知苟竊升斗亦足支貧。然而强欲前進，則如鳥避樊籠；稍遂歸圖，便若魚還大壑。衆謂非情，登方自快，即登亦不自知其所以然而然者已。獨師恩未報，有慚同門諸子，中夜撫枕，誠不能自喻於懷。然登又思師之造士，如化工鑄物，萬類不齊。是故其間或作梗梓，棟宇巖廊；或作藻蘭，馨香澗沚；或作鷙麟，靈祥上國；或作雉鹿，叫嘯豐林。各在全天遂性，均足以報春暉而答玄貺，造物者亦兩收之，無慚彼此。不肖以此自信，吾師以爲何如哉？

南中雲物甲江左，名賢淵藪，我師主盟其地，爲樂不少，竊願與聞之。剡中亦古高人所賞，新志一册貢上覽裁。不肖日所徜徉，蝸角山川，可概而睹矣。

與陶太史石簣及石梁文學

前觀中相尋，道士傳仙舟先一日發矣。舟過府上，正值暮夜，不得叩請。此事大須友朋，恨不得時時論證。當相會時，便相追求，逼迫到底，弗存體面，令良友坐失，乃可耳。記觀中曾論遷善改過，若明得人，正好用工。尊教所示，豈不諦當，但作止是病，而遷之改之，何以別於作止？古人立論，種種不同。如懶安説牧牛：「一回入草去，驀鼻拽將回。」大慧亦云：「學道人制惡念，當如懶安牧牛，起時急着精彩，❶拽轉頭來。」張拙秀才則云：「斷除是病，趨向是邪，拽轉與斷除，能隔多少？靈山會上，廣額屠兒，立地成佛；獻珠女子，彈指成正等覺，此外更有何事？」而圭峰則云：「真理即悟而頓圓，妄情息之而漸盡，則是屠兒女子，當有未盡之妄情。」牛頭問四祖：「於境起時，心如何對治？」四祖云：「汝但隨心自在，無復對治。」薦福云：「頓明自性，與佛同儔，然有無始染習，故假漸修對治。」牛頭、薦福，俱宗門中人。一云無復對治，一云故須對治，將以何語爲是？夫於前語一一明了，方自遷改不差。觀中未盡究竟，乃再伸此問，惟二知識各出一言，誠不勝願幸也。

陽明書院之會，望二丈儼然臨之，越中一脉，難令斷絶，縱餼羊，亦且惜而存之，況未可盡謂餼羊也。念之！

報安封部小范

承示《楞嚴注》之刻，知留心諦信，植果栽因，甚盛甚盛。但今經典不患不流通，患在玩褻，不患無注釋，患不誦持。近來玩褻之弊不少，即注釋者，多是惡知惡覺，瀆佛

❶「着」，原作「看」，據清華本改。

謗經，識法者懼恐難令佛祖見也。來僧《楞嚴注》，弟尚未屬目，不知其果於經旨如何。弟意且濡遲，俟吾丈證徹後，勘破此真爲世間不可無之書，則梓以流行未晚。倘只似温陵、天水，亦且置之，而況或不逮二者，又安用是贅駢爲也？

與沈繕部何山

別期甚遠，未得通一消息，念之鬱然。接手翰，懽喜無量，更自感念：我輩五六人，不出三二載，升沉死生，聚散憂喜，變幻須臾，如夢如影。蓋既以無常明白示人矣，而實處何存？兄超然玄覽，必覷破此傀儡之線究竟如何，極望策發印證爲切也。南中知友寥寥，講者又頭腦各别，然終須合併，未可知耳。近時事可駭，誠如來教所指。顧度苦海須伏法航，學問尤不可一日緩也。蘭居相聞否？雖龍伸有日，而蠖屈亦已太甚。太恒身後妻兒更零落可憐。洞觀治黄，傳其治行卓絶，逼古循良。覺老熊夢寂然，乃好道則彌篤矣。武林蓮池德園，便過之否？并問。

與周叔宗

教言所示達觀，談説名相，姑假以勘驗人，是或一法。然古人接人於眼睫動定，或片言半語下，立見分明，未聞有以名相試之者。此事全不在學問，不在講解也。

近一禪者，自謂通宗，而又説漸、説頓、説圓，牽纏混濫。生竊笑之。人貴開眼耳，豈在分疏字脚，必欲了「漸」、「頓」、「圓」三義？辟如大日輪昇天，從東過西是漸，一出便明是頓，光無不遍是圓。開眼一見便了。何用更言種種？彼不見日者，與語徒增滑突，故大宗師只令人開眼，別不放半毫出路。

近世阿師刀下不曾見血，只管牽繞解疏，埋没人家男女，使千生萬刼不得出頭，良可嘆也。千萬示令弟先生，慎毋因循，以此事盡人情，方是真實爲生死。至囑至囑！足下北上事亦須了却，世事即是事，有何違背，而故避之耶？

與喻中卿

前辱教，冗未有以報。近知入郡城求友，家務一切擺脱，精專可喜。若欲決取上第，急須當下着力，倘稍悠悠，光陰暗去無及矣。

所取注疏，當令送覽，但此亦不足讀。中間所解，不過字義句義，故宋儒率鄙棄之。蓋漢、唐注疏，解在字句；而宋儒稍入義理，又爲義理所障。此學至我朝諸儒，始大著明，舊時窠臼，翻却殆盡。僕近擬輯本朝諸儒所解爲一帙，正在看玩，不知可能了此否？倘得就一二，便須相示也。

語録諸書曾注目否？必須究心理學，功業文章從此流出，方可名世。且道自古聖賢孜孜矻矻，終身日不暇給，當爲何事？又勤勤懇懇，委委曲曲，苦口爲人，當是何心？人在流俗中，大須省悟，務求安身立命之處，不可蹉過一生。區區近於此頗有所入，用以相告。

學道者少，恐不無非笑，幸弗因非笑自生退屈，不笑不足以爲道。我輩須於人笑處識取，若只從人道好處隨去，則下之不過位重金多，上之不過無非無刺。如此度世，於性命何涉？最可憐愍者也。惟足下進之。邑有可與語此者，幸展轉開示是囑。

與鄒南臯年丈

解君使回，曾附語爲報矣。日來受用如何？朋從之樂如何？人師不可好爲，而當其時節到時，又不可退遜。益肩此擔，方便接引，使此事大明，吾道大暢，方是大力人作用。少動疑情，便非撒手。丈寧有是耶？弟近亦頗能自信，古人公案時復瞥地，但不得與吾丈一面訂，開口人難，故時切丈之思也。《知儒編》、《學的教衡》，并上覽之。

與鄭給諫春寰

連日既不得晤，講會又曠，懸注可知。昨從西華門經過，見守備衙門枷號偷銅賊一十九人，置之栅下。此賊項負百二十斤重枷，而且日夜露處，有必死之勢。近聞絶其饋食，則決無生理。

夫諸賊之罪，或在不赦，然亦須法司訊鞫，乃可無憾，今竟致之死，是坐以決不待時之刑。即使一一皆當，猶爲慘烈，而況其中豈無一二冤枉可原，或應從末減者乎？一概濫殺，恐傷和不細也。枷死之刑，在北有之，然起自江陵，須必奉旨乃爾，亦不聞有如是多者。今一時處死至二十人，其可無後議乎？弟竊謂於情不忍，於法未妥。門下刑官也，托在鄉曲，故敢佈其區區，伏惟裁督,少緩其須臾之死,幸甚!

答楊太史復所年丈

别又一載,緬想游從之樂,懷注不可言。《訓行録》莊誦踴躍,仰見聖王名世,先後輝映,是昭代一大著述,可慶。弟自去冬度嶺過韶陽,首謁曹溪,秀靈翕抱,真天爲之造者。以一滴水流演五宗,浸潤千餘年未艾,洵乎不偶也已。入省拜濂溪、白沙、陽明三先生祠,乃士類彬彬,多興起於學。聞丈過化,與鼎石公鼓舞之效不淺,弟媿不能敷暢而嗣續之。然多士謬推,亦不敢過遜避也。出五羊,問海珠,蓋即初祖登涯處。嶺南真佛國哉!宋覺範、大慧,皆竄處茲地,而今憨公亦以戍來,宿世願存,因緣已到。前翰教囑其開示諸人,使宗風大闡。今來就之者亦不少,見尊翰,彼更毅然,料此一番定不虚走也。大作省問翻行,固不肖廣傳之意,或者亦翁加惠之心乎?并以聞之。

與任觀察養弘年丈

同年在仕途者,不能半矣,在仕途同爲外臬更少,在外臬同一地者,更少之少。弟丈三百人中,二十年來,數千里外同事一司,緣豈偶耶?然半載之間,止得一面,今弟且北行,未卜後會何期。人生聚難别易如此,然則當聚時豈得草草,而别時又安能泄泄已耶!

前示性命一語,已植千生萬刼之因,從此努力,不了不休,他時促膝拈呈一證,實生平大快事也。丈名高望起,柄用愈隆,道德功業，正須一時俱了。弟身病親衰，指日投簪休矣。顧林間廊廟，所至無非道場，即分飛，不害爲同參也，願相與盟之。

與秦學訓嘉穀

東粵道脉得足下鼓舞，勃勃駸駸，甚自可喜。不知僕行後，又何如也？復所先生廬居，料得時時請問，小祥後或爲省中之遊，諒可承面命。江門之教，知必大振，時節因緣至矣。可賀可賀！僕乞休一疏，專爲母老，知己如公，其以爲宜否？要之出處隨緣，僕亦非有意慕隱也。諸有道在會者，均乞致意。

與查邵二山人

生七月中旬起行至省，八月中旬抵廣信，滿擬查丈在此同舟，不意不偶。近來二丈行脚如何？生會蓮池，校勘數語，遂見底裏，筆不能寫。何日一面，述相證也。

畢、李二道丈承賜書，甚喜。李知吾書中云：「學貴神超，功由神用，赤手空拳，方爲到家。」但不知日用尋常色色受用處，神耶未神耶？必再加一神字，恐又非赤手空拳矣。又云：「一悟便了，色色現成，恐有未盡。」不知儘其神力，添得什麽些子耶？只今但慮不悟，悟慮不真耳。若真悟，則了不了自能勘斷，莫預卜度。知吾前幸轉以此言質之，不妨再相論證。此事最近最難，望二丈努力。胸中搖惑，畢竟是信不及，説進説出，亦是信不及。望惟努力努力！

與憨山上人

别久渴仰，忽拜法音，兼領新刻，心目豁朗，喜可知已。邇知甘露時普，皈依不少，然最堪入室者何人？必得一二大法器展轉化導，乃爲快耳。楊少宰未晤，恐猶是未了之案。然既在一方，邂逅自有期，非比僕浪踪蓬跡，此生莫必也。僕乞休未允，躑躅間，又有滇中之命。鷄足山中，非不一願尋訪，然而母老難違，恐終不能就道，早晚又復陳情，得蒙賜允，便自萬幸。露地之牛，豐林茂草，足自適矣。《曹溪志序》，僕舉管如山，不能就一字，容日另報。

與憨山上人

生初拜命東粤，遂無行意，既思曹溪、江門，此生不可不一尋問。上人在彼，亦不可蹉過。是以欣然就道，度嶺而東。半載間，諸愿盡酬，勝景奇觀、玄談妙味，填滿胸臆，復與兒曹共之。此區區遊宦一遭，於地方無補，而自身佔盡便宜多矣。此外，其敢更無厭耶？别來誰堪入室？世緣不索莫否？生近乞休，專以母老難離，流行坎止，僕亦不自知也。

與余太史雲衢年丈

屢荷高悰，直在儀文宴笑之外，筆札難爲謝矣。丈喬岳泰山，私心畏之，惟向上一機，猶然未信。昔晦翁直至晚年打破，吾丈得無有待耶？抑自得而不以語人？則弟不能測矣。南國同年落落，一時又散去三四人，離索更甚。都門笑語，益用戚戚。承覓《隋書》，尚未有刻，《函史》、小刻各一册以代。

與徐鴻臚覺齋公

自違法從出門，如無所之，對衆談笑，亦覺無味。忽得榮還之報，喜不可喻。近有一僧到此，具一張鐵嘴，決不容易肯人。又有二三文學初到，如初生獅子，毛爪未具，氣已食牛，大可憐生。滁陽風景洵佳，不如此中法侣爲多，惟蚤命駕，敢以爲促。大刻之拜，并以爲謝。

與蔡選部虚臺

向便附數行，竟不知作何語。歲來日注前旌，荷手書，知仙舸度雲陽，深用喜慰。弟兩部追隨，分緣不偶。丈此去，有力者必不放捨，當不復來冷曹。弟竊有私憂耳：三年泉石之味，敢問何似？笑傲枕嗽，弟時夢想之，希先示我，以慰饑渴。

來教重嘆蔣、傅二君，人生升沉存没，真是電光石火，種種皆虚，何者是實？於此真可悟入矣。近來時事可駭，覽報能無愴顔，迴挽斡旋，此擔誰擔？丈料理已久，肯他讓耶？勉旃勉旃！

與徐寶慶仰南

來翰述政務繁沓，豈游刃猶有難地乎？自古成大業者，計在知人。二千石，尊官矣，一切屬吏數多，須精別賢否。賢否不淆，斯蒼生受福。知人之效，勞半功倍，雖日飲酒賦詩可耳。

地方風俗，美惡處處不同，但美中有惡，惡中有美，又事理必然。在上者似宜見其美，不見其惡。見其美者，時時有獎成之意；不見其惡者，非能廢法，特哀矜之，不更加一惡心爾。人家父祖待兒孫，心腸亦大率如此。豈弟君子，視百姓豈更有二心耶？

弟量移司封，無所事事，虛縻廩禄，捱延歲月而已。知足守拙一語，此是吾輩尋常受用安樂法，殆不得一毫摇動。實政潛乎，自有時命，非營營可冀，願共常守此一法也。

與鄒南皐年丈

接手教并箋中語，大是信服。丈超徹如是，弟尚何言？第加保任，亦明白後事，不可不致意也。小詩書之箋頭，聊當答語。錢君近以脩理敝衙門，得常接見，辱見示，更獲親就。此君大有古意，才氣亦偉，惟此事頗難信入，終當作人代一好人好官爾。近具如是見解者不少，雖自不乏砥礪，而語之可爲堯舜，皆有仲尼，率徘徊未肯，奈何？近聞得女之喜，乃得男之漸，幸寬意以須，想道眼不以蚤暮數數罣靈臺也。

與李檣山

承示刻諸經正文、凡例，大約俱善，但微有所見，聊以奉答。首款所論《易》經、傳原不經秦火，初無更改，惟唐以前，有以《文言》二章次在《繫詞》後者，今附《乾》、《坤》二卦後已久，不必更疑。《學》、《庸》依朱子所定，刻爲四書，《禮記》中當仍注疏舊本刻入。第三款，辨字宜悉從古本，不當以近字攙《易》，即《正韻》中字用之，皆不可。第四款，句讀不宜圈斷，如「吾與回言終日」，有謂「終日」宜屬下句；「必有事焉而弗正」，有謂「心」字宜屬上句。如此類多，須令人自證，下一圈，則又下一注脚矣。第五款，讀《詩》自然依韻叶之爲是，《易經》叶韻之說，不必泥。第七款，《禮記》不宜分章，分章非古也。據見草草，餘容再致。

與王太初年丈❶

兩榜追步，意氣久投，乃丈大節清風，道情玄思，又素所傾注。留都促膝，更自融乎，意有出語言情形之外者，弟不自知，亦不能道也。何地何日，再續兹緣？

與祝掌科石林

弟於丈以神情相許，不須着語，自是忘形。弟宦味丈且見之，丈曠識超然，弟亦深知。何時共結山中之社，了此大事？查、邵二道友，蚤相竢矣！

❶ 此篇清華本題作「與王鴻臚太初書」。

與陳車駕景湖

交情不一，而以性命論交，交可知矣。久久相期，各以不空談爲不相負，種種非言所喻也。

與饒封司三明

署中神投極樂，別來一日九迴，不知促膝更在何年耶？丈性與道契，見地又超，想近得益深。楊公文亦臭味之乎？弟爲物色，以俟將來。丈即今便同此意，德不孤矣！

與李選司景穎

數月來想望依依，二山人過談，臭味同乎？二君口不甚辨，而此中了了，其氣宇亦自超塵。孑然布衣，窮年奔走江湖，當爲何事？良可念矣。

復所公來攝部務，公署作講堂，亦一勝事，遠地聞之，令人神情勃勃。弟返舍，爲煩冗所驅，宅火日熾，無地逃躲，惟就中自作方便。且一上征途，薪火更炎，引酒吟詩，便作清涼灌頂之藥，高風其更何以洒之耶？

南中大會，何頓落落？乍踈乍密，亦是常事，惟是三五性命之交，時作小集，不令全曠可耳。四周丈大是妙品，諒時時相見，并以致聲。

答柯春元時復

屢詢起居，未得消息，承翰，乃知罹此

大故，無由吊慰。苦塊之間，以何爲事？蘇子瞻居喪，手書《金剛經》千卷施人，是一舊公案也。此事不是草草，廬居正可着精彩。嶺南有曹溪、江門，足下當爲雷陽第三人。勉之望之！

與金陵吴李何三子

京邸五年，交游不少，而性命之契，莫踰三君。别來想念，可勝言敘！僕初竊廣臬之命，因循從事者，特以一路舟行，老母可得迎養耳。不謂彼中風氣大是畏人，十月尚可支吾，入春炎瘴漸厲，即欲請告，因需命艱難，不果，遂一意求差爲脱身計。今冒暑之行，非得已也。竣此便自拂衣，散誕之身可得，相尋知己，放言肆志，亦是快事。足下其當掃一石待之。

與嶺南朱劉萬陳六文學

待罪貴鄉，上曹溪，望江門，已極大觀矣，而又得親諸有道，快何可喻！辱賜種種妙筆，延途披玩，難以去手，什襲藏之，用以傳家。别來於此事如何？古若蘇、黄輩，文畫妙絶今古，而俱從妙悟出之，足下能無意乎？生因身病母老，行且乞休，山林獨宿，或肯命千里之駕，是所祈之，不能必也。

與嶺南區文學

曩歲遊大方，得領高論，兹辱深言麗句遠貽數千里外，拜此厚誼，感戢何堪！僕身病親老，自分長休，足下更以應世相期。

僕方自救不了，何能爲人？　然與鄉邦同志之士相切相劘，彼此利益不少，發心滿願，❶各隨所遇，殆不必更分別也。足下但存此念，便是超脱境界，何患妖魔！　願惟珍重。

與查汝定

久别得會，喜豫無量。樓頭十日之譚，尋常簡率，非足下不堪如此相待，非區區不敢如此待足下也。凡區區與足下言者，每每相合，但不得時相參證，此事言難不得，言易不得。光陰如箭，念之汗流，所謂識法者懼耳。《懷松塔銘》勉就，當改竄處，便自增削，弗以爲意。貫之在舍下擔閣良久，然得乘便爲石梁、雁蕩之游，亦不負淹留矣。

與邵季躬

言别已久，前何靳三百里之程，而不一過我耶？　足下好道真切，參訪誠勤，邇來大有得力否？　光陰易邁，時節難逢，各各俱入老境。拚命此生，以了千萬刧之公案，是目今第一急務。纔换却封皮，不知又作何等面目。半三不界，必不能不迷失也。此區區日日自儆自懼之心，敢爲足下陳之。

與蕭孝廉若拙❷

久違，注念殊深。剡溪山水亦可徜徉，

❶「願」，原作「頭」，據清華本改。
❷「蕭」，原作「簫」，據清華本改。

不知更有意否也？來諭自謙根器下劣，向多從解悟入。夫能知下劣，不下劣矣；能知解悟，非解悟矣。深爲足下慶。既又云「兹來與友朋密證，乃知十方世界，總爲吾身，蠢動含靈，無非吾心，内外渾融，真實不疑」。參悟到此，甚深極密，更爲足下慶無限也。

然區區尤有所進者。足下再須參看，如十方世界爲吾身，何以一牆之隔，遂不知其動静？蠢動含靈皆我心，何以一體之殊，遂不關於痛癢？我身之生死，果世界與之同聚散耶？我心之起滅，果含靈與之同有無耶？如世界上翻湫倒嶽之事，如此境到面前，既是我身，能無變否？又如含靈中虎豹蛇蟒之類，如此物到面前，既是我心，能無懼否？一一實落體會，不以言語承當，不以擬議量度，方是真到不疑之地。不然，猶謂之解悟耳。如何？

與蔡祠部槐亭

見邸報辭闕，遥注前茅，計在深秋可待。便自懸想，到時必約三五同志朝夕談證，了此一段極則大事，莫令放手。兹接翰言，乃知寢處苫廬久矣，愴悽如何？念丈遭此，雖稱不幸，乃適當榮滿膺封後，且歸視湯藥，面相永訣，此遊子所不能取必者，而皆無遺憾，亦足慰孝思矣。

南中舊友日益寥寥，景臺以憂歸，景湖以滿發，聚首無復幾人。最可駭者，如太恒，遂爲泉下客。看取人生如此，尚可悠悠，不猛着精彩，虚度時日耶？丈廬居，正可專力。蘇長公居憂，俱有功課。爲丈願之，莫忘。

與鄭上舍于榮❶

久違注念。辱手翰，懽然如面，且知客歲有荆南之遊，收衡山、洞庭之奇，貯之肺腑，此樂何極。遥聞神王，何日共過此中，一上鍾阜、牛頭，極目揚子，試看兩地風光是同是别？僕且酬我遲之，足下其無倦焉！

與瞿黄州洞觀

奉别許久，得手教，欣如拱璧。兄治郡，今時古道，此真宰官應世同參之光藉也，傍觀者惟有贊嘆而已。覽諸作，具見太守風流，讀之心涼神王。兄行後，此中可開口者不易得，聊自參自證。弟近頗能自信，何日相見，一吐露爲快耳。

長孺之變，真自駭人，南中弟爲首，得奠賻百金，亦足稍濟。乃近其子又喪婦，外家之倚，更望絶矣，奈何！抑之春初喪偶，隨喪子、喪女、喪其僕，乙月内去其七口，悽楚悲酸，所不忍聞！

弟爲曲圖一差以歸，歸半年餘矣，九十月間，或當返部。南皐曾相聞否？近得其一二書，甚是篤志此事，❷見地日超，便中希以字印之。達觀和尚已與一會，并聞。

與于比部如菴

幸接清光，正擬時時相過，不意龍踪莫

❶「于榮」，卷七《鄭母吴太孺人八十壽序》文中皆作「于桊」。

❷「篤志」，清華本作「闡揚」。

擬，竟自飄然，遂令無地追攀。連日又因病不能跨馬，遠訪無由，敬致小書三册見意。

上許司馬敬菴先生

我翁後學典刑，不肖企慕久切，乃生身五十載，通籍二十年，而今始得留都一叩，遭逢可云偶耶！一侍講筵，極深欣幸，是以有疑必陳，有難必問，務求實益，以慶遭逢。

邇惟無善無惡之旨，《諦》語所云，頗與不肖承於師門者未合，即欲作《解》，再求印正。既而思長者之言未宜抗辨，❶昨蒙老先生且問及矣，則豈宜更隱？及取言及而言，與直窮到底之義，信心直吐，據見條宣，專候取裁，敢言自是？若夫語或疎狂，則亦望見諒於形迹之外耳。不宣。

與俞憲副定所年丈

別久，想念特殷。邇聞於此事大有所契，道韻悠長，更令人嚮往。弟愚昧，專仰宗匠印證，丈有意西臨，則大幸矣。太宰翁既舊知，別且三十餘年，似所當面。且此老學甚直截，語下斬然，丈又不可坐失此會，萬惟早命駕是期。

與蔡駕部懷峰

古人有相視一笑而莫逆者，其相入難喻。維弟於丈，豈不然耶！忘形没齒，蓋私心足自信矣。顧是寅恭之合，更有進焉，

❶「抗」，原作「杭」，據清華本改。

願共證之。

與吴比部左海

弟緣道義得親就左右，而丈且相期不淺，言念此意，殆不可置也。兒輩辱賢郎提攜，通家之誼，更永銘之。

與王比部儆所

登何似，獲蒙教愛，不隔形骸，而弟亦日惟芳範是師，真稱莫逆，不知何緣得是也。濱行，辱大章，把玩難置，遠餞郊門，殷勤之誼，名謝難勝矣！

與趙學博懷蓮

同爲學問中人，則精神孚契，不在形跡，不煩語句矣。惟是講會望益留神，流傳此脉，全在門下。此學别無下手，只在人情事變得力。人情事變上一毫不到，即是學之虧欠。實際理地，不捨一法，辟如大日輪當空，曾有一處照不及否？望於一切應用處施不照管之照管，方見妙用。生望翁爲大教化主，不徒自了，故爲此惓惓耳。

與楊少宗伯復所年丈

翁丈分位尊矣，問學深矣，宜眼中無可當情，而於弟乃獨崇年雅，重念道情，若無若虚，謙謙以意下之，斯不知何取焉？年丈斗望在世，人人知企，而至於明開道眼處，則弟竊謂獨窺之深，我丈亦若謂弟爲能獨知之也者，此非有夙期之至願，何能偶遭？不有相對之針鋒，烏容强合？弟於丈分義極深，又何敍焉。叨冒大邦，時望教言，彼此以常常不斷魚鴈爲期耳。

與饒封司三明

歸舍冗沓既甚，且天炎路遠，不能就行。虛徐久之，今且行矣。相違日遠，把手何期？來教謂「全憑一段精神交相往來，千里同堂，萬世一時」，至言哉！悟此，無餘事矣。弟在塵溷中，頗益自信，想吾丈近日受用不少。人生不透此事，便是虛生。共相努力，他日相會一笑，始稱大快。復所公來攝部事，以公署作講堂，以司屬爲弟子，此亦一奇事、一勝緣也，幸無蹉失。望之囑之。

與周憲副鼎石

留都別後，復所公爲示《天關會語》，深見苦心。東浙道脉，奄奄如綫，目下錦旋，亦有同志可相激發否？惟德成隣，當感召不少。闡陽明之旨，以淑我父母之邦，門下先之，不肖將願爲疏附，佐下風焉。

答李觀察還素

二難名在人代，久已傾耳，一經拜接，又目擊道存矣。丈於是事全身在裏，舉步不違，轉盼無非妙旨，咳唾盡是真機，千古聖賢，一口吞盡。前乃謬聽詹洞源之言，而問道于盲，願試反觀，豈不自足乎？仰見冲懷，敢用吐露。佳幣之頒，感情如縷矣！

與祝掌科石林

别來工夫何似？莊誦《環碧小言》，言言刺骨，定知默默地受用不少。就此更掀翻一下，其肯信之否？不肖日來毫無伎倆可呈，止善病耳。去秋度嶺，湯藥不離；今夏賫捧北行，益自困憊，力匱難前。兼之母老在舍，已經乞休。舊誼難忘，道出滁陽，勒此問訊。

與詹大參濬源年丈

二十餘年故交，近經過，得一把臂，甚快也！讀《禮》之暇，誰與共語？年丈性與道合，且留心此事有年，想已直下打破。儒家謂「朝聞夕可」，禪家謂「爲一大事因緣」，性命至重，光陰易過，此弟所日兢兢也。敢爲年丈拈舉，其何以策我乎？

答葛山人雲岳

奉違久矣，近聞且有雪夜之興，奈何不果？鳳閣清風如昨，可卒令孤負耶？生近因身病母老，有山林之請，得返初衣，便當相尋，泛海上之槎。光陰易度，機會難乘，念之未嘗不切切也。

與張子易劉冲倩

僕於古文辭，十餘年前亦欲探討，而務雕繢之。近一切棄置久矣，間有一一應酬不得已之作，亦只是信口直談，常言粗語，不可以文字名者。若欲因之論學明道，則陽明、龍溪二師之集在前，如雲漢，如日星，言更俟再立耶？欲將拙草付梓，固未敢聞命也已。李先生至越，得鼓舞一番，實吾道之幸。俟新春相過，希先致聲。

與梁昌孺

邇從諸友前詢知精進之勇，日勝一日，喜慰良難爲喻。李先生自南中相侍至此，晨夕親依，無論言談印證，即薰漬之益，不少矣。良緣一到，合郡同風。昌孺與沖倩錫類之功又自廣大，真吾道之幸也。

與王世韜

聞世韜有微恙，諒舊症復舉。世韜須絶慾省事，大自調燮一番，發三年之勇猛，自獲終身之受用，不可玩忽之。倘不能康濟自身，更言何學也！沖倩處覩令尊北來之書，一段精神鼓激，世韜兄弟不可不力自奮發，以副親心。區區覽此，且自感觸不少，而況世韜兄弟當如何耶！便可終身銘之，師不必他求矣。

與陶太史石簣

客歲秋中言別，荏苒又半年多矣。光陰催人，迅速可畏。别來會令弟，知途次及抵京消息，喜慰。聞通州盤桓十日，針芥如何？更聞有王居士者相與偕行，密語玄言，尤所傾注也。京邸會聚，想時不乏人，榮途最堪取友，亦最易飄流。我丈脚跟素穩，諒日來愈見得力。但向日疑情，今得永斷，方爲真實下落，不知果何如耳？

不肖別後染瘧，精神疲憊，近稍支吾，猶不得如舊，死生只在轉盼間。思之愈自着緊，誠不敢瞬息放鬆，且恐辜負年來之相訂也。

與祁爾光

來翰懇懇詢證，皆就平日實所用力處拈呈，想見真切勇猛。翰中大意，❶歸根於欲仁仁至，辨病於認奴作郎，本體工夫之論，種種不謬，大約於此事思過半矣。但所宜更進者，只在識仁處實着精彩，務自真知洞徹，直到不疑，自然無煩分疏。如所謂家家門閫可透長安，就從舉步處看是長安否？如所謂得其關捩，就看當下果此關捩否？❷認奴作郎，非矣，而郎又作何相見？不行是誰，似矣，而誰竟有何面目？如此覻捕，無容等待，無容放鬆，不了不休，直至默而識之，更何俟言説耶！所著《戒殺五覺》，愚人智士皆當心竦，此論著中大功德也。

與趙學博懷蓮

昨會間有本末之論，生深恐學者分本末爲二，故不得已再三申説，工夫只可如此做也。《大學》雖云「物有本末」，要之，本末只是一物。昔有問上達工夫於陽明子者，陽明子謂「下學上達，不可分爲二。凡可用功可告語者，皆下學，上達只在下學裏」。區區

❶「大」，清華本作「旨」。
❷「果」，清華本作「過」。

亦正有見於此耳。故凡知末而不知本者，此支離之學。如種木不知生意自然，而爲之裝枝綴葉，固是大病；若求本而以爲外於末者，如種木舍却根株枝葉而別言生意，此其爲病，亦自不小。故知本者必於此了然，方爲知本，不然毫釐之差，不免千萬里矣。

心齋格物之説，自是歸根之旨，然亦不能舍却家國天下心意另求一物，陽明子所謂致吾心之知在事事物物之間，格其不正以歸於正。夫事物非跡，即是吾知；吾知非虚，即是事物。工夫即格即致，本末難分。如此脩證，於孔門博約中和之訓，無不合轍。故區區謂惟當遵陽明子之説，着實做去，不必別立新奇也。座間謂參求，即此參求亦是末；謂不覩不聞，即説個不覩不聞亦是末，本畢竟不可擬議言説。雖然，亦不離也。要在自知自證，如啞子吃瓜是已。

答劉澧臺晉川翁

翁臺經世出世，直透真宗，不肖天緣未偶，摳侍無由。兹貴屬祝經歷傳致尊命，下問懇懇，不肖何人，敢當垂問！

不肖早歲慕道，茫無所入。曩在留都，被人逼迫到無可奈何處，窺見飯是米做，然亦不敢誇口大言，逢人願爲弟子，求自印削而已。不肖叨轉滇南，里道險絶，耄年老母迎養不便，遂自請休，實非以隱爲高。在舍奉母課子，治生理産，色色不敢作奇特之想，但常見己過，時時遷改。如此度日，不知究竟如何耳。敗闕如斯，專祈有以教之。翁臺妙悟始末，及見今行履處，亦望拈舉，以示作則。企仰惓切，并以上訊。

與喻節推中卿

近日意思安閒否？紛擾中第一不得忘此事。僕林間散誕，野趣彌深，近且爲石梁、雁宕之游，飲酒登山，便是老來功課，足下以爲何如？令弟舉業、德業稍加意，便過人百倍，差少勇猛，足下亦須稍示鞭影耳。如何？

與張允及

前知允及入關，未知出關消息。今見世韜，始知其詳，甚慰。來翰謂近能信僕，當即能自信矣，而又以迷妄自責。夫信則不迷，迷則不信，將以何爲實耶？于此便須明白剖判，一刀兩截，不宜騎牆，何日一面質也。近來舉業如何？便中希示一二，不捨一法，可謂此事非個事耶？

與沈濟南華東

舟中邂逅，卒卒數語，一別又幾時矣。弟僻處林間，真如井底，絶不聞諸高賢消息。我丈以真學問經濟一邦，種種施設，定自追古循良，訟牒簿書，無非實際，想近得尤深。公事之暇，有箇中可與談證者否乎？洞觀丈在建武，竟不知其於黄州何似？弟不問其持之在己者，特虞其遇之在人者耳。弟山中無足爲丈道者，自娱親課子外，時或與山僧樵子間相往來。生涯如是止矣，更何以進之。

與金陵吴李何三文學

奉别久矣，僕林間儘自稱快，所邑邑者，時時有知己之思耳。每一念之，無由縮地，遥望石頭城，如西天竺國，想念三丈，如鳳凰麒麟。追憶當時笑語，如前生昨夢，中心摇摇，誠不任殷懇也。顧三丈念我，能無同耶？惟各相努力，必至證了，乃爲不相負耳。

復所先生頓掩泉臺，法友寥寥，可堪墮淚。我輩因之循省，時光不可一刻虚過，驚悚驚悚！祝公亦時相過否？茲因敝邑僧來請藏，草此附候。此僧一生力作辛苦，積有羡貲，思造冥福，遂肩此舉，區區心甚壯之。千里孤僧，百凡望爲扶植外，祝公書亦專以此事上托，希爲轉致護法。知皆宿心，故此喋喋。

與張芝亭

不肖無所知識，謬辱諸君之與，乃門下亦以世講之誼謙謙下之，譾劣何能當此？王、劉諸君過剡，極道門下精進。此事月益日新，懽喜何量。力紹家傳，共扶道脉，區區蓋爲令尊翁慶，又爲吾道慶也。

與袁祠部六休

京都一會，極快生平，針投燈合，殆不啻所謂傾蓋如故矣。中秋夜集，聚合亦奇，此夜清光，蓋無時不在眼也。前在陶太史處見尊翰，承念及，且知近日更進竿頭之步，不知何時再得面請吐露也。錢生經國入京，草此通問。錢生有志此事，爲人忠信孝友，惟門下不吝啓發，亦一大法器也。

與喻中卿

有本回，接手教，甚慰。聞貴廳事甚忙冗，所從來矣。初仕正宜假此磨練精神，關歷世故，過此一關，終身受用矣。閒時不隨他閒，則閒逸豫我不得；忙時不隨他忙，則忙困頓我不得。此大有力人，是世間法，即是出世法；是玄學，即是聖學。足下發揮時文中妙義，正須今日體驗。近世文自文，政自政，我自我，分作兩三截，此俗學之弊，宜透脱不落此窠窟，方成一大人品也。江右多材，儘堪參訪。鄒南臯丈，所至經過，必造其廬，有便移札請教，不可蹉也。

僕乞休得請，深愜素懷，二兒幸入泮，而長竊居首辰，下專以奉母課子爲事，暇則結方外之交。蒲團促膝，此世眼所謂冷落，而僕自視則甚快活熱鬧。足下其謂何如？家兄在衙，時與醉否？鐵柱宮、龍沙寺、西山、滕閣，俱能常到否？吾女婭衙門淡薄，能甘否？統此問訊。

與林少參公祖光璧

生病伏蓬樞，過辱枉顧隆施，故舊之念，何殷殷也！小疏陳情得請，從此作散誕閒儂，尚得往來西湖之上，一炙清光。想公事之餘，亦不厭與閒人一抵掌也。力疾草草佈謝。

與駱觀察台晉

留都承至教，直以性命相證，世所稱交誼，寧更有重於此者乎？一别寒暄幾隔，去歲中秋邂逅京都，慶快特甚，後來良會何期？此夜明月，彼此當時時相照也。近丈於此事，想益精進。江右，文成過化之地，暫借星軺，主爵者能無意耶？生邇因身病親衰，行止正在躑躅，尚未知所税駕，種種無足道者，特有尋師求友一念造次不忘，如是而已。

答清公❶

書役來，接前後手教四紙，甘露盈函，清凉無限。《楞伽解》尚須卒業，飽此法味。志序并經序，來諭懇懇索之，不知寶瓶之上，更須此瓦蓋何爲？顧尊命不可終負，容再圖之。

生滇中之行尚在躑躅，事勢所值，只得虚徐俟之，未敢悻悻耳。老母眠食如常，但精神終覺消減。二兒近已皆冠，辰下亦將次第畢婚，了此冠婚，餘事聽其自了。區區何能忘却自己大事，爲兒女子擾擾勞生而不知返耶？楊太史序文已佳，何云尚未愜意？蓋因大筆在後，特鄭重之耳。柯子種種吐露，已知大有證入，但入微一着，禪師須再用激發之。

劉季德已膺貢，可喜。得渠書，謂將過訪。秋盡尚未望見紫氣，不知其能不食兹言否？新南韶公既在箇中人，大是法門之

❶「答」下，清華本有「憨山」二字。

幸。石簣公近與之游最密，于此事甚切，不似近時學佛以名者，亦云會過禪師，時時念之。乃弟石梁信力亦深，可稱蘇氏弟兄。

僕近挾此二難，一開笑口，不然，死猫頭從何面前呈示哉！栴檀如來度嶺時節，已至奇哉，禪師亦當相隨木佛而行，影子在前，形不遠矣。望之，慶之。

答柯孝廉時復

一別久不知動定，時從憨公處問訊。書役來，接手札，甚慰。札中自陳，謂「近惟息機攝念，以此消彼熾然」，足見勇猛精進。但恐息之攝之消之，如石壓草，根株不除，終無了期。説個息機，息亦是機；説個攝念，攝亦是念。以此消彼，皆對治法耳，非究竟之旨。若要究竟，須將機與念所從來處一一識破。識破後，方知亦無來，亦無處，亦無此，亦無彼，亦無機，亦無念，則亦何息何攝何消之有？亦何不息不攝不消之有？到此方是實功，吾友參之。

前望吾友曹溪、白沙之後作第三人，乃足下承當，未甚慷慨。豈猶疑彼二公者不易爲耶？不知作第三人，猶是方便語，吾友力量，當下便可作聖作祖，于二公無有也。吾友信之！時事定慨，❶真可墮淚，但欲爲斯世斯民造福，亦須這些子打破，不然做事終屬無力，如醉漢負擔，濟得甚事。禪之一字，吾儒十分具足，此言極當。其餘種種，悉刺骨語，惟時時無忘是囑耳。

❶「定」，清華本作「足」。

與陶我明

久不相對，前會熙宇丈，知我明有損血之症，邇想康復如常。即未如常，但從學問上着力，不足爲慮，非惟不足爲慮，病是入道良因，莫輕放過。

我明來書中詞情懇懇，足見用工嚴密，但於直截一路，似猶未得其門。我明不必别求，只就病中仔細驗看：正當病時，何者可以倚靠得？此時不但功名富貴倚靠不得，即平日一切聞見，可倚靠得耶？不但一切聞見倚靠不得，即平日做的工夫，如前書所云收拾静坐提起放下等，可倚靠得耶？恐病到危急，一切皆用不及，倚靠不得矣。既病時一切倚靠不得，生死到頭，又可知矣。由此言之，倚靠不得的，皆不是真實，於此盤桓，終無到家之期；還當密自覷捕，求個生死到頭。用得着的，必是自己棲出個消息，豈須問人也。

我明又云：「人情不是着外，便是落空，空之病易知。」僕則以爲着外易見，而空之病難知。不知我明以何爲空？如以出家爲空，則出家正是着外；以持齋拜佛爲空，則持齋拜佛亦是着外。我明畢竟以何等爲落空，須於此細看分明，不妨再與商證。不備。

與劉冲倩

昨有字相寄，乃脩在前者又别一番話頭，令弟想能道之。智甫與令弟到此，一宿覺耳，比王猷雪夜之興差多一面，臨别懇懇之意，則篤且長矣。允及欲約爲天台、雁宕之遊，即倏忽之間，行行止止，意思轉換三四。如此心腸，須洗滌一番方可。希督告之。

又

近試事倥偬，知諸友各各無暇，僕欲來且止。然僕從今亦思静處，不與人接一談，看來談無一益，徒增口業耳。墨池極欲一會，但得真切勇猛，即是末世之鳳麟，不敢復問其他矣。石簣北來，書甚懇，心甚虚，想見日進之益。江西鄒南皋寄《學庸商求》一本，甚是説得好。此海内具隻眼者，彼亦深信區區。寄書止一本，欲求爲序，故不即寄來，序成并達之耳。

又

連日盤桓，徒煩酒食，未見會輔之益，慚負如何！此事在人，須自求自猛，一刻不可放舍證修二字，既負此名，尤須激勵一番。每月一二大會，決不可少，既以論學，而論書論文亦在其中。此雖先哲餼羊，而實當脩飭振舉。會有常期，則區區相過，亦不須約，石簣兄亦必依期來會。但須省却酒食，一味朴實從事，不然，諸君盟約之謂何，而顧如團沙野鴿乃爾！夫學莫病於無恒，事莫恥于無實。惟諸君念之。區區求益之心不淺，亦毋忘箴砭我也。

又

接手札，知回鏡波。舉業是儒者本等，前見沖倩一向踈曠，心殊怪之。今令尊亦相督責，則知沖倩之踈曠於此，非也。舉業即德業，孝弟即盡性至命。此等意旨，在沖倩聞之熟矣，又何贅焉。僕於諸君情分不淺，所望只在真切此事，不徒以聚散塞責。若真切此事，則雖以區區執鞭，而我自快；若徒以聚散塞責，則雖日以黄金萬兩享我，而我不樂也。區區往來，自是綽綽，不必爲拘，惟各求真切而已。初三不得來赴，真爲老母之疾，繼此可赴，亦不論炎暑也。李先生的住安慶否？卓老遭此，❶真自可憐。容此巢由，益彰堯舜之仁，不知可得無恙否耳。在山中久不見報，有便幸詳示知之。

又

前承手札，意謂面陳可竢，遂不作報言。兹又以一僧相約爲石梁、雁宕之游，決不能已，故令小价來，送智甫與令弟二君偕計。二君前亦相約，在北發時一過我方行。今僕又不能待，惟心神不隔，則常年如面，亦不須牽掛，且自擺脱，别去可也。册中語望爲斟酌，更有跋語在後。前語二君同，而後語各發。凡所未盡，共申言之同志，各各不可無語。檻山消息如何？若果在杭，定當款留。待僕石梁回時，更商量作久計，決不可令僕不一面也。千萬千萬！智甫及令弟書，言雖簡而意無限，爲我道之。

❶「卓」上，清華本有「李」字。

又

小价回，知冲倩在館掃跡驅冗，亦勝緣也。會中諸友時相印證如何？僕近來只是遷善改過，以此逍遥甚適。前石梁之游甚樂，恨不得與知己共之。明歲冲倩起止想已論定，惟二兒尚未得所歸耳。冲倩近日家中安穩否？只是反求己過，自訟自改，此是孝順法，亦是自己安樂法。打破此關，學問過半，更不須别求矣。

又

前以會事，爲言踈略，王、丁諸友，亦以相責，意皆與僕同。當今朋友，只怕過於優容，不怕過於切直，能直告我者，不論是否，皆足策我精神。況以此繩人者，彼自亦當打併一番，人己之益也。

會文得三春元一同激發，甚妙。做舉人，切莫令有舉人氣，方見學力。僕自視與做秀才時氣味一般鄙劣，無他長，獨此覺自勝耳。冲倩作文，識見已到，當更令敷腴，有大主張處，不可過也。故「時措之宜」題云「重成物一邊」，此恐未當。夫合言，則天下無己外之物，亦無物外之己，固分不得。若分言，則成己成物，皆是時措，豈有獨重成物之理？古德歌云：「但能解此如意珠，自利利他終不竭。」即此意也。飲食起居未與物接，則爲成己；喜怒哀樂纔與人通，便是成物，決難偏重。

「天下溺，援之以道」題，此亦當善會孟子意。道分不得顯晦，難道孟子當時昌言仁義，不是援天下處？髡云：「夫子之不援，何也？」只此一語便差。孟子難於直言，而微示之如此。手援即是道，道援亦無能加於手援。但淳于髡必須手援纔看見，而道援不見，遂以爲不援耳。前小兒亦得此意，但語欠圓融吐露，故爲抑之。其餘欲商量者，多已自忘。却聞有入剡之興，更可面悉也。

又

新正雪夜遥望，考事緊迫，知欲行不得也。兒輩應試，欲與俱來，王墨池兄亦欲一晤，俱未可必耳。石簣兄見寄書中，深有蹔辭軒冕之意，苦於事勢所拘，想見其不得已之情。至其懇懇謙謙之懷，自見詞表，吾輩不可不法其真切也。

又

九月初三，意必爲文成祠之會，今偶然婺源有二生持石林兄并汪澄源公及其邑令諸書來，請主彼地之會。石林兄惓惓之囑，誼不可辭，今將一赴。城中之會，又當俟之下月矣。此行冲倩諒當陪往，諸友不能悉數，願俱，無不可者。彼會在重陽起，望日畢，聯六邑之人，期不可易，只得早發耳。

又

接手札，知閒事已了，從此益練益精，使能消於未然，猶爲上乘也。自勵二字，當刻之無忘。孟秋之會，恐不能赴，在家尚不敢一步出門也。嵊庠趙學師竟陞王官，真人不合於時如此。府中同志以一手卷贈之，亦不負相與一番耳。郡公留意會中甚盛，可慶。敝邑有二孝子，一姓胡者，其父瘋病，不能行動者十年。此子晝夜伏事，大小便俱其抱持洗拭，一刻不離床右，此純乎孝者也。一姓張者，父病，割股療之，即愈。兩人見在。有司不能旌揚，意各私送一匾，一書「孝子之門」，一書「割股療親」，字煩子易一書，匾勞冲倩一定也。拙稿已刻者，乞刷一册見示。

又

王墨池兄、智甫及令弟冒暑遠來，既乏世禮相待，又無妙道相成，愧不可言。區區精神比前大減，視與石匱丈盤桓時大不同。年衰一年，前去能得幾時？言念至此，不得不着緊也。《鄒子商求》有訂證處，可即寄示。

又

使來，先後辱手札三通，深荷注存不淺。宗谿兄壽言，正思覓人相寄，今即付來手。僕近來甚病，容神俱減，小小兒又病方起床。正病迫中，念前所諾之文已當其期，只得力疾搦管，完而覽之，亦不似病中語。世講情深，話頭那能不長也。冲倩與令尊、令弟同在館中，天倫之樂可知。僕向來與諸契談學，決不許求奇，家庭中調帖，舉業上精專，安心盡職，遇境便練，學問無有真於此者。曾記座上督責允及之言乎？人只是見不到，故翻來覆去。自見不到，又不肯聽人，所以卒無如之奈也。儒佛之辨，不諍爲是。兩者是非不自今日矣，前人辨之，已不知多少；驅闢異端，亦不自今日矣，前時斥逐，亦不知幾變。有能真爲自己性命者，究到精微去處，自然曉得同異。不然，浮游之徒，與言何益？冲倩但只如此去，只照管自身，一切付之東流可也。我前有「心明境練」四字，心不明白，對境捱排，謂之瞎練盲脩；境打不過，冒言心明，謂之掠虚捉影。冲倩自勉！與接朴人，第一不可忘了此語。

越侗兄承其賜書，語甚懇懇，大是有力之士，近不知動定，有便可示知也。秋間會定當一赴，陶堰門中有會，亦是希逢，尤當一觀其盛。城中恐不得久住，只好往來。石簣、墨池二公回越，甚妙，彼時又得盤桓也。

又

德玄持冲倩書至，纔與盤桓，覺其精神志意非草草者。今且圖久處幾時，可謂懇切深至，良爲可畏，第恐區區無能裨補，孤其初心耳。冲倩知近方候發落，發落後恐即當西渡，子弟從之，責守在身，則行止便不得自由，冲倩亦不得由自也。聞高徒俱善文章，造就良易，可喜。或未得鋭意此事，多作方便以誘入之，菩薩化度衆生，即隨順爲衆生行，不可取效於旦夕，不可重增其障礙。度人即以自度，其毋易之！

與劉特倩

前聞染恙，心甚注念，然亦不意如是

甚，如是久。今來翰謂狼狽不堪，三月在床，亦良苦矣。顧特倩因此勘破塵勞，且以儆語懸之出入門屏間，朝夕顧諟，決不以身殉人，是病不甚，感不切；病不久，悟不深。其甚且久，吾之大利，益不足爲苦，而且足爲慶也已。但此念難於久持，須常常無忘。能無忘，則學問自然精進，終身自有受用矣。昔管子於桓公曰：「願永無忘於在鉤時。」今亦爲特倩願也。念之！

與王思位

來書於用功一着，又有悔責之意。前次接思位書，已知定有今日。古語云：「若起精進心，是妄非精進；若能心不妄，精進無有涯。」思位今以妄爲精進，精進安能久？求箇不妄，是精進之妙訣也。

欲得不妄，先須辨妄。聲色貨利因之而動，妄也；動無覺照，妄也；覺了不休，妄也；一時忘却，一時便要事事停當，妄也；一時同流，一時便要超人幾倍，妄也；不求悟入，妄也；心希頓悟，妄也；認箇無事，妄也；徒事揣摩，妄也；思前，妄也；論後，妄也；無主，妄也；執主，妄也。但求不落諸妄，綿密做去。不然，如瘧疾一般，冷一回，熱一回，惱亂一生便了。可惜可惜！努力努力！

又與冲倩❶

連日傳食諸門，真是無功受享。今日允及見召，豈有鄉間人堪作城中主人？大

❶ 此篇至《與全達之》，不見於底本目録。

是不便。二君以爲節日，僕看只尋常日子耳。明日長發爲我辭之。

與鄭世德

秋闈知已未偶，行止遲速有數，諒必不以此動情。敝邑二新郎君俱係老成，年歲遲暮，豈足介意？宅上滿門孝友，瑞氣充盈，種種可待，惟當益加進修，以迓遠福耳。京都亦有三五同志，想聚樂不少。人生惟此一事，不肖近愈看愈覺難緩，故願與同心之士相鞭策，以期不負也。前辱翰教，隨附報言，私衷尚未少伸。兹更承翰貺，情深意篤，其何以堪！邇聞尊堂年伯母稍有違和，諒即康豫，足下晨夕膳養，自知難離，春深亦竊有西遊之興，把手固不遥也。老母辱垂念，托庇眠食頗康，顧精神終覺不逮于往。此雖自然之勢，然亦重喜懼之情矣。

又

承翰使遠遺勸駕，深愧不得赴命，更自揣薄劣，無一毫裨補，而過辱謙謙之度，直逼古人，猶不能自釋也。聞道從北發，與世韜同舟，途中切劘之益，不問可知矣。

又

來札云：「讀書須遠遊，事母須朝夕。」足下似以此兩難爲苦，不知天下事正當兩難處好用學問。如文家做枯淡題，轉要濃郁；做支離題，轉要簡截；做糾結題，轉要脱洒，方是高手。世德不必自苦，亦不必與人作商量語。事有重輕，鱗次做去，自然平妥，慎毋入寶山而空手回也。勉之勉之！

與范孟兼

近聞孟兼歸里，欲書數字相問，以冗病未果。茲辱使翰先遣，知垂念不淺，荷藉如何！道體稍違和，諒自善調攝，康濟自身，便是學問。無忘學問，便是康濟妙方，料孟兼於此定了然也。孟兼前在宅時，於此事甚着緊，近日如何，須自校勘。相期意深，不覺念之懇懇耳。

又

孟兼舉業已穩擬入彀，在前會中時矣，今閱報果爾，深慰。極喜吾道吐氣，能令人人奮發，知此事不相妨礙，孟兼之功不小也。既進此一步，擔荷大擔，當益努力。平時沉潛勇猛，孟兼每居人先，今而后，又可知矣。

近來學道者多，真切者少，即真切，而又有走叉路者。脚踏實地，力明正宗，在我輩任之耳。百凡須從節省，不儉則後難繼，難繼則稱貸必多，稱貸多則必不能爲好官。凡此就世法論之，若論學道人，則須不移不淫，有一毫改樣，俱不可也。陶石梁兄真可作法，凡事必師之。莫忘莫忘！

與全達之

前見會文與所論訂諸友會文處，見達之識見大有深入，甚喜。區區本以疎拙無用，過辱諸君謬推，儼然承當，真是冒昧。但思自未得度，先度人者，亦是菩薩發願，使俱自退托，誰爲之號召？而此事終於埋沒，豈不人己兩失？僕之所以敢於晏然任者，萬萬不得已耳。但既擔此擔，則時刻不敢造次遺忘，務求以不負。而達之亦謂「提撕攝持，朝夕常常」。愚聞此，真是慶快洽心，不可言喻也。

然達之又謂「棼錯糾纏時，易多過謬」，又「得力不來，畢竟是平時提攝未到」。夫如此勘驗，便是極提攝處矣。凡人習氣，豈能頓除，只是工夫不輟，久之自然消融。當過謬時知得過謬，便拽轉頭來，精神力量全在這一時拽轉便了，不必更追求前日工夫未到而悔咎之也。只是過謬時悠悠，方爲我害耳。然人之過謬，必有一根，根極細微，必須反覆推尋。要見根在何所，灼見其根而斬絶之，則過謬自然日少，即不無，亦自然日輕矣。至於平時提攝，要曉得子思所謂「戒慎不睹，恐懼不聞」，方自不差。若無事生事，只在睹聞上着力，非徒無益，反有助長之害。此學問之根宗，不可不深討者。達之其更進此一着也。

明道云：「學者先須識仁，識得此體，以誠敬存之而已。」此體即「不睹不聞」之謂也。又曰「誠非別有一箇誠，敬非別有一箇敬」，亦只是不睹不聞之謂也。其後防檢思索，正是爲過謬而設，無過謬，不消得矣。紙短言長，統惟心通之爲望。

乞休疏 萬曆戊戌歲

廣東按察司僉事臣周汝登，爲身病沉危，母年衰耄，力窮情迫，懇乞俯容休罷事。

臣由萬曆五年進士，初授部郎，浮沉中外，歷轉今職，二十餘年，虚縻廩餼。臣父母先後俱叨封典，重荷國恩。畢餘生以效涓埃，固臣分宜虔，亦臣心自切。惟臣禀氣素薄，斲喪又多，壯年遘疾，遂成深痼。向歸調理，在籍十年；近出馳驅，又經九載。今年過始衰，精力加憊。去冬移官嶺表，感冒風瘴，瘧疾方痊，痰喘繼作，不能眠食，凡十餘晝夜。自分必死，偶儌幸獲起，而臟腑受虧，已如中空之木，枝葉徒存，而摧折良易矣。一時承乏，萬里趨蹌，拜祝殿廷，甫及竣事，❶而氣竭神疲，卒然眩仆。日來飲食不進，湯藥難施，奄奄僅存，而痊愈難必。

且臣有生母太安人黄，臣十四而孤，賴母教育，母不能一日舍臣，臣不能一日離母。臣向奔走南北，母所至與偕。今母年漸高，八十有三，老髦衰白，行履艱難，欲仍前迎養，則母乘輿不能；欲捨母獨行，則臣絶裾何忍！有此苦情，雖使年强力壯，猶將以烏鳥之私上干天聽，而況病又沉危，身難驅策，情既迫而力以窮。此臣所以不得不號天而訴也。

臣不敢妄援終養之例，亦不敢求同致仕之條，惟陛下鑒臣微誠，勑令吏部，容臣罷閑歸里。臣一日不死，猶能脩奉養小孝以導鄉閭，效擊壤餘歌以揚聖化，生有餘榮，死且不朽。臣無任懇祈戰慄之至。

再上乞休疏 萬曆己亥歲

雲南布政使司左參議臣周汝登，爲病深情苦，新命難趨，冒死重號，懇乞憫容休罷事。

臣原任廣東按察司僉事，齎捧畢役，具

❶「甫及」，清華本作「堅持」。

疏乞休，未蒙憐允。南還在途，又蒙點陞今職。臣通籍二紀，歷無善狀，徒以資俸積累，得厠方面之末。頃叨寵命，冒竊愈隆，仰恩罔極，何敢復以身家爲念。惟是臣病極深，臣情極苦，萬分難强，有不得不重自哀號於君父之前者。

臣以二十年來痼疾，去歲復舉，雖稍調理，而形神猶憊。近聞新命，感激思前，行未數程，輒復昏仆。日且湯飲難投，比前更劇。蓋精力既年衰一年，而病勢又日甚一日，醫人束手，痊可無期。況臣有八十四歲之老母，向來晨夕相依，豈堪一朝遠割？臣病離母，母念良深，母老思臣，臣憂倍切。母淚長垂，臣腸寸裂，母子至情，苦無可比。夫既嬰劇疾，更抱苦情，精力且疲，方寸又亂，即欲前奔，無由勉强。蓋臣之身，辟如犬馬蒙恩，徘徊戀主，而病骨難鞭；臣與母，又辟如鹿麑相顧，兩地呼嗚，而至性難割。

惟皇上深仁不遺蠢動，大孝錫類閭閻。如臣情事，最可憐憫。爲此冒死重披，仰干天聽。伏惟俯念臣病是真，俯察臣情非飾，敕令吏部，容臣罷閑歸里。臣母子從此得延餘喘，即斯須皆皇上所再造。殞首結草，生死其何敢忘！臣不勝懇切惶恐待罪之至。

周海門先生文録卷之十一

剡城袁祖和　剡城袁祖憲
門人剡城張我綱　剡城丁美祖校梓
剡城丁光祖　剡城趙應揚

送李樠山歸芙蓉山

七十老翁何所求，孜孜矻矻未云休。詩書悟徹語言外，風月挑隨拄杖頭。每對一樽頭獨點，時論千古淚雙流。期君共有人間事，歸卧芙蓉得幾秋？

送僧上峨嵋

直望峨嵋最上峰，巍巍消息許誰通？從教萬疊雲山道，只在提攜拄杖中。

客有談圓頓之理者書以示之

中天皎皎月孤懸，常在松窗竹几前。開眼自能知弄賞，不勞談頓與談圓。

雪中送劉冲倩南還二首

開口逢人似爾希，登途握别思依依。寒江莫道無風月，一路堪吟白雪歸。

其二

臘盡冰凝冷徹肌，一爐夜擁對吟詩。
君行漸入春風路，莫忘霏霏雪下時。

寄問乃弟特倩

年來踪跡若難齊，獨對難兄倍愴悽。
留得歲寒無限意，殷勤爲寄雪中題。

別傅太恒北上

津亭握手思難禁，柳葉扶踈荷葉陰。劒拂西風千里別，話聯秋雨一江深。烟霞幾逐年來興，水月常明別後心。世路滔滔君努力，殷勤惟有酒重斟。

寄鄒南皐二首

別君時久思綿綿，莫道曾無鴈字傳。
冬日苦寒春又暖，幾回消息到君前。

箇事從人妄度量，那知家計只尋常。
秖將渴飲饑餐事，説向君前笑一場。

故人查汝定邵季躬見過

冒雪扁舟度遠林，故人一諾重千金。
荒齋莫道無供給，溪水泠泠愜素心。

留都送瞿縉部洞觀出守黄州

方聞共數大夫才，詔命初銜出上台。

香案忽驚仙吏遠，黄梅重見宰官來。公庭捲幙衡山入，卧閣焚香貝葉開。嶺樹千重應北望，相思常在鳳凰臺。❶

憨山上人自五羊送予至曹溪水口賦别

縱説情空盡，難禁此日心。身同龍窟遠，話别虎溪深。坐雨開蓮卷，乘風過寶林。並攜千里道，臨發更沉吟。

武林北關夜别程生復之

相送出江關，留連杯酒别。我往挹清風，君歸步明月。月魄影徘徊，風吹凉未歇。此别自應難，此意憑誰説？

夏季京口别冲倩之金陵

京門握别水悠悠，一片離情逐去舟。
我憶金陵秋思好，羨君南去正逢秋。

别量倩之金陵

臨行話别思悠悠，此道應須自敏求。
我有片心君記取，雨花臺上月輪秋。

秋日長安遇碧淵上人

無伴無依一老僧，形容凄楚骨崚嶒。
十年來往長安道，敗衲秋風掛一藤。

❶「常」，清華本作「人」。

示沙彌能明 時從師募鑄化身金像

童子看來夙有根，塵塵刹刹解知恩。從教鑄就千身像，莫把黄金滲頂門。

哭陽和太史 二首

遥天落落曉星踈，一望乾坤恨有餘。絶學肩餘千古擔，交情淚盡八行書。觀疇客在春雲暗，懷永歌殘夜月虛。惆悵故人長已矣，吁嗟吾道竟何如！觀疇閣、懷永堂，俱論道處。訃前，太史剛有八行寄到。

其　二

地下脩文事亦疑，人間寥落豈勝悲。墓門蚤向生前啓，玄草何須死後知。剡上不逢重泛雪，槎間空咏舊題詩。白楊蕭颯墳前道，欲掛青萍那一枝。❶ 太史造有生墓，制有《槎間集》。

燕集丁性甫中甫宅三首

蘇家兄弟最超群，尊酒留懽過夜分。任是沉酣書不廢，行來酒令是論文。

乾坤滿目是吾徒，良夜邀懽酒百壺。老興不禁容易醉，少年結伴自呼盧。

榴花着雨酒杯頻，五月輕寒似暮春。酩酊牽衣行欲别，數聲簫管更留人。

❶「那一」，清華本作「向那」。

燕彭智甫劉冲倩寓樓在吴山之椒

良朋相拉上層樓，窈窕經嶇景復幽。涼雨過時雙鵲起，叢陰闕處大江流。歌逢調合聲偏壯，飲到情空醉未休。❶童冠春風千古興，今當我輩更宜秋。

張中一彭智甫劉冲倩特倩應試弗偶過集寓中詠懷 時庚子八月六日也

不知雲路阻，日與好朋親。獨抱深深意，寧隨碌碌塵。掩門山色静，下榻鳥聲頻。浩興知無極，西湖月又新。

其二

棄置誰當嘆，銜盃且樂群。野情真適我，❷秋色爲留君。栢子吟中落，槐香醉裏聞。但明今日意，此外即浮雲。

湖上送梁昌孺北上

湖中話别水初深，短棹夷猶過竹林。遠樹孤亭千古色，清歌細語一時心。蘇公堤上行還住，陸相祠前酒更斟。竟日留連情不盡，看山還待月華臨。

❶「未」，清華本作「莫」。
❷「真」，清華本作「渾」。

春日同諸友登龍溪先師講樓

春風緩步踏蒼苔，樽酒相攜上講臺。百尺宫牆容我入，千年關鎖待誰開？龍山聳户排雲列，鏡水浮窗湧月來。舊日洪鐘看在簴，一時敲動夢皆回。

秋日至三江上彭智甫宅時智甫初中尚在武林

秋風滿路稻花香，獨上君堂倒百觴。縱是未逢君笑語，臨江已覺意深長。

寄示特倩時初中在武林

尊君一見笑顔生，夜半笙歌酒對傾。常日承懽那似此，因知捧檄古人情。

庚子八月廿七夜同彭智甫張允及錢仲將劉特倩吴孟剛及衷淳二兒寓西陵客館坐談漏永曉聞彭劉二子之報志喜

客館論心夜未央，曉聞雙捷喜如狂。人情久已占吾輩，天意先今眷爾行。肯爲浮名驚乍起，懸知絶學此初昌。陽明靈爽應含笑，爲薦祠前一炷香。

送李熙宇北上

把勸千巵莫厭醺，溪聲月色此留君。輕舟一放過前浦，便隔重重幾樹雲。

白雲菴

策馬探奇入亂峰，白雲深處水流通。誰言行到水窮處，轉盡千灣更未窮。

其二

步轉千巖日未曛，啼猿落木兩紛紛。歸來不用頻詢路，馬首時看見白雲。

重過石宕菴

憶向春深度石欄，滿林芳草藉蒲團。而今歲晚重來到，木落雲寒更耐看。

會墅菴

淨宇開初地，蕭蕭竹蔭多。千燈明法眼，一句禮彌陀。童子焚香侍，鄰僧乞偈過。便應常借榻，前去復如何？

牛股嶺

遠興獨依依，深冬伴侶稀。清霜繁印履，黃葉亂飄衣。石迸懸流細，雲堆古洞微。夕陽方可戀，莫惜上崔嵬。

萬年寺三首

凌霜歸古刹，馬上忽聞鐘。路轉千重嶺，門當萬箇峰。焚香開卷帙，坐石數杉松。不是高栖者，誰同雲外踪？

一路煙霞滿，看來出此中。地傳丞相府，碑勒祖師功。澗落逶迤水，旛飄自在風。寶樓藏御藻，瞻禮萬年同。

半世聞高寺，今來是老翁。松杉含法雨，鈴鐸振宗風。華頂雲相接，曇花路亦通。遨遊攜小朗，泛此探無窮。

石梁

翹首望危槎，衣冠拜禮加。神游非杖履，真應顯煙霞。萬仞懸機石，千尋落雨花。平生滄海意，對此更無涯。

石梁傍見有太初精舍悼賦

高朋永別此關情，高閣懸題痛問名。夜宿樓頭人共水，一齊嗚咽到天明。

過瀑泉精舍二首

曇花東畔轉嶙峋，草結孤菴更絶塵。竹映高窗泉遶砌，山中處處足留人。

高僧一見語情真，爲薦清齋芋栗新。一炷明香臨水坐，山中事事足留人。

宿華頂

四萬八千未可躋，偶來一宿遂幽栖。

望中頓覺蓬山小，立處應同泰岳齊。❶大士降魔臺尚古，騷人入夢路空迷。了看萬像都無事，坐轉陽烏東復西。

下華頂

欲別名山猿更啼，白雲縹緲不堪攜。
祗應清絶孤涯水，流出終同到剡溪。

天峰寺遇雨

降魔纔轉又天峰，處處俱傳智者蹤。
絶壁幽崕都是可，不妨冒雨策孤笻。

國清寺先大夫曾讀書其中悽然感賦

先子曾游處，今來擬問誰？寒蕪迷往跡，老鶴見來時。颯沓鈴風戰，蒼茫樹日移。終天無限意，不共老僧知。

吊易菴僧二首并序

易菴初修武林靈隱等寺，余見之，碧眼方頤，大似西域國僧。後以國清遭燬過此，隨即化去。余至寺，詢問感傷，且見寺前大橋傾圮，行者病涉，因歎易菴而在，寧令至此！其蛻骨尚在寺中，奠之以言。

碧眼豐頤蚤識公，人間布福願何窮。
可憐今日思公甚，橋斷門前路不通。

福緣未盡早歸空，樹色蒼蒼恨轉濃。
欲吊慈魂何處是？天台香火武林鐘。

❶「岳」，清華本作「華」。

赤城霞

赤城萬疊彩霞明，釋子緣巖架短楹。午夜常明供佛火，半空時落誦經聲。翩躚鶴到心彌遠，滴瀝泉鳴思轉清。我欲借栖栖未得，殷勤聊寄竹間名。

桃源行

見説桃源事渺茫，我來行處亦尋常。雲間望去村煙渺，谷口流來飯屑香。直從谷口迴沿入，數里人家姓亦忘。宅傍蒼林松蔭滿，門環碧澗水聲長。檐下老人收芋栗，山頭稚子牧牛羊。田園終老傳孫子，禮數無多類上皇。前灣更有茅茨屋，隱隱木魚出深竹。扳羅更向竹間行，夾岸烟霞看不足。雪潭清絶萬尋深，留與行人浣心目。盤桓我向潭邊滌萬緣，巖花野鹿共悠然。神仙眼底得借彌旬月，便勝人間百十年。劉阮相逢只誰能識？漫道迷花尋不及。此間，不用茫茫更深入。

片篾偈贈僧

磐石静坐時，有篾懸窗簷間，忽刺入其口，凡三日乃愈。

誰將片篾，刺入汝口？是篾刺耶，抑口自受？若無口者，刺則何咎？欲除其篾，應須去口。當齋飯時，及誦經候。仔細諦觀，是無是有。口篾俱捐，放大哮吼。

舟中歲暮別三子

連宵懽未足，攜手更留連。樽俎仍餘

興，笙歌借別舡。戀溪頻選石，望塔自凌烟。莫惜尊前醉，重逢是隔年。

相會非徒爾，相違更惘然。可抛江口月，獨泛渡頭舡。杯促年邊鼓，帆遮嶺外烟。❶嘹嘹孤鶴唳，此意爲誰宣？

除夜示諸子❷

季冬除夜逼新春，膝下燈前樂此身。莫道世人無此樂，能諳此樂是何人？

元旦群集宏甫宅

元旦過鄰宅，華堂曙色深。整容方禮舊，解帶復論心。酒發新春興，詩裁隔歲吟。英才天下樂，從此日披襟。

夜同八子宿青石橋廣福菴

寒更坐轉燭光斜，促膝團圞共一家。只道尋常言自密，不持杯斝興尤賒。山童撥火添乾葉，野衲敲冰供苦茶。一宿自成千古意，遨遊不獨爲烟霞。

遊石鼓囱

諸子同登履，扳蘿興自長。玲瓏穿藕竅，窈窕入蜂房。石共飛來聳，名標武庫藏。最憐歌一曲，繚繞住空梁。

---

❶「遮」，清華本作「飛」。
❷「夜」下，清華本有「侍慈幃因」四字。

尊勝寺❶

偶逢樵客引，勒馬過招提。布地新沙擁，環牆細竹齊。階前看虎步，枕上聽猿啼。色色通明紗，無言自啓迷。

蒼巖樓上題石壁

巖巖峭壁聳雲端，百尺樓空半壁看。醉望極憐無等級，竦瞻時欲具衣冠。高泉迸玉風吹碎，古薜垂絲月掛寒。坐面直應經九載，好從初祖問蒲團。

歌飲樓頭

千古蒼巖勝，連朋始一過。眼開千丈壁，情豁數聲歌。古色歸樓滿，朝光散野多。個中吾自得，誰與問丘、軻？❷

范淳之入剡相訪坐酌蒼巖書院

山陰來遠客，攜手入春林。坐定風還拂，言忘鳥自吟。石堂過片雨，杯酒對千岑。向晚情難極，更彈月下琴。

春日雨寒同諸子對飲

閒攜諸子入樓居，常日林深睡起遲。冒雨春禽時送語，欺寒楊柳不成絲。❸鄰家

❶「勝」，底本目録作「聖」，清華本同此。
❷「個中」至「丘軻」十字，清華本作「個中難着語，切莫問如何」。
❸「不」，清華本作「未」。

煙舉門還閉，渡口人稀筏自維。對酒莫辭千斛倒，懽呼此日醉尤宜。

夏日别世韜

訪道乘潮過竹扉，來還三日思依依。含情杯酒無言説，幾度薰風動客衣。

題畫梅于石壁下

滿林桃李氣初暄，一展冰肌陡覺寒。正好攜將石壁下，清漂古色兩同看。

與諸子共賞石壁之勝將别爲賦十絶

石壁看難别，誰知此意長？千尋凌碧漢，終古對斜陽。

石壁看難别，聯群早晚過。如何一片石，能使野情多？

石壁看難别，樓頭對儼然。醉眸時一放，幽思足千年。

石壁看難别，巖巖勢揭掀。分明呈浩氣，誰道是難言。

石壁看難别，名言狀莫窮。飲嫌千斛少，坐覺萬情空。❶

石壁看難别，重重苔蘚癍。侵衣幽作潤，映面碧生寒。

❶「情」，清華本作「緣」。

石壁看難別，涓涓月到時。清光與峭骨，相照特相宜。

石壁看難別，風吹石上紋。渾疑陂萬頃，側立浪紛紛。

石壁看難別，泉傾百丈鳴。雨餘雙耳快，不洗自然清。

石壁看難別，孤危莫可依。野禽無住着，帖帖往來飛。

清明放舟過陶宗伯墓上張太史觀疇閣❶

畫艇清明出鏡中，遨遊數子得相從。尚書墓上新羊虎，太史樓前舊菊松。雨色都將春色染，歌聲時與哭聲逢。茫茫萬事誰能數，感慨惟應酒百鍾。

謁龍溪夫子墓

祇謁先師墓，那知風雨侵。扳蘿非偶興，築室是初心。異姓兒孫滿，彌山桃李陰。歸聞松籟起，猶作海潮音。

望文成墓

風雨清明馬不前，高墳一望轉悽然。孔林翠色遥相似，禹穴蒼煙亦自連。流水定從山下出，幽花還共鏡中妍。❷不須重向陵前拜，香火祠堂代代傳。

❶「放」，清華本無。「上」上，清華本有「隨」字。

❷「還共」，清華本作「時作」。

同諸子泛舟鑑湖隨上陽明洞各自言志有述

不負諸賢了此生，泰山鏡水見吾情。舟行不礙雲千疊，意適時聞鳥一聲。莫把湖光稱賀監，偶來洞口識陽明。他年步入繁華路，莫忘逍遥此日行。

坐世韜不昧齋

燕居留語坐從容，竹簟紗窗樹色濃。不出户庭成遠致，定知於此讀《中庸》。

返舍郡友送别五雲門外

相過十日道情長，繾綣郵亭更舉觴。自顧爐錘纖莫補，却慚桃李兩成行。千峰月色明高座，萬頃湖光貯一堂。共憶陽明祠畔柳，今宵誰復繫孤航？

過清風嶺遇順風❶

陽明講罷轉歸蓬，此日沿流入剡中。特向清風祠下過，滿帆飄送是清風。

寄中甫問疾

别來能幾日，懷思復如何。眼底同人少，樽前念爾多。輕寒應自護，積雨更誰過？但使心常快，無忘取醉歌。

❶ 詩題末原有「雨」字，據清華本删。

端陽示諸子

五日年年把一甌，歲華迅速去如流。吞人艾虎真無厭，笑客榴花鎮未休。扇底摇風須認手，酒中照影莫迷頭。重經五十端陽後，座上諸人幾箇留？

端午江遊即事

載酒娱佳節，江遊屬我曹。踈簾迎晚霽，短棹拍輕濤。萬室迴看小，孤亭北望高。尋常隨地樂，行路莫稱豪。

同諸子出遊南明以下紀遊凡二十首

年來無繫掛簪纓，到處登臨步履輕。傲世一身成獨往，愛山數子得同情。高歌共繞金容住，異興俱從鐵壁生。莫問兹遊何所得，月中歸去自分明。

重過會墅菴

共到曾遊處，歸林日未西。路添新笋礙，馬觸舊槽嘶。滴澗泉聲小，垂軒薜葉齊。坐憐新月好，攜手過前溪。

會墅菴送中甫歸

共指仙山望白雲，那堪一宿嶺頭分。還家莫作青蓮夢，他日從頭舉似君。

天姥山廢寺

禪宫消欲盡，往事歎悠悠。寥落悲無主，孤危一上樓。路從官閣改，水漫石田流。惟有千峰色，峩峩青未休。

天台借宿六止菴爲許文學書館仍會張文學許山人俱以酒贈

客館相逢重主情，殷勤不似蓋初傾。榻依佛閣連江淨，簾捲仙山過雨明。笑引竹間清影動，語移花底暗香生。臨行擔上重攜酒，挾取餘酣過幾程。

雨後再過石梁

勝地登臨不厭多，曇花亭上又重過。水聲覺比來時大，老衲年年聽若何？

燕王方伯圭叔熙春閣

路入台南興轉濃，熙春閣上爲從容。窗臨密竹禽音滿，座擁雙峰塔影重。笑接同參徵古案，語逢老衲見機鋒。深杯百上猶頻勸，酩酊歸聞月下鐘。

題畫梅寄贈張子易

寒深冰雪地，鐵幹獨生花。自有旋乾色，非關逞物華。

至台州浮橋問舟至黄巖

數日煙霞道，千山恣應接。崒嵂不知高，登頓意所愜。直木掛蒼煙，長山依古堞。海鳥折迴風，晴影懸雙塔。宿雨逗輕涼，濃陰團萬葉。獨聽晚來潮，滄浪歌自答。倦馬卸輕鞍，前途理舟楫。

黄巖會同年林憲僉澄洲

赤城城外暮潮平，棹鼓西風一葉輕。黄巖道上看山色，島雨初收海氣清。黄巖故人惜同調，廿年不見情難道。蒼蒼鬢髮兩非前，把酒只同開口笑。隻鷄自道老妻烹，二子傳盃並英妙。數間茅屋敞疎林，一曲瑶琴見古音。不用探奇過鴈宕，對君已覺滿游心。

老僧巖

老衲何年住此方？倚雲獨立傲風霜。南明古佛高千尺，何不皈依禮佛傍？

石梁洞

百尺深深古洞微，石梁高結倚崔巍。常看作雨孤雲泊，不見爲巢燕子歸。

靈峰洞

金蓮一朵吐中岑，大士巍然坐寳林。千級危梯花雨細，洒人肌骨滲人心。

龍鼻水

爲探龍宫踏蘚苔，但看一滴萬流該。
遊人莫漫争摸擬，無首何緣得鼻來。

玉女峰前有雙鸞、剪刀二峰

玉女嬌容早晚粧，天孫雲錦繡鸞凰。
剪刀失却忘收拾，若箇裁衣嫁玉郎？

天柱峰

壁立巍巍峙兩儀，擎天何處特相宜。
正堪一鼓千牛力，挽向天朝壯玉墀。

照膽潭

崚崚石骨注清漣，一片波光映碧天。
我到不須頻自照，平生肝膽向人懸。

僧抱石

傴僂抱石老容顔，行履孤高不可攀。
不是懸崖難撒手，故留方便接人間。

大龍湫

散若機絲并若烟，霏霏落地强名泉。
怪來尊者觀無厭，一望真消得萬年。

能仁寺遇老僧留供

老僧八十住林泉，古貌蒼蒼禮佛前。竹杖削成含翠靄，袈裟零落帶風煙。幾看卷軸知高況，一話興衰歎往年。清供滿盤呈法味，無勞栢子更談玄。

飲性甫中甫宅其尊人見陪暮上覽封亭

長日相邀對老翁，家庭真樂許誰同？高情自出塵籠外，暑氣都消酒盞中。圖寫菜根諳至味，盆栽菱葉送香風。月明更起孤亭望，眼盡江山興不窮。❶

同和卿宏甫中甫飲西溪橋上

西橋緩步踏滄浪，習習溪風洒葛裳。狂發絶憐山影動，情閑不厭水聲忙。雲開月滿沙汀白，漁散舡依柳岸凉。百盞交酙懽未極，歸歌一曲調彌長。

同宏甫中甫飲和卿樓上和卿時抱子出視

招攜日日醉千甌，惜取煙波更上樓。座倚白雲凌鴈塔，窗臨遠水見漁舟。嬰兒解笑重摩頂，密語投心自點頭。直到更闌清嘯起，萬山月色浩難收。

❶「不」，清華本作「未」。

同瀛虚上人并攜諸子遊荷花平遇雨三絶句

爲賞荷花踏翠微，北山飛雨驟沾衣。羅衣着雨香難散，故向花間緩緩歸。

山頂奇花玉作神，薰風吹動白粼粼。坐來不覺淋漓雨，一笑俱成折角巾。

縱酒看花是我徒，驚人驟雨興難孤。衣衫濕盡渾閒事，怕損花容雨點粗。

遇雨衣濕借換僧衲口述

冒雨看花思不羈，羅衣濕盡步猶遲。今朝得有爲僧分，借得袈裟半日披。❶

會查汝定 時七月七日

數載緣初合，其如鬢髮何？話長星轉閣，坐久露垂柯。萬里遲行脚，孤雲掃樂窩。相看惜牛女，一歲一經過。

送休寧畢貫之

沿溪訪道入天南，十日樓頭祗笑談。臨別一肩風月贈，憑君收取自家擔。

秋宵有懷諸子

何處乾坤着此翁？清宵獨倚向樓東。

❶「裟」，原作「娑」，據清華本改。

風生晚榻吟偏爽，月到秋天看莫空。世事浮沉花影外，山光吞吐酒盃中。吾徒共有凌霄思，好景翱翔恨不同。

中秋前燕集高給事園

夜夜銜盃待月圓，絶憐好景在秋天。❶松筠給事能相假，風咏狂懷正可宣。萬象虛涵潭影裏，一腔無隱桂花前。酒闌却憶天泉事，一斷清歌已百年。

中秋大會天泉橋 陽明、龍溪二師于此證道，亦曾以中秋飲此橋上。今會偶同此節。會凡五十餘人。昏時有雲，後頓開，午夜月大明，若天假云。

天泉橋上集群英，露濕羅衣鼓瑟聲。❷證道百年人未散，賡歌千古月常明。偶同令節原非擬，❸一掃浮雲若有情。不到此中諳此興，男兒幾已負平生。

入天衣訪李櫧山 時櫧山方與諸子歌飲橋上，一齊望見，曰「周先生來也」，口占二絶。

曉乘匹馬問高朋，石徑崎嶇十里程。欲過小橋煙柳密，春風吹到咏歌聲。

三旬不見首重回，迤邐尋花入梵臺。轉過小橋煙柳動，一聲齊道我儂來。

❶「在」，清華本作「是」。
❷「露濕」，清華本作「風拂」。
❸「偶同」至「非擬」七字，清華本作「同逢令節應非偶」。

京邸過王文學

偶然相晤語，恰似敍平生。無限清秋思，非關對月明。

桐栢宫念中甫

一别山頭又發晨，前山欲發尚逡巡。蕭然雨歇凉風夜，桐栢宫中憶故人。

臨海巾子山有雙峰并峙移步咫尺便高低莫定笑述

雙峰咫尺互高低，移步看來未可齊。盡識此山元不動，何緣當面却成迷？

除夜前一日同諸子燕集

飄飄暮雪點衣裾，留得寒宵未盡除。静興不隨燈火鬧，高懷欲共柳條舒。何人嘆髮南山夜，幾處思鄉萬里餘。争似滿堂群彦集，一杯千古坐躊躇。

群遊石鼓以孟剛不與賦示

石鼓聞奇久，蹉跎幾十年。白頭方一到，碧草待諸賢。遞引登忘險，朋搜覽自金。欲題名在石，念爾未成鎸。

金　庭

千年古洞鎖蒼苔，洞口遊人自往來。

赤水池空瑶草淨，香爐烟散野花開。吹笙竹裏聲疑在，跨鶴雲中客未回。試看尊前今夜月，當年曾照讀書臺。

樓頭坐酌

坐列群英滿，樓頭共舉觴。虛窗涵疊嶂，絶壁掛斜陽。柳色侵衣嫩，灘聲入座涼。更憐孤月上，歌發調逾長。

再遊白蓮平三絶

奇花萬朵鬬瓊芳，雨去晴來興不忘。只在此間閒笑語，也應喉舌帶清香。

千團玉雪散高臺，埋没荒烟幾到來。今日花人稱共遇，嬌容笑口一時開。

曾經風雨過高塘，粉面驕人娩腆粧。今日晴看凝不動，凜然肌骨帶冰霜。

却答仲將用來韻

四韻貽來思轉清，薰風吹發野人情。好從物外開天眼，誰向空中憶化城。老鶴有緣隨去住，閒雲無繫任縱橫。耶溪足雨新添水，爲問蓮芽幾處生。

江頭寄别程生

别思江頭遠，炎威去路遲。一尊聊自遣，恰到夜涼時。

同諸子將謁文公故里九日過芙蓉嶺

訪道同來拜大賢，重陽又過菊花天。佳期正有登高興，路在芙蓉最上巔。

又

此日登高亦偶然，停車呼酒醉風前。菊花謾道不盈把，足躡芙蓉朵朵妍。

謁文公祠

遥思闕里願初酬，曉拂霜華奠一卣。儀像分明瞻泰岳，山川彷彿似東鄒。早通章句爲童子，晚入宫牆已白頭。拜罷西風吹欲暮，輕帆歸去泛中流。

赴霞源大會

無能已覺鬢毛皤，遠道相招特自過。❶三省朋來緣不偶，千年道在旨無多。孤衷懇懇非關語，滿座融融盡起歌。共向此時明此意，杏壇消息更如何。

早發星源至時雨堂因假宿焉

爲戀慈闈不暫停，早行十里始天明。偶來時雨堂中坐，特爲青山駐一程。❷

❶「遠道相招特自過」，清華本作「勝會相招特地過」。
❷「特」，清華本作「强」。

登齊雲巖

中有石梯、天門、萬人緣、五老峰、香爐峰諸勝。

曉看雲氣薄穹玄，共躡齊雲最上巔。石磴盤來渾是壁，洞門豁處始通天。萬人有會誰傳法，五老相看欲問年。一座爐香當帝闕，朝朝不爇自生烟。

發新安吴敬甫程全之吴伯成程復之余常吉汪奎光章上之鄭時成吴漢卿程爾驊出送梅浦共宿舟中話別

蕭寺相逢話已投，更勞相送出江頭。聖門遺擔肩難委，密旨惟心師自求。野水孤舟敷廣座，良宵片語足千秋。離筵莫負思先訓，重取謳歌曉未休。時歌陽明子「殷勤莫負別離筵」之句。

其二

流水年來抱古琴，寥寥海内幾知音？淵源歷數經千古，消息單傳祇只今。遠道來過原有意，孤舟相送亦何心。一樽燈下頻拈舉，不是尋常酒漫斟。

其三

悠悠千古談，共聚一堂裏。古道有誰憐，秋思何能已。相送有十人，相攜更十里。

舟出徽河

山疊蒼蒼碧水通，舟行一似剡溪中。
攀林欲踏家山路，❶只有鄉音聽不同。

嚴州道中口占送徐道之還黃山

碧石清溪泛一舟，多君相伴下嚴州。
回看又覺黃山好，客路茫茫何處休。

其二

浮生須自惜光陰，不用皇皇浪苦尋。
方便工夫隨地做，從來旨要只安心。

其三

泛度閒圖與道仇，名根傲種更難搜。
逢人切莫看他面，只向淵微自反求。

其四

夕死朝聞事亦奇，反終原始幾人知？
始終只向吾身看，一了雖難且自疑。

其五

真宗原不滯言詮，反照之間體自全。
莫道好從詢問得，宣尼無口爲人宣。

---

❶「欲踏」，清華本作「踏着」。

其六

大道無奇自坦平，尋師指點用分明。若令雜亂東西走，❶定自沉埋誤一生。

中途客有留行不聽至前山偶吟

野鶴從來不可樊，飄然來往任飛翻。絶憐一片青山色，盡日留人不待言。

釣臺

百尺高臺傍水濱，泠然風起絶纖塵。❷來還幾許留題客，到此誰爲無事人？

晚過七里瀨

七里嚴陵瀨，沿流向晚過。星踈帆影淡，潮落櫓聲和。臨水隨成趣，❸持竿亦較多。往來無一事，歲月不蹉跎。

❶「雜亂」，清華本作「馳逐」。
❷「泠」，原作「冷」，據清華本改。
❸「隨」，清華本作「偏」。

周海門先生文録卷之十二

男 周孕衷 周孕浮 録草
門人 剡城王心純 剡城喻允瑛 校梓

恭聞册立皇太子諸王亦以是日受封志喜二首

册立名初正，兼逢婚冠期。皇衷能自斷，國運此重熙。詔播萬方喜，文宣九廟知。滿朝承盛美，何以效忠葵。

震索從天授，年將德共宜。隆師開閣早，問寢出宮遲。太后殷勤誨，諸王次第隨。微臣栖隴畝，萬里望威儀。

長夏無事讀唐詩偶有所觸乃就其語而轉之名正唐詩凡一十五首❶

李白詩：「問予何事棲碧山？笑而不答心自閒。桃花流水杳然去，别有天地非人間。」

問予何事棲碧山？笑而答之心自閒。桃花流水依然在，别有天地只人間。振昇云：「李白慕仙，而不知真仙，欲去人間，而别尋天地，可笑。」❷

王維詩：「緑樹重陰蓋四隣，青苔日厚自無塵。科頭箕踞長松下，白眼看他

❶「凡一十五首」，清華本作「凡一十二首」，缺其三李涉詩（宿雨初收草木濃）、其十二蔡希寂詩、其十三秦系詩各一首。

❷「可笑」，清華本作「所以爲未聞道也」。

世上人。」

清淨無邊洽比隣，纔分我爾即成塵。一般面目誰虧欠，莫漫輕他世上人。美祖云：「古有常不輕菩薩，輕世，晉人之失也。」

李涉詩：「宿雨初收草木濃，群鴉飛散下堂鍾。長廊無事僧歸院，盡日門前獨看松。」

宿雨初收草木濃，正堪攜酒罄千鍾。長廊無事僧歸盡，可惜門前獨對松。光祖云：觀正詩，便見涉詩有體而無用。

又詩云：「終日昏昏醉夢間，忽聞春盡强登山。因過竹院逢僧話，又得浮生半日閒。」

出世須知即世間，那分朝市與雲山。隨緣莫問逢誰話，終日無心長自閒。美祖云：「若能隨處安閒，自然合他古轍。」

又詩：「南隨越鳥北燕鴻，松月三年別遠公。無限心中不平事，一宵清話已成空。」

南看越鳥北看鴻，消息虛勞問遠公。欲覓三心不可得，何須清話始成空。振昇云：「待清話成空終不空，須識本來空。」

又詩：「野寺尋花春已遲，背巖惟有兩三枝。明朝攜酒猶堪賞，爲報東風且莫吹。」

隨緣堪賞莫言遲，何必尋花數故枝。❶得酒縱令花落盡，東風偏喜向人吹。❷有成云：「花可賞，風亦可賞，頭頭皆是。」

❶「數」，清華本作「戀」。
❷「偏」，清華本作「還」。

又詩：「幾多紅粉委黃泥，野鳥如歌又似啼。應有春魂化爲燕，年年飛入未央棲。」右《宫人斜》。

幾多紅粉委泥沙，野鳥啼殘復叫蛙。應有春魂化爲燕，年年飛入庶人家。光祖云：「放宫女三千，真聖人行事。」

許渾詩：「琪樹西風枕簟秋，楚雲湘水憶同遊。高歌一曲掩明鏡，昨日少年今白頭。」

琪樹西風枕簟秋，流雲逝水惜同遊。高歌一曲展明鏡，多病少年今白頭。美祖云：「渾詩以老爲愁，正詩以老爲幸。愁則畏死，幸則忘年。」

趙嘏詩：「鳧鷖春暖野塘春，鞍馬風高驛路塵。一宿青山又須去，古來難得是閒人。」

鳧鷖聲喚野塘春，鞍馬誰驅驛路塵。自是不閒閒便得，難將去住委他人。振昇云：「權柄在手，只要勇猛決烈。」

李端詩：「雖過老人宅，不解老人心。何事殘陽裏，栽松欲得陰。」

一片老人心，辛勤不爲身。松根留得在，自有得陰人。光祖云：「李詩止做得老不知止者；正詩不知擴大幾許利濟，忘人我矣。」

張仲素詩：「邊草蕭條塞鴈飛，征人南望盡沾衣。黃塵滿面長須戰，白髮生頭未得歸。」

名利驅人東復西，來還時共鳥争飛。紅塵滿面長須競，白髮生頭未肯歸。有成云：「未得歸，形可憫；未肯歸，心可哀。」

蔡希寂詩：「綿綿鐘漏洛陽城，客舍貧居絶送迎。逢君貰酒因成醉，醉後焉知世上情。」

年年來往洛陽城，客舍勞勞日送迎。
逢君貰酒因成醉，醉後方知世上情。振昇云：「醉後忘醒，如故醉中，識破則無事。」

秦系詩：「數片荷衣不蔽身，青山百鳥豈知貧。如今不是秦時世，更隱桃花亦笑人。」

一任浮雲寄此身，不知軒冕不知貧。
如今幸是堯時世，便作巢由不負人。光祖云：「時當可出寧須我。」

郎士元詩：「曙雪蒼蒼兼曙雲，朔風燕鴈不堪聞。貧交此別無他贈，惟有青山遠送君。」

蒼蒼曙雪帶晴雲，燕鴈隨風兩地聞。
此去青山吾領略，還將緑水奉酬君。美祖云：「此詩無限奥旨，須吟千百遍見之。」

張籍詩：「遠路悠悠在病身，誰家池上又逢春。明年各自東西去，此地看花是別人。」

未必逢春便得春，昔人重嘆世中人。
東西莫管明年事，且要而今看得真。有成云：「首句邵語，末句儆醒篤切。」

小院初成見源丈過留飲至暮

獨枕城隈自一家，小堂初搆只如蝸。
鹿門野老鋤荒徑，洛下先生過小車。杯酒肯同消歲月，盤飧惟有供烟霞。留連莫盡厭厭興，松際光多月未斜。

樓上夜飲

道念原希孔，懽情且學陶。星河醉後轉，笑語夜深高。

乘涼

炎焚烈烈正難禁，坐傍蕭踈萬竹陰。底事行人都未已？歸來惟有一雙禽。

同駕部諸僚出遊❶

群公乘暇散幽情，谷口尋花並馬行。鳥出深林千樹曉，蛙鳴野水一池晴。樽開絶巘高雲影，步繞空廊積葉聲。繾綣莫愁歸路晚，上方今夜月初明。

送繆彙征赴吴淳所青藜閣之約彙征確實有古貌

樸貌自堪憐，古心元未鑿。祇應泥塑人，獨坐青藜閣。

送劉符卿明自北上

江頭樽酒話躊躕，握别愁聽鴈語餘。道氣百年聯講席，秋風萬里逐征車。經過闕里應瞻廟，召對明廷好説書。故友若逢心笑領，豈須重問近何如？

❶「遊」下，清華本有「靈谷」二字。

天台歸路

天台處處絶風塵，踏雪披裘不厭頻。十日來還非興盡，留將芳草待新春。

題丁中甫所奉觀音像

黑者是墨，白者是紙。錯落縱横，乃稱大士。淨意皈依，焚香拜起。常常對面，時時作禮。莫向兹求，不離這裏。

贈陳司封請告歸洪都

二月送君行，積雪時滿地。江亭杯酒深，寒風吹不醉。醒然望遠山，離别難爲思。握手待丁寧，欲吐無一字。惟有鴈孤飛，嘹嘹鳴不置。

其　二

陳君道氣澄，自得静中意。暫辭蟬冕榮，獨望盧山去。盧山多白雲，早晚隨君住。祇應霖雨心，還向蒼生繫。吾道任卷舒，君來莫淹滯。

送李熙宇北上

秋山送别一琴横，樽酒重斟笑語生。此去不愁音信阻，春雷無處不聞聲。

夏日聚中甫宅

樽罍引興話情長，束帶相看聚一堂。

日午無風大似火，不知何自轉清凉。

送學博應試

春風得意馬徐徐，翰苑儒林味一如。他日會從中秘數，平生未見幾多書。

送甘觀察義麓謫任

涉世風波我共君，幾年歷履不堪聞。難憑往事俱成夢，不定浮踪總似雲。吾道有天司出處，閒情無地寄悲欣。醉鄉此日梨花酒，相送躊躇盡十分。

敬宗可久二子者憨山徒也童年慕道定力尤勝雨中同至曹溪賦勉

法器人中俊，英英二妙齊。情塵超世網，風雨上曹溪。習定江花落，看經峽鳥啼。永持今日意，莫使壯年迷。

華頂善興寺遭回禄有雙鈴不燬

何年遭刼火？瓦礫擁珠林。故物雙鈴在，猶堪振古音。

石佛寺僧見邀未赴却答

古佛心常禮，何當此度遊。祇應看月峽，掃石待中秋。

送淳之

論心半月剡江頭，歸去翱翔興未休。來往只應明月伴，孤懸千古不曾收。

舟中蘇學憲紫溪夜燕越水❶

故人攜手越王城，回首瓊花憶帝京。幾度寒暄雙鬢色，一樽悲喜十年情。鷗眠野浦驚舟起，星點春江傍席明。忽聽曉鍾行欲別，愁聞欸乃棹歌聲。

過普安寺觀龍潭同行八人

新春過寶剎，八子共追從。村澗迴通筏，空門偃覆松。暖回分佛日，歌發應齋鍾。更引看潭脉，融融欲起龍。

端陽前三日同僧萍踪集性甫中甫宅

節近聯朋燕，僧來興轉賒。摘花簪皂帽，翻酒汙袈裟。艾葉初成虎，蒲塘亂噪蛙。年年當此際，取醉作生涯。

北上歸舟

懶逐長安馬，歸來理釣緡。病那身報主，貧可志娛親。千古漁樵伴，一壺天地春。長歌吾道足，蔬水願終身。❷

---

❶ 此詩清華本題作「同蘇學憲君禹夜燕越水二首」。此處所收乃清華本之第一首。

❷「吾道足」至「終身」八字，清華本作「剡水上，吾道寄清貧」。

身公别去寄懷

野浦真僧去，空餘水石音。雲飛無住着，❶月出擬招尋。竹杖看山遠，禪燈閉閤深。何年婚嫁畢，脱屣到雙林。

和醜婦妬明鏡

任他明鏡别妍媸，妬婦休將醜自疑。齋沐猶堪供上帝，本來面目爾無虧。

和雲破月來花弄影

一碧清空萬等平，月雲虧蔽有無生。紛紛變態隨朝暮，只與人間换眼睛。

和老鼠床頭唧唧

老鼠床頭唧唧，撞着猫兒寂寂。若教猫更狰獰，却又作麽收拾。

諸友相違數日感吟六首相示兼以自儆❷

别來能幾日，忽以過秋期。刮目吾方待，觀心爾自知。悠悠時易失，凜凜獨難欺。性命元吾事，鞭驅擬待誰？

别來能幾日，意蓄有千般。理貴言前

❶「無」，清華本作「那」。
❷此詩清華本將前三首題作「别來能幾日示諸子」，後三首題作「相别無幾時再示諸子」。

薦，功從境上看。前期同訂遠，鉅擔獨肩難。入草牽牛鼻，無忘學懶安。

別來能幾日，耿耿意難陳。卑瑣人何算，精勤道可循。真人惟重己，志士豈憂貧。莫混塵寰裏，❶須期出世塵。

相別時無幾，相期念獨長。石泉須有本，徑草易成荒。命喪恩情窟，身埋勢利場。個中誰作主，常自奉心王。

相別時無幾，秋風吹又過。驚心愁鹵莽，浹汗懼蹉跎。妙法聞難偶，凡情蔽轉多。翻身不勇猛，争奈此生何。

相別時無幾，相關意獨深。定應明眼照，不是小根任。人獸分初念，存亡辨只今。莫將言過耳，瀝血盡吾心。

深秋示諸子❷

秋深爽氣襲羅裳，日照書齋几案凉。宴坐不爐還不扇，一年難得此時光。

四壁孤燈隱葦居，飛蛾無復亂庭除。布袍不怯秋宵冷，景静更長好讀書。

萬事紛來似水馳，一波纔動一波隨。若教隨去何時了，斬斷牽纏是了期。

❶「莫混塵寰裏」，清華本作「莫漫隨流去」。

❷此詩清華本前二首題作「深秋勉諸子讀書二首」，後二首題作「示諸子二首」。

明朝見説事方休，更有明朝那盡頭。堆着黄金時莫買，不堪白日坐悠悠。

彭城歸舟

十年牢落久忘機，未老何妨早拂衣。燕語聽來鄉思切，征塵望處宦情微。越侯不待名成退，剡客真因興盡歸。連夜幾番驚蟄雨，却看催長故山薇。

初冬孟兼世韜羅卿僧邗洲燕集性甫宅時三子將有金陵之行

幽棲誰復問狂夫，永夜傾談屬我徒。露浥羅衫寒尚淺，月明班座影非孤。詩吟麗句僧先得，酒促深杯客自呼。聞説扁舟生遠思，遥憐白雪滿江湖。

贈萍踪上人入關

已覺回頭晚，紛華不耐看。要令今日盡，不怕死心難。一室千緣掃，孤燈四壁寒。無窮諸世界，攝在一毫端。

何事浪躋扳，歸來蚤閉關。踈籬間碧草，卧榻背青山。木佛同居起，松風任往還。待看三載後，隨處得安閒。關以三載爲期。

周聚之見過話別

乘興何人學子猷？迢遥百里見孤舟。掩門寂寞雲生塢，特地經過雪滿裘。直接濂溪知共派，虚升虎座媿相求。臨行送別渾無語，把聽征鴻叫未休。

新正示諸子兼以自儆

經自有經師，文亦有文友。諸子奚取予，締交忘腐朽。豈非性命事，假之相質剖。既爲茲發心，會合大非偶。不比世間情，相資但耳口。更以世情交，終成兩辜負。

古有惜分陰，茲言猶未快。若真精猛人，眨眼不得懈。我輩論交來，冉冉歲月改。此事竟何如，中心難自昧。今既只如初，❶後去復何待？終身事可憂，念之淚雙灑。

鑊邊手盡避，刀下頸難伸。陸子語問學，所貴拚命人。是以古導師，斬截不容情。金經烈火煉，煉極始成真。予性常托大，事或過因循。悠悠敢他咎，引咎在予身。

雪夜集思位宅

門掩踈林静，梅開小院春。深更言正密，百斛酒猶頻。葉落冰成響，風吹雪趁人。醉餘偏骯髒，不用杖扶身。

雪　夜❷

夜掩重門醉復歌，同雲積雪滿庭柯。身驚寒氣深於酒，起問高堂寢若何。

❶「只」，清華本作「不」。

❷此詩清華本題作「雪夜問寢」。

旅夜舟中繼廉同坐遂憶子遠❶

風浪打孤舡，連床尚未眠。燈前遥憶汝，寄食在誰邊？

過湖下菴是日觀音生日二僧祝髪❷

頭髮看初剃，投師禮自成。祇應權説戒，不用更安名。多寶隨香湧，觀音應日生。試令聽梵鼓，只似舊時鳴。

王會館同諸子遷龍藏寺

選勝辭幽谷，相攜共爾曹。潮生舟自急，❸客散鳥猶號。去路松牽渺，歸雲山駕高。春風來往處，不是浪遊遨。

題紅梅贈沖倩

氣剥千葩盡，寒凝萬壑深。不看孤樹發，何自見天心。

龍藏寺同諸子看斷碑字滅不可認

龍宫石路幾經過，春日聯朋遶薜蘿。半片荒碑呈古色，不須文字任消磨。

❶ 此詩清華本題作「旅夜舟中同繼廉弟寄憶子遠姪」。
❷ 此詩清華本題作「二月十九日湖下菴觀二僧祝髮」。
❸ 「生」，清華本作「來」。

濠河菴謁普照上人

爲謁濠河客，經過不待招。門前舟繫柳，橋下水通潮。法鼓歸初動，名香坐未消。殷勤重借榻，相與話連宵。

元日訪寂菴

元日攜筇問寂菴，焚香初放早時參。清茗一盞留趺坐，積雪寒風滿破龕。

送梁又損隨李樠山歸安慶

相隨南北與西東，四壁無家不道窮。幾許山陰門下士，妬君常日侍春風。

性甫中甫侍乃尊入越問醫寄贈二首

搖曳孤舟指越鄉，風吹荷葉雨中香。開簾笑語團圞坐，不扇應知枕自涼。

謾把醫方問越人，靈丹肘後自隨身。山陰道上宜行藥，應接雲山不損神。

偶見僧詬書示諸子五首❶

偶見兩僧相詬，皆素交，且號通禪者。余笑爲解紛，便書示二三子，俱用因此惕然無忘自儆云。

論交數載號相投，利害些微便作仇。戲劇不知塗面醜，吾儕於此用知羞。

❶ 此标題原無，據底本目録補。

清齋過午學禪修，誰識須臾便改頭。
六道翻身非隔世，吾儕於此用知憂。

幾年辛苦坐蒲團，方寸如猿竟不安。
始信修行須大力，吾儕於此用知難。

愛根一點不祛除，惹出燒天浪是非。
性命沉埋都不顧，吾儕於此用知微。

袈裟説法爲諸人，誰道袈裟不庇身。
虛見空談都是假，吾儕於此用知真。

吊李卓吾二首

半成伶俐半糊塗，惑亂乾坤膽氣粗。
惹得世人争欲殺，眉毛狼藉在囹圄。

天下聞名李卓吾，死餘白骨暴皇都。
行人莫向街頭認，面目由來此老無。

會中占偈六首❶

會中與趙司訓談不覩不聞及良知之旨，口占數偈。趙公謂良知未足盡道，於不覩不聞之體未明。當下稍爲商之。❷

不聞不覩未生前，此個工夫用亦難。
要識工夫何處用，無過怒喜樂哀間。

不聞不覩是真詮，消息其中不可言。
求個不聞并不覩，相違早已隔天淵。

聖門真訣幾人傳？ 天載無聲説妙玄。

❶ 此标題原無，據底本目録補。
❷ 「與趙司」至「數偈」十八字，清華本作「會中司訓」。

説得妙玄成底用，人情之外别無天。

尋常日用更何求，意見纔生即是仇。
但自息心全體現，莫於頭上更安頭。

本來無物自完全，不識完全補綴難。
已是身居京國内，何應更自覓長安？

特揭良知啓衆迷，良知莫道不通微。
通微只説無知妙，此個無知無不知。

樓頭秋興四絶

秋　色

秋來木落水無聲，一望蒼蒼萬境澄。
欲畫不成吟不就，樓頭終日自閒憑。

秋　聲

樓頭無事一琴横，兀坐誰能識此情。
無限草蟲并木葉，凄凄更作夜深鳴。

秋　香

碧天如掃白皚皚，四壁軒窗對月開。
不識桂花何處發，深更時有異香來。

秋　空

梧桐葉葉動高風，一放豪吟寥廓中。
萬疊雲山森滿目，憑誰道取是秋空。

過資福寺一名許澤寺

遶徑歸山寺，都無鐘磬聲。老童猶帶髮，荒殿不安名。栢蔭環池滿，松根迸石生。縱令禪誦少，自覺意根清。

過法祥僧舍

老愛清幽不耐忙，布袍芒履到諸方。山僧一見頻加禮，應愧鷗機我未忘。

宿清隱寺

探奇不惜上嵯峨，清隱名傳古未磨。歸路無雲林自暗，繞門有水鹿頻過。和南佛像簾垂静，隨喜僧房樓住多。爲愛此中留一宿，夜深猿嘯隔松蘿。

美人對鏡

貪明索照別媸妍，手握菱花不肯捐。亦有鄰家無鏡子，朝朝面目自依然。

對花

花時獨自倚闌干，此事天工欲問難。只是此風那不定，曾經吹發又吹殘。

寄南皐年丈二首

見説談經虎座横，春風堂下侍諸生。❶

❶「侍」，清華本作「幾」。

洪鐘寂寞年來久，喜聽高樓撞一聲。

獨向春風抱古琴，世人彈曲不彈心。誰能悟取聲前調，山自高高水自深。

剡山眺望

青山曾許幾人棲？風物千秋費品題。遠近樓臺疎間道，東西梅柳半臨溪。江亭春曉聞鶯語，石路塵清見馬蹄。一望天台雲外客，桃花空笑古今迷。

星子峰

常日探奇思莫違，喜穿雙屐上崔巍。郊原草色連江闊，❶城郭鐘聲出樹微。人嘯石根雲乍起，❷月明山半鶴初歸。却憐雪夜人空去，不上峰頭一振衣。

四山閣燕集

共登絶壁倚重城，虚閣玲瓏見四明。遠水帆歸江樹晚，隔林鐘起寺雲晴。葛衣翠幌松風入，玉笛胡牀海月生。今夜庾樓須盡醉，更深閭巷有歌聲。

下星子尋戴安道故宅

星子峰前草滿坡，醉餘乘興謾經過。山通曲道村烟渺，❸水落寒塘樹影多。歌鼓

❶「闊」，清華本作「渺」。
❷「根」，清華本作「邊」。
❸「渺」，清華本作「古」。

城中喧落日，鷗梟江上弄輕波。戴公宅畔尋遺事，惟有枯松掛薜蘿。

子猷橋

王猷乘雪興偏豪，千載余今上此橋。古墓蒼烟浮斷石，空江斜日照寒潮。一天雲氣山吞吐，轉眼沙痕浪漲消。何處遠林松籟起，坐憐長夜聽簫韶。❶

華堂鄉訪王丈晉源爲留三日鄉多桂樹正值花開❷

論交少小老初來，繾綣三朝數舉杯。不去爲憐香作供，家家亭館桂花開。

齋頭清況示中甫

輕風積雨夏生凉，掩户無人白晝長。院舞垂楊枝懶散，梁棲哺燕語荒唐。有閒自掃佛前地，無病誰誇《肘後方》。此意問君能共否，蕭條只好似僧房。

慰性甫喪子

情到難禁强自支，須將懽喜奉親慈。含悲莫向晨昏哭，恐是高堂眠食時。

---

❶「坐憐長夜」，清華本作「誰能傾耳」。

❷「晉源」，清華本作「家文」。

又

爲夭爲彭總未真，西河不用苦傷神。君應掩淚留雙眼，夢幻紛紛看世人。

二僧歌

海上頭陀號磐石，風骨稜稜眼光碧。伏牛幾上爲降魔，過午齋持學禪寂。姑蘇更有邗洲僧，垂眼低頭意不輕。數年檢點《楞伽》義，辛苦復注《金剛經》。二僧來作剡溪客，松下蒲團曾促膝。高談發難更可人，俗耳塵襟一爲滌。別去于今得幾時，時傳消息向予知。學道自言今未了，遥指深山結後期。只言年富猶堪倚，誰道朝昏不可擬。昨日已傳磐石亡，今朝又報邗洲死。無常根蒂不堅牢，泡影生涯只如此。我視二僧年幾何，十年以長鬢毛皤。嘆惜此人還自惜，光陰莫使浪蹉跎。猶恐諸人不盡解，殷勤傳與《二僧歌》。

問中甫灸火

聞將艾火灸浮雲，炎日初蒸我憶君。昔日曾傳分痛語，不知君痛與誰分？《維摩經》云：「此身如浮雲。」

又

常年説痛不知真，今日方經始切身。能向痛中知不痛，便將艾火作良因。

樓頭偶吟因示中甫

滿懷消息可堪論，獨坐樓頭望遠村。檻外滄江千古逝，鬢邊黑髮幾莖存。逢時莫數他多技，得意惟諳此一罇。欲放小車何處去？憐君卧病不開門。

禪　客

不知方便法，黄葉瘵兒啼。切切方求悟，明明自作迷。尋常一等事，委婉萬般提。何事東遥望？長安只在西。

彭智甫劉特倩過訪話别

驅馳三日道，❶念子往來頻。古樹雲成結，秋山月滿輪。寂寥呈野況，澹泊供嘉賓。握别從兹去，❷沿溪莫問人。

秋堂客去問中甫疾

客來三日鬧，客去一堂間。帙亂風生竹，杯停鶴護關。候蟲喧四壁，暮色滿千山。何日維摩愈，相過共解顔。

酬中甫病卧見懷兼約病愈作經會❸時七月既望

醒然豁眼見詩篇，懽喜能添白髮年。

❶「三日道」，清華本作「爲何事」。

❷「握别」，清華本作「大道」。

❸此詩清華本題作「答中甫病中見懷兼申所約」。

竹裏萬蟬聽不厭，水邊片石坐尤便。眼空倍覺思良友，❶病起應先赴法筵。最是中天明月好，秋來已負一回圓。

中甫病中相招簷下夜酌

眼中寥落故人稀，百盞情深爾獨依。抱病倚看簷外月，長歌時發醉中機。桂槐影落天彌淨，鴻雁聲高思轉微。一坐留連渾不倦，更深誰覺露沾衣。

燕集小樓先一日爲予初度

文酒相攜過小樓，人生非友亦何求。箇中誰許先開眼，座上慚予最白頭。月吐一輪天地滿，溪分百道古今流。丈夫遐覽非蓬矢，坐豁軒窗已盡收。

送喻和卿往洪都

念爾初機力未純，迢迢遠道特傷神。纔離浦口即成别，一到龍沙何所親。志氣莫令辜少小，聲名早已動儒紳。孤衷幾許難言説，不爲傷離淚滿巾。❷和卿少有遠志，近督學以行旌，故五六云云。❸

其二兼寄中卿

樓涵秋水酒盈巵，滿座英賢話别時。有意交修頻喚友，無能衰老媿稱師。此生

❶「眼」，清華本作「情」。

❷「孤衷」至「滿巾」十四字，清華本作「殷勤更與臨行囑，好向文江一問津」。

❸「故五六云云」，清華本作「文江吾故人鄒爾瞻在焉」。

大事終應徹，❶眨眼浮雲莫浪移。❷一到連床堪共證，昔年曾與乃兄期。中卿方司理洪都。❸

途中寄楊太史復所年丈

別來已愧二毛侵，客裏思君夢獨深。瀛海樓頭詢古道，❹絃歌渡口憶知音。風吹碧柳長途色，月照清江永夜心。欲寄相思無一字，坐看魚鳥自飛沉。

寒夜獨坐有懷

獨坐空堂永，蕭然識故吾。月巢禽影瘦，風葉樹聲枯。舊帙千函散，寒燈一點孤。所思人獨遠，何地可追呼。

除夜前三日集性甫宅

同將道義一盤桓，宇宙誰能放眼看。歲極尚餘三日興，情深且盡百壺歡。鼓傳清夜渾忘漏，雪滿中庭未覺寒。肯把良宵容易度，他時應念此時難。

校書之約中甫以詩見促却答

校閲曾期許，蹉跎又一年。不禁衰態懶，無那野情牽。千古難拋擔，多生未了緣。會應同努力，原與共仔肩。

---

❶「應」，清華本作「當」。

❷「眨」，清華本作「過」。

❸「中卿」至「洪都」七字，原無，據清華本補。

❹「道」，清華本作「路」。

春霽獨遊有懷❶

霽日郊遊好，鶯花亦自催。春同萬象普，雲爲一朝開。大地看寥廓，千峰獨往來。誰憐心賞處，立馬重徘徊。

夜深獨坐

夜長時聽鼓鼕鼕，獨坐爐香手自供。好箇上堂時節子，更無人與觸機鋒。

其　二

深更寂寞掩衡茅，一盞頻斟萬事抛。做得小詩還自詠，更無人與共推敲。

題劉母千秋佳勝壽册六首

秦　望

秦嶺位維坤，龍山相對尊。群峰羅列侍，千億見兒孫。

鑑　湖

鏡水平於掌，青天映碧波。春芳時采掇，爲有藻蘋多。

❶ 此詩清華本題作「春遊有懷」。

禹　穴❶

廟貌千秋古，❷瞻依尚儼然。儉勤思令德，風入女中賢。

陽　明❸

一派陽明水，真從洙泗來❹。尋源歸壽母，肯浪説蓬萊。❺

蘭　亭

蘭亭修竹會，玆事已千年。春筍迎流發，猶堪入饌鮮。

越　崢

越王成霸烈，嘗膽事何如。今日山前母，丸熊課子書。

立春前一日暮集二首

共集團圞燭影摇，争傳春日是明朝。欲知消息從何問？夜半攜燈看柳條。

節候推移那得知，且同好友共銜巵。

❶ 此詩清華本題作「禹穴圖壽劉母」。
❷ 「廟貌」，清華本作「聖跡」。
❸ 此詩清華本題作「陽明洞圖示劉生壽母」。
❹ 「真」，清華本作「直」。
❺ 「肯」，清華本作「莫」。

更闌滿座酣歌發，便是春風乍起時。

午日江遊即事

歲歲聯朋泛一舟，端陽時節雨初收。兒童兩岸遥相指，❶艾葉榴花插滿頭。

别閩中鄭子微

子微善歌邑友傳其法云

縹緲閑雲一片飛，留連數日坐漁磯。相違不用嗟相遠，但聽歌聲識子微。

喜得南皋年丈書并近刻數種

千里故人隔，深秋一雁臨。開函親見面，寄語密傳心。書遍吾徒覽，詩攜盡日吟。應憐些子意，共代有知音。

壽鄭年伯母九十

皇恩天壽兩綿綿，燕喜秋高樂管絃。黄菊看花初百度，蟠桃薦果會千年。瞻雲慷慨辭榮路，愛日聯翩戲舞筵。酒取南山斟復上，重重遶膝拜曾玄。

送趙近思偕計北上

溪頭百盞話逡巡，珍重懷瑜入帝闉。❷一取科名期不朽，肯言温飽共時人。❸

❶「遥相指」，清華本作「群相劇」。
❷「珍重懷瑜」，清華本作「披褐懷珍」。
❸「言温飽共」，清華本作「徒温飽咤」。

哭楊復所

忽聞消息不勝悲，白首論交更有誰？脱劍無從心掛樹，❶援琴不鼓淚盈絲。難忘密語香焚處，一望慈顔月上時。❷獨恨玄經空自草，生前寂寞幾人知？❸

贈邢翁二首❹

邑西邢翁年八十九，其兄年九十，俱矯健，猶能騎馬。余往留飲連朝，問所養，惟節調飲食嗜慾而已。❺席間賦贈。

兄弟齊登九十齡，淋漓對客酒猶勝。欲詢筋力年何似，駿馬牽將試一乘。

節養尋常是衛生，不從茅氏乞丹經。誰家兄弟誇雙桂？未及同胞兩壽星。

過西鄉飲王少梅宅

主賢能愛客，駐馬重徘徊。池鯉網初得，家醪甕自開。遶籬蔬菓植，隔隴唱歌來。恰有丘園思，應過醉百回。

答守關僧問大旨

難將箇事問他人，覿體明明不用陳。樹色當樓看不盡，猿聲度嶺聽須真。要知直下原無旨，莫向空中自起塵。關鎖重重

❶「脱劍無從」，清華本作「寶劍莫投」。
❷「一望」，清華本作「恍覩」。
❸「寂寞」，清華本作「能有」。
❹此标題原無，據底本目録補。
❺「惟節」至「而已」九字，清華本作「惟善節調而已」。

何處着，十方世界盡吾身。❶

送劉冲倩歸山陰❷

一杯聊送別，萬種特關情。莫漫乘風去，還應待月生。

題梅贈王世韜❸

氣骨鍾來異，馨香吐不凡。春風何自轉，全此握機緘。

❶「吾」，清華本作「全」。
❷此篇不見於底本目録。
❸此篇題不見於底本目録。又此篇，底本只餘篇題，正文脱去，且不知其後是否别有詩篇。今僅據清華本卷十六補此詩正文。

鳥不鳴山更幽」乎？

海門先生集十二卷浙江朱彝尊家曝書亭藏本❶

明周汝登撰。汝登有《聖學宗傳》，已著録。是集凡文十卷、詩二卷。集中如《九解》九篇，越中、南都、剡中、東粤、新安《會語》五篇，皆聚徒講學之語。其釋良知二字，謂良訓甚也，當如至善、至德、至禮、至樂、太極、太初等「至」字、「太」字，皆「甚」字之義，有不可擬議、不可名言之妙。其立義新奇，非惟孟子無此説，即王守仁亦無此説，斯真龍溪末派，惟所欲言者矣！詩亦作白沙、定山之體，其《正唐詩》一十五首，尤不可解，如取李白「問余何事棲碧山」一首，翻其意而竄改之，曰：「桃花流水依然在，别有天地只人間。」是不幾王安石之「一

❶ 此提要爲《四庫全書存目叢書》編者所附，今仍底本之貌，故保留之。

涇皋藏稿

〔明〕顧憲成　撰
董　平
陳瑞新　校點

目 録

涇皋藏稿第四卷……四四

涇皋藏稿第五卷

涇皋藏稿第二十一卷……三〇四

涇皋藏稿第二十二卷……三二二

校點説明

顧憲成（一五五〇——一六一二），字叔時，號涇陽，南京無錫涇里（今江蘇無錫張涇）人。萬曆四年（一五七六）鄉試第一，八年成進士，授户部主事。十一年，請告歸三年，聚諸生講學。名其居曰「小心齋」，生平即以「小心」爲工夫。十四年，假滿，補吏部主事。十五年，上《恭陳當今第一切務疏》，不合，被旨切責，尋謫桂陽州判官。後遷處州推官。丁母憂，服除，補泉州推官。二十年，升吏部員外郎。二十二年，宰相王錫爵將致政，朝廷推舉代者，顧憲成舉故大學士王家屏，因忤帝意，削籍爲民。

憲成居家，以讀書講學爲務。萬曆三十二年，與其弟允成重修「東林書院」。憲成主持講壇，制定會規，一時學者雲集，高攀龍、錢一本、薛敷教、史孟麟、于孔兼等，皆爲同志。「當是時，士大夫抱道忤時者，率退處林野，聞風響附，學舍至不能容。憲成嘗曰：『官輦轂，志不在君父；官封疆，志不在民生；居水邊林下，志不在世道。君子無取焉！』故其講習之餘，往往諷議朝政，裁量人物，朝士慕其風者，多遥相應和。由是東林名大著，而忌者亦多。」（《明史》本傳）萬曆三十六年，起爲南京光禄寺少卿，不就。萬曆四十年，卒於家。天啓初，贈太常卿。崇禎初，贈吏部右侍郎，謚端文。

憲成早年遊薛應旂之門，對於當時「離行言知，外事言學」（薛應旂語，《明儒學案》卷二十五）的學術風氣深感不愜，主張學問必貫徹於日用倫常之實地踐履，尤須體現於對國家天下的現實關懷。其早年所撰名聯「風聲雨聲讀書聲聲聲入耳，家事國事天下事事事關心」，正可謂其一生生活之寫照。在學術上，憲成對朱熹的格物説和王陽明的致良知説都能認可，認爲朱熹的格物學説即在時時處處講求天理,而不獨在一草一木上講求。論王陽明,則謂:「文成恐人認識爲知,便走入支離去,故就中間點出一『良』字。孟子言良知,文成恐人將這個知作光景玩弄,便走入玄虛去,故就上面點出一『致』字,其意最爲精密。」(《小心齋劄記》卷四)然憲成對王陽明的「無善無惡」之説,則持激烈否定態度,以爲「謂人之心原自無善無惡也,本體只是一空;謂無善無惡惟在心之不着於有也,善惡必至兩混」(《涇皋藏稿》卷六)。至以爲王門後學脱略工夫的一切弊病皆從此四字出。他强調:「語本體,只是『性善』二字;語工夫,只是『小心』二字。」(《小心齋劄記》卷十八)性體即善,上自聖賢,下至學人,都必須小心翼翼實落爲善工夫,才不至於脱離天道。

顧憲成的著作較多,由其後代遞相整理刊刻,蓋以清光緒十二年(一八八六)涇里宗祠完成的《顧端文公遺書》爲最全,❶共收書十九種,其中《年譜》由顧憲成次子與沐「記略」,《小辨齋偶存》爲憲成弟允成所作。而《小心齋劄記》及《涇皋藏稿》,則爲顧憲成親自編訂。《顧端文公年譜》(後文簡稱《年譜》)載:「(萬曆)三十九年辛亥,六十二歲。十二月,刻《涇皋藏稿》。集生平書、疏、記、序、傳、誌諸文,詳加删訂,手自編次,爲二十二卷。」由此可知,《涇皋藏稿》由憲成親自編定,首刻於萬曆三十九年。顧貞觀《年譜述》云:「後夔州公重刻《涇皋藏稿》,名《顧端文公集》,微有增删。」「夔州公」者,即憲成次子顧與沐。由此則知顧與沐於明末重刻《涇皋藏稿》,乃更其書名爲《顧端文

❶《顧端文公遺書》初刻于康熙三十六年(一六九七),收書十一種,現收入《續修四庫全書》,其中没有《涇皋藏稿》。光緒三年(一八七七)重刻,據目録,當時準備刻書二十五種,有十一種標注爲「嗣刻」,而《涇皋藏稿》不在「嗣刻」之列。據《四庫存目叢書》所收光緒三年刻本,也没有收入《涇皋藏稿》。而光緒十二年完成的《顧端文公遺書》,收書十九種,已收入《涇皋藏稿》。

公集》，馬世奇與錢謙益皆爲之序。❶

此次整理，底本爲北京大學圖書館所藏明末刻本。該本半頁九行，行十九字，白口，四周單邊，八册。魚尾處有「涇皋藏稿卷某」字樣。卷一首頁版心下鐫「錫山施繼封書，何愚刻」。因《涇皋藏稿》顧與沐重刻本已更其名爲《顧端文公集》，則此所謂「明末刻本」者，當爲萬曆刻本。惟此本略有剜改，如目録卷四末剜去一行，❷卷首目録殘缺一頁(今據正文補)，卷二十二第二十六頁爲手抄補入。校本有二：一爲影印文淵閣《四庫全書》本(簡稱「文淵閣本」)，一爲光緒十二年顧氏涇里宗祠《顧端文公遺書》所收録的《涇皋藏稿》(簡稱「光緒本」)。文淵閣本「提要」未交代版本來源，無序文、目録，但從其内文看，例如卷一首篇《覩事激衷恭陳當今第一切務懇乞聖明特賜省納以端政本以回人心事疏》，光緒本省作《恭陳當今第一切務疏》，而文淵閣本篇題與底本同，其他篇題光緒本有省者，文淵閣本均同於底本，不省，似可初步斷定，文淵閣本所據底本，與本次整理所據底本爲同一版本。光緒本由憲成九世孫顧文煒題簽，存顧與沐重刻《顧端文公集》時馬世奇所作之序，名《原序》，而無錢謙益之序，似可初步推斷光緒本所據底本爲顧與沐重刻之《顧端文公集》。

比較底本與兩個校本，主要差别如次：

一、文淵閣本、光緒本卷四缺《與錢受之》一文，卷十四缺《錢受之四書義題辭》一文，而底本均存。錢受之，即錢謙益，删去與錢謙益有關的兩篇文章，恐與其降清有關。明末重刻《顧端文公集》時，錢謙益尚爲之序，則此二文之删，或即四庫館

❶ 按：該本崔建英《明别集版本志》著録爲「明崇禎刻本」，「版心鐫『端文公集』」。

❷ 查北京大學圖書館藏另一《涇皋藏稿》著録爲「明刻本」者(與「明末刻本」乃同一書板印刷)，目録卷四末行爲《簡觀察鄒龍翁老師書》，而正文實未收此文，「明末刻本」剜去此題，與正文合，故此本乃萬曆刻本之校改本。因「明刻本」有缺頁，且多處字跡模糊，故取「明末刻本」爲此次整理之底本。

臣所爲。

二、文淵閣本卷五第三頁缺《復錢抑之書》一文，館臣將原置於本卷末的《與史玉池》三通中之前兩通放到此處，卷末保留第三通，更名爲《又與史玉池書》。另，文淵閣本卷十七首有闕文。參考底本及光緒本，所缺爲《明故承德郎山東濟南府别駕蓮巖黄先生暨配許孺人合葬墓誌銘》一文的前半部分，殘缺二百六十六字。

此次整理，由陳瑞新完成初稿，並據内文重新編訂目録，再由董平審定。校點者囿於學識，錯誤在所難免，仍祈海内外方家予以匡正爲盼！

校點者　董平　陳瑞新

涇臯藏稿第一卷

無錫顧憲成著

丁亥三月

覩事激衷恭陳當今第一切務懇乞聖明特賜省納以端政本以回人心事疏

臣於本月初一日接得邸報，四川等道御史高維崧等一本乞恩認罪事。奉聖旨：「用人出自朝廷，你每不論是非，輒肆行攻擊，抗旨求勝。及有旨着推舉，却又推諉支吾，好生恣横反覆。本都當重治。姑念人衆，爲首的高維崧着降三級，趙卿、張鳴岡、左之宜各降一級，俱調外任。其餘的各罰俸一年。吏部知道。欽此。」

臣見之，且疑且駭。退而思之，憂結盈腹，誠不自知其然也。今夫工部尚書何起鳴，君子歟？小人歟？其訐都御史辛自修也，果有據歟？無據歟？而御史高維崧等之合糾起鳴也，公歟？私歟？此皆章章較著，不待辨而知者也。皇上爲起鳴罷自修，謝之矣；而又降及高維崧等四御史，何歟？皇上以爲用人出自朝廷是也。今者起鳴訐自修則罷自修，訐維崧等則降維崧等，可謂出自朝廷歟？皇上亦嘗謀諸執政大臣歟？其謀之而不以告歟？其告之而不以聽歟？意者第謀之左右而已歟？或他有所獲罪而起鳴因而擠之歟？皆不得而知也。

夫自修者，其賢與否，臣姑無論也。職

司考察，反被中傷，大計重典，一朝而壞，臣亦姑無論也。惟是謂維崧等之疏出自承望，則臣以爲謬甚矣！臣竊見邇年以來，人心日下，猜忌繁興，讒誹殷積。或曰「某也，某黨也」，或曰「某也，某仇也」，或又曰「某也，陽爲某而陰爲某也」。所附在此，則濟其私不濟其公；所傾在彼，則覩其非不覩其是。遂乃飾無爲有，騰一爲十，塗豕盃蛇，俱成公案。甚矣，時俗之過爲揣摩，幸人之災而不樂成人之美也！幸而昨者本部奉旨考察，無論恩怨，一秉至公。命下之日，中外翕然稱服，以爲我皇上之明，二三執政之有容如此，無不愧恨其昔之窺之者太淺而求之者之太深也。❶亦可以見人心之公不容泯而挽回有機矣，何意復覩是紛紛乎？在起鳴既疑以宿釁蒙搆，在自修又疑以忤時招尤；在起鳴既見以有援而巧爲排，在自修又見以受屈而急於辯，皆過矣。顧獨坐維崧等，承望耶？即爾彼給事中陳與郊等深詆自修，何爲者耶？何怪乎人言之嘖嘖也？若曰一則公，一則私，臣不能解也。試使兩者平心定氣，易地而觀，臣恐我之所謂公，固即彼之所謂私，而彼之所謂私，亦即我之所謂公耳。柰何舍我而罪彼哉？爲今之計，臣以爲莫若各務自反而已。起鳴當思何以爲衆論所鄙，自修當思何以爲儕友所猜，維崧等當思何以言出而召侮，與郊等當思何以言出而啓疑。至於執政大臣，尤應倍加檢省，風厲百僚。己雖有善，不敢輕以自滿；人雖未諒，不敢重以尤人。若無若虛，孜孜汲汲，積而久之，精

❶「而」，原作「也」，查北大圖書館藏另一萬曆刻本作「而」，此處乃因版片模糊而後印時誤改者。

神透徹，誠意欒如。本無偏好，誰能求同？本無偏惡，誰能求異？雖有褊心鋭氣，皎皎而負爲高者，亦聞焉而慚，見焉而悔，恍然自失而不知矣。如是而猶或貳以二，或參以三，將君子薄之，輿論非之，共起而爲我驅也，何必遽與之校哉？

元輔申時行，虚衷雅度，天下共推。次輔許國、王錫爵，一心一德，和衷弼理。偕臻斯道，正自不難，要在卓然以臯、夔、稷、契相勖，不但如近時所稱名相而已，庶幾可以答天下耳。若乃以智角智，以力角力，釋仁義道德之用，而兢巧拙於毫毛，假饒得濟，終屬雜霸雜夷，非今日所宜用也。先是，御史甘士价進「和衷」之説，其指甚美。第不務拔本塞源，而徒欲調停於聲色之間，其究非强上以狥下，則强下以狥上。雖外貌可觀，病根終在。扁鵲盧醫，望而却走，而庸人方以爲無足憂，此臣之所以不容已於言也。抑臣又因而有感焉，請畢其説。

臣竊見今之時，凡非科道而建言者，世必詬之，曰是出位，曰是好名，又曰是爲進取之捷徑耳。不然，則又曰是多行不韙，計畫無之，聊借以蓋醜而脱計網也。斯四者，亦誠有之矣，而不可不求其故也。臣嘗妄謂，明興二百餘年矣，西漢之經術，東漢之節義，唐之詩詞，宋之理學，並彬彬稱隆，而獨言官之氣稍不振。天下多故，危言讜論，往往出於他曹。無論其遠，即如我皇上蒞祚，故相張居正用事，數年之内，言官有相率讚頌已耳，有相率保留已耳，有相率祈禱已耳，以求吴、趙、鄒、沈、王、艾之儔，何寥寥也？又如近日維崧等合糾起鳴，本屬公議，及皇上詰責所以，輒惶恐推避，莫適爲首，惟有謝罪不暇已耳，亦無能自見始末，開廣聖心者。曾不思皇上聰明睿智，從諫如流。有如維崧等，披露情愫，曉暢事實，章晰誼理，剴篤言辭，即皇上一覽而悟，未可知也，臣甚惜之。由此觀之，假令言官不爲利誘，不爲威惕，無事不瑣屑以取厭，有事不依回以取容，牽裾折檻，時不乏人，他亦無繇而奮其説矣。然則使人之得以出位而言者，臺省之爲也。夫人情未有不喜順而惡逆者也，而况于居尊顯者乎？彼其喜也，能令人榮；其惡也，能令人辱。有一人焉，獨拂其所喜，干其所惡，端言正色，侃侃不顧，夫安得而不名高也？名高矣，而當之者方苦於不堪，厭恨之不足而至廢棄，廢棄之不足而至摧折，則天下皆咈然不平於其心。一旦時移事改，是非論定，夫安得而不加殊擢也？且夫短長，人所時有也。天下非盡中行也，食肉者非盡賢與能也，而獨苛求於斯人，欲甘心焉，則天下必有藉爲口實者矣，又安得而不姑舍是也？是故抑者予其揚者也，屈者藉其伸者也，退者佐其進者也，斷可識矣。假令其言是，怡然而受之，其言非，廓然而容之，録其長不疵其短，褒其直不嗔其狂，欣其誠不虞其矯，我用其言，何必計其人？我不用其言，何必疾其人？審如是，人人而能言也，何名可賈？何利可徼？而亦何醜可蓋？非徒然也，而我反因之獲容直之名，收用言之利矣。然則使人之得以賈名，得以徼利，又得以蓋醜者，廟堂之爲也。至於建言者，其人大都負氣自喜，不耐矜束，濶略於規矩，遇事發憤，往往過當。聽者方内懷不服，退而詢其行事，又不足以滿其意，則曰：「爾以古人畜我，何不以古人自畜？」而前後之人察見意指，又因而媒孽之以取媚，尋垢索瘢，無所不至。於是遂置其言不復採，而并其人亦賤之矣。假令士能潔躬脩行，入不愧妻子，出不愧朋輩，則其人重，其言亦重，夫安得而無聽？然則使人之得以舉而納諸群詬之中者，建言者之爲也。故臣以爲亦莫若務自反而已。自反則上何暇以言爲罪？下何暇以言爲高？惟各盡其在我而已矣。

先是，都給事中楊廷相條陳考察事宜，意欲痛懲矯激之非，蓋亦有説，第人之常情，自是逆指者少，順指者多。不知自反而徒彼此相尤，其究必多者日勝，少者日負，將來之患，正恐不在矯激耳。如曰：「曩居正用事，宜尚異。今非其時也，宜尚同。」則唐虞之際猶然，朝有吁咈，野有誹謗。而孔子亦云「邦有道，危言危行」。方今君聖臣賢，千載一會，不以唐虞有道望斯世斯民，而僅僅較短長於居正柄國之日，此臣之所痛也。是故彼一時也，上下壅隔，群邪朋興，雖無一事不出於私，人皆以爲常。此一時也，上下寅恭，衆正彙集，少有一事不出於公，人皆以爲異。此臣之所以尤不容已於言也。

臣腐儒也，無所知識。生逢明聖，思見太平，情激乎中，不能默默，輒以自反之説進。熟念當今第一切務，無過此者。其用心寬而動物速，其操術簡而收效宏。夫惟皇上超然遠覽，穆然深思，凝然獨立，反躬責己，端本澄源。無論大臣小臣，近臣遠臣，而皆視之爲一體；無論諷諫直諫，法言巽言，而皆擇之以用中。仍諭大小臣工，無猜無忌，自責自修，勿惜任怨之名以逢君欲，勿希將順之美以便己私，勿狥一時之喜怒以貽禍將來，勿執一己之是非以誤傷國體。至于左右近侍，亦時以此照察之，使其各知愛惜，共享榮名。其維嵩等四御史，❶姑令照舊供職，則皇上何以不若堯舜在廷？諸臣何以不若皋、夔、稷、契？天下何以不若唐虞？蓋變化人才、轉移世道之機，實在于此。《大學》曰：「自天子以至于庶人，一是皆以脩身爲本。」《中庸》曰：「正己而不求於人，則無怨。」《孟子》曰：「行有不得者，皆反求諸己。其身正而天下歸之。」又曰：「以善養人，然後能服天下。」臣誠不勝惓惓，惟皇上裁察焉。

奉聖旨：「這本黨護高維嵩等，肆言沽名，好生輕躁！顧憲成姑着降三級，調外任用。前有旨，特諭各部司屬，欲陳所見的，都呈稟堂官定議具奏。顧憲成曾否呈稟堂上官也，着回將話來。」

甥王永圖録次

癸巳二月

建儲重典國本攸關不宜有待懇乞聖明早賜宸斷以信成命以慰輿情事疏

吏部四司公本

臣等伏見皇上思祖訓立嫡之條，欲將三皇子暫一併封王，以待將來有嫡立嫡，無嫡立長。於此知皇上之心有惕然其不敢自專者，而必以上合聖祖之心爲安也。又見皇上諭輔臣王錫爵等：「朕爲天下之主，無端受誣，以爲可痛可恨。」於此知皇上之心

❶「嵩」，前文作「崧」，文淵閣本、光緒本亦作「崧」。下「維嵩」字同。

有歉然其不敢自適者，而必以下合天下之心爲安也。有君如此，豈不真聖君哉！乃臣等退而思之，惟是待之一言，有不能釋然而無疑者。

皇上之所據以爲得在此，而天下之所共據以爲失亦在此。此吉凶之原，安危之幾，不可不早辨而慎防也。夫太子，天下本。立本所以不忘天下也。豫定所以固本也，如之何其可緩也？是故有嫡立嫡，無嫡立長是也，待嫡非也。就見在論嫡之有無，是也；待將來論嫡之有無，非也。夫待之爲言也，濡滯而鮮決，懸設而難期，撓不刊之典，潰不易之防，隳不攜之信，叢不解之惑，開不救之釁，貽不測之憂，甚不可也。臣請得而歷數之。

皇上之稱祖訓，惓惓矣。顧其所言「立嫡」、「待嫡」二條，意各有主。質以建儲之事，判然不類。皇上第以其合於己，援而附之，是爲尊祖訓乎？是爲悖祖訓乎？其不可一也。

嘗考我朝建儲家法，東宮原不待嫡，元子並不封王。廷臣連章累牘，言之甚詳，歷歷可按。皇上第以其不合於己，置弗爲省，豈皇上創得之見，有加於列聖之上乎？其不可二也。

臣等聞之，凡有天下者稱天子，天子之元子稱太子，太子之元子稱太孫。天子繫乎天也，君與天一體也。太子繫乎父也，太孫繫乎祖也，父子、祖孫一體也。故親之主鬯承祧於是乎在，不可得而爵者也。餘子則稱王，王必繫之地，各有分域，可得而爵者也。今欲並封三王，元子之封，何所繫乎？無所繫則難乎其爲名，有所繫則難乎其爲實。其不可三也。

皇上亦曰權宜云耳。夫權者，不得已而設者也。元子升儲，諸子分藩，於理爲順，於情爲安，於分爲稱，於訓爲經，有何疑顧？有何牽制？有何不得已而然乎？耦尊鈞大，偪所繇也。偪則凌，凌則僭，厲所階也，豈細故哉！而姑任之，其不可四也。

皇上以聖祖爲法，聖子神孫以皇上爲法。皇上尚不難創其所無，後世詎難襲其所有。自是而往，幸而有嫡可也，不然，是無東宮也，無乃悮萬世之大計乎？又幸而如皇上之英明可也，不然，是凡皇子皆東宮也，無乃釀萬世之大患乎？臣每念及此，便自寒心。皇上獨能宴然而已耶？其不可五也。

且夫皇后者，所與皇上共承宗祧者也。期於宗祧得人而已。宗祧得人而皇后之職盡矣，豈必有嫡而後爲快？夫皇上以父道臨天下者也，皇后以母道臨天下者也，一體也。是故皇上之元子，即皇后之元子也，雖恭妃不得而私之也。皇上之諸子，即皇后之諸子也，雖皇貴妃不得而私之也。何者？統於尊也。今庶民之家，妾之有子，亦以其妻爲嫡母，固其定分然耳。豈必自己出而後爲子？又豈必如輔臣王錫爵之請，須拜而後稱子哉？皇上何不斷以大義而爲此區區乎？其不可六也。

況始者奉旨，少待二三年，則是二三年而已，俄而改於二十年，則亦二十年而已，俄而又改於二十一年，則亦二十一年而已，猶可以歲月爲期也。今曰「以待嫡嗣」，則未可以歲月爲期也。德音方布而忽更，聖意屢遷而彌緩，非由預瀆，非由衆激，何以謝天下？其不可七也。

善乎皇上之言之也，曰「朕爲天下之主」。夫爲天下之主者，未有不以天下爲心者也。自並封之命下，聞者莫不悵然若失，愕然若驚，一日之間，叩閽而上封事者不可勝數。至於閭巷小民，亦嚣然聚族而議也。是孰使之然哉？人心之公也。而皇上猶責元輔王錫爵擔當，錫爵夙夜趨召而來，正欲爲皇上定此一大事。排群議而順上旨，非所謂擔當，豈其願之？惟是日夜惶悚，矢志積誠，必欲納皇上於無過之地，乃真擔當耳。不然，皇上尚不能如天下何，而况錫爵哉？其不可八也。

凡人見影而疑形，聞響而疑聲。皇上神明天縱，信非溺寵狎昵之比。而不諒者一意揣摩，百方猜度，殆難以家喻而户曉也。是故皇上方以爲無端受誣，天下且以爲無端反汗。無端受誣，豈惟皇上有所不堪，即臣等亦爲皇上不堪。無端反汗，豈惟臣等不能爲皇上解，即皇上亦不能爲臣等解。皇上盛德大業，比隆三五，而乃來此意外之紛紛，不亦惜乎？其不可九也。

凡此九不可，皆「待」之一言爲之也。故曰待者，事之賊也。猶豫則亂謀，優游則妨斷，因循則失時，徘徊則啓伺，遷延則養禍，豈非天下之大戒哉！伏願皇上反觀默省，長慮却顧，以成憲爲必不可違，以輿論爲必不可拂，以初命爲必不可爽，以新諭爲必不可行。斷自宸衷，亟舉大典。皇元子首正儲位，皇第三子、皇第五子併錫王封，庶幾父父子子，君君臣臣，兄兄弟弟，宗廟之福，社稷之慶，千萬世無疆之休，悉萃於此矣。臣等曷勝惓惓願望之至！

癸巳三月

感恩惶悚循職披忠懇祈聖明特賜照察并乞休致以安愚分事疏

代孫堂翁立峰作

臣自惟奉職無狀，具疏上陳：聖德如天，曲賜寬假，慰之以清慎，督之以救正，勉之以供職。展誦再三，且感且愧，夫復何言！獨念人臣之罪，莫大於專權；國家之禍，莫烈於結黨。臣日夜彷徨，莫知所以，不得不爲皇上一陳之也。

夫權者，人主之操柄也。人臣所司，謂之職掌。吏部以用人爲職，進退去留，一切屬焉。然必擬議，上請奉旨而後行，則所謂權者，固自有在，非人臣可得而專也。是故職主於分任而權則無所不統，權主於獨斷而職或有所不伸。君臣之分，於是乎在，蓋其際嚴矣。臣世受國恩，皇上又不以臣爲不肖，令待罪銓曹。臣感激殊遇，勉圖報塞。受事以來，矢志奉公。內之不敢一毫有所顧戀，外之不敢一毫有所畏忌。夫孰非恃皇上之信之也？其或進或退，或去或留，夫孰非皇上之靈命英爽也？是謂之守職則可，謂之專權似未也。今以議留二部臣爲專，則無往而非專矣。況鄒元標諸人，海內日引領望其柄用，顧屢推屢格。臣方內愧行能淺薄，無當聖心，至於疑貳沮撓，動成掣肘，自失其職，而更責以專權乎？若夫黨之一字，漢、唐、宋傾覆之原皆在於此。臣非特口不忍言，目不忍見，抑且耳不忍聞，若之何其以爲戲也？凡科道論劾，下部覆議，自有去留，即外計拾遺亦然。今以議留二部臣爲結黨，則無往而非黨矣。且宋臣歐陽修言，「君子有朋，小人無朋」。方今在廷，號爲多賢，惟是人各有心，形跡岐而猜忌漸起，精神隔而議論漸煩。臣忝爲首臣，方愧不能雍容調劑，合君子而爲一，以共贊太平之治，而更責以結黨乎？夫銓曹，重地也，非其人則不當居其地。業已使之居其地，則不當疑其人。昔之專權結黨者，亦往往有之矣，並不在銓曹。誠使自臣而始，臣之大罪也。即以專權結黨爲嫌，畏縮消沮，自救不暇，則銓曹之輕，自臣而始，亦臣之大罪也。臣衰病日侵，任使不效，徒潔身而去，俾專權結黨之説終不明於世，來者且以臣爲戒，又臣之大罪也。

臣憂結於中，不忍默默，輒用披露。伏乞皇上矜其愚，不録其罪，特加省察。并望賜臣骸骨，歸老林泉，與田夫野叟共祝聖壽於無疆，皇上之恩，真同天地矣。臣無任悚息待命之至。

癸巳三月

聞命惕衷自慚獨免恭陳愚悃以祈聖斷事疏

同考功司員外郎李復陽上

頃者皇上覽科臣劉道隆疏，切責吏部專權結黨。隨奉旨回話。

皇上將該司郎中趙南星降調外任，一時聞者洶洶，相與求其故而不得。乃臣等退而思之，惟有惶悚而已。竊念臣等與南星生平以道義相期許，及在同部，又以職業相切磨。惟兹内計之典，始而咨詢，繼而商確，臣等皆與焉。至於議留虞淳熙、楊于庭二臣，臣等亦以爲誼出憐才，嘗從臾之。今南星被罪，臣等獨何辭以免？南星一意奉公，不以情庇，不以勢撓，庶幾少挽頹風以報皇上，而竟不免於罪。况臣等自揣才識不逮南星遠甚，其迂戇椎魯又或過焉。若復靦顔在列，將來招釁速戾，有不止於南星者矣。然則與其去南星，孰若去臣等？與其留臣等，孰若留南星？用是不避煩瑣，仰瀆宸聽。

伏惟皇上擴天地之量，垂日月之明，念南星自謀則拙，謀國則忠，還其原職，以示任事者之勸，無徒快被察諸人之心，臣愚幸甚。倘始終以爲專權結黨，乞將臣等一併罷斥，無令南星獨蒙其責，臣愚亦幸甚。臣等曷勝惶悚待命之至。

癸巳十一月

患病不能供職懇乞天恩俯容回籍調理事疏

臣章句書生，遭際明時，誤被甄收，洊歷今秩。聖恩如天，慚無寸報，何敢言私？奈臣稟氣素弱，居平恒喜静而厭動。一遇煩勞，寢食俱廢。近者不意驟陟選司，諸務棼雜，朝夕拮据，遂致心脾受傷，頭目昏眩。兼之入冬以來，積感風邪，痰火寒熱，諸疾一時併作。延醫胗視，咸謂元氣下墜，邪氣上乘，非謝絶群囂，投閒静攝，難冀痊可。隨具呈堂官，堂官再三督臣之出。臣於此進退維谷，實爲狼狽。萬不得已，仰瀆天聽。查得萬曆二十年五月，内文選司郎中鄒觀光，因病自疏乞歸，荷蒙俞允。伏乞勅下本部，照例放臣回籍調理。倘犬馬餘生，僥倖不先朝露，尚得從田夫野老，祝聖壽於無疆也。臣曷勝迫切懇祈之至！

己酉十一月

聞命亟趨屢牽夙疾懇乞聖恩俯容休致事疏

臣直隸常州府無錫縣人，由萬曆八年進士，歷任吏部文選司郎中，至萬曆二十二年罷歸。尋蒙恩詔復官，至萬曆三十六年十月二十一日，接得邸報，吏部一本開讀事，奉聖旨：「顧憲成起陞南京光禄寺少卿添註。欽此。」臣聞命自天，不勝感激！謹望闕叩首謝恩訖。竊念臣猥以疎劣，重負任使，歸田以來，日夜省惕。皇上宥弗爲討，亦已過幸，更荷聖慈，裒然優録，誼當竭蹷而趨，捐軀圖報，遂於今春二月啓行。不意十五年前所患眩暈之症，壹時陡發，不能前也。吏部業爲寬限矣。延醫調理，至八月稍可勉爲啓行。不意行至丹陽而加劇焉，又不能前也。吏部又爲寬限矣，豈非不忍臣之卒廢於明時哉！獨計臣少不自愛，踰壯便衰。行年六十，目昏耳聾，老態盡見，已不足效馳驅，備鞭策，况今病入膏肓，糾纏無已，奈何尚欲僥倖於萬一也？

且夫入山惟恐不深，入林惟恐不密。恝然置安危理亂於不問，以自便其身圖，臣之所大耻也。明知身之不能前矣，猶然徘徊道路，遷延歲月，偃蹇簡書，遲速惟意，以自陷於大戾，尤臣之所大懼也。查得吏部職掌弘治四年題准：「凡自願告休官員，不分年歲，俱准致仕。」又嘉靖十年題准：「今後内外官員有疾，願告致仕者，聽。」臣謹瀝誠上請，伏乞勅下該部，查臣別無假托，容令休致。自今以往，得保餘生，與閭閻父老歌堯天而詠舜日，皆皇上再造之恩矣。臣無任迫切懸企之至。

涇皋藏稿第二卷

無錫顧憲成著

上鄒龍翁老師書

不肖憲之走金陵而就試也，家嚴呼而謂曰：「孺子何知，遂裒然而冠諸童儒，倖耳；又得隨諸茂才與觀場之列，又倖耳。倖不可屢僥，敢他望乎？吾有一心事，孺子能爲我了之，勝於獲雋百倍矣。」憲跽而對曰：「惟大人之命。敢請。」家嚴曰：「吾所識窮乏唐應麒者，其父居邑之市中，日接四方之游商而主之，藉以生活。方江寧盜蔣六飾裝而至其家，初不意其爲盜。方蔣六發其裝而與之有所抵易，初不意其爲禦人之貨也。無何，蔣六敗而株連之。逮至江寧，父遘累而亡，子遘累而繫，出鄉井，入囹圄，積歲月而不解。蓋其所與之相抵易者，既援以爲賍，而虛捐其一倍之費。其援以爲賍者，則又不止於其所抵易也。而藉口於一事之實，刀筆之吏從而羅織之，遂得罪，則應麒之所坐可原也。且應麒之繫迄今不解也，爲其賍未償也。而賍則赦矣。在應麒煢煢獨夫，非敢抗而不償，實惟遘累之後，止存赤骨。即欲償不能。又以爲赦既及，即不償無害也，竟惟日日待赦。在當事者按舊贖，奉新例，非不能赦一未償之賍，實疑應麒之産尚可以償。又以爲赦而償，償而赦，則可以收其實利而與之虛名也，竟惟日日待償。審如是也，一日不償，一日繫矣；終身不償，終身繫矣。相彼獨夫，欲覓其身命易耳，舍此而更有所督責，將持何者而應之？則應麒之所處，可憫也！應麒有母而未老，有妻而未歸。母恐其子之須臾死也，請于其妻之家曰：『吾子可以無妻而不可以死，吾可以無婦而不可以無兒，願返我聘，不願歸我婦也。』妻之家持不可，母堅請之，益堅持不可。誠謂其赦也，而不意當事者迫之償也。久而不償，久而不赦。勢不得不出于母之計矣，而况乎其聘之返也，又不足以償也。是使爲母者既失其婦，又失其子，爲子者既失其妻，又併其軀命而不保也，則應麒之爲計，可哀也！孺子識之，此吾之所寤寐疚心也。」憲復跽而對曰：「大人此一念，天地鬼神實鑒臨之。兒何敢忘！惟是眇眇一書生，何能爲？」家嚴曰：「吾亦籌之矣。聞江寧侯與上元葛二尹同里，而葛二尹實嘗丞吾邑，可以情控也。」憲曰：「兒未識葛二尹，奈何？」家嚴曰：「鄒龍翁父母見官兵曹，不嘗國士遇汝者耶？當葛二尹丞吾邑時，此老爲之長，最相知。誠得此老慨然達之葛二尹，葛二尹轉而達之江寧侯，則其事可立白，是一言而起一人之生也。應麒之事白，則母得以有其子，妻得以有其夫，而彼亦得以有其母與妻，是一言而起一家之生也。應麒在繫，饑無食，寒無衣。近復罹疫症，體稿而色不人，諸同繫者皆危之。其存與亡也，蓋在旦夕。誠欲援而生之也，亦惟在旦夕。拯溺救焚，勢不容少緩。孺子識之，此吾之所倚門倚閭，盻盻而引領也。」憲喜曰：「鄒老師，仁人也。事其濟乎！」遂頓首受命而行。

兹敢一一述諸老師，老師何以裁之？即曰：「是故吾赤子，吾不忍其坐斃。」矜而許之耶，不肖庶幾有以復於家嚴矣，是老師之賜也，不肖之幸也。抑曰：「若書生耳，何爲强與人事？」揮而叱之耶，即不肖歸而見家嚴，何辭以謝？是應麒之窮也，不肖之罪也。老師，仁人也。於斯二者，必有擇矣。臨緘曷勝懇迫之至！

上相國瑶翁申老師書

此稿已削，適從敗簏中檢得初稿，追念往事，不忍棄也，聊復存之。

憲聞之，君子在朝則天下必治，小人在朝則天下必亂。夫何以治也？君子正也，正則所言皆正言，所行皆正行，所與皆正類，凡皆治象也。雖欲從而亂之，不可得而亂也。夫何以亂也？小人邪也，邪則所言皆邪言，所行皆邪行，所與皆邪類，凡皆亂象也。雖欲從而治之，不可得而治也。

憲，書生也，何敢妄相天下士？及來長安，跡耳目之所覩記，往往不能釋然於心，聊掇其概。吏部掌邦治，果清通簡要之品乎？户部掌邦計，果廉介恭儉之品乎？禮部掌邦教，果端凝淵穆之品乎？兵部掌邦政，果磊落奇杰之品乎？刑部掌邦禁，果公平明恤之品乎？工部掌邦土，果精嚴練達之品乎？都察院掌邦憲，果剛方直亮之品乎？斯不亦善乎？如其未也，將無僅僅備員而已乎？然則在朝者君子乎？非君子乎？憲不得而知也已。徐而按之，賢如鄒公元標、沈公思孝、艾公穆、傅公應禎，軍伍矣；賢如劉公臺，囚伍矣；賢如趙公用賢、吴公中行、朱公鴻謨、孟公一脈、王公用汲，民伍矣；賢如徐公貞明、李公楨、喬公巖、趙公參魯，雜職矣；賢如趙公世卿，王官矣。然則君子者，在朝乎？不在朝乎？憲不得而知也。則又伏而思之，君子在朝，非君子自能在朝也，本之君子之領袖爲之連茹而進也。今寧無君子之領袖乎？有之，則宜君子日多，而何未見其多也？小人在朝，非小人自能在朝也，本之小人之領袖爲之連茹而進也。今寧有小人之領袖乎？無之，則宜小人日少，而何未見其少也？憲不得而知也。不知故疑，疑故懼，輒敢於老師乎私質焉。

竊以爲當今皇上之所倚重，無如首揆。海内之所仰重，亦無如首揆。老師與之朝夕共事，必能洞徹其真精神所在。其毅然以宗社生靈爲己任，而是非利害不足動其心者歟？抑猶未免於自用歟？而老師之於首揆也，其相知相信，可以披肝瀝膽，盡言而不諱者歟？抑亦體貌之間而已歟？然則老師將如之何而可歟？其一切順而聽之歟？抑亦思以逆而挽之歟？順而聽之，吾懼其爲隨，究也必至於兩相扶同，以成壅蔽之害，而國家之事壞；逆而挽之，吾懼其爲激，究也必至於兩相矯異，以成乖睽之害，而國家之事亦壞。意者不隨不激之間有妙用存歟？凡此皆憲之所願聞也。老師其遂進而提命之，曠然有以大發其蒙歟？抑亦曰「有是哉？爾之迂也」，姑笑而置之歟？敬九頓以請。

上穎翁許相國先生書

竊惟天下之事，所以至於破壞而不可收者，其初起於一人之私而已。夫誠一人之私，天下誰不知其非者？於法未足以壞也。蓋有附之者焉。其附之者又皆庸衆細人，名醜實惡，天下又誰不知其非者？於法又未足以壞也。蓋又有效之者焉。其效之者，又皆其匹類，要以互相爲利而已，天下又誰不知其非者？於法終又未足以壞也。惟其日積月累，循以爲俗，雖夫端人正士，亦安然居之而不疑，然後遂破壞而不可收也。憲不敏，不省其他，竊恐今之貢舉將類於是。是以不得不謁之明公也。

夫明興二百餘年矣，其執政者非盡周公旦、召公奭也。其壞法亂紀亦多有之矣，獨未有及於是者也。焦氏芳朝及之而夕敗，自是無敢爲芳也者；翟氏鑾夕及之而朝敗，自是無敢爲鑾也者。而獨近者張江陵輔政，神奸鬼計，高出二氏之上。暫爾苟完，衆皆效尤，相與鱗比而進，莫或疑怪。及江陵没，一切稗政日銷月鑠，幾至於盡，惟是不變也。非徒不變也，又或從而甚之矣。此天下之所以喟然歎恨也。然而往者懾於江陵之威，徒以積其憤於胸中，卷口結舌，今者又徘徊觀望，莫肯發語，其故何也？天下大矣，非遂無賈傅、梅尉、劉宗正其人也。意者以爲有明公在，可無虞也。明公，當世之端人正士也。往聞江陵不丁父憂，明公不是也。廼者江陵病，諸公卿爭爲禱于東岳，明公又不是也。明公之不佞也如是，何獨於此而不然？故曰：「有明公在，可無虞也。」雖然，又有從而爲之辭者矣。曰：「科場，公典也。不可意也。意而收之，暱也；意而棄之，矯也。二者其失等也。付之無心而已。」愚以爲是言也，乃雍容之雅談，而非救時之切論，正孔子之所謂佞也。夫救時者未有不用矯者也。夫矯之爲不可也，惟其乖世忤俗，用於家而家非之，用於國而國非之，用於天下而天下非之，故不可也。若其移而用於今日之科場，以裁宰輔之子弟，將暘谷以西，昧谷以東，人人快之，不勝其是也，夫何病於矯？夫明者，衆所依以視也；聰者，衆所依以聽也。今明公行將主南宮政矣，天下之視聽於明公者不少也。即欲慨然出而救之，使國家興賢育材之制將壞而復完，是惟明公。即以爲固然，安而聽之，使君子忘其非而不見詰，小人成其是而不見沮，亦惟明公。

明公當世之端人正士也，其必有以慮之矣。憲也辱在執鞭之末，每見明公，明公輒以德義勗，以故不敢愛其昧昧之思，率爾宣露，惟明公進而可否之。幸甚！

再上相國瑤翁申老師書

昨言魏、李兩君於老師，老師欣然不爲忤，竊有窺於老師之大也。獨元相所稱某甲子之説，非特中魏侍御而已，且并侍御弟允中而中之，憲甚惑焉。竊惟自江陵諸公子相繼登第，人情洶洶，嘖有煩言，爲日久矣。前者憲不避紛瑣，屢肆陳説。惟是之故，信如某甲子之説，憲亦何求而不得乎？嗟乎！當江陵擅國，諸言事者無不被罪去，以是臺諫緘口結舌，靡靡不立，天下傷之，至於今稍稍能以直言振矣。顧亦往往有所揣摩緣飾而然，其真痛真痒處，亦逡巡觀望，莫之敢及，則科場一事是也。獨魏侍御不忌而抗疏言之，李民部不忌而抗疏救之，是爲真能直言。執政於此兩人能優容之，是爲真能優容。而夫人者又從而媒孽於其間，其亦不仁也已矣。夫此何病於兩君也？凡進言者，大率其中有不可忍者耳。其意非望於求完也，夫惟不完而後其名高。即完矣，久而積嫌積毀，日銷月鑠，不保其卒，天下必曰「是嘗用某事忤貴人也者」，相與太息而追賞之，即其名又高。而我乃獨受其蔽言咈諫之咎耳。所得在彼，所失在此，是何其愛執政以姑息，而愛兩君以德之甚也！《詩》曰：「取彼譖人，投畀豺虎。豺虎不食，投畀有北。有北不受，問彼昊天。」憲誠不勝過慮，再用披露，庶幾老師始終矜而察之，以兩君完，俾天下後世咸有窺於老師之大也，不肖憲幸甚！世道幸甚！臨楲惶恐。不次。

與王辰玉書

僕不敏，幸獲與足下生而同壤，又幸往年從長干雨花之間望見末光，足下無鄙而好進之，雖御李識荊，未足以方其暢也。自審疎薄，無能爲役，不敢有所稱效，託於氣類，時復瞻企，喟然而已。乃者誠欲貢其亹亹，念之累旬，旋發旋輟，深惟足下玄覽峻詣，人倫之美。僕奈何有蓬之心，束於固我，膠而不決，遂用披露，願足下少察之。

竊惟國家設科以取士，鉅典也，上不得以私其下，下不得以私其上。明興二百餘年矣，未有能干之者也。干之自張江陵始。張江陵既没，諸一切穢政次弟罷免，獨於是未有能革之者也。是故魏直指朝諷之而夕以竄，丁直指夕諷之而公卿大夫朝而競求其瑕，遂令邪説朋興，至于今猶然譁而未已。吁，何其甚也！夫士亦何擇於貴賤也！貴而取貴焉，賤而取賤焉，惟其當而已。往者謝氏之有丕也，商氏之有良臣也，於其時並以爲華，何獨今者乃並以爲詬？夫非其愛憎殊也，彼其中誠有不可解者耳。

足下不見之耶？魚貫而進，無或後也；雁行而列，無或先也。卒而擬之，徐而按之，無或爽也。見以爲自然，何巧也？見以爲偶然，何屢也？其何以謝天下矣！若夫執事則異於是，僕非敢爲諛也。相國先生履仁蹈義，屹然與古之五臣十友頡頏千載之間。曁於足下，少有至性，長而彌茂，曠然萬象之表，天下即欲進而以足下投先生，退而以先生投足下，不得也，有默沮逆折已耳。而今而往，足下其一舉而最秋闈，再舉而最春闈，三舉而最大廷，天下不疑，何者？誠信之也。雖然，竊有懼焉。賢者不幸而與不肖者同形，其究也將無以別其賢。不肖者幸而與賢者同形，其究也將有以飾其不肖。無以別則蒙，有以飾則固。往者不慚，來者不創，不亦與於干之者哉！斯僕之所爲懼也。夫豈惟僕，其在天下猶是志也。夫豈惟天下，其在執事猶是志也。

僕不量，竊以天下爲執事計，以執事爲天下計，莫若逃之而已。談者必曰：「無庸。是避嫌也，與其避之，寧其忘之。吾求不愧於心而已。避嫌，德之衰也。」跡僕所聞，殆于不類。昔者堯讓天下，舜去而之河南；舜讓天下，禹去而之陽城；周公攝政，流言勃興，去而之東；孔子轍環至衛，有邀而卿之者，正色而卻之，去而之陳、蔡之間，雖絕糧不慍。此皆天下之大聖人也，一帝、一王、一相、一卿，不足以磷其内，丹朱、商均，管、蔡，彌子之徒，不足以緇其外，而惴惴焉畏之若是，何也？夫固有所避也。故曰「進以禮，退以義」，又曰「富與貴，人之所欲也，不以其道，不處。貧與賤，人之所惡也，不以其道，不去。」難進易退，則是以進爲嫌也；有擇於富貴，無擇於貧賤，則是以富貴爲嫌也。聖人視富貴貧賤等耳，第求不愧於心，可矣，何必拘拘乃爾？然則聖人之意見矣。足下以爲然歟？否歟？今夫一第之榮，不厚於萬乘也，家猜户愕，積議如山，不輕於三孽也。而足下之於是，得之無加，失之無損，不急於栖栖皇皇東西南北之人也。厚可損而薄爲戀，輕可虞而重爲狃，急可委而緩爲狥。猥曰：「吾求不愧於心而已，何嫌之與有！」則是四聖人者，徒爲小廉曲謹，無當也，必不行矣。故嘗試論之。即足下芥拾一第，紹明纓簪之業，輝映後先，顯名也。即足下芥置一第，抗志東海以待天下之清，顯實也。夫名者庸衆之所艷，而實者賢雋之所欽也。之兩者之相去，豈不遠哉！不可不審也。僕故曰莫若逃之便。蓋張江陵之不直於天下，其大者莫如爲子而蔑其父，又莫如爲父而暱其子。方五君子昌言於朝，張江陵恚甚，並得罪。先生解之不克，遽拂衣東還，修萊、曾之樂，庶幾以身爲諷。當是時，實聞足下手寫陶彭澤《歸去來辭》獻焉。然則天下所以無父而有父，足下之爲也。於是特採狂論，一矯頹俗，脱然無復一毫濡忍之意。仁人所憂，志士所憤，庶幾以身爲防，俾世之競進而不已者有省焉。然則天下所以無子而有子，足下之爲也。不已烈哉！足下勉之。

僕與足下踪跡寥濶，顧其慕説足下特甚，敢有蔽志。語曰「山藪藏疾，江海納垢」，藉令漫無中於大道，應知足下不我讓也。敬頓首以請。

上婁江王相國書

昨所請教册立之事，實百其難。明旨

一定，何以轉移？人情洶洶，何以鎮定？上欲不愆于明旨，下欲不駭于人情，故曰難也。過趙定老問之，亦喟然太息，只懇懇拈出閣下一片心相向耳。究竟則請期一着，尚自可圖，然而非閣下莫能任也。

蓋自萬曆十四年以來，廷臣之以建儲請者，後先不啻數十疏，而皇上之旨亦幾變矣。然而曰待二三年則是二三年而已也，曰待過十齡則是過十齡而已也，曰二十一年則是二十一年而已也。期未至而請之，皇上得執激擾以爲罪。期既至而請之，皇上亦何辭以謝天下？此遷延之法，可得而窮者也。今者以待皇后生嫡子爲辭，從今以往，誰復能關其説乎？即皇上札諭業已曰數年之後矣，廷臣復何所據以請乎？此假借之法，不可得而窮也。閣下以爲無虞乎？語云：「不見其形，願察其影。」閣下試端意而思之，皇上之旨所以屢定而屢遷者，何也？建儲，盛典也，九廟之所式臨，兩宮之所欣願，百官萬姓之所瞻企，而言及者輒獲罪，若有大不滿其意者，何也？亦可推矣。三王並封，耦尊齊大，亦可觀矣。閣下不念之耶？昔者秦皇漢武寧不蓋世之雄，一念小偏，便墮入婦人女子之手，骨肉之間頓成胡越。星星潦原，涓涓放海，雖二君孰意及此乎？司馬温公曰：「天若祚宋，必無此事。」夫此何事也，可得而嘗之哉？而徒諉諸天也。若曰「有嫡立嫡，無嫡立長」，兩語炳若日星，誰能奸諸？則長幼有序之説，明旨不啻再見，何至今日乃更益立嫡之條。重之以祖訓，藉之以中宮，彌縫轉易，挽回轉難，日復一日，月復一月，歲復一歲，不知何所底止。閣下之責，方自此始未艾也。

竊意以爲宜聽九卿科道，仍尊屢旨，合辭以請，而閣下從中調停，懇示定期，即甚遲不得越一年而遥，庶幾聖心確有所主，不開窺伺之端，人心專有所屬，不萌二三之釁。議論方囂而復定，國本幾摇而獲安，此真閣下事矣。脱或一請不當則至於再，再請不當則至於三，甚而至于十至于百，至于去就可也，至于死生可也。

《論語》曰：「大臣以道事君，不可則止。」《孟子》曰：「惟大臣爲能格君心之非。」可不勉哉！若乃上懸不必然之説，以蓋其立長之成命；下又操必不然之見，以成其立嫡之托辭：則是皇上負閣下，閣下負皇上，非所望於今日之君臣也。臨紙耿耿，不盡。

復王辰玉書

深哉！門下之言之也。門下其有天下心乎！再誦扇頭韻言，又何婉篤而可諷也。憲于是喟然三歎焉，而又竊以爲：昔之患，患在閣部異同；今之患，患在君相異同。閣部異同，天下按其是非而交責之。君相異同，天下舍吾君而責吾相，此紛紛之議所由起也。且閣部異同其爲證也顯，君相異同其爲證也微，故君相異同之形一眩則閣部異同之影猶存，此紛紛之疑所由起也。夫疑者億詐逆不信，以小人之心相揣摩也。議者求全責備，以君子之道相程督也。彼以小人之心求我，我拒而不受則可；彼以君子之道求我，我拒而不受則不可：此紛紛之争所由起也。

蓋伊尹之言曰：「予弗克俾厥后爲堯舜，若撻于市。一夫不獲，時予之辜。」而在有宋，韓、富諸君子即復偃卧田間，每當朝廷有大政，輒慨然手疏以聞，上不與人主分爾我，下不與曹偶分去就。古之君子其任天下之重如此。竊見皇上之于諸公卿，若泛泛然。而邇年以來，獨往往督過吏部，今且微連都察院矣。此其指良不可測。而幸尚知有執政諸老先生，即諸老先生中更知有尊府君。旋轉一脉，寔惟尊府君是繫。往嘗獻其區區，尊府君許之，亦曰吾欲云云，寧忘之耶？門下試以請于尊府君，其務深思極慮，以始終無替伊尹之耻而比跡于韓、富，天下之幸也。

憲最無似，乃有門下于尊府君，即尊府君所爲拉拭百方，卒以狂昧取罪，重負尊府君。方當日夜悚惕，勉思補過，敢復肆然闌及天下事！顧其一腔熱腸，猶然如昨。俄又爲門下提動，不覺信口傾吐，門下以爲何如？率爾報謝，尚餘耿耿。聞台駕旦夕南，庶幾請須臾之間，以究所懷。不備。

又

寬嚴之説，意慮深遠，誠非愚陋所及。乃弟意則又妄謂嚴者相之事，寬者天下之事。相自嚴則天下寬矣，相自寬則天下嚴矣。此二者又未始不相持也，門下以爲何如？

與李見羅先生書

憲不敏，竊聞海内有見羅先生久矣。昨日從李令君、羅茂才游，受明公之書而讀之，益深向往，思爲執鞭而不可得。何意門下不遺淺薄，儼然賜問！若以憲爲可與語，欲援而納諸道者，即而今而往，得以依歸下風，與於暴濯之末，少窺萬一，皆明公之貺矣，何其幸也！竊惟明公表章聖學，揭正時趨，距詖放淫，功齊兼抑，天下不可無此人，萬世不可無此論，斯已偉矣。獨自嫌其異於陽明先生也，而曰：「求諸心而得，雖其言之非出於孔子者，亦不敢以爲非也；求諸心而不得，雖其言之出於孔子者，亦不敢以爲是也。」此陽明先生語也。若曰：「如是則何嫌之有？」其亦可也。雖然，脩身爲本，非明公之言也，孔、曾之言也，異不異尚何計焉？乃陽明此兩言者，憲猶然疑之，未能了也。私以爲陽明得力處在此，而其未盡處亦在此矣。請略陳之而門下裁焉。

今夫人之一心，渾然天理，其是，天下之真是也，其非，天下之真非也。然而能全之者幾何？惟聖人而已矣。自此以下，或偏焉，或駁焉，遂乃各是其是，各非其非，欲一一而得其真，吾見其難也。老之無，佛之虛，楊、墨之仁、義，彼非不求諸心也，其渾然者未能盡與聖人合，是以謬也。故陽明此兩言者，其爲聖人設乎？則聖人之心，雖千百載而上下冥合符契，可以考不謬，俟不惑，恐無有求之而不得者。其爲學者設乎？則學者之去聖人遠矣，其求之或得或不得，宜也。於此正應沉潛玩味，虛衷以俟，更爲質諸先覺，考諸古訓，退而益加培養，洗心宥密，俾其渾然者果無愧於聖人，如是而猶不得，然後徐斷其是非未晚也。苟不能然，而徒以陽明此兩言橫於胸中，得則是，不得則非，雖其言之出於孔子與否亦無問焉，其勢必至自專自用，憑恃聰明，輕侮先聖，註脚六經，高談濶論，無復忌憚，不亦誤乎？自宋程、朱既没，儒者大都牽制訓詁，以耳目幫襯，以口舌支吾，矻矻窮年，無益於得，弊也久矣。陽明爲提出一「心」字，可謂對病之藥。然心是活物，最難把捉。若不察其偏全純駁何如，而一切聽之，其失滋甚。即如陽明穎悟絶人，本領最高，及其論學，率多杜撰。若「明」、「親」，「格」、「致」，「博」、「約」諸義，雖非本色，尚自半合半離，可以推之而通。甚而謂性無善無惡，謂三教無異，謂朱子等於楊、墨，以學術殺天下後世，是何識見？只緣自信太過，主張太勇，忘其渾然者之尚異於聖人，而惟據在我之得不得爲是非的然之公案，是故理不必天地之所有，而言不必聖人之所敢，縱橫上下無之而不可也。

陽明嘗曰：「心即理也。」憲何敢非之，然而言何容易？孔子七十從心不踰矩，始可以言心即理。七十以前，尚不知何如也。顔子其心三月不違仁，始可以言心即理，三月以後，尚不知何如也。言何容易？漫曰心即理也，吾問其心之得不得而已，此乃無星之秤，無寸之尺，其於輕重長短，幾何不顛倒而失措哉？然則陽明此兩言者，却又是發病之藥。故曰陽明得力處在此，而其未盡處亦在此也。《書》曰：「人心惟危，道心惟微，惟精惟一，允執厥中。」《語》曰：「吾嘗終日不食，終夜不寢以思，無益，不如學也。」又曰：「學而不思則罔，思而不學則殆。」詳味數言，而陽明之得失亦略可覩矣，不識門下以爲然否？

憲少不知學，始嘗汩没章句，一旦得讀陽明之書，踴躍稱快，幾忘寢食。既而漸有惑志，反覆參驗，終以不釋。頃聞教於明公，益覺其中有耿耿者。是以忘其愚陋，輒用披露，冀得就正有道。倘蒙不鄙，明賜督誨，使憲奉以周旋，不迷於往，有負惓惓，又何幸也！惟明公圖之。憲也敬竦息以俟。

復鄒孚如孝廉

兄已得舉子業第一諦，何復下詢？弟實未有知也。敢舉其聞之師者求正。弟始從邑中少弦張師游，師教之以博，曰：「『讀書破萬卷，下筆如有神。』此事不可拘拘只在佔僤中求。」已從原洛張師游，師曰：「此事只在一處，不可向外浪走。」蓋又教之以約。弟舉少弦師語，師笑而不答。弟退而思之，未有湊合處。一日再舉少弦師語，諷咏數過，忽有省，曰：「是矣！是矣！妙在一『破』字。」夫何故讀書至萬卷？直是不捨一字，謂之「破」則又不取一字矣。不捨一字之謂博，不取一字之謂約。不捨不取之間，有妙存焉，非言解所及也。因謁東里雲浦陳先生而質之，先生首肯。先生才甚豪，意不可一世。少嘗以時義贄於方山薛夫子，薛夫子大驚曰：「非王震澤莫能辦此。」流聞坊間，遂梓入王震澤稿中。至今家傳户習，以爲真出自震澤手，莫知其自。若《有朋自遠方來》、《上者爲巢下者爲營窟》等篇是也。先生復從容言：「子曾見王崑崙山人詩乎？當爲子坐進一格。」因出其《題淮陰侯廟歌》，及《擬杜七歌》視弟。弟受而讀之，頓覺胸中廓然，累年所拮据擬議，一時蕩盡，了無影響。歸而再質之原洛師，師亦首肯。弟所聞如是，敬爲兄誦之。高明謂何？歌録覽。弟至今嚴事山人，在師友之間云。

與孫栢潭殿元❶

弟向來築室枯里中，日出而起，日中而食，日入而寢。其意以詩書爲仇，文字爲贅。門以外黑白事，寂置不問。客有持《殿元録》報我者，不覺舌端生鋒，談之無休時也。

吾錫天下稱鉅，精采神耀黯焉未光者凡幾百年。一旦足下持黄卷，貢之丹扆，玉立雲霞之上，閭巷間樵嬰牧穉，榛叟桑嫗，聞足下嘖嘖而賞，異之若以爲足下四目兩鼻。彼夫長軀偉骨之士，視功名如拾唾者，亦頓足斂手，不復得以區區傲足下。九龍之巔，梁溪之溜，真可驕太行而輕溟渤矣。弟何無快也！抑弟聞之，知己難也。魯孔氏、鄒孟氏，自離襁褓，能開口説一二三四五，便有天下心。及其長也，東馳西驅，南奔北走，干幾十君王侯，齒朽髮落，曾無憐而收之者，不得已姑自解曰：「天未欲喪斯文也」，「如欲平治天下，舍我其誰」。嗟嗟！接淅之缶，宿晝之茵，其後竟如之何也？今聖天子當陽，洗心濯意，冀獵海内豪俊，首起足下而坐之重席之左，有英雄之才而又有英雄之遇。一入孔孟之耳，當揚聲大呼曰：「吾不如孫郎矣！」願足下益讀孔孟書，砥操礪行，俾文章德業合而爲一，亦可以明男子之得志也。足下官華巍赫，樫籬之聲填户，❷而不能容，稍稍狼籍衢路，脱弟復厠片言於其間，殊不足以重足下，故

❶「元」下，文淵閣本有「書」字。
❷「樫」，文淵閣本作「槿」。

三千里呼足下而規之，足下得無曰「顧生故迂戇，今又妄發」耶？

古之居者、行者，各相贈處。弟之所爲足下處者，則若此矣。其何以贈我，使得宴息於青泉白石也？燕吴相阻，對面無期。倘彼此不負，又何患焉？若乃漫爲好語，道寒暄而止諒，足下所厭聞也。不及。

涇皋藏稿第三卷

無錫顧憲成著

上婁江王相國

恭聞新命，不勝踴躍，此宗社生靈之福也。追惟不肖於戊寅之歲，聞先生之不難以寧親諷張江陵也，誠中心欽之仰之，以爲古大臣之風規如此也。於癸巳之歲，見先生之不難以引咎悟皇上也，誠中心欽之服之，以爲古大臣之肝膽如此也。已而先生有所不滿於志，四顧躊躇，輒致其政而歸，則又中心訝之惜之。乃今先生耕閑釣寂，浹一紀而餘矣，天下之故，國家之表裏，當益籌之熟矣。向之所見以爲是，究竟是乎否也？向之所見以爲非，究竟非乎否也？又益閱之精矣。雄心鋭氣，日銷月鎔，翼翼乎，休休乎，斷斷乎，穆穆乎，浩浩乎，中和之體備矣。是故根深者末必茂，源遠者流必光。雲龍風虎，萬物快覩，將令天下後世咸知吾君吾相之能相與大有爲也，豈不卓哉！於是中心欣之願之，庶幾不日而身親覩之，以爲古大臣之作用如此也。先生其何讓焉？

盼望行色，心旌摇摇，旋感一兆亟圖，躬詣請正，屬遘家難，逡巡不果，敢次第具列以聞。倘蒙垂察，裁其可否，則又幸矣。抑昔朱子之告孝宗，有曰：「臣之得事陛下，于今二十有七年。而於其間得見陛下，數不過三。自頃以來，歲月逾邁，如川之流，一往不復。不惟臣之蒼顔白髮，已迫遲暮，而竊仰天顏，亦覺非昔時矣。」每覽斯言，當年一腔苦心，千載如見，令人遥對彷徨，歔欷歎息，不能自禁。今先生之相皇上後先凡幾何年？得見皇上凡幾何時？

憲自甲午別先生於春明門外，於時先生角巾布袍，擁傳而南，翩翩若登仙然，不知年來神采視昔孰勝？兹入而覲皇上，伏覩天顏，不知視甲午之前又何如也？殆亦不能無朱子之感也已。因特爲先生誦之而復贅之曰：「時乎！時乎！往者不可追。來者不可再。時乎！時乎！」惟先生三思，惟先生努力，惟先生珍重，惟先生加飯！

寤言

七月一日之晡，方隱几而卧，有東里塾叟過訪。予起迎之，坐定，問曰：「聞婁江王相國有新命，信乎？」予曰：「信。」曰：「君謂應出否？」予曰：「是有説焉。出而大展平生，旋乾轉坤，慰滿四海喁喁之望，上局也；出而循守故常，如入寶山，空手而回，下局也；堅卧不出，無咎無譽，中局也。衆揣相國意，大半且就中局耳。」叟曰：「相國而庸人也則已，相國而大豪傑也，殆不其然，且老人固有願於相國也。」予曰：「何？」叟曰：「老人日爲童子課句讀耳，何知朝廷事？獨好從縉紳先生借觀邸報。竊窺當今執政，後先相承，總一心訣：順之則安，即天下交口而譁之，偃然無恙也；逆之則危，即天下引領而屬之，莫能久於其位也。是故趙蘭溪至於叢群垢以死而後已，猶得厚蒙恩恤，如在位有大勳勞然者。沈四明至於十分狼狽而後去，猶得特蒙温諭，如眷眷不能一日離左右然者。乃王山陰晨請罷而夕報可矣，沈歸德夕請罷而晨報可矣。果直道難容，枉道易合，自古而然耶？抑一時氣運爾爾耶？不然，或有密操其線索者耶？吾願相國出而爲之一轉移於其間也。」余默然。

叟曰：「猶未也。惟吏部亦然。久莫如海豐，順也；促莫如平湖、餘姚，逆也。說者謂宰相以知人用人爲職。故吏部與閣臣斟酌天下賢不肖，以俟朝廷處分，其體勢固難遜避，亦難異同。而近世閣臣懼威福之名，不復問吏部；吏部懼權貴之名，不復問閣臣：遂至互相冰炭，而朝亦不復信部閣矣。似也，請得而質之。吏部不問内閣，正矣；内閣不問吏部，公矣。何以致相冰炭？揆厥所由，將内閣欲進賢退不肖，而吏部尼之耶？抑吏部欲進賢退不肖，而内閣尼之耶？而朝之不復信部閣也。將吏部碍内閣，從而媒孽内閣致之耶？抑内閣碍吏部，從而媒孽吏部致之耶？夫如是，得無吏部之不問是真，内閣之不問是假耶？此不可不詳察也。更請得而推本言之。吏部與内閣，信應共相斟酌，難爲異同矣。要之，亦須爲吏部者有不問閣臣之心，而後其斟酌也始出于正，不出於阿奉權貴。爲閣臣者有不問吏部之心，而後其斟酌也始出於公，不出於播弄威福。此所以一德一心，渾無異同之跡也。否則分宜、江陵，殷鑒不遠，尚不如不問之爲愈耳。況至今日，平湖、餘姚一綫之脉，依希欲絶。曾何冰炭之慮而慮内閣權輕吏部權重耶？委如所慮，何不見吏部之逐内閣，而但見内閣之逐吏部耶？吾願相國出而爲之一表正於其間也。」余又默然。

叟曰：「猶未也。近者竊又有以窺執政之微指矣。若曰吴、趙、鄒、沈等之君子太勁而苦，用之不便，胡、王、陳、曾等之小人太靡而穢，用之不雅，莫若擇謹厚一路人而用之。此一路人既不喜爲危言危行，輕作風波以梗我，亦不恣爲蕩言蕩行，重潰隄防以濺我。人皆曰君子宜親，此不可疵其非君子。人皆曰小人宜遠，此不可疵其爲小人。執兩端而用中，其庶幾矣，足以息阿比之端，絶喧囂之竇，平偏黨之論，杜好事之口，而天下且帖然馴服，無所施其紛紛矣。曾不思此一路人據其跡則然，徐而按其實，正孔子所謂『德之賊』，孟子所謂『非之無舉，刺之無刺，同乎流俗，合乎污世，居之似忠信，行之似廉潔，衆皆悦之，自以爲是而不可與入堯舜之道』者也。三代而下，高官大禄，大率此一路人居多，即遏之猶恐不能絶，而况樹之幟而導之趨？將見上好之下必甚之，一倡之衆必和之，人人以模稜爲工，事事以調停爲便，遇賢否不欲兩下分明別白，混而納之於平等，而曰：『吾能剖破藩籬。』遇是非不肯一下直截擔當，漫而付之於含糊，而曰：『吾能脱落意見。』久之，正氣日消，清議日微，士習日巧，宦機日猾。卒乃知有身不知有國家，知有私交不知有君父，本欲懲東京之矯激，而反弄成西京之頑鈍，其釀禍流毒，殆有不可勝言者矣。而獨若輩外不失名，内不失利，安富尊榮，優游坐享，漠然不介於理亂安危之故，如張禹、胡廣，比比而是，豈不恨哉！吾願相國出而爲之一挽回於其間也。」於是予復隱几而卧。客不悦曰：「老人失言矣。」遂拂衣去。

寐言

叟既去，予繹其三言，殊不草草。出步中庭，徘徊往來，展轉至數百次不能已已。迨夕就寢，猶耿耿方寸間，良久始成寐。忽夢相國過錫，予遇之於芙蓉湖上。相國一見，遽曰：「君必有以助我。」予曰：「憲何知？只是當今有一大冤，須先生昭雪耳。」相國愕然問曰：「冤何在？」予曰：「在皇上。」相國益駭異。予曰：「先生勿詫也，請以憲所親歷對。當憲之待罪考功也，適鄒南皋具疏謝病歸，左堂見麓蔡公時掌部篆，謂予曰：『此疏宜如何覆？』予曰：『惟老先生主張。』蔡公曰：『昨晤王相國，言皇上遣一中貴，持鄒疏至閣，着放他去。』予曰：『此却更宜斟酌。試思皇上此念從何而來？是耶，宜將而順之；非耶，宜匡而救之。若不問所以，皇上曰如是，相國遂亦曰如是。皇上且謂可以，惟其言而莫之違也，非所以光君德也。相國曰如是，部中遂亦曰如是。相國且謂可以，惟其言而莫之違也，非所以光相道也。惟老先生再加斟酌。』蔡公曰：『姑徐之。』數日見蔡公，又問，予對如前。又數日，蔡公召不肖謂曰：『近思之，南皋委宜擬留，君所執良是。』予遂如諭題覆皇上，竟報可，不責也。及予待罪文選，請於堂翁心谷陳公，擬升江念所光禄寺少卿。念所故受知於皇上，中因山陵事罷歸數年矣。疏上，皇上御筆親書『江東之升光禄寺少卿』九字。吏垣許少微見而異之，特攜示予曰：『故事惟大九卿親書，此特筆也。』自是稍遷至大理，出鎮雲南，已而爲言官所摘，復聽歸。由前而觀，皇上胸中固自有念所也。由後而觀，皇上胸中又未嘗有念所也。推類具言之，不可勝數，蓋皇上之無成心如此。今大僚不補，歸之皇上；科道不選，歸之皇上；廢遺不起，歸之皇上。豈非一大冤耶？且閭閻匹夫匹婦之冤，則有司爲之昭雪，有司不能則監司爲之昭雪，監司不能則兩臺爲之昭雪，兩臺不能則有擊登聞鼓，轉而聞諸皇上者矣，於是皇上下公卿爲之昭雪。其控愬之途甚寬，而其主持之人亦所在不乏，無憂覆盆也。乃皇上之冤，獨有内閣能爲之昭雪耳，願先生留神焉。」

相國曰：「善則稱君，過則稱己，古之道也。公言甚當。」予曰：「先生所言，猶體面語也。憲所言，則腹心語也。竊嘗計之，事英明之主，寧不易於開導？然或挾才自用，喜怒不測，則調停難，以其不足於寬大也。事寬大之主，寧不易於調停？然或牽制情欲，語不可了，則開導難，以其不足於英明也。我皇上英明寬大，合而爲一，豈非千載一君乎？而令受此大冤也，凡爲臣子，孰無動心？何況先生一人之下，百僚之上，謝政以來，且十有四年，尚簡在帝衷，煌煌天使，儼然造門而延請焉，豈非千載一時乎，而坐視皇上受此大冤也？幸先生念之。」語訖，微察相國，亦愴然改容。予復進曰：「有君如此，何忍負之？」誦之至再至三，不覺放聲大哭。一室大驚，共起而呼予。頃之乃覺，淚猶淋漓滿面。群就而問故，予曰：「此非兒女輩所知也。」徐而稍述其大都，則皆曰：「異哉！異哉！」遂起燒燭記之。先生身江湖而心魏闕，當有先得此中之同然者。今兹之行，其必以我皇上登三咸五也，庶幾此一重公案不作白日説夢矣。

與王辰玉

昨聞尊府君先生新命，識者莫不以爲太平之理可計日而待，轉相告語，爲皇上賀也。僕更默默爲先生賀。爲皇上賀，賀皇上之有先生也；爲先生賀，賀先生之有足下也。君臣知己，父子知己，天啟其逢，一朝合并，上下千古，寥寥有幾？ 足下即欲不厚自勉，安可得哉！ 却聞足下每語客曰「不意病頓中又加此一服毒藥」，何也？ 不肖始而訝，中而疑，卒乃豁然而悟，曰：「是矣！ 是矣！」今夫履高據顯，天下之至可樂也；遺大投艱，天下之至可憂也。 庸衆所覩在彼則甘之，明哲所覩在此則苦之。甘之，苦在其中矣；苦之，甘在其中矣。 有味乎毒之爲言也！

昔伊尹一盡瘁於鳴條，再盡瘁於桐宮，晚而告歸，爲太甲陳一德之訓，肫肫懇懇，猶若不能釋厥衷者。周公思兼三王，一沐三握髮，一食三吐哺，終其身未嘗一日逸焉，用能造商救周，流光至今，此豈偶然而已哉！ 故謂阿衡之任，伊尹之一服毒藥，可也；謂負扆之托，周公之一服毒藥，可也。是天之所以成二聖也，足下其知之矣。足下知之，進而與先生共嘗之，真父子知己矣；先生知之，進而與皇上共嘗之，真君臣知己矣。夫如是，太平之理真可計日而待矣。然則先生之一服毒藥，即先生之九轉靈丹也，是天之所以成先生也。故曰：「危者，安其位者也；亡者，保其存者也；亂者，有其治者也。」又曰：「若藥不瞑眩，厥疾不瘳。」足下其知之矣。僕不揣，謬有一言之獻，業已呈諸先生，并望足下假燕閒一寓目焉。不審亦可備藥籠中物否！ 語不云乎，「天下事非一家私議」，此僕之所以自忘其僭也。❶ 又不云乎，「天下之寶，當爲天下惜之」，此僕之所以自忘其愚也。臨緘不勝惓惓。

附録

王相國復書

適正聞有賢次兄之變，以爲吾丈哀荒中必無暇遠存故人。乃今兩箋垂誨，累千百言。讀之且駭且服，以爲今之道學文章家，胸中曾有此剖劃，有此議論否？ 而惜乎未審不佞情事，浪以黄金擲虚牝，可歎也。主恩至此，世耳傳聲，以爲千古快事，因遂欲以歷年秕政、久鬱人情，盡舉九鼎重擔而歸之謬悠。此其爲天下謀，爲不肖謀，則誠忠誠厚已。然抑有説。使不肖果已扶服裝行，責成未晚。今一門疾痛，滿座巫醫，其身之死生未卜，焉卜出處？ 又焉卜理亂？ 教中上中下三局，今不得已請就其中無咎無譽者。不佞愚人也，誠不知閣部以何時異同，分宜、江陵亦何曾見有異同之迹。且如蔡太宰以鄒南皋見廢，駕言不佞，此異同在閣乎？ 在部乎？ 又如平湖公向嘗乞哀瑶老與不佞之前，柔若無骨，而一旦推轂柄事，高自標榜以盡飾前醜。瑶老初不覺而累揭薦之。不佞嘗私語山陰

❶「僭」，文淵閣本作「僣」。

公曰：「異時首叛大防者，必楊畏也。」已山陰公果與争事不合，兩罷。此爲閣逐部乎？部逐閣乎？

此往事總不必言，以足下之愛我而教我也，聊爲效其款款如此。至於教尾皇上大寃一段，則不佞方與病兒言此，何其先得同然！然鄙意特疑内臣弄權，歸寃主上，而尊意却專指閣中撓部權，使不佞果能出也，則舉止言動，誰非竊鈇，而可一一自明耶？以此斷從中局之爲是，而吾丈當亦可以貰我矣。丈縷言鄒南皋，疑必有人中之。夫中人而及南皋，非但不佞不承，即教中最鄙薄趙、沈諸公，亦未必敢承也。嘗記銓郎得忤時，如鄒，如足下，不佞未嘗不力争。至於得請，瀕行之日，留有密揭以示小兒，戒之勿洩，而外人至今未之聞也。今吾丈既顯爲皇上訟寃，則不佞當亦陰爲皇上引咎。身雖永廢，持此求信於知己者，而其他非所妄對已。

賢次兄高風介節，何年之不永？頗亦聞劉兵部諱元珍者，清譽略同，今無恙乎？病體方苦嘔泄，困劣占此報謝，不莊，幸亮之。

王辰玉復書

馳企日積，自顧塵土面目，不堪厠弦歌之堂，蹜踧而止。比疾病纏歷，疑于大賢謦咳絶矣，不圖教命遠辱。命童子倚案讀之，爲之慨然。居平謂「忠恕」二字難體貼，斯何時也，翁乃以伊、周相業爲家君勸駕，即此似亦體貼未盡處。使出而如姚崇，十事應答如響，則爲姚崇亦足矣。如其不然，求復其十四年前伴食面孔尚不可得，何論伊、周耶？精神力量，長短自知。其次則知父者莫若子。衡一身之外，惟知爲老親營菟裘、課魚鳥而已，此外非所敢聞命矣。當今時事雖大詘，然較量亦有勝前代者。惟學術濫放，不可復理。初猶不肖者自占便宜耳。今遂欲掀翻孔、曾棋局，以妖髡代之，此何可長？言伊言周，總是畫餅。於此下一砥柱，乃是真勳業。要其道，亦惟大聰明人守村學究蒙説，如是而已。蓋道本無不明，談道者自晦之。開門户則自不免多生徒，多生徒則自不免立異説。即南宋大儒，吾未敢以爲不落窠臼也。先生爲斯文宗主，幸少加意。病劇占復，語不及多，惟亮之。

又

東林二刻，曾索之瑯琊兄而不得也。承賜教，豈勝欣躍！令弟先生大諱，朝野共惜。我翁人琴之感，其且奈何！不能走唁，輒此附訊。作書甫竟而家君以長箋見示，愈感相愛相成之雅。但微旨中多未明，如鄒南老一事，家君大笑，以爲絶無影響，或中有駕之説者。他事非不敏所知。要以二三遺佚，非但賢者所欲獻之先資，即不肖者亦所亟居之奇貨也。非有騎虎相角之勢，何苦而欲尼之？計此必有冤中冤，夢中夢，或又有訟其訟者矣。一笑。

自書柬末❶

顧憲成曰：愚得相國書，展誦再過，竟自茫然。追憶王山陰以諍立儲去，陸平湖以被讒去，兩不相蒙。今曰「爭事不合兩罷」，以是爲部逐閣之證，不可曉也。平湖之乞憐於相國，誠不知其作何狀。至其秉銓，鑿鑿乎舉久抑之君子而登進之，舉久昵之小人而擯斥之，略無顧忌，一時人心翕然風動，至今語及之，猶有生氣，恐亦不得而過訨之者。今以其推轂由我而不惟我之頤指氣使，遂科之曰叛，然則必吴嘉禾、王陽城乃爲忠順耶？如是而猶曰「不知閣部以何時異同」，然則平湖何名爲叛耶？不可曉也。且閣銓之間，兩下皆公，則兩下以公相成，固無異同之跡；兩下皆私，則兩下以私相成，亦無異同之跡。要其所以然，則天淵矣。譬諸惟其善而莫之違，固是莫之違；惟其不善而莫之違，亦是莫之違。要其所以然，則天淵矣。今不問其所以然，而概之曰「分宜、江陵亦何曾有異同之跡」，是不等秦符之獨斷於晉武，概一世之專任於齊桓耶？不可曉也。若鄒南皋請告一節，見麓蔡公且命予面商諸相國。及聞公擬留之諭，乃已。今謂蔡公篤言，意相國偶忘之耶？又謂「中人而及南皋，即趙、沈兩公不承」。趙不敢過求，至四明公曾不難加歸德以滅族之罪，又何有於南

❶「自書柬末」四字，原無，據是書卷前目録補。

皋，而欲以身保之耶？不可曉也。反覆躊躇，不得其説。又不可再瀆，姑記所疑而存諸篋中。

涇皋藏稿第四卷

無錫顧憲成著

與李養愚中丞

天惠東南，獲儆臨照。伏見下車以來，剛柔並運，瞻聽一新。其於品藻人倫，激揚吏治，既已覽昭曠而越拘攣矣，不肖何能贊一辭！謬不自量，欲有所請，不識臺下且許乎否也？

竊惟仕途，獨甲科於格最高，乙科次之，貢生又次之，其下貲生，最下吏員。總而言之，皆不若貢生爲難。何者？其出身不如甲乙二科，其多藉不若貲生，其巧慧而習事不若吏員也。無論清濁殊方，敏拙異軌，即德鈞才敵，亦應人一己百，人十己千，始堪牽比耳，故曰難也。竊見本府趙别駕，貢生也。故名家子而秉概清嚴，莅事明決，左右慴息，莫能假其一嚬一笑。嘗攝敝邑篆，邑人安之。其審役一節，參伍斟酌，折衷允當。後來閔節推再四研覆，卒無以易，而始喟然嗟歎，服其公且明也。又竊見敝邑王二尹，貢生也。實自令尹量移，而孜孜奉公，絶不作遷官態。至其三只無撓，一塵無染，婦人女子皆信之。以致四封之内，諸無賴惡少，斂手以避，相戒勿犯。殆非聲音笑貌之爲而已。方今明公正身率物，郡邑之間相顧競勸，一時號爲多賢。僕所欲爲臺下誦正自不少，而獨於兩君倍有惓惓，誠感兩君所處，獨當其難，不可以他例也。倘蒙加察，果鄙言不繆，特假餘靈，破格與進，俾激於殊遇，益思奮勵，勉圖報塞，惠此元元，其造福地方，豈淺淺哉！臨緘曷勝懸望之至！

又

不肖之辱收於臺下有年矣。昨者先慈見背，重辱矜念，特賜寵奠，感刻肺腑。苫土悽其，未遑叩謝。及台旌過幸九龍，不肖僅從諸縉紳之末，一望清光，亦無由少伸款款。缺然之懷，如何云喻！兹有一言之獻，徘徊累旬，仰惟臺下深心廣度，方軌古昔，不可以凡情測也，敢遂陳之。

蘇郡石太守雅稱潔己愛民。當臺下秉憲時，業嘗知其賢而進之矣，公也。屬以錢糧那移事，恐將爲弊藪，不得已而疏論焉，亦公也。不肖夫復何言！雖然，石守之踈略可罪，而其能爲德于蘇可録。兩者固自不相掩也。今者直指陳公祖方行查勘，輕重之權實在臺下。倘蒙曲示寬假，速賜結局。始焉不以其可録而原其可罪，所以伸國家之法；既焉不以其可罪而没其可録，所以慰閭閻之情。此老公祖始終曲成無涯之至德，一時順應無迹之妙用，兩者亦自不相悖也。《語》曰：「惟仁人能好人，能惡人。」好而知其惡，是謂能好；惡而知其美，是謂能惡。臺下，仁人也。故不揆其愚而有布焉。願垂神察之！臨緘皇悚。

又

頃聞正以石守事顓緘請教，非敢冒瀆，實惟淺劣，過叨超格之愛，苟有一念，不敢欺隱。適接大教，則門下之于石守，知之原不爲不深，而不肖之所爲披露于左右者，臺下定不以爲大謬也。幸甚！幸甚！臺下素心卓節，海内信之，矧于不肖！流俗靡靡，妄相猜度，曾何足云，而以塵下問！蓋臺下之不自滿也如此。此聖賢之用心也，不勝佩服！獨計門下疏論石守錢糧之事，若出于侵罔，則其罪莫贖；若出于那移，則其情可原。兩者之分，毫釐千里。誠以石守此一端質諸其生平之所爲，特賜寬假，則臺下之于善善也長，于惡惡也短。其所培養成就，尤不小矣。恃愛不厭瑣瑣，伏惟原亮！

與鄒孚如銓部

諸景陽丈行曾附致尺一爲候，忽忽又歲寒矣。聖明御極，政柄屢更，否泰剥復之機，其將在此。足下適當用事之位，登賢黜邪，益得沛然愉快于志意，可謂千載一時也。弟更何以效其愚？無已，則有三焉。

一則願足下求賢以自廣。可事者折節而事之，可友者推心而友之。時時就而謀焉，相與切磋天下之人材，以辨其用。同事諸僚，相勉以一體之誼，俾各竭所知。允則採而行之，否則渾而含之。精神血脉流貫爲一，無復毫髮猜貳于其間。嘗思祖宗設官，獨于吏部案省而定其人，正虞庭四門四聰四目之指，❶不可不察也。一則願足下沉幾獨運，❷操其不測于規矩準繩之外。其人果賢歟，即臺諫撫按或以爲當黜，而吾不可；其人果不賢歟，即臺諫撫按或以爲當

❶「聽」，原作「總」，據文淵閣本改。
❷「運」，原作「遇」，據文淵閣本改。

陟，而吾不可。庶幾天下曉然知銓衡之地，善惡分明，幽隱無蔽，其於世道人心，夫豈小補！即如近日李中丞之刺石蘇州，孰曲孰直，衆口昭然。昨弟貽書中丞言之，中丞亦欣然不以爲忤，正宜成中丞之美。畢竟束縛格套，不免議調。此非三代直道而行之心也。向令撤去此障，一切裁以至公，尊貴無狥，卑賤無抑，其於世道人心，夫豈小補！若内欲存臺諫之體，外欲存撫按之體，反將銓衡之體作第二義看，又何用吏部爲也？一則願足下革除宰相朝房請教陋規。此規嚴分宜時始有，至張江陵彌甚。蓋分宜當國，有所指授，尚令其子邀選君於家，客而觴之，既歡洽而後列牘授之，某願選某缺，某願陞某缺。至江陵，直役之矣。彼不肖者無足論，賢者亦習以爲固然，隨波逐流，沿而不返。其究至於有所進也，但進得相門之君子，而四海九州所共瞻仰之君子反不能進；有所退也，但退得相門之小人，而四海九州所指斥之小人反不能退。堂堂天曹，翻作内閣牛馬走，而猶號於人曰：「吾欲同心以相濟也。」夫誰欺？欺天乎！

弟之所請於足下者以此。足下其謂之何？自惟足下深衷傑抱，弟何能望萬一？即殫其固陋，寧裨足下萬一？第吾二人生平之交，相期于德義，不相期于事功。事功可雜採而就，德義須直心而行，有真德義然後有真事功也。又念數年前，吾二人時游懋權、國徵之間，皆曰「異日吾欲」云云。不意二子夭亡，弟復狼籍田野，壯志都耗。獨幸足下得道得位得時，兼三不易以行於世，千古之責，居然一人獨肩之。凡弟所爲惓惓，亦二子之志也。足下之志伸，即弟之志伸；弟之志伸，即二子之志伸矣。努力！努力！

又

諸景陽行，曾附尺一。去冬敝邑華春元北上，復附得數行，托景陽轉致。中薄有所効，不知足下以爲何如也？弟庸劣無似，頃者誠不意有泉郡之命，又不意裒然冠旌籍之首，以忝大典。當是足下欲玉于成，使其縱欲自暴自棄而不得然。而弟則何以稱塞也！徒有愧悚而已。足下誠不我捐，且不忍傷知人之明，願更進而提策之。至懇！至懇！

近見邸報，益覺時事紛紜，不勝太息。惟是直道昭明，亦未有如今日者。此中消息，似易而難，似難而易。足下適當在事，殆天之所以試足下也，足下何以圖之？膽欲大，心欲小，行欲方，智欲圓：此四言最盡。所當君子，破格而進之，所當小人，破格而退之，大也；好問好察，小也；悦之不以道不悦，方也；高下洪纖，不拘一轍，圓也。足下辦此矣，在加之意而已。

近歲燕中所相與切磋佳士爲誰？乞以見示。此是足下今日第一義也。努力！

復楊中台計部

承問吴、趙是非，僕何能知之？竊以爲須就此兩人心事，與皇天后土參對一番，方可下語。若但在形跡上校勘，恐未免落第二義也。高明以爲何如？伏惟裁教，幸甚！

復陳侍御南濱

承教皆確論也，敢不佩服！省中遷轉，信乎太驟。前時亦曾與一二同志商之，緣都給事中係是正官，似難虛懸。歷查内外大小衙門，並無懸正官不補之事。獨左右不妨稍緩，又似無甚關涉也，如主事之員外郎，員外郎之郎中耳。北中或三四年而不轉，❶南中或一二月而即轉。總之，齊於俸而止，無淹速之嫌也。南人歸南，北人歸北，不易至理。到得勢之所窮，有不容不稍變通處，似難固執。此特十之一二，亦只就近推移而已。窮而又窮，如雲貴、兩廣，則以優缺處之，借以慰悦其心而展布其氣，亦無可奈何耳。

即如近日教官一節，就教官論，南人應陞者多，北人應陞者少。就貢生論，北人應取者多，南人應取者少。如以教官爲准，因其陞而定其取之人與其取之數，則貢生有年深而不取，年淺而反得取者矣，恐無以服貢生之心。如以貢生爲准，因其取而定其陞之人與其陞之數，則教官有俸深而不陞，有俸淺而反得陞者矣，恐無以服教官之心。若教官只論教官之俸，貢生只論貢生之年，一陞一取，南北之間，自有參差，不能一切符合。只得就中調停，經其八九而權其一二。要之亦不至十之一二，僅百之一二而已，其大體固自南者南，北者北耳，可按而覆也。若北之應陞者若而人，北之應取者恰若而人；南之應陞者若而人，南之應取者恰若而人，并此一二而無之，豈不大善！

❶「北」，原作「此」，據文淵閣本改。

天道人事似不能如此之巧也。

近日兩司遷轉，大略亦多在本省。惟按察使有不能太拘者，亦無幾耳。遇有帶銜按察使，便用填補，則益少矣。此外則邊道、學道而已。初意欲將此事商確一至當之説，具疏題請著爲令。筭來筭去，並未免有一二碍處。到得碍處，便是廢法之端。不若就方寸間，默默調停，到碍處亦可活處。日接月續，後先同心，三年之外，遠省者可漸漸移至近省，近省者可俱就本省。轉動蓋法方而意員，法有窮而意無窮。此非面丈不能悉至。其間畢竟有調停不來處，亦非丈不能發其蒙而開其蔽也。感丈厚念，先此布復，尚祈叩謝，并請終教。

柬滸墅榷關使者

竊惟國家之設關政，將假商税以佐農賦，其意甚遠，於法自不得不嚴。於法既嚴，即漏税之禁，自不得不重。此理也，亦勢也，夫誰得而干諸？惟是頃者陳明等一呈其中原委曲折，有更僕未易數者，請陳其概，伏惟門下少垂鑒焉。

當歲癸卯、甲辰間，税棍俞愚、金陽等，所在恣行，民不堪命。敝里有牙行趙焕者，慨然發憤，具呈前撫院曹嗣老公祖，盡暴其奸。俞愚一班痛恨入骨，適遇焕於江陰之長涇，縲絏之而去，殺而沉其屍於河。則是趙焕爲地方而受禍也。當有夏川等具呈於敝府，歐陽宜諸公祖以爲地方大變，因具揭聞諸兩院、兩道，且屬敝邑林父母刻期檢解。乃俞愚等並係隔郡人，百計延捺。煥子希賢、妻金氏告道告院，矢不共天，卒無奈之何。愚復搆夥顧堂，顛呈撓稅，巧圖抵遏。比今周懷老公祖廉知其狀，督責甚切。而首惡俞愚且逃矣，迄今尚未得結局，致累希賢、金氏飲恨茹悲，伶仃萬狀，傾家蕩產，渺無孑遺，而煥也剖骸析骨，沉淪九泉之下。行道聞之，盡爲酸楚。適夏川等再呈撫院，行縣樹碑，各閑僻去處，永永遵守。一時縉紳及諸父老咸喜而助成其事，亦因以慰亡煥之魂。俄聞有惡其害己而毀之者，希賢、金氏奔往視之，陡遇金陽、吴淵等於王莊，即前之共謀殺煥者。在此既積恨不平，在彼復恃强不下。兩相爭鬩，驚動地方。於是淵、陽仍祖顧堂故事，搆出陳明揑呈漏稅爲先發制人之計。而且波及王溪等，甚而鬼名鬼姓，青天白日之下，造出諸般鬼話，不可踪跡，不可影響矣。誠就其言而核之，尚不知孰爲玉石，孰爲段廂，而況曰邀搶，曰拒捕哉！則是地方又爲趙煥而受禍也。嗟嗟！死者方銜未雪之冤，生者更遭無窮之累。趙煥已矣，又欲并其子若妻而斃之；其子若妻已矣，又欲并一方而羅織之，豈不痛哉！此不肖之所以不能不代爲一鳴於仁人君子之前者也。

至於漏稅一事，亦尚有當請裁者。始趙煥未死，敝里人至城市貨而歸，至中途與塘等處，各稅棍必指爲漏稅，詐而取之，往往只賸得一空手。及煥被殺，當路聞之，莫不驚惋，共相告語，共相檢飭，乃始漸漸斂跡耳。竊計敝里之去城則四十里也，去滸墅則百里也。貿遷在四十里之近，輸稅在百里之遠，無乃非人情乎？而況轉水河頭，恰當城郭之間，業有柵爲之限乎？又況所市者類皆小民日用飲食之需，不必展轉行販謀子母也。長此不已，只出里門，便應有稅矣。只一蔬一腐，皆應有稅矣。民何所措手足乎？今碑禁所列陳市、王莊等數處，視興塘等處之於滸墅，遠更倍之，其中往來，大半民户耳。間有一二經紀，多不過數金，上下所歷，遠不過數里，内外必責之越百里而輸稅焉。然則興塘等處，亦將復脩癸卯、甲辰故事乎？由是推之，凡爲漏稅之説者，公乎？私乎？抑亦假公行私乎？竊恐官受其名，彼享其實；民受其害，彼叨其利。碑禁之設，正爲此輩。而猶相欺相誑，略無忌憚乎？且夫善用法者不盡法。當今新例加嚴，法網加密，據呈東西南北，四圍重重盤詰，在在關防，必無漏矣。縱或有之，亦千萬之十一耳。行不得已之事，存不得已之心，若爲不知也者而置焉，不亦可乎？此又不肖之所以不能不代爲再鳴於仁人君子之前者也。

不肖抱痾杜門，何敢越俎妄談？惟是目擊心恫，桑梓一體，惻不自禁，徘徊累日，竟忘其僭，冒昧披瀝。倘蒙門下不見爲大繆，特賜詢察，嘉與主持，將金陽、吴淵及陳明等面加曉諭，警其既往而遏其將來。所呈姑寢不問，嗣後有以漏稅告者，必係奸人，願斥而去之。出諸身則爲德政，徵諸民則爲德碑。在今日則惠澤覃敷，人人歌詠；在異日則模範具存，人人誦法。造福無窮，而流芳亦無窮矣。不肖幸甚！地方幸甚！臨緘曷勝懇迫之至！

與吴郡博書

抱病下里，未獲請御，良切耿耿。適吴

直路到舍，謂小兒與沐以德行舉。此門下如天之誼，能無銘刻！退而思之，沐孱然稚子耳，何所短長，至煩採擇？反覆尋求，不得其故。意者因向時曾齒録於前任王鍾嵩老公祖而及之歟？此則自有説，試陳其略。

王公祖校士，盡絶請託，二百年來所僅覯。諸見遺者，群而譁於王公祖之前。于時沐兒在寓，杜門不出。王公祖偶廉得其狀，召而問之，且曰：「子屢試俱列高等，即今爲子稱屈者，正自不少，子獨默默，何也？」沐對曰：「老公祖一秉至公，沐實心服，何敢有言？」王公祖曰：「有是哉！可不謂知義安分乎！」遂逢人稱説，且爲推轂於楊學院。其意蓋欲借以風衆，遏競息囂，一時激揚之微權也。僕聞之，業跼蹐不安矣。及温鹽院行部猥復及之，益跼蹐不安矣。乃可按以爲常乎？况沐也齒尚少，門下誠欲玉之於成，正望徐而養之，使之闇然内脩，進而圖其遠者大者。若爾區區，重相表暴，至再至三，猶然不已，沐將曰「名之易徼如此，人之易蓋如此」，必侈然而不復求向上一步矣。非所以琢磨此兒也。又令聞且見者相率而議曰：「人也以退爲進，以屈爲伸，其巧如此，其討便宜如此。」沐亦無辭以解矣。非所以保全此兒也。

夫人情未有不愛其子者也。姑無計是非，有利焉，未有不欲爲之趨而就之者也；有害焉，未有不欲爲之趨而避之者也。而所謂利害，有虚實之辨。或似利而實害，或似害而實利。兩者之分，毫釐千里，又不可不察也。今兹之舉，驟而觀之，不耕而穫，不菑而畬，豈不厚幸！徐而揆之，一則疚心，一則賈議，一則折福。利耶害耶？亦不待智者而辨矣。是用披瀝肝膽，九叩以請，仰祈矜察，特賜罷免。此之爲愛，真倍恒情百萬，憲等宜何如感也！宜何如報也！臨緘曷勝懇切之至。

與袁邑博書

新春尚未及面候爲歉。昨施直路到舍，謂小兒與渟以德行舉，此門下如天之誼，敢不九頓以謝！惟是驟而聞之，不勝驚愕，不勝慚愧。徐而思之，有二不可，有三不便，蓋萬萬不敢當者。敬爲門下誦之。

何謂二不可？竊惟德行一途，至重典也。當路所以搜揚幽懿，簡迪殊絶，爲世作範，於是乎在。必其涵養之純，踐履之篤，抱負之宏，人倫推服，乃堪應選。兒有是否？一不可也。又必其閱歷之深，諳諫之久，積累之厚，年近老成，乃堪應選。兒有是否？二不可也。何謂三不便？是兒生長田間，碌碌無聞，猶幸赤子之心未盡漓耳。一旦被之以過情之譽，倘不善體玉成至意，退而砥礪，將無闌入聲華塲中，鑿厥混沌？一不便也。邑故多賢，端脩卓詣，當自不乏。而猥及是兒，人將曰：「此而可舉，孰不可舉？」其爲門下知人之累大矣。二不便也。僕最無狀，生平於「廉耻」二字亦頗識得。假令親朋之間遇有此等，亦須一效忠告。況知子莫如父，愛子莫如父，乃坐視其叨冒僭越，靦顔儕輩之間乎？行見有識者，且不以嗤稚子而以嗤僕矣。三不便也。

語云「君子愛人以德，不以姑息」。門下之加惠於愚父子至矣，能無銘刻！獨其迹有類於姑息，不敢不披瀝以請，仰祈矜察，特賜罷免，去其所不可而貽之可，去其所不便而貽之便。此之爲德，宜何如感也！宜何如報也！臨緘無任迫切之至！

答友人

自孔孟既没，歷千餘年，始有周、程諸大儒，其所以開示來學，乃從上相傳一滴真血。既是親生，又是親乳，故撫摩鞠育，周慮曲防，無所不至。看到瑣碎處，愈見懇惻。只緣從一肚皮中出，自然如此。近儒直指單提，豈不徑捷！豈不痛快！却只説得一邊話。諺所云「不哭的孩兒誰不會抱」，此之謂也。足下蓋見諸大儒於説本體處，往往引而不發，於説功夫處則津津不憚煩，近於勞苦費力，便擬爲乳娘；見近儒於説功夫處，往往薄而不屑，於説本體處，則津津可喜，近於親切貼肉，便擬爲親娘：似非究竟義。

平心論之，近儒的念頭亦與親生親乳一般，但緣他看得自家易長易養，遂認孩兒都易長易養，不甚以乳食爲意。諸大儒却知孩兒有易長的，亦有難長的，有易養的，亦有難養的，縱一胞胎中生，尚自兩般三様，❶不能不多方呵護耳。竊有一疑，堯舜孔孟，豈不大聖大賢，而兢兢業業到老，汲汲皇皇到老，君臣儆戒，師弟切磨，不遺餘力，將其難長難養，反不如近儒易長易養耶？抑其繩拘尺縛，尚不知有單提直指之妙訣耶？殆非也。「人心惟危，道心惟微」，毫髮放鬆，淵墜冰陷。是故見其易者未必果易，還是心粗；見其難者，未必果

❶「般」，原作「舦」，據文淵閣本改。

難，還是心細。足下試看，細的是本體，粗的是本體；這本體即在功夫之中，還在功夫之外，便知那箇是親娘，那箇是乳娘也。

足下又遡自有宋及於我明後先諸儒，考其因時立教之方，謂仁義禮智，互相補救。今宜實之以信，大意亦近。至自按垂髫異於童稚，有室異於垂髫，深覺信之難全，欲求返異歸同，最是切問。語云「自家有病自家醫」，又云「知得病便是藥」。足下既已知得，只去着實調服，予復何云？無已，惟有濂溪所揭「無欲」二字極好。夫何故？這箇欲自人生落地時便一齊帶下，千病萬病，皆從此起。我要爲善，這箇却出來做對頭，不愁你不屈伏。我不肯爲惡，這箇却出來做牽頭，不愁你不依順。《孟子》曰：「人少則慕父母，知好色則慕少艾。仕則慕君，不得於君則熱中。」這便是垂髫異於童稚，有室異於垂髫的公案。所謂「人心惟危」以此，「道心惟微」以此。堯舜之不能不兢兢業業，孔孟之不能不汲汲皇皇，亦皆以此。須辨取明白，一刀斬斷，拔出自家一箇身子來，然後要爲善便真能爲善，要不爲惡便真能不爲惡。仁真仁，義真義，禮真禮，智真智，恰好鑄成一箇信字也。陳白沙先生曰：「人須有鳳凰翔於千仞之意。」每誦之，輒爲洒然。若識不破，跳不過，終日營營，只要陪奉這軀殼，其與糞壤之蠅蛆何異？到那裏無論親娘乳娘，都救不得也。足下其歸而體之，如有可否，願以復我。

復耿庭懷明府

承示《大學讀》，喜甚。老父母卓絶之識，乃肯如此細心體究，真大勇也。竊意吾輩於此事，或静中有得，或動中有證，隨時拈出，密自參考，未爲不可。如將古人經典枝分節解，恐未免有無事生事處，非所望於門下也。二千年來，訓詁家只推得朱夫子一人，説者猶嫌其多了些子，况吾輩，可效之乎？恃愛直布其愚，不識高明以爲何如。

復徐匡岳

建禄至，拜教之辱，頗以爲慰。弟自分衰劣，業具疏乞休，何能副雅念萬一也！《天命》、《志學》二繹，仰荷印可，甚幸！總之，何能逃於知止、知本之外？且愧尚茫然言銓，未能實有諸己，不知吾丈又何以策之耳？李先生《經説》，向嘗卒業。兹蒙再頒，一番拈動一番新，當於此默自證焉。公祠之舉，甚愜輿情，不腆附往，聊寄仰止之私而已。相望千里，把臂未期，便中彼此無忘，寄聲爲願。

又

來教「誠明」之説甚當，非愚劣所及。乃聖賢於此，有專言者，有偏言者，有互言者。知及仁守，則所重在誠；行著習察，則所重在明。會而通之，各有攸當。丈以爲何如？見羅先生被誣之事，業言諸伍容老，據云非敢誣也，一一得自邸報耳。但「裸體」等語，委覺不雅，當爲删之。此老自是君子，而多主先入之説，久之或更有悟也。《輯要》之賜，如獲真珠船，俟從容卒業請益耳。建禄還，附此，百不宣一，願言自愛。

復李涵虛

向辱枉教，良慰傾企。再承頒示誨言，讀之益爲豁然。「其」字指作本來面目，不若將來作「時習之」「之」字。「斯之未能信」「斯」字更妙。「見」字似宜活看，不得着相。如着相，竊恐見性體之參前倚衡，與見忠信篤敬之參前倚衡，無以異也。丈以爲何如？管東溟先生，一世人豪，蓋至今時時夢寐見之，特以凡襟急切，難於描寫，尚在徐徐耳，不敢忘也。拙記求正，幸不鄙而裁之，懇懇！率爾布謝，不盡，欲請尚圖顓候。

答周仲純

得示，具見用心之密。靜坐是入門一妙訣。李延平先生教人看喜怒哀樂未發作何氣象，乃就中點出一個活機，又靜坐一妙訣。學是學個恁麼，當於此有會，不必問孔孟有是與否，亦不必問克己與不遷不怒同乎異乎否也。無已，即兄所舉「學而時習之」一章，參之世間物事，那個是時時不離的，那箇是人人一樣的，那箇是人知之不加，人不知不損的，那箇是最可悅最可樂的，自應了了矣。兄以爲何如？便中幸不惜裁教爲望。

又

所需架頭書數種奉上。人有福方肯讀書，書有福方遇肯讀者。今人與書，可謂兩相遺矣。

簡伍容菴學憲

浙爲材藪，得年丈主其學政，甚善！所以甚善，非僅僅文藝，間懲德行，明示予奪，真有一段風采，令人改觀易聽，此方是第一功德。非足下孰與望之！若夫杜請託，抑奔競，此又年丈餘事，不須喋喋耳。如何？如何？平湖陳員嶠儀部，年丈所知也，不幸夭亡，而又無子。凡在人倫，莫不傷悼。顧不知曾俎豆于賢祠否？此君渺然無年，乃其志節耿耿，自可千秋，寧以此舉爲重輕？要以表章揚勵，軌示來者，則當路之責，君子之事，在年丈尤是今日第一舉也。偶便附此于湯見弦年兄，伏惟亮裁，幸甚！

又

歸田以來，惟有杜門養痾。一片狂心對松菊泠泠，不復着影于胸中矣。丈念我勤渠，高誼干雲，祇增愧悚。讀手教，又知浙中督學之難。邇來士習日下，奔競成風，丈毅然障狂瀾而東之，何以副群小之望？即此便是丈生平學力，他又何論？古今惟鄉愿有譽無毁，丈自待何如？能若是乎否也？惟丈益崇令德，盡其在我而已。前沈几軒太史乃郎過此，已知丈垂情圓嶠陳丈之至。一死一生，乃見交情。門下其是乎？景逸丈令祖復蒙檄祀名宦。丈之敦賢崇化，昭示風軌，雖古人何以加！在弟且不勝歎服，即景逸之感刻可知矣。秋風漸爽，願言珍重。

又

辱念良荷知己之誼。讀《外臺事紀》，一言一動，皆關世教。即乃真著述，何謙謙也？弟居病數年，此生已自分與藥石作伴。丈亦有何清恙乎？詢使知且脱然，信松柏之姿不同蒲柳也。方今無善無惡之説盈天下，其流毒甚酷。弟不揣，僭有推敲，正爲高明所笑，丈乃謬有取焉，竊以自信文成自是豪傑，異時尚當從丈面證。今未敢漫爾相復也。

與董思白學憲

向聞楚中督學之命，竊爲楚賀得丈。楚實材藪也，又爲丈賀得楚。計今便且浹歲，錫極提衡人倫，象指衡岳、洞庭之間，所爲瞿然顧化者，當有不減於文清之山東，文莊之江右者矣。甚願與聞焉，千萬無讓無吝。鄒太僕孚如先生，丈所知也，其操概皭如，其事業朗如，其文章炳如。計必採輿論，俎豆鄉先生之祠矣。乃其山居之日，特建尚行精舍，與多士相切磋，尤其精神所注。竊以爲宜并祀孚如於此中，非謂孚如藉此爲重，表往者乃以勵來者，俾其邑人士自今以後，世世有所觀感而興起，以不負孚如一片心，實主張世教第一事也。丈以爲何如？久欲相聞，未得良便。適從馮元敏詢有鴻鯉，輒爾投寄，懸知丈有同心，千里一堂，不俟辭之畢也。喁望喁望。

答友人

足下滿腔赤心，神明自異。哀憤如僕，殊賴洗發。世趨愈下，岐路紛然，誠如來諭。要之，其無常者不可測，其常者則在我。夫亦守其在我而已。昔宣尼思狂狷而賊鄉愿，其論與人，則曰「矜而不争，群而不黨」，良有味乎其言之也。敬爲足下誦之。長安名賢，不乏可事可友，何容當面蹉過？其大本大原，夫亦在我而已。恃愛僭布其愚，高明以爲何如？

與諸敬陽儀部

當足下朝釋褐而夕爲海忠介發憤，偕彭旦陽及吾家季抗疏闕下，浩然棄一第而歸。弟聞之，作而歎曰：「有是哉！其介視軒冕也！」久之，起秉南陽之鐸。適鄒孚如銓部北上，特過而訪足下，突入卧室，見破幃敝衾，蕭然書生，甚爲嗟異。退而割囊中二金，遺之曰：「聊以佐苜蓿。」比升任到京，復躬自齎還，封識宛然，益爲嗟異，遂以能甘清苦舉。已請告家居，郭希宇中丞自楚餽五金，足下破其椷析，受五星而返其餘焉。弟聞之，又作而歎曰：「有是哉！其塵視金玉也！」中心誠愛之欽之，願爲執鞭，惟恐其不得當也。乃數年以來，所聞浸異，一而至，置之矣，再又至焉；再而至，亦置之矣，三又至焉。迄於今猶然，嘖嘖未已也。乃始不能釋然，因而從中細加體察。平心而論，竊以爲有可原者，又有可訝者，有可惜者，又有可喜者，請得爲足下詳之。

足下滿腔是直腸，偶有所激而不平，遂

往往至於犯衆忌，言人之所不敢言。又滿腔是熱腸，偶有所憐而不忍，遂往往至於冒衆嫌，言人之所不肯言。多口之招，大半由之。故曰可原也。惟是人言具在，其果一一是真耶？今日之敬陽即昔日之敬陽也，何判然兩截如是？吾既不敢信彼而疑此，其果一一是誣耶？今日之人心即三代直道而行之人心也，何顛倒不情如是？吾又不敢信此而疑彼。兩下推求，莫得其故，故曰可訝也。雖然，是有説矣。隨俗易，自立難。足下而甘爲庸衆人也，人亦庸衆之矣，其責備必寡。今足下而不甘爲庸衆人也，人亦不庸衆之矣，其責備必多。是故堅而磷反不若未堅而磷者鮮受磨之跡也，將何以謝此堅？白而緇反不若未白而緇者鮮受涅之跡也，將何以謝此白？故曰可惜也。幸而毘陵座上啟新丈所促膝而規，極其峻厲；東林齋頭景逸丈所秉燭而諭，極其激切，在子弟輩猶難甘受，而足下怡然承之，略不少介辭色，即本來面目依然不失，乃是起死回生一大機，良可喜耳。

抑聞之所貴乎知過者，非貴其知之已也，貴其改也；所貴乎改過者，非貴其草草塗抹於一時已也，貴其洞照病根，一刀兩斷，永絶而不復萌也。假令今日有一錯焉，第自認曰「吾不是」，明日有一錯焉，亦弟自認曰「吾不是」。徐而按之，轉口而未必轉步，轉步而未必轉身，竊恐暫開之一竅易塞，夙染之熟處難忘，所謂「野火燒不盡，春風吹又生」，竟此生無廓清之期也。然則如之何？其必返照初心，斷以聖賢豪傑自期待；堅砥末路，痛以盜賊禽獸自刻責。日新而又新，又新而日新。向來滿腔直腸，不但用之他家，而必用之自家；向來滿腔熱腸，不浪用之小人，而必用之君子。翻然將五臟六腑，濯以江漢，暴以秋陽，一一重新換過，庶幾失之東隅，收之桑榆，異時無常到日，不至吃閻羅老子棒耳。

蓋弟夙企玉峰兩賢，一爲張可菴給諫，則擬諸劉季陵；一爲足下，則擬諸杜太僕。曾於給諫以杜太僕進，今於足下當以劉季陵進。損有餘而補不足，自是相成之誼，其何敢水濟水，火濟火，有負足下！足下能爲人盡言，必能受人盡言，知亦不我負也。嗟嗟！日月如馳，人身難得。足下行年六十有二矣，還能再活六十二否？此時一蹉，永刼難補，可容兒戲！弟誠不勝惓惓，輒此饒舌。惟足下作一竹竿到頭人，惟足下作百尺竿頭進步人。惟足下一生行徑，於此結局；惟我二人三十年交情，亦於此結局矣。弟言有盡，弟意無盡，念之！念之！

又

足下受善之勇，真不可及，敬服！敬服！聞琴川、松陵各有寄莊户，此必迫於親交之情，不得已而應之耳，急須除之。君子自愛、愛人，皆以德不以姑息。萬勿再爲因循，冒虚名而貽實玷。此非特弟之意，實諸同好之意也。努力！努力！

與錢受之

敬陽儀部畢竟是君子，頃面劾其狂言，了不爲忤。非特不爲忤，且覽且喜，且感且謝，不啻其口。已復促膝細談，不覺淚下，曰：「世安有愛我如君者！」此一副心腸，從何處得來？大凡人之過出於有心，則有遮護，其改之也難；出於無心，則無遮護，其改之也易。以此知儀部必能始終爲君子，不至半途而墮落也。計足下所樂聞，特及之。

簡王弘陽少司空

周懷老公祖極荷知己之愛，感不啻口。此老不特撫吴之績，文襄以後鮮見。自其釋褐之初，即與交好。及進臺中，所當儕鶴、徹如諸君子，杌桯間皆有以自立，非謾然與世浮沉者。近日忽致紛紛，牽粘不已，幾若兩截然，良所未解。得不見棄於大君子，其亦可無憾矣。如何？如何？

巖穴諸賢近時見推轂，而獨不及沈繼老，由向來一種異論，浸潤得人深也。此老好善嫉惡太甚則有之，要其心胸自是青天白日，不知者至詆爲鬼蜮。即今太宰公亦似尚有這個在。爲繼老計，進退行藏，無所不可；爲太宰計，却須破得此關，方是古大臣風猷耳。翁以爲何如？

與吴文臺比部

近來奇事種種不乏，乃不肖覩於臺下，則又奇之奇也。曾有名實雙茂如臺下，敭歷多所如臺下，四十年甲科如臺下，猶然郎署者乎？此不肖之所不解也。以爲世莫之知耶，何以物色之寂莫偃蹇之中？以爲知之耶，一歲九遷，兹其時矣，何尚遲遲也？此又不肖之所不解也。雖然，於臺下則奚損焉？非惟無損，乃益見臺下耳。如何？如何？

不肖脩行無力，動而招尤，老而不改。臺下念一日之雅，嘉與拂拭，至取敝帚而千金享之，既感且愧。而今而往，其何以報？惟應痛自鞭策，謹保桑榆，以無重門墻之辱而已。尚願不鄙而加督焉，幸甚！率爾申候，不盡積企。倘因緣九龍之靈，得以便徼台旌之辱，即摳衣請御，舒我饑渴，實至願也。臺下其許之否？

與丁大參勺原公子

楊建祿來，以尊府君之訃告。初恍惚如夢，既而知其真也。相對流涕覆面，肝腸爲裂，竟不能出一語。嗟嗟！已矣！有奇抱而不克展也，有奇冤而不及申也而已矣！後死者能無責乎！雖然，其不已者固自有在，非夫年之謂也。且聞長君業不祿矣，獨足下方當英齡，翩翩起也。然則父兄擔子，足下實一身肩之矣。所以不已尊府君者，又自有在，非夫僅僅哭泣之謂也。念之！念之！相去千里，相望一水，恨衰病之軀，不能匍匐相從，憑棺一哭，以洩生死之痛。輒此代唁，敬薦一觴。個中所懷，累累滿腹，未吐百一。嗚呼！其爲我焚此箋於尊府君几下。

與李見羅中丞公子

伏惟尊府君老先生主盟斯文，直接孔、曾不傳之緒，海内學者莫不奉爲正宗。一旦山崩木頹，倀倀無依，莫不相顧嗟悼。而不肖辱在陶鑄之末，尤有百倍於恒情者，則亦惟虔奉遺訓，見於羹，見於墻，庶幾先生之默鑒之，不忘夙昔之鞭策而已。相望千里，衰病之軀不能匍匐以趨，敬薦瓣香，薄申生死之感，幸門下吡而致之先生之靈。門下紹隆家學，擔荷良重，百凡自愛，慰我同好。

簡李元冲銀臺公子

昨秋忽聞尊府君老父母之訃，不勝震驚。追憶生平，不自知其淚之淫淫下也。邑中諸父老子弟，轉轉傳告，❶咸相向哭失聲。諸子衿遂合辭爲聞於當路，俎豆名宦，若曰「庶幾得以朝夕瞻拜焉」，聊自解慰云爾。非老父母實心實政，淪膚浹髓，何以致此乎？敬若孝子慈孫，願以聞於老父母之靈也。而不肖且薄薦瓣香，一申生死之感，幸并爲我吡而致之。賢金玉紹隆世美，擔子良重，所以不泯尊府君者，應自有在。僕老矣，尚拭目而觀之，無徒以哭泣爲孝也。如何？如何？臨風耿耿，不盡所懷。

復方本菴

不肖下里之鄙人耳，無所聞知。少嘗受陽明先生《傳習録》而悦之，朝夕佩習不敢忘。獨於天泉橋「無善無惡」一揭竊訝之。間以語人，輒應曰：「此最上第一義也。」則益訝之。俯仰天壤，幾成孤立。頃歲從令郎老公祖受《心學宗》，讀之不覺躍然起曰：「孔孟之正脉，其在斯乎！」是天之不棄吾道，而以先生畀之也。於是竊自幸有所歸依矣。而又愧管蠡之效，未足以揚搉萬一也。乃辱翁臺俯加採擇，惠然與

❶「轉轉」，文淵閣本、光緒本作「輾轉」。

進。千里驣書，益以四集，得未曾有，且爲預訂秋水之約，此正不肖之所當齋沐而求，竭蹷而趨者，何乃坐而得之於翁臺哉！且喜且驚且愧，是又天之不棄不肖，而以先生賜之也。謹九頓以謝！《蕪語》二種附呈，統祈斧正爲荷。

復唐大光

足下睠焉有意乎？家世道脉甚卓，「求放心」三字又切問也。竊以爲心之爲物，與鷄犬不同。鷄犬放而在外，收而在内，有方所可求。至於心只在人欲上便是放，在天理上便是收。天理本内也，因而象之曰在内，人欲本外也，因而象之曰在外，非有方所可求。知此則知把柁之所在矣。今曰：「着意收也，恐收即成碍。任其走作，腔子裏何物把柁？」似只在方所上揣摩，不見箇安頓。而不於理欲關頭討箇分曉，將來恰成一弄精魂漢，乃放心，非求放心也。如何？如何？足下試歸而體之，或然或否，不妨再作商量耳。

與魏念屺

不肖竊從令甥敬陽丈習聞高雅，欣爲執鞭久矣。病懶相仍，未能摳衣請御。藥碗之餘，聊有記存，生平缺漏，一一迸出，尚未及就正有道。何意門下采葑采菲，謬見收録。甚而不惜災木，嘉與流通。自省薄劣，何顔而可以承此！至如莊簡先生二集，正生平之所羹墻夢寐。一旦儼然分庭授之，餘而畀之，如天之貺，堪爲世寶，又不知何脩而可以對此也。且愧且感，且感且悚。九頓嗚謝，尚應徼敬陽丈之靈，紹介左右，以遂登龍之願。不宣。

與周中丞懷魯

世路羊腸，自古爲然，至今而甚，至老公祖而加甚。鴻飛冥冥，弋人猶慕，老公祖其如彼何？乃江之東，百萬生靈，家尸户祝；江之西，三徑無恙，松菊有主。一身輕而萬事足，呼牛呼馬，直付之洒然。彼亦無如老公祖何也。獨不肖弟忝附縉紳之末，又辱道義之好，竟坐視滔滔，無能有所效其萬一，仰慙知己，下慙父老，以此日夜耿耿耳。相望各天，靡由縮地，聊此遺候，薄舒夢思。一絲附將，庶幾時得周旋於玉體云爾。臨風神結，不盡欲言。伏惟加飯，慰我同好。

復董玄宰學憲

承示方正學先生《求忠書院記》。時且欲就寢，復燒燭讀之。至「孔朱」、「忠臣」二語，不覺爲之且驚且喜，且喜且驚，遂不覺遥爲之下拜也，曰有是乎！舉我太祖紀綱，一世之精神，及吾夫子紀綱，萬世之精神，等閑收攝盡矣。此所謂有關係文字也。不肖方當揭諸日月，與天下共之，其何敢私？又何敢謝？謹復。

復張繼山

不肖憲竊從陳雲浦先生橋梓獲聞大雅久矣，不謂門下胸次間亦有菰蘆一腐生也，伏讀手箋，勤渠鄭重，何敢當？何能當？

將無假此啟我以嚮往，策我以前途耶？則亦何可不勉圖淬礪，以求報稱也！再讀教言，諸所闡發，一一流自赤心，非深造自得，何以有此！至所表章，特於周、程諸大儒爲惓惓，取日虞淵，作世手眼，其匡維不小矣。欽服！欽服！不肖憲毫髮無聞，兼之精力盡消，衰病交迫，悠悠此生，莫知下落。不揣漫以蕪刻求正，幸蒙門下始終不鄙，痛賜鍼砭，則又何可不益圖淬礪，以求報稱也！望之！望之！

馮少墟侍御向在都門，曾有一日之雅，不謂別來卓詣如此。雲浦先生家世清白，自長公物故，益復蕭然，今其子伯純至不能保鳴玉數竿。伯純有兩郎，僕以小孫女字其次郎，亦愧未能相爲潤也。辱念寄存，生死肉骨，誼高千古矣。役旋謹復并謝！

與儀部丁長孺

聞公南宮之報，甚慰。近來士風茅靡，亡論患得患失，如鄙夫之爲也者，即如應對唯諾間，以方之諸生之時，大徑庭矣。始而以爲不得不然，既而以爲當然，久而不覺與之俱化。進身之始，不得不爲賢者勘破耳。

又

前自武林還，初意欲相期一晤，已而竟不果。得諭，良荷注存。承示新功，甚善。周子揭「主静」是得手事，程子見人静坐便歎其善學是入手事，李延平教人静中看喜怒哀樂未發氣象，又就中點出一活機。此大儒留下海上單方也。新秋枉訪，當有以相証焉。

又

久不得晤言之好，良以爲懷。蒙手翰之辱，閲知足下年來用心之密，喜不可言。竊惟此事只有一條路，日用之間縱千蹊萬徑，亦總歸於一條路。吾輩於此默默體察，切切持循，積累久之，自當有進。過去未來，皆不必計，所謂先事後得也。足下以爲然否？九月之會，數日以俟，此時當得面商也。

又

別來忽又冬半矣。日月如飛，真自可惜！向所面商，似屬第二義，要之亦只看理會處何如。即所謂第一義亦不在門面上也。便中乞有以示之。養冲一疏，甚爲世道之光，他又何言？徹如入宫見妬，至今尚爲不了公案。不知當事者果何意也。

又

先有八行，附中甫寄上。隨得手教，并作報，想當不浮沉耳。救荒無奇策，自古難之。如足下所云，才誠兩合便是奇策也。周中丞業疏報全荒，且請全蠲，不知果何如。總之，此老甚留心地方。甘紫老亦正不減。兩地所恃，此二天耳。鄭太初疏當已見，真頂門一針也。吾輩林壑間，復增一畏友，誠可喜耳。如何？如何？

又

東林之會，風色蒸蒸。座上發「貧賤富貴」一則，尤令聽者竦起。足下之功，於是乎大矣。試播諸副墨，傳爲共寶，不亦善乎？願之願之！二難《商語》録往，幸加裁確。此本宇宙間公共事，無以區區形跡爲嫌也。陳筠老必能作一路福星，其傾慕足下，不減緇衣。地方事宜留心剖示，以成其美。僕述足下旨爲道貴邑令公之賢，渠甚然之，并以倡道之説進，歡然首肯也。于其行，附此。許敬老乃郎已歸未？有可相聞者，便中示之。

又

得手書，不勝欣慰！足下之用心如此，何患不日進也？「寡欲」二字，極妙！極妙！周元公首闡聖學，亦只此二字。此是一了百了功夫，更不須疑。願與足下共勉之，亦只密切做去，不須悔前慮後，反成憧憧，令心體上多一事也。如何？如何？琴川耿令公大有志於學，渠甚嚮往足下，秋風時欲相約過此一會，足下當不吝也。握手之期，恐即在此矣。

又

時局種種可憂，真如抱薪於鬱火之上，特未及燃耳。不知吾輩得高枕青泉白石間否也？如何？如何？

又

適自武林還，正欲約足下一晤。見吳海洲，乃知足下正在武林也，可謂覿面相失矣，悵然久之。足下乃得浮躁名，大奇！然海內賢者無不顧而嗟異，此豈聲音笑貌之所能及！直道自是不負人，足下可以自信，更努力以圖動忍增益之効。程伯子讀「舜發于畎畝」章曰：「若要熟也，須從這裏過。」此非老頭巾語也。如何？如何？許敬菴先生，今在何所？計必決歸計。倘有相聞，願問之。吳會之間，得借此老爲青山主盟，固是妙事耳，足下當以爲然也。倚楫漫筆，不多及。舍弟去冬又一大病，絶粒者三十日。今幸無恙，尚費調理。知足下所念，附及。

又

聚樂之念，積之數年，聊試爾爾。足下乃肯不遠數百里來赴，令我神晤。連日所聞種種，有概於鄙衷。天生豪傑，原爲世教。既爲世教，自不能與時俯仰，裁成輔相，於是乎在。足下何疑焉？行住坐卧，偶有契會，便應揮記。既見真吾，兼可自考，正不必以成篇爲拘，如舉子業然。秋末冬初，得過我共話數日，何快如之！《劄記》六册附上，暇中乞爲商正，尤所望也。

又

承念賤體，甚感！年來應減者，幾乎

減之盡矣，而未能有所增益，此是自家欠得力也。如何？如何？許敬老之謚，公論必不可缺，自當留意。不知部中謚議何如，并一詢之。段黄門發密揭事，大有功於世道。此是執政真贓，賴不得也。向僕亦欲爲皇上明冤，亦一證佐矣。《三家宰行蹟》附覽，平湖公一段精神，尚未曾拈出，足下宜一闡之。《孔孟圖譜》領訖。尊稿尚未細閲。乞將周、程、張、朱年譜一查，恐尚有宜添入也。如鵞湖之會，亦是千古大公案，不可缺耳。如何？

涇皋藏稿第五卷

無錫顧憲成著

簡鄒孚如吏部

伏讀衡言，種種卓詣，且斟酌上下，求其恰當，廓然不以我見與焉，允乎其足以爲天下平矣。至於論學，特揭出「躬行」二字，尤今日對病之藥。爲之徘徊三復，不能已已。佛老、楊墨，號爲異端，然其說得行於天下，只以語語是實，有一段真精神在也。况于孔、孟之學，爲天地立心，爲生民立命，庸得以唇吻當之乎？願與丈共勉之。鄒爾瞻爲丈序銓，草時局機械，直是一眼覷破。此兄真有心人也。

又

文融謂足下不宜舍文學之好而登理學之航，弟意却恐足下登理學之航而猶不忘文學之好也。足下試思之，天之所以與我者果何物乎？於此有箇入處，將焉用文？于此没箇入處，將焉用文？况尚行之揭，任重道遠，方當萃全體精神以赴之。即欲與還、固諸豪争執牛耳，不識丈且暇乎否也。

又

趙儕老之内計遂與老長官之外計，稱爲二絕，今亦遭讒搆去矣，奈世道何！而獨意兩君子，内不負一念，外不負一官，功成而身不免，夫復何憾！弟碌碌在事，未有効于尺寸，而夫人者業已逆其必爲不祥，眈眈而伺之，不知將來何所税駕耳！

復夏璞齋書

展誦手札，有以知賢之用心矣。流俗靡靡，何意及此！真不肖之至幸也。舉業不患妨功，只患奪志，乃程先生至言。究竟體之，豈惟不患妨功？學者須辨得聖賢之心，方能讀得聖賢之書，方能代得聖賢之言。一畫不已而六經，六經不已而四子，四子不已而傳註，傳註不已而制文，只是此理，何精何粗？故曰：「灑掃應對，便是精義入神。」又曰：「唐虞揖讓三盃酒，湯武征誅一局棋。」良自有旨，想當信其非妄耳。

抑之冲年而意甚廣，賢之所以朝夕切磨之者，可知得才士易，得志士難。僕誠不勝惓惓，惟賢留意。近作漫以其臆附復，不知當否，願裁之。

復錢抑之書

正疑從者何以久不至，三徑蓬蒿且滿，得手書，令人致怨於祝融君也。乃吾弟志意翩翩，絶不以此置胸臆間，可謂卓矣。古之人千里同堂，萬古合席，跡之疎密，曾何足云？近作種種入人，想見日新之美，仔細點檢，畢竟未免爲才所用。學以變化氣質爲功，惟文亦然。以正勝者欲其奇，以奇勝者欲其正。轉移之機要，在明者一覺而已。一覺之後，諸相都忘，何奇何正？就中便有向上一着，更不煩别索也。吾弟其勉之，此則祝融君所無能如吾弟何者耳。揮汗草草，附復不盡。

與陳鑑韋別駕書

敬啓：敝里有牙行趙煥者，往年目擊稅棍俞愚、金陽等作耗地方，慨然發憤，具呈前撫臺曹嗣老公祖。蒙行府嚴查禁治，愚、陽等痛恨入骨，日夜思有以報之。適煥載麥八石，至江陰之長涇，遂率衆攔截，指爲漏稅，罄擄人舟而去，尋殺煥，沉之紅塔河下，縲猶盤頸。行道見之，莫不悲酸！當有地方夏淮等呈報歐陽宜諸公祖，時宜諸公祖已升潁州道備兵使者，頓足起曰：「此地方一大變，而爲人父母者之責也！」遂檄敝縣林父母，限五日檢報。而愚、陽等俱係隔府人，且自知罪大惡極，無所復逃，百方延捺。宜諸公祖又迫於簡書，不能久待。於是煥子趙希賢不得已控諸前任鄒兵臺，行韓公祖，究解矣，而延捺猶故也。又不得已控諸周撫臺，又行韓公祖，究解矣，而延捺猶故也。頃又突生他計，搆出哨兵顧堂借撓稅爲題，顛呈趙希賢於撫臺。蒙行滸墅管稅松江劉三府轉關台臺行縣提解，希賢聞之，自分必死，再具頂狀，奔訴撫臺。而愚、陽等且四路抄捉，不容進頂，徑縛而解臺下，行將轉解，稅監斃之杖下。衆亦分希賢必死無疑矣。

嗟嗟！煥爲地方而死，煥之子又爲父而死，是何慘也！愚、陽等既殺煥，今又欲殺希賢，必父子齊斃，斬草除根而後爲快，是何忍也！爲他方之稅棍，則白晝殺人而無罪，非惟無罪，方且恣其吞噬而未已。爲老公祖之赤子，則含冤抱憤而莫控，非惟莫控，又將不免其身，是何痛也！台臺，仁人也，斷不爲稅棍所欺。而不肖忝在地方士紳之末，驟而聞之，不覺心膽如裂，怒髮上指，輒布其概以聞。非僅僅請釋希賢而已，以爲天理人情，至此而極。是殆造化所以稔愚、陽等之惡而盈其貫，使之昭昭自獻於日月之下，未可知也。是殆造化哀煥之死，憐希賢之無伸，特借此披瀝號呼，白見冤狀於大父母之前，庶幾遂憫而拔之，一酬九泉之幽魂，未可知也。台臺，仁人也，當有不待鄙言之畢者矣。伏乞大開天地之心，重恤神人之憤，慨然借鼎言於韓公祖，速將愚、陽等勒限嚴獲，早賜究東，爲匹夫匹婦復此不共之讐，爲三吳百萬生靈除此莫大之蠹，真地方無量功德也。臨緘曷勝激切之至！

簡修吾李總漕

此中水災異常，頃已附聞矣，詳具周懷老疏中。字字實情，字字堪涕，丈覽之，自當忍淚不住。今吳中諸父老且匍匐萬里，叩闕而請，誠有萬不得已者，意欲丈借鼎言大司農趙老先生之前，破格一處。言出於趙老先生，則足以取信於皇上，言出於丈，則足以取信於趙老先生。此非區區一人之意，實東南億萬生靈之所日夕嗷嗷忍死而引領者也。努力！努力！此地財賦當天下大半，干係甚大。救得此一方性命，繭絲保障，俱在其中。爲國爲民，一舉而兩得矣，知不作尋常看也。嗟乎！茫茫宇宙，己饑己溺，曾幾何人？興言及此，益忍淚不住矣。萬萬努力！萬萬努力！

又

弟已自分長卧烟霞，而去冬忽叨光禄之命。聖明浩蕩之至仁，知己拉拭之高誼，中心銜之，何能不感激思奮，少攄報效！且數年以來，今日言起廢，明日言起廢，至於口敝舌焦。頃者臺省諸新郎君封事翩翩，充滿公車，亦無不以此爲第一義。弟非其人，却令聊塞斯白，何能不力圖淬礪，勉赴鞭箠！然而四顧徘徊，進退維谷，至於今猶莫知所決，何也？竊嘗籌之矣，罪籍諸君子，林林相望，計且二百餘人。其間蓋有去國在弟前者，有科名在弟前者，又有摧折困頓視弟十倍者，又有與弟同事被譴者，又有不與其事因弟波累者。今皆埋光草莽，弓旌之招寂寂無聞，弟獨何顔而先之乎？此一説也。猶未也，東林之社，是弟書生腐腸未斷處。幸一二同志並不我棄，欣然共事，相與日切月磨於其中。年來聲氣之孚，漸多應求，庶幾可冀三益，補緝桑榆，無虚此生。一旦委而棄之，既有所不忍。憑軾而觀，時局千難萬難，必大才如丈，卓識如丈，全副精神如丈，方有旋轉之望。如弟僅僅可於水間林下藏拙耳，出而馳驅世路，必至僨事，又有所不敢。於其所不忍而强爲割，於其所不敢而冒爲承，將來處不成處，出不成出，兩無着落矣。此又一説也。猶未也，弟也少不自愛，壯而善病，乙未、丙申之間，頻於死者屢矣。幸而獲生，今年且六十矣，所謂耳聰目明，手輕足健，一一不有；所謂耳重目昏，手遲足鈍，一一不無。即今見作貴人，亦應去而返初服，况今鹿豕之與游，鷗鷺之與侶，正於病骨爲宜。乃更去而就軒冕，何僕僕不憚煩乎？此又一説也。

凡此種種，都是實境實情，實事實話，在他人前猶半含半吐，惟丈前不敢一毫不傾盡。丈其設身處地，爲我裁之。弟非敢妄自菲薄，上負聖明，下負知己。揆德量力，恰應如是，無希高，無慕大，始終成就得江東一老腐儒，亦所以不負聖明，不負知己也。丈當啞然一笑而許之耳。弟亦嘗商諸朋好間，各自有説，兹特向丈求一了語。丈最能斷大事，萬勿吝教。

與趙太石吴因之二銀臺

不肖憲衰病日甚，忽荷新命，且感且驚，且驚且愧，遂擬具疏乞休。而一二親知固謂不可，又謂此疏即至長安，必應見格。頃檢仕籍，乃知丈恰當柄事，此憲之適有天幸也。且憲也非木非石，何敢冥頑自居，上蔑聖恩，下罔同志？又生平頗懷熱腸，何能耕閑釣寂，去而尋接輿、荷篠之轍，與世恝然也？直是有最不得已之情耳。今亦不敢縷瀆，只重聽一節，大於涉世不便。曾不自揆，冒昧就列，設有人過而詰焉，其亦何辭以謝乎？兩相國騰書曉諭，言言刺心。竊計兩相國應未悉不肖憒憒狀耳。乃丈業已悉之，此又憲之適有天幸也。敢此仰干，惟丈特爲主持，并爲道此實情及此苦情於兩相國前，庶蒙慈察，概賜玉成，俾得遂所請，俾得安愚分，俾不至取譏於君子。此之爲誼，超越尋常萬倍矣。九頓九禱，無任懇迫，引領惠音，爲刻以俟！

又

拜教之辱，至誼惓惓，能無佩服！所示葉相公兩言，實從滿腔苦心來，能無感悚！先是李修老總漕、王柱老中丞、吴安老、錢繼老兩太僕貽書見勗，其指亦同，似可信而不疑矣。頃者赴毘陵之會，商諸錢啟老、孫淇老諸公，又皆以爲未可造次，而啟老言之尤鑿鑿。適趙儕老寓書姜養老，其指正與啟老同，且謂春間作詩，送郭文老之行，曾及此意，托之寄聲云。

夫出處大矣。僕不敢以一己之是非爲出處，而以天下之是非爲出處；又不敢漫以天下之是非爲出處，而以天下賢人君子之是非爲出處。今兹爲僕計出處者，皆愛僕者也。乃其説判若水火然，何哉？然而問其人，皆天下所謂賢人君子也，其謂宜出者，必非誨僕以狗世也；其謂不宜出者，必非誨僕以忘世也，僕又何敢格以一隅之見，妄生分别於其間哉？獨計小疏所陳，種種衰憒之狀，都是實情。若但私告於朋友，而不以顯列於君父之前，終屬自欺。又僕往時在都下，見有所謂乞休者，每每朝而懷疏以入，夕而懷疏以出，心竊耻之，若亦墮落此套中，終屬欺人。夫如是反之方寸，尚不能慊然而無疚也，柰何欲遽議於出處之際哉？是敢不避再三之瀆，瀝誠申請。惟丈垂慈照察，特賜主持，無令僕僕道塗，以致進退無據，獲戾名教，幸甚！

葉相公前，希爲一道悃衷，懇祈鑒許。統俟得請，另圖顓謝耳。臨風耿切，筆不能宣，亮之亮之！

與南垣劉勿所書

近聞南中議論紛紜，不能知其詳，惟有浩歎。偶檢得古人兩公案，輒爲臺下誦之。魏其侯與田武安争辨灌夫事，韓御史兩是之。既罷，武安出止車門，召御史載，怒曰：「何爲首鼠兩端？」御史良久謂武安曰：「君何不自喜？夫魏其毁君，君當免冠解印綬歸曰：『臣以肺腑，幸得待罪，固非其任。魏其言皆是。』如此，上必多君有讓，魏其必内愧，齚舌自殺。今人毁君，君亦毁之，譬如賈豎女子争言，何其無大體也。」武安改容稱善。此一案也。王旦在中書，有事送樞密院，違詔格，寇準以上聞。旦被責，堂吏亦坐罰。不踰月，樞密有事送中書，亦違詔格。堂吏欣然呈旦，旦曰：「向者樞密所爲是耶？不是耶？」堂吏曰：「不是。」旦曰：「既不是，又何效焉？」令送還樞密。準大慚謝。此又一案也。恃道義之愛，敢借以效其愚，不知可備採擇否？惟臺下裁焉。

與東溟高中丞書

敬啟：海鹽故給諫贈太常錢海石先生，勁節英猷，登在國史；仁風義概，留在鄉評。當隆慶改元，業同楊焦山諸公一體褒恤，建坊特祀，海内共耳而目之矣。惟是建坊之所，尚有書院三楹，蓋先生嘗從甘泉湛公問道，歸而與門人共相切磋之處也。世遠頹廢，行路太息。今其嗣孫世堯等慨焉尋復業。蒙台臺批行所司，方具文申請。伏乞始終惠撫，備閱衆懿，借之華衮，彰其美而盛其傳；兼賜優復，給帖世守，崇其先而及其後。不惟一字九鼎，錢之宗祏，燁燁生輝；抑且一日千秋，錢之子姓，永永銜德，其爲世勸大矣。先生有孫陞，向從弟游，得習其詳，因爲臺下誦之如此。余漢城年兄已俎豆賢祠否？幸爲詢之學憲君。此兄人倫冠冕，懿德之好，諒有同然也。

與檢吾徐中丞書

敬啟：先嚴贈户部主事南野府君生有四子，長爲先伯兄鄉飲介性成，次爲先仲兄光禄寺監事自成，又次爲不肖憲成，又次爲先季弟禮部主事允成。先嚴居陋茹菲，而志意甚潤，時時慕説范文正公之爲人。比即世，有遺租二百石，先伯兄請於先慈錢太安人曰：「吾兄弟各自經其生，此田留之以成吾父之志，何如？」先慈大喜，許之。自是又稍加綜理，漸有增益，共得三百石有奇。每歲出以周宗人之貧者，蓋二十春秋於兹矣。而食指漸衆，漸不能給，則先仲兄又時時捐廩而佐之，因曰：「此須别有措置，乃爲可久。」又曰：「吾邑糧役煩重，亦當與同邑分憂，須并置役田。」又曰：「吾兄弟俱僅足支吾，况伯兄季弟俱已淹逝，諸侄中尚有自給不充者。吾賴有天幸，節嗇之餘，不無一二，可備推解，此舉固當任之。」正在擬議而疾作矣。疾且病，病且革，問以家事，概不答，而特謂不肖曰：「吾未了心事，是在吾弟。吾弟勉之，亦須上緊。歲月不待人也。」不肖聞之，爲之流涕，無何，竟不起矣。

於是先仲兄子與浹日夕哀痛，亟圖所以慰之者，首願捐租五百石。不肖亦願捐租一百石。先伯兄子與滌亦願捐租五十石。先季弟子與溉、與演亦願共捐租五十石。并現在三百石，合爲一千石。即於家祠之旁，建廒收貯，擇人掌管。除錢糧耗折等費外，以其半贍族，以其半助役。贍族者照舊酌量上中下三等，二季分散，仍公同四房，當面查發登簿。助役者每年糧長一名，貼銀一佰兩，至十二月照數分給。仍各取領票，送縣驗實。如遇本户當役，亦照前例。如此，庶幾先仲兄臨訣之言，即見諸行事，而先嚴之志，亦藉以稍伸矣。第念非藉台臺寵靈，不可以垂永永，敢具呈以聞。伏惟特加鑒察，慨賜施行，曷勝感荷之至！

復錢繼修太僕

弟於巖穴諸君子中，曾不足以備執鞭，而獨濫叨近命，此實聖明浩蕩之殊恩，知己拉拭之餘靈也。伏讀來諭，情溢乎辭，其所期誨督成，更有溢乎情者。丈視弟能副萬一否？人苦不自知，弟則自知審矣。泉觀谷處，猶可藏拙，出而馳驅於世，未有不蹶者也。還視三十年間，時用寒心，可再嘗試哉！願丈爲我籌之，千萬！千萬！

弟本無咫尺之窺，何敢有勝心？而自覺精神偏墜處，尚不無之。一則根基淺薄，不能一超而直入；一則目擊時弊，未免矯枉而過偏。意見之泯，界限之捐，此實弟本心。天假之年，或可庶幾。今兹恐猶未也，微乎！微乎！丈之進我至矣，不敢不自着鞭也。率爾附復，并謝。容圖專布，不盡。

與陳仲醇

昔蘧伯玉行年五十而知四十九年之非，弟行年六十而猶未能知五十九年之非也，罔生甚矣。丈儼然稱龍德以進之，是責聾者以秋毫之視，責跛者以千里之祉也，能無懼乎？不惟自懼，兼爲丈懼。丈何以策之？病骨支離，未能造謝，特此候起居。蕪刻請正，幸不吝發藥，或可補之桑榆，以始終德愛之萬分一也。懇懇！

辰玉太史，皎皎異才，弟以千古期之，時效芹曝，竟爾不永，不獲觀其大成，可痛可恨！計丈此懷倍切耳。篋中遺文，似不可不爲收拾也。如何如何？

與湯海若

不謂時局紛嚚至此，吾輩入深入密，自是快事。獨弟血性未除，又於千古是非叢中添箇話柄，豈非大癡？幸老兄一言，判此公案。先弟《事定録》奉覽，暇中能不靳拉拭否？望之望之。

復虞來初明府

不肖莽莽無知，惟是聞一善言，見一善行，輒中心欣樂之，如饑得食，如渴得飲，通體爲暢。往者讀門下會課，淵思卓識，映心映目，以爲必非章句書生所及，思一望清光而無從。過辱不鄙，惠然下存，如蘭之契，情溢乎辭，自省何以獲此！比讀《郵政議》，永瘼恤隱，備極焦勞。充斯志也，所謂匹夫匹婦有不被澤，若己推而納諸溝中者耶，則門下之大有造於崇邑，居然可想，又斷非簿書俗吏所及也。不肖於是益不勝向往矣。敬因鴻旋，肅此陳謝，并以爲異日御李之藉云。

又

不肖一生迂戇，動而見尤。門下獨却群謗，謬加許可，一則以感，一則以懼。天下有一人知己，足以不恨感也。衰憒侵尋，得無重負桑榆，爲知己羞懼也。惟門下始終策而進之，幸甚！同心之交，千里一堂，把臂促膝，猶屬二義。門下其許我否？臨風不盡，祇有神馳。

與陳赤石少參

去秋奉手教，展誦再過，可謂盡己盡人矣。佩服！佩服！近世談吐，學委似多岐。徐而按之，却亦自昔而然。即如孔門顔、曾，便已彷彿成兩格，雖欲一之而不得。要其發端、結局，未有不歸於一者，誠如是，雖千塗萬轍，適以互相發明，互相補救，而未嘗二也。只要向所謂一處校勘分曉耳。不識然否？蕪刻請正。滿身敗缺，知無逃於明眼。惟丈痛加鍼砭，抉我膏肓，幸甚！

與湯質齋侍御

敬啟：施嵊縣者，吾郡故守龍崗先師之子也。先師遺教在士，遺愛在民，業已請諸當道，俎豆名宦矣。惟是當年蒙謗異常，至舉「龍城書院」一事，通榜天下，罪且不測，得以衣冠歸田，談者無不爲扼腕焉。今嵊縣君克世其德，治行卓起。雖起家孝廉，絶不以資格自束。當路者亦遂不得以資格束之。往登上考，爲兩浙循吏之冠。茲且奏三年績，例得爲其尊人乞恩復職。擬聞諸左右，不敢造次，輒代爲紹介。甘棠之懷，人有同心，况高誼如臺下！所以發先師之幽光，成嵊縣君之孝思，慰五城父老之亹亹者，豈待贊哉！率爾布衷，不勝企望，仰祈慈省，幸甚！

簡吴徹如光禄

起廢一節，向來諸君子無不以爲第一着。乃一二出山者，率闌墮是非叢中，想氣運流來如此，人力不得而强也。今丈以一疏自結局，可謂知命。而今而後，惟應收拾精神，并歸一路，只以講學一事爲日用飲食。學非講可了，而切磨淘洗，實賴於此。聖人將此二字插在修德之下、遷善改過之上，干涉非細。

羅、王二老，人多訾其質行，至其自少而壯而老，無一日不講學；自家而鄉而國而天下，無一處不講學；自衿紳而農工商賈，無人不與之講學，箇中一段精神，亦豈草草！弟每念及，便覺赧然發愧，願與丈共勉之。此則氣運所不能如之何者，乃所謂立命也。高明以爲然否？

又

弟謂兄之蒙時忌，五分是熱心所招，五

分是苦心所招，此真實不誑語也，何必更向人分疏？兄自謂義質矣，禮行、遜出、信成則未，此亦真實不誑語也，何妨直任爲己過？大率吾輩優游無事，未免混混過去。惟當毀譽利害之交，然後露出真身子來。只在自磨自勘而已。如何如何？

簡史際明太常

嘉善夏璞齋，志士也。無論做秀才時，即已成進士，在涇里讀書且二年，比選爲令，卓然有循良風。不幸中道而夭，人倫共惜。其鄉業儼然尸祝而俎豆之，其人可知矣。所遺一子，能讀父書。去冬景逸過嘉禾，曾爲言諸郡伯吴長老而未能記其名。適聞考期在即，欲爲作書。景逸云恐此時例當戒嚴，不若遂直道諸其邑侯徐韶階。僕深然之，但亦未敢率爾以爲，不若借鼎言通之韶階兄也。輒此奉告，幸即付數行，屬其優加提植，并托轉達吴長老。璞齋生平極自好，家徒四壁，所遺惟殘書一篋。吾三人合而徼韶階之靈，因以徼吴長老之靈，幸蒙收録，得階寸進，俾人知爲善之有後，此亦一勝事也。如何如何？

與李孟白方伯

王鏡宇侍御貞衷勁節，人倫砥柱，不幸蚤世。云亡之痛，海内共之。不知已俎豆於賢祠否？乞一詢之令親吴恒初學憲，何如？聞侍御無子，恐未必有爲之經紀其事者，不識可徑移檄行之，❶無須郡縣竿牘

❶「徑」，文淵閣本作「經」。

否？學憲留意風教，所以爲章往勵來計，應自有妙裁也。

與周念潛太史

敝座師孫栢翁老先生，吾鄉盛德君子也。其立朝也，進不近名；其居家也，退不近利。當在木天，惟是杜門讀書，不喜交游。比佐銓，適當冢卿缺，署篆數月，兢兢慎守選法，汲汲愛惜人才。已而與今太宰孫公共事，最稱同心，相得甚歡。尋被白簡，則以徐輿浦事耳。此謗一出，同官忌口。一由徐素工鑽刺，遂爾波及。此吾輩所能矢諸天日，百口保其必無者也。在事時復多匡正，其《請皇上恭送陳太后喪》一疏，尤稱卓烈。已而乞歸，二十年前後兩院薦章相屬。待鄉人無衆寡，無大小，渾是一團和氣。良心美腹，兒童走卒，莫不信之。而簡澹自將，一切不染，一切不與，所不廢者，山水之樂而已。身没之日，累債數千金，即鬻其産不能償也，亦足以觀其概矣。今其次公詣闕乞恩，弟欲爲一達諸輦上君子，稍酬生平國士之遇、知己之感。獨恨去國且久，向來舊游既自寥寥，而新知又鮮，意中惟有瑶圃余丈而已。昨共丈商之，丈意亦然。計丈必有以通於瑶圃丈者，願丈即爲一布區區，何如？

與李方伯孟白

聞已駐節江右矣。江右故稱善地，以其民習儉而士風朴，所在知學向方，爲當今宇内鄒魯也。今得臺下表正於其間，興起當益衆矣。不肖所聞，南昌有朱以功布衣，行脩言道，慥慥君子也，足與章本清布衣頡頏後先，暇中可物色之否？偶敝門人鮑上猶際明便郵附此。上猶向令閩之同安，以拘執取忤。今得在陶鑄之下，幸甚！又家兄萬年令原成，即起家貢途，其志略有足多者，倘可不負任使，均祈俯賜誨植。是亦所以爲地方計也。如何如何？恃愛闌及，希亮。

復祈夷度駕部

不肖方爲世戮，獨不見棄於有道，數蒙貽問。臺下治行冠冕東南，僅得常調。識者方重爲扼腕，乃臺下且夷然處之，見謂可以自盡，真超出俗情萬萬。總之，直道久而自著，人心久而自明，區區固不足言，計浮雲世路，終不能爲日月蔽也，姑俟之耳。承賜《龜山先生集》刻，道南一脉，頓覺生光。隨當公諸同志，求所爲報塞萬一者。謹此附復并謝。

又

竊聞仕優而學，學優而仕，惟宦石城者兼之。則又聞優者，從容暇豫之意，誠能行所無事，日用動靜，任其自如，即學即仕，即仕即學矣，何二之有？此臺下見在之實境也，敢以請正。如不肖學不成學，仕不成仕，進退維谷，尤悔交叢，靜言思之，時爲汗下。獨此一念耿耿，尚未死耳，惟臺下抉其膏肓而進之，幸甚！

簡高景逸❶

大會告期帖已次第發矣。昨小兒歸述教意，再爲弦所丈思之，此舉似不必過讓。蓋凡事須要認真，不可半上半下。弦所只是恐不知者疑其諂，知者譏其腐耳，無乃狥彼俗情，没我真性？況「諂」之一字，用之媚權附勢則爲大惡，用之事賢友仁則爲大美。今社中所合并，皆三益也，夫何嫌？至「腐」之一字更是妙諦。昔有笑邵文莊磕者，文莊聞之，謝曰：「我如何當得這箇字。」腐即磕之别名。文莊之所遜而避也，又何嫌？若曰書生不當上交四方先達，則弟聞王泰州以一竈丁公然登壇唱法，上無嚴聖賢，下無嚴公卿，遂成一代偉人，至於今，但聞仰之誦之，不聞笑之訶之也。況今僅僅遞爲授餐之主而已耶！丈試以此再商諸弦所，何如？

與郭明龍宗伯❷

時局紛紛至此，不肖何敢知？第耿赤如吴興、金沙、荆溪諸君子，俱被以阿黨名，亦非不肖所敢知。翁以爲何如？沈繼老、李脩老得翁爲知己，便足千古，正復何恨？劉金吾與景逸書，真書也，并與不肖書録覽。其僞書未之見也。或謂原無僞書，金吾陰陽其説，爲遁身之計耳。果爾，其益不可知也已。杞憂滿腔，信信有言難盡。❸所

❶「逸」下，文淵閣本有「大行人」三字。

❷「宗伯」上，目録有「少」字。

❸「信信」，文淵閣本作「申申」，光緒本作「信」。

幸碩果不食，知天之未棄斯世斯民也，惟翁自愛！

復許中丞少微

計事一出，輿情翕然稱快。本之老兄之苦心勁力，特爲主持。曹、湯諸君子又相與密贊其間，而太宰公之平平，亦可見矣。豈非世道之福！不圖又有一番紛紛。老兄應疏和平婉篤，誠不欲少露圭角以滋爭端，其慮甚遠。而説者頗以爲語意稍圓，君子小人皆可通用，恐巧者且借爲口實濟其私。弟謂天若祚宋，必無此事。萬一有之，老兄自應明目張膽，直截説破，斷不令此輩影射也。蓋太宰此舉，不分人我，不執愛憎，真有古大臣之風，須得大力點出，醒一世之眼。平時恐嫌上言德政之條，今因計事蒙忌。老兄與有一體之誼，言者又未嘗侵及老兄，正不嫌儘意發揮耳。如何如何？恃道義之愛，有懷不敢不盡，未知可備採擇萬一否？惟裁之。

又

弟久已甘心守拙，况又以狂言招戾乎？老兄惓惓以弟爲念，是益弟之罪也。此後幸置之。但得青雲知己，盡展生平，所謂天地之用，皆我之用，何必功自己出也？徹如，百折不回丈夫，世猶以惡口相加，老兄抆拭極力，感不獨在徹如矣。近養冲年兄携示尊札，又從徹如得見《與太僕公書》，極難題目做出極好文字，不知何處更討个少微中丞來也。

與徐十洲侍御

歲序更新，時局如故，不知天下何時太平也。竊以爲自今以後，姑寧忍以待之，何如？語云：「瓜熟蒂落，水到渠成。」此言甚有味。計考選之命必且旦夕下，不遠，亦望吾丈盡舍葛藤，另開日月。蔡虛齋先生曰：「居今之世，有許多當避嫌處，不可便以聖賢自處。」敢并爲吾丈誦之。

又

時局至此，猶有諸賢代興，揭日月於中天，此天之未棄斯世也。然亦岌岌矣，不知究竟何如耳。要以論是非不論勝負，論曲直不論利鈍，即在我有餘裕矣，他何問哉？近來又慣用離間之術，始者別淮上於東林，今且別金沙於江夏矣。言者不見江夏公妖書《記事始末》乎？將無汗流浹背也？意渠輩別有機竅耳，可一一見示否？馬徵君之行附此。徵君表裏粹然，弟之畏友也。

與友人

今日議論紛紜，誠若冰炭然。乃不肖從旁靜觀，大都起於意見之岐，而成於意氣之激耳。若有大君子焉，於中從容調劑，各各成就其是，而因使各各反求其所未至，安知不漸次融融，歸於大同？如此即兩下精神俱爲國家用，而不爲争區區之門面用，乃旋轉第一大機而世道第一快事也。恃道義之愛，漫布其愚，不識可否？惟高明裁而教之。

與伍容菴

讀《平居録》，種種悉自萬物一體上念頭流來，所獻忠告一二，亦蒙垂納。蓋丈之虛懷如此，因是復貪獻其愚。丈猶不知李修吾中丞爲真正豪傑乎？前與丈道之甚悉，畢竟還留渣滓於胸中，有未化在。丈試思今日之域中，善類猶有所憑恃者誰？群小猶有所忌憚者誰？惟此公一人而已耳。輩上君子所日夕眈眈而側目者誰？亦惟此公一人而已耳。《録》中云云，得無滅君子之威風，長小人之鋭氣，爲忌口藉兵而齎糧乎？此於世道大有干涉，在中丞則毫無加損也。且使世有乞憐李脩吾，則亦應有竊食顔回，殺人曾參矣，得無來孟氏好事之譏乎？此又於丈大有干涉，在中丞則毫無加損也。如何如何？

至於吴徹如之被排擯，五分是苦心所招，五分是熱心所招。律以觀過知仁之案可矣。若彼一班人既以黨同伐異之私交擠之於外，我一班人又以吹毛索瘢之意苛求之於内，即徹如此出，但杜門守默，如啞如聾，坐取高官大禄，不亦善乎？又何以爲徹如也！丈其謂何？弟受丈道義之愛，不敢有懷而不言，仰丈翕受之度，不能有言而不盡。若乃黨一相知，罔一相知，即弟亦不敢也，亦不能也。伏乞裁教。

又

承賜《續集》，疾讀一過，種種有關世教之言，不勝悚服。比仔細檢點，亦不無一二可商量處。大都先入之見難主，一邊之説難憑，願更虛其衷而參之。恃愛放言，倘丈不我嗔，尚俟異日面罄所疑耳。如何如何？

又

向不揣漫效其狂，不審可備採擇萬一否？竊見長安議論喧囂，門户角立，甲以乙爲邪，乙亦以甲爲邪；甲以乙爲黨，乙亦以甲爲黨，異矣。始以君子攻小人，繼以君子附小人；始以小人攻君子，終以君子攻君子，又異矣。是故其端紛不可詰，其究牢不可破，長此不已，其釀禍流毒，有不可勝言者矣。乃弟從旁徐觀，亦只是始於意見之岐，而成於意氣之激已耳，要未始不可轉而移，聯而合也。誠欲爲之轉而移，聯而合，蓋有道焉。其道惟何？曰：在局内者宜置身局外，以虛心居之，乃可以盡己之性；在局外者宜設身局内，以公心裁之，乃可以盡人之性。何言乎虛也？各各就己分上求，不就人分上求也，各各就獨見獨知處争慊，不就共見共知處争勝也，則虛矣。何言乎公也？是曰是，非曰非，不爲模稜也；是而知其非，非而知其是，不爲偏執也，則公矣。夫如是，將意見不期融而自融矣，何所容其岐？將意氣不期平而自平矣，何所容其激？其於國家尚亦有利哉！此弟之所爲寤寐反側，叩天而祈者也。若乃自責則輕以約，責人則重以周；所愛則見瑜而不見瑕，甚且并其瑕而瑜之，跖可爲夷；所憎則見瑕而不見瑜，甚且并其瑜而瑕之，夷可爲跖。門户不已而藩籬，藩籬不已而干戈，在事之人既然，持議之人亦然，如水濟水，益揚其波，如火濟火，益煽其焰，是化君子而小人，化一家而敵國也，豈不可惜！是舉百年有限光陰，盡用之於相爭相競，而不用之於相補相救也；是舉兩下有限精神，盡爲各人區區之體面用，而不爲君父赫赫之宗社生靈用也，豈不又可惜！此弟之所爲彷徨四顧，仰天而嗚嗚者也。用敢再瀝底裏，就丈而求正焉。丈其憫而收之耶？竊亦可自信其不謬矣，幸甚！抑曰：「有是哉？子之迂也。」其麾而吐之耶？丈必有以進我矣，亦幸甚！敬洗心以俟。

又

諦閲前後大集，諸所品題，大都論古事所得常多，論今事似較不如。何也？古有成案，今未必一一有成案也。即論今事，戊申以前所得常多，戊申以後似較不如。何也？前無成心，後未必一一無成心也。書既具，忽復得此數語，并以請正，誠知煩聒。一則以爲此天地間公共事，非我兩人事，無嫌異同。一則以爲不有益於丈，必有益於弟耳。如何如何？

與鄒南皋

世之詆訿李漕撫者無論已。近見伍容菴《貽安堂續集》内有曰「數年前南皋嘗以内多欲而外施仁義刺漕撫。今與論皆謂能識漕撫者，惟南皋與予最先」云，不覺失笑。老兄之於漕撫，何如而肯爲是言？意必有假托以欺容菴者耳。容菴自是君子，只見處不無偏執。其於漕撫，真有如秦人之於晉，望見八公山草木皆兵者，甚而并曹貞予、朱玉槎二君子，亦用商鞅連坐之律，過矣。況今且援老兄爲徵，天下縱有不信容菴，必不能不信老兄。故願老兄出一言正之，以解世人之惑。夫非獨解世人之惑也，即容菴能不信澧撫，度不能不信老兄，誠得老兄一言，憬然有省，翻然掃其偏執之見，歸之蕩平，其所成就，當益不小。老兄愛人以德，計亦不肯默默聽其受人之欺也。

答友人

時局紛紜，千態萬狀，誠有如來諭所浩歎者。反覆推求，非惟人事相激，殆亦氣運使然。制馭之機，莫知所出，姑言其臆，似宜平而劑之。大都在急於主張獨是，不必急於抉摘衆非；在急於聯屬同心，不必急於剪除異類。要使彼之有以自容，而於我無所致其毒，久之將漸漸消釋耳。故獨是伸則衆非自詘，同心盛則異類自衰，斯亦不抉摘之抉摘，不剪除之剪除也。仰承虛懷，不敢自外，冒昧披請。其可其否，惟台臺裁之。

與姜景尼

向見《東林辨誣説》，私心異之。今見《邵姜問答》，則益異焉。不知景尼何苦而爲此紛紛也。且李澧撫之陷多口，數年於此矣，絕未聞有猜及景尼者。乃今突發一難曰：「於我何與？」明是尋敵討對之辭。至曰「即今授計江南，禍方四起」，又若不勝其戒心然者。竊恐吴越之士，有以窺景尼也。宣師有之，❶「君子内省不疚，夫何憂何懼」，吾儕盍姑内省乎？是故不疚於天地，則天地庇之；不疚於祖宗，則祖宗庇之；不疚於父母，則父母庇之；不疚於兄弟，則兄弟庇之；不疚於宗族，則宗族庇之；不疚於鄉黨，則鄉黨庇之；不疚於朋友，則朋友庇之。於憂懼乎何有！脱或不然，即衽席之上，户庭之内，在在可憂可懼，豈必荆軻、聶政能爲孽哉！景尼曰：「於我何與？」愚則曰：「於人何與？」體究到此，能不悚然？

追憶去歲四月，過苦次，握手云云，頻行，連聲叮嚀曰：「聽我！聽我！」景尼聞之，不覺淚下。此情此景，脉脉如在，還記得否？又往者《上閣銓書》，通國爲譁，愚只以「自反」二字結案，箇中殊有種種苦心，景尼直認作懺悔語，尚隔一膜在。今於景尼前後二刻，亦願以此二字進。若果信得過，却真是景尼懺悔語也。倘係景尼過疑而刻此，去歲四月至七月面言「害我好友李某」者三，亦不得自諱。如何？如何？友道彫喪，我思古人，輒瀝肺肝，用附於忠告之誼。知我罪我，惟高明裁之！

復段幻然給諫

密揭一疏，功在社稷。九廟之靈，實式臨之。天王聖明，其中一副精神，當有潛孚默契，超於聲色之表者。讀別諭，僕亦竊窺其微矣。珍重！珍重！方今昌言滿朝，公道昭明，皎如星日，此向來所鮮覯。當軸君子采其灼然者，亟與施行；其在兩可之

❶「之」，疑當作「云」。

間者，則稍從容以俟論定，真世道之福也。門下以爲何如？恃愛僭及，伏惟崇亮。

與李漕撫修吾

足下嘗謂富貴功名，都如夢幻，乃有好古董一癖，何也？此以視求田問舍則有間矣，其爲累等也。且所謂古董者在我而已，我能做百年的勾當便是百年的古董，我能做千年的勾當便是千年的古董，我能做萬年的勾當便是萬年的古董，彼世之所謂古董，何爲哉？一落形器，天地且不免有時彫毁，而况其他乎？亦可啞然一笑矣。高明以爲何如？

又

近頗有所聞，殊爲足下危之。君子盡其在我而已，事變之來，本不當一一預計。然而在我者，實未易盡也。竊見足下任事太勇，忤時太深，疾惡太嚴，行法太果，分別太明。兼之轄及七省，酬應太煩，延接太泛，而又信心太過，口語太直，禮貌太簡，形迹太略。固知前後左右，在在俱有伏戎；亦恐嚬笑興居，❶種種可爲罪案。檢點消融，得不加之意乎？先正云：「真正英雄，必從戰戰兢兢中來。」業爲足下屢誦之矣。此今日端本澄源第一義，此所謂盡其在我者也。珍重！珍重！

❶「興」，文淵閣本作「令」。

又

足下可以去矣，不可以留矣。去也可以速矣，不可以緩矣。前此猶曰漕事未竟也，今糧艘過淮矣，又過洪矣，於此時而浩然報主之忠，潔身之義，見幾之勇，用意之厚，一舉而兼得焉，不亦善乎？若曰「徑去非大臣體也，吾且待之」，恐非所論於今日也。足下不見之乎？齊人餽女樂，季桓子受之，三日不朝，孔子行矣。亦曾有所待否乎？久知足下此意已決，敢以一言勸駕，萬勿牽於二三之説，誤落頑鈍局中也。

答郭明龍少宗伯

狂言一出，通國爲譁，方在猛省，忽拜手教，謬辱印可。且曰：「三書皆從一片虚明中流出。」讀之且愧且悚，何敢當也！已退而思之，竊亦自幸庶幾無重獲罪於有道焉。虞仲翔云：「天下有一人知己，足以不恨。」聶文蔚云：「與其盡信於天下，不若真信於一人。」恰道着鄙人今日意中事，顧誠不知何修可以副明德萬分一耳。倘翁始終不棄，惠而加鞭，敢不夙夜請事！

答高邑趙儕鶴

頃方屬比鴻郵致一緘，爲道甫質，且以自質也，尚未知到否？而梁別駕攜示手教，業已先得弟之同然矣。大都道甫倜儻自喜，間不無稍疎，要以内無包裹，外無遮蓋，使人人得而視且指之，益見道甫真色，是則其受病處亦正其好處也，奈何反從而文致之曰「貪」？弟生平持議，絶不敢執拗。今幸得老兄印正，庶幾可以自信矣。惟是老兄於弟分上奬借太溢，却又令人驚愧不敢當耳。如何如何？道甫去志久决，特疑不待旨而徑去，非大臣體，即同志中亦頗有持是見者，以故遂落遲局。今移節徐州，去形已成，計可不至再濡滯耳。

復吴安節太僕

頃有奏記於閣銓二老，通國爲譁，不意謬承許可，且曰：「一腔心事如青天白日，不特相知者見信而已。」所以慰撫不肖，何懇而至！至謂：「一切宜聽公評，不必與人較曲直。」又何愛不肖以德也！感切！感切！乃不肖後先從邸報得讀南北諸君子疏，非惟不敢與較曲直也，且有爲之躍然以喜焉者矣。何喜也？喜聞過也。又有爲之赧然以耻焉者矣。何耻也？耻溢美也。又有爲之悚然以懼焉者矣。何懼也？懼滋競也。又有爲之愀然以憂焉者矣。何憂也？憂激禍也。然則凡曲直我者，皆提策我者也，凡提策我者，皆玉成我者也。尚不知何修可以副德意之萬分一，而何較哉？荷知己之誼，輒剖千鬲以對，惟翁始終不鄙，惠而加鞭，幸甚！

與吴懷野光禄

不肖弟一生鹵莽，積下無限罪戾，至近歲始發，此天之大震動我也，敢不順受！敢不痛自儆惕，漫成孤負！乃老兄慨然發憤，不憚盡言昭雪，此又天之大寬假我也，敢不祇承！敢不益自鞭策，竟成墮落！

至爲弟任過而曰：「去歲救李淮撫書，委是出位。」隨爲弟懺過而曰：「亦悔且恨，重自懲，無復通書於都下。」其所以委曲而成全之者，益不勝苦心之至矣。不肖方切感佩，夫復何言！惟是硜硜之愚，尚有欲就正者。士屈於不知己而伸於知己，試傾瀝以請，可乎？

蓋不肖之救淮撫，其説有二。夫任事之難，久矣。漕撫當風波洶湧之時，毅然出而挺身擔荷，至於外犯權相，内犯權閹，死生禍福，係之呼吸，並不少顧。既歷無限崎嶇，幸而事定，旁觀者遂群起而求，多吹索抨彈，不遺餘力，又受無限摧挫。始藉其力以紓患，卒致其罪以快讐，不亦傷乎？漕撫嘗簡不肖曰：「吾輩只合有事方出來，無事便歸。」痛哉斯言！堪令千古英雄流涕，不肖獨何心而忍默默！此一説也。至世之號爲朋友者，方其從容無事，把手捉膝，指白日而盟丹衷，幾乎七尺可委，九死可要矣，一何壯也！不幸一旦有事，往往掉臂而去之，無異路人，甚者從而下石矣，又何悖也！不肖誠中心痛之恥之。故淮撫之蒙議，明知其必不能勝多口也，明知狂言一出，必且更滋多口也，夫亦曰：「聊以盡此一念而已。」此又一説也。夫如是，即冒出位之罪，所不辭也，奚而悔且恨？

第於此有應自反處耳，何也？淮撫大節卓然而細行不無疎濶，自是豪傑之品。當時一併道破，正見淮撫本來面目，庸何傷？徒以爲論人者，當取其大而略其小，遂不無微顯於其間，種種推敲，都從此起耳。不肖之所宜自反，一也。凡天下之争，皆生於激。始不肖有感於人之求淮撫者太甚，激而有《上閣銓書》。書上而求淮撫者彌甚，是又不肖有以激之也。程伯子曰：「新法之行，吾黨亦有過焉，豈可獨罪安石？」每誦斯言，便爲心癢。不肖之所宜自反，一也。此意曾與所知及之，蓋誠覺吾言之未盡，反有累於淮撫，以是不滿其本心，一似悔且恨然，則固有之。若懼人言之見咎，反有尤於淮撫，以是自背其初心，至於悔且恨，則未有也。度老兄必已校勘及此矣。

乃不肖爲言者設身處地，則亦有宜自反者。蓋今之議淮撫連篇累牘，不可殫記，一言以蔽之曰「貪」，及問其所以爲貪狀，類涉影響，未有的然可據也。求其的然可據，則兩言以概之，一曰「甲第連雲，店肆鱗比，以爲非貪何以獲此」云爾，一曰「地方怨咨，指日偕喪，以爲非貪何以致此」云爾。徐而按之，然耶？不然耶？淮撫舊居燕中，今現居張家灣，南北縉紳往來所必由。始亦多信人言爲寔。及是過而閲焉，輒爲啞然而笑曰：「何圖阿房堳塢，僅僅若此？」又曰：「惜不令王考功見之。即見之，亦必啞然而笑也。」何耶？豈漕撫之智能化有爲無耶？抑負而藏之天上，埋之地下耶？愚不得而解也。若淮揚數千里間，其於漕撫又無不家尸户祝矣。吾且不必論其在淮之日，而但論其去淮之日，彼其老幼提攜，填街塞巷，擁輿不得行，已而相與頂輿號泣，一步一籲。比抵舟，又夾兩岸號泣，奪纜不得行，何爲者耶？吾又不專論其去淮之初，而并論其去淮之後，彼其聚族而爲之祠，摩肩接踵，熙熙子來，不日而成，遂聚族而爲之肖像其中，朝夕走拜於其下不絶，何爲者耶？跡貴人排擊之口，則貽毒地方者無如此淮撫，惟恨其不去；跡細民稱誦之口，則造福地方者又無如此淮撫，惟恨其不留。兩下物情相反爾爾，其亦異矣，愚又不得而解也。嗟嗟！此二端者，其爲有目所共見，有耳所共聞，尤非他比，而猶顛倒失真至是，況於不見不聞者耶！夫安知不有枉誤於其間哉？獨計誣及於不見不聞則曖昧而難明，雖百口何以自解？誣及於共見共聞則昭灼而易見，苟非與淮撫有夙業及偏見固執，物而不化，試稍加察焉，未必不恍然自悟其言之過與告者之過耳。不審言者於此亦曾一轉念否乎？

然而爲漕撫設身處地，則尤有宜自反者。大都議論之興，無問虛實，必有所緣，貝錦之成，緣萋菲也；明珠之載，緣薏苡也。然則漕撫可以思矣。是故非博大則揮霍之說從何而來？非揮霍則跅弛之說從何而來？非跅弛則貪之說從何而來？就如稽之几、項之鼎，苟非有好古董之癖則其說亦何從而來？是安得一一歸咎於人也？不肖嘗簡淮撫曰：「吾輩當毀譽之交，固不可不自信，亦不可不自反。不自信，胸中安得有一片清涼界？不自反，向上安得有百尺竿頭步？願與足下共勉之。」又曰：「君子格人欲恕，格己欲嚴。舍其長而求其短，不恕之過也，天下有任其責者矣。恃其長而忽其短，不嚴之過也，足下其何辭？」至不肖與淮撫處，又有操縱之微權焉。當其遭讒遘譏，則所重在昭雪，不嫌特就長一邊表揚；當其安常履順，則所重在切磋，不憚特就短一邊補救。惟淮撫亦有概於中，直直自認箇俠氣，可謂不自瞞，又曰：「數承見勗，敢不書紳？」可謂不自棄。無奈熟處難忘，尚未能盡脫得生平伎倆耳。要之，始終不失其爲豪傑也。

嗟乎！人莫不有我也，與其人人只認得我，各執自家一箇是，不若人人丢却我，各反自家一箇不是也；與其人人各務相上而求勝，不若人人各務相下而求慊也。是故淮撫而知此，則能動心忍性，合異同之見而收其益，究也可以消謗而不至於滋謗。攻淮撫與救淮撫者而知此，則能平心易氣，撤異同之障而用其中，究也可以息争而不至於導争。此自反一言，實區區蒭蕘之見，芹曝之懷，昔以獻於朝而今更以私質於高明也，惟老兄裁而正之。言念高誼，不勝耿耿，輒此鳴謝，并攄干鬲，統乞炤原，幸甚！

柬高景逸

足下行矣，何以爲足下贈？涉世之難，非一日矣。譬諸行路者然，東西南北，俄而易面，不自覺也。惟善學者却於不自覺之時，常喚醒耳。

又

前得來教，甚喜。喜足下之立志彌堅，庶幾於不變塞之强也。頃得榮選之報，又甚喜。喜内任之官，惟此得以習四方之故，周練民情，旁閲物變，而進其識也。足下勉之！弟今者誠不意再忝故曹。殊常之遇，可憂可懼，將來不知何所稱塞。足下愛我甚至，誨我甚篤，切偲之誼，宇宙寥寥。今乃得之足下，真弟之幸也。嗣後有概於中，願不靳指示，無若今人之逡巡，萬萬。

又

知人實難，耳目易混，一毫有誤，便涉誣枉，終身之歉。丈晤玄室，試問而參之合否？何如？有不合者，望見示也。朔風多厲，百凡珍重。日月儘寬，無須汲汲。且到處從容問俗觀風，便到處受益。塗次見聞，一切寄示，萬萬。

又

古之游者，莫善於孔子，所至非特同聲同氣相應相求而已，即如沮溺、丈人之流，亦皆曲爲接引，不忍其鳥獸同群。此天下一家，中國一人之至仁也。其次莫善於季札，所至各傾其國之賢者，相與上下論説而規飭警厲，備極懇篤，班荆傾蓋，誼結千古，令人至今有餘思焉。若夫子長之徒，僅僅以其文辭而已焉者，淺之乎，其爲游矣！知足下之於一聖一賢有合也，可得而示其概乎？望之！望之！

又

通來清論方張，私心方以爲太平之兆，忽然有此，惋恨何已！默默點檢，吾輩亦自有失着處，然而未易言也。總之朝講廢曠，一切章奏，微有關涉，輒格不下，此中機緘，九閽萬里，禍形已成，莫可救藥。執政大臣視國家事如兒戲，將來何所底止？獨恃九廟之靈而已。初謂覆車在前且甚近，後車必戒，不謂諸君竟公然訟諸言者，無復顧忌。嗚鳳走犬，形一定而不移。人心無常，忽堯忽跖，可畏哉！弟之去就，尚未有定畫。璞齋謂必不可不歸，玄臺謂必不可不留。兩説孰確，願爲弟熟慮之。當局旁觀，自有明暗耳。

又

啟新、景陽、如菴、慎所，自是一時之秀，且相望不出二三百里間，何異一堂？卷石想已赴江右，其尊人安節侍御意趣甚佳。姑蘇管東老畢竟有超拔之韻。君子友天下之善士，况於一鄉？願無失之。又如王國博少湖慥慥篤行，崑峰張可菴耿介遠俗。我吴儘多君子，若能聯屬爲一，相牽相引，接天地之善脉於無窮，豈非大勝事哉！丈以爲何如？

又

知足下之念我也，賤體即小可而機緘尚在，往來之間未有所定，今亦無可如何，惟有如來教所謂凝神茹淡，寧忍以俟天和耳。足下云：「學問須從枯槁寂寞，經一番死後方得活。」又云：「勿以寂滯爲慮，勉爲發揚。」皆至言也，弟一一佩服，異時或有以相証耳。近看朱先生集何如？此老一念入真，便與天地同符。曾記薛玄臺爲弟語及明道、晦菴二先生，弟曰：「畢竟朱先生假不得。」丈以爲何如？

又

玉池書來，志意懇懇，信如丈所許，喜

之不勝。玉池又云許敬老及周海門相與論正「無善無惡」之説，都在丈處，乞發一覽。此向者學者腹心之疾，而於今尤極其横流者也。

又

丈所示種種，正論也。天地之大德曰生，吾人畢竟以生爲本。然形形色色，各有本分，亦只得聽其自然，何容强得？八佾歌雍，孔子只歎得一口氣，無能爲也。但當以此自警策，日嚴日密，異時不使人得檢點得我，乃實受益處耳。

又

昨日之晤甚快。此理儘自分明，更何可疑。只在我之所以參証之者，不可少有遺憾，使異端曲説得乘其間。此學之不講，聖人以爲憂也。願與丈共勉之。

又

鄒大澤近作尚行書院，甚可敬。弟素有此一念，畢竟不免自暴自棄，數年來一病遂灰。然耿耿時不忘，前欲問勝龍山，蓋以此。要之，此真丈事也。日下當求面商耳。

又

會規裁定甚佳。「拙法」二字更是一篇綱領，寄意遠矣。

又

大率此會雖不可濫，畢竟以寬大爲主，不可輕開異同之藩。前頻行所擬，尊見已得之矣，更不須疑也。

又

乾坤之後，繼之以屯，混闢之交，必有一番大險阻，然後震動竦烈，猛起精神，交磨互淬，做出無限事業。夏商以來，凡有國者，莫不如此。此意甚深長可味。東林之興，於時正當草昧，借彼無良爲我師保，未必非天之有意於吾儕也。如何如何？

又

弟意以爲，此後講義不必拘定做成一篇，只隨意説幾句，亦不必一一章中句句説盡，不知是否？并乞酌定。

又

先賢祠之會，終須一舉。無論其他，即歐陽公一段意思，吾輩亦不可漫然也。試商諸啟新，何如？

又

平泉先生八集奉完。讀其文，寬夷平衍，常有餘地，兼包五福，良亦非偶然也。

又

往李克菴曾謂弟云：「邪説害道昭昭，何故人競趨之？」弟曰：「道則害矣，而人則利。此其所以牢不可破也。」今看來真是如此，奈何！奈何！

又

李卓吾大抵是人之非，非人之是，又以成敗爲是非而已。學術到此，真成塗炭。惟有仰屋竊歎而已。如何如何！

又

昨聞本孺有疏，不覺喜而欲狂。此正爲天地贊化育事，而又出於吾邑，又出於吾黨，尤不勝私喜耳。

又

徹如此行，得一面商爲妥。蓋爲今日計，一則持議欲平，一則只在明己之是，不必闢人之非。高明以爲何如？

又

長安口眼爾爾，真食肉者之智也。在吾輩只有密密自檢而已，未可以説我不着而忽之也。如何如何？

又

吾輩持濂、洛、關、閩之清議，不持顧、厨、俊、及之清議也。

又

大會只照舊爲妥。世局無常，吾道有常，豈得以彼婦之口，遽易吾常，作小家相哉！

又

人心不甚相遠，何以紛紛至是？吾輩得無亦有偏執而不自知否？幸相與再入思慮一番，何如？

又

沈繼老來問金吾書，此書當是金吾自以爲功，所在傳播。幸此中清論即已寓書内矣。

與史玉池

方本菴先生真老成典刑，足爲此時砥柱，可見天下未嘗無人也。其所刻《心學宗》，欲得置之公所，足下即移之明道書院中，何如？繼山先生竟即世，云亡之痛，海内同之，在吾輩尤切耳。仲冬之會，想得過晤種種，不盡。

又

時議葛藤，時情荆棘。梅長公致思於江陵，其言可痛。僕則更念五臺、漸菴二老，以爲當此時應有一番妙用。蓋五臺大，漸菴細也。如何如何？去歲大會，欲刻《會語》，尚覺寥寥。際明此來，可補之。告期帖頃托徹如寄奉，想爲分致諸兄矣。

又

四明公大勢難久，歸德公聞又不大當於聖心。箇中消息當作何結果？愚意以爲，歸德公真真君子，此一腔至誠，便須格鬼神，徹金石。聖明淵淵，殆未可測也。如何如何？八月之會，當在十一日仲丁始，得一過否？

涇皋藏稿第六卷

無錫顧憲成著

朱子節要序

昔朱子與東萊呂子會於寒泉精舍，相與讀周子、程子、張子之書，歎其廣大閎博若無津涯，而懼初學者不知所入，因共掇其要爲一編，分十四卷，名曰《近思録》。友人高雲從讀而珍之，以爲四先生之後，能繼其道，發明而光大之者，無如朱子，亦取《朱子全書》，掇其要爲一編，分十四卷，悉準《近思録》之例，不敢擬於《近思録》也，而題之曰《節要》，間以示予。予受而卒業焉，爲之喟然太息。

世之言朱子者鮮矣，彼其意皆不滿於朱子也。予竊疑之，非不滿也，殆不便也。何者？世好奇，朱子以平，平則一毫播弄不得，高明者遏於無所逞而厭之；世好圓，朱子以方，方則一毫假借不得，曠達者苦於有所束而憚之，故不便也。以其不便也，於是乎從而爲之辭。吾以爲平，彼以爲凡爲陋，若曰：「夫豈誠有厭焉，不肯俯而襲，惜其傷於卑耳。」吾以爲方，彼以爲矯爲亢，若曰：「夫豈誠有憚焉，不能仰而模，惜其傷於高耳。」故不滿也。内懷不便之實，外著不滿之形。不便之實根深蒂固，而不滿之形遂成而不可解。宜乎世之言朱子者鮮矣！乃雲從之於朱子，懇懇如是，且謂學者不知朱子必不知孔子，抑何信之深也！非其超然獨立，不受變於流俗，夫孰得而幾之乎！此余之所以喟然太息也。

然則朱子其孔子乎？曰：孔子依乎中庸，遯世不見知而不悔，平之至也。十五而志學，七十而從心不踰矩，方之至也。朱子希孔子者也，是故論造詣，顔、孟猶有歉焉，論血脉，朱子依然孔子也。雲從之爲是編，正欲人認取血脉耳。血脉誠真，隨其所至，大以成大，小以成小，皆可以得孔子之門而入。倘不其然，即有殊能絶識，超朱子而上，去孔子彌遠，雲從弗屑也。讀者以是求之，斯得之矣。

朱子二大辨序

昔朱子有曰：「海内學術之弊，不過兩說，江西頓悟，永康事功。若不竭力明辨，此道無由得明。」予弟季時讀其言，憮然有感，遂取其所與象山、龍川兩先生往復數書，輯而行之，名曰《朱子二大辨》。諸有與兩説互發者，亦附録焉。而謂予曰：「惟今日學術之弊亦然。第昔也頓悟、事功分而爲二，今也并而爲一，其害更不可言耳。不知朱子而在，又何以爲計？」予曰：「難哉！必也其反經乎！」已而曰：「亦須擣其窠巢始得。」季時曰：「何言乎窠巢？」予曰：「即邇時論性家所愛舉揚『無善無惡』四字是也。此四字是最玄語，是最巧語，又是最險語。」季時曰：「願聞其説。」

予曰：「謂人之心原自無善無惡也，本體只是一空；謂無善無惡惟在心之不着於有也，善惡必至兩混。空則一切掃蕩，其所據之境界爲甚超，故玄也，世之談頓悟者，大率由此入耳；混則一切包裹，其所開之門户爲甚寬，故巧也，世之談事功者，大率由此出耳。玄則握機自巧，巧則轉機益玄，其法上之可以張皇幽渺而影附於至道，下之可以徼名徼利而曲濟其無忌憚之私，故險也。世之浮游於兩端之中而内以欺己外以欺人者，大率就此播弄耳。試與勘破，無論其分而爲二者，一高一下，人得共指而共視之，無從逃匿。即其并而爲一者，亦見首尾衡決，涣然披離，無從湊泊矣。何者？奪其所恃也。然則朱子而在，其所爲今日計，亦可知已。」

季時曰：「人言象山禪學也，龍川伯學也，信乎？」曰：「聞諸朱子：『南渡以來，八字着脚，理會着實功夫者，惟予與子静二人。』何敢目之曰禪？惟其見太捷，持論太高，推極末流之弊，恐究竟不免使人墮入漭蕩中。龍川自負一世英雄，其與朱子書稱『天、地、人爲三才，人生只要做個人』。立意皎然，何敢目之曰覇？惟其才太露，行徑太奇，推原發端之地，恐合下便已渾身倒入功利中。况象山言惡能害心，善亦能害心，豈非即吾之所謂空？而龍川義利雙行，王霸並用，上下三代，唐漢之間，欲攪金銀銅鐵鎔爲一器，豈非即吾之所謂混？由此觀之，其大指亦自分明，特未及直截道破耳。予又閲朱子所著《胡五峰知言疑義》，其於無善無惡之辨最爲分明，特未及剖到兩家安身立命處在此，其受病處亦在此，并與一口道破耳。要而言之，此一重公案，實《二大辨》之所歸宿，拔本塞源之論也。然則朱子而在，其所爲今日計，益可知已。抑予竊有懼焉，凡人之情，於其受病處未有不畏而却者也，於其安身立命處未有不戀而留者也。惟是安身立命處即其受病處，幾微之間固已易眩而難決，况吾方見以爲受病處而彼且見以爲安身立命處，則其説益牴牾而不入矣。夫誰得而奪之？論至於此，誠不知朱子而在，何以爲今日計也。」

於是刻《二大辨》成，季時請序，予因次第其語授之，蓋以爲是天地間公共事，而思求助於有道，相與釋去其懼云爾。

刻學蔀通辨序

東粤清瀾陳先生嘗爲書，著朱陸之辨，而曰：「此非所以拔本塞源也。」於是乎搜及佛學，而又曰：「此非所以端本澄源也。」於是乎特揭吾儒之正學。終焉，總而名之曰《學蔀通辨》。大指取裁於程子本天、本心之説而多所獨見。後先千萬餘言，其憂深，其慮遠，肫懇迫切，如拯溺救焚，聲色俱變，至爲之狂奔疾呼，有不自知其然者。內黄蛟嶺黄公受之先生，奉爲世寶，十襲而授厥嗣直指雲蛟公。雲蛟公顧諟庭訓，憮惋時趨，謂盱眙令禮庭吴侯嘗讀書白鹿洞，出以示之。侯慨然請任剞劂之役，而其邑人慕崗馮子爲問序於不佞。先是高安密所朱公從吾邑高存之得《朱子語類》，屬其裔孫諸生崇沐校梓，且次第行其《全集》與《小學》、《近思録》諸編。及聞是役也，崇沐復欣然樂佐厥成。相望數百里間，一時聲氣應合，俯仰山川，陡覺神旺。

不佞憲作而歎曰：美哉，諸君子之注意於正學也！有如是哉，其不謀而契也！吾道其將興乎！何幸身親見之也！已伏而思曰：朱陸之辨，凡幾變矣，而莫之定也，由其各有所諱也。左朱右陸，既以禪爲諱；右朱左陸，又以支離爲諱：宜乎競相持而不下也。竊謂此正不必諱耳，就兩先生言，尤不當諱。何也？兩先生並學爲聖賢者也。學爲聖賢，必自無我，入無我而後能虛，虛而後能知過，知過而後能日新，日新而後能大。有我反是。夫諱，我心也，其發脉最微，而其中於人也最粘膩而莫解，是無形之蔀也，其爲病，病在裏。若意見之有異同，議論之有出入，或近於禪，或近於支離，是有形之蔀也，其爲病，病在表。病在表易治也，病在裏難治也。是故君子以去我心爲首務。予於兩先生非敢漫有左右也，然而嘗讀朱子之書矣，其於所謂支離，輒認爲己過，悔艾刻責，時見乎辭，曾不一少恕焉。已嘗讀陸子之書矣，其於所謂禪，藐然如不聞也，夷然而安之，終其身曾不一置疑焉。在朱子，豈必盡非？而常自見其非；在陸子，豈必盡是？而常自見其是。此無我有我之證也。朱子又曰：「子靜所説，專是尊德性事，而某平日所論，却是道問學上多。今當反身用力，去短集長，庶幾不墮一邊耳。」蓋情語也，亦遜語也，其接引之機微矣。而象山遽折之曰：「既不知尊德性，焉有所謂道問學？」何歟？將朱子於此，果有所不知歟？抑亦陸子之長處短處，朱子悉知之，而朱子之喫緊處，陸子未之知歟？昔子路使子羔爲費宰，孔子賊之。乃曰：「有民人焉，有社稷焉，何必讀書，然後爲學？」彼其意，寧不謂是向上第一義？而竟以佞見訶也，其故可知已。是故如以其言而已矣，朱子岐德性問學爲二，象山合德性問學爲一，得失判然；如徐而求其所以言，則失者未始不爲得，而得者未始不爲失，此無我有我之别也。然則學者不患其支離，不患其禪，患其有我而已矣。辨朱陸者不須辨其孰爲支離孰爲禪，辨其孰爲有我而已矣。此實道術中一大關鍵，非他小小秪悟而已也者，敢特爲吳侯誦之。惟慕崗子進而裁焉，且以就正於雲蛟公，不審與蛟嶺公授受之指有當萬分一否也？

心學宗序

自釋氏以空爲宗，而儒者始惡言空矣。邇時之論不然，曰：「心本空也。空空，孔子也；屢空，顔子也：奈何舉而讓諸釋氏？」則又相率而好言空。予竊以爲，空者，名也，要其實，當有辨焉。無聲無臭，吾儒之所謂空也；無善無惡，釋氏之所謂空也。兩者之分，毫釐千里，混而不察，概以釋氏之所謂空當吾儒之所謂空，而心學且大亂于天下，非細故也。夫善，心體也，在貌曰恭，在言曰從，在視曰明，在耳曰聰，在思曰睿，在父子曰親，在君臣曰義，在夫婦曰別，在長幼曰序，在朋友曰信，如之何其無之也？則曰：「吾所謂無，非斷滅也，不着于善云爾。」嘗試反而觀之，即心即善，原是一物，非惟無所容其着，而亦何所容其不着也？且着不着，念頭上事耳，難以語心，即虞其着，去其着而可矣，善曷與焉，而并去之也？

嗟嗟！古之君子所爲兢兢業業，終其身捧持而不墜者，今之君子所視爲瑣瑣而等諸土苴者也；古之君子所爲孜孜亹亹，終其身好樂之而不倦者，今之君子所視爲拘拘而等諸桎梏者也。視爲瑣瑣則必疑其落在方隅，非最上妙義，厭薄而不屑；視爲拘拘則必病其添我障礙，非本來面目，掃蕩而不留。夫善何負於人而不讐之甚如此也！是且不識善，安能識心！乃影響而混言空，有過而詰之，輒曰：「無聲無臭之密詮固如是。」其亦弗思而已矣。無聲無臭，見以善爲精而爲之摸寫之辭也，真空也；無善無惡，見以善爲粗而爲之破除之辭也，影空也，夫豈可以强而附會哉！是故始也認子作賊，卒也認賊作子，名曰「心學」，實心學之蠹耳。何者？失其宗也。

吕亂秦，牛亂晉，釋亂儒，一也。予爲是有概於中久矣。乃今何幸得本菴方先生！先生少而嗜學，長而彌敦，老而不懈，一言一動，一切歸而證諸心，爲諸生祭酒二十餘年，領歲薦，竟棄去，優游川巖，嗒然無事。而獨有感於世之談心，往往以無善無惡爲宗也，輒進而證諸六經、四子及諸大儒。凡其言之有關於心者，悉裒而次之，其有引而未發，發而未竟者，各爲手拈數語，究晰指歸，要以明善爲心體，非爲心累；又以明此體即實而空，非離實而空也。編成，命曰《心學宗》，庶幾學者一覽而洞見聖賢之心，因而自見其心。即惡言空者，於此識得吾之所謂空，自不必以似廢真而過有所諱；即好言空者，於此識得彼之所謂空，自不容以似亂真而漫無所別。滔滔狂瀾，先生其砥柱之矣！會先生之子魯岳公來按我吴，出以視兵憲虚臺蔡公，公韙之，授宜興喻侯梓行，公諸同志，謂予宜有言。

蓋昔王文成之揭良知，自信易簡直截，可俟百世，委爲不誣。而天泉證道，又獨標無善無惡爲第一諦焉。予竊惟良即善也，善所本有，還其本有，惡所本無，還其本無，是曰自然。夷善爲惡，絀有爲無，不免費安排矣。以此論之，孰爲易簡，孰爲支離，孰爲直截，孰爲勞攘，詎不了了。然則先生是編，正所以闡明良知之藴。假令文成復起，亦應首肯。蔡公亟加表章，可謂於風靡波蕩之中獨具隻眼者也，其所補于人心不小矣。遂忘其僭而爲之序。

先生名學漸，桐城人。魯岳公名大鎮。蔡公名獻臣，同安人。喻侯名致知，新建人。

中丞脩吾李公漕撫小草序

予讀中丞脩吾李公《漕撫小草》，次第及海内諸君子所論著，其於公致主之恭，狥主之勇，悟主之巧，得主之奇，崎嶇艱險之苦心，旋轉補浴之壯略，詳哉其言之矣！惟是予交公最久，習公最深，竊又有窺於一斑也。始公艱於得子，已乃連舉數丈夫。予爲色喜，貽書賀之而曰：「願公自愛，公之身非公之身也，宗社之身也。」且申之曰：「公之身非公之身也，宇宙之身也，願公自愛。」公笑而謝曰：「不佞生平喜讀書，於今益甚，往往午夜始就寢，即鉛槧書生，未必若斯之勤也。夫固曰是可以尚友千古，發我神智，作我典刑，抑亦曰是可以收拾精神，并歸一路，不令旁泄，有無限受益處耳。若妄自菲薄，以危其身而憂知己，惡乎敢？惡乎敢？」予聞之，忽不覺悚然心折也。已晉總漕，望實日益上，予欲借以嘗公，稍稍貽書張之，比於古之鉅公長者。公驚而起曰：「嘻，是何言也！不佞落拓人耳，自與君周旋始有聞。受事以來，兢兢業業，不敢毫髮放過，特耻效俗人飾邊幅裝格套，於青天白日之下作鬼魅技耳。且夫性分無窮，職分無窮，心分無窮，堯舜事業亦如太虚浮雲一點，而况其凡乎？嘻，是何言也！君且休矣。」予聞之愈不覺悚然心折也。

嗚呼！微矣！先正論人有聖賢、豪傑二品，又言豪傑而不聖賢者有之，未有聖賢而不豪傑者也。是故豪傑大處不走作，聖賢小處不滲漏。豪傑於天下之事，處之常若有餘；聖賢於天下之事，處之常若不足。豪傑作用在功能意氣之中，聖賢作用在功能意氣之外。跡公之洗心勑慮乃爾，駸駸乎由豪傑而上矣。憶昔寧陵新吾吕公嘗與公論學，公目爲迂濶，去之。由今觀之，世之所爲營營逐逐，不憚决性命而趨之者，既公之所陋而不屑爲。而公之所爲，潛磨密鍛，期自致於純一者，又世之所笑而不肯爲。然則語迂濶者宜莫如公，何以猥見厭薄？即公猥見厭薄，竊意向所指爲迂濶者應别有在，而惜乎未及竟其説也。異日予請得就公竟之，而聊爲之引其端，且以待讀是編者共參焉。

景素于先生億語序

白沙陳子之詩曰：「朝市山林俱有事，今人忙處古人閑。」旨哉乎其言之也！雖然，古人自有忙者存，特其所謂忙非今人所謂忙耳。今人所謂忙，出則競名，處則競利，爲一身計也。古人所謂忙，出則行道，處則明道，爲天下萬世計也。是故以一身計言，謂今人忙處古人閑可也；以天下萬世計言，謂今人閑處古人忙可也。予觀景素先生，其庶幾焉。

先生峩峩華冑，冠冕江東，乃能超然自拔，寧静澹泊，絶無靡麗之好，可謂不知有其家矣。既成進士，敭歷中外，望實鬱起，一旦敝屣棄之，可謂不知有其官矣。然而方爲諸生，發憤下帷，尚友千古，至於忘寢忘湌，不少暇逸；已司理江右，惟是洗冤澤物，夙夜孜孜，入郎容曹，恪共厥職，尺寸不假。會目擊時事有所不可於意，抗疏具言之至再至三，卒以取忤罷歸。身既隱矣，猶日手一編，不減諸生時也。且誦且繹，久之胸中之藏，淵涵勃發，不能自遏，乃稍稍筆之書，間出所著《億語》示予。其言根極理要，切於日用，如布帛菽粟，寒者可以爲衣，饑者可以爲食。至語及學術邪正之際，輒三致意焉；語及世道人心升降之際，輒又愀然改容，太息而言之，若疾痛之在躬也，絶不減立朝時。由前則於一身計，何泄泄也！今人忙處，正先生閑處也；由後則於天下萬世計，何懇懇也！今人閑處，正先生忙處也。如先生者，不當於古人中求之耶？

予忝附庚辰之籍，雅嚴事先生，不敢以雁行進。賴先生不予棄，左提右挈，俾無墮落。自省於先生閑處猶能步趨焉，於先生忙處寥乎其未有當也。適先生命予序其《億語》，僭爲論次如此，亦因以自勗云。

五經繹序

盱江鄧潛谷先生著有《五經繹》十五卷，其門人心源左公來按兩浙，持以示嘉禾曹司理，爰授錢塘令聶侯校而梓之。侯將公之命屬予爲序，予受而卒業焉，作而歎曰：「美哉，洋洋乎！其思深，其識正，其指遠，其詞文，出入今古，貫穿百氏，不主一説，不執一見，而卒自成一家言，粹如也。」斯已偉矣，則又曰：「是先生之所爲繹也，非其所以繹也。」吾聞先生研精性命，卓有領會，而不爲玄譚渺論，高自標榜。歸而脩諸日用之間，庸德之行，庸言之謹，如臨如履，尺寸靡忒。孝友孚於家庭，忠信孚于井里，久之名實充溢，遠邇傾嚮。當宁聞之，徵書儼然及衡門焉。崇仁新會以來，于斯爲烈，天下傳而艷之。而先生方逡巡謝不克，其自視彌下，其切磨於德業彌篤。《易》之精微，《書》之疏通，《詩》之思無邪，《禮》之毋不敬，《春秋》之深切著明，庶幾其身親體之矣，是先生之所以繹也。則又曰：「是先生之所以自爲繹也，非吾儕之所以爲先生繹也。」吾嘗一再侍心源公於虞山、梁水之間，竊見其坦而莊，詳而不迫，敦慤而有章，諸所提唱，一切本諸自得，津津沁人。退而考其行事，惟是興教正俗爲亹亹，旌淑別慝，風規皎如。先生之道，於斯著矣。而今而往，覽者果能由公以達於先生，由先生以達於五經，又能一引而十，十引而百，百引而千，相漸相磨，人人身親體之，不僅作訓詁觀，是吾儕之所以爲先生繹也。

嗟乎！五經一心也，其在古先聖賢者猶之乎其在先生也，其在先生者猶之乎其在公也，其在公者猶之乎其在各人也，無毫髮餘也。反而求之，其在各人者猶之乎其在公也，其在公者猶之乎其在先生也，其在先生者猶之乎其在古先聖賢也，無毫髮欠也。而其究判然懸絶，至倍蓰無筭，何也？夫先生之爲是繹，將以闡往詔來，聯絡千古之上下而爲一，胥入於聖賢之域者也。今先生不可作已，而遺編具在，以承以啓，寔公之責。夫豈惟公之責，實吾儕之責。因備論其指，期共勗焉。

鄧先生名元錫。左公名宗郢。曹司理名光德。聶侯名心湯。

崇正文選序

吾邑勵菴先生《崇正文選》成，有過予而問曰：「先生之爲玆選也，其旨云何？」予曰：「懼世之争趨奇而爲之坊也。」曰：「奇何容易？吾獨患無奇耳。果有奇，不必坊也。而况世之所謂奇者，亦不必奇也，往往舍大道而旁馳鶩，殉影響而工掇拾。是故奇于古則之而爲墳索汲冢，奇於秘則之而爲金簡玉册，奇于博則之而爲石簣酉陽，奇于解則之而爲貝函靈籙。若然者，果奇耶？非耶？驟而觀之，其所自命，儼然直凌千古而上。徐而按之，率以艱深之辭文淺易之識。設有人焉從旁點破，多是向來餘滓殘瀝，不知爲人吐而嚼、嚼而吐凡幾矣，何奇之與有！」予曰：「然則如之何而後可以稱奇？」曰：「奇之爲言，一而無偶之謂也。若玆編，其幾之矣。嘗試論之：六經畢，一變而爲《左》、《國》矣，乃《左》、《國》之後還有《左》、《國》乎？否。而猶未也，再變而爲班、馬矣，乃班、馬之後還有班、馬乎？否。而猶未也，三變而爲韓、柳、歐、蘇矣，乃韓、柳、歐、蘇之後，還有韓、柳、歐、蘇乎？否。之數君子，豈非自性自靈，自心自神，後先頡頏宇宙之間，各各自操把柄，自出手眼，自爲千古者耶！故夫先生之所謂正，實予之所謂奇，而世之所謂奇，要不過奇之優孟也。」予曰：「信哉！能知文之正者，無如先生；能知文之奇者，亦無如先生也。先生可謂深於文矣。然則今之爲文，何尊而可？」曰：「不爲《左》、《國》也者，乃能爲《左》、《國》；不爲班、馬也者，乃能爲班、馬；不爲韓、柳、歐、蘇也者，乃能爲韓、柳、歐、蘇。先生玆選，聊以示鞭影耳。必字擬而句模之，非其指矣，不可不代先生道破。」予爲首肯。

會先生之甥瞿星卿氏督學楚中，請曰：「楚士多奇，願以此風之。」先生許焉，而屬予序，予遂述之爲楚士告。覽者誠繹是説而存之，其於文也，思過半矣。雖然，吾寧獨僅僅爲楚士告？而所以爲楚士告者，又寧獨僅僅進之於文而已也？是在星卿哉！是在星卿哉！

先生名策，字懋揚。辛未進士，歷官太僕寺卿。生平不好皎皎之行，而恬穆守正，始終如一。其爲玆選，蓋絶類其人云。

信心草序

余仲兄有奇質，始成童，受句讀，輒心通。既長，以病中免。已余從原洛張先生游。先生與仲兄語而異之，勸令務學。仲兄謝曰：「時已過矣，何爲？」先生不聽，强而授之二題。援筆立就，落落多奇。先生讀之，大驚曰：「吾固知子非庸人也。」尋赴有司，輒試高等。客謂仲兄：「足下之於青紫，掇耳，何其捷也？」仲兄笑曰：「非吾意也，聊以佐二弟，令不寂寞耳。」及余與季時後先成諸生，仲兄遂罷不事，人以此益多仲兄。於是余從銓曹郎謝病還，問奇之士，時時來集涇上，仲兄亦時時上下其間，吐論益偉。所當博士家言有不快於意，輒退而私爲擬之。既成以視人，靡不爽然自失也。久之，得十三首，呼蒼頭帙而藏之，命曰《信心草》，若曰：「吾自以爲當如是耳，吾無徵於往昔，吾無冀於來今。」此其指也。

余觀世之學者，日夜矻矻，耳無分聽，

目無分視，畢心而修鉛槧之業。及其取而措諸筆舌之間，猶然半合半離。仲兄獨何以不勞而中也？彼以外入，此以内出。外入者有待，譬之乞員於規，乞方於矩，乞和於五音；内出者無待，離婁所獨見，師曠所獨聞，非夫形聲之謂也，進乎巧矣，夫是以謂之信心也。仲兄則又語：「余頃稍稍聞心性家語，中心怵然若有動也，願得而卒業焉。吾乃自覺言多浮，動多率，此吾之參苾术也。人不可以無學，吾何能忘張先生之言！」噫嘻，有是哉！其不可測也！恃無待而輒有待，賢智之所不免也，仲兄又何以不然？夫仲兄非獨進乎巧也，行當進乎道矣。書而志其端，度仲兄必不令斯言之爲佞也。

涇皋藏稿第七卷

無錫顧憲成著

英風紀異序

蓋鄱陽有廷尉胡公云而死建文帝之難，被禍最酷。槜李瞻山屠公嘗令其邑，採風而得之，不勝感愴。已入爲御史，輒具疏首言之，請行該地方有司，建祠特祀，株累在戍者，悉放還鄉井，及同時與難諸公，一體卹録。疏上，報可。於是鄱陽令程君朝京備書而榜之邑前，忽有旋風颺榜而上，夾日迴翔，自午及申，或没或見，復還邑堂墀正中。一時環聚而觀者，凡幾千萬人，莫不驚歎，此《英風紀異》之所由作也。

會侍御公伯子觀携而視予，或謂予曰：「跡公一片精誠，無不之也，上天下淵，無不徹也。造物者豈其沾沾焉特以此示奇而旌公？殆偶然耳。」予曰：「委是偶然。」或謂予曰：「當公之讀書吴王廟也，每獨坐，歎曰：『天下何時平乎？』遂奮筆畫松廟壁，題詩曰：『幽人無俗懷，寫此蒼龍骨。九天風雨來，飛騰作靈物。』蓋宛然描出揭榜時一段光景矣。意其讖耶？且侍御公一疏原自鄱陽起因，其後文移遍天下，而英風之異仍見鄱陽，若首尾應焉，意有鬼神焉主張於其間耶？殆非偶然也。」予曰：「委非偶然。」或謂予曰：「公苦矣。若曰：『吾殺其身以及其家，及其族，又及其外親而無救於吾君也，吾何以謝高皇矣？』又若曰：『吾無救於吾君而人猶然被之名曰忠烈也，曰乾坤正氣也，吾何以謝天下後世矣？』公滋苦矣。使公而覩是集，祇益其痛耳。殆可無紀。」予曰：「委可無紀。」或謂予曰：「嘗考國史，初陳瑛請追戮周公是脩等，文皇怒曰：『諸臣盡忠於太祖，故盡忠於建文，喋喋何爲！』一日閱傳建文帝尚在，與諸逋臣爲亂。瑛密以聞，因恣意羅織，蔓延無筭，非文皇意也。比仁皇嗣位，遂行肆赦。至今皇新詔，尤稱浩蕩殊恩。作述同心，後先輝映，明德遠矣。然則英風之異，非特爲一胡公效靈，實爲天下之爲胡公者效靈。非特爲天下之爲胡公者效靈，實爲列聖效靈也。殆不可無紀。」予曰：「委不可無紀。」

伯子聞而訝之，願得一言折衷，無爲兩可。予曰：「謂偶然者，所以表感應之機無常，萬變而不測；謂非偶然者，所以表感應之理有常，一定而不爽。謂可無紀者，所以表臣子之於君父，不忍緣公家之急，成一己之名；謂不可無紀者，所以表君父之於臣子，不忍緣一時之忤，掩萬世之節。夫各有攸當也，吾何敢執？」伯子豁然起曰：「觀也於前兩言有以識天人相與之際矣，於後兩言有以識上下相與之際矣。請籍而弁其端，可乎？」予曰：「是惟伯子之命。」抑不佞又於侍御公見體國之忠，於伯子見承命之孝矣。是集行，其於世教非小補也，因并志之。

胡公名閏。屠公名叔方，丁丑進士。

願義編序

澄江邵君貞菴，恂恂如也，而隱於醫。其於醫，聊寄而已，不數數也，而多奇效。

嘗客予涇里，叩者不絶，君隨手應之，不爲德亦不問其姓名也。每過予，清言亹亹，絶不及俗事。間語及海内長者，未嘗不欣然庶幾見之；語及閭閻休戚狀，未嘗不爲攢眉也。予心異之。一日出一編視予曰：「此《義田録》也。遡自范文正公，迄於今。凡聞公之風而興起者，並録而附焉。」予詢其意。答曰：「爲天下必自齊家始，齊家必自睦族始，睦族必自義田始。義田厚其生也，於是乎有義塾，義塾正其德也。厚其生乃可以正其德也，夫然後親親長長而天下平，故曰必自義田始。余之爲是録數年矣，未有以名也，敢乞靈於子。」予喟然歎曰：「仁哉，君之用心也！昔子貢問博施濟衆，而夫子告之曰：『己欲立而立人，己欲達而達人。』此非以博施濟衆爲不可也，『己欲立而立人，己欲達而達人』，乃其所以博施濟衆者也。惟是曰『施』，曰『濟』，則取必於力；曰『欲』，則取必於願耳。力有限，願無窮。有限則隘，無窮則博；有限則寡，無窮則衆。甚矣，夫子之善言博施濟衆也！今君之爲是録也，稽考詳矣，咨求悉矣，校閲精矣，意念深矣。百爾君子，見而讀焉，讀而感焉，感而思焉，思而效焉。一人能爲文正公，❶君之願行於一人也；人人能爲文正公，❷君之願行於人人也。博施濟衆，實始基之，豈必功自己出哉！」❸於是遂命之曰《願義編》。貞菴君曰：「善。」已而爲之愀然者久之。予曰：「何？」貞菴君乃曰：「先人浮山府君實抱斯志，偃蹇一經，

❶「焉一人」，原缺，據文淵閣本補。
❷「文正公」，原缺，據文淵閣本補。
❸「豈必功」，原缺，據文淵閣本補。

蕭條四壁，未有行也。臨終手不肖而命曰：『若以范文正公爲何人哉？小子識之。且若不聞舅氏恕齋高公之訓乎？』高公家故凉，且割其田百畝贍族，而自爲文記之，文具《録》中。不肖撫今追昔，實負先人，其何言？」予悚然起曰：「君言及此，且令予戚戚心動矣。然而君之爲是編，正所以昭明浮山公之志而畢其願也。」予愧多矣。因次第其語，題之簡端以告世之讀是編者。

鶴峰先生詩集序

予少時業聞邑中有鶴峰黄先生，願爲執鞭久矣。會其孫應覺刻先生遺詩，予受而卒業焉，益灑然異之。士方屈首佔僤朝誦夕諷，所抉腸劌腎，竭蹶而營者，惟是舉子業之爲皇皇耳，即欲以其間吟弄風月，點綴山川，與騷人詞客争奇莽不可得，何先生之暇也！始先生舉孝廉，方當茂齡。自後挾其經待詔金馬門，且四十餘年而不一遘。南北風塵所爲耗其雄心者不少矣。今讀其詩，春容爾雅，發乎情，止乎禮義，了無不平之感，何先生之適也！應覺因從容言，先生既久滯公車，有同儕當路者，推轂於態相所，❶先生聞之，一夕策馬出長安歸矣。居里中，監司守相多重其爲人。有同姓麗於法，詭稱先生猶子以免，還獻百金爲壽，先生笑而揮之，不受也。其自好類如此。予作而歎曰：「先生可謂超然於功名富貴之外矣。濯濯靈臺，一芥不緇，時而出之，萬籟于于。有以哉！有

❶「態」，文淵閣本作「時」。

以哉！」

遼陽稿序

吾邑黄斗南先生高風亮節，海内傳誦，而獨怪其文辭不少概見。適先生之子思菴公檢點遺笥，得《遼陽稿》，付其孫懋勛梓行之，仍寥寥耳。乃昔荆川唐中丞與先生書曰：「《易》之蹇，『君子以反身修德』。蓋寂寥枯淡之中，其所助於道心者爲多也。自儒者不知反身之義，其高者則激昂於文章氣節之域，而其下者則遂沉酣濡首於蟻羶鼠腐之間。如兄之志氣，固已塵垢一世，而與古之志士爲徒矣。不知近來反身之學，得之于蹇者何如？幸以教我。張舜舉言兄自戍遼以來，作詩幾四五本。何以致多如此？豈將以是自鳴其習坎心亨之樂耶？或者窮愁羈旅無聊之思，而姑託以自遣耶？抑以寫其江湖之憂，而致其去國繾綣不忘之愛，如古《離騷》之作耶？其無亦自擬於鐃歌鼓吹、遼東都護之曲，而與塞垣横槊之士同其慷慨而謳吟耶？不然，則枝葉無用之辭，其足以溺心而惕日也久矣，兄何取焉？日課一詩不如日玩一爻一卦，日玩一爻一卦不如默而成之，此之謂反身，而奚有於枝葉無用之詞耶？」誦斯言也，又惟恐先生之屑屑於文辭然者。今所行亦僅上下二卷，豈先生有感於中丞之言，遂多刊落耶？抑先生原不着意，任其散失耶？及讀先生詩，大都風格遒勁，神情開拔，其托物寄興，往往多深長之思，讀之輒爲脉脉心動。至如《朱夏篇》有曰：「僻居日三省，舊愆發新愴。」《自責篇》有曰：「大言了無忌，夷考胡不違？」又如《新居篇》有曰：「君王最得甄陶法，苦志勞筋付此行。」《東溪篇》有曰：「邱園鍾鼎吾何擇，話到經綸一厚顏。」又可見先生於其間所爲磨礲鍛鍊，自有用力處，此反身修德之一證也。然則詩何能溺心？溺者自溺耳。亦何能愒日？愒者自愒耳。中丞之言，聊爲先生助一鞭而已。抑予始者傾仰先生如岩岩泰山，疑不可得而親。比先生拜賜環之命，洊歷冏卿，尋致其政而歸，予修諸生刺，摳衣伏謁。時先生方杜門養痾，輒命季君扶而出見，渾樸惇茂，隤然如田夫野老。瞻對之頃，鄙吝頓消，更令人不可得而踈。竊意先生之所爲得之於蹇者，當自不淺，此又反身修德之一證也。由此觀之，先生之詩便是先生之《易》，時而有言，時而無言，其致一耳，而何本末精粗之判哉？予故特表而出之，以爲尚論者必參究及此，然後識得先生真面目，而作詩之多不多，非所問也。

中丞懷魯周公疏稿序

中丞懷魯周公刻其前後疏稿成，貽書景逸高伯子，屬予序之。予受而卒業焉，作而歎曰：

美哉！是足以觀公矣。事關國本，則有深乎其言之者，如請建儲之疏是也；事關國體，則有竦乎其言之者，如糾東封之疏是也；事關國脉，則有昌乎其言之者，如崇道德、重節義、優録賢能之疏是也；事關國憲，則有炯乎其言之者，如舉劾各屬賢否之疏是也；事關國計，則有懇乎其言之者，如請停織造止派之疏是也。至於戊申救荒一事，尤不勝苦心，爲之躊躇四顧，爲之拮据萬方，爲之寢食俱廢，爲之披肝膽瀝腎腸，哀痛迫切，一字一淚，真有令人見之而不忍讀，讀而不忍竟者，則請蠲、請賑諸疏是也。非夫正直忠厚，合而爲一，其孰能幾焉？是足以觀公矣，然則遂足以盡公乎哉？曰：未也。公雖慷慨任事乎，而老成持重，相機而發，有發必中。度所不可，務在從容委婉，潛移密挽，拯之冥冥之中，不好明諍顯諫以爲名高，亦不必功自己出，詳具公《待旦堂漫談》。其爲政，惟是虛衷下物，孜孜求善，常若不及。朝有告焉，朝而行之，不俟晝矣；晝有告焉，晝而行之，不俟夕矣。凡此皆公一片真精神所注，有不在僅僅指陳是非，條畫利害間而已也者。故疏稿一編，有目所共見，有耳所共聞，予得而言之，夫人得而知之者也。乃兹兩者，則有目不必盡見，有耳不必盡聞。即見且聞，亦多習而不察。予得而言之，夫人不得而盡知之者也。夫豈惟不盡知，甚且往往從而求多矣。此予之所以有慨於中，特爲表而出之也。

公聞之，謝曰：「有是哉！語至此，即予亦不自知其何爲而然也。」則又曰：「語至此，向來委有格於時勢之難齊，不能盡慊諸己者矣，其何以辭於人？」則又曰：「語至此，於今尚有限於耳目之易局，不能遽悉諸人者矣，其又何以酬子之言也？」予復作而歎曰：美哉！若是乎，公之心之無窮也！以此觀公，庶幾足以盡公也已。今三吴諸父老，方日夜竭蹶北走，相與叫閶闔而乞借公，直指鄧公且爲特疏以請聖天子眷顧東南，行有惠命，所以究公之無窮者，當於是乎在。予尚得而論次之，請執管以俟。

萬曆奏議序

國家之患，莫大於壅。壅者，上下各判之象也。是故大臣持禄不肯言，小臣畏罪不敢言，則壅在下；幸而不肯言者肯言矣，不敢言者敢言矣，究乃格而不報，則壅在上。壅在下則上孤，壅在上則下孤，之二者皆大亂之道也。伏見我皇上聰明睿知，方軌三五。然而御極以來，二患遞見，何也？説者以爲下不自壅，殆有爲之上者然；上不自壅，殆有爲之下者然。迺丁丑綱常諸疏，政府不欲宣付史館，遂遷怒於執簡諸君，嗣是愈出愈巧，率假留中以泯其跡，令言者以他事獲罪，不以言獲罪。至於邇年，且欲并邸報禁之，其故可知已。乃壬午一變，公道屈焉而忽伸，戊申再變，公論鬱焉而忽暢。又足以發明我皇上之果未嘗有負於天下，天下之果未嘗敢有負於皇上。卒之伸者仍屈，暢者仍鬱，又足以發明致壅之由，根深蒂固，非一時所得而猝拔。宜乎論世君子，俯仰江陵、四明之間，益不能不三太息也。

予友采于吴子，自少承尊甫復菴先生庭訓，磊落有志操。既爲御史，朝拜官而夕抗疏，直聲大著。巡方之暇，蒐輯三十年奏議若干牘，分若干卷，凡先後留中與當路所不欲行於世者，悉付剞劂。予讀而有感焉。均比肩事主爾，容容者盡肉食也，一夫慷慨，曹起詬之，不曰「好名」，則曰「躐進」矣；均建言爾，犯乘輿韙者十七，犯要津非者十九。以君子攻小人，曰：「何刻也？不爾影響風聞者也？」以小人擿君子，曰：「何快也？烏有者左券矣。」愚誠不知其所以然而然。徐而察之，顛倒于當局而旁觀否，諭訛于衣冠而道路輿廝否，誶于大庭而平旦隱衷否，譁于眉睫而事定否。愚又不知其所以然而然。於此可以稽世變，可以觀人心，可以卜士氣，可以參善敗得失之幾，昭往而惕來，采于之功遠矣。

抑予更願有獻焉。李忠定曰：「天下之理，誠與疑、明與闇而已。由誠明推之，可以至於堯舜；由疑闇推之，其患將不可勝言。」願以是爲皇上獻，求所以至於堯舜者。蘇文定曰：「天下有重臣，有權臣。權臣天下不可一日有，而重臣天下不可一日無也。」願以是爲執政獻，求所以爲重臣者。至於言官操天下之是非，天下又操言官之是非，蓋言之不可不慎如此也。願以是爲臺省獻，求所以信於天下者。太初鄭子聞之，喜曰：「亮哉！其究弊也專而核，得拔本塞源之義矣；其責善也普而公，得交脩共濟之義矣。率斯以往，天下直運之掌耳，夫何壅之與有？」遂以語采于，采于曰：「是固予輯是編之意也。」

重刻萬曆丙子南畿同年録序

《萬曆丙子南畿序齒録》凡再刻矣。歲乙巳，孟威沈子復謀新之，其於世系加詳焉，遠及高、曾，旁及群從，靡不具備，蓋倣其先府君嘉靖癸卯科例也。刻成，椷而視予，命之序。予讀之，脉脉心動。自丙子至今，僅僅三十年耳，諸列於籍者，已太半作古人矣。撫卷徘徊，百感陡集，幸於其間尚留得此身無恙，豈不可喜！雖然，進德脩業，其難如登；日往月來，其易如奔。即復三十年，曾幾何哉？又豈不可懼！已伏而思之，凡此皆係於人之自立與否耳。能自立，且有與天壤俱無窮者存，區區目前修短，曾何足論？如其不然，則亦草木同腐而已，縱及期頤，徒然浪擲光陰，將焉用之？然則逝者未足悲，存者未足恃，其喜其懼，別應有在，吾黨所宜汲汲而猛省也。於是重甫華子、立之姜子共語憲曰：「沈子不遠三千里而屬子，子其無忘。」予爲二子誦其説，二子曰：「吾向者見沈子之用心遠也，一體之仁也。今者又見子之用心近也，交脩之義也。請以聞於同籍諸兄弟，庶幾相與共圖，無負斯《録》哉！」

石幢葉氏宗譜序

吾邑葉參之廷尉釋褐二十餘年，什一在官，什九在告，家徒四壁，恬穆自如，其於富貴功名，已嗒焉而忘之矣。一日縱覽乎石幢之墟，仰而見夫九峰之巖巖送青來也；俯而見夫雙河之鱗鱗將緑遶也，喟然歎曰：「夫非吾祖無名公自吳江之同里，杖策而游於斯，欣然以爲佳勝，脱然舍其故而就之者耶！迄今且數世矣，振振繩繩，誰之貽也？若之何委諸草莽？」因退而謀諸其從兄懋拱，於是懋拱爲作《宗譜》。已而曰：「是譜其貌，未譜其神也。」因進而謀諸其畏友尤卭州伯聲，於是伯聲爲作《世德傳》。既成，參之讀之喜，遂合而梓之，攜以示予，囑曰：「願有以詔我宗人。」予謝曰：「懋拱之爲譜也，教親親也，若者一家興仁矣。伯聲之爲傳也，教賢賢也，若者一家興讓矣。予復何言？」參之曰：「雖然，必有以詔我。」予曰：「誠爲參之計，則有二焉。一者體，其在反而求之乎。一者用，其在推而廣之乎。是故親自我親，本其心實有一種油然不忍之意，而非以爲狥也；賢自我賢，本其心實有一種肅然不敢之意，而非以爲矯也。此反求之説也。是故由其親以及人之親，胥而煦之，不忍之中而親親之分量始圓也；由其賢以及人之賢，胥而攝之，不敢之中而賢賢之分量始圓也。此推廣之説也。夫然後內之可以盡己，外之可以盡人，遠之可以葆無名公之樸而虔厥始，近之可以發樂善諸公之光而厚厥終。乃所謂譜其神，非譜其貌也，是在參之而已。」參之謝曰：「語至此，不佞其何能顓而承之？請籍而詔我宗人，相與朝夕共佩服焉，以庶幾於萬分一哉！惟茲石幢，其永永拜子之賜！」

貴溪縣志序

京口惺宇錢侯爲貴溪之四年而政成，嘗一日問左右邑有志乎，對曰：「未也。」喟然歎曰：「知縣之謂何？」於是退而圖所爲志，凡八月而志成，因屬其同年安封部乞予序，而自掇志之大都視予。予閲之，既謂封部曰：「今日之志衆爲政，異日之志侯爲政，不佞何能贊一辭？」封部曰：「何也？」予曰：「侯言之矣。當景泰時，有張廣文鐸曾創志草，而獨缺人物，與無志同。萬曆初，容菴伍公開局纂修，半已就緒，會內召去，不果。幸有庠生汪如汲，曾以文行受知伍公，出其所著《闡幽志》一卷，并其所與故友張楫共抄私志一書。質以走平日所咨考，誠足相參，乃具請監司集諸生於象山書院，日稽月訂，博取而約裁之，其爲綱者八，爲目者五十。至於人物一欵，尤極慎重，必户問而家訪焉。是則萃一邑之耳以爲耳，而不敢自用其聰也；萃一邑之目以爲目，而不敢自用其明也。故曰『今日之志衆爲政』。抑聞之，有朱邑而後天下萬世靡不知有桐鄉也，有魯恭而後天下萬世靡不知有中牟也。何者？邑以人重，不能爲人重也。憶昔丁丑、戊寅間，侯兩叔氏讀書涇上，翩翩競爽。頃年玉沂別駕時過東林，於切磋之誼甚茂。侯之家學，居然可想。及其爲令，務在潔己而愛民，諸惠政班班可述。至於賦役一事，尤極詳審，所更定官收官解之法，上下便之，當事者且以式於通省焉。宜邑之父老子弟，無不人人歌咏侯矣。而今而往，願益加勉焉，以無替厥初，將邑之父老子弟無不世世歌咏侯矣。然則是邑也，不遂與桐鄉、中牟鼎耀千古乎哉？故曰『異日之志侯爲政』。」封部曰：「善矣，夫子之言志也！是足爲侯之玄晏矣。」遂書以復於侯。

周左卿熊南集選序

甚哉，文之變化日新而無窮也！始吾以爲六經畢，漆園、《左》、《國》其至矣。徐而按之，漆園、《左》、《國》不已，而爲兩司馬；兩司馬不已，而爲三曹、爲二陸、爲二謝；二謝不已，而爲少陵、青蓮；少陵、青蓮不已，而爲昌黎、爲柳州、爲廬陵、爲眉山。我明之興，爲金華，爲天台，爲毘陵、晉江，爲北地、歷下、弇州，邇時若京山，若雲間，若長水，亦各翩翩自成一家。於今又見左卿焉，其致淵，其色古，其骨勁，取精多而用物宏，曠而不越，曲而不支，稠而不厭，上下二千載間不知當以誰比。甚哉！文之變化日新而無窮也。晉陵周幼潛謂予曰：「人知左卿文，不知其所以文。左卿嘗郎比部矣，以渾厚領精明，惻如也，又肅如也。今郎水部矣，以精明領渾厚，井如也，又凝如也。操縱在心，卷舒在手，時而出之，不局方所，左卿胸中何一物不有哉？是其所以文也。」已而曰：「未也，吾又見其識包今古而意常下，酬應旁午而氣常閑，筆麗玄黄而居常樸，左卿胸中竟何曾有一物哉？是又其所以文也。」顧叔子聞之曰：「信哉！惟其有之，是以變也；惟其無之，是以化也。惟其有而無之，無而有之，是以日新也。蓋其際微矣，文云乎哉！文云乎哉！」左卿少從胡盧山、顏冲宇兩先生游，兩先生嘗聞道者，皆亟推其敏悟，此真予之所願摳衣以請也，左卿肯不予秘否？尚得徼靈淮水，齋而卜日，求竟所以有無、變化之微。

涇皋藏稿第八卷

無錫顧憲成著

贈鴻齋喬君令洪洞序

同門思儀喬子成進士之三月，天曹以爲洪洞尹。喬子端思默念，惟恐其不得當也，問政於心唐沈子。沈子曰：「爲政在得民，得民在因俗，非吾所能遥度也，子至境而議之。」太來徐子曰：「信其徵在。穉明胡子之令荆溪，文見劉子之令崑峰，向卿苑子之令陽曲。荆溪好以舒，其民固；崑峰好以慤，其民浮；陽曲好以整，其民曠。夫固其不齊也。」介卿劉子曰：「善哉！予從司理氏後，得從持斧使者締觀諸邑吏治，願以此爲程。」仁甫但子曰：「洪洞何如？」忠甫陳子曰：「吾聞諸志矣，其君子憂深而思遠，其小人嗇而能勤，良邑也。喬子之往也，仍是而已，無庸震矣。」振甫張子曰：「不寧惟是，是其爲邑也，迤以黄河，倚以太行，天下之大觀，輻輳耳目。喬子故負才，喜爲詩，於是乎高覽遐眺，宣其昭曠，吾知其翩翩有進也。」京甫楊子笑曰：「害于政。」及卿陳子曰：「若是，則典、謨、風、雅水火矣。」時克蒼李子觀户曹政，喬子過而語之，李子不答，與之言錢穀之事。喬子曰：「井井乎進於養矣！」他日又以語太常懋權魏子，魏子不答，與之言俎豆之事。喬子曰：「奕奕乎進于教矣！」于是廷徵史子爲惟凝錢子誦之，錢子曰：「心唐子善參，泰來子善證，介卿子善取，中甫子能用實，振甫子能用虛，京甫子正而婉，及卿子婉而辨，李、魏二子微而彰，仁甫子引其端，廷徵子悉其説，灼乎！其爲人牧者之蓍蔡也！」衡卿金子曰：「惜不令。」益夫林子、孔昭杜子聞之，因謂喬子，其無忘諸同好之言。叔時顧子申之曰：「其無忘錢子之言。」喬子曰：「諾。即日單車之洪洞，一年而齊，二年而變，三年而有成，四方聞之，以吾二三兄弟之相劘於誼爲已悉矣。」

贈鳳雲楊君令峽江序

士之號爲有志者，未有不亟亟於救世者也。夫苟亟亟於救世，則其所爲必與世殊。是故世之所有餘，矯之以不足；世之所不足，矯之以有餘。矯非中也，待夫有餘不足者也。是故其矯之者，乃其所以救之也。

予同年鳳雲楊子，釋褐峽江令，愓然不有寧也，謂予曰：「是嗇邑也，而其民又故黠。夫黠者憂在刑也，嗇者憂在賦也，如之何？」予曰：「仁哉！子之言，救世之言也。當不當何計焉？請借漢爲喻。昔孝武獎用張、杜之屬，吏趨刻深，而獨汲黯治郡責大指而已，一切無所問，郡更大治。又獎用桑、孔之屬，吏争趨言利，而獨兒寬弛民租不責其輸，業輸矣，復以貸民，民益勸，其後更課最。夫二子非好爲異也，將以損其所有餘而益其所不足，乃向所稱亟亟於救世者也。子試觀今之世，何者其有餘乎？何者其不足乎？即自比於二氏，不亦可哉？而吾又竊爲子幸。夫救世者有二端，有矯之於上，有矯之於下。上難而下易，勢使然也。孝武窮奢極欲，以天下恣睢。彼張、杜、桑、孔皆有所窺見其指，遂緣而中之耳。是故其吏之弊自上始。我皇上温良恭儉，媲美三五，即位以來，蠲租之令無歲而不下，而特申嚴貪吏之禁。頃又深惡酷吏，特詔司寇、廷尉議其法與貪吏等，以方孝武如何也？第患有司不能奉而行之耳。是故其吏之弊自下始。由是觀之，二氏處其難，子處其易，不可謂不幸也，子必勉之。且夫天下大矣，庸詎無二氏者流。子姑試而始倡之乎，庶幾子之徒得子而固益，相與恢弘。皇上之德意，播諸衆庶，即非子之徒，亦將心愧色怍，憮然而自失，相與捐其故而求歸於子。故曰，子之言，救世之言也。」於是楊子竦然起曰：「非所及也，夫黯也不能愧張、杜，寬也不能愧桑、孔，矧於不穀。雖然，張、杜、桑、孔之事，不穀免矣。」

送肖桂朱先生守懷慶序

朱伯子蓋起家民部郎。民部郎者，世所指爲米鹽錢穀之吏也。而伯子特蘊雅操，善聲詩，名流縉紳間藉甚。其爲詩，篤好少陵氏。當其倚梧而吟，沉思極慮，無所不究。即一語合，輒津津喜；即不合，數遷而不悔，其意以爲千駟萬鍾，無以易此也。而居恒間不自得，則謂其同署顧叔子：「吾乃爲一官所束。即不惜敝屣棄之，去而從廣漠之野，覓一丘一壑，築數椽，棲其間，内不覩所爲喜怒、愛憎、是非，而外不覩所爲榮辱、毁譽、得失。於是朝吟夕諷，縱其獨至之意，以通於千古。自三百篇而下，若漢若魏，旁趨六朝，究乎開元、大曆而止，靡不極其趣而會其旨歸，然後綜之以變化，出之以日新，流之以天倪。而又積數年不懈，誠不敢冀少陵，高、岑、王、孟，豈足道哉！」予聞其言而壯之，而又竊謂宇宙大矣，人顧其中何如耳，焉知丘壑之不爲市朝，而市朝之不爲丘壑乎？而况詩者，心之精神所寄也，其歌也有思，其咏也有懷，其美刺也有風，即喜怒、愛憎、是非與榮辱、毁譽、得失，何適而非詩也者？而伯子欲一切謝去之也。則伯子亦以爲然。久之，出守懷慶，予甚喜，伯子當遂並驅少陵無疑也。太守號二千石，所嚴事者有兩臺，睨其色而進退者有各屬吏，環立而望恩澤者有諸父老。伯子居其中，上觀下察，俛仰異態，其所張弛措注，朝脱於庭而夕傳於四境，耳目屬焉。其爲喜怒、愛憎、是非與榮辱、毁譽、得失，當視今十倍。而懷慶又稱名郡，亘以太行，倚以王屋，其形勝甲天下，伯子所欲敝屣軒冕而從之者，居然不下几席而得之，其裨于詩非眇小也。伯子進曰：「子爲詩慮，而未及爲懷慶慮也。敢請益。」

顧叔子曰：「予向者固言之，夫詩者，心之精神所寄也，通乎政矣。子試舉其所自爲詩讀之，其脉脉而來者，慈惠之所從生也；其泠泠而來者，法禁之所從生也；其渾渾而來者，德禮之所從生也。三者具矣，即懷慶運之掌上耳。夫少陵氏，非工于詩者也，工於所以爲詩者也。其忠厚惻怛，愛君憂國，故自天性。而終其身偃蹇憔悴，鬱鬱無所托，乃時發之乎詩。至於今讀之，靡不咨嗟歎息，徘徊而不忍舍。藉令生是時，得當一郡，以彼其素，其建立寧在龔、黄諸君下也？」伯子行矣，無論其詩當遂並驅少陵，即龔、黄諸君且遜伯子矣。

贈葵菴楊君擢守永州序

往聞柳子厚爲永州司馬，不復問吏事，沛然放於山水之間，一切幽奇詭秘，悉搜而著諸文辭，而永遂一日名於天下，至今彬彬如也。予頗偉之，而竊怪以彼其材，稍能循厲志意，勉於功業，其所建立當必有卓然可觀者。而僅僅與騷人墨士競其短長，甚細不取。雖然，子厚非漫無意於當世者也，又非詭以爲遷人矜不治也。嘗讀其所爲《捕蛇者説》，其言哀傷悲惻，千載之下猶令人惻然而改容。計是時郡邑之吏，類皆競爲苛察以就其聲。而子厚由中朝出徙，有所深創，不欲暴見殊異，益釁端。且念一司馬耳，何能爲？若乃矯拂情質而投當世之好，又非其志也，姑退而托於山水以自完耳。故夫子厚於此有不勝其憂者，而惜乎世之莫察也。

會予同曹大夫葵菴楊君擢守是郡，予爲大夫誦之，相對太息。已而前曰：「若大夫者，可以賀矣。」大夫愕然。予曰：「此易知耳。子厚不幸，謬爲叔文所奉，名實憔悴，而大夫雅以淳謹稱，一也。予亦見夫吏之競爲苛察也，若曰方今所尚爾爾，詎得而違諸？殆非也。聖明精意元元，不遜堯舜，無必旁舉，即如頃者蠲租之詔，俄然從天而下，固宰相所不及謀而臺諫所不及議也。大夫業覩之矣，何虞於時？二也。且大夫撫有巖郡，方千里間，吏民環拱而待命者，不可勝數，於是乎風以仁義，散以禮樂，束以刑辟，張則張，弛則弛，何所不逞於志？三也。大夫其勉之哉！庶幾一日政平而民成，乃以其間徵奇探秘，探九疑，浮瀟湘，容與曼衍，振於無竟，以方子厚，何如也？然則而今而往，永之益爲天下重無疑，予豈惟爲大夫賀，且爲永賀矣。」

贈巽川李先生擢守漢中❶

巽川先生由民部郎出守漢中，於是成進士二十年餘矣。諸大夫怪其濡也，相與聚而咨焉，予以爲何足怪也，意所以獨偉視先生此耳。夫世之赫赫者豈少乎？及其至，固不能踰卿相。要以與時陰陽，浮游天下，國家之故而莫之動於意，則先生之耻也。夫士貴審取舍，上焉以己，下焉以人，以人者己不得而與也，以己者人不得而與也。當先生令歷城，是時相嵩用事，諸以賂進者立而躋於高顯，客以謂先生，先生笑不應，乃僅僅遷民部郎而止。則是世欲取之而不可得也。無幾何而有穆廟之事，穆廟先御極一日，俄陞其承奉等官某某，見者莫不驚愕，第不敢言，先生獨抗疏言狀。先是，先生督税魯衛之間，與其直指使者左交章論奏，其黨銜之。及其覲是舉也，益忌之，日夜媒孽於當塗者。先生自度禍且不測，久之僅僅削一秩而止，歘歷郡縣，聲聞益著，至於今亦復裒然而晉二千石。則是世欲舍之而不可得也。不賢而能之乎？蓋予頃從先生游，先生不鄙予，數爲稱黄老之學，其意以爲大要在絀喜怒，捐是非，齊榮辱，如是而已，諸一切吐納之術，非其急也。予深有味乎其言，夫誠絀喜怒，捐是非，齊榮辱，宜其非世之可得而取舍也。先生之所從來微矣。予悲時俗不察其繇，而

❶「中」下，目録有「序」字。

猥以先生與無所短長之人同類而笑之也，故從諸大夫之後，爲著其説如此。若其所以爲漢中者，則先生固甚優之，予又何益焉？

贈松陵尹徐仁宇入覲序

松陵承甫王先生善聲詩，又善酒。生平好爲奇論，嘗著《呵呵令》，自渾敦氏以來，一切不理其口。見者怪之，謂承甫狂。非也，其憂世之盡矣，余因以知承甫。昨余過其邑，謂邑侯徐仁宇：「君亦見承甫王先生乎？」侯曰：「子乃何所已得吾承甫。」余又因以知侯也。於是侯當入覲，承甫乞余言贈侯，余曰：「侯之爲政也何如？」承甫笑而不答。余固問，承甫乃曰：「余野人，不知國家吏課短長，何方之依，其亦何言？獨記疇昔之夕，侯嘗召余而觴之。既酣，余因酌一觴，左侯而進曰：『惟兹不腆之邑，數困水，大亡其禾，謬於什一之供。監司疑而詰焉。侯輒謝曰：「下官奉職無狀，爲細民累，細民何有？請得以身受其辜。」是何所稱藹絲矣！侯宜飲。』侯曰：『可哉！』又酌一觴，右侯而進曰：『邑故善訟，梗陽之訶日嚚而盈庭，侯第片言折之，率罷。大指在解其不平已耳，不求多焉。鈞金束矢，寂寂而無覯也。即欲充壤奠佐廷實稱貴人之意無繇矣，侯宜飲。』侯曰：『可哉！』又酌一觴，衷侯而進曰：『吾儕枕流嗽石，一歌一詠，聊自暢耳，豈其欲以顯者張？即世所稱顯者，亦惟是瘁精神，飾聲色，博須臾之耀以驕流俗止耳，豈復有藉於山澤之士也？侯獨降心而下之，不遜吐握，誠亦豪舉哉！其若時趨何？侯宜飲。』侯曰：

『可哉！』於是侯且醉，還以其觴觴予，予亦醉，子以爲何如？」

余喟然曰：「卓哉！俗之所急，侯之所緩也。俗之所緩，侯之所急也。松陵之政章章矣。即余其亦何言？」抑余聞漢之時，龔少卿刺渤海，大治。武帝異而徵之。有王生者，素嗜酒，從至京師，會，遂引入宮。王生醉呼曰：「願有所白。」遂問故，王生曰：「天子即問君何以治勃海，宜曰：『皆聖主之德，非小臣之力也。』」遂受其言，對如王生，武帝大悦。而遂之名一日聞天下，至於今稱述之不休。侯行矣，聖天子坐明堂朝百官，覽侯之治狀不愧渤海，必且儼然進侯而問之。承甫之酒德，不愧其宗人王生，必且有以詔侯而明得士之效於當年也，無所事余矣。

贈山東僉憲李道甫叙❶

異時張江陵用事，公卿而下莫不惴惴焉，奉事惟謹，而獨沈、趙數君子，並從郎署中，奮言排之，以故相繼得重譴去。及江陵敗，遂不次擢用。夫非以是爲足以侈數君子也，國家所以宣暢忠誼，風厲人倫，爲天下勸，意深遠矣。流俗心愧于不能而忌其然，輒乘而詆訶之曰：「是以棄爲取，以屈爲伸，市道也，徒滋僞端耳。何益？」嗟嗟！彼其披肝瀝膽，抗焉而犯當世之忌，鼎鑊在前，鈇鉞在後，雖其身之不暇計，而計其他乎？何淺之乎窺數君子也！雖然，予亦竊有虞焉。夫人情何常之有？即

❶「叙」，目録作「序」，光緒本作「序」。

一言蒙不測之辱，其究也將莫不左眄右盻，去而爲全軀保妻子之謀，於是乎言難，弊在下隔。不然，而或一言蒙不測之榮，其究也又莫不踴躍争赴，進而行險以僥倖，於是乎言易，弊在上侵。之兩者皆天下之大患也。數君子誠以爲己憂而能恝然乎哉？故夫流俗之病數君子者非也，其虞患者是也。不可不察也。

予友李子道甫介特疏曠，始爲民部郎，最有聲。嘗坐救魏御史，謫理東昌，已遷南儀部，今年出爲山東僉事，蓋後先歷官十載餘矣。論者惜之，而道甫意甚樂也，謂予曰：「始不佞奉譴而出之，官僅浹旬耳。誠不意皇上遽寬赦其愚，有内召之命。今者自惟靡尺寸報塞，又令褎然秉憲一方，甚愧無當，而人猶見以爲淹，何也？誠淹也，不佞其可以免于世矣，乃尤幸也。」予聞之，太息而起。偉哉！道甫之所稱也！夫道甫者，非特可以免於世也，且可以免於數君子之憂矣。今夫君不以言爲罪而厚誅於臣，君之明也；臣不以言爲功而厚覬於君，臣之良也。君君臣臣，上下同得，綦隆之際也。夫如是，何榮何辱？名於何徼？利於何沾？莫抑其前，曷見可避？莫揚其後，曷見可趨，天下即欲以棄爲取，以屈爲伸，徘徊顧望，且前且却，顯爲標而匿爲市，詭焉以自營其私，無繇矣。吾是以爲道甫幸也。言足以犯當世之忌而無其險，功足以爲端人正士之衛而無其奇，風足以廉頑立懦流映千載而無其享。而今而往，即世之呶呶焉日夕求多於言者，其亦可以少息也已矣。吾是以又爲數君子幸也。且道甫故知於婁江王相國，相國每見客，輒嗟異之，至是亦殊内悔，曰：「是不宜令出。是吾之元直、幼宰也，奈何失之？」予聞而忽有悟也，相國之所爲失也，乃道甫之所爲得也，其賢於人益遠矣。

予與道甫交甚習，竊以其進退之間，所關於世道者不細，不可不志也。特爲叙而歸之，亦以告於當世，俾欲知道甫者，於是乎觀焉。如曰道甫奇節之士也，則亦奇節之士而已耳，無爲貴道甫矣。

贈桂陽聚所羅侯遷兖州少府序

古之君子之相與也，相期於道德，不相期於報施。施之云者以我有所加於人也，報之云者以人有所加於我也，是一隅之私也。要以各率其分之當然而各即其心之固然，何報施之有？是天下之公也。公私之相去遠矣，不可不察也。吾茲於唐茂才之請文羅侯有惑焉。

茂才之言曰：「侯之蒞吾桂也，黃髮之老，乳哺之倪，靡不涵咏休澤。顧其遇仁也，尤若異然。仁也甕牖繩樞之孱儒也，家徒四壁，閭巷爲笑。侯過意而鎮撫之，至乃時時爲之授廩。仁也嘗有所不理於仇口，侯廉知其狀，鋭然爲洗濯之，得無隳墮。此之爲誼，誰得而擬諸？仁也求其報而無從，日不食，夜不寢，幸而遘先生，願先生之圖之也。」予曰：「若子之用心，可謂敦矣，其猶淺之乎窺侯者也。侯，仁人也，要以盡厥心而已，不自有也。其於子也，猶夫士也；其於士也，猶夫氓庶也。直所當異耳，庸詎厚薄於其間哉？乃欲以侯爲己私也，而又以委諸予，益無當。無已，子其自圖之乎？今夫侯之所爲鎮撫子者，何以寬子也？其所爲洗濯子者，何以完子也？寬，學之資也；完，學之本也。子試歸而誦其詩，讀其書，畢意大業，不以尺璧易寸陰，則内無玩愒之非而有以用其寬矣；砥操礪節，昭昭冥冥，一稟於誠理，則外無虧玷之隙而有以保其完矣。其於道德也幾乎！則所以報也。」茂才聞之，津津喜不勝。予曰：「猶未也。予嘗尋覽先哲，或環堵蕭然，糟糠不屬，而諷咏自如，或横逆當前，進書不輟，有怪而問之，輒應曰：『吾方揖讓聖賢，無落吾事。』子而能進於是，是不待鎮撫而寬，不待洗濯而完，道德之選也。而侯方且爲子斂衽，爲子倒屣，尚何論乎報施之間哉？」茂才悚然起謝曰：「甚哉！先生之愛我也！其何敢不勉焉！願述而告於侯，更録其副，張而揭諸方斗之室，以夙夜顧諟先生之明命。」

又

夫爲人牧者，將務慈于民者也。人之言曰：「慈於民必威於吏，吏與民異情也。民之情以徹爲利，以壅爲害，是故當順而治之。吏之情以壅爲利，以徹爲害，是故當逆而治之。順莫如慈，逆莫如威，夫是以異也。」由君子觀之，何異之有？彼其威也，亦所以爲慈也。往永樂間，靖安况公鍾守姑蘇，始至，佯不解事，諸吏抱案環立請判，輒聽之，三日召而詰之曰：「某事宜行，若顧止我。某事宜止，若顧欲我。」行縛而投諸庭下，立仆者數人。諸吏大懼，謂太守神明，莫不改行。嗣後遂亦好遇之，不以煩譴呵諸吏，俱得令完無恙。故曰：「其威也亦所以爲慈也。」抑予猶有憾焉。凡人無不可化而善，視吾之馭之何如耳。愚而嘗之，近於欺，非德也；不教而辟，近於忍，非刑也。非德曷趨？非刑曷避？雖欲徙過自新，其道無繇矣。嗟嗟！吏獨非民也乎哉！而草芥之若是，以爲借一警十，一則何辜，十則何幸！其亦稍偏矣。故史稱況公歲滿去，民叩闕乞留者數萬人，絶不聞其吏云何。若況公者，謂之能吏有餘，謂之循吏不足也。

以予所覩羅公聚所，其近之矣。始公蒞桂陽，即屬其吏，約曰：「予與若共爲國家守三尺法，惟民是以，勉思令圖。交脩不逮，予其有厚藉；假法爲市，罔上惑下，厥有常刑。無蹈後悔！」吏聞之且懼且喜，歸而逆自洗濯，夙夜凛凛。公既與之更始，復以身帥之，恭儉正直，無以有己。一顰一笑，珍若拱璧，無以有人。以故四載之間，一切奉法惟謹，莫或狡焉，辱在刑書，以點其家，而耻其三族，滋刀筆之詬。閭閻之氓亦曉然喻於明德，儕蓄其吏，不以曲直干諸吏。居閑無事，門可設羅，時對妻孥，巵酒愉快而已。上不失法，下不失衆，中不失身，夫孰非公之賜哉？故曰：「其威也亦所以爲慈也。」釋其舊而責其新則易從，飭其始而程其終則無怨。甚矣！公之善用威也！蓋公於民撫摩煦育，諸所施設甚具，其爲慈有跡而易知；於吏嚴毖預防，顯奪其斯須之欲而默與之以終身之安，其爲慈無跡而難見。獨其爲之吏者身蒙而親享之，不能不重德公也。

於是公遷佐兖州郡，就予乞言以張之，且曰：「吾儕小人，不足以辱君子。雖然，公實生我，其惡能忘？」予曉之曰：「若無徒以公去爲念也，乃固有不去者存。祇繹嘉命儼然，如日在公左右，奉以周旋，無有失墜，使智者不得緩而用其愚，彊幹者不得驟而用其忍。四方聞之，咸知兹土之爲吏者粹然懷士人君子之行，而相與頌公之烈不衰，即況靖安之卓卓，亦不能不以此爲公遜，乃真可謂不忘公者也，何以言爲？」諸吏跽而謝曰：「敬諾！請遂以斯言爲識。」因次而授之，且以俟傳循吏者選焉。

壽蓉溪葉翁六十序

吾錫有蓉溪葉翁，其人朴茂長者。生平落落無營，獨時時以酒自娱而已。厥嗣玄室，性至孝，日則侍食，夕則侍寢，婉轉几席，爲嬰兒之嬉，亦時時以酒娱翁，意殊適也，絶不知其他。玄室妙文辭，登進士高第。人以爲華而翁自若，不色喜。玄室意用恢恢，居然與古之仁人志士上下，詎不以一介污。獲雋之日，布衣徒步，不減諸生。歸而視其家，環堵蕭然，僅蔽風雨，人以爲固而翁自若，不色愠。過者異而問焉，翁曰：「吾不知也。圓寸之巵，腆於萬鍾；方斗之罍，豐於千駟。其中足老矣，何者貧？何者富？何者賤？何者貴？吾不知也。」善哉！翁之爲酒也！昔之臻斯解者，莫如稽、阮之徒。由今觀之，彼其人，類皆内有所挾而不下，或外有所感而不平，抑鬱呼詫，無所復之，姑退而托諸此耳。孰與翁之泊然自適，足乎己而忘乎物也！於是年六十矣，血氣充盈，神采彌王，固其宜也。

嗟乎！世衰道微，習俗破壞。蓬杓之子，偶徼天幸，際身青雲，往往氣得志滿，恣睢以逞，若子輿氏之所稱，巍巍然閭巷之間，目怵耳眩，相與鼓舞，道説矜艷無已。

而翁僅僅若是。彼何其工，翁何其拙！如以迹而已，謂人皆醒而翁獨醉可也。要以誠理求之，謂人皆醉而翁獨醒可也。善哉！翁之爲酒也！翁其以予言爲然乎？否乎？聞玄室君念翁甚熱，旦夕圖南，吾當就而質之矣。

送遲菴譚先生遷岷藩教授序

南海遲菴先生掌吾錫之教三年，遷岷藩教授。邑人士怪，不知其繇，相與聚族而談曰：「先生中心好古，惇行君子也。其持身左一規右一矩，無或渝也。其涖諸子衿，先德行而後文藝，其時課必虔必信，無或惰也。其取予必慎，諸子衿之窶者，輒謝其羔雁，且捐廩而周之，無或靳也。其春秋廟祀俎豆之事，必躬必親，無或褻也。其與人交，表裏洞見，無或匿也。始嘗鐸溧水矣，溧水猶是。繼嘗鐸封川矣，封川猶是。當軸者謂宜越格而優異之，爲天下風。僅僅而及是遷，何也？」則就顧子而問焉，顧子曰：「惟是不穀固疑之，未有會也。」適陳直指來按部，顧子則就陳直指而問焉，陳直指曰：「惟是不穀亦疑之，未有會也。」因爲騰書數先生賢，先生笑曰：「是吾過也。世競華而吾嗜樸，世競員而吾嗜方，世競恭而吾嗜率。俗之所取，吾之所棄也。且夫嗜樸則陋，不周於物矣；嗜方則拘，不達於變矣；嗜率則徑，不揆於情矣。吾之所取，道之所棄也。是故取其所棄，高之則非適道之資；棄其所取，卑之則非適俗之韻。吾之及是遷也，殆其幸歟？」曰：「審爾。曷不矯而就中？」先生曰：「吾非不知，懼并吾故吾而失之也。上士矯其偏以從道，下士矯其偏以從俗。均之乎矯也，而所從霄壤矣。是故難遂者道也，易眩者俗也，毫釐之差，千里之謬，不可不懼也。抑吾聞之，一物不加曰樸，一法不逗曰方，一念不容曰率。吾於斯三稱，尚愧不及，將焉用矯？吾今且休耳，無復戀長裾爲矣。」於是先生遂致其官而去。

顧子聞而喟然歎曰：「善哉！吾儕方欲爲先生求其所以於人，而先生顧反而求其所以於己；吾儕方欲推先生之得以明人之失，而先生顧推己之失以明人之得。信乎！先生中心好古，惇行君子也！僅僅而及是還，滋不可知耳。」因遍爲邑人士誦之，庶幾有味於斯指焉。其猶日在先生之側也。

贈宜諸歐陽郡侯擢任潁州序

宜諸歐陽公之守吾常也，以公清爲體，以彰善癉惡爲用，其要歸於敦教化，正風俗，躋諸蕩平而止。於是一年而喻，二年而齊，三年而孚。郡之人莫不欣欣愛戴，意遂欲長有公而後爲快。乃竟擢潁州觀察使者以去，聞者莫不悵然如有失也，群詣兩院乞留。錢子國端謂高子存之曰：「公之德吾常甚矣，宜其戀戀如是。惟是公之行且有日矣，公之與吾儕相契以心，相成以道，不宜無言。」則以屬不穀憲，憲謝曰：「吾將爲頌乎？公非沾沾爲名使者也。吾將爲禱乎？公非汲汲務進圖顯榮者也。吾將效其葑菲以供採擇乎？即公之胸中，又何所不具焉，而以贅爲？」存之曰：「固也。抑公之嗜善何已？吾儕之愛公亦何已？子必無辭。」予乃趨而進曰：「憲實未有知也。聊述爲政之體以請，可乎？」

昔者竊聞之，自守而下爲令長，令長與百姓共休戚，而政之所自出也，其體重在幹理。自守而上爲監司，監司與兩院參可否，而政之所自裁也，其體重在擔當。公之爲守，夫既衷兩端而用之矣。兹之往也，幹理什一，擔當什九。是故法制文爲易飭也，簿書期會易循也，防維禁戒易悉也。獨計地方有大幾務焉，如何則民受無彊之利，如何則民受無彊之害；有大疑辨焉，如何則公道昭明，匹夫匹婦之心不至抑遏，如何則得罪於天下萬世，厥繫甚重。然而兩院方以處勢之高，耳目有未詳，相與虛懷而俟；諸有司又以處勢之卑，操柄有未專，相與四望而躊躕。至於林林總總之衆，方進而傾聽締視，庶幾一日沛然有以大慰我，又退而私相擬議，伺其聲色以爲褒貶，一毫莫得而欺也。於是時而能毅然持獨見，定碩畫，中立而不倚，俾上之有所憑以爲衡，而下之有所恃以爲命，君子誦道揆，小人誦法守，微公其誰哉！此予所稱擔當之説也。

公聞之曰：「善哉言乎！敢問何修而後可以及此？」予曰：「公業饒爲之矣。先正云咬得菜根則百事可做。吾見公之菲而食也，敝而衣也，歷官幾二十年矣，居然書生也。即守吾常且幾四年矣，蕭然旅舍也，是故能自拔於欲；能自拔於欲，是故能不有其身；能不有其身，是故能以其身出而爲天下用。勿視勿顧，伊尹之所以堯舜君民也；一簞一瓢，顏子之所以同道禹稷也。故曰饒爲之矣。」惲子飛卿曰：「而今而知子之不頌不禱，乃深於頌禱者也。兩院方具疏請留，天惠吾民，幸得再徼福於公，公必能實子之言。胥三吴重有賴焉，豈惟常哉！」

賀太宗伯太室徐先生六十序

天下有用之用，有不用之用。夫以用爲用，孰與以不用爲用之至也？士之欲自致於用者，將不爲少矣，無不嚻然有意乎其大也。或者欲緩而收其功，則其勢不得不姑有所忍乎彼以狥乎此，而悵悵焉日希冀於不可知。或者欲急而收其名，則勢不得不姑有所詘乎此以狥乎彼，而沾沾焉徒自矜快於旦夕。若是者即其幸而能致於用，其操心多矣，非知德者也。知德者宜莫如先生。

先生由儀曹郎出守荆郡也，郡有沙市，其爲利不貲。而是時景王最幸於世廟，諸左右用非道蠱王，鋭欲得之。衆憚莫敢忤，先生不可。人謂：「是區區者，其何足以辱先生？吾視先生異日將有隆施於國家，夫不可少假乎？」不聽。王憾甚，輒爲惡言以聞。賴世廟仁聖，獲免歸，而沙市亦完。先生之名遂一日而聞天下。久之復用薦起，所在聲蹟益著。積數年，入貳司寇，已晉太宗伯。天下咸相與想望風采，翯翯自濯，若曰：「此向所稱荆郡守也。」而余又聞當弘、正之際，李、何用古文辭創起，其言務稱秦漢，迄於嘉、隆，遂以成俗。就而問之，不出摽掠摸擬兩端而已。顧於柳州、昌黎諸君子，蔑如也。而獨先生不然其説，間嘗語余：「秦漢之於文，譬若滄海，今人朝取一勺焉置諸樽，暮取一勺焉置諸樽，而居然自命以爲秦漢也，必不行矣。」然則先生之意見矣。今其所爲文具在，余雖不能窺見其深微，大約原本六經而一澤於道德。後世庸無先生其人也者？其傳無疑也。且夫先生，當其有覩於非，即毫髮不假，其視身之進退用舍，已夷然而忘之矣，乃竟以此能自致其用於天下；當其有覩於是，即彼騖名高者方厭薄不屑不與易，其視世之好惡取舍，又已夷然而忘之矣，乃竟以此能自致其用於後世。故曰以用爲用，孰與以不用爲用之至也。

屬歲之某月某日爲先生誕辰，於是始稱六十。余幸獲事先生，不可不薦一言爲壽。而竊謂先生之壽，不於其身，於其天下後世。其在天下，無踰立功，而先生不以其小而狥其大，其在後世，無踰立言，而先生不以其大而狥其小。非知德，其孰能與於此？此古之所稱三不朽者也，其壽遠矣。乃若謳歌誦詠，徒以其年而已也者，夫人而能之也，余無庸其言矣。

送敬所周先生擢守平樂序

以予觀於周大夫，何其閎覽博物君子也！大夫故有奇質，負今古之鑒而尤嗜學不已。上自六經，下至諸子百家，雖夫棼猥錯雜，若陳庭之隼，防風氏之骨，商羊之儛，靡不能次第言之。其有不合，務爲旁考曲證，究其所以。已著爲說，則疑者解，昧者晰，乖剌謬戾者一切得其指歸，昭昭乎若揭日月而行諸塗也。予受而讀之，灑然異焉，以爲其用心之密如此。於是從民部郎出守平樂。大夫過予而論所守平樂者，予則謂大夫固優之也。昔孟子論政，欲令民百畝榖，五畝桑，雞豚狗彘魚鱉罔失其時，其事至纖至悉。而班固作《漢書》所稱述良二千石，若龔、黄諸人，其人咸明通博茂，比考其行事，細及溝洫，煩及米鹽，粗及樹畜，微及鉤鉏，與夫鰥寡孤獨，且爲規畫區處，曾不厭其屑也者而已之。以故其吏治超焯，古今鮮儷。跡大夫之用心，豈其以孟氏爲迂，以龔、黄諸人爲俗吏也！微獨此而已。大夫嘗七任矣，一爲庠，再爲邑，一爲郡，三爲部，所至上安下獲，聲績著聞。乃今爲二千石，又何必釋是而他求也？大夫晨起坐堂皇，與其僚從容議可否，及諸所宜興所宜廢，因是反而思曰：「吾曩者業佐郡矣。」已延見屬吏問民疾苦，因是反而思曰：「吾曩業儼然而稱人師矣。」夫若是，其知所以與之矣，於平樂乎何有？

予乃諗於同署諸長曰：若大夫者，不亦信乎哉其優之也！夫博古而傳於理之謂學，通今而傳於事之謂政，兩者大夫無弗豫也。兹行也，其必有令名矣。

贈聚洲王給諫自京口還滇中省墓序

予初不識聚洲給諫，而竊聞其爲剛直君子也。數年來每閲邸報，有所仰屋浩歎，輒心擬之曰：「折檻牽裾，其在聚洲乎？」已而聚洲之疏果至矣。間從友人談説近日某事有疏似賈長沙，某事有疏似劉昌平，輒笑語之曰：「姑無舉其人，吾度必聚洲耳。」按之果聚洲也。則又默默代爲危之曰：「殆不免乎！所犯多矣，誰能容之？」已而攻之者果聯翩而起矣。則又曰：「斯民也，三代之所以直道而行也，焉有秉執如聚洲，侃侃謇謇如聚洲，力障狂瀾砥柱世道如聚洲，而百爾在位，宴然坐視其狼籍於多口，莫之動念者乎？」已而救之者果又聯翩而起矣。由此觀之，亦足以發明聚洲之表裏矣。信乎其爲剛直君子也。乃予竊願有效焉。昔嘗忠告於李漕撫曰：「吾輩當毁譽之來，固不可不自信，亦不可不自反。不自信，胸中安得有一片清凉界？不自反，向上安得有百尺竿頭步？」今敢爲聚洲誦之。聚洲其謂然耶？切之磋之，琢之磨之，愼微如顯，矜細若大，粹乎意氣之盡融，渾乎德性之用事，降魔可也，入魔可也。於是渡大江而來訪，過金焦，覽其勝而樂之，因卜築其傍，有終焉之志。一日黯然動松楸之思，遽促駕之滇中，計往返可半歲而餘，予請刮目待矣。

涇皋藏稿第九卷

無錫顧憲成著

奉賀脩吾李先生晉左副都御史序

李脩吾先生之撫淮也，會意有所不可，上書乞歸，上許之矣。已而請交代，則又不許。已而直指使者請兼漕，則又許。於是且數年，有識者喜其留而懼其去，後先爲上陳説，章滿闕下，上佯爲不省也者而置之。一日，特旨嘉先生功，晉秩副都御史，錫之璽書，中外悚異。我吴觀察崑源楊公、虚臺蔡公來語不肖憲曰：「先生當世之偉人也，跡其得此已後，然而海内善類彈冠交慶，以爲先生從此升矣。予兩人受先生知最深，擬申一言之賀，敢乞靈於子。」不肖憲曰：「信乎！先生當世之偉人也！見謂揮霍而實淵夷，不落纖毫意氣；見謂幹濟而實超曠，不茹人間煙火。是故於社稷之安危、生靈之休戚心甚熱，而於富貴功名心甚冷。即十年不調，不色愠也；即一日九遷，不色喜也：何足爲先生賀？」楊公進曰：「固也。抑有之矣。竊見皇上之遇先生，誠奇矣。心欲親之而故踈之，跡若踈之而實親之。其親而踈也，愛之至却生敬，以爲是可近不可狎也；其踈而親也，敬之至又生愛，以爲是可憚不可遠也。是故求諸古，有董、汲諸公不能兼得之漢，李、郭諸公不能兼得之唐者，而先生獨兼得之皇上。求諸今，皇上有不以兼施之密勿之近臣、部院之重臣者，而獨兼施之先生，封疆而參帷幄，任事而透格心，拔出等夷，另標殊局。微先生無以顯皇上不測之明，微皇上無以顯先生不世之略，是不亦千載一日乎！」蔡公曰：「未也，又有之矣。竊見世之君子，當其乘機遘會，發而必成，作而必就，輒囂然自喜以爲能，及其齟齬而不遂，即又號於人曰：『我非不能也，時不可爲耳。』遂致潔身之士以避時爲高，退而尋接輿、荷篠之跡；迂身之士以趨時爲達，進而修安昌、長樂之容，而天下之事去矣。試以觀於先生，曷有不可爲之時哉？假令人人而能爲先生，將人人能如先生之建立也，又曷在乎趨且避哉？然則而今而後，百爾在位，有自盡無自諉，有責己無責人，有以不能爲爲愧，無以不可爲爲口實，皆先生之風之也。社稷幸甚！生靈幸甚！先生之功居然被當年而垂來世，錫類無窮，是不亦一日千載乎？」予聞之不覺躍然起曰：「若是，則可賀矣。」遂書而質諸先生。

贈劉筠橋還楚序

乙巳之夏，蕲州姜茂才汝一謁予於東林。適座客論《易》，汝一進曰：「吾楚有筠橋劉先生，深明易道，雅有論著，彬彬足述也。」予因寓書友人丁元甫問之，元甫以告先生，先生遂踏一葦，不遠二千里，飄飄乎浮大江而東，訪予涇西之草廬。予見之不勝踴躍，相與語連日夜不休，種種生平所未聞也。一日問於先生曰：「卦者，掛也；象者，像也；爻者，效也。其義云何？」先生曰：「卦不以扌，離作爲也；象不以亻，離形骸也；爻不以文，離言語也，蓋渾然一太極焉。卦加扌，象加亻，爻加文，明學也由掛忘掛，由像忘像，由效忘效，下學而上達矣。」予起而拜曰：「微哉！先生之易乎！是實啟我，是實發我，是實引我翼我。敬謝先生之教！」先生曰：「未也。吾之折肱於斯且五十年餘矣。往者嘗從大顧日岩、小顧桂岩商討，退而筆之，今亦不省作何語矣。吾姑別子歸卧黃鶴樓下，眼前不覩一俗物，胸中不留一俗腸，庶幾其更有進也。當再詣子，了我五十餘年公案。」予聞之，益不勝踴躍。於是酌巵酒而訂之曰：「涇水之靈，實聆斯言。先生其無忘哉！」

奉壽慕閑沈老先生八十序 代堂翁楊二山作

自莊皇帝之戊辰而海内靡不知有蛟門沈先生矣。已共奉翰林，日貴近用事，遂儼然稱天子帷幄之臣，名實鬱起。而先生顧旦夕念其太公慕閑翁，悒悒不自暢也，輒上書闕下乞歸省。皇上諦念左右不可一日無先生，不許。已再請，始許之。爲褒大其禮，予驛傳，加賚朱緹文綺，若曰：「其以壽而翁。」且曰：「尚其亟來以副朕意。」蓋異數也。於是先生行，觀者填路，公卿而下咸相與侈而張之。先生顧謂予：「始不敏之請之也，惟恐其弗得也。及其得之也，又慚其莫以當也。何以惠教不敏？」予曰：「是在翁而已。昔者廣成子居空同，行年二百而不衰。黃帝就而問治天下焉，不答。及請問治身，廣成子曰：『無勞而形，無摇而精，窈窈冥冥，可以長生。』黃帝歸而服其言，三月天下大治。何則？其所爲治身者，乃其所爲治天下者也。某伏覩我皇上聰明仁恕，涖祚以來，親賢遠佞，納諫如流。

又時時綏顧泯庶，不愛浩蕩之施，雖甚盛德，蔑以加矣。至乃燕閒之中，紛華在前，靡麗在後，其所以澄心滌志，不邇不殖，卓然萬物之表者，某無從而窺其際也。竊不勝其區區之心，而雅聞慕閑翁恬愉自將。鮮營寡嗜，生平無溢喜，無溢怒。今年八十有五矣，精完而神定，膚革充盈，色若童孺，非深於廣成子不能也。先生試以間請於翁，得其微眇，即還朝之日，我皇上迎問卿父遵用何術老不衰顧壯。先生具以對，必有合也，其爲聖德之助，豈淺鮮哉？且令斯世斯民，自是共游於黃帝之天，相與踴躍舞蹈，端拜而祝曰『我皇上萬歲萬歲萬萬歲』，何其烈也！然後知皇上之所爲治身者，即其所爲治天下。而其所爲治天下者，正其所爲合天下而成其壽者也。」先生起謝曰：「善！予未之聞也。請志之。」爰次而歸諸先生，遂以爲翁壽。惟翁實精圖之，千載而下，當不得專美於空同矣。

贈蒲州楮先生序

凡學者苟有所負，莫不欲見於世，其見於世也，莫不喜其早而悔其晚，又莫不沾沾而冀一第，匪是即四顧沮然而不前。甚矣其惑也！天下之事，皆自其聰明智慮爲之也。聰明智慮，其生於心也深微，其著於用也周博，其積而成之也，因累而不容驟。雖夫聖賢，未能以一朝一夕而究也。以一朝一夕而究者，亦以一朝一夕而匱，將焉用之？且夫士顧其在我者耳，俗之所上有時而損，俗之所下有時而振，此亦與夫一朝一夕者何異？而人方於其間猥以爲喜，猥以爲悔，猥以爲沾沾，故曰惑也。

顧憲成曰：予今而有感於先生也。當先生在諸生中，最有聲。其視一第掇之耳，而竟不第也，積數年而僅獲選入太學。其入太學也，又積數年而僅獲選爲州佐。於是知先生者咸惜之，即先生亦時時喟然不自得也。雖然，將欲履崇躋顯，與里巷少年競其聲華，宜莫如早；將欲淬礪於聰明，切磨於智慮，使其中深固而其外不摇，出而試於天下，卑昂巨細，咸足樹也，宜莫如晚。之二者，先生其知所擇矣。而况當今聖明在御，建官惟賢，位事惟能，沛然與四海之士游於繩墨之表，有如先生，何藉一第哉！往又聞先生之考，嘗令海陽，用直道忤當事者，輒謝歸，不克究其施。先生有丈夫子三人，丙子之歲，仲子舉於鄉，其長者、少者方翩翩而遞興也。其施將究而未及於是乎？先生俯仰其中，然則其所不克究者舉屬焉，必有遇矣，何以喟然不自得也？亦使夫世之喜者、悔者、沾沾者得以觀焉？

予與王君、沈君、彭君皆從仲子業於鄉者也，謀所以贈先生之行，而予爲之著其説如此，庶幾以解於先生。

贈郡伯象玄杜公入覲序

象玄杜公由計曹出守吾郡，下車之日，見者望而知其必能造福一方，欣欣色喜，遞相傳告。久之，予從里中諸父老益習諸懿狀，洋洋口碑，不可殫數，總其凡，持己端矣，御吏肅矣，字民惠矣，執事勤矣，秉法公矣，竊沾沾爲吾郡慶有公，果不虚所擬也。於是且入覲，予邑許侯偕晉陵張侯、澄江許侯、荆溪喻侯乞予言以贈。予復就而詢公之所以，許侯曰：「公，予師也。予生平不喜飾邊幅務瑣瑣，信心而行，獨往獨來。而公時時進之曰：『沉潛縝密，政之體也。』予退而憬然有省焉。」張侯曰：「公，予師也。予生平不逆詐，不億不信，傾其底裏置人之腹。而公時時進之曰：『精明果鋭，政之用也。』予退而凛然有惕焉。」許侯曰：「公，予師也。予甫離章句而事簿書，耳目所歷，都非其素。而公時時進之曰：『某利當興，某弊當革，爲政者不可不振其始也。』予退而豁然有覩焉。」喻侯曰：「公，予師也。予受事五年於斯，幸無獲戾於士民。而公時時進之曰：『利端無窮，弊端無窮，爲政者不可不虔其終也。』予退而悚然若有失焉。」予曰：「善哉！向者爲吾郡慶有公也，今爲諸父母慶有公矣。」因以語公，公謝曰：「然乎哉？而非也。吾幸於梁溪君得爽，於晉陵君得懿。其至郡也，先澄江君是以有概於始，後荆溪君是以有概於終，所當交爲勉勉者也。予實藉諸君子朝夕切磋，何能裨諸君子萬分一？」

予聞之益爲歎服。語云：「以一己之能爲能，不若以一己之能爲衆人之能；以一己之能爲衆人之能，又不若以衆人之能爲一己之能。」公以實心涖政，又以虚心下人，吾無以窺其際矣。聖天子坐明堂，計群吏，公率各邑侯次第以其職奏，行將儼然有黄金璽書之旌，乃公不自有而歸之各邑侯，各邑侯又不自有而歸之我公，德讓之風，人人侈爲美談。不知潁川、渤海曾有是乎否也？論至此，予且當於千古循吏中慶有公矣，遂書而納公之囊。

奉壽沈相國龍江先生八十序

歲丙戌，不佞憲成從都門一再望見龍翁沈相國先生，退而中心時時佩之不能忘。越二十四載，庚戌，先生壽八十，門下士伯冏王子、際明史子、中甫于子、存之高子、季友袁子、伯先劉子不遠千里，走謁先生於亦玉堂下，薦千秋觴，而屬憲成侑之以言。憲成不敢辭，因前問曰：「試各舉先生之所以壽云何。」

伯冏曰：「昔者嘗讀先生《山園記》矣，渾渾穆穆，居然羲皇上人也。又嘗讀先生《綸扉草》矣，堂堂正正，居然三代上人也。惜也後先中讒而歸，不及究其用。比先生之歸乎來，朝於醉竹而夕於扶杏，狎鷗馴鹿，物我兩忘，心有餘閑，四體有餘旺，翩翩仙也。造物者將無留其所不及究爲先生私與？」際明曰：「孰謂先生不究於用哉？其樸茂足以滌澆，其寬裕足以敦薄，其凝定足以攝躁，其懇惻足以沁頑，其介特足以立懦。君子入焉而欣然樂於有所依，小人入焉而厭然沮於無所逞，此之爲用固已多矣。而況當今聖明之所側席而求度，無踰先生也者；海内之所喁喁引領而望，亦無踰先生也者。東山之召，旦夕事耳，孰謂先生不究於用哉？」中甫曰：「似也而未盡也。何者？先生得乎道而忘乎遇者也。是故其用也泊如也，而未嘗有纖毫加也；其不用也充如也，而未嘗有纖毫損也。吾儕乃屑屑以此求先生乎？」存之曰：「固也，竊又有窺焉。先生能忘乎遇而不能忘乎道者也。是故其用也，曰：吾何以副之也？汲汲乎必欲吾君爲堯舜之君，吾民爲堯舜之民，而不敢漫謂無加焉爾也。其不用也，曰：吾何以致之也？皇皇乎惟内省其身之果能上不負吾君，下不負吾民與否，而不敢漫謂無損焉爾也。吾儕僅僅就用不用間求先生，淺矣。誠就所以用不用處求先生，夫孰得而窮其際乎？」

於是季友起而賦《抑》之篇，既竣，伯先起而賦《樂只》之篇。憲成曰：「備矣，不佞無能贊一辭矣。雖然，凡皆先生之所以壽也，非六君子之所以爲先生壽也。願竟其説。」六君子肅然，有間，曰：「敢問。」憲成拱而對曰：「聞之古之爲師弟子者，其相知也以心，而其相成也以道，區區功名富貴不與焉。今先生業已國士六君子矣，六君子將何方之修爲先生報？夫亦惟是步之趨之，寤寐而思服之，如是而屋漏，如是而康衢，如是而鄉而國而天下，庶幾師不愧乎其弟子，弟子不愧乎其師，一片精神，交瑩互映，結爲大年，與天壤俱永，是真能壽先生者也。予未得爲先生徒也，予私淑諸六君子也。」敬藉餘靈，效兹葑菲，先生不泯夙昔之雅，其尚有以進之哉！

壽南皋鄒先生六十序

歲庚戌，南皋鄒先生周一甲子，門下士雲陽聲和曠侯暨其同門李懋明侍御乞予言爲壽。予謝曰：「先生當今天下一人也，憲何足以辱先生？敢辭。」侯固以請，予忽忽心動，起而拜曰：「憲不揣，且願徼侯之寵，有乞於先生也。」侯愕然。予曰：「侯勿異憲老！乞言，古之道也。先生行古之道者也，憲姑與侯商之。今先生之年，非孔子耳順之年耶？而孔子於此，先之曰『五十而知天命』，繼之曰『七十而從心不踰矩』，何也？學至知天命，至矣。知非尋常之知也。孔子又不云『知我其天乎』？是故『知天命』，孔子以天爲知己也，『知我其天』，天以孔子爲知己也。夫然，孔子渾身一天矣，渾身一天則凡百骸九竅，無不感之即應，觸之即通矣。乃由知命而耳順，還隔十年而遥，豈知命時尚有未順耶？予之不能無疑而欲乞先生以解者，一也。猶未也。孩提之童無不知愛其親也，及其長也，無不知敬其兄也。此不慮之知，良知也；不學之能，良能也。❶所謂『從心不踰矩』者，蓋自墮地以來而已然矣。乃由耳順而從心，又隔十年而遥，豈耳順時尚有未從耶？予之不能無疑而欲乞先生以解者，二也。猶未也。夫人之有耳，猶其有目、有口、有鼻、有四肢也，一順則無不順矣。而説者乃曰：目以精用，口鼻以氣用，惟耳以神用。目有開闔，口有吐納，鼻有呼吸，惟耳無出入，釋氏謂之圓通觀，耳順，聽以神也。作如是分别見，然歟？否歟？又曰：耳順，無復好醜揀擇也。試思好醜是同是異？同則何庸揀擇？異則何嫌揀擇？作如是顢頇見，然歟？否歟？此予之不能無疑而欲乞先生以解者，三也。先生篤信王文成而又不喜襲『良知』二字，超乘而上，直與孔子相步趨，反而參之，耳奚而順乎？知命之果，奚而結乎？從心之因，奚而起乎？是有漸次乎？無漸次乎？無漸次，何以遞列而爲三？有漸次，耳順何以居知命之後，從心之先乎？先生日熙月緝，俯仰去來之間，箇中消息必有不離現在而了了者矣，庶

❶「能」，原作「知」，據文淵閣本改。

幾沛然而提命焉，俾予得釋所疑，稍望鞭影，竭蹷而前，并推之以告天下萬世，是則先生之所爲壽，與先生之所爲壽天下萬世於無疆者也。」侯喜曰：「善乎！子之爲乞也！請得聞諸先生以報。」

奉壽安節吴先生七十❶

昔者孔子自叙其所進，至七十曰「從心不踰矩」，蓋聖學之極也。竊嘗疑之，人之所以爲一身之主者，非心也耶？其所以爲一心之主者，非矩也耶？是故從心必不踰矩，踰矩必不從心，非有二也。味孔子之言，壹似心自心，矩自矩，必竭一生磨勘，方能合而爲一者，何耶？久之，於《書》得其說。《書》曰：「人心惟危，道心惟微。惟精惟一，允執厥中。」中者，矩也，而心者，其發竅也。中本先天，一至發竅便落後天，而人心道心岐焉。是故矩有常，心無常；道心有常，人心無常。有常者可從，無常者不可從也。可不可之間，相去幾何？其必精以察之而不使道心或混於人心，一以守之而不使人心或二乎道心，然後即心是矩，即矩是心，本來混合之體適復其初，無往而不可從矣。此學之所以不可已也。秦漢以降，斯義寥寥，至宋大儒有作而聖學中興。徐而按之，入其間者大都主於謹嚴，可謂不踰矩矣，而矩未必一一從心，其弊也多流而拘。近儒矯之，一切掃去，轉而之於灑落，可謂從心所欲矣，而心未必一一不踰矩，其弊也多流而蕩。此從心不踰矩，即聖如孔

❶ 「十」下，目録有「序」字。文淵閣本、光緒本俱有「序」字。

子，尚須積累而後至。其特揭此以示人，又若照見天下後世種種弊竇而逆爲之防也，其指深矣。

荆溪安節吴先生少而好學，老而不厭。服官中外，以忠厚正直發聲，海内共推。遜之家庭之間，有之矩爲之子，有允執爲之孫，融融洩洩，遞爲知己，備極天倫之樂。曾不謂是足以明得志，而惟日孜孜性命之求。當歲戊申，予奉先生之命會於其邑之南岳，先生亟爲予誦「從心不踰矩」一語，予憬然有省。越三年庚戌，先生七十，予甥王惟懷偕其年家子儲既白等，共就予謀所以壽先生者，予因述所聞爲諸君誦之。諸君進曰：「先生於此，遵何塗而入乎？」予曰：「先生言之矣，曰：『昔年訥谿周師語予以爾席祖父美大之業，希聖賢高明之志，願學以充之，務在任重道遠，此勗予以實脩也。頃年與予友鄒爾瞻證道文江舟中，别後又遺予書，以落道理安排，障與沉溺苦海同，務在自得其得，此啓予以實悟也。』味斯言也，先生之素所磨勘可知也已。是故即脩即悟，無所不檢攝而非矜持；即悟即脩，無所不超脱而非放曠。宜其有味於從心不踰矩之指也。」諸君曰：「此孔子事也，言何容易？」予曰：「非也。孩提之童，見親則愛。及其長也，見兄則敬。不慮而知，不學而能，便是聖胎。究竟成聖，不過滿其分量耳。故有百姓日用之從心不踰矩，有由、賜諸賢一體之從心不踰矩，有顔、曾諸賢具體之從心不踰矩，有孔子太極同體之從心不踰矩。謂有生熟、微著、大小之不同則可，謂有兩體段不可也。况先生悟脩兼茂，如是苟不至於究竟，豈但已哉？」

因屬諸君悉其説，請正於先生。先生

喜曰：「由前所言，見從心不踰矩之難，令人即欲一念自怠而不得。由後所言，見從心不踰矩之易，令人即欲一毫自諉而不得。甚矣！顧叔子之愛我也！」予聞之又懔然有省也，謝曰：「犬馬之齒，亦周一甲子而餘矣。方當執鞭以隨先生之後，先生其勿予棄乎？願得歲歲借南岳爲祝，而相與賡《抑》之章。」

壽念庭周老師七十序

萬曆己酉，臨川念庭周先生七十，門下士顧子憲成思效華封之祝，同里諸父老聞之，就而詢其説，顧子曰：「憲也陋，無能窺先生萬一，聊以申吾私也。始先生進憲而試之，欣然賞異，拔置高等。嗣後三試三冠，每相見，所提勗皆在尋常之表。一日手周元公《太極圖説》、程淳公《識仁篇》、張成公《西銘》授焉。憲退而習之，至忘寢食，于今不敢怠皇。是先生之大有造於憲也，請爲先生壽。先贈公家徒四壁而亟督憲，望其成。羔雉之費，往往稱貸以濟。先生聞之，時爲分俸。先贈公驚曰：『孺子何脩而可以承此？必勿受！』先生不可，已而廉知狀，嗟歎再三。適有以居間屬者，先贈公怒而唾其人，先生又廉知之，將延先贈公於賓筵，以示旌異，先贈公固辭不可，乃罷，而益口先贈公不置。是先生又大有造於憲父子也，請代先贈公爲先生壽。先家季允方垂髫，從諸童儒試，咄嗟而文就，先生一覽奇之，逢人説項，不啻其口。先季益感奮，不數年而掇一第以克有立。是先生又大有造於憲兄弟也，請代先家季爲先生壽。」

諸父老喜曰：「信矣！美矣！惜未

離乎私也。請廣之，可乎？」顧子曰：「可哉！先生廉明倜儻，意用不凡。其爲政嚴於豪强而寬於弱小，務大體，諸瑣屑一切無所問，久之，獄訟稀簡，遂卧而治之。邑有糧長之役，最稱繁鉅。每當僉審，請求百端。至於覆匿推移，情僞旁出不可殫。既先生五日而訖事，人以爲神。即有不服，呼而數之，若居某里田在籍者幾何，其竄他籍者幾何，歲出入幾何，他殖幾何，贏幾何，雖其井里姻戚，莫能如是之悉也。其人大驚，不知何從得之，率叩首稱謝去。一二巨室憾之，造爲飛語，多方媒孽，先生屹不爲動。是先生之大有造於予邑也，非一家所得而私也，宜壽。比徵入諫垣，值張江陵用事，時在位者率阿指取容，而言官特甚。先生又其所舉士，内念不可，乃佯爲不喻也者。凡有建白，無激無狥，率攄其中之所欲言。比江陵没，當路謂天垣長久溺職，宜無拘常格，於諸垣長簡賢而調。衆皆推先生及蕭公念渠，蕭公即又推先生，乃調先生。先生次第疏舉海内名賢，向來山棲穴處之朋，遂得後先柄事，發皇精采，彬彬稱盛。至特疏救魏南樂、李臨潼，雖以取忤於時不恤，已而兩人俱至大用，屹然爲柱石臣。是先生之大有造於斯世也，非一邑所得而私也，宜壽。」

諸父老乃相顧踴躍肅顧子而謝。顧子曰：「猶未也。先生雅負超世之襟，當令吾邑，案牘之暇，時時攀九龍而汲二泉、把觴賦咏，洒然自適。今先生歸乎有年矣，佳子佳孫聯翩滿庭，人間之勝事備矣。即臺省薦剡相屬，泊然如不聞也。至覩時局之紛糾，輒又慨然太息。時時貽書及之，情見乎辭。由前則處有事之地而能樂，由後則處無事之地而能憂，此其際不亦微哉！彼夫域進域退，庸庸泄泄，徒以一官而已焉者，其局量相去何如也？」於是諸父老皆起而拜曰：「美矣！悉矣！子其觴而薦千秋焉，吾儕小人且遥賡《甘棠》三章以侑。」

贈少府榮洲連公擢南民部郎序

昔程子讀《孟子》「舜發於畎畝」章而曰：「若要熟也，須從這裏過。」何也？人身一副真精神，必從憂患中抖擻過來，方能全體透露；一切浮心躁氣，必從憂患中磨洗過來，方能徹底消融；天下之故，國家之表裏，紛紜曲折，莫可端倪，必從憂患中歷練備嘗過來，方能四通八達。操縱在我，沛然而無不如志，故夫晦者兆其明者也，退者基其進者也，屈者成其伸者也，斷可知已。

榮洲連公，閩之華胄也，用名進士起家岩邑，孜孜勤民，耻爲操切，竟以不善俛仰於時，左遷州別駕。久之，移理桂林，晉河間少府，尋抱艱而歸。服闋，補貳吾常。蓋後先幾二十年所矣，何其淹也！公方夷然而安之，不爲悶；早夜殫精，白而赴之，不爲挫。防江江輯，魚鱉不驚；攝郡郡理，雞豚不擾。久之，政聲流通，薦剡交上，擢南民部郎去。嗟乎！人之於世，如公所經涉，往往有之，却往往以境轉我，弛然而自廢。惟公能以我轉境，抑而愈振，遏而愈張，積勤累辛，成其遠大，譬之蘖以歷冰而翠，梅以含雪而香。嚴霜凍結，土練其骨，木練其皮，嫩色全除，本性彌固。有味乎程子之言之也！

於是公且行，予邑陳侯偕武進張侯、江陰許侯、靖江景侯屬贈言於予，予曰：「聞之凡不爲憂患摧志者，必不爲安樂肆志。夫不爲憂患摧志，則常有以自振也；不爲安樂肆志，則常有以自檢也。誠如是，即之於天下可也，一司農何有？獨計恒情，居憂患每冀安樂，其激發也易；居安樂輒忘憂患，其斂戢也難。而今而往，公遇且日亨，位且日高，望且日茂，德業且日光，其尚無忘二十年間東西南北之崎嶇哉！」

贈中丞懷魯周公晉秩總河序

顧憲成曰：異哉！我懷魯周公之撫吴也！惟茲林林總總，百萬生靈且以爲明神，且以爲慈父，惟恐公之一日去也。惟彼言者，一不已而再，再不已而三，惟恐公之一日不去也。夫人情豈相遠哉？而愛憎讚毁，判若兩截然，何也？將公有遺行耶？先是公晉擢總河，予業奉蔡觀察指，稍稍叙述公之仁猷義略矣。今請并跡公之素。

初，予從閩中劉紉華游，問所與何人，紉華曰：「有同門周懷魯者，其人不特有才，且有識，非凡流也。」已而公令臨海，用治行異等徵入爲御史，適趙考功儕鶴論時事，忤當路。其客諷公糾之，公不應。而吴比部徹如且特疏彈陳都諫，臺省鬨然而起曰：「言官，論人者也，非論於人者也，奈何壞我體面？」將合疏排焉，公又與萬二愚諍止。史奉常玉池應召而北，公時爲督學，約玉池偕許京兆少薇啟諸執政，請行東宮三禮。久之，執政議欲先大婚而後册立。公又與王銓部澹生力言其不可。當三殿之災也，諸公卿相率捐俸以佐大工。有所知謂公行當及臺省矣，公曰：「是何薄待吾君之甚也！且薄待吾君以好貨則捐俸，假令薄待吾君以好色將何捐？」所知艴然不悦而去。公之功德我吴既章章如此，其立朝大節又卓卓如此，紉華之推不虚耳，而猶不免於多口，何也？意其偶未之知耶？予竊惑焉。時時與景逸諸君子語及之，輒相對喟然太息，予因進曰：「不抑不揚，不晦不明。自有言者，而後有諸父老叩闕之請，代公寫出一段爲地方真精神；自繼有言者，而後有吾儕之喋喋，代公寫出一副爲國家真肝膽。中山之篋，所以昭樂羊也；明珠之謗，所以昭伏波也。公何病焉？」諸君子皆曰：「善。」

於是公引咎請罷，上不許，特加慰勉，促赴河上。公復具疏請，不待報而歸。予同諸君子操扁舟追送之，具酌卮酒而告之曰：「諸儀部敬陽嘗爲予言，吴門殷孝廉作令而歸，邑人遮道攀留，車不得前。口吟曰：『仰面青天無愧色，回頭赤子有餘情。』相傳以爲佳語。公行矣，追計生平行事，歷歷心目，衾影互質，眠食俱穩，南山之南，北山之北，何所不可？惟是我皇上明見萬里，一則曰『大得民』，一則曰『久著勞績』，抑何知公之深，信公之篤也！而今而往，其始終委重公，屬以平成之寄。願公幡然不俟駕而北，仰酬特達之眷，即惠顧東南，從民之欲，還我公於吴。」公尚曰：「我思用吴人，無爲悻悻之小丈夫哉！」

奉賀邑侯石湖陳父母考績序

世之所謂良吏，吾知之矣。前之有所慕於名，而後之有所懼於戾，二念交持，其勢不得不勉而振刷。即有情之所易溺，可斬而割也，即有勢之所難堪，可作而赴也。久之，其所可慕者或幸而得之，將遂意之揚氣之高，不復見其有可懼，往往至於侈然而自恣。又或齟齬不偶，其所可慕者既已無望，將遂意之沮氣之消，不暇計其有可懼，往往至於頹然而自廢。是故始乎張常卒乎弛，始乎惕常卒乎惰，始乎奮常卒乎靡。人見其然，則曰：「何渠改節易行如是？」而不知原無可改之節，可易之行也。要不過暫而飾，久而露出真面目耳。是可以爲良吏乎哉？吾之所謂良吏，必自真心爲民始。真心爲民，則饑由己饑，寒由己寒，溺由己溺，痌瘝疾痛由己痌瘝疾痛。其所孜孜焉慕而趨者，第問其有益於民與否耳，不問其有益於我與否也；其所皇皇焉懼而避者，第問其有損於民與否耳，不問其有損於我否也。何者？惟其真心爲民也。

吾邑石湖陳侯，其坐臻此道矣。始侯釋褐吴門，下車之日，風采傾動，望者便知爲地方之福。徐而按其爲政，大都嚴於身而寬於民，嚴於皇堂而寬於閭巷，嚴於强禦而寬於弱小。適無歲，撫摩周恤，備瀝肺肝，邑賴以全活。嘗有富豪麗於法，毅然執三尺繩之不少假，遂大騰謗，百計誣搆，公聞之自如，不爲色怒。俄而當路廉知其人，立置之理。比入覲，都人嘖嘖，指目是强項吏耶，一時聲大噪。識者謂有吏如此，不可令魑魅得巧肆其毒。乃移吾邑，所以保護擁持，德意甚盛。而公居之亦自如，不爲色喜。方且夙夜在公，益皜皜自濯，爲之清訟獄，因而不遂；爲之清賦税，期而不督；爲之清奸宄，肅而不擾。猶以爲未也，時以其間進多士，相與商確文藝，講論道德，則古昔而稱先王，無墮流俗。又以爲未也，時時訪求孝弟貞節，表而揚之，使人曉然諭於向往之路，有所興起。何侯之惓惓有加而無已乃爾哉！非其真心爲民，夫孰得而幾焉！故嘗論之，凡人之發念從名根來，即可以毁譽動之；從利根來，即可以得失動之。惟從真心爲民來，即無毁譽無得失，進而無所慕於前，退而無所懼於後，精神意氣，鋭然常新，歷久暫如一日。如侯者，正吾之所謂良吏，非世之所謂良吏也。

於是後先浹三載，當考滿之期，諸同寅戴君、宋君、劉君屬予言爲賀，予曰：「君覩公之政，亦覩公之心乎？公之政在吴滿吴，在錫滿錫，洋洋口碑，可按而述。公之心則淵淵浩浩，了無涯際，曾不見其滿也。況侯業已課治行第一，自是而往，望日益崇，位日益顯，或進而銓衡，或進而臺省，又進而鼎鉉，其所施設表見，當有百倍於今者，吾亦何敢僅僅跡耳目之所覩記擬侯哉！姑書此以爲之兆可爾。」三君曰：「善。」爰授簡。

贈本菴方先生還里序

予憲成私淑本菴方先生有年矣，蓋嘗讀其《會語》數編，得言教焉，于今更喜得身教。先生表章正學，士類嚮風。憲成宜循墻負笈，附弟子之末，尚愧未能，乃先生不遠千里，駕扁舟，攜二三高足，儼然而臨貺東林，德愈盛，心愈下，萬頃汪洋，孰窺其際！此憲成之所爲茫然自失者也。憲成行年六十有二耳，精力已消亡盡矣，又不能自愛，時時善病。先生加憲成十年，而神甚王，色若孺子，行住坐卧，洒洒自得，非養深積厚，何以臻兹睟盎？此憲成之所爲愓然有省者也。王山陰、羅盱江並以妙悟推，而輿論不大滿者，只爲其襲傳食故事，所至溷有司，其門人且往往緣而爲市耳。先生至予邑且數日，邑侯陳石湖聞而造謁，始往報焉。頻發，擬送一舟，謝却之。人以爲過，從行汪崇正安述之曰：「先生素守如是，不可强。」予輩亦不之强也。聞者歎曰：「可謂是師是弟矣。」此又憲成之所爲欣然中心悦而誠服者也。夫非先生之身教乎哉？及憲成等朝夕侍先生，則先生又時切提撕，不一而足。同志來見者，大扣大應，小扣小應，不少倦也。已而言别，又作别語，剖示玄珠，叮嚀反覆，令人即欲自棄而不得。此又先生之心教矣。憲成何幸，坐而獲多益於先生爾爾！因退而記之，置之案頭，以爲但於此一展玩焉，便凛如先生之臨其上，無敢戲渝。并寫一通，納之先生，以爲先生誠不我忘，但於此一寓目焉，便宛如憲成之在側，當源源而施鍼砭也。先生許之，庶幾千里惓惓始終其不虚也已。於是酌巵酒爲先生壽。送至毘陵，赴經正堂之會而别。

涇皋藏稿第十卷

無錫顧憲成著

愧軒記

昔柳子厚落職永州，其所爲文辭往往有無聊之色，至如蘇子瞻，又何超然自得也？其詩曰：「日啖荔枝三百箇，不妨長作嶺南人。」可謂知所處矣。予竊惟順逆時也，窮通命也，君子素其位而行，不願乎其外，何則以憂？臣之事君，猶子之事親也，臣不得於君，子不得於親，所宜日夜省愆補過，兢惕以將之，誠懇以格之，動心忍性，增益其不能以俟之，何則以樂？憂近歉，樂近盈，是故柳既失矣，蘇亦未爲得也。雖然，是二子者，固有說焉。子厚倜儻負奇，有經世心，其暱於叔文等，非直冀富貴而已，一旦被不祥之名以出，將何以堪？子瞻高曠拔俗，不能下人，人以故争疾而中之，非必上意也，若是者曾不啻浮雲之過太虛，而何足以介於臆？然則子厚之憂，子瞻之樂，並自不苟耳。且非獨此也，子厚誠不勝無聊，卒能發憤淬礪，列於不朽，與韓昌黎並驅，則亦可以洗滌夙垢，用自愉快，消其窮愁。子瞻豈不稱超然哉？而忠君愛國，出自天性，顧坐戇直，數賈罪，俾讒邪得氣，重貽主德之累，則黯慘懇惻，殆有甚焉者矣。此又以知子厚之憂未嘗無樂，子瞻之樂未嘗無憂，非恒情可得而測也。

予無似，自度去二子遠甚，敢謬附於憂與樂兩者之間！惟是奉譴以來，自監司而下卒，儼然而客之，不及以政。其州之耆老子弟，顧以爲是父母我也，一切供事惟謹。而予靡毫髮報塞，間嘗與諸士有所揚搉，大都不離於訓詁，非能益之也。於是乎歸而求之六尺之軀，猶然故吾，徵發困衡，總歸鹵莽。又靡毫髮表樹，怠其職而勤其享，據其名而隳其實，有愧而已。予考州乘，往莊公定山亦嘗謫於此，甚有恩德，至今人能道説之。若焦泌陽，雖貴在日月之際，莫之問也。得失之鑒，昭然甚明，予將奚居哉？嗟乎！柳氏，文而已也；蘇氏，未離乎文也；莊氏，離乎文矣，其庶乎！晚年一出，尚不免於忌口，况其下焉者哉！甚矣哉！出處之難也！

予至桂城，無所居，假館藩署。日起無事，時時坐其中軒，攤書而閲之，輒復内念，仰而無以對於先哲也，俯而無以對於州之耆老子弟也，因顔之曰「愧軒」而爲之記。其説如此，欲令天下後世知予之過云爾。

游月巖記

予以歲之九月六日至桂陽，越五日有永州之行。行三日徑道州，州大夫張四可氏出謁，予爲問訊濂溪周先生故事。大夫曰：「州可四十里有月巖，相傳以爲先生悟道處，此一奇觀也。」予曰：「何如？」大夫曰：「《志》言巖形如圓廪，中可容數萬斛。東西兩門，通道當洞之中而虚其頂，自東望之如月上弦，自西望之如月下弦，自其中望之如月之望。先生則之以畫《太極圖》云。」已晤彭將軍哲菴氏，語及之，亦曰信。予曰：「有是哉？」明日遂偕往。

既至，歷崖而登，下就几少息焉。徙倚

四顧，奇石森列，滿壁而是。眉睫之間，變幻紛沓，應接不暇。即王子猷山陰道中，不知有此否？哲菴氏曰：「吾聞諸《志》矣，如走猊，如伏犀，如龜蹣跚，如鳳翺翔，如龍蛇蜿蜒，可謂筆端有畫。」予曰：「未盡也。」擬爲之名，卒不得其似而止。遂與二君徐而前，就其中望之，既圓且朗，果如所言不謬。予因笑謂曰：「今日望日也，故應有此。」已轉而西，尋却而東，所至輒佇立凝視，遞相嗟賞。已復登其巔，忽見白雲數點，冉冉從東而來，望之可數里内外。張君異之，指其處呼予而謂曰：「是濂溪先生故里也。」予聞之，翩翩神王，爾時覺得兩腋風生，便欲乘雲而往，攬濯纓之亭，飲其泉一斛，洗滌塵氛，徐而從先生乞《太極圖》也。爲之徘徊者久之。既而還坐其下。左右薦觴，觴到輒盡，主亦不勸，客亦不辭，清言亹亹，爾我俱失。少頃薄雨乍收，斜陽欲下，陶然相對，氤氳滿懷。輿人竊竊從旁言：「暮矣。」弗問也。從容謂二君：「樂乎？」張君曰：「當此之際，不知胸中有何物，亦不知天地間更有何事。」彭君首肯曰：「如是，如是。」二君還問予，予曰：「亦復如是。」起而歎曰：「美哉兹游也！無物，内碍忘矣；無事，外碍忘矣：内外兩忘，濂溪先生之所謂静也，昭昭乎進於太極矣。吾儕偶爾寄適俯仰之頃，意象豁如，輒自有會心處，何况先生乎？其所得於兹巖之助豈少哉？即謂則之以畫《太極圖》，未爲迂也。昔者朱子疏《大學》『格物』之義，謂一草一木，❶亦不可不理會。王文成非之曰：『奈何舍内而狥外？』由今觀之，何内何

❶「木」，原作「水」，據文淵閣本、光緒本改。

外？河之馬可以畫卦，洛之龜可以叙疇。天高地下，萬物散殊，新腐陳奇，總歸神理，人自爲間隔耳。文成殆激於世之舍内而狥外者發歟？吾于兹巖乎有悟也。雖然，悟之非難，實有之爲難。今夫先生之稱主静，何也？主者譬如家之有長，國之有公侯，天下之有君王，不得一日而無，非若羈旅之倏來倏去也。吾儕幸徼須臾之暇，探奇討勝，回視轇轇擾擾之鄉，迴若仙凡，以故情暢神怡，洒然自適，退而與轇轇擾擾者交，卒亦歸于轇轇擾擾而已，夫焉得而有之？不惟是也，吾與張君故生長吴越間，去此四千里而餘。彭君即楚産乎，家故赤壁之下，去此亦二千里而餘。生平傾慕先生，如饑如渴，一旦得游其處，以是目若爲之加明，耳若爲之加聰，心若爲之加爽。假令朝於斯，夕於斯，取諸衣帶間而足，且將狎爲故常，漫不加省，欲一幾希於洒然，弗可得已。雖日居其中，與在轇轇擾擾之鄉何異？然則向之所云静，揆諸周子之指，恐不特如吾三人之居之去兹巖僅僅二千里或四千里已也，何謂悟哉？」

二君稱善，就予索主静之訣。予面壁不答，已而曰：「其試問諸月巖。」遂各盡一觴别去。越七日，還自永州，爰籍其語而存之，用自省焉，兼以遺二君。是歲萬曆十五年也。

尚行精舍記

予向讀乎如鄒子《衡言》有曰：「今教化翔洽，家性命而人堯舜，而議論愈精，世趨愈下。維世君子，惟以躬行立教，斯救時第一義乎？」作而歎曰：「有是哉！何鄒子之先得我心之同然也，不穀當佐下風矣！」一日，郡侯懷白周公貽予書曰：「吾師鄒先生里居，新搆一書舍，顔曰『尚行』，群同志講習其中，蓋慨然有感于空言之弊，思以身挽之，厥意甚盛。竊謂此舉不可以無記，敢請。」乃孚如書來，亦屬予記之。予又作而歎曰：「有是哉！何鄒子之勇也，不穀當拜下風矣。」

雖然，世得無且以悟求鄒子哉？予以爲鄒子之標尚行，正悟後語也，何也？凡人之于道，當其未有所見，即誘之而使爲弗爲也，將又迫之而使爲弗爲也。幸而爲矣，安排而已耳，把捉而已耳。朝而作夕而輟，夕而作朝而輟，矯强而已耳，猶弗爲也。及其既有所見而後有真趣味出焉，有真趣味而後有真愛慕出焉，有真愛慕而後有真精神出焉，有真精神而後有真體驗出焉，其於行也，不誘而勸，不迫而趨，天地之大，萬物之衆，不以易之矣。故曰：「鄒子之標尚行，正悟後語也。」夫安得以悟求鄒子！且夫世之言悟者津津矣，予不敢以爲非也，亦嘗歸而証之于行歟？古之聖賢戰兢臨履于其日用之常，終身勉勉而不足。今也雍容指顧于其精微要眇，一朝闡揚而有餘，試令歸而證之于行，果能如其言，一一實有之而無憾歟？果能如其言，一一實有之而無憾也，則是軼聖賢而上也。如其未也，彼所謂悟，無乃揣摩億度而已歟？新會主静，姚江致知，其所參叩凡幾何？所磨勘凡幾何？所抽添剥换凡幾何？厥維艱矣，可以揣摩億度當之與？然則鄒子之標尚行，特以諷夫好言悟者，使其自反而自識之，而非以悟爲諱也，又安得以悟求鄒子？而況鄒子之説，在未悟者尊而用之，究也必將漸著漸察，人事盡而天理現，一旦豁然而貫通矣。在已悟者尊而用之，究也必將益昭益瑩，淪肌膚而浹骨髓，不知手之舞之，足之蹈之矣。然則悟于何始？因行而始。悟于何終？因行而終。鄒子之標尚行，乃其深于標悟者也，又安得以悟求鄒子？無已，亦就鄒子所標尚行一言，還以求之而已矣。

鄒子負俊才，摛英掞藻，翩翩方駕作者。而不以爲足也，進而秉銓政，鋭意澄清，辛壬之際，天下一日易視改聽，迄于今賴之。而又不以爲足也，退而脩諸家，矞矞自濯，履繩蹈墨，不越尺寸，蓋鄒子之尚行類如此。予將何求？獨念天理難純而易雜，人情有初而鮮終。而今而往，其惟盡刋枝葉，并力一源，斷以不疑，積以不懈，緝熙庚續，日新富有，期于衾影無怍，寤寐一如，庶幾心體渾全，拈來是道，出而爲文章，不炫技能，出而爲事功，不矜意氣，卓然稱昭代粹儒焉。然後人莫不曰：「是信能尚行者也，是信能以身爲標者也，是信能砥柱中流，障狂瀾而東之者也。」其有裨于世道人心，非淺鮮已。

予于鄒子，衷交也，故不以頌而以規，鄒子其許之哉？因書而就正于周侯，遂以復鄒子，願鄒子之更有以進予，俾予果得望下風也。

虞山書院記

常熟，先賢言子游闕里也，有書院一所，相傳爲吴中子弟從游聚講之地，一名「文學書院」，一名「學道書院」。自宋入元，嘗廢於至正之末，至國朝宣德間而復，嘗再廢於萬曆之八年，無幾何而又復。蓋斯文命脉所關，自有一段精光灼爍，於人心不容滅没，宜其爾爾。惟是規制未備，過者惜焉。

瀛海耿侯孜孜好道，來蒞邑事，釐奸剔蠹，百務維新，朞年，民大治，肅將祇歡，弦歌滿四境矣。一日謁子游祠下，低回不能去，慨然歎曰：「是予之責也夫！是予之責也夫！」遂請於當道而鼎新之，首捐獎金爲倡，繼之以俸。于時撫臺周公、李公，操江耿公、丁公，巡按今擢提學楊公，巡鹽左公，巡倉孫公，巡江李公，兵備楊公、蔡公，知府李公，咸高其誼，各捐金佐之。邑之衿紳翕然丕應，越父老子姓亦莫不踴躍供事。甫五月，遂告成。峩峩虞山，儼然東南大觀在焉，因易名「虞山書院」，志地也。顔其祠曰「言子」，親之亦尊之也。配以遊寓梁昭明太子統，名宦宋縣令孫公應時，邑賢明脩撰張公洪、都憲吴公訥、侍郎徐公恪、别駕桑公悦、大參周公木、孝廉鄧公韍，縣幕朱公召、布衣鄒公泉，從輿望也。又爲之遡厥淵源，顔講堂之前曰「願學孔子」，是子游之所踰江蹈河，不遠千里，摳衣而趨，北面稟業者也。旁建精舍，顔曰「友顔」、「友曾」、「友思」、「友孟」，而漢之董，宋之周、邵、二程、朱、陸，我明之薛、胡、陳、王諸先生俱次第列焉。是子游之所後先二千載之間，相與疏附奔走，作孔子羽翼者也。入其門，登其堂，俯仰瞻盻，洋洋乎如在其上，如在其左右，宗廟之美，百官之富，不減洙泗當年矣。

於是其裔孫諸生曰福、曰喜，及侄逢堯，偕詣予，乞文記之，以旌侯德，識不忘。予曰：「此非君之所得私也。」而侯適以書來囑曰：「願聞一言之教。」予謝曰：「侯業已命之矣，何庸贅？」福曰：「何？」曰：「侯之標『願學孔子』是也。吾儕喫緊在發是願耳。」曰：「自我侯提唱以來，凡環而聽者，亦既蒸蒸奮矣。」予曰：「談何容易？竊計以爲，是必有日忘食夜忘寢之真精神焉，是必有獨立不懼之真力量焉，是必有行一不義殺一不辜而得天下不爲之真操概焉，是必有遯世無悶不見是而無悶之真胸次焉，是必有殀壽不貳之真骨格焉，是必有爲天地立心、爲生民立命、爲往聖繼絶學、爲萬世開群蒙之真氣魄焉。六者備矣，然後可云能發是願耳。談何容易？」福曰：「若是，其難歟！」曰：「又不然，要在識得孔子耳。孔子曷從而識？要在識得自己耳。何者？自己原來一孔子也。」福曰：「然則孟子何云『人之所以異於禽獸者幾希』？」曰：「此正言人不爲聖賢即爲禽獸，須從『幾希』處辨取也。試以見在證。當夫一堂之上，彬彬濟濟，非性命不談，非禮法不動，居然聖賢之徒也，固此人也。俄退而與鄉人處，率未免墮入習套中矣。俄又退而與家人處，率未免墮入習情中矣。甚而放僻邪侈，無所不爲，違禽獸不遠矣，亦此人也。何判然懸絶如此哉？其幾只係於一念間耳。故曰『庶民去之，君子存之』，其存其去，兩者不能以寸，『幾希』之謂也。魏莊渠先生述陳元城之言曰：『凡人自期待，當以聖賢；自尅責，當以禽獸。』每讀之，輒隱隱心動。竊以爲必如此乃能識得『幾希』，識得『幾希』乃能識得自己，識得自己乃能識得孔子。誠識得孔子，即欲不爲孔子，不可得已。此予所窺於侯之微指，敢代侯引其端，君幸爲余復於侯。」曰：「侯之潛心孔子有年矣，必有會也，庶幾沛然悉其藏以嘉惠我吴，俾斯道昭昭如白日之中天，俾吴人士自知洒掃應對以上，皆明於向往，如撥雲霧而覩白日，斯予之願也。夫豈惟予之願？實侯之願也；夫豈惟侯之願？實孔子之願也。然後言子之北學而歸不爲孤，孔子之所莞爾而笑不獨在武城矣，侯其無讓哉！」福等咸起拜曰：「論至此，委非眇末可得而私也。」遂次其語，歸而鑱諸石。

周公名孔教，臨川人。李公名三才，順天人。耿公名定力，麻城人。丁公名賓，嘉善人。楊公名廷筠，仁和人。左公名宗郢，南城人。孫公名居相，沁水人。李公名雲鵠，内鄉人。楊公名洵，濟寧人。蔡公名獻臣，同安人。李公名右諫，豐城人。耿侯名橘，河間人。乃若教諭則黄家謀，訓導則化大順、朱朝選，縣丞則趙繼俊、樓汝棟，主簿則王化、曾承忻，典史則俞鈺，皆與襄乎盛事者也，法得附書。

陸文定公特祠記

有客問於余曰：「陸文定公何如人也？」余曰：「是海内所共傳平泉先生者耶。先生業已自拈出矣，何俟贊一辭？」客曰：「何？」曰：「余有味乎先生之所謂平也。孔子不云乎『天下國家可均也，爵禄可辭也，白刃可蹈也，中庸不可能也。』何以不可能？中而繫諸庸言，平也。平無奇，非可以意見播弄也；平無辟，非可以意念把持也；平無險，非可以意氣馳騁也。故曰『知者過之，愚者不及也；賢者過之，不肖者不及也』。知愚賢不肖之相去遠矣，引而納諸中庸，知者亦愚，賢者亦不肖，一切伎倆都無用處，所以不可能也。先生其幾之矣。先生少從家人受農，帶經而鋤。已請於其尊人志梅公，乃得竟業。業成，舉南宮第一人，選讀中秘書，顧恥以文藻自雄，退而潛精性命，日切磨於諸名賢長者間。其學原本六經，不好章句，時有會心處，拈片紙灑筆題之，往往出人意表。旁通二氏，用以解脱塵莽，淘洗渣滓，不爲溺亦不爲諱也，而曰：『吾於般若有緣。』久之，所養日益充，所造日益粹，湛湛穆穆，渾然天成。其於規矩繩墨，尺寸惟謹而未嘗故爲莊嚴以示異；其於日用事物，儻然而來，儻然而往，了無揀擇而未嘗漫爲遷就以示同。不争之矜，不黨之群，先生有焉。且子不見之乎？達如徐文貞，其於天下賢人君子，無所不推挽，而獨不能以溷先生也；奸如嚴分宜，悍如張江陵，其於天下賢人君子，無所不摧剥，而獨不能以加先生也，何者？先生固不可得而親，不可得而疎也。有味乎先生之所謂平也！」

客曰：「先生始爲諸生，邑令朱公廉其貧，周之，不受，則諷使居間，先生若爲不喻也者而去之。及以庶吉士補官，張文毅忽問：『謁内閣有贄乎？』先生謝：『無有。』公曰：『此故事，我假若二幣往可也。』先生逡巡持歸，明日竟不用，復持還。凡皆細事耳，何必硜硜乃爾，將無近於固？」曰：「吾聞之也，事有大小，道無大小。如其道，千駟萬鍾安焉，非其道，一介不以取諸人，一介不以與諸人，兹固也，正所謂平也。」曰：「先生登第六十五年，屢歸屢起，屢起屢歸，後先守官不及一紀，餘日皆爲山林所有，依稀是接輿、荷蕢間人矣，將無近於偏？」曰：「吾聞之也，進者人情之所易，須受之以難；退者人情之所難，須受之以易，然後兩得恰當焉。故曰三讓而進，一辭而退，茲偏也，正所謂平也。」

客曰：「先生晚而赴宗伯之召，慨然有開濟之懷，旋以時事不合，謝病歸，可謂見幾而作矣。瀕行，復疏陳十事，而所列辨宫府，抑戚倖，斥貂璫，大觸時忌，類少年英鋭之爲，將無近於激？」曰：「吾聞之也，大臣上與宗廟社稷爲一體，不以去就二心；下與四海九州爲一體，不以行藏改慮。韓、范、富、歐率由茲軌，誠其中有不能自已者耳。茲激也，正所謂平也。若乃模稜而已耳，調停而已耳，同流合污求免非刺而已耳，是世俗之所謂平，非先生之所謂平也。故曰有似是而非，有似非而是，兩者之分，毫釐千里，不可不察也。」客曰：「然則先生可以相矣。」曰：「可哉！先生亦嘗言之矣：宰相，元氣也；臺諫，藥石也。調和燮理，輔元氣也，貴其平。繩愆弼違，備藥石也，貴其明。至范質謂吸得三斗釅醋方可作宰相，則又力破其似是之非，而惜質欠世宗一死。由此觀之，於相乎何有？」已又語客曰：「相有待於先生，先生無待於相也。吾見其生也，人皆仰之；其逝也，人皆悼之。作範當年，流風來世，將令薄夫敦，頑夫廉，鄙夫寬，懦夫立，先生一段精神，未嘗一日不默行乎天壤之間也。盛德大業，斯其在矣，相與否，曷論焉！」

會其鄉人聚族而謀，爲特祠俎豆先生，先生之子大行君伯達屬予爲記。予於先生，當在私淑弟子之列，自愧淺陋，不足以窺先生，而獨有味乎平之一言，以爲如先生，可謂幾於中庸矣。因述所嘗論次爲復。異日者尚當采九龍之芝，侑以二泉，躬薦先生祠下而就正焉，先生其許之哉！

龔毅所先生城南書院生祠永思碑記

予抱痾涇曲，日坐卧斗室中，酬應都罷，幾如桃花源人，不復聞人間事。一日，邑中父老趙仁等群而謁予廬，予謝焉，固請，乃見之。進而詢其故，則皆拜而言曰：「仁等竊願有懇也。」予曰：「何？」對曰：「江南之役最重且艱者無如糧長，糧長之役最重且艱者無如白糧。識者憫其然，嘗爲役田之議矣，嘗爲役銀之議矣，嘗爲役米之議矣。所以爲吾儕計者，誠可謂至矣。惟是一法立，一弊生，利病參半，猶未能廓然而大蘇也。幸鄉達毅所龔先生目擊而心惻之，究晰始末，劑量公私，列爲八議：一曰加白糧之耗米，一曰革千料之糧船，一曰分銀米之徵收，一曰并徭銀之徵收，一曰革無名之供費，一曰免糧船之盤驗，一曰緩批單之勾獲，一曰增金花之滴珠。精審詳密，鑿鑿中窽。當道聞而善之，亟允行焉，自是充役者省費過半。人人德之，飲食必祝曰：『天苟有吾儕，尚無悔於先生。』業就城南書院建立生祠以致報私。書院固先生未第時讀書處也，邑侯柴公爲聞之當道，兩院而下，景瞻盛美，並爲顏其祠，表異之。風聲奕奕，九龍增高，二泉增冽矣。仁等猶恐歷時以往，耳目寥曠。即蒙德者或莫知所自，慕德者或莫知所考也，共圖勒碑，貽諸永永，敢乞公記之。」

予喟然歎曰：仁哉！先生乎！竊於是有以見先生之心矣。嘗論之，君子之出而效於世也，將爲令焉，必以一邑之休戚爲心；將爲守焉，必以一郡之休戚爲心；將爲藩臯大吏焉，必以一方之休戚爲心。何者？彼其責固有所屬而不可諉也，非徒然也。一邑之休戚，令之職不職稽焉；一郡之休戚，守之職不職稽焉；一方之休戚，藩臯大吏之職不職稽焉。職則有慶，不職有讓，休戚且移之躬矣。由此觀之，彼其勢又有所繫而不得諉也。夫如是，則其朝而經，夕而營，孜孜汲汲，務欲與民聚好而除惡，亦不必仁者而後能也。若其退而里居，脱然釋去當世之寄，高者有巖棲川泳以自愉快，卑者有求田問舍以自封殖而已，於一鄉之休戚，奚問哉？先生乃獨惠盻枌榆，深惟熟計，非有不可諉之責臨乎其前，而懷之如己痛己癢；非有不得諉之勢迫乎其後，而拯之如赴溺赴焚。周建石畫，保世無疆，微夫仁心爲質，與物同體，孰能臻此者乎？先生素厚德長者，兩爲令，一爲守，敭歷藩臯，所在俱有惠澤，民謳思之不忘。今嘉禾吳橋咸建生祠尸祝之，余竊以此猶有爲而爲者之所得而及也。至其爲德於鄉如是，則非有爲而爲者之所得而及也。宜爲著先生之心以告鄉之君子，庶幾同是心者，因先生推而廣之，遇利必興，遇弊必革，吾邑其永有賴哉！

仁等起而再拜曰：「聞公言，不惟見先生之心，又見公之心矣。」遂受而鑱諸石。

先生名勉，字子勤，登隆慶戊辰進士，官至浙江布政使司右布政使，致仕。

重脩二泉書院記

吾邑文莊邵先生建書院於惠山之麓，榜之曰「二泉」。先生没，屬嗣子蔭生煦、贅壻浙江東陽少尹秦汶共守，因肖像其中，歲時瞻禮焉。煦没嗣勳，勳没不復能守。汶子太學榛，益併其半之三，榛没，屬季子煋得盡併而專守之，久而變故百出，幾厭涎口。伯子茂才秋請以身任，址不竟廢。觀察虚臺蔡公過而喟然興嗟，謀諸邑侯林公新之，遂捐暖金百餘兩，檄馬丞督其事，并葺其家祠。家祠責成邵氏，而書院獨責之秦，向故有分守也。茂才君慨然起曰：「是實在我，若之何其獨勤當路？」乃躬爲經理，佐以家貲百金。自丁未秋七月始，至戊申春三月訖事，規制備具，頓還舊觀。因語余曰：「秋也不敢忘文莊，敢忘蔡公？子其爲我記之。」

余憶往高存之輯先生年譜，有問先生何以無後，未及對，今請申其説。竊以爲先生之所爲後與世人之所爲後不同，何者？世人之所爲後有待，而先生之所爲後無待也。古稱三不朽，太上立德，其次立功，又其次立言。先生誠心質行，表裏皭如，貧賤不爲移，富貴不爲淫，威武不爲屈，能立德矣。由釋褐以至懸車，所在惠澤洽焉，教化行焉，風紀肅焉，典刑樹焉，上獲下信，闇而彌章，能立功矣。《簡端録》寤寐聖賢，闡性命之精藴；《日格子》折衷千古，定是非之權衡：能立言矣。至於今流風餘韻，宛然如在，兒童走卒無不知有先生也者，是先生之所爲不朽，即先生之所爲後也。余少時聞某省有某督學，行部至某縣，閲諸生籍，見吕姓者甚多，於其入謁，命之曰：「孰是吕蒙正之後列左，孰是吕惠卿之後列右。」一時俱趨左，無右者。督學歎曰：「蒙正有後，惠卿無後！」斯言良可味。然而爲斯言者，猶有待也，先生則無待也。

茂才君又從容言：「先生嘗於中建李

丞相忠定公祠，尸祝而俎豆之，以志尚德之思。今亦并加重葺，庶幾先生欣然惠顧，時時降陟其間，即忠定不孤耳。」予不覺爽然心開，作曰：「信矣！信矣！先生之於忠定也，其猶蔡公之於先生也。而今而往，爲忠定之先生者無窮，則爲先生之蔡公者亦無窮；爲先生之蔡公者無窮，則爲先生者亦無窮矣。故曰先生之所爲後，與世人之所爲後不同也。君以爲何如？」茂才君曰：「而今而知後之時義大也，請質諸蔡公，當有以復。」于是乎書。

蔡公名獻臣，同安人。其爲政也敦尚風教。林侯名宰，漳浦人，能與公同心以有爲者也。馬丞名之驥，信豐人。規始董成，與有績焉，法得附書。

涇皋藏稿第十一卷

無錫顧憲成著

虎林書院記

虔南，陽明先生過化地也。中丞紫亭甘公自少慕道，聞良知之説而悦之。歲丙午，持節來撫浙，喜曰：「生平寤寐，於斯慰矣。」既至，大脩保釐之政，興利除弊，無不殫厥心，大指以節愛爲本，而躬先之。一時人心信服，翕然風動，爭竭精白以應。比及朞年，政大行。公喜曰：「可以教矣！」乃謀於藩臬諸大夫而下暨鄉之衿紳。時詣天真書院而論學焉，已而以爲是去省城稍遠也。再詣錢庠尊經閣，又以爲是稍局，未足以居四方之賢也，因議改建。僉曰：「莫若舊撫治便。」公往閲之，信，遂改爲「虎林書院」，而屬錢塘令聶侯經紀其事。始於戊申之十二月，至己酉之二月中落成。俄而公病作且劇，侯入問，以竣事告。公歎曰：「竟不得與諸君共印正，如之何！」尋卒。聞者無不流涕，十一郡、一州、七十五邑之民，咸爲罷市。侯承公志，凡一切未卒業者，皆次第成之，規制大備。謂是舉也以維世道，以淑民風，以紹往而覺來，宜有記。特書見朂，并述垂革之言，丁寧惓切。

予憮然曰：惜哉！命也，亦已焉哉！雖然，其不已者固自在也。蓋予與公業有所印正矣。追惟去春，予過虎林，公出晤昭慶寺，從容謂予曰：「《東林會約》祖孔子，宗顔、曾，禰思、孟而師紫陽，不佞讀之契焉。行將倣而圖之，竊有三言欲請。」予曰：「願聞之。」公曰：「子之言必稱性善，允矣。然而一善也，或謂之有而非執着也，或謂之無而非斷滅也，亦各就所見而云耳，將焉所置是非於其間？」予曰：「陽明先生之證道天泉也，嘗爲之折衷矣：四無之説接得上根，接不得中下根；四有之説接得中下根，接不得上根。誠欲通上下而兼接，舍性善一宗，其奚之？此即陽明所謂良知也。」公曰：「如是，如是。」頃之又曰：「邇時論學率重悟，聞東林特重脩，何也？」予曰：「重脩所以重悟也，夫悟未有不由脩而入者也。《語》不云乎？『下學而上達』。下學，脩也；上達，悟也。舍下學而言上達，無有是處。」公曰：「審爾。程子曷云『學必先明諸心，知所往然後力行以求至』也？」曰：「知一也，有就用力言者，體驗省察之謂也，正屬脩上事，乃入門第一義也，無容緩也。有就得力言者，融會貫通之謂也，纔屬悟上事，乃入室第一義也，無容急也。故曰下學而上達，此吾夫子家法也。」公曰：「如是，如是。」頃之又曰：「不思不勉，聖詮也。子於此數有推敲，何居？」曰：「公謂不思者自能不思乎？不勉者自能不勉乎？必有個來脉矣。公謂不思者貴其不思而已乎？不勉者貴其不勉而已乎？必有個落脉矣。《中庸》曰：『誠者不勉而中，不思而得。』『誠』是來脉，曰『得』、曰『中』是落脉。不向來脉理會，分明縱欲，不思不勉，如何强得？不向落脉校勘，端的縱能不思不勉，亦有何用？故予以爲喫緊只在認性，諸所推敲，總欲人透此一路，非有他也。」公曰：「如是，如是。」遂命左右薦觴，相對甚歡而別。

予竊歎服公之一片虚衷爾爾，當必大有所倡明以嘉惠一方。無何，公緘示《虎林書院會約》，獨主白鹿洞規，而自爲之闡發厥旨，復推而廣之，共爲八條。會講之日，首以談玄説妙爲戒，要在切近精實，上下皆通，壹似有概於予言然者。竊喜公之果大有所倡明，不特嘉惠一方而已，何意公之倏然逝也。退而熟念，人世共此宇宙，宇宙共此血脉，無今昔，無生死，無去來，無爾我，總之共此擔負，共了此一事耳。於是請以其印正於公者，代公印正於侯。且聞東溟高公嗣公涖政，其於斯事特爲注意，於是又請以其印正於侯者，代公印正於高公。適張孝廉赴東林之盟，予詢虎林消息，具言講堂之上，濟濟彬彬，聲氣之孚，日昌日熾，於是又請以其印正於高公者，代公印正於滿座諸君子焉。此固公之一片虚衷，勤勤懇懇，所不能自已，亦即公之嘉惠來學一念，映徹天壤，歷千古如一日者也。纘承光大，務求究竟，勿致孤負，願相與交茂之而已。

侯聞之，起謝曰：「作如是觀，公之所爲永永不亡，吾儕之所爲不亡我公者可知也已，不可以不昭也。」爰録而鑱諸石。

甘公名士价，信豐人，丁丑進士。高公名舉，淄川人，庚辰進士。侯名心湯，新淦人，甲辰進士。書院建置始末詳具侯手記中。

天授區吴氏役田記

吾錫糧長一役最重且難，天授爲錫首區，其重且難更倍之。予友吴伯子長卿目擊心惘，慨然偕其弟仲奇、叔美、季輝捐田以佐役，長卿二伯畝，仲奇一伯畝，叔美一伯畝，季輝二伯畝。區人德焉，復慮其不足以垂久遠也，上書撫臺周公言狀，乞行所司酌立成規，世守無斁。公覽而嘉之，下檄褒異，復貽書爲予誦之。予不能爲義而好人之爲義，逢人説項，意津津不自休。長卿聞而謂予曰：「是舉也，予聊爲之端而已，實賴季氏成之，而仲氏、叔氏從中襄焉，予何敢蔽？」季輝曰：「否，不然也。予實賴伯兄率仲兄、叔兄左提右挈，以無即於顛墜，何敢不勉？」仲奇、叔美曰：❶「予兩人上則有兄，下則有弟，豈不厚幸？」頃之，齊曰：「是先諫議之志也，不穀等何有焉？」

予聞之，益不禁踴躍，作而言曰：不亦善乎？存如是公共心，肩如是公共任，恒情孰不競利？而獨廓然不自有也，可謂仁矣。且爲兄則推美於弟，爲弟則推美於兄，爲子則推美於親，恒情孰不競名？而又退然不自有也，可謂讓矣。是一家元氣也。不寧惟是，錫之爲區，共十有三，在南延則華太史鴻山公爲政而有斯舉矣，在開原則高大行景逸公爲政而有斯舉矣。迺君之兄弟聯翩後先，於其間風規彌暢，而今而往，能無感發而興起者乎！果其感發而興起也，凡爲人兄者將不以此倡其弟乎？凡爲人弟者將不以此承其兄乎？凡爲人子者將不以此顯揚其親乎？即人知興仁，人知興讓矣。是一邑元氣也。不寧惟是，往嘗讀長卿制義，磊落而多采。暨仲奇、叔美、季輝並彬彬質有其文，稱曰「四難」。惜乎時之不逢，猶然滯在青衿耳。即一旦得志，致身日月之際，其忍獨善而已乎？果其不忍獨善而已也，將不以其所以爲兄者，帥世

❶「仲奇叔美」，原作「仲美叔奇」，據前後文改。

之爲兄者乎？將不以其所以爲弟者，帥世之爲弟者乎？將不以其所以爲子者，帥世之爲子者乎？行當在在興仁，在在興讓矣，是天下元氣也。諸君其亦相與交懋之哉！

於是伯子、仲子、叔子、季子咸避席而謝曰：「大哉言乎！非所及也，請受而告諸先諫議。」

諫議名汝倫，辛未進士。伯子名桂芳，仲子名桂芬，叔子名桂森，季子名桂萼。

脩復冉涇箭河碑記

錫故有九箭河，在冉涇橋者爲第三箭。橋曰「冉涇」，誌地也。維昔爲文莊公二泉邵先生宅，有手書朱子「源頭活水」四字在焉。此水北接蓉湖，西連笠澤，九龍二泉之秀全滙於此。橋之東清流不改，橋之西悉受堙没。文莊公曾請於當路，欲復之，爲里人吕刁郎所尼，不果。乃鑿陰渠，暗通弦河一脉，用石覆之，里人仍居其上。會刁郎之屋展轉他鬻，近屬之尤南華比部。比部故長者，其子太學君時純克體德心而光大之，慨然捐樓屋一十八間，平屋三間，用以闢新衢而穿故道。邑尊同生許侯聞而善之，言諸兵尊虛臺蔡公，報可，遂於已酉冬始工，不兩月而河成矣，因而橋之。同邑高存之名之曰「承賢橋」，謂承文莊公之志也。

初，君手一揭來視余，余喜曰：「僕不能爲義而好人之爲義，覩此可勝踴躍。充拓得盡，天地變化，草木蕃，不外於是。夫所謂是者，何也？源頭也，源頭不識，則天地何從而變化？草木何從而蕃？文莊公之志亦終於無承而已矣。」乃語時純曰：「君知之乎？北接蓉湖，西連笠澤，水脉之源頭也；近沿濂、洛，遠遡洙、泗，道脉之源頭也。願君努力！」時純起而謝曰：「盛不敏，何足以勝之？」已起而請曰：「吾將受而刻諸石，樹諸周行，俾來者往者，人人得就而覽焉，庶幾人人識得源頭也；人人識得源頭，庶幾人人充拓得盡也；人人充拓得盡，庶幾人人得承文莊公之志也。天地變化，草木蕃，洵不外於是也已矣。盛不敏，何足以勝之？」予喜時純之志彌謙而任彌勇也，遂爲之授簡。其經畫始末，詳具時純自撰記事中。

蔡公名獻臣，同安人。許侯名令典，海寧人。比部名際昌。太學生名盛明。

日新書院記

雲間錢漸菴先生致其蓬萊之政而歸，日率其門弟子切磨性命之旨，因搆講堂一所，奉先師孔子之像於中，而晦菴朱子、陽明王子列左右侍焉，相與朝於斯夕於斯，共圖究竟，一時從游之士益蒸蒸起。中丞懷魯周公聞而嘉之，爲顔之曰「日新書院」。其門弟子高君揭等群而就予，問「日新」之義。予曰：「子不見之乎？先生之於學也，汲汲如也，自少而壯，自壯而老，不言厭也。其於教人也，諄諄如也，大扣大應，小扣小應，不言倦也。此先生昭然以身作日新榜樣，爲諸君指南也，何必更添註脚？」揭等唯唯。已而復請曰：「孔子之道至矣，若顔、曾、思、孟則見而知之，若周、程則聞而知之，皆嫡冢也。舍而獨表朱、王二子，其説何居？」曰：「諸賢具體孔子，即所詣不無精粗淺深而絶無異同之跡，至朱、王二子始見異同，遂於儒門開兩大局，成一重大公案，故不得不拈出也。嘗試觀之，弘、正以前，天下之尊朱子也甚於尊孔子，究也率流而拘，而人厭之，於是乎激而爲王子。正、嘉以後，天下之尊王子也甚於尊孔子，究也率流而狂，而人亦厭之，於是乎轉而思朱子。其激而爲王子也，朱子詘矣；其轉而思朱子也，王子詘矣：則由不審於同中之異、異中之同，而各執其見，過爲抑揚也。其如之何而可？夫亦曰『祖述孔子，憲章朱、王』乎？蓋《中庸》之贊孔子也，蔽以『小德川流，大德敦化』兩言，而標至聖、至誠爲證。予竊謂朱子由脩入悟，王子由悟入脩，川流也，孔子之分身也，一而二者也。由脩入悟，善用實，其脉通於天下之至誠；由悟入脩，善用虛，其脉通於天下之至聖：敦化也，又即孔子之全身也，二而一者也。然則千百世學術之變盡於此，千百世道術之衡亦定於此。舉顔、曾、思、孟之所見而知，周、程之所聞而知，都包括其中矣。是故以此而學，時而收斂檢束，不爲瑣也，時而擺脱掃蕩，不爲略也，無非所以成己也；以此而教，時而詳曉曲諭，不爲多也，時而單提直指，不爲少也，無非所以成物也。以此而逗機緣，當士習之浮誕，方之以朱子可也；當士習之膠固，圓之以王子可也。何也？能法二子，便是能襄孔子，所以救弊也。救弊存乎用，用無常，不得不岐於異。以此而討歸宿，將爲朱子焉，圓之以孔子可也；將爲王子焉，方之以孔子可也。何也？能法孔子，纔是能用二子，所以立極也。立極存乎體，體有常，不得不統於同。同而異，一者有兩者遞爲操縱，其法可以使人入而鼓焉舞焉，欣然欲罷而不能；異而同，兩者有一者密爲融攝，其法可以使人入而安焉適焉，渾然默順而不知。此又先生昭然以一大聖兩大儒作日新榜樣，爲世世學人指南也，在諸君自識之而已。」

高君揭等起而謝曰：「而今而知『日新』之義若是其浩也。請得歸而質諸先生以報。」

重脩常熟縣學尊經閣并葺復祀典創置學田記

國家之設學，從來遠矣，本之先師孔子之所以教天下萬世於無窮，而天下萬世所以佩服先師孔子於無窮者，胥於是乎在。是故其煥然而爲謨訓之昭垂，能使人相與誦習焉而不敢背者，非僅僅在文字間也；其肅然而爲俎豆之薦享，能使人相與奔走焉而不敢玩者，非僅僅在儀物間也；其翩然而爲縫掖之森列，能使人相與敬且愛焉而不能已已者，非僅僅在體貌間也，凡皆宇宙間一片精神之爲也。是故感即應，觸即通，其發脉在聖人，而未嘗不貫徹於吾人，其發機在俄頃，而未嘗不旁皇周浹於千百世之上下也，在柄世道者聯合而總攝之耳。

琴川楊侯之爲令也，持己以廉，牧民以慈，接士以誠，繩暴以法，不愧古之循良矣。一日詣學，目擊蕪莽之狀，慨然太息，退而捐俸金，散鍰金，鳩工掄材，舊之飭而新之圖，爲之脩尊經閣，欽聖製也；爲之葺祀典，妥神靈也；爲之置學田，優士禮也。其德意甚茂，而其所規畫甚具而有法。虞人士相率聚而誦焉，於是茂才繆生肇祖、朱生曾省、嚴君柟等共詣予，屬予爲記。

予惟世之爲令者，上之清筦庫，勤聽斷，規規簿書期會之間以見能，如是而已耳；下之盛厨傳，都筐篚，務稱貴人意以博一時之譽，如是而已耳。其於民之疾痛痾癢，猶然不暇問，而又何有於教化之事哉！乃侯夙夜孜孜汲汲，顧不在彼而在此。曹所甚委，侯獨爲任也；曹所甚緩，侯獨爲急也；曹所甚簡，侯獨爲隆也：是必其卓越之識，有以超出流俗之表，又必其一片精神，周流灌注，有以通聖人吾人而爲一體，通千百世之上下而爲一息，始有此作用耳。侯於是乎過人遠矣。

侯聞之，謂諸茂才曰：「吾聞昔之貌孔子者，顔氏之仰鑽瞻忽，得其髓；曾氏之秋陽江漢，得其骨；端木氏之宗廟百官，得其肉。自此以外，不過得其皮而止。況予之纖纖拮据，又其末也，夫何足云？」諸茂才以告，予曰：「非也，是特存乎人之所見謂何耳。即如孔子，曷嘗有皮肉骨髓四者相也？凡以見之淺者，其得亦淺，見之深者，其得亦深，遂作是分别耳。神而明之，一而已矣。故夫侯之孜孜汲汲於今日，與孔之孜孜汲汲於當日，無以異也。諸君果有意乎？試思端木氏何人，曾氏何人，顔氏何人，推而極之，吾孔子亦何人哉！惟是仰而模，俯而効，一日用其力，竭蹷而趨焉，即諸君之孜孜汲汲於進脩，與侯之孜孜汲汲於拮据，亦無以異也，其於陟聖躋賢，正自不遠耳。何者？均此一片精神也。諸君勉之，庶幾其不負侯。豈惟不負侯，且不自負。豈惟不自負，由是處則慥慥，足以敦行而表俗；出則卓卓，足以建事而匡時，且不負國家二百餘年之培養矣。不朽盛事，海虞其何讓焉？」

侯名漣，字文孺，楚之應山人，丁未進士。其佐侯而襄厥績者，學諭則李君名維柱，字本石，楚之京山人；司訓朱君名朝選，字維玄，寧之旌德人；朱君名正定，字在止，常之靖江人。法得備書。

長治縣改建學宮記

蓋昔吾夫子憂道之不明不行，喟然發歎曰：「知者過之，愚者不及也；賢者過之，不肖者不及也。」竊以爲此兩言，盡學術之變矣，流而不已，復有甚焉。何以故？謂之過，公然與不及分途也；謂之不及，公然與過分途也：是則知愚賢不肖判而爲二。有人於此，矜其聰明，直跳而之於聖人之所不知，而繩以夫婦之所共知，猶然昧焉；憑其意氣，直跨而之於聖人之所不能，而繩以夫婦之所共能，猶然却焉。將謂之過，而庸猥疎脫又疑於不及也；將謂之不及，而超忽凌頓又疑於過也：是則知愚賢不肖混而爲一。知愚賢不肖判而爲二，其爲失也顯而易辨，是故當其過，吾得而裁之；當其不及，吾得而振之：病在氣質猶可言也。知愚賢不肖混而爲一，其爲失也微而難辨，是故欲裁其過，彼且有泰然安處於庸衆之下者；欲振其不及，彼且有偃然突據於聖人之上者：病在心髓不可言也。非徒爾也，原其超忽凌頓，既足以見奇而自標；跡其庸猥疎脫，又足以適俗而自便，道蒙其害而人蒙其利。道無方，縱蒙其害，造次莫得而指名；人有欲，壹蒙其利，終身膠結而不解。吾末如之何也已矣。異時夫子一則思狂，一則思狷，一則思有恒。至謂古者民有三疾，今也或是之亡。嗟嗟！夫子非喜有疾而惡無疾也，有疾止乎疾之辭也，其真心自在也；無疾甚乎疾之辭也，其真心漸滅盡矣：此又夫子之所深憂也。

長治懷白周公來守吾常，會其邑改建學宫，屬予記之。予詢所繇，公曰：「潞，古上黨郡也。國初，仍前代爲潞州。嘉靖初，陞府，置縣學，仍舊制，一世以後，人文頗盛。乃議分置縣學，割府學一隅爲之，而人文遂遜於前。説者歸咎於分裂故基，損壞風氣，嗣是咸議修補。獨高陵劉公來守是土，創議改建。卜地於藩封之右，府庾之隙，拓以民居，爰定規制，請於當道。當道僉報曰可，已又得孫公、曾公繼之協終厥事。而今而往，庶幾人文之有興也。敢乞靈於子。」予謝曰：「憲也陋，何知人文？間覽晉乘，之邑也，雅號爲樸，所願無忘其樸而已。」公曰：「足乎？」予曰：「足矣。夫樸人之真心也，内之無安排無攙和，外之無擬議無矯飾，真也。是故率意而往，率意而來，瑕瑜短長，皎然畢見，不欺屋漏矣，可以立本。是故有過焉，與夫人共知其過，能受損矣；有不及焉，與夫人共知其不及，能受益矣，可以入德。是故脩諸家，一家信之矣；脩諸鄉，一鄉信之矣；脩諸國，一國信之矣；舉而措諸天下，天下信之矣，可以致用。何者？惟其真也。非是，即才若管、晏，智若良、平，辨若儀、衍，藻若遷、固，抑末耳。甚者反以藉寇齎盜，爲世詬僇，將焉用之？」公曰：「吾子之言，善乎其以樸張者也。請得受而籍之，以詔我多士，意且有省乎，相與退而反諸心，以求無失乎本來面目，進而取裁於聖人之道，以求詣其極而無狃於偏。藐茲不腆之邑，實重有賴焉，何憂乎不足？」予謝曰：「允若茲，夫子思有恒而有恒矣，思狂狷而狂狷矣，思中行而中行矣，惟吾道實重有賴焉，何憂乎不明不行？謹志之以俟。」

劉公名復初。孫公名鋐，崇陽人。曾公名臯，廬陵人。王君名浩，臨邑人。同事者，郡佐童君世彦、李君德、王君愛、焦君思忠、王君致中，縣令李君仙品，與劉公同鄉，同議此舉。李君獻明、閻君溥，縣丞吴承宗，主簿艾有騋、楊善，典史馬李章，署教諭張一翰，訓導王三重，督工耆民、申志、臯路仁等，皆竭力贊襄者，法得附書。

石沙王先生祠記

嗚呼！此吾錫石沙先生之祠也。曷爲祠之？閩志也。曷言乎閩志？先生嘗按閩，所爲功德閩者甚鉅。今五十餘年矣，閩中思之猶一日也。而會厥嗣懷石君官鴻臚，奉使入閩，時則太僕少卿王公維中，御史張公英、黄公泮、周公京，苑馬卿鄭公一龍，參政陳公柯、陳公全之、羅公一鸞，參議張公冕、蔡公一槐，副使田公楊，僉事康公憲、王公徽猷，太守鄭公銘、張公敷潛、李公春芳、李公長盛、朱公資、王公繼芳，長史陳公九經，解元鄭公啓謨，趨而逆諸境，既見，莫不泫然泣下，曰：「先生之子也。」聚族而謀祠先生，以永所思，於是乎有祠。祠曷不於閩而於石沙？其說曰：「惟茲八郡一州五十一邑，何之而非先生之明德之所波及也？其誰得而顯諸？先生誠不忘閩，御風乘雲，時儼然式而臨之，於此乎，於彼乎，不可知也。吾聞先生少嘗讀書石沙山中，既老復就而息焉。石沙，先生之始終也，神必栖矣。與其以先生狥閩也，寧其以閩狥先生。」衆以爲允，遂捐金而授懷石君。已太常池公裕德、選部李公多見後先道錫，亟走拜先生壟上，相顧黯黯不能去，退而徵祠盟，於是郡司理余公繼善檄邑尉袁君董其事。既成，懷石君肅而謁其邑人顧憲成曰：「甚矣！諸君子之不泯於先大夫也！轂不敢忘先大夫，敢忘諸君子？君其記之。」

憲成作而歎曰：「嘻！是其上下之際深哉！」則又曰：「是不獨閩志也，於邑亦有之。憲成生而晚，不及事先生，而間從里中父老習先生之緒，以爲危言危行，魁然古之博亮君子也。其居鄉絶不妄與人通，遇曲直秉義而裁之，不少假。即有利害大故，挺而白於有司，不少避。先生之所施於鄉遠矣，夫非吾儕之典刑耶？故曰是不獨閩志也。余惟士方俛首閭巷間，諷先生之業，各粹然懷君子之意。及其倖博一第，稍試諸行事，顧往往乖剌不應，民無德焉，彼其遠有所蔽也。即投機遘會，微立名跡，托於赫赫之途哉！及其一旦罷歸，優游自娱而已，甚者至恣睢以明得志，彼其近有所奪也。乃先生之所爲功德閩者既如彼，其所爲施於鄉者又如此，不已難乎！《詩》有之，『高山仰止，景行行止』。先生往矣，而今而後，過者望先生之祠而謁焉，驟而覩其像，戟髯虎目，英爽凛如。業中億其非恒人，徐而考其行事，流風餘韻，久而彌章，不爲衰歇，庶幾悚然而思，勃然而起，繼之以躍然而不能已也夫！夫然，則世之不及事先生，與其覩先生之近而遺其遠，覩先生之遠而遺其近者，皆於斯乎有賴也，其所係大矣，爲將次其説以俟焉。」

先生名瑛，字汝玉，號石沙山人，嘉靖壬辰進士。

常鎮道觀察使者虚臺蔡公生祠記

虚臺蔡公持節而蒞我吴也，默而思曰：「吴之難治久矣，道將安出？」徐而締觀土風，熟察利弊，憬然有悟也，曰：「吾知所以與之矣。」遂下令與民更始，豪横有禁，刁惡有禁，打行紥詐有禁，窩訪窩盗投充税幹有禁，諸馭民之具種種備。已而中復念曰：「善馭民者，不專求諸民也，當從馭吏始。」則申之曰：「貪墨必罪，苛酷必罪，非掌印官而受狀受呈者必罪，胥徒舞文必罪。所部守將及材官騎士之屬，各依汛地，謹禦非常，盗賊鹽徒發而不覺、覺而不治必罪。」諸馭吏之具又種種備。已而中復念曰：「善馭吏者，不專求諸吏也，當從馭身始。」則儼然而親示之標，絶餽遺，杜請托。批申刑名，不假左右，何慎毖也！地方賢否，不别採訪，何光明也！日用蔬米，不用鋪行，何簡便何正大也！驛遞夫船，不狥過客，何簡便也！而終之曰：「本道如有差錯，及道役有犯沉匿、需索、作奸等弊，幸即明白見示，以憑改正究治，此地方相成第一義也。」

噫嘻！至矣！盡矣！公可謂有諸己而後求諸人，無諸己而後非諸人者矣。故令下十日而吴中相戒無犯，令下期年而諸弊俗悉更，吴以大治。稍暇輒簡諸才俊，進而與之談説經旨，揚搉文義，勉導以古人之事。至於學校、祠廟、先賢遺跡有可興人文裨世教者，率不難爲之主持脩舉，又皆出自俸金贖鍰，不煩民也。比戊申、己酉間，歲大潦，饑莩載路，公焦神勞思，議蠲議賑，諸所爲撫摩拯救，不遺餘力，東南賴以安堵如故。久之，主爵者廉公政行異等，數推轂公，諸父老聞之大驚，奔詣兩臺乞留，幸得請加銜復任，歸而婦子欣欣交語，自是可長有公也。不意公一旦偶有感，輒拂衣去，比覺，舟已及於梁溪之滸矣。乃皆鬨然而起，不期而集者凡幾千萬人，相與號泣而追之，叩首呼天請留，公不顧，又追至吴門，又不顧，已又追至檇李，卒又不顧，至武林而公且飄然渡江去也。始皆彷徨無之，不得已而返，日夕怏怏不自聊。因謀建祠，肖像其中，庶幾得時時奉事公，其猶長有公也。於是合屬士民，翕然以爲允，而商人朱程等且特捐貲首倡，聞者群而和之，熙熙子來，不踰時而祠成矣。乃介孝廉郁元禎屬予爲記。

予作而歎曰：「甚矣！公之德之入人深也！」既而曰：「甚矣！諸父老之自爲計深也！」元禎曰：「何？」予曰：「是有三焉。一以寄去思用自解慰。一以明我吴之人心均此秉彝，是是非非，略無瞞昧，不應獨蒙難治聲。一以示來者，俾知取程於公，跡公之所以馭身者馭吏，而吏莫不恭其職矣；跡公之所以馭吏者馭民，而民莫不循其則矣。夫如是，然後真能長有公也。諸父老之自爲計，豈不深哉！豈不深哉！」元禎喜曰：「《詩》云『他人有心，予忖度之』，斯之謂矣。」肅起爲諸父老謝，退而録其語，勒之石。

蔡公名獻臣，同安人，己丑進士。祠在澄江之南關，重所莅也。

涇皋藏稿第十二卷

無錫顧憲成著

斗瞻説贈陳穉颿

陳伯子斗原之少弟穉颿既冠，伯子爲問號于予，予號曰「斗瞻」。伯子曰：「請著其義以勗吾弟。」予曰：「聞之瞻之爲言，望也。夫士者，衆之望也，不可不慎所繇焉。是故言焉而莫不承聽，然後能爲人耳也；行焉而莫不承視，然後能爲人目也。能爲人耳，能爲人目，然後能爲人望也。能爲人望，然後能爲人上也。故在家而家齊，在國而國治，在天下而天下平。」伯子曰：「若是乎瞻之義之大也！敢問何脩可以臻此。」予曰：「昔者聞之，凡能爲人上者，必能爲人下者也。蓋孔子之門弟子凡三千人，而獨推顔氏。由今觀之，顔子蕭然陋巷而已，一簞食，一瓢飲，匹夫匹婦之所得而侮也。其爲人也，以能問於不能，以多問於寡，有若無，實若虛而已。校智則不如子貢也，校勇則不如子路也，校藝則不如冉求也，校辨則不如宰我也，然而當時稱焉，千百世而下願爲之執鞭而不可得者，至以爲優于湯武，何也？其欲彌絀，其志彌伸；其氣彌斂，其德彌光。故夫能爲人下者，能爲人上者也。吾曹誠不解陶朱、猗頓之策，善問家人生産，以方顔子，不啻過矣。握管而爲文，稱性命，述禮樂，傲然而無慚也。試反而徵之，有萬分一于此乎？以方顔子，不啻不及矣。乃或過者當之以不及而重求侈，不及者當之以過而輕爲驕人，其謂我何？稺飆盍祗適顔德乎？」伯子曰：「此非特可以勗吾弟也，予請得而偕事焉，以無替明訓。」予曰：「善哉！元方難兄，季方難弟，本是太丘先生家典刑。二君能俾予異日免失言之咎，予拜賜矣。」

三變説

往聶摶羽進士觀政吏部，越歲選令玉峰，過予而問政，予曰：「士有三變，足下知之乎？」曰：「未也。」曰：「始而舉於庠，一變也；繼而舉於鄉，一變也；終而舉於南宮，一變也。」曰：「虎變則變，豹變則變，是足以爲變乎？」曰：「吾所謂變，非於庠於鄉於南宮之謂也。凡人情安常履故，習見習聞，率混混過日耳。惟所值之境界更換一番，而後吾之精神意慮亦爲撥動一番，惟吾之精神意慮撥動一番，而後所就之格局亦爲更換一番，故曰變也。其變之善不善，則存乎人焉。固有生平漫無短長，到此忽轉一念，傑然奮起，日向高明之路攀躋而行，便登上品，是謂善變。亦有生平儘鮮尤悔，到此忽轉一念，蕩然放棄，日向卑汙之路沿洄而行，便墮下流，是謂不善變。故變者，吉凶悔吝之幾，不可不慎察也。」曰：「均之變也，變而之善常難，變而之不善常易，何也？」曰：「是有由矣。士方俛首鉛槧，所朝夕對者，《詩》《書》耳；所出入周旋者，父母兄弟二三親知耳。及舉於庠，乃稍與世涉矣。已而舉於鄉，舉於南宮，益又與世涉矣。靡文俗套，既引而弄之傀儡之塲；功名富貴，又驅而納之罟阱之域，非夫定見定力卓然有以自拔於萬物之表，其孰能不波？予嘗默默追省，庚辰以後涉入之心，較諸丙子之時之心，不無毫釐之差。丙子以後涉入之心，較諸庚午之時之心，又不無毫釐之差。庚午以後涉入之心，較諸垂髫之時之心，又不無毫釐之差。由毫釐而積之，倏而分，倏而寸，倏而尺，倏而尋，倏而丈，潛移密改，驀不知其所由來，倘不時時自提自喚，當下回頭，行見涓涓滔滔，渺不知其所底止矣。此予身親體驗事也。今曰變而之善常難，變而之不善常易，却是足下身親閱歷語也。足下第不忘此念，時於急流之中返而一照，將見難者易，易者難矣，於政乎何有？」搏羽首肯者再。爲玉峰，果稱循吏云。

予頃偕同志脩東林之盟，稍稍有携時義就商者，遂因而結一文會焉，於是學使者臨校聯翩而列青衿。予爲之色喜，退而自惟曾何能有助於諸友也，而諸友往往過念一日之雅，則又以愧。偶憶三變之説，輒述以告，用附於切偲之誼，且申之曰：三變自青衿始。我明開國二百餘年以來，道德勳庸炳於星日，問其人，大都自青衿始。諸友將爲虎變乎？將爲豹變乎？即異時與諸先達齊驅並駕，作宇内第一流人物，亦孰不自今日始也？予請拭目以俟。

兩忘説贈赤崗王先生

王赤崗先生，楚材之傑也，海内無不傳先生名矣，孰知尚困青袍乎？乃先生固恬如也，不爲意，惟日依依太夫人膝下，曰：「吾何必以是區區者易我一日？」今年秋，太夫人復命之赴南京兆試，赤崗婉辭以謝，太夫人不可，勉而南。偶遭舟子之阨，不樂中復念太夫人不已，遂病，怔忡歎曰：「吾身太夫人有也，奈何以是區區者易我七尺？」遂飄然而歸，且貽書别予，問何方之倏可以還故吾告無恙。予何所知？何以酬下問？竊嘗有味於程伯子《定性書》中「兩忘」二字，敢爲先生誦之。何謂「兩忘」？内忘也，外忘也。憶予少時問養生於玄客，玄客授以二十字曰：「若要生此身，除非死此心。此心若不死，此身安得生？」爲之爽然一快。了此便不墮言思窟，可以言内忘矣。前歲過虞山，在坐有問死而不亡其指安在，予就中下一轉語答之曰：「若要生此心，除非死此身。此身若不死，此心安得生？」問者爲之點頭。了此便不墮軀殼塹，可以言外忘矣。兩忘則性於我定，性定則命於我立，俯仰逍遥，自由自在。其究也陰陽不能制，五行不能局，倏短不能囿，藐兹病魔，方當慴息退伏，去而深山，去而深淵，惟恐影響之不幽，尚敢弄伎倆於青天白日之下哉！予不知醫，聊以此備藥籠中物，先生試服之，其效與否，願以報我。

庸説與邵貞菴論拙齋蕭先生軼事作

予釋褐民部郎，得事同署拙齋蕭先生，先生有道君子也，予雅重之。先生亦不予鄙，因得時時暱就，奉其提命，多所醒發。久之，先生出爲紹興守，予亦乍進乍退，與先生相違且二十餘年而先生即世。又久之，先生之子思似孝廉君秉鐸婁江，亦時時過東林論學，恍然如見先生。孝廉因携所緝《存先録》，屬邵貞菴乞予爲先生傳。予讀之，謂曰：「志則滳園焦翰撰，碑則石簣陶宮諭，核矣備矣，無容贅也。況予夙有文字戒，可奈何？」貞菴曰：「然則請商先生軼事。」予曰：「試舉看。」貞菴曰：「楚黄二魯周公嘗欲舉先生與鍾礪山卓異，先生曰：『鍾騎驢，衣布茹蔬，便有可舉。我輿蓋，衣文繡而食膏粱，猶夫人也，有何可舉？』二魯笑而罷，子以爲何如？」

予曰：淵哉！此先生之髓也，不可不竟其説。夫道者中而已矣，中者庸而已矣，庸者率性而已矣。爲衆人之所能爲而謂之庸，爲衆人之所不能爲而謂之卓異，是也，恐猶不免就跡上較量耳，孰若反而證之於性。誠反而證之於性，凡出自率性，無往而非庸也。且夫茅茨土堦，堯舜則能之，凡爲人主者能乎哉？胼手胝足，三過門而不入，禹稷則能之，凡爲人臣者能乎哉？然而在群聖人，無往而非庸也，何者？率性故也。康節之詩曰：「唐虞揖讓三杯酒，湯武征誅一局棋。」如以其跡而已，三杯酒夫人而能之，唐虞揖讓不可能也；一局棋夫人而能之，湯武征誅不可能也。究其實則一耳，何者？率性故也。追惟先生，其衣文繡而食膏粱，夫人而能之。至其官民部，榷税崇文門，視例薄不均，毅然更定不便者，因以爲謗不顧。榷税河西，用寛平登額羡金二百餘緡，籍而儲之筦庫。其官越，開三江閘，築西陵塘，民以永賴。其官大梁，適無年，拯救有法，所全活不可勝筭，事寧更以鍰三千緡市穀實所部。其官關中，鑛税二使，一切裁以法，中人奴劉有源箠士至斃，爲聲其罪於兩臺，論殺之，群小脅息。又先生方未第時家貧，授書養父，爲二弟婚，盡其力。及致其仕而歸，授産諸子，與弟子均。復捐田建蕭氏義莊以贍族，如范文正故事。少從緒山、龍溪二公游，聞文成良知之指，終身佩服，所至輒刻其書以行。晚而治一舟，若古人所謂浮家泛宅者，欲遍訪東南同志，以印所學。嘗曰：「學不可有執。伯玉行履，婦人女子皆信之，行年五十而乃自知其非也。知非而後能化。」公之所造如此，不可能也。要之，亦自人見之，有此分别相爾，在先生，無往而非庸也，何者？率性故也。其爲衆人之所能爲，而非狥也；其爲衆人之所不能爲，而非矯也。狥則媚世，矯則驚世，凡皆庸之賊也，何足以窺先生？抑又有説焉，王山陰曰：「三杯酒須用揖讓精神，一局棋須用征誅精神。」此指甚微，會得時乃知唐虞之三杯與衆人之三杯應有辨，湯武之一局與衆人之一局應有辨，先生之文繡膏粱與衆人之文繡膏粱應有辨。苟其有辨也，即衆人之所能爲而衆人之所不能爲自在，雖謂之卓異，宜也。先生可無謝，二魯可無罷矣。予欲質於先生而不得，願以質於孝廉，并寫一通質於二魯，庶幾有以發予之蒙也。

貞菴曰：「是不惟洞見先生之髓，可補兩太史所未及；亦且洞見《中庸》之髓，可與子思子相上下矣。」

朱子二大辨續説

季時輯行《朱子二大辨》，予業爲之引其端矣。既而思之，其於儒釋王霸之辨，尚覺未竟。何則？聖學以性善爲宗，異學以無善無惡爲宗。當孟子與告子往復諭難時，其説各不相謀，分而二也。今之言曰「無善無惡謂之至善」，然後其説各不相碍，合而一矣。分則孟子自孟子，告子自告子，孰是孰非，可得而辨也。合則孟子之説轉而爲告子之説，孟子是，告子不獨非，告子非，孟子不獨是，孰是孰非，不可得而辨也。乃論者率喜合而惡分，所以儒釋王霸混爲一途，卒之儒不儒，釋不釋，王不王，霸不霸，而兩無歸着也。

夫儒釋王霸，非可區區形跡間較也。釋學遺情絶累，以清浄寂滅爲極則，得無善無惡之精者也，是予向所云最玄處也，究也超其性於空矣，儒則實；霸學挾智弄術，以縱横顛倒爲妙用，得無善無惡之機者也，是予向所云最巧處也，究也戕其性於僞矣，王則誠。是故認性爲實，性在善中；認性爲空，性在善外。誠於爲善，善在性中；僞於爲善，善在性外。此不可不精察而慎擇也。是故性善之説與無善無惡之説分，即儒釋王霸亦隨而分，從其分而辨之也易。性善之説與無善無惡之説合，即儒釋王霸亦隨而合，從其合而辨之也難。端緒甚微，干涉甚巨。吾始以爲告子之偏執不如陽明之融通，而今而知陽明之融通又不如孟子之斬截，足以折異論，撤群疑，使人曉然於毫髮千里之别也。此不可不早計而預防也。

季時曰：「告子釋學乎？霸學乎？」曰：「語其悟也，無善無惡；語其修也，不得於言勿求於心，不得於心勿求於氣；語其證也，不動心。以釋用之則釋也，以霸用之則霸也，存乎其人而已。是故釋氏曰『無生』，告子曰『生』，其見性同也。霸者假仁義，告子桮棬仁義，其禍性同也。」季時曰：「同乎？」曰：「性，杞柳也，初未始有桮棬也；性，湍水也，初未始有東西也：是其所指以爲生者，正其所見以爲無生者也。性無内，仁内也，非性也；性無外，義外也，非性也：是其所指以爲梏棬者，正其所見以爲假者也。然則謂之無生者，無生而無不生，原不落滅境；謂之生者，生而未嘗生，原不落起境。兩下立論，若各持一説，總之互相發，非互相左也。假仁義者計以仁義爲利，慕而即之；梏棬仁義者計以仁義爲害，厭而離之：兩下發念若各行一意。總之，覩其似未覩其真也，將無同所不同者。釋學圓，告子僅知得頓；霸學蕩，告子較把得定耳。世之君子於孟子則尊事其名而背其實，於告子則尊用其實而避其名，其所自命則卓然以聖學爲期，其所標揭則公然與異學立赤幟，不識何也。」季時曰：「參究到此，誠拔本塞源之論也，不可以不志。」因復次第其語授之，蓋以爲是天地間公共事而思求正於有道君子，相與尋箇是處云爾。

涇皋藏稿第十三卷

無錫顧憲成著

題中流砥柱圖

有客攜《中流砥柱圖》贈寧方伍子，伍子疑其跡於諛也，出以問予，予曰：「非諛也，頌也。」伍子曰：「何也？」予曰：「吾始者嘗與君同客燕，每過邸中，輒聞崇議，憂盛危明之情充溢眉頰。偶感時事，抗章闕下，至引『三不足』之説爲證。及出而督學兩浙，秉鑑持衡，竿牘盡絶，惟日孜孜，表章潛懿，風厲人倫，一時士習翕然丕變，無何遽拂衣歸矣。已而從田間起參粵藩，適當開採之役，百倍苦心調停，十倍苦口捍禦，地方倚爲長城。主爵者且數推轂，擬不次登用，無何又拂衣歸矣。進而任事，不避艱險，足以立懦；退而就閑，不俟終日，足以廉頑。豈不屹然世道人心之砥柱哉！聞之飾所無曰諛，揚所有曰頌。故曰非諛也，頌也。」伍子謝曰：「此非予之所敢當也。」予因前曰：「是頌也，亦規也。」伍子曰：「何也？」予曰：「進退二途也，行藏一道也。客之意，夫固曰君之進也，業有所以行之者矣，今茲之退，將無所以藏之者乎？其必永矢初心，益敦晚節。修諸身，家人則而象焉，修諸家，鄉人就而式焉，傳及海内，無問識與不識，莫不想望風采，願爲執鞭。木石是居，鹿豕是狎，而世道人心隱然繫命，安往而不砥柱哉！則斯圖之光也。倘謂吾宦已成矣，名已立矣，求田問舍而已矣，不然則尋花問柳而已矣，又不然則談空課玄而已矣，向之所慨然自許，頂天立地作人間偉丈夫者，竟何在也？無乃隨波逐流，飄飄不根之萍乎哉？則斯圖之耻也。然則斯圖也，不亦可比於盤盂几杖之銘乎？故曰是頌也，亦規也。」伍子避席而謝曰：「甚哉！子之愛我以德也！請無以老自棄，朝夕祗肅，以對明旼於無斁。」

殫心録題辭

曙峰王君之爲吴關也，聲稱籍甚，方吴越千里内外，往來之旅轉轉騰説，莫不欣然願出於其途。予聞而異之，已而有言君三仕令尹，並著循良聲。予益異之，以爲真潔已愛民君子也。偶問醫姑蘇，道經吴關，君訪予舟中，一見如故。及予報謁，君遂出巵酒酌予，相對爲秉燭談，亹亹皆古人風軌，忽不覺沉痾之霍然去體也。已而示予《殫心録》，則君後先所擘畫敷施具在。予受而卒業，質諸所聞，一一不爽。因詢君命名之指，君曰：「天下之事，才者能爲，智者能謀，强有力者能任。予於斯自省無處也，惟此心不敢不盡焉。苟有利於民則躍然以起，不爲之聚而歸之，不已；苟有害於民則惻然以興，不爲之除而去之，不已。是故在沔池即身視沔池，在桐鄉即身視桐鄉，在密雲即身視密雲。今兹抱關，與東西南北之人交，即又身視東西南北。恩怨之不知，毀譽之不知，知盡吾心而已。」予曰：「善。然則君之爲是刻也，何居？」君曰：「人情勤始而怠終。吾將借以自鏡焉，庶幾左於斯右於斯，無忘昔日之爲邑也。自是而往，無忘今日之吴關也。凡求終始不愧吾心而已。」予作而歎曰：「淵哉！君之所存也！彼僅僅以才、以智、以强有力而已焉者，何足以窺之？當爲揭而告於世，俾在位者人人得是説而存之，其於天下可幾而理矣。」

題閭予諸友會規

東林有會矣，閭予諸友復爲是會，何也？一番合并則一番振作，固彼此之所以互相成也。然而共事者僅僅數君子，何也？求益愈切則擇交愈慎，又諸友之所以自爲計也。於是攜其《會規》視予，予讀而喜曰：「會不厭多，貴其真；友不厭少，貴其精。既精且真，吾黨其有興乎！」爲書其端以志勗。

一元巨覽題辭

朱廣文輯《一元巨覽》成，攜而示予。其指倣於邵子之《皇極經世》，自三才剖判以來，莫不次第而臚列焉，蓋造化人事無窮之變，大略具矣。予受而疾閲一過，頓覺心胸廓然，境界迥别，無内無外，無上無下，無遠無近，無古無今，打成一片，無是我者。退而徐徐玩繹，所當盛衰汚隆、善敗得失之際，時而爲之躍然以喜，時而爲之愀然以戚，時而爲之悚然以駭，時而爲之穆然以思，又無非我者。此中消息，在各人自知之耳。誠知之，即天地莫能囿，萬物莫能役，會應有無限受用，不知即與草木禽獸並生並死於一元之内而已。此古之聖賢所以終其身兢兢業業，不敢須臾瞞昧過去也。廣文曰：「作如是覽，乃眞巨覽。不佞輯是編，嘗感光陰駒隙，一混一闢亦僅僅轉眼間。竊謂吾儕不當以玩愒爲無傷，姑曰有待而倏至於無可待也。今聞子之言，益懔懔矣。」

題丹陽丁氏追遠會簿

雲陽丁子行從予游有年矣，懇懇乎孝弟之爲亟也。一日攜其《追遠會籍》視予，予閲之，喜曰：「非徒知之，亦允蹈之矣。」已睨子行而言曰：「遠乎哉？遠乎哉？」子行豁然起曰：「非遠也，一體也。」予曰：然。聞之能自愛者，能愛親者也；能自敬者，能敬親者也。是故百世而上，百世而下，極之於所不知何人，而呼吸喘息無弗屬也，無弗通也，在我而已，夫何遠之有！抑又聞之，能愛親者未有不能愛人者也，能敬親者未有不能敬人者也。夫豈唯人？盡大地山河，種種色色，無不由此而分，孰得於其中爾汝之哉？故曰知其説者之於天下也，如視諸掌，有味乎孔子之言之也。子行之志，不徒欲善一身，而兼欲善一家，予則謂不當徒善一家，且當兼善天下。因推其説以進之，子行勉矣！

題同生許明府册

吴下多假人命之訟，最是禍事。初狀行差人謀牌，業有費，已或委衙官、挾仵作往相上下請求，又有費，總視被告家貧富爲多寡耳，往往至於破家。久之糾纏無已，亦自破其家，而訟者卒不悟也。同生許明府來令吾邑，凡以人命告者並不出牌。其在城即挾原告躬至屍所視之，其在鄉即令載屍至城，至時呼原告面質，所以往往辭窮而退。或有他故，即諭之令別具狀，隨遣一役挾之，葬埋訖而後聽理。以是近者頃刻立決，遠者亦不過三五日。往往被告之人聞之驚惶，疾走至縣門問消息云何，而事已竟矣。明府爽朗洞豁，如除盜賊、禁賭博、創淫巫、寬門稅，諸善政多津津口碑，而獨此一事尤爲造福無窮。世之仁人君子誠有取焉，相與倣而效之，其造福又當何如？他年有採循吏事入國史者，只將此一事大書特書，爲後賢告，其造福千萬世又當何如也？予故表而出之以俟。

鄭母呂太夫人七十祝言

攻予鄭子嘗讀《論語》第一章，疑「學」字未有着落。已讀第二章，悟曰：「我知之矣，所謂仁是也。」却又疑「仁」字未有着落，尋悟曰：「本章已明明道破了，所謂孝弟是也。」予聞而善之，復謂之曰：「有子首句提出『爲人』二字，莫更好？」攻予躍然投契。於是攻予之母呂太夫人七十，同社閶予諸友乞予言爲壽。予曰：「世之爲人子者，所汲汲娛悅其親，只在精舉子業以博青紫已耳，乃攻予獨留心性命，時時求三益而切偲焉，即攻予之爲人可知矣。世之爲人父母者，所汲汲願望其子，亦只在精舉子業以博青紫已耳，乃呂太夫人見攻予之游於東林，輒欣欣色喜焉，即呂太夫人之爲人可知矣。知呂太夫人之爲人，則知呂太夫人之能自爲壽；知攻予之爲人，則知攻予之能爲呂太夫人壽。是母是子萃於一堂，千秋之觴，庶幾其不虛薦乎？」閶予諸友起曰：「華封三祝，千古推爲美談。由今觀之，其猶屬第二義也已矣。」

待旦堂漫談題辭

予之知中丞懷魯周公舊矣，蓋自初釋褐時得之魏仲子崑溟，崑溟得之劉仲子紉華云。紉華，端人也，不輕許可，亟稱公慷慨有志略。予心識之，遂得交歡公。及其出爲令，入爲御史，所在著聲蹟。歲乙巳，持節來撫我吴，予逆諸芙蓉湖上，進而接其言論風旨，退而按其行事，一一不爽，乃追服紉華爲知人。而何世之知之者之鮮也？予幸知之矣，無能剖心以明公。即海内長者如沈司馬繼山、趙考功儕鶴諸公，亦嘗與公共事，知之矣，率沉伏清泉白石間，所相告語，惟是山農野叟、樵兒牧稚之倫，無由聞於輦上君子也。此公之遇也。一日，得公所記《待旦漫談》，讀之蓋不勝太息。嗟乎！公之生平表表如是，庸可襲取？庸可强飾？而能默然坐受多口、無不平之鳴乎！已而解曰：「不疑之金，伏波之珠，自古而然，於今何怪？」已又豁然忽有悟也，遂題尺一貽公，曰：「斯民也，三代之所以直道而行也。彼求多於公者，曷嘗有成心哉！假令寓目是編，必且疑，疑而核之，一一有徵，必且信；既信矣，必且以爲知公晚也。公自是伸矣，此又公之遇也。」公笑曰：「吾且隱矣，焉知其他？吾求不負吾，吾求不負吾二三知舊，從清泉白石間分割半席，異日有所藉手見吾紉華、崑溟二仲，吾願畢矣。」

冰川詩式題辭

真定冰川梁先生雅嗜詩，精研博採，積三十餘年，著《詩式》十卷，上自古樂府，下及近代諸體，條分縷析，井井具矣。乃詩原特揭出一「悟」字，尤爲喫緊。試參之，悟果何物耶？凡涉於聲便有清濁，可以緣清濁而得之，而此非清非濁，即師曠不能聽也。凡涉於色便有濃淡，可以緣濃淡而得之，而此非濃非淡，即離婁不能矚也。凡涉於味便有甘苦，可以緣甘苦而得之，而此非甘非苦，即易牙不能嘗也。凡涉於象便有方圓，可以緣方圓而得之，而此非方非圓，即公輸不能辨也。故曰：「鴛鴦繡出從君看，不把金針度與人。」其旨精矣，畢竟金針猶可度也。當問「把金針是誰」，庶幾通得一指頭消息耳。吾欲面質先生而無從也，姑書其端以俟來者。

題姚玄升諸友會約

程伯子云：「舉業不患妨功，只患奪志。」今觀《諸友會約》，爲舉業設耳。乃能斤斤交砥，一言一動，一切稟諸繩墨，惟恐少有愆戾以辱東林，此正曾子之所謂「以文會友，以友輔仁」也。志且因之立矣，奚其奪！抑吾每每見人之始而勤，徐而倦，久而卒至於廢棄也，是且不待富貴而淫，不待貧賤而移，不待威武而屈，即求所謂志，弗可得已，尚何論其奪不奪哉！吾知諸友必不爾也，聊爲道破，無令吾言不幸而中可焉。

題鄒貞女傳

何以稱女？未成乎婦之辭也。何以稱貞？未離乎女之辭也。之子未嫁而寡，衰絰謁墓，抱主而歸，朝夕依之，形影相弔，居然離乎女矣。拜其姑，又偏拜其尊屬，退而稱未亡人，居然成乎婦矣。必曰「貞女」，將無重違其雅意？所以起問者見事情，使人欷歔三歎而不能已。于是乎静一淫靡，崇茂德義，君子之教也。顧叔子曰：子雲之賢也而嫁于新，平仲之賢也而嫁于元，説者往往爲之辭。予始且疑而且信焉，以爲是或一道也。今觀鄒貞女事，乃爽然自失矣。

題婁庠政略

予讀蕭伯穀《婁庠政略》，津津有契也，爲之言曰：聖人之道高矣遠矣，非夫超卓之士特立物表，廣覽千古，孰得而幾焉！惟是世之號爲超卓者，往往落拓自喜，土苴繩墨，甚而陽以托於不屑，而陰以濟其無忌憚之私，其藏身彌高，而其處身彌下，爲害非細，此有識之所深懼也。伯穀雅習其尊甫拙齋先生庭訓，於良知之指早有悟入。往予識之燕邸中，見其翩翩有鳳凰翔於千仞氣象，迥非塵界可局，私心偉之。乃今試政婁庠，顧能欽欽以禮自範，又推之以範士，即一言一動，一進一退，無所不致防焉。其謹廩爾爾，有以知伯穀向來之所從入，俱由實地上來，不僅僅玩弄光景而已。

予少負嘐嘐，意不可一世，至妄擬先師孔子不應泛取硜硜一項人，先贈公呵之乃止。一日見曾點責子輿耘瓜事，輒爲悚然，始稍知收斂。時復四顧皇皇，寤寐同心之助，何幸乃得伯穀乎！《易》有之，「知崇禮卑」，竊以爲舍禮卑而覓知崇，便墮無忌憚行徑。如伯穀方可與言真超卓也。且予目擊邇時相率厭修而矜悟，其於程子「識仁説」業奉爲蓍龜，猶以「誠敬」爲礙，掃而去之，孤行「不須防檢、窮索」二語。僭不自量，欲挈其所去收還。程子時有提掇，用遏狂瀾，遂或不無矯枉之過。頃伯穀偕徐孝廉去聞過問東林，商及此段公案，往復再四，諸所闡發，大意務在表章程子當年本旨，不令浮狂藉口，絶不以一毫己見抑揚其間，啟予實多。至日月星一箋，尤爲痛快。會得此，然後一言一動，一進一退，具有着落。其所自範與其所爲範士，不僅僅裝點格套而已。故予又以爲舍知崇而覓禮卑，便墮硜硜行徑。如伯穀方可與言真收斂也。伯穀其志之，而今而往，尚其益加懋焉，以無忘庭訓。予豈惟爲先生賀有子，且應爲吾道賀有人矣。

重刻懷師録題辭

予讀楊夷思先生所輯《懷師録》，爲之出涕，作而歎曰：異哉！梁永豐落落布衣也，其生也不能富人，不能貧人，不能貴人，不能賤人，樵兒牧稚可狎而睨焉。比其死也，人皆冤之，爲之徒者且相與捐身以赴之，至冒鼎鑊、蹈白刃而不恤。張江陵，堂堂相君也，其生也能以人貧，能以人富，能以人賤，能以人貴，公卿百執事侈口頌功德焉。比其死也，人皆快之，爲之黨者且相與戢身以避之，惟恐影響之不懸以蒙其累。是何兩人之處勢微顯判然，而得失之效更自相反！何也？此以心服，彼以力服也。嗚呼！昔一時也，爲江陵獻媚者，殺永豐如殺雞豕，蓋若斯之藐也，布衣固無如宰相何也；今一時也，爲永豐雪憤者，疾江陵如疾豺狼，蓋若斯之凜也，相君亦無如布衣何也。然則是《録》也，一足以示屈於勢者不得爲屈，究必伸；一足以示伸於勢者不得爲伸，究必屈；一足以發明斯民之直道宛如三代，即欲百方磨滅之而不能也。其於世教寧曰小補而已哉！夷思之欲重梓是《録》而新之也，有以夫！有以夫！

題周氏譜録

省梅周子一日攜其家所藏《譜録》視予，予受而讀之。凡諸名哲之論譔，洋洋具矣，言必稱元公，因謂之曰：昔者竊聞之，有道譜，有族譜。道以斯文之似續爲譜，族以一姓之似續爲譜。由元公而上，爲孔、孟，爲文、武，爲禹、湯，爲堯、舜，爲羲、軒；由元公而下，爲二程，爲龜山，爲豫章，爲延平，爲紫陽：道譜也。由元公而上，爲世幾何；由元公而下，爲世幾何：族譜也。承族譜易，承道譜難。爲周之子孫者，庶幾合道譜於族譜，無徒以其易自安，而以其難讓人，可乎？省梅子躍然起曰：「大哉！子之言也。予也其何敢私諸？請書而載之宗祏，以詔我後之人。」

題石幢葉氏世德傳

葉參之廷尉將乞伯聲尤子作《世德傳》，客以問予曰：「伯聲孤高絶俗，翩翩鳳翔千仞之上。向奉徵書得卭州別駕，夷然不屑也。年來入山益深，入林益密，幾不可踪跡已，還肯諾參之否？」予曰：「諾哉。」客曰：「何以知之？」予曰：「吾知之於其尊甫迴溪先生耳。」客曰：「願聞其說。」予曰：「始先生解南畿，文名大噪。已舉南宮，嚴分宜贄而謁，甚恭，先生怪之，分宜從容以家乘請，先生不可，固謝去。吾迹先生所不可在彼，而有以知伯聲所可在此也。若塊然獨守，不問誰何，一切抹摋，漫無肝膽，何貴於伯聲？」已而伯聲果諾，聞予言以爲知己。《傳》甫就，私以質於予，予讀之，灑然異焉。是從龍門來耶？是何磊落而多幽思，沉着而有遠韻也？是故意在表章，則鼓舞而道之，張皇振厲，恣極形容，若有餘艷；意在寄諷，則感慨而道之，唏噓太息，徘徊往來，若有餘悲。遂應與首陽、汨羅諸撰並馳域中，淋漓千古，何其烈也！噫嘻！讀樂善公以下諸傳，頑夫廉，懦夫立，薄夫寬，鄙夫敦矣；讀張碩人以下諸傳，鬚眉男子滿面發赤，跼蹐無所容矣，其於激揚人心，扶植世教，又何如哉！夫寧獨葉氏一家之史也？伯聲起曰：「其然乎？其然乎？吾不敢知。藉子之靈，庶乎有以復於參之矣。」

題邑侯林平華父母赴召贈言

《語》有之：「古之學者爲己，今之學者

爲人。」程子借其言而反之曰：「古之仕者爲人，今之仕者爲己。」其指微矣，要而言之，二義實互相發也，只在辨得一「己」字耳。竊以爲古之所爲之己，公共之己，而今之所爲之己，軀殼之己也。所爲在公共之己，則於軀殼之己必有所不暇問而此心廓乎其大矣，何者不聯屬於内？是己與人兩得之也。所爲在軀殼之己，則於公共之己必有所不暇問而此心局乎其小矣，何者不隔絶於外？是己與人兩失之也。得失之間，其端毫釐，其極千里，不可不察也。

平華林侯，閩之世家也，而來令吾邑。清夷澹泊，蕭然與書生不異，獨於四境之疴疾痛癢最爲兢兢。是故苟有益於民，即恒情之所甚咈，怡然而安之，勿吐也；苟有病於民，即恒情之所甚暱，毅然而剖之，勿茹也。若是者，爲己耶？爲人耶？究乃士誦於庠，農誦於野，商誦於市，旅誦於途，一以爲神君，一以爲慈母。赴召之日，黄童白叟相與攀轅卧輒，擁傳而不得行。若是者，爲己之效耶？爲人之效耶？無乃捐軀殼之己以成公共之己者耶？自其捐軀殼之己，謂之精於爲人者莫如侯可也；自其成公共之己，謂之精於爲己者莫如侯可也。向所云己與人兩得之者，非耶？居今之俗，行古之道，侯其弗可及也。於是衿紳而下，及山澤能言之流，咸作爲聲詩，咏歌其事，洋洋纚纚，可謂甚盛。予恐讀者徒知侯之逸於觀寧，而不知侯之勞於求寧；徒知吾邑之所得於侯者，仰之如龍峰之高，俯之如梁水之深，而不知侯之所得於吾邑者，自惠泉一勺之外，無有也，故特爲之推本而著其説於端。

程行録題辭

昔人有置黑白豆記念頭善惡者，湯子洗心倣其意，置《程行録》，記功過以自考焉，可謂用心之密矣。且謂之念頭則獨知獨覺，藏於内而無形，猶或得而文之。今閲所開功過諸款，則可見可聞顯於外而有跡，即欲着一毫揜著而不得也。子其勉之，吾將以此考子矣。

涇皋藏稿第十四卷

無錫顧憲成著

華從玉歷試考卷題辭

吾邑華從玉氏，故名家子，能讀篋中遺書，多長者游。予之識從玉則自歲庚午始。是歲南海鍾心瞿先生來視學，擢從玉諸生第二人，廩諸學宫，而予亦補諸生行，且國士予也。予見先生，先生輒爲予才從玉而曰：「此佳士子，無失之。」予退而求從玉，從玉亦不予薄也，相得甚歡。時時過從揚搉，輒覺有洒然處，予乃益思鍾先生言。無何，予遂博一第去，而從玉猶然淹在諸生，久之，更棄而游太學矣。予自省何敢望從玉，從玉之塵垢粃糠足以鑄予，而不能自鑄，功名之際乃爾，殆不可得而知也。雖然，此猶自兩人言之也。當從玉之爲諸生，操管而前，見者靡不嗟賞，裒然而寵異之。既晚而事司成先生，每奏一篇，未嘗不稱善，遇以殊等。獨其試於棘闈則報罷。一從玉之身而所遭乃爾，尤不可得而知也。

會從玉之門人徐子田文刻其歷試考卷，從玉愀然不樂。予謂從玉：「昔司馬子長欲藏其書於名山大川，而虞仲翔歎恨無一人知者，至乃欲以青蠅爲知己，何其悲也！君之指，得無與二子類乎？」從玉曰：「否否，非是之謂也。吾父海月公之生露也晚，屬諸吾兄補菴子，而撫之勤渠有加焉，乃今竟憔悴不立以老，是吾父吾兄之耻也。吾母薛實副吾父海月公，其子露也備嘗諸辛，乃今不克有樹以慰，是吾母之耻也。若又從而昭之，人其謂我何？」顧子喟然曰：「深哉！始予見從玉之表也，今見從玉之裏矣。子長、仲翔之寄憤也遠，所亟在名；從玉之設誠也近，所亟在實。是固無冀乎一人之知，縱令藏諸名山大川，亦未必百世之下之果有知之者也。雖然，從玉之於斯也，可謂盡心焉耳矣。遇不遇，時也，從玉無咎，盍許徐子？」從玉唯唯。予不勝憐才之感，漫爲題數語以志，并以示其二子玄禧、玄禔，庶幾且有省乎，繹其志而光大之。從玉之所以慰其父若母若兄者，旦暮遇之無疑也。

馬君常制義題辭

予始從濂源莫子游，識其門人涵虛馬君，退而省其私，君子哉！予愛之重之，不獨以其文也。乃今又識涵虛之子君常，君常有妙才，自垂髫時，每下筆輒作驚人語，稍長就試，輒冠其曹，東南之士翕然推之。兒淳、兒沐請奉几硯以從，❶君常許焉，兩兒因得朝夕君常。一日兒淳告予曰：❷「兒益矣。兒病浮，君常韞采韜光，終日不浪吐片語，兒對之未嘗不悚然自失也。」一日兒沐告予曰：「兒益矣。兒病曠，君常鍵關下帷，終日不浪費寸陰，兒對之未嘗不悚然自失也。」予於是益異君常，愛之重之，亦不獨以其文也。已呼兩兒語之曰：「小子識之，是正君常之所以文也。」會客謀行君常文，遂爲書而引其端，一以告讀者，俾就所以處

❶「以從」，原漫漶殘缺，據文淵閣本補。
❷「淳告予曰」，原漫漶殘缺，據文淵閣本補。

求君常，一以告君常，俾益反求其所以進而上之，應有無窮事業在也。予病且老矣，君常不予棄也，庶幾相與夾護桑榆，無致頹落，予實厚有賴焉。君常其務自愛自重哉！

錢受之四書義題辭

憶昔己卯之歲，❶予客琴川景行錢伯子齋頭，相與揚搉今古，至歡也。伯子故負才，妙文辭，予拱遜不及。迄於今尚不獲一第，逡巡且暮，意殊怪之。甲午歸田，伯子攜其郎君受之過訪，已出其文視予。予讀之，見其精思傑采，飛舞筆端，令人應接不暇，洒然異焉，笑謂伯子曰：「是當一日千里，爲乃翁先驅矣。」亦時時以語人。今年秋，果舉南闈《春秋》第一。聞者以予爲知言，予因告受之曰：「夫士豈不誠貴遇哉？然而有司命焉則天爲政，有司衡焉則人爲政，非吾所得而主也。足下業已如執券而取之矣，況其上不由天，下不由人，吾之所得而主者，復誰讓乎？竊窺足下意用不凡，生平自期，寧僅僅一第？而今而往，隆思太上究竟丈夫事，作名世第一流人物，直襟帶間事耳。故曰：『有能一日用其力於仁矣乎？吾未見力不足者。』此吾受之風簷之次，心手自參，灼灼而言之者也，願無忘焉，又當一日千古矣。」受之起謝曰：「美哉言乎！敢不祗服！」適書林乞得其《四書義》梓之，輒寫此語志其端，以爲是又受之一券也。異日者予將執而取之矣。受之

❶「憶」，原作「惜」，據卷十七《明故貞節錢母卞太孺人墓誌銘》首句改。

歸以告景行，景行悅，簡予曰：「吾聞君子愛人以德，子其有焉。」

題南游草

丙子之舉，先贈公呼予而語之曰：「孺子且自以爲能乎？」予悚然起對曰：「兒何知大人之教也！」先贈公曰：「未也。惟我之先世，以長者稱越，我顯祖友竹府君、顯考侍竹府君，益篤不忘，至於孺子而發耳。東南故才藪，七篇文字，孺子烏乎短長，遂偃然而據其上哉？」予復悚然起對曰：「大人命之矣，何敢忘！ 何敢忘！」今秋侄洟亦舉於鄉，仲兄追憶先贈公之訓，相視泣下。予退而呼淳兒曰：「汝弟洟何以獲雋？」淳對曰：「弟洟之於斯也，歲無玩月，月無玩日，日無玩刻，用志不分，庶幾有焉。」呼沐兒曰：「汝兄洟何以獲雋？」沐對曰：「兄洟之於斯也，練意成字，練字成句，練句成篇，深造自得，庶幾有焉。」予歎曰：「信哉！ 祖宗積累不可忘，亦不可恃。假令洟也悠悠而已爾，莽莽而已爾，先贈公之訓不幾頓乎？ 又何以及今日？」適洟裒得《南游稿》一帙，予爲書其端，俾益加懋焉，且以自惕云。

題施羽王制義選

制義之變，於今極矣。三寸之管，縱橫吞吐，何所不有？ 士生其時，幾無復立錐之地可以另闢宇宙，爲人倫雄長。迺今施羽王又何卓也，其文骨格峻潔而氣韻安閒，研思締致，種種超出蹊徑，參諸王、錢而下，楊、許而上，居然別標一局，非夫枝葉盡刊，洗心有密，沉蓄而徐發之，宜不及是。反覆咀嚼，一段深至之味，隱隱自喉舌沁入肺肝，結而不散，微乎！微乎！予竊有以想見其據梧運斤之際矣。茂才沈道生讀而愛之，手摘玄珠，攜示兩兒子，❶共爲揚搉。予因語道生曰：「君知之乎？造物精英，日新不已。各人胸中自有羽王也。」道生躍然而去。

惺復錢公四書制義題辭

舉子業，小技耳，而聖賢之精蘊寄焉，是故貴以理勝。然而理至圓也，深言之則深，淺言之則淺，精言之則精，粗言之則粗，亦顧人之所見何如耳，是故又貴以識勝。夫理者文之心也，識者文之眼也。心眼合一，乃爲文家第一諦，未可草草語也。

惺復錢公用進士高第來理吾郡，郡人士莫不想望風采。予方有烟霞癖，不敢以野服溷公庭。屬歲之季春，公幸芙蓉湖上，予聞而謁諸其舟中，相對論文甚歡。既別，緘所製時義一編視予。予發而讀之，一字一快，不覺齒牙喉舌之間，生液津津而滿。徐而按之，大都本自匠心，擬議成變，既是玲瓏透徹，迥然超出人意外，又是精切的當，穆然沁入人意中，故足珍也。今亦何能縷述，聊掇其略。如《克伐怨欲篇》有曰：「就仁言不行，即以見靈湛之體；就不行言仁，祇以增把持之障。」《淵路言志篇》有曰：「宇宙不隔吾心，吾心自隔宇宙。」《行己篇》有曰：「平居能辨一己，即臨事能辨天下。」《懷居篇》有曰：「寒暑風雨之變迭

❶ 「子」，光緒本作「予」。

乘，正以振英雄豪傑之氣。而顧盼牽制之私盡破，獨以見道德性命之真。」

噫嘻，微矣！此予向所云以識勝者也。以識勝者，乃其真能以理勝者也。夫豈區區淺臆薄詣可得而及哉？予聞公少負奇慧，垂髫時便裒然爲子衿領袖。已而每試輒最，後先所爲督學使者蘇、李、蕭、饒諸名公，無不國士公也，公不爲色滿。及屢蹶埸屋，亦不爲色沮，歸而益務，暠暠自濯，不造極登峰不止。繇是觀之，公之所得於動、忍、增、益者，淵乎深矣，又何可概以舉子業視之也？公下車未幾，遂攝郡篆，廉明仁恕，甚得民譽。以方序其文，不及且公而實其言，❶將來盛德大業，有非一郡之所能限者。予姑標而出之，爲異日券，庶幾作芙蓉湖上一佳話。公無忘哉！公無忘哉！

題吴允執梅花樓藏稿

往安節先生緘會課數十卷寄予，予閲之，多所嘉賞，而其中一卷尤稱奇絶，因貽書先生曰：「此卷不徒文之工，其深識遠致，迥非章句書生可及，他日必成大器。」已得報，乃其孫允執也。先生遂攜之謁予於東林。予察其氣貌，益偉之。今年秋，果獲雋南畿，允執復來謁，予曰：「不佞聞君之捷也，一則以喜，一則以懼。夫何以喜？爲安節先生喜有孫，爲徹如君喜有子也。夫何以懼？安節先生道履慥慥，海内共推長者，而君爲之孫；徹如君風烈皎皎，足以砥柱頹俗，而君爲之子，俯仰後先，此擔正

❶「且」，疑當作「目」字。

未易負荷，所以懼也。」允執悚然起謝曰：「命之矣！」少間手文一帙視予，予覽之，又超昔年《會課》而上矣。因稍爲評次而志此語於端，以當授記云。

題孫恭甫行卷

虞山三川孫先生澄空皎月，出岫閑雲，生平喜爲聲詩，不屑舉子業，以是終其身不遇。長君子喬，次君子桑，能工舉子業矣，猶然未遇也。惟子桑晚而始領鄉薦耳，亦不免落人後。若子喬則更有待焉，其難如是。乃子喬之子恭甫纔茂年，一舉而遂魁南畿，又若甚易。然何耶？吾聞之，盈虛消息，謂之天道，積功累仁，謂之人道。故曰不蓄不光，不闇不章。然則昔日之淹，正所以基今日之頓也。吾讀恭甫文，靈襟濯濯，不染一塵，大有三川先生之致。至其步驟雍容，行乎勿忘勿助之間，又得之子喬爲多。然則今日之發，又所以顯昔日之藏也。恭甫方赴功名之會，吾懼其覩己之易而忘祖、父之難也，特爲陳今昔之故以告之，恭甫其謂然否？

涇皋藏稿第十五卷

無錫顧憲成著

二僊留勝圖題辭

郴州蓋有蘇、成二僊，其事頗異，吾儒擯不語。非直不語，亦不解也，曰：「是固幻耳。」然予聞蘇僊事母，致養勤甚，人莫之及，又能爲德於其里。成僊始嘗爲縣小吏，及署文學、主簿，並以舉其職聞。凡此皆人倫日用之常，非有震於物也。至如吾儒自稍通章句以上，靡不稱堯舜，述周孔，斯已卓矣，夷考其行，率謬不然，甚者投棄規矩，恣睢以逞，仰慚日月，俯慚人群，不亦大可怪乎？顧恬然安之，曾莫以動於意。予誠不知孰爲常而孰爲異也。予又聞蘇僊道既成，有群鶴來集其庭，形色聲音皆人也，姿貌秀整如十七八少年，雲冠霞衣，服飾壯麗，與語款密如故，因隨之迤邐升天而去。成僊既卒，有友人遇諸武昌崗，謂曰：「吾來時匆匆，遺一舄於雞栖上，遺一劍於户側，爲令家人收之。」友人至其家語之，信。衆大驚，因發棺視之，不復見屍，但一青竹杖長七尺，并一舄而已。然則蘇氏之所以僊，惟其真能有也；成氏之所以僊，惟其真能無也。迄於今猶可按而考焉。即有艷慕欣道，竭蹷而趨之者，苟其明效顯驗不臻於是，終莫得而假也。至如吾儒不然其說，曰：「吾心即僊也。吾心之變化云爲，上際下蟠，先萬物而非有，後萬物而非無，即所以爲僊也，豈不大哉！」已而察其心，固與庸俗等耳，徒以其善匿而難窺也，往往托而文焉，以内欺己而外欺人。予又不知孰爲真而孰爲幻也。

予過郴，郴侯盧堯卿示予《二僊圖》，予惕然有感，因綴數語志其端。非故薄吾儒而有羡於彼也，庶幾覽者于是乎諦思熟繹，反而求其所繇，以晰於常異真幻之辨，而不敢徒以區區之空名爲足恃也。即二僊之於吾儒，厥亦有隱功哉？其又何擯焉？

法喜志題辭

澄江夏孝廉茂卿輯《法喜志》成，有客過予語及之，而曰：「茂卿津津禪悦，迹所采擷，率從忠孝節誼中薦取，跳不得儒家門户，何也？」予曰：「茂卿以儒用禪者也，非以儒爲禪用者也。以儒爲禪用，即儒亦化而禪；以儒用禪，即禪亦化而儒矣。此茂卿陶鑄手也。」曰：「然則儒家擯禪，何也？」曰：「此以正學脉也。而茂卿以廣取善也。一主嚴，一主寬，兩者並行而不悖也。」曰：「伯升之穢焉而録，休文之阿焉而録，處道之悖焉而録，天覺之黨焉而録，奚取也？」曰：「孔不廢祝佗，孟不廢陽虎，參、苓、烏、附，並貯大醫王藥籠中，其何疑於茂卿？」客曰：「善。」已又語客曰：「請爲子竟其説。禪教之興，本之乘儒教之衰而入。顧其所以得久行而不廢，則又賴儒教之立也。有如土苴人倫，粃糠事物，胥而入於虚無寂滅之教，竊恐世道人心且蕩然靡所主持，彼禪者流即欲雲卧霞飡，雍容麈拂以課其所謂向上第一諦，將焉能之？昔王仲祖、劉真常共訪何驃騎，驃騎看文書不顧，王謂何曰：『卿何不擺撥常務，應對玄言，那低頭看此邪？』何曰：『我不看此，卿等何以得存？』聞者共賞以爲佳。由此言之，茂卿之爲是編，特於忠孝節誼三致意也，其深乎！其深乎！」客以告茂卿，茂卿曰：「善。」遂掇幅箋，受之而標其端。

題華羽士卷

異哉，華孝子！業已尊父命，終身不娶矣。乃錫之爲華者必祖焉，是無後而有後也。異哉，華生啟原！業已作黄冠道人矣，却惓惓以孝子爲念，願得終身洒掃祠下，虔奉瓣香，是出家而在家也。此等處一一從赤子之心流去來，❶世法出世法都來縛他不得，吾是以有取焉。啟原試歸而參之，無日用而不知也。

題魁星圖

天地，太極之餘也；日月，天地之餘也；先生，日月之餘也；《丘》《索》《墳》《典》，先生之餘也；一變而記傳，再變而詞賦，三變而時義，《丘》《索》《墳》《典》之餘也；朝而士，夕而公卿大夫，一變、再變、三變之餘也。嗚呼！先生將彼之餘成此之餘，來者不拒，去者不追，取者不德，舍者不疑，方且翩翩乎相與尸而祝之，俎而豆之，吾不知先生其以爲何如也。於是乎題而問諸先生。

❶「去」，文淵閣本作「出」，疑是。

簡明醫要題辭

澄江雲竹顧翁以醫聞於人久矣。蓋近奉庭訓而遠宗劉、張、朱、李諸先達，虛研實究，會而通之，以故所投輒效，一方賴焉。於是翁年且七十有三，乃手録生平已試之方，剖爲五卷，授剞劂氏，命曰《簡明醫要》，其言曰：「是編所載平平耳，無新奇可喜之説也。聊以遺子孫，備檢閱耳。」予聞而賢之，翁之不爲新奇，乃其能爲新奇者乎？語有之：醫者，意也。誠然，誠然。顧其説可以生人，亦可以殺人。生殺反掌耳，不可不察也。何也？意難調而易偏也。是故欲其平平者，以病治病，不以我治病也。病而曰治，曷嘗無意？治而曰以病不以我，曷嘗有意？有意無意之間，能神能聖，能工能巧，劉、張、朱、李之精蘊，翁一言蔽之矣。信哉！翁之不爲新奇，乃其能爲新奇者乎！是故概而論之，是編僅五卷耳，蓋綜其博而歸諸約者也，翁之所見以爲要也。徐而繹之，千言萬語總不出平之一字，蓋至約而實至博者也，予之所見以爲要也。讀者宜何求焉？翁子言嘗從予游，乞予題其端，予爲走筆書之如此，且告之曰：「子業服巖邑，令名邦，有種種惠政及民矣。而今而往，其務益加懋焉，以竟厥施，即翁滿案活人術不滋暢乎！即翁滿腔活人心不滋快乎！異日者吾又將就子覓醫國之譜也。」言再拜而起曰：「先生之所以拉拭言父子腆矣，敢不奉以周旋！」

題鄒忠餘收骨行

試看這箇是恁麽？若不識得，便未免當面混過。若識得，又未免將來做件事。當面混過，即淪於無。將來做件事，即着於有。一念湛然，兩頭不墮，其竅妙在恁處？忠餘其自參之，吾不能代下語也。

涇皋藏稿第十六卷

無錫顧憲成著

明故學諭損齋張先生墓誌銘

憶昔歲己巳，先贈公爲不肖憲及弟允擇師，語人曰：「必得文行兼備之士而後可。」東里雲浦陳公爲言先生，先贈公喜，遂率不肖等北面師事之。先生一見，語不肖等曰：「吾觀子兄弟氣貌，非區區舉子業可了，須努力尋向上一着。」先贈公聞之益喜。時仲兄坐善病，不復理鉛槧矣，亦令執經以侍，曰：「吾固不專爲舉子業也。」庚午，先生應雲浦公之辟，不肖等負笈以從。比數年並相繼取一第，而獨先生僅僅作一學博以老且死矣。於是子楷等卜以乙巳之十二月廿四日葬於歷村之新阡，持其兄濟川學博所爲先生狀，屬予誌其墓。予不勝黯慘，相向哭，俱失聲。嗚呼！一第，先生之糟粕，而向上一着，則先生之精髓也。得精髓而遺糟粕，先生其亦何憾？惟是不肖輩玩愒因循，浪擲日月，俯仰幾四十年，止了得舉子業耳，曾未有努力處也。得糟粕而遺精髓，負愧實多，尚何足以任千秋之役！雖然，先生之千秋自在，非予言之謂也，其何庸辭？謹按狀，參以耳目之所逮而誌之。

誌曰：先生諱淇，字子期，號原洛，晚號損齋居士。初以字行，已而更今名。張之先世居澄江琉璜里，有養浩公諱瓚者，始自琉璜贅高莊鄧氏，遂占籍無錫，爲高莊張氏云。瓚生愷，以成化甲辰進士官都轉鹽運使、司運使，世所稱東洛先生也，詳具邑志中。是生洛川公琳，爲邑庠生。琳生履菴公鉞，配華孺人，生子五人，女三人，而先生其長也。先生自少英穎不凡，嘗逮侍東洛公，東洛公奇愛之。稍長，力學工文。年十八，補邑弟子員，二十而廩，即爲人授經。履菴公不善治家人産，産日挫，悉館穀進之。有以一帛贈者，必躬致。履菴公曰：「兩親百結，吾何以有此？」華孺人性端毅，先生年踰四十，間涉詿誤，猶加箠楚，輒嬰啼受之。每從館歸，日則依依膝下，夜則侍寢於側。至於婚弟嫁妹，拮据備具，絶不以經兩親之念也。雲浦公高其行，邀秦玄峰昆弟聚百金，置租四十餘石以佐所需，鄉人多弗償，竟不問，歎曰：「安得廣厦千萬間，坐令寒士俱歡顔！」履菴公聞而壯之。時先生每試輒最其曹，名日起三吳，方千里間争聘爲師。顧其試於棘闈，輒報罷，久之始以歲薦分教吴庠。適不肖從銓曹請病還，往見先生，挾一蒼頭徒步而前。先生煮茗煨栗，相對終日，極歡。酒畔微問曰：「得無爲郡邑君子所跡？」不肖謝不敢，先生喜曰：「方是吾弟子，不是天官郎也。」始先生待選都下，申相國迎致邸塾，甚嚴重之，以是乞鐸其邑庠。及先生憂歸，再補休庠，還諭英庠，並不藉相國氣力一希薦剡，亦不向達官貴人前一齒不肖兄弟姓名。會休令石林祝公考績至吴下，或告之，大加嗟異，時時以語人。不肖聞之，恍然自失也。向者相忘於無懷葛天之間，不覺耳，却被石林道破矣。此景此意，今亡矣夫！今亡矣夫！

先生所至，以身爲教，諸生賢而材者優禮之，貧者恤之，有負不平者直之，諸生翕然信愛。地方利病亦時時爲主者陳説，不計恩怨，以故吴令謙川馮公、英令混成龐公，傾心敬事，一如石林公焉。即直指使者牛公亦枉駕就訪，不以當格遇也。乃先生每以養不逮親，怏怏不自得，又見饑饉相仍，國家多故，丘壟之思倍爲懇至，書其齋壁曰：「静中自念常憂國，夢裏思親輒過家。」遂拂衣東歸。歸則田不足具饘粥，廬不足蔽風雨，蕭然斗室，日與兩孫講解不倦。適次公冰壺亦解官歸，時分秫佐酒，故先生有「年來藉得同胞養，分取簞瓢聊自怡」之句。兄弟嬉嬉，共陶暮年，意甚樂也。書其卧室曰：「在家出家，世事盡從流水逝；得了便了，丹心原對白雲閑。」高襟逸度，居然不讓浴沂風詠三二兩兩間矣。

先生素健無恙，年且七十，以濕疾艱於步履。甲辰夏四月，忽倦卧，不語不飲者六日，垂絶之晨，索筆大書曰：「只知人事是太古，不信我身非伏羲。」又索酒大飲曰：「令我薰然陶然栩栩然而逝可也。」長子楷請遺言，怒曰：「吾言之熟矣，若遽忘耶？做人須收拾身心，要知此身心非幻身肉心，乃我自家原來清浄法身，原來先天靈覺真心，天下有何物可以尚之？何物可以易之？須是自知自養，自煉自取，吾儒致中致和實不外此。薛文清公《讀書録》，吾家祖業也，宜付兩孫。」至酉遂瞑。嗚呼！死生亦大矣，何其了了也！

先生廣額豐頤，美鬚髯，胸次夷曠，不留一滓，而負氣倜儻，耻與俗浮沉。每語及古豪賢長者及忠臣孝子，輒爲佇想沉思，傍徨太息。喜豪飲，往往借以寄意，或時而終日陶然，身世兩忘；或時而高談叱咤，睥睨六合；或時而感慨激烈，涕淚交流，而繼之以怒髮沖冠。恒歌曰：「出師未捷身先死，常使英雄淚滿襟。」先生不自知，人亦無能知先生也。先生髫年師事陽湖邵公，聞陽明致良知之説。及壯，遊方山薛夫子之門，學益進。已乃亟稱考亭曰：「畢竟盤不過此老。」庚子之秋，過視涇上，朝夕劇論，意氣如故。因言邇來異説横行，始而侮朱，終而侮孔，其害真酷於夷狄禽獸，遽掀髯而起曰：「恨予不作魯司寇，磔此奴於兩觀之下。」須臾飲盡一斗，仰天而呼，噫嘻不已。左右笑曰：「先生狂矣。」先生曰：「狂乎？非吾之狂而誰狂？」今先生往矣，回首當年，猶覺生氣凛凛如在，此豈生斯善斯，閹然媚世，無所短長之人所可同日而語哉！

先生生於嘉靖癸巳十月一日，卒於萬曆三十二年四月念五日，享年七十有二。配夏孺人，有内德。生子三：長即楷，娶吴氏；次樸，娶李氏；次楨，娶馮氏，後於守菴君。女二：長適邑庠生厲燧卿，次適何起潛。孫男七：長孫熚，娶陸氏；仲孫美，聘華氏；餘尚幼。孫女四：長適趙瑞徵，次字葉起龍，餘幼。樸與美後先出爲冰壺嗣。

狀又述先生嘗欲傳履菴公固窮樂善之操，俾子孫無忘，并自叙其生平，其言曰：「昔陶淵明預爲祭文，杜牧自撰墓誌，蓋知生者不諱死，存者不諱亡，愚者之鄙忌，智者不蹈也。余犬馬齒，雖幸老而傳矣，自念以中人之資，幼讀聖賢書，長承祖父訓，而忠信孝弟出自天性。生平辛苦，僅爲祖宗持立門户，一無恢拓。雖八試棘闈而竟違進取之志，即晚膺儒綬，聊借爲代耕之資。謹守繩墨，不敢妄爲。自謂所得於吾儒義理性分爲多，故於貧富貴賤，一不介意。然直諒狷狹，不能媚於人，不肯求於人，惟嫉惡好善，引咎服義之心，裕如也。每擬筆之以自見，竟以躍躒自信未艾，不果。而今已矣！」雖然，味斯言也，亦足以概先生矣。請韻爲銘。

銘曰：卓彼賢聖，人極自出。烺烺遺經，中天揭日。惟祖惟父，世篤清佳。庭訓在茲，夙夜與偕。善親曰孝，善長曰弟。孩提赤心，終身罔替。發己自盡，循物無違。厥乎盈缶，忠信是依。惡衣菲食，諸艱備歷。青氈無恙，一椽靡益。挾瑟擯齊，獻璞刖楚。抱關擊柝，苜蓿亦可。從吾所好，莫之或攖。貧賤富貴，總付浮雲。還揆生平，斤斤儒矩。動静語默，淵臨冰履。直腸直口，無詭無佞。同異愛憎，不與物競。見善如珍，見惡如疾。徙義如奔，聞過如獲。心口自供，形影自證。百年之事，于今已定。像此爲像，不須寫真。譜此爲譜，不須買文。樂而忘年，來日可待。一朝委化，徒然琴在。曰予小子，恭勒貞珉。後有考者，英爽常新。

明故翰林院庶吉士完初唐叔子暨配蔣孺人合葬墓誌銘

天地間至尊者自至，貴者自得也。自得云何？是必愜乎心之所真是，舉天下非之，不顧也；非必愜乎心之所真非，舉天下是之，不顧也。夫豈惟天下，即一家之内，情最親也，目之所視，耳之所聽，口之所談，手足之所持循，少而習焉，長而安焉，日漸月染，不知其然而然，轉移最便也，亦惟是率其本來面目，隨分成詣，隨詣成局，無假借，無倚靠，無沿襲，無遷就，無牽合，甚而一彼一此，判然相反，了不存異同之嫌，何者？誠有以自得也。

毘陵完初唐叔子，奉常凝菴先生之子也。始荆川先生以峻行高天下，天下望而嚴之。凝菴先生繼之，軒豁磊落，不務瑣瑣，重意氣，與人交，瀝盡底裏，遇緩急，傾身赴之，即生死弗避，翩翩有古豪賢風。至叔子乃又孤立行一意，其於自奉，衣不曳采，食不兼味，泊然不知聲色貨利爲何物；其於公庭，視之若浼，不以一字干其御。諸蒼頭檢束惟謹，間出而受侮，亦以法飭之，不少姑息。其廩廩如此，則是父子相反也。叔子有兄二人，伯曰孟孫，早卒，仲曰傚元。仲在懷抱中，能解文義，口授以古歌詩，時觸事則援以證。叔子三四歲不能走，五六歲不能言，識者目之曰：「行遲語遲，是必遠到。」既而就塾師，師授以《書》，仲數過成誦，叔子必倍之，久之則仲頗遺忘，叔子猶初耳。凝菴先生上公車，仲時慰藉其母萬恭人，後先周旋，以襄其勞而娱其意；叔子惟挾策，他無所問也。仲爲文咄嗟而就；叔子每懸思竟日，凡經人道語，誓不襲一字。仲雖少，人或就之謀，必忠，或就之假貸，必應；叔子絶不樂與人事，間有不得已，勉爲居間，必使兩皆心服而後退，退則盡匿形跡，若初未嘗與者，則是兄弟相反也。叔子元配曰蔣孺人。叔子侍凝菴先生品隲今古，剖析疑義，論事可否成敗，娓娓如也，而孺人侍太恭人，斤斤不輕吐一語。叔子與人交，無衆寡，無大小，無賢不肖，怡怡如也，而孺人端容肅視，人雖巧諛不能博其一笑。叔子性簡易，遇所知，脱略禮數，不爲容，落落如也，而孺人于妯娌相見，必理新衣，將迎甚虔，則是夫婦相反也。且萬恭人敏而則，閫以内，閫以外，事無巨細，莫不兼而綜之，而孺人約處一室，趾不踰閾，雖至親罕見其面。萬恭人溫良樂易，大小臧獲，凡幾百指，莫不人燠而人沫之，即有犯，多所寬假不問，而孺人堅持禮法，尺寸無軼，左右侍者雖既退，猶若儼有臨乎其上然，則是婦姑相反也。然而廣大者不見其爲蕩，謹密者不見其爲狹，高明者不見其爲亢，篤實者不見其爲拘，真率者不見其爲疎，恭恪者不見其爲矯，寬裕者不見其爲狥，嚴毅者不見其爲苛，何也？誠各有以自得也。是故父子得焉而親，兄弟得焉而友，夫婦得焉而諧，婦姑得焉而協，天性之樂，人倫之勝，世濟之美，偃然不出庭闥而坐收之矣，則是相反者原未嘗不相成也。

抑又有異焉。予竊見叔子，恂恂退讓如不勝衣而志邁千古；言視規，行視矩，凛不越跬步而神超六合；仁義之宫，禮樂之府，《詩》《書》之囿，閑搜恣取，無所不快於意而目蒿生民；爲名茂才，爲名孝廉，爲名太史，餘光末耀，足以照暎人群而胸含丘壑，則是叔子一身之間亦相反也。予竊聞孺人，居閒一布一葛雖極敝不去，而推衣履於親故，必裁純綀，傾囊而出不爲惜。其自奉一腐一蔬，日費不踰數錢，而作一餐以餉客，非腆潔弗快。人偶有乞貸生利者，必厲辭却之，而戚里中或以匱乏告，務委曲周恤，不令有怏怏心。生平於米鹽猥屑，澹不經心，而獨所奉於凝菴先生及萬恭人，即一果一茗，必手滌而後進。且死，指一篋謂子獻可曰：「吾終年積愁積病，未嘗積資。此中存有七十金，可以了我，無以累大父母。」則是孺人一身之間，亦相反也。噫嘻，異矣！及徐而按之，卷舒有會，操縱有適，張弛有體，繁簡有宜，即欲從而窺其間，無繇矣。乃知相反者果未嘗不相成也。是故信於心則不復有畛域之可分，而爾我之障撤矣；信於理則不復有方所之可泥，而中和之體備矣，此予向所謂自得者也。

叔子名儆純，字敬止，壬午應天鄉試五十六名，己丑會試七十八名，廷試二甲七名，選翰林院庶吉士。生於嘉靖戊午十月十五日，卒於萬曆己丑十月二十四日，得年三十有二。孺人同邑□州知州蔣公如京女，❶生於嘉靖己未五月二十日，卒於萬曆丙午四月二十六日，得年四十有八。墓在宜興鳳凰山。子一，即獻可，太學生，娶丹陽江西按察使賀公邦泰女。女二：長適同邑太學生董公應朝子太學生遇泰，次適予次子府庠生與沐，先孺人卒。孫男三：長宇昭，聘金壇郡學生于君玉全女，禮部郎中于公孔兼孫女；次宇量；次宇參，俱未聘。孫女三：長字溧陽南京大理寺評事陶君人群子元祐；次字同邑翰林院編脩吴君宗達子任思；次未字。

先是，歲丙午秋八月，獻可持狀詣予，屬文其墓中之石。予愴然傷懷，不果爲，至今歲己酉夏六月，困暑，時時卧北窗下，一日追念叔子不已，因檢其狀讀之，則凝菴先生之爲也，起而喟然歎曰：「卓哉！知子莫如父矣！」已檢孺人狀讀之，則獻可之爲也，起而喟然歎曰：「懿哉！知母莫如子矣！」表章揚厲，責在後死，予何容終無言？況乎日居月諸，倏更四載，即予亦且駸駸作老態，復何待也？因稍爲次第而志之，并繫之銘。

銘曰：立天之道，曰陰與陽；立地之

❶「□」，卷十七《薛母劉太孺人墓誌銘》有「吉州守蔣公如京」，故疑當補「吉」字。

道，曰柔與剛；立人之道，曰仁與義，惟其相反，所以相濟。吾何以知叔子與孺人哉？以此。

明故孝廉静餘許君墓誌銘

隆慶庚午，予與静餘許君同游邑庠，一見如故歡。予樂君之光明簡易，洞無城府，君亦樂予之不爲機也。嘗赴郡試，先贈公遇之逆旅，私謂不肖曰：「是夫非塵滓中人，兒其識之。」時君未冠，及授室，先贈公命不肖饋酒一石，糈二石，君辭，不肖進曰：「家大人重君，欲知君，聊以爲好耳。」君驚起請于父，一菴翁受酒而却糈，曰：「小子不敢拂翁之意，翁當不忍拂小子之意也。」自是交好有加，密以道義相切磨。及予倖博一第，乍出乍歸，與君跡若落落，而此衷相映，宛如一日。甲午歸田，偕同志修東林之社，君時時貺臨之。予自惟衰劣，正賴君左提右挈，補過桑榆，而君且棄予去矣！撫今追昔，淚淫淫不自禁。會君之子其仁卜以歲之十二月十五日癸酉，葬於崋峒新阡，手次君之行，乞高存之爲狀，屬予文其墓中之石。予故有文戒，方在徘徊，而友人薛以身且謂予曰：「此静餘意也。死者復生，生者不愧。子必勉之。」予亦忽念是先贈公之所記也，遂諾。

受狀而讀之，既作曰：備矣，核矣，可以志矣。何則？人各有真，所爲貴狀者，貴其真也。皮肉骨髓稍有不似，不可語真。今狀始言君家故貧，先世遺田二十畝。君既有聲諸生，下帷教授，稍拓至百畝。已鄉舉，婚嫁遝集，食指漸繁，又不復授經，生計益匱。亦惟力自節嗇，粒米束薪，出入程量，卒未嘗營子母什一。故視其室，甕牖繩樞，猶夫初也；視其服，敝冠緼袍，猶夫初也；視其食，烹藜茹藿，猶夫初也；視其一二使令，蓬首跣足，猶夫初也。比五上春官，不第。庚子冬，行至桃源河，冰堅，遽返，謝去計偕傳金，自號蚤白老人，杜門益堅。于此可以得君之皮矣。而未也，又言君受知郡侯龍崗施公、邑侯念庭周公，時召君相與茗椀酒榼，宴游如家人子弟。君介然自守，不干以私。丙戌從公車還，爲《幽居十戒》，書之壁。安貧戒五：曰詭收田糧，曰干謁官府，曰借女聯姻，曰多納童僕，曰向人乞覓。省事戒五：曰無故拜客，曰輕赴酒席，曰妄薦館賓，曰替人稱貸，曰濫與義會。出入恒指而目，問曰：「若得無食言否？」或以私嘗之，輒指其壁謂之曰：「此吾之息壤也，可奈何？」偶有戚黨罹法，乞君居間，持之甚急。君適賣婢，爲輸罰鍰，終不爲緩頰。聞者大相信服。嗣後即有緩急見君，輒愧而罷，不復發口。守令下車，一謁後不得再覯其面。宜諸歐陽公守常，雅重君，延修常志。君曰「公，賢者」，爲欣然一出。每中丞直指學使者入境，必爲表其閭，君泊如也。既病，謂其仁曰：「吾有某逋未償，某施未報，某家人賚未給，某故人子典田所入已當其直，亟取券還之。」于此可以得君之肉矣。而未也，又言君天性孝謹。大父效靜翁，古君子也，爲諸生，出入攜君以從，動息有教，君一意步趨，無尺寸軼。父一菴翁未及中壽而卒，痛之終身。事母吳孺人，嘻嘻啞啞，依然嬰孺也。又言君襟度洒落，喜飲酒，每春秋佳日，同心宴談，輒諧笑傾倒，移日落月。喜散步，飯飽後獨行城堞間，眺望雲物以爲至適。

所善澄泉茹公及萬中丞輩，相與聯同庚社，一觴一咏，彷彿香山、洛水之風。嘗視君疾，君曰：「吾胸中蕩然無事，樂意津津。」凡不食者浹兩月，談笑如常，不一介于色。于此可以得君之骨矣。而未也，最後言君一日自東林歸，勑其子曰：「人何可不學，但口不説欺心語，身不做欺心事，出無慚朋友，入無慚妻子，睡無慚夢寐，乃爲學矣。」予不覺喟然歎曰：微乎！微乎！君之髓其在兹乎！且夫士當居恒，高談濶論，意象凌豁，若舉天下皆無足以動之者，是何壯也！及乎臨境，輒爾波靡，遇貧賤則戚然不能以終日安，遇富貴則奴顔婢膝以求之不少顧惜，又何懦也！本之内多欲而外附仁義，遂成兩截人耳。乃君以不欺爲主，以無慚爲案，其生平之所自刻勵，豈不凛凛可想哉！宜乎！始終一節，名實俱粹，靡不稱爲真孝廉也。先贈公于是乎知人。

君姓盛氏，曾大父信齋翁，諱玉，幼失怙恃，依親許翁，因其姓。信齋翁通二經，以行誼稱。大父效静翁，諱應壁。君初號太玄，後更静餘，以此。父一菴翁，諱盛德，爲諸生，生子二，君其長也。君諱世卿，字伯勳，配趙孺人，生子三：其仁，娶澄江隱漁王公女；其忠，郡庠生，娶太學振龍厲公女；其清，未聘。女三，側室出，一適陸士裕，一字澄江王日華，一未字。孫男二：原盛，其仁出；本盛，其忠出。孫女一，其忠出。俱未聘字。君生嘉靖壬子十月十六日，卒萬曆丁未四月初八日，得年五十六。所著有《中解編》、《太玄玄言》、《露穎編》諸集，而特好爲詩，一切欣惋悲愉之感，悉于詩乎發之。詩成，抱膝長哦，輒復歡然自謂調爕之妙。是又君之皮肉骨髓所寄也，後之尚論者，其并求之。

銘曰：凛乎其操，嚴霜凍雪。坦乎其懷，光風霽月。朗乎其衷，青天白日。靡固靡縱，靡著靡匿。屋漏康衢，可券而質，是爲人倫之式。

吴母毛太宜人墓誌銘

吾郡吴嚴所侍御，朝拜官而夕抗疏，首剪巨奸，一日直聲動天下，言路大闢。比予有感於李漕撫之被多口也，上書閣、銓二老一白之，舉國爲譁。侍御又慨然採而聞之當宁，於是異同之論紛紛而起。時侍御業竣宣大事，報滿請代，代者不至，方蚤夜念其母毛太宜人，遂飄然拂衣歸。太宜人見之甚喜，侍御從容言歸狀，則益喜曰：「漕撫冒千鋒萬鏑而爲國家，光禄爲漕撫而冒千鋒萬鏑，兒此歸，俯仰君臣朋友之間，皆可以無愧矣。不見若父乎？一出幾死杖下，再出幾死讒口，終其身在千鋒萬鏑中，曾不少悔，吾亦不代爲悔也。兒此歸，俯仰父子子母之間，皆可以無憾矣。」已聞銓司糾擅去者，擬奪侍御三級，不得旨，復用考功法，奪一級。侍御跽而謝曰：「兒不敏，重累母，奈何？」太宜人怫然曰：「吾以得職爲兒喜，兒以失官爲吾累，不亦遠乎？兒休矣。吾與爾隱。」予聞而異之，何其洞昭曠之原，越拘攣之見如此也！居一年，忽得太宜人訃，不勝驚悼。無何，侍御儼然衰絰而過予，手太宜人狀，介錢啟新侍御屬予誌其墓中之石。

予讀狀，益異之。太宜人幼聰穎，通《孝經》、《小學》、《少儀》、《内則》諸篇，及《列女傳》四子書無不淹浹，是學古公誡女。

大父古菴公憲，禮科右給事，以忠直立朝，以理學名世，以禮讓教家者也。故其子姓彬彬，非獨外德茂，蓋亦有壼則焉。予曰：「善哉！始基之矣。」爲之賦《關雎》之首章。而未也，太宜人之歸學士復菴先生也，年十九耳，而翁尚寶丞寓菴公，質直端方，御家嚴。姑段安人積纖起，嘀嘀不少寬假。顧能周折咸中，得兩大人歡也。比學士丁尚寶公喪，太宜人相之必誠必信。已學士宦于京，首疏糾張江陵奪情事，受杖闕下，血肉狼籍。忽聞段安人訃，太宜人從學士冒冰雪奔而歸，廬于墓，哀毀視喪尚寶公尤過之。予曰：「善哉！生事之以禮，死事之以禮矣。」爲之賦《下武》之三章。而未也，伯翁太史後菴公長于學士十三歲，學士莊之如父，太宜人亦莊之如翁。兄二樂公長于太宜人九歲，各垂白首，相見必載拜，歲時必肅禮衣而謁之。二思公爲里胥所搆，幾陷大辟，太宜人日夕泣求所以白見冤狀。弟樸菴公家漸落，時以擔石相賙。女兄弟四人，獨周氏姊貧而寡，特僦舍居食之，其卒也爲具棺斂，哭盡哀。予曰：「善哉！尊尊親親，德之至也，可以風矣。」爲之賦《蓼蕭》之三章。而未也，太宜人初年待諸子婦甚肅，中歲而呴嘔卵翼，若恐傷之，老而彌篤。諸子各授室析居，相去數百武，定省以時辰而畢集，太宜人必預戒饉饎以待。❶其待壻莊于賓而慈于子，壻亦怙之如母，忘乎其爲半子也。從子婦有不宜子者，爲旦夕虔禱曰：「其得雄以嗣適乎！」幾幾望之如其婦，諸從婦亦親之如姑，忘乎其爲猶子也。予曰：「善哉！其有敦睦之

❶「饉」，文淵閣本作「饎」。

遺乎！」爲之賦《桃夭》。而未也，太宜人生于殷盛，歸于顯融，兩膺封誥，貴重矣。作苦執勞，輒身先力指。夏理絲枲，冬理木棉，機杼聲軋軋不休。每孫女釐嫁，必出篋中布若干實其奩。居恒衣大練，不曳帛。遇賓祭吉祥，間一御綺縠，不終日隨扃而鐍之。食不重肉，飯脱粟，粥必雜麥麋，與婢子共麤糲而餐。出御小輿，至弊不任肩，從者一二蒼頭，不知其爲貴人也。予曰：「善哉！勤儉，家之本也，守而弗失，世世其昌乎？」爲之賦《葛覃》。而未也，太宜人性好施，見孤寡老弱，倍爲惻惻，每輟餐損饔餬其口。戊子歲大祲，學士設糜粥饑者，而廩空莫繼。太宜人忻然解服脱簪佐之，所起溝瘠無筭。晚年好佛，益好行善事。每晨起誦《金剛》諸經，宣説男女，某某婦某某氏，歷歷不遺。曰：「氏老矣，福田利益無所覬，願爲兒女輩懺悔，除無始以來障業。」里戚有多藏誨盜者，縱横逮捕，纍纍伏于非辜，輒合掌曰：「物去幸復來，乃以人殉，如墮落何？」聞有箠輿儓至斃者，輒頻顣曰：「奈何一朝之忿而以人命戲也？」他如杠有圮，曰：「必吾葺。」途有湫，曰：「必吾甓。」即空乏中務黽勉以應。予曰：「善哉！宜乎口碑載道，人人祝萬福，祝千秋耳。」爲之賦《假樂》之首章。而未也，始學士以弱冠舉，有雋聲，稍稍侈聲酒，太宜人諷曰：「君誠壯，無事急一第，不念尚寶公目未瞑乎？」學士爲錯愕，廢聲酒，大肆力于文章，竟魁多士。學士直道而行，不能面藏人過，太宜人以婉劑之曰：「毋好盡以攖人，人情固不啻山川險也。」學士喜如得益友。太宜人連舉八丈夫子，一皆無害。所爲恩勤閔鬻，含飴必均，衣敝履穿，親爲苴補，獨不以寸絲尺縠掛其體，曰：「吾爲稚子惜福也。」比其長也，聯翩而翔天衢，則又戒諭之曰：「國恩難負，天道忌盈。兒輩宜知止足，無務好進。」予曰：「善哉！順而正，愛而則，履滿而能謙，吉凶悔吝之故，盈虛消息之機，析之精矣，豈不卓然偉男子之概哉！」是故能以學士公永譽也，爲之賦《鷄鳴》。又能以侍御諸君蚤譽也，爲之賦《小宛》之三章。

已閱太宜人之年，其生以嘉靖庚子十一月二十三日，其卒以萬曆辛亥六月二十七日，得七十二歲。其葬以壬子正月初七日。子八人：曰雍，太學生，娶陳氏；曰亮，辛丑進士，任湖廣道御史，娶蔣氏，贈孺人，繼蔣氏，封孺人；曰奕，庚戌進士，選浙江縉雲知縣，娶馬氏，繼徐氏；曰玄，戊戌進士，任山東東昌知府，娶張氏，封安人；曰京，太學生，娶劉氏；曰兖，庚子舉人，娶白氏；曰襄，癸卯舉人，娶曹氏；曰褒，太學生，娶白氏。女一人，適太學生曹師讓。孫男三十人。雍出者二：儼思，郡諸生，娶毛氏；孝思，娶金氏。亮出者八：寬思，娶蔣氏；柔思，娶董氏；恭思，邑諸生，聘錢氏；敬思，聘曹氏；毅思，聘荆氏；直思，聘鄭氏；簡思，聘陳氏；剛思，聘姜氏。玄出者九：爾思，邑諸生，娶毛氏；我思，邑諸生，娶毛氏；衆思，娶賀氏；少思、有思，未聘；無思，聘周氏；是思、匪思、百思，未聘。京出者四：贊思，聘董氏；賢思，聘任氏；貴思、賫思，未聘。兖出者一，禹思，未聘。襄出者一，顯思，聘賀氏。褒出者五：肅思，聘白氏，乂思、哲思、謀思、聖思，俱未聘。孫女二十四人。亮出者四，一字陳于泰，一字蔣胤淳，一字龔九鼎，一未字。奕出者五，一適張東星，一字姜紹書，一字史元孫，餘未字。玄出者八，一適姜志寅，一適曹茂清，一適張典文，一字陸騰驥，一字何熙祚，一字惲翃，一字薛尊生，餘未字。京出者二，一適孫艅，一未字。襄出者一，字范能迪。褒出者四，一字董祖綦，餘未字。曾孫男三人：爾思出者守撰，我思出者守覲，寬思出者守大，俱未聘。曾孫女七人，儼思、爾思出者各二，我思、衆思、寬思出者各一，俱未字。嗚呼盛矣！天之祚太宜人何如也！因爲之賦《麟趾》終焉而繫之銘。

銘曰：萃有衆懿之謂德，萃有衆祉之謂福。其真以茂厥躬，其餘以施於嗣服。甑山之原，玄暉穆穆。億萬斯年，於何不淑！

浦母華太孺人墓誌銘

悲哉，浦子之爲志也，其不忍泯泯于母也！其稱曰：「始不肖先大夫佐太安既遷貳夔州，誼不肯以一介自緇，家植廛廛耳。已而吾父蒙難，所減更十之六。已而吾父不禄，所減更十之三。逋大起，吾母孑然俯仰其間，日夜皇皇，拮据不暇。久之，次第而已于逋，里人即莫不材吾母，咨嗟而道説之。而今已矣！」因大哭。少間，又進曰：「始不肖等幼，無所稟學。吾母呼而謂曰：『汝叔祖味芹故明師，且其人端然長者，汝盍往事之？夫豈惟《詩》、《書》之好是憑，庶幾其以家庇焉。』不肖等敬諾。徐而驗之，信，何其智也！而今已矣！」又大哭。少間，又進曰：「吾母生而慧發不群，稍長，通《孝經》、《内則》、《女儀》大指。吴俗好佞佛，吾母獨不佞佛，有前爲施捨之説者，輒謝去，而曰：『實其言，將富者擅祥，貧者擅殃乎？殆必不然。』居恒聞一善言，見一善行，輒以誨不肖等。時時還而思之，依然著于耳也。而今已矣！」又大哭。予聞而傷之，且曰：「止！其無復言。予知所以解子者矣。」遂爲誌而銘焉。

誌曰：孺人姓華氏，西樓君女也。西樓君有弟曰東源君，實生孺人，西樓君壯弗子，因女之。年十七歸太學生鳳竹浦君，歸之二十一年而稱未亡人，稱未亡人之二十一年而亡，時萬曆甲申正月十七日也，距其生嘉靖丙戌七月二十五日，得年五十有九。子二：長邦達，邑庠生，娶華懷竹女；次邦獻，娶郡學生華少峰女。女三，長適俞士弘，次適郁念曾，次適錢光霽。孫男四：元益，娶太學生王穉石女，邦達出；元選，聘邑庠生鄒存誠女，邦獻出；餘幼未聘。孫女六，一字華迪殷，一字邵某，俱邦達出，餘幼未字。邦達等卜以三月二十五日奉孺人，合葬於石室山祖塋鳳竹君之兆，禮也。顧憲成曰：予聞鳳竹君且死，孺人之不欲生者數矣，徒不忍其二子耳。顧其心，豈嘗須臾忘君耶？一旦得從君地下，快孰甚焉！而二子者方唏噓嗚咽，煢然不自禁，蓋婦之於夫，子之於母，其相爲娓娓如此，豈不深哉！非至性篤發，孰能幾之者乎？夫是以知浦氏之必有興也。予師少弦張先生嘗爲二子乞言於予，及得余言，亦以爲然云。

銘曰：何以剢之？衷之旗也。何以復之？材之鎡也。服而夫君，鎮而子孫，秩秩振振。何以姤之？德之著也。

高室朱孺人墓誌銘

孺人年十九而歸静逸高公也，既久而

弗子，喟然歎曰：「吾之業在《樛木》之三章矣。」爲捐囊中裝，置媵，而又竟弗子也。久之，乃子從孫攀龍，所以撫字百方。稍長，就塾師，受句讀，每還，輒置懷間程日課，手果餌慰勞。每夜讀，洴澼絖而佐，不寢不休。蓋孺人殁而攀龍痛可知也，曰：「攀龍之鞠于母二十有三矣，攀龍不能以一日娛也。惟是夙夜矻矻一編中，庶幾有躋于榮顯耳，是以實殉虛也。今者幸而舉于鄉，而吾母已矣，是以虛負實也。可奈何！」言悲咽不自勝。予聞而傷之，以爲是其母子之間至矣。因是而求孺人，乃益悉孺人。孺人生一歲而失其母也。而固甚慧不倫，厥父慎齋公愛異之。既長，遂令贊家政，即內外一切井井就理。比歸靜逸公，而其姑浦輒委政焉，曰：「以是觀新婦能。」即又無不井井就理也。孺人性好施，耆功黨里有所需，無不得意去，而其自奉甚菲，食不二簋，衣不文錦，垢汚手自浣滌，既老猶績不倦。攀龍以爲勤，乘間諷止之，孺人愀然，手所握示曰：「是物也，吾女而佐吾父于朱者若而年，吾婦而佐若父于高者若而年。驟而棄之，不祥。孺子休矣。」

攀龍又言：「吾母病且二歲，未嘗廢衣冠，日惟焚香誦諸佛經。始予外王母夢異人霞衣燦爛，手一果啖之，味甚殊，覺而遂娠吾母。吾母之生，口若時時持佛號者。及卒，體瑩瑩有光，擬得道云。」顧憲成曰：是非予所知也。予所知者，孺人耳。孺人女而女，婦而婦，母而母，其于生死之際，何所不廓如也？自頃來海上曇陽之事起，説者多好言怪，予是以略而弗論，而特論其可知者如此。

孺人生於正德丁丑七月念七日，卒於萬

曆甲申十月初一日，享年六十有八。子一，即攀龍，娶王氏。女一，嫁楊子有。孫女一，許字浦胤麟。静逸公將以是年十二月十有二日葬孺人於慧山黄家灣祖塋之次，而命攀龍乞銘於予。夫銘所以昭德也，不昭不如其已也。若孺人也者，予烏得而已諸？

銘曰：欲知其女視其父，暢然有家臻厥度。欲知其婦視其姑，洵兹蘋藻閒且都。欲知其母視其子，翩翩風雲發於趾。式言繫之畀大荒，九龍爲護允偕藏。

處士晴沙談翁墓誌銘

談之先得姓由郯子，至南宋而始籍梁溪。入皇朝，有壽齋公者起而其族遂大。五傳而爲贈御史紹，六傳而爲封刑部郎復。復生緯，官承事郎。緯生鵬，官七品，配成氏，生丈夫子三人，而翁爲季。翁諱籌，字守謨，號晴沙，生於弘治癸亥正月二十五日，卒於萬曆己卯正月十一日。所著有《鳴蛙集》、《五經音釋考》、《四書釋義》。娶李氏，先翁十二年卒。子男二，長曰承倖，禮部冠帶儒士，娶王氏，繼娶吴氏；次曰傚，娶沈氏。女三，一適李應時，一適邑諸生張應貞，一適劉聞譽。孫男二，正議，聘江陰縣諸生顧言女；立，未聘，俱承倖出。孫女九，承倖出者五，一適陸可立，一適俞顯祖，一適邑諸生陳爾耕，蓋手狀翁者也，一字陸汝賢，一未字；傚出者四，俱未字。

翁生弱，不嬉，長不遷也。與十山翁愷兄弟最歡，共業博士家業，翩翩美文辭，見以爲一第猶掇之耳，而竟弗第也。無何而十山翁成進士，大喜曰：「吾鴈行中有人哉！休矣，無所事吾矣。」而邑中縉紳先生雅知翁，咸目攝翁曰：「是夫也，何可令山林得之？」輒起迎翁，令子弟北面受經。當是時，補菴華公最負時譽，鮮與可顧，獨心善翁，蓋賓翁二十三年如一日也。翁年二十而館，六十而老，三四易帷而已。帷下諸生虚而來實而往，多顯者云。翁孝友淳至，年十二，翁父秋航公役而逸，有司持之急。翁慨然以身代，縣令尹侯公見而異之，乃召翁師授經囹圄中，秋航公竟以翁免。秋航公家居以嚴見憚，翁事之謹，動厭其意。處兄弟油油于于，内則森如也，翁之於人道煥乎備矣。翁故博學，而尤好開元、大曆語。時閉門獨坐，吟咏自適，而以其間肆於山水之間，曰：「九龍二泉，吾西道主人也。」翁生平操履純白，皭然不淄。縣大夫脩鄉飲禮，輒延翁爲重賓，翁謝曰：「夫飲所以昭德也，不昭不如其已也。吾何德以堪之？」辭勿應，强而後可。其爲長者如此。顧憲成曰：陳伯子之狀翁云爾，余不習翁而習陳伯子，又因陳伯子而習翁之伯子勉菴君。勉菴君，恂恂者也。陳伯子有口德，汙不至阿其所好。而其嘗從翁游者，復稱説翁不衰，翁之文獻具矣。不佞於是乎徵，乃爲次第其事而銘之。

銘曰：其賓於塾也，萬以爲日而千奇；其賓於鄉也，千以爲日而百奇。孜孜屈乎不足，綿綿伸乎有餘。其賓於國也，胤以爲日而誰爲奇？嗚呼！百在兹，千在兹，萬在兹，有翁在兹！

涇皋藏稿第十七卷

明故承德郎山東濟南府別駕蓮巖黃先生暨配許孺人合葬墓誌銘

無錫顧憲成著

萬曆二十有四年丙申春二月戊午，前通判濟南府事蓮巖黃先生卒於泉州南安里第，越閏八月既生明，孤拱化命其弟拱振跣衰絰，走水陸千里來訃於顧憲成氏，憲成見之駭然而哭也，哭相向皆失聲。既息，拱振致遺命，屬憲成銘其墓。憲成又哭曰：「知余者其先生也夫？何忍爲先生銘！」則又哭曰：「知先生者其余也夫？何忍不爲先生銘！」遂頓首受命。拱振則又泣而請曰：「惟是先府君實拜子之賜，其黃之子孫世載明德。竊不揆，敢徼先府君之餘，再以先母氏累。」憲成悚然起曰：「憲也不敢死先生，其敢死孺人！」又頓首受命，乃視狀。

先生之狀曰：先生諱一桂，字馨甫，別號蓮巖。始祖曰忠勇公。忠勇公蓋令南安而長子孫其土世世焉。忠勇公生五府君，五府君生三致政公，又五世爲無懷公，無懷公生篤齋公，是先生父也，娶於王而生先生。甫三歲而孤，王節母泣曰：「天乎！孰使吾翁無子而有子，吾子無父而有父乎？」攻苦蠶績，朝夕弗惰，以爲無懷公養，而其餘以資先生學。先生少本朗悟絕人，益暠暠自洗濯。從里中師受博士家言，率歲所而師稱弗能師也。年十六遂晉邑諸生，曹憚焉。嘉靖乙卯試學臺最，晉廩食，厥秋舉於鄉，年二十有三耳。無懷公聞之，爲嚼三觴，而王節母喜可知也。顧其上春官輒報罷。無何，無懷公及王節母相繼没，先生哀痛踰節，意鬱鬱不自禁，歎曰：「吾尚可逐諸少年鬬筆舌之奇乎？且休矣。」隆慶辛未，遂謁選天曹，得浙之雲和令。雲和瘠而貧，人皆難之。先生不顧，矢心冰蘗，約己裕民，問所欲苦而替興之。削借差，汰馬役，孜孜不遑。先時邑中水道久湮，汲者遠或數里，近猶二三里，暑雨祈寒，怨咨盈城。先生捐俸入佐以調額募工，疏水所源而導焉，民乃舒，至今賴之。近郊故多虎患，漸及於邑，或食豕官舍。先生牒禱城隍神，請先去苛政而後大戒攻虎。旬日，有田夫遇虎於塗，手搏而斃之，厥後遂息，❶邑人異焉。獨以清介孤立，任怨任謗，不爲監使所容，竟左遷寧波學博，先生不色慍也。第亟往進諸生，日與校藝所短長上下今古，獎其勤而作其怠，士用翕然。若今太史周公應賓、王公荁，吏部傅公光前、南昌王公佐，皆先生所賞鑒也。乙亥，攝慈谿篆，治如雲和。時邑有漁課三百金，吏白：「當如例受。」先生曰：「諸公而登諸私，何例乎？」丙子秋，用南京兆聘分校士於都，舉憲成等十四人。明年丁丑，擢濟南府通判，主岱宗香税，❷税多羨，毫無私焉。或勸稍爲子孫計，先生謝曰：「吾於一官何有？惟父母寵命未沾之爲慼慼，是以三年淹，奈何以子孫故爲父母羞乎？」會中蜚語，掛冠去之，不終日。比至家，四壁蕭然。時時從

❶「厥」，原作「蹷」，據文淵閣本改。

❷「税」，原作「棁」，據文淵閣本及光緒本改。下「税」字同。

里父老游，茗酒相樂而已。有司高其行，賓鄉飲者再三，先生夷然不屑也。其爲長者如此。

孺人之狀曰：孺人姓許氏，諱端勤，生而淑惠。既嬪於黄，上則佐王節母奉無懷公，婉而有則，無懷公大歡；下則奉王節母佐先生讀，每夕挑燈刺繡，達旦不寐。已而無懷公及王節母終，先生皆旅在京，孺人後先竭力斂事，必誠必信，無或憾。王節母有姪女，孤貧莫養，孺人收而字之，既長而厚資嫁焉。先生曰：「微吾妻，吾幾不得稱人孫、稱人子矣。」先生幼孤，鮮兄弟，事同産二姊甚恭以愛，孺人亦以伯姊禮禮之終其身。先生曰：「微吾妻，吾幾不得稱人兄弟矣。」先生之雲和，孺人扶病而從。既至，病加劇，且卒，手檢一縑謂先生曰：「以此斂我足矣，君庭如水，妾安敢以死溷君！」先生泣而諾之曰：「吾所以志也。」孺人可謂知大體矣！

顧憲成曰：信哉！丙子之秋，余見先生於金陵邸，以爲古貌古心，篤行君子也。甲申，余請告里居，先生杖策而過余，朝夕侍者三月。戊子冬，余徙官括蒼，遇諸嚴陵道中，遂奉之至官舍，朝夕侍者又二月，因得益詳先生内無城府，外無邊幅，一言一話，一步一趨，端慤不苟。先生亦不以余爲陋，自家居至於歷官，無所不語。其於孺人之賢，蓋縷縷不置也，大要狀所具略同，不誣矣。獨念余菰蘆中孱書生耳，無所短長，先生儼然國士遇之，所爲期且勗，耿耿流俗之外，厥誼甚高。乃余莽莽風塵，乍進乍退，進則多忤多尤，率不免意氣用事，無能樹尺寸以章先生之明；退則優游玩愒，頹然自廢，年來益復善病，倏忽向呻吟中浪擲日月。獨行顧影，獨寢顧衾，不勝慚負，何以無墜先生命哉！惟是先生之所以脩諸身，刑諸家，施諸郡邑者，烺烺可紀。而孺人同心同德，相以無違，則其不朽者，固自在也。余小子何爲？撫今追昔，感愴百端，聊以發余愧云爾。

先生生於嘉靖癸巳，享年六十有四。孺人生於嘉靖辛卯，先二十四年卒，享年四十有二。孺人卒，娶林氏、曾氏，皆先卒。子男五：拱化，娶劉；拱治，邑庠生，娶傅，卒；拱振，邑庠生，娶曾；欽極，邑庠生，娶莊，卒；拱寧，郡庠生，娶周。化、治、振、極，皆孺人出。寧，林出。女三：一許字王，林出；一未許，曾出；一未許，蔡出。孫男六：命袞，聘楊，化出；命紳，娶彭；命鼙，聘朱，嗣欽極；命繡，未聘，治出；命黻、命綖，俱未聘，振出；命纓，寧出。孫女八，一適許，餘未許字。拱化、拱振、拱寧等，擇以是年十二月初十日，奉先生與孺人合葬於王塘山之原，而林氏、曾氏附焉，禮也。

銘曰：紛而不可質者，遇也；固而不可格者，年也。積而不可佚者，德也；餘而不可竭者，福也。久而不可忒者，理也；貞而不可革者，石也。

明故處士景南倪公墓誌銘

昔司馬子長著《貨殖傳》，談文者以爲千古絕調。予特嘉其取善之周，不擇巨細。乃世人卒諱言富，即爲子若孫者，闡揚先懿，亦惟恐以富揜也，相習而爲諱。夫此何足諱也？富而好禮，可與禔躬；富而好行其德，可與澤物，顧人之用之何如耳。吾錫故有東湖鄒公望、桂坡安公國，其人皆翩翩豪舉，其名與貲俱傾一時，本之各有所長，非苟而已也。予以爲國家得若人而用之，必有裨於會計，即不然而一鄉有若人，可備一鄉緩急，一方有若人，可備一方緩急。作史者倣子長遺指，採而列之貨殖，附於陶、白諸人之後，豈爲過哉？屬景南倪公卒，孤鎬等持晴宇華比部所爲狀，乞誌銘於予，予忽忽心動。跡公勉勉拮据，其産非能與鄒、安兩公相伯仲，要其布衣起家，遵用繩墨，尺寸不苟，有足多者。竊謂兩公倜儻而近狂，公敦慤而近狷，未可概以蓬蓽之操擯之也。因按狀而誌之曰：

公諱珵，字良玉，漢御史大夫寬之裔也。唐宋間，代有顯人。至吴縣監丞子雲，始家吾邑梅李之祇陀。五傳爲元鎮公瓚，世稱雲林先生。其兄元珮公珽，嗜古好脩，五傳爲迪功郎竹溪公宗實，始居坊前，是生守溪公澤。澤生南樓公柏，配張孺人，舉三子，而景南公爲長。公生有異徵，稍長，課經生言，神奕奕旺。會南樓公家政旁午，兼以豪右齮齕之者衆，公憤然頓足而起曰：「彼以我爲非夫也耶？且男兒何必朱輪赤紱乃稱豪哉！」遂請於南樓公，願代理家政。南樓公壯而許之。無何，家隆隆起，里中見之皆驚服，相戒無犯。公復念南樓公春秋高，爲之栽花累石，徵其生平往來故知，相與煮茗烹醪，徜徉名勝以娱其老。南樓公大喜曰：「吾今而知爲人父之樂也！」已而南樓公病，籲天請代。比卒，柴毁骨立，幾以身殉。族屬莫不嗟異，曰：「是所謂五十而慕，非耶？」

先是，南樓公欲析箸，公愀然不自得。南樓公曰：「此莫非吾事，汝獨賢勞也。」强之，公乃盡摘其甲產讓兩弟。❶ 未幾，兩弟俱早世。所以鎮撫其遺孤甚於己子，每日必先過兩家，擘畫畢，然後退而爲家計。兩家事稍有不當於意，必召諸孤面誨之，叮嚀諄切，涕淚交下，諸孤感激競奮，卓有成立。而重役至，則公又獨肩之。至今邑人知有景南公，不知有兩家，以皆在公卵翼中也。

公治生無他奇，惟勤儉是務。每旦雞鳴而興，出内閫，聞曉織聲則喜；過書齋，見就明而讀則喜；出田間，見披霧而畊則又喜。大小臧獲，量材授役，朝有課，夕有程，無敢以鹵莽報。生平不爲侏儒俳優之樂，不爲陸博圍碁之娱。宴客有節，不爲流連長夜之飲，曰：「是誤己且誤人，不可以訓。」其自奉也，蔬水適於膏粱，韋布適於紈綺，徒步適於車騎，卒然遇者不知其爲公也。與人交，推心置腹，不設城府。有負公者，亦夷然任之，終身未嘗先訟一人。即里有不平事就公質，務百方曉譬以解，甚而陰割己貲從中調護，期於兩釋而後快。縣官編役知公長者，輒問公云何，公具以對，多所縱舍。及役不滿數，又不難以身任。環公居數十里間，饑者待食，寒者待衣，有叩必應。或不能償，置不問。歲戊子，道殣相望，公惻然憫之，捐粟千石應募，退復私爲粥以活老穉者無筭。其能爲人分憂恤患類若此。而尤篤於水木本源之思。脩尊賢祠，謂是雲林公所俎豆也；刻《雲林遺集》，謂是倪氏文獻所徵也；輯家乘，謂是祖宗脉絡所係也。晚而猶子鐕罹不測，坐圜扉，公日抱鬱鬱，竟以成疾。至屬纊，猶泣謂諸子曰：「向者爾大父與仲叔、季叔受誣，我

❶「甲」，光緒本作「田」。

老人力争得白。乃今何以下見爾大父及兩叔也！」嗟乎！此可以觀公矣！

公生於嘉靖庚寅十月初九日，卒於萬曆甲辰十二月初二日，享年七十有五。以卒之明年乙巳二月十六日葬於蘇團橋祖塋之昭。配張孺人，先公三十三年卒。繼配吴孺人。子五：長鎬，娶貢士陸鳳洲女，繼娶華如愚女，繼娶施右溪女；次鋼，娶邑庠彦浦少陵女；次錦，邑庠生，娶邑庠彦薛檢吾女；次鎰，娶武庠彦華和陽女；次銓，聘太學華完素女。女六：一適華仁彦，一適刑部主事華士標，即爲公狀者也，一適顧問達，一適江陰邑庠生薛同祖，一適許世芳，一字周如璞。孫男八：德源，聘鴻臚署丞吴六如女；德濟，聘孝廉張弦所女；德洽，未聘，鎬出。德清，娶太學王一所女；德淳，娶邑庠彦王心劬女；德涵，聘邑庠彦馬涵虚女；德滋，未聘，鋼出。德泳，聘邑庠彦華汝正女，錦出。孫女九：一適王繩之，一字華衮寵，一字華珉，一未字，鎬出。一字潘澍，一字鄭步曾，一諾張祺徵，鋼出。一未字，錦出。一未字，鎰出。曾孫男一，未聘，德清出。曾孫女一，未字，德淳出。

予惟鄒、安兩公之於貨殖也以略，公之於貨殖也以纖。以略者，聚之易，散之亦易，宜乎一擲千金，了無恡色；以纖者，聚之難，散之亦難，於是殘縷必拾，遺糝必噉，夫何能遽忘積累之自乎哉！乃公所重在祖功宗烈，則見此之爲輕；所先在父子兄弟，則見此之爲後；所急在姻戚井里，則見此之爲緩。自少而壯而老，秉執一意，始終不遷，可謂識其大矣！是爲銘。

銘曰：以義詘利，以利詘義，離而相傾，抗爲兩敵；以義主利，以利佐義，合而相成，通爲一脉。人覩其離，翁覩其合。此上士之所不能訾，而下士之所不能測也。曾何愧乎名卿碩人之烈！

明故禮部儀制司主事欽降南陽府鄧州判官文石張君墓誌銘

予自壬辰冬因家季涇凡識君於燕邸，一見輒心重之。徐而相與語，見君論理必窮到頭，論事必窮到底，不作皮膚觀，則益心重之，謂家季曰：「是真可與共歲寒者。」乃家季不幸於丁未之夏即世，君爲文哭之甚哀，越二歲而君且繼之矣。天乎！何奪吾黨之亟耶！隨往哭君，淚淫淫不能自休。無何，君之伯子元鼒且具狀乞予志其墓，屬病甚，乃令其弟元英來。予作而歎曰：「天乎！君未可以死也！」已而又曰：「君可以未死也！」則又曰：「君不死矣！」

君生而敏，六歲就塾師授書，數過即成誦。八歲通書義，父素行翁教以櫽括破題法，值卧懷中，對窗前月，令作破，隨應曰：「漏清光于暗室，掛玉兔于當天。」翁大奇之。九歲能攻長短句。十四，太府龍崗施公拔五邑才子弟校藝其中，應試與選。十六，龍谿王公講學荆溪，往聽之，因悟良知宗指，信聖人必可師，不欲局守章句。十八，素行翁捐館，居喪哀毁如禮。服闋，補邑庠生，益自結束，負笈從名師，締納良友，相與考德問業，學日進。戊子，舉應天鄉試第六人。己丑，舉會試第十七人，廷試二甲進士。予告歸，省太夫人于家。辛卯，赴京謁選，分校順天鄉試，榜首沈何山從《春秋》房落卷中搜拔之，時以爲知人。壬辰，授刑部山東司主事，尋調禮部。癸巳春正月，敕諭禮部，並封三皇子爲王，君偕石帆岳公暨家季，謂册立重事宜屬大廷公議，今諭札出元輔王婁江一人手，且一旦創出國朝二百年來未有之禮，遂合疏争之，復倡議與同曹郎詣各曹卿懇疏，百司和之。上意動，移札元輔，元輔亦悔禍，出《三愧三悮疏》，請勿王三皇子，而啟皇長子出閣讀書。是舉也，時以爲還内降，定國本，有回天力焉，而人人爲君危。適南星趙公主計事，一時壬人以考功令盡罷黜。執政大不悦。時省中有以庶僚掛拾遺章者，部覆皆留，遂調旨切責考功，罷其官。衆正譁然不平，君復抗疏論捄。上固怒争册立事，又犯之，有旨謫捄考功者，而同事六人皆逐矣。君得鄧州判，尋念太夫人，以假歸。于是朝夕承歡，竭力子職。杜門深研《易》理，或爲詩歌及古文詞，間則旁及書法、畫法。然不甚喜作，意到則爲之，不則索之不應也。而特孜孜以學問爲事，與海内諸名賢聲應氣求。東溟管公倡道東南，標三教合一之宗，君相與質難數百言，管公心屈。予兄弟從邑中同志脩龜山先生東林之社，君時時造而臨之，諸所闡發，精懇的切，聽者莫不傾動。蓋君素稱敏悟，至其論學，每以端本源、敦行誼爲主，大要衣鉢伊川、晦菴兩夫子，而一切虚談渺論，厭弗屑也。又偕史際明、吴之矩倡立麗澤大會，每歲與毘陵、潤州輪舉，切劘訂証，務以羽翼聖真，聯屬道脉。跡君少年而掇高第，騰英掞藻，人知其爲文章之士而已；及乎立朝危言危行，敝蓰一官，人知其氣節之士而已；乃其用心喫緊如是，天假之年，所進寧可量哉！故曰未可以死也。

乃君林居十九年，海内薦剡相屬，不爲色喜，銓曹推轂數十上不報，不爲色愠。治家祇守遺業，稍有贏入輒以施貧周乏。居恒不輕謁有司，至事關郡縣公是非大利害，他人囁嚅不欲前者，輒毅然先之，任怨任謗，無少避忌。歲乙巳，郡守歐陽公延請入郡分脩府志，是年修宜興一邑志成，再修《名宦志》，微顯闡幽，悉符輿論。先是宜邑故行五年糧役，大姓坐廢箸者十九。姚江丁公來令宜，改行甲運法，民便之。迨後漸因圖分有肥磽，户額有多寡，解役有煩簡，當邑侯秦公審編而五年之役議復紛紛起矣。君爲移書，陳條編之便七而極言糧役之害，議得寢。又條上《荆溪政要》曰：清賦入，均徭役，謹使令，議倉役，議總税，平解役，平訟獄，禁窩訪，慎交與，重學校，釐奸剔蠹，鑿鑿見之施行。歲戊申，江南大潦，撫臺周公疏請于朝，得頒蠲賑，下諸有司。君請蠲均及於通邑，賑獨施之水鄉。邑侯喻公大然之，人服以爲公。君天性慈和，督課諸子必柔聲氣而理諭之，不聞有疾言。御臧獲以恩，即有犯，終不譴訶。人有衡氣暴怒當前，微言道之，靡不立解。初，君釋褐比部，適當典獄，有黠盗越獄逸，實在君代事前一日，例得分咎，君請之大堂孫公曰：「失事在主事，宜獨聽參，幸勿他及。」孫公壯之，從輕議，而更因是賢君，延譽不已。是則君之所施於人常厚，而其所求於人常薄，即膺多福而荐遐齡，豈不宜哉！故曰可以未死也。

及觀君於去來之際，竊有異焉。初，君生三日，席煌，彌月復完。父素行翁閟之，以爲異徵。甫四齡，伯祖置諸懷，書「門」字示之，對曰：「門。」曰：「誰教爾？」曰：「形似，無教者。」於是以「米」、「火」等字言其義，輒隨聲應，弗訛，夙慧如此。君宿有痰喘疾，因得内養法静坐，久却，至己酉春三月偶患瘍復發，至八月轉劇。適史奉常玉池、湯直指質齋，執友萬在菴、萬顧菴、狄匯川、王道修、潘公完、萬奕甫、陳茂實相繼至，時時邀至榻前叙論，惟惓惓以國事及兩郡大會爲念，不一及身後事。廿六日晨刻漸彌留，索筆書「知死知生，何所畏懼」八字，命付元鼎，時元鼎病不在側也。少頃，執母徐太孺人手曰：「娘老矣！」復邀諸友環向坐，諸友因曰：「兄平生學問，到此正得力處，須定性。」君點頭，以手書「至定」，尋云「得正」而斃，徐斂手于胸，作肅恭狀，迄廿七日丑時逝矣。先是，癸卯秋，君偕元鼎應試句曲，試之夕，假寐以待旦，忽夢前身八歲時入梵宫與群名僧説法，一僧指君曰：「此闍禪師轉身也，亦現作龐居士。」指掌紋驗之，衆咸謂然。夢中記闍禪師者爲面壁公前代祖。忽轉頭，見素行翁摑君，責以不作宦，君亟曰：「爹勿予撲，此生壽不永，當爲僧。來生復爲父子，可永年而宦。」行素翁曰：「無墮落否？」曰：「不退位中矣。」因覺，君嘗筆之以紀夢。由此言之，君豈生而存死而亡者哉？故曰死而不死也。

嗟乎！未可以死而死，吾惜其局於人；可以未死而死，吾惜其局於天。至於死而不死，則形骸不能域，氣數不能囿，超然游於天人之表矣。此予之所以爲君異也。

君名納陛，字以登，别號文石。南唐時門下侍郎居詠公生六子，季曰逵，避亂居義興之張溪，是爲義興初祖。傳十六世而致遠公邇，生在元明間，其季子曰新，字伯常。伯常生檝，檝生樵雲翁輯，輯生斗山翁楨，楨生子五，中曰素行翁希時，娶徐太孺人，生君於嘉靖四十年辛酉二月壬子之亥，距其卒得年四十有九。元配陳孺人，故邑庠生少中公女。生男三：長即元鼎，邑庠生，娶吴氏，故同邑孝廉存劬公子邑庠生正誼君女。次即元英，郡庠生，聘武進故原任主事莫菴趙公冢孫上舍君錫君女，出嗣伯亦山公鉅。俱陳出。次元翼，聘同邑原任江西建昌府知府中復蔣公子孝廉如奇君女，出嗣伯羹堯公明德，側室盛氏出。女五：孟張，適郡庠生萬惟垣；仲張，字吴允初，俱陳出。叔張，字儲□□，盛出。幼張，字吴□□，側室黄氏出。少張，未字，盛出。墓在某地，葬以某年某月某日。

銘曰：生而死，存乎命；死而生，存乎性。性命各適，是曰得正。我爲君參，君爲我證。點頭斂手，居然究竟。而惜乎不知者，猶屑屑焉修短之競。

薛母劉太孺人墓誌銘

予少受業於方山先師之門，退而得謁其子景尼先生，已而與其孫以心兄弟游，切切偲偲，怡怡如也。因得習聞以心之母劉孺人之賢，三十餘年於兹矣。歲癸卯九月十九日，孺人卒，越乙巳春，以心等衰絰而過予，屬予文其墓中之石。相對黯黯，兩不勝情。予自惟淺劣，方山先師之所教詔，景尼先生之所引掖，以心兄弟之所切磨，愧不能至，中心未嘗不知向往也。乃今得益悉孺人而悚然有會焉。

孺人以嘉靖壬辰四月□日生於武進之驛橋。大父廷璽，蘇州衛指揮僉事，配蔣碩人，年百歲，會莊皇帝戊辰詔選天下貢士，碩人冢孫昌祚以武進庠生舉，巡撫林公潤言於朝，表其門曰「貞壽」。父大中户部書筭，配唐令人，永州守有懷翁女，中丞荆川先生姊也。唐令人夙閑壼儀，孺人則之，不少軼於尺寸。年十九歸景尼先生。景尼爲先師冢子，自丱角游郡庠，受知學使者，試輒高等。無何，里中搆侮，當事者乘機傾害，禍且不測。孺人獨曰：「是必無虞。曾參殺人，誰其信之？」已而果免。久之，景尼應辟，其年先師捐館，逾年景尼亦卒，中外之觀釁者如蝟毛而起，人情洶洶。孺人曰：「是不惟無虞，且固有益。稚子之失所天也早，庶幾其知警乎？可以立矣。」又久之，以身成進士，上書罷歸，已起鳳翔教授，轉國子助教，復上書，出爲光州教授。於是以心亦舉於鄉，季子以□亦舉於庠矣。而生事日落，門可設羅，諸婢子嘖嘖有後言。孺人曰：「人苦不知足，吾老人，至此更復何望？所願政兒、教兒無忘做秀才時，敬兒無忘韋布時，家人輩無忘洶洶時，足矣。」予故聞孺人事親孝，少爲父母所鍾愛，比歸，問遺無虚日，間歸寧，與唐令人同卧起，依依不舍。事姑謹，不命之退不敢退。理家勤，督諸婢織紝刺繡，無閑晷。自奉約，布衣蔬食，終身不厭。與人慈，下至敗婦村嫗，待之欣然。有以緩急告者，傾篋笥不靳。御下簡，晚年至不聞譙呵聲。持身恪，兀坐一榻，終日莫測其喜怒，見謂寧静柔婉，閫德淳備，乃其高識遠度又如此，不亦卓然有丈夫之概哉！嗟乎！學者莫不服習《詩》《書》，誦説仁義，當其平居，偃仰自如；稍涉事變，輒爾手足失措，不勝其非意之惑；幸而乘時履會，得逞所欲，又不勝其非意之望。欣戚悲愉，惟物之役，莫能自主。此所謂鬚眉而冠者耳，詎可令孺人聞也！以身兄弟並負志操，海内之士相與共推讓之，説者謂以方山先師爲之祖，以景尼先生爲之父，宜其有是。自今言之，正以孺人爲之母耳。其所從來微矣。

孺人子三人：長敷政，即以心，娶無錫庠生吴公應祈女；次敷教，娶吉州守蔣公如京女；次敷敬，娶貢士董公汝孝女。三婦俱早卒。敷政子五人：憲皋，娶丹陽勑封推官姜公士康女；憲益，娶太學吴公世寧女；憲龍，娶太學惲公應雨女；憲韓、憲歐，未聘。敷教子四人：憲稷，娶泉州推官劉公純仁女；憲垂，娶孫公明德女；憲岳，聘無錫華公□□女；憲牧，聘無錫庠生唐公道乎女。女三人：一適户部主事褚公國賢子玄生，一適無錫太學張公大任子鳳徵，一未字。敷敬子一人，憲周，聘無錫郡庠生陳公爾馭女。女四人：一字邑庠生黃公建中子□□，一字江西參政吴公之龍子□□，餘未字。憲皋子二人：□□，聘邑庠生劉公明祚女；□□，未聘。女二人：一字金壇庠生于公玉理子□□，一未字。憲益子一人，□□，聘無錫庠生秦公二宜女。憲稷子一人，□□，聘無錫庠生邊公彦昌女。憲龍女一人，未字。憲益、憲稷、憲龍、憲垂俱入學。稷與垂之媍先後夭，玄生亦卒。於是以心等卜以歲之某月某日，葬孺人於陽湖之祖塋，啟景尼先生之兆合焉，禮也。乃爲之銘。

銘曰：有孚在中，其儀不忒。危而知安，安而知節。施於有政，爲人倫式。子兮孫兮，永服無斁。

明故貞節錢母卞太孺人墓誌銘

憶昔癸卯，予客琴川景行錢伯子齋頭，相與講德論道，切磨文義，因得聞其母卞太孺人之賢甚悉。今讀景行所爲卞太孺人狀，字字實録也。當嘉靖己未，行所先生甫成進士，庚申遂捐館。卞太孺人年三十耳，慨然欲身從地下游也，已而念曰：「上有高堂，吾則婦而子矣；下有藐孤，吾則母而父矣，何以死哉？又何以生哉？」於是行所先生未了之事，咸起而肩之。其事舅姑虚菴公及趙宜人也，則以婦聞，生事葬祭，盡禮盡誠，宛乎行所先生之爲子也。其教伯子世揚也，則以母聞，尊師重友，必虔必慎，宛乎行所先生之爲父也。其蓄冢孫謙益也，則以王母聞，貽謀燕翼，無怠無替，宛乎行所先生之爲王父也。且屈己以伸其父九峰公之冤，又女而男。捐産以周其兄□□君之子，又姑而父。延宗人以教子姓暨舍人子，則由親逮疎也。具資裝以歸楚中之嫠婦，則聯疎爲親也。至嫁娶一事，更饒典刑。爲世揚娶則臬副顧一江公女，蓋鄉先生殁可祭於社者。爲謙益娶則文學陳唐父君女，唐父，世揚之素交也。爲長孫女嫁則中翰嚴道隆君少子，以行所先生春秋兩試，皆文靖公之所收云。行所先生其不死哉！景行高材篤行，人倫欽矚。謙益舉丙午南畿麟經第一人。父子之間侃然以古道交勗。於是太孺人未了之事，又有人起而肩之矣。故生於嘉靖之辛卯，卒於萬曆之甲辰，合之得七十有四者，太孺人之小年也，可以數計也。禮宗女表，聲施無窮，歷千百年如一日者，太孺人之大年也，不可以數計也，太孺人其不死矣。太孺人率循儒矩而故好佛，至老彌篤。臨卒，命沙彌誦十六觀，移榻向西方，口稱阿彌陀佛，已起沐浴，敷坐，復以右脇着席，吉祥而逝。予因爲之銘。

銘曰：儒者之言曰生生，釋者之言曰往生。余不知母之往生，而知母之生生。何以爲母之生生？完行所公之志則生，永行所公之祚則生，昌行所公之後則生，是爲母之生生，乃所以爲母之往生。

涇皋藏稿第十八卷

無錫顧憲成著

育菴盧公暨配趙太孺人合葬墓表

盧子文勳泣而告於其友顧憲成曰：「嗚呼傷哉！ 甚矣吾父子之際也！」則又曰：「甚矣吾母子之際也！ 吾父之卒五年而不肖始成進士，是不覿也。 不肖之成進士三年而吾母奄棄，是不享也。 不肖其大不數於人子矣！ 惟是吾父吾母之芳徽淳懿，可按而數也。 不肖幸辱於吾子，吾子重綏兄弟之好，假而張之一言，吾子之高義，其遂魁然儕九龍而十之，不肖將載之宗祊，永弗敢墜。 願吾子之無讓也。」顧憲成曰：「斯志也，《南陔》、《白華》之遺也，吾不敢不聽。 雖然，子既得之矣，無所俟於吾。」盧子聞之茫然，有間，復請曰：「何哉？ 願吾子之無固讓也。」憲成曰：「吾非敢謾也。 始者子爲諸生，負矯矯聲，每試輒傾其諸生。 衆以爲允，曰：『是夫也，大言爛爛，小言燦燦，不可幾也。』已而掇高第，什裼祁州，深衷邃畫，惟元元是勤。 會其時當事者迫脩積穀之令，即不滿，品次第有譴，輒稱貸而續之，曰：『吾不忍以吾民博吾官。』監司聞而異之。 左右治有不辨者，數移而屬諸子，子益矞矞自洗濯，不色驕。 顧其大指歸於便民而已。 以故浹期而大辟得什者三十六人，諸遞減者無筭。 政大行，說者方諸渤海、潁川焉。 子之所以張厥育菴公而不泯於太孺人也，不既多乎？ 何所俟於吾？」

盧子曰：「果若子言，不肖之懼滋甚。不肖竊見吾父事親孝，事兄弟交友惟信，與鄰閈雍雍無間，拯急如鶩，讓利如遺。邑有大家中落者，吾父購得其居，因往視焉，其家孀婦也。忽有童子附耳語曰：『吾家有貂裘，若欲之乎？可入視且不若争直也。』吾父駭曰：『有是哉！』遂正色拒之，并棄所餘木石而還。有歙商黄海山者賈於邑，其家忽以事趣歸，乃悉委其貲於吾父。無何而倭難作，吾父謀徙城中，輒先輸其所委以入，而已產從之。倭退，其人至，亟趣見吾父，不暇吐一語，惟涕泗横流而已。吾父徐出其貲示之，笑曰：『封識無改乎？』其人大喜，剖橐金以謝。吾父固卻不受。其中心嗜義如此。而居恒乃數口吾母賢，曰：『是吾益友也，其識正不減偉丈夫。』不肖竊得而識之。當不肖得祁州，意不能無怏怏，吾母特曰：『何官不可爲？且夫官以人重乎？人以官重乎？』及抵祁，每日蒞事，入必叩其狀云何，不肖具以對。即有所寬假，喜動顔色，即不類，必曰：『孺子更念之，無令我愧雋氏之母。』愀如也。由斯以觀吾父吾母之芳徽淳懿，不可爲既也。不肖孱書生耳，非有振也，豈其敢厚自棄於鹵莽而以《詩》禮迷？顧退而考其行事，若得若失，概於吾父吾母未及什一而千百也，若之何而張之？」已而曰：「不寧惟是，不肖其尤有深痛於志。法曰：觀政進士踰年以上俱得内選。彼其久也，不肖幾二年餘矣而卒令州。法曰：凡選人，先内而後外，其數訖於五、訖於十以爲常，庶幾巧者不得有所趨避云爾。不肖名第三十有二而卒領州。無何，皇上以聖嗣誕生，加恩海内，山川草木靡不燁然與其光華，而不肖竟無由爲吾父吾母徼一命之寵，時時仰而思、俯而思，未嘗不呼天而痛也。不肖其大不數於人子矣！吾子一言而吾父吾母張，不肖之志白，願吾子之無終讓也。」

於是憲成喟然歎曰：嗟嗟！育菴公之爲卓也，其樹德固也，而弗克耀也；太孺人之爲淑也，其衛物周也，而弗克永也；盧子之爲慟也，其創缺深也，而弗克惻也。爲之次而揭諸墓，俾百世而下知祁大夫之有令父令母，而育菴公、趙孺人之有令子也，其亦可無憾焉。

育菴公名果，字時行，郡諸生，享年五十有五。太孺人享年六十有一。嗚呼！予言而徵，其所享寧有涯哉！

龍洲顧公暨室徐孺人合葬墓表

嗚呼！是予叔父龍洲公及余叔母徐孺人之墓，而表之者，不佞侄余憲成也。蓋余先世故居上舍里，自余先府君始遷涇。余居恒好問故里事，即從故里來者，輒就而詢焉，乃靡不稱數公也。或曰：「甚矣！公之能任也。始東夷中吾邑，邑令謀城之，命邑人分敦城事。嚴伯氏業繫獄矣，公聞而大駭，請於令，願得以身受繫而寬伯氏，令偉而許之，城成乃免。」或曰：「公甚晰於義利。公嘗貿米溧陽市，有同舍商遺百金櫝而去，公檢櫝得之，故濡數日以待。而商且至矣，公委櫝示之，商驚歎，欲剖其半爲謝，公固不可。」或曰：「公故負氣自喜。始公父心樓翁居市中，左右多博徒酒俠，恣行閭里，莫敢問。心樓公嫉之，閭以語公。公乃召而觴之，既酣，好諷之。衆憚公，莫敢不聽，夕退，詰朝迹之，帖然矣。邑嘗下令覈田，公爲尸其事，一切匿漏盡出，奸豪拱手，無能私上下者，里中大懽。」則又曰：「厥亦有若孺人。孺人生十九而歸公，而公喜可知也。諸内外家務畢躬佐之，秩如矣。其緒餘乃以及於筐筥錡釜之屬。」或曰：「孺人善勤。晨興程其臧獲，夕而徵之，終其身以爲常，無佚。既罷篝燈而自爲程，子夜里舍猶聞機杼聲也。如是而又將之以儉。」或曰：「孺人非漫爲儉者也，又能施。即有求，脱簪珥而濟之不靳，以是宗姓媚黨欣然無間言。故曰孺人非漫爲儉者也。」

憲成聞之，喟然起而歎曰：美哉！洋洋乎何其悉也！《書》不云乎：「表厥宅里，樹之風聲。」余宗殷殷茂矣，以樹其外，度無踰公，以樹其内，度無踰孺人，是故於法宜表也。

公諱聚，字大成，別號龍洲，余叔祖心樓翁之仲子。孺人，尤塘徐海槎之女。子五人：曰原成，廩學宫，有聲；曰原道，克其家；曰原性，曰原良，曰原教，俱幼而慧。於是憲成申之曰：是翩翩者異時並能躬致顯揚，表公及孺人者也。若夫不腆之辭，聊以爲之兆而已矣。

明故贈文林郎錢塘知縣少源聶公墓表

予游虎林，徜徉湖山間，日與其村兒野老嬉，竊見其莫不歌且舞錢塘牧之政。予灑然異之，方求識所謂錢塘牧而不得，而聶君儼然臨予。予覿其容，温而莊，聽其言，簡而則，乃豁然悟其得民之有自也。居亡何，奏予一編，曰《少源壙記》，請曰：「先考事行也，塋木拱矣。心湯無似，不能顯揚而光大之。今幸藉天子寵命，得改藏山陰高原，塋額且拓，屬弟心武礱五尺砆以徼不朽，敢乞靈於吾子。」予嘉其善用孝，更念古之人挹醴尋原，采芝求根之義，遂不辭而寄題之曰「新淦君子聶公之墓」，而序其行於下方。

按記，聶之先潭丘人也。高皇帝時有國才者，始徙南源里。世修隱德，幾傳而至統紹公，統紹公生而魁奇足智，善提衡其家，家驟起。偶譚媪，舉四子，公其第三子也，諱啟厚，號少源。自幼岐嶷，長而行安節和，於書無所不窺，而尤湛深於程、朱、溫公諸籍。非徒事誦習已也，務以先聖賢爲軌法，身履而力行之。時時舉其詞，說其義，以訓家人。事二大人，夔夔如也；處兄弟間，怡怡如也。以父命代兄監總家事，無巨細，皆斷於公而不自有，即業析炊，貲財恣所取，不問。居鄉飲人以和，遘歲饑，輒推囷以膏窶子，釜間以餘鏹賦。子户有力弗能償者，往往折其券。夜警獲偷兒，引炬視之，故將作役子也，輒佯爲不識也者，而遣之曰：「若真醉耶？」將作役子大慚，去而改行，人比公王彦方云。公之爲德於鄉類如此。宜其有錢塘牧，故說者咸謂由錢塘牧之爲子，可以知贈公。予獨謂由贈公之爲父，可以知錢塘牧耳。記又言公配黃孺人，冲惠勤朴，克相公，有古彤管之遺。由此觀之，不特可以知子於父，且可以知子於母。一門之内，是統是承，憲憲令德，宜其家人。施於有政，久而彌新。天之祚聶氏，曷可量哉！曷可量哉！敬因表公而及之，復爲賦《南山》之五章以志。

涇皋藏稿第十九卷

無錫顧憲成著

雲浦陳先生傳

雲浦陳先生者，無錫之宅仁里人也，名忠言，更名以忠，字貞甫。先生生而恢奇多智，弱冠補邑諸生。居數年，去爲太學生。太學生之四年，舉明經。又四年，什褐，知寧鄉縣。已稍遷知寧州。無何，用事貶知寶鷄縣。居一年，復徙知光州。所在有聲跡，天下知其非庸人也。先生好讀書，能古文辭，又好孫、吴家言，徧通其指。少暇，輒習騎射，以爲即一日得備當世緩急，不虛耳。先生有大度，於天下無所不可，簡而近人。其好善，天性也。其有當於意，即王公大人，津津誦説之，終不以爲嫌。即在下輩，惟恐其不得亟聞於人，即其人故所習，恨知之晚；即不習，欣然遇之也。當余結髮而習句讀，最微鮮耳，先生顧數見賞異之，已數謂余弟：「若當不減而兄也。」先生亦數對客稱其子耕似己，或曰：「殆其勝之。」客笑謂：「固有父譽子者乎？」先生亦笑也而曰：「自我有之，何不可者？我乃父子自爲知己也。」

松陵王山人承甫著聲詩，隱于酒，往來燕趙間，欲以陰求天下長者。而是時先生適游太學，遇諸婁江王太史座上，心異之，徐引與語，大悦，曰：「吾相天下士多矣，無如足下者。」因從之游，不去。其大司成亦內奇先生，爲寬諸約束，益得自愉快，時時相對説劍爲豪飲，酒酣，仰天嗚嗚，意氣淋漓慷慨。無賴間衣敝衣行市中，數問市人：「荆卿、高漸離安在？」市人不省何語，以爲怪，呵之。先生愈喜。同舍生齊人王明經榮中誣，于法應得戍，衆冤之，莫敢發言。先生遽入白諸大司成，壯而許之，王得落爲諸生，未几復舉于其鄉矣。先生以是益藉藉公卿間。而顧愠謂王山人：「乘人之急而食其名，吾不忍爲也。」亞相慈谿袁公生貴甚，意薄小一世，而會從其客張户侯所見先生文才之特，欲知先生，則以私于大司成，人謂此貴人，必無往。先生曰：「固也。雖然，不可以貴人而賤我等耳。」遽往。袁公一見，遽命酒如生平歡，坐語移日。先生侃侃，益發舒絶，不以儒生故有所貶損，而袁公之下之益甚。左右皆驚，竊竊言：「渠何爲者？妄人耳，乃敢與我主人翁鈞！」聞者賢袁公而重先生。久之，客益日進，先生曰：「是徒爲名高者，非能解我也。」意頗厭之，遂與山人次第歸。歸而爲園於居之偏，築室數椽，旁樹竹萬竿，日夜讀書其中，謂山人：「而今而後，庶幾成一家之言，藏諸名山老矣。」山人張目不答。先生知其指，稍試爲吏，遂又裒然稱名吏也。而第其爲人廓落，人視之表裏立見，亦立盡，不能陰陽與俱，又其才雄，形不爲人下，易傾也。又終其身不能博一第，既晚而後仕少年耳目狹，尋常畜之，以故無繇越州縣以顯，而世亦無繇盡先生之用。余嘗從容言其意，先生默然良久，曰：「子知其一，不知其二。始余爲寧鄉，以湖北暴胥故惡於分巡，度旦夕廢耳。顧余投劾乞歸者，三不得也。直指且過寧勞予，余請曰：『明公必不去某者，其盡縛諸暴胥以謝寧士民。』

直指許之，其後竟以最遷。及其爲寧州，州最苦盧源賊，莫能誰何。余先後計下其渠魁數人，俘五十人，破散其黨數十百人，州賴以完。中丞擬特疏薦余矣。俄而流賊二十四人道寧且竄去，御史者不知何，聞賊中寧也，上疏論余，而屏其功不録，竟以罪貶。功名之際，聖哲不能定，而何以爲言乎？子休矣。」

先生又善邑人胡御史、通州顧少參、胡州范太史，其人皆倜儻自喜，瑕瑜不掩，非闒然媚世，求免非刺者也。其善武進謝令，嘗忤一御史，坐論賓客，故人相引而怠傲，先生獨迎而舍之，爲供具甚設，又爲資募辨客，百方居間，事得已。其居田，善余先府君。❶日者善京山李大參及高邑趙計部。始計部爲汝南司理，先生其屬吏也，而獨偉視先生。即往謁司理，輒止飲，飲輒醉，有時誤爲爾汝。先生覺之，前爲謝，司理笑曰：「其固以余爲非夫乎？」後遂不謝。及先生没，計部過余，爲涕泣而言先生也，退而相與撰次其行事。余往聞里中父老言先生故加定人，其先有道真者，與僧道衍善，嘗遺詩諷之，隱不報，乃稍稍自匿。一日挈其妻子而來，因家焉。子孫皆貴以修約爲名，惟先生之父石村翁亦然，至於先生又如此。

顧憲成曰：予故與先生同里，里於邑爲東偏，其人木强，少智略，於是乎有先生見謂易豪耳。及余長而從三吴長者游，其慕説先生甚於其里。已客燕，從四方長者游，其慕説先生又甚於其邑也。乃今慕説先生者，又甚於其在時矣。予於是而知先

❶「善」，原缺，據文淵閣本補。

生之不易盡也，方以其淹於州縣之間以死爲恨。嗟乎！誠以其淹於州縣之間以死爲恨，夫何足以窺先生哉！

鄒龍橋先生傳

先生鄒姓，名懋昭，字汝德，別號龍橋，汀洲貳守右湖公進子，處士履坦公鉦孫，而宋右正言浩之裔也。先生少秀穎，十歲能文章，十六遂補長洲縣諸生，每試輒高等。吳中雖彬彬多賢乎，皆已憚先生矣，而先生意益恭，常有以自下者。會荆川唐太史講學毘陵，先生從之游。太史始進而與之談藝，豁如也；已進而與之談心性之學，椎如也；已又進而與之商天下之故，陳家國之理，往復質問不自休，纚纚如也。太史怪，問：「鄒子務外而遺内乎？」先生起謝曰：「非敢然也。理學失而求之古，聖賢之格言具在；時務失而求之今，舍先生莫適耳。」太史心奇之。歲丙午，遂舉於鄉矣。顧其上春官輒不收，先生不樂，俄而奮曰：「吾乃藉一第爲重輕乎哉！其非夫也。」遽謁選，得楚之應城。

應城故號巖邑，屬其時復當接饑。先生愀然憫之，已責勸分，衣惡茹苦，爲吏民先，所以勤渠百狀，三月而邑改觀矣。未幾乃調盈陵，又未幾竟罷。聞者大駭。客故難先生：「即爾將所稱説時務非耶？其何以謝太史？」先生笑曰：「是吾之所以不愧太史也。曩令吾枉道而事人，徒以獵取顯榮而畢耳。然則太史其吐之矣。」客迫而究其所繇，先生不答。及應城義河李公來守吾郡，故知先生爲令時事，數數稱説之，且曰：「當景藩與楚藩有彊事之争，既得氣矣，先生一言而中其巨鐺，遂盡得諸奸民所獻籍，計乃沮；景藩索金於中丞徐公，先生復一言而挫其説；最後巨璫督邑租耗倍五六，先生復一言而奪之，邑恃以完，不亦烈乎！乃徒以賈禍，何如哉！」於是每干旄過先生之廬，輒徘徊不能去也。

先生雅好修恬穆之操，既家居，益習爲簡。郡邑長吏自始至迄於遷去，一見而已，絶無所造請。暇則時時周行田野，樵兒牧穉懽然以狎進，無間也。以此終其身。先生娶華孺人，嘗比諸德耀。性好讀書，既老不倦。所著有《蒲騷政略》一卷也，《足軒稿》四卷，《諧史》二卷，集《高士》、《列仙傳》各二卷。卒年六十有二。二子，長曰龍光，次曰鳳光。其人皆廩廩有章，君子以爲是先生之覆露子。顧憲成曰：余獲游於龍光、鳳光間，以習先生迹，其表裏始終備矣。然而一仕遽已，不復振，何也？即先生亦以爲固然而不悔。或謂先生恂恂者耳，涉世非其質也。事固不可知。世之才人辨士不少矣，顧亦往往坐困，此又何以焉？蓋先生既病，屬其二子曰：「吾即死，必裕春袁公銘吾墓。」夫袁公者，其必有以知之矣。

鄭大夫平泉公傳

予髫年聞海鹽有淡泉鄭端簡公，追長悉端簡公狀，剛正侃侃自天植，終其身不一降心權貴，世稱淡泉先生。嗟乎！海内士無論知不知，皆稱端簡公，迺不知端簡公又有仲子大夫也。當世皇帝之庚申，端簡公以執法詔還，風烈，舟幾覆，大夫凌波赴救，立反風，幸無恙，是大夫之以孝生端簡公也。已而丙寅，端簡公捐館，大夫匍匐請於朝曰：「嗟乎！安有臣如父而歿無半通之綸者！」書上，穆皇帝軫念，遣官賜祭、葬，贈謚，恩甚渥，且録斬島夷功，廕一子入監讀書，榮問有加。是大夫之以孝不死端簡公也。於是海内士又無論知不知，稱端簡公有子云。嗟乎！大夫不朽矣。作《鄭大夫傳》。

鄭大夫諱履準，字叔平，平泉其别號。始爲博士弟子，尋以廕游太學。己巳，得南京都察院照磨，已而丁顧宜人憂。壬申，復除原官。癸酉，遷詹事府主簿。甲戌、丙子、丁丑歷轉左右參軍，既進宗人府經歷。戊寅，奏最，授奉政大夫。母顧贈宜人，配沈封宜人。壬午，遷順天府治中。癸未，遷南京刑部郎中。甲申病作，丁亥卒，享年五十。

大夫生而娟秀，神觀奕奕。七齡授讀如夙記，端簡公奇愛之，嘗磨其頂歎曰：「此吾家驥兒也。」每試輒高等。邑負雋望者氣爲奪，而竟以隨侍端簡公南北敭歷，賓興不一逢，嘗喟然曰：「世固有不鳴不躍如鄭生者乎？」奮而起者再，既而曰：「丈夫安能與隙駒鬬日、穴鼠鬬名？」乃去謁選，得初官，非其好也。亡何聞顧宜人訃，呼天大號，徒跣至門，哭極哀，哀盡血繼之，幾成滅生之痛。服闋，累遷留都别駕，聲日鵲起，巨卿元老有事輒問鄭公云何，具以對，無不稱善。壬午秋，當比士，大夫慎按棘，外内惟謹。郎比部平允公恕，有定國之風焉。予嘗按其功狀，累累不勝書，其大者，如照謝山之奸，勘黄原之罪，解張珂之網，脱芮禄之冤，他人之所歷寒燠、遞出入而不獲披雲霧者，大夫不難一言平之。又廉介不可干以私。如指揮盧事發，坐上刑，陰托貴人囑之，不可；飛謗書懼之，不可；無已密走賂誘，大夫厲聲曰：「去！而無汙我清白吏子也。」大司寇陳公聞而器重之。戚暱任樞府邊帥，介客前來奉千金爲壽，囑美遷，大夫絶如前。介聲益振，隱隱流動於兩都云。大夫又最重然喏，酷知人痛癢，有吉凶緩急者，皆樂趨告，饑與粟，疾與醫，婚與室，喪與櫬，以至廣學宮之湫隘，雪翁人之重辟，覆塾師祖氏之子若孫，葬賀氏之五喪而得吉壤也。宜其生而令譽，没而垂芳，稱端簡公子，有以也。所著有《比部集》，所選有《唐詩彙韻》、《明詩彙韻》，藏於家。子忠材、恕材，翩翩世其家聲。

贊曰：予歷大夫事而異之。當端簡公艱於嗣也，禱而夢，夢神冠而髯者，彷彿爲漢壽亭侯，攜二子授端簡公，且曰：「畀而一子忠，一子孝。」覺而果孕。未幾，舉仲爲大夫。伯以上書杖闕下，爲直臣。仲磊磊多幹蠱，爲孝子。所稱天付，是耶非耶？倘仲竟厥施致大用，其所衣被寧有既乎？雖然，嗇而身必豐而後人。予於二子卜之矣。

陳贈公暨杜太恭人合傳

甚哉！遇之足以移人也。是故處憂患則氣易歉，往往頹焉以自弛而不振；處安樂則氣易盈，往往侈焉以自放而不戢。何者？彼皆役於物而中無主也。予讀陳志行先生所爲其贈公暨太恭人狀，瞿然而起。贈公之先無可考，惟是倉浜之沙盆潭有一坯在，所傳陳充墳者，其始祖也。數傳而爲近橋公鑑，鑑生子六，中子曰思朴公泰，是生贈公。當陳盛時，兄弟聚而賈於倉橋之四維，橐良厚。無何，廢箸。伯兄奎偶不當於一李官，斃杖下，泰父子訟之臺，卒白冤狀，而李官罷不叙。無何，泰亦歿。贈公依其叔奭於北郭，已徙南塘，會孫福以奴叛，再徙東膠。風景蕭颯，行路之人皆得過而揶揄之。而贈公顧曷曷自濯，不肯落人後。又見志行英穎不凡，喜，輒令從名師稟業，每晚歸，篝燈口授句讀，不精熟不已。隣翁厭子夜伊吾聲，旦起誚讓，太恭人亦謂贈公何苦穉子如是，贈公笑曰：「爾他日享用此子，吾不逮也。」九歲，經書成誦，操筆爲舉子文，翩翩多奇。十三試有司，見取。十七補邑諸生，稍稍舒眉目矣。已復浮沉子衿中數年，無知者。而贈公意氣彌鋭，更督其二幼子，不少寬假也。嘗手書堂聯曰：「欲高門第須爲善，要好兒孫在讀書。」又書卧榻聯曰：「守身如執玉，教子勝遺金。」居恒喜趙松雪書，時倣之。興到臨池，真草盈幅，僉謂逼真。暇則涉獵經史，犂然心解，至忠臣、孝子、義烈事，未嘗不反覆長太息也。此其志豈不恢乎大哉！惜不幸早世。

比癸酉志行舉於鄉，已丑成進士，令確山，調中牟，入郎比部，出守吴興，聲華赫然盛矣。而太恭人又若不知其子爲官人也者，朝夕拮据，以十指爲生計，猶夫昔也。衣不重綺，食不兼味，猶夫昔也。有犯者，夷然笑而置之不校，猶夫昔也。志行間以俸錢奉，諸子間以粟菽奉，不欲取。即取，留以周急，不妄耗。每戒志行宜守官，又戒諸子宜守家，無得一溷官舍。已又謂志行：「族人多窶，汝父所憫也。」志行遂倣文正義莊例衣食之，太恭人爲之解頤。至於求田問舍，爲子孫封殖計，未嘗一沾齒牙也。且曰：「回思向來懸磬空囊時，今不啻足矣，奈何猶不知厭？」由此觀之，恒情之所沮抑摧喪處，正贈公之所激昂奮發處也；恒情之所張皇炫燿處，正太恭人之所檢束收斂處也。非其中確然有主，役物而不爲物役，夫孰得而幾之？

顧憲成曰：予與志行先生同里，知先生頗悉。先生自幼孤立行一意，不苟隨俗。及舉南宮，裘且屢敝矣，讀其文遒勁迅發，光芒射人，不減少年之鋭，可謂翕而能張。至施於有政，見謂用搏擊豪强起聲，乃其拊循鰥寡，乳哺煢獨，煦煦而下之特甚。慮囚北畿，釋矜疑三百餘人，絶不挾聰明以逞也。退而居鄉，杜門掃軌，酬應稀簡，家徒四壁，蕭然與書生不殊，可謂高而能降。予實中心信服之，欣爲執鞭。先生言：「吾少得礪峰莫師、霞村許師、中齋何師、苕洲丁師之力。」嘗論及湖州之政，又言：「得鄉紳李參藩、章銓部、丁中秘、朱太史諸君子之力。」今跡贈公與太恭人之粹履卓識，歷歷如是，乃知得之家庭者固不少矣。因特採而傳之，以告世之爲人父爲人母者。

贈公名萃，字集之，號近竹，年五十有四。太恭人，父杜母施，年九十有七。嗚呼！是父是母是子，即以軌範千秋，可也。

涇皋藏稿第二十卷

無錫顧憲成著

哭莫純卿文

嗚呼！傷哉純卿！傷哉純卿！憶己卯之冬十一月二十六日，予與家季將北征，就子而别。當是時，寒雲盈空，凍雪積野，徘徊四顧，意態蕭颯。子進予而觴之曰：「丈夫有事四方，茲其始矣。」予感其意，飲立盡，而以其觴觴子，子復以其觴觴予，意甚壯也。既别，予心甚喜。今年四月，予弟騰書言純卿疾病，時擁重裘猶冷冷稱寒，予大驚。無何而予弟言純卿就藥吴門，予益驚。又無何有客從錫中來者，謂七月二十日過莫氏之里，見里人聚而咨嗟，入其里者狂若奔，出其里者悵然若有失也。予聞客言，心又益驚，就而窮其所以，客嚅嚅不肯答。無何而蒼頭來訃，純卿七月之十四日卒矣。予聞之如醉如夢，目不知所視，耳不知所聽，心不知所之，忽不自知其涕泗之横流也。稍定，乃爲位而哭之。又一月始勉爲文，俾予弟告之純卿。

嗚呼純卿！天道之無知也，自昔而已然矣，何待至於子始信也？子佞不如甘，敢冀早達！子嘗不如頓，敢冀有家！子暴不如跖，敢冀有年！子戕不如湯，敢冀有後！予所痛者，予與子交數年矣。憶予始居涇里之上，數日不見子輒思，思輒題尺素以通，比發而子之問亦至，猶以爲次於見也。自是而予歸，涇水如昨，子不可得而思矣！始予由涇里入邑中，輒過子，過輒爲盃酒歡，微言縱論，無所不傾倒。自是而予歸，入子之門，登子之堂，榱題棟桷如昨，子不可得而見矣！始予過子，時時與楊生士初、陳生穉登、鄒生彦文偕，即過三子必時時與子偕。自是而予歸，三子如昨，子不可得而偕矣！予與子頗負嘐嘐，其所相契，蓋不在形骸；其所相磨，蓋不在榮顯；其所相要，蓋不在一旦一暮以爲似，異乎人之友也。是故有予可而子否，有予否而子可，將以是庶幾於輔仁，而互期其成。乃今求子之一可一否而不可得矣！予客燕中二年之間，子前後惠貽德音不啻千百言。予性簡，頗不樂於風塵，而子惟恐其失之枯也；予性狹，不能漫與人同可否，而子惟恐其失之矯也，切切而規之。予誦其言，未嘗不發深省，以爲子固非誨予阿世也。乃今求子之一鍼一砭而不可得矣！嗚呼純卿！奈何使予不痛子也！

且予非特痛子也，而又爲子痛。雙親在堂，自是左右而承懽者誰？其可痛一也。煢煢嫂氏，自是終身而仰望者誰？其可痛二也。僅息二女，自是春秋而俎豆者誰？其可痛三也。嗚呼！若是乎天道之無知，至於子而極也。子如知此，何爲乎好爲大而不好爲佞乎？胡爲乎好爲義而不好爲營乎？胡爲乎好爲遜而不好爲暴乎？胡爲乎好爲德而不好爲戕乎？嗚呼！子不克早達。前子而不克早達者，若馬氏之援，非一人也，予不敢怨也。然而援也有家也，子之家何如矣？子不克有家。前子而不克有家者，若原氏之思，非一人也，予不敢怨也。然而思也有年也，子之年何如矣？子不克有年。前子而不克有年者，若賈氏之誼，非一人也，予不敢怨也。然而誼也有後也，子之後何如矣？維天蒼蒼，何所不覆？維地茫茫，何所不載？維萬物芸芸，何所不遂？而獨使子至此也？予其奈之何哉！

嗚呼！予羈迹天涯，病不能視子，死不能送子，而子已矣。予呼子而子不應，則呼其蒼蒼者、茫茫者、芸芸者以問子，而又不應，但仰而見夫日月之黯然，俯而見夫山川之寂然，中而隱隱若見夫子之若父、若母、若嫂氏、若二女、若宗姓、若姻黨、若二三友生，莫不改容而變色，與日月山川相應而凄然，而子亦彷彿往來乎上下之間，追而呼之，而子卒不予應也。

嗚呼！予言有盡而意無盡。有盡者書而告子，其無盡者俟予異日歸而謁子之墓，呼而告之也。當是時，子能憐予而應之耶？嗚呼！予顧生憲成也，告子者予家季允成也。嗚呼純卿！嗚呼純卿！尚享。

祭陳雲浦先生文

嗚呼傷哉！已矣乎！先生其遂不可得而起乎！嗚呼！先生之不可得而起也，天下莫不悲，而況於鄉乎！環先生之居，東西南北可數十里，莫不聚而嗟，泫然而繼之以涕泣，而況於不肖憲乎！

嗚呼！憶先府君徙涇里而家也，里人有狎其新而齮齕之者，有嫉其倨直而傾之者，又有外爲暱而内爲搆者，其態前後非等，而獨先生善先府君，四十年一日也。先府君既以貧故令予兩兄次第任家，不克究於學，後稍令不肖憲究之，又令弟允究之。

里人有逆其無成而嗤之者，有逆其成而妬之者，又有陽爲助而陰以觀其何若者，其態亦前後非等，而獨先生左提右挈，惟恐其不即底於成，二十年一日也。嗚呼！何其德於予父子也！

先生嘗令寧鄉矣，能爲德於寧鄉；嘗守寧州矣，能爲德於寧州；又嘗令寶鷄矣，能爲德於寶鷄；嘗守光州矣，能爲德於光州。當其居田，能爲德於宗，用其材者，恤其窶者，教其少者。何則？既已受天子之命，乘堅策肥，儼然而居人上，固人理之所宜爾也。木有本，水有源，人有始，故范文正公曰：「自祖宗積德累世而有今日，吾奈何專享之？」此人情之所宜爾也。其德於予父子何哉？且固未也。始先府君不禄，適先生棄官而歸，未抵家遽入拜先府君於帷，爲之出涕。又先府君方疾病時，聞先生歸也，喜見於色，曰：「是固當，自是諸郎君得一意而修《詩》《書》之業矣。」及先生再出，予舉以告，先生曰：「是真愛我者。」復爲之出涕。已從乞先府君傳，良久報曰：「噫！吾不忍也。每一下筆便須心折，姑徐之。」是先生之於先府君死生一日也。當先生由光州扶病而歸，至亟矣，其道涇輒問予兄弟無恙。及兩兄趨而視之，輒問憲客游無恙也。已目予兩兄，謂曰：「吾幸與子訣，而不得與子之弟訣。」又目予弟曰：「吾幸與子訣，而不得與子之兄訣。爲我語之，努力自愛。」已又緘一幣寄焉。是先生之於予兄弟，死生一日也。是安得而無痛乎！嗚呼！人之痛先生也以公，屬於公者，其情可得而言，其言亦可得而盡也。予兄弟之痛先生也以私，屬於私者，其情不可得而言，即可得而言矣，其言不可得而盡也。

先生識之卓，足以凌千古之上下；材之雄，足以備國家之緩急；文之奇，足以頡頏作述之材；氣之豪，足以傾動一世，咸樂與之共肝膽。憲等寧不知哀之惜之，而獨先生之所以德於予父子者，愈思而愈傷，愈久而愈不能解，何則？衆之所共在彼，而予之所專在此也。嗚呼！泰華誠高，仰之可陟；江海誠深，俯之可測。悠悠我懷，無方無極！呼彼昊天，不可致詰。人也可贖，百身奚恤？第不知先生之晤先府君也，有如先府君問曰「孺子何以報先生」矣，則先生將何以爲答也耶？嗚呼！尚享。

哭劉國徵文

萬曆十有二年四月初七日，劉國徵先生卒於家。越一月，其友顧憲成得其訃於其兄司農君，既爲位而哭之矣。又一月，移書告之曰：嗟乎！國徵何以死哉！若是其亟也！其命也夫！其命也夫！始吾來燕中，有意乎天下之士也，見魏子懋權，與之語大悦，恨相知晚。懋權曰：「若欲知閩中劉國徵乎？」因又知國徵也。國徵恂恂耳，就而叩其衷，憫俗之仁，居貞之檢，邁往之勇，藻物之哲，無所不具，於是喟然歎國徵之不可測也。當是時，天下滔滔，上下一切以耳目從事，士習陵遲，禮義廉耻頓然欲盡。吾三人每過語及之，輒相對太息或泣下。客謂國徵：「若奈何與狂生通？」國徵笑不答，相得益歡。蓋國徵之所存遠矣，吾何能忘也！

嗚呼！死生一也，無有二也。國徵何選焉而置取舍於其間！惟是今之天下什一可喜，什九可憂，方諸疇昔，相去不能以寸度，國徵不免于懷也。國徵其悉之乎？南皋鄒氏之烈焉而徙，定宇趙氏之懇焉而違，復菴吴氏之亮焉而誹，匀原丁氏之切焉而詰，芸熊董氏之犯焉而挫，對兹黄氏之感焉而投，健齋曾氏之剴焉而播，蓮洙孟氏之挺焉而擯，希宇郭氏之勤焉而摇，鴻泉范氏之詳焉而削。此時事之有形者也，猶可知也。若乃内權漸隆，外權漸替，君子小人，如水如火，强而平之，幸須臾無恙耳，何以能日？此時事之無形者也，不可知也。國徵其悉之乎？庸得宴然而已哉！

嗚呼！死生一也，無有二也。吾跡國徵之生而知其死也，未嘗不以天下爲念。又跡國徵之死而歎世之食肉者，殊爲徒生而可愧也。不寧惟是，今夫國徵之所自許何如也。業已第進士，未嘗一日在職，居恒撫膺扼腕，欲有所爲，輒不果。其修諸身者，又見其進未見其止也。繇此觀之，國徵之誼，其猶自以爲徒生而可愧也。雖然，國徵往矣，而予及懋權所與國徵左右切磨，相期於聲氣之間者，固耿耿在也。而今而往，即國徵之所未究而懋權究焉，猶之自國徵也，又或懋權之所不究而予究焉，亦猶之自國徵也，夫何愧之與有？獨念材如國徵，立志如國徵，猶僅僅若是，而况予之不敏，將何以謝國徵也！其惟懋權乎！異日者，予當就懋權而裁焉。國徵有知又將何以牖我二人也！

嗚呼！死生一也，無有二也。惟國徵實深圖之。憲成再頓首白。

哭魏懋權文

萬曆十有三年七月初一日，吴人顧憲

成頓首致書於魏懋權先生，曰：嗟乎懋權！足下何意？足下乃遂與我長别哉！悠悠我心，誰復與語？即足下亦誰復與語？吾見世之知足下者不乏耳，要其至，與不知等，何則？其知之者，末也，計獨吾知之耳。足下上必欲堯舜其君，下必欲堯舜其民，故常憂。信心而言，信心而行，一切榮辱毁譽不以滑其胸中，故常樂。常憂常樂，是吾之所以知懋權也，天下孰從而窺之？

嗟乎！世衰道微，人心離喪，浮破㲉，枉蔑貞，淫掩良，争蔽讓。智者相與借《詩》《書》以文其奸，愚者謬以爲固然，步亦步，趨亦趨而已。當吾爲諸生，業惻然傷之，時時思有以矯其弊，莫能振也。既博一第，從縉紳先生游，時時私求其人，鮮遇者。乃獨足下之指與吾不異耳。徐而察之，非直不異而已，殆有甚焉，中心自以爲不及也。已而從足下得閩中劉國徵耳，居平相謂：「吾三人者，或先之，或後之，或衷之，其有濟哉！即不濟，卷而藏之，何恨？求善價而沽，枉尺直尋，非吾質也。」顧造物者昨年奪吾國徵，今年又奪吾懋權，吾其可如何哉！

嗟乎！天下之務，國家之故，懋權念之熟矣，而未及究也。間嘗歸而治其文，辭不求工，意獨好爲聲詩耳，又非其急也，直土苴畜之耳。吾欲就君家伯氏、叔氏問訊遺笥，揚搉而表章之，不足以昭懋權，是吾之所痛也。吾欲省覽生平之言，勉砥素心，償其未究，又能薄，不足以稱懋權，是吾之所懼也。懋權何以圖之？

嗟乎！懋權足下：吾生長蘆菰中，習氣深重，惟足下是賴。足下誠弗我替，一降一陟，在帝左右，吾尚有望也。吾昔者稍修

《詩》《書》之緒，每遇古之高賢偉士，輒掩卷太息，仰摩俯擬，庶幾想見其爲人，久之恍然若有遇也，思若有啓也，行若有掖也，何况懋權乎？ 蓋嘗聯軫而游，接袂而語，握手促膝，委輸肝膽，揭日月而薄山河者哉！其忘之也？ 爰奉尺素，薦諸几筵，足下其聽之，且爲我語國徵焉。

再哭魏懋權文

維萬曆十有三年，魏懋權先生卒，其友顧憲成既從其兄光禄君薦之尺一矣。越一年，憲成戒裝而北，顧瞻燕趙之間，黯黯欲墮，遂迂道而趨南樂，上懋權巵酒，洒淚而告之曰：憶昔予之謝病而南也，騰書邀足下會于清源之上，至荆門而始成別。當是時，晝則聯席，夜則聯衾，促膝把臂，靡所不竭，何其懽也！ 今者予再來而足下已矣，天乎！ 天乎！ 何其痛也！ 當是時，足下謂予曰：「吾儕嘐嘐自負，所覩天下之事不當于心，一正人退，一佞人進，意氣勃發，輒欲攘臂而起，請尚方之劍而後愉快。是不廣也。于是乃遂入山求深，入林求密，獨寐獨寤，寂然不復問人間馬牛。又無奈其嘐嘐者何！ 子以爲奚而可？」予笑不答。已訪孟司馬我疆論學，兩日夜津津不休。余謂足下曰：「得此入手，何所不可？ 何取何舍？」足下亦笑不答。蓋其際微矣。不虞足下之遽然以逝也！ 嗚呼！ 已矣！今者予且登足下之堂，憑足下之几，弔足下之靈，進而謁于太公，穆穆落落，嗟足下之所以爲子。坐對伯氏，侃侃之氣隱見眉睫，嗟足下之所以爲弟。問訊季氏，方奉三尺活人河洛間，嗟足下之所以爲兄。次第見二子，戚而莊，敦固而多奇，嗟足下之所以爲父。周行環堵，秋草一庭，嗟足下之所以爲家。出門長叫，傍徨四顧，白雲亂流，落日將半，退而檢其囊，得故《上申相國書》及《論救周別駕遺草》，嗟足下之所以爲國。又得贈予一詩，中有曰：「要憐天下顧叔子，不爲人間吏部郎。」倚梧而思之，寸心欲碎，萬象俱失，不復能自持，嗟足下之所以爲友。嗚呼！足下已矣！予亦哭足下而去矣。荆門在此，清源在彼，爾我之言，實共聞之。昔何以南，今何以北？日月不停，往來如昨，其誰能堪！即予敢替懋權，有如兹水。嗚呼！尚享。

祭王澤山太親翁及陳太親姆文

嗚呼哀哉！不肖從令子伯氏、仲氏遊，猶兄弟也，其視吾翁猶父也，其視太姆猶母也。不孝往于歲丙子哭吾父矣，昨者歲己丑又哭吾母矣，今又哭翁，哭太姆耶！嗚呼！

不肖嘗侍翁，竊見朴乎其容也，坦乎其言也，廓乎其衷也，有古長者之遺焉，蓋與吾父絶類。比小女歸翁家，爲翁冢孫婦，還而稱述太姆之懿，又種種不減吾母也。而今俱已矣！令子顧影自憐，且以憐不肖，不肖顧影自憐，且以憐令子，茫茫天壤，俯仰俱失，其忍哭翁，哭太姆耶！雖然，不肖更有傷焉。

不肖之失吾父也幾何時矣？前乎翁十五載於斯矣。不肖之失吾母也幾何時矣？前乎太姆一載於斯矣。均覆均載，何厚何薄？均怙均恃，何延何促？此不肖之所以更有傷也，傷吾父之不得爲翁，吾母之不得爲太姆也。乃令子猶然以淹在青衿爲恨，何也？嗚呼！始不肖從事鉛槧，吾父日惟求師求友爲汲汲，羔鴈玄纁，不惜稱貸以奉。吾母主中饋，朝夕供具惟謹，最勞瘁也。已幸而舉於鄉，而吾父已矣。已成一第，碌碌風塵，又無能左右承吾母歡。中間僅僅請告三載，又大半奪於酬酢。尋奉譴而還，半載耳，而吾母已矣。乃令子少成若性，不教而閑，翁與太姆雍雍而坐觀其進，今即偃蹇諸生間乎，却得時時膝下宛轉周旋，究舞斑之樂。天性内也，功名外也，古人不以三公易一日，此耳。此不肖之所以益有傷也，傷不肖之不得爲令子也。其忍哭翁哭太姆耶！涇泉可烹，涇蘋可摘。顧瞻几筵，萬感紛結。有懷欲摧，有言欲咽。神其鑒兹，庶幾我即。尚享。

祭中丞魏見泉先生

嗚呼！先生古之遺直也！嗚呼！先生古之遺潔也！如其道也，如其義也。斧鉞在前，弗避也；鼎鑊在後，弗駭也。非其道也，非其義也，千駟萬鍾弗視也，一介弗取也。是故爲司理則真司理，非若夫人之司理而已也者；爲直指則真直指，非若夫人之直指而已也者；爲中丞則真中丞，非若夫人之中丞而已也者，可謂巍巍堂堂，磊磊落落，宇宙間偉丈夫矣。惟我皇上之遇先生也，亦若異然。始而被謫，於時格，未敢望旦夕遷也，無何而遂不次擢用，使先生得進而畢其忠。繼而出塡三晉，念太公老乞歸，於時格，未敢望旦夕允也，無何而遂有俞命，使先生得退而畢其孝。嗚呼！

此天也，非人之所能爲也。語云：「無欲之至，可動鬼神；至誠之極，可格天地。」先生當之矣。是故先生之生也，海内士無問識與不識，莫不仰而望焉，非若夫人之徒然生而已也者；先生之死也，海内士無問識與不識，莫不相顧吁嗟而流涕焉，非若夫人之徒然死而已也者。信可謂巍巍堂堂，磊磊落落，宇宙間偉丈夫人矣。先生復何憾哉！獨計先生一腔憂國憂民之心，耿耿未有已時。兹行晤崑溟、雲門兩先生，不知何以相慰。憲等辱公家金玉道義之好，違兩先生且二十餘年，用之無補於行，舍之無補於藏，倘兩先生問及，又不知何以爲憲等解也。相望千里，欲即無從，聊寄一巵，薦我素衷。先生有靈，上之所以周旋帝側，下之所以擁衛蒼黎，中之所以夾持我二三友生者，豈其忘之哉！豈其忘之哉！嗚呼！尚享。

祭龍崗施老師

嗚呼傷哉！夫何奪吾師之亟也！雖然，天之奪吾師，不惟見于今而已，見于昔；其奪之也，不惟在于天，而又在于人。固有從而予之者矣，得其細而不察其大，覩其顯而不核其微，是亦與于奪者也。

當吾師之守毘陵也，無以異於黃氏之潁川、龔氏之渤海也。其心思無所不暨，而其惻怛愷悌無所不入。訟者至，折以片言，輒懽然解散，庭中嘗虚。已乃築室而造士焉，士莫不洗濯志慮，求麗于昭明，曰：「是真能成我者也。」爲之民者莫不曰：「真能生我者也。」于是擢東粵兵憲以行，又莫不相與咨嗟歎息，曰：「是奈何其驟去我也？」無何而難作矣，故曰：「天之奪吾師也，不惟見于今而已，見于昔。」且方其難作，始不過獲戾于一人而已，莫不能知其誣也。士訟于庠，農訟于野，商訟于市，旅訟于途，莫不能言其誣也。而當路者業有成心，逆捍不聽，或曰：「夫有所受之矣，可若何？」相與掇拾浮僞，剥亂本實，而難成矣。故曰：「其奪之也，不惟在于天，而又在于人。」

今夫世之知吾師者，其指可覩也，曰：「是何才而敏也！」又曰：「其好士也，不遜吐哺握髪矣，何其大也！」愚以爲此其昭然者耳。吾師禔身廉潔，一介不苟，而特不好爲皎皎。嘗語所知者曰：「人言毘陵故沃郡，乃不能令吾囊之不枵然者何？」又吾師洵好士，要以其暇及之耳。其所最注意無如民，其所最功德至于今隆積而不墜者，亦無如民也。若夫顓顓焉而語才則遺操，顓顓焉而語士則遺民，固已昧矣。而況于今之時，其瑣而無能者，類飾爲小廉曲謹以干大利；其健而有力者，往往競于奇，見能於刀筆之間，而弁髦《詩》《書》，以爲吾不欲借興賢育材博名高也。時趣如彼，其知吾師者如此，適足以相戾耳。故曰：「得其細而不察其大，覩其顯而未核其微，是亦與于奪者也。」

嗚呼！吾師其遂齎志以没矣乎！雖然，毘陵即東南一彈丸之壤，而其中林林總總，不知幾何，率家户户祝，飯食必禱。吾師即中道齟齬，不克究其施設，而嗣賢翩翩有文，一日奮而翱翔，所以光大吾師之緒，未艾也，亦足快矣。獨憲等辱在吾師，誼兼生成，乃吾師之存也，既不能明目張膽白見冤狀，揭之日月之下；及其一旦而溘然也，又不能走千里，酌卮酒以薦几筵，伸無涯之感。進而有慚于欒生，退而有慚于孺子，其何以謝吾師也！吾師誠不我忘，庶幾乘翔風，軼飛雲，時上下于六龍之墟，使憲等憑而見之乎！不惟憲等，其亦使林林總總者得憑而見之乎！嗚呼！尚享。

涇皋藏稿第二十一卷

無錫顧憲成著

先贈公南野府君行狀

嗚呼傷哉！我家大人之逝也，不肖孤等自惟積戾弘深，及于大故，日煢煢在疚，無所愬語，罔極之謂何，而曾不得伸一朝之養；竭力之謂何，而曾不得如五尺之裳，方尺之履，猶然相從以殉。若復湮墜懿美，薄諸草萊，無能徼寵靈于賢豪長者之側，以照臨其泉壤，是不肖不復得數于人子也。于是不肖孤奉伯兄、仲兄之命，抆淚而狀曰：

嗚呼！家大人姓顧諱學，字文博，南野其別號也。顧之先爲棘道之石紐鄉人，至宋而將仕郎百七者遷邑之上舍里，十餘傳而爲處士公夔，娶于朱，寔生家大人。家大人生而倜儻負氣，不耐博士家言，獨遊于諸稗家。喜羅氏《水滸傳》，曰：「即不典，慷慨多偉男子風，可寄憤濁世。」又喜《南華莊子》，曰：「即不經，瀟灑自在，不受人間世諸約束，孔孟之後固應有此。」居閒與客論天下事，往往抗手掀髯長太息。里人壯之，推爲亭長。屬其耆老子弟約曰：「舊日之事衆爲政，新日之事我爲政。❶不然，我無愛乎一亭長，其舍我。」衆曰：「可哉。」稍稍來白事，一切據理曲直之，亭中稱平。有攜豕酒爲壽，則謝曰：「是區區者，而以爲余伐魯仲連，直應尸而祝之矣。」去之。人

❶「新」，光緒本作「今」。

益附會。

里人爲邑長吏輸税，遂偕里人北遊天子都，見宫闕之美，官司之富，欣然曰：「可以廛矣。」已而曰：「吾不可使壠上之木北向而懷我也。」乃歸，日黯然不樂，不問家人生産，逋累累集，其附家大人者曲周之。家大人以爲醜，即日告諸墓，傾其産輸之所句貸家，徙涇水之上居焉。居甚陋，風雨至輒犯于寢帷，日一糜，夜一蓐，行道之人相呼爾汝，兄弟無知者。已試爲酒人、豆人、飴人、染人，漸能自衣食。環而居者睥睨之，齮齕百端，莫可難也。宵而謀諸室，聲發于甍，瓦躍，家大人寤驚，獲免，違而至于石村，三年産落無所存。家大人不勝憤，猛然欲有以自震于世，曰：「由此廢，必由此興。奈之何其避人也！」再徙涇，僦廛而市，平物價，一權度，廓然不較贏詘，出片言，婦人孺子皆信之，市道驟行。是時也，方數十里間，其有財者，公知家大人無一廛之産，輒懷金踵門而貸之，惟恐其不諾。其貧者，公知家大人無一錢可以貸人，至緩急有無，不求諸富人而求諸家大人。家大人亦自知無一錢可以貸人，至人有求，輒挺身任之，不以無爲解。嘗曰：「多財而後能幹，究竟騃孺子耳。」其貸于人也，即其人倉卒亡，妻子有所不知，未嘗不息之而歸其妻子。而貸人也，即其人負我，旁觀者皆有所不厭，而求之未嘗不應。以故義聲流動，家大人遂隱然望于鄉云。

里傭有壯而無室者，所得力錢純費于酒食，家大人甚恨責其人，令輸力錢，歲爲息，而與之室。里中幾無曠傭。有逸金于肆之西偏，標而搆逸者之名氏，得姑蘇跛人，召而歸之。他日來市，投三十金，退而發金，羨者半，亦召而歸之。洪人糴，既按價而輸之粟矣，越五日，粟價頓衰。家大人愀然爲貶其價，徵洪人于塗而返金焉。張氏兒有積逋于我，積不償，一二怨家弱視而强食之，不能禦，大鬻其産，密懷直而屬諸家大人。事解而徵屬，如徵而與。蓋張氏兒至今德家大人，每遇人數其事，輒欷歔而欲涕也。或售其土田，未幾，售者欲謀而據之，詭辭以訟，弗克。家大人還而謂之曰：「爾何計之不精爲此屑屑也？爾素號壯士，必欲得此者，其以膝與我。」售者跪而請，遽返之，不復言。

直不肖等就學，歲延經師而教之，所事之禮最虔，即富貴人以爲不及。歲庚午，不肖補邑諸生，癸酉，弟允成補郡諸生，家大人戒曰：「孺子故少藴，脱令汝一旦儼然富且貴哉，驕大之色當不能侵汝，吾何所患之？患汝從市井學象恭歸耳。夫象恭之壞人心也，比之驕，甚矣，孺子無然。」福清施公龍崗守吾常，闢龍城書院，選五邑士而課之，不肖與弟並遊其中。臨川周公念庭令吾錫，數進不肖。時弟方垂髫，試之，奇其才。有客從涇西來，裝百金，造家大人所而行囑焉。怒曰：「若賈我，又賈我孺子哉！我誠不慚于壟斷，何至向有司爲市而以孔孟貨三尺法也？」他日有武陵客主于蒼頭奴家，欲因之以干家大人，蒼頭奴爲誦説前事，客愕然曰：「人言果矣。」逡巡而退。兩公聞其事，並賢之。周公又廉知其素，欲爲登名于義籍而置禮焉，吏胥陰以告。家大人呼不肖，謂曰：「我賈人，何短長于世，刑賞之所不得及也。今以孺子故，俾我姓名馳入于有司之庭，固已陋矣，將又竊孺子之餘豔以驚耀里閈，其何顔見吴越之士？必不可。」立遣不肖辭諸公。公悆賢之。已而公知家大人故貧，時有賜于不肖，家大人曰：「異哉！公恩澤滿四境而勺泉不入于釜，獨奈何我以孺子故侵賢父母乎？」又遣不肖辭諸公，公悆不可，愈大賢之。

歲丙子，不肖與弟偕試留都，不肖有名，家大人間有憂色。始不肖之兩試而兩廢也，有喜色。不肖問曰：「大人何昔之喜而今之憂也？」曰：「吾聞士可以貧賤激也。激則耻，耻則憂，憂則動心忍性，長其不能。孺子挾策而試，有司以爲不才而廢之，孺子憂矣，老人安得不喜？今以一書生驟然爲東南最閭閻之人，盛容色而矜，道之所謂畫錦也，孺子喜矣，老人安得不憂？」不肖竦然起對曰：「兒也謹受命矣。」居無何，疾病，不肖等亟問醫家。家大人曰：「年之短長，譬如鳧鶴之脛然，不可改也。夫扁鵲、倉公至今存乎？吾無所醫矣。」不肖等泣而請，家大人不禁，及醫來以藥進，不服也。里人聞其病也，人卜而人禱，競來視于寢，有泣失聲，家大人笑遣之。已而病大漸，乃語不肖曰：「孺子其知之乎？予流徙之民也，長汝四男子，蒸嘗無殄其庸多矣。願孺子孝弟力田，多行仁義。」且曰：「予家世屢空，人之無禮于予者衆。孺子苟得志，無修怨也。」言訖坐而起，命不肖等櫛，手自洮頮，理襟帶，談笑自若，明明不亂，可一二時而逝。嗚呼傷哉！

家大人廣額豐眉，巨目隆準，美鬚髯，吐聲如鐘。生平守甚介而意甚潤，與人交，肝膈肺腑一視立見。意有所蓄如噎物，必吐之而後已。或私焉戒曰：「勿洩也。」竟洩。人以爲尤，家大人不悔。久之，知其無他腸，更厚遇之。對人眉目灑然，終日不能造出一佞辭。遇有不善，必變色而戒焉，凜凜不少假。行里中，狼籍少年皆走匿。疾爲老氏、釋氏之言者，曰：「二氏與孔氏抗而爲三，必人傑也。因令其徒倚爲糊口計哉？」晚年讀閩人龍江林氏《三教會編》，大悦，自是排擯二氏必援以爲証。尤疾巫祝人。有癘人爲淫鬼所憑，能言人災祥，趨而叩者趾交錯于道。家大人曰：「有是乎？我其試哉！」往詢之，自晨迄于昏，噤不答。明日，而癘人復人語。里人病，多媚于神，家大人過必訶之，曰：「夫神也而向人間索賂哉？可賂，當無踰萬乘之王、千乘之侯，何賴于汝矣？」里媪多事佛，最者持胎戒，春秋之祀不以犧牲。家大人曰：「何也？」曰：「懼傷物也。」曰：「若不穀食耶？夫禽獸草木無之而非物也。血食則傷禽獸之生，穀食則傷草木之生。若懼傷之，二者何擇矣？」人服其論。

嘗自謂曰：「吾有二癖，惡酒而喜事。」其說曰：「吾聞天、地、人名爲三才。才者，勇往力行之謂也。有如飽食而無爲，其亦不才也已矣。吾聞禹無間然之聖也。洪水之興，宇宙爲壑，禹不畏而獨畏酒。赫赫夏商，没入于酒池之中，莫之援也。矧于匹夫，其敢犯之？吾寧見嗤于竹林豪矣。」故家大人徙涇三十餘年，門無酗客。有觴之者，謝不赴，未嘗爲客于樽俎之前。間强起之，當之奇遇。其在三十餘年中，髮不暇握，食不暇哺，汲汲有所事則益健有力，爲之加飯，稍暇即言疲，事至則又爽然起，神躍于毛骨之間。

性孝弟。當先王父之困于貧也，叔父斆纔六歲，即寄食于邑朱家。頃之邑朱家覆，叔父莫可倚。家大人又適遊燕，不聞也。歸而失叔父所，大駭，奔覓之累日，遇于邑之南廓，相持哭，遂攜歸，衣以其衣，食以其食。叔父感勵自奮，克有樹立。家大人病，叔父與其四子宵衣而侍。家大人復人給之田，顧謂曰：「惜爾伯涼薄，無以厚汝也。」嗚呼！亦足以觀矣！

家大人生于正德丙子正月初九日，卒于萬曆丙子十月十二日，年六十有一。竊念家大人者，倘可謂之能自震者矣。非有一闕一柝之寄，而能代人之憂；非有升斗之儲于家，而能急人之急；非有移風易俗之任，而能折人之邪；非有尋章摘句多聞多見之學，而擬是非，策成敗，動中乎《詩》《書》；非有沾沾煦煦之術，可以悦人要譽于井里鄉黨，而及其逝也，皆爲搤腕而歎，閔然有不平之色。問諸古人，當必有似者焉。特其生于粗僻之鄉，長于賈，老于布衣，其知之者不過饑寒困窮之人，即有口舌碑，何足以當天下後世之輕重？而諸孤又多涼德，救過不遑，何足以恢張我大人之懿美，播之子孫？是用戰慄危懼，日夜悼心。伏惟先生挾四海九州之望，掌萬物之是非，蓄仁人之德惠，幸收其什一而旌之，俾我家大人憑藉休明，世世有辭焉，則豈惟孤等實受嘉貺，其將仕公而下，與有榮施矣。

謹狀。

母氏錢太安人六十徵言

蓋母氏生十有九歲而歸我先君，業不得逮先大父矣，而其事先大母，微婉有則。先大母性甚莊，又欲試母氏才，往往故以意求多焉。母氏有方曲事之，自唯喏而上，靡不如先大母之指者。家故貧，悉貨篋中裝以爲供具。嘗一日大匱，先大母日昃不克飯，母氏捐帷而易粟，從鄰婦摘蔬數莖，自吸其乳而劑之以進。先大母甘之，竟不知其所自也。居恒謂先君：「是不獨有婦才，進於德矣。」先君念不得恢於《詩》《書》，以爲男子有事四方，奈何浮沉井里閭自頹廢。母氏知之，從容謂曰：「我在，君奚他虞？始吾請供爲婦也，今也請供爲子也。惟君所之耳。」先君遂慨然請行。凡再歷寒暑，先大母若不知先君之不在側也。而屬先大母病，則先君心動，疾馳歸，久之，先大母即世。母氏摧毀不勝，遂得心疾，迄今不有瘳，里人難之。已先君益貧，遷涇里之上，隱市賣漿。家所居，蔭一壁，煬一竈，人不堪其憂，母氏安焉。而時時目憲輩：「孺子識之！」

性警敏，閑于大義，御憲輩甚慈而又甚肅。有不稱，不忍加而譙讓也，第終日默不與言，比其改也而後復曰：「是而大母之教也，吾不敢墜。」迨憲與弟允后先舉於鄉，益加肅，曰：「庶幾其免於墮乎？」素不習書，顧嗜書，聞憲輩誦聲，輒端坐以聽，移時乃已。間則令立左右，擇其有關於閫德者，遞誦一章。先伯兄性、仲兄自，又次憲與弟允。誦訖，復令解説所以，以是爲懽。里媪有事佛者，時時前爲佛家言。母氏歎曰：「固也，雖然，與夫子之言不類。」

亦曰：「與吾孺子之言不類。」卒謝去。其識如此。今年六十矣，而憲幸舉南宮，隸官司農氏，欲請歸薦一觴爲壽，母氏亟賜命曰：「而忘而父之志乎？吾事而父且四十年，見而父每值其生之日，輒於邑不食，曰：『天乎！生我鞠我，今何在矣？』及其年六十也，猶是志也。吾又聞君臣之大也，孺子始委質而驟言私，不可！且而父常有慕乎燕，一再遊其間矣。成而父者，孺子。」雖然，憲欲越三千里而自致於堂下者，終不可以已，惟是先君之志昭昭也，又不可以蔽。端意以思，不獲其處，庶幾先生長者儼然有賜言焉，其施大矣。

母姓錢，外祖曰愛月公，有隱操。

奉祝伯兄伯嫂雙壽六十序

萬曆庚子，予伯兄居然六十太平矣，而伯嫂陸孺人偕焉。里中父老翩翩相率攜卮酒而過之，美伯兄之仁讓暨伯嫂之懿和甚具。仲兄謂弟憲成曰：「外德備矣，其於内德猶有待也。弟盍言乎？」憲成對曰：「是弟之責也。」

憶昔吾父吾母自上舍遷涇里，拮据生理，至艱辛矣。乃伯兄故敏慧，甫就塾，輒日進數行。稍長，從故茂才嚴横塘先生受業，課之文，斐然有章，先生異之。吾父吾母喜見於色。一日伯兄忽跽而請曰：「兒也，儒誠善，惟是大人勞矣，兒優游章句乎？請代大人息肩。」吾父壯而許之。已而伯嫂來歸，則中饋之事，吾母亦一切倚辦焉。伯嫂承顏順志，怡然無忤，是幹蠱之勤也。仲兄與予及季弟次第授書，吾父曰：「孺子庶幾其有尺寸樹乎！」值仲兄善病，所以督予及季弟兩人倍切，隆師惇友，不惜假貸以赴之。二三親交相謂曰：「羔鴈玄纁，累費在耳目之前；龍虎風雲，功名在歲月之後：奈何强其不堪而希其不必也？」伯兄伯嫂咸笑而却之，坦焉居己於瘁，而予輩則享其安；澹焉居己於菲，而予輩則茹其厚。用得專心致志，無他撓惑，是友于之愛也。當是時，伯兄伯嫂實柄家政。出入盈縮，悉其綜之，恒情於此，其孰能不波？乃伯兄自一錢而上悉登諸公焉，無以有己；伯嫂自一絲而上悉稟諸公焉，無以有己，是一體之公也。仲兄遇事能斷，伯兄有所疑輒就而謀焉，其可其否往往舍己而從之不吝。予與季弟後先成進士，伯兄若固有之，毫不以加於人。又矜煢恤困，天性也。每遇夏秋二收，即有年，毀鬻而稱佃人之艱，不求盈；有所推移不求遂，甚者并其本而負之亦不問。年來食指漸繁，入不副出，往往假貸以充，行之自若不爲悔。伯嫂益以博大佐之，閨闥堂廡，門楣閭巷，盎然慈覆。予之得以進而安於朝，退而安於野，伊誰之錫？是及物之恕也。語曰：「仁者壽。」夫勤以幹蠱，仁之則也；愛以友于，仁之施也；公以一體，仁之度也；恕以及物，仁之徵也。有此四美，壽不亦宜乎？

仲兄曰：「善。請誦弟之言以爲伯兄伯嫂觴。」季弟曰：「善。請誦兄之言以爲伯兄伯嫂觴。」伯兄聞之，愀然顧伯嫂而言曰：「夫吾兩人何以得有今日哉？則吾父吾母之賜也。吾父汲汲皇皇，終其身不得一日之暇，吾母幸而望七，又未嘗一日去藥石左右也。吾父吾母安在哉，而吾兩人晏然有此也？」言未訖，淚承睫而下。仲兄與予及季弟相對黯然，意不能自禁。稍間，予復進而言曰：「凡父母之愛其子也，甚於子之愛父母。吾父母昭昭在上，見吾兄吾嫂之履茲辰也，有不欣然樂乎，曰：『猶吾在也。』人有恒言：長兄如父，長嫂如母。予兄弟之得事吾兄吾嫂也，其亦依然吾父吾母之猶在也。」伯兄默不答，良久，曰：「是則然，竟亦何以舒吾情？」於是偕伯嫂肅衣冠，拜吾父吾母祠下，手觴而獻者三，而後還，而次第受仲兄與予憲及季弟之觴。

鄉飲介大兄涇田先生行狀

嗚呼傷哉，吾兄乎！吾兄乎！已矣，不可復作矣！日居月諸，倏忽四更曆矣。諸孤卜得歲之十一月十九日，扶葬涇西阡，於吾父吾母乎依。將圖不朽於當世立言大君子，偕過予，屬予爲狀，相對流涕覆面，不能出一語，各罷去。嗚呼，吾何忍狀吾兄哉！已而曰：「非吾其誰悉吾兄者？宜狀。」則又曰：「吾兄仁心爲質，胞與爲公，家庭之所習見，依然在目也，里巷之所流傳，昭然在耳也，若之何其委諸草莽？又宜狀。」謹次第而列之篇。

吾顧之先於吴爲著姓，遭元末之亂，逸其譜，莫能詳。相傳自宋將仕郎百七府君，實始家錫之上舍里。世業耕讀，以高貲雄里中，好行其德。三傳有諱廷秀者，益增脩而光大之。鄉人至今相與誦説不衰。越我高大父如月府君諱麟，以孝友稱。曾大父友竹府君諱緯，邑諸生，生平無他嗜，獨嗜書，家坐是廢，蕭然四壁，不爲意也。大父侍竹府君諱夔，淳謹自好，不幸早世，得年僅四十五。娶大母朱孺人，是生吾父，贈承德郎户部主事。南野府君諱學，字文博，再遷涇里家焉，忠信直亮，環數里内外，兒童婦女皆能道之。卒之日，里爲罷市。娶吾母錢太安人，能以恭儉佐吾父，白首相莊，稱合德云。生四子，兄其長也，諱性成，字伯時，號涇田。兄生而通敏，六歲就塾師，受句讀，朗朗數行下。稍長善屬對，已而從里中嚴茂才横塘先生習舉子文，落筆斐然，甚見賞異。時吾父方轉徙石村，意不樂，復還涇里。家徒四壁，寄身屠沽。兄一日搆「事父母能竭其力」題，苦思不就，喟然歎曰：「吾不能行之，安能言之？」歸而請於吾父曰：「大人勞矣，兒優游筆舌乎？請得代事。」吾父憐其意，許之。於是遂慨然任家督之責，一切拮据，精心果任，不少怠也。而會吾仲兄善病，兄憂之，數言於吾父，延名醫調治，藥籠之需隨叩隨給，不少惜也。又言於吾父，延名師課予及季弟讀，供事惟虔，至稱貸以充羔雉，不少憚也。或謂「功名事安可知，而强爲此矻矻」，兄笑而謝之。或又謂「今日之家子爲政，他日之家衆爲政，盍早自計乎」，又笑而謝之。蓋兄自受家秉以來，一出一入悉稟諸公，銖寸無私焉。非特無私而已，且於衣服恒居其敝者，曰：「吾所便也。」於飲食恒居其菲者，曰：「吾所安也。」而獨於予三人則加腆，曰：「是實羸弱，不可以我爲程也。」吾父見而喜，以語吾母，交相慶也。

及予與季弟後先成進士，人情於此孰不冀有發舒以明得意？而兄謹約如故無改。惟是念吾父之壽僅踰六而遽見背也，念吾母之壽僅望七而復見背也，誠痛之深，悲之切，方在苫次，朝夕皇皇不少解也。迨既襄事，每上冢，俯伏哭泣盡哀，至於老不少衰也。路人聞之莫不感動，以爲有終身之慕焉。又念吾父居恒喜稱范文正之爲人，語及義田一事尤津津不啻口出，如將步之趨之然者，竟限於力不果。及吾父卒，吾母擬以所遺田三百餘畝分受予兄弟四人。遂偕予仲兄請曰：「兒輩俱已長大，得自生活。願以此爲贍族之資，何如？」吾母大喜，曰：「此爾父之志也。」於是每歲以春秋二時，差其等而分給之，其不能婚不能葬者，亦各量有助焉。惟是所入常不足以充所出，所施常不足以滿所願，則又時時欿然不自得也。

其於人也，老者尊之，少者撫之，賢於我者下之，不如我者矜之，强弗友者容之。有以緩急告，必委曲爲濟，無或拒也。其人能償聽之，不能亦聽之，即不能而又以請，又應之如初，無或厭也。坐是産日削，逋且累累起矣，無或悔也。有以田産售，直必從優。如係親暱，越數收便令取贖。即力不能，預歸其産，令以漸而償，無或悋也。至其一念惻怛，與民同患，尤有異焉。見饑者則爲之憂無食，見凍者則爲之憂無衣。當東作時，雨稍慳則爲之憂旱，稍溢則爲之憂潦。幸而免矣，及西成時，又爲之憂曰：「終歲勤動，得一飽乎？公私之逋，得相抵乎？」其於佃人，數叮嚀主者曰：「無求足，無求精，毋拘拘常額。耕者不食，食者不耕，可念也。」嘗有佃積逋不償，蒼頭以告，且曰：「歲行盡矣，無可待矣。」兄不答。至除夕遽遣人貽之粟二方，錢百文。蒼頭訝而問之，兄又不答。復曰：「是且誨逋，將人人相率而效尤，明冬庭可羅雀矣。」兄卒不答。予猶記歲在戊子、己丑間，連值大祲，兄檢篋中，得券數紙，一一手自裂之，曰：「當此朝不饔夕不飧，無令渠輩胸中猶有這些子在也。」又記一日遇公差繫一人於舟，時嚴寒深雪，視其色郎當甚，而且甚饑。詢之，則以官逋二金故。兄惻然曰：「是不凍死必饑死，不然，亦必中傷寒死矣。奈何以些須喪人一命？」因出酒勞公差，令釋之。且啖之以糜，入而括二金代完厥逋，竟不問其姓名也。久之，其人率妻子攜一榼來謝，仰天數十叩首而去。一日家被火，召匠者修治。時值農冗，無不欲竟此而後朝食。適市有許姓者，於藥肆中鋸木，忽倒其廊，徬徨無奈。兄聞之動色，遽停工，令與許修治。各役感兄之義，踴躍争赴，不日而工竣矣。其急於爲人類如此。

里有争，率就質於兄，兄爲悉心排解。或不從，徐徐爲設酒食勸諭之。間有事屬兩難，或已聞諸官，輒陰損貲調停於中，卒歡然請罷。往往既罷而兩家猶不知其所自。乃或有客緩頰言「某所某人丁某事，某當路若叔氏所善也，某有司若季氏所善也，幸借一言居間，請得以不腆佐觴爲公壽」，則驚起曰：「此言何爲至於我？」輒掩耳走。又或左右倉卒言「某所某豪欺我摧辱我」，則又笑曰：「此物奚宜至哉？我不能爲汝馬牛也，若無誑我。」輒叱去。而特其性稍卞，遇所不當意，輒徵色發聲，人或有不能堪。少徐之，未嘗不覺也，既覺未嘗不悔也，既悔未嘗不自訟也。引罪負咎，刻切迫至，若踧踖無所容。非特於儕輩然，即於子弟亦忘乎己之爲尊行也；非特於子弟然，即於臧獲亦忘乎己之爲主翁也。温顔款辭，就而相慰，無藏匿，無彌縫，無係吝，無矯飾，曠然如日月之食而更也。

仲兄臨事果决，是非可否無所依阿。兄有疑必就而商焉，往往舍己而從之，不以爲屈，曰：「吾不如仲之斷也。」予與季弟莽莽生計，兄代爲經理，不辭勤渠。數年來見兄精神稍不逮壯，不復敢以煩，亦既各有分主矣。偶有見聞，必就而語焉，曰：「某事當何如，某事當如何。」即與主裁，不以爲嫌，曰：「兩弟不如我之悉也。」始予官户曹，兄貽書來言曰：「是錢穀之地也，最易膩人，盍慎諸。」予爲之悚然。既而移銓曹，兄又貽書來言曰：「是鏡衡之地也，知人實難，盍勉諸。」予又爲之悚然。及予奉譴而南，謝曰：「弟無狀，負兄，奈何？」兄怒曰：「吾父吾母所望於吾兄弟者何如，而出此言耶？弟負貴人，不負兄也。」及予再還銓曹，復被放，時季弟亦被謫歸矣，兄率之迎，謂予曰：「叔不負季，季不負叔，幸兩兄亦不負叔、季。吾聞居官者不知有家方能盡分，居家者不知有官方能安分。何意於今見之？且吾兄弟少相嬉，長相習，壯而相抛也。每夜未嘗不入夢思。兹得聚首一堂，怡怡以老，尚何求乎？」

先是少宰栢潭孫先生官宗伯，時數向予詢兄起居，予具告之，先生嗟賞不去口。比予歸，先生緘一劄寄兄，曰：「聊借此以表緇衣之好。」予歸，具冠服而致之兄。兄謝曰：「先生之意美矣，吾不堪也。請辭。」已而邑侯柴父母廉知吾兄，爲旌其門曰「一鄉首善」，則又辭。今邑侯林父母舉鄉飲，則又辭。辭不得，卒不赴也。予詢其故，兄曰：「二弟視世艷若浼，兄視世艷若飴，不亦愧乎？」予聞之，更不覺恍然自失也。大率吾兄生平於「勢利」二字甚輕，於「天理人情」四字甚重。視其中，滿腔子一副慈悲；按其外，日用間一味方便，而又渾如純如，穆如廓如，纖毫無所爲也。是故爲子則不忍咈親之心，爲父則不忍咈子之心，爲兄則不忍咈弟之心，處一家則不忍咈一家之心，處宗族則不忍咈宗族之心，處鄉黨則不忍咈鄉黨之心。至於强者或見以爲懦，智者或見以爲愚，巧者或見以爲拙，達者或見以爲拘，而兄自若也。至於懦我者或嘗之以梗，愚我者或嘗之以詐，拙我者或嘗之以滑，拘我者或嘗之以偷，而兄自若也。陶彭澤云：「無懷氏之民歟？葛天氏之民歟？」予不敢知。竊以爲列於古之所稱長者，庶幾其無愧也已矣。

兄生于嘉靖辛丑年七月十一日，卒于萬曆乙巳年正月十三日，得年六十五歲。娶陸氏，處士雲泉公女。子六人。曰與淑，邑庠生，娶黃氏，承隱公女。曰與滌，國子生，娶李氏，邑庠生養冲公女；繼娶邵氏，國子生寓寰公女。曰與渥，邑庠生，初育於仲兄，既而歸，娶陳氏，敬淳公女；繼娶朱氏，瑶琴公女。曰與浚，邑庠生，娶華氏，原隆公女。曰與溉，國子生，則吾弟季時所育而子之者也。俱陸孺人出。曰與滋，娶夏氏，金吾恒所公女，側室康氏出。女三人：一議郡庠生混塵秦公子坊；一育於與滌，議慕劬倪公子德沾；一育於與淑，議邑庠生澹衷黃公子某，殤。俱側室康氏出。孫男六人。與淑出者四，曰椹，娶黃氏，邑庠生覲斗公女；曰棣，聘朱氏，九臺公女；曰檻，聘黃氏，逸所公女；曰楷，聘胡氏，我維公女。與渥出者一，曰榴，未聘。與浚出者一，曰橙，聘錢氏，三洲公女，殤。孫女七人。與滌出者一，未議。與渥出者一，今爲與滌所女，議新吾周公子士及。與浚出者三，一議邑庠生廷俞唐公子道履，二未議。與滋出者二，一爲與淑所女，議國子生三川陸公子立中，一未議。

嗚呼！吾父生我，吾母鞠我，吾兄成我，自惟薄劣，莫能報百一焉，庶幾大人先生憐而賜之一言，吾兄死且不朽，惟憲亦死且不朽，敢九頓以請。

奉壽仲兄涇白先生六十序

萬曆丙午，仲兄適週一甲子，榜於客座，曰：「六十而壽，人道之常也。然而在他人則宜，在吾則不宜。一以先伯兄之戚，不忍言壽。一以涼薄之德，不敢言壽。一以懶病之軀，不克承尊親歡而爲壽。敢辭。」予見之，謂弟季時曰：

仲兄爲尊親言耳。此家慶也，吾二人不得以是例。且仲兄之壽，道多矣，亦不得概以是辭也。憶昔吾父主家政，伯兄實佐之，備殫心力。迨吾二人治舉子業，師事原洛張先生，時仲兄善病，與藥石爲隣。一日言於吾父曰：「兒不能佐吾兄，猶能佐吾弟。請得再理佔俾，以朝夕切偲其間，可乎？」吾父大喜。原洛先生試之，文立就，多奇警。試於郡邑，俱裒然前録。及予成諸生，遂罷去，不復事。客訝之。對曰：「始吾非真有功名想也，爲兩親耳。以爲不得之弟，將得之我。今弟幾得之矣，何必我哉？」至於朝夕切偲，則始終不替焉。吾父益喜，以語吾母，吾母亦喜，曰：「兄弟怡怡，吾老人復何憂？」其宜於吾父吾母有如此者。比吾父違養，伯兄亦倦于勤矣，仲兄曰：「吾始者佐吾弟，今請佐吾兄。」一切拮据，靡不毅然身任。上者虔祖廟，惇宗盟，下者營堂構，籌出入，井井繩繩，各有條紀。伯兄曰：「微吾弟，吾何以慰吾父也？」吾母多病，仲兄憂焦萬狀，檢方製藥，躬爲劑量，不以委左右。吾母間有不快，宛轉膝下，曲爲寬解，俟其釋而後即安。伯兄曰：「微吾弟，吾何以娱吾母也？」已而吾母見背，後先兩大事並屬仲兄，仲兄盡瘁以將，必誠必信，勿之有悔。伯兄曰：「微吾弟，吾何以妥吾父吾母也？」以至有所疑，必就而商焉；有所行，必分而任焉；有所緩急，必協而濟焉。伯兄曰：「微吾弟，吾何以治吾家也？」其宜於兄有如此者。吾二人相繼得第，二十餘年於斯矣，而仲兄不知有官，未嘗隻字溷公庭也。居無何，相繼獲譴，一紀於斯矣，而仲兄不知無官，未嘗纖毫介於色也。非徒然也，且知吾二人之不諳治生也，而爲之擘畫；知吾二人之羸羸乎其弱也，而爲之調護。邇年從同邑諸君子脩復龜山楊先生東林書院，又知吾二人之亟於求友也，而爲之經理。其相體也以情，其相扶也以義，不出户庭而獲多助之益，抑何遭逢之幸也！其宜於弟有如此者。仲兄生平不二色，不華服，不侈味。間嘗集童子數人習梨園之戲，聊寄意耳，不時御也。少喜豪飲，叔父東野公面呵之，自是遂有節。訓督子侄必軌於正，無敢以惰。見有不恪，惟恐聞之。待臧獲外嚴而內恕，有過輒原之，曰：「彼非故也，伎倆有限耳。」不求備也。其宜於家有如此者。性開爽，不設機械。即有機械之者，冥不應。與人交，脱落形骸，不脩苛褥，驟而遇之，見謂簡傲，久而知其無他也，更歡然信愛。論事是曰是，非曰非，不肯含糊。遇貴不諂，遇富不忮。遇窮乏，矜憫周恤，無吝也；有叩，量力而應之，無却也。又往往負不償，無責也。遇横逆能忍，無校也。性又喜客，客至，無問識與不識，迎而舍之，即終歲無厭也。其宜於人有如此者。由此言之，仲兄之壽道多矣。

季時曰：「善。」遂偕過仲兄，爲仲兄誦之，相與捧觴以獻。仲兄曰：「吾不堪也。」

已忽泫然淚下，曰：「父兮生我，母兮鞠我，今安在也？」乃詣先祠，再拜三薦觴焉。又曰：「孔懷兄弟，同氣連枝，今何以爲情也？」乃詣伯兄之几，再拜三薦觴焉。而後退自觴也，亦以觴予二人，曰：「願共砥礪，以保暮齡，以答吾父吾母暨吾兄之靈無怠。」予二人跽而謝曰：「敢不奉教！」於是諸子侄輩若浹等次第上觴，仲兄次第受之，而亦次第還授之，曰：「願共砥礪，以赴壯齡，以答爾祖爾父爾伯爾叔之勤無怠。」諸子侄咸拜而謝曰：「敢不奉教！」予視季時，語曰：「仲兄非特壽道多也，所以居壽亦有道矣。吾始以爲是家慶也，今觀仲兄之所以居壽，實家範也，安而能思，樂而能儆，天之祚我仲兄，曷可量哉！曷可量哉！」

涇皋藏稿第二十二卷

無錫顧憲成著

先弟季時述

嗟嗟！吾弟棄我而去，忽驚周歲矣，音容宛如，渺不可即。索居無賴，追念生平，時拈片紙書之，彌增人琴之感。不能詳也，聊存影響，無失本來面目云爾。搜揚表揭，寫此全真，尚有望於同好。

吾顧之先於吳爲著姓，遭元末之亂，失其譜，莫能詳。相傳自宋將仕郎百七府君實始家錫之上舍里，世業耕讀，以高貲雄里中，好行其德。三傳有諱廷秀者，義聲益著，鄉人誦說之，至今不衰。越我高大父如月府君諱麟，有長者風。曾大父友竹府君諱緯，邑諸生，以文行爲時所重。大父侍竹府君諱夔，淳謹不苟，不幸早逝，得年僅四十有五。娶大母朱孺人，是生吾父贈承德郎户部主事南野府君，諱學，字文博，再遷涇里家焉。忠信直亮，環數里内外兒童婦女皆能道之，卒之日，里爲罷市。娶吾母錢太安人，能以恭儉佐吾父，白首相莊，稱合德云。生五子，長爲予大兄伯時性成，次爲予二兄仲時自成，又次予憲成，又次殤，吾弟則最少子也。

吾弟少敏慧而頗好弄，年十四從少弦張師習舉子業，師弗善也，以語吾父，吾父曰：「是兒恐非落人下者。」張師曰：「吾亦知之，不激不奮耳。」吾父曰：「善。」遂令更他師。居半歲，忽謂予曰：「弟知過矣！

弟知過矣！」請歸而稟繩墨。予大喜，言於張師而復之，衆未肯信。張師曰：「身請任之，無煩諸君慮也。」久之，果如所言。即耆艾宿儒，雅以端方見推者，皆謝不及。予因問弟何感而遽如是，弟曰：「恐傷兩大人心耳。」予曰：「此是做人根子，當與弟共勗之。」

弟爲舉子家言，不甚經思而簡拔遒勁，自不可及，同里雲浦陳先生一見而奇之。弱冠游郡庠，每試輒冠其曹。如臨川念庭周公、福清龍崗施公、姚江梅墩邵公俱待以國士，又不獨賞其文也。

原洛張師嘗游毘陵荆川、方山兩先生之間，雅有聞。吾父令予與弟稟業焉，每語輒契，張師曰：「舉子業未足以竟子。」復帥之見方山薛師。薛師喜，亟呼其兩孫締兄弟之交，而授以《考亭淵源録》，曰：「洙泗以下，姚江以上，萃於是矣。異日其無忘老夫也。」兩孫蓋海内所稱大薛純臺、小薛玄臺云。

弟性介，辭受取予，纖毫不苟。癸未自南宮還讓里，有蔡二懷者，篤行君子也。雅慕重吾弟，屬少弦張師爲介紹，率諸子北面稟業，且欲延致家塾。弟欣然從之。已而致束金。謝曰：「吾庶幾藉是避俗遠囂，收拾身心，不爲不受惠矣。況此君非有力者。其以諸郎見屬，實欲相與切磨於道義，非顓顓爲攻舉子業，取青紫計也。吾奈何獨以利言乎？」壬辰，謫光州别駕，當路不欲煩以事，假差歸。曾景默中丞檄所司致俸薪，辭弗受。及沈太素中丞繼撫中州，復貽予書曰：「此不可以少佐三徑松菊乎？爲寄聲季君，勿拘拘也。」弟曰：「即爾，何以謝曾中丞？」屬予力却之。於是歷十四年餘矣。計前後所積，可千金。比吾弟歿，州守璩公復賫二百四十金爲賻，屬邑侯平華林公來言，此沈中丞意也，顧無煩往返。兩孤乃以告於几筵而辭焉。

吾弟於身家事儘悠悠，惟是世道人心所係，則寤寐不忘。歲丙戌，赴大廷對策，指切時事不少諱，其略曰：臣聞之，宋臣蘇軾曰：『天下無事則公卿之言輕於鴻毛，天下有事則匹夫之言重於太山。非智有所不能而明有所不及，緩急之勢異也。方其無事也，雖齊桓之深信其臣，管仲之深得其君，以握手丁寧之間，將死垂絶之言，而不能去其區區之三豎。至其有事且急也，雖以唐代宗之昏庸，程元振之用事，柳伉之賤且疏，而一言以入之，不崇朝而去其腹心之疾。何則？言之於無事之世者，易以改爲而常患於不及見信；言之於有事之世者，易以見信而常患於不及改爲。此忠臣志士之所以深悲，天下之所以亂亡相尋而世主所以不悟也。」臣誦其言，未嘗不反覆歎息也。恭惟陛下虛懷若渴，采及葑菲，進臣等於廷，賜之策問，不知陛下於臣之言，將重之如太山乎？抑輕之如鴻毛乎？抑臣有言而君不庸，非臣之罪也；君有求而臣不言，實臣之罪也。况臣感時發憤，有慨於中久矣，今明問及之，乃忍緘默以欺陛下耶？凡陛下所以策臣者，無慮數十百言，究其指歸，賞罰二科而已。夫賞者，勸天下之法，然有不倚於賞者，所以勸天下之意也；罰者，懲天下之法，然有不倚於罰者，所以懲天下之意也。法常有爲，意常無爲。有爲者以運天下，無爲者以宰天下。今陛下式古訓，遵成憲，賞罰之道甚具而有法。然而德澤不究，法令不行，此無異故，則聖制言之矣：所以風厲之者非其本，督率之者非其實也。本也，實也，即臣愚所謂意也。臣愚竊觀當今之勢而根極其體要，所以累皇上之意者，大幾有二。皇上明以好示天下而此二者恒陰移其所好，皇上明以惡示天下而此二者恒陰移其所惡。二者何也？曰内寵之將盛也，曰群小之將逞也。夫人主席崇高，藉富有，無一不足以厭其欲，昏其志，而惟色爲甚。色之中人也微，而其溺人也最沉錮而不可解，聖王之所亟遠也。昨者皇上以鄭妃奉侍勤勞，特册封爲皇貴妃。大小臣工，不勝其私憂過計，因而請册立皇太子，因而請加封王恭妃。皇上不温旨報罷，則峻旨譴逐矣。夫皇太子，國之本也；忠言嘉謨，國之輔也。兩者，天下之公也。鄭貴妃即奉侍勤勞以視天下，猶爲皇上一己之私也。今也以私而掩公，以一己而掩天下，亦已偏矣。偏則皇貴妃或得以愛憎弄威福於内，其戚屬或得以愛憎弄威福於外。不獨此也，閹人侍妾又將乘其偏也，或得以愛憎弄威福於内外之間。若然，則賞罰云者將不爲皇上之好惡用，而爲内寵之好惡用，欲其信且必，未可也。夫人主之耳目惟一，而天下之耳目人主者且萬萬。雖甚神聖，其聰明宜未足以徧也，將必有所寄之。寄之得其人則安，不得其人則危，非細故也。邇年以來，皇上明習政務，聽覽若神，蓋辨及左高，察及淵魚，幾於徧矣。竊聞之道路，往往二三群小伺察而得之，此可謂寄得其人耶？不得其人耶？私計皇上非不知不得其人而姑寄之者，其亦有不得已也，蓋曰：「朕向以天下事付張居正，而居正罔上行私，一時公卿臺省從風而靡，外廷之不足信明甚，故寄耳目於此輩，示天下莫能欺也。」臣以爲不然。夫善爲治者以全而收其偏，不聞以偏而益其偏。皇上懲居正之專，散而公之于九卿可也。若聚而寄之於此輩，則居正之專尚與皇上爲二，此輩之專且與皇上爲一。與皇上爲二則救之也尚易，與皇上爲一則救之也倍難，奈之何其弗思也？且此輩之始用事，適皇上鋭精求治之初，彼方見小信以自結，其所稱述指陳類多依于公義，猶若未害。久之，則陽公而陰私矣。又久之，則純出于私矣。若然，則賞罰云者將不爲皇上之好惡用而爲群小之好惡用，欲其信且必，未可也。德澤之壅，法令之尼，有由也！臣愚以爲欲效忠於皇上，當自今日始；欲效忠於今日，當自兩者始。皇上視無事若有事，以臣言爲重于太山，則皇上之明也。皇上視有事若無事，以臣言爲輕于鴻毛，則臣之愚也。

時讀卷官大理寺卿心泉何公見之，諗於衆曰：「此生之言何爲，便堪鎖榜矣。」大學士婁江王公取閲之，易置二百二十三名。吾弟退而輒自傷，以爲恨不得達於皇上也。誠得達於皇上，即復擯斥，幸莫如之，何論其他？適南京右都御史剛峰海公屢爲房御史所詆，發憤曰：「臣下皆自處於私，奈何望皇上無私也？」於是與彭公旦陽、諸公景陽合疏言之，歷數其欺妄之罪，且曰：「人固有食穢自肥而幸人之不我攻者矣，未有執己之貪而不畏人之攻，反欲攻人之廉，且昌言於君父之前而無忌者。夫欲天下人爲寰甚易，爲瑞甚難。寰身享貪饕之利而反得笑瑞之迂拙，臣等之所痛心也。昔司馬光言小人傾君子，其禦之之術有三：曰好名，曰好勝，曰彰君過而已。今觀寰之詆瑞千有餘言，大概不出此術之外。曰：「大奸極詐，欺世盜名」，非所謂禦之以好名者乎？曰「侮慢自賢，舉世皆濁己獨清」，非所謂禦之以好勝者乎？曰「貶奪主威，損辱國體」，非所謂禦之以彰君過者乎？以寰之詆瑞，吹毛求瘢，宜無不至，而所據者不過如此。臣以爲適足以明瑞之無他瑕玷，而寰之陰險窺覘亦無所用其狡也。夫寰誠巧而合俗，瑞誠拙而忤世。然天理常存，人心不死，堂堂天朝，君子滿廷，明有禮樂，幽有鬼神，聖賢有名教，史册有公論，不意青天白日之下，有魑魅魍魎如寰者出于其間也。陛下方重瑞惜瑞，借其人以風天下，而寰乃欲逆銷天下之氣，節抑慷慨之士如瑞者，令無容足之地，是陛下之所褒，寰之所必斥也，士君子之所師，寰之所必擯也。以如此妬賢仇正、潑惡無耻之人，而晏然居師表之位，驅天下之士風而入于欺罔諂詐之俗，臣等有裂冠毀冕而去耳，不與之並立於朝也。臣等新進小生，發天下之清議，雖寰有奸如山，不可動摇。然公論既明，人心自快，寰雖頑鈍無耻，亦何面目一日立于東南諸士之上乎？臣等何仇于寰？何私于瑞？但恐是非之公鬱而不宣，一海瑞尚不足惜，正人如瑞者相繼而指爲邪，則君子之道日消矣。一房寰尚不足畏，小人如寰者相繼而傾賢能，則小人之道日長矣。剥復否泰之機，於是乎在，不可不爲之深慮也。

疏奏，得削籍歸。癸巳，官儀部。有詔並封三王，衆議洶洶，於是又與岳公石帆、張公文石合疏言之，其略曰：本月二十五日，皇上出禁中密札，付元輔王錫爵私邸，臣等不知札中所云是何天語。第料得君如元輔，眷元輔如皇上，信無有遲緩册立以負祖宗在天之靈。至次早禮部出聖諭，則元子暨皇三子、皇五子一併封王，而錫爵亦且入閣辦事，臣等始遂不能無疑。及聞人言嘖嘖，封王之諭乃錫爵以寸晷立就，即次輔趙志皋、張位並不得與聞，而禮臣羅萬化、科臣張貞觀、部臣于孔兼等，俱至錫爵私寓，乃不得其一面，始知今日之詔，皇上以一人議之。臣等不至病狂喪心，寧敢無言以負皇上？昔人有言，天下事非一家私事，蓋言公也，況以宗廟社稷之計而可付之一人之手乎？皇上試清心而籌，今日册立一事，其關係何如。前而祖宗九廟之靈，後而子孫億萬年無疆之業，近而四海臣民之注望，遠而九夷八蠻之觀聽，君子小人之所顧盼而咨嗟，宮闈近習之所望風而承旨，社稷安危在此一舉，皇上奈何易視之！而閣臣奈何嘗試之！臣且不敢危言以激皇上，兼忤閣臣調停之意，亦不敢漫述漢宋故典及祖宗朝遠事以滋煩瀆，敬體皇上法祖一念，直據世宗肅皇帝、穆宗莊皇帝近事，請皇上法之。世宗肅皇帝於嘉靖十八年册立東宮，該禮臣具題。故實見在，並未有三王並封之事，而皇上創見之，臣故知皇上之必有不安於心也。且聖諭大旨惓惓以皇后生子爲言，則皇上不記昔年正位東宮之日乎？維時仁聖皇太后亦在盛年，而穆宗莊皇帝曾不設爲未必然之事以少遲大計。法祖自近，此言皇上可思也。臣嘗讀聖祖寶訓，一字一句無非維持宗社，極慮後來。聖子神孫師得其意，則國本固而社稷賴之。不然而虛借文辭掩飾過舉，至良法美意徒以藉奸臣而資固寵，忠臣義士所飲血椎心，寧死不忍見此舉動，以負祖宗二百年養士之恩于地下！

已而考功郎趙公儕鶴司内計，盡公不撓，盡黜當路私人，當路銜而計去之。於是又與于公景素、陳公員嶠、賈公太石、薛公玄臺、張公文石各抗疏言之。先是己丑，薛玄臺因南都耿總憲定向以不送揭帖參御史王公藩臣，疏劾其阻塞言路。當路大恚之。座師内閣潁陽許公輒疏論玄臺，吏科都給事陳海寧復望風排擊。弟聞之，仰天浩歎。上書許公，極言之，其略曰：閣下憤發于進士薛敷教之觸事陳言，至以貢舉非人自劾，且欲皇上勅下九卿科道，各陳紀綱何爲而正，風俗何爲而淳。允以爲無庸謀之九卿科道也。朱子謂紀綱之所以振，以宰執秉持而不敢失，臺諫補察而無所私，人主又以大公至正之心恭己於上而照臨之，是以賢者必上，不肖者必下，有功者必賞，有罪者必刑，天下之人自將各自矜奮，更相勸勉，以去惡而從善，而禮義之風，廉耻之俗已丕變矣。惟至公之道不行於上，是以宰執臺諫有不得人，黜陟刑賞多出私意，而天下之俗遂至於靡然不知名節行檢之可貴，而唯阿諛軟熟奔競交結之爲務。一有端言正色於其間，則群譏衆排，必使無所容於斯世而後已。此其形勢如將傾之屋，輪奂丹雘，雖未覺其有變於外，而材木之心已皆蠹朽腐爛而不可復支持矣。由此觀之，紀綱之正，風俗之淳，不在於以勢相脅，在於以道相成，不在於使人不敢言，在於使人無可言耳。方今朝廷之上果何如耶？允不能詳，請舉其略。近見吏科給事中陳某言路一疏，大可異焉。彼悍然以言路自任，而謂出於臺省爲蕩蕩平平，不出於臺省爲傍蹊曲徑，不知言路者，天下之公，非臺省之私也。出於公即蕩蕩平平，出於私即傍蹊曲徑。

陳三謨、曾士楚輩曷嘗不臺不省，不言竟以爲何如也？其以今日爲臺諫者，上自乘輿，下及宰執，内從旃厦，外從閭閻，近由警蹕，遠至邊徼，何事不得言？言路不可謂塞。雖一學究得上書，一市井傭奴得擊鼓而訟，言路不可謂塞。即一二蹈尾披鱗，誤攖聖怒，相率營救，舉得畢其忌諱之言，言路不可謂塞。其説美矣，然言者如李君懋檜、劉君志選、高君桂、饒君伸等，何不聞其相率營救也？豈惟不救，或攘臂而助之攻矣。允嘗怪而思其故，始知李、劉、高、饒之屬，皆攖宰執之怒，犯臺諫之忌諱者也。其有攻無救，豈曰無謂？間有一二上攖聖怒，相率營救，亦誠有之，是乃杜欽、谷永附外戚而專攻上身之故智。其上書擊鼓之云，又無能爲宰執、臺諫之重輕者耳。以此而遂謂言路不塞，雖張居正時，此路固未嘗塞也，何謂壬午以前爲諱言，壬午以後爲輕言也？其以近時行險儌倖之徒託身言路，功名富貴操左券而收，故躁妄者爭趨，頑鈍者爭附，以允釋褐後所覩記，如前所稱李、劉、高、薛、饒五人外，其建言者又不過黄君道瞻、盧君洪春、王君德新及允兄憲成耳。以庶官之夥，三四年之遥，僅僅幾人而止，何名爭趨？何名爭附？何名舉世輕言也？其以建言爲釣名，爲掩過，爲躐位，爲取捷徑。夫斯民也三代之所以直道而行，是非有真，名亦何易釣？過亦何易掩也？即如彼附曾、王又反罵曾、王，天下終不信其非權門之客；昏夜受遺，白日請禁，天下終不信其非壟斷之夫。至於躐位、捷徑之説，則往時建言諸公信有一二如其所譏者，要亦晚節不終，務爲容悦，抑一節自喜，袖手旁觀者耳。設守其故吾，矯矯不變，則進退維谷，坎坷萬狀，吾未見其位之躐，徑之捷也。信若彼言，必使天下盡效彼，無違夫子，以順爲正，京堂美職，操右契而收，乃爲不躐位，不捷徑耶？且近時建言者每每有觸而云，非無上事而喟然歎也。倘臨江父老罪無可矜，則道瞻不言；倘皇上不廢郊祀，則洪春不言；倘何尚書起鳴不搆陷辛左都自修，則德新等不言；倘邵給事庶不請申出位之禁，則懋檜等不言；倘戊子順天科場毫無弊竇，則桂等不言；倘耿右都定向不逢迎當事而以先發後聞參王御史藩臣，則敷教不言。何得詬建言者不啓蟄而雷鳴，不嚮晨而雞號也？其以今日時異勢殊，既無嚴嵩、張居正之威福，又無鄢、趙、曾、王諸人之阿比，何得有楊繼盛、艾穆、鄒元標之慷慨？夫以堯舜之世，克艱不輟誨，慢游不輟規，贊襄不輟勸，損益不輟警，其亦何嘗不慷慨也？豈如彼狃于陳三謨、曾士楚之從容，便以慷慨爲奇，而謂堯舜之世無得有是乎！且彼乞墦丐子，反復趨附以苟饜足，自其常態，宰執大臣富貴已極，豈有未饜？何苦爲彼曹所弄，徒以益人之富貴而損己之名實哉？蓋孔子告顔淵以爲邦深嚴佞人之戒。彼以方今第一佞人首置天垣，九卿科道咸若彼曹，賢否何辨？功罪何核？善者何慕？不善者何懲？朝廷之所爲紀綱風俗已掃地盡矣，更何以令天下？閣下欲爲根本之圖，講挽回之術，所願亟遠佞人，務近莊士，一切曠然與天下更始，則主德可回，相業可廣，人心可收，紀綱風俗庶幾有瘳。否則，未知所稅駕也。昔孔子大聖人也，見南子則子路不悦，欲往公山佛肸則子路不悦，而孔子且時復自喜，曰：「自吾得子路，惡言不入於耳。」

聖賢師友之相與如此。允不肖，何敢望子路，而不敢不以孔子事閣下，懼以貢舉非人累閣下也。

又見童儒試於有司奔競成風，致孤寒往往遺落不得進，其在郡試一關尤爲喫緊，而取數甚窄，深爲扼腕，於是致書邊南亭郡伯言之。語云：「在廟廊則憂其君，在江湖則憂其民。」弟庶幾焉。李見羅先生坐雲南報功事被逮，竟罹大辟，輿論寃之。廣東布衣翟從先欲詣闕申救，不遠三千里特過涇上商諸弟，弟極口從臾之。布衣又欲進澄海唐曙臺所輯《禮經》於朝，並爲代具疏草。海忠介被論，吴門李晉陽時爲庶吉士，憤然不平，具疏論救，會有尼者，不果。弟聞之，偕同年諸景陽、彭旦陽訪晉陽邸中，因從容詢之。晉陽欣然出原草視弟，弟擊節稱善，遂採其十之六爲疏以上。至今語及，猶德晉陽不置。其赴義若渴，不分人我，類如此。

吾弟天性孝友，雅爲吾父吾母所鍾愛，雖曰憐其少，亦其一段誠意懇惻深至有以當吾父吾母之心也。不肖舉丙子，吾父遂棄養，每語及，輒相對欷歔，且曰：「吾父居恒好稱范文正公之爲人，津津不去口，此是萬物一體胚胎。念庭周師分俸佐讀，命無受，此是鳳凰翔於千仞風格。吾兄弟當無失此意。」癸未，舉南宫，遂移病歸，則以吾母善病也。丙戌成進士，坐言事罷，會南太僕繼山沈公、南臺警亭陳公、按院厚齋荆公先後奏薦，奉旨起江西南康府教授，特懇於按院雍野李公代疏請致仕，又以吾母年且望七，愈善病也。予兄行中居三，僅長弟四年，而弟事予甚恭，不減於事兩兄。當歲乙未，予病甚，且瀕於危屢矣，弟憂之，寢食爲廢。予一夕夢弟手捧書一卷，視之則《金滕篇》也，覺而異之。頃之，復夢吾弟誦聲朗朗，伏而聽之，即《金滕篇》語，益異之。詰朝以告吾弟，弟默不答，而察其色，甚喜。因再三詰之，乃曰：「弟頃者連夕私禱於上帝，願以身代兄，不可，願減筭益兄筭，即内人不知也。今既屢見兄夢，上帝其必矜而許之矣，所以喜也。惟是天機忌泄，願兄含之。」予曰：「有是哉！」已而予果無恙，至於今且一紀而餘矣。每默自循省，何以承此於弟哉！乃弟一日奄逝，適符減筭之請，而予竟不能爲弟代也，又安敢并弟一腔心事埋没！故特表而出之，且以示子孫無忘焉。

吾弟端毅清栗，不以私狥人，人亦不敢以私溷之。對客不作套語，與朋友交表裏洞徹。邇不狎，遠不忘，往來竿牘不作寒暄語。高存之曰：「吾篋中藏有季時手裁數十幅。即寂寥數字，必有關係。他如《上許相國》及《與羅布衣》等書，一段正氣凜凜逼人，足令頑夫廉懦夫立。至今讀之，猶有生色。」又曰：「季時真降魔手，今何處更得此人？」記得二十年前魏懋權嘗謂予曰：「君家季公涇凡，大是不凡。自其來都，數相通訊，雖復聊且游戲，率有趣味可諷。觀人必於其微，吾以此得季公矣。」

萬曆十六年邑大祲，餓莩盈道。時弟廩中僅有粟百石，輒捐其半以賑。一時士民翕然從風。是歲也饑而不害。邑侯李元沖《救荒録》具載其事。

業師重所尤公歿，子甚幼。少弦張公歿，無子。並爲經紀其喪。門人孫申卿以遺孤見托，悉力維護，不恤恩怨。爲弟子則不負師，爲師則不負弟子，故曰「一死一生，乃見交情」。

弟一日喟然發歎。予曰：「何歎也？」弟曰：「吾歎夫今人講學，只是講學耳。」予曰：「何也？」曰：「任是天崩地陷，他也不管。」予曰：「然則所講何事？」曰：「在縉紳只是明哲保身一句，在布衣只是傳食諸侯一句。」予爲俛其首。又一日，讀朱子集有曰「海内學術之弊只有兩端，江西頓悟，永康事功。若不竭力明辨，此道無由得明」，謂予曰：「此弊於今亦然。且昔也分而爲二，今也合而爲一，則其害更有甚焉。即令象山、龍川兩先生見之，當爲扼腕。」因取集中無極辨、王伯辨與凡論及兩端者，輯爲一編，名曰《朱子二大辨》，予爲序而行之。已又摘其論及治道者，輯爲《惟此四字編》而自爲之序，擬欲上之朝，不果。

弟居恒吶吶如不能出諸口，及遇是非可否紛紜膠轕處，一刀兩段，略無粘帶。與同志商搉義理，品隲古今，衆論蜂起，徐出片言剖之，莫不豁然以解。其大指一依於正，不喜爲通融和會之説。嘗謂：「吾輩一發念一出言一舉事，須要太極上有分，若只跟陰陽五行走便不濟。」有疑其拘者，語之曰：「若大本大原見得透把得住，自然四通八達，誰能拘之？若於此糊塗，便要通融和會，幾何不墮坑落塹，喪失性命也？吾輩愼勿草草開此一路，誤天下蒼生。」聞者咸悚。

吾弟善知人。有世之所翕然共推而獨抉其隱，有世之所哄然交詆而獨闡其幽。往往於一言一動、一嚬一笑之間斷人生平，毫髮不爽。又善論事，有衆之所共喜以爲必成而獨籌其敗，有衆之所共讁以爲必敗而獨策其成。初時聞者且信且疑，甚而且駭，徐而按之，如合符節。錢起莘嘗言：「吾黨殊不乏有心人，至推有眼者，須首季時。」以此也。

吾弟好以静，每日兀坐一室，不問户外事。好以整，案頭惟攤書一卷，既卒業而後再以一卷易之。諸一切文具及觿礪之屬，位置有常。予默記之，終歲如一日也。好以朴，衣不求華，食不求精，取給而已。左右使令，惟蒼頭一二人。間行里巷中，角巾布鞋，遇者不知其爲誰。自謂木石可居，鹿豕可遊也。

弟讀書不局章句，惟時時將本文吟諷，彷彿意象氤氳而止，間拈一二語，迥絶蹊徑，如九方皋相馬，超然得之牝牡驪黄之外。有勸其著述者，應曰：「吴康齋先生嘗病宋末箋註之繁，非徒無益，而反有害。章楓山先生亦曰：『儒先之言至矣，刪其繁蕪可也。』予竊深韙之，何敢復攘臂於其間？」比殁，檢其篋，及遍訪諸知交間，僅得策一道，疏四道，書七十三紙，劄記八十一則，講義三章，像贊一通，哀辭四篇，詩六十九首。因爲次第成編，而命之曰《小辨齋偶存》。小辨齋，弟所讀書處也。

楊龜山先生寓吾錫，建有東林書院，歲久圮壞。高存之一日檢邑乘見之，謂弟曰：「叔時嘗欲搆一讀書處，群二三友生切磨其中，此殆造化留以待叔時也。」弟喜而告予。時予方卧病，聞之蹶然而起，遂偕安、劉諸君子請於當道而修復之。每歲一大會，每月一小會。弟進而講於堂，持論侃侃，遠必稱孔孟，近必稱周程。有爲新奇險怪之説者，輒愀然改容，辭而却之，不少假借。退而與同志聚處，虚而能含，恭而能下，坦而有則，敦慤而無華。始見恂恂然，繼見穆穆然。久之，真誠溢出，不言而使人之意消。予丁衰年，方賴弟左右夾持。所欲求助於四方英豪，又賴弟密爲聯屬其間。乃今名失一愛弟，實并失一畏友。手足心膂，其將安托？正不知何以收之桑榆，送此餘生耳！

弟生而弱，夙不理於脾家，每有疾輒不食。歲丙申九月，病大劇，不食者歷四十日。有以醫請者，默不答；有以祈禱請者，叱去之。舉家憂惶，莫知計所出。予以間問曰：「弟中何如？」弟曰：「亦只如常。」曰：「有痛否？」曰：「無之。」曰：「有所欲言乎？」曰：「何言？此時弟只有凝神定氣，循循默默以待天機。若攙入他念，便是自暴自棄。且欲爲此身計，此身非我有；欲爲子孫計，一人各有一乾坤，吾無與也。」予服其達識。久之竟愈。嗣後亦時發，或一月愈，或半月愈，或旬日愈。予竊喜，以爲精神漸固，血氣漸堅，晚景當益佳無虞矣。乃去歲夏五月，偶感微疾，至六月二十一日竟不起，謂之何哉？抑弟在丙申業已超然死生之際，視世之依依戀戀，握手叮嚀不能自割者，天淵矣，况去之十二年，其於斯日有進焉者乎！又何足以區區俗情爲弟慟也？獨予與弟自少而長而壯，且駸駸白首，追念五十餘年間，或予倡而弟和，或弟倡而予和，或予所見以爲可而弟以爲否，或予所見以爲否而弟以爲可，相勸相規，忘爾忘汝，其怡怡也，既爲道義中天親，其切切偲偲也，又爲天親中道義，一旦永别，生趣頓盡，不復能自持耳。先是十九日之夕，有大星爍爍從空而下墜於小辨齋之後圃，時河旁居人相攜乘涼，咸見而異之。二十一日之早，弟謂其室華孺人曰：「大菩薩來訪，且及門矣。」俗稱睢陽張公巡爲大菩薩云。華孺人怪，不敢問，弟遂不復語，夷然而逝。家人聞和鸞之聲，隱隱從空而上，踰時乃已。噫嘻！信奇矣！乃知弟之去來應不偶然也。

有問於予曰：「昔明道、象山兩先生皆得年五十四歲。季時亦與之同壽，其到處可得言乎？」予默然久之，乃曰：「弟庶幾能見大意矣。」記得壬辰二月間，與弟燕坐，予問曰：「日來做何功夫？」弟曰：「上不從玄妙門討入路，下不從方便門討出路，畢竟如何是恰好處？」予曰：「吃緊只在認取自家。」弟曰：「弟默默自忖，半近狂，半近狷，如之何？」予曰：「試舉看。」弟曰：「居恒妄意欲作天下第一等人，不近狂乎？反而按其實，尚未能跳出硜硜窠巢也，不近狷乎？竊恐兩頭不着也。」予曰：「如此，雖欲不爲中行，不可得矣。」弟曰：「此甚難言。凡今世所謂中行，大率孔子所謂鄉愿也。弟何敢效焉？且弟檢點病痛，是一個『粗』字，去中行彌遠。」予曰：「此却是好消息。惟粗，定不走入鄉愿路矣，乃所以與中行近也。粗是真色，練粗入細，細亦真矣。狂狷原是粗中行，中行只是細狂狷，總不出一個真。若不論真與否，只論粗細，鄉愿且有細於中行處，非特狂狷不如也。」弟曰：「粗之爲害亦正不小，猶幸自覺得耳。今但去密密磨洗，更無他説。」予曰：「尚有説在。」弟曰：「何？」予曰：「已曾説過了，吃緊只在認取自家。果能分明認取，一切病痛都是村魔野祟，見日自消矣。譬諸身處春秋，只認着孔子作主，五伯如何上前得？身處戰國，只認着孟子作主，七雄如何上前得？」弟曰：「此乃性善之指也。弟實死心搭地，信以爲決然。及反入身來，尋常無事，儘滔滔自在去；一遇塵紛，向來種種病痛依舊又發。熟處難忘如此，奈何？」予曰：「這是你的事，與我說無用。」弟曰：「兄於此一一打得過否？」予曰：「我的事與你說亦無用。」弟擬再問，予莞爾而笑，弟懷疑而去。越日侵晨，遽過予齋頭，予猶在寢，即披衣出見，弟迎謂曰：「原來這事只是如此，別無奇特。昨却多了一疑，攪得一夜不睡至天明。且如人欲適京，水則具舟楫，陸則具車騎，徑向前去，無不到者。其間偶遇難阻，只須從從容容，耐心料理。若因此便爾著忙，妄生懊惱，❶甚者且以爲舟楫車騎之罪。之個喚做騎驢怪驢，又喚做騎驢覓驢，展轉不已，直教你東馳西騖，二二三三，被那些葛藤纏弄到老並無下落，❷却只剩得一雙空手而歸，豈不大悞！」予欣然首肯，曰：「是，是，是。」弟遂出《孔壇四景圖》視予，一曰暮春風咏，一曰當暑絺綌，一曰江漢秋陽，一曰歲寒松栢。因請曰：「這是個鴛鴦譜，乞兄拈示金針。」予曰：「弟明明滿盤托出，何更問人？設令有人還問汝譜鴛鴦的是誰，其何以對？我且櫛沐，弟且去，待此番再攪得一夜不睡，那時再作商議。」未晚，弟大豁然曰：「是，是，是。原來這事端的只是如此，端的別無奇特，端的無可疑也。何用白日說夢？」自是精神凝一，心境漸平。動靜云爲，日覺穩帖，日覺安閑，日覺輕省，日覺簡易，乃至死生之際都無纖毫粘帶。天假之年，尚安能測其所至哉！

吾弟名允成，字季時，別號涇凡。萬曆

❶「妄」，原作「忘」，據文淵閣本、光緒本改。

❷「老」字原在「却」字下，據文淵閣本、光緒本乙正。

癸酉補郡諸生，己卯舉鄉試九十五名，癸未舉會試三十八名，丙戌廷試，三甲二百二十三名。是歲奉旨回籍。戊子，起南康府教授，不赴。尋丁吾母憂。壬辰再起保定府教授，陞國子監博士。癸巳，陞禮部儀制司主事。是歲三月，謫光州判官。生於嘉靖甲寅十月二十九日未時，卒於萬曆丁未六月二十一日未時，得年五十四歲。以己酉十一月十五日申時葬陽鄱圩新阡。娶華氏，處士承軒公女。始無子，抱吾伯兄子而育之，名與溉，國子生，娶華氏，國子生繡嶺公女，贈刑部主事慎菴公孫女。已而得一子，名與演，娶吴氏，邑庠生揚華公女，禮科給事中震華公孫女。女三人，一適行人司司副霽陽公吴公子郡庠生欽錫，慎齋公孫。一議光州學正玄臺薛公子邑庠生憲垂，選貢生少尼公孫，浙江提學副使方山公曾孫，殤。一議商丘知縣本素華公子肇殷，贈商丘知縣次菴公孫。孫三，曰杋，曰樬，曰杭，俱與溉出。樬聘萬氏，邑庠生卓如公女，國子生同菴公孫女。餘未聘。孫女二。與溉出者一，許字國子生心澤吴公子明，光禄寺監事渼湖公孫，右春坊右諭德兼翰林院侍讀澤峰公曾孫。與演出者一，未字。

国家出版基金项目
NATIONAL PUBLICATION FOUNDATION

國家出版基金項目

教育部哲學社會科學研究重大課題攻關項目

「十一五」國家重點圖書出版規劃項目·重大工程出版規劃

國家社會科學基金重大項目

北京大學「九八五工程」重點項目

儒藏

精華編二六四册下

集部

儒藏

北京大學《儒藏》編纂與研究中心

《儒藏》精華編第二六四册

集部

下册

馮少墟集

〔明〕馮從吾　撰
陳俊民　校點

目録

馮少墟集卷十六

馮少墟集卷二十一

馮少墟集卷二十二……五二一

馮少墟續集……五五九

馮少墟續集卷一……五六四

馮少墟續集卷五……六五六

識語……六九一

補刊馮少墟集書後……六九二

附録補一……六九三

校點説明

《馮少墟集》是明儒馮從吾當世刊行的詩文集。馮從吾字仲好，號少墟，西安府長安人，學者稱少墟先生。生於明嘉靖三十六年（一五五七），歷經隆慶、萬曆、天啓三朝，畢生艱於仕進，主要在關中從事理學活動。他幼承庭訓，九歲，其父馮友手書王陽明「個個人心有仲尼」詩，命習字且學其爲人；外祖父劉壐「口授五經，昕夕訓育」。弱冠，以恩選入太學。後歸陝，德清許孚遠（敬庵）督學關中，講學正學書院，受業門下，與藍田王之士（秦關）「講切關、洛宗旨」，爲許器重。萬曆十七年（一五八九）舉進士，觀政禮部，改庶吉士，與同年焦竑及涂宗濬、徐即登諸公立會講學。後改任御史，直面時弊，疏請朝講，遭朝廷群小惡之，在朝僅三年，即削籍告歸。家居二十六年，杜門著書，不關政事，「一意探討學術源流異同」，與鳳翔張舜典等關中學者會講於寶慶寺、關中書院，弟子甚衆。晚年還朝，值天啓改元，復與同官鍾羽正（龍源）、曹于汴（真予）、高攀龍（景逸）等約會講學，同鄉元標十三道奏請共建首善書院於京師，集諸同志倡明理學，震動朝廷，連遭魏黨詆毁，次第傾陷，再疏引歸，於天啓七年（一六二七）憤疾而終，享年七十一歲。崇禎初，詔復原官，謚名恭定。其學「重工夫」，「以求合其本體」，「始終以性善爲頭腦，盡性爲工夫，天地萬物一體爲度量」，開啓了晚明會講之學風，當世有「南鄒（元標）北馮」、「東馮西張（舜典）」、「張載、吕柟之後第一人」之贊許。王心敬《關學續編》卷一、《明史》卷二百四十三和《明儒學案》卷四十一均有傳。以上見本書《續集》卷五《附録補二》。

現存《馮少墟集》二十二卷，《千頃堂書目》、《四庫全書總目》均有著録，稱「其集初刻止於萬曆

壬子」(見本書《附録補三》)。據《藏園訂補邵亭知見傳本書目》莫友芝所見有：「明萬曆壬子刊本，附續集四卷。」疑此本即按陝監察御史畢懋康初刻本(簡稱畢本)，莫後未見所傳。今我所見者有五個版本：(一)明萬曆四十年(壬子)畢懋康刻、天啓元年馮嘉年增修本(簡稱馮本)，國家圖書館藏；(二)明萬曆四十五年張維任等刻本(簡稱張本)，此本增補有《續集》一卷，但今僅存十五卷(二、九至二十二、續一)，上海圖書館和臺北「中央圖書館」藏；(三)明萬曆四十七年劉必達金陵重刻本，上海圖書館藏有二十卷，日本蓬左文庫藏有十八卷，均非全本；(四)清康熙十二年李中孚(顒)彙輯、洪琮陝西重刻、光緒二十二年少墟書院補刊本(簡稱洪本)，此本增補有《續集》五卷，世間多有翻刻本通行，書名多稱《馮恭定公全書》；(五)影印文淵閣《四庫全書》本(簡稱四庫本)，此爲馮本的複寫本，其間凡「玄」統諱爲「元」。比勘五個版本：(一)除張本和劉必達本現存不全外，各本所收均爲二十二卷，其卷次篇目基本相同。其内容可分爲四類：自卷一至十二皆爲《語録》，包括《辨學録》、《疑思録》、《訂士編》和《善利圖説》等，多爲馮從吾自序自編的理學著作；卷十三至十八皆詩文；卷十九至二十爲《族譜》、《家乘》；卷二十一至二十二爲《關學編》。各本字體雖有不同，其版式行款均爲九行十八字，白口，四周單邊。(二)各本均以馮本(或畢本)爲祖本。明刻三本中，惟馮本保存完整，刻校均佳。清刊諸本實均爲馮本(或畢本)的不同遞修覆刻本，款式、字體基本相同，惟洪本有《續集》五卷，爲各本所無，但全書校刻不如馮本精善，且有避諱和脱誤，如卷七刪去「中國而夷狄」、「中國不至爲夷狄」兩句，卷十三改「夷狄」爲「西域」等。日本内閣文庫、美國哈佛燕京圖書館所收藏的《馮少墟集》，實爲馮本或洪本的另一遞修翻刻本，編次款式與洪本大體相同，惟字體略有不同，續編不分卷，且篇目編次紊亂。

這次校點，以馮本爲底本，以張本、洪本爲主

要校本，參校四庫本。《續集》部分以洪本爲底本，校以日本内閣文庫本（簡稱内閣本）。底本與各校本均顯誤者，依有關史傳審慎出校勘正。凡係明顯的版刻錯誤及避諱字等，均逕改不出校。底本篇目序跋，一仍其舊；缺漏篇目，依校本補入相應卷次。各本有而底本無的序跋提要及明清兩代有關馮從吾的主要史料，按類依時序編次，作爲《附録補》，置於《續集》卷五《附録》之末，以供參考。鑒於底本目録與本書正文不盡一致，特重新編目，置之書前。

校點者　陳俊民

小像自贊[1]

謂汝學邪，何垂老之無知？謂汝不學邪，何自幼之孳孳？佛老是距，鄒魯吾師，平生所學，惟毋自欺。尚揮戈於末路，庶不愧此鬚眉。從吾

[1] 此頁《小像自贊》和下頁《馮少墟先生像贊》原缺，據洪本補。

馮少墟先生像贊

亭亭鶴骨，巇巇鳳鳴。德符春藹，正氣秋澄。萬物同體，一介必矜。白玉絶纇，朱絲爲繩。茂叔之胷中灑落，子輿之壁立崚嶒。聖脉獨契，關學大興。自南自北，如車指路；横説豎説，如水建瓴。其隱也，太華增而重；其出也，黄河忽而清。豈待形求於巖野，固將金鑄於帝廷者邪！

年弟董其昌禮部右侍郎。

又

天清氣和，杲日凌空。陽春鼓暢，萬彙敷榮。中朝蓍蔡，四方儀刑。《訂頑》一脉，千古斯文。

安成鄒德泳太常寺卿。

又

先生之氣，凌華岳而直上；先生之度，納黄河而有餘。雄壓文壇，鸞停鵠峙。妙參道閫，魚躍鳶飛。游詞林，耻學墨卿之章句；拜柱史，抗言人主之是非。萬夫莫挽，廿載閒居。公庭削跡，衡門晏如。窮性至命，訂頑及愚。辨釋老之千里，析義利之毫釐。道學歸於有用，聖真不落空虚。弟子執經而從者，臣教忠，子教孝；朋友聞風而請者，德相勸，過相規。舉動慎平居顰笑，出處係世道安危。濟川之舟，向久横於渡口；擎天之柱，終借重於關西。大理特召，

總憲旋除。善類依以推轂，君子慶其得輿。展掌上之經綸，共謂可將可相；揭區中之山斗，豈止異人異書。直承正脉，無忝大儒。前有横渠，後有少墟，舍先生吾誰與歸？

華亭陳繼儒布衣。

又

穆如春風，瞻有道之儀容；淵然太沖，窺含德之心胸。澹泊無營者，其純素之衷；慷慨發蒙者，其啓牖之公。同志景從，鬱起一代之儒宗；邁往立隆，身維百世之頹風。疏水鼎鍾，浮雲舒卷於太空；霧豹雲龍，虚遊渾合於鴻濛。若少墟翁者，殆間氣之所鍾，而障狂瀾於注東者歟！

金陵朱之蕃吏部右侍郎。

又

望之嶽立，嶙嶙峋峋；即之玉映，栗栗温温。匪道不談，匪禮不行。在學爲斗，於世爲繩。德崇業富，十九田居。天欲平治，誰其舍諸？

安邑曹于汴南京掌院，右都御史。

馮少墟先生集序

畢懋康

少墟馮先生讀中秘書，拜西臺，風節文章，有聲宇内。亡何，言伸而身退，里居掩關九載，精研契悟，講明聖人之學，從者如歸，門下士多至千餘人，一時稱「關西夫子」云。余適奉命按秦，得卒業所著《辨學録》、《疑思録》、《善利圖説》、《學會約》諸書十數種，抉關啓鑰，多發前人所未發。《辨學録》參勘源頭，最爲得力，大要排距二氏似是之教，尤謂釋家言竄蝕吾道，變幻其説，舍筏超津，即宿儒慧士，間不覺墮彼法中，是可患也。故兹録其言甚辨，其理入微，不直剗滌末流所由失，直力剖本始所由分。昔人云「儒釋差之毫釐，謬以千里」，此直云「儒釋宗旨，原隔千里，絶無毫釐之似」。至其言心，則曰：「丢過理説心，便是人心惟危之心。即有知覺，是告子知覺運動之覺，佛氏圓覺大覺之覺。」其言尤爲痛切。當幾覿體，直下信及，直下就性命落根，真爲數百年間聚訟之庭判未了公案。嗚呼，渺論哉！

竊觀先生學貴有主，不貳以二，不參以三，用貴實踐，操貴祗勅，不爲虚恢媮縱者所借託。夫有主則歷千變而不可惑，實踐則究必到而不可欺，祗勅則神常惕而不可懈。屹砥柱以遏洪流，堅鍵關以搤衆會，其風竅然，惡可而言，不以觭見之也。其於本也，弘大而闢深；其於宗也，調適而上遂矣。儻所謂承前啓後，非聖弗遵，非經弗

由，好修篤至，身任先覺者，非邪？

蓋道學肇自虞廷，講學創自洙泗，至宋諸君子，始紹繹章明之。紫陽集諸儒大成，推宗河洛，然於吕、游、楊、謝，猶斥其浸淫佛老不少假，相友善者，如陸、吕兄弟，亦詆子静、子約學傍近似，而涉異端。嗟夫！洞宗獲真，憑虚失據，學術小雜，濫觴靡止，意念深矣。

國朝薛文清獨尊紫陽，云多聞見而後卓約，弗爲荒幻，徑獵《讀書録》，令人穆乎有餘思。關以西稱吕文簡誠敬真篤，正經息邪，具載所著《内篇》中，卓然醇儒。先生其瀠洄吕、薛，合派紫陽，而溯源洙泗乎！是故其辨學也，脉然若獨繭之絲，凛然若春水之冰；厚其防，若千丈隄之不可潰；遠其畛，若風馬牛之不相及。庶援彼入此，推此附彼，惚恍連犿，諔詭自恣之言，無所假途而寄其譎。今日者，賴先生濬心敏行，煜然使學人耳目再一新已。關中數十年來，道脉大暢，文簡得輿，先生超乘，俾横渠之緒，迄今布濩流衍而不韞韣，炳炳麟麟，豈不懿哉？

先生家食久，主上行，且賜環，虚孤卿，三事待之，行將以道德爲事功，是其土苴將猶陶鑄宇宙者也。若夫集中諸摛撰歌詠，自爾有德之言，質有其文，行之必遠，故合刻而爲之序，使學者知所嚮方，其賾可探也。

萬曆壬子仲冬長至日，賜進士第巡按陝西監察御史、前奉勑巡按直隸等處兵部員外郎、中書舍人新安畢懋康撰。

附柬

嘗聞先儒之言曰：「見到孟子道性善處，方是見得盡。」不佞亦曰：「見到先生説心説理處，方是見得盡。」真令人心悦意懇，莫可云喻者。且大集中，即單詞隻語，往往使人乍泳而躍然，湛思而未罄，枝葉華萼，無不歸根，江河盆盎，皆可得月。惟是樸樕之筆，又何能贊一詞！兼以日來諸務蝟集，昕夕拮据，所不能視飱者若而旰，所自甲而達戊睫不交者若而宵，又無遑問文墨之事，愈覺腸枯筆澀。小序率率塞白，譬若從坔敦而度高乎泰山，懷汎濫而測深乎重淵，亦未至也，惟大加郢斤，幸甚。

少墟馮先生集序

鄒元標

予生平所藉以切砥者，北地自吾師青州朱鑑塘先生外，則有我疆孟公、洪陽王公、中州心吾吕公、雲浦孟公，此五君子者，大儒也。我疆常挾被過舍中，人皆迂之，孟先生曰：「予不知鄒君爲吏部郎也。」吾師友兩孟、王公，俱爲泉下人，常念之潸然不禁，歸而離索日久，曰：「安得此師友以摩切予朝夕？」聞秦中少墟馮公繼五先生，力肩正學，心嘗儀之。會友人周鶴峋觀察貺元標集，曰：「子不可無一言以諗同志。」予拜而卒業。大都謂學必有宗，吾儒學以理爲宗，理必操而存，孳孳屹屹，如寒求衣，飢求食。其誘入也，若操戈禦巨寇。夫使闟闥學不使闌入也，如春風煦物；其拒諸説，若操戈禦巨寇。夫使闟闥學晦而復朗者，公也，此世儒皆能知之。然公之入微，人未易知也。公示曲阜諸生曰：「舉躅盈眸，皆是鳶飛魚躍現前。篤信聖人，能無出入；篤信自家，始爲不離。」卓乎淵矣！以詹詹一家學名者，非所以觀公也。

道非一人之道也，必六通四辟，始無所不入，無所不受。公學雖有宗，然於新建亦極篤信，曰：「『致良知』三字，洩千載聖學之秘，有功吾道甚大。」雖不能疑「無善無惡」一語。又曰：「非『無善無惡』之説，并非『致良知』之説者，俱不是。」蓋公不欲以虚無寂滅，令後學步趨無據。非虚而公、明而溥者，安能之彼？世儒入主出奴，妄築

垣塹者，睬公何如哉？

《易》之上爻「潛」、「見」、「惕」，功亦密矣；四曰「或躍在淵」者，「或」之者，疑之也，疑則淵之與天，上下懸殊，不疑則位乎天德，天德不可爲首，惟吾夫子足以當之，其餘即顔子猶一間未達。元標束髮問學，九折羊腸，褰裳凡幾，而隱隱疑情未斷，夫一絲未斷，對面河山，敢自以爲質往詔來無疑？公《疑思録》曰「吾斯之未能疑」，即夫子啓漆雕開，亦何以過此？夫吾儒患不能疑耳，一息尚存，此疑不懈，九天九地，何之不入！願與公終身請事焉。

嗟乎！華嶽崒嵂造天，黄河澒洞無涯。代有巨儒，横渠之後，明有仲木，今有仲好，可稱鼎足，可以張秦，亦可以張明矣。予與公，天假之緣得一合，并其所請事者有在。顧予老矣，莫往莫來，悠悠我思，知公有同然也。

時萬曆癸丑仲冬，侍生吉水鄒元標爾瞻父頓首拜撰。

馮少墟先生集序

趙南星

昔吾夫子歎天下無聖人君子，而思善人有恒，非以聖人君子爲絶德也。善人者，生而善者也；有恒者，忠信之人也。故曰：無而爲有，虚而爲盈，約而爲泰，非有恒也。自古無不學之聖人，亦無不學之君子。善人有恒，可以爲君子，以至於聖人，而皆不好學，何則？彼固生而善，生而有恒也，且其列於士人之林，則亦嘗從事於學矣，以爲吾自不爲不善，何必更學？夫資質之美者，既不好學，而二人者之外，又皆困而不學，天下安得有聖人君子也？聖人尚矣，世有君子，必講學以明道，使彼二人者皆能爲君子，與之持宇宙而康民物，然所講者，必聖人之學乃可耳。若馮少墟先生者，則可謂明於聖人之學者也。夫明於聖人之學，然後能行，行之與明，固非有二也。今夫學射者，不操弓矢而談射，非惟必不能射，其所談者，必無當於后羿；學奕者，不涉碁局而談奕，非惟必不能奕，其所談者，必無當於秋儲。行之生熟，而明之淺深隨之；不能行，而徒以其意想測度談道，未有不差之毫釐，謬以千里者。若少墟先生之於道，則可謂允能行之者也。何以知之？其所講者，平淡而融徹。平淡者，聖人之正學也；融徹者，其體會真也。今《論語》、《孟子》之書具在，《論語》所載夫子之言，有一語不平淡者乎？然至玄至妙在其中矣，此所以爲聖人之言也。孟子則

闡明《論語》之言，而時露其玄妙，固聖賢氣象之殊，要亦覺悟後學，有不得不然者。夫語聖學之要，則一「敬」盡之矣。即「致良知」之説，未若「敬」之一言正大而無弊也。後之講學者，又過爲玄妙，舍所戴之天，而言九天之上，又言無天之天；舍所履之地，而言九地之下，又言無地之地，此與「白馬非馬」之辯何異？愚者不必言矣，忠信之人，必聞而駭之，以爲妖言。夫吾之所望以共爲君子者，在忠信之人，而先令其駭，則天下無復可與言學者，適足以號召譎詭妄誕之徒爲斯道蠹。是以少墟先生之言，是真能學聖人者也，是真能爲君子者也，是真能使天下人爲君子者也。

先生進則直諫以匡時，退則脩身以正人，是謂知行合一，天下之真知也，言行相顧，天下之至言也。余反覆先生之集，想見其心極虚，其量極廣，其救世之念極切，如是而有言，安得不洋洋秩秩也？瓏瓏其音者，其質玉乎！豈不然哉？余受先生之益多矣，先生不鄙而命爲之序，余欣然命筆而以請正於先生焉。

萬曆甲寅秋七月，高邑趙南星頓首譔。

馮少墟集序❶

焦竑

道未始有敝也，而任之者，人人殊焉。《記》曰：「君子之中庸也，君子而時中；小人之中庸也，小人而無忌憚也。」君子、小人之中庸，豈有異哉？然一得之以時其中，一以恣其無忌憚之爲，至其無忌憚也，則亦不得爲中庸已矣。孔子倡學洙泗，蓋逆知後世之學，有出於此者矣，故綢繆於仁義禮樂之文，諄復於天人理欲之辨，而未嘗輒及於道，豈聖人不欲人之蚤有知乎？晚宋諸儒，不得夫子之意，保殘守陋，至於晦塞而不明。自白沙、陽明二子出，知其摸放似而非真，誦説多而迷始也，直揭本體以示之，乾坤載闢，而日月重朗，學者當事逸功倍，以直躋聖人之域而無難。徐而察之，乃有不然者，何歟？

少墟侍御，與余同館閣之遊，余不自量，以學相切劘者三載乃散去，諸君子率過信余，而侍御之嚮余尤篤。今别十有九年，聞方聚徒講學，❷任道甚力。頃得其論著，所爲追琢於念慮，檢束於躬行者，詳哉其言之也！而於性與天道，有不數數然者，豈侍御之學而有未至歟？將别有説歟？迨内覈於身心，而外驗之朋輩，乃霍然而寤，始知侍御之自有主謂，而余之所窺有未盡也。聖人者，有道有器，守於器者，階循等

❶「馮少墟」下，張本有「侍御」二字。

❷「聞方」，原脱，依張本補。

歷，猶有所執而不踰。蓋潛心者可繇是爲上達之階，而不能者亦可以寡過。乃道之未明，而務擺落古人之形迹，將蕩然無復可守之矩度，而移遊茫昧，反易爲浮誕慉縱者之所托。以余觀於世，蓋往往然矣。君愛身潔己，不稍以非禮自點，前圖史而後珩璜，如處子之在閨。其以先儒之矩矱，導揚闡繹，瀝腸敷腎，語盡而情忠，惟恐彼之不喻於我，而我不悉於彼也。豈將以是爲閑先聖之道之具，而防學者之末放也歟？雖然，言所可及，思所可至者，非至也；言不能及，思不能至，而豁然還其本心，孟子之所謂「自得之」也。自得之，則居安資深，取之逢其原。朱子所言「不費推移而中流自在」者，庶幾近之矣，在侍御勉之而已。余與侍御相期者遠，既以侍御之誨自勖，而復以此語進，觀者將無以爲孟浪之言也夫！

萬曆甲寅新春，瑯琊年弟焦竑書。

馮少墟先生集序

鄒德泳

聖賢之學，學爲人而已，而人之所以有生者，獨軀殼也乎哉？「天生蒸民，有物有則」，孩提之童，無不知愛其親也，及其長也，無不知敬其兄也，此豈煩教戒束攝乎？唯是情滋智鑿，日失其所以爲人之理，故名爲人而實鄰禽獸，故孟子常就其發動端倪，拈出以詔天下，曰「乍見怵惕」，曰「呼蹴弗受」，皆卒然觸之，而本心便不容不如是應者，故知即心即理，物外無則，而踐形順則，存乎其人。是以《大學》首揭「止善」，《中庸》究歸「明善」，蓋皆實實見有此理，爲人之不可須臾離者。夫然，故緝熙非寂照，恂慄非苦空，而戒慎恐懼，非從事於虛無斷滅之歸者。夫然，故吾儒之學爲廣大而精微，爲高明而中庸，爲費而隱，爲微而顯，爲下學而上達，而始終本末一以貫之。輓近學子不得聖賢以爲依歸，而一二好奇弔詭者，影證覺體，遂以爲心無善惡，無事修持，偈偈焉鼓天下而趨之，則性杞柳，性湍水，而仁義果必戕賊爲矣，幾何不率天下而遍滿無忌憚哉？

仲好侍御力持正學，刊落詖淫。自昔辛卯，不敏於都下領承，心折久之，繼先後以言事罷去，而仲好造日益深。所著有《疑思》、《辨學》諸録，及《善利圖説》，諸書院講語，娓娓若干卷，直從「危微精一」闡發理會，如朗日中天，而近世談空説無，熒惑人耳目者，掃之不遺餘力，烈矣哉！仲好之

功豈在孟氏下乎？ 而予且瞠乎後矣，然仲好猶沖然不自信，屬有起予之望，予何能贊一詞？ 憶昔有問於先文莊者曰：「程子謂在物爲理，將理外乎？」先文莊曰：「且看大字云何。 夫程子亦曰：『心之在物爲理，心之處物爲義。』故曰體用之謂也。」予恐天下或外心覓理，而不深察於仲好「惟一」之旨，故附此爲請益地，要於知言，亦剩語耳。

萬曆甲寅歲孟冬月旦，安成年弟鄒德泳汝聖父拜撰。

馮少墟先生集序

曹于汴

夫道生人，失其所以爲道，則失其所以爲人矣。誰甘於失其人？而每失其道，弗思耳。道貫於血氣之質，弗相離也，離道而抱空質焉，與土梗何殊乎？是道也，其大無外，或狹而小之；其密無間，或輟而斷之；其粹無滓，或點而巇之，是故學爲急焉。學也者，恢廓而使之大，綿聯而使之密，滌盪而使之粹也。道不待學而有，而非學無以保其有，非學無以復其有，非共學無以共其有，故孔子畨歲志學，没齒不厭也。然學亦難言矣，性天之奥，本中有本，胡以徹之？知見之紛，岐中有岐，胡以析之？習情之錮，忽醒忽迷，胡以覺之？是用連朋講究，互參證以求至當，相夾持而防墮落，故孔子以不講爲憂也。夫道需學，學需講，有不啻飢之食、寒之衣者，而講顧罹世訾，❶非盡世之尤也。不學之士，患在不講；講學之士，患在不副。或亦艷爲美稱，擔簦聊聚，朝朝問路，歲歲不越閾，辟露背而談九容，揮玉麈而稱儉素，於我乎何有？故孔門之訓，無行不與。夫惟相與以行，則學爲真學，講爲真講，而萬世宗之無斁也。

少墟馮先生，沈潛聖學，踐履篤至，問業之士如雲，而先生惟有故似，❷闡揚剴實，

---

❶「顧」，洪本作「學」。

❷「故似」，影印文淵閣《四庫全書》本曹于汴《仰節堂集》卷一收録此文作「教以」。

衛道謹嚴，蓋亦以行爲講，以行爲學者也。道不在兹哉？昔有問楚侗先生以天命之性者，先生方欲訓解，其人曰：「意公自言其性耳。」先生爲之矍然。慕岡先生會友於白下，凝然相對，或曰：「馮公何無講？」座上曰：「此人渾身是講，其亦旨於論講矣。」汴不肖，仰先生之行有年，兹誦其講道之集若而卷，而窺君子之慥慥也。敬綴數語，志向往焉。

萬曆乙卯秋八月朔日，安邑曹于汴謹撰。

序少墟馮先生集

董其昌

在昔己丑之歲，庶常吉士二十有二人，天子命少宗伯田公爲之師，而金陵焦弱侯以理學顓門爲領袖。是時同儕多壯年盛氣，不甚省弱侯語，惟會稽陶周望好禪理，長安馮仲好好聖學，時與弱侯相激揚。仲好冷面骨人也，嘗端居晏坐，茹淡寡營，文字之飲，鮮所徵逐。吾黨愛周望之簡易，而憚仲好之矜莊，不敢以狎進，私戲之曰：「此食生猪肉者。」謂其有意於兩廡之間也。余既以請急歸，越歲還朝，遇南昌劉幼安於淮陰，爲仲好五岳起方寸也，曰：「三秦大邦，仲好修士，且閣試之甲乙不在人後，而有上下其手者，竟得西臺，何也？」余曰：「子休矣，謂承明著作之廷，足以滿仲好志耶？」居久之，有詔屏逐諸言者，而仲好亦坐廢且二十一年矣。仲好無幾微牢騷不平之氣，而益湛思於學脉，蓋寤寐洙泗，折衷濂洛，雖一禀承於先覺，而獨證獨創，自爲一家之書。今所刻語録、紀序、詩歌、尺牘、雜著十餘萬言是已。異時講學先生微言不乏，而徵信或希，仲好獨以躬行爲券，學者觀其酬應取予、細微造次之際，無不心折意消，故翕然宗之曰「關西夫子」。而朝士想聞其風，時以入告，冀備細旃之聽。夫康齋以布衣召見，文清以陳臬爰立，坐論之任，豈復借資於官秩？而況仲好固文學侍從之臣乎哉！吾以仲好卜世運矣。余迴環參究全集宗旨，若有悟入，而諸序者業先

之，不復龐贅。獨以諸君子所見者，江漢吞天浴日之後；而余所見者，岷嶓發源汎觴之初。蓋仲好學爲聖人之志，定於庶常時，而今之充實光輝，不離本來骨相也。崔侍御亦千里外屬余爲序，余既幸附不朽，又以慨周望、幼安皆不及覩也。嗟乎！士固有百不爲多，一不爲少，吾已丑同館，得仲好，足稱盛矣。

歲在戊午，華亭年弟董其昌撰并書。

馮少墟先生集序

姜士昌

聖門之學，至中正，至平實，而天下之鶩高奇者無當也。濂、洛、紫陽諸君子，當漢唐寥寥後，相與章明經術，力排似是而非之謬，而聖學始揭日月而行，中間若象山、陽明兩先生，其悟道蚤，其見地高，其平生操脩固卓然靡間，而獨其所爲衡量往哲，辨難同儕，指點後學者，或微涉頓造徑詣。夫世或有頓造徑詣之人，而無頓造徑詣之教。二先生以見地爲教，故其門人得二先生精意者，往往振拔於問學名節，一時稱極盛；而失二先生立言本指者，或藉解悟廢躬行，或憙圓融開方便，其流之弊，衛道之士不能無隱憂焉，而況沿波流而彌下焉者乎？

秦中少墟馮公，予自辛卯歲視秦學，曾識公都門，比予垂去秦，而公以按宣大移疾還里，❶嘗詣公齋中，圖書四壁，泊如也。予既焉悵公歸之晚而予行之遽，而嗣是公再入都，更以直道絀歸，而下帷林卧，與秦人士講明聖賢之學者二十餘年，而公之集始成，侍御東郊畢公按秦中，亟梓行之，而予門人鄢陵令張君舜典，公同志友也，持公集暨公書來屬予序，予受而卒業。若《關中書院記》，韓昌黎《原道》之篇之所不能言，當與《定性》等書並；若《辨學録》、《疑思録》及它論學語，嚴正學之防，謂異端本非是，不得謂之似是，而於以痛懲末世廢脩言悟、

❶「宣大」，張本作「鮭」。

課虚妨實之病，中間至言精義，多程朱諸君子所欲剖析而未盡者。如云：「或問：天命之性，無聲無臭，原着不得『善』字。曰：天命之性，就是命之以善，何消着？孟子道性善，政直指天命之初而言耳。」又云：「吾儒所謂善，就指太虚本體而言，就指目中之不容一屑而言，非指景星慶雲、金玉屑而言也。」又云：「人之病，正在無善，乃反以無藥無，豈不益重其病而速之亡乎？」又云：「人心原是活的，如無一分善心，便有一分惡心。」又云：「易有太極，乃天地自然的，故無思爲。有太極而無思爲，有物則而無聲臭，乃吾儒正大道理。若舍太極專講無思爲，舍物則專講無聲臭，有是理乎？」又云：「孔子七十而從心所欲不踰矩，文王純亦不已。若孔子謂我得矣，便放開，便是踰矩；文王謂我得矣，便放開，便是已。其何以爲聖人？後世學者只是越過，守浮慕化，所以敢於放開，卒至於流弊不可言。」又云：「謂之曰理，自是無障，謂之曰障，還不是理。」❶又云：「世之砥節礪行，循規蹈矩，而不聞道者，誠有之矣，未有真能聞道而不砥節礪行、循規蹈矩者也。」又云：「不質鬼神，不可以言學；不慎獨，不可以質鬼神。」又云：「一本《大學》，都是釋『格物』，不必另補格物傳。」又云：「『述而不作』，不是聖人謙詞，後世天下不治，道理不明，正坐一『作』字。」又云：「只爲志彀一念，不知壞古今多少人。」又云：「克己，有當下斬釘截鐵意。不行，頗費工夫，不能遽拔病根，然亦克己之一法也。」又云：「問『豫立』之意。曰：『豫』字，即下文『擇善固執』、『博學、審

❶「還」，張本作「原」。

問、慎思、明辨、篤行』。」又云：「近世學者，不論心之懈不懈，理之明不明，而動稱不須防檢，不須窮索，以爲玄妙，是中佛氏之毒，而借明道先生以自解者也。」又云：「隨時變易而不從道，則小人而無忌憚，是故君子無輕言時。」公論辨若此等類，翼往哲，詔來者，砥頹波，衛世道，即令聖人復起，宜無以易斯言，真洙泗之耳孫，濂洛紫陽之嫡胤也。

蓋予二年前，聞公著有《善利圖説》，心疑之。舜蹠善利，迺孟子提醒人心最剴至語，安所煩《圖説》爲？ 已而讀公《圖説》，曰：「中間無路。」曰：「聖狂分足處，善念是吾真。 若要中間立，終爲蹠路人。」嗟乎！ 此仲好先生所以爲仲好者也。 視象山先生鵝湖辨論，晦翁聞而心折，一時聽講人士相與感動流涕者，不尤直截痛切哉！ 公又數舉高陵吕文簡公時時以「改過安貧」四字勸學人，爲同遊告。 夫改過、安貧二義，《論語》、六蓺諸篇中，蓋珍重言之，末世視爲卑淺語，若無甚高論者，非文簡公暨仲好先生，安能爲此言？ 予居恒謂講學非難，本之身心，真有以自得爲難，其撰著論駁，真足以正虚幻之人心，障茅靡之世教爲難。 否則，雖言高於秋旻，藻於春華，奈何言學也！ 公於象山、陽明二家言，若相辨難，實相成，真二先生益友矣。

東郊畢公持節省方，特崇經術，表章公集，功在天下與後世，真紫陽先生同里。 若張君舜典，與公下上問辨，最平正，又最深研，❶厝之鄢陵，以政爲學，蔚有三代以上吏道風，其得於公之劘切者遠矣，可謂有志者也。

萬曆癸丑嘉平月，丹陽姜士昌仲文撰。

❶「最平正又最深研」，張本、洪本均作「最深研又最精詣」。

馮少墟先生集序

洪翼聖

天地之性人爲貴，人而不欲虛其貴也，則學爲先。學以聖人爲的，而聖人之道原在吾心。苟非見之徹，踐之實，而孳孳弗能已，即欲盡性至命，何由焉？

翼聖夙聞馮先生遊神洙泗，潛心聖學，兹奉命督學秦中，得先生諸録讀之，輒豁然曰：「如先生之於學也，所謂見之徹，踐之實，而孳孳弗能已者，非耶？」蓋余嘗讀《易》，至於「天下雷行，物與無妄」，而知天之與人，體自無妄，所謂「繼之者善也」。唐、虞之「精一」，禹、湯之「祇懋」，文、周之「敬止」、「思兼」，無非盡此性，完此善也。仲尼遠宗近述，真萬古一聖矣，然其志學也，所志何物？其從心不踰矩也，矩爲何物？統之此性、此善也。而孟氏則直指本體曰「性善」。自釋氏者出，創爲理欲雙遣之論，曰：「不思善，不思惡，是本來面目。」而世且紛然好之，遂使《楞嚴》、《圓覺》諸書與六經争道而馳，而妙明、真空等諦，反俎豆於吾儒之上。其欲渾而一之者曰：「吾儒之無聲無臭，何别於佛？」其欲兼而收之者曰：「吾道廣大，何所不容？」然而世之崇釋者夥矣，豈惟寂滅枯槁無用於世，而猖狂自恣者，卒至縱欲敗度，瀆法亂紀，及詰之，則曰：「萬法本空，如夢如幻，安用束縛爲！」清談亂晉，浮屠亡梁，禍實本此。而闢之者且曰：「儒與釋，差之毫釐。」嗟乎！惟其有「毫釐」之説，此異端益得操戈也。

而先生推窮其本，直斷之曰：「『善惡俱無』與『性善』之旨，迥然不同，則其千里懸隔也，不在末流，已在發端。」此何等痛快直截也！且曰：「人心原是活的，無善心便有惡心，原無一切俱無之理。」反覆發明，無餘藴焉。儒佛老莊混爲一塗之弊，可不攻而破矣，豈非發前賢所未發，而揭聖學於中天乎！夫學患不得其源耳，惟於性也而見其善，則遡觀於天而認所爲「於穆」矣，還觀於身而認所爲「降衷」矣。認善既真，則不善之萌也，不遏不已；善之萌也，不擴不已。發於事親則爲孝，發於事君則爲忠，愛則爲仁，宜則爲義，通則爲智，貞於視聽言動則爲禮，一於常變順逆則爲信。其寂然不動也，則未發爲中；其感而遂通也，則中節爲和。闡於文章，則非虚車；顯於功名，則非權術；徵於廉介，則非矜激。衆理萬善，沛然洋溢於天地萬物之間，而燦然宣著於綱常倫理、日用云爲之際。譬之源頭活水，生於天一，出於山下，漾而爲江河，漫而爲湖海，機容已乎？不容已乎？

先生之於聖學也，思而疑，疑而復思，辯之必欲其明，而講之必欲其透，日兢兢於慎獨崇禮，凛凛於利善聖狂，一禀諸規矩準繩，而有所弗能已，豈惟踐之實，由其見之徹也。然則先生之洞見性善也，闢異端在此，脩聖學在此，成己在此，成物在此，教天下後世在此，豈非一以貫之者耶？

或謂翼聖曰：「君何信先生之篤也？」翼聖曰：「余觀先生立朝以直聲著，居鄉以恂恂著，環堵之室，蕭然寒素，杜門著述，足不履公庭。門人耳其教，則瞿然顧化。其出而任官者，輒以廉吏顯。翼聖謁先生請益，則瞻之儼然，就之温然。其詞之婉也，

曲而中，引人於善，令人樂從而弗覺；其詞之確也，則雖孟賁之勇，萬夫之雄，弗能奪焉。」主上方虚公孤以待先生，而先生囂囂然可以達道，可以求志，一切世念，毫不以動乎其中。周程張朱之藴，身體而言闡之矣；世之庸人與鄉愿，既同流合污，鮮所振拔，而異端之害道又滋甚，向非先生篤志聖學，淑身以淑世，起流俗而闢異端，則洙泗一脉，將安賴哉？翼聖雖不敢暴棄，而賦質昏愚，何幸遇先生得一發蒙也！兹録也，殆將不朽！信先生者，直録乎哉？有先於録者矣。

萬曆癸丑季冬，賜進士出身中憲大夫、陝西按察司副使、奉勑提督學校新安洪翼聖撰。

馮少墟先生集序

高攀龍

少墟先生，余同年馮仲好也。仲好少即志聖人之學，由庶常吉士爲侍御史，言事罷歸，閉關九年，精思力踐，而於聖人之道始沛如也。所在講學論道，爲集凡二十二卷，余受而卒業焉，作而歎曰：「此真聖人之學也！」

聖人之學之難明也，蓋似是而非者亂之，其差在針芒渺忽間，不可不辨也。今夫人，目則能視，耳則能聽，手則能持，足則能行。視聽持行者，耳目手足也。所以視聽持行者何物也？凡世之不知學者，皆覿面而失之於是也。然而目之視貴其明，耳之聽貴其聰，手之持貴其恭，足之行貴其重，所以聰明恭重者何物也？凡世之知學者，又往往覿面而失之於是也。然而目之明，非我能使之明，目本自明；耳之聰，非我能使之聰，耳本自聰；手足持行之恭重也亦然。其本來者又何物也？世之知正學者，又往往覿面而失之於是也。耳目手足者，形也；視聽持行者，色也；聰明恭重者，性也；本來如是，莫知其然而然者，天也。此所謂本體也。本體如是，復還其如是之謂工夫也。脩而不悟者，狗末而迷本；悟而不徹者，認物以爲則。故善言工夫者，惟恐言本體者之妨其脩；善言本體者，惟恐言工夫者之妨其悟。不知欲脩者，正須求之本體；欲悟者，正須求之工夫；無本體無工夫，無工夫無本體也。

仲好之集，至明至備，至正至中，非脩而悟、悟而徹者不能，真聖人之學也。吾特於其集中示人最切者揭而出之，以見似是而非者亂吾聖人之學，其端蓋異於此也。

萬曆癸丑秋七月，錫山年弟高攀龍書。

馮少墟先生全書序

錢　時

先儒云：「性者，心之生理。」此一語已括盡千古之學問矣，只此「生心性理」四字，標門宗旨，添出支離。余生也闇，不足印正之，但每讀吾鄉文成先生遺書，及曾叔祖緒山先生緒言，詳哉，其言之也！平生聞海内有馮少墟先生，恨未即見，壬子歲謫官秦中，得謁先生，聆先生之教者兩月。臨岐，出理學書十餘帙謬語余，謙謂多疑，必屬余訂之，蓋歷途中數千里，不忍釋手。

大都先生之學，真正孔孟之脉，程朱之派也，夫得力在直透宗教，見儒釋所以分處。夫《辯學録》則其最著者也，間嘗撮舉之，如謂：人丢過理説心，便是人心；吾儒之旨，只在「善」之一字，佛氏之旨，卻在「無善」二字；理欲之辯，真不啻中國夷狄、君子小人；彼謂無理無欲，無無亦無，是大亂之道也；蓋佛氏之失，正在論心論性處與吾儒異；吾儒之所謂生，指生理，告子之所謂生，指生死。娓娓諸言，直指中扃，河源鼻祖，斯已見矣。從此參透，則録《疑思》，圖《善利》，編《訂士》，語《關中》、《太華》，大都安頓「理」字，虞廷之「道心」，孔子之「至善」，皆是物也。蓋先生以「性即理也」一語爲破天荒。噫！即此了心性，即此了生矣！以先生淡薄清真，躬行君子，造理之深，言之深切著明，真未易草草看過。蓋余歸越，別先生講院中，諸生環者如堵，一生問「君子上達」。先生曰：「希賢、希聖、希

天，可不是上達？」生再問，余曰：「這恰是理欲本色。上達，先生說明，且說下達。大都『達』字義，不但究竟極頂的話，是徹表徹裏，做得一通百透，纔是他成就結果的地位。嘗試與爾體認自家，可曾有好貨好色，甚者有機變的念頭否？此念發時可也，曾獨知自愧悶否？慮清議否？懼鬼神否？怕王法否？夫此有愧慮、有懼怕者，是我與爾之所不達也。若小人，便都一筆勾消，全然無礙，此如何等心？如何等性？如何等生？知小人所達於下處，就可反見君子所達於上處。」諸生爲之渙然。余因語先生曰：「學問原了在一理字。」

比歸，反覆紬繹，是書說宗說教，不啻列眉，是理譜也。求心覓性，我生若何？當人人自得之矣。余少從父師，佩先訓，生文成先生之鄉，愧未聞道。得先生面命，且手授諸書，若灑然發覆焉者。敬復先生，請以是書大頒布之，何疑何訂？即曰「少墟先生全書」可也。余固非能佞先生，直不能晦理耳。

萬曆甲寅歲六月，諸暨後學錢時頓首謹題。

馮少墟先生集叙

陳繼儒

儒束髮，竊有意於性命天人之間，每謂訓詁詞章非學也，而制舉義尤甚。自少迄老，沉酣於患得患失之途而不得出，於是吐青衿去之，差覺耳目肝膽始爲我有，而所謂性命天人之學，亦輟不談。或詢之，予曰：「吾有會於群龍無首之旨也。」今夫龍，旱者欲得其霖，渴者欲得其珠，乘風雲而上下者，欲得其騰擲變化之勢，則餘姚而後，龍溪已然矣。數年來，談理學者，獨關西少墟馮公聲跡俱閟，北面而事者嘗數千人，而莫敢有呰議，則何故？余嘗卒業全集，而後知公之無間然也。

公之學，戒空談，敦實行。即有商略，毋及朝廷利害、邊報差除，毋及官長賢否、政事得失，毋及家門私事，毋及詞訟請託，毋譏彈前輩，毋傾陷同袍。崇儉德以敦素風，酌往來以通交際。嚴稱謂以尊古誼，絶告訐以警薄俗，周窮約以厚廉靖，恤後裔以慰先德。種種《會約》，一見於寶慶，再見於關中，非特發蔀擊蒙，移風易俗，凡向來講學之流弊，士大夫積習之膏肓，悉從公道眼覷破，親手拈出，病根已浄，然後與之梁肉，又然後與之上藥禁臠，則公《疑思》有録，《訂士》有編，《善利》有圖，《太華》諸會語是也。峻二氏之隄防，抽六經之扃鑰，聖賢爲神，豪傑爲膽，華嶽爲骨，黄河爲舌，讀其書，可以望而知其人矣。儒也鄙無能，蠡測管窺，即有揣摹，度不出諸名公弁語上，獨

喜公終日講學而若未嘗講學，終日聚徒而若未嘗聚徒，不分門别户，不插標樹羽，不走時局，不握朝權，不招射的，逍遥環堵之中，超然免於言論之外，非踐履嚴明，涵養精潔，何以有此？出則名真御史，退則名真大儒，是本朝孔廡間第一流人物也，詎止與張横渠、吕涇野鼎足關西而已哉！不佞儒懷中一瓣香，今請爲少墟公禮却矣。

華亭陳繼儒撰。

馮少墟先生集後序

賀時泰

蓋橫渠先生之言曰：「爲天地立心，爲生民立命，爲往聖繼絶學，爲萬世開太平。」之數言者，古未嘗有，是言之自橫渠先生始。生乎先生之後者，無論聰明俊傑之士，即微有知識，少能嚮往者，靡不艷慕之，亟稱之，以爲人生斯世必如是，必如是，蓋憾不於其身親見之者。是人之情，大抵然也。審若是，宜其率吾之性，盡吾之才，舉一世置之清寧安阜之域，又揭斯道於中天，令世世成永賴之休，俾先生之言，一一皆有明驗成效焉，斯爲不負先生者。顧迹其一時意氣之感激雖如此，迨考其生平之謬戾竟如彼。始未嘗不欲立心，究也反傷其心；初未嘗不欲立命，卒也反戕其命。往聖之絶學，匪惟不繼，大亂其真者，比比皆然；萬世之太平，匪惟不開，釀世之亂者，歷歷可數。豈橫渠先生言之必不可行，失之大而誇者耶？而非然也。行基之言，言肖之心，其心辨者其詞確，其詞確者其績著，蓋若影之從形，聲之應響，無一不脗合焉者。胡以徵之？則今關中少墟馮先生所著之書是也。

先生生同橫渠之鄉，中和之氣，獨稟其全，純粹之精，尤擅其美。曰道曰德，和矣順矣，義之縷析處，各各條理；曰理曰性，窮矣盡矣，命之根極處，一一徹至。質之千聖，合若符節；通之萬靈，毫無遺憾。見地真不可階升，縱使吾先聖再起，必無間然也

矣。時泰夙膺天罰，兩耳聵聵，幾五十年。藉前脩遺訓，開荒耄愚蒙，其於先生，雖私淑之勤，終秦楚之限。頃邀天幸，祝鶴脩年丈惠以全書，朝夕研窮。竊謂先生之言，質之横渠之「四爲」，蓋已見之行事深切著明，殆匪載之空言者比。何者？天地之心，亟宜立矣，顧天地之心何在？人心是也。人心必有理以主張之，而後不至於顛倒錯亂。太極默運，覆載生成，其顯証也。先生之言曰：佛氏以理爲障，一切總歸於空，所以無感時，似與吾儒同，一有所感，便顛倒錯亂，依舊落於世味中，而不可救藥。夫人心至是，幾不立矣，知人心，便知天地心。自先生斯言出，舉凡人心，皆有以自持，其不至於高卑易位，東西易面者，胥由之矣。是天地之心，無能自立，先生爲之立之也。生民之命，亦宜亟立矣。命附人之身心，天覆之，地載之，鬼神鑒之，魂夢驗之。命不立者，心不屬身，魂不附體，神褫其魄，鬼叢其祟，而大命傾矣。先生池陽之講，不惟士人興起，即里巷小民，咸擁輿聚觀，候門竊聽，欲得一二語終身誦之。先生因出所刻「做個好人，心正身安魂夢穩；行些善事，天知地鑒鬼神欽」舊對一聯示之，於是衆共朗念，歡然稽首而去。此段光景，立之斯立，詎不親見，即一邑，寰宇可推。是生民之命，向胡偃仆顛頓，今胡振奮激昂，先生爲之立之也。往聖之學，湮殘如綫，誰與繼之？惟不知學之當講，夫是以學絶不繼。先生曰：「天下事，各有職分，一毫越俎不得。只是講學一事，無論窮達，人人都是當講的，人人都是有分的，説不得越俎。故曰：『自天子以至於庶人，壹是皆以修身爲本。』」斯言也，一細味之，誰不猛省奮發。

舉往聖之學既絶而復續者，皆自先生之一言始，非先生爲之繼之而誰爲也？

太平非小補之勳，萬世非旦暮之近，若之何以開之？先生集中，載王安石一段，正與開太平相反者，其言曰：「世之論安石者，曰執拗，曰自是，此皆是病症，非是病根。安石志大才高，學博目空，將古今聖賢都看不上。以爲堯、舜雖是聖帝，而疆域甚隘；禹、湯、文、武雖是聖王，而享國不過數百年；孔、孟雖是大聖大賢，而亦不能使春秋、戰國爲唐、虞、三代，都是迂闊了。須是富國强兵，開疆拓土，名利兼收，做古今第一個有用的聖人，幹古今第一件有用的功業。且宋室國弱兵寡，全被韓、范、富、歐及趙抃、程、張諸迂闊人把國家事耽閣了。須是得這等敢做敢爲，不怕人議論，不説迂闊話人，如吕惠卿、章惇、蔡京輩，纔幹得實事，纔做得出大功業。」「其心以爲待我事功成時，方且格天地，光祖宗，使人人稱頌一時。天變何足畏，祖宗何足法，人言何足恤哉！」安石「不是有心禍天下，只是學術主意差了，所以自誤誤人國家耳」。夫安石神髓盡在此處，先生搜之抉之，如視諸掌。然則安石之學一世不用，一世之太平開，萬世不用，萬世之太平開，是先生爲萬世開太平又如此者。由斯以談横渠先生之「四爲」，快論也。先生各指其所自出，如水之有原，如病之有因。身斯世斯道之責者，率而由之，太和自在宇宙間矣。昔之稱揚横渠先生者，曰「一變至道」，若先生，夫固從容中之者也，其書豈非國朝之元龜，斯文之正印耶！抑又因是而竊有感焉。

先生報一友人書簡，末云：「昨因賤恙，不能盡談，别來體驗，此心覺過不去，然

不爲門下一言，此心亦覺過不去，即此是良知也，門下以爲何如？」引而伸之全集中，凡體天地之撰，通神明之德，順性命之理，類萬物之情，併種種與人爲善處，不啻數百萬言。諸名公前序洋洋纚纚，昭揭闡揚備矣。泰伏而思之，是皆先生此心過得去者。殘廢人七十有二，筆研久荒，不揣而强綴繁言，非騰口也，要必如是，方於此心過得去。敢僭筆之，用以告夫凡讀先生之集者，亟宜知先生之心也。

時萬曆四十五年歲次丁巳夏五月望，楚江夏聾老人賀時泰頓首拜書。

馮少墟集目録

家大人稾，自己丑至壬子，按臺畢公序而刻之，已行世久矣。癸丑至辛酉夏，余小子恐其散逸，各以類附刻焉。自辛酉秋以後諸稾，併重修《家乘》、《族譜》，俱當另刻續集以傳，不復入此集中，覽者鑒之。

不肖仲男嘉年書。

馮少墟集卷一

長安馮從吾仲好著

語録

辨學録序❶

心學之傳，始自虞廷，而其言曰：「人心惟危，道心惟微；惟精惟一，允執厥中。」十六字，言本體，辨析至精；言工夫，條理極密，萬世道學之宗，統於是矣。後世學者寖失其宗，不知「中」之所在，而概以「心」當之，於是以覺言道，而不以所覺之理言道。其原蓋淫於佛氏空覺極圓之説，以無善爲心體，以天生蒸民本有之性，悉掃而空之，其弊至於率天下之人恣情縱欲，流於小人之無忌憚而尤自以爲無礙也，聖學之蓁蕪，可勝慨哉！

少墟馮公，潛心理學，積有歲年，精一之功，入於無間。近得其所與諸門人《辨學録》讀之，直指心之理爲道心，以心之覺爲人心，道心非無覺，以覺之正當處言也。爲書八十一章，闡性命之秘，辨似是之非。如所云：「吾儒之旨，只在『善』之一字，佛氏之旨，只在『無善』二字。」又曰：「儒學只有一箇『善』字，直從源頭説到究竟，更無兩樣。故《易》曰『繼善』，顔曰『一善』，曾曰『至善』，思曰『明善』，孟曰『性善』，又曰『孳孳爲善』。善總是一箇善，爲總是一箇爲，

❶「序」，原無，據文編次補。

非善與利之間，復有無善之善。」嗚呼，盡之矣！ 善即理也，即道也，即中也。 精乎此謂之「惟精」，一乎此謂之「惟一」，執乎此謂之「執中」。 以之爲君謂之仁，以之爲臣謂之敬，以之爲子謂之孝，以之爲父謂之慈，以之交朋友謂之信，以之視聽言動謂之禮，以之臨大節而不奪謂之節，皆理也，道也，中也。 此吾儒之正傳，孔孟相與講求切磋，以教天下萬世，只此一脉，以維持宇宙，更無餘藴矣。 少墟辨析於毫髮之間，凡世儒所易惑處，輒爲道破，吾儒之家寶始復其舊，佛氏之流弊始塞其源，虞廷心法，於是乎曉然復明於天下矣，其功不亦偉歟！

不敏與少墟共參此學於十餘年之前，己亥以後，不相聞者幾十年，而少墟究理愈深，辨學愈晳。 頃者，不敏叨撫榆陽，得以所學「知止」一宗，遠求印正，少墟以爲有當也，所以相期於必至之域，固有不言而信者矣。 若夫少墟立朝大節，居鄉儒行卓然於一時，固薦紳士大夫所共服也。 篤實輝光之應，豈偶然哉？ 豈偶然哉？

萬曆三十五年，歲在丁未春仲之吉，賜進士第中憲大夫、欽差巡撫延綏等處地方贊理軍務、都察院右僉都御史豫章涂宗濬書。

王文成揭「良知」之學，新天下耳目，其論自正，而其徒賢知之過者，寖淫竄入於禪，今且百年，而弊滋甚。 於是格物、脩身兩家之説復起，或矯枉救失，或標宗分門，紛若聚訟矣。 不佞竊謂道本一貫，求之言語文字，則支離蔓延，愈益晦塞。 夫格物、致知、脩身，何可偏廢也？ 長安馮仲好《辨

學録》凡八十一章，其首章云：「聖賢學問，總在心上用功；不然，即終日孳孳，屬枝葉耳。」所以辨心學甚詳。或言「仲好之學又似專以正心立教者」，非也。身外無心，心外無意，知物道一而已，惟以言語文字，自爲一家；而後衆言淆亂，聽其説可喜，而覈其實則乖。仲好爲析是非，決嫌疑，使大道不迷於他歧，則脩身、正心、誠意、致知、格物，一以貫之矣。

昔孔子論「性相近」，而孟子獨稱「性善」，孔子多言仁，而孟子每言義。彼願學孔子者，豈顧倍之？要以是時淫辭邪説熒惑天下，欲正人心，必就其蔽錮關切之所在，而剖決挽回之。故曰：「予豈好辨哉？予不得已也。」不佞未見仲好全録，而第據前數章所論辨，意當如此。與仲好談者，張孝廉心虞；傳其録者，張右丞憲周。仲好有《訂士編》、《善利圖説》、《士戒》、《關學編》諸書，與此互相發明。蓋自得之見、不易之論，合而觀之，知學不可無辨，辨不可無録，録不可無傳矣。

又

余自秦入晉，張右丞以馮仲好《辨學録》迫余序之，余所見財數章，皆論心語，倚馬成草，姑以塞諸耳。久之得全録，而知仲好所辨，在儒學、釋學，其論極爲精微也。

釋初入中國，所傳經語義猶淺，其後乃有禪，或不立文字，浄知妙圓，體自空寂；或以不思善、不思惡本來面目；或不看經念佛，無事省緣，静坐體究。所謂彌近理而大亂真者，其源皆自不辨心性始。吾儒曰「盡心知性」，釋亦曰「明心見性」，若相同而

實相遠，蓋本之告子。告子非不言心，而曰「不得於言，勿求諸心」；惻隱之心仁也，羞惡之心義也，而曰「仁內義外」；非不言性，而曰「猶杞柳」、「猶湍水」，曰「生之謂性」。孟子辨之，不遺餘力。世無孟子，而釋氏以告子之説簧鼓天下，論性曰在目爲見，在耳爲聽，在口爲議論，在手能持，在足能運。又曰衆生皆有佛性，噬人之獸，可爲瞿夷比丘，十千之魚，盡爲忉利天子。曰離一切心，即汝真性。曰禪學悟入，乃是心思路絶，天理盡見。曰心法起滅天地。朱子惜其「明心」而曾不得心爲之用，「見性」而曾不得性爲之用，則以知覺運動之性爲性，而非義理之性；以惟危之人心爲心，而非惟微之道心也。人之所以異於禽獸者幾希耳，心性一謬，人與禽獸何殊？此其學術，視吾儒本原若緇素然，又安往而不謬哉！

吾儒萬物皆備於我，而釋惡外物；吾儒循理，心虛而理實，而釋以理爲障；吾儒學不躐等，而釋病其迂，一超直上。好奇弔詭之士墮其雲霧中，於是攘莊列之言，以佐其高，如宋景文所云；抑自覺其陋，而更出己意，益求前人所不及者入之，而諱其怪幻鄙俚之談，如朱紫陽所云，而禍始烈。有謂「盜賊念佛免罪，爲聖人大改過」者，有謂「造無限罪惡，而遷謫時劃地説禪」者，有謂「識透即罪惡都無」者，禪自禪，罪惡自罪惡，是禪學且爲亂賊三窟矣。愚不肖者復惑於輪迴因果之事而皈依之，而彼且曰：「度盡衆生，方了菩提。」衆生度盡，又惡用世界爲也？昔鵝湖之學墮於禪，朱子辨之，不啻孟子之於告子。至今日，乃有舍喜怒哀樂未發之中，而談「無善無惡心之體」，又曰：「無求同異於儒釋，求其是者而學焉

可矣；無求是非於講説，求諸心而安焉是矣。」遂使儒門頓有三釋：以雪峰、雲門過孔子上，儼然爲釋傳法沙門，建幡告四遠，則逢蒙殺羿者也；左右采獲，自負集儒釋大成，而所崇信惟釋，則遊説反間，渠成而利秦者也；陰宗其指，陽避其名，既得欛柄入手，開導之際，改頭換面，隨宜説法，則暮夜「詩禮發冢」之盜，恐東方明者也。凡此，皆起於學之不明；學之不明，起於心性之不明，而仲好之所爲力辨也。

辨者亦有之，曰「釋見聖人之上一截，儒得聖人之下一截」，是以下學上達爲二學也；曰「儒釋本同而末異」，是以物有本末爲二物也，無爲貴辨矣。仲好直窮其本之不同，而其學之不可以達。明鏡之照，利斧之斷，芟夷蘊崇之加蔓草，何以過兹？明道先生言，會者大率談禪，天下成風，設有數孟子，無如之何。故宋時辨釋學者，惟周程張朱，其詳具遺書、語録、文集中；而本朝惟羅文莊《困知記》，今得仲好羽翼之，幸甚！猶恨無羽翼仲好其人者，而何得以「好辨」疑仲好也？

大泌山人李維楨本寧父。

吾鄉先正道林先生，少嬰羸疾，入山習静，不言默識者三年，自是洞然於性命之學。古人學問，多從病中生也。少墟先生生而善病，弱不好弄，甫就外傅，即鋭然志於聖學，先後從敬菴、魯源兩先生遊，及官中秘、柱史，未嘗一日輟講。歸而卧病，閉關九年，精思力踐，遂入聖人之室。所著《疑思録》、《學會約》、《善利圖説》，多先生病言，而《辨學録》一書，尤先生静中妙悟，

見儒釋所以分別處，皆昔賢所未發也。

陽明先生謂「釋氏與吾儒，只是毫釐之隔」，先生獨辨其宗旨不同，如薰蕕冰炭之不相入。余嘗撮舉一二，如曰「吾儒之學以理爲宗，佛氏之學以了死生爲宗」，「仙家自有仙家宗旨，佛氏自有佛氏宗旨」，與吾儒全不相干；曰「吾儒論學，只有一箇『善』字」；曰「天命之性，就是命之以善」，「善何曾有聲有臭」；曰「操則存，舍則亡；出入無時，莫知其鄉」，「僅僅十四字，解『人心惟危，道心惟微』，曲盡其妙」；曰「佛自佛，儒自儒，不混而爲一」；曰「吾道本大，何必兼二氏而後見其大」；「邪固不能兼正，正豈可以兼邪」，皆先生獨得之見。千言萬語，惟恐學者墮入罟獲陷穽之中。蓋吾儒之道，如渡江河之有維楫，揚帆鼓柁，中流自在而行；彼真空妙有，把柄何在？如以飄飄不繫之舟，試於黑風白浪，何嗟及矣！此先生惓惓欲人求之實地也。

先生清明在躬，志氣如神，然終日正襟危坐，儼乎若思，應事接物，如執玉，如捧盈，此心未嘗一刻放下，先生有主之學，於是可見。昔横渠學凡數變，陽明亦悔二十年錯用其心，先生過人遠矣。余生於闇齋、道林二先生理學之鄉，愧不聞道，賴先生時時教之，若將興起焉者，爲妄綴數語，以志依歸之意，若先生微言妙論，余固不足以知之也。

武陵後學楊鶴頓首書。

孔子曰：「有弗辨，辨之弗明弗措也。」夫學問思行，學已賅是矣，猶必「明辨」云者，謂不如此，譬之適越而北其轅，彌學彌

遠，彌行彌差矣。乙巳秋，鳳翔張心虞孝廉訪余山房，而二三門人聞心虞至，亦多朝夕過從，共談心性之學，秋涼夜静，語話偏長。別後，因録其相與發明者，得八十一章，雖下學上達之旨，不敢謂得一貫真傳，而吾儒異端之辨，或亦可以俟後聖於不惑耳。夫以余之闇汶，曾何足與聞斯道，而一得之愚，得之朋友講習者爲多，於是益信明辨之功，其益果大。而曩所稱「弗明弗措」，原非有心弗措，辨至此，雖欲措焉不能也。於是題其篇曰《辨學録》。

長安馮從吾識。

辨學録

自古聖賢學問，總只在心上用功，不然，即終日孳孳，總屬枝葉。

右一章

聖賢之學，心學也。然心亦有不可不辨者，故曰：「人心惟危，道心惟微；惟精惟一，允執厥中。」若不辨人心道心，而第曰「只在心上用功」，則遍周法界之説，當與「精一執中」並傳矣。

右二章

孔門不輕言心。其自敘曰「從心所欲，不踰矩」，其稱回曰「其心三月不違仁」，其警人曰「無所用心，難矣哉」！言心便言「矩」，便言「仁」，此道心之説也；言心便言「用」，此精一之説也。以道心爲主，則心有所用，而不落於空，人心悉化爲道心，即心即矩，即仁即心，是言仁即所以言心也，又何必數言心哉！不然，舍矩言心，舍仁言

心，又舍用言心，則此心了不可得，而左袒人心者得借口矣。

右三章

孟子論心之本體，歸之理義，故曰：「心之所同然者何也？謂理也，義也。」論心之功夫，歸之操存，故曰：「操則存，舍則亡。」此正孟子得統於孔子處。若言心不言理義，則本體涉於虛；言理義不言操存，則功夫流於泛，便非孔門惓惓論仁之旨。

右四章

人心至虛，衆理咸備。丟過理說心，便是人心惟危之心；即有知覺，是告子知覺運動之覺，佛氏圓覺大覺之覺，非吾儒先知先覺之覺也。「覺」之一字，亦不可不辨。知覺的是天理，便是道心，知覺的是人欲，便是人心，非概以知覺爲天理、爲道心也。若丟過「理」字說心、說知覺，便是異端。

右五章

程子曰：「理與心一，而人不能會之爲一。」朱晦翁曰：「此心虛明，萬理具足，外面理會者，即是裏面本來有的。」陸象山曰：「人心至靈，此理至明。人皆有是心，心皆具是理。」又曰：「此心同也，此理同也。」薛文清亦曰：「心所具之理爲太極，心之動靜爲陰陽。」而王陽明亦曰：「人心一刻純乎天理，便是一刻的聖人；終身純乎天理，便是終身的聖人。」此理自是實。自來吾儒論心，都不曾丟過「理」字，若丟過「理」字可以言心，則先儒之說皆誣，而象山「心皆具是理」、「此理同也」二句，皆剩語矣。

右六章

問「心可有乎」，曰「不可有」，問「心可無乎」，曰「不可無」；或又問「心可有乎」，曰「可有」，「心可無乎」，曰「可無」。或者未達。曰「人心可有乎」，曰「不可有」，「道心可無乎」，曰「不可無」；「道心可有乎」，曰「可有」，「人心可無乎」，曰「可無」。曰：如此，則又何未達之有？或者憮然曰：而今而後，始知心果具是理，而堯舜其心果至今在也。

右七章

世俗之所謂有心，有的是人心；吾儒之所謂有心，有的是道心。異端之所謂無心，無的是道心；吾儒之所謂無心，無的是人心。這等去處，辨之不可不精，故曰「惟精」；守之不可不一，故曰「惟一」；一則純是道心，無復有人心之雜矣，故曰「允執厥中」。必如此，方不墮世俗之弊，流異端之非。

右八章

楊龜山曰：「六經不言無心，惟佛氏言之。」有人説無心，伊川曰：「説無心，便不是，只當説無私心。」「無私心」三字，可爲千古名言，程門之所謂「私心」，即虞廷之所謂「人心」也，此不可不無者也。

右九章

問：「私心，私也；有求公之心，亦私也。何如？」曰：「有求公之心便是公，如何説亦是私？」

右十章

人心一概說不得有，亦一概說不得無。如均喻也，喻利之心不可有，喻義之心不可無；均爲也，爲惡之心不可有，爲善之心不可無；均報也，報怨之心不可有，報德之心不可無；均憂也，憂貧之心不可有，憂道之心不可無。可見人心原一概說不得有無，只當論其所有所無之心爲何心可耳。

右十一章

吾儒曰「喻利之心不可有」，異端曰「喻義之心不可有」；吾儒曰「爲惡之心不可有」，異端曰「爲善之心不可有」。或詰之曰：「喻義之心不可有，喻利之心可有乎？爲善之心不可有，爲惡之心可有乎？」彼則曰：「喻義之心且不可有，況喻利乎？爲善之心且不可有，況爲惡乎？」夫喻利之心、爲惡之心固不可有，喻義之心、爲善之心豈可無？而彼亦以爲不可有。如此爲言，雖中人亦知其非。彼又恐人之非之也，復倡爲一切總歸於無心之說，以爲人之心體本空，無利、無義、無善、無惡者，其本體也。必也無喻利心，併無喻義心，併無無喻義心；無爲惡心，併無爲善心，併無無爲善心。一切總歸於無心，方合本體耳。說至此，雖高明亦莫知其非矣。不知說至此，正是發明喻義之心不可有，爲善之心不可有處，奈何不察而誤信之邪？且義原非外，性原是善，心之本體原是有善無惡的，可見必有喻義爲善之心，而後爲合本體也。今欲一切總歸於無心，安在其爲合本體邪？況人心易放而難收，儘去喻義，猶恐喻利；儘去爲善，猶恐爲惡。今欲一切總歸於無心，竊恐義無而利未必無，善無而惡未必

無，反爲本體之累不小也，又安在其爲合本體邪？又况義利只有兩途，人心原無二用，出於義即入於利，出於善即入於惡，豈有無義無利，無善無惡，一切總歸於無心之理乎？大抵義原非外，特自有其義之心不可有，而喻義之心必不可無；性原是善，特自有其善之心不可有，而爲善之心必不可無。縱是喻之又喻，以至於化，爲之又爲，以至於忘，造到「上天之載，無聲無臭」處，只好説有喻義之心而至於化，有爲善之心而至於忘，有喻義爲善之心，而無聲臭之可擬。亦説不得喻義之心不可有，爲善之心不可有。今曰「喻義之心不可有，爲善之心不可有」，此孔子所謂「小人而無忌憚者」之言，不待辨而知其非者也。

右十二章

問：「天命之性，無聲無臭，原着不得善字？」曰：「天命之性，就是命之以善，何消着？故曰性善。孟子道性善，正直指天命之初而言耳。」又問：「無聲無臭，何也？」曰：「善曾有聲有臭耶？」

右十三章

天命之性，如一陽來復，造化生意，雖未宣洩，而凡宇宙間形形色色，萬紫千紅，無一不胚胎完具於其内，故曰：「天命之謂性。」此自是實在道理，原不落空。若曰：「天命之性，渺渺冥冥，一切俱無。」如此，不知天命的是箇甚麽，便於「天命」二字説不去矣。

右十四章

無適莫心而有比義心者，君子也；有

適莫心而無比義心者，衆人也；無適莫心而併無比義心者，異端也。異端之說，恰似高於吾儒。不知心無二用，一無比義心，便有適莫心，既有適莫心，而又無比義心，此異端之學，依舊落於衆人。可見道理本自明白，特人不察耳。

右十五章

問：「人心一概說不得有無，此是論工夫。若論本體，則無善無惡，全說不得有矣。異端無心之說，蓋指本體也，似亦有理。」曰：「不然。論工夫，心原一概說不得有無，還有不可不有者，不可不無者。若論本體，則全說不得無矣。故孟子曰：『無惻隱之心，非人也；無羞惡之心，非人也；無辭讓之心，非人也；無是非之心，非人也。』曰『無』曰『非』，何等明白！又曰：『惻隱之心，人皆有之；羞惡之心，人皆有之；辭讓之心，人皆有之；是非之心，人皆有之。惻隱之心，仁也；羞惡之心，義也；辭讓之心，禮也；是非之心，知也。仁義禮知，非由外鑠我也，我固有之也。』曰『皆有』，曰『固有』，又何等明白！而曰本體無善無惡，異端無心之說，專指本體而言，誤矣。」

右十六章

問：「近日學者亦知『無善無惡』之說之誤，又講起『有善之善、有無善之善』之說。若謂善之善對惡而言也，無善之善指繼善之初，不對惡而言也。惡如彗孛妖氛，善如景星卿雲，無善之善如太虛，惡如木石屑，善如金玉屑，無善之善如目中不容一屑，何如？」曰：「吾儒之旨，只在『善』之一

字；佛氏之旨，却在『無善』二字。近日學者，既惑於佛氏『無善』之説，而又不敢抹摋吾儒『善』字，於是不得已又有『無善之善』之説耳。不知吾儒之所謂善，就指太虚本體而言，就指目中之不容一屑而言，非專指景星卿雲、金玉屑而言也。『善』字就是太虚，非太虚爲『無善之善』也。『乃若其情，則可以爲善矣，乃所謂善也』。由『可以爲善』之善，才見得『乃所謂善』之善。兩箇『善』字，原只是一箇，豈有可以爲善之善乃與惡對之善，乃所謂善之善乃無善之善之理哉？」

右十七章

問：「『有其善，喪厥善』，『有意爲善，雖善亦私』，可見善原是不可有的，彼『無善無惡』之説、『有無善之善』之説，或亦未可盡非也。」曰：「『有其善，喪厥善』，『有意爲善，雖善亦私』，是謂工夫不可自有其善，不可有意爲善耳。非謂善不可有，亦非謂本體無善無惡，善有善之善、有無善之善也。」

右十八章

問「『無善無惡』、『有無善之善』之説，彼欲以『無』字藥有其善、有意爲善『有』字之病，非得已也。」曰：「『有』之一字，病痛誠無窮，如有詩文者，以詩文自高；有功名者，以功名自高；有氣節者，又以氣節自高。傲世凌物，令人難近。或以爲名之心爲善，或以爲利之心爲善，或又以以善服人之心爲善，假公濟私，令人難測。如此，是皆有其善、有意爲善之病。不知一有其善，便不是善，故曰『喪厥善』；一有意爲善，便不是爲善，故曰『雖善亦私』。至於喪，至於

私，則善於何有？如此，是其病正在無善也。而又誤以無藥無，豈不益助其病而速之亡乎？且心之本體，原有善無惡，而誤爲『無善』以藥人之病，夫醫先自誤也，其如藥人何？」

右十九章

山下出泉，本源原清，漸流漸遠，有清有濁。謂有濁而清名始立則可，謂流之清對濁而言則可；謂水之源無清無濁則不可，謂流之清爲清之清，源之清爲無清之清，則不可。知此，則本體「無善無惡」之説，「有善之善」、「有無善之善」之説，是非不待辨而決矣。

右二十章

山下出泉，本源原清，此性之説也；漸流漸遠，有清有濁，清者勿使之濁，濁者復澄之清，此學之説也。三品之説，是徒知漸流漸遠，有清有濁，未嘗不是，而不知山下出泉，本源原清，澄濁求清，非義外也。慈湖之説，是徒知山下出泉，本源原清，亦未嘗不是，而不知漸流漸遠，有清有濁，則澄濁求清，非揠苗也。嗚呼！不知本體者，疑性之或惡，而既以學爲義外；知本體者，信心之即道，而又以學爲揠苗，學果何日而明哉？

右二十一章

天地間道理，有奇便有偶，如有陽必有陰，有晝必有夜，有中國必有夷狄，有君子必有小人，至於天人理欲、公私善惡之類皆是。若不扶陽抑陰，不尊中國攘夷狄，不進君子退小人，不存天理遏人欲，而曰「無陰

無陽」，「無夷無夏」，「無君子無小人」，「無理無欲」，「無無亦無」，「與其譽堯而非桀，不如兩忘而化其道」，此大亂之道也。

右二十二章

「與其譽堯而非桀，不如兩忘而化其道」。「譽」字下得有毒，「道」字占得地步。堯，千古大聖人也，稱之原非譽而曰譽，令人不敢開口矣，故曰「毒」。堯桀兩忘，原非道而曰道，雖自己占地步，其如害道何？孔子祖述堯舜，孟子言必稱堯舜，使人人以堯爲法，以桀爲戒，才是大公至正，才是相忘而化其道。今曰「不必堯之是而桀之非」，則是舜蹠不分，善利不辨，令人何所法戒？何所適從？而曰「道」，道豈如是耶？後世以君子、小人參用爲大公至正，而曰「建中靖國」，病正坐此，不知以君子、小人參用爲中，中豈如是耶？「道」字「中」字不明，關係不小，不可不辨。

右二十三章

吾儒之所謂道，正指其可道者而名之也；而異端則曰「道可道，非常道」，是明以不可道者爲道矣。又曰「上德不德，是以有德」，是明以不德爲德矣。無善之善，其說蓋本之此。嗚呼！以不可道爲道，以不德爲德，以無善爲善，則善者爲有善之善，惡者爲無善之善，君子絀而小人肆矣！

右二十四章

「無無亦無」之說，人爭談之，不知使人心而果能無無亦無也？在吾儒固非中道，在異端猶成一家，不知人心原是活的，心之神明原不可測，如無一分公心，便有一分私

心；無一分善心，便有一分惡心。公私理欲，原相爲貞勝，原不容並立，原無一切俱無之理。今却欲無無亦無，不知公心一無，私心便有，善心一無，惡心便有，無者真自信其無，有者又不覺其有，一不覺其有，雖流禍至於不可救藥，而亦不自覺矣。是「無無亦無」之説，徒陰縱私欲而使之長也，豈能無無亦無哉？

右二十五章

君子無心於功名，却有心於斯世；小人無心於斯世，却有心於功名。

右二十六章

人心最不可有物，人心又最不可無主。以公爲主，則私之物自無矣；以理爲主，則欲之物自無矣。譬如太陽當空，則魍魎自息；主翁在室，則僕隸自馴。若懲魍魎而併揜太陽，懲僕隸而併逐主翁，吾懼其魍魎愈熾，而僕隸愈縱横也。是誰之過與？孔子曰：「苟志於仁矣，無惡也。」孟子曰：「先立乎其大者，則小者不能奪也。」此人心不可無主之説也。

右二十七章

吾儒論學，只有一箇「善」字，直從源頭説到究竟，更無兩樣。故《易》曰「繼善」，顏曰「一善」，曾曰「至善」，思曰「明善」，孟曰「性善」，又曰「孳孳爲善」。善總只是一箇善，爲總只是一箇爲，非善與利之間復有箇無善之善也。功夫雖有生熟，道理却無兩樣。故孔子曰：「道二：仁與不仁而已矣。」今曰「有善之善」對惡而言，「有無善之善」不對惡而言，則是「孳孳爲善」之「善」，爲其

對利而言之善也，而善與利之間，復有箇「無善之善」在矣。有是理哉？

右二十八章

有意爲善，有所爲而爲，如以爲利之心爲善，爲名之心爲善，以以善服人之心爲善之類。非以安而行之爲無意、爲無所爲，利而行之、勉强而行之爲有意、爲有所爲也。今人見人孳孳爲善，而概曰「有意」，概曰「有所爲」，則阻人爲善之路矣。

右二十九章

《書》曰：「善無常主，協於克一。」孔子稱回曰：「得一善，拳拳服膺而勿失。」可見善原只是一箇「善」，豈有有「有善之善」、「無善之善」兩箇「善」之理？古之聖賢，若預知後世之必有爲此說而預防之者，奇矣！奇矣！

右三十章

異端之説，陽欲高出吾儒，陰實左袒世俗，此所以嗜好者多。且世俗之人，有明白好利忘義者，亦有内好利而外假仁義者。這等人，自己不喻義爲善，而又忌他人之喻義爲善，心欲非之，而無其辭，今一旦倡爲喻義之心不可有，爲善之心不可有，而又極稱「無無亦無」之説，以伸其辨，彼世俗之人聞此言，欣然得借以非人，益欣然得借以自便，如此，豈有不嗜好之理？彼其説誠有以陰中其心故也。其他如「聖人不仁」、「伯夷死名」、「一切無礙」之類，未易枚舉，總只是左袒世俗。此所以學異端者，多好利敗名，非其人甘於不肖，亦其説自誤之耳。

右三十一章

《易》曰「易有太極」，又曰「無思無爲」，若曰這箇太極乃天地間自然的道理，故曰「無思無爲」。若不説出箇「易有太極」，而第曰「無思無爲」，不知「無思無爲」的是箇何物？《詩》曰：「天生蒸民，有物有則。」又曰：「上天之載，無聲無臭。」若曰這箇物則，乃天地間自然的道理，故曰「無聲無臭」。若不説出箇「有物有則」，而第曰「無聲無臭」，不知「無聲無臭」的又是箇何物？夫有太極而無思爲，有物則而無聲臭，乃吾儒正大道理，正大議論，與佛氏不同。若丟過「太極」專講「無思無爲」，丟過「物則」專講「無聲無臭」，是無思爲而併無太極，無聲臭而併無物則也。有是理乎？講的雖是吾儒的話頭，其實墮於佛氏之見而不自知矣！或曰：「《中庸》引『無聲無臭』，亦不曾説出物則，何也？」曰：《中庸》雖不曾説出物則，不知所謂德、所謂敬信、所謂篤恭者，是何物耶？若丟過德，丟過敬信、篤恭，而直曰「無聲無臭」，有是理乎？孔子曰「毋意」，又曰「誠意」，曰「無知」，又曰「致知」，若曰必誠意而後能毋意，必致知而後能無知也；必毋意而後見其真能誠意，必無知而後見其真能致知也。故曰：「誠無爲。」又曰：「不識不知，順帝之則。」雖無爲，却有誠；雖無知識，却有帝則。若丟過「誠意」而專講「無意」，丟過「致知」而專講「無知」，則亦墮於佛氏之見而不自知矣。慈湖曰：「人性自善，衆德自備，無之斯闕，有不爲異。」可謂千古名言。惜乎以無意爲宗，而不信誠意，令人有餘恨也。

右三十二章

吾儒之言曰:「易有太極,是生兩儀。」而異端之言曰:「有物渾成,先天地生。」恰似一様。不知吾儒所謂「太極」,指實理而言,異端所謂「有物」,指谷神玄牝而言,不可不辨。

右三十三章

自異學言「無」,而世儒多争言「無」,以爲精微奥妙。不知精微奥妙處,豈專在「無」之一字哉? 「易有太極」,敢道這「有」之一字,説他不精微奥妙不得?

右三十四章

「使契爲司徒,教以人倫」,此堯舜首開萬世教學之原,而曰「父子有親,君臣有義,夫婦有别,長幼有序,朋友有信」,此五箇「有」字,何等明白! 而異學争言「無」,世儒又從而附和之,何也? 不知使父子無親,君臣無義,夫婦無别,長幼無序,朋友無信,是何道理? 成何世界? 於此而後知聖人之爲慮遠,而儒佛之辨,不可不嚴也。

右三十五章

「父子有親,君臣有義,夫婦有别,長幼有序,朋友有信」,這五箇「有」字,都是天生來自然有的,在《易》爲「太極」,在《書》爲「恒性」,在《詩》爲「物則」。天命之性,命此者也;率性之道,率此者也;脩道之教,脩此者也。惟其都是天生來自然有的,何假思爲? 故曰「無思無爲」;何假學慮? 故曰「不學不慮」。曰「無思無爲」、「不學不慮」,恰似精微奥妙。曰「有親」、「有義」、「有别」、「有序」、「有信」,又何等平易明顯! 即平即奇,即顯即微,「不離日用常行

內，直造先天未畫前」，此吾儒之所謂「有無」，非異端之所謂「無」也。

右三十六章

問「無思無爲」大意。曰：「『無思無爲』、『何思何慮』，此吾儒之微言也，而混佛者亦多喜談之，不可不辨。昔有一士人問某公『無思無爲』之説者，答曰：『汝目自能視，耳自能聽，饑來自能喫飯，倦來自能眠，有思乎？有爲乎？寂然不動，感而遂通，何思何慮？』其人聞其言大悦。不知這等講『無思無爲』，便是佛氏之旨。」或問：「如何是吾儒之旨？」曰：「不過就某公之言，下一轉語耳，曰：『目自能視，視自能明，耳自能聽，聽自能聰，饑來自能喫飯，喫飯自能知味，倦來自能眠，眠自能知節，有思乎？有爲乎？寂然不動，感而遂通，何思何慮？』如此講『無思無爲』，便是吾儒之旨，此毫釐千里之辨也。何也？彼只説『目自能視』，更不説論理之可視不可視，有這箇明的道理？只説『耳自能聽』，更不説論理之可聽不可聽，有這箇聰的道理？只説『饑來自能喫飯，倦來自能眠』，更不説論理之可喫不可喫，可眠不可眠，有這箇知味知節的道理？若曰『一論可不可，便是有揀擇心，有分别心，有取捨心，便是有思有爲，便不是了』。不知目雖自能視，耳雖自能聽，饑來雖自能喫飯，倦來雖自能眠，這箇可視不可視，明的道理；可聽不可聽，聰的道理；可喫不可喫，可眠不可眠，知味、知節的道理，原都是天生來隨耳目口體自然有的。豈待思？豈待爲？豈有所揀擇、分别、取捨於其間哉？某公之言，未嘗不是，只是丢過『理』字空説目能視、耳能

聽、饑來能喫飯、倦來能眠，單在氣質情欲上説，所以爲異端，所以誤人耳。且人之所以異於禽獸者幾希，全在此『理』之一字，若不論理，則禽獸目亦自能視，耳亦自能聽，饑來亦自能食，倦來亦自能眠，亦無思無爲，人與物何以辨别？而人又何以參三才而稱靈於萬物哉？故曰此毫釐千里之辨也。且如知覺運動，視聽飲食，一切情欲之類，原是天生來自然的，原無思無爲，寂然不動，感而遂通，何思何慮？佛氏窺見這些子，遂以此爲真性，遂把吾儒這箇『理』字以爲出於有思有爲，出於僞，如告子以人性爲仁義，莊子以仁義爲殘生傷性之類，不是天生來自然的。故孟子不得已，指點出箇『見孺子而怵惕』、『覩親骸而顙泚』、『不忍觳觫之牛』、『不屑嘑蹴之食』之類，以提醒世迷，見得吾儒這箇『理』字也是天生來自然的，無思無爲，寂然不動，感而遂通，何思何慮，非以人性爲仁義，而殘生傷性也。縱是説出多少功夫，千言萬語，説思説爲，只是教人思這箇『無思』的道理，爲這箇『無爲』的道理，非義外，非揠苗，非强世也。吾儒指的是理，異端指的是欲，各人宗旨不同。若不察，而第曰均講『無思無爲』，均講『何思何慮』，是以吾儒之微言，爲異端之口實也，其不至於援儒入佛、推佛附儒者幾希！」

右三十七章

問：「如何是思其無思，爲其無爲？」曰：「今人乍見大賓，承大祭，雖甚放肆之人，未有不竦然起敬者，有思乎？有爲乎？『出門如見大賓，使民如承大祭』，雖費思爲，不過思這箇無思的道理，爲這箇無爲的道理耳。至於己饑思食，己溺思拯，有

思乎？有爲乎？『禹思天下有饑，由己饑之也；稷思天下有溺，由己溺之也』，亦只是思這箇無思的道理。孩提知愛，稍長知敬，有思乎？有爲乎？『堯舜之道，孝弟而已矣』，『人皆可以爲堯舜』，亦只是爲這箇無爲的道理。思其無思，爲其無爲，此千古聖學真傳。不然，起頭一步先錯，縱思爲到底，只成就得一箇五霸。假之學問，思爲愈熟，真心愈喪。」

右三十八章

問「守與化」。曰：「守之又守，以至於化，便是化。」「如既得後便須放開，不然，卻只是守，如此，是化可爲也？」「自以爲得，便是無所得，一放開，便是半塗而廢，便是功虧一簣，便不是化。化只是守到純熟相忘處，非越過守，別求化也。守與化，功夫雖有生熟之別，却不是判然兩條路。」或者又云：「既得後不可放開太早。」「不知只一『放開』便不是，説不得遲早。孔子『七十而從心所欲，不踰矩』；『文王之所以爲文也，純亦不已』。若孔子説我得矣，便放開，便是踰矩；文王説我得矣，便放開，便是已，其何以爲聖人？後世學者，只是越過守，浮慕化，所以敢於放開，卒至於流弊不可言。」

右三十九章

只説放開，便是無所得。譬之古人寫字，雖寫到縱横變化，無所不妙處，只是熟了，其實不是放開。羲之醉後寫《蘭亭》，只是羲之把一生精神都着在字上，一息不曾放開，所以入於神化而不自知，此正見羲之於字學有所得處。知此，則聖學可知。

右四十章

「大而化之之謂聖，聖而不可知之謂神」。越過「大」字，説不得「化」；越過「聖」字，説不得「不可知」。

右四十一章

論學當先辨宗，宗旨明白，功夫才能不差。仙家自有仙家宗旨，佛氏自有佛氏宗旨，與吾儒宗旨全不相干，只是後世高明之士，講學不精，見理不透，誤混而爲一。一混而爲一，遂令人難以分辨，毋論信佛者，即吾儒中闢佛者，亦多以上達歸佛，以下學歸儒，以頓悟歸佛，以漸脩歸儒，以明心見性歸佛，以經世宰物歸儒。諸如此類，名爲闢佛，適以尊佛，名爲崇儒，適以小儒，何也？佛氏上達，吾儒下學，佛氏得上一截，少下一截功夫，如此，是夫子下學儒而上達佛也，是佛反出其上，而夫子由下學方能至也，可乎？脩而不悟，豈曰真脩？十五志學，七十從心，漸也。以十五而即知志學，非頓乎？「學而不厭」，脩也。「默而識之」，非悟乎？「誠則明矣，明則誠矣」，此亦吾儒頓悟、漸脩之説也。經世宰物而不出於心性，安所稱王道？先明諸心，知所往，然後力行以求至，非吾儒之言乎？今以上、以悟、以心性歸佛氏，以下、以脩、以事物歸吾儒，是佛氏居其精，而吾儒居其粗也，有是理哉？故曰闢佛而適以尊佛，崇儒而適以小儒也。不知佛氏之失，正在論心論性處與吾儒異，不專在舍經世宰物而言心性；正在所悟所達處與吾儒異，不專在舍漸脩而言頓悟，舍下學而言上達也。惟其論心論性、所悟所達處宗旨與吾儒異，

所以彼法中原無用此下學漸脩、經世宰物之功，非舍也。況宗旨一異，即用下學漸脩、經世宰物之功，亦與吾儒不同，又何論舍不舍也？又況宗旨一異，豈止舍下學，舍漸脩，舍經世宰物，若曰達無所達，悟無所悟，無無明亦無無明盡，即上達頓悟、明心見性亦欲舍之矣，況學與脩哉？而又何經世宰物之與有？故學者崇儒闢佛，當先辨宗，若宗旨不明，而徒嘵嘵於枝葉之間，吾恐其説愈長，而其蔽愈不可解也。

右四十二章

或者以上、以悟、以心性歸佛，以下、以脩、以事物歸儒，闢佛而適以尊佛，崇儒而適以小儒，無論矣。倘有人焉出，而洞佛氏之一偏，見吾道之大全，舉頓悟、漸脩、心性、事物，而一以貫之，可謂千古一快矣。

而又或過於張皇，以爲「吾儒曰心，彼亦曰心，吾儒曰性，彼亦曰性，道理本同，但華言梵語異耳。且偏處二氏不能兼吾儒，而全處吾儒可以兼二氏。吾道至大，二氏之學，雖甚高遠，總不出吾道之範圍也」。不知吾儒既曰可以兼二氏，二氏亦曰可以兼吾儒，彼此相兼，是混三教而一之也。欲以崇儒闢佛，而反混佛於儒，蹈三教歸一之弊，豈不左哉？且儒佛既混，於是談儒者稍求精，便誤入於佛氏；闢佛者稍欠精，反操戈於吾儒，雖名世大儒，不能自解免也，是其貽禍者一。儒佛既混，又於是詆儒者摘一二誤入佛氏之語，以爲非毀攻擊之話柄；談佛者借一二吾儒精微之語，以爲惑世誣民之嚆矢，雖大奸巨惡，亦難以遽測識也，是其貽禍者二。向使佛自佛，儒自儒，不混而爲一，則談儒者安得誤入於佛氏？闢佛

者安肯操戈於吾儒？詆儒者何所借以肆其毁？談佛者何所借以行其私哉？且吾道本大，何必兼二氏而後見其大？若必待兼二氏而後見其大，則又安所稱大耶？況吾儒，正道也；異端，邪説也。邪固不能兼正，正豈可以兼邪？若正可以兼邪，又惡在其爲正耶？如此，是闢佛而亦以尊佛，崇儒而亦以小儒也，又豈不左哉？

或曰：「吾道至大，何所不容，豈宜自限藩籬？」不知吾道雖大，而彼之論心論性，宗旨原與吾異，夫彼先自異也，吾又安得强而同之，而曰不以藩籬自限哉？斯言也，蓋爲崇儒而混佛者辨，非爲信佛而非儒者言也。若「三教日月星」之説，蓋信佛而非儒者之言，人人皆知其非，無庸辨矣。

右四十三章

吾儒之學，以理爲宗；佛氏之學，以了生死爲宗。如：「人生則能知覺運動，死則血肉之軀還在，便不能知覺運動，可見人之生死，生死的是血肉之軀，這能知覺運動的一點靈明真性，原未嘗生、未嘗死，所謂本來面目，萬刼不磨者，此也。悟得這箇，便是超悟，便知無死無生。所謂出離生死，見性成佛者，此也。其悟入處，不由積累，不由聞見，不可言説，不可思議，只在當下一覺，一覺便了，更有何事？」雖中間説得千變萬化，其實宗旨，只是如是，原來佗别是一般話説，與吾儒論心性處，全不相干。蓋性者心之生理，吾儒所謂性，亦不由積累，不由聞見，但吾儒以理言，非專以能知覺運動的這箇言。佛氏惟以能知覺運動的這箇言，雖説出離生死，其實全落在生死上説，不論道理，不論功夫，只是空空的任這一點

靈明，隨他氣質情欲作用耳。可見彼所云性，乃氣質之性，「生之謂性」之性；吾所云性，乃義理之性，「性善」之性。彼所云一點靈明，指人心、人欲説，與吾儒所云一點靈明，所云良知，指道心、天理説，全然不同。天理雖理不離氣，而舍理言氣，便是人欲。天理人欲之辨，乃儒佛心性之分，此宗旨處，不可不辨也。蓋彼法中原有宗門，有教門，宗即是這箇宗旨，别是一條超然直路，與教不相關，由教而入者，便有階級。若謂一爲教法所縛，一落階級，便無由超悟。故曰：「世間俗士爲名利縛，爲嗜欲縛，其身不得自在。小乘人又爲空縛，爲法縛，其心不得自在。惟大乘人免此二縛，謂之解脱，身心俱自在，得出世之樂。又最上一乘，有無不立，脱縛雙遣，當下便是，即向所謂『見性成佛，不由聞見思議』之類。」言至此，便誤人不小矣。且爲名利縛，爲嗜欲縛，彼以爲欲障，固是；至爲空縛，爲法縛，彼又以爲理障，而惟「有無不立，脱縛雙遣」後，爲最上一乘：空其欲，而併欲空其理；空其理，而併欲空其空。説的恰似玄妙，不知一空其理，欲將自縱，一縱其欲，何所底止？如此，即自號曰「我能空其空」，豈可得耶？所以然者，蓋由彼所云這箇真性，原只是氣質情欲作用，原不論道理，安得不以理爲障？原不用功夫，安得不以教爲縛？任水泛濫，而無隄防，任馬奔逸，而無啣轡，安得不自誤而誤人哉？佛氏差處，全在宗旨，宗旨一差，無所不差，故曰不可不辨也。若夫髡髮出家，棄倫遺世，雖庸愚亦知其非，故不煩吾儒之覼縷也。

右四十四章

「喜怒哀樂之未發，謂之中」，是直指「天命之性」而言也。曰「未發」，是無其迹，而非無其理，故曰「天下之大本」，所謂一理渾然，萬化從此出焉者，此吾儒之説也。而佛氏「覺性本空」之説則似之，以爲這一點靈明作用的性，本來原是空的：目惟無覩，故能覩；耳惟無聞，故能聞；心惟無知覺，故能知覺。目雖能覩，而所以能覩的真空之性，原不可得而覩；耳雖能聞，而所以能聞的真空之性，原不可得而聞；心雖能知覺，而所以能知能覺的真空之性，原不可得而知，不可得而覺。故曰：「覺性本空，不生不滅。」若與「未發之中」相似，而不知其寔大有不同者。吾儒曰「未發」，則目雖無覩，而天命真覩之理已具，無覩故能覩，以無覩而有覩之理也；耳雖無聞，而天命真聞之理已具，無聞故能聞，以無聞而有聞之理也；心雖無知覺，而天命真知真覺之理已具，無知覺故能知覺，以無知覺而有知覺之理也。即「發而皆中節」，覩以天下，而無不明，而所以能明的真覩之理，亦不可得而覩；聞以天下，而無不聽，而所以能聽的真聞之理，亦不可得而聞；知覺以天下，而無不睿知，而所以能睿能知的真知真覺之理，亦不可得而知，不可得而覺。故曰：「上天之載，無聲無臭。」沖漠無朕，即萬象森羅，萬象森羅，亦沖漠無朕，未發之中不爲無，已發之和不爲有，未發已發，渾然一理。故中爲大本，和爲達道，中和致，而天地萬物可位育也。種種道理，自天命之初已備，就是後來多少功夫，多少事業，都只是率性之道耳。吾儒所謂「未發」，全在理上説，所以一切作用，都是在「理」字上作用去，所以有不容已的功夫，不容已的事業，喜怒哀樂自

然中節，天地萬物自然一體。佛氏所謂「真空」，不在理上説，所以一切作用，都是在「欲」字上作用去，所以着不得一毫功夫，做不得一毫事業，喜怒哀樂全不中節，天地萬物全不相干。佛氏「真空」，指的是欲之根；吾儒「未發」，指的是理之根。根宗處止差毫釐，作用處便謬千里。如此，又何論流弊哉？

右四十五章

佛氏所謂「直指人心」，指的是人心；所謂「見性成佛」，見的是氣質之性；所謂「真空」，空的是道心義理之性。只是他議論閃爍變幻，不肯明白説破，所以易於惑人耳。

右四十六章

吾儒論性，以心之生理言；佛氏論性，不以心之生理言，舍心言性，舍理言心，故曰：「離一切心，即汝真性。」又曰：「心生性滅，心滅性現。」所以不得不説「無念」，所以不得不説「無心」。

右四十七章

佛氏説空説無，若示人以可攻之隙，却又説空而不無，即成妙有，用而不有，即是真空，若一着於空，便是頑空，非真空矣。説的與吾儒「未發之中」、「中也者，天下之大本」、「無而未嘗不有，有而未始不無」，益相似。不知吾儒所謂「無」，是無其迹，佛氏所謂「無」，是無其理；吾儒所謂「有」，是有其理，佛氏所謂「有」，是有其欲。真空，空的是天理之本然；妙有，有的是人欲之作用。諱空而説真空，諱無而説妙有，不知愈

有反愈遠，愈妙反愈差。

右四十八章

吾儒論「天命之性」，說一物不容，而實萬物咸備；佛氏論「真空之性」，亦說本來無物，而實不礙諸物。但吾儒上「物」字指欲，下「物」字指理；佛氏上「物」字指理，下「物」字指欲耳。知此，則諸凡與吾儒相似之言，俱可不辨而決矣。

右四十九章

或曰：「性只是一箇性，那裏又是兩箇，以義理、氣質分儒佛？」余曰：「人得天地之理以爲生，此所謂義理之性也。而氣質乃所以載此理，豈舍氣質而於別處討義理哉？性原只是一箇，但言義理則該氣質，言氣質則遺理，故曰：『氣質之性，君子有弗性焉。』此闢佛之說也。且子既知性只是一箇性，何不一之於『性善』之性，而獨欲一之於『生之謂性』之性耶？今欲一之於『生之謂性』，而不一之於『性善』，此三品之說所由起也。是子自二之三之，以至於倍蓰而無算也。性豈有二焉？孟子道性善，故曰：『夫道一而已矣。』此吾儒之旨也。」

右五十章

客有以頓悟闢佛氏者，或解之曰：「佛家亦有頓漸二法，勤施積行，功果圓滿，方能了得心性，若明心見性之後，不加苦行，何以成佛？達磨面壁九年，前此功夫可知也。」不知吾儒自有吾儒功夫，佛氏自有佛氏功夫，宗旨既異，功夫自殊，即面壁百年，亦難與吾儒並論也。譬如仙家調息運氣，

煉丹養神，縱下苦功，亦何與吾儒事？

右五十一章

不講孔孟之學，不在「理」字上用功，縱閲窮載籍，坐老蒲團，依舊是箇俗人。

右五十二章

問：「佛氏千言萬語，只要抹摋『理』字，回護『欲』字，何也？」曰：「然。吾儒説去欲，他卻説欲是去不得的；吾儒説存理，他卻説理是不消存的，甚且併『天理人欲』四字，都要抹摋。中間雖説欲障，其實是説理障的客語，畢竟要回護這箇『欲』字。病痛全在誤認『生之謂性』一句。知覺運動，是氣，是欲，而知覺運動之恰好處是理。佛氏原認『欲』字爲性，不曾論理，安得不抹摋『理』字，回護『欲』字？且使人人都講『天理人欲』四字明白，便人人都勘破他的病痛，又安得不併此四字，俱欲抹摋也？且理欲之辨，古聖賢言之甚詳，彼欲抹摋理，而卒不能抹，欲回護欲，而卒不能護，於是又展轉其説以求勝，而曰：『欲明明德於天下，欲仁而得仁，欲何可無？』向所云云，將以求吾所大欲也。不知『欲明明德』、『欲仁得仁』『欲』字半虚半實，指功夫説；『人欲』之欲，『欲』字全實，指本體説，安得混而爲一？況『明德』與『仁』俱是理，『欲明明德』、『欲仁』俱是在理上用功，安得借口説是欲，而曰『欲不可去也』？學者雖終日講寡欲如孟子，講無欲如周子，尚且不能寡，不能無，今曰『欲不可去』，吾懼其欲之流禍不可言也。且天地間『理』字原是抹摋不得的，『欲』字原是回護不得的，彼氏千言萬語，徒以自誤耳。」

右五十三章

問：「天理人欲，原分別不得。『假仁假義，天理即是人欲；公貨公色，人欲即是天理』，其説然否？」曰：「不然。既天理即是人欲，便是人欲；既人欲即是天理，便是天理，如何説分別不得？且仁義原是天理，假仁假義，便是人欲，便不是天理；貨色原是人欲，公貨公色，便是天理，便不是人欲。如此分別，益覺明析，而反曰『天理人欲原分別不得』，此陰爲縱欲滅理之言，不可不察也。」

右五十四章

問：「仁者，人也。目能視，耳能聽，口能言，身能動，人也，即仁也，何如？」曰：「此惑於佛氏之説也。視聽言動是氣，不是理，如何説是仁？視聽言動之自然恰好合禮處，才是仁。耳目口體爲形，視聽言動爲色，視聽言動之自然恰好處爲天性。理不離氣，天性不離形色，視聽言動之禮，不離耳目口體，故曰『仁者，人也』，非便以能視、能聽、能言、能動爲仁也。『非禮勿視，非禮勿聽，非禮勿言，非禮勿動』，此正是夫子教顏子爲仁，高不騖玄遠，卑不墮情欲處。若不論禮不禮、勿不勿，而惟以視聽言動爲仁，是直把氣質作義理，名雖騖玄遠，寔則墮情欲矣。自古學佛者多恣情縱欲，無所底止，非獨學者之過，亦其始教之差誤之也。」

右五十五章

昔人謂佛氏得吾儒之體，只是無用。又謂佛學有得於形而上者，而但不可以治

世。不知佛氏所以爲異端者，正在不得吾儒之體，正在誤認形而下者爲形而上者。端，猶端倪發端之端，源頭處一差，所以後來流弊無窮。異端云者，謂其發端處與吾儒異也。若不窮究其發端，而徒辨别其流弊，彼將曰：「其所以破佛者，乃佛書自不以爲然者也。」徒滋聚訟，終難伏辜。

右五十六章

問：「孔子『毋意、毋必、毋固、毋我』，與佛氏『無人相、無我相、無前念、無後念』，何以别？」曰：「聖人之心，渾然一團天理，凡有應感，純是德性用事，心體乾乾净净，那裏有一毫『意必固我』？若佛氏之『無相無念』，是併天理德性而一切俱無也，安得與吾儒之『毋意必固我』並論？」

右五十七章

問：「『子絶四』，何不説『子絶四：絶意，絶必，絶固，絶我』？又何不説『子毋四：毋意，毋必，毋固，毋我』？而曰『子絶四：毋意，毋必，毋固，毋我』，何也？」曰：「此二字，正見聖學所以爲妙。絶者，絶無之詞；毋者，禁止之詞。『絶』字，是説功夫究竟處；『毋』字，是説功夫實落處。言『絶』而不言『毋』，是言上達而不言下學，不謂之孔子。言『毋』而不言『絶』，是言下學而不言上達，亦不謂之孔子。用『毋』字功夫，造『絶』字地位，故曰『下學而上達』，此孔子之學所以異於人而知於天也。解『絶』字爲『無』字，可；解『毋』字爲『無』字，不可。」

右五十八章

性者，心之生理。「生」之一字，乃吾儒論心論性之原，故曰：「天地之大德曰生。」又曰「生生之謂易」，乾則「大生」，坤則「廣生」，「天地以生物爲心」，而人得之以爲心，此天理之所以常存，而人心之所以不死也。吾儒之所謂生，指「生理」生字而言，論理不論氣；告子之所謂生，指「生死」生字而言，論氣不論理。謂理離於氣，不是；謂氣即爲理，尤不是。惟論氣不論理，此「生之謂性」之説，所以開異學之端也。吾儒言生，佛氏亦言生，苟不明辨其所以生，則儒佛混矣。

右五十九章

問：「人心至虚，不容一物，理在何處？安得不説理障？」曰：「人心至虚，不容一物處就是理，安得説理在何處，而以理爲障也？異端之所謂理，誤指物而言；吾儒之所謂理，正指不容一物者而言耳。」

右六十章

「人心之初，惟有此理，故乍見孺子將入於井，皆有怵惕惻隱之心。此時固容不得一毫殘忍刻薄之念，亦容不得一毫納交要譽之念。殘忍刻薄，納交要譽雖不同，同謂之欲。故謂心之本體容不得一毫欲，則可；謂容不得一毫理，則不可。蓋人心之初，惟有此理，豈可説容不得？」或問：「如何是理？」曰：「即所謂怵惕惻隱之心是也。」

右六十一章

思索文字，忘其寢食，禪家謂之「理障」，余少年正坐此病。蓋詩文翰墨，雖與

聲色貨利之欲不同，然溺志於此，而迷其本原，是亦謂之欲也，既謂之欲，余方病其爲理之障也，又安得復歸咎於理哉？認欲爲理，而復歸咎於理，誤矣。余敢以此爲「理」字雪千載不白之冤！

右六十二章

「理障」二字，固是佛氏差處，吾儒不能闢之，已不是，或又從而附和之，何也？「理」之一字，乃天地間自然那移不得的道理，正程伯子所謂「不以堯存，不以桀亡」者，佛氏要減也減不去，吾儒要添也添不來，只是吾儒指點出這箇字，如呼寐者而使之寤耳，原非專爲闢佛而創出此字也。且謂之曰「理」，自是無障；謂之曰「障」，還不是理。可見附和其説者，特察理不精之過，亦豈有心從彼，而甘於異端哉？

右六十三章

問：「佛氏於『性』字上添一『真』字，何也？」曰：「這箇『真』字極有説，若曰這箇知覺運動的性是真，則那箇仁義禮智的性是僞，不待言矣。不知知覺運動固是真，仁義禮智亦不是僞，今既以知覺運動爲真，以仁義禮智爲僞，安得不以圓融廣大爲真，以規矩準繩爲僞，以恣情縱欲爲真，以存誠持敬爲僞也？世俗方坐此病，而佛氏又從而羽翼之，故至今深入膏肓，而不可救藥，悲夫！」

右六十四章

夫子與曾點，與其素位而樂天，非與其放縱而恣肆也。人情方喜放縱而惡檢束，而況又以佛氏先入之言爲主，於是托之春

風沂水之樂，以騁其放縱恣肆之病，至於狼狽決裂，蓋亦不少也，豈不惜哉？善乎，康節先生之言曰：「自有吾儒樂，人多不肯尋。以禪爲樂事，又起一重塵。」

右六十五章

陽明先生曰：「君子無入而不自得，正以其無入而非學也。」説得極是。若不言學，而惟言自得，是不深造之以道，而欲其自得之也，必不得矣。舍學求樂，舍深造以道求自得，此佛老所以誤晉室之諸賢也。

右六十六章

問：「晉室諸賢，皆一代高才，何不知自愛至此？」曰：「當時老莊之教盛行，人人皆錯認了道理，誤以放言肆行，蔑棄禮法，爲真爲高，爲無心，爲自然；以謹言慎行，顧惜名節，爲矯爲僞，爲有心，爲沽名，所以流蕩忘反至此，非明知其非而故蹈之也。」又問：「彼獨無良知與？」曰：「良知自在，只因一念錯認了道理，遂大迷終身不悟耳。」

右六十七章

世之砥節礪行，循規蹈矩，而不聞道者誠有之，未有真能聞道，而遂不砥節礪行、循規蹈矩者也。執節行規矩，而概以爲聞道，固不是；外節行規矩，而别求箇聞道，尤不是。

右六十八章

世俗論真，在不拘禮法；異端論性，在絶仁棄義，而於「禮」之一字，掊擊尤甚。如此病痛，牢不可破。恰似自古生知的大聖

人，把一切禮法都丟過，任意自家縱横，必不似學知的聖人，只拘拘在禮法上。又恰似「禮」之一字，專爲後世迂儒設，不爲自古大聖人設。不知孟子論「堯舜性」之處，卻云「動容周旋中禮者，盛德之至。哭死而哀，非爲生者。經德不回，非以干禄。言語必信，非以正行」，何也？不惟説禮，且説「動容周旋中禮」，不惟在大節上要緊，雖一步一趨，一言一動，細微曲折，衆人容易忽略處，都是確然不苟的。如此，難道説他不是自然性之的聖人？可見吾儒論真論性，與世俗論真，異端論性，絶不相同，人又奈何以禮爲僞爲迂，以不拘禮法爲真爲自然哉？知此，可以袪世俗之障，可以破異端之説。

右六十九章

喜事功而厭道德，樂寬大而惡檢束，人之常情，不知聖賢所以重道德者，非薄事功而甘迂闊也。以道德爲事功，乃真事功也；所以重檢束者，非惡寬大而甘桎梏也，以檢束爲寬大，乃真寬大也。不然，厭道德而喜事功，則枉尋直尺，併事功亦不能成矣；惡檢束而樂寬大，則越禮犯法，併寬大亦不可得矣。於此見聖賢之見遠，而世人之計左也。

右七十章

問：「喜怒哀樂，如何見得中節不中節？」曰：「我喜而人不以爲可喜，我怒而人不以爲可怒，我哀樂而人不以爲可哀樂，便是不中節；我喜而人皆以爲可喜，我怒而人皆以爲可怒，我哀樂而人皆以爲可哀樂，便是中節。故曰：『和也者，天下之達

道也。』這句就是『發而皆中節，謂之和』的註解，解的何等明白。」又問：「何以『天下之大本』解『未發之中』？」曰：「若不解作『中也者，天下之大本也』，則吾儒之未發，亦異端之『無無亦無』矣。」

右七十一章

問：「夜氣之存不存，何處驗得？」曰：「『其日夜之所息，平旦之氣，其好惡與人相近也者幾希』，可見好惡與人相近，便是喜怒哀樂中節，便是夜氣存；好惡與人相遠，便是喜怒哀樂不中節，便是夜氣不存，極容易驗。《大學》『唯仁人能愛人，能惡人』，是斧斤不曾伐的。『見賢而不能舉，舉而不能先』，『見不賢而不能退，退而不能遠』，是旦晝牿亡的。好人之所惡，惡人之所好，是牿之反覆，夜氣不足以存的。孟子『夜氣』之說，不是幽深玄遠的話說，乃天德王道一貫之學也。若丢過好惡，只講『幾希』，便落玄虛，便非孟子之旨。」

右七十二章

問：「『惟心之謂與』，指的是人心，是道心？」曰：「心只是一箇心，那有兩箇？『操則存』，便是道心；『舍則亡』，便是人心。舍而復操，便是道心；操而復舍，便是人心。玩二『則』字，真是『出入無時，莫知其鄉』，故曰『人心惟危，道心惟微』。僅僅十四字，解人心、道心、惟危、惟微，曲盡其妙，真所謂聖人之言也。」

右七十三章

聖賢論心，不外綱常倫理，出處辭受，動静語默，於此件件透徹，步步踏實，才見

真心，才是真正學問。得力處在此，用力處亦在此。若世俗論心，反於放言肆行的人説心地好，心上真，正佛氏所謂「直取無上菩提」，一切是非莫管也，世豈有此理？且不知有心學者無論，幸而知有心學，而又外綱常倫理、出處辭受、動静語默以求心，吾不知心學果何時可明也？

右七十四章

問：「自古有學儒而其人非者，有學佛而其人是者，何也？」曰：「學儒而其人非，是其人非也，非學儒之過也；有學佛而其人是者，是其人是也，非學佛之效也。昔人有誤服砒巴而生者，亦有傷食五穀而死者，豈砒巴能生人，而五穀反死人哉？知此，可以定儒佛之辨矣。」

右七十五章

孟子曰「性善」，又曰「人皆可以爲堯舜」，可見天生蒸民，原都是儒，曷嘗分某爲儒，某爲佛哉？但後來擇術不精，一時誤爲所惑，遂叛儒習佛，始自遠於吾儒耳，非生來性惡，而不可爲儒、爲堯舜也。孔子曰：「性相近也，習相遠也。」其旨深矣。

右七十六章

《春秋》「嚴夷夏之防」，可謂憂深慮遠。漢魏以來，羌、胡、鮮卑降者，多處之内郡，其後卒成五胡亂華之禍。趙宋始終與夷狄講和，卒使胡元入主中國，爲天地古今之大變。當時君臣，豈其計不及此？若曰「明王在上，九夷八蠻，莫非赤子，不當屑屑然自小漢家之制度」云爾。雖其説未嘗不是，但四夷出入之防一潰，先王荒服之制一紊，

其勢不至於以夷狄入主中國不止也。履霜堅冰，可不大爲寒心哉！孔子曰：「攻乎異端，斯害也已。」孟子曰：「予豈好辨哉？予不得已也。」此正《春秋》「嚴夷夏之防」之意。

右七十七章

歸斯受之此處，正見吾道之大，吾儒之無所不容，故曰「明王在上，九夷八蠻，莫非赤子」。然此就逃墨歸儒者言也。若負固不服，舉兵入寇，而我開門延敵，而曰「明王在上，九夷八蠻，莫非赤子」，則禍不旋踵矣。

右七十八章

世之論善惡禍福報應，皆歸之佛氏，此大不然。「積善之家，必有餘慶；積不善之家，必有餘殃」；「作善，降之百祥；作不善，降之百殃」；「惠迪吉，從逆凶」，非吾儒之言耶？「羿善射，奡盪舟，皆不得其死然；❶禹稷躬稼，而有天下」，又指其人以實之矣。至於史傳所載，尤爲章明校著。蓋善惡禍福報應，昭昭不爽，此自是天地間實理實事，原非幻妄，原非渺冥，故曰：「夫微之顯，誠之不可揜如此夫。」曰「誠」者，言其實有此理，實有此事也。彼佛氏之説，怪誕不經，誠不足道，而或者乃以天地間如此實理實事反歸之佛，豈未聞吾儒「餘慶餘殃」之説耶？語云：「一念而善，景星慶雲；一念而惡，妖氛厲鬼。」嗚呼，嚴矣！

右七十九章

❶「皆」，今通行本《論語》作「俱」。

「栽培傾覆」，正是體物不遺處，此所以《中庸》「鬼神」章後，即言報應。大德受命，天地何心？鬼神何心？人亦何心？只是一理之自然感召耳。而或者朝脩德而夕望報，一或不應，輒以爲天地間無善惡報應之事，不知一爲報而脩德，又是僞，又不是誠，如何能感格天地？故曰「居易以俟命」，必居易以俟命，而無一毫望報之心，才謂之誠，才謂之德，才能受命。「大德必受命」，是論其理；「居易以俟命」，是論其心。且如「禹稷躬稼，而有天下」，禹既以身報矣，稷至十六傳，而子孫始有天下，稷即大德，難道以其身强與造化爭？只得居易以俟。可見「君子居易以俟命」，正是道理合當如此。彼不務安命，而「行險以徼幸」，真小人而愚者也。

右八十章

子思前説「鬼神之爲德也，其盛矣乎」，後便説「質諸鬼神而無疑」，可見不質鬼神，不可以言學。《詩》云：「相在爾室，尚不愧於屋漏。」「神之格思，不可度思！矧可射思！」兩引之以爲證，又可見不慎獨，不可以質鬼神。程子曰：「有天德便可語王道，其要只在謹獨。」嗚呼，盡之矣！

右八十一章

夫學一也，有異端之學，有越俎之學，有操戈之學。何謂異端之學？佛老是也，而佛氏爲甚。二氏非毁吾儒不遺餘力，乃巧於非學之尤者，而講學者多誤信之，故不可不辨。何謂越俎之學？吾儒講學，所以明道也，講間惟當泛論道理。如孔子論「明

德」、「新民」，子思論「天命」、「率性」，孟子論「夜氣」、「性善」，皆是泛論，何嘗着跡。譬如白日當天，在在皆其所臨照；時雨霑足，處處皆其所潤澤，非專爲某人某人而照，某人某人而雨也。無論居官居鄉，當講學日，不得議及他事，論及他人，方得講學家法。不然，是以議事當講學，以論人當講學也，不幾於越俎而失體哉！何謂操戈之學？吾儒學問，當以孔子爲宗，而顔、曾、思、孟，周、程、張、朱，皆誦法孔子，後學所由以津梁洙泗者也。若曰學當以孔子爲宗，而周、程、張、朱皆不足法，即此一念，去學千里矣。以周、程、張、朱爲非，以孔子爲是，是孔子特不敢非耳，若孔子可非，則亦非之矣，非宋儒而宗孔子，亦非真宗孔子者也。且非宋儒而獨宗孔子，是其心以孔子自任也。以孔子爲宗則可，以孔子自任則不可，即此一念，去學萬里矣。況此心一慣，其勢不至併孔子而非毁之不已也，又何以爲宗孔子耶？世之非學者，方且非毁宋儒，而我又從而附和之，不幾於操戈而入室哉？蓋異端可駁也，而以駁異端者駁時事，則爲越俎；異端可闢也，而以闢異端者闢宋儒，則爲操戈。此尤人情之易流，學術之隱病，不可不亟辨者也。嗚呼！不講學者無論，即躬行講學，毅然以聖道自任者，多坐此病，而反令非學者借爲口實，其所關係不小。異端之病，余於録中已詳辨，而越俎操戈之病，則未之及也，因書此，與同志共戒之。

馮從吾又書。

夫謂之學，以學道也，然道一而已矣，而學則多歧焉，故學不可不辨也。明辨之

先於篤行也，孔門之正宗也。故卑之而功利也，易辨也；惟高之而寂空也，難辨也。何者？此性命，彼亦性命，此生死，彼亦生死，混之而無別，淆之而不清，非深於聖道者，不能析其弊而歸之正。余少有志於學，中間亦爲異教所溺者數年，近始悟而反之，乃知吾道至足，亦至精也。歲乙巳至長安，訪少墟馮兄而商正之，遂留余精舍中頗久，日爲辨難，每至夜分，喜而忘倦，其高足弟子，亦鱗鱗共集話也。余稍發其端，少墟則大闡其藴，辨虚實、有無、邪正，幾微之介，昭然如明鑑之燭，鬚眉不爽也，此非深於道者乎！則其開我之迷，而鼓我之趨者，益誠不淺矣。余别後，少墟乃述其言，次第成篇，共八十一章，傳之宇内，則所以指導來學者，功豈細耶？嗚呼！有志於學者，其尚毋忽於斯言。

友弟岐陽張舜典謹跋。

門人阜城杜邦泰、洪洞左立功、壽張陳所學、蒲圻汪良、安居何載圖、陶山張延祚、涇原許高、許尚、天水甄韶、平涼石國柱、靈臺楊可立、三水張標、隆德董三策、平利段可教、段可養、馮翊楊天秩仝校。

馮少墟集卷二

長安馮從吾仲好著

語　録

疑思録序❶

《疑思録》，余同年友馮仲好氏録其講學語也。仲好讀中秘書，冠柱後惠文冠，正色立朝，天下想望其丰采。及休沐過里，則杜門却埽，足不踰户閾，乃多士執經問難，户外屨常滿。嘗手《學》、《庸》、《論》、《孟》書，詔諸士遡洙泗淵源，抉鄒魯秘密，力闢蓁蕪，共偕大道，語具録中，其潛心理學，篤信聖人，情見乎辭矣。而自題曰「疑思」，且曰「吾斯之未能疑」，何居？千古聖學，肇自唐虞，「允執」一言，直開草昧。宣尼承之，曰「篤信好學」，曰「信而好古」，未聞以疑示者，即「疑思問」一語，正思祛疑，非求疑也。至白沙先生始曰：「大道本無階級，以疑爲階級，故大疑則大進，小疑則小進。」仲好之旨，其本此乎！余謂疑信非有兩心，疑正所以信也。萬里之程，始於跬步，必真信其可至，然後肯秣馬脂車，日征月邁，亦必真經歷跋涉，然後能躊躕歧路，詳審迷津。倘測想前途，若越溟渤，望瀛洲、方丈然，尚在恍惚有無間，而欲質所向往，問征夫以前路，其何疑之從？世之不信學者，既任其惶惑，敝精神於無用；信者又固

❶ 「序」字原無，據文編次補。

其扃鑰，視天下爲無可疑。其信心過於信學，其所疑益成其所不信，終其身或信或疑，而卒無所成。此夫求前而却步，南轅而燕程者也。故苟志於學，即疑，益矣，無問信；不志於學，即信，非矣，無問疑。雖漆雕氏所謂信未易言，然亦從此信入也。仲好聚友講學，諄諄「信」之一字爲從遊者規，而兹録顧皇皇若弗及「疑」。余謂此正其信後語，且以藥世之自信，而居之不疑者耳。

門下執經多士，皆篤信仲好者，傳覽兹録，苦所及不廣，謀付剞劂，公之同好，而問序於余。余寡昧不知學，然夙辨此「信心」，故以此堅多士之志，若能疑與否，則多士當自得之，余何言？仲好論著甚衆，善利有圖，辨學有録，訂士有編，闗學有編，其餘種種未艾，率多發前賢所未發，然大疑大進，得力處在兹録，故信仲好者，亦當自兹録始。

萬曆戊申孟夏既望，闗中年弟周傳誦書。

少墟馮先生《疑思録》成，寄猷一帙，寓書曰：「願子一言，以弁諸首。」猷因仰而讀，俯而思，尋繹久之，迺歎曰：先生真善讀書者哉！今夫四子之書，表章自程朱，頒降自昭代，其理炳如日星，夫何疑？試觀海内三尺童子，皆能誦説，搦管爲文，且謂「家思孟而户顔曾」矣，奚足疑？矧先生褎然爲一代大儒，即删《詩》《書》，定禮樂，皆分内事，又何待疑且思也？噫嘻！我知之矣：衆人以書觀書，秪藉爲制科羔雁，而一切無補於身心，是不知疑者也；賢知者左袒二氏，反厭薄聖賢之言

爲無奇，是不屑疑者也；不知疑，不屑疑，則均之未能思矣。先生力排異端，羹牆堯舜，故於四子之書，以心讀之，以身證之，證之而是也則已，纖毫未協，焉得不疑？疑稍未釋，焉得不思？思者明之基，而疑者信之漸也。

獻觀録中，大都悟後語，自別。如曰「一本《大學》都是格物，不必另補一傳」，則群言之折衷也。曰「《論語》論功夫，不論本體，論見在，不論源頭，《中庸》則合併言之。如此，而後可以洩孔子之秘，破異端之非」，則道德之閫奥也。曰「由孔孟而後，至今日才好説，只消轉念，不消易業」，則舉業之標的也。曰「天地間惟有此道，仲尼、顔子之樂，乃所以樂道，非懸空別有箇樂」，一言而聖賢心體有歸宿矣。曰「孔子曰『學而時習之』，不曾説出所學何事，孟子曰『學問之道無他，求其放心而已』，是其解也。孟子願學孔子，故特拈出聖學之原以示人」，一提而孔孟宗傳若券合矣。又曰「甘得淡者品高，容得人者量大」，見何卓也！「志伊尹之志，須從一介志去；學顔子之學，當自『四勿』學來」，功何密也！「講到無言處，方知道在心」，旨何約也！諸如此類，皆發先儒所未發，直破千古之疑者也。夫能破千古之疑者，必自一念之能疑始。假令尋行數墨，駕言無疑，直矮人觀塲者等耳，烏能剖藩籬，窺聖域，力障狂瀾，羽翼傳註之若斯哉？白沙有言：「以我觀書，則開卷得益；以書博我，則釋卷茫然。」若先生，真能「以我觀書」者矣。漆雕氏曰「吾斯之未能信」，正其疑未釋處；先生曰「吾斯之未能疑」，正其力求信處。故曰：「思者明之基，疑者信之漸也。」或曰：「先生默識道

體，烏乎疑？又烏乎思？曰疑曰思，直謙詞耳。」猷曰：唯唯，否否。昔宣尼讀《易》，嘗絶韋編矣，夫以聖人天聰明之盡，奚事韋編屢絶哉？疑之也。疑而思，思而信，是以《十翼》成焉。先生之「疑思」，毋亦宣尼讀《易》之遺意乎！名之曰謙，猷不敢知矣。

時萬曆己酉春三月，荆山門人楊嘉猷元忠甫書於靖邊之吏隱軒。

長安馮少墟篤志洙泗之學，日取四子書潛而玩之，隨有所得，隨即劄記，久而成編，名曰「疑思録」，寄音以貽不佞，不佞讀之，亦不能不疑，疑而不能不思也。

少墟之《疑思録》何居？《洪範》有言：「思曰睿，睿作聖。」不疑則思不起，不思則不能通微，不能通微，而謂之誠可乎？故知思誠之學，起於疑而成於思也，入聖之階也。即夫子亦必四十而後不惑，則四十之前，夫子必疑而思矣。周公思兼三王，其有不合者，仰而思之，則「不合而生疑端」，周公亦善疑，且善思矣。顔子疑於「高堅前後」，其思亦苦，及聞「博約」之後，「卓爾」妙其立境，不可謂非思之有得也。若曾子之問，則疑端更多，而思則可知，至「一貫」之印，而始涣然冰釋，使當時曾子不疑而不思，即孔子啓以「一貫」，恐不能神解而一「唯」。孟子曰「我四十不動心」，則四十之前，心猶動矣。必疑而後動，思而信之，凝之而不動，則孟子「浩然之氣」亦由此疑思而得之。故曰「大疑則大悟，小疑則小悟」。若曰：「即不思之本體，而存之無事，思念不必窮索，運水搬柴即爲神通妙用。」言則

甚易，而證則實難，自謾謾人不淺，吾恐於聖人明善誠身之學無當也。少墟於四子書善疑而思之，故有所得以成編，大悟大徹，可知已。作聖之功，不在茲乎？若不佞亦不能無疑，而不能善疑；不能不思，而不能善思，不能有所得如少墟耳。

且此「疑思」之義，亦精且微矣。人徒知《易》以卜筮立教，乃稽疑之典，不知《易》之卜疑，即疑而思之，以求合天則之學也。故曰：居則觀其象而玩其辭，動則觀其變而玩其占，參伍錯綜於心，而理有定衡，執而守之不難。不然者，疑團未破，此心摇摇，不如風前之絮乎，何以爲事爲之準？故知《易》之立教，乃擇乎中庸而明誠之學，非徒如世俗卜筮之謂也。少墟之讀四子書，人以爲少墟之善學四子，故疑而思之，會而通之。吾以爲少墟之善學夫《易》，不用卜筮，而自有神明之道也。且今四子書，治舉業者舉能言之，海内坊刻幾於充棟，中間亦有當者、不當者，然爲舉業而作，則爲文而解其義，不爲身心而求其旨也，雖能疑且思，思而有妙解出，若過於漢之訓詁，吾終以爲得而未得，是紙上之機括，非心中之妙悟。若《疑思録》者，則異於是，是爲德業而作，不爲舉業而設；若舉業，則人疑思之可也，何勞少墟疑、疑而思之？《易》曰：「精義入神，以致用也。」是録中多有精義，不佞不能縷細數之，惟在善讀者之自得也。

先是，吾鄉端毅王公則有《四書意見》，文簡吕公則有《四書因問》，其書皆直接洙泗心傳，不爲訓詁文辭之解，知學者無不宗而主之，今《疑思録》出，蓋稱鼎足矣。王、吕二先生而後，學其在少墟乎！

萬曆歲次己酉陽月望日，岐陽友弟張舜典頓首拜撰。

余自壬辰請告，杜門謝客，足未踰閾者三年，自藥裹外，惟以讀書遣懷，無它營也。間有二三同志及伯兄月夜過存，相與講孔曾思孟之學，辨析疑義，嘗至漏分，或撫琴一曲，或歌詩數首始别，蓋忘其身之病，而亦忘其寒暑之屢更也。居恒多暇，乃取所辨析者，口授兒康年劄記之，鍼砭韋弦，聊以自勖。歲月積久，不覺成帙，要之，遺忘不及記者尚多，此特存什一於千伯云耳。一日，爲友人蕭輝之攜去，越數日，輝之詣余曰：「吾子用心誠勤矣，第聖賢精義，不知果如斯否？恐其中又未必無可疑者，余當爲子編次之，以就正於海内同志之士。」余曰：「唯唯。」編成，題曰「疑思録」，蓋取「九思」中「疑思問」意耳。嗚呼！吾斯之未能疑，録中業已言之矣，同志不遺，幸教我焉。

萬曆二十三年，歲在乙未孟陬十日，長安馮從吾序。

疑思録卷一

讀大學

天地間，惟有此道；人生天地間，惟有此學。舍此，更有何事？

問「大學之道」。曰：「『大』字最當玩味。天地之性人爲貴，人生天地間，原都是大的，只因不學，便小了，『大學之道』三節，道理已説完。『古之欲明明德於天下』至

末，不過發明前三節意耳。『其所厚者薄，而其所薄者厚，未之有也』，正是其本亂，而末不能治處。知本末，則先後不待言，故曰『知所先後，則近道』。」又問：「『知所先後，則近道』，固矣；至於『古之欲明明德於天下』節，又從『新民』説起，何也？」曰：「大人之學，其志量要大，其工夫要實。觀『欲明明德於天下』一節，可見必有明明德於天下的志量，然後吾之明明德者，不涉於二氏之玄虛。觀『物格』節，可見必有明明德實在的工夫，然後吾之新民者，不涉於五霸之功利。明德不涉於玄虛，新民不涉於功利，然後謂之『止於至善』，然後謂之『大人之學』。」

問「至善」。曰：「明德而不知新民，是異端虛無寂滅之學，是世儒自私自利之學，不謂之明德止至善；新民而不本於明德，是五霸權謀功利之學，是世儒舍己芸人之學，不謂之新民止至善；明德、新民而不知本末、始終、先後之序，是異端懸空頓悟之學，是世儒鹵莽滅裂之學，不謂之明德、新民止至善。必明德而又知新民，新民而本於明德，明德、新民而又知本末、始終、先後之序，方謂之『止於至善』。且謂之『至善』，見人性皆善，吾德本明而吾明之，原是吾性自然不容已事，不是分外求明；仁者以天地萬物爲一體，明德自然不容不新民，不是分外求新；明德、新民，自有本末、始終、先後之序，這次序雖毫不可缺，毫不可紊，皆是天性自然，不容缺、不容紊的，不是分外强生枝節，故謂之『至善』。至善者，指其自然恰好，不容人力安排增減者言之耳。此『善』字，即《易》『繼善』之『善』，《孟子》『性善』之『善』。『止於至善』，是直從本體做功

夫，直以功夫合本體者，此吾儒之學所以異於諸子百家也。」

「心不妄動」四字解「静」字，真發古人所未發。蓋身不妄動易，心不妄動難。人心原是神明不測，活潑潑地的，豈能不動？只是不妄動，便是静，非塊然如槁木死灰，然後爲静也。此吾儒異端之辨。

真妄最難辨，有真者，有妄者，有似真而妄、似妄而真者，此處辨之不蚤，則認真爲妄，認妄爲真，此心安得不妄動？古人當知止時，真妄之辨已明，故至此方能心不妄動耳。心不妄動，不是容易能的，此「知止」二字，古人所以獨先之也。

問「格物」。曰：「言『致知』不言『格物』，則落空。『物』字有三解：『萬物皆備於我』，『物』字對『我』而言；『格去物欲』，『物』字指『私欲』而言；此『物』字，兼『物我』而言。王心齋謂：『格物』是格『物有本末』之『物』，『致知』是致『知所先後』之『知』，最爲有見。『格物』是格其知如何致，意如何誠，心如何正，身如何修，天下國家如何齊治平，中間孰爲本，孰爲末，孰當先，孰當後，節目次序，一一講究明白，則誠正修齊治平功夫，才得不差，明德、新民，始止於至善耳。此『格物』所以爲《大學》第一義。」

「格物」即是講學，曰「物」，見學不可談玄説空耳。

「格物」二字，千載聚訟，不知講「格物」就是格物，何事深求？何事遠求？

問：「本亂如何末便不能治？」曰：「其所厚者薄，而其所薄者厚，未之有也。」

「所謂誠其意者，毋自欺也。」只「毋自欺」，便是「自慊」，「自」字最妙。「欺」曰「自

欺」，則其苦真有不可對人言者；「慊」曰「自慊」，則其趣亦有不可對人言者，吾輩默默體驗自得。月掛梧桐上，風來楊柳邊，院深人復静，此景共誰言。

「自慊」二字，甚有味。見君子而厭然，正是小人自家不慊意處，安得心廣體胖？故曰：「行有不慊於心，則餒矣。」君子慎獨，只是討得自家心上慊意。自慊便是意誠，便是浩然之氣塞於天地之間。

問：「良知，小人有否？」曰：「小人而無良知，何以見君子而厭然？可見良知是人人有的，只是君子肯致，小人不肯致耳。」

問：「『如見其肺肝然』，不知肺肝從何處看見？」曰：「就從『厭然揜著』上看見。」

「曾子曰」三字，乃曾子作傳立言之法，不可作平日之言看。《左傳》用「君子曰」，《史記》用「太史公曰」，皆倣此例。

問：「幽獨之中，何有指視？而曰『十目』、『十手』，何也？」曰：「幽獨之中，原無指視，而卻曰『十目』、『十手』，解者求其故而不得，乃『以吾心之明還而照吾心之隱』等語，以自家良知上發揮，不知此却是解『莫見乎隱，莫顯乎微』的話説，與此節『十目』、『十手』何相干？此節正爲上文小人，只説見君子之時，有人指視，所以不得已『厭然掩著』；當閒居之時，原爲無人指視，所以敢於『無所不至』。不知指視雖在見君子之時，而所以指視，已在閒居之日，何也？譬如種五穀與荆棘，及其生苗後，人人指視不待言，當其下種時，恰似無人指視，不知既有此種，必有此苗，雖有此苗，實由此種。可見人之指視，不在生苗之後，而即在下種之日矣，是下種之日，正生苗、生葉、生枝、生榦，人人指視之日也。豈不嚴

哉？若自恃以爲此種也，非苗也，非枝葉也，而忽之，則無及矣。有此心術，必有此舉動；有此意念，必有此事爲。不嚴於心術意念，而徒嚴於舉動事爲，此小人所以卒露肺肝，而悔之無益也。」或曰：「閒居不慎，而厭然於君子之見，小人誠失計矣，不知閒居之時一念方萌，何以能知善知惡而慎之邪？」曰：「閒居之時，一念方萌，或善或惡，人雖不知，而自家良知，却知的比別人還明白，故又曰『莫見乎隱，莫顯乎微』，此處才好説『以吾心之明還而照吾心之隱』等語。蓋自家念頭起處，一念善，便是人人以爲善；一念惡，便是人人以爲惡。若是只憑着自家良知致去，無爲其所不爲，無欲其所不欲，自是見得君子，自是不消揜著，此所以子思又説出『莫見乎隱』二句，正是爲『十目』、『十手』補出一段源頭話説，令人自視自指，自下頂門之針耳，不可與此節意混而爲一也。」

少壯不努力，而徒傷悲於老大；康健不保養，而徒鍼砭於病疾；豐年不積蓄，而徒稱貸於凶歲；未雨不綢繆，而徒拮据於侮予。此皆閒居不知慎，而徒厭然於君子之類也。

少壯不努力，便知必傷悲於老大；豐年不積蓄，便知必稱貸於凶年。是少壯不努力之日，即傷悲於老大之日；豐年不積蓄之日，即稱貸於凶歲之日也，豈待老大凶歲而後知哉？故曰：「十目所視，十手所指，其嚴乎！」

問：「『十目』、『十手』，別人的指視，既這等嚴；『莫見』、『莫顯』，自家的覩聞，又這等真，人却不肯慎獨者何故？」曰：「只是不曾着實講學，若講的着實明白，未有不

慎之理。」

天下事，只是人不肯心誠求之，若是肯心誠求之，真未有不中者；縱不中，亦不遠矣。「誠」字「求」字，最當體認。

「求」字，不是在外邊紀綱法度上求，只是在自家心上痛痒相關、一體不容已處求，於此處求，則紀綱法度，一一皆從一體不容已處流出。自然與粉飾太平者不同，自然深入於民心。「中」字，是直中民心痛痒處，非徒以法度强民於外而使之感也。只看那慈母，何嘗在外面强愛赤子，赤子亦何嘗在外面强從慈母，都是自然而然，莫知其所以然而然，一團天性不容已處，故曰「誠」。後世君臣，未嘗不求，只是在事上求，不在心上求。紀綱法度，非不燦然可觀，多是僞，多不是誠，所以百姓不能實受其惠，縱然求，多不能中，此世道所以不如古也。

「一人貪戾，一國作亂。」「貪」是愚不肖者之病，「戾」是賢智者之病。賢智之士，刻意尚行，矯情拂衆，其所爲多有乖戾不合人情處，縱是實心爲國，亦足以釀禍而激變。二字清濁雖異，其「一國作亂」則一也。曾子以此二字並言，其慮可爲甚遠。

「好人之所惡，惡人之所好，是謂拂人之性。」可見人之性都是好善惡惡的，可見人性皆善。故不知人性之善者，不可以治天下。

《大學古本》原有錯簡，還當依朱子《章句》爲是。第「此謂知本，此謂知之至也」一節，與上「聽訟」節雖分兩節，原是一章，非衍文，亦非别有闕文也。「右傳之四章釋本末」八字，當序在「此謂知本」節之後。

一本《大學》，都是釋「格物」，不必另補「格物傳」。傳止該九章。

聖經乃孔子之言，而曾子述之，其傳俱曾子之言，不是門人記之者。

疑思録卷二

讀中庸

問「天命之性」。曰：「如孩提知愛，是誰命他愛？稍長知敬，是誰命他敬？這都是自然而然的，故曰『天命』。」「雖然，此『率性之道』，非『天命之性』也，如何是天命之性？」曰：「孩提如何便知愛？稍長如何便知敬？這必有所以知愛知敬者在，此蓋自父母初生時，天已命之矣，豈待孩提稍長後，才有此愛敬哉！知此，則知『天命之性』。」問「修道之教」。曰：「古之聖人，説出許多教人言語，立下許多教人規矩，都不是强人，都是教人各自率其知愛知敬之性耳。有這言語規矩在，則賢智者有所俯而就，愚不肖者有所企而及，故曰『修道之謂教』。教曰『修道』，只是明其教非强世耳。」

喜怒哀樂未發之中，此千古聖學之源，學者須在此處得力，然後能發皆中節。故羅豫章教李延平「静中看喜怒哀樂未發氣象」，而陳白沙亦云：「吾儒自有中和在，誰會求之未發前。」

喜怒哀樂中節，才是率性，若任喜任怒，是無忌憚，非率性也。然則何以能中節？曰：在戒慎恐懼。

七情之中，惟怒爲難制，不惟在行事上見得，即著述立言，多嫉憤不平之氣，亦是怒不中節處。

問「君子中庸」。曰：「君子，即下文舜、回、文、武、周公、孔子。君子中庸，即下

文舜之智，回之仁，文之無憂，武、周之繼述，孔子之道德，九經皆是。這中庸不是容易能的，故曰：『中庸不可能也。』中庸雖不可能，豈終不可能哉？惟至誠能之，故曰：『惟天下至誠，爲能盡其性。』玩此節六箇『能』字可見。且至誠都是人人能做得的，只是人人諉於不能，不肯致曲耳，故又曰：『其次致曲。』玩此節兩箇『能』字可見。『故君子尊德性』一節，便是致曲工夫，故下文又曰：『唯天下至誠爲能聰明睿知。』又曰：『唯天下至聖爲能經綸天下之大經。』又曰：『苟不固聰明聖知達天德者，其孰能知之？』始終發揮一『能』字。可見，中庸雖不可能，而實未嘗不可能也。末云『至矣』，即『至誠』、『至聖』、『中庸其至矣乎』，『至』字總只是説箇『君子中庸』。」

問「小人而無忌憚」。曰：「此『小人』不是泛常小人，乃異端之害道者。彼其教以綱常倫理爲情緣，以詩書禮樂爲糟粕，以辭受取予爲末節，以規矩準繩爲桎梏；其自視常居吾聖人上，其視吾聖人之教，不啻若弁髦之；其弊使人猖狂自恣，以禮爲僞，以肆爲真，貽禍於天下後世不小，故夫子斷之曰：『小人而無忌憚。』先儒有言『無以學術殺天下後世』，此小人乃以學術殺天下後世者。若泛常説『無忌憚』，雖未嘗不是，恐非《中庸》立言本旨。」

賢知誤以中爲不及，故以過爲中，而失之過；愚不肖誤以中爲過，故以不及爲中，而失之不及。非明知其過與不及而甘之也，故曰：「人莫不飲食也，鮮能知味也。」

「中庸不可能也。」近來講學者，把「不可能」處説的太高遠，太玄虛，太奥妙，真是不可能！不知於「不可能」則不可能矣，卻

又不中庸了。「中庸不可能也」，觀於此，益信。

「中庸不可能也」，聖人又恐人無處覓箇中庸，故下文便有「所求乎子以事父，未能」之語。可見中庸道理，只在綱常倫理間，若舍此別覓箇中庸，便玄虛而流於佛氏。

問：「『遵道而行，半途而廢』，何也？」曰：「此悔心也。『素隱行怪，後世有述』；『遵道而行』，無述可知。無述，則遯世不見知矣，不見知而悔，安得不廢？故曰：『君子依乎中庸，遯世不見知而不悔，唯聖者能之。』可見學者必先絶去好名之心，而後謂之『依』，而後謂之『聖』。」

「事父未能也」云云，正是聖人能處，何也？有未能之心，才肯去行庸德，謹庸言，勉不足，慎有餘，縱是到慥慥地位，聖人之心，恰似照舊未能，故曰「躬行君子，則吾未之有得」，原來不是謙辭。後世學者不及聖人處，正坐自以爲能之病，把許多不是，都推在父兄朋友身上，誰肯自家認箇不能。聖人曰：「君子之道四，丘未能一焉。」真非聖人，不能爲此説。

「在上位不陵下」，在下位亦不可使上之陵；「在下位不援上」，在上位亦不可使下之援。故在上而割體統，以樹私交，在下而假風力，以傲上官，皆使援使陵之道也。使之陵而又不甘於陵，使之援而又不喜其援，安得無怨？

問「上不怨天，下不尤人」。曰：「『上不怨天』，非不得於天不怨天；『下不尤人』，非不得於人不尤人。蓋『正己而不求於人』，則無入而不自得，自然無天可怨，無人可尤。何也？在上位而陵下，下之人未

必皆甘於陵；在下位而援上，上之人未必皆喜其援。安得一一如意？安得不怨天尤人？惟在上位不陵下，我正己於上，無所求於下，自不見下之人有所拂意於我，何所怨於下？在下位不援上，我正己於下，無所求於上，自不見上之人有所拂意於我，何所怨於上？上焉若天之於我，皆順而無逆，自然無天可怨；下焉若人之於我，皆是而無非，自然無人可尤，又何入而不自得哉？當此之時，自君子視之，若我之所遇與小人異，自它人視之，亦若君子之所遇與小人異；不知非君子所遇與小人異，乃君子『正己而不求於人』與小人異也。」

人到得意時，每嚣然自以爲功多，不肯言命；到失意時，輒歸咎於命，又不肯惕然引咎，反求諸其身，是「命」之一字，徒爲小人行險者之口實耳。子曰：「射有似乎君子，失諸正鵠，反求諸其身。」夫惟失諸正鵠之時能反求諸身，然後謂之「居易以俟命」。

問「居易俟命，行險徼幸」。曰：「素位不願外，便是居易；不素位而願外，便是行險。非素位不願外之外，别有居易功夫，故用『故』字。『命』如吉凶禍福之類，如吉凶禍福是命，素位不願外便是居易，居易便有吉道福道在。天下又未有因吉道福道在我，遂抗命以求吉求福之理，吉焉惟命，凶焉亦惟命，只得静以俟之，此是自然道理。若不素位而願外，便是行險，行險便有凶道禍道在。天下未有有凶道禍道而不罹於凶禍之理，即不然，而吉焉福焉，亦徼幸耳，非吉與福之常也。『徼幸』二字，真令人可畏可危！」

「君子之道，辟如行遠必自邇，登高必自卑。」吾儒自有吾儒之高遠，吾儒之卑

近；異端自有異端之高遠，異端之卑近。今學者多以高遠歸異端，以卑近歸吾儒，豈君子之道必由吾儒而後可至異端耶？豈吾儒只下學而不上達耶？非孔氏之旨矣。

問「禪家之樂」。曰：「《詩》云：『妻子好合，如鼓瑟琴；兄弟既翕，和樂且耽；宜爾室家，樂爾妻孥。』子曰：『父母其順矣乎！』不知禪家有此樂否？」

問：「『困知勉行』，視『生知安行』遠甚，何以能『知之成功』則『一』？」曰：「『好學近乎知，力行近乎仁，知耻近乎勇』，所以知之成功則一也。此三句，正是發明上文所以能『一』處，非『困勉』之下，復有此一等人。」

問：「博學、審問、慎思、明辨、篤行，五『之』字何所指？」曰：「此五箇『之』字，皆指『善』字，善，即上文『不思而得，不勉而中』道理。『擇善固執』，是擇其『不思而得』者，思之又思，以至於不思而得；擇其『不勉而中』者，勉之又勉，以至於不勉而中，是之謂『擇善固執』。弗措之志，弗措乎此也；百倍之功，百倍乎此也。若不辨得『之』字明白，縱是博學、審問、慎思、明辨、篤行到底，總只是外面工夫。」

問「不思而得，不勉而中」。曰：「孩提知愛，稍長知敬，見孺子而怵惕，覩親骸而顙泚，不忍觳觫之牛，不屑嘑蹴之食，此等去處，不知由思而得，由勉而中否？『堯舜其心至今在，箇箇人心有仲尼』，正在此處。」

「禮儀三百，威儀三千。」此天地間實在道理，此士君子實在學問。「發育萬物」，此發育也；「峻極於天」，此峻極也。若不「敦厚以崇禮」，而曰禮僞，率天下蕩檢踰閑、放

縱恣肆以爲真，是小人而無忌憚也。

問「尊德性而道問學」。曰：「德性對氣質説，今人皆氣質用事，所以喜怒哀樂不能中節，『尊德性』者，使德性用事，而不爲氣質勝也。故曰：『變化氣質，涵養德性。』尊德性，由於問學；道問學，乃所以尊德性。廣大精微，高明中庸，故新厚禮，是德性本體；致之盡之，極之道之，温之知之，敦之崇之，是學問工夫。識得本體，然後可做工夫；做得工夫，然後可復本體，此聖學所以爲妙。」

德性，乃天命之性，不覩不聞，無聲無臭，氣原不能囿，質原不能拘，本是尊的，只因少學問工夫，所以氣質用事，所以不能尊德性。學者須知天命之初，德性原來本尊，則知學問之功，不過變化氣質，使尊者無失其爲尊耳，非矯揉造作以拂性也，故曰：「率性之謂道。」可見「學問」二字，原非義外工夫。

問「上律下襲」。曰：「如『可以仕則仕，可以止則止，可以久則久，可以速則速』，一毫不肯執着，何等樣圓，故曰『上律天時』；『可以仕則仕，可以止則止，可以久則久，可以速則速』，一毫不肯假借，又何等樣方，故曰『下襲水土』。」

「内省」，「内」字極重，「内」字對「外」字言。外省不疚，不過無惡於人，内省不疚，才能無惡於志。外省不疚，無惡於人，到底只做成箇鄉愿；内省不疚，無惡於志，才是箇真君子。

《中庸》一書，只是説了「窮理盡性以至命」一句，故開口説「天命之謂性」，而末云「至矣」。「至」字，即「至命」之至也。

問：「道德一也，《中庸》言道德，與《論

語》言道德，其旨同否？至於老子五千言，亦以『道德』名經，又何以爲異端？」曰：「《中庸》『道德』字，與《論語》『道德』字，微有不同。《論語》一書，論功夫，不論本體；論見在，不論源頭。蓋欲學者由功夫以悟本體，由見在以覓源頭耳，此其爲慮甚遠，非故秘之而不言也。如論道，是指其見在可道者而言，故曰『夫子之道，忠恕而已矣』，而異端則曰『道可道，非常道』。如論德，是指其見在可據者而言，故曰『據於德』，而異端則曰『上德不德，是以有德』。舍功夫而直談本體，舍見在而直談源頭，如此，則異端之説似又高吾儒一層矣！不知異端差處，正在本體源頭處差，不在舍功夫而直談本體，舍見在而直談源頭也。故子思不得已，亦直指本體源頭，以洩孔子之秘，以破異端之非。如《論語》論夫子之道曰『忠恕而已矣』，而《中庸》則曰『忠恕違道不遠』。蓋《論語》之論道，指其見在可道者言，《中庸》之論道，直指天命率性之初而言也。不然，忠恕即一貫之道，而曰『違道不遠』，何哉？言道而直指天命率性之初，則玄莫玄於此也。彼異端『道可道，非常道』之説，真粗淺甚矣。《論語》論德曰『據於德』，《中庸》則曰『不顯惟德，百辟其刑之』。蓋《論語》之論德，指見在可據者言，《中庸》之論德，直合於『上天之載，無聲無臭』之初而言也。不然，爲己知幾，即君子之德，而曰『可與入德』，何哉？言德而合於無聲無臭之初，則玄又莫玄於此也。彼異端『上德不德，是以有德』之説，又粗淺甚矣。如水一也，《論語》指其見在，如江河，如池沼，皆水也，即如飲酒，如啜茶，亦皆水也；而《中庸》則直指山下出泉，原泉混混而言矣。言

功夫，併言本體；言見在，併言源頭。必如此，而後可以洩孔子之秘，破異端之非耳。若《中庸》不言本體源頭，則異端隱微之病，孰爲剖決？《道德》不經之談，真足稱經於後世矣，道學不爲之失傳哉？此《中庸》所以不容不作也，蓋有憂也。

疑思録卷三

讀論語上

問「學而時習」章大意。曰：「『學而時習』一節，已包括下文二節意在内，不然，所學何事？然既説『學而時習』之悦，可以不説『朋來』之樂，而猶繼『時習』而云者，所以廣學者之量也。不然，惟知有己，而不知有人矣。可以不説『人不知而不慍』之君子，而猶繼『朋來』而云者，所以廣學者之識也。不然，又惟知有人，而不知有己矣。此孔門第一學問心法，惟顔曾可以與此，故顔淵問仁，子曰『克己復禮爲仁』，即『學而時習』之説也；『一日克復，天下歸仁』，即『朋來』之説也；『爲仁由己，而由人乎哉』，即『人不知而不慍』之説也。而《大學》説『明明德，親民，止至善』，又説『知所先後，則近道矣』，意亦如此。故由『明明德於天下』説到『格物』，由『格物』説到『天下平』，又總歸於『修身』，意益明析。要之，『學』字、『仁』字、『修身』字，總是一箇道理，人己内外，上下四方，毫無滲漏。此聖賢授受之真傳，非顔曾以外諸弟子之可及也。」

問：「朱註解『學』爲『效先覺之所爲』，漢儒解『學』爲『覺』，何如？」曰：「學所以求其覺也。註中『人性皆善，而覺有先後，

後覺者必效先覺之所爲，乃可以明善而復其初』，數語極精。『復其初』，則覺矣，然必效先覺之所爲，而後能覺，覺何容易！後世學者，憚於求師求友，而樂於自寬自便，輒曰：『學者，覺也，何必效先覺之所爲。』不知既不效先覺之所爲，何以能覺，此必無之理也。謂學所以求其覺，學然後覺，則可；若直解學爲覺，於『學』字說不去。」

「效先覺之所爲」，「爲」字下得極妙。曰「爲」，便落不得空。

不學不覺，不覺不學，學然後覺，覺然後學，此夫子所以「發憤忘食，樂以忘憂，不知老之將至」也。後世學者，惑於異端之說，又自以爲一覺便了，不復言學，且併疑「憤樂相尋」之說爲非，若曰：「既樂矣，何消去再憤。」不知既不憤矣，何以見其樂。可見，自謂一覺便了，不復言學者，還非真能覺者也。

「維天之命，於穆不已。」若是真覺，自然已不得，一息尚存，此志不容少懈，自然說不得便了。

佛氏以所以能知覺運動的這箇爲性，故不消言學，所以多流於放縱自恣；吾儒以知覺運動之所以恰好的這箇爲性，故曰人性皆善，所以非學則不能明善而復其初。

問：「『人不知而不慍』，是『知我者希則我貴』之意否？」曰：「不然。『人不知而不慍』，聖人之心，如太虛然，原不貴知，亦不賤知，朋來則樂，人不知則亦不慍，人知之則囂囂，人不知之則亦囂囂，何等平心易氣！曷嘗有絲毫憤世不平之意芥蔕於中！總之，以無心自處，亦以無心處天下耳。若『知我者希則我貴』，『我貴』二字，便覺傲氣，便覺憤世不平，此是借此二字，以

自寬慰之意，此又愠之甚者也，安得與夫子之言並論？」

問：「『學也者，所以學爲人也。』不知當從何處爲？」曰：「在爲仁。」又問：「爲仁當從何處爲？」曰：「在孝弟。故有子曰：『其爲人也孝弟。』又曰：『孝弟也者，其爲仁之本與！』聖門學問，只在根本上做，不是泛然用功。」

「爲人謀而不忠乎」，是就自家爲師説；「與朋友交而不信乎」，是就自家與朋友説；「傳不習乎」，是就自家爲弟子説。「爲人謀」，「人」字指弟子言，不是泛説爲人謀。「吾於子思，則師之矣；於顏般，則友之矣；王順、長息，則事我者也。」王順、長息是費惠公之弟子，二人皆可與，師子思而友顏般者，不是等閑人。「事」字，就弟子事師説，古人之學，只有師弟朋友，舍此無餘事，此所以學有淵源，非後世可及。

古之學者必有師，曾點、曾參，顏路、顏回，父子同師孔子；楊時、楊迪、羅從彦，父子師弟同師伊川；蔡元定、蔡沈，父子同師晦菴；王柏、金履祥，師弟同師北山；吕大鈞與横渠同年，而後師横渠；沈焕與象山爲友，而後師象山。

「雖曰未學」語意，與「雖曰不要君，吾不信也」同，只是決其即此是學。吴註謂「抑揚太過，其流弊或至廢學」，不知「雖曰」乃聖賢文法，非抑揚之詞。如以此爲廢學，則「君子食無求飽」節亦廢學邪？

問：「處貧之道，於人己間有辨否？」曰：「有。如憐貧一也，憐人之貧，可；自憐其貧，不可。樂貧一也，自樂其貧，可；樂人之貧，不可。」

問：「『患不知人也』，如大庭廣衆中，

偶然相遇，君子、小人，一時何以知之？」曰：「此不難知。聞之前輩云：大庭廣衆中，如一人稱人善，一人稱人惡，則稱人善者爲君子，而稱人惡者爲小人；一人稱人善，一人和之，一人阻之，則和者爲君子，而阻者爲小人；一人稱人惡，一人和之，一人不答，則不答者爲君子，而和者爲小人。以此觀人，百不失一矣。」

問：「『患不知人』，是患人難知否？」曰：「人難知何消説，只是患我不知人耳。不患妍媸難辨，而患鑑之不明，不能照人之妍媸；不患輕重難定，而患衡之不平，不能稱人之輕重。此患不知人，正君子近裏着己之學也。」

問「爲政以德，辟如北辰，居其所而衆星拱之」。曰：「道之以政，齊之以刑，民免而無耻；道之以德，齊之以禮，有耻且格。」

問：「孔子生知聖人，何『十有五而志於學』？」曰：「惟『十有五而志於學』，乃所以爲生知聖人。」

問「從心所欲，不踰矩」。曰：「只從心所欲，便不踰矩，若從耳目口體所欲，便踰矩矣。故曰：『從其大體爲大人，從其小體爲小人。』」

夫子之「從心」，是從「志學」中千磨百鍊而來，所以能「從心所欲，不踰矩」。若放開「學」字，而曰「從心所欲」，是「縱心」，非「從心」也。縱心所如，豈有不爲耳目口體引去之理？豈有不踰矩？「從心」、「縱心」，此吾儒異端之辨。

問「從心、縱心之辨」。曰：「有心放開之謂『縱』，無心自然之謂『從』。」

問：「夫子於回，則『終日與言』；於賜，則『予欲無言』，何也？」曰：「『終日與言』

之意，正『予欲無言』之意，譬之盧扁治病，欲人勿藥，自不容不教人用藥，是教人用藥之意，正欲人勿藥之意也。知此，則『予欲無言』，又安得不『終日與言』哉？」

孔門以「博約」立教，是論功夫，非論本體。學者不達，遂以聞見擇識爲知。故夫子不得已，又曰：「知之爲知之，不知爲不知，是知也。」直就人心一點靈明處，點破「知」字，此千古聖學之原。若聞見擇識，不過致知功夫，非便以聞見擇識爲知也，故曰「知之次」。知其知，知其不知，是本體。「多聞擇其善者而從之，多見而識之」，是功夫。譬之鏡本明，而拂拭所以求明，非便以拂拭爲明也。以拂拭爲明，固不是，謂鏡本明，不必拂拭，亦不是。故聖人説出本體，正見得功夫，原非義外耳。此孔門「博約」之教，所以上符「精一」之傳也。

「生而知之者上也，學而知之者次也」，故曰：「多聞擇其善者而從之，多見而識之，知之次也。」

孔子之道，一貫之道也，又曰「博文約禮」，何也？蓋道有本原，功無泛用。博文，原不是有心求博，蓋所以探本窮原耳。博文約禮，則本立而逢原矣，故曰：「吾道一以貫之。」孟子曰：「博學而詳説之，將以反説約也。」此博約一貫之説也。

知知，知不知，是良知；「知之爲知之，不知爲不知」，是致良知，故曰「是知也」。

「老子曰：『知不知，上；不知知，病。』『不知知，病』，固也，『知不知』，獨非病乎？必如夫子所謂『知之爲知之，不知爲不知』，斯不病矣。然則『知不知』何以亦曰『病』？」曰：「『知不知』，令人不可知矣，故亦曰『病』。」

子張學干禄，而夫子告以「禄在其中」，似又教以得禄之道，或者求其故而不得，乃以「天爵」良貴解「禄在其中」，「禄」字又與「學干禄」的「禄」字不相蒙。不知子張學干禄，也是在「言寡尤，行寡悔」，「多聞闕疑，慎言其餘；多見闕殆，慎行其餘」上用功，只是念頭爲得禄，才如此用功耳。故夫子告之只一味如此用功，禄自在其中矣，何必干哉？若曰修其天爵，而人爵自從之矣，何必修天爵，以要人爵哉？子張之學，是「修天爵，以要人爵」；夫子之言，是「修其天爵，而人爵從之」。子張之學，是有所爲而爲；夫子之言，是無所爲而爲。古今人功夫都是一樣，只是主意念頭有所爲、無所爲不同耳。夫子此章，與《孟子》「天爵」章，總只是令人轉念，不是令人易業。

春秋戰國時，成周取士之制雖廢，而遺風猶存，或以言揚，或以行舉，間有行之者。故子張學干禄，孟子謂「今人修天爵以要人爵」，還説得只消轉念，不消易業。自秦漢以後，取士之途不一，學者欲爲聖賢，先要易業，更説不得轉念矣。前半生精力，既奪於諸子百家，後半生精力，又奪於功名富貴，到老年縱有爲聖爲賢之心，那裏有功夫去讀六經、孔孟之書，此真儒所以不多見，而世道人心不三代若也。且尤可異者，漢詔舉非常之士，於是人争跅弛不羈，以博非常之名，卒之操、莽、温、懿，接踵而出，世道之禍，可勝言哉！至於王安石以「新經」、《字説》取士，其壞人心術尤甚；南宋韓侂胄當國取士，稍涉義理者，悉見黜落，六經、《語》、《孟》、《中庸》、《大學》之書，爲世大禁，宋之不競，又何怪焉？樹鵠於彼，而責成於此，此必無之理也。逮我國朝，以五經

四書取士，而設儒學以作養之，諸士自幼所讀者理學之書，所作者理學之文，下以此應舉，上以此取士，主司若曰其言如此，其人可知，此必理學真儒無疑也。雖中間言行不相顧，徒以文售者，未必盡無，乃各人自家不知轉念，有負於上之所舉耳，非其舉業立法之不善也。由孔孟而後，寥寥千餘載，至今日才好説只消轉念，不消易業，由此觀之，士生今日，豈非至幸至幸矣哉！吾輩今日千講萬講，只是要轉得此一念，則平生所學者，盡皆是物矣，不必易業而後稱真儒也。願共勉旃，毋負千載一時。

「入太廟，每事問。」此正聖心自然不容已處，如見孺子而怵惕，覩親骸而顙泚之類，此正象山所謂「墟墓興哀宗廟欽，斯人千古不磨心」也。古之先王，有此一念，所以不得不制出許多祭禮，如宗祝、有司、籩豆、罇罍，一切儀文度數之類，此皆從此一念不容已處流出，故孔子入太廟，不覺的每事問。此一念，即古先聖當日制禮最初之一念，所以不得不把許多祭禮，如宗祝、有司、籩豆、罇罍，一切儀文度數之類，每事去問，此亦皆從此一念不容已處流出，故曰「是禮也」。見孺子而怵惕，乃不忍之政之原；覩親骸而顙泚，乃葬親之禮之原；「入太廟，每事問」，乃宗廟之禮之原。先王得其原，遂昌其流，聖人覩其流，遂觸其原，此聖人每事問處，正聖人窺禮之原處，或人烏足以知之？

問：「管仲功業甚大，夫子嘗亟稱之，而又鄙其器小者何？」曰：「惟其功業大，所以敢於奢僭；惟其奢僭，所以見得他器小。若是器大，將此功業不知容在何處，豈肯奢僭至此？」

管仲之功，莫大於尊周攘夷；管仲之罪，莫大於樹屏反坫，何也？桓公之於仲，即湯之於尹不是過，而樹屏反坫，仲何忍也？仲方尊周以明君臣之分，攘夷以峻夷夏之坊，而樹屏反坫，仲又何悖也？是仲能尊周天子，而不能尊齊桓公，能攘夷狄之僭，而不能攘自己之僭，仲將何詞以謝桓公哉？仲之得以善始善終者，亦天幸耳。且當時以桓公之威，豈其不能禁仲之樹屏反坫，而甘心任仲之僭也？或者其偏信乎仲，而不知其僭乎？抑一匡九合，有所用乎仲，而不得不爲是隱忍之計乎？抑仲自恃其大有功於桓，而謂桓其奈我何乎？不知使桓而偏信乎仲，而不知其僭也，是仲愚桓也；使桓私計有所用乎仲，而不得不爲是隱忍也，是桓愚仲也；使仲自恃其功，而謂桓無奈我何也，是仲脅桓也，愚之不可，脅之可乎哉？周公憑叔父之親，居冢宰之位，操制作之權，自古人臣功烈權勢，未有過此者，而公也吐哺握髮，赤舄几几，曾不以功烈權勢自高，仲誠有功，未必加於周公，顧以周公之所不敢僭者，而仲僭之，何也？如曰「成大功者略小節」，不知樹屏反坫，是居然以桓自命也，此而爲之小，孰能爲之大？厥後季氏舞八佾，三家歌《雍》徹，是仲也爲之作俑矣。仲之功不能掩乎其罪，仲之罪不能掩乎其功，故曰：「功烈如彼，其卑也。」功烈本高，而自高之則卑，仲固可罪也哉！仲亦可惜也哉！

淮陰羞列絳灌，禍慘赤族；管仲僭擬邦君，老死牖下，仲之不爲淮陰者，亦倖耳。可見爲人臣者，寧可無功業之成，不可無居功之量。

功業大小，繫於所遇；器量大小，繫於

所學。有器量而無功業，猶可言也；有功業而無器量，不可言也。

問「達生死」。曰：「所謂『達生死』者，謂自己不以生死動其心也。若不以人之生死動心，如莊子妻死而歌，友死而歌，甚至母死不哀，而曰『達生死』，可乎？」或曰：「此寓言也。」曰：「以母死不哀爲寓言，可乎？」

問「朝聞道，夕死可矣」。曰：「人能聞道，則生也可，死也可；不能聞道，則生也不可，死也不可。言死生，則諸凡是非、毁譽、窮通、得喪可知，死生，特舉其重者言之耳。只是甚言道之不可不聞，且聞道之人能出離生死，固不待言；若專爲出離生死聞道，執定在了生死一邊説，是佛氏之旨，非夫子之意矣。」

「朝聞道，夕死可矣」，乃吾儒光明正大之説也。若説「未嘗生，未嘗死」，而人謂之生謂之死，則幻妄不經甚矣。

生死原無二理，故謂「未知生，焉知死」，則可；謂「未嘗生，未嘗死」，則不可。

問「德不孤，必有鄰」。曰：「象山不云乎：『東海有聖人出焉，此心同也，此理同也；西海有聖人出焉，此心同也，此理同也；南海、北海有聖人出焉，此心同也，此理同也。千百世之上，有聖人出焉，此心同也，此理同也；千百世之下，有聖人出焉，此心同也，此理同也。』故曰：『德不孤，必有鄰。』雖然，還多一『聖』字耳。」

漆雕開曰：「吾斯之未能信。」余則曰：吾斯之未能疑。夫道，中天日也，有何可疑？學，行而已，疑之何爲？不知道雖中天日也，而吾儕果能見道分明，胸中朗朗如中天日乎？學，行而已，而吾儕果能於人

倫日用間，一一行而著，習而察乎？胸中不能朗朗如中天日，而曰有何可疑，人倫日用間，不能一一行而著，習而察，而曰疑之何爲，是何其敢於自信如此也？《易》曰：「或之者，疑之也。故無咎。」可見，疑雖非信，而欲求信，必自疑始。故「居之不疑」，夫子鄙其非士，而自以爲是，孟子謂其爲「鄉原」，聖賢之爲慮遠矣。余故曰：吾斯之未能疑。嗚呼，疑且未能，矧信也乎哉！因書此，與同志者正之。

孔子惓惓教人謹言慎行，後世學者多以謹言慎行爲僞，放言肆行爲真。夫謹言慎行中，誠有僞者，懲其僞，只當進而在謹慎之中求真，不當退而在放肆之中求真。進而求真，則爲真君子；退而求真，則爲真小人。

涇野先生平日教人，惟以「甘貧改過」爲言，或者疑其淺。余曰：先生之學，蓋得之顔子者也，簞瓢陋巷，不改其樂，非「甘貧」乎！有不善，未嘗不知，知之，未嘗復行，非「改過」乎！故曰「屢空」，又曰「不貳過」。聖賢之學，大抵如此。以此而疑其淺也，則佛老深矣？

問：「回也不改其樂，孔子樂在其中，不知是樂道否？」曰：「天地間惟有此道，吾儒之學亦惟有此道。故孔子曰『志於道』，又曰『吾道一以貫之』，其言道者，不一而足。至於曾子言『大學之道』，子思言『率性之道』，《孟子》七篇，尤惓惓於『道』字，可見自古聖賢學問，全在此道，故仲尼、顔子之樂，乃所以樂道，非懸空去別有箇樂也。孔孟而後，禪學盛行，將此一『道』字掃而去之，只懸空以求此樂，故其弊至於猖狂自恣而不可救。後世溺於禪學者無論，即號稱

大儒，挺然以崇正闢邪爲任者，亦群然謂孔顔自有樂處，不是樂道，一倡百和，莫可究詰，蓋其心雖專主於吾儒，而其學則浸淫於佛氏而不自知矣。故謂樂道有淺深安勉之分，則可；謂非以道爲可樂而樂之，則不可。彼舍道而懸空以求此樂，是異端之樂，非吾儒之樂也。千言萬語，諱此『道』字，千思萬想，解此『樂』字，此正見禪學入人之深，而人亦不自知處。孔孟而後，此道不明，蓋千有餘年矣，吾儒、異端，關繫學術不小，故不可不辨。」

孔子曰：「君子憂道不憂貧。」惟其憂道，則所樂在道可知；惟其不憂貧，則「不改其樂」、「樂在其中」可知。可見，孔顔之樂，全在此「道」字。奈何後儒必欲諱言之也，不知雖樂到渾然相忘、無適不然處，亦總只是箇樂道。

孟子曰：「理義之悦我心，猶芻豢之悦我口。」分明説破道之可樂如此，後儒必欲謂顔子非以道爲可樂而樂之，何也？既非以道爲可樂，又將以何者爲可樂乎？禪學移人，雖吾儒不能自解免如此。

二程見茂叔後，吟風弄月以歸，有「吾與點也」之意，即此便是得仲尼、顔子樂處，又何必更往别處尋。鳶飛魚躍，時行物生，斯道原在目前，只是人丢過「道」字往别處尋，所以孔顔樂處終不能到耳。

冉有曰：「非不説子之道，力不足也。」還是不説，若説，則何論力？且能説就是力，既曰説矣，而又曰「力不足」，何也？冉求之病，只是把這道理認在夫子身上，不曾認得是自家的，故曰「非不説子之道」，夫以我説子之道，是二之也。力即足，安所用之？他日問：「聞斯行諸？」子曰：「聞斯

行之。」不知求所「聞斯行之」者，果説夫子之道而行之耶？抑説自家之道而行之耶？回知「博我約我」，故「欲罷不能，既竭吾才」，是回説我之道，非説子之道也，力何患其不足？「既竭吾才」，「吾」字，正與「博我」、「約我」二「我」字相應。吾輩爲學，勿説我學聖人之道，把道當做聖人的，當知聖人不過先得我心之同然，我自赤子以來，此道完完全全，聖非有餘，我非不足，只是我自家不知説我之道耳，使我自家果能説我之道也，即此便有餘力，何患不到聖賢地位。

問：「『汝爲君子儒』，『君子儒』何以解？」曰：「《儒行》篇解之詳矣。」或曰：「昔人謂《儒行》篇非夫子之言，是否？」曰：「儒之道大矣，夫子告哀公，是泛説儒行，道其實如此，不是説自家如此，多自夸大，以摇其君也。自異端絀吾儒，吾儒不惟不能絀異端，且往往混於異端而自絀，乃曰《儒行》非孔子之言，不知何以知其非孔子之言也？宋制，新進士賜《儒行》、《中庸》二篇，此其意甚盛。高閌反奏《儒行》詞説不純，❶請止賜《中庸》，閌受學龜山，且不知儒，且自絀儒如此，況異端哉！又何怪三教日月星之説也。」

「堯舜其猶病諸」，與下論不同，此是論其勢，若曰：心猶易盡，而勢殊難周。下論是論其心，若曰：勢猶易周，而心殊難盡。下論「病」字，正是「修己以敬」敬處。

問「夫仁者，己欲立而立人，己欲達而達人」。曰：「一向解者，皆謂己立立人，己達達人，兩念併起，不分先後，不知謂之曰

❶「反」，洪本作「及」，四庫本作「乃」。

『兩』曰『併』，猶未得一體之旨。『己欲立』、『己欲達』，此『欲』是人人有的，不獨仁者，只是少立人達人之心，所以不及仁者耳。故曰：『夫仁者，己欲立而立人，己欲達而達人。能近取譬，可謂仁之方也已。』玩『能近取譬』四字，其意自見。」又問：「『躬自厚而薄責於人』，『所求乎人者重，而自任者輕』，何也？」曰：「躬自厚者，謂以立人達人自任；薄責人者，謂不以立人達人責人也。若自家不能以立人達人自任，只責備別人不能立人達人，便是所求乎人者重，而自任者輕。可見『己欲立而立人，己欲達而達人』，才謂之躬自厚，才謂之自任重。昔伊尹『思天下之民，匹夫匹婦有不被堯舜之澤者，若己推而納之溝中』，而孟子以爲『其自任以天下之重如此』，既曰『天下』，又曰『自任』，此可以解立人達人之旨矣。雖然，伊尹猶待三聘而後自任，而孔子則以匹夫自任，不論事業而論理，不論窮達而論心，一腔四海，一息萬年，此孔子之所以爲仁，而孟子所以願學孔子也。」

惟欲己立，而不立人，甚且忌人之立；惟欲己達，而不達人，甚且忌人之達。如此存心，不知可稱「己立己達」否？可見「己欲立而立人，己欲達而達人」，才謂之「己立己達」，故曰「古之學者爲己」。古之學者，是如此「爲己」，不然，則楊氏「爲我」矣。

「述而不作」，不是聖人謙詞，後世天下不治，道理不明，正坐一「作」字。不遵守祖宗法度，只作聰明以自用，天下安得治？不表章聖賢經傳，只好異論以自高，道理安得明？「述而不作」，聖人之爲慮遠矣。

「默而識之」一句最要緊，果然默識得這箇道理，原自無止息，安得不學？學之

安得厭？原自無人我，安得不誨？誨之安得倦？「子在川上，曰：『逝者如斯夫！不舍晝夜。』」此「學而不厭」之解也。「二三子以我爲隱乎？吾無隱乎爾。吾無行而不與二三子者，是丘也。」此「誨人不倦」之解也。或又問：「默者何？」曰：「此章『默』字，從次章『講』字來，原不是懸空頓悟。余嘗有一絶句，末云：『講到無言處，方知道在心。』不是一味不言，坐待默識也。『講到無言處』，真是多説一句不得，故曰『默』。『參乎！吾道一以貫之。曾子曰：唯。』何消多説？」

「勝日尋芳泗水濱，無邊光景一時新。等閑識得東風面，萬紫千紅總是春。」既「識得東風面」，則「萬紫千紅總是春」，安往非學？安往得厭？安往非誨？安往得倦？

「何有於我哉」，正是聖人默識處，正是聖人不厭不倦處。若自以爲有，便非聖人望道未見之心，便是厭，便是倦，便不是真識。

問：「默識所識何物？」曰：「夫子嘗自解之矣，曰：『若聖與仁，則吾豈敢？抑爲之不厭，誨人不倦，可謂云爾已矣。』可見，默識是識仁識聖，聖是究竟處，仁是發端處，究竟處無所增，發端處無所減。仁如桃仁、杏仁，雖止一粒，而枝葉花實無窮生意已具，聖如成株之後，枝葉花實已扶疏而爛熳矣。其實只是一箇道理，故曰『學者先須識仁』。」

或問：「吾輩只修德足矣，又何必講學？」余笑而未答，頃之，問余如何修德，余曰：「公只修德足矣，又何必問如何修德。」或者笑而大悟。

「徙義改過」，是修德實在功夫。講學者，正講其如何是「義」，如何是「過」，如何去「徙」，如何去「改」耳。總是一件事，非判然四段功夫。

問：「講學盛於宋，或云議論多而成功少，又云理學敝宋，何也？」曰：「『聲容盛而武備衰，論建多而成效少』，此元人《進宋史表》中語，蓋指當時廟堂之上言也。如新法、和議之類，滿朝争之，而竟不報，真所謂『論建多而成效少』者。而忌者乃借口歸咎於理學諸儒，不知當時諸儒多屏逐山野，或棄置散地，師友之間，不過私相講論，以明道覺人耳，何關於廟謨國是，而責其成效少哉？且宋之不競，正係於京、惇、侂胄輩禁學之故，即有忠言，無從取效，而反歸咎於學，何也？是宋以禁理學敝，非以理學敝也。論者試取《宋史》一細讀之，則諸儒之冤，可不待辨而自白矣。」

問：「宋儒有不適於用之譏，是否？」曰：「不然。天下之人不一，有有才而講學者，亦有無才而講學者，有有才而非學者，亦有無才而非學者。彼見講學而無才者之不適於用，非學而有才者或亦倖成其功，遂謂講學之無益，不知講學而不適於用，乃無才之過，非講學之過也，非學而倖成其功，乃有才之效，非非學之效也。不咎其所以不適於用，而歸咎於學，不察其所以成功，而歸功於非學，此宋儒所以有不適用之譏也。雖然，元祐之禁，僞學之禁，即有才安所用之，是宋儒之不適於用，又時爲之也，於諸儒乎何尤？」

有才而講學，益足見其所長；無才而講學，亦足補其所短。不然，有才而非學，則爲恃才；無才而非學，則爲棄物矣。

昔三原王康僖公講學，其父端毅公督之；朝邑韓苑洛講學，其父蓮峰老人督之。康僖公之門人爲馬谿田，苑洛之門人爲楊斛山，當其時，家庭之間，藹若洙泗，師弟之際，不愧伊洛，此吾鄉前輩所以爲盛。今父師之教，子弟之學，自舉業外，無復有此風味矣，識者不能不爲之三歎。

親妻子奴僕之日多，接賢人君子之日少，學問終無進益，此古人所以講學會友常若不及。

聚坐一番，收斂一番，講論一番，明白一番。

問：「子路行三軍，恐顔子未必能此，夫子何以與之？」曰：「『用之則行，舍之則藏』，正是行三軍之上策。可以進則進，可以退則退，可以戰則戰，可以守則守，臨事而懼，好謀而成，兵法之妙，莫過於此。可見，行三軍特用舍行藏之緒餘耳，顔子豈迂闊而無用也？」

凡天下事，果於道理見得明白，自家就該做去，不該徇人。故孔子論貧富，不論別人所好何如，但曰：「如不可求，從吾所好。」論禮樂，不論別人所用何如，但曰：「如用之，則吾從先進。」二「吾」字，正是聖人不肯徇人處，不然，空慨歎一場，徒説別人不是，自家依舊落了世俗蹊逕。

問：「子曰：『其爲人也，發憤忘食，樂以忘憂，不知老之將至云爾。』不知在何處憤？何處樂？」曰：「學也者，所以學爲人也，故曰：『其爲人也，發憤忘食，樂以忘憂，不知老之將至云爾。』憤在此，樂亦在此，此聖人所以不可及。後世學者不知此，將一生精力，或在詩文上發憤，或在功名上發憤，或在富貴上發憤，不肯在做人上發

憤，所以不及聖人。」

問：「『我欲仁，斯仁至矣』，如何是欲？如何是至？」曰：「無論如何是欲，如何是至，當論如何是仁。程子曰『仁者以天地萬物爲一體』，故欲以天地萬物爲一體，則其心公，公則謂之『欲仁』；不欲以天地萬物爲一體，則其心私，私則不謂之『欲仁』。故曰：『學者先須識仁。』」

「仁，人心也」，「仁者以天地萬物爲一體」，此真心也。古聖賢千言萬語，吾輩千講萬講，總只是要涵養此一念，擴充此一念，更無多術。聖學真傳，原在於此。彼摩頂放踵，從井救人者，乃「有此心，而不能善用其心」之過，正所謂「好仁不好學，其弊也愚」者。若懲其愚，不病其不好學，而反病仁之不當好，則其愚抑又甚矣。故學者必涵養擴充此一念，到滿腔皆惻隱之心處，然後信「仁者以天地萬物爲一體」之說。

「有若無，實若虛。」非顏子明知其有，而故爲無，明知其實，而故爲虛也。蓋天下道理，原是無窮盡的，豈可以自足自滿，故曰「有若無，實若虛」，此正是顏子實見道理處，不可與老氏「良賈深藏若虛，盛德容貌若愚」之說並論。蓋老氏明白又說：「聖人欲上民，必以言下之；欲先民，必以身後之。」這二「欲」，是甚麽心腸？此其用意甚深，反落霸術畦徑，蓋用此以欺世愚人，令人不可測識，非真見道理當如此也。老氏巧，顏子誠；老氏有意，顏子無心，此吾儒、異端之辨。

問「犯而不校」。曰：「方將與物同休戚，何暇共人争是非。」

問「民可使由之，不可使知之」。曰：

「『民可使由，不可使知』，非聖人不使之知也，聖人看破這道理，不能強人人而使之知，是以因性牖民，道德齊禮，立規矩，樹準繩，昭然示人以可由之則，❶使之家遵而户守。然而使民知之之意，已在於由之之中，特不強人人以必知耳。中間有能知者，不外規矩準繩，直透精微奧妙，固聖人所深願，有不能知者，有此規矩準繩，亦不至放縱決裂，亦聖人所深喜。『民可使由，不可使知』，聖人誠不能強人人而使之知也。老氏不達，乃倡爲愚民之説，故其言曰：『古之善爲道者，非以明民，將以愚之。民之難治，以其知多。』卒使始皇焚書以愚黔首，則老氏一言誤之耳。學術一差，關繫豈小？」

「三年學，不至於穀，不易得也。」只爲志穀一念，不知忙壞古今多少人，且無論聖學無所爲而爲，只説穀之得與不得，豈係於志？人第不思耳。

問：「御乃藝之卑者，夫子何以執御？」曰：「古人每出必輿，必以子弟御，非以自逸，所以防輕動妄動耳。且子爲父御，弟爲師御，亦寓教孝教敬意在内，故曰『樊遲御』，又曰『冉有僕』。堯舜孝弟，只在徐行後長，可見御之義甚大。此御所以爲六藝之一，而夫子所以願執御也。」

六藝中惟御久廢，可見夫子執御之説，爲慮甚遠。

「多能」，是游藝功夫；「博文」，是志道功夫，不可混看。

「多能」是藝，如射、御、釣、弋之類，故曰：「吾不試，故藝。」「博文」，是講明道理；「約禮」，是體驗身心。此聖門「精一」之學，

❶「然」，張本作「察」。

原自與「多能」不同。「博文」不是在藝上博，雖俯仰宇宙，上下古今，止可謂之「博文」，不可謂之「多能」。「博文」與「多能」，蓋道與藝之別也。

「多能」無論其粗者，即如詩文一事，雖亦是古今不朽之事，不可少的，但聖人之所以爲聖，與學者之所以學聖人，功夫所重不在此。故聖人不禁人題詩、作文、寫字，亦不教人題詩、作文、寫字，天資高，有餘力，不妨正務，學之無傷，不然，不學亦無傷。彼不能詩文，而遂謂詩文爲不當學，固不是；即能詩文，而遂謂惟詩文爲當學，亦不是。

漢人之文，晉人之字，唐人之詩，自是宇宙奇觀，自是令人欣賞。學者但以此爲游藝之助，則可；若以此爲正學之妨，則不可。

問：「空空鄙夫，何足與言，而夫子必竭兩端？」曰：「此正見聖人誨人不倦之心。」

自己稍有所知，不待人問而汲汲於自見，是其病在淺露；自己無所不知，而人或有問，卻含糊不肯盡言，是其病在深晦。洪鍾有聲，特不可不叩而自鳴耳，豈可叩之而復不鳴哉？此其爲人心術，不問可知，子曰：「吾有知乎哉？無知也。有鄙夫問於我，空空如也，我叩其兩端而竭焉。」自己不自有其知，而告人務必盡其知，此聖人所以不可及。

問：「自己無所不知，而人問不肯盡言，是何主意？」曰：「只是恐其人知，忌人並己意思。『鴛鴦繡出憑君看，莫把金針度與人』，壞人心術，莫此爲甚。」

問：「『空空如也』，當作聖人看否？」

曰：「不可。鄙夫惟空空，才能領受聖教，不然，聖言未畢，必有齟齬不相投處，聖人必不能盡言，又安得竭兩端哉？夫子説鄙夫空空，正見得他受教有地。程明道謂『空中受道』，意本於此。若説夫子『空空』，顔子『屢空』，是學別有所宗，特援聖言以爲證耳。」

「叩」字「竭」字，正見聖人無知處。人未問我，我安得無故起念？是未問之前，我本無知，由人之問，才發動起我之知，故曰「叩」。既發動起我之知，是以不得不竭兩端，彼所問者如此，我所答者不得不如此，多説一句不得，少説一句不得，故曰「竭」。竭者，竭盡無餘之意也。既竭矣，聖人之心尚復有知乎？是既答之後，依舊無知，故曰：「吾有知乎哉？無知也。」

問「知不知，上」。曰：「知而不自有其知，誠上也，但老氏之意，明知其知，而欲以上人、先人，故故爲不知，以下之、後之，故曰：『知雄守雌，知白守黑。』又曰：『非以明民，將以愚之。』是知而故爲不知，以愚人者也，安得爲上？孔子曰：『吾有知乎哉？無知也。有鄙夫問於我，空空如也，我叩其兩端而竭焉。』知而不自有其知，而又與天下人共進於知，此吾儒之所謂上，非異端之所謂上也。」

問：「博約之訓，孔門群弟子共聞之，獨顔子悟得博我約我，何也？」曰：「此一悟，全從『仰、鑽、瞻、忽』中來，群弟子所以日聞聖教而不悟者，正是少此功夫耳。」

人皆有爲聖人之才，只是不肯竭，竭之便幾於聖人，故曰：「既竭吾才，如有所立卓爾。」

顔子得力處，在一「竭」字；世儒受病

處,在一「罷」字。偶有所悟,輒去放開,此所以流弊無窮。自以爲悟,遂去罷手,還不是悟,若是真悟,自然欲罷不能。

聖人心同天地,聖人學問,直是與天地萬物爲一體,學問不是自家私自做的,故曰:「可與共學,未可與適道;可與適道,未可與立;可與立,未可與權。」只玩「可與未可與」五字,便見聖人公己公人處。曾子亦曰:「堂堂乎張也,難與並爲仁矣。」此亦夫子「未可與」之意。學者且無論有「可與」、「不可與」之人,當先論有「與人」、「不與人」之心,若無此與人公共之心,縱自家十分用功,終是自私自利之人,其於聖學不啻千里。

問「權」。曰:「道譬之秤然,權是秤錘,衡是秤梗,經是秤星,應感之來,即所稱之物。經是一定不移的,權是移來移去的,權雖移來移去,始終在星之内,非移在星之外也。權雖通變,不離乎經,事事有權,時時有權,非專爲經處常、權處變也。程子謂『權只是經』,可謂獨見,若外經言權,則權謀權變矣。」

「可與立,未可與權」,不可説壞「立」字,權是立之熟處。孔子「不踰矩」是立,「從心所欲,不踰矩」是權。

魯男子以己之不可,學柳下惠之可,是他立處,然能以己之不可,學柳下惠之可,又是他權處,即此是立,即此是權,故夫子與之。不獨魯男子,昔沈晦問尹彥明:「今有南子,可見乎?」尹曰:「不可。」曰:「子學孔子者也,如何不見?」曰:「若某學未到磨不磷、涅不緇處,故不見。」人謂此尹子立處。余謂此尹子權處,故必權如魯男子,

如尹彦明，才謂之真可與權。

問「《鄉黨》篇大意」。曰：「當恂恂則恂恂，當便便則便便，當誾誾則誾誾，當侃侃則侃侃，用之則行，舍之則藏，夏葛而冬裘，渴飲而饑食，聖人何以異於人哉？人自異於聖人耳。」

問：「孔子『蔬食飲水，樂在其中』，至《鄉黨》一篇，凡飲食衣服，又要齊整，何也？」曰：「《鄉黨》篇是説聖人動容周旋，無不中禮，即一飲食，一衣服，人所易忽略處，聖人亦不肯苟，不是要齊整受用。不然，紺緅何以不飾？紅紫何以不爲褻服？羔裘玄冠何不以弔？食必求精，何以不厭精？膾必求細，何以不厭細？惟知肉食，何以不使勝食氣哉？爲此言者，是惡惡衣惡食之人，而借孔子以自解者也，何足置辨！」

許平仲嘗暑中過河陽，渴甚，道傍有梨，衆争取啖，平仲獨危坐樹下自若。或問之，曰：「非其有而取之，非義也。」人曰：「世亂此無主。」曰：「梨無主，吾心獨無主乎？」或者歎服。必如此，方謂之善學孔子。

「不撤薑食」，不爲通神明，去穢惡，與「不得其醬，不食」，俱無所取意，只是門弟子心悦誠服聖人，把聖人平日所嗜的、所常用的，都要記下，以識不忘耳。與曾皙嗜羊棗、曾子不忍食羊棗之意同，即此足見聖門肫肫其仁景象。

問「『傷人乎？』不問馬」。曰：「此聖心自然不容已處。蓋聞廄焚，倉卒之際，正真心發見之時，只一問人，不問馬，則聖人一生，老安少懷，多少大的志願，皆從此一念中來。故孟子驗『人皆有不忍人之心』，驗之『乍見孺子入井』之一念，其意正本於

此。戰國時，廄有肥馬，野有餓莩，天下日趨於危亂，只是爲人上者，少此一念耳。這道理儘大，不可看小了。」

問：「《論語》中有重出者，有重出而逸其半者何？」曰：「非是重出，蓋聖人丁寧意也。《春秋傳》所謂『書之重，詞之複，必有大美存焉爾』。」

「時哉！時哉。」《鄉黨》一篇，聖人的行事，也只是箇「時哉！時哉」，故曰：「孔子，聖之時者也。」

馮少墟集卷三

長安馮從吾仲好著

語録

疑思録卷四

讀論語下

夫子稱顔子賢，在簞瓢陋巷，不改其樂；周茂叔教二程，在尋仲尼顔子樂處。後世學者，以談玄爲上乘，以安貧爲末節，将「屢空」空字，宗何晏之説，解作「空虚無物」之「空」，如此，不知於簞瓢陋巷，不改其樂，将何以解乎？故因顔子屢空，見顔子不動心求富，胸中空虚無物則可，若丢過安貧，懸空説「空虚無物」，則生公説法矣。

「廉一節耳」，爲沾沾以安貧自多者發也。若以貧窶動心而求富，而曰「廉一節耳」，則無忌憚甚矣。

問：「顔淵後，何以知子在，遂不死？」曰：「惟顔淵後，能知子在，遂不死，此顔子所以幾於聖人也。故夫子信之曰：『用之則行，舍之則藏，惟我與爾有是夫。』」

「吾以汝爲死矣」，是夫子試顔子處。曰「子在，回何敢死」，則顔子居然孔子矣。

讀「子路、曾皙、冉有、公西華侍坐」章，則當時聖門都俞吁咈氣象，宛然如見。故曰：「要識唐虞垂拱意，春風原在仲尼居。」

曾點之「詠而歸」是泰，莊周之「逍遥遊」是驕。

曾點之志，不可着迹看，當得其趣於言外。得其趣，雖在師旅饑饉之時，宗廟會同之際，亦自有春風沂水之妙，必然從容暇豫，必不至張皇失措。可見春風沂水這等趣味，學者誠一時不可少。

問「克己復禮爲仁」。曰：「禮儀三百，威儀三千，皆吾心自有之節文，非外假也，以其所自有而非外假也，故曰『復』。世儒不知其所自有也，務華絶根，欲襲而取之。老子見世儒之襲取，而亦不知其所自有也，乃曰『禮者，忠信之薄，而亂之首』，欲掊而去之。斯二者就是己，而欲掊而去之者，其己爲尤甚，故夫子曰：『克己復禮爲仁。』此正所以救世儒之弊，闢異端之失。」

不論禮與非禮，要視就視，要聽就聽，要言就言，要動就動，是無所忌憚之小人。不論禮與非禮，要視就視，要聽就聽，要言就言，要動就動，而曰「悟後全無礙」，是惑世誣民之異端。辨其禮與非禮，「非禮勿視，非禮勿聽，非禮勿言，非禮勿動」，是「克己復禮」之真儒。

成人之美便是美，故君子必「成人之美」；成人之惡便是惡，故君子「不成人之惡」。

道人之善便是善，故君子「樂道人之善」；稱人之惡便是惡，故君子「惡稱人之惡」。

樂道人之善，便是自家善處；喜稱人之惡，便是自家惡處。

聞譽而喜，便是自家不足譽處；聞毁而怒，便是自家可毁處。

聖人説「知人」難，是兼君子、小人説；後世説知人難，是單就小人一邊説，不知君子、小人都是難知的，何獨只説小人難知？

孔子兼言「舉錯」，子夏單言「舉皋陶」，正是後世對症之藥。

小人難知，君子尤難知，故曰：「君子之所爲，衆人固不識也。」

夫子方説起「正名」，子路便以爲「迂」，可見不見迂於賢者，不謂之聖人。知聖人之所爲，賢人便以爲迂，則知學聖人者，其所爲安得不見迂於衆人？若避衆人迂闊之譏，只往不迂處做，則鞅、斯、操、莽接踵矣。

問「『學稼圃』章大意」。曰：「士君子爲天地立心、生民立命，只有此禮、義、信這道理。若人人都學稼圃，則這箇道理莫人承當，由是無禮無義，相詐相欺，風俗日壞，人心日偷，便不成世界矣。當斯時也，彼學稼圃者，雖欲優遊於畎畝，得乎？《大學》説古人之學，直『欲明明德於天下』，《中庸》説『致中和』，便『天地位，萬物育』。可見士君子一身，關繫最重，如何置天地生民於度外，而徒爲一身一家計也？學稼、學圃，樊遲意思品格儘高，但不免爲一身一家計，遂墮潔身亂倫、荷蓧丈人窠臼，所以小了。『小人哉，樊須也！』不可與世俗小人並論。」

問：「『居處恭』一節，胡註謂：『樊遲問仁者三：此最先，先難次之，愛人其最後乎？』何如？」曰：「天地以生物爲心，而人得天地之心以爲心，故此愛人一念真心，是人之所以爲人處。故曰：『夫仁者，己欲立而立人，己欲達而達人。』而孟子亦曰：『人皆有不忍人之心。』至以『乍見孺子入井』一念形容不忍處，最爲警醒。可見，人之所以爲人者，惟有此仁，而人之難與爲仁者無它，只是將此本來一念愛人真心，或牿亡

之，或阻抑之，所以操存不得一箇『愛』字，所以仁之難爲耳。故『居處恭，執事敬，與人忠』，總是所以操存此一念的工夫，『先難後獲』，又是工夫中的節度。『先難後獲』，如居處要恭，就要得恭的效驗；執事要敬，與人要忠，就要得敬的忠的效驗，如是，便是不『先難後獲』矣。今將此三言分爲三次，不知『先難後獲』者幹何事也？以愛人爲最後，是以己立己達爲先，立人達人爲後也，可乎哉？借曰愛人工夫用在别人身上，所以當後，不知『執事敬，與人忠』，亦用在事上人上，何爲獨先？此又不可不辨者也。」或曰：「『博愛之謂仁』，又何也？」曰：「韓子『博愛』之説，是博施濟衆之説也。夫子『愛人』之説，是立人達人之説也。」或又曰：「『爲仁由己，而由人乎哉』，又何也？」曰：「愛人由己，而由人乎哉？夫子『愛人』之説，蓋徹内徹外，徹始徹終而言也。孟子不云乎：『惻隱之心，仁之端也，苟能充之，足以保四海。』夫惻隱爲仁之端，是愛之根也；充之保四海，是愛之用也。擴充到此，則滿腔皆惻隱之心，便是徹内徹外，徹始徹終道理，故曰『愛人』。愛之根處，名曰天根；愛之用處，名曰月窟。『天根月窟閒來往，三十六宮都是春』，在天爲春，在人爲仁，無二理也。」或又曰：「如子所言，夫子只教以愛人足矣，又何以曰『居處恭』云云？又何以曰『先難後獲』云也？」曰：「不言『居處恭』云云，則工夫無處用；不言『先難後獲』，則工夫不善用。合而觀之，其於愛人之道，思過半矣。若以先後次第論斷，不敢以胡氏之説爲然。」

或曰「仁者愛人」，固矣；顔子在陋巷，不改其樂，視天下理亂，真如孟子所謂「閉

户鄉隣之鬬」者，夫子乃曰：「回也，其心三月不違仁。」「管仲相桓公，伯諸侯，一匡天下，民到於今受其賜。」而夫子第曰：「如其仁！如其仁！」豈「民到於今受其賜」者，反不如一陋巷匹夫，泯泯無所建明者爲真歟？不知仁主於愛，而愛從何處起，見孺子而怵惕，覩親骸而顙泚，不忍觳觫之牛，不屑呼蹴之食，真是不容自已、無所爲而爲者。吾儒不從此處識取，縱功業掀揭天地，總之從納交惡聲處出來，終不是本來真愛，終不謂之爲仁。故《易》曰：「復其見天地之心。」夫當一陽來復之時，造化生意，尚未宣洩，而聖人從此處見天地之心，微乎！微乎！知此，可以論仁矣。昔友人問余：「顏子問爲邦，夫子告以四代禮樂，因革損益，居然王天下氣象，顏子但一陋巷匹夫，何處見得有王佐才，而夫子告之以此？」因以臆答曰：「『回也，其心三月不違仁』，便是有王佐才。」夫管仲假仁，便稱霸佐，顏子不違仁，豈不稱王佐？即管仲可知顏子矣。然則孟子謂「禹、稷、顏回同道」，真知仁哉！真知仁哉！或又疑「事功作用非仁歟」？曰：「不然。管仲倘不遇桓公，則一匡之業，安所見於天下後世，故君子不言遇而言心。夫已立立人，已達達人，斯心也，固渾然天地萬物一體之心也；斯心也，真不容自已、無所爲而爲之心也。故論仁者，當先識心，論心者，當先自念頭初動不容自已處求之。不然，若落第二層，便是有所爲而爲，即掀揭功業，皆假矣。『仁者愛人』，談何容易！」

「斗筲之人」二句註謂：「子貢之問每下，故夫子以是警之。」不知子貢原爲今之從政者虛冒以士之名，故有此問，至末方纔

說出耳。聖賢問答本意，原在此節。前三節，乃其斷案也。

士君子立身天地間，惟求無愧於鄉人之善者足矣。若不善者之惡不惡，勿論可也。若既使善者信其節操，又怕不善者疑其矯激，既使善者稱其寬厚，又怕不善者議其懦弱，則瞻前顧後，便終身做不成，此鄉原之不可與入堯舜之道也。

「仁則吾不知也」，聖人口氣，原自渾融。若曰：以此爲「即仁」，則制私非忘私之境，固不得謂之「即仁」；若以此爲「非仁」，則制私亦忘私之漸，亦不得謂之「非仁」，故曰：「仁則吾不知也。」近世學者，多說壞「不行」，直以爲非仁，誤矣；苟志於仁矣，無惡也。自無「克、伐、怨、欲」，何待不行？此直以本體爲功夫，上也；不幸有過，即當力改，故「克、伐、怨、欲」，一切不行，此乃以功夫合本體，亦其次也；若以不行爲「非仁」，則困知勉行，何以能知之成功則一，而聖人所稱「克己寡過」，皆剩語矣。阻自新之門，塞向往之路，關繫學術不淺，故不得不辨。

問：「『不行』與『克己』同否？」曰：「『克己』，有當下斬釘截鐵之意，『不行』，雖頗費功夫，未能遽拔病根，然亦『克己』之一法也。後世學者，直斥『不行』，而又無辭爲『克己』解，乃訓『克』爲『能』，訓『己』爲『由己』之『己』，不知如此，於『復』字又訓不去矣，且有『不善未嘗不知，知之未嘗復行』，又何以解也？或又以『不行』行字，爲外面强制，不知『未嘗復行』行字，亦豈外面强制耶？」

「見利思義，見危授命」，得力不在臨時，必平日講「一介不苟」之學，而後能「見

利思義」；必平日講「朝聞夕死」之學，而後能「見危授命」。不然，利至然後斟酌道義，危至然後商量生死，則不及矣。

問：「管仲假仁，夫子曰『如其仁，如其仁』者何？」曰：「『如其仁，如其仁』者，言其逼真也，此正是説他假仁處。」

「子貢方人」，不是抛却自家，議論別人，如「回也，聞一知十；賜也，聞一知二」之類，使非子貢平日把回與自家比方得停當，臨時安能爲此言，此聖門弟子實在工夫。夫子猶然抑之者，恐惹起務外徇人之心，且恐後世學者借爲口實耳。「子貢方人」，豈可與後世月旦之評並論！

「以直報怨」，是開誠布公，忘其怨也。忘其怨，而惟以無心處之，故謂之「直」。若以「直」字横於中，而執此一一報怨，則胸中又有物，又不是聖人之所謂「直」矣。至於「報」字，不過就彼「報」字而言，與子貢夫子之求、孟子「以堯舜之道要湯」語意同，故「以直報怨」報字，當活看。康節詩有云：「揚善不揚惡，記恩不記讐。」此之謂也。

此豈章惇爲之哉？宛然夫子不較伯寮，孟子不較臧倉氣象。

問：「夫子告子路，明白説君子『修己以敬』，而後世學者多流於肆，何也？」曰：「學莫先於敬肆之辨，尤莫先於真僞之辨，此蓋真僞之辨不明誤之耳。何也？君子修己以敬，敬則爲君子，肆則爲小人，此固不待辨者，但後世小人，知敬爲君子，肆爲小人也，又僞爲敬以自附於君子，於是乎有真僞之辨，是真僞之辨，蓋就敬之中辨也。世儒不察，遂一概以敬爲僞，以肆爲真，不知敬或有僞，僞則爲僞君子，肆雖皆真，真却爲真小人。懲其爲僞君子，不於敬中求

真，進而爲真君子，乃於肆中求真，退而爲真小人，是果何心哉？蓋欲敬不欲肆者，人之心，欲真不欲僞者，又人之心，今既以敬爲僞，以肆爲真，則人又安得不趨於肆也？是人之趨於肆，非其人之不知自愛，原是求真之心，而不知其誤爲真小人耳。使蚤知其誤，則人非至愚，又孰肯居己於肆，而甘心於小人耶？余故曰：學莫先於敬肆之辨，尤莫先於真僞之辨。」

問：「『君子疾没世而名不稱』，『稱』字當讀作去聲否？」曰：「讀作去聲，本爲拔好名之根，反開一好名之門。若謂天下有没世稱情之名，亦有没世不稱情之名，使果有没世不稱情之名，在君子固疾之，在小人則甘之矣。不知名實如形影聲響然，有一日之實，便有一日之名，無一日之實，便無一日之名，縱能襲取於一時，必不能襲取於終身。自古及今，原無没世不稱情之名，而誤以爲有居之不疑，比至無名，而後疾之，則已晚矣。故『君子疾没世而名不稱』，正欲學者務實，而圖之於蚤也。」或曰：「世固有有實而無名者，又有無實而有名者，何也？」曰：「此有實而無名，而子惜其無名，非即名耶？彼無實而有名，而子議其有名，名安在哉？」又曰：「『索隱行怪，後世有述』，又何也？」曰：「『後世有述』，名也。『後世有述』，而曰『索隱行怪』，名庸愈乎！知此，益信古今無没世不稱情之名矣；知無没世不稱情之名，則學者自不敢務名，自不容不務實，故曰：『君子疾没世而名不稱。』『稱』字斷不可作去聲讀。」

問：「君子『遯世不見知而不悔』，又『疾没世而名不稱』，何也？」曰：「務實不務名，名必得；務名不務實，名必失。可見

『遯世不見知而不悔』，正是『疾没世而名不稱』處。」

問：「夫子既説『誰毁誰譽』，下文却不曰『如有所毁者，其有所試』，而止曰『如有所譽者，其有所試』，何也？」曰：「此處正見聖人天地之心。」

能好能惡，聖人也。善善長而惡惡短，君子所以希聖也。自人心不古，而樂道人善者目爲「鄉愿」，好稱人惡者，稱爲「直」，於是世多求全之毁，而衆惡必察者，不可復得，故夫子不得已，以「誰毁誰譽」解之曰「直」。知誰毁誰譽之爲直，則知有毁無譽之非直矣，世顧以好稱人惡者稱爲直，何哉？

問：「世以樂道人善者，目爲『鄉愿』，何也？」曰：「此語誠不可解。『鄉愿』，嘗以『古之人，古之人』譏狂矣，未嘗樂道狂者之善也；嘗以『行何爲其踽踽涼涼』譏狷矣，未嘗樂道狷者之善也；嘗『自以爲是，不可與入堯舜之道』矣，未嘗樂道堯舜之善也。而世顧以樂道人善者目爲『鄉愿』，何哉？豈其初始於嫉忌者，故以『鄉愿』之名加於樂道人善之士，而習者遂相沿而不加察邪？抑後之學者，明知其不然，而姑借『鄉愿』二字，以杜樂道人善者之口邪？此吾之所未解也。」

平日好稱人惡，惡道人善，自托於直之人，立朝偏不肯犯顔敢諫，偏不直。

問：「『史闕文，馬借人』，註謂『細故』，何以重聖人之思？」曰：「此道理儘大，一字之褒貶，關千古之是非；一時之交與，徵一代之風俗，安得爲『細故』而忽之。故『述而不作，信而好古』，作且不敢，敢不闕乎！『願車馬，衣輕裘，與朋友共，敝之而無憾』，

敝且無憾，況借人乎？自古聖賢學問，都在此處。胡註謂：『此章義疑，不敢强解。』亦小視此二事矣。」

問「傳信傳疑，史職也。闕文何爲，而聖人思之」。曰：「不聞劉静修讀史詩乎：『紀録紛紛已失真，語言輕重在詞臣。若將字字論心術，恐有無邊受屈人。』念及於此，雖欲不闕得乎？故『闕』之一字，乃天理人情之至也。不止作史，士君子凡下筆之際，不可不着此一念。」

問：「夫子説『性相近』，不曾言善，而孟子專言性善，何也？」曰：「人之氣質，雖有不同，而天命之性，總之皆善，惟其皆善，故曰『相近』，相近者，是就善之中論耳。若因氣有清濁，質有厚薄，而遂謂性有善，有不善，則善不善，相去甚遠，便説不得相近矣。孟子道性善，正是發明所以相近處。或謂孟子『性善』之説，不如孔子『相近』之言爲渾融，是惑於『三品』之説，而昧相近之旨者也。」

荀子「性惡禮僞」之説，真是以學術殺天下後世者。性既是惡，禮又是僞，安得不純用刑法？此李斯所以亡秦而貽禍至今未已也。

道因言而明，不因不言而晦。道因言而明，人人曉得，不因不言而晦，人人曉不得，故曰：「予欲無言。」又曰：「天何言哉？四時行焉，百物生焉，天何言哉？」可見「予欲無言」，正是聖人深言明道處。若曰道以言明，亦以言晦，故曰「予欲無言」，便非聖人本旨。

「天何言哉？四時行焉，百物生焉，天何言哉？」「四時行焉，百物生焉」，豈是隱得的？故曰：「二三子以我爲隱乎？吾

無隱乎爾。吾無行而不與二三子者，是丘也。」

「近之則不孫」二句，「遠近」字不可説壞，「近」是家庭之常當如此，「遠」亦是主僕之分當如此，只是這樣人，但「近之」，不曰家庭之常當如此，而曰主人近我也，如此便「不孫」；但「遠之」，不曰主僕之分當如此，而曰主人遠我也，如此便「怨」，如此真是「難養」。若以褻狎爲近，如何去近他？嚴厲爲遠，如何去遠他？則主人先待的差了，便説不得他「難養」。

士君子多加意於大人、君子，而忽略於女子、小人，不知女子、小人尤是難養的。可見，自家學問，真是無微可忽，無衆寡，無小大，無可慢。

學至於不愧女子小人，始可言學。「近之則不孫，遠之則怨」，女子、小人，真是「難養」。至於士君子，有招之而來，麾之而去，澄之而清，淆之而濁者，是亦「近之不孫，遠之則怨」之類也。夫以士君子之身，誤爲女子、小人而不察，亦足羞矣。

道本無方，學聖人者，不可以方所求之，故微、箕、比干之皆仁，夷、惠、伊尹之皆聖，不有孔孟之説，天下後世，不幾於聚訟乎？士君子果有悟於斯理，則眼界自寬，家數自大，開口自別。

問：「孔子攝相三月，而魯國大治，即受樂不朝，亦當少留須臾，以俟功業之成，何爲遽去，不幾爲山九仞，功虧一簣邪？」曰：「自古聖賢，寧可無功業之成，不可無自守之義，不然，便是爲山九仞，功虧一簣矣。」

問：「夫子問津沮、溺，子路反見丈人，是要轉他出仕否？」曰：「不然。只是要轉

他可不可之念，故曰：『我則異於是，無可無不可。』若是要轉他出仕，夫子何不先轉一及門之顔子，而徒轉一傾蓋之沮、溺耶？惟是夫子終日與言，已轉得顔子可不可之念，故喜而謂之曰：『用之則行，舍之則藏，惟我與爾有是夫。』且夫子嘗爲魯司寇。説得『用之則行』，顔子終身不仕，夫子何以曰『惟我與爾有是』？有是者，謂有是『無可無不可』之念也，非着跡在行藏間論也。」

問：「『君子之仕也，行其義也』，明白是教他出仕，何以爲不然？」曰：「原不是教他出仕，只是要他曉得君子之仕，爲行其君臣之義耳。蓋當是時，以仕爲通者，若曰君子之仕也，行其勢也，行其利也，那裏行甚麽義？所以把『仕』字弄的不好看。有以隱爲高者，見若輩如此做官，亦曰：君子之仕也，行其勢也，行其利也，那裏行甚麽義？看得這『仕』字全是不好的，恰似仕途全行不得義，全做不得君子。如此，道理不明，凡要做君子的，安得不着一可不可之念，故曰『君子之仕也，行其義也』，非行其勢也，非行其利也。君臣之大義，自我而植；宇宙之綱常，自我而立，豈爲功名富貴哉？中間即有丢過義，只爲勢利出仕的，是他各人自家見不到，各人自家做了小人，非概以仕途爲勢窟，爲利藪也。故曰：『君臣之義，如之何其廢之？』又曰：『夫人幼而學之，壯而欲行之。』行之者，行其義也。知此，則知仕止久速，無往非道，用行舍藏，無往非學，視用舍爲寒暑風雨之序，視行藏爲出作入息之常。仕者，安得以仕爲可，以隱爲不可；隱者，安得以隱爲可，以仕爲不可哉？如此，則可不可之念，不轉自無矣。此孔子之學不厭而教不倦，所以大有造於

天下後世也。」

以耦耕之沮、溺，而知魯國有仲尼，又知仲尼之徒有仲由；以荷蓧之丈人，而知仲尼之不勤四體，不分五穀，是從何處知之？且既知同時之仲尼，必知既往之堯舜；既知仲尼之徒有仲由，必知仲尼之徒有顏曾；既知仲尼之不勤四體，不分五穀，必知仲尼之講理學而淑後進，雖志向稍有不同，而識見如此，才謂之「隱者」。不然，凡山林農夫，皆得謂之「隱者」矣，有是理乎？今且無論山林農夫，即縉紳章逢之士，問今日某處同志爲誰，某處同志爲誰，無論學術何如，即姓名亦茫然不知，豈不有愧於耦耕荷蓧之農夫哉？或曰：「今天下特無真儒耳，有，則人未有不知者。」余曰：不然。淳于髡謂：「是故無賢者也，有，則髡必識之。」由今觀之，不知戰國果無賢否？髡果識孟子否？已非伯樂，而謂天下無良馬，誤矣！或又曰：「真儒原不求人知，人何必知之？」曰：在真儒雖不求人知，而在學者却不可不知人。良馬不充天閑，於良馬何損？若伯樂不識良馬，其何以爲伯樂哉？余因是又有感焉，夫天下大矣，高賢大良，安得一一知之？不知，其過小，若諱言不知，而借口天下無真儒，又借口真儒不求人知以自解，是又沮、溺、丈人之罪人也，其過大。昔陳瑩中不知程伯淳，而作《責沈文》以自責，不惟不足爲瑩中病，而益足以見瑩中之不可及。不知，求知可也，又何必自解以益其過哉？余素寡昧，於海内賢豪多所未知，因讀「沮溺」章書此，亦竊比瑩中之意云。

曾子曰：「堂堂乎張也，難與並爲仁矣。」只一「並」字，正見曾子仁處。「萬物並

育而不相害，道並行而不相悖」，天地且弗違，況於人乎！學者只有與人並爲仁之心，便是天地萬物一體氣象。不然，人有善而忌其與己並，己有善而忌其人之與己並，即此便不是善，故勘破「並」字，當下即仁。

勘破「並」字，當下識仁；勘破「忌」字，當下識人。

疑思録卷五

讀孟子上

「未有仁而遺其親者也」一節，註云：「此言仁義未嘗不利。」夫仁義未嘗不利，自是正經道理，故曰：此謂國不以利爲利，而以義爲利。但此處説書，不當云仁義有利，不然，與「何必曰利」便相礙。「利」之一字，戰國君臣正坐此病，無論是何様的利，只是這一「利」字不該言。故一則曰「何必曰利」，再則曰「何必曰利」，正是孟子救正人心，扶持世道處，豈得已哉？它日與宋牼問答曰：「先生之志則大矣，先生之號則不可。」意亦如此。

「齊桓、晉文之事」，乃當時所最豔者，孟子以爲聖門所不道；「不忍觳觫」之一念，乃途人所共有者，孟子以爲是心足以王，何也？蓋桓、文之事，雖是燁燁一時，原不從此不忍一念中流出，故曰「以力假仁」。夫不忍之心，乃途人所共有者，豈以桓、文而獨無？自有而自假之，亦足悲矣！陽明先生曰：「拋却自家無盡藏，沿門持鉢效貧兒。」

齊王方問霸功，孟子即曰「無以，則王」，謂之曰「王」，恰似有許多新奇異様處，

及説到底，只討得「老者衣帛食肉，黎民不饑不寒」，更莫有新奇異樣功業。及至推原所以使「老者衣帛食肉，黎民不饑不寒」，又只是從「不忍觳觫」一念來，更莫有新奇異樣方法。夫這一念，人人都有，可見這功業，人人都做得，王道有何難爲？二帝三王相傳欛柄，正在於此，孟子得此欛柄，故今日見齊王如此説，明日見惠王如此説，千言萬語，再無兩樣，故曰：「孟子道性善，言必稱堯舜。」後世王道不明，霸功競起，如管、晏輩功業，恰似新奇異樣，不知發端處從此「不忍觳觫」一念起否？收煞處落得「老者衣帛食肉，黎民不饑不寒」否？竊謂王霸之辨不明，欲天下太平，未見其有日也。

世論王霸者，率捷霸功，迂王道，故齊景公欲用孔子，晏子謂：「當年不能究其藴，累世不能闡其施。」景公曰：「吾老矣，不能用也。」「吾老」二字，正爲王道迂遠，不能待耳。不知王霸之分，不在事功，不在久近，故孟子謂管仲之功烈，而曰「行乎國政，如彼其久」，霸功果捷邪？論德之流行，而曰：「速於置郵而傳命」，王道果迂邪？至於王者必世而後仁，是要其極而言，非三十年之前非仁，三十年之後始仁也。且管仲經營四十年，又不止必世矣，王邪？霸邪？彼捷霸功、迂王道者，特未之思耳。

晏子沮仲尼，臧倉沮孟子，其罪不在二子，而在道之不明，學之不講。當春秋戰國時，老聃、墨翟之教行，習俗以薄葬爲賢，而以厚葬爲儒者病，故景公欲用孔子，晏子沮之曰：「儒者崇喪遂哀，破産厚葬，不可以爲俗。」魯平公欲見孟子，臧倉沮之曰：「禮義由賢者出，孟子之後喪踰前喪，君無見

焉！」惟「儒」字「賢」字不明，此晏子、臧倉之言所以見售，而孔孟卒老於行也。可見，道不可一日不明，學不可一日不講。

問：「『浩然』章『不動心有道乎？』曰有』一節之下，即當直接『曾子謂子襄』一節，以見學問淵源所自，反入『北宮黝』、『孟施舍』二節，❶何也？」曰：「孟子因當時人心委靡，士風掃地，黝、舍輩悻悻然妄以氣節自負，世人不察，亦誤以氣節歸之，所以不得不引此似是而非者以爲之戒，使天下後世不至錯認客氣爲『浩然之氣』耳。」

北宮黝、孟施舍不是生來如此樣人，若是生來如此樣人，世間儘多，何足煩孟子之辨。弊緣當時道理不明，有志之士，懲世之委靡卑鄙者多，欲學剛方正直，而又不得其道，於是誤認血氣之剛爲義理之剛，或一味往必勝處學，或一味往無懼處學，故曰：「北宮黝養勇，孟施舍養勇。」玩二「養」字，自見二子意思志向都是要好的，只是學術路頭一錯，遂流於無忌憚耳，故孟子不得不嚴爲之辨。至於告子，雖消得外面的粗暴，而一切不求於心，不求於氣，又添了內裏的傲慢，其無忌憚更甚，故孟子亦不得不嚴爲之辨。必如夫子告曾子一味自反，才是真正大勇，才是真正不動心，此孟子之「集義」、「養氣」、「勿忘勿助」，直接孔氏之傳，而非黝、舍、告子之可及也。

黝之養勇以必勝，舍之養勇以無懼，都是不善養的，故孟子曰：「我善養吾浩然之氣。」這「善」字最當玩味。

「血氣方剛，戒之在鬭」，「臨事而懼，好謀而成」，此孔氏家法也。惡聲至，必反之，

❶「宫」，原作「公」，據《孟子》改。

未有不取辱者；不量敵而進，不慮勝而會，未有不取敗者。以取辱取敗之道爲勇，何也？孟子「苗則槁矣」之説，真爲善喻。

外侮之來，雖聖賢所不能免，「惡聲至」，於黝無損；君子惡言不出於口，「必反之」，黝所損多矣。學問不明，誤人一至於此。

問「氣節涵養」。曰：「氣節、涵養，原非兩事，故孟子論『浩然之氣』，而曰『我善養』，可見氣節從涵養中來，才是真氣節。若黝、舍輩，全是箇没涵養的人，如何算得氣節？」

無論古人，即國朝如羅一峰、楊斛山諸公，氣節表表一代，都是從理學涵養中來，所以能完名全節，民到於今稱之。其他諸公，始未嘗不表表，而末路多敗名喪節，秖緣胸中以氣節自滿，無復有學問以涵養之耳。余每見世之有氣節者，又多不信講學，何也？可惜！可惜！

説者謂孟子太山巖巖，不如孔子之太和元氣，不知孟子論「浩然之氣」，而曰「乃所願，則學孔子」，可見孟子必學其太和元氣，然後能成就其太山巖巖。

問：「『浩然』章所重在養氣，而孟子先曰『知言』者何？」曰：「惟其能『知言』，所以能養浩然之氣。如均之養勇也，黝曰『必勝』，舍曰『無懼』，孔曰『自反』，衆言淆亂，安所折衷？向非孟子『詖辭知其所蔽』，『乃所願，則學孔子』，未有不流於黝、舍者，安能善養浩然之氣耶？孟子之養氣，全從『知言』中來，『知言』、『養氣』，原只是一箇道理。」

「不得於言，勿求於心；不得於心，勿求於氣。」味二「勿」字，正見人性皆善，而告

子强制之使惡，何也？人心之靈，莫不有知，「不得於言」，「不得於心」，心上自是不安，自是過不去，自不容「不求於心」，自不容「不求於氣」，此正是真心不容已處，正所謂「性善」，所謂「良知」也。告子却恐動了心，把一切得與不得都要丢過，任他去罷，縱丢不過，却强制之使丢過，如此，庶乎心不動耳。然如此要不動心有何難，故孟子曰：「告子先我不動心。」然真心本不容已，彼則强制之使其已，是强制其真心，非强制其妄心也。如此，真心正當操存而培養之，乃反强制之使其已，以斧斤自伐其山木，以牛羊自牧其萌蘖，豈不謬哉？彼徒知以此爲不動心之捷法，而不知其法愈謬，而其弊愈不可言，且二「勿」處，又是動心强制處，心又安在其果不動也？告子之學，其自誤如此。故曰人性皆善，而告子强制之使惡也。

告子最不達孟子性善之旨，不知當不得於言時，何故要求於心？不得於心時，何故又要求於氣？如曰「不得於言」時，原不曾要求於心，「不得於心」時，原不曾要求於氣，如此，又何故去要「勿」？告子試以此反觀，則自家性善，亦自可見，又何疑孟子性善之説也？

「不得於言」，要「求於心」，就求於心；「不得於心」，要「求於氣」，就求於氣，不必去「勿」。此之謂「率性」，此之謂「吾儒」。故曰「無爲其所不爲，無欲其所不欲」，如此而已矣。

顔子「四勿」不可無，告子「二勿」不可有；顔子「四勿」，勿的是己私，告子「二勿」，勿的是善念。

「行有不慊於心」一句，是「浩然」一章

大旨。人心虛靈，是非可否，一毫瞞昧不過。凡該行該止，此中自有權衡，若是肯憑着本心行去，使件件慊於心，便是「集義」，便是「自反而縮」，此正孟子得統於曾子處。

「可以仕則仕，可以止則止，可以久則久，可以速則速」，可見聖人出處，何嘗由得自家分毫。雖有智謀才力，安所用之？日出而作，日入而息，鑿井而飲，耕田而食，此孔子所以爲至聖也。若伊尹出處，豈不宛然一孔子！但始謂「仕不若隱」，繼謂「隱不若仕」，即此校量於豈若之間，便非聖心無可無不可之妙矣。

説不得「仕不若隱」，亦説不得「隱不若仕」，只可隱則隱，可仕則仕便是。

「知足不辱，知止不殆」，説的未嘗不是，終不如吾夫子之「可以仕則仕，可以止則止，可以久則久，可以速則速」爲正。大約士君子出處之際，只當論可不可，不當論辱不辱、殆不殆。

孟子願學孔子，於夷、尹，則稱曰「皆古聖人」；其自處，則謙曰「吾未能有行」，此正是孟子願學孔子處。

王霸之辨，自孟子始明，當時論王霸者，只在仁與力之間，不知仁是一樣的，只是以「力假」處，與以「德行」處不同耳。「以力服人」，原是力不能敵，原「非心服」；「以德服人」，原非論力，原是「心悦誠服」。下章「尊賢使能，俊傑在位」五節，就是以德行仁，就是不忍人之政。「天下之士皆悦」，「天下之商皆悦」，五箇「悦」字，就是照應「心悦誠服」的「悦」字。「人皆有不忍人之心」一章，就是發揮「尊賢使能」五節的源頭。見得這樣王政如此詳悉，却不是外面的事業，都是從「乍見孺子將入於井，皆有

怵惕惻隱」的這一念來，故曰「以不忍人之心，行不忍人之政」，擴而充之，「足以保四海」。「四海」正照應前「自西自東，自南自北，無思不服」三句。如此行仁，自然是榮；如此豫於行仁，自然是「誰敢侮之」。這四章書，總只是發明「以德行仁者王」一句。

「人皆有不忍人之心」一章，正是孟子道性善。蓋當時管、晏功利，浸淫人心已久，故人人都去假仁假義，所以認做性惡，所以有「杞柳湍水」之議。孟子只說仁義原是大家性中生來有的，何必去假？如不信是性中生來有的，何不於「乍見孺子入井」之時，去驗一驗？既驗得怵惕惻隱之心，是人人有的，則仁是人人生來有的，不必去假可知。知仁，則知仁義禮知都是性中生來有的，不必去假，則性之爲善也，自不待辨矣，是孟子道性善，正所以提醒世之假者，而還之於真也，其功豈云小哉？故曰：「救得人心千古在，勳名真與泰山高。」

問：「乍見孺子入井，此乃最初一念，惟此時爲真，若過此，即有怵惕惻隱之心，不過納交要譽之念，便説不得真矣。此説是否？」曰：「不然。戰國之時，功利成風，習俗久壞，故人人以殘忍刻薄爲真，以怵惕惻隱爲僞，即有一怵惕惻隱之人，人人皆以納交要譽疑之矣。看天下人皆無不忍人之心，將此不忍人一念，盡抹摋了，故孟子憂之，乃直爲之説曰：『人皆有不忍人之心。』此一句，真是人人信不及，故不得已，又舉『乍見孺子入井』一念爲証，若曰如不信人皆有不忍人之心，難説乍見孺子入井之時，無怵惕惻隱之心；如不信平日怵惕惻隱之心爲真，難説乍見孺子入井之時，怵惕惻隱

之心亦爲僞。可見，這惻隱一念真心，人皆有之，只是人不知擴而充之耳。故謂天下無納交要譽之人，不可；謂凡有是心者，皆納交要譽之人，亦不可。蓋孟子因天下人不信皆有此心，又不信有此心者皆爲真，故不得已，以乍見一念証之。若因孟子『乍見』之説，又執定説惟此最初一念爲真，過此皆是僞，是又使人不信『人皆有不忍人之心』也，益失孟子之意矣。」

性一也，分之名爲「仁、義、禮、智」，合之總名爲「善」。性只是一箇性，因感之而惻隱，則説他源頭是「仁」，因感之而羞惡，則説他源頭是「義」，因感之而辭讓、是非，則説他源頭是「禮」是「智」，故曰：「惻隱之心，仁之端也；羞惡之心，義之端也；辭讓之心，禮之端也；是非之心，知之端也。」《易》以《復》「見天地之心」，而孟子以惻隱、羞惡、辭讓、是非見「仁義禮智」之心，孟子可謂全得《易》之體用矣。昔人謂老子得《易》之體，孟子得《易》之用，其然，豈其然乎？

問：「今人乍見孺子將入於井，如何便有怵惕惻隱之心？」曰：「考亭詩不云乎：『半畝方塘一鑑開，天光雲影共徘徊。問渠那得清如許，爲有源頭活水來。』知仁，則知源頭活水矣。」

天下國家事，非聰明有才能者不能辦，而聰明有才能者又多自恃以愚天下，不知天下人卒不能愚，其究也不惟自壞，而且以壞人之國。所以然者，只是視人性皆惡，若天下人皆無是非，無公道，所以敢於如此耳。若是蚤知人性皆善，則惻隱、羞惡、辭讓、是非之心，人皆有之，公道自在，人心難欺，又豈敢自恃其聰明才能以愚天下哉？

許敬菴先生詩有云：「信知性善爲堯舜，肯用權謀雜管商。斯道若明如晝日，世風何慮不陶唐。」

人性原來皆善，世間原來有公道，只是人人信不及耳。「公道世間惟白髮，貴人頭上不曾饒」，此一時憤世嫉俗之言，不可爲訓。

有道脉，有道運。「夫道一而已矣」，是說道脉；「天下之生久矣，一治一亂」，是說道運。道運有隆有替，道脉無古無今，吾輩今日講學，正所以衍道脉而維道運也，豈是得已？故曰：「爲天地立心，爲生民立命，爲往聖繼絶學，爲萬世開太平。」

問：「顔淵曰：『舜何人也？予何人也？有爲者亦若是。』不知何所爲而能若舜？」曰：「『舜好問而好察邇言』，顔子『以能問於不能，以多問於寡』，可見『問』之一字，乃舜之所以爲舜處，亦回之所以希舜處。」

井田、封建，雖古先聖王之良法，在三代以後，斷不可行。孟子之時，井田雖廢，而經界尚存，只是爲豪强者兼併，爲貪暴者多取耳，故一正其經界，則分田制禄，可坐而定，故孟子惓惓爲滕之君臣望之。自始皇開阡陌，而經界遂湮没不可考，即孟子在今日，亦不能行矣。以孟子所不能行者，而今若行之，其禍豈直在安石新法之下哉？舜封象於有庳，不得有爲於其國，天子使吏治其國，而納其貢税，不惟愛有庳之民，正所以愛象而保全之也。後世封建與郡縣並行不悖，真得堯舜遺意，若復併郡縣於封建，則其禍又豈在唐室藩鎮之下哉？文王事殷，而武周征伐，孔子稱其「善於繼述」，若必以行井田、封建爲法先王，是又膠柱鼓

瑟，益失孟子之意矣。故曰：「此其大略也。若夫潤澤之，則在君與子矣。」「潤澤」二字，真當體會。

井田、學校，王政之大端。國朝什一之税，真得井田遺意，而庠序學校，兼舉而並行之，扁其堂曰「明倫」。故多少真儒，皆從此作養得出，真所謂：「有王者興，必來取法，是爲王者師也。」讀《孟子》書，不可不知孟子之經濟處。

士君子持身，惟此道義，然辭受取與間，尤大關鍵處。故曰：「非其道，一簞食不可受於人；如其道，舜受堯之天下，不以爲泰」，此正論也。但義之爲道，至精至微，最難體認，苟見不真，守不定，欣羨乎堂高數仞，侍妾數百，偃然爲之不顧，而曰「如其道，舜受堯之天下，且不以爲泰」，何況於此，則其泰當更有甚焉者，故不得已又曰：「堂高數仞，榱題數尺，我得志弗爲也；食前方丈，侍妾數百人，我得志弗爲也；般樂飲酒，驅騁田獵，後車千乘，我得志弗爲也。」可見，「堂高數仞」等事，皆道義上斷斷乎不可爲者，孟子於此，不論「如其道」、「非其道」，而直概之曰「弗爲」、「弗爲」，嚴矣哉！

「今一見之，大則以王，小則以霸。」如此，則孟子恰似迂闊，不知當時如蘇、張、公孫輩，亦既見之矣，王邪？霸邪？古人云：「於定分無毫髮之益，於道德有丘山之累。」其蘇、張、公孫之謂乎？觀此，則知孟子非迂闊矣。

「居天下之廣居」一節，分明畫出泰山巖巖氣象。廣居正位大道，雖大丈夫居之、立之、行之，其實是與凡民公共的，味三箇「天下」字自見。不然，「得志」何以「與民由之」也？三箇「天下」字，正是廣處、正處、

大處，「得志與民由之」，只是指點出這道理，與民共由之耳，非分我所有，益彼所無也。曰「得志不得志」，觀此五字，又見大丈夫之志，原要與天下人共居此廣居，共立此正位，共行此大道。有此志，則胸中八荒我闥，宇宙度内，才謂之「居廣居」、「立正位」、「行大道」，不然一膜之外，便分彼此，其何以謂之廣且大乎？ 大丈夫之志，雖是如此，又不在得不得上論，只在志上論，有此志，無論得與不得，廣處、正處、大處自在也。「富貴不能淫，貧賤不能移，威武不能屈」，這道理原來又淫不得，移不得，屈不得，故曰：「大行不加，窮居不損。」不加、不損，是説本體；不移、不淫、不屈，是説工夫。

嘗見世人稍不得意輒曰：「宇宙雖大，難容此身。」信斯言也，則天下之廣居、正位、大道，惟得志者能居之、立之、行之矣，彼不得志者，何以亦曰「獨行其道」邪？ 富貴者能居之、立之、行之矣，彼貧賤者，何以亦曰「不能移」邪？ 故象山曰：「宇宙不曾限隔人，人自限隔宇宙。」

問：「『後車數十乘，從者數百人，以傳食於諸侯』，如此馳驛而行，彭更安得不疑其爲『泰』？」曰：「不然。『從者』是弟子，如『從者見之』之從者，不是孟子的人夫；『後車』是弟子之車，不是孟子的輜重。此是孟子爲賓師時，講學於列國，所以有數百人從之，非馳驛以行，儀從如此其盛也。『傳食於諸侯』，如於齊，餽兼金一百鎰；於宋，餽七十鎰；於薛，餽五十鎰；居鄒，季任以幣交；於平陸，儲子以幣交之類。中間或有或無，或多或寡，聽其自然；中間又或受、或不受，或報或不報，看其道義，非乘傳以行，廪給有一定之數也。不止孟子，如孔

子在陳、蔡，而十哲從遊，則後車亦有數乘矣；曾子館沈猶，而從先生者七十人，則後車亦有數十乘矣，何獨於孟子而疑之？且當時蘇、張輩遊於列國，車騎輜重擬於王者，以秦爲從約長，并佩六國相印耳。若孟子，不過戰國一布衣，所居者何官，所佩者何印，所遣者何牌，而驛遞肯如此應付哉？『不以泰乎』？彭更亦不是真疑孟子，只是見其車從之盛既如彼，而所受七十鎰、五十鎰金幣之多又如此，恐其迹似泰，故不得不問，此正是彭更厚孟子、愛孟子處，非真以泰疑孟子也。」

孟子講學，以孝弟仁義爲宗。當時功利之習深，縱横之風盛，故凡言富國强兵者，即以爲良臣，以爲有功，以爲即「後車數十乘，從者數百人，傳食於諸侯」，亦不爲泰。今孟子所講，不過區區孝弟仁義之談，何富何强，何事何功，而亦後車數十乘，從者數百人，傳食於諸侯，不以泰乎？當時人人把孝弟看做末節，把講孝弟看做迂談，所以疑孟子爲「無事」，疑孟子爲「泰」，蓋當時「外人」有此疑，故彭更舉以爲問，與「外人皆稱夫子好辨」同，故孟子不得已，直自任以有功，而曰：「於此有人焉，入則孝，出則弟，守先王之道，以待後之學者。」可見，這孝弟雖是庸行，實非末節；講孝弟雖是庸言，實非迂談。這箇孝弟，爲往聖繼絶學，爲萬世開太平，事無大於此，安得以爲「無事」？功無大於此，又安得以爲無功哉？他日又曰：「堯舜之道，孝弟而已矣。」見得堯舜之道，也只盡於孝弟，益信孝弟非末節，講孝弟非迂談也。孟子思以孝弟仁義轉移世道，興起人心，使斯世斯民盡皆仁人孝子，然後其心始遂，如此，則從者

惟恐其不多也，又何恤泰之疑哉？知孝弟之道之大，知富强之説之非，則孟子之非泰，可不待辨而自明矣。

王安石行新法，原是爲國的心，只是把孝弟仁義看做迂闊，主意專要富國强兵，做箇國家有用的豪傑，不知一丢過孝弟仁義，便做不出有用的好事業來，此所以到底國也不能富，兵也不能强，不惟不能富强，且貽靖康無窮之禍，自誤以誤人國，豈不深可惜哉？可見堯舜之孝弟，正是堯舜之所以爲事功處，特安石自以爲是，不肯細講耳。

自昔豪傑之士，喜談事功者，多迂視講學，卒之事功不能成，正坐不信學之故，而猶然不悟，至有忿懣不平以死者，可惜也。又或有致位通顯，倖成一二功業，而於孝弟根本處多有闊略，卒之身名俱壞，而事功亦爲其所掩，尤可惜也。嗚呼！安得起斯人於九原，而與之講孝弟仁義之學？

「予豈好辨哉？予不得已也。」「不得已」三字，不可輕易看過。蓋人生天地間，惟有這件事，豈是已得的？吾輩果勘破所以「不得已」處，自然不容不辨，自然退避緘默不得。

桓、文仁義，假者也；楊、墨仁義，真而差者也，故孟子均非之。至於今，學者猶知桓、文之假，楊、墨之差者，誰之力也？

疑思録卷六

讀孟子下

「堯舜之道，不以仁政，不能平治天下。」孟子「法先王」之説，真足爲萬世君臣之法，荀卿欲勝其説不得，乃曰「法後王」，

不知孟子所謂「先王」，不專指古之先王，即父有作而子述之，是亦「法先王」也。不論本朝、前代，皆是「先王」。荀卿「後王」之説，尤是亂道。

問：「『人人親其親，長其長，而天下平。』若止吾輩一二人做去，恐未必能平天下！」曰：「此正要吾輩一二人做去，若拋却自家，只責望衆人，『堯舜其猶病諸』！」

手舞足蹈，不是分外討這箇樂，只是復還那孩提稍長本來之愛敬耳。想孩提稍長之時，其愛親敬兄，真是不知足之蹈之，手之舞之，何曾有絲毫情識安排在内，樂而復還乎此，才是真樂，故曰：「大人者，不失其赤子之心。」

「大人者，不失其赤子之心」，此千古聖學宗旨。若外此言學，是藉寇兵而齎盜糧也。

觀大人不失其赤子之心，可見人生來皆可爲大人，只因失此赤子之心，所以小耳，非生來不可爲大人也，故曰：「人性皆善。」

問：「赤子之心如何失？」曰：「在不學。」問：「如何學？」曰：「在不失赤子之心，故曰：『學問之道無他，求其放心而已矣。』求放心者，求不失此赤子之心也。可見，不學不是，泛學亦不是。」

由「萌蘖之生」，至於「枝葉扶疏」；由「原泉混混」，至於「放乎四海」，其爲物不貳，故曰：「大人者，不失其赤子之心。」知此，則知培植灌溉，疏瀹決排，皆不是義外工夫。

問：「『大人者，不失其赤子之心』，不知用何樣功夫，才能不失？」曰：「『弟子入則孝，出則弟，謹而信，汎愛衆，而親仁。行

有餘力，則以學文』，此節就是不失的功夫。於此功夫，自少至老，守而勿失，就是『大人』，豈能於此外加得分毫？ 故曰：程朱自幼即學聖賢，堯舜到老只是孝弟。」

就是「周有大賚，善人是富」，也只是箇「汎愛衆，而親仁」的道理。

取與死生，自有大道理在，須是平日講得透徹，臨時才得不差。若臨時才去商量，則無及矣。故曰：「可以取，可以無取，取傷廉；可以與，可以無與，與傷惠；可以死，可以無死，死傷勇。」二「可以」字，正是臨時商量處，故曰「一入商量便作疑」。

問：「横逆之來，君子動心否？」曰：「君子之心，亦心也，難説不動。但衆人因横逆之來，動尤人之心；君子因横逆之來，動自反之心耳。故曰『動心忍性，增益其所不能』，只不動尤人之心，便謂之不動心。」

「君子三自反」章，惟顔子可以當之，故曰：「犯而不校。」又曰：「舜何人也？予何人也？有爲者亦若是。」

曾子説「犯而不校」，孟子又恐學者泥其詞，不得其意，徒知不校，不知自反，故又有「三自反」之説。若是果能自反，則横逆之來，方且自反不暇，安有暇工夫校量別人？故三自反，正是不校處。昔人謂孟子「三自反」，不如顔子之「犯而不校」，誤矣。

舜雖遭父頑弟傲，自舜視之，不知其爲頑爲傲，只知道自家要孝要弟，所以爲古今大聖，此所以孟子論「三自反」，必引舜爲法。

問：「人生遭際，多有不同，奈何？」曰：「自古聖人，未嘗不言遭際，而學聖人者，不可輕言遭際，恐寬了自家反己功夫。」

問：「『與禽獸奚擇哉？於禽獸又何

難焉？』不免太露英氣。」曰：「不然。在君子存心，固一味自反，不與横逆校；在孟子立言，若只一味責備君子，更不言横逆一字之非，是益助横逆之惡也，豈是聖賢之心？故不得已，説此二句，正是提醒他、成就他處。有此二句，彼其人即甚横逆，聞此亦未有不知警戒慚愧者，或可以少折雄心於萬一耳。禹泣罪人，孟子泣横逆，既成君子之美，而又不成小人之惡，真所謂『大造無棄物也』。孟子是泛論君子處横逆道理當如此，不是孟子以君子自任，而以禽獸詈横逆也。若是孟子自遭横逆，必不發此言矣，此正是孟子立言毫無滲漏處，豈可疑其太露英氣？」

「妄人」、「禽獸」云云，君子到三自反後，才好如此説，此是究竟盡頭的話，不是輕易説的。此所以下文緊接「君子有終身之憂」，而又引舜以爲証。若謂必自反如舜，而後可以言「自反」，而後可以言「不校」耳。舜不是容易如的，「妄人」、「禽獸」，不是輕易説的。

世之犯而必校者無論，即犯而不校者，亦有三様，有自反而不校者，有不自反而不校者，有不自反而又以不校爲校者。自反而不校者，顔子是也。若不自反而不校，但遇横逆，即曰「此妄人也，此禽獸也，何足與之校」，如此，若與顔子不校一様，不知這様不校，是自以爲是，目中無人，把人都當禽獸待了，是何道理？是又傲妄之尤者也，益失顔子不校之意矣。至於老子「欲上故下，欲先故後」之説，是又以不校爲校，乃深於校者也，其奸深又甚於傲妄。故孟子「存心」、「自反」之説，正在精微處辨毫釐千里之異耳，「犯而不校」，談何容易？

「校固不是，不自反而不校又不是，如何爲是？」曰：「又要不校，又要自反，横逆既一毫不介於懷，修省又一毫不懈於己，方是真正犯而不校。此聖學所以爲難，此顔子所以爲不可及。」

問：「『我由未免爲鄉人也』，何以解？」曰：「鄉人是朝夕相與的，極容易起是非，故許敬菴先生作『舜人也』八句時文，至此云：『我猶未免與鄉人校是非也，與鄉人校是非，是亦鄉人而已矣；我猶未免與鄉人校順逆也，與鄉人校順逆，是亦鄉人而已矣。』『校是非』、『校順逆』二語，直中本章肯綮，真足令人警省。」

君子「三自反」，是就君子自家説，在他人，不可以此責備君子。若因君子自反，遂責備君子自取，是左袒横逆之説也。「新法之行，吾黨亦激成之」，是伯淳自反之言。伯淳道大德宏，自家合當如此説，而論者不察，遂真以爲激成，何也？如此，則章惇、蔡京輩反爲不激矣。

「吾黨激成」之説，在伯淳自言吾黨，則可；在他人責備伯淳諸君，則不可。

自家説話要謙，别人論人要平。自家説話，只當自任不是；别人論人，却當分别是非。

問：「『禹、稷、顔回同道』，『道』字何所指？」曰：「正指那『猶己饑』、『猶己溺』之心，這箇『猶己』的心腸，禹、稷、顔子都是一般的，只是禹、稷有責任，説得『由己』，顔子無責任，説不得『由己』耳。若是禹、稷有了『由己』的責任，然後才辨此『猶己』的心腸，其何以爲禹、稷？若是顔子莫有『由己』的責任，便全然莫有『猶己』的心腸，其何以爲顔子？不知這箇心腸，就是『仁者以天地

萬物爲一體』之心，就是『大人者，不失其赤子之心』之心。有了此心，便是一腔四海，八荒我闥，所謂『大用之，不愧四海；小用之，不愧四境；不用之，亦不愧四壁』者，此耳。用與不用雖不同，其不愧則同，故曰『同道』，又曰『易地皆然』。吾輩不要管用與不用，有責任無責任，千講萬講，只是要不失此『猶己』的這箇心。」

問：「『禹、稷、顔回同道』，吾輩何以能與禹、稷、顔回同道？」曰：「只在不失此心。」

士君子平日無「猶己饑」、「猶己溺」之心，臨事必無「由己饑」、「由己溺」之思，「猶己」、「由己」，總只是一箇心腸。

禹「由己溺」，稷「由己饑」，自後人視之，若過於自任，不知禹、稷此一念，就是「乍見孺子入井，有怵惕惻隱」之一念。可見，此一念，人人都是有的，如不敢承當「己溺」、「己饑」之心，難道亦不敢承當「怵惕惻隱」之心？

伊尹樂堯舜之道，全不涉於玄虛，只在辭受取與一稟於道義上見得，不然，即誦詩讀書，總屬口耳。

問：「『予將以斯道覺斯民也』，不知伊尹所覺何道？」曰：「伊尹覺及於此，便是覺處。若曰『我能覺矣』，而置後知後覺者於度外，吾不知其所覺者又何物也？」

「其自任以天下之重如此」，是何等擔當！何等氣概！然欲知自任以天下之重，當知自任以吾身之重。蓋吾之一身，原是天下人所倚重者，若知吾之一身，原是天下人所倚重，則痛痒之心，自不容已，自不容不自任以天下之重。

學者須是有一介不苟的節操，纔得有

萬仞壁立的氣象。

「殷浩清修，一籌莫展；汾陽奢靡，身係安危。」此左袒奢靡者之言。殷浩一籌莫展，是生來才短，非清修之過也；汾陽身係安危，是生來才高，非奢靡之故也。論人者，因汾陽奢靡，而遂少其再造社稷之績，固不可；因浩一籌莫展，而遂以爲清修之不足取，尤不可。

甘得淡者品高，容得人者量大。

「志伊尹之志」，須從一介志去；「學顏子之學」，當自「四勿」學來。

「一鄉之善士」一節，説不得善蓋一鄉，如此，則何日方能善蓋一鄉、一國、天下，方去友一鄉、一國、天下之善士，只是渾渾説「一鄉之善士，斯友一鄉之善士」。見得有如此樣人品，方有如此樣的朋友。又見得「一鄉之善士，斯友一鄉之善士；一國之善士，斯友一國之善士；天下之善士，斯友天下之善士」。不然，則嫉之忌之，擠之排之矣，肯與之爲友耶？「尚論古之人」，不是一鄉、一國、天下之外，另有箇古之人，只是一鄉、一國、天下善士，已往者都是，如吾省城前輩，如李介菴諸公，便是一鄉的古之人；如文、武、周公諸聖賢，呂、馬、韓、楊諸君子，便是一國的古之人；如堯、舜、孔、孟諸聖賢，周、程、朱、陸諸大儒，便是天下的古之人，都要去尚論一番，便是與他爲友一番，故曰「尚友」。誦詩讀書，知人論世，又不是到友天下之善士後，才去誦詩讀書，知人論世，如此，且稱不得「一鄉之善士」，何以稱「天下之善士」？鄉國天下，古今人物，都是一齊用功，無遠無近，無古無今，無一善士不在我形與神交之中，才是箇人品，原分不得前後次序，只是聖賢立言不得不

如此耳。自古説朋友之交也，下箇「之交」二字，見得交則爲友，不交便不是友。孟子又恐人泥定「之交」二字，必覿面相處，才謂之友，如此，將「友」字又看的小了，所以此章又説箇「尚友」，見得不惟天下善士是我的友，雖古之善士，也是我的友。如此看來，我的朋友，真是無窮無盡，又何孤立寡助之患耶？若必於覿面相處，才謂之友，毋論天下，即一國之善士，亦豈能盡相面覿哉？自古未有這等解「友」字者，解之自孟子始。末節「又尚論古之人」一句，已説盡了，即當直接是尚友也，又説誦詩讀書，若曰：爾平日已是「誦其詩，讀其書」，只是當箇詩書誦讀了，不曾「知其人」，「論其世」，與不誦不讀何異？故曰：「不知其人，可乎？」「是以」二字，正是照應「又尚論古之人」句，不可以言行平重，且此章書，正是孟子傳心要訣，惟萬章可以語此。前「舜往於田」數章，辨堯、舜、禹、湯、伊尹、孔子、百里奚諸人受誣蒙謗之由，皆引《詩》《書》之言爲証，使千古聖賢不白之寃，一旦昭雪於天下後世，使千古聖賢滿腔心事，昭昭乎如揭日月而行。如此，才算得箇朋友，才是孟子尚友千古之善士處。由此觀之，若使我友一鄉一國之善士，而使一鄉一國之善士有受誣蒙謗處，我亦隨聲附和，而不爲之體諒，即心上體諒，而不爲之辨白昭雪，則彼亦何取於我之爲友？而我亦何以稱於天下曰友一鄉一國之善士哉？古之聖賢，不肯妄交，交必善士，與人相處，有過則必爲之告，有寃則必爲之白，有善則必爲之稱許，相勸相規，相成相愛，故曰「友」，「友」之云者，豈徒只修相與之跡而已哉？且説「知人」，又説「論世」者，何也？夫人之受

誣，多因所處時勢不同，不得不冒有過之跡，後人論人，又多執今日之時勢，議論古人，如何能識得人？須是要論世，在當日事勢如何，在今日時勢又如何，必設身以處其地，然後能得古人之心，而相諒於形跡之外。如「父母惡之，勞而不怨」，此自是正論，若執此以病舜，舜其何辭？孟子以「怨慕」解之，又以「不若是恝」發揮，則舜「號泣」之心事白矣。「娶妻如之何？必告父母」，此《詩》之言也。若誦其詩，而不論其世，則舜又何辭？孟子以「告，則廢人之大倫，以懟父母」解之，則舜「不告」之心事白矣。封其弟而不使之有爲於其國，非特愛有庳之民，正所以愛象而保全之也。而或者病其爲「放」，至孟子以「封之」之説解之，而舜愛弟之心又白矣。至於以「德衰」誣禹，以「割烹」誣尹，以「主癰疽、瘠環」誣孔子，以「自鬻要秦」誣百里奚，使非孟子力爲之辨，無論當時，即今日，孰知伊尹、孔子之誣哉？讀此數章，正是孟子尚友舜、禹、伊、孔諸人處。且此數章，俱是孟子與萬章辨論，故「一鄉之善士」章，不與他人言，獨與萬章言也。

問：「孟子『乃若其情』情字，『非其才之罪』才字，何以分別？」曰：「如齊王不忍觳觫之牛，此便是情之善處。既不忍其觳觫，又不可以廢禮，思量一番，遂生出箇『以羊易之』之法，此便是才之善處。若夫爲不善，如興兵搆怨之類，是欲心陷溺之罪，非其才之罪也。不然，豈有不忍於觳觫之牛，而顧忍於無告之赤子？豈有有以羊易牛之才，而顧無以德保民之才乎？情是性之發見處，才是性之作用處，原都是善的，故曰『孟子道性善』。」

問：「夜氣、浩然之氣，何以分別？」曰：「夜氣，乃浩然之氣之端倪。若從此端倪直養無害，使一日十二時中，常常如平旦之時，便是浩然之氣，塞於天地之間，不是兩樣。」

「操舍」二字，正吾儒、異端之辨。心體本無去住，本自玄妙，然必操之又操，以至於化；存之又存，以至於忘，然後能復其本體。原不在放也，而曰放之自然，體無去住；原不在縱也，而曰縱心所如，無不玄妙。此所以滔天罡駕，貽禍無窮。

「若説樂道，便不是顔；孟不及孔，只爲求心。」此吾儒最高議論，然皆混於禪學，而不自知其非者。孔子曰「學而時習之」，不曾説出所學何事，孟子曰「學問之道無他，求其放心而已矣」，此其解也。孟子願學孔子，故特拈出聖學之原以示人，見得孔子之學只在求心，原非泛然用功耳。舜之授禹曰：「人心惟危，道心惟微；惟精惟一，允執厥中。」夫惟人心危而道心微，所以不得不用「精一」之功，精而一之，所以求心也。若曰：「心本在此，將甚麼求？」不知在此者，果道心邪？抑人心邪？豈心果槁木死灰，塊然如一物在此而不動邪？果如「心本在此，將甚麼求」之説，則「精一」、「執中」，皆剩語矣，豈舜亦不及孔邪？孔子曰：「言忠信，行篤敬。」忠信、篤敬，所以求心也，非馳逐於言行也。「居處恭，執事敬，與人忠」，恭、敬、忠，所以求心也，非馳逐於居處、執事、與人也。「出門如見大賓，使民如承大祭」，如見、如承，所以求心也，非馳逐於出門、使民也。「非禮勿視，非禮勿聽，非禮勿言，非禮勿動」，勿視、勿聽、勿言、勿動，所以求心也，非馳逐於視聽言動

也。人心匪精，言行匪粗，人心匪內，視聽匪外，隨時隨處，無非學問，無非求心，此孔子之學所以上接虞廷之統，而下開孟氏之傳也。今曰「孟不及孔，只爲求心」，不惟不知孟，亦不知孔。

問：「心一耳，以心求心，豈心之外復有心邪？兩物對，則計較生；兩念橫，則意見生。求之爲言，得不幾於『憧憧往來』邪？」曰：「不然。心非物也，以心求心，非兩念也。能求之心，即是存；不能求之心，即是放。『求之』云者，不過自有而自照之耳，非心之外復有心也。故《易》曰『洗心』，曾子曰『正心』，孟子又曰『存心』，曰『養心』，皆是此意。若以求心爲兩念，則心誰去洗？誰去正？又誰去存且養？亦不幾於兩念邪？如此，必舍置其心，任其『憧憧往來』，而後爲『何思何慮』矣，有是理哉？此異端所以異於吾儒，而流於無忌憚也。」

「求放心」，乃孟子三字符也。然放之久者不知學，甘於放者不肯學，遂以爲心不必求，又以爲求之無益，故不得已又曰：「是求有益於得者也，求在我者也。」知求心爲「求在我」，則心不可不求，益洞然無疑矣。可見「求放心」三字，正是孟子得統於孔子處。

孟子上章說「失其本心」，次章即說「求其放心」，求放心者，求不失此本心也。「求其放心」、「勿求於心」，此孟子、告子之別。

問：「『操則存』，似涉於有；『舍則亡』，似淪於無。臧穀亡羊，其失一也。不操不舍之間，有妙存焉。何如？」曰：「此異說也。不操便是舍，不舍便是操，理欲交戰，

天人貞勝，勢無兩立，豈有『不操不舍之間，有妙存焉』之理？只說箇『不操不舍之間，有妙存焉』，便是要舍的話說，只是說的太巧耳。」

問：「或謂操似助，舍似忘，不操不舍之間，才是勿忘勿助，是否？」曰：「勿忘勿助，都是在『操』字上說，故曰：『必有事焉而勿正，心勿忘，勿助長也。』『有事』是操處，『勿忘勿助』是操之妙處，非不操不舍之間又有箇妙處也。離『必有事焉』，說不得『勿忘勿助』。」

「操」字功夫，最要善用，故孟子有「必有事焉而勿正，心勿忘，勿助長」之說。學者只當常存「操之」之心，常用「操之」之功，在「操」字裏面求其妙處，如「優焉游焉，使自得焉；操之又操，以至於化」便是。若懲其不善操，而遂謂「心非操舍之可言」，遂謂「不操不舍之間，別有妙處」，則愈差愈遠矣。

凡說「心非操舍之可言」，便是要舍的意思；凡說「調停」之言，便是要用小人的意思。

「調停」之說，真是誤國不小，薰蕕不同器而藏，賢奸可共國而治乎？斷無此理。故凡爲「調停」之說者，皆巧其詞，以爲小人地者也。

爲國者，即純用君子，猶恐其真僞難辨，即純得真君子用之，猶恐其意見不同。若明知其爲小人，而借口於「調停」之說，則小人立進，君子立退，天下國家之禍立見矣。識者謂靖康之禍，不始於靖康，而始於建中靖國之初，信然哉！

「人而不仁，疾之已甚，亂也。」此正是善於遠小人處，只不要已甚便是。若見不

善而不能退，退而不能遠，而曰「不爲已甚」，則益失夫子意矣。

問：「既知是小人，卻借『調停』之説引用之，是何主意？」曰：「此鄙夫患失之意也。彼知小人敢於爲惡，恐一時得志，以圖報復，所以借『調停』之説，陰結小人，以自爲地耳。不知小人如虎狼然，一得志，未有不反噬之理。如元祐、紹聖間，引用小人之人，即受小人之害，可鑒也！無論爲國，即自爲計，亦非矣，故曰『菑必逮夫身』。」「然則爲人臣者當何如？」曰：「只當秉公持正，以進君子，退小人，一心爲國家計，若自家恩讐德怨，禍福利害，一切置之不問可也。」

待人當親君子而容小人，故曰：「汎愛衆，而親仁。」用人當進君子而退小人，故曰：「舉直錯諸枉。」以待人者用人，則忠邪不辨；以用人者待人，則度量不宏。

吾儒云「心之官則思」，而異端乃倡爲「言思道斷」、「不思善，不思惡」之説。夫不思，是不能先立乎其大矣。大者不立，小者任其所奪，無怪其以蕩檢踰閑爲圓融廣大也。自誤誤人，莫此爲甚。

兄弟之間，只凡事讓一步，便是堯舜道理，故曰：「徐行後長謂之弟。」

問：「君子之所爲，如何衆人不能識？」曰：「君子之所爲，原不求衆人識，衆人何以識之？若汲汲求衆人識，便非君子矣。孟子願學孔子處，正在於此。」

「夭壽不貳，修身以俟之。」必夭壽不貳，纔能修身以俟之，不然，鮮不行險以徼倖矣。「夭壽」二字，舉其重者而言也。言夭壽，則毁譽、得失、貧富、榮辱可知，有夭有壽是常事，而人多以夭爲變，以壽爲常；

有毀有譽是常事，而人多以毀爲變，以譽爲常；有得有失是常事，而人多以失爲變，以得爲常；有貧、有富、有榮、有辱是常事，而人多以貧以辱爲變，以富以榮爲常。常者一也，分常變而二之，則貳矣。故人生終日營營逐逐，有多少畔援欣羡處，那一件不從「貳」字上生來。若能勘得破夭壽乃人生常事，毀譽、得失、貧富、榮辱都是人生常事，便是不貳，便修身以俟之。不止夭壽爲人生常事，有寒必有暑，有晝必有夜，寒暑、晝夜，乃天地之常，何況於人？故曰：「天地之道，可一言而盡也，其爲物不貳。」知天地爲物不貳，則知「夭壽不貳」之説。

勘得破天命大抵如此，則一切揀擇之心自化；勘得破人情大抵如此，則一切煩惱之心自消。

客有談及仕途時事者，喟然歎曰：「如今做官，不倚靠墻壁做不得。」余從容解之曰：「若不聞孟子之言乎？『知命者，不立於巖墻之下』。」客大爲解頤，余因記其言以醒世。

問「萬物皆備於我」。曰：「仁者原來與天地萬物爲一體，但世之學者看做萬物是萬物，我是我，萬物與我無相干，所以不肯『反身』，所以不肯『强恕而行』耳。知『萬物皆備於我』，可見我之爲我，非區區形骸之我，乃萬物皆備之我。萬物既皆備於我，則責任在我，自然推不得別人，自不容不反身。『反身而誠』，則自然是快樂的，故曰『樂莫大焉』；反身不誠，則自然是不肯丢過，故曰：『强恕而行，求仁莫近焉。』今吾輩一日十二時中，也有反身而誠之時，也有樂時，不專是聖人能之，但只是有反身不誠處，便丢過了，或怨天，或尤人，不肯强恕而

行耳。然所以不肯强恕而行者，原只是不知萬物皆備於我，故孟子不得已，直指其本體，曰『萬物皆備於我』，真是令人警省，令人痛快！此孔子論仁宗旨，非孟子不能洩其秘也。」

問「『萬物皆備於我』，何處見得」？曰：「就在『樂』字見得。不然萬物自萬物，我自我，痛痒既不相干，則反身而誠，有何樂處？觀其樂，而『萬物皆備於我』可知。至於『强恕而行』，不過要討得此樂耳。『堯舜其心至今在，箇箇人心有仲尼』，正在此。」

「楊氏爲我，墨氏兼愛」，總只是不知「萬物皆備於我」一句。一則離萬物言我，一則離我言萬物，此所以謂之「異端」。

「古之人，得志，澤加於民；不得志，修身見於世。」玩「得不得」三字，可見古人之志，原爲天下，不爲一身，志量何樣大！此正所謂「尊德樂義」，正所謂善也。故「窮則獨善其身，達則兼善天下」，有此志，便是欛柄在手，故無往不可。

近日講學者多佞佛，而懲佛者，併吾儒之學又置之不講，嗚呼！弊也甚矣！且此弊非自今日始也。昔楊氏以「爲我」爲宗，墨氏以「兼愛」爲宗，彼此自是，彼此相懲，愈激愈錮，使天下之人，雖當可以爲我之時，亦不敢爲我，曰：「恐蹈楊氏之弊也。」雖當可以兼愛之時，亦不敢兼愛，曰：「恐蹈墨氏之弊也。」大道既迷，令人無路可行，不得已而有子莫之「中」，至於子莫，而此路愈行愈差，當斯時也，子莫之苦，亦有不可勝言者矣。故孟子覺之曰：「道若大路然，豈難知哉？」又舉禹稷之「過門不入」，顏子之「陋巷，不改其樂」以實之，見得

時當兼愛，雖如禹稷之披髮纓冠，人不得疑其近墨；時當爲我，雖如顏子之閉户，人不得疑其近朱。而禹、稷、顏子，又能「易地皆然」，彼楊、墨者，何故彼此自是，彼此相懲，至如讎敵然也？故曰：「禹、稷、顏回同道。」「同道」云者，謂同在此一箇大路上行耳。此路一明，則楊朱、墨翟，必且相遇於塗，向之相懲相敵如寇讎然者，必且一笑而釋矣，子莫方自快其有此大路可行，何故復桎梏於「中」以自苦哉？然則「禹、稷、顏子同道」之説，爲楊、墨之各行一路而言，又爲子莫之懲戒楊、墨者至於無路可行而言也。噫！楊氏懲「兼愛」之弊，而不知已弊於「爲我」；墨氏懲「爲我」之弊，而不知已弊於「兼愛」。兩家遞勝，是驅天下而爲子莫也，可勝歎哉！今之學者懲談禪之弊，而併吾儒之道置之不講，是懲楊氏而併非顏子，懲墨氏而併非禹稷也，是向也驅天下爲子莫，今也驅天下爲鄉愿也。吾儒之道，何時而明？天下之弊，何時而已哉？有世道之責者，不容嘿嘿矣。

仁義一也，堯舜曰仁義，湯武曰仁義，五霸亦曰仁義，不知堯舜性之也，湯武身之也，五霸假之也。至於老莊，則絶而棄之矣。然五霸之假，老莊之絶棄，總只是不知性善。五霸之意，以爲吾性中本無仁義，故不得不假之，以自附於湯武之列，而不知一假之，則其弊無窮，故令人欺世盜名，假公濟私，使吾儒之教，視爲虚文爲體面者，五霸爲之作俑也，是率天下而爲僞也。老莊目擊其僞，於是憤憤然有「絶仁棄義」之説，若曰吾性中既無仁義，何必去假，與其假之而爲僞，毋寧絶而棄之，猶不失其爲真乎？而不知絶仁棄義以爲真，是爲真小人，非爲

真君子也，而其弊更益甚。故令人毁裂綱常，蔑棄禮法，使吾儒之教，視爲桎梏、爲糟粕者，老莊爲之作俑也，是又率天下而爲亂也。五霸假之，其弊爲僞君子；老莊絶而棄之，其弊爲真小人。世教人心，可勝慨哉！孟子於此，不辨五霸該假不該假，老莊該絶棄不該絶棄，而第曰「性善」，若曰吾性中自有仁義，何必去假？吾性中自有仁義，何所絶而棄之？如以仁義爲可假，吾性亦可假耶？如以仁義爲可絶棄，吾性亦可絶棄耶？仁義即性，性即仁義，故曰「性善」。使五霸而早知性善，當自悟其不待假；老莊而早知性善，當自悟其不能絶而棄之矣。此「孟子道性善」，所以大有功於天下後世也。或曰：「孟子何獨言五霸而不及老莊？」曰：五霸之假，是陰附於仁義之内者也，不容不辨；若老莊之絶棄，則明叛於仁義之外矣，何待辨哉？何待辨哉？

「親親而仁民，仁民而愛物。」此自古聖賢相傳正脉，堯舜以此帝，湯武以此王，伊周以此相，孔孟以此師，自古及今，此脉常在，「人皆可以爲堯舜」，正在於此。第堯舜能知擴而充之，故可以保四海，途人不知擴而充之，至於不能事父母，夫父母至親也，而至於不能事，又何論民物？然其所以不能事父母者，乃不知擴而充之之過，非本來無此心也。或者至此，不免於疑而不信，故孟子以孩提知愛、稍長知敬驗之，夫世豈有孩提而不知愛，稍長而不知敬之人乎？堯舜此心，途人亦此心，「人皆可以爲堯舜」，誠可以深信而無疑矣。知愛知敬之心，人原皆有之，而不驗之孩提稍長，則人不信其皆有，此孟子不得已提醒人心處。識得此心，便是仁；擴充得此心，便是爲仁。遇親

而親，莫知其所以親；遇民而仁，莫知其所以仁；遇物而愛，莫知其所以愛。總之，從此知愛知敬一念中流出，故曰「堯舜其心至今在」。此自古聖賢相傳之正脉，誠不在語言文字間也。吾輩爲學，正當在此處識取方可。

楊氏爲我，舉親與民物而讎之；墨氏兼愛，舉親與民物而混之，此所以流弊無窮。故「親親而仁民，仁民而愛物」，乃吾儒大中至正之道，實天理人情之至也，故可以常行而無弊。

「好名之人，能讓千乘之國」，是從簞食豆羹見色處，看破讓國是好名，非概以讓國爲好名也。莊周謂伯夷死名於首陽之下，至以臧穀亡羊爲喻，何與？

扶持名教，顧惜名節，此正是君子務實勝處，不可以此爲好名。若不扶持名教，不顧惜名節，而曰「我不好名」，是無忌憚之尤者也。

問「逃墨歸楊，逃楊歸儒」。曰：「此二句，是就人情大較説，非低昂二氏之學。註謂『墨氏務外不情』，極是；謂『楊氏太簡近實』，尚有商量。」或者未達。余因問：「近世之人，『摩頂放踵，利天下爲之』之人多乎？『拔一毛而利天下不爲』之人多乎？」曰：「『拔一毛而利天下不爲』之人多。」余曰：「如此，則孟子『逃墨歸楊』之言已驗矣，只是學者不肯逃楊歸儒耳。二氏之病一般。孟子謂『逃墨歸楊，逃楊歸儒』，是就人情大較説，安得謂楊氏爲近儒？彼謂楊氏爲近儒者，是逃墨歸楊而不自覺者也。」

「養心莫善於寡欲」一句，乃吾儒養德養身之秘訣。「大人者，不失其赤子之心」，只是箇「寡欲」，「寡」字是用功，如「欲寡其

過而未能」之寡，不是在分數多寡上説，寡之又寡，以至於無，故周子曰「無欲」。「無欲」之説，正是解孟子「寡」字之意。

問「養德養身」。曰：「如『仁者，其言也訒』，所以養德也，而常默，元氣不傷在其中矣；『惟酒無量不及亂』，所以養德也，而節飲，臟腑和平在其中矣；『養心莫善於寡欲』，所以養德也，而寡欲，身體康强在其中矣。此吾儒養德、養身原非兩事之説也。若專爲不傷元氣而訒言，專爲臟腑和平而不及亂，專爲身體康强而寡欲，功夫雖未嘗不同，却非吾儒之旨。」

問「『見知聞知』章大意」。曰：「玩『由堯舜至於湯』，『由湯至於文王』，『由文王至於孔子』語意，見孔子得統於文，文得統於湯，湯得統於堯舜，而中間禹、皋陶諸人，特爲之承前啓後云爾。『然而無有乎爾』二句，人徒知孟子以禹、皋陶諸人自任，而不知其所以自任之意，正是爲後來之湯、文、孔子者地耳。此其屬望後人的意思，真是至懇至切，孟子這一段心腸，真是聖人天地之心。」

朋友觀書，多有摘議晦菴者，陽明先生曰：「是有心求異，即不是。吾説與晦菴時有不同者，爲入門下手處，有毫釐千里之分，不得不辨，然吾之心，與晦菴之心未嘗異也。若其餘文義解得明當處，如何動得一字？」又《答徐成之書》云：「晦菴折衷群儒之説，以發明六經、《語》、《孟》之旨於天下，其嘉惠後學之心，真有不可得而議者。吾於晦菴，亦有罔極之恩。」近世訾議晦菴者，多借陽明爲口實，不惟不知晦菴，亦不知陽明矣。

門人武用望、郭壯、田應登、李惟幾、馮

思再、張達材、鮑鯨如、何補之、楊廷佐、劉嘉會、葉世美、高允升、王可啓、王之翰、徐方敬、白鶚騰、宋如式、梁滋、强克柔、許相、王再諭、屈還伸、蘇時雨、王家禎、劉應時、張紹齡、郭封、馬元吉、胡從周、劉大成、王宗信、陳懋學、吕學書、任國璋、賈士傑、曹更新、諶允孚、沈騰蛟、李廷標、孫陞、王國俊、林生輝、趙譔、楊起泰、趙譓、趙聯極、林起鳳、綫純然、李長年、任國珣、蒲士偉、潘桂、黄增輝、邵堯照、邵震元、楊來復、劉自堯、祝萬齡、陶爾德、杜鵬程、張紹成、梁爾禎、馬元善、王紹熙、蘇訓、馮昂、王之良、黄運襄、梁嘉樂、梁嘉善、李昌齡、劉紹芳、辜茂方、宋佳胤、鄒燿、屈鍾瑞、張光裕、周基、蕭如蘭、屈鍾秀、黨應聘、晉生耀、劉仕明、錢光裕、王紹舜、晉生輝、桑本立校梓。

男康年、嘉年仝校。❶

余友人讀先生《疑思録》，問於小子訓曰：「周茂叔云：『明不至，則疑生，明，無疑也，謂能疑爲明，何啻千里？』馮先生特致言於疑也，何相戾也？」訓曰：「不然，茂叔爲拋却無心之鏡而專用逆億者發，故係明於公，絶疑於獨，蓋指細人揣摩猜懻之疑不可有，非謂吾儒參求心性之疑爲可少也。若吾儒參求心性之疑，一人無此，則真覺閉；一日無此，則心徑塞；一隅無此，則師説蕪；一邦無此，則正學廢；一世無此，則人人師心，室室置喙，猖狂恣肆之習熾，而孔門弗明弗措之教化，爲荆榛虺蜴之途矣，不亦大可畏哉！」又謂：「漆雕開曰『吾斯之未能信』，馮先生曰『吾斯之未能疑』，奚

❶ 以下兩跋文原缺，據張本、洪本補。

取於疑與信而反之也？」訓曰：「不然，先生之求爲疑，即開之求爲信，能疑斯能信，不能疑，無能信之日矣。試想漆雕開『未能』兩字是何境界，則疑信之關一撞俱破，寧有二哉？」往歲讀王龍谿先生《文録》，愛其矢口玲瓏，篇章浩淼。比再讀，則滉瀁舒軼之氣，一發輒盈數札，蓋闡明自正，評駁自確，雖曰爲陽明先生倡揭『良知』之學，不啻救焚拯溺，竊恐遠紹微言者，不應縱制舉之筆，而開蔓衍之津也。余衷梗之，未敢言。因讀馮先生見示諸刻，響與桴傳，語隨意盡，且是編言格物，言率性，言求仁，言仁義孝弟，提綱携領，觸處洞然，真如月落萬川，爲物不貳，令人灼見堯、舜、孔、孟以來相傳嫡脉，翼聖言而掃新舊之説，在此編矣。其視語語拈着「良知」字者，孰脱灑而孰沾滯也？❶ 小子訓中心悦之式之，不自知其狂僭，而以問於先生，非謂薄龍谿而弗師也。西使再至，愬先生教之。

門人長白劉鴻訓謹跋。

夫學之難也，傳而不失其宗難，自孔子以學之不講爲憂，歷曾、思以至孟氏，立的於萬世，是故學道者，必折衷於魯鄒云。秦漢以來，侈於訓詁詞章，雜以佛老清譚，淆亂偏陂，而莫可救藥，逮濂、洛、關、閩諸大儒起，始振其敝，以扶其統。厥後門户分立而議論煩，議論煩而真旨隱，於是陽明先生倡爲「致良知」之説，以覺人心之迷，其有功於聖門甚大，而其末流，亦不免有遺議。甚哉！傳而不失其宗，難也！我師少墟夫子崛起關中，繼涇野先生後，執理學牛耳。

❶「滯」，原作「帶」，據洪本改。

其入道也，曰「吾斯之未能疑」；其提宗也，曰「人性皆善」，而要其歸於「不失其赤子之心」，由濂洛以窺洙泗，而學始粹然復歸於正。語具録中，録凡六卷，往往言本體不離功夫，言功夫不離本體，即若所勘欲立欲達、修己以敬、君子自反數則，儼然立心、制行、待人真矩矱也。而拔本塞源之論，寫出千古同體萬物之旨，與末世俗習相沿之弊，自堯舜之孝弟，禹、稷、顔回之同道，以至五伯、老、莊、楊、墨、子莫之悖亂狂僞，若見垣一方，皆前賢所未發，又前賢所欲發，百世以俟聖人而不惑矣。齡退而深惟曰：孔子以博文約禮，剖精一之蘊，故記《論語》；曾子唯一貫，作《大學》；子思明性道，著《中庸》；孟子正人心，息邪説，以承三聖，不得已，而與門弟子述仁義七篇；夫子闡實行，正宗旨，接鄒魯以來不絶如綫之脉，厥有《疑思録》，其係於世道人心豈淺哉？於是群及門士，謀壽諸梓以傳。讀是録者，倘能以不失其赤子之心爲聖學真訣，而服習夫子之訓，精察而力行之，又何傳而失其宗者之足憂也耶？謹拜手而書於後。

門人咸寧張紹齡謹跋。

馮少墟集卷四

長安馮從吾仲好著❶

語録

訂士編序❷

余之事西臺少墟馮先生也，方自今兹始，而余之願折節先生也，則實聞義於西臺鏡源涂先生；乃余之夙知先生也，則方薄遊粤、蜀，及家食時而已鄉王之矣。蓋公以杜陵碩彦，通籍金閨，惠文柱後，丰稜節誼，表表漢廷。旋以抗直觸忤，言入而身退，然身詘而道尊矣。比歸來，絶徑杜門，研精耽道，洞然縣罄，而公方憪然於貧富之辨，如將浼之。蓋余入長安，凡三造請，而後見先生於卧所，始克酬數年鄉王之願，隨辱投以《訂士》一編而受讀焉，然後見先生之學之一斑，而竊幸士學之知所皈依也。

夫學不明則道不立，道不立則經不尊。故士離經以辨志，証援知據，摛文竪義，取諸漢；原究本始，統壹聖真，與於宋；守師説以耳食，摭釋老以枝指，緣時事以傅會，則近世以來，學蔀嘵然，而莫可底止矣。蓋其志彌羶，其説彌兢，其境彌棼，其理彌晦。故廣川之奥，昌黎之超，象山、新建之詣，乃各極其志之所鄉，方以麗於斯道，而拔新標異，共振世之幽滯。若先生行古之道，志古

❶「好」下，張本有「父」字。
❷「序」，原無，據文編次補。

之人，澹泊寧静，貞其守祛，練神明，通其會，尊經以立道，守道以殖學，節緣學植，而言與行孚，知公之志於潛，而達於見，出其餘緒，而九鼎於漢廷矣。是編也，何足以盡先生，而先生之學，見於此。

時萬曆壬寅歲二月吉旦，知華州事門人楚澧吳籛頓首拜譔。

《訂士編》者，鹺臺馮公編也。公行部至東，必造黌序，進諸生，講《四書》義，率出己意，反覆印証，期於剖微言，透宗旨，有前人所未發，而末學所共迷者。凡歷三郡，得如干首，❶不佞命爵讀之心恖，爰屬州牧張君刻而廣其傳。公關中人也，既擢上第，游中秘，篇章一出，人人競相手録。命爵竊神交公久，每念關中有空同、槐野兩公者，豈不煒煒登壇，祇敝精神於文詞；要以默契聖真，爲世大儒，獨涇野吕先生。先生之學，命爵無能窺萬一，頃從公譚學，公輒稱引先生不置口，即是編可覩已。以公盛年鋭志，今且杜門精詣，必有不爲先生也者。乃知關中故多材，匪直以文詞鳴。求是編於文詞，抑亦淺之乎觀公者與？

萬曆丙申元春，舊屬下山東東昌府知府廬陵王命爵頓首撰。

訂士編

示臨清學諸生

夫子「博文約禮」之訓，不顓爲一顏子

❶「干」，原作「千」，據張本改。

發，而顏子一旦慨然認到自家身上，曰「博我約我」，何也？彼誠信得道理原在自家身上，夫子不過一指點之耳，向也迷而今也悟，方才覺得有趣，方才欲罷不能。若是自家信不到，但假人口吻，曰「博文約禮」云云，終是無趣味，終是不得「欲罷不能」。子思曰：「人莫不飲食也，鮮能知味也。」此迷悟之説也。且顏子既稱「欲罷不能」矣，不知「欲罷不能」之時，何樣光景？誠不可不於此處潛心。

「博文約禮」，有先後而無等待。若待博文完了，才去約禮，則天下古今道理無窮盡，何時能博得完，將終其身無約禮之時矣。余師許敬庵先生曰：「孔子教人，其大端曰博文約禮。道之散見於人倫庶物之間者，文也；其本於吾心天然之則者，禮也。隨事而學習之謂博，隨學而反己之謂約。禮即在於文之內，約即在於博之時，博而約之，所以爲精也。精則一，一則中，孔子『學而不厭，誨人不倦』，其斯而已矣。」先生此説，可謂善發聖人之藴。

「雖欲從之，末由也已」，此正是顏子學有得處。文王「望道而未之見」，孔子「不知老之將至云爾」，自古聖人，大都如此。士君子爲學，須要造到『欲從』、『末由』，至於無所用力處，然後謂之學顏子之學。不然，掘井九仞而不及泉，與不掘何異？

問：「『苟不固聰明聖知達天德者，其孰能知之』，何也？」曰：「註云：『固，猶實也。』實者，斂華就實之意。正爲上文頭一句説『聰明睿知』，又恐學聖人者騁其聰明睿知，在外面用功，不肯斂華就實，所以曰『固』。」或曰：「既是學聖人不當騁其聰明睿知，上文何必頭一句説『聰明睿知』？」

曰：「天下之事，非聰明睿知之人，一件做不得。且如該寬裕温柔處，❶卻發强剛毅；該發强剛毅處，卻齊莊中正，可乎不可？此所以先説『聰明睿知』，後説『容、執、敬、别』。但世之學者，易於騁聰明，恃睿知，故又曰『固』字云耳。上章『淵泉如淵』，此章『淵淵其淵』，正是『固』字之意。在天地，必有大德敦化，而後有小德川流；在聖人，必有『肫肫』、『淵淵』、『浩浩』之大德敦化，而後有『聰明睿知』、『容、執、敬、别』之小德川流。在學聖人者，必『固聰明聖知達天德』，而後能知至聖之所以『配天』也。無聰明睿知，不可；騁聰明睿知，亦不可。此『固』之一字，學者不可一時不體驗。」

問：「『苟不固聰明聖知達天德者，其孰能知之』，固矣，然學者欲固聰明聖知達天德，從何處用功？」曰：「下章緊接『衣錦尚絅，惡其文之著也』，可見存一惡其文之著心，便是下學用功第一着。論其心，雖惡其文之著；論其道，則文終不能掩。故曰：『君子之道，闇然而日章。』『衣錦尚絅』，猶如無錦，然而錦終不能掩，乃其所以爲錦。如『固聰明聖知』，猶如無聰明聖知，然而聰明聖知終不能秘，乃其所以爲聰明聖知也。『固聰明聖知達天德』，就是『無聲無臭』的境界，但自『惡其文之著也』一念始。可見，斂華就實這一念，真是下學用功第一着。」

示東昌聊城兩學諸生

「非禮勿視」四句，工夫在應感上做；「出門如見大賓」二句，工夫在心上做。然

❶「如」，原作「知」，據四庫本改。

則回與雍何以辨也？不知四「勿」字難，而二「如」字易。請以戰喻，夫非禮之聲色交於外，而我欲視聽之，是外寇也；非禮之言動起於内，而我欲言動之，是内寇也。内外交攻，而我以孤軍猝遇强敵，不假應援，一鼓而下，難邪？易邪？出門、使民，其心易肆，特内寇竊發耳。然必借見賓、承祭之心以勝之，不然，鮮不北矣。故此一捷也，是應援之兵之力也，而主兵又安在哉？以此較彼，難邪？易邪？此回、雍之辨也。或曰：「顔子心齋坐忘，幾於化者也，何至有非禮？」曰：禮不易言也，一念少過，即非禮；一念少不及，即非禮。故曰「約之以禮」，約也者，約其過與不及，而歸之中也。至精至微，非可以騰諸口説者，豈至如世俗所謂「非禮非禮」云哉？噫！内寇外敵，雖太平之世所不免，而恃吾有以備之，若曰顔子而無非禮也，是唐虞無四凶，而商周無桀紂也，天下有是理哉？堯、舜、湯、武，不以其故損聖，又何疑於顔子？故千言萬語爲顔子解者，是昧於時勢者也。

問：「顔子學幾於化者也，視聽言動，豈有『非禮』？豈待於『勿』？『勿』之云者，不過在静中一念上用功，防未萌之欲云爾。若必待視聽言動而後『勿』，不幾於粗乎？」曰：「此意甚是。雖然，如此則顔子静中一念，且不能静矣，更説甚動？顔子學幾於化，静中一念，已是澄澈的，未萌之欲，已不消防，只是在視聽言動時，再一點檢耳。但把顔子之『非禮』，不可看的太粗，顔子之『四勿』，不可看的太着力，便是。且静固静，易乎？動亦静，易乎？賢如顔子，豈有静中不静？賢如顔子，又豈能動中不動？有耳目口體，便有視聽言動，有

視聽言動，便就有非禮處。『勿』之云者，是動中求不動之意也。動而不動，則動中能靜矣。動中能靜，則靜中能靜，又何待言？靜固靜，動亦靜，無内外，無將迎，此孔子之所以爲『四絶』，而顔子之所以爲『四勿』也。一間未達，其『絶』與『勿』之間乎？」

「不見可欲，使心不亂。」夫不見可欲，使心不亂易；見可欲，而使心不亂難。此「四勿」之學，非顔子不足以當之。

涇野先生教人，於動處求靜，真得夫子告顔淵「非禮勿視聽言動」意。

示濟寧學諸生

「仲尼祖述堯舜」一章，是一首仲尼贊。「武」字、「土」字一韻，「行」字、「明」字一韻，「化」字、「大」字一韻。自古贊體之妙，莫過於此。

問：「《中庸》引夫子之言，皆言『子曰』，惟『君子中庸』章言『仲尼』，『祖述堯舜』章稱『仲尼』者何？」曰：「此二章正相應。蓋前邊説『舜、文、武、周』，見得這中庸道理，散見於堯、舜、文、武衆聖人；前邊説『天地』、『鬼神』，至於日月、星辰、華嶽、河海、禽獸、草木，無不言及，見得這中庸道理，散見於天地萬物。後邊説『祖述』、『憲章』、『上律』、『下襲』，見得這中庸道理，雖散見於堯、舜、文、武、天地、萬物，而實統會於仲尼。故曰：『譬如天地之無不持載，無不覆幬，如四時之錯行，日月之代明。』可見仲尼曰『君子中庸』，亦惟仲尼爲能中庸耳。『聰明睿知』章，就是仲尼之『小德川流』；『經綸大經』章，就是仲尼之『大德敦化』，不徒曰承上文云爾。仲尼曰『君子中庸』，非

仲尼，吾誰與歸？」

「《詩》云『衣錦尚絅』，惡其文之著也。」只是箇淡，故下文即曰「淡而不厭」。學者只凡事淡得下，其識見自別，其品格自高，不患不到聖賢地位。

自古熱鬧人多喜動喜事，恬淡人又多厭動厭事，惟淡而不厭，才謂之君子之道，才謂之中庸。

論「君子之道」，説到「篤恭天下平」，道理可謂至大，不知有何樣奇特工夫，方才得到此，顧先之以「淡而不厭」一句。可見「淡」之一字，乃吾儕安身立命所在，若是能悟破「淡」字，則精神收斂在内，覺得世間種種可豔之物，自與自家身上不相干涉，就是在爵禄名位中，必不爲爵禄名位所用，何等安閑！何等瀟灑！須有此等胸襟，方才做得出「篤恭而天下平」的事業，不然，把自家一段精神，終日馳騖於外，只在榮身肥家、紛華靡麗上做，營營逐逐，徒自苦累一生，有何好處？又何論事業？故「舜禹有天下而不與」，不是有心去把天下不放在心上，只是把天下看的淡，所以能不與也。雖然人情好甘，而君子曰淡，非迂也，嘗得出淡中滋味，自是能甘得淡，自是能不厭。若嘗不出淡中滋味，縱曰「我能淡，我能淡」，其如不甘何？故不以淡爲甘，而輕言淡者，非深於淡者也。

示四氏曲阜兩學諸生

孔子之道，一貫之道也，原不貴博，亦不賤博，故曰：「君子博學於文，約之以禮，亦可以弗畔矣。」夫弗畔者，弗畔此一也。夫子知曾子博而能約，可與言一也，故直示

之曰「一貫」；知子貢博而不能約，不可與驟言一也，故必先試以「多學而識」，然後約之曰「一貫」。可見，善學聖人者，惟恐當下不能承認此一也，又何必沾沾以博自多哉？齊景公欲用孔子，晏子沮之曰「當年不能究其藴，累世不能闡其施」，蓋病其博也。而史遷亦曰：「儒者博而寡要，勞而少功。」夫博而不約，其流弊至於什百千萬而不可返，皆「多」之一字爲之嚆矢也。噫！人情好勝，勢必畔而至此，不足爲異。但使晏嬰沮景公，而聖道不行於當時；史遷列六家，而聖學不明於後世。可勝異哉！可勝異哉！

世道不如古，全係於士君子好高之心勝，不在日用間着實用功，孔門言志，亡論夫子與顏子何如，只看子路「願車馬、衣輕裘，與朋友共，敝之而無憾」，居然三代時大道爲公景象，可見古人爲學，何等着實！吾儕試自揣車馬、輕裘，與朋友共，敝之也，果能無愛惜心否？即不然，果能無納交要譽心否？但只有纖毫未化，便是有愧於此心，便是有愧於子路，縱高談性命何益，此世道所以不如古也。

楚侗先生《維風編》中有云：「知道者之於詩文，直榆莢視之可也。」余讀之以爲知言，豈直詩文，顏淵曰「願無伐善，無施勞」，即善與勞，亦榆莢視之可也。不然，即此一念有善有勞之心，便不是善，便不是勞矣。舜之舍己，孔之毋我，皆是此意。噫，難言哉！

顏子蕭然在陋巷中，有何善？有何勞？而居然以不伐不施自任，是何等樣胸襟！吾儕當細思之。

有善有勞難，不伐不施易。何世之有

善有勞者多，而不伐不施者少也？於此方見顏子之不可及。

伐善，伐伐也。施勞，施施也。有以不伐爲伐者，尤伐之伐也。有以不施爲施者，尤施之施也。故曰：「聖人欲上民，必以言下之；欲先民，必以身後之。」此斷不可以爲訓。

「老者安之，朋友信之，少者懷之」，是孔子一生的學術，一生的事功。「孝者所以事君，弟者所以事長，慈者所以使衆」，是曾子一生的學術，一生的事功。「老吾老以及人之老，幼吾幼以及人之幼」，是孟子一生的學術，一生的事功。

問：「『大行不加，窮居不損』，君子所性誠然，不知性是怎麽模樣？」曰：「君子所性，根心處雖不可見，至於睟面盎背，是昭然可見者。只説這睟面盎背處，大行能加，窮居能損否？余嘗見富貴之士，或有形容憔悴者，貧賤之士，或有發氣滿容者，可見這根心生色處，大行窮居，斷然加損不得。」

問「大行不加，窮居不損」。曰：「芳草和煙暖更青，寒門要路一時生。年年點檢人間事，惟有春風不世情。」

「君子所性，大行不加，窮居不損，分定故也。」只一箇分定了，便改移不得。可見，人只是安分，便是盡性。

「安分」二字，人人能言之，不知道理甚大，功夫甚難。必如夫子所謂「隱居以求其志」，才謂之安分於窮居；「行義以達其道」，才謂之安分於大行。陸子静謂「宇宙内事，皆己分内事；己分内事，乃宇宙内事」，才説得出「分」字意。

「睟然見於面，盎於背，施於四體，四體

不言而喻。」分明畫出一箇聖人模様，宛然如見。吾儕既見之矣，不可在模様上欣羨，當自根心處求之。

又示四氏曲阜兩學諸生

問四氏學及曲阜學諸生曰：「諸生或爲聖人之後，或近聖人之居，誠爲厚幸。然爲其孫者，何以無愧於祖？爲其弟者，何以無愧於師乎？」諸生唯唯否否。余曰：「爾諸生以讀書科第爲無愧乎，如此，則世之取高科躋膴仕者，皆可以爲聖人矣，爾諸生以爲然否？爾諸生必不以爲然，既不以爲然，何不求其所以無愧者，而奮然思齊也？然其所以無愧者何在？」諸生又唯唯否否。余曰：「陽明先生云：『箇箇人心有仲尼。』箇箇人心既有仲尼，則爲其孫者，生來原無愧於祖；爲其弟者，生來原無愧於師。此道完完全全，聖非有餘，我非不足，故孟子曰：『大人者，不失其赤子之心。』但只是自家信不及，所以不肯思齊，所以有愧耳。且爾諸生有能篤信聖人如子夏者乎？子夏篤信聖人，故學以致其道；後儒不篤信聖人，故學以致其舉業。學其所學，非聖人之所謂學也；非聖人之所謂學，則雖謂之有愧也，亦宜。雖然，子夏惟篤信聖人，故入聞聖道而悦；亦惟篤信聖人，故出見紛華而悦。何也？子夏篤信聖人，不曾篤信自家，所以入聞聖道而悦，又出見紛華而悦耳。顔子其初亦篤信聖人，故『仰之』、『鑽之』、『瞻之』，三『之』字俱指聖人，其後一聞聖教，始信得博我約我，始信得我自家生來原是聖人，故『既竭吾才，如立卓爾』。曰『卓爾』，則入也卓然見於其前，出也亦卓

然見於其前，孰爲聖道，孰爲紛華，孰爲可悦，孰爲不可悦，舉躅皆是，盈眸皆是，鳶飛魚躍，現在眼前。此顔子之所以不可及也。篤信聖人，則離過聖人，必有出入處；篤信自家，則道也者不可須臾離也，又安得有出入乎哉？今吾輩生於千百世之下，聖人生於千百世之上，是入也既未聞聖道，而出也又只見紛華，安得不愧於聖人？爾諸生不要説聖人生於千百世之上，我生於千百世之下，只信得過聖人生於千百世之上，固是此赤子之心，固是此良知，❶我生於千百世之下，亦是此赤子之心，亦是此良知。既亦是此赤子之心，亦是此良知，我何爲不奮然思齊，而甘心有愧於聖人也？今諸生能篤信此赤子之心否？能篤信此良知否？『拋却自家無盡藏，緣門持鉢效貧兒』，諸生得無惕然於此乎？」諸生又唯唯否否。余曰：「孟子不云乎『是心足以王矣』，齊王拋却自家能王之一念，却去問霸者之事，豈非『緣門持鉢效貧兒』耶？吾輩果能篤信此赤子之心，我與聖人同，篤信此良知，我與聖人同，則識得本體，自然可做工夫，做得工夫，自然可復本體，當下便是聖人。故曰『箇箇人心有仲尼』，非虚語也。『自從宇泰收功後，始信人間有丈夫』，豈非千古之一快哉？如此，則爾諸生在天地謂之肖子，在聖門謂之高弟，登高科，躋膴仕，於此心此知無所加，固謂之不愧；不登高科，不躋膴仕，於此心此知無所損，亦謂之不愧，故曰：『仰不愧於天，俯不怍於人。』嗚乎！盡之矣。」諸生爲之躍然，余反觀，竊自愧，遂書之以示諸生，併以自勖焉。

❶「是」，張本作「自」。

示寧陽學諸生

「克己復禮爲仁」，先儒解「克」字，謂「如三軍遇敵，戰必勝，攻必取」，此言甚好，聖人復起，不能易也。但自家兵馬，若平素操練得不閑熟停當，而輕言「克」，是所謂以不教民戰，是謂棄之耳。故夫子又曰：「操則存，舍則亡。」然則欲克己者，又不可不先講操心之道。

問：「顔子『其心三月不違仁』，已幾於化矣，夫子與之論仁，宜有玄虛奥妙處，第曰非禮勿視聽言動，何淺易也？」曰：「惟至淺，乃至深；惟至易，乃至難。吾輩學問，不及古人，只爲一生在此區區形骸上討箇受用，終日將外邊聲色應感陪奉此軀，即有志於學者，亦多從此起見種種情識擺脱不去，自視於視聽言動，不知有多少欠闕，多少愧怍處，如何到得顔子？且非禮之視，是誰視？非禮之聽，是誰聽？非禮之言之動，是誰言、是誰動？皆是此一箇區區形骸作用。至於非禮勿視，是誰勿視？非禮勿聽，是誰勿聽？非禮勿言，非禮勿動，是誰勿言勿動？這不得一段真精神、真力量，如何能斬釘截鐵，一齊勿去？亡論罣礙湛溺，即勿矣，猶有拖泥帶水處，亦不得謂之『勿』，勿者，拔去病根意也。顔子『四勿』，真孟子所謂『先立乎其大者』，大者先立，則彼區區形骸，如耳目之官，豈能奪之？豈直不能奪，且即此區區形骸，即是靈明真體，故曰：『仁者，人也。』又曰：『形色，天性也；惟聖人，然後可以踐形。』若顔子者，亦庶幾可謂踐形而無愧於爲人矣。大約異端言仁，指的是那能視、能聽、能言、

能動的那箇；吾儒言仁，指的是這能勿視、能勿聽、能勿言、能勿動的這箇。這箇道理，至淺至深，至易至難，玄虛奧妙，莫有過於此者。若舍此别談玄虛奥妙，余豈知之哉？」

「非禮勿視」四句，「非」字不同，有非者，有非之非者，有似是而非者。非者不難勿，非之非者亦不難勿，惟似是而非者爲難勿，故曰：「非禮之禮，非義之義，大人弗爲。」這等去處，非顔子不能剖析。

學者能體會得聖人「訒」言之意，雖言以終日，亦謂之「訒」，不然，即閉口深藏，亦訒之蠹也。故曰「吾與回言終日」，又曰「予欲無言」，有言無言，真不在言上説。

「仁者其言也訒」，「訒」之云者，非徒不言也。蓋太極之理，動而生陽，静而生陰，不静專，則不動直，不静翕，則不動闢，故子思曰：「小德川流，大德敦化。」「訒」之云者，亦「敦化」意也。聖賢道理，原自精細，聖賢學問，原自深湛，故《易》曰：「洗心退藏於密。」《詩》曰：「夙夜基命宥密。」「訒」之云者，亦「藏密」意也。大抵人之精神，最忌外露，人之力量，最怕輕洩。士君子果能收斂這一段精神，弢固這一段力量，如猫之捕鼠，如鷄之抱卵，不識不知，勿忘勿助，到此地位，才是真爲之難，才是「仁者其言也訒」。這等去處，别人識不得，須是要自家内省，内省者，收視返聽，自家默默湛思，默默點檢耳。後世學者，豈不毅然要做好人，但終日外省處多，内省處少，如何算得？故次章即云：「内省不疚，夫何憂何懼？」而子思亦曰：「内省不疚，無惡於志。君子之所以不可及者，其惟人之所不見乎！」正得夫子告司馬牛之意。吾輩爲學，須是要

在人所不見處用功。

示泰安學諸生

泰安諸生講「富與貴是人之所欲」、「廣土衆民，君子欲之」、「孔子登東山而小魯」三章。蓋聖賢道理，原是一貫，此三章書，只當作一章看。大約學者只是在富貴貧賤上打不破，徒自纏擾一生，安能到聖賢地位？所以然者，只是看得大行能加，所以不能審富貴；看得窮居能損，所以不能安貧賤。若是能看破大行原不能加，富貴自然能審；看破窮居原不能損，貧賤自然能安。一切世味，都擺脱得開，瀟灑快樂，自然睟面盎背，所見自然大，所處自然高，當下便是「登東山而小魯，登泰山而小天下」的境界，睟面盎背，就是成章氣象。在水謂之瀾，在日月謂之光，所性是何物，就是此仁。在水謂之源，在日月謂之明，故曰「仁義禮智根於心」，此所以「君子無終食之間違仁，造次必於是，顛沛必於是」也。「君子之志於道也」，志此而已矣。或曰：「富貴貧賤勘得破，便到聖賢地位，抑何其言之易也？」曰：「飯蔬食飲水，曲肱而枕之，樂亦在其中矣。不義而富且貴，於我如浮雲。」又曰：「賢哉！回也。一簞食，一瓢飲，在陋巷，人不堪其憂，回也不改其樂。賢哉！回也。」由此觀之，言何容易？雖然，「孔顔樂地非難造，好讀誠明《定静書》」，❶願與諸生共懋勉之。

❶「定静」，影印元至正豫章書院刻本《豫章羅先生文集》卷十三《自警》詩作「静定」。《定静書》當指程顥所謂的「横渠先生定性書」。

昔人有言：「過得貧富關，便是小歇處；過得生死關，便是大歇處。」余以爲貧富關，便是生死關，過此便是大歇處，何云小也？嗚乎！人能過此關，天下何事不可做！昔涇野先生教人，惓惓以「甘貧改過」爲訓，而谿田先生深以爲然，此正前輩學問真切處，非後學可及。雖然，不甘貧，就是過；能甘貧，就是改過。仔細看來，世間人種種過失，那一件不從富貴貧賤念頭生來，卑卑者無論，即高明有意思者，亦往往墮此坑塹，良爲可惜。諸生不可不時時惕然猛省。

富貴貧賤，自有定數，欲之不能來，惡之不能去，世之人徒多費此一番欲惡耳。不處不去，君子只是箇勘得破。

富貴是人所欲，貧賤是人所惡，受病之根，正在此「欲惡」二字。君子之心，如鑑之空，如衡之平，原未嘗先有「欲惡」二字横於中，所以富貴貧賤到前，便能審之安之，如鑑本空，而妍媸自辨，衡本平，而輕重自分。不然，饑者甘食，渴者甘飲，其如飲食之正味何？「無終食之間違仁，造次必於是，顛沛必於是」，只是此心常惺惺，要不失此真體耳，非分外硬將一物强置之胸中，「必於是」，「必於是」也。

富貴貧賤，不當著跡看，日用間，富貴貧賤，時時都是有的。且如食求飽，居求安，便是欲富貴心；惡惡衣惡食，便是惡貧賤心。豈止於此，大凡念頭起處，都是富貴貧賤所在，此所以時時要照管，時時要收攝，不然，若著跡看，則三公萬鍾，一生能遇幾次？所云終食不違，造次顛沛必於是者，果何物耶？念及於此，此心真是一時放下不得。

「君子所性，仁義禮智根於心。」惟根於心，所以能生色，可見「根」之一字最要緊。世間諸凡作用，如事功節義之類，都只是枝葉，枝葉有遇、有不遇，而惟此根，乃是人人有的，故曰：「人性皆善。」有此根，則時而大行，如樹木遇春夏，其枝葉自然發生，於此根實無所加；時而窮居，如樹木遇秋冬，其枝葉自然收藏，於此根實無所損。故東廓先生云：「世俗通病，只認得箇有才能、有勳業、有著述的聖人，不認得箇無才能、無勳業、無著述的聖人。」此實根本之論。嗚呼！人人有此根，人人不肯自認有此根，徒只在枝葉上用功，何也？「自笑從前顛倒見，枝枝葉葉外頭尋」，誠切中後世學者之病。

問：「孔子之道，精矣微矣，孟子第以『登東山而小魯』云云形容之，何也？」曰：「『觀水有術，必觀其瀾；日月有明，容光必照焉。』」「然則，學聖人者奈何？」曰：「『流水之爲物也，不盈科不行；君子之志於道也，不成章不達。』雖然，吾輩今日，不當在成章上馳騖，只當在成章以前用功。」或曰：「何也？」曰：「『觀水有術，必觀其瀾；日月有明，容光必照焉。』孟子豈徒曰觀之而已哉？知此，則知聖道之所以大；知此，則知君子之所以成章。」

示濟南歷城兩學諸生

古今談道者多矣，莫精於「費而隱」一言。若曰「君子之道費而隱」，非隱而隱也。子思有感於當時昏昧渺冥、虛無寂滅之説行，故爲是言以覺之，然亦非自子思始也。夫子曰：「二三子以我爲隱乎？吾無隱乎

爾。吾無行而不與二三子者，是丘也。」又曰：「予欲無言。天何言哉？四時行焉，百物生焉，天何言哉？」知此，則昏昧渺冥、虚無寂滅之説，不攻自破矣；知此，則知道、知中、知學。

「及其至也，聖人亦有所不知不能，天地亦有所憾。」此是論道理如此。然學者只當極力以求其至，不可以聖人之不知能自諉，下文曰「至誠」，曰「至聖」，曰「至德」、「至道」，曰「至矣」，總是發明此意。這「至」字，不在高遠上説，就是中庸，故曰：「中庸其至矣乎！」又曰：「中庸不可能也。」「中庸」二字，雖聖人、天地，亦有不能盡處，故堯之「允執」，舜之「精一」，一生兢兢業業，只是爲此。若中庸是容易的，堯何必「允執」？舜何必「精一」？堯舜又何以曰「猶病」哉？註謂：「覆載生成之偏，寒暑災祥之不得其正。」夫曰「偏」，曰「不得其正」，可見「中」之一字，天地亦有不能盡處，此所以「人猶有所憾」。若把「至」字看的太高遠，便非中庸之旨。且天地、聖人有所不能盡的道理，就是愚夫愚婦所與知能的道理。下文説到「參天地，贊化育」，説到「篤恭而天下平」，才只是盡了愚夫愚婦的道理，其實於愚夫愚婦道理上，一毫無所加，才謂之「中庸」，才謂之「至」。然「篤恭而天下平」，即「修己以安百姓」、「堯舜其猶病諸」，故曰「聖人亦有不知不能」。夫以天地之化育，而尚賴聖人以贊之，故曰「天地之大，人猶有所憾」。可見這中庸道理，匪高匪卑，匪遠匪近，匪難匪易。如以爲高遠而難也，難道自家不如愚夫愚婦？如以爲卑近而易也，又難道自家過於天地、聖人？至乎！至乎！可不勉哉？

自老子有「道可道，非常道；名可名，非常名」之説，於是遠人爲道者，索隱行怪，求之於虛無寂滅之域，子思子憂之，不得已有「鳶飛魚躍」之説。若曰斯道在天地間，舉目皆是，舉足皆是，何可道，何不可道？何可名，何不可名？無内無外，無有無無；無之非道，無之非名，無之非學；閉門静坐，則静中有鳶飛魚躍之趣；應事接物，則動中亦有鳶飛魚躍之趣；推之至於夢寐之中，則夢寐中亦有鳶飛魚躍之趣；推之至於造次顛沛之時，則造次顛沛中，亦有鳶飛魚躍之趣。故夫子夢見周公，豈真有周公之揖讓？「造次必於是，顛沛必於是」，所必於是者，又果何物何事也哉？信乎知鳶飛魚躍之趣，則知道可道，爲常道，而道不可道者，非常道；名可名，爲常名，而名不可名者，非常名。老子虛無寂滅之説，當不待辨而知其非矣。

右數則，皆因諸生講此書，遂書以示之。雖聖賢精藴，未必甚解，但藉此與諸生相印正耳。雖然，余之所以惓惓於諸生者，又不顯在此講説間也。

乙未冬日，長安馮從吾仲好甫書於濟南之澄清軒。

昔楊子之隣人亡羊，追之不獲，曰：「歧路之中又有歧焉，不知所之。」楊子戚然變容者竟日。余觀近日博士家，逐迹喪真，殆不幸類是。夫書者，聖人之迹也，而有不可傳者存焉，惟大覺玄解，始能旦暮遇之。而近日博士家，慕吊詭，則支離傳註；狃發冢，則懼傷口珠；或夢中占夢，而自謂全覺；或學一先生之言，而暖姝自喜，是何其多歧也？夫赤水玄珠，知珠不能索，而得

糟魄之喻。斲輪者，所以釋椎斲，而議讀書之君也。然則逐迹喪真之士，安得不㕍朱公之戚哉？

侍御馮先生，以關陝大儒，出入金馬之門，已而簪筆柱下，代狩東省。巡歷之暇，時進諸博士弟子，與之辨析精微，愍大道之多歧，而亡羊者衆也。因録次成書，命之曰「訂士編」云，意與諸博士弟子相印證也，余得而卒業焉。大都闡「博約」、「一貫」之道，發「克復」、「四勿」之功，明「根心」、「定性」之旨，而歸重於「先立乎大」之一言，推原「費隱」之説，仲尼之中庸，而拈出「淡」字、「固」字之義，尤宋大儒所未發。直指良知爲作聖之基，而勘破生死貧富之關。至於由、回之志，顔、冉、司馬之仁，孔、曾、孟子之學術事功，又各歷歷剖之詳焉。去聖人二千餘歲矣，僅僅數千言，胠其關鍵，曲盡閫妙，筌蹄盡化，而不出其宗。噫！化聲邪？法音耶？三籟邪？子静登壇，新建提衡，淵淵理窟哉！余掊知雪神，恍見德機，而知先生之發吾覆也，乃請其草授之剞劂氏，嘉與海内諸博士弟子共印證之。都人士聆真人之謦欬，得未嘗有，何啻逃空谷者忽聞足音也，疇不跫然而喜左袒下風乎？出涯涘而觀大海，庸詎東省十數學宫而已哉？先正李文達嘗言，宦途惟薛大理以理學爲務，兹觀馮先生，雅有文清夫子之風焉。是編出，而宋儒先又樹一赤幟矣。海内博士家，誠無樂鵁於鍾鼓，無求馬於唐肆，滌除宿根，掃撤塵障，而别具隻眼焉。周道如矢，君子所履，豈惟永無歧路之泣，即向所稱聖人之不可傳者，盡在是矣。

屬下直隸河間府知府陳邦科頓首謹書。

馮少墟集卷五

長安馮從吾仲好著❶

語録

關中士夫會約序❷

《關中會約》，蓋馮柱史仲好首議，而諸君子樂成之。一時義舉，百年希覯，於「于野涣群」之易曷少焉？柱史叩余，言爲約規，余蓋重感吾黨先達人文之盛，而式微於今也，兹約誠行無渝，則式微者以道盛往，盛可無譚，然竊有懼焉。士固有同舍而割席，千里而比肩者，則心之一與弗一耳。心誠一，無會亦會，矧曰會？不約皆約，矧成約？故面會不若心會，約以詞不若約以心。嘗怪論交君子，分社近黨，合醵若嬉，有一多焉而挾，有一少焉而忮，黨非嬉非，挾與忮尤非，心之所由弗一也。兹用會以合一，約以貞合，會不數而志洽，約不煩而誼正。風啓大同，道振式微，類族自我，鄉人所望。乃或聲鶩而寡實，文具而鮮終，陽浮道與而畜貳，將令望我者，緣款索我，拾罅議我，其謂之何？諸君子當俾不落是，乃余爲是懼也，誠慮於所不必然，但冀釋余懼者，以必不然用廣首議美意云。

戊戌端月首會日，約中朽樗周宇題。

❶「好」下，張本有「父」字。

❷「序」，原無，據文編次補。

夫世道隆污，係士風厚薄，而返薄還厚，倡之者當自士大夫始，使士大夫而猶然不倡，則於齊民何責焉？昔夫子歎時人論禮樂，而決之曰「吾從先進」，當其時，豈無野人夫子者，而夫子不之恤，若曰知我者，其惟先進乎？罪我者，其惟先進乎？今萬世而下，猶知有先進可從者，伊誰賜也？吾二三士大夫誦法孔子有日，覩今世道士風，可不決所從，而徒空歎君子、野人哉！頃者經軒、熙宇二先生過訪精舍，談及吾鄉士風，爲之咨嗟太息者久之，余曰：「此豈異人任也，在二先生倡之何如耳。」二先生曰：「然。是亦不可以無約，子其任之。」余謝不敏，曰：「有諸前輩在。」二先生曰：「否否，即此是前輩命也。長者命，少者不敢辭，子其任之。」余曰：「唯唯。」遂載筆從事於二三士大夫之後。

萬曆丁酉冬十二月，後學馮從吾書。

同議會約姓氏❶

楊環，字運甫，號滄池，己巳九月初五日生。原任知縣。

李大觀，字化甫，號中峪，壬申十一月廿一日生。原任知縣。

楊桂，字汝任，號桂亭，乙亥四月初一日生。原任知縣。

楊汝奎，字文兆，號聚軒，庚辰閏八月十八日生。原任知縣。

蒲彬，字中甫，號草浦，辛巳八月十七日生。原任知縣。

楊四知，字叔纘，號華渚，癸未正

❶ 此篇原無，據張本補。

月廿九日生。原任通判。

沈橋，字仰甫，號雲谷，甲申五月初七日生。原任府同知。

宋昂，字孟頫，號一村，甲申十月十九日生。原任知州。

侯一位，字制卿，號泗坡，乙酉閏十二月十三日生。原任知州。

周宇，字子大，號槐村，丙戌六月初九日生。原任户部主事。

周威，字朝重，號青崖，丁亥八月初八日生。原任知縣。

周官，字汝均，號菊田，戊子十月十六日生。見任知縣。

師道立，字惟心，號一軒，庚寅五月十三日生。原任府同知。

别方，字子義，號近川，庚寅八月初九日生。原任知縣。

張世美，字顯卿，號濟宇，癸巳正月三十日生。原任中書舍人。

黄策，字嘉猷，號澄泉，癸巳十月廿日生。原任知府。

李蘇，字玄育，號三峨，癸巳十二月十七日生。見任運使。

彭錫，字汝成，號禹門，甲午正月初二日生。原任知縣。

胡貢，字從化，號如山，甲午四月十二日生。原任知縣。

王繼祖，字克紹，號志菴，甲午五月十六日生。原任副使。

胡叔寯，字克卿，號紹谿，乙未九月廿八日生。原任知縣。

蒲林，字子茂，號小山，戊戌正月初七日生。見任府同知。

田實發，字繼秀，號肖泉，戊戌七

月廿日生。原任府同知。

黃元卿，字允弼，號幼湖，戊戌十二月十九日生。原任知縣。

郭然，字用可，號杜陽，己亥二月廿九日生。見任知州。

李桐，字仲材，號文陽，己亥四月廿三日生。原任知縣。

李呈瑞，字國楨，號鳳岩，己亥六月初六日生。見任知州。

秦可貞，字季章，號含我，己亥十二月十三日生。原任知縣。

穆來輔，字爾誨，號啓吾，庚子正月十一日生。原任通政。

陳文獻，字叔禮，號存吾，庚子二月十一日生。原任知縣。

楊信，字以成，號助我，壬寅五月初一日生。原任副使。

王昌道，字元性，號斗山，壬寅五月十九日生。原任知縣。

祝世喬，字子遷，號華松，癸卯五月三十日生。見任通判。

黃簡，字居敬，號行齋，癸卯十月初五日生。原任通判。

蕭應元，字體乾，號健吾，甲辰六月初六日生。原任知縣。

彪準，字範伯，號雍南，甲辰十月初七日生。見任署教諭。

朱孔陽，字垂光，號心赤，甲辰十一月廿四日生。原任知州。

王境，字以治，號經軒，乙巳閏正月廿五日生。原任知縣。

劉奇棟，字伯隆，號文原，乙巳八月廿七日生。原任知縣。

侯侶，字元弼，號敬所，乙巳九月

初六日生。原任知縣。

唐鼎，字伯燮，號玉軒，丙午三月廿一日生。見任知縣。

韓訓，字欽聖，號念田，丙午十二月十七日生。原任知縣。

屈拱北，字廷瞻，號斗垣，丁未二月廿五日生。見任府同知。

王希文，字德純，號敬吾，丁未九月初二日生。見任知縣。

馮惟賢，字子官，號薦菴，戊申正月廿七日生。見任知州。

王道純，字希文，號熙宇，戊申二月初五日生。原任副使。

張鳳翼，字沖霄，號鳴岡，戊申三月初七日生。見任知州。

梁九賦，字裕卿，號平泉，己酉正月初十日生。見任知州。

黄道見，字際明，號行初，己酉十一月廿九日生。原任知州。

孫光孝，字克肖，號慕山，庚戌二月廿四日生。見任知縣。

何瑛，字元瑞，號復菴，庚戌七月初一日生。原任户部郎中。

梁隆吉，字勝之，號玄沖，辛亥七月初九日生。見任知縣。

薛一麟，字良瑞，號仁軒，癸丑三月廿二日生。見任署教諭。

馮從吾，字仲好，號少墟，丁巳十二月廿三日生。原任御史。

線補衮，字濟美，號佐宇，壬戌二月十四日生。見任署教諭。

周傳誦，字淑遠，號達菴，癸亥九月廿二日生。見任禮部員外。

王國楨，字子開，號麟郊，辛未十

二月廿九日生。見任知縣。

會約

一、省會風氣近古，諸凡禮節，頗有先民之意，第恐久而寖失其初，是不可不一申之者。其冠婚喪祭，當以《會典》、《家禮》爲主，至於冠禮，久已不行，尤望諸公亟倡之。

一、士夫經年不一面，恐非吾輩一體之誼。擬於每年正月初六日，各攜餅果四器、酒一尊，同至一公所，公拜二拜，再拜二拜，以見相答。巳時赴會，申時散會。中有年高步履不便者，公除餅果四器、酒一尊，送至其家。非有大不得已事，不可不到。

一、彼此往拜，俱用單帖；止後輩於前輩，用折柬一次，其前輩亦只用單帖答。後輩途遇前輩，下車立道左，俟前輩過，方登車。如年歲及科目相近者，或彼此下車相揖，或車中拱手；既別，不必差人拜上。

一、彼此往拜，務要相見，不可概以不在辭。如坐談時久，隨便出一餅一果用之，不必設卓，以滋靡費。

一、彼此稱謂，或字或號，不必稱「翁」，惟後輩於前輩，仍用「翁」字，以見鄉黨重齒之意。至於公事傳帖，雖後輩爲首，於前輩亦不必稱「翁」，庶中有姓同與號之上字同者，不至無所分別。

一、彼此争搆，吾輩所無，儻萬一有之，大家務要盡心勸和，勿令因小忿以傷大體。至於外侮之來，雖聖賢所不能免，吾輩中儻有無故遭此者，大家亦當左右維

持，無令失所。傳曰：「出入相友，守望相助，疾病相扶持，則百姓親睦。」夫鄉田同井者且然，況於吾輩，尚其念之。

一、士夫宦遊歸，及公事過家者，吾輩爲主人，當先有一拜，越數日，其客回拜。即主人中有年高步履不便者，或莊居不知者，不必論其先施否，亦當往拜。仍當下車登堂，以候安否，不可過門止投一刺。其燕會禮文，俱當節省，如中有至親同年，不在此例。

一、中有新選及出差陞轉過家者，各捐分金一兩，其餘願捐者聽。

一、中有年老無子，或有子而貧甚者，每年公具分金若干以助之，其異日壽器賻奠，仍當破格存厚。

一、異日中有大故，公具分金若干爲賻，葬時再具若干爲祭。公舉外，私舉者隨便。

一、士夫之後，有十分貧乏不能度日者，廉其實，量給資本，以慰先世於既往，以存厚道於將來，切不可秦越肥瘠視之。

一、士風薄惡，莫過於投遞揭帖。以後凡有緣門投遞者，衆共絶之，不必接覽。

一、吾鄉士風，雅稱恬静，而近日諸長者，尤多閉户寡營，絶口不談時事，如此美俗，烏容過慮。第恐無知之人，指稱吾輩，或揑寫連名假書，囑託當路；或擅借一二名號，傳帖相約；甚至無名之帖，頃刻傳徧，而大家茫然，莫知其所自。諸如此類，關係一方士風不小。今後吾輩遇此，不妨過於詳慎，蓋關防詐僞，微獨居官，即居鄉，亦不可不一留心也。

以上數款，特其大略耳。若其詳，則有

鄉先正藍田《吕氏鄉約・鄉儀》在，願吾輩共斟酌講求焉。

關中會約跋

會舉於戊戌正月，仲好氏書約，先大夫題辭，不佞以使事過里，與末議焉。亡何，仲好養痾，杜門九年始出，不佞東西南北，抱先大夫戚歸，終制，從鄉先生後，亦踰九年。越丁未春，兩人始再與斯會，蓋相視而慨會合之難也。雖然，不佞重有戚焉，先大夫題約，諄諄以「心一」規茲，雍雍濟濟，罔弗一也。而不幸往矣，諸先進且强半修文，嗟嗟！百年駒隙，幾俟河清，此古人終日乾乾，競寸陰而永終譽也。會合維艱，無虚良晤，九原可仰，盍勖方來。近一時，長者坦衷亮節，人人可用爲儀，而嗣至諸君子，鬱然焕然，争相澡濯，即不佞如誦，或亦可肖而化焉者，於休哉！洛下耆英，情誼不洽於後進；蘭亭少長，流連僅止於壺觴。孰如今茲萃涣維風，而相觀道義者乎？此會良稱不偶，吾願諸君子共敦之矣。會既畢，仲好謂不佞不可無言，遂不辭而跋其後。

後學周傳誦謹書。

關中會約述

此《關中會約》也，何述焉？紀侍御馮仲好先生雅意，而述之以詔吾黨也。蓋吾黨寶慶之會，前未有也，自仲好始倡之。會有定期，約有定款。先生自有引，故先達周司農先生弁有辭。旨哉乃言，皆萃涣之良箴，而協德之寶訓也。蓋崇儉德以敦素風，

酌往來以通交際，嚴稱謂以尊古誼，絶告訐以警薄俗，周窮約以厚廉靖，恤後裔以慰先德，敦本尚實之念，維風善俗之規，溢於言表。一時士庶，羨爲盛會，傳之海内，慕爲盛舉，今行之十餘年，弗替也。兹仲好方奉召還臺，觀風天下，首以此化導搢紳士，則斯世斯民，皆善德矣，豈惟一鄉一國也與哉！第懼仲好行矣，吾黨意人人殊，設有弗繼仲好之雅者，此事或廢，奈仲好之始願何？今以往有能體仲好意，俾善則雅意，世世守而不墜，吾且願爲執鞭而從之矣。貞不佞敢僭爲數言，以爲吾儕告：勿立異，勿有我，勿爲齊民所指摘，則庶乎斯會斯約，永貞爲毋負矣。夫覯是會也，讀是約也，有不犁然當心者，非夫也。若夫會心匪面之訓，反薄歸厚之倡，則有二先生之言在，不佞又何說之辭？

歲丁未閏月望日，會中迂叟秦可貞拜手謹述。

馮少墟集卷六

長安馮從吾仲好著

語録

學會約

歲丙申中秋，余與諸君子立會講學於寶慶寺，越數會，諸君子請余言爲會約，余謝不敏，諸君子請益力。爰述所聞，條列如左，亦藉手請正意也。諸君子其謂之何？

一、會期每月三會，初一、十一、廿一，以中午爲期，不設酒醴，不用柬邀。大家初會相拜，止於會中行之，不必各各登門，以滋勞擾。若别有請益，不在此例。

一、會期講論，毋及朝廷利害、邊報差除，毋及官長賢否、政事得失，毋及各人家門私事，與衆人所作過失，及詞訟請托等事、褻狎戲謔等語。其言當以綱常倫理爲主，其書當以四書、五經、《性理》、《通鑑》、《小學》、《近思録》爲主，其相與當以崇真尚簡爲主，務戒空譚，敦實行，以共任斯道，無令鄉之先達如横渠、涇野諸先生專美於前可也。

一、會中一切交際，俱當謝絶，此正崇真尚簡處。彼此各宜體亮，若中有至親舊友，不因學會相與者隨便。

一、彼此講論，務要平心易氣，虚己下人，即有不合，亦當再加詳玩，不可自以爲是，過於激辨。昔張横渠先生一夕與二程

論《易》，次日語人曰：「比見二程，深明《易》道，吾所弗及，汝輩可師之。」程伊川先生見横渠《訂頑》，曰「是起争端」，改爲《西銘》。且曰：「某兄弟無此筆力。」又曰：「自孟子後，未見此書。」觀此，足見二子舍己從人，取人爲善。鄒魯真傳，正在於此。若以自是爲自信，主意一定，無復商量，如此，縱講得是，亦爲不是，况又未必是乎！近世學者，多坐此病，吾輩當共戒之。

一、坐久興到，願歌詩者，歌詩數首，以暢滌襟懷。子與人歌而善，必使反之，而後和之，氣象何等從容！誠意何等懇至！即此是學。

一、學之不講，孔子且憂，况於學者。今吾輩講學於此，非徒教人，乃所以自求其益耳，何也？人心易放，學問難窮，無論浮湛世味，悠悠歲月，即使今日行義超卓，儘足樹立，苟以此自足自滿，不復求益，寧保終身之不改行改玉乎？即不然，寧保終身之不南越北轅乎？故親師取友，一則夾輔切劘，使不至放逸其心；一則問津指路，使不至錯用其功耳。總之，自求其益，非所以務外徇人也。故鄒東廓先生有云：「學之不講，聖門所憂。」所謂講者，非以資口耳，所以講修德之方法也。下文所指「聞義而徙，不善而改」，便是講學以修德實下手處。而吕涇野先生亦云：「學不講不明，非是自矜，將驗己之是非。」又云：「『道學之名，亦不消畏避人知，方是真做；纔有避人知的心，便與好名的心相近。』此皆前輩折肱之言，吾輩不可不潜心體驗者也。

一、古今理學名儒，標宗立旨，不翅詳矣。陽明先生揭以「致良知」一言，真大有功於聖學，不可輕議。且如吾輩今日講學於斯，其於聖賢道理，發揮亦可謂極明暢矣，不知各人心中一點真僞處，大家得而知之乎否？其各人飭躬勵行，亦可謂極真切矣，不知其心中一點安勉處，大家又得而知之乎否？大家雖不得而知，其各人心上一點良知，明明白白，一毫不可得而昧也。吾輩今日爲學，不在遠求，只要各人默默點檢自家心事，默默克治自家病痛，則識得本體，自然好做工夫，由是親師取友，其益自爾無窮耳。不然，瞞昧此心，支吾外面，即嚴師勝友，朝夕從遊，曷益乎？此先生「致良知」三字所以大有功於聖學也。若夫着實用功，各求其所以致之之道，則在吾輩大家勉之耳。

一、人非聖賢，孰能無過，故顏子好學，不過「不遷怒，不貳過」而止耳，無它奇術秘訣也。今吾輩發憤爲學，斷當自改過始。余每見朋友中，背後多議人過失，當面反不肯盡言，此非獨朋友之過，或亦彼此未嘗開心見誠，以「過失相規」四字相約耳。今願與吾輩約，以後會中朋友，偶有過失，即彼此於静所盡言相告，令其改圖，不惟不可背後講説，即在公會中，亦不可對衆言之，令人有所不便。於己固不當以一眚而甘於自棄，於人亦不當以一眚而阻其自新，交砥互礪，日邁月征，即此便是學顏子之學；不然，講論雖多，亦奚以爲哉？此改過所以爲聖學第一義，故於約中特言之，其它不能具而悉也。

附答問二則

問：「古之聖人，只講學可矣，何必立『講學』之名？」曰：「古之聖人，若只自己講學，而不立『講學』之名，以爲天下後世鵠，則天下後世，皆不知有講學之事，而自古聖賢相傳之道統，自聖人而任，亦自聖人而絶矣，是豈聖人之心哉？聖人之心，正要立此名，以爲天下後世鵠，使天下後世有所趨向，庶乎人人共爲此事，則自古聖賢相傳之道統，或可以衍之於無窮，而後聖人之心始遂耳。聖人有功於天下萬世處，正在於此，非聖人故立此名而好之也。」

問：「學者不言而躬行，何必講學？」曰：「此『言』字不是指講學，如有人自家不能孝，不能弟，却好議論别人不能孝，不能弟，君子曰『不言而躬行』可也，何必議人？又有人自家真能孝，真能弟，而卻好對人誇自家孝，自家弟，君子曰『不言而躬行』可也，何必誇人？此『言』字，指自家議論人，自家誇張人説，原都是不該有的，故曰『不言而躬行』。若自家真能孝，真能弟，不惟不自誇，而且歉然不自足，猶終日講如何孝，如何弟；不惟不議人，而且廓然不自私，猶終日與人講如何孝，如何弟。此講學之言，正躬行之士不可一日無者也，可曰『不言而躬行』哉！『言』之一字不明，不知誤了古今多少人。」

少墟先生講學有年，頃謝政歸，余竊喜得相與肆力於學也，乃與諸同志約會於寶慶寺中。先生欣然從之，坐講終日，惓惓以躬行相勸勉。一時人

心莫不感發興起已，咸謂其不可無約以遵守之也，因請於先生，先生出此以示，後與會者益衆，其約抄閱不給，余因謀諸同志付之梓人。嗚呼！爲學不在多言，顧力行何如耳，戒空譚，敦實行，先生約中業已及之矣，願與同志共勖之，余又何贅焉！咸寧王境謹跋。

士戒

余至不肖，諸生不不肖余而從之遊，余愧無能爲助也。聊述數語，以戒諸生，知諸生必不其然，第不如此，不足以效忠告耳。儻中有不率者，諸生當先鳴鼓攻余訓導不嚴之罪。

一、毋自恃文學，違誤父兄指教。

一、毋妄自尊大，侮慢宗黨親朋。

一、毋對尊長噦一決切。噫隘。嚏帝。咳，丘蓋切。欠伸跛庇。倚，睇第。視唾吐卧切。洟，替。及撒手交足等弊。

一、毋在稠衆中高譚闊論，旁若無人。

一、毋假以送課，徧謁官長，以希進取。或官長有命，不得已，録送可也。

一、毋争强好勝，擅遞呈詞。或父兄有命，亦當委曲勸化，必萬不得已，方可。

一、毋借人書籍不還，及致損污。言書籍，則凡物可知。

一、毋到人書房窺看私書簿籍，及稱誇文房器具。

一、毋揀擇衣服飲食，及致飾車馬等物。

一、毋見人貧賤，姗笑凌辱；見人富貴，歎羨詆毀。

一、毋結交星相術士，及扶鸞壓鎮諸凡無藉

之人。

一、毋看《水滸傳》及笑資戲文諸凡無益之書。

一、毋撰造詞曲雜劇，及歌謠對聯，譏評時事，傾陷同袍。

一、毋替人撰造揭帖詞狀，及私約書札。此二段，每見人有犯之者，往往明罹王法，幽遭天譴。

一、毋輕易品評前輩著作，及學問淺深，行事得失。

一、毋彼此約分，飲酒遊樂。

一、毋唱詞作戲，博奕清譚。

一、毋出入酒館，縱情聲妓，及更深夜静，方才到家。如遇親朋見召，席間有妓，寧辭而不往可也。

一、毋哄人詈人，併議論人家私事。

一、毋作課之日，輕易告假，及彼此説話看稿，以亂文思。

以上數款，皆余髫年所聞於長老先生者，故不憚諄諄爲諸生言之，諸生其慎聽毋忽。

諭俗

千講萬講，不過要大家做好人，存好心，行好事，三句盡之矣。因録舊對一聯：

做箇好人，心正身安魂夢穩；

行些善事，天知地鑒鬼神欽。

丙申秋，余偕諸同志立會講學於寶慶寺，會凡旬日一舉，越數會，凡農工商賈中有志向者，咸來聽講，且先問所講何事，余懼夫會約之難以解也，漫書此以示。若夫臨時問答，各隨其人，不具論。

馮少墟集卷七

長安馮從吾仲好著

語録

寶慶語録

子夏在聖門，稱篤信謹守者，猶曰「入聞聖道而悦，出見紛華而悦」，可見人心操存最難。今學者無聖人以爲之依歸，是入既未聞聖道，而出又只見紛華，安保此心之不舍而亡耶？念及於此，真是汗顔慄骨。

「己所不欲，勿施於人」，此仁者强恕而行之事。然天下不皆强恕而行之人，我奈何因不欲之加，而輒動其憤懣不平之念。如此，則必生身於羲皇之世而後可也，但不知羲皇之世，又有此憤懣不平之士否？

君子遵道而行，其志曷嘗不鋭，然不免廢於半塗者，怕人責備也。不知别人責備我，正是指點我處，有人指點我，方喜其前途之不迷也，而又何怕之有？

管仲設三歸，用反坫，樹塞門，其規模何等大也！而夫子乃曰：「管仲之器小哉！」夏禹菲飲食，惡衣服，卑宫室，其家數若隘乎小也，而夫子乃曰：「巍巍乎！舜禹之有天下也，而不與焉。」何聖人之識見議論，與人情大相懸絶耶？於此勘得破，方不爲世俗所粘染。

黄擴孺問：「學者學聖人，尚矣，竊意聖人玄修實詣，或高出尋常一籌，及登壇聚講，以日用爲體驗處，平淡爲下手處，何時

才躋聖域？」曰：「自古聖人造詣，豈止高出尋常一籌，蓋高出尋常萬萬者。」「但不知聖人當日用何功，才得造詣至此？」「亦不過以日用爲體驗處，以平淡爲下手處耳。吾輩果能如此常常用功，不患不躋聖賢之域。」

又問：「旦晝時，百累膠結，❶萬竇碁布，牛羊斧斤易知也，憶午夜乍覺，每將旦晝未爲隱事，預先千想萬慮，一切牛羊斧斤都打不退，此樣病根，如何拔去？」曰：「斧斤牛羊，時時有之，只是自家一向不知，故反愛護之耳。今既知是斧斤，必不肯再使我伐；既知是牛羊，必不肯再使我牧，不患不退，只患不打，毋曰一杯水不能救一車薪之火也。」

又問：「人生塵寰，舉足就差，開口便錯，尋自悔之，差錯過的，都收拾不來，似這終身痼轍，如何解脱？」曰：「學者終身痼轍不能解脱，只是不知自悔，若能自悔，舉足自然不差，開口自然不錯，縱不然，亦不至大差大錯矣，又何痼轍之足患？」

又問：「堯舜地步最高，功業最偉，及閔子輿氏論，一不爲堯，隔壁即桀；一不爲舜，隔壁即蹠。夫堯、桀，舜、蹠，相去霄淵，何故並談無別？」曰：「堯之隔壁就是桀，舜之隔壁就是蹠，中間再不隔一家，此孟子所以並談無别。世之學者，既不敢爲堯爲舜，又不甘爲桀爲蹠，只是錯認以爲中間尚隔許多人家耳。使早知堯之隔壁就是桀，舜之隔壁就是蹠，自然一步不敢差錯。」

又問：「古昔論人，多在事後；今世論人，多在事始。想姬旦負成王時，伊尹放太

❶「膠」，張本作「交」。

甲時，心事未白，二公何所擔當，不爲流言中傷，竟成千古大事？」曰：「世間是非毁譽，最易動人，伊尹、周公，只是能自信不爲是非毁譽所動，所以能成千古大事。亡論伊周，即如宋濂、洛、關、閩，國朝河、會、姚、涇諸先生，當日講學時，有多少是非毁譽，由今視之，於諸先生竟何如？　大約古昔論人，多在事後；今世論人，多在事始。今世論人，雖在事始，吾輩自信，當在事後。」

又問：「小白、重耳兩霸，最是魁杰，稱善假之者，迺陘亭、衡雍後，執陳濤塗，聽衛元咺，甫履盛滿，輒肆慆婬，暴行彰彰，可指可摘，又若不善假者，此何以故？」曰：「天下事，真者斷不能假，假者亦斷不能真。伊、周，真者也，雖叢流言，何損於真？　桓、文，假者也，雖費彌縫，何益於假？　不然，濤塗之執，元咺之聽，何一旦敗露至此哉？」或曰：「非敗露也，是真心發見也。」余曰：「然。君子有真，小人亦有真，濤塗之執，元咺之聽，是小人之真心發見也，於此可以觀桓、文之假，而不可以此概天下之真。若概以此爲真，則日肆慆婬，無所忌憚者爲真，而一介不苟，赤舄几几者反爲假矣。故君子之真不可無，小人之真不可有，毋徒諉曰『吾真也，吾真也』，而置君子小人於不辨。」

或問「先知後行，知行合一」。曰：「昔涇野與東廓同遊一寺，涇野謂東廓曰：『不知此寺，何以能至此寺？』東廓曰：『不至此寺，何以能知此寺之妙？』二公相視而笑。可見二説都是，不可執一也。雖然，『道之不行』章先後合一，業已詳言之矣，吾輩又何疑？」

「天地之大也，人猶有所憾。」覆載生成

之偏，寒暑災祥之不得其正，說的未嘗不是。但講天地之大處，不可說壞天地，當云以天地之大，無所不覆，無所不載，人不知當何如頂戴，宜乎有感而無憾。然人心不足，人之願欲不齊，雖以天地之大也，人猶有所憾。可見道理無窮，「猶」字最當體認，不可說壞天地尚有可憾處。

天地生我，當吾世而使人猶有所憾，則天地生我之謂何？須是「爲天地立心，爲生民立命，爲往聖繼絶學，爲萬世開太平」，使天地不至於爲人所憾，才不負天地生我之意。不然，無論爲人猶有所憾之人，即不爲人猶有所憾之人，而碌碌庸庸，不能使天地不至爲人所憾，則天地又烏用生我爲哉？可愧，可懼。

孔子稱舜曰「必得其名」，稱武曰「身不失天下之顯名」，正見得武之征誅，與舜之揖讓一耳。且更加一「天下」字，又加一「顯」字，尤見得武之心事，顯然明白，天下人人所共信也。

問：「曰『必得』，曰『不失』，一字之間，真春秋衮鉞之意，何如？」曰：「不然。孔子正恐人有此議論，故序武於舜後，序『不失』於『必得』後耳。」又問：「『不失』二字何？」曰：「二字極有意思。『三分天下有其二，以服事殷。』不獨文王，武王受命，而曰『末』。可見，武王一生，亦以服事殷，父子已得天下之顯名，直至末年，不得已順天應人，才有此舉，宜乎平日之顯名，至此不無少損，而猶然不失，此所以爲難，故曰『不失』，非與『必得』二字有衮鉞也。」又問：「曰『身』，似心猶歉焉，何如？」曰：「不然。自古聖人做非常之事，必有非常之疑，一時浮議或有所不免，然公論久而後定，縱身後

有顯名，而不能保其身之不失。武王能以其身不失天下之顯名，是何等心事，又何以服人至此，豈不尤難之難哉！謂武王『自歉』，則可；若以『心猶歉』解『身』字，則不可。」

問：「『壹戎衣而有天下』，何也？」曰：「『一』字，正見得師不老，財不匱，兵不血刃處。向非天與人歸，武王不得已而應之，安能易易如此？惟『一戎衣而有天下』，此所以『身不失天下之顯名』也。」問：「文王事殷，而武王伐受，文王之心戚矣，何如？」曰：「『父作之，子述之』，此正文王之所以無憂也。烏乎戚？謂之曰：『善繼人之志，善述人之事。』可見，武王到文王之時，亦必『以服事殷』；文王到武王之時，亦必『一戎衣而有天下』。孔子明白説破，而蘇子猶謂武王非聖人，何也？」

問：「子思惓惓於纘緒繼述，爲武周辨者何？」曰：「孔子嘗謂武『未盡善』，蓋悲其遇也。又謂夏禮殷禮，吾能言之，蓋爲周監於二代，遡其郁郁之文所從出也。而或者不察，以爲孔子若有不足於周者，且春秋時，周先王存一空名，而爲下之敢於倍者，又多借『未盡善』之言以爲辭。故子思不得已，直説出武周心事，原與堯舜揖遜之心同，而後又惓惓於『今用之，吾從周』，及『憲章文武』之説，又引『夏禮吾能言之』云云以爲証。此其憂誠深，而其慮誠遠矣。《中庸》一書，謂之『明道之書』可也，謂之『維周之書』亦可也。」

「子貢欲去告朔之餼羊」，此亦裁革節省之意。不知有當裁革節省者，亦有不當裁革節省者，春秋時，列國不惟不奉聲教，且不奉正朔矣，關係豈小？夫子愛禮之

意，只當在奉正朔上説，與《春秋》書「春，王正月」之意同。昔人謂「桐江一絲，繫漢九鼎」；余謂有司一羊，存周九鼎。

「王者之迹熄而《詩》亡。」周自平王東遷，政教號令不行於天下，天子不巡狩，諸侯不述職，列國不陳《詩》貢俗，原是《詩》亡，不是「《黍離》降爲《國風》而《雅》亡也」。所以孔子删《詩》，止於三百篇，此外再無詩可删矣。「王迹熄而《詩》亡」，觀《詩》亡而王迹可憂，此孔子所以作《春秋》，以存王迹也。《春秋》，天子之事，不是孔子僭托二百四十年南面之權，只是魯之《春秋》，照周天子的制度，稍爲筆削，便是天子之事，非復諸侯之事矣。故觀於《春秋》，而知周天子之政教號令猶然行於天下也。夫子維周之功大矣！

問：「『胸中正，則眸子瞭焉；胸中不正，則眸子眊焉。』如今有目疾者，亦神散而昏，豈胸中不正耶？」曰：「只視所當視，不視所不當視，便是瞭，便是神精而明。若不視所當視，而反視所不當視，便是眊，便是神散而昏。昔一朋友，書屋中有酒數罌，有書數卷，客至，反覆視酒，更不及書，主人因留飲，大醉而别。嗚呼！瞭眊之際亦微矣，可不慎與！」

問「格物」。曰：「今吾輩在此講『格物』，就是格物，即如『孝弟』二字，與師友講明，便是格孝弟之物，心下講得『孝弟』二字明白，即是『知至』。由是誠其孝弟之意，正其孝弟之心，脩其孝弟之身；齊其家，使一家之人皆孝弟；治其國，使一國之人皆孝弟；平其天下，使天下之人皆孝弟。故曰：『人人親其親，長其長，而天下平。』若離却眼前，另尋一物，是物與吾身爲兩，而道可

須臾離矣。」

問「經權」。曰：「天地間只有此經，天地以此立心，生民以此立命，中國以此異於夷狄，人類以此異於禽獸，可進可退，可毀可譽，可生可死，而此經必不可廢。但當平常易處之事，雖中人或亦偶合，當變故難處之事，雖賢者不免出入，所以古之聖人，不得已設一『權』字，以爲事至於此，須是行權，才得合經，不然便拂經矣。是聖人之設權，正爲委曲合經設也，而後人之行權，反多至於廢經，何哉？聖人爲經以設權，後人借權以廢經，關係豈小？」

信者，人之真心，國之大經。足食、足兵、民信，三者誠不可缺一。若不得已，寧可去兵，必不可去信；再不得已，寧可去食，必不可去信。再三斟酌，至死不去，此權也，正所以求合乎其經也。若今人論政，平常已不知信爲人之真心，國之大經，每每與兵食並論，所以但不得已，先要去信，何況於再？若曰「不得已而行權耳」，不知行權之主意謂何？如此，又何取於權哉？權一也，權的合經不合經，便是能權不能權，便是可與不可與。

孔子而後，可與權者，莫如孟子，如答「任人」一章。任人不知禮爲天地之大經，爲萬古之常經，乃權於禮與食之間，而謂食重。又權於禮與色之間，而謂色重，曰「饑而死」，曰「不得妻」者，甚之也。說到這箇去處，恰似食色重，所以屋廬子亦不能答。不知如此權禮，則人欲肆而天理滅，人類而禽獸，中國而夷狄矣，關係豈小？孟子亦權於禮與食之間，而曰寧可以無食，必不可以「紾兄之臂而奪之食」；亦權於禮與色之間，而曰寧可以無妻，必不可以「踰東家墻

而摟其處子」。曰「紾兄」，曰「踰墻」，亦甚之也。説到這箇去處，自然是禮重。如此權禮，則天理常存，人心不死，人類不至爲禽獸，中國不至爲夷狄矣。先王爲食色而制禮，孟子權食色而重禮。天地之大經以正，萬古之常經以明，其功豈小補哉？故曰孔子而後，可與權者，莫如孟子也。

「君子遠庖厨」一句，正是行權以合經處。「不忍見其死」，「不忍食其肉」，此真心也，此經也。此心既是不忍，而賓祭又不可廢，若不行權，執定禮不可廢，只得忍而殺之，則其初一二次還覺不忍，久之習以爲常，必至見其生而亦忍見其死，聞其聲而亦忍食其肉矣。故先王不得已，行權以遠庖厨，庶乎禮既不廢，心亦可存，豈非爲仁至妙至妙之術哉？庖厨原爲此心而遠，行權原爲合經而設，惟至於委曲以合經，而後見權之所以爲妙。

吾儒事業，不外齊治均平，此是如何景象？若以家道富厚爲齊，以天下富强爲平，此五霸之治平，非二帝三王之治平也。唯是入其家，見其父慈子孝，兄友弟恭，夫和婦順，方是家齊景象，而家之貧富不與焉。推而一國，必一國興仁興讓，而始謂之治；又推而天下，必人人親其親而長其長，則天下始平，不在國之富不富，兵之强不强也。以富强爲治平，此千載不破之障。

一念不起，純然是善，惟有念而後有善惡之不同。故「戒慎不睹，恐懼不聞」，而朱子解之，止曰：「存天理之本然。」「莫見乎隱，莫顯乎微」，而朱子解之，即曰：「遏人欲於將萌。」

「發而皆中節，謂之和。」此「節」字，乃天然自有之節，就是中，不是人爲。

問「豫立」之意。曰：「豫在事上尋求，斷不能立。蓋事變無窮，千頭萬緒，豫先何以安排？即安排得是，亦屬有所將迎之弊，況又未必合乎！此『豫』字，即是下文『擇善固執』，『博學、審問、慎思、明辨、篤行』，於此勵弗措之志，加百倍之功，造到雖愚必明，雖柔必强，凡事自然是立。『前定』者，前定乎此也。若預先不在理上講究得明白，心上不涵養得純熟，事到面前，如何得妥貼？『凡事豫則立』，是在心上豫，不在事上豫。」

一夕坐寶慶月下，見皓月當空，自覺此心湛然無物，因顧謂諸生曰：此時正好自識心體，蓋人性上不容添一物，就如皓月當空，纖塵不染，可見吾輩心體，必一物不容，而後能萬物皆備；彼反身不誠，萬物不能皆備者，還是自家心上有物，還是自家心體不乾净。

問：「一物不容，與萬物皆備，二『物』字同否？」曰：「一物，『物』字指欲言；萬物，『物』字指理言。佛氏『本來無一物』，不止欲無，併理亦無；不止理無，併無理之無亦無矣。此『理障』二字，所以貽禍無窮也。」

人心所以與萬物隔者，只是不能舍己；若能舍己，自然眼界大，心地寬，自然看得我與人俱從一善生來，有何不可從處？有何不可樂取處？蕩蕩乾坤，獨來獨往，豈不爲千古一快！

「取與」二字，原是相反，惟善是同有的，故即取爲與，於人無損，而於己有益；於己無損，而於人有益，故曰：「君子莫大乎與人爲善。」彼此無損，彼此有益，人亦何憚而不與人爲善耶？

《大學》言「正心」無他法，只是要此心常在腔子裏，蓋此心一不在，所以視聽遂失其職，以此應事，未有不差錯者，此身所以不修也。薛文清公每寢，必自問曰：「主人翁在室否？」可謂精於心學者。

「出門如見大賓」，非止爲出門而發。蓋出門之後，就要待人，就要處事，有多少事體，多少應酬，若以不敬當之，豈有不差錯之理？故提醒之法，於出門尤爲緊要。

問「參前倚衡」。曰：「只如此時，眼前師友相對，大家精神收斂寧一，便是參前倚衡真境。第恐吾輩過此時不能如此時耳，所以學要常講，師友要常會。」

問「人而無信」。曰：「信在天爲實理，故四時一信之流行；在人爲實心，故四德一信之貫徹。如怵惕形於孺子，固信之見於仁矣，俄而接大賓，而恭敬生焉，非信之見於禮乎？又俄而屈直互陳，是非立判，非信之見於智乎？世人不知無信之不可，故意做出許多機械來，以爲巧於涉世，不知人而無信，終不能行，自己做到州里不能行處，還不知是不忠信篤敬之故，真是可惜！」

「言忠信」一節，正是「人而無信」的註疏。

問「淡而不厭」。曰：「『淡』之一字，原是性體，吾性中一物不容，何其淡也？無物而萬物皆備，又何厭之有？即如滚水，淡極矣，故人人皆可用；且如眼前飲茶，就有多用不得的；推而至於羹汁酒醴之類，則人人斷難如一矣。可見，淡中之味，人人當知，能知此味，則天下無事不可做矣。先儒曰：『咬得菜根，百事可做。』此之謂也。」

人之樂未有無所寄者，只是要寄得好，

即如聲色貨利，人皆以爲可樂，故敝精耗神以殉之，至老死而不寤，所樂一差，匪獨人品攸關，而身家亦係之，良可悲痛。故二程初見茂叔，即教之尋仲尼、顏子樂處，誠恐劈頭所樂一差，則終身不能出此坑塹耳。

孔子論友，即繼之論樂，而損益辨焉。此之損益，即利害禍福也，不得輕輕看過。自家所樂一差，則終身相與的朋友豈得不差？朋友一差，何事不差？念之悚然。

今人於書畫奕詠，靡不殫精爲之，如曰學聖人，則退托不敢當。豈知技藝至難，故不能者極多，若夫孝弟庸行當身而具，人人可能，則學聖人不較易乎？

問：「吾子云：『人生天地間，惟有講學一事。』固矣；第講學者，多惹人議論，奈何？」曰：「議論何病？議論然後見君子，且吾輩爲學，非所以學孔孟耶？孔子講學，或人疑其爲佞，孟子講學，外人譏其好辨；不特此也，伊川有洛黨之嫌，紫陽有僞學之禁，真西山稱爲『真小人』，魏了翁號爲『僞君子』，自古聖賢，未有不從是非毀譽中來者。故曰：『若要熟，也須從這裏過。』又曰：『金不鍊不精，玉不琢不美。』可見，是非毀譽，聖賢方藉以爲鍛煉砥礪之資也，又何計人之議論哉？不然，瞻前顧後，方信忽疑，是遵道而行，半途而廢者也，何以謂之孔孟？又何以謂之程朱哉？白沙先生詩有云：『飽歷冰霜十九冬，肝腸鐵樣對諸攻。群譏衆詆尋常事，了取男兒一世中。』願與諸君日三復之。」

問：「『大德不踰閑，小德出入可也』，何如？」曰：「道無大小，學亦無大小，安得以小德出入爲可？此中大有意思。蓋先

王立教，大處不待言，小處如《曲禮》所稱：『上東階，則先右足；上西階，則先左足』；『先生書策琴瑟在前，坐作跪。而遷之』；『就屨，跪而舉之，屏於側。鄉長者而屨，跪而遷屨，俯而納屨』；『人子行不中道，立不中門』之類。即一言一動，一步一趨，都有箇規矩準繩，一毫不肯假借，一毫不得踰越，非是先王過於詳，過於嚴，蓋立教不得不如此。先王立教，既如此其詳且嚴，而又恐學者苦其繁，畏其嚴，於是不得已，又寬一步曰：『大德不踰閑，小德出入可也。』庶使初學之士，不至苦其繁而自諉，又畏其難而自阻耳。不嚴，不足以端學者之趨，而不寬，又不足以鼓學者之進。此正是聖賢循循然善誘人處，非果謂小德可以出入無傷也。若果謂小德可以出入無傷，則先王立教，只標其大德足矣，又何必條縷小德若是之詳且嚴哉？惟其若是之詳且嚴，所以不得不説此一句。聖賢中間，有多少苦心處，語云：『天之愛民甚矣。』余亦曰：『聖人之愛學者甚矣。』學者豈可不亦步亦趨，務使毫無出入，以無負聖人愛之之意。此章之言，大有關係，安得謂不能無弊？吴氏蓋未嘗深思其意耳。」

問：「或以綱常倫理爲大德，辭受取與爲小德，何如？」曰：「伊尹格天事業，皆從一介不苟中來，辭受取與，豈是小德？爲此言者，是貪夫借口之辭，豈子夏之意？」

先王立教，雖是寬人一步，學者不可自寬。如《禮記·内則》云：「子事父母，鷄初鳴，咸盥漱、衣服，斂枕簟，灑掃堂室及庭，布席，各從其事。」至於《曲禮》又云：「獻粟者操右契」；「凡遺人弓者，右手執簫，左手承弣。主人自受，由客之左」之類。由是觀

之，吾輩自來不知出入了多少，尚敢還説別樣出入無傷哉？不辨其何者爲大德，何者爲小德，而概言「小德出入無傷」，竊恐其認「大德」爲「小德」，認「踰閑」爲「出入」，而猶曰「無傷，無傷」也。其自誤誤人，可勝道哉！細行不矜，終累大德，願與同志共勖之。

聖賢學問雖多端，一言以蔽之曰：謹言慎行。不必深求，只看世間謹言慎行的人，那一箇不爲人所敬愛，那一箇不獲福；放言肆行的人，那一箇不爲人所怠慢，那一箇不惹禍。故曰：「愛人者人恒愛之，敬人者人恒敬之。」又曰：「禍福無不自己求之者。」念及於此，敢不凜凜！

言易而行難，爲謹言易而慎行難也。今於易者且不能，又何論難者哉？昔劉元城問「盡心行己」之要於司馬温公，公曰：「其誠乎！」又問：「從何入？」曰：「從不妄語始。」元城於此三字力行七年，而後成爲古今大儒。「不妄語」三字，似易而實難，願共勉之毋忽。

語云：「一念而善，景星慶雲；一念而惡，妖氛厲鬼。」余亦云：「一言而善，景星慶雲；一言而妄，妖氛厲鬼。」古詩云：「忠孝傳家國，詩書教子孫。廣行方便事，陰德滿乾坤。」余亦云：「忠孝傳家國，詩書教子孫。廣開方便口，陰德滿乾坤。」言出於我，一毫無所費，而能使陰德滿乾坤，人亦何憚而不爲耶？可見，人不惟不當妄語，且當善言德行。

天下之患，莫大於小人倡不根之言，君子不察，誤信而誤傳之，人見其出於君子之口也，皆謂君子必有所見，其言必不妄，即理之所無者，或亦信其爲有而不可破矣。

不知小人當造言之時，原覬君子之信而傳之，及君子一信而傳之，則小人反借爲口實曰：君子云何，君子云何；即他人亦必曰：君子原云何，原云何也。如此，則小人不根之言，一一皆有根之論矣。當斯時也，即堯舜之明，亦豈能察之哉？忠臣飲恨，孝子含冤，病正坐此。余以爲君子之聽言，凡説好人不是處，當姑闕疑，從容詳審，勿輕信而輕傳之，則小人之計，自無所售，彼縱假借，則君子原無此言，天下必有能辨之者，又何萋斐貝錦之足憂哉？

問「君子小人之心。」曰：「恐君子變而爲小人，望小人變而爲君子者，君子之心也；恐小人變而爲君子，望君子變而爲小人者，小人之心也。此小人所以動輒左袒小人，而媒孽君子。左袒小人者，非是厚小人，只是使小人益成其爲小人，而有以快己之忌心；媒孽君子者，非是恨君子，只是使君子不成其爲君子，而有以遂己之忌心耳。故曰：『君子成人之美，不成人之惡。小人反是。』小人只是一箇忌心，不知壞了世道人心多少，良可浩歎！」

問：「或云必有孔孟之道，然後可闢佛老，其説是否？」曰：「此佞佛者阻人闢之之言，而聽者未及察耳。孟子曰：『能言距楊墨者，聖人之徒也。』若必待有孔孟之道者，而後可以闢佛老，則佛老終無人闢矣。『能言距楊墨』二句，余昔有此破云：『大賢公闢邪之責於天下，亦不得已意也。』余師蕭慕渠先生深以爲然。近又見葉寅陽破云：『大賢主張聖教，而深望於羽翼者焉。』更得其意。」

問：「從祀孔廟，只當重人品，不當專重講學，何如？」曰：「不然。此祀原專重

講學，須在講學中，擇其有功聖門、人品無議者，方得從祀。若不論講學與否，而概論人品，則古今人品無議者亦多矣，豈得人人而祀之？且孔子以前，人品無議者，又不在所遺邪！『講學』二字，創自孔子，此祀全爲風人講學而設，不專爲古今人物而設也。若古今人物表表不凡者，或祀鄉賢，或祀名宦，或爲專祠以祀，用以崇德報功，磨世礪俗，皆無不可，第不宜輕易從祀孔廟耳。此關係不小，不可輕議。」

問：「講學者多棄去文詞不理，此道學自護其短之巧術，何如？」曰：「學者棄去道學不理，誠不可；若棄去文詞不理，有何關係，而曰『此自護其短之巧術』也？能文者自是能文，不能文者自是不能文。能文者而不理，此正道學不自恃其所長；不能文者而不理，此正道學不自護其所短，而反以爲『自護其短之巧術』，何也？道理甚明，無足置辨。」

問：「聖賢道理，在人倫日用間，只爲子孝、爲臣忠可矣，何必講心性而後爲學耶？」曰：「聖賢道理，原在人倫日用間，但不知以心性不端之人，爲子能孝，爲臣能忠否？此必不能，而曰『不必講心性』可乎？借忠孝大題目，以杜講學之口，此正以不忠不孝誤天下者也，而學者多誤信之，何也？」

心之理一也，在子謂之孝，在臣謂之忠。忠孝是「天命之性」；爲子孝，爲臣忠，是「率性之道」；聖人教子孝，教臣忠，是「修道之教」。講心性，正是講忠孝之理處。今曰「不必講心性」，是臣子而不講忠孝之理也，其不臣不子甚矣！

問：「心性之學，上達之學也，或不宜

概施於下學？」曰：「收放心，養德性，下學不當如是邪？」

問：「『必有事焉而勿正，心勿忘，勿助長也。』一説以『必有事焉而勿正心』爲句；《經鉏堂雜志》又謂：『正心』二字，元是『忘』字，傳寫失真，以一字分爲二字。蓋養浩然之氣，必當有事而勿忘，既當『勿忘』，又當『勿助長』可也，疊下『勿忘』，作文法云云，二説孰是？」曰：「二説俱非。當依伊川以『勿正』七字爲句爲是。孟子謂『必有事』，原是在心上有事，心上用功，不專在事上有事，事上用功。若説『心必有事焉而勿正』，雖是明白，却不渾融，却不妙，惟將『心』字放在下句，正見得上句『必有事焉而勿正』，是在心上有事勿正，非專在事上有事勿正也。此正見孟子句法、字法之妙。❶上文『是集義所生者』，義原在心、在內，故行慊於心，便是義；行不慊於心，便不是義。集只行事件件務慊於心便是，非硬將外面一物，取而積累於此，而曰『集義』也。告子義外之見，病正在此，故孟子先説『集義』，後説『行有不慊於心』，而直斷之曰『告子未嘗知義』，正與此先説『有事』，後説『心勿忘，勿助長』一樣文法。大抵聖賢立言，下字眼都有意思，學者識見不到，切勿輕起疑端，擅自更改也。」

「正心誠意」四字，千古正論，聖學真傳；而或以「必有事焉而勿正心」爲句，或又以「正心」二字爲「忘」字之誤，必欲借孟子抹摋「正心」二字，何也？

問：「『巧言』、『佞』、『利口』，何以分別？」曰：「『佞』與『利口』，俱是『巧言』。

❶「字」，張本作「是」。

孔子曰『巧言亂德』，孟子解之曰：『佞亂義，利口亂信。』昔張橫渠以崇文説書被召，與王安石議不合，安石遂命按獄浙東，實疏之也。時程伯淳爲御史，争曰：『張某以道德進，不宜使治獄。』安石曰：『淑問如臯陶，猶且讞獄。』此佞語也。朱文公内召入朝，有人要於途説之曰：『正心誠意，上所厭聞。』文公正色答曰：『某平生所學，惟此四字。』言者愧服。『上所厭聞』云云，此利口也。」

或以文公「平生所學，惟此四字」之言爲迂，不知「正」與「邪」對，「誠」與「僞」對。既以「誠正」爲迂，不知將以何者爲不迂邪？或者其人可知矣。

或曰：「正心誠意，亦未必爲上所厭聞，或爲上所喜聞，亦不可知，爲臣子者，何可不言？」余曰：「不然。臣子進言，不必論上所厭聞不厭聞，亦不必論上所喜聞不喜聞，如以厭聞『誠正』而不言『誠正』，固非事君之道；如以喜聞『誠正』而始言『誠正』，亦豈純臣之節？如喜聞『誠正』，而言『誠正』，固矣；倘喜聞狗馬，而亦言狗馬，可乎？喜聞貨財，而亦言貨財，可乎？不論自家所學，惟論上所喜厭，其勢必至於此。唐李勣知遂良之説，上所厭聞，故『陛下家事』之説一投，而遂貽唐室無窮之禍，想勣之心，不過以遂良之言爲迂耳，豈知貽禍之烈至此哉？文公不論上所厭聞否，第曰『平生所學，惟此四字』，宛然孔氏家法，真萬世臣子之所不敢違也。」

問：「學之不講，孔子所憂，後世學者多不肯講，何也？」曰：「其病多端，一則於己不便，一則自以爲是，一則爲人不足與言，一則恐爲世所厭，一則嫉忌人之勝己。

孔子曰：『躬行君子，則吾未之有得。』一講則人必以躬行責備，於己不便，故不得已，謂學只在行，不在講，是以『行』之一字，杜責備者之口，以掩不行之過也。即間有能行者，又器小易盈，若曰吾行是，是亦足矣，何必再講，而況其人又不足與講也。孟子曰：『齊人無以仁義與王言者，豈以仁義爲不美也？其心曰「是何足與言仁義也」云爾。』彼其心或亦曰『是何足與言學問也』云爾。昔人説朱文公曰『正心誠意，上所厭聞』，今之不講者，豈亦以『正心誠意，世所厭聞』，而講之無益邪？女無美惡，入宮見妒；士無賢不肖，入朝見妒。今之不講者，得無曰：我不能行，而講之使人行，則形己之短；我能行，而講之使人行，則掩己之長。得非忌心勝，而不欲人之行之邪？不知不講者，不行者也，真能行者，必不避人責備而不講。義理無窮，即聖賢且望道未見，我安敢自以爲是而不講？人性皆善，孰不可與言，敢謂人不足與言而不講？『平生所學，惟此四字』，何論人之厭不厭也而不講？『君子莫大乎與人爲善』，方愧不能與人爲善也，又何忌人之勝己也而不講？孔子憂之，正憂乎此耳。後人不憂，豈其有加於孔子邪？」

問：「近世講學者，多講玄虛，不知只躬行足矣，何必講？」曰：「藥玄虛之病者，在『躬行』二字。既學者多講玄虛，正當講躬行以藥之可也，而反云學不必講，何哉？爲此言者，是左祖玄虛之説，而阻人之辨之者也。」

講玄虛之學，講學也；講躬行之學，亦講學也。玄虛之學，不講可也，躬行之學，不講可乎？若曰學不必講，豈躬行之學，

亦不必講邪？

「堯舜之道，孝弟而已矣。」若不講如何孝，如何弟，安能孝弟？「夫子之道，忠恕而已矣。」若不講如何忠，如何恕，安能忠恕？彼謂只孝弟忠恕而不必講者，是原無心於孝弟忠恕者也。

孔子曰：「躬行君子，則吾未之有得。」可聽其未得已乎！故曰：「學之不講，是吾憂也。」講學者，正是講其所以躬行處，正是因其未得而講之，以求其得處。不然，「躬行君子」，終「未之有得」矣。

「講學」二字，幸出於孔子，若出於孟子，則必以爲孟子不及孔子處，在標此二字矣。

問：「講學可也，第不宜如諸儒之各立門户，何如？」曰：「不然，天下有升堂入室，而不由門户者乎？如以諸儒標『天理』二字，標『本心』二字，標『主敬窮理』四字，標『復性』二字，標『致良知』三字，爲立門户，不知孔門標一『仁』字，孟子標『仁義』二字，曾子標『慎獨』二字，子思標『未發』二字，豈亦好立門户邪？夫子之墻數仞，若真欲見宗廟之美，百官之富，自不容不覓此門户以入，不然，是原甘心於宫墻之外者也，何足辨哉？且論道體，則千古之門户無二；論功夫，則從入之門户不一。第求不詭於孔氏之道，各擇其門户以用功，不自護其門户以立異可耳。而必於責備其立門户，不知舍天理、本心、慎獨、未發之外，又將何所講邪？一開口便落門户，真令人不敢開口矣。」聞者豁然大悟。

天下有三件不可解的事：言可省也，别樣不該説的言語通不省，偏只省了講學的言語，一不可解；交可寡也，别樣不該交

的朋友通不寡，偏只寡了講學的朋友，二不可解；是非可避也，别樣不該管的是非通不避，偏只避了講學的是非，三不可解。

或有苦忌者之責備者。余曰：「人而不爲人所忌，則其人可知矣；人而忌人，則其人可知矣。人而不爲人所責備，則其人可知矣；人而責備人，則其人可知矣。」

戰國之時，楊墨之言盈天下，得孟子辭而闢之；從漢至宋，佛老之言盈天下，得程朱辭而闢之。至於今日，非學之言盈天下，倘有辭而闢之，如孟子、程、朱其人乎？余竊願爲之執鞭。

非學之言，忌者倡之，誤聽者從而和之，講學者又誤從而講之。忌者無論矣，誤聽者從而和之，講學者又從而講之，何也？講學者誤講非學之言，自誤誤人不小。❶

論學譬如爲文，必融會貫通乎百家，然後能自成一家，若只守定一家，恐孤陋不能成家矣。學之道，何以異此！故曰：「孔子，聖之時者也。」又曰：「孔子之謂集大成。」

天下事，執彼以議此，執此以議彼，則皆短也；執此以濟彼，執彼以濟此，則皆長也。執伯夷之清，以議下惠之和，執下惠之和，以議伊尹之任，則三子皆在所棄矣；執伯夷之清，以濟下惠之和，執下惠之和，以濟伊尹之任，則三子皆在所收矣。孟子「聖」三子，正所以備孔子之「集成」，孔子之「時」耳。不然，舍「清、任、和」之外，又將何所集以成大成哉？惟不外「清、任、和」，而

❶「自誤」句，張本、洪本作「于己爲自誤，于人爲誤人」。此段以下，從「論學譬如爲文」至「反以爲長處」三段，原脱，依張本、洪本補。

能時出之，此孔子所以異於三子也。

古人惟見人之長，今人惟見人之短。古人論人，於短中求長；今人論人，於長中求短。古人見人之長處，原是長處；見人之短處，原是短處。今人見君子長處，反以爲短處；見小人短處，反以爲長處。

「皆古聖人也」，論人何其恕！「吾未能有行焉」，自處何其謙！「乃所願，則學孔子也」，趨向又何其正！此正孟子之所得統於孔子也。

以孔子自期則可，以孔子自任則不可；以孔子望人則可，以孔子責人則不可。只争一念，遂隔千里。

宋儒云：「天不生仲尼，萬古如長夜。」余亦云：「人不學仲尼，萬古如長夜。」

士君子爲人，全要有品有量。一介不苟以學品，則品自高；萬物皆備以學量，則量自大。

門人榆陽許大倫、咸寧任國珣輯。

馮少墟集卷八

長安馮從吾仲好著

語録

善利圖序❶

今試語人曰：「汝當爲聖人。」則必駭然曰：「聖人，我所望而震也，何敢爲？」又試語人曰：「汝盜蹠也，禽獸也。」則必怫然曰：「我縱不肖，何至爲盜蹠、禽獸？」不知人生斯世，止有兩途，利則蹠，善則舜，出善入利，間不容髮。故處而孳孳爲利，則儒冠而盜蹠、禽獸，出而孳孳爲利，則軒冕而盜蹠、禽獸。彼其心已爲盜蹠、禽獸矣，而猶不自知也，方且揚揚得意焉。昔孟氏深爲不求放心者哀，人而爲盜蹠、禽獸也，寧不爲孟氏之所哀乎？哀之而欲警之，故爲之説，曰：「欲知舜與蹠之分，無他，利與善之間也。」馮先生推廣孟氏之意，而立之圖，冀聖一見之而惕然，再玩之而醒然，三復之而豁然。夫孟氏利善之説何始乎？此虞廷所謂「道心人心」也。發端僅分於一念，而善之積也，則由有恒而善人，而君子，即聖人可到焉；利之積也，則由斧斤而牛羊，而梏之反覆，去禽獸不遠焉。善之積也，則文學功名，盡爲舜用，而以才濟其美；利之積也，則文學功名，盡爲蹠用，而以才濟其惡。

❶「序」，原無，據洪本補。以下張維新、張維任兩序原無，依張本、洪本補。

嗟嗟！流芳百世，誰不願之？遺臭萬年，誰則甘之？乃一披圖，而所爲流芳者始自何念，遺臭者又始自何念，昭然若指諸其掌，則利與善之間，可不畏哉！可不畏哉！乃世之自諉者則曰：「我已爲蹠矣，難復爲舜矣。即安於放縱可也。」不知孟子曰：「雖有惡人，齋戒沐浴，亦可以祀上帝。」《易》之《復卦》，五爻皆陰，一爻獨陽，固静極而動，亦惡極而善也。一爻之善兆而爲「七日之復」，故曰：「復其見天地之心乎！」剛長不已，《復》且變而爲《乾》矣，純乎天矣，向也蹠，今也舜矣。圖曰：「從此回心，猶可向道。」此先生示人以復機也。世之善人君子，或自滿曰：「吾道德脩矣，聲望著矣。聖域難到，姑寬假可也。」俄而利心忽入，人品心術，頓非其初。在《易》之《姤》，五陽之下，忽生一陰，陰之浸長，不盡剥五陽，不止也。《書》曰：「惟聖罔念作狂。」既已爲聖，一或罔念，即流爲狂，向也舜，今也蹠矣。圖又曰：「未成一簣，半途而廢。」此先生示人以詣極也。世之人又或曰：「吾爲善，無近舜；爲利，無近蹠。柴立乎中央，則亦已矣。」不知人心無中立之理，半善而半利，終是一利，半舜而半蹠，終是一蹠。譬之過橋者，不在橋上，則在水底，橋水之間，應無駐足處。圖又曰：「若要中間立，終爲蹠路人。」此先生示人以決斷也。然則利轉爲善，而善必造於聖；蹠轉爲舜，而舜則不復爲蹠。如是而後，不受孟氏之哀；如是而後，無負先生立圖之意乎！且圖之義何祖也？伏羲則有《八卦圖》，惟文、周、孔子能會之；大禹則有《洛書圖》，惟箕子、武王能會之；周濂溪崛起而接聖脉，則有《太極圖》，惟二程、張、朱能會之。

此三圖者，非賢聖莫解也。先生《善利》之圖，固賢聖之秘旨，而實愚不肖所共醒惕也。天下之善人少，而不善人多，則先生之醒惕天下也廣，而其善天下也多。假令伏羲、大禹、濂溪復生斯世，寧不謂今之圖與昔之圖若合符節哉！翼聖謹書諸紳將終身佩焉，尤願先生勒此圖於關中書院，以詔來學，故爲之序。

萬曆癸丑，陝西提學副使新安洪翼聖撰。

附　柬

世人每猶豫於善利之介，蓋不知不爲聖人、君子，則必爲盜蹠、禽獸耳。台臺《善利圖》大包無外，細入幾微，觸目警心，誰不知懼！且於不善者開向道之機，於爲善者凜鮮終之戒，於遲回者破中立之非，令人去利去之盡，爲善爲到底，若操此以終身，何怕聖賢境界不可漸臻！學問最患不痛不癢，兩頭牽制，如台臺之學問，則一刀兩斷，切骨入髓，非大智大勇，誰能如斯？翼聖三生有幸，得遇此圖，愚意此圖當勒之於關中書院，與《白鹿洞教規》互相發明，則學未講而舉目燎然，誰肯甘爲盜蹠、禽獸者？將許多猶豫念頭，登時放下，此入門直捷路也。翼聖且終身佩之，珍爲百朋，豈惟翼聖，諸學者俱宜書一圖於座右。古聖賢諸圖，皆精微淵奥，非上智莫曉；而《善利圖》，則理奥而形顯，賢愚僉受其益，直與古聖賢諸圖並垂不朽矣。翼聖謹擬一序，愧無能闡圖之微意，不知尚有一隙之明，可向進否？望台臺指示而教誨

之，是荷。

在昔黄虞授受「執中」之旨，穆然尚矣。孔子接三代之傳，惓惓欲以善人是見，然亦「罕言利」，顧戰國何時也，子輿氏拯人心以胥溺，泣狂聖於臨岐，於是提衡舜、蹠，以危善利所歸趨，豈其有鑿乎「精一」之竅！蓋人心與世道推移如狂瀾，莫可底遏，聖賢所爲深憂密計者，憂深，故言之切，計密，則防之周，故曰：「予豈好辨哉？予不得已也。」不佞夙不敏，嘗從事大賢之門，上下議論，一日，署臬秦中，獲少墟馮公《善利圖説》一帙，相與印可，末復附録，以足其義。「理欲」燭乎眉睫，「幾希」示諸掌上，抉身心性命之微，撮濂、洛、關、閩之奥，愓然有槪於衷，因撫卷而歎曰：道妙無言，學本一貫。孔子不云乎：「中人以上，可以語上也；中人以下，不可以語上也。」夫既不可以語上矣，則中人以下，皆聖人之棄人乎？無已，形不辨，則視影以察；裏不着，則視表以端。堯舜相傳一「中」，而未始以善利分之；孔子微言善利，而未始併析之；子輿氏始并析之，而未有以圖象之。至於圖象之，而其於世道人心憂且計，更何如也？乃真謂畫前無易耶！嗟夫！士君子終身學術，莫先善利之辨，善之塗一，利之塗則什伯千萬焉，一者易得於道，什伯千萬者，則茫乎莫知所之。繹公所爲斯圖也，亦有大不得已者在矣。

萬曆癸卯中秋穀日，汝上張維新書。

吾友馮仲好潛心理學，自爲諸生、太學生而已然，尋以子丑高第，讀中秘書，其學益深，其養益邃。及出秉柏臺，東巡齊魯，

而考德問業者日滋衆，具在《訂士編》中。既而青蒲犯顔，遺佚歸里，與吾黨諸君子講學寶慶梵宇，大都議論不立異，亦不蹈常，不事玄虛，亦不涉卑近，要以抒所自得，敷明宗旨，説詳而反約，人人有虛往實歸之幸，一時學士師尊之。迺因答問「善利」，作爲《圖説》，始於毫芒一念，終於聖狂千里，途歧竟邈，其嚴若此。苟知回心嚮道，却是入聖之幾，有令人惕然猛省處。至反覆辨難，亹亹數千言，率旨於味，爲世教人心慮，亦厪已。今即高卧西京，而蒼生繫望異日者，以學術爲事，功勛未可量也。吾離索仲好久，恒企交儆之思，而把玩兹帙，如對切劘，因命梓人，以公同志，則其造詣之閎深淵邃，❶亦足以窺其概矣。

萬曆甲辰孟夏，潼關友弟張維任頓首書於巫山公署。

人性本善；利者，有己之私也。原不並立，豈容交戰而角勝乎？上知以本善者洗除其己私，中士不以有己者戕牿其本善，安勉雖殊，入聖則均，若歧路而争馳，即去聖而入蹠。旨哉馮仲好之言，曰「善念是吾真」，欲人之培養其善也。又曰「中道立，終爲蹠」，恐人之托利於其善也。此其辨晰理奥，深得作聖之肯綮矣，與同志者共之。

萬曆庚子春日，關中屈拱北書。

❶「閎」，張本、洪本作「宏」。

善利圖

聖狂分足處，
善念是吾真。
若要中間立，
終爲蹠路人。

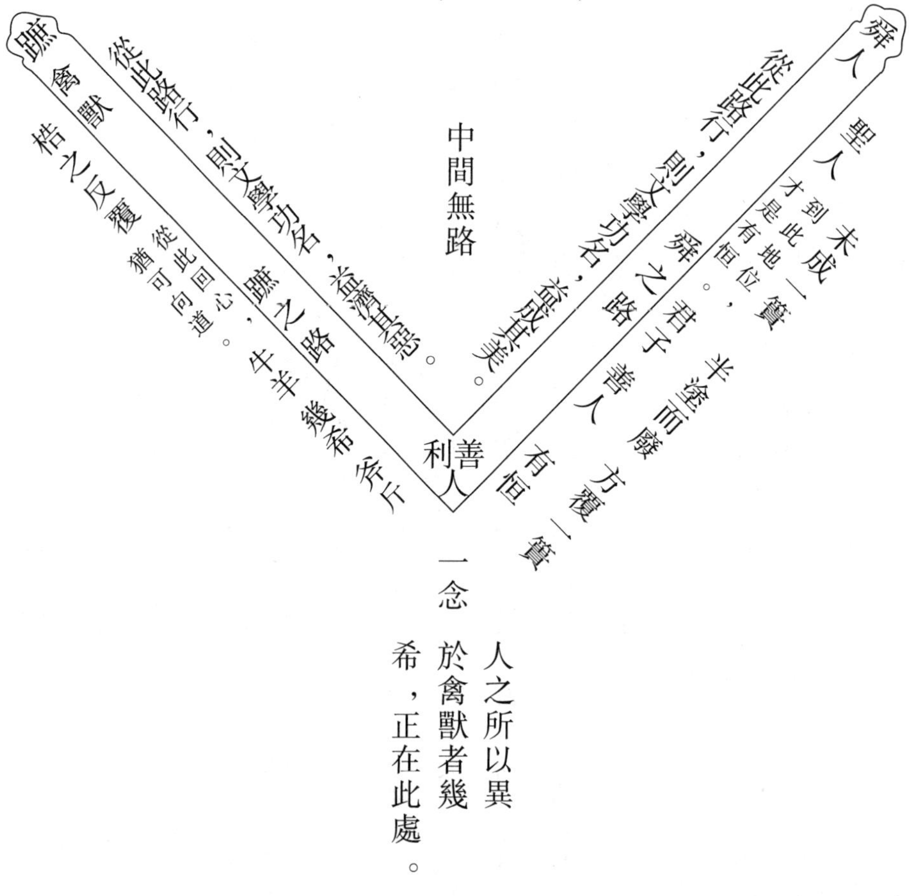

善利圖説

或問：「孟子，願學孔子者也。孔子論人，有聖人、君子、善人、有恒之别，而孟子乃獨以善利一念，分舜、蹠兩途，何也？」曰：「此正孟子善學孔子處。孔子以『聖人』、『君子』、『善人』、『有恒』，列爲四等，正所以示入舜之階基，恐學者躐等而進耳。世之學者，徒知以舜、蹠分究竟，而不知以善利分舜、蹠，若曰：『聖人，至舜極矣，學者何敢望舜？下聖人一等，吾寧爲君子已耳。』或者又曰：『君子，我亦不敢望，吾寧爲善人已耳。』或者又曰：『善人，我亦不敢望，吾寧爲有恒已耳。上之縱不能如舜，下之必不至如蹠，何苦呶呶然曰：吾爲舜，吾爲舜哉？』以彼其心，不過以爲聖人示人路徑甚多，或亦可以自寛自便耳，不知發端之初，一念而善便是舜，一念而利便是蹠，出此入彼，間不容髮，非舜與蹠之間，復有此三條路也。君子、善人、有恒，造詣雖殊，總之是孳孳爲善，大舜路上人。孟子以善利分舜、蹠，蓋自發端之初論也；孔子以聖人、君子、善人、有恒分造詣，蓋自孳孳爲善之後論也，旨豈二乎哉？雖然，爲衆人易，爲聖人難，故學者儘學聖人，尚恐不能爲君子，爲善人，爲有恒，若姑曰：我寧爲君子，我寧爲善人，我寧爲有恒，其勢不至於無恒不止，不至於如蹠不止也，何也？取法乎上，僅得乎中，取法乎中，民斯爲下，理固然也，究其初心，豈非錯認路徑尚多之一念誤之哉？且爲善爲舜則爲人，爲利爲蹠則爲禽獸，所係匪細，故又曰：『人之所以異於禽獸者幾希。』玩『幾希』二字，可見人必至

於如舜、如禹、如成湯，如文、武、周公、孔子，纔謂之『君子存之』，纔謂之人；不然，『庶民去之』，則禽獸矣。善利之分，舜蹠之分；舜蹠之分，人與禽獸之分也。學者縱可諉之曰『我不爲聖』，亦可諉之曰『我不爲人』哉？」

或曰：「一念而善，爲舜爲人，一念而利，爲蹠爲禽獸，固矣；倘學者不幸分辨不蚤，誤置足於蹠利之途，將遂甘心已乎？」曰：「不然。不聞《孟子》『山木』之章乎？蓋人性皆善，雖當『伐之』之後，而『萌蘖』尚在，故曰：『平旦之氣，其好惡與人相近也者幾希。』又曰：『苟得其養，無物不長。』夫以斧斤伐之之後，而尚有此幾希之萌蘖，養此幾希之萌蘖，而尚可以爲堯舜，人奈何以一時之錯，而遂甘心已乎！『幾希』二字，正是孟子提醒人心，死中求活處。」

或又曰：「養此幾希，尚可爲舜，固矣；彼牿之反覆，夜氣不存者，獨無一線生路乎？」曰：「有。觀《孟子》，不曰『夜氣不足以存』，即爲禽獸，而猶曰『違禽獸不遠』，謂之『不遠』，尚猶有一線生路在。若謂斯人也，縱不能每日有『平旦之氣』，而數日之中，亦未必無一時之萌蘖，使從此一時之萌蘖，回心而向道，則牛羊猶可及止耳，豈真不可救藥哉！惜乎人之諱疾忌醫，終身自伐自牧，而不知自悔也，悲夫！」

或又曰：「幾希之説，蓋爲誤走蹠路者發也，若幸走舜路者，可遂以舜自命，而不復求進乎？」曰：「不然。一念而善，是平地而方覆一簣也；一念而自以爲善，是爲山而未成一簣也。夫未成一簣且不可，况半塗而廢者乎？孔子列『有恒』、『善人』、『君子』、『聖人』之等，正使學者循序而進，

毋半塗而廢耳，非以『君子』、『善人』阻其進也。且謂之曰『有恒』，必由一簣而爲山，纔謂之『有恒』；若以『善人』、『君子』中止，而不至於『聖人』，總謂之半塗，總謂之無恒，此孔子所以惓惓致意於『有恒』也。『道二』之説，『善利』之説，欲人慎之於其始；『半塗』之説，『爲山』之説，又欲人慎之於其終。聖賢憂世之心，見乎辭矣！」

或又曰：「世之聰明之士非乏也，功名文學之士又不少也，豈見不及此，而舜蹠云云，不亦過乎？」曰：「不然。舜、蹠路頭，容易差錯。此處不差，則聰明用於正路，愈聰明愈好，而文學功名，益成其美；此處一差，則聰明用於邪路，愈聰明愈差，而文學功名，益濟其惡。故此處不慎，而曰『某也聰明，某也功名，某也文學』，何益哉？何益哉？」或者唯唯。余因作舜蹠《善利圖》，而爲述其説如此云。

附録

「雞鳴之時，正夜氣清明之際，良心發見之時，似只當有善，如何又有利，不與『幾希』之説相盭乎？」曰：「『雞鳴』一章，正爲『夜氣』而發。蓋人過了夜氣清明之際，到旦晝時，紛紛攪擾，千態萬狀，良心便易蒙蔽，無論惶忙奔馳，不暇點檢，又無論因循混過，不知點檢，縱有點檢之心，亦不得如雞鳴初起之時清爽明白。是以孟子既説『夜氣』，又説『雞鳴而起，孳孳爲善爲利』，正欲學者趁此夜氣清明之際，良心發見之時，爲之一點檢耳。肯點檢，便是善，便是舜；不肯點檢，便是利，便是蹠。」

「幾希」、「萌蘖」從「息」字來，「梏之反

覆」從「爲」字來，故萬思默先生謂「莫善於息，莫不善於爲」，誠篤論也。蓋下愚之人，乞哀昏夜，併夜間，亦不謂之「息」；上智之人，潛修静養，即晝間，亦不謂之「爲」。下愚之人，無論奔走營爲謂之「爲」，即夢寐之間，恍惚不寧，亦謂之「爲」，而不謂之「息」；上智之人，無論向晦晏息謂之「息」，即夜以繼日，坐以待旦，亦謂之「息」，而不謂之「爲」。大約上智有數，而中人最多，夜則息，晝則爲，此人之常情。孟子指點出一「息」字，可謂發前聖所未發。學者能常存息之之心，能常用息之之功，不專靠夜之所息，庶乎二六時中，盡是平旦時之氣象矣，到此，便是浩然之氣，塞乎天地之間。若旦晝不常用息之之功，只專靠夜息，則冬夜長，夏夜短，所息能得幾何？又安望其夜氣之存也邪？此「孳孳爲善者」，正是孳孳焉常用其息之之功處。

問：「晝間息之之功如何用？」曰：「昔伊川每見人静坐，便歎其善學，可見『静坐』二字，便是息之之一法。故陳白沙曰：『爲學須静中養出端倪，方有商量處。』」

昔人謂「静坐」二字，補小學一段工夫。余謂「静坐」二字，補夜息一段工夫。

問：「『静坐』二字，固息之之一法矣，然士君子一身，多少責任，安得日日静坐？」曰：「須從静坐做起，不翕聚，則不能發散；不專一，則不能直遂。天地且然，況於人乎？」

杜門静坐，息也；讀書、作文、歌詩、寫字，亦息也；與嚴師勝友講道談學，用以收斂身心，扶持世教，尤息之息也。如此常常用功，一息尚存，此志不容少懈，此之謂「通乎晝夜之道而知」，才謂之「孳孳爲善」，才

謂之「舜之徒」。

「幾希」字并「間」字，最當警省。且人之所以異於禽獸者何在？果在耳目口體乎？禽獸亦有耳目口體。果在男女飲食乎？禽獸亦有雌雄牝牡飲食。果在趨利避害，争强好勝乎？禽獸亦能趨利避害，争强好勝。如此，則人之所以異於禽獸者何在？在此「善」之一字耳。故曰「幾希」、曰「間」者，危之也。學者果能念及於此，自然不容不孳孳爲善。

「『孳孳爲善』善字，是『性善』善字否？」曰：「『爲善』善字，即『性善』之善，無二理也。」或曰：「性既是善，如何雞鳴之時，又有利一邊，可見性還有善、有不善矣，何以孟子專主於性善？」曰：「性原是善的，但旦晝之所爲，牿之反覆，是以夜氣不足以存，是以孳孳爲利耳，豈真性有不善哉？不罪斧斤，而罪無山木；不罪牛羊，而罪無萌蘖，此三品之説，所以不容已於辨也。」或又曰：「性既是善，如何又待於爲？」曰：「爲善之説，是盡性之説也。鏡本明而塵污之，故不磨不見其明；性本善而利梏之，故不盡不見其善。故又曰：『亦爲之而已矣。』」或又曰：「果如『亦爲之而已矣』之説，爲誠不可無矣，而『旦晝之所爲』爲字，又以爲『梏亡』，又以爲『違禽獸不遠』，何也？」曰：「『旦晝之所爲』爲字，是『孳孳爲利』之爲也；『亦爲之而已矣』爲字，是『孳孳爲善』之爲也。孟子恐人懲於『旦晝之所爲』爲字，而併廢其『亦爲之而已矣』之爲，又恐人借口於『亦爲之而已矣』之爲，而併爲『旦晝之所爲』，是以以此兩『爲』字並舉而對言之。若曰：『爲善』之爲既如彼，『爲利』之爲又如此，學者慎毋概以『爲』

爲是，亦毋概以『爲』爲非也。」

問：「『爲善』當在何處爲？」曰：「東廓先生云：『問』字要體認得親切，莫作尋常看過，視聽言動，事親從兄，從前先後，辭受仕止，只是一念操舍之微，中間更無駐足處。由此觀之，可見爲善，只在人倫日用間，非高非遠，非卑非近，非楊非墨，非仙非佛。」

蔡虛齋先生云：「利不止是貨財，但有私己之心，或有所爲而爲者，皆利也。」必如此説，方透。「私己」二字，視「貨財」二字，病痛更大，貽害更遠。且如自家要做君子，做善人，豈不是善？若只要自家做君子，做善人，不要大家做君子，做善人，如此存心，善乎？利乎？如此存心，凡可以損人利己，傾人陷人者，無所不至矣，可不畏哉！大約財貨之利易見，私己之利難知，此虛齋所以不容已於言也。或曰：「私己誠爲利矣，若自家要做君子，做善人，而又要大家做君子，做善人，恐流於兼愛奈何？」余曰：「昔羅近溪論孝爲仁之本，至於遇人遇物，又安有殘忍戕賊之私處？其門人亦疑曰：『此恐流於兼愛。』近溪答曰：『子恐乎決不流矣，吾亦恐也。心尚殘忍，無愛之可流。』此數語，甚是痛快，學者不可不潛心味之。」

問：「自家要做君子，做善人，而又要大家做君子，做善人，不知自家一人，安能必得大家？」余曰：「然。彼世之自家要做君子，做善人，而不要大家做君子，做善人者，抑豈能以自家一人必得大家乎？自家一人，不能必得大家，而却要大家不爲君子，不爲善人，勢必不能，徒以自壞其心術，自得罪於天地鬼神而已矣。學者固不能必

得大家都做君子，做善人，而這一念必不可無。有此一念，便是善；無此一念，便是利。故曰：『夫仁者，己欲立而立人，己欲達而達人。』又曰：『仁者以天地萬物爲一體。』初學之士，儘以天地萬物爲一體，尚不能以父母、兄弟、妻子、奴僕爲一體，若藉口於兼愛之非，而不以天地萬物爲一體，則其流弊，又當何如？ 孟子曰：『孳孳爲善者，舜之徒。』又曰：『大舜有大焉，善與人同。』是孳孳爲善者，爲其與人同者也。不爲其所以與人同者，而徒曰『我爲善，我爲善』，是舜之善如彼，而我之所以爲之者，又如此也。天下豈有兩樣善之理，其何以爲舜之徒哉？ 大約叔季之世，自私自利之風，浸淫已久，爲不善者無論，即爲善者孳孳到底，强半只成就得一箇自私自利。且如平日看書，與朋友講論時，凡及於『己立』、『己達』一邊話説，便覺耳順，便覺津津有味，更不説恐流於『楊氏爲我』；凡及於『立人』、『達人』一邊話説，便覺耳逆，便覺意思不合，即説恐流於『墨氏兼愛』。如門人之疑羅近溪者，蓋不少也。不知其恐處，正是病處，如曰不是病處，何爲不恐其流於爲我，而獨恐其流於兼愛也？ 如此病根，浸淫已久，併自家亦不知不覺耳，此根不拔，則聞見愈廣，講論愈多，其病痛愈深。譬之病寒者復用硝黄，病熱者復用薑桂，豈徒無益而已哉？ 宜乎反爲不用藥者之藉口也！ 吕與叔云：『克己功夫未肯加，吝驕封閉縮如蝸。試於夜氣深思省，剖破藩籬即大家。』此先儒已試之良方，所以藥天下萬世於無窮者也。學者倘有意於善利之辨，不可一日不三復是詩。」

問：「『仁者以天地萬物爲一體』，何

『墨氏兼愛』不得爲仁？」曰：「且先看這『體』字，孟子曰：『人之於身也，兼所愛，則兼所養也；無尺寸之膚不愛焉，則無尺寸之膚不養也。所以考其善不善者，豈有他哉？於己取之而已矣。體有貴賤，有小大，無以小害大，無以賤害貴，養其小者爲小人，養其大者爲大人。』可見一體之中，自有差等，善養體者，自當有辨，豈可概曰兼所愛，兼所養哉？『楊氏爲我』，唯知有我，舉親與民物，而置之度外，是不知養身之說也，固不得謂之仁也。『墨氏兼愛』，愛無差等，舉親與民物，而混之無別，是徒知養身，而不知考其善不善之說也，亦不得謂之仁也。『體』之一字不明，又何論『以天地萬物爲一體』哉？吾儒之於天地萬物，痛癢原自相關，等殺又自有辨，固不忍置親與民物於度外，亦不忍混親與民物於無別，故曰：『親親而仁民，仁民而愛物。』何等惻怛，何等斟酌，是知養身，而又知善養其身之說也。如此，才與孟子論『體』字之意合，故曰：『仁者以天地萬物爲一體。』知『體』之一字之意，則知仁矣；知仁，則知所以孳孳爲善矣。故曰：『孳孳爲善者，舜之徒。』又曰：『能言距楊墨者，聖人之徒也。』學者必嚴於楊墨之辨，而後謂之『孳孳爲善』，而後謂之『舜之徒』。不然，爲利者無論，即爲善者，而擇術不精，雖日孳孳，欲至於舜，曷繇哉？」

親親、仁民、愛物，不是仁者分外事，亦不是仁者向外馳求，是良心自然不容已處，正所謂天地生生之心也。人得此心，遇親自然知親，故曰：「孩提之童，無不知愛其親；稍長，無不知敬其兄。」遇民自然知仁，故曰：「今人乍見孺子將入於井，莫不有怵

惕惻隱之心。」遇物自然知愛，故曰：「吾不忍其觳觫。」這原都是自然的良心，不待勉强，不容矯飾，正所謂天地生生之心也。只是後來物欲陷溺，遂失了良心，所以不惟不知愛物，不知仁民，雖至親亦不知親矣，此後來陷溺之過，非本來無此良心也。「仁者以天地萬物爲一體」，不過復還此良心耳，豈是分外事？豈是向外馳求乎？至親親、仁民、愛物間，親疏厚薄，亦都是自然的差等，豈止親與民物有辨？雖親親之中，亦自有辯，故曰：「親親之殺，尊賢之等，禮所生也。」豈仁者有心分别於其間哉？但學者不察仁者本來痛痒之心，而徒執仁者後來等殺之迹，於是妄分彼此，妄樹藩籬，將「仁者以天地萬物爲一體」之心，一切抹摋，毋怪乎「逃墨而歸楊」，以便其自私自利之圖也。故學者不明乎天地萬物一體之説，雖堯舜與居，亦不能使之「逃楊而歸儒」矣。

「楊氏爲我」，不是後人這樣爲我，但只是懲世人馳騖之病，欲率天下爲近裏着己之爲，而不知其親親、仁民、愛物，正是自家近裏着己的工夫，非馳騖於親與民物間也。丢過親與民物，而只爲我，視天下國家事，全與我不相干，成何世界？故曰「無君」，故孟子不得不嚴爲之辯。至於它一段痛痒相關之心，亦自不可泯，不然，何不以其道自私，而「思以其道易天下」也？觀於「思以其道易天下」，可見一體之心，即楊氏亦未盡泯，特楊氏不自知耳。看後世之爲我者，即以爲我之道自私，而不以爲我之道公之天下，全無痛痒相關之意矣，豈可與「楊氏爲我」並論？至於「墨氏兼愛」，亦未嘗不是，但只是不該丢過親親，專去仁民愛

物，非謂民遂可不仁，物遂可不愛也。丢過親親，而言仁民愛物，如無源之水，如無根之木，根源處既薄了，更説甚别處厚不厚，故曰「無父」，故孟子亦不得不嚴爲之辨。然墨氏雖薄待其親，而親親之良心，亦未嘗泯，不然，何夷子一聞「顙泚」之説，即憮然動心也？ 觀於「憮然」處，可見「一本」之心，即墨氏亦未盡泯，特墨氏不自知耳。 後世學者，不察其墨氏丢過親親之非，而遂謂民不必仁，物不必愛，舉親與民物俱置之度外，而曰「我不爲墨」，是又自私自利之尤，尤楊氏之所不與者也，可勝慨哉！ 楊墨思以其道易天下，而孟子又思以其道易楊墨，此又是孟子痛痒相關，不自私自利處。 故「孳孳爲善者」，當於痛痒相關，不自私自利處爲之可也。

問：「楊斛山先生大節凜凜一代，不知何脩至此？」曰：「先生學問，亦從『雞鳴孳孳爲善』一念來，觀其詩有云：『病潛隱處最難醫，拔去深根思匪夷。 舜蹠相懸初未遠，差之千里自毫釐。』又云：『一原萬象皆同有，要把心從此處知。 善到公時多少大，須知無我是無私。』觀此，則先生生平大節，蓋有所本云。」又問：「病潛隱處是何病？」曰：「正指私己之病。」

私己之病，亦有不同。 私己之利，其病粗而顯；私己之善，其病細而隱，必不私己之善，而後謂之善，而後不謂之利。

朱晦翁曰：「許多紛紛，都從一『我』字生出來，此字真是百病之根，若砍不倒，觸處作災怪也。」薛文清亦曰：「人所以千病萬病，只爲有己，爲有己，故計較萬端，惟欲己富，惟欲己貴，惟欲己安，惟欲己樂，惟欲己生，惟欲己壽，而人之貧賤、危苦、死亡，

一切不恤。由是生意不屬，天理滅絶，雖曰有人之形，與禽獸奚以異？若能去有己之病，廓然大公，富貴、貧賤、安樂、生壽，皆與人共之，則生意貫徹，彼此各得分願，而天理之盛，有不可得而勝用者矣。」由此觀之，則二先生之學可知。若不於此處究心，而曰「我學晦菴，我學文清」，吾豈知之哉？

私己之病，總只是一「忌」字作祟。有以小人而忌君子者，忌其勝己也；有以君子而忌君子者，忌其並己也。小人之忌君子，明爲擠排毀謗；君子之忌君子，陰爲化導轉移。故以小人而忌君子，不惟天下人知小人之忌君子，即君子亦知其彼之忌我也，必然避之防之，而君子猶得爲君子；惟以君子而忌君子，不惟天下人不知君子之忌君子，即君子亦不知其彼之忌我也，方且信之從之，而君子漸化爲小人。由是觀之，君子之忌君子，其流毒貽禍，視小人更深且遠也。雖然，小人無論矣，既謂之君子，而猶有此忌人並己之心，則何以謂之君子？嗚呼！孳孳爲善者，固當自克其忌人之心，亦慎毋爲忌人者所化導而轉移也哉！

人人能克去「私己」二字，便是青天白日心腸，便是海闊天空度量，便是光風霽月襟懷，便是天清地寧世界，何等瀟灑！何等快樂！故曰「善」，故曰「舜之徒」。

丙申仲冬十有一日，余與諸君子講學寶慶寺，講間或問及舜蹠善利諸章，諸君子各攄所見，互相發明。余不肖，僭爲折衷之，雖體認之功未逮，而心思意見，亦既竭矣。會之明日，漫作此圖，而系之以說，至於説之所不能盡者，復録數則附於後，大抵皆會中講語，而稍爲文飾之者也。録成，因

書此以自勖，併以請正於諸君子。

夫善利之剖岐遠矣，而其乍剖處，在幾微芒忽間，倘盱其微而忽之，將欿其鵠而赴之，有不步蹠之武而雁其行者鮮矣。即或作意修持，氣索中道，旋而自解曰：「吾縱不得上儷於舜，亦豈得下齊於蹠乎？」是謂人間世有不舜不蹠之善人也。以不舜不蹠爲善，曷異持娵娃之髢，索賴於九戎乎？故善不悉微芒，終歸岐路，第君子知微，衆人瞽影，人而君子寧幾哉？則又安所馮矣。有我馮夫子者出，憫道統之陵夷，愴善途之兄眐，慨人心之謬䜟，揭善利之説示天下，而復摹之以圖，使夫瞽影之輩，有所馮而措趾焉。披圖展睛，便知若爲善，若爲利，若爲善而善，若爲善而利，擇精而赴猛，世遯而心敉，不至起眩微芒，旁馳千里。斯圖之攟精，何閟而注，益不既溥乎？嗟嗟！善爲貞宅，爲真主，乃忽而鑿一利竇，主反受綰受翳焉。直至瞻圖會臆，沉督始朗，如飲消渴以燭夜之漿，坐久暍於爽颸之宇。回望欿顔，幾成蹶陷，不勝愧悸哉！而吾師畫圖之心，亦不勝輪菌而多戚矣。

萬曆己酉元旦，門人中吴顧唱離頓首撰。

自昔未有以析舜、蹠之塗，迺始於子輿氏；子輿氏始析舜、蹠之塗，未有以闡兹象教；迺又始於少墟先生，至有象教，而先生之心滋戚矣。先生昔遊中秘而代狩，丰稜節誼，固表表於時，要亦一本於正學，而不以標異，濂洛關閩之緒，則毅然以身荷之，庸能一日忘斯世，而世顧岐路争馳也，於是始穆然爲是圖焉。無事汗牛充棟，而聖狂

燭於眉睫，幾希示諸掌上，蓋真非有道不能也。故雖以蚩蚩之氓，按形思義，曉然若執燭龍而示之塗，有虞氏之芳躅，善反之則是矣。昔子輿氏獨晰其理，未晰其象；先生晰其象，而併晰其理，亦大有不得已者在矣。若其詳，則有先生之《說》，與諸名公之序，具載於帙，余又何贅焉！

萬曆丙午季秋，華下後學宜論謹書。❶

❶ 以上顧唱離、宜論兩跋文原缺，依張本、洪本補。

馮少墟集卷九

長安馮從吾仲好著

語　録

太華書院會語序

煇自蚤歲，即志學人，然自慚自痛，苦無以滌舊習而新之，荏苒歲月，止是舊人。當丁未冬，受諭華陰庠也，瀕别，安昌曹自梁即命煇問道長安，蓋指馮少墟先生言也。抵任三月，爲戊申春，先生即偕六七同志，有華嶽遊，蓋天作之合。聚講灝靈樓上，煇得分一尺光，聽講顔子不遠之復，及「樂水樂山」之旨，半生疑障，儵然頓撤，而華陰士之知講學，亦始於此。五日，送先生别，錫有教言。二三子促煇於四知書院述先生宗旨，然觀先生後，實難爲言矣。九月，以學憲檄徵煇正學書院。夫正學書院在長安，緣是又得與先生遊，凡沉酣道德之圃者，十月餘。明年己酉，反華陰，遂與崔公明府議改青柯坪之署爲太華書院。又明年壬子，先生復至其地，一時請北面者無慮數百人，斯道中天，意其在此。太華之西七十里爲華州，先生往來所必由。兩地門人録先生會講語梓之，屬不佞煇序其端。

煇讀先生語，皆言盡性，蓋惟是問學淵源，清而不溷，而後可以施之實用，爲正大光明之業。猶記灝靈樓之講「率性」章也，煇曰：「人惟有率有不率，故聖人脩道以立之教。」先生稍不然之，良久云：「性無有不

率者，人皆率性，而盡性者寡耳。」歸來沉思，始知天下之人，果無有不率性者，蓋率性即是良知，良知無人不有，率性無時不然。孩提而知愛，稍長而知敬，率性也；乍見而惻隱起，嘑蹴而羞惡起，亦率性也。率則心有所不及思，而明有所不及用，即率之人不知也。人惟見方然而復不然，則以爲此率而彼不率矣，然而實非也。如「小人閒居爲不善」，夫爲不善可矣，如何必於閒居？閒居爲不善可矣，如何又厭然於見君子？不但誤爲處必有羞慚，即故爲處亦必有遮揜。一語窮而舌遁，一揖失而面赤，一存注之不良，而轉睛顧盻之不能隱，是誰致之而然也？人性本善，則有不善者，自無所容，而爲之者，乃其惡之者也。率性也，噫！人亦何時而不率其性也哉？今《會語》中言性，亦悉矣，同志者試讀一過，寧得有再疑之性乎？今且請與同志約士君子。上下千古，自盤古而至今，始有我；混同六合，收萬有而爲一，惟是我。始有我也，我不可負；惟是我也，我不可辭。邵子所謂「生一一之人，當兆人之人者，豈非聖乎？」聖也者，人之至也；人之至者，始得謂之人之人也。惟聖人，而始得爲人中之人，則不至於聖而爲人中之非人也亦宜。然聖人，盡性而已。性無涯，充之滿，則聖人；性無欲，滅之盡，則聖人。爲其所不爲，欲其所不欲，是謂拂己之性；拂己之性不智，既拂己之性，而又終墮爲人中之非人，尤不智，是千古以來之虚生我，而六合以内之空有我也。是望於賢者，思之而已。

萬曆癸丑夏四月，蒲坂張燀謹書。

太華書院會語

夫子論大人學術，至於「治國平天下」；子思論至聖功業，至於「贊化育，參天地」，此豈過爲推尊，過爲鋪張？ 若曰不如此，不足以滿大聖之分量；不如此，不足以樹承學之標的耳。 而或者見其學術功業如此，又逡巡畏縮不敢當，以大人至聖爲不可幾及，嗚呼！ 益失夫子、子思意矣。 故孟子不得已，又曰：「大人者，不失其赤子之心。」又曰：「聖人先得我心所同然。」若曰大人之學術，雖如此其大，初非有加於赤子之心；至聖之功業，雖如此其偉，不過先得我心所同然耳，豈真不可幾及哉？ 又何逡巡畏縮，以爲不敢當也？ 後世道學不明，只是學者看得聖人太高，自己太卑，吾輩果能信此，又何患不到大人聖人地位？ 或曰：「信得此，遂可不用學問功夫，而頓入聖域乎？」曰：「不然。 世之不信學不用功者，正坐不信得此耳。 若果信得此，自然不逡巡畏縮，自然肯用學問功夫。 且信得此，學問功夫才有頭腦，才得不差，世豈有不用功夫而頓入聖域之理耶？」蒲阪張去浮署諭華陰，一時士習勃然興起。 今歲戊申春莫，余偕同志馮翊王惟大郡丞、華下宜化汝刺史、長安劉孟直郡丞、咸寧楊工載進士、西安周淑遠大參，及門人數十人，爲華嶽之遊，而去浮率闔學諸友，邀余講學於嶽廟之灝靈樓，虛往實歸，此遊可謂不徒矣。 瀕別，去浮出此卷索余書，余因書此俟教。❶ 書此即連日與諸公所講大旨，無他奇也。

❶「俟」，原作「似」，據四庫本改。

完，復書《遊華二律》於後，併博一粲：

徽會來蓮嶽，良朋喜共遊。白雲時去住，野鳥自夷猶。雨霽千巖翠，春深萬木稠。山靈真有待，吾道重千秋。

青柯亭榭倚山隈，喜見儒冠濟濟來。心性源頭須有辨，覩聞起處豈容猜？三峰直欲凌霄漢，九曲常看浸草萊。此會莫言閑眺玩，百年道運自今開。

往戊申春，余與諸同志講學太華山，會語偶因病未及録，故止存書去浮卷數語耳。今壬子春莫，復與去浮、惟大、化汝、叔尚，及華下高宜卿太守，馮元韓刺史，袁文禎明府，華陰屈湛虚運長，咸寧任以忠明府，西蜀譙用錫、胡國柱，延安趙爾承司訓，及門人百餘人，會於太華書院，盤桓十數日始歸。歸來，因録其語以應索者，中亦有上會所講而未及録者，亦併録之，同志者幸有以教我。

聖賢學問，全在知性，有義理之性，有氣質之性。如以義理之性爲主，則源頭一是，無所不是：情也是好的，故曰「乃若其情，則可以爲善矣」；才也是好的，故曰「若夫爲不善，非其才之罪也」。若以氣質之性爲主，則源頭一差，無所不差：情也是不好的，爲恣情縱欲之情；才也是不好的，爲恃才妄作之才。今不在性體源頭上辨别，而或曰性是善的，情是不善的；或又曰情是善的，才是不善的，只在末流上辨别，紛拏盈庭，何有了期？

問：「氣質之性，自宋儒始發之，孟子道性善，何曾言及氣質？」曰：「孟子何曾不言氣質？如『動心忍性』之性，『性也有命焉』之性，都是就氣質説。第學者只當以

義理之性爲主，氣質之性，存而不論可也。曰『忍』，曰『不謂』，何等詞嚴義正！」

「忍性」之性、「性也」之性，是氣質之性，人與禽獸同。若教他「忍」，教他「不謂」，則禽獸便不能矣。禽獸不能，而人能之，正謂人有此一點義理之性耳，故曰：「人之所以異於禽獸者幾希。」

自宋儒「氣質之性」之説出，而孟子性善之旨益明。蓋人之清濁厚薄，豈止三品，蓋有什伯千萬而無算者，皆是氣質。若義理之性，人人都是同的，那有兩樣，人性之皆善，於此益信。

乾以大生，坤以廣生，天無不覆，地無不載，此天地之性善也。若論氣質，則天一屬氣，便不免有旱澇；地一屬質，便不免有肥磽。然則，天地亦有性善，有性不善哉？惟不言氣質而言義理，則爲物不貳，生物不測，天地之德，孰大於此，又何旱澇肥磽之足言也？觀天地，則知人矣。

問：「孟子言性善，亦只説得情一邊，性安有善之可名？」曰：「性體無聲無臭，不覩不聞，原不可名，第觀於情之善，而性之善始可得而名耳。故曰：『乃若其情，則可以爲善矣，乃所謂善也。』觀於石中有火，擊之乃見，則知火在石中，雖不擊亦有；觀於洪鍾有聲，叩之始鳴，則知聲在鐘中，雖不叩非無。知擊之有火，叩之有聲，則知情；知不擊之火，不叩之聲，則知性矣。此正孟子所以善言性也。」

問：「今人見孺子而怵惕，此固自然而然矣；如見美色而心蕩，見金銀而心動，抑豈勉然而然耶？孟子以情之自然而善者，驗性之善，而或亦以情之自然不善者，驗性之不善，不知孟子何以爲辭？」曰：「孟子

正見彼以情之自然不善者，驗性之不善，故不得已，亦以情之自然而善者，驗性之善耳，不知彼亦何以爲辭。」

問：「見孺子而怵惕，見觳觫而不忍，此固以情之自然善者驗性之善，如見美食而思嗜，見好色而思好，彼亦以情之自然不善者驗性之不善。可見，性有善，有不善矣，而孟子專言性善，何也？」曰：「如有二人於此，一人見孺子而怵惕，見觳觫而不忍，見美食而不思嗜，見好色而不思好；一人見美食而思嗜，見好色而思好，見孺子而不怵惕，見觳觫而不不忍，則謂性有善、有不善則可。今以見孺子而怵惕，見觳觫而不忍之人，一旦見美食見好色，固未有不思嗜、思好者，以此驗人性之有不善，似是；不知以見美食而思嗜，見好色而思好之人，一旦見孺子，見觳觫，亦未有不怵惕惻隱者，以此驗人性之皆善，又何疑焉？孟子以氣質中之義理，斷人性之皆善，而告子以氣質中之氣質，斷人性之有不善，是告子徒知氣質之性，而不知義理之性也。孟子曰：『告子未嘗知義。』余亦曰：告子未嘗知性。」

告子曰：「食色，性也。」甘食悦色，是天生來有的，故曰：「生之謂性。」既以食色爲天性，爲自然，則必以仁義爲人爲，爲矯强，所以有以人性爲仁義之説。不知仁義亦是天生來有的，原是天性，原非人爲；原是自然，原非矯强，且不必別言仁義。即就告子「食色，性也」折之，而彼自豁然，彼亦無辭。如甘食，性也，即甚甘食之人而語之，曰「汝，饕人也」，則必羞；悦色，性也，即甚悦色之人而語之，曰「汝，淫人也」，則必惡。可見「羞惡之心，人皆有之」，可見仁

義，亦是天生來有的，非人爲，非矯强也，豈「以人性爲仁義」哉？　孟子從六陰既剥之後，指點出一點微陽，真有功於世道人心不小。

六經、《四書》，千言萬語，總只是教人爲仁義。告子欲抹摋其言，又不好説仁義不該爲，又不好説爲仁義者之非，而第曰：「以人性爲仁義」，人性天生來無仁義，教人爲仁義，是戕賊人性而教以僞也，如説「好箇老僕被人教壞」之類。此言出，則六經、《四書》，千言萬語，皆絀矣。無形之焰，烈於嬴火，不令之禁，甚於侂胄。

問：「孔子惓惓於『學』字、『慮』字，而孟子云『不學不慮』，何也？」曰：「告子以食色爲不學不慮之良知良能，故謂之性；而以仁義爲學而後能，慮而後知，非不學不慮之良知良能，故不謂之性。故曰『以人性爲仁義』。不知食色固是不學不慮的，仁義亦非待學待慮的。如孩提知愛，稍長知敬，待學邪，不待學邪？待慮邪，不待慮邪？『親親，仁也；敬長，義也。無他，達之天下也。』可見，仁義是不學不慮，人性中天生來自然有的。彼六經、《四書》，千言萬語，惓惓教人學，教人慮，惓惓教人爲仁義，不過教人各自盡其性之本有，各自率其性之所自然耳，豈『以人性爲仁義』哉？彼以食色爲性，以甘食悦色爲盡其性之所本有，爲順其性之所自然；而此以仁義爲性，以愛親敬長爲盡其性之所本有，爲順其性之所自然，則『以人性爲仁義』之説，不攻自破矣。此孟子不得已而有『不學不慮』之説也，正所以發明當學當慮之意也。」

告子「食色，性也」。謂之曰「性」，若曰：「人之所不學而能者，其良能也；所不

慮而知者，其良知也。孩提之童，無不知甘其食也；及其長也，無不知悦其色也。甘食，性也；悦色，性也。無他，達之天下也。」故孟子不得已，亦曰：「人之所不學而能者，其良能也；所不慮而知者，其良知也。孩提之童，無不知愛其親也；及其長也，無不知敬其兄也。親親，仁也；敬長，義也。無他，達之天下也。」如此，則孟子「仁義，性也」之説，不惟別人心服，即告子亦心服矣。從告子之論性，則甘食悦色，無仁義以爲隄防，人人以縱欲爲真，以循理爲僞，其究也，至於爲禽爲獸；從孟子之論性，則愛親敬長，即食色亦協天，則人人以循理爲是，以縱欲爲非，其究也，可以爲聖爲賢。性學一差，毫釐千里。歐陽公謂「教人性非所先」，誤矣！誤矣！

歐陽公謂「教人性非所先」，是吾性中真無仁義，而告子「以人性爲仁義」之説是矣；不然，何故歐公併性亦不敢言？

孟子以孩提知愛，稍長知敬，驗仁義，正以仁義不可言，姑就知愛知敬處言之耳，故曰：「天下之言性也，則故而已矣。」又不可以平常知愛知敬言，而以孩提稍長言，正以孩提稍長，非由學且慮耳，故曰：「故者以利爲本。」這箇性體，當人初生時，天即命之，完完全全，無少虧欠，只是待孩提稍長時才露其端耳。由其端而窺其體，可見此性體也，湛然無一事，而事事皆其所根抵，而又不得其所以根抵之自；澄然無一物，而物物皆其所範圍，而又不得其所以範圍之原。一腔而乾父坤母，一息而物與民胞，此之謂義理之性，而非氣質之性所能囿也。學能悟此，則道心爲主，而德性用事，情與才善，則俱善；若不能悟此，則人心爲主，

而氣質用事，情與才不善，則俱不善矣。此孟子「道性善」所以大有功於後學也。

問：「『變化氣質』之氣質，與『氣質之用小』之氣質同否？」曰：「不同。『變化氣質』之氣質，就不好一邊說，所以要變化；『氣質之用小』之氣質，就好一邊說，只是不可恃他好，所以要學問。」

德性人人都是有的，只是被氣質埋没了，所以德性不能用事，須是要變化氣質，氣質變化後，德性才現，方才說得涵養。然則如何去變化？如何去涵養？曰在講學。」

問：「『變化氣質』之氣質，就不好一邊說，則吾既得聞命矣。若『氣質之用小』就好一邊說，不知既就好一邊說，便是義理矣，如何尚謂之『氣質』邪？」曰：「善哉問。此處最微妙，如見孺子而怵惕，此義理之性也，若不識其端而擴充之，則怵惕，亦氣質耳。息夜氣而幾希，此義理之性也，若不識其機而培養之，則幾希，亦氣質耳。孩提知愛，稍長知敬，此義理之性也，若不乘此未雕未琢之天，而加以入孝出弟之功，則知愛知敬，亦氣質耳。然則，如何以義理之性亦謂之氣質？曰：謂義理之性乘氣質以發露，而不由學問之功也；謂靠天而不靠人，恐在人之功夫疏，併在天之端倪，亦不可保也。故曰『氣質之用小，學問之功大』。學者若加學問之功，無論幾希之夜氣，不爲知誘，即旦晝之仁義，亦可永存；無論孩提之知能，不至物化，即終身之孝弟，亦可參天，豈不併氣質而亦爲義理也哉！『氣質之用小，學問之功大』，真聖人不易之言也。」

「天命之謂性」，「性即理也」，此破天荒語。此「性」字不是泛說，若曰此「中」字，乃

天命之性。「中」字，自堯始發之，故曰「堯得統於天」。「率性」者，率此中之性，故謂之「道」。若率其過不及之性，則不謂之「道」矣。「脩道」者，脩其過與不及而歸之中也，中原是天命之性、率性之道，「修道」者，不過教人各自率其天命之性耳，豈拂人之性，豈强世之從也哉？

天命之性，指「中」字説，雖不可露出此字，却不可不知此意。今人只往高遠玄空處説，不知愈高遠愈差，愈玄空愈謬。

「喜怒哀樂」二句，幾成聚訟，不知議論都是，但不該各執己見耳。方其未發，雖是未發，而真機何嘗一息不流行！「寂然不動」之中，而「感而遂通」者自在，是未發者未發，而所以能發者不以未發而遂不發也。及其已發，雖是已發，而真體何嘗一息不凝固！「感而遂通」之時，而「寂然不動」者自在，是發者發矣，而所以發發者不與之俱發也。未發是已發之源，已發是未發之流；未發是已發之根本，已發是未發之枝葉。本體雖是一貫，然源自是流之源，流自是源之流，根本自是枝葉之根本，枝葉自是根本之枝葉，脉絡尤自分明。雖有寂有感，而實無寂無感；雖無寂無感，而實有寂有感。彼判然分而爲兩者，是支離口耳之學，固不是；若茫然混而爲一者，是影響虛無之學，尤不是。

吾儒曰：「喜怒哀樂之未發，謂之中。」異端欲抹摋「未發」之説，則曰：「人一生都是發的，那有未發之時？」吾儒曰：「發而皆中節，謂之和。」異端欲抹摋「已發」之説，則又曰：「人一生都是未發的，那有已發之時？」吾儒曰：「不覩不聞。」異端又欲抹摋「不覩不聞」之説，則又曰：「有覩覩明，無

覩覩暗，有聞聞喧，無聞聞寂，那有不覩不聞之時？」未發也，無未發之時；已發也，無已發之時；不覩不聞也，無不覩不聞之時。一切俱無，無無亦無。將吾儒之言，一切抹摋，此正異端巧於害道處。吾儒不察，而以彼之説解我之旨，此所以聚訟紛紛而不可窮詰也。悲矣！

「覩明聞喧」，説得通；「覩暗聞寂」，無此理矣。不論理之有無，只管往玄妙處説，此異端所以害道。或曰：「彼原以理爲障，所以不論理之有無耳。」彼法原自如是。

吾儒曰：「無動無静，無寂無感，無顯無微。」「無」字説得最圓活，最輕省，所以爲妙。異端亦曰：「無動無静，無寂無感，無顯無微。」「無」字説的太重濁，太死煞，所以誤人。

問：「未發之中，説者以爲非時，蓋指性體言也，不知是否？」曰：「未發原是指性體言，第不可抹摋『時』字，何也？本文明白説喜怒哀樂，正見得人有有喜怒哀樂之時，亦有無喜怒哀樂之時耳。當無喜怒哀樂之時，就是未發；當有喜怒哀樂之時，就是已發。道理本自明白，而好奇者必欲抹摋『時』字，到底又抹摋不得，真足奇矣！」

問：「未發之中，已發之和，不得從功夫來，如何能至此？」曰：「此二句俱是泛就本體見成説，功夫當在言外。若曰未發謂之中，固矣；若平日不加戒懼之功，則胸中一團茅塞，縱暫時休歇，終難語廓然大公之體，其何以養未發之中？已發謂之和，固矣；若平日不加慎獨之功，則胸中一團客氣，縱勉强應酬，終難語物來順應之妙，

其何以得中節之和？❶此戒懼、慎獨之功，所以不容已也。若不加功夫，而第曰本體如是如是，則中和自中和，而我自我也，亦足惜矣！」

自虞廷言「中」，而學者多以「發而皆中節之和」當之，不知道理有箇所以中節處，不在發時，當喜怒哀樂之未發，而此理已具矣。此時説箇不偏不倚，真是不偏不倚；説箇無過不及，真是無過不及。虞廷之所謂「中」，正指此耳。雖不覩不聞，而天下事却件件離不得，無其迹而有其理，故曰「天下之大本」。孔子「知天命」，知此者也。曾子「止至善」，止此者也。孟子「道性善」，道此者也。善哉乎！朱子之推言之也，曰：「問渠那得清如許，爲有源頭活水來。」又曰：「等閑識得東風面，萬紫千紅總是春。」學問透悟乎此，是從先天未畫處立根，故曰「立天下之大本」。此是「無聲無臭」的道理，不是子思點破，令人何處尋討？

道理只是平常，如喜怒哀樂，是人人有的，時時有的，未發便謂之「中」，發而皆中節，便謂之「和」。從大家日用常行間，指點出「天命率性」、「無聲無臭」的道理，何等平常，何等玄妙！何等玄妙，何等平常！

喜怒哀樂未發之中，此千古聖學之原，故豫章、延平静中看喜怒哀樂未發氣象，説者謂得伊洛真傳。而佞佛者妄肆譏評曰：「未發，是一念不起時也。以一念不起之中，忽起一看氣象之念，便是起念，便是發，且既云未發矣，氣象在何處？既有氣象矣，又何云未發？」令學者茫然無以應，不知如可喜可怒可哀可樂之事，一時未感，我

❶「以」，張本無。

安得無故起念？就此一時喜怒哀樂之念未起，故謂之未發耳，非一概無念，一毫功夫無所用，而後謂之未發也。試看此未發時氣象，何等湛然虚明，是湛然虚明，正此未發之氣象也。❶安得説「未發矣，而氣象在何處」？以一念不起之中，縱忽起一看氣象之念，不謂之發，何也？謂所起者，戒慎恐懼之念，而非喜怒哀樂之念也。安得説「既有氣象矣，又何云未發」？未發功夫，不是面壁絶念，求之虚無寂滅之域，只凡事在平常無事時，預先將性命道理講究體認，戒慎不睹，恐懼不聞，只在性體上做功夫，使心常惺惺，念常亹亹，時時討得湛然虚明氣象，便是未發用力處，亦便是未發得力處。如此，有不發，發皆中節矣，非以一概無念爲未發，以静中看未發氣象爲起念，爲發也。豫章、延平得伊洛真傳，正在於此，安得援儒入佛，而妄肆譏評耶？

佞佛者曰：「以一念不起之中，忽起一看氣象之念，便是起念，便是發。」以此抹摋吾儒之説。不知以活潑潑地之中，忽起一虚無寂滅之念，獨不謂之「起念」，獨不謂之「發」乎！且有念，念也；有無念之念，亦念也。念必不能無，而必於無，即此必於無念之念，其病尤甚於有念也。如此，即佛氏亦自説不去矣，而反以此詆毁吾儒，不亦悖乎！

「未發，是一念不起時也。若起一用功之念，便是發，如何還説得未發？」信斯言也，則未發時，一毫功夫無處用矣。未發，則功夫無處用；已發，則功夫又不及用。如此，將功夫一切抹摋，只憑他氣質做去，

❶「此」，張本作「是」。

喜怒哀樂如何能中節？

不惟氣質之性，憑他不得，即義理之性，亦憑他不得。如不忍觳觫，不屑嘑蹴，豈不是義理之性？若不於此時加學問功夫，則自起自伏，旋生旋滅，如何算得？故孔子開口先拈一「學」字，其旨深矣。

問：「人性皆善，『善』字何以解？」曰：「凡有益於天地萬物者，皆謂之善；凡無益於天地萬物，有損於天地萬物者，皆謂之惡。孔子言『明德』，便言『新民』；子思言『中和』，便言『位育』。離過人，說不得善；離過與人，說不得爲善。故曰：『君子莫大乎與人爲善。』物之善群者，莫如羊，『善』字從『羊』從『言』，古人制字之意遠矣。」

問：「孟子三箇『幾希』字同否？」曰：「『人之所以異於禽獸者幾希』，指天命之初，至善之本體而言也；『其所以異於深山之野人者幾希』，指『君子存之』之後，到聖人地位者而言也；『其好惡與人相近也者幾希』，指『庶民去之』之後，猶有一點可存之生機而言也。三處自是不同。『幾希』二字，猶諺云『差不多些』，非如老子所云『視之不見曰夷，聽之不聞曰希』也。所以差不多者，只是這些子一點靈明處，異於禽獸耳。人之所以異於禽獸者，惟此這些子；聖人之所以異於途人者，亦惟此這些子。這些子，原是視之不見，聽之不聞的，只是不可竟以視之不見、聽之不聞解『幾希』二字耳。」

吾儒言「這些子一點靈明」，佛氏亦言「這些子一點靈明」，佛氏所謂「這些子一點靈明」，指目之知視，耳之知聽，饑渴之知飲食的這箇而言，即告子「生之謂性」之說，指「生死」之生而言也。吾儒所謂「這些子一

點靈明」，指視之能明，聽之能聽，飲食之能知味的這箇而言，即孟子「人性皆善」之説，指「生理」之生，不專指「生死」之生而言也。言「一點靈明」處雖同，所以言「一點靈明」者則異，不可不辨。

目之知視，耳之知聽，饑渴之知飲食，人與禽獸何異？惟是視之能明，聽之能聽，飲食之能知味，人始異於禽獸耳。異端言性，指人與禽獸同處言；吾儒言性，指人與禽獸異處言。異處只是「這些子」，故曰「幾希」。「幾希」云者，危之也。

惟異端言性，指人與禽獸同處言，所以自誤，所以誤人。

異端言性，亦不曾直以目之知視，耳之知聽，饑渴之知飲食爲性，而以目之所以知視，耳之所以知聽，饑渴之所以知飲食的這箇言性。吾儒亦不曾直以視之能明，聽之能聽，飲食之能知味爲性，而以視之所以能明，聽之所以能聽，飲食之所以知味的這箇言性。所以能明、能聽、能知味的這箇性體，原是無聲無臭、不覩不聞的，在虞廷謂之「道心」，在孔子謂之「至善」，在子思謂之「未發之中」，此理之根也。所以能視、能聽、能飲食的這箇性體，亦是無聲無臭、不覩不聞的。在老氏謂之：「谷神不死，是謂玄牝。玄牝之門，是謂天地根。」在佛氏謂之：「有物先天地，無形本寂寥。能爲萬象主，不逐四時彫。」此欲之根也。然則何以爲欲之根？曰：只推究所以能視能聽的源頭，而不推究其所以能明能聽、該視不該視、該聽不該聽的源頭，如此，則任視任聽，縱耳縱目，適己自便，何所不爲，故曰「此欲之根也」。源頭一差，何所不差？

目能視，而所以視能明之理，即視而

在；耳能聽，而所以聽能聰之理，即聽而在；口能飲食，而所以飲食能知味之理，即飲食而在。惟提出所以能明、能聰、能知味之理，則不離視聽飲食，而視聽飲食，皆屬天則；若丢過所以能明、能聰、能知味之理，而單言視聽飲食，則視聽飲食便屬人欲。此段論本體。

目能視，而所以視能明之理，即視而在，盡其所以能明之理，則無視非明，而目之形踐；耳能聽，而所以聽能聰之理，即聽而在，盡其所以能聰之理，則無聽非聰，而耳之形踐；口能飲食，而所以能知味之理，即飲食而在，能盡其所以知味之理，則無飲食非正味，而口體之形踐。故曰：「形色，天性也；惟聖人然後可以踐形。」此段論功夫。

《慈湖己易》云「目能視，所以能視者何物？耳能聽，所以能聽者何物？手能運用屈伸，所以能運用屈伸者何物？足能步趨，所以能步趨者何物？目可見也，其視不可見。耳可見，其聽不可見。手足可見，其運用步趨者不可見。其可見者，有大有小，有彼有此，有縱有橫，有高有下，不可得而一。其不可見者，不大不小，不彼不此，不縱不橫，不高不下，不可得而二。視與聽若不一，其不可見則一。運用步趨若不一，其不可見則一。是不可見者，在視非視，在聽非聽，在運用屈伸非運用屈伸，在步趨非步趨。視如此，聽如此，運用如此，步趨如此；晝如此，夜如此，寐如此，寤如此；古如此，今如此；萬如此，一如此；聖人如此，衆人如此」云云。此段話説，全是禪宗。然則如何是吾儒宗旨？曰：「只消更一字，「視能明，而所以能明者何物？聽能聰，而所以能聰者何物？手能恭，而所以能恭者何

物？足能重，而所以能重者何物？目之視可見也，而視之所以能明者不可見。耳之聽可見也，而聽之所以能聰者不可見。手足之運用步趨可見也，而所以能恭、能重者不可見。其可見者，有大有小，有彼有此，有縱有橫，有高有下，不可得而一。其不可見者，無大無小，無彼無此，無縱無橫，無高無下，不可得而二。視聽若不一，其不可見則一。運用步趨若不一，其不可見則一。是不可見者，在視非視，在聽非聽，在運用屈伸非運用屈伸，在步趨非步趨。晝如此，夜如此，寐如此，寤如此；古如此，今如此；萬如此，一如此；聖人如此，衆人如此」云云。如此發揮，便是吾儒宗旨。嗚呼！安得起敬仲於九原，而爲之一提醒也！

問「無意」。曰：「『無意』二字，説得本體，説不得工夫；説得成功，説不得用功。如見孺子而惻隱，見觳觫而不忍，有意乎？無意乎？原是無意。如到『大而化之之聖，聖而不可知之神』地位，有意乎？無意乎？亦原是無意。故曰：『説得本體，説得成功。』若用功，須是誠意，蓋人性皆善，善念人人都是有的，然必誠之又誠，以至於至誠之能化，則無意矣。誠意到渾化無意處，才是誠，才謂之成功，才合得本體。若不用誠意功夫，而執定無意爲宗，則功夫無實落下手處，何時得到聖人無意地位？不過空談本體，以自寬心耳。」

《論語》「毋意」意字，與《大學》「誠意」意字，微有不同。「誠意」意字，指一念而言；「毋意」意字，指事未至而自家先立一箇主意而言。如「適莫」、「信果」之類，原不是不好的，只是這箇主意預先立不得，故

曰：「毋意，毋必，毋固，毋我。」

問：「上蔡云：『心本一，支離而去者，乃意耳。』所以慈湖以『無意』爲宗。」曰：「念未起之前，心本一，但念既起之後，便有善念，有惡念，所以説『支離而去者，乃意耳』，非概謂念既起之後，全是惡念，全無善念也。上蔡之言，原自圓活，今泥『支離而去』之説，一概要無意，不知一念而惡，無意可也，倘一念而善，亦無意可乎？人心原是活的，有無念之時，亦有有念之時，有起惡念之時，亦有起善念之時，豈有一概無意之理？論本體，原如是；論功夫，但當於起念之時。看是善念，就要着實擴充；看是惡念，就要着實克治。豈有一概無意，任其所發，而不爲點檢之理？此不待辨而自明者也。」或曰：「『有意爲善，雖善亦私』，何也？」曰：「『有意爲善』，如自欺之意，原是不該有的，故謂之『私』。若自慊之意，原是不可無的，豈可謂之『私』？若克治自欺之意，圓滿自慊之意，此意正不可一日無者，可概曰『無意，無意』哉！若無自欺之意，而併無自慊之意，一切總歸於無，是懲其『有意爲善』，而併不爲善也，無此理矣。」

「心本一，支離而去者乃意耳」與「有意爲善，雖善亦私」之説，俱説得極是，只是不該一概以意爲支離，一概以爲善者爲有意耳。若一概以意爲支離，其勢必至於滅意；一概以爲善者爲有意，其勢必至於令人不敢爲善，至於令人滅意而不敢爲善，又將何所不至哉？

問：「此心一念發動處謂之意，但發動處，有善念，有惡念，如是善念，誠可也；如是惡念，亦誠可乎？《大學》何以云『誠意』？」曰：「人心一念發動處，有善念，有

惡念。有善念，亦自有好善之念；有惡念，亦自有惡惡之念。善念與好善之念，一時並起；惡念與惡惡之念，亦一時並起。善念與惡念對言，好善之念與惡惡之念不對言。何也？好善之念，固善念，惡惡之念，亦善念也。如起一善念，即當爲善，却又不肯爲，是初念是而轉念非也。如起一惡念，復起一惡不當爲之念，遂不爲，是初念非而轉念是也。此就平常論意者言也。若『誠意』章，却置過善念、惡念兩念對言的，只專以好善之念、惡惡之念就好念頭一邊説，所以『意』都是該『誠』的，都該説初念是而轉念非，又説不得初念非而轉念是矣。至於『如惡惡臭，如好好色』，則萬念總歸於一念，而其念不棼；末念止還其初念，而其念不轉。無爲其所不爲，無欲其所不欲；爲其所爲，欲其所欲，又何不『自慊』之有？如此，則心本一，而意亦復還於一，又何至於支離而去哉？又何必專言『無意』，而後使心之一者，不至支離而去也！『自慊』，是誠其善念的妙處；『小人閒居爲不善』節，又是誠其惡念的差處。子問善念誠可也，惡念誠亦可乎？『誠於中，形於外』，此又爲誤誠惡念者之戒也，故曰：『欲誠其意者，先致其知』。」

心一也，自心之發動處謂之意，自心之靈明處謂之知。意與知，同念並起，無等待，無先後，人一念發動，方有善念，方有惡念，而自家就知道孰是善念，孰是惡念，一毫不爽。可見意有善惡，而知純是善，何也？知善固是善，知惡亦是善也。惟此良知，一毫不爽，所以有善念，便自有好善之念；有惡念，便自有惡惡之念。彼不誠其惡惡好善之意者，自家良知，豈能瞞昧得？

只是明知而故爲之，不肯致知耳。小人掩其不善，以著其善，其於善、不善之介，其於誠、不誠之介，豈不分明？所謂有惡念，亦自有惡惡之念，只是小人不肯誠於惡惡耳。學者不必如何去做功夫，只是知惡之當惡，便如惡惡臭之惡以惡之，則知惡之知致，而惡惡之意誠矣。知善之當好，便如好好色之好以好之，則知善之知致，而好善之意誠矣，此誠意所以先致知也。「獨」字，文公解曰：「人所不知而己獨知之地也。」以「知」字解「獨」字，真得孔曾之髓，而或以「自」字解「獨」字，則誤甚矣。

意有善念，有惡念，而「知善知惡」之「知」，則非意念之所能蔽，超然獨存，與物無對，人之所以爲人，惟恃有此一點靈明耳。「由，誨汝知之乎」知字，與「是知也」知字同，正指此一點靈明處言之。若「知之爲知之」之「知」，便對「不知」而言，與「知之乎？是知也」知字，便不同矣。或以「知之乎？是知也」知字，作「德性之知」，極是；但以「知不知」知字，專作「聞見之知」，亦太死煞。當云有知、有不知者，吾心通塞之常；知知、知不知者，吾心靈明之體。俱以吾心言方妥，蓋爲「知不知」知字，不離聞見，而亦不滯於聞見故也。若提出「德性之知」，雖聞見亦德性，若專靠聞見之知，雖德性亦爲聞見用矣，此夫子所以直提「德性之知」，以誨由也。夫人之心，有通有塞，有明有蔽，而人心之知，無通無塞，無明無蔽，所謂超然獨存，與物無對者，此也。太陽當天，幽隱畢照，盡掃浮雲，還我太虛。嗚呼，盡之矣！

問：「有善念，便有好善之念；有惡念，便有惡惡之念。可見，意原是誠的，意本

誠，何必更益之誠？」曰：「意本誠，無奈誠者之多僞也，明知善之當好，而不如好好色；明知惡之當惡，而不如惡惡臭。斧斤伐矣，而猶不知防；牛羊牧矣，而猶不知禁，可乎？於是不得不有求誠之功，是求誠之功，正所以復本誠之體也，豈得謂之意説？謂之揠苗？」或又曰：「誠意之功，爲無奈多僞者言也，倘斧斤不伐，牛羊不牧，原無多僞，何必更誠？」曰：「恃知善之當好，而不如好好色；恃知惡之當惡，而不如惡惡臭。雖未伐，而不防斧斤；雖未牧，而不禁牛羊，可乎？於是不得不有存誠之功，是存誠之功，尤所以葆本誠之體也，又安得謂之意説，謂之揠苗哉？」

意本自誠，不必更誠；心本自正，不必更正；是田苗本自發生，而不必更培植灌溉也。有是理乎？懲助長之病，而概以培植灌溉爲揠苗，其不至於苗則槁矣者幾希！講學不精，誤人不小。

意本自誠，心本自正，是本體。意本自誠，却要還他箇誠；心本自正，却要還他箇正，誠意、正心，是功夫。觀意本自誠，心本自正，可見正心、誠意，不是揠苗，不是「以人性爲仁義」。

意本自誠，卻要還他箇誠，此「誠」字，就念起之後言也。若念未起之前，不前定乎誠，則人性雖善，而牿之反覆，竊恐一日之間，善念少而惡念多，久之，純是惡念，併此善念之少者，亦無矣，又將何以誠之哉？故曰：「静中養出箇端倪，方有商量處。」可見，古人不惟誠此念於既始有念之後，抑且誠此念於未始有念之先。

古人惟誠此念於未始有念之先，所以一日之間，善念多而惡念少，久之，純是善

念，併此惡念之少者，亦無矣，其於誠意也，豈不尤易易哉！此子思子有「戒慎不覩，恐懼不聞」之説也。養未發之中，正是誠意的源頭學問。

問：「心與意，性與情，何以分別？」曰：「性者，心之生理，非心之外別有性也。情者，性之動；意者，心之發。情者，性之發於外；意者，心之動於中。情如喜怒哀樂，必有所感而後動，或發而中節，或發而不中節，以其有情之可見也，故曰性之發於外。意者，或外有所感，而自家方動此意，或外無所感，而自家忽動此意，以其只有此意，而情尚未發於外也，故曰心之動於中。意正在情將發、未發之間，最是聖學緊關處，不容草草。」

馮少墟集卷十

語録

長安馮從吾仲好著

太華書院會語

問「非禮勿視，非禮勿聽，非禮勿言，非禮勿動」。曰：「『非禮』不是難『勿』的，亦不是易『勿』的，必如孟子『先立乎其大，則小者不能奪也』，然後能『勿』；必如朱子『至明以察其幾，至健以致其決』，然後能『勿』。不然，『物交物，則引之而已矣』，其孰能察幾而致決哉？孔顔之學，原是由中以應外，而後世有異學者出，遂借由中之説，以開自便之門，若曰：『學在由中，不在制外，苟先立乎其大，心上有主，即視聽言動，終日在非禮中，有而不有，有何罣礙？不然，心上無主，即閉門静坐，終日在妄想中，無而不無，其爲非禮也多矣，況聖學一悟本原，則視聽言動，自是圓妙，又何必一一在外面末節上點檢，以襲義外之學耶？』嗚呼！心可匿，而視聽言動不可匿，故托之乎心，令人不可揣摩耳。不知『先立乎其大，則小者不能奪也』，今小者業已奪矣，而猶曰『我先立乎其大』，其孰信之？爲此言者，真小人而無忌憚之尤者也。伊川先生目擊此弊，不得已，有『制於外所以養其中』之語，故《四箴》中，不曰『操之有要，心爲之則』，而曰『操之有要，視爲之則』；不曰『内惟静專，發無躁妄』，而曰『發禁躁妄，内斯

靜專』。句句是制外養中意，無一由中應外語，夫先生豈不知由中應外哉？謂不如此，不足以救異學之失，而塞小人自便之門耳。且聖學原是由中以應外，若中不得力，外何以應？故必制於外以養其中，而後其中有主，其中得力，始能應外耳。是『制於外』正『所以養其中也』，『所以』二字，最當玩味。主意原爲養其中，使由中以應外，豈徒制其外而已哉？先生識如此其高，言如此其妙，憂道救世之心，又如此其苦，二句少一句不得，合而言之，始得孔顏千載不傳之秘。或有主『由中』之説，而著論以非制外之語，是不知制外正所以養其中也，蓋亦不深於『由中』之義矣。」

既終日在非禮中矣，心上無罣礙否何以知之？既終日閉門靜坐矣，心上有妄想否又何以知之？且既終日在非禮中，便是罣礙，又何云無罣礙？肯終日閉門靜坐，便見無妄想，又何云妄想？此異端大言欺人語耳，自是逃不得識者。

問「或有謂『四勿』與『克己』無干者，有謂『克己』是本，『四勿』是末者，皆名儒語也，似非本旨」。曰：「然。『四勿』原是『克己』之目，那有本末之分。爲此言者，是混於異端之説而不自知者也，故不容不辨。」

問：「非禮即己也，是否？」曰：「不然。如言動之非禮即己，還説得，若視聽之非禮，則非禮之聲色在外，我安得禁絶之？君子平其政，行避人可也，豈有仁者而行避人之理？且非禮之聲色在外，不視之聽之，何以知其非禮、非非禮？業已視矣聽矣，而猶云勿視勿聽，不亦晚乎？不知頭一視，頭一聽，卒然而感，卒然而應，不謂之視聽，不視不聽，何以知其非禮、非非禮？

惟是一視之聽之，既知是非禮之聲色，就不該視聽，却再要視聽，何也？雖自己，亦看不過矣。勿視勿聽，指第二視、第二聽説，勿視者，克己欲視之心；勿聽者，克己欲聽之心；勿言勿動者，克己欲言欲動之心，故曰『克己』。非禮之色，視也由己，勿視也由己；非禮之聲，聽也由己，勿聽也由己；非禮之言動，言動也由己，勿言動也由己，故曰『由己』。二『己』字原自分明，而後世學者，欲借『由己』己字，回護『克己』己字，又欲借『由己』二字，抹摋『克己』二字，甚且訓『克』爲『能』，必欲爲私欲左袒，何也？紛紛議論，病根在此。」

問：「『天下歸仁』，與叔作『八荒我闥』，文公作『歸，猶與也』，何如？」曰：「二説原是一意，所謂『德不孤，必有隣』者此也，所謂『東海、西海，有聖人出焉，此心此理同』者此也。第己之未克也，則肝膽吴越，方寸荆棘，吾心先與天下隔，而天下安得不與吾心隔？及一日之既克也，則一腔四海，八荒我闥，吾心先與天下通，而天下安得不與吾心通，天下豈有不與吾仁者哉？況同然者在我，即千古且與其仁，又何況天下！二説原是一意，不可分而爲二也。」

學問只要得這个同然的，得此同然，則可以考三王，可以建天地，可以質鬼神，可以俟後聖，而況於天下，豈有不與吾仁之理？不然，真是肝膽皆吴越，舉足皆荆棘矣，況天下哉！

論學得其所同然，則楊、墨、佛、老不能爲之亂；論政得其所同然，則申、韓、桑、孔不能爲之奪。

問：「天下非之而不顧，得無於『同然』

之說有礙乎？」曰：「天下非之而不顧，彼正信得其所同然也。❶蓋天下有一時之浮議，有千古之是非，彼誠看破千古之是非，得人心所同然，所以天下非之而不顧耳。苟不得其所同然，而曰天下非之而不顧，則無忌憚甚矣。此安石之『人言不足恤』，所以得罪於天下後世也。」

「聖人先得我心所同然耳。」聖人講學，故先得我心所同然；我亦講學，故後得聖心所同然。聖人與我，分得先後，分不得異同。

論氣，則聖人得其清而我濁；論質，則聖人得其厚而我薄；論時，則聖人生於古而我今。如何學得聖人？所恃者，此同然之性體耳。故曰：「心之所同然者何也？謂理也，義也。」心之理義，是謂「聖」；心之理義，是謂「性體」。

「雖有善者，亦無如之何矣！」讀至此，真令人痛哭流涕。小人壞了人國家，君子反替他擔箇不是，使庸君世主不信仁賢，皆小人之貽禍也。事體敗壞至此，即盧扁望而却走矣，豈盧扁不能活人哉？昔靖康之禍已成，龜山立朝止九十日，即盧扁亦何能爲？而論者責備不已，吁！亦寃矣。南宋秦檜、侂胄相繼敗壞，一文公立朝止四十九日，其能效尺寸之益，而論者亦責備不已，何也？可爲古今一慨。

長國家而務財用者，必自小人矣。桑、孔之徒，小人中之小人也。王安石之流，君子中之小人也。小人中之小人，其罪易見；君子中之小人，其罪難知。雖然，斥逐忠良，引用凶邪，至於覆人邦家，其罪業已

❶「信」，張本作「恃」。

彰明較著，而或者猶作「祠堂記」，以左祖之，何也？故曰：君子中之小人，其罪難知也。

安石一行新法，而百姓如在水火，觀鄭俠《流民圖》，真可墮淚。君實罷新法，出斯民於水火中，而或者病其激且驟，不知拯溺救焚，可從容以待否？「什一，去關市之征」，孟子謂其「斯速已矣，何待來年？」余謂君實之速，正得孟子之意，而或以爲激且驟者，蓋章惇、蔡京之餘咳也，不可不辨。

世之論安石者，曰「執拗」，曰「自是」，此皆是病症，非是病根。安石志大才高，學博目空，將古今聖賢，都看不上，以爲堯舜雖是聖帝，而疆域甚隘；禹湯文武雖是聖王，而享國不過數百年；孔孟雖是大聖大賢，而亦不能使春秋戰國爲唐虞三代，都是迂闊了。須是富國强兵，開疆拓土，名利兼收，做古今第一箇有用的聖人，幹古今第一件有用的功業。且宋室國弱兵寡，全被韓、范、富、歐及趙抃、程、張諸迂闊人把國家事耽閣了，須是得這等敢做敢爲，不怕人議論，不説迂闊話的人，如吕惠卿、章惇、蔡京輩，才幹得實事，才做得出大功業。譬之人家生出箇有才幹、不安詳的子孫來，看祖宗甘貧自守，以爲迂闊，要大做一番，不知要治多少産業，不知要畜多少幹僕，使上擴祖宗累世之業，下垂子孫不拔之基，存下這箇主意，凡講道理之人，皆誚其無用，而疏遠之；凡揮霍不羈、奔走營爲之人，皆喜其有用，而信任之，不論道理，只要起家。如此做去，竊恐家未必成，而禍已隨之矣。安石之病，何以異此？不論道理，只是一味要做事功，其心以爲待我事功成時，方且格天地，光祖宗，使人人稱頌，一時「天變何足

畏，祖宗何足法，人言何足恤」哉？ 此安石之病根，所以深入膏肓而不可救藥也。不知舍道理而專求事功，豈止事功不成，竊恐災害並至，「雖有善者，亦無如之何矣！」安石不是自爲功名富貴計，亦不是執拗自是，亦不是有心禍天下，只是學術主意差了，所以自誤誤人國家至此耳，可恨！ 可惜！

安石這一派學術，自淳于髡、商鞅、李斯、申、韓、桑、孔，以及李覯至安石，遂大壞決裂，不可言矣。 淳于髡曰：「魯繆公之時，公儀子爲政，子思、泄柳爲臣，魯之削也滋甚，若是乎賢者之無益於國也。」髡所謂賢者，蓋指聖賢道學之士言耳；不然，賢者無益於國，將不賢者有益於國乎？ 髡不若是之悖矣。 李覯著《富國》《强兵策》各十篇，《富國策》大約説天下事非利不行，《强兵策》大約説天下事非勢不行，惓惓進霸而退儒，惓惓以勢利爲是，以仁義爲迂，幸覯不當國耳，安石既當國，安得不禍宋哉？ 孟子曰：「今之事君者曰：『我能爲君辟土地，充府庫。』今之所謂良臣，古之所謂民賊也。 君不向道，不志於仁，而求富之，是富桀也。『我能爲君約與國，戰必克』。 今之所謂良臣，古之所謂民賊也。 君不鄉道，不志於仁，而求爲之强戰，是輔桀也。 由今之道，無變今之俗，雖與之天下，不能一朝居也。」覯之立論，總之爲君辟土地，充府庫，約與國，戰必克耳，其不信孟子何怪焉！ 孟子之言，一驗於李斯之於秦，再驗於安石之於宋，這一派學術，誤人不小。 朱文公以「富國强兵」解「利」字，不惟得孔孟微旨，其所以爲後世君臣慮者，尤深遠矣。

這一派學術，如講黃白之術者，自以爲丹成，可以起鉅萬之家，可以延千年之壽，

視孔孟深耕易耨，清心寡欲之方，不足博一笑耳。若曰何迂闊至此，卒之敗家傷生，在此一丹，而猶不知悟也。悲夫！

問：「足食足兵，與富强奚異？」曰：「以仁義民信爲主，則足食足兵，皆國家之至計；若以仁義民信爲迂，則足食足兵，亦富强之嚆矢矣。不然，吾儒學術，豈專欲國貧而兵弱哉？必不其然。」

士君子不可無者氣節，却不可認客氣爲氣節；士君子不可無者事功，却不可認功利爲事功。

以功利爲事功，則枉尋直尺而無品；以客氣爲氣節，則憤世凌物而無量。

「聖學宗旨，全在『心性』二字，心性功夫，要在『品量』二字，然則品量可學與？」曰：「何不可學？余嘗謂一介不苟以學品，則品自高；萬物皆備以學量，則量自大。今觀此華嶽，削成四方，壁立萬仞，非品乎？俯視寰宇，皆在目中，非量乎？吾輩講學於此，高山仰止，景行行止，即此便有餘師，又何事遠求哉？願共贔屭，毋負山靈。」

太華書院會語附録

門人華陰王之翰之良編輯

太華書院

陽城崔時芳

青柯坪舊爲諸生誦讀之藪，近名公多聚講於斯，而遠邇負笈者日益衆，觀者比之白鹿洞故事。吾道之明，喜在此時。先爲署，今改題「太華書院」，實以因爲創云。

白鹿昔年洞，青柯今日坪。地分千里合，道會百年明。自賦操刀拙，因慚製錦榮。巨靈應不棄，同結此山盟。右一。

一識君王後，銅分仙掌初。喜翻桑柘影，願共芝蘭居。❶蚤負鷲山重，皃臨覺境虛。彈琴覓古調，不用舊刑書。右二。

白髮今猶健，公餘定省時。饑寒隨有問，案牘幸無私。恐負民非孝，因知道是師。登山頻著屐，吾欲信吾斯。右三。

乾坤爲父母，胞與忍屯膏。未滿一人望，即分五内勞。《訂頑》開大覺，「克己」借鈞陶。俯仰天無際，寧稱華嶽高。右四。

太華初盟

蒲阪張煇

太華初盟，在戊申春暮，馮少墟先生偕諸同志聚講於此，因盟焉。華陰士之知講學，實自此始。至己酉冬，崔公明府改青柯坪之署爲書院，不佞得與其中，俚言志喜。

太華開靈秘，名賢訂約新。道明涇與渭，人契晉連秦。覽勝延風月，侵燈問智仁。半生疑未破，片語悟歸真。右一。

真象原無二，迷來却有因。翼空眼底幻，即染世間塵。形在神斯在，名淪器亦淪。域中圖五嶽，千古講難真。右二。

插漢三峰峻，登高不畏身。如何逢坦易，遽爾謾逡巡。一簣莫由己，半肩亦讓人。冉求力自足，離我乃尋真。右三。

不動山爲體，磨青萬古春。氣蒸新靉靆，雨霽舊嶙峋。今古無窮態，乾坤不了身。青柯擬白鹿，盟結此山真。右四。

❶「芝」，四庫本作「芷」。

遊太華會講灝靈樓

長安劉養性

馮仲好偕同志縉紳及諸俊秀士舉會於華下灝靈樓，古未有也。不佞竊幸執鞭，而時蒲張去浮先生主華陰師席，先生雅任斯道，亦帥群弟子來會，蓋數日，不佞惟三峰朗月，迷途都照，比成小詠，諗諸君子會仲好，書先生卷，因續貂左方。

特削芙蓉枉太虛，天留勝地故僊居。一時冠劍文非喪，千載荊榛道合除。野性從來同木石，靜觀何處不鳶魚。雲開忽見三峰出，徙倚闌干月上初。

宿莎蘿坪雨霽

時郡邑諸生於青柯坪候仲好講學。

當面三峰入望真，鬱然蒼翠正嶙峋。山靈似識吾儕意，爲洗塵埃萬古新。

登太虛閣望絕頂

結構馮虛色色幽，三峰圖畫一亭收。藤蘿屈曲穿巖上，泉澗清冷遶地流。❶石鼎茶烟浮細細，松林鳥語弄悠悠。蓮花咫尺如相面，可許携笻到上頭。

❶「冷」，四庫本作「泠」。

青柯坪聽華州李生季成彈琴作漁樵歌

山頭雲净山雨晴，松風颼飀飛泉鳴。何處遞鍾發幽響，一尊邀我李長庚。風韻泉流兩不惡，況有七絃太古之希聲。初聞如在烟水間，欸乃緑簑明月灣。再聽忽轉翠微半，丁丁萬丈之巉巖。劉郎馮几聽罷大拍手，自昔塵想亦何有？華山遊人知多少，誰者探奇得此否？吁嗟乎！函關紫炁虛也無，高尋白帝欲何如？孔門樂事須吾徒，春風到處皆舞雩。

書孟直詩後

華嶽之會，足稱一時之盛，余愧不足爲諸君子役，所幸有孟直諸什，則今日之遊，可托不朽矣。昔朱元晦與陸子静遊白鹿洞，泛舟樂曰：「自有宇宙以來，已有此溪山，還有此佳客否？」余於今日亦云。余兒康年侍行，得此詩，殺青以傳，余爲跋其後。

馮從吾仲好甫書。

遊華麓紀事

西安周傳誦

余未遊畢郢前，同年馮仲好侍御約以暮春遊華嶽，及歸自畢原，則仲好病謝客，將謂此行或不果。越數日，勿藥，卜初十日丁酉啓行。先是同志聞之，無不勃勃有扶笻之興，届期與偕者劉孟直二守、楊工載進士、仲好與余四人耳。三人各肩小輿，孟直獨策款段，駕巾車相期遲之滻滸。余晨興俶裝，携童僕裹糧出長樂門，有士友數人，具榼酒郊關外壯其行，酒數巡别去。至滻

滸，則孟直、工載已先至矣。久之，仲好至，長君康年隨侍，遂聯輿東涉滻、灞，❶宿斜口。夕陽在山，綠禾被畝，相與散步村中，已明月掛山頭，晴空一色，坐談旅舍茅簷下，真與野老爭席矣。漏下一鼓餘，始寢。

戊戌辰發，行十里，至臨潼，仲好具飯於城隍廟道士所。飯畢，行四十里，至泠口，一作「零」，水名。仲好具午飯。又行四十里，至渭南，宿西郭旅邸中，月明如昨，乃闤闠紛沓，不比村落閑寂。孟直、工載寓稍遠，仲好雖同寓，以體癯新愈，先就枕。余挑燈獨坐，忽憶邑人秦汝睦憲副在此，安得促膝一譚，作《懷汝睦》一絶。己亥，行二十里，至赤水，邀諸君子同飯。道遇一病狂者，獰狰號呼，街衢中行人避易，見吾輩過，長跪道左，叩頭致敬，良久方起。因歎此便是幾希尚存，世之病心者，獨此人乎哉！飯已，行三十里，至華州，方議從城外直抵敷水鎮，留一僕往邀宜化汝刺史，暨弟叔尚文學，皆夙期同遊者。乃化汝知吾輩且至，使人要於路，遂入城，過寇萊公祠，拜謁瞻佇者久之。仲好戲謂余：「此非與子先後守天雄者耶！」則余汗下，幾無能自存。嗟嗟！庸碌浮沉，望桑梓前脩，愧死矣！同詣化汝，具飯留宿，舍南園亭，主人既別去，仲好就寢。余與孟直、工載三人，劇談亭中，花香月影，竹韻松風，令人忘倦，幾欲呼酒對主人，念深夜中止，遂成《宿宜氏昆季園亭》一律。庚子留，不得發。早飯後，邀遊城南姬氏園，園中竹木陰森，牡丹數百株，爛焉奪目，化汝以酒至，列坐花間，脩爵無算，偶有舉孔子「志學從心」語者，仲好剖

❶「遂」，原作「逐」，據四庫本改。

析精義，亹亹不倦。余謂：「聖人一生學問，只在『矩』上用力，當其『志學』，即是欲此『矩』；『立』、『不惑』、『知命』、『耳順』，即是不踰此『矩』；但『從心所欲而不踰』，直到七十之年。吾輩爲學，先須認取『矩』在，庶可終身依據，『從心』地位，俟之可也。」聞者或以爲然。已入城，叔尚具饌邀坐，適族子纘裳歸自襄垣縣署，聞余駐此，來見，遂得隅坐。飲罷別去，仍宿園亭，月下坐談移時，各寢。

辛丑，早飯，化汝所有同年馮元皥刺史暨李生華實、化汝弟謙、姪元賓，相繼投刺來訪。往來畢，❶日已近午，因拉化汝、叔尚同行。下晝，至敷水鎮，化汝仍具飯，飯畢，朝邑王惟大二守走使來迎，謂原期雲臺觀，四方香火輻輳，湫隘囂塵，約至華嶽廟會集。薄暮抵廟，惟大已治具作東道主人矣。初議次早即可登嶽，或謂明日既望，四方登嶽者甚衆，喧雜難往，仲好議少留，會友人講學於此，遂宿焉。此出野服微行，不欲溷有司，乃華陰令嘉定朱君官聞之，夜遣吏致館穀，次日壬寅，執刺來顧，既別，遣役具遊嶽夫馬，辭不受，晚復具席於灝靈樓上，誼惓惓厚也，然非余初心矣。是日來訪者，又有學諭蒲坂張君煇、司訓延川段君懷誠、孝廉楊君應震。學諭，理學名士。午後，會講於嶽廟官署中，邑諸生與者數十人，私謂今日華麓，何殊白鹿、鵝湖，甚盛事也。講畢，赴朱令筵，令以雩禱，托宜化汝代主席。晚，王惟大又治具寓邸，坐次講學，譚秋甚適，成《宿嶽廟》四絕。時余肘後携《華嶽志》一卷，輿中披數過，是夜就寢，憶十二年

❶「來」，張本作「報」。

前侍先大夫遊此，不覺泣下，成《重遊華山》一律，然登臨之興未已也。

明日癸卯，會講友益衆，得家報有伯母病甚劇，時年踰八十餘，余恐有他，辭欲先歸，諸君子固留。甲辰，復會講於灝靈樓上，觀三峰出没雲間奇甚，談笑盡歡。乙巳，諸君登嶽，余轅遂西，王惟大亦以事歸朝邑。瀕行，晤朝邑趙進士天宿，邂逅别去，楊孝廉復具飯飯余兩人不偕登嶽者。是夜，仍宿華州宜刺史園，欹枕瞿然，猶作華嶽之夢，遂成《懷同遊諸君子》及《再過宜大夫園亭》兩律。丙午，宿泠口。丁未，抵家，則伯母氏伏枕俟余，見余至，甚喜。越壬子，仲好諸君子始歸自青柯坪，途中阻雨故耳。此遊也，相謀甚久，同謀者甚衆，而後克行。行者僅四人，而余又不克終，蓋遊之難也，豈塵襟凡骨，山靈拒之，不假數日之緣耶？然勝友良辰，聯牀握手，義重聚樂，虚往實歸，前後浹旬日，亦無負此遊矣，乃私次第其事以志。友人見之誚曰：「自昔爲嶽遊者多矣，子中道而止，鮮克有終，足未躡華嶽之半，目不窮峻極之形，而紀嶽遊，不亦恧乎？」余曰：「唯唯，否否。吾子獨不聞歐陽子之言乎？曰：『醉翁之意不在酒，在乎山水之間而已。』雖然，猶知有山水也，今日之遊，大集群英，精談名理，作華嶽一段嘉話，又有不在乎山水者，奚必於登？奚必於不登？若必歷三峰之勝，摩巨靈掌，洗玉女盆，挹金天露，採玉井十丈蓮，自昔爲嶽遊者多矣，紀不啻詳，余即登，亦可無紀。」

重遊華山有感并引

萬曆戊申，春服既成，同劉孟直郡

守、楊工載進士、馮仲好侍御遊華嶽，過華下，邀州人宜化汝刺史、宜叔尚文學同行，至則朝邑王惟大郡守、蒲坂張去浮學諭、延川段脩甫司訓偕群英咸集，講學論道，樂而忘倦。今日華麓，直可追鵝湖、白鹿洞故事，寧獨躋攀稱勝覽哉！山靈有知，自當生色。因憶往歲丙申侍先大夫遊此，忽一紀矣。嗟嗟！安得復着斑衣，扶杖履，重覯此佳會也？觸境興思，風木增感，援筆紀事，情見乎辭。

幾年不出華陰道，此日重來華嶽遊。爲問真源尋白帝，非關函谷度青牛。五千仞聳星初聚，百二天開氣欲浮。惟有當時觴咏處，西風牢落不堪愁。

宿華嶽廟同馮侍御諸君子會講時方旱禱

萍蹤南北愧當年，負卻名山幾度緣。纔得靈宫一夜宿，恍如身抱白雲眠。其一。

蓬窻睡起鬢鬖鬖，向曉看山山更藍。何計盡封肥蟺穴，祈靈直叩黑龍潭。其二。

金天露净蓮花發，白帝宫深古木疏。怪底坐來添爽氣，山流蒼翠到庭除。其三。

良朋聚首誼千秋，滿座高談四壁幽。覽勝漫勞誇華嶽，此行何異寶山遊。其四。

遊嶽先歸道中懷宿青柯坪諸君子

杖藜攀陟喜相從，咫尺烟霞路幾重。身染白雲歸滿袖，山迴紫氣擁三峰。離當勝地情偏切，味入村醪幸轉濃。遥想同遊陶謝手，新詩何處勒高蹤。

跋周淑遠詩

古今名公遊華嶽者，代不乏人，未有徵會講學，如今日者；亦人不乏詠，未有永言孝思，如淑遠氏者。昔陸象山與朱晦翁講「義利」章於鹿洞，聞者流涕。今讀此詩，而有不流涕者，非夫也。余頃與同遊諸君子講，惓惓於「孝弟」二字，其於千古聖學，頗足自信，蓋淑遠倡之矣。年弟馮從吾仲好跋。

壬子春月馮仲好直指赴新關太華書院講座余病未偕詩以送之❶

長安劉養性

新闢榛荒向白雲，指迷不厭此重勤。振衣千仞應無古，倡道三峰始自君。源濬玉泉回聖脉，印提仙掌領人群。却羞蝴蝶追隨意，未及關門一字聞。

青柯坪聽講

西蜀胡如楠

講堂初起集鴻儒，幸有賢哉二大夫。谷口清風山際月，分明引我出迷塗。

❶ 此篇與下篇《青柯坪聽講》原缺，據張本、洪本補。

馮少墟集卷十一

長安馮從吾仲好著

語　録

池陽語録序❶

先生穎悟夙成，治舉子業時，每試輒雋，所構制藝出，關内外靡不人人懽傳。然先生已注意理學，迨子丑聯捷，歷玉堂烏府，彌錚錚有聲，而向道之志彌堅。今觀代狩齊魯，與弟子員講論，足稱洙泗家法。再入中台，忠義激奮，上可薄雲霄，而嚴可凛冰霜，識者謂「浩氣磅礴」，亦其言責宜爾。比掛冠歸，則恂恂大雅，似不能言，而理學益邃，從遊者日益衆。一時縉紳學士，多執經問難，而農商工賈，亦環視竊聽，有非寶慶禪寺所能容者。當道遂爲闢今關中書院，以聚生儒講肄，即白鹿、鵝湖，未之或過。是時教澤洋溢，風韻四訖。梅私淑自艾，猶以不親出大賢之門是懼，叨署原庠，獲侍臯比，間嘗諦視而毖察之，見夫屋漏衾影，大庭動履，無一不與今日諄諄《學約》合，又無一不與昔日侃侃《封事》合。夫講矣而不行，爲世所詬；行矣而不盡符所講，亦未厭世所望。先生惟身有之，故不覺言之親切而有味，且其一段盛養光輝，儼然太和元氣，又不止泰山巖巖而已。我關中自

❶「序」，原無，據洪本補。

横渠氏以來，幾數百載，以迄明興，❶教化翔洽，遠出前代。黄河源自天上，太華高插雲端，風氣渟鬱，真儒崛起，其嗣續《西銘》，遡源周孔，以翊國朝崇儒重道之化，此實天數，非獨人事爾也。

辛亥冬，先生遊池陽，其間聞風興起，追隨步趨者，坊里幾空。梅復獲侍於清河南北禪寺，更覺聞所未聞，方謀録先生語壽梓，而張生有德、房生建極、党生還醇輩已先之矣。先生語録，共若干卷，《池陽》特其一斑耳。然從遊我輩，講學以析理，事功、節義、文章、道德以標格，主敬以沿宗旨，成終以究歸宿，則一斑也而全豹已該，先生實大聲宏。今上久道勵精，在廷大臣廣從人望，採諸節鉞，直指久近，奏議交章累牘，力爲推轂，則先生指日還朝，自是語録轉爲經濟，堯舜君民，千載一時，俄頃間耳。乃其作人至意，猶勤勤懇懇不輟。今觀録中《命定》二絶，超然物外，真是蔬水浮雲氣象，至以「難逃徒惹」四字，直砭末世利名膏肓，則先生之有功世教，媲美前賢，兹可得其大概云。嘗憶王文成以武功牛耳斯文，先生以直諫主盟吾道，功力庶幾相當，而揆厥所自，文成一代才人，先生尤三秦豪傑，起家亦略相彷。昔孟氏以空言存什一於千百，昌黎氏謂其「功不在禹下」，夫禹與孟氏，主臣異地，然惟其功，不惟其地也，則夫文成之與先生，正先後相望，而並爲我明儒宗。條列纚纚，尤萬世而下，薄海内外，誦法孔氏者之指南也，詎區區訓一池陽士而已哉！是爲序。

萬曆四十年歲次壬子春二月，三原縣

❶「以迄」，原脱，據洪本補。

儒學署教諭、門人城固韓梅頓首譔。

池陽語録卷上

河北西寺講語

萬曆辛亥孟冬廿一日，先生至池陽，謁王端毅公、王康僖公、馬谿田先生、張玉坡先生、温一齋先生祠墓，門人數十人從之。是日，天氣晴明，冬日可愛，兩兩三三，煞有春風舞雩之意。詠歌歸來，門人韓學博及諸生百有餘人候講於寺。先生曰：「吾關中如王端毅之事功，楊斛山之節義，吕涇野之理學，李空同之文章，足稱國朝『關中四絶』。然事功、節義，係於所遇，文章係乎天資，三者俱不可必；所可必者，惟理學耳。吾輩惟從事於理學，則事功、節義、文章，隨其所遇，當自有可觀處，不必逐件去學，而後謂之『學四先生』也。」

先生曰：「事功如端毅，節義如斛山，真爲國朝第一。然學端毅者，不當學事功；學斛山者，不當學節義，何也？假如端毅當日上疏後，即觸怒逮獄，遭譴被播如斛山，則端毅當以節義名，不得以事功名矣。如斛山當日上疏後，蒙温旨嘉納，陟華躋膴，則斛山又當以事功名，不得以節義名矣。可見，吾輩只當就二公同道、二公易地皆然處學，不當在事功節義上學。但不知二公同道處何在？易地皆然處何在？願共思之，毋草草看過。」

問「理學與舉業同異」。先生曰：「以舉業體驗於躬行，便是真理學；以理學發揮於文辭，便是好舉業。原是一事，説不得同異。」又曰：「今之務舉業者，多在文字上

求好，不在心術上求好。不知七篇者，有形之舉業，固要好；一念者，無形之舉業，尤要好。不然，心術一念少差，則終身事業可知，又何論功名哉？」

問：「明年科年，屈指試期，止有數月，欲務舉業，恐妨理學；欲務理學，恐妨舉業，奈何？」先生曰：「理學使妨於舉業，則理學亦異端談玄說空之學，非吾儒進德脩業之學矣。理學原不離舉業，如明年科年，諸君中有自家應舉者，有子弟應舉者，時日已迫，工夫不多，父兄固當督責乎子弟，自家亦當督責乎自家，勿事優遊，玩愒月日，如此便是學，否則非學。收心靜養，簡事寡交，將一切聲色貨利屏之絶之，如此便是學，否則非學。看書作文時，務要潛心體驗，就在此處發揮道理，使一一可見諸行事，如此便是學，否則非學。絶奔兢營爲之念，下忘食忘寢之功，衆皆馳逐，我獨恬澹，如此便是學，否則非學。其得雋也，念縣官之寵遇何爲，而布素不改；其偕計也，念千里之跋涉又何爲，而株守彌堅，如此便是學，否則非學。從此得第，則仕途一味奉公，而不敢萌榮身肥家之念；及至懸車，則林下一味談道，而不敢忘耕田鑿井之恩，如此便是學，否則非學。樹標一代，流芳千古，皆決於今日之一念，毋以今日舉業爲妨功而廢業也。竊願諸君從此打起精神，發起志願，斷斷然欲以爲賢而爲聖，不專專欲以爲解而爲魁，則豈惟自家不負科名，即父兄亦永錫之光，不惟父兄永錫之光，即百二山河，亦與有榮施矣。倘見不及此，第曰時日已迫，工夫不多，方且舉業不暇，奚暇理學？無論今日所讀何書，所作何文，日用飲食，鮮能知味，即使口耳記誦，幸博巍科，

則功名到手，心意滿足。倘萬一謙虚者化而爲驕傲，謹守者變而爲縱恣，彼時自家固不能把持乎自家，父兄又豈能約束乎子弟？臨渴掘井，臨淵羡魚，方曰如何做人，不亦晚乎？爲今之計，莫若就在今日勘破將來，一着養成終身根本，不出舉業，直躋聖域，豈非一舉兩得之道哉？若外舉業言學，是異端談玄説空之學，非吾儒進德修業之學也。不知諸君以爲何如？」

問「在止於至善」。先生曰：「聖賢學問，只在心性用功。性者，心之生理。人性原來皆善，『至善』者，性體也。『止於至善』，則當下直合性體矣。五霸不知性體至善，故假仁假義；二氏不知性體至善，故有『絶仁棄義』；告子不知性體至善，故有『杞柳湍水』之議。若知性體至善，學問止於至善，則五霸自不消去假，二氏自不能絶棄，告子紛紛之議，亦自悟其非矣。此曾子之學獨得孔氏之宗，而萬世學者之所不能違也。」

問：「『知止』止字，是死煞字否？」先生曰：「《論語》『止吾止』止字，是死煞字，此『止』字，是活字。孔子十五便知止於『從心所欲不踰矩』，所以終身學問都有着落。一『知止』，則胸中便有主張，便有無窮妙趣，當下便活潑潑地。『定、静、安、慮』，正是『知止』妙處，非如槁木死灰，置一物於此，而後曰『止』也。聖人正恐人誤認『止』字爲死煞，故以『定、静、安、慮』形容得止之妙。」

問「《中庸》大旨」。先生曰：「《中庸》一書，如一篇論，『天命』章是冒頭，仲尼曰『君子中庸』是主意，中間引舜、顔、武、周，反覆發揮『君子中庸』一句，『尚絅』章是大

結。首章，自天説到人，以本體爲功夫，順言之也；末章，自人説到天，以功夫合本體，逆言之也。故曰：『《易》，逆數也。』知《易》，則知《中庸》矣。『畫前元有易，删後豈無詩』，知畫前之易，則知天命之性。」

先生曰：「只『中庸其至矣乎』一句，費聖人多少心。堯舜授受，大事也，止説一箇『中』字；孔子又恐人看得『中』字太高遠，故不得已，加一『庸』字，若曰『中者，庸也』；既補出一箇『庸』字，又恐人看得太淺近，又贊之曰『其至矣乎』。可見這箇『中』字，非高非遠，非卑非近，真愚夫愚婦可與知能，而天地聖人所不能盡也。子思一本《中庸》，只是發揮此一句意。」

先生曰：「《大學》至『治國平天下』，《中庸》至『贊化育，參天地』，皆是言學術，不是言事功；事功乃學術中之作用，非與學術對言也。後世迂視講學，而專講事功，此所以併事功亦不及古人，可惜！可惜！」

問：「『不得中行而與之，必也狂狷乎』與『聖人，吾不得而見之矣；得見君子者，斯可矣』意同否？」先生曰：「中行者，資學兼到者也；狂狷者，具美資而可進於中行者也。狂狷一加學問，便是中行矣，正與『聖人，吾不得而見之矣』，思『君子』，思『善人』，又思『有恒』，語意同。思有恒，正所以思聖人；思狂狷，正所以思中行也，豈專爲狂狷、有恒而已哉？奈何夫子思狂，而天下遂有僞狂；夫子思狷，而天下遂有僞狷；夫子思中行，而天下遂有僞中行。如『古之狂也肆』，肆是真狂；『今之狂也蕩』，蕩便是僞狂。『古之矜也廉』，廉是真狷；『今之矜也忿戾』，便是僞狷。『聖人，吾不得而見

之矣』之『聖人』，是真中行；若『鄉原』，便是僞中行。此夫子所以致慨於『三疾』，而深惡乎『鄉原』也。」

問「『理障』之説」。先生曰：「不然。謂之曰『理』，自是無障；謂之曰『障』，還不是理。如『非禮之禮，非義之義』，或者以此爲理障，不知此正察理不精之障也，豈理之障哉？如人目中，理上容不得砂石屑，理上亦容不得金玉屑，以理之所不能容者而强容之，此正悖理不通之障也，豈理之障哉？」或者又曰：「今有人於此，病中縱欲，固是欲障，病中讀書，亦是理障。」先生曰：「且問病中理上該讀書否？」曰：「理上不該讀。」先生曰：「既是理上不該讀，却要讀，此亦悖理不通之障也，豈理之障哉？以悖理之障，而反坐於理，則冤理甚矣。」或者爲之快然。

問「『吾有知乎哉？無知也』章大意」。先生曰：「聖人胸中，如太虚然，一無所有，而亦無所不有。鄙夫未問之前，安得無故起念，此正所謂『未發之中』也，故曰：『吾有知乎哉？無知也。』及鄙夫一問於我，則因彼之問，遂發動起我之知，安得不竭兩端？兩端既竭矣，聖心尚有知乎哉？依舊是無知，故曰：『吾有知乎哉？無知也。』此聖人之『無知』，正聖人之所以有知也。若人未問，則自誇其知，既欲己之勝乎人；及人既問，則自秘其知，又恐人之同乎己，使驕且吝，胸中不知有多少機械。此世人之有知，正世人之所以無知也。」

先生曰：「『吾有知乎哉？無知也。』鄙夫未問，知從何起？兩端既竭，知從何留？如諸生考試，當題未出時，安得無故下筆？故曰『無知』。及題既出，因他題

目，才發動起我的文思，故曰『叩』。及文既完，尚還有一句一意不盡發於文內否？故曰『竭』。及交卷後，胸中依舊是題未下時光景，故曰：『吾有知乎哉？無知也。』」

先生曰：「吾儒之無知，無知而有兩端；佛氏之無知，知無而兩端亦無。『洪鍾無聲，由叩乃有聲』，雖由叩乃有聲，不知當未叩時，雖無聲而實有聲聲之理；惟無聲而實有聲聲之理，所以『大叩則大鳴，小叩則小鳴』；若無聲而併無聲聲之理，是廢鍾也。未叩時，若與洪鍾同，既叩後，便與洪鍾異。雖既叩後與洪鍾異，其實原是未叩時，與洪鍾不同。知未叩時之不同，則知佛氏之言性，與吾儒之言性，佛氏之無知，與吾儒之無知，毫釐而千里也。」

先生曰：「佛氏以理爲障，是空其聲而併空其聲聲之理，一切總歸於空也。所以無感時，似與吾儒同，一有所感，便顛倒錯亂，依舊落於世味中，而不可救藥，此正以理爲障之障也，理何嘗有障哉？若不以理爲障，則無障矣。」

先生曰：「聖人憫人之無知，如見孺子將入於井，故一當鄙夫之問，便有怵惕惻隱之心，便不容不竭兩端；非納交於鄙夫，非要譽於鄙夫，非惡其有隱之聲於鄙夫也。」

先生曰：「上智聖人，與下愚鄙夫同，只是中人多了些知識，所以過於下愚者在此，所以不及上智者亦在此，何也？當無感時，無論上智、下愚、中人，都是一樣無知。只是一有所感，人一問及，下愚則以知之爲知之，不知爲不知，問一答一，問二答二，何嘗不竭兩端，何嘗添自家一些知識在內；上智亦以知之爲知之，不知爲不知，問一答一，問二答二，亦何嘗不竭兩端，亦何

嘗添一些知識在内；只是中人多不然，或以知爲不知，或以不知爲知，或問一答二，或問二答一，便不肯竭兩端，便自家添許多知識在内，世道人心之壞，全壞於此等人，此聖人所以自任以無知也。爲中人者，能親師取友，講明正學，刊落機知，復還本真，造到與下愚一般境界，便是到上智聖人境界。」

先生曰：「陽明先生云：『箇箇人心有仲尼』，則箇箇人心有良知。惟聖人能致良知，所以鄙夫一問，便竭兩端；不然，則茫然無以置對；又不然，則記誦之學易窮，何以能竭兩端哉？無知而能竭兩端，此正聖人之所以致良知，聖人之所以爲無知也。」

問：「人生所遇不齊，多不免動心，奈何？」先生曰：「人心本自如太虚，一切窮通得喪，是非毁譽，真如寒暑風雨，原與太虚本體無與，卑之存一徇世心，不是；高之存一憤世心，尤不是；只平心易氣應之，便合太虚之體，隨其所遇，便都是瀟灑快樂境界。」先生又曰：「請問人生所遇不齊，不知動心後能齊否？」曰：「不能。」先生曰：「既不能，可見還多了箇動心，到不如只平心易氣應之，自家還討箇受用自在。」

問「『先天後天』之説」。先生曰：「人須要認得『天』字明白，然後可言先後。此處最要活看，假如以起念爲天，則未起念時爲先天，既起念後便屬後天；如『不睹不聞』是先天，至『慎獨』便是後天；繼此而發爲事業，則『慎獨』又是先天，事業又屬後天矣。總之，『天』字指當下言，凡事有天，凡事有先天、後天，最當活看。如以伏羲之畫爲天，則未畫爲先天，既畫即爲後天。如以文王之卦詞爲天，則伏羲之畫爲先天，而文

王既演之後，即爲後天。如以周公之爻爲天，則伏羲、文王皆爲先天，而周公作爻之後，即爲後天。『先後』字，不可執一看。」

問「『和同』之辨」。先生曰：「『和同』外面一樣，若虞廷都俞喜起之盛，無一毫乖戾異議，恰似同；不知此和也，非同也。若後世安石、秦檜之流，當時附和者不少，恰似和；不知此皆私相迎合，以取官爵耳，此同也，非和也。『和同』外面一樣，只是君子、小人心上不同。講『和而不同』處，不可用『吁咈』獻替字，若用此，則外面顯然不同矣，又何消辨『和而不同』、『同而不和』？」

先生至弘道書院，謁三先生祠畢，一客曰：「端毅公父子，當日極一時之盛，今後人可謂否屯之極？」先生曰：「以端毅公父子如此勛業，今否之極，正泰之漸也。如禹、稷、契同時奏功，宜同時享報，却不盡然，禹以其身有天下，報之最早，享國却只四百年；契之後若湯，雖遲四百餘年始有天下，而享國則六百年；稷之後若武王，直遲千有餘年，中間去邠遷岐，爲狄人所苦，及文王羑里之戹，一身一家，且不可保，自當日觀之，似天不可問，不知享國却八百年。天地間乘除加減道理，原來如此。」

三先生祠內，先生問其後人曰：「聞康僖公七歲能詩，果否？」其後人述《屋隙》詩「風來梁上響，月到枕邊明」一聯，先生曰：「此『不愧屋漏』意。」

先生曰：「康僖公生長世家，少年登第，自筮仕至宦成，通無坎坷，中間止因得罪劉瑾，罰粟三百石輸邊，受許多苦楚，至今尚論者，以此爲康僖公第一美事。可見，學者不當以戹困爲不幸。」

問：「諸生中多有貧困不得讀書者，奈

何？」先生曰：「顏子在陋巷中，能博文約禮，斟酌四代禮樂，貧困曷嘗誤了顏子讀書？余亦嘗屢空，因讀『陋巷』章，作二絶以自寬云：『命定難逃陋巷貧，機關徒惹鬼神嗔。不如打疊心源浄，做箇羲皇以上人。』『命定難逃陋巷貧，奔忙徒惹世人嗔。不如閉户焚香坐，做箇乾坤無事人。』人人若知『難逃』『徒惹』四字，不惟高明者能自守，即庸愚者，亦見無益而自止矣。」

先生曰：「貧如夷齊，千古稱聖；貧如顏淵，千古稱賢。貧曷嘗負人哉？只恐人負貧耳。」

先生曰：「人貧，而我憐之周之，則可；我貧，而望人憐之周之，則不可。」

先生曰：「賈誼上書，痛哭流涕，欲感動人主，使天下太平。孔子講學，亦是痛哭流涕，欲提醒人心，使萬世太平。聖人用心之苦如此。」

問「徐行後長」。先生曰：「皐、夔、稷、契之揖讓，只是箇徐行後長；操、莽、温、懿之争篡，只是箇疾行先長。」

問「至誠之道，可以前知」。先生曰：「要看一『道』字，天地間原有這箇道理，這箇道理，又非渺冥，實不外禎祥、妖孽、蓍龜、四體，人之善不善一念處，此天地間自然實理實事，惟至誠能先知之，他人實自昧之耳。至誠前知，是人自異於至誠，非至誠異於人也。」

問：「儒一也，何有真儒、醇儒、大儒、名儒之别？」先生曰：「儒一也，若立心制行，一毫不假，雖卓然以聖學自命，而中間不無雜於二氏之學，此可以言『真』，而不可以言『醇』。如純然吾儒，不雜二氏，躬行實踐，不愧古人，而硜硜自守，尚隘與人爲善

之量，此可以言『醇』，而不可以言『大』。若闇然潛修，而一腔四海，退然如不勝衣，而一念萬年，如舜之『善與人同，舍己從人，樂取諸人以爲善』，如横渠『爲天地立心，爲生民立命，爲往聖繼絶學，爲萬世開太平』，此之謂『大儒』，而『真、醇』不待言矣。此三者，總謂之『名儒』，吾輩學爲儒者也，請擇於斯三者。」

池陽門人張有德、樊由聖、楊我藴、張其賢、房會極、房建極録。

王孝祖、劉應鰲、楊素藴、殷曰序、劉鼎、李國葵、龎淳化、李道光、王一麟、張騰霄、李昌胤、周綿祚、孔聲振、王念祖、師上德、劉昇、秦所式、姜三接、王家梧、馬攀龍、張沖奎、魚賜錦、秦之俊、杜爲儀、李含真、王一鳳、來謙、賈天駿、党還醇、秦樂天校。❶

池陽語録卷下

慶善寺講語

先生謁諸公祠墓之明日，歸長安，門人百有餘人，祖於城南慶善寺，因設講席如昨。先生坐已，諸生請曰：「自昔大儒講學，宗旨不一，願先生提綱挈領，使諸生有所持循。」先生曰：「自昔大儒講學，宗旨雖多端，總之以心性爲本體，以學問爲功夫；而學問功夫，又總之歸於一敬。君子、小人

❶「党還醇秦樂天」六字原脱，據洪本補。

之分，只在敬肆之間，敬者衆善之根，肆者衆惡之門。敬者衆福之根，肆者衆禍之門。敬則父子有親，君臣有義，夫婦有别，長幼有序，朋友有信；肆則父子無親，君臣無義，夫婦無别，長幼無序，朋友無信。人人敬，則天下治；人人肆，則天下亂。堯舜只是箇敬，桀紂只是箇肆，可不畏哉？可不辨哉？故曰：敬者，聖學之要。」

問：「敬爲聖學之要，固矣；又云『敬者，聖學所以成始而成終』，何也？」曰：「初學之士，多以安詳恭敬爲主，多知收斂。及至既學之後，多自以爲有所得，便寬一步，自謂悟後全無礙，不知悟處就是誤處，卒之放縱決裂，壞人不小，是徒知敬以成始，而不知敬以成終也。不知以文王之聖，且『緝熙敬止』，曰『緝熙』者，無已時也，故曰『純亦不已』。以孔子之聖，縱學到『從心所欲不踰矩』地位，而『志學』一念，必不敢少已，若少已，便踰矩矣。成始成終，『成終』二字，尤當玩味。」

先生曰：「敬者，心之本體，如見大賓，承大祭，此心不覺收斂，豈納交、要譽、惡聲哉？一自然而然，莫知其所以然而然耳。可見敬者心之本體，原如是，『主敬』云者，不過以功夫合本體耳，非硬將一物强置之胸中，曰敬曰敬也。」

問：「見大賓能敬，承大祭能敬，是性體否？」先生曰：「是情也，非性也；是率性之道，非天命之性也。見賓承祭能敬，必有所以能敬者在，此天命之性也。此天命之性，特因見賓承祭而後形，非因見賓承祭而始有，惟未見大賓而吾心先已有主，未承大祭而吾心先已有神，此之謂『性體』，此之謂『未發之中』。惟吾心先已有主，所以一見

大賓便能敬；惟吾心先已有神，所以一承大祭便能敬，此之謂『率性』，此之謂『中節之和』。能敬者情，所以能敬者性，知其所以能敬而主敬者，君子『盡性至命』之學。」

問「人之所以異於禽獸者幾希」。先生曰：「且只問禽獸見大賓、承大祭能敬否？『人之所以異於禽獸者幾希』，正指此一點能敬之性體耳。不然，人之目能視，禽獸之目亦能視；人之耳能聽，禽獸之耳亦能聽；人之口能飲，禽獸之口亦能飲，身能動，禽獸亦能動，人又何異於禽獸哉？孟子曰：『無辭讓之心，非人也。』余亦曰：無恭敬之心，非人也。昔人有欲打破『敬』字者，有謂目自能視，耳自能聽，更説甚存誠持敬者？蓋未知人之所以異於禽獸者幾希，只在敬肆之間耳。」

問：「晉人以放達爲高，近世高明者多傚之，不知敬處安在？」先生曰：「晉人做出放達氣象，若與世相忘，與人無競，不知如王戎鑽核，王衍三窟，郗超入幕，不知果相忘無競否？可見他放縱恣肆處，正是機械變詐處；故作無心處，正是詭秘有心處。」

先生曰：「莊子言『自得自適』，是言堯舜以天下勞心，以天下爲桎梏，不過要得人之得，適人之適，使別人得所，而非自得自適也。『自得自適』，與吾儒之説不同，只是要自家討便益，討受用，不管別人死活。此莊子之逍遥所以壞心術，而得罪於名教也。」

先生曰：「今人以敬爲僞，以肆爲真，即有好修者，見道不明，欲敬，恐人説僞；欲肆，於心又不安，此所以耽閣一生，良爲可惜。不知恐人説僞，只當在敬中求真，不

當在肆中求真。敬中求真，是真君子；肆中求真，是真小人。『真』之一字，亦不可不辨也。且於心不安處，就是真心，欲爲真君子者，正當於此處識取。」

問：「曾點『莫春』之樂，過此亦能有是樂否？」曰：「遇莫春能樂，遇秋冬不能樂，點與三子何異？只有了這箇樂，無時無處無不是此物矣。譬之善畫者，寫出春景固好，寫出秋景、冬景亦好，即如此時天氣雖寒，然少長咸集，欣然有得，就是春風舞雩氣象，何必遠求？」

先生曰：「學者必有戒慎恐懼之心，然後有春風沂水之樂。若無此心，而徒譚此樂，是晉室之風流，非曾點之真樂矣。」

問：「君子、小人，當如何處？」先生曰：「論交與，當親君子而遠小人；論度量，當敬君子而容小人；論學術，當法君子而化小人。不化，則乏曲成之仁；不容，則隘一體之量；不遠，則傷匪人之比。」

先生曰：「交與，一人不可妄；講學，無人不可容。」

先生曰：「有經世之學，有出位之學，有闇修之學，有私己之學。以出位爲經世，以私己爲闇修，此學者大病。然有經世之學，而無出位之學，便是闇修，而非以不講爲闇修。有闇修之學，而無私己之學，便是經世，而非謂講經世之學者，盡皆出位好名之人。」

問「好名，乃學者大病」。先生曰：「然。然又有不可不辨者。君子曰不好名，恐雜爲善之心；小人亦曰不好名，恐妨爲惡之路。」又曰：「君子爲善不純，只有『好名』二字；小人阻君子爲善，亦只有『好名』二字。」

先生曰：「好名之心，有顯而易見者，有隱而難知者，務外之人無論矣。至於私己之士，躲避是非，絶口不敢言，自以爲我不好名，人亦以不好名歸之，不知此正是好名之深處，何也？是與非對，譽與毁對。喜是喜譽之心，固是好名，避非之心，即喜是之心；避毁之心，即喜譽之心；避毁避非之心，獨非好名乎？可見，喜是喜譽，其爲好名也易見；避毁避非，其爲好名也難知。故學者必拔去好名之根，而後可以言學。」

問「爲惡無近刑，爲善無近名」。先生曰：「惡原不當爲也，而曰『爲惡無近刑』，只是教人爲惡不要已甚耳，不戒其爲惡，而戒其無近刑，何也？不知其爲惡之日，即其近刑之日，而曰『爲惡無近刑』，令人犯不赦之刑，而悔之無及者，必斯言也，是誤天下之小人也。善原當爲也，又何論有名不有名？君子爲善，原不爲名，而實大聲宏，名必隨之，是爲善之日，即近名之日也。而曰『爲善無近名』，令人避好名之嫌，而不敢爲善者，必斯言也，是誤天下之君子也。范忠宣曰：『若避好名之嫌，終無爲善之路。』可謂莊生頂門之針。」

先生曰：「君子曰『不好名』，小人曰『君子好名』，若不好名，何以名都歸於君子？君子無辭以應，不得已，只得併實亦不敢務，恐務實而一時名至，無以避好名之嫌耳。不知避好名之嫌，是亦好名也；惟不避好名之嫌，而後謂之真不好名。」

先生曰：「好名不好名，古今聚訟，余有一言解之：凡説好名的事，就都是該做的事，若不是該做的事，一做便壞了名，如何説得好名？可見好名之譏，正周行之示也，豈直不當避而已哉？知此，則君子有

所恃以務實，小人無所恃以肆譏矣。」

問：「近有以『不操不舍之間，有妙存焉』，解『操舍存亡』，何如？」先生曰：「此特爲不操者居間耳，猶居官者曰：『不清不濁之間，有妙存焉。』有是理乎？爲此言者，必貪墨自恣者也。莊生謂盗蹠死利於東陵，伯夷死名於首陽，蓋曰：『貪固好利，清亦好名，臧穀亡羊，其失一耳。』不知使居官者號於人曰：『貪固好利，清亦好名。』此其人清耶？貪耶？不問可知矣。此莊生所以誤人不淺也。」

先生曰：「《易》曰『藏密』，《詩》曰『潛伏』，子思曰『闇然』，此正聖學真脉。吾儒講學，正是講學問要潛、要闇、要密，而鄉原反借此以杜講學之口，亦奇甚矣。❶不知講學而不粘帶世味、譏評時事，便是潛、便是闇、便是密，非以不講爲潛、爲闇、爲密也。」

先生曰：「楊氏無君，墨氏無父，當日豈料至此！只是起於一念學術之差，所以併自家亦不知耳，可見術不可不慎。孟子曰：『矢人豈不仁於函人哉？矢人惟恐不傷人，函人惟恐傷人。巫匠亦然。故術不可不慎也。』嗚呼！君親大倫，仁人孝子，無所解於其心者也。楊墨豈不仁於吾儒哉？亦學術誤之耳，世之非學者曰：『只在行，不在講。』竊恐所行一差，關係豈小？譬之歧路之中又歧路焉，雖欲不問，不可得也。彼謂不必講者，原安心不行，第借口非學耳。」

先生曰：「學者須要脚根踏得定，徹頭徹尾，才得有成；不然，如登九級浮圖，一脚履錯，直跌到底。爲山九仞，未成一簣，

❶「奇甚」，張本作「甚奇」。

豈止不能成山，恐平地亦不可得也，可畏！可畏！」

問：「『君子質而已矣』章大意。」先生曰：「棘子成意思儘好，只是言語過激。子貢真得夫子彬彬之意，不可說失輕重本末之等。當時有文無質，賤得以凌貴，卑得以凌尊，紊名分，壞紀綱，固不成世界；若有質無文，則貴無以別於賤，尊無以別於卑，名分紊，紀綱壞，亦不成世界矣。如周制樹屏反坫，舞佾歌《雍》，正所以別上下，辨尊卑，若因大夫之僭，而遂併其佾與《雍》而去之，則大夫固不得以僭乎天子，天子又將何以別於大夫哉？故曰：『虎豹之鞟，猶犬羊之鞟。』其關係世道一樣，不可以偏勝有無論也。」

問「文質彬彬」。先生曰：「『彬彬』最要體認，蓋『文質』不是對立的，亦不是六分四分低昂的。譬之一木，質也；斲而爲器，則文矣；器，質也，加以彩飾，則文矣，文質豈二物哉？第雕斲彩飾，不可太過，使文勝質耳。是知無方之愛敬，皆從孩提知愛一念生來，知此，可以論『文質』矣。」

問：「『道可道，非常道』，何如？」先生曰：「吾儒所謂道，正指其『可道』者而道之也。老氏云『道可道，非常道』，則是以道不可道者爲『常道』矣，有是理乎？可言者，是常言；可行者，是常行。今曰『道可道，非常道』，則是言可言，非常言，行可行，非常行；而以言不可言者爲常言，以行不可行者爲常行矣。背理不通，莫此爲甚。」

問：「有爲漢儒躬行、宋儒空談之説者，某殊不然，不知先生何如？」先生曰：「漢儒中誠有躬行者，而概謂漢儒躬行，則不可，無論其他失節敗行，即如馬融之列女

樂，桓榮之誇稽古，不知可言躬行否？宋儒如周、程、張、朱，即在孔門，亦當列德行之科，其他如司馬君實、邵堯夫、尹彦明、劉元城諸儒，其躬行實踐，豈在冉、閔之下？《漢書》、《宋史》，明白易見，而猶敢爲此言，是侂胄、江陵之餘唾，不可不察也。雖然，亦非真尊漢儒也，特因漢儒不講學，故借以非宋儒耳，使漢儒而亦講學也，恐亦不免以非宋儒者非之矣。」

先生曰：「漢儒有傳經之功，但當論其功，而不當論其行；宋儒有明道之功，固當重其功，而尤當重其人。」

問「行義以達其道」。先生曰：「行義、達道，不是行義時能建些大功業，便謂之達道，便謂之有用實學，便謂之真儒；不能建些大功業，便謂之不能達道，便謂之處士純盜虚聲，便謂之僞儒。如此，將『道』字却看做事功了，人安得不詭遇以圖功業？如此，是行義以達其功，非行義以達其道也。且如詭遇而能獲禽，則功業雖建，而人品已失；如詭遇而又不能獲禽，則人品先失，而功業又不能建，豈不惜哉！行義達道，只是要不枉其道，不專在功業大小間論也。三代而後，此道不明久矣，夫子安得不有『聞語未見人』之歎？」

問：「求志者，求何志？達道者，達何道？」先生曰：「求志者，求此天地萬物一體之志；達道者，達此天地萬物一體之道。若不求此志，即倖成一匡九合之功，亦枉道也，豈得謂之達道哉？」

問：「『仁者以天地萬物爲一體』，倘責任不在，得無於一體之心有礙乎？」先生曰：「不然。有此一體之心，時乎大行，雖披纓，而於此心無所加；時乎窮居，雖閉

户，而於此心無所損；非謂一概披纓，而後謂之一體也。雖閉户之時，而披纓之心，未嘗不在，只是責任不在我，不得不閉户耳；非謂一閉户，而遂於一體之心有礙也。『禹、稷、顔回同道』，正同此一體之心，同此猶己之心，只是禹、稷有責任，説得『由己』，顔子無責任，説不得『由己』，惟猶己之心同，所以能『易地皆然』。猶己之心，天地萬物一體之心也。」

先生曰：「『仁者以天地萬物爲一體』，只在心上論，不在責任上論，責任所在，無論山林不得侵廟堂之權，即廟堂之上，錢穀亦不得侵甲兵之權，一體之心雖同，而所居之位不一，『素位而行，不願乎其外』，此之謂『君子而時中』，此之謂『以天地萬物爲一體』之學。」

先生曰：「天下事，各有職分，一毫越俎不得。只是講學一事，無論窮達，人人都是當講的，人人都是有分的，却説不得越俎，故曰：『自天子以至於庶人，壹是皆以脩身爲本。』」

先生曰：「『仁者以天地萬物爲一體』，今人一膜之外，便分彼此，即父母兄弟間，尚且不能一體，又何論天地萬物哉？程子『天地萬物一體』之説，蓋恫乎有餘悲也。」

或有疑程子「一體」之説爲馳騖者。先生曰：「子請勿疑，學者儘以天地萬物爲一體，尚恐不能以父母兄弟爲一體，若疑其馳騖，而不以天地萬物爲一體，則一膜之外，便分彼此，其痿痺不仁之病，殆有不可言者矣！程子『一體』之説，乃對症之良藥，彼馳騖之疑，是亦痿痺不仁之病將發而不自覺者也，請速以程子之良藥藥之。」

先生曰：「張子《西銘》，正是解『仁者

以天地萬物爲一體』一句，開口説：『乾稱父，坤稱母。民吾同胞，物吾與也。』何等痛快！學者果能知乾坤原是我的父母，自然知萬物原是我的同胞，雖欲痛癢不相關，不可得也。」

先生池陽之講，不惟士人興起，即里巷小民，咸擁輿聚觀，候門竊聽，欲得一二語，終身誦之。先生因出所刻「做箇好人，心正身安魂夢穩；行些善事，天知地鑒鬼神欽」舊對一聯示之，於是衆共朗念，歡然稽首而去。

先生瀕行，諸門人餞於郊，洗腆酌先生，先生曰：「因此酒，觸起『周公思兼三王，以施四事；其有不合者，仰而思之』，聖聖相承，道同心一，那有不合？」有德曰：「或時勢不同。」先生曰：「只頭一句『禹惡旨酒』先不合，禹曰：『惡旨酒。』周公曰：『我有旨酒。』周公豈不知惡？當時也費了多少思量。如禹之絶，亦不難，只是燕賓奉祭，又不可少，斟酌再三，才悟得這箇道理原是活的。所以《三百篇》中，一則曰『旨酒』，再則曰『旨酒』，而俱繫以燕樂嘉賓，可見除了賓祭，都是當惡而絶之的。雖然，燕賓固不可少，又恐賓主借此沉湎，而不知惡，所以『賓筵』章又極言其醉狀，而深戒之曰：『既醉而出，並受其福。』可見這箇旨酒，雖賓燕不可少，亦不可縱，此又周公善用其惡，而深合大禹之心者也。只此一事，不知費了多少思量，故曰：『仰而思之，夜以繼日。』又何況『四事』哉？」柱曰：「禹惡旨酒，實未嘗絶。」先生曰：「絶尚不能制，不絶必至濫觴，賓筵之詩，吾輩不可不書一通，以銘之座右。」

池陽門人趙之璞、王家柱、郝

鍾秀、劉汝理、孫元標、党還醇録。

任紹祖、秦世英、李永沛、馬見龍、王延陛、馬如龍、張恢、樊吉徵、胡封、杜鶴齡、楊汝楝、李生春、李三汲、馬化龍、傅鳳翼、李允懋、張企程、張天嘉、党朝相、党蘭、吴邦憲、党芳、石垂鑑、楊日升、馬一元、王宰、石垂箴、王柱、劉禹龍、王麟徵、王右文、石鼎玉、梁文明校。

馮少墟集卷十二

語録

長安馮從吾仲好著

關中書院語録

綱常倫理要盡道，天地萬物要一體，仕止久速要當可，喜怒哀樂要中節，辭受取與要不苟，視聽言動要合禮。存此謂之「道心」，悖此謂之「人心」。「惟精」，精此者也；「惟一」，一此者也。此之謂「允執厥中」，此之謂「盡性至命」之實學。右書允執堂屏。

聖賢之學，總只在此心，故虞廷「人心道心」之説，乃千古聖學之原。而解者多謂：「道心非人不麗，而人心非道不宰，不必屏去人心而别覓道心也，舉吾之人心，一稟於道，即云道矣。」余向來亦爲此説所誤，不知人心、道心不容並立。如綱常倫理能盡道，便是道心，不能盡道，便是人心；喜怒哀樂能中節，便是道心，不能中節，便是人心；視聽言動能合禮，便是道心，不能合禮，便是人心，極容易辨；非以喜怒哀樂、視聽言動爲人心，以中節合禮爲道心也。今曰「舉吾之人心，一稟於道，即云道」，是舉吾之喜怒哀樂一稟於節，舉吾之視聽言動一稟於禮，即云道，是明以喜怒哀樂、視聽言動爲人心，而以中節合禮爲道心矣。以中節合禮爲道心，不差；而以喜怒哀樂、視聽言動爲人心，不知喜怒哀樂、視聽言動

可以屏而去之乎？以必不能屏而去之者爲人心，是明白左袒人心，回護人心也。人心屏而去之，猶恐不盡，而以必不可去者當之，何怪乎人心日熾，道心日微，令人猖狂而無忌也哉？若以視聽言動爲人心，則亦可以綱常倫理、辭受取與、仕止久速爲人心矣，可乎？類而推之，如好問好察是道心，不好問好察便是人心；隱惡揚善是道心，不隱惡揚善便是人心；執兩端而用中是道心，不執兩端而用中便是人心，益爲明白。若以視聽言動爲人心，是以問察、善惡、兩端，皆爲人心也，愈無此理矣！

吾儒曰：「不邇聲色，不殖貨利。」此聲色，就不好一邊聲色説，非耳得之而成聲、目遇之而成色之聲色也，而或者宗異端「不即不離」之旨，倡爲「不離聲色，不溺聲色；不絶貨利，不染貨利」之説。夫不離不絶，人所易見，自己已諱不去，所以不得已，只得説箇不溺不染，不知既不離不絶矣，又烏知其溺不溺、染不染哉？且如理所不當離的，惟恐其不即；理所當離的，只不離便不是，又何論不即？不即不離，明白爲當離而不離者諱，而人多不及察，何也？

使人有兩箇心，一箇是人心，一箇是道心，有何難精？惟其只是一箇心，所以難於辨别，難於分析，所以異説得易於誤人，所以學者多易爲異説所誤。這等去處，關繫不小，此「精一執中」，堯舜所以開萬世道學之原也。

「學」之一字，創自《説命》，而孔子揭之爲萬世鵠。講學者，講其綱常倫理，如何能盡道？仕止久速，如何能當可？能盡道，能當可，得處在何處？不能盡道，不能當可，失處在何處？這等去處，不容不講，講

的明白痛快，心上默默有透悟處，默默有自得處，然後能一一盡道，一一當可。盡道當可，非可以襲取而卒辨也。孔子曰：「學而時習之，不亦説乎？」學者，學此者也；習者，習此者也；説者，説此者也；樂者，樂此者也。我能盡道，我能當可，我心自説，何論人之知不知，又何愠？此君子之學，非孔子，吾誰與歸？

「有朋自遠方來」，不是樂其人知，若因其人知而樂，便因其人不知而不樂矣，安得不愠？其何以爲説？其何以爲君子？朋來而樂者，樂其綱常倫理，大家俱能盡道；樂其視聽言動，大家俱能合禮；樂吾道之得人，樂斯文之有托；非專爲人知我而樂著在自家一人身上論也。

道心爲善爲君子，人心爲惡爲小人。左祖人心者，又倡爲「有善之善、有無善之善」之説。如周、程、張、朱，説他不好不得，心欲退之，而無其詞，曰「此有善之善」。如操、莽、温、懿，説他好不得，心欲進之，而無其詞，曰「此無善之善」。主意愈奇，立論愈妙，關繫愈不小，此人心、道心辨之不容不嚴也。

人心、道心，本自判然，而或又借孟子「仁，人心也」之説，以證「人心之即道」，此其説愈精，而其左祖人心愈甚，不知虞廷之所謂「人心」，「人」字對「道」字言，是不好字眼，如公私、天人、理欲之類。孟子之所謂「人心」，「人」字不對「道」字言，是渾淪字眼，猶云「仁即我之心」云耳。虞廷之所謂「道心」，「道」字對「人」字言，是好字眼；孟子之所謂「道二：仁與不仁而已矣」，「道」字不對「人」字言，是渾淪字眼，猶云「世間只有此兩條路」云耳。聖賢論學，下字眼各

有不同，安得借孟子「仁，人心也」之説，而證「人心之即道」也？

公私、天人、理欲之類，分别人心、道心極明白，故程子謂：「吾學雖有所受，『天理』二字，却是自家體貼出來。」「天理人欲」四字，乃程子破天荒語，真得洙泗正脉，唐虞真傳。而或者一則曰：「天理人欲之分論，極有病。」二則曰：「天理人欲之言，亦自不是。」又曰：「若天是理，人是欲，則是天人不同矣。」果如此説，是混天人、理欲、人心道心而一之也，豈有此理？人心、道心，其謬雖去千里，其差止在毫釐，儘去精一，尚恐混淆，而今曰「天理人欲之分論極有病」，令人滅天理而縱人欲，關繫豈小？

程子「天理」、「人欲」分論既不是，不知虞廷「人心」、「道心」之分論是否？

或曰「《書》云『人心惟危，道心惟微』，解者多指『人心』爲人欲，『道心』爲天理。此説非是。心一也，人安有二心？自人而言，則曰『惟危』，自道而言，則曰『惟微』。罔念作狂，克念作聖，非危乎？無聲無臭，無形無體，非微乎」云云。夫以「人心」爲人欲，以「道心」爲天理，説得極是；而以爲不是，何也？既曰「心一也，人安有二心？自人而言，則曰『惟危』，自道而言，則曰『惟微』」，自當云心一也；自人欲而言，則曰「人心惟危」，自天理而言，則曰「道心惟微」，何等明妥！而必於闢「天理人欲」之説，何也？「惟危」、「惟微」，都就本體説；「惟精」、「惟一」，才就功夫説。今以「罔念作狂，克念作聖」解「惟危」，何也？異學誤人，雖賢者不免如此。

又曰：「天理人欲之分論，極有病，自《禮記》有此言，而後人襲之。《記》曰：『人

生而静，天之性也；感於物而動，性之欲也。』若是，則動亦是，静亦是，豈有天理、人欲之分？若不是，則静亦不是，豈有動静之間哉？」其説如此，余以爲若是，則便是天理；若不是，則便是人欲。如何以分論爲有病，彼以是不是爲天理人欲之論，余即以是不是破天理人欲之關。

「心之精神是謂聖」，出《孔叢子》，而不載於《論語》，此後人假借之言，非孔子告子思語。此句却有病，不知「心之精神是謂聖」，果道心之精神耶？抑人心之精神耶？如果道心之精神也，則心之精神誠是聖；如是人心之精神也，則心之精神是謂狂，豈得概言聖哉？蓋「精神」二字，在好處固説得，在不好處亦説得，在吾儒固説得，在二氏亦説得，豈可不辨？孟子曰：「心之所同然者何也？謂理也，義也。」以理義言心，才是道心，不以理義言心，便是人心，必曰「心之理義是謂聖」，方爲無弊耳。如「玄之又玄，衆妙之門」，都是混帳兩可模稜話，在人心、道心上都説得。必如《易》所謂「成性存存，道義之門」，始無弊。

問：「虞廷説『人心道心』，而上蔡謂『心本一，支離而去者，乃意爾』，何也？」曰：「心本一，自念起而後有人與道之分，故曰：『欲正其心者，先誠其意。』上蔡之言，從《大學》來，蓋心爲意之主宰，意爲心之發動，本只是一箇心，只因一念發動處，遂名爲『意』耳。上蔡之所謂『心』，與《大學》之所謂『心』，對『意』而言也，虞廷之所謂『心』，兼『意』而言，雖不言『意』，而『意』與『知』自在其中也。《大學》因虞廷言『人心道心』，恐人無處覓心，故説出箇『意』字，見此心一念發動，才有人與道之異。不然，

一念未起，鬼神莫知，從何分辨？『欲正其心者，先誠其意』，正欲人在此心一念發動處，分辨『人心』、『道心』，即下『精一』之功耳。『惟精』者，精察人與道之分，不使之支離而去也；『惟一』者，心本一而一之乎道，不至於支離而去也。上蔡與《大學》之言，正是『人心』、『道心』、『惟精』、『惟一』的註解，解得何等痛快！」

問：「《詩》云：『小心翼翼，昭事上帝。』張子云：『大其心，以體天下之物。』程子又謂：『心有主則實，無主則虛。』何也？」曰：「不當在大小虛實上論，只當分别人心、道心，如是道心，則小也是，大也是，有主也是，無主也是；如是人心，則小也不是，大也不是，有主也不是，無主也不是。《詩》與程張之言，皆是在道心一邊説，所以無所不可。」

《易》曰：「百姓日用而不知。」不知便是人心，一知便是道心，一知則日用的便是，故曰：「人莫不飲食也，鮮能知味也。」飲食只是一箇飲食，人心、道心之分，只在知味不知味耳。綱常倫理，視聽言動，衆人與聖人，都是一樣，只是盡道不盡道，合禮不合禮，便分人心、道心，便分聖人、衆人矣，天下豈有兩樣綱常倫理，兩樣視聽言動耶？或稱爲聖，或流爲狂，只在一念，操舍存亡，飲食知味，立躋虞唐，勉旃同志，慎此毫芒。

世之點檢於綱常倫理、喜怒哀樂、視聽言動者固多點檢於形跡，而不知求之於此心；求心者，又多求之於虛無寂滅，而不知求之於綱常倫理、喜怒哀樂、視聽言動之際，此心學所以愈晦。若反觀内照，以心爲主，直從念頭初起處提醒此心，精之一之，

綱常倫理，一一要盡道；喜怒哀樂，一一要中節；視聽言動，一一要合禮。時時察識，時時體認，造到心體澄澈，本原得力處，則隨其所遇，不必一一推勘，而綱常倫理，自然盡道；喜怒哀樂，自然中節；視聽言動，自然合禮。故曰：「從心所欲不踰矩。」「從心所欲不踰矩」，是論成功，非論用功也。余所云云，是論用功，非論成功也。孔子十五志學，不惟志不踰矩，即志此「從心所欲不踰矩」，第「從心所欲不踰矩」不能徑造，故孜孜一生，惟知有此志此學，縱學到「從心所欲不踰矩」地位，而志學一念，猶然十五之心，一息尚存，此志不容少懈。此孔子之心學所以上接虞廷之傳也。若心之不存，而望視聽言動之檢，固無是理；若視聽言動之不檢，而曰我能存心，亦豈有是理哉？言心而不言矩，言成功而不言用功，此心學所以愈晦，而成功所以終不可幾也。

《詩》云：「左之左之，君子宜之；右之右之，君子有之。維其有之，是以似之。」學者只當在「維其有之」上用功，不當在「是以似之」上用功。

學問之道，全要在本原處透徹，未發處得力。本原處一透，未發處得力，則發皆中節，取之左右，自逢其原，諸凡事爲，自是停當。不然，縱事事點檢，終有不湊泊處。此吾儒提綱挈領之學，自合如此，而非謂日用常行，一切俱是末節，可以任意，不必點檢也。

孟子曰：「君子深造之以道，欲其自得之也。自得之，則居之安；居之安，則資之深；資之深，則取之左右逢其原，故君子欲其自得之也。」又曰：「博學而詳説之，將以反説約也。」可見，學不到「自得」，終是支

離，終不能「取之左右逢其原」。若不「深造以道」，而曰「我能自得」，又無是理。世之學者，喜談左右逢原、自得之妙，而厭深造以道、博學詳説之功，是未嘗「有之」，而欲其「似之」也，恐終無「似之」之日矣。

學問功夫，全要曉得頭腦主意。「深造以道」，主意全爲「自得」；「博學詳説」，主意全爲「反約」。「博學詳説」，正是解「深造以道」；「反約」，正是解「自得」。以「自得」爲主意，以「深造以道」爲功夫，以「左右逢原」爲「自得」之妙，此孟子生平學問大得力處。

學問曉得主意，才好用功夫，用了功夫，才得到妙處。若只談妙處，而不用功夫，則妙處終不能到；若泛用功夫，而不曉得主意，則功夫亦徒用矣。此空虚之學與支離之學，皆聖道所不載也。

問：「『先立乎其大，則小者不能奪也』，若只在喜怒哀樂上一一要中節，視聽言動上一一要合禮，不幾於舍本而務末乎？」曰：「不然。『先立乎其大』，不是懸空去『先立乎其大』，懸空在心上求，正是在喜怒哀樂、視聽言動間，辨别人心道心。精之一之，務使道心爲主，而人心盡化，討得此中湛然虚明，如雲之定，如水之止，如鏡之空，如衡之平，此之謂『先立乎其大』。而喜怒哀樂，自然中節；視聽言動，自然合禮；目耳口體小者，❶自不能奪也。若丢過此心，不去精一，而徒欲喜怒哀樂中節，視聽言動合禮，此真舍本而務末；若不於喜怒哀樂、視聽言動間，精之一之，而别求『先立乎其大』，此又異端懸空之學，恐大者終

❶「目耳」，張本作「耳目」。

不能立，而小者終不能不奪也。」

吾儒論心，正在綱常倫理、日用常行間，精之一之，未感寂然，既感豁然，無事廓然，有事沛然，此心之所以爲妙。若丢過綱常倫理、日用常行，而懸空求心，未感無事之時，似覺寂然，似覺俗心已化；而一有所感，便覺茫然，便覺俗態復生。觀於既感之茫然，而知未感之寂然，非真寂然也；觀於既感之俗態復生，而知未感之俗心已化，原非已化也。不過懸空想像，暫暇片時而已。欲根未拔，而欲欲之不縱，理根未培，而欲理之不消，其可得乎？此所以今日悟道，明日放恣，小者任其所奪，而猶曰「我能先立乎其大也」，悲夫！可爲心學陽九一慨。

問：「先正有云：『道心』者，率性之謂，未雜於人；『人心』，則雜於人而危矣。見孺子入井而惻隱，率性之道也；從而內交於父母焉，要譽於鄉黨焉，則『人心』矣。饑而食，渴而飲，率性之道也；從而極滋味之美焉，恣口腹之饕焉，則『人心』矣。『惟一』者，一之於『道心』也；『惟精』者，慮『道心』之不一，而或二之於『人心』也；道無不中，一乎道心而不息，是謂『允執厥中』矣。何如？」曰：「説得極是，只『饑而食，渴而飲』二句不是。蓋異端之所謂性，正指饑食渴飲之類，指欲而言，所以告子有『三品』之疑。吾儒之所謂性，專指見孺子入井而惻隱之類，指理而言，所以孟子斷然有『性善』之説。今以內交、要譽、極滋味、恣口腹説『人心』，極是；只是説『道心，率性』，兼理欲兩項言，不是耳。如曰『孩提知愛，稍長知敬，此良知也』，極是；若曰『饑之知食，渴之知飲，亦良知也』，便説不得矣。一邊屬理，一邊屬欲，今把良知朦朧説，此所以

君子以循理爲致良知，而小人亦以縱欲爲致良知耳，況以欲爲良知，而以遏欲爲致，則功夫又不合本體矣。本體源頭處，一不清楚，此所以後來流弊無窮。」曰：「如何得清楚？」曰：「只消下一轉語曰：『食之知味，飲之知味，此良知也。』便不差矣。且『知味』，豈是知滋味之美惡，是知其當飲不當飲，當食不當食。知其當飲、當食而飲食之，知其不當飲、不當食而不飲食之，便是致良知。率性、良知，都是就理一邊説。蓋異端以甘食悦色『欲』字，爲率性，爲良知，爲自然而然，而以吾儒愛親敬長『理』字，爲矯揉，爲造作，爲勉然而然。所以吾儒不得已，直指本體曰：吾儒這箇『理』字，是天命之性，是率性之道，是自然而然之良知，非矯揉，非造作，非勉然而然也。今以理欲混言率性，混言良知，又何怪縱欲無忌者之借口也！」

問：「『致良知』與『精一』之説同否？」曰：「綱常倫理，盡道不盡道？喜怒哀樂，中節不中節？視聽言動，合禮不合禮？孰爲道心？孰爲人心？别人還看不透，自家良知却一毫瞞昧不得。於此精之一之，便是『致良知』，故曰『慎獨』，又曰『無爲其所不爲，無欲其所不欲』，如此而已矣。」

問：「虞廷言心，而孔孟又言性，何也？」曰：「性者，心之生理，非心之外别有性也。如心是心，心之仁義禮智是性，故曰：『君子所性，仁義禮智根於心。』如丢過仁義禮智之心言心，是人心，非道心矣。孟子所謂『性善』，蓋直指虞廷之『道心』言也，此理甚微，故曰：『人之所以異於禽獸者幾希。』若佛氏以所以能知覺、能運動的這箇言性，而不以所以能中節、能合禮的這箇言

性，是言氣質之性，嗜欲之性，而非言義理之性也。『生之謂性』，『食色，性也』，皆是就氣質嗜欲一邊說。若生生之理，食色之理，才是吾儒之所謂性，故曰『性善』。孟子『道性善』，是就生生之理言，而非直以生死之生爲性，是就食色之理言，而非直以食色爲性也。若丢過理，而專以生爲性，專以食色爲性，則人又何以異於禽獸哉？孟子『道性善』，是就氣質中提此一點道心，爲千古辨『幾希』之一脉也，關繫豈小？」

孔子言「性相近」，至戰國時，又有「三品」之說，有「性惡」之說，孟子獨言「性善」，何也？蓋以天地觀之，天本大生，然天不能無旱澇；地本廣生，然地不能無肥磽。孔子言「近」，是兼旱澇肥磽說；孟子言「善」，是專就大生廣生處說。若「三品」、「性惡」之言，則是因天有旱澇，而疑天之不能大生，因地有肥磽，而疑地之不能廣生也，誤之甚矣。

「存心養性」，辭平而意串。「存」是收放心，「養」是養德性；「存」如擇種下地，「養」是有了此種，方可涵養。蓋心有道心、人心之别，能存，則人心去而道心現矣。養也者，即「勿忘勿助」，養此道心之謂也。「夭壽不貳」，即知之盡，即知性也。「修身以俟」，只是存養無間。「立命」，合「知天」、「事天」言之，即《易》所謂「先天而天弗違，後天而奉天時」。至此，則天人合一，而造化在我矣。

問：「唐虞之際，洪水艱食，天下正是多事，而虞廷獨揭人心道心，更不及事功一語，恰似迂闊，而堯舜事功，獨卓越千古，何也？」曰：「心者，政事之源，而精一執中，正修政立事之根也。源潔流清，根深末茂，

此堯舜之事功，所以獨卓越千古耳。三代以後，講心學者，多見謂迂，而君臣上下，争馳騖於事功，又何怪乎事功之反不及古人也？心學不明，關繫千百年國家治亂不小，故不容不講。」

問：「心體本空空洞洞，本一物不容，而今綱常倫理又要盡道，天地萬物又要一體，仕止久速又要當可，喜怒哀樂又要中節，辭受取與又要不苟，視聽言動又要合禮。其功夫不幾於支離繁難，與一物不容之本體相左乎？」曰：「不然。子徒知心體本空空洞洞，一物不容，而不知心體雖空空洞洞，實萬物咸備，故曰：『萬物皆備於我矣。』萬物皆備於我，可見我必如此一一盡道，一一中節，一一合禮，才謂之『反身而誠』，才得樂。若反身不誠，不惟理勢上過不去，即心上也過不去，自不容不『强恕而行』。反身不誠，原是有物焉以間隔之，原是有物焉以疑貳之，以一物不容之本體，而雜之以物，所以反身不誠，所以不能一一盡道，一一中節，一一合禮，非本體之不能皆備也。『强恕而行』，不過去其所以間隔者，而自無不通；去其所以疑貳者，而自無不一。當下便一一能盡道，一一能中節，一一能合禮，當下便合本體，故曰『求仁莫近焉』。如此用功，何等易簡直截，而反以爲支離繁難，何也？若以此爲支離繁難，將綱常倫理不論盡道否，喜怒哀樂中節否，視聽言動合禮否，而第曰『心體本來無物』，以此爲易簡直截，可乎？且心體如何見得萬物皆備？曰：如孩提知愛，稍長知敬，此便是綱常倫理本體原來盡道處；如覩天清地寧而色喜，覩山崩川竭而色憂，此便是天地萬物本體原來一體處；如喜怒哀樂能中

節，心下便覺快樂，不能中節，則心下便覺愧悔，此便是喜怒哀樂本體原來中節處。推之仕止久速，辭受取與，視聽言動，莫不皆然。可見心之本體，雖一物不容，實萬物皆備也。但以一物不容之體，而間之以物，貳之以物，所以不能萬物皆備耳。精之一之，不過辨别人心、道心，去此一物不容之物，以復此萬物皆備之物，豈於本體上有所增加？此正是功夫要合本體處，安得謂之支離繁難也哉？世之學者，止知本體之一物不容，而不知本體之萬物皆備，此所以多墮於虚無之病，而無實地之可據，令人猖狂而自恣也。『沖漠無朕，萬象森然』，『萬象森然』，復『沖漠無朕』，此精一執中之學，所以得統於天，而萬世學者之所不能違也。」

問「一物不容，萬物皆備景象」。時書院新闢，堦除灑掃，花樹森陰，令人可愛。因顧諸生，謂之曰：「堦除灑掃，此便是一物不容景象；花樹森陰，此便是萬物皆備景象。若異端之一切俱無，是無蕪穢，併無花樹，而一切俱無也。世俗之無所不有，是有花樹，併有蕪穢，而無所不有也，於理通乎？」諸生聞之躍然。

門人朱誼𣏌輯録。

馮少墟集卷十三

長安馮從吾仲好著

序

濂洛文抄序

夫道一而已矣，三代以前，以理學爲文章，故六經、四子之書，爲萬世文字之祖；三代以後，信理學者，或天資筆力不能爲文章，而能文章者，或恃才傲世，不肯信理學，此理學、文章所以分而爲二也。是分而爲二者，乃能文者，不信學之過，豈理學之過哉？或謂宋人講學，而文章遂不逮古，不知唐人不講學，而文章不如漢；漢人不講學，而文章又不如秦，又不如《左》、《國》，何也？六經、四子之書純是理學，而文章又非秦、漢、《左》、《國》之所能及，又何也？此理甚明，正坐學者未之講耳。宋儒如濂洛諸子之文，無論發理精微，直接唐虞鄒魯之統，即文章筆力，亦自卓爾不群。鳳翔張心虞氏慨世之能文而不信學者衆，且併其所爲文者亦非也，因刻《濂洛文抄》以救之。嗚呼！學者讀此而有悟，則理學、文章庶幾可合而爲一矣。

明道先生集抄序

二程先生之學，得之濂溪，而朱文公謂「河南程氏兩夫子出，而始有以接孟氏之傳」，何也？《太極》、《通書》，洩千載不傳

之秘，文公亟贊之，豈其不足於濂溪？蓋濂溪精於學而不大講，至聚徒講學，大開吾道之門，則自二程先生始耳。講學創自孔子，至孟子而益盛。自孟子没，而佛氏之徒登壇説法，動逾千人，而天下靡然向風。吾黨之士，反逡巡畏縮而不敢言，千餘年間，無論鮮識者，即有志者，亦茫無所適。向使濂溪之後，無二先生之講，則濂溪之學，孰知之而孰傳之？先王之道，亦岌岌乎危矣。幸二先生排群議，而挺然獨任，由是佛氏之講始覺漸息，吾黨之士始有依皈，而孔孟以來，相傳不絶如綫之一脉，始有所藉以復振，中興之功，比於開創，猗歟！偉矣！故曰：「自河南程氏兩夫子出，而始有以接孟氏之傳也。」

鳳翔張心虞氏擁比澶州，澶乃明道先生過化之地，因刻《明道集抄》，以訓多士，頃寄余命弁一言。余因發明先生「接孟氏之傳」之旨，以解古今之惑。若先生之學，如《識仁》，如《定性》，如「仁者以天地萬物爲一體」，如以佛氏爲「正路之蓁蕪，聖門之蔽塞，闢之而後可以入道」之類，雖聖人不過如此説。今具載編中，無俟余論。惟是《識仁》所稱「不須防檢，不須窮索」，先生明言：「心懈則有防，心苟不懈，何防之有？理有未得，故須窮索。存久自明，安待窮索？」而近世學者，不論心之懈不懈，理之明不明，而動稱「不須防檢，不須窮索」，以爲玄妙，是中佛氏之毒，而借先生以自解者也。嗚呼！論本體，則仁者渾然與物同體，如不忍觳觫，不忍入井，當下便是，何須防檢？何須窮索？論功夫，則一息尚存，此志不容少懈，敢謂心不懈也而不防檢？義理無窮，終身學之不盡，敢謂理已明也而

不窮索？不窮索則不能識，不防檢則不能存，故曰：「識得此理，以誠敬存之而已。」「識得此理，以誠敬存之」，則本體、功夫，一齊俱到，此先生之學所以爲大也。若憚於用功，而第曰「不須防檢，不須窮索」，本體如是如是，則益失先生意矣。心虞固體驗先生之學，而有得者也，不知以余言爲然否？

關學編序

我關中自古稱理學之邦，文、武、周公，不可尚已，有宋横渠張先生崛起郿邑，倡明斯學，臯比勇撤，聖道中天。先生之言曰：「爲天地立心，爲生民立命，爲往聖繼絶學，爲萬世開太平。」可謂自道矣。當時執經滿座，多所興起，如藍田、武功、三水，名爲尤著。至於勝國，是乾坤何等時也，而奉元諸儒猶力爲撑持，塤吹箎和，濟濟雝雝，横渠遺風，將絶復續。天之未喪斯文也，豈偶然也哉？

迨我皇明，益隆斯道，化理熙洽，真儒輩出。臯蘭創起，厥力尤艱，璞玉渾金，精光含斂，令人有有餘不盡之思。鳳翔以經術教授鄉里，真有先進遺風。小泉不繇文字，超悟於行伍之中，亦足奇矣。司徒步趨文清，允稱高弟。在中、顯思履繩蹈矩，之死靡他。至於康僖，上承庭訓，下啓光禄，而光禄與宗伯、司馬金石相宣，鈞天並奏，一時學者歙然嚮風，而關中之學益大顯明於天下。若夫集諸儒之大成而直接横渠之傳，則宗伯尤爲獨步者也。宗伯門人，幾徧海内，而梓里惟工部爲速肖。元善篤信文成，毁譽得失，屹不能奪，其真能致良知可

知。侍御直節精忠，有光斯道。博士甘貧好學，無愧藍田。嗚呼，盛矣！學者頫仰古今，必折衷於孔氏。諸君子之學，雖繇入門户各異，造詣淺深或殊，然一脉相承，千古若契，其不詭於吾孔氏之道則一也。

余不肖，私淑有日，頃山中無事，取諸君子行實，僭爲纂次，題曰「關學編」，聊以識吾關中理學之大略云。嗟夫！諸君子往矣，程子不云乎：「堯舜其心至今在！」夫堯舜其心至今在，諸君子其心至今在也。學者能誦詩讀書，知人論世，恍然見諸君子之心，而因以自見其心，則靈源濬發，一念萬年，横渠諸君子將旦莫遇之矣。不然，而徒品隲前哲，庸嘵口耳，則雖起諸君子與之共晤一堂，何益哉？

思菴野録序

明興，當成、弘間，太和醲郁，化理翔洽，海内真儒，於斯爲盛，若思菴薛先生其一也。先生之學，以存心爲宗旨，以求静力行爲功夫。自少至老，斤斤矩矱，不少屑越。故所著《野録》，皆從身心體驗中流出，凡天地鬼神之奥，人倫物理之常，靡不研窮究極，而尤惓惓歸重於此心。如曰：「學者第一要心存，心一有不存，便與道畔。」又曰：「人心一静，萬理咸集。」又曰：「心之本體，本無一物，但有動則有物。」又曰：「心不可一時放下，放下，便與天地間隔，與天地不相似。」諸如此語，皆切近精實，不詭於洙泗濂洛之旨，《讀書》、《居業》二録而後，未有也。

夫心學之傳，肇自虞廷，而孔子一生學問，只在「從心所欲不踰矩」，至孟子，而發明心性，更無餘藴，此萬世學者之準也。自孟子殁，而異端熾，有佛氏者出，而談心談性，抗焉欲高出於吾儒之上，而「心性」二字，爲其所竊據，由是爲吾儒者遂絶口不敢談，曰「恐蹈佛氏之宗也」。以心性讓佛氏，以事功、節義、文章歸吾儒，心學晦蝕，令人遺本體而騖作用，自誤誤人，歷漢、唐、五代，幾千有餘年。至宋儒出，而心性之學始恢復吾儒之舊，良足爲千古一快，而猶謂佛氏明心見性。夫明心見性，非吾儒不能，而謂佛氏能乎哉？彼所明者，不過人心；所見者，不過氣質之性。其於吾儒所云「道心」，所云「義理之性」，蓋茫乎未之有窺也。心學不講，而曰「我能學」，是後世枝葉之學，豈孔門根本之學哉？先生孜孜學問，而知歸重於此心，可謂知所本矣，抑余於先生又有感焉。周廷芳先生，由今日觀之，固卓然有道儒者也；由當日觀之，特一軍人耳。而先生首執弟子禮師事之，跽而求教，步趨惟謹，即此一念虚心，所以終身成就至此。彼沾沾之士，少有所得，即高其舉趾，傲世凌物，不復求益，視先生爲何如？昔楊龜山既登第，始立雪程門；朱晦翁同安任滿，猶徒步執贄延平，古之大儒，其作用原自不凡。讀先生語録，又當自先生虚心處求之可也。

吾關中理學，自横渠後必推重高陵吕文簡公，而文簡公之學又得之先生，關學淵源，良有所自。先生著述甚富，後屢罹地震，多逸去。先生六世孫楹從余學，近始得《野録》三卷，《遺稿》數首，《行實》一帙示余，余稍爲訂正，而先生外玄孫張翼明兵憲

捐俸殺青，翼明之高誼，楹之孝思，均有足多者，則先生德入之深，益可知也。余讀先生《野録》，因書此以識嚮往。若先生履若行語，在文簡公志及余《關學編・傳》，今俱刻《行實》中，不復贅云。

寓燕課録序

孟子「道性善」，其説蓋本之孔子。《大學》「止至善」，此復性體也。性本至善，惟不知止，則其學蕩而無歸，其究也，「無善」之説，且得以乘隙而肆其辨，嗚呼！弊也久矣。鏡源涂公力承正學，慨然以斯道爲己任，而獨揭《大學》「知止」二字爲宗，令學者當下直見性體，可謂開關啓鑰，直窺聖學之原矣。一日以《寓燕課録》寄余山中，余一一讀之不逆。蓋公之言曰：「説『至善』，則事物之本末始終，皆在其中；説『知止』，即脩身之主意、工夫，一齊俱到。」又曰：「神莫神於止善，實莫實於脩身。止善、脩身，合爲一語，不是無生有，不是有歸無，允執厥中，於此焉在。若能實見得入路，庶幾不差。」嗚呼，精矣！微矣！至於以終日凛凛爲灑落，以一悟便了爲誤人，以偏於枯寂、薄於倫常爲釋氏之弊，其峻學者之坊，嚴儒佛之辨，尤爲懇至。必如此，而後謂之「脩身止善」；必如此，而後謂之真能「知止」，其有功於聖學，匪淺鮮矣。或謂王文成言「致良知」，而公言「知止」，何也？不知文成之所謂「良」，即《大學》之所謂「善」，若言「知」不言「善」，則必以虚見爲本體；言「知」不言「止」，則必以浮泛爲功夫。曰「至善」，曰「知止」，則宗旨一定，其學不至於蕩而無歸，格致誠正，脩齊治平，始有用

力处，亦始有得力處耳，夫是之謂「歸根復命」之學。且既知「止於至善」，則釋氏「無善」之説，自無隙可乘，將不攻而自破，此公單提「知止」二字，所以大有功於後學也。

余交公久，見公中外建樹，卓犖不群，其真能「知止」可知。頃公奉簡書，開府榆陽，榆陽士習雅稱朴茂，而公又以理學爲多士倡，直指津梁，興起斯文，倘榆陽多士勃然知有學問之風，則公之有造我三秦，其功豈在禹下哉？公所著書有《隆砂證學記》、《儒學辨》諸書，與此互相發明，合而觀之，而公「知止」之學，益大彰而無餘蘊矣。

理學平譚序

孔子曰：「性相近也，習相遠也。」不明言性爲何物。而孟子解之曰：「乃若其情，則可以爲善矣，乃所謂善也。」可見性不可言，而言情始可見性耳。是性也，在天爲太極，在人爲心極，不藉聞見，不假思議，感於惻隱，則能惻隱；感於羞惡，則能羞惡；感於辭讓是非，則能辭讓是非；「於穆不已」，生生無窮。此造化之橐籥，而生人之命脉也。堯之「執中」，舜之「精一」，孔之「一貫」，皆此志此物耳。學者迷瞀本原，支離口耳者毋論，即號稱見解者，又直以惻隱、羞惡、辭讓、是非當之，如此，是以突中烟當竈中火，以山下之泉當天一之水也，非孟氏意矣。或曰：「如子之言，得無離情言性，自言而自悖之耶？」曰：不然。《易》曰：「復其見天地之心。」夫謂「復見天地之心」則可，謂「復即天地之心」則不可，何也？由烟可以識火，而烟不可以當火；因流可以溯源，而流不可以當源。復見天心，情見

性體，此孔孟之宗，而堯舜「精一」、「執中」之説也。且學者果能由此真見性體，雖謂即烟即火，即流即源，亦可也。故曰「等閑識得東風面，萬紫千紅總是春」，豈不妙哉？嗚呼，微矣！

余不佞，雖久有志於此學，其於心性源頭，尚覺茫然，頃讀祥宇李公《理學平譚》，而曠然若發蒙也。公博採諸儒，纂輯此書，洩《太極》《河》《洛》之秘，闡「執中一貫」之旨，千載性學，如日中天，而猶退然自命其言曰「平譚」。夫知平之爲奇，則其爲奇也，大矣！陽明先生不云乎：「不離日用常行内，直造先天未畫前。」夫「直造先天未畫」，則奇矣，而曰「不離日用常行」，抑又何平也！此《平譚》命名意也。觀此，而知公之所得，精深閎遠矣。公不鄙不佞，過訪山房，屬余爲序，因書此於簡端，亦藉手請教之意云。

呻吟語序

孔子論學，一則曰「何有於我」，二則曰「何有於我」，夫以孔子聖人，而猶有「未有」乎哉，蓋道體無窮，惟有而不自以爲有，此孔子所以爲真有，此孔子所以爲至聖也。若曰姑以示謙云爾，則「堯舜其猶病諸」，孔子豈代堯舜謙邪？「病諸」病字，正堯舜脩己以敬處，非孔子深知堯舜之心，不能爲是語。中州新吾吕先生，理學大儒也，其所著論學語，自題曰《呻吟語》，蓋亦堯舜猶病意耳。而或者以爲先生謙，余以爲惟其病病，是以不病，此正先生之所爲善學孔子也。嘗慨世之學者，無所得者，以無所得自阻，既隘其萬物皆備之量；有所得者，又以有

所得自滿，適障其一物不容之體，學之難言也久矣。如先生稟超世之資，抱經世之才，投之所向，無不如意，而猶惓惓折節於學問，若無若虛，不自滿假，此其所得，尚可以津涘窺哉？

今觀是語，論道理，曲盡人情；論人情，曲盡道理。論本體，不離工夫；論工夫，不離本體。不惟同志者讀之，欣然痛快，即素不信學者讀之，亦未有不翻然悔悟，勃然興起者矣。是語也，其關於世道人心不小。余至多病，辱先生不鄙，鍼砭有年，自別先生久，而余病且滋甚。頃郡守中宇張公捐俸刻先生語，而屬余引其端，余讀先生語，不翅得秦越人之秘方也，今而後，沉痾或亦庶幾有瘳矣！

認字測序

槐村先生，吾關中躬行君子也。先生幼承庭訓，潛心問學。爲孝廉時，閉户寡交，載籍極博，而聲律字學，尤爲學士大夫所山斗。其於紛華勢利，澹如也。後謁選皖郡司李，再遷地官郎，督儲雁門，咸以廉平著聞。亡何，移疾歸，徜徉林泉，自吟詠筆研外，它無嗜好。余小子時得執經問難，乃先生進而教之，故每侍先生，胸中詘吝，十釋八九。戊子己丑，余叨附先生冢嗣淑遠驥尾，一日淑遠出先生《認字測》三卷示余，余受而讀之，喟然歎曰：思深哉！道蓋在此乎！非它泛泛著述者可埒。由是朝夕體驗，不忍釋手。時同館兄弟見而奇之，而一時京邸諸搢紳，咸借鈔

不給，余欲刻之，不果。頃余奉命觀風齊魯，與同志論學問，因及此編，咸謂當刻之以廣其傳，乃舉而籌之運判景君，景君曰「唯唯」，遂代爲校讐，付剞劂氏。

先生著述甚富，如《槐村集》、《字考》、《啓蒙困言》，各若干卷，淑遠業刻於家塾。而此編，尤先生所最得意者，其立言之意，詳在先生自序中，余不具論，論所以刻之之意如此。先生有莫逆友，爲今岳守三峩李公，公爲孝廉時，亦閉户寡交，月旦與先生並重，所著有《一中》、《見物》二編，新吾吕公序而刻之。余嘗謂先生此編，當與李公二編並傳不朽，蓋均於人心世道有裨益云。嗚呼！觀先生者，觀此編，其於先生生平問學，思過半矣。

丁未冬稿序

道學之傳，肇自虞廷，其功大矣，而宰我賢夫子於堯舜何也？蓋「精一」、「執中」之説，講學也，第未揭其名，則天下後世將視其言爲帝王以天下相授受之言，非人人可得私言者，則此言自堯舜發，亦自堯舜止矣。故夫子不得已揭「講學」二字，而天下後世始知「精一」、「執中」之學，人人皆可講，而舍此别無入聖之路。使堯舜其心至今在者，誰之力也？夫子賢於堯舜，其功正在於此。而或者不察，猥云「學不必講」，誤矣！且自孟子後，此學絶響者千有餘年，夫此千餘年間，豈乏英雄豪傑可以爲堯爲舜者，而或止以事功名，止以節義名，止以文章名，而心性真儒，竟爾寥寥，豈不惜

哉！至濂、洛、關、閩諸君子出，始恢復鄒魯之業，汲汲皇皇，以講學爲己任，而堯舜之道，始燦然復明於世，於此益信夫子之功，果賢於堯舜遠也。

侍御少原余公，自少潛心理學，頃觀風百二，侯、代、馮翊間，著書七篇。余讀之，津津有味乎其言。竊謂聖賢之學，心學也；心之不養，而徒事於枝葉間，抑末矣，故首論「養心」。人同此心，而或不能養，卒至違禽獸不遠者，無志也，故論「定志」。夫志定矣，使不得孔顔樂處，則苦難而中止者有之，故論「尋樂」。而世之學者，又多誤以逍遥放達爲樂，此老莊所以誤晉室之諸賢也，故論「老莊」。老莊之弊，流而爲申韓，而王安石假六藝以售申韓桑孔之計，卒至禍國殃民而不可救藥，則學術之偏害之也，故論「安石」。夫學術之偏，莫甚於佛。佛，西夷人也，以中國而從夷狄之教，則《春秋》嚴夷夏之防謂何，故論「華夏大防」。然學術始於人心，關於世道，履霜堅冰，毫釐千里，此學之不可不講也，故以「講學說」終焉。講則理明，理明則人心正，邪說息，而天下治；不講則理晦，理晦則邪說熾，人心壞，而天下亂，故曰：學之不講，是吾憂也。然則公七篇之作，其亦有憂乎？余蒙不知學，然亦從事有年，三復斯語，爽然自失矣。邑侯楊君愛是書，剞劂以傳。余惟關中同志，近多勃然興起，而又得公此編倡率而鼓舞之，則其風當益盛，其士習當益改觀，私沾沾爲桑梓喜。昔明道爲鄠簿，❶與橫渠相講切，而秦俗大變，至今尸祝。余愧非橫渠，而得公爲明道，故不辭不斐，而爲弁

❶「鄠」，原作「鄜」，據洪本改。

諸首。

秦關全書序

藍田王秦關先生，理學醇儒也。其學以盡性無欲爲宗，近裏著己，甘貧苦節，世共高之。始余晤先生於正學書院，相與論「格物」，論「未發」，及《太極》、《西銘》之旨，驍然有當於心。今廿年往矣，哲人既逝，吾將安從？頃先生冢嗣伯敬持先生著作若干種，乞余訂正，會余病，不能細讀，乃留伯敬數日，命門人輩稍爲編次以歸之。而以文簡公《粹言》及飛泉公《語録》列於前，見先生學問淵源所自，其曰「先師遺訓」、「先君遺訓」云者，先生所自命也。嗚呼！世之降也，學者各執所見，自以爲是，亡論庸庸者，即高明之士，往往借言超悟，弁髦父師之訓而不恤。此蓋漸染於異端喝佛駡祖之説，而不自知者，即此一念，便得罪名教不小，又安在其爲超悟哉？道荆榛而世江河，病正坐此，如先生惓惓遺訓是遵，死而後已，今世豈數數見邪？昔宋《二程語録》雜出於當時諸弟子，散漫不一，後賴朱文公私淑表章，以傳於世。慈湖紀先訓，娓娓數千言，至今光耀簡册，見楊氏世德之盛。先生此二編，其繼晦翁、慈湖而有得者哉！其他諸録，要皆躬行心得之言，足以羽翼聖真，扶持名教，非世之騁空譚而尠實用者可比。編成，總題曰《秦關先生全書》，因識數言於首簡，若先生生平事行之詳，余别有傳，兹不具論云。

正學書院志序

古今書院皆有志，往余讀書正學書院，求其志而不得，近始得於一同志所，蓋先督學唐文襄公所纂，今八十餘年往矣，余私欲續之而不果。頃晤今督學青巖段公，言及此志，公欣然謂余曰：「余自入關，即問書院有志否？僉曰無。今從何處得來，是吾道之幸也。若續爲纂述，實余今日事。」遂慨然任之。不月餘而志成，綱舉目張，星列碁布，視舊志更爲精確。於都哉，正學書院當與白鹿、嶽麓、嵩陽、睢陽四大書院並重宇内矣。公一日造余山中，屬余玄宴，余惟學以正名，别其與異端異也。

夫吾儒言心，異端亦言心；吾儒言性，異端亦言性，安所異而曰吾儒、異端哉？蓋性者，心之生理，非心之外别有所謂性也。然心有人心，有道心；性有義理之性，有氣質之性。如「動心忍性」之性，「性也，有命焉」之性，皆指氣質言；論氣質，豈止有三品？蓋有什伯千萬而無算者，故曰「忍」，曰「不謂」，其詞嚴矣！如見孺子而怵惕，覩親骸而顙泚，不忍觳觫之牛，不屑嘑蹴之食之類，皆指義理言；論義理，豈止無三品？蓋無古無今，無聖無凡，無有二者，故曰「善」，曰「道一」，其詞何決也！此千古論性者之準也。乃異端則不然，直以在眼曰見、在耳曰聞、在鼻辨香、在口談論、在手執捉、在足運奔者爲性，而不以在見曰明、在聞曰聰、在執捉曰恭、在運奔曰重者爲性，是明以生死之生爲性，而不以生理之生爲性，是專以氣質言，而不以義理言矣。雖性載於形，義理即具於氣質，第專以義理

之性爲主，則即視即明，即聞即聰，即執捉即恭，即運奔即重，從心所欲，自不踰矩，此吾儒之論性所以大有功於世教也。若專以氣質之性爲主，則任目之視而不論其明，任耳之聞而不論其聰，任手足之執捉運奔，而不論其恭與重，則適己自便，何所不爲？此異端之論性所以大有禍於世教也。夫論學而至於心性，亦精且微矣，而卒至於禍世，辨可不嚴乎哉！至於吾儒重綱常，異端棄倫理，吾儒以天地萬物爲一體，異端自私自利，人人皆知其非，無庸緩頰矣。嗚呼！邪正不容並立，正學明則異端自息，堯舜孔孟之道，如日中天，而人心世道，不復覩唐虞三代之盛，吾不信也。

公中州人，伊洛淵源，當有獨契。此志之重脩也，百年闕典，若有待於今日者，繼往開來。公之意良厚，諸士之講學於斯者，尚相與重躬行，毋狥口耳，崇正道，毋惑異説，則異日者，與程張諸先生並俎豆於兹，豈直宫墻生色，斯世斯文，實嘉賴之，則於公作志之意，斯無負矣。敢盡言以書於籍之端。

桃岡日録序

自昔聖賢論學，不翅詳矣，莫精於孟子「大人不失其赤子之心」一語，此千古聖學宗旨，❶堯舜復起，不能易也。學者若信此不及，心術少差，即聞見愈多，事體愈熟，去道愈遠矣。或謂大人經綸萬變，過化存神，赤子之心能之乎？而猥以「不失」爲大也，不知心一耳，用之於正，則爲經綸，爲神化，

❶「宗旨」，洪本作「大旨」。

爲不失赤子之心；用之於不正，則爲機械，爲變詐，爲失赤子之心；非塊然如槁木死灰，一無所用，而後謂之不失也。

武陵蔣道林先生，蚤從陽明、甘泉二先生遊，倡道三楚，其所録論學語甚具，而尤惓惓於「大人不失其赤子之心」，如曰：「劈初頭不失赤子之心，便是聖胎，如何得不失，須是戒慎恐懼。」又曰：「譬如果核一點生意，投之地便會長出根苗來，這根苗便如赤子之心，切不要傷害他，須是十分愛護，及長到參天蔽日，千花萬實，總只是元初根苗一點生意，非別有生意。」嗚呼！先生之學，可謂直透原本，真得孟氏之意矣。其它如論「慎獨」，論「默識」，論「天地萬物一體」，種種名理，皆發昔賢所未發，其於所以不失功夫，尤爲深切明盡。學者循此用功，此心自可保其不失，又何患不爲大人耶？後世學術龐雜，議論偏詖，不知學者無論，即知學者，往往舍功夫而專談赤子之心，則失之玄虚；舍赤子之心而專談功夫，則失之支離，心學幾爲晦蝕。自先生此録出，彼玄虚支離之説，見晛自消矣，其羽翼吾道，功豈小哉！吾邑侯楊修齡公，先生里人也，尊甫中行先生，私淑先生而有得，校梓先生《日録》，以公同志，此其意甚盛。邑侯力承正學，政聲藉甚一時，而有子嗣昌，弱冠舉孝廉，温温若處子，父子祖孫家庭相爲師友。讀兹刻，知學問淵源遠矣。

砭己名言序

顔淵曰：「舜何人也？予何人也？有爲者亦若是。」解之曰「舜舍己，回克己，此其所以有爲若是」云。夫己一耳，舍者，

誰舍？克者，誰克？皆由己也。故己不知舍，己不知克者，不謂之真己；己非真己，則己病，己病而不砭，則「爲仁由己」之謂何？此憲周張公有《砭己名言》之編也。編中分類有三，曰「心」，曰「言」，曰「行」。夫有心病，則有心砭；有言病，則有言砭；有行病，則有行砭。要之，言行之病生於心，心之病又生於己，砭己，則心病瘳，而言行之病亦瘳。故薛文清曰：「人所以千病萬病，只爲有己。」而編中反覆論此意獨詳，意可知也。

孔門論仁，其言不一而足，而「克己」之說，何獨於回發之？舜大聖人，而孟子稱之，何以止曰「舍己」？此正天地萬物一體之意。秦漢以來，明此意者少，故程明道不得已，直洩其秘曰：「仁者以天地萬物爲一體。」蓋自此言出，而舍己、克己之旨，益大鬯而無餘蘊矣。然後世學者，猶不免於分形骸，生彼此，即一體之中，耳目手足，且多隔閡而不通，又何論天地萬物？揆厥病根，豈非「己」之一字爲之乎？砭己者，砭己之己也。砭己之己，而後真己見，真己見，而又何心病、言病、行病之與有？或謂如此則三砭不既多乎？噫，是不然。蓋己一，而己之病百，故古人因病立方，循方治病，雖條分臚列，未易更僕，總之，皆爲己病而設，使人人而太和元氣也，雖盧扁杜口可也。繇斯以觀，公三砭之作，豈得已哉？

余昨與公共事畿輔，見公諸凡注厝，卓有天地萬物一體之意，既而讀此編，乃知公學問淵源，蓋有所自，若公者，誠可謂得真己者矣。余至不肖，自獲交於公，而心與言行之病，亦藉以少砭也，故喜而直述其所欲言者，以附於末簡。

東遊稿序

始余讀《孟子》，至「孔子登泰山而小天下」，心甚壯之，恨不獲旦夕一至其地而躋其巔，又見世人多香火奔謁於二氏之宫，雖數千里不憚遠至，孔林、孔廟，近在曲阜，而竟無有一人香火奔謁也者，心甚怪之，又恨不得旦夕一至其地而升其堂，由是心馳宫墻，神遊泰岱，蓋三十年於兹矣。歲乙未，行部至東，雖於地方無所裨益，然得藉以少酬夙願，豈非生平一大幸哉！自夏五至歲杪，得雜著若干篇，雖亦有京途所作，命曰《東遊稿》，蓋用以識不忘云。至於進諸生講業齊魯之都，所著有《訂士編》，東昌王太守業已序刻，兹不具論。嗚呼！聖道在心不在迹，學聖人者，亦求諸心焉足矣。苟不能自得於心，而徒曰：宗廟百官如此乎富且美也，登東登泰如此乎小魯小天下也，則遊宫墻登泰岱者，其人豈鮮哉？何希聖者竟寥寥也？陽明先生不云乎：「箇箇人心有仲尼。」知此，則余以酬夙願爲大幸，亦淺乎覩矣，况區區文辭乎哉？是余之以「東遊」名稿也，蓋亦徇迹之見也。

劉氏族約序

夫「世道之日趨於薄也，如江河之不可返」，此蓋有激之談，非定論也。孟子道性善，曰「人皆可以爲堯舜」，夫人既皆可以爲堯舜，世豈不皆可以爲唐虞？特患無砥中流而迴狂瀾者其人耳，使得其人，則返薄歸厚，直旦莫遇之矣。郡丞劉孟直氏，青門望族也。孟直解組歸來，惓惓以聯屬族人爲

第一義，所著有《族約》，酌古準今，言簡意盡，行未兩期，闔族之人，瞿然顧化。嗚呼！此詎可以聲音笑貌得耶？先是，余與孟直講學寶慶寺，嘗以「人性皆善」、「人皆可以爲堯舜」兩言爲同志丁寧，而或者猶覺疑而不信，今觀劉氏族人，而嚮之疑者信，信者且堅矣。彼謂「世道之日趨於薄，如江河之不可返」，明知其非，而諉之於無可奈何，自誤誤人，可勝道哉！悲夫！學之不講，一至於斯也。孟直爲此約，蓋從學問中來，非區區以文具相約束者，吾願劉氏族人，從兹尊信此學而講明之，則由其約而悟其所以約，此約可常行而不替，庶不負孟直惓惓至意。不然，第以文具視之，則世之爲族約者不少也，而能遵約者幾人哉？非孟直意矣。

學翼序❶

講學第一要令人啓信，夫以不信學之人，而與之言身心性命，其能有入乎？故必啓信而後可與言也。夫既信矣，則是者固多，而非者亦不少。使不防忌，則一傅衆咻，將不免方信而忽疑矣，故啓信之後，又當防忌。既防忌矣，則摇奪者少，而其信必堅，前途皆坦途矣；使不正趨，則佛老之説，得混其中，恐又愈信而反愈遠，故防忌之後，又當正趨。使趨正矣，粹然一稟於吾儒，而二氏之説，一毫不能雜，學問可謂至真至正矣；使不明源，則道理之源頭未透，縱下功夫，不合本體，不過支離口耳之學

❶ 此文原脱，依洪本補。

耳，故正趨之後，又當明源。使源明矣，聖學之根宗徹矣；若不勵功，則雖有所窺，總屬虚見，其何以盡性而至命？故明源之後，又當勵功。使勵功矣，即翹然自足曰：「吾益矣。吾生平學問至此，亦可以止矣。」又不幾於爲山而未成一簣，掘井九仞而不及泉乎？道體無窮，功夫亦無盡，一息尚存，此志不容少懈可也，故勵功之後，又以詣極終焉。

余妄標此六目，而各採宋元及我明諸儒粹言以實之，總題曰「學翼」，凡我同志，尚潛心於斯云。

疑思録序

余自壬辰請告，杜門謝客，足未踰閾者三年，自藥裹外，惟以讀書遣懷，無它營也。間有二三同志及伯兄月夜過存，相與講孔曾思孟之學，辨析疑義，嘗至漏分，或撫琴一曲，或歌詩數首始别，蓋忘其身之病，而亦忘其寒暑之屢更也。居恒多暇，乃取所辨析者，口授兒康年劄記之，鍼砭韋弦，聊以自勖。歲月積久，不覺成帙，要之遺忘不及記者尚多，此特存什一於千伯云耳。一日，爲友人蕭輝之携去，越數日，輝之詣余曰：「吾子用心誠勤矣，第聖賢精義，不知果如斯否？恐其中又未必無可疑者，余當爲子編次之，以就正於海内同志之士。」余曰：「唯唯。」編成，題曰《疑思録》，蓋取「九思」中「疑思問」意耳。嗚呼！吾斯之未能疑，録中業已言之矣，同志不遺，幸教我焉。

辨學録序

孔子曰：「有弗辨，辨之弗明弗措也。」夫學問思行，學已賅是矣，猶必「明辨」云者，謂不如此，譬之適越而北其轅，彌學彌遠，彌行彌差矣。乙巳秋，鳳翔張心虞孝廉訪余山房，而二三門人聞心虞至，亦多朝夕過從，共談心性之學，秋涼夜静，語話偏長。別後，因録其相與發明者，得八十一章，雖下學上達之旨，不敢謂得一貫真傳，而吾儒異端之辨，或亦可以俟後聖於不惑耳。夫以余之闇汶，曾何足與聞斯道，而一得之愚，得之朋友講習者爲多，於是益信明辨之功，其益果大。而曩所稱「弗明弗措」，原非有心弗措，辨至此，雖欲措焉不能也。於是題其篇曰《辨學録》。

馮氏家乘序

萬曆丙午，余爲余族譜，而先世之載，多散逸不傳，族長老又莫能悉，嘗仰天太息曰：「嗟哉！悲乎！余小子將安所徵焉？杞宋之事，孔子傷之，爲文獻不足故也。夫當吾世，而使先世之載散逸不傳，繼述之謂何？」於是謀諸伯氏敬吾，裒輯家塾所藏誥勑及志傳諸遺文，得僅存者若干篇，彙次成帙，題曰《馮氏家乘》，爰付殺青，公諸族衆，庶使後之子孫有所藉以考證云。嗚呼！嘗見士大夫家子孫，蕩費者無論，即號稱能守者，往往經營産業，善逐什一之利，至問及先世志文，曰「無有也」，問及先世試録，曰「無有也」，如此，又何論他藏書哉？此其人，與蕩費何異？夫子孫而曰

能守，亦賢矣，豈其智不及此？意若曰「是皆故紙無用者耳」，不知子孫之賢不肖，正辨於此，不專在産業盛衰間論也。嗚呼！先大夫殁，爲時未遠也，而今諸籍且多不可考，矧後世乎？後之視今，亦猶今之視昔，百爾後昆，凡有所得，尚續爲增補，毋徒以故紙視之，重余不肖之罪可也。

馮氏族譜序

馮從吾曰：夫國有史，夫家有譜，古人家譜之作，蓋自親親一念生也，後世視爲文具，失作者意矣。吾族故無譜，先君嘗有志而殁，余欲成先志，而未敢自專，迺謀之伯兄敬吾，兄曰：「子其任之。」嗚呼！余嘗讀《蘇氏譜》，歎世人賤而後貴者耻言其先，爲之咨嗟太息者久之。夫爲人父祖者，孰不願子孫貴顯，以光大厥閥；比子孫貴顯矣，反耻言其先，如此，則爲人父祖者，又奚願有此子孫哉？則不孝莫大乎是。世之作譜者，率多僭托遠胄，誇耀失實，此其心亦毋乃耻言其先意歟？譜如畫工寫真，要之，取其肖而止，令後世子孫以是彷彿先人云耳，不問文也，從吾何敢以不文不勉成先君之志。夫叙事必有所由從，作《例義第一》；合族辨世，溯流於源，譜之大者，作《世系第二》；然名行不可無紀也，有可傳則傳之，用以發揚幽光，作《世傳第三》；國史紀外戚，夫家豈有異焉？作《外傳第四》；述往昭來，用垂觀省之義，又安可無訓也，作《譜訓第五》。凡五篇。

遊秦小草序

顧生用晦，中吴奇士也，頃侍其尊人如秦，執贄從余學，所著有《遊秦小草》，其詩文業已升堂而嚌胾矣。且冲襟春藹，道味襲人，若不能爲詩文也者，余心益異之。一日謂余曰：「士君子爲學，自有向上一着，雕蟲小技，壯夫爲之乎？」欲焚其所爲詩文，而顓精於理學。余喜曰：「子欲焚所爲詩文，則詩文不必焚也，且所謂理學者，非外庸行而别求聖解也。如能詩文者，不以詩文自滿，不以詩文驕人，不以詩文騁離經叛道之語，若無若虚，成象成爻，天下理學莫大於是矣。『天生蒸民，有物有則。迨天未雨，徹彼桑土。』孔子不亟稱爲知道哉！詩文何妨於理學，而必於焚之也？《三百篇》多發理之談，故爲萬世詩人之祖。漢魏以後，人争工於詞，而不求精於理，夫詞何可不工也，而必於伸詞以詘理，甚且倡爲詩不關理之説，則誤矣。詩文、理學，分而爲二，彼蓋徒知以『切磋琢磨』爲説理，而不知『鳶飛魚躍』尤爲説理之妙也。吾方望自子超漢魏盛唐，而直追《三百篇》，使分者合而爲一，一撤千載詩人之障也。子又何以焚爲哉？」用晦將歸，請余一言爲玄晏。昔楊中立將别二程歸，明道先生以目送之曰：「吾道南矣。」後果大闡伊洛之學於東南，一再傳得朱元晦，集諸子之大成，爲宋儒冠冕，而《感興二十首》，與《風》、《雅》並傳，樹詞林赤幟。明道之言，若持左券不爽，今東南諸儒，稱盛一時，又非昔日比。而子之歸也，能倡明而鼓吹之，則人將稱子爲今之中立，而余亦竊比明道之知言也，豈不休哉！

用晦憮然曰：「命之矣。」因書此，與子訂千古之盟。

理言什一序

聖賢之學，理學也。六經、《四書》，淵淵理窟，粹乎弗可選矣。宋濂、洛、關、閩以及國朝河津諸儒語録，雖言人人殊，大要羽翼六經，梯航萬世，鄒魯以來，此爲嫡傳。蒲阪張知一先生讀之會心，爰採精語，纂爲八篇，仍以己意各論著於後，而諸儒之旨，益大鬯而無餘。卷凡内外二，總題曰《理言什一》，「什一」云者，志謙也。余從先生伯子去浮氏得卒業焉，而知先生之於理學深也。夫世之學者，支離口耳者，多炫聞見以爲奇；而溺志異端者，又借虚無以爲高，兩家遞勝，而孔鐸絶響，識者憂之。今觀「原生證性」之説，而知非支離於口耳，又觀「定趨歸是」之説，而知非溺志於虚無。藉諸儒理言，發自家獨得，此先生之心所以爲大，而先生之學所以不可及也。余數年前，亦有此志，曾以所標六目舉似去浮，去浮然之，今得此，實獲我心，余亦可以無言矣。近日士大夫亦多有類輯古今名言以傳者，自淑淑人，意非不善，第多採《老》、《莊》諸子及《國策》、《新語》諸書，與宋儒並列，甚或有割裂佛經、《道藏》文字附於中者。嗚呼！《老》、《莊》，異端非學之尤；《國策》，機械變詐之首；《世説新語》，又放縱恣肆之嚆矢。若不察而概收之，無論玉石雜陳，《鄭》、《雅》迭奏，竊恐讀者未必受宋儒之益，而先已受機變放肆之損，世道人心，安所税駕？余爲此懼，方欲删訂之而未能，今得此編，可以折衷群言而歸之正矣。匪

直明理，且也衛道，先生之功，顧不偉哉！聞先生尊人雲遊滇蜀，久蔑音耗，先生徒步蹤訪，嘗仰天大哭曰：「不得吾父，誓不歸矣。」三易寒暄，跋涉數萬里，竟遇於蜀逆旅中，扶掖而歸。此其事甚奇，蓋先生一念精誠所格，非偶而已也。

先生蚤慕黄老，後悟「理氣合一」之説，一變至道。河津而後，如先生者，指豈多僂？先生殁，河東曹真予氏志其墓，稱先生有邁人之學識，真予深於理者也，其言當不虚。去浮署諭華陰，今春余與去浮及諸同志講學太華書院，瀕别，索余弁言，余惟去浮，今之程朱，先生蓋大中、韋齋其人也，家學淵源，余方羨慕之，又安能贊一辭？聊書此以報去浮，以附於知人論世之義。

呂涇野先生語録序

夫講學創自孔子，至孟子没而失傳，中興於宋而禁於宋，宋之不競，奚惑焉？洪惟我二祖開基，崇儒重道，以講學爲令甲，舉宋儒所講者，一一見之行事。説者謂國朝爲乾坤一小開闢，詎不信然？泰運登閎，真儒蔚起，而正、嘉間，我關中涇野呂先生，尤海内學者所宗爲山斗云。先生《語録》，言言皆自躬行心得中流出，最透悟，最精實，真可與《西銘》、《正蒙》並傳不朽者，其有功斯道不淺。余自髫年，先大夫命之讀，即知嗜好，久而彌篤，自此紙敝墨渝不離於手。第原録歲久，板且漫漶，因僭爲訂正，分若干卷，而以先生傳附於後，燦然成一完録矣。舊名「内篇」，今更題曰《涇野先

生《語録》，志實也。余久欲公諸同志，而力未逮。

今秋按臺東郊畢公訪余山房，因言及先生《語録》，慨然鋟梓，以廣其傳，而屬余引其端。公爲朱晦翁里人，學有淵源，而尤揭「不遠復」三字爲宗，公於先生，可稱千載知己。余不肖，愧不知學。先是，方伯静峰汪公、邑侯脩齡楊公倡諸公爲余建關中書院，公甫下車，即捐俸爲書院置公田，一時同志，愈益興起，至如請增解額，請罷榷税，善政覼縷，造福秦人士無量，是秦人士實受公講學之益矣。彼謂學不必講者，是原無心於百姓者也，又何怪哉？國朝理學甚盛，而從祀孔廟者，僅僅四先生，議祀典者，僉以先生未獲從祀爲缺典。公今刻此録，表章先哲，風勵後學，其意甚盛。讀先生《語録》者，尚求之躬行心得，如録中所稱「甘貧改過」云云，庶遠不負先生，近不負我公殺青之意，其翊我國家一代文明之運，又寧有紀極哉！願與同志共勉之，毋讓。

薛文清先生全書序

我國朝從祀四先生，咸真修實悟，有光聖門，而文清薛先生崛起永、宣之際，於吾道尤有草昧功，蓋一代理學大儒也。所著《讀書録》，業已家傳户誦矣，而文集人多未之見，且白沙、敬齋、陽明三先生俱有全書行世，而先生獨無，真爲缺典。頃侍御沁水張公爲先生鄉人，移書方伯會稽王公、大參蒲阪王公，梓先生全書，甚盛舉也。梓且成，張公不以余爲不知學，而命余一言。余惟先生之學，以復性爲宗旨，以主敬爲功夫，誠得鄒魯嫡傳，無容遊贊。而或者以先

生與敬齋爲觭重修，以白沙、陽明爲觭重悟，不知離悟言修，非真修也，離修言悟，非真悟也。今觀先生生平操修，可貫金石而質鬼神，其議論著述，平正切實，言言可見諸行事，此豈無所悟者能之乎？第不至如世儒之談玄説空，人遂以不悟性少之，而不知悟性處政不在談玄説空也。若白沙、陽明主静致知，險夷一致，夫豈不足於修者，而顓顓以悟歸之，抑又過矣。大抵真修必本於能悟，而真悟自不容不修。道本一，而學者多歧而二之，於是離悟言修者，其流弊爲鄉愿；離修言悟者，其流弊爲異端，其爲學術之患不小。余爲此懼，故因讀先生書而爲之論著若此。

昔與先生同時講學者，中州有曹月川端，江右有吴康齋與弼，關中有段容思堅。康齋、容思，人以地限，於先生猶屬神交；若月川，則晉洛接壤，朝夕印證，其學得之先生爲多；而從遊之士，如洛陽閻侍御禹錫，白太僕良輔、咸寧張司寇鼎，名爲尤著。至搜輯先生遺稿，使至今文獻足徵者，則又司寇之力也。師友淵源，桴答箎應，猗歟盛矣！蓋嘗考覽古今，理學興於宋而禁於宋，國卒不振，識者恨之。迨我國朝，天子經筵講學，皇太子出閣講學，諸臣履任，首謁先師，至學宫進諸生講學，載在令甲，昭如日星。是周家以農事開國，我國朝以理學開國也。卜世卜年，當必遠過周曆。公奉命代狩，加意斯文，微獨表章先哲，政所以憲章文武，使人人知學之當講耳。讀先生書者，能憬然悟，奮然修，挺然以講學自任，不沮不懼，砥柱中流，則先生雖往，庶幾旦莫遇之。不然，豈惟負先生，抑且負令甲、負我公惓惓憲章之意。

聖學啓關臆説序

萬曆甲寅仲夏二日，按臺紫海龍公偕茶臺見平張公，❶會講關中書院，鄉士大夫及孝廉諸生約千有餘人，而環橋觀聽者不可勝計，濟濟雍雍如也。時天久陰雨，先日當道方齋戒祈晴，而是日忽雲開日霽，萬里長空，人皆異之，豈天亦有意於斯文耶？公至，偕張公謁先師像畢，各以次見就坐，二三童子歌詩，歌已，同志各舉所疑，請益於公，公爲之開關袪疑，反覆忘倦，人人聞之，如醯雞發覆，飲河克量，❷斷斷欣欣如也。於是衆共喟然曰：「自有書院以來，不知有此勝會否？斯道中天，其在茲乎！」日晡，猶依戀不忍別去。瀕行，余偕諸生請曰：「昔夫子『忠信篤敬』，才數語耳，而子張猶書諸紳。今日之講，可徒空自踴躍耶？諸生愧無李端伯筆，願公録示，以竊比書紳之義。」

越數日，公出此編以示，而謂余宜有一言。余惟聖賢之學要在透性，言學而不言性，俗學也；言性而不言善，異學也。凡此，皆疑關未破之過也。公學以性善爲宗，已得欛柄入手，諸所剖析，至切近，至精微，至明顯，至奥妙，本體功夫，入門究竟，苞舉靡遺，而引證諸儒粹言，又折衷數百年未了公案。嗚呼！千古聖學正脉具是矣，寧直破諸生一時之疑已哉！余不佞，講學書院有年，恒切自誤誤人之疑，今得此，奚啻指

❶「平張公」，張本作「平章公」。疑各本「平」下似缺一「章」字，當作「平章張公」。

❷「克」，張本作「充」。

南，竊自幸而又爲吾道幸，余又安能贊一辭？第與諸生約曰：「居諸易失，師友難得；聖域易入，疑關難破。今而後所不努力前途，用副公辱教惓惓之意者，有如此日。」衆共悚然曰「善」。因書之，以矢諸同志。

長安縣志序

長安故有志，乃宋龍圖學士宋敏求氏所輯，輯成周以來歷代建都遺跡，非邑志也。而創修邑志，實自今李侯始。是志也，分類大略準《大明一統志》，遵制也。中多增入，以邑志較《郡國志》，例當詳耳。邑爲會省附郭，往代無論，明興以來，名宦接踵，而山川靈秀所鍾，如倉頡、文、武、周公以下，聖賢又濟濟相望，其人物甲於它邑。惟是世遠籍亡，未繇考鏡，止據《通志》及聞見既真者書之。其名宦見任、鄉賢見在者，又例不敢書，於心終歉然也。孝子、節婦，止書已旌及蓋棺論定者，餘俱不敢輕載。田賦户口，俱依印册詳書，一字無容增損。漏澤園，附「陵墓」後，見國朝恩澤，不惟加膴仕，抑且及枯骨耳。寺觀，列「災祥」後，亦示崇正抑邪意。至「仙釋」中多涉幻妄，故直削之。藝文，書其有關地方者，餘雖工，不書。唐劉子玄云：「古之國史，異聞則書。」今志，亦史之流也，故倣之，亦略載數則。嗚呼！志以紀事，惟求實録，第令後世文獻足徵，無貽以文勝質之誚足矣，烏庸繪章飾句，以誇多鬭靡爲也。

載筆同修者，王給諫嗣音，及監冑何補之、秦東周，庠士桑本立、韓在等。而不肖從吾，鹿鹿無能爲役，殊切自愧，所幸當吾世而得遘兹盛舉，聿觀厥成，豈非生平一大

快也哉！雖然，余尤有感焉，如山川、田賦之類，終南在南，而誤書於北；田賦本少，而誤書爲多，人猶得執其誤而更正之。倘人物一有遺漏，則後之人將安所考乎？如孟獻子有友五人，而竟逸其三；董仲舒一代大儒，而竟逸其字，真爲千古遺恨。又如古今作家譜者，即子孫亦多逸其祖先之名，雖孝子慈孫，將奈之何？亦足悲矣。余故於「人物」一志，特爲加詳，雖不敢泛，必不敢略。即如此，猶恐名世賢達與時俱往，未盡搜録，而深山窮谷，寧無潛修静養其人者，即里閈亦罕知之，况數世之下，百里之遠，孰從而物色之哉？以彼其人，雖無心於身後之名，而後生小子，竟使梓里先哲泯没不傳，尚友私淑之謂何？余故每念及此，不覺掩卷而長歎也。區區之愚，尤願與海内同志共講求焉。李侯蒞吾邑，百務俱舉，上下交孚，而尤惓惓於此志，可謂知所先務者。維時邑博何君載圖、郭君惟恩、楊君來鳳，邑丞郭君知彰、主簿張君文衡、胡尉其焕，皆始終其事，例得並書。李侯名燁然，汶上人，庚戌進士。

越中述傳序

昔王文成公講學東南，從遊者幾半天下，而吾關中則有南元善、元貞二先生云，故文成公之言曰：「關中自横渠後，振發興起，將必自元善昆季始。」二先生録公語，幾數萬言，藏之家塾，元貞先生孫子興太史倣蘇季明校《正蒙》例，離爲四篇，曰「立志」、「格物」、「從政」、「教人」，總題曰《越中述傳》，而屬余爲序。

余惟文成公之學，一「致良知」盡之矣。

今離而爲四，何也？曰此正所以致良知也。夫人而語之曰「汝有志，汝爲聖賢」，則必喜；語之曰「汝無志，汝爲狂愚」，則必怒，是志本吾人之良知也，而不講立志之學，則良知不致矣。夫人而有志聖賢，則必格其爲聖賢之理，而後可爲聖賢；人而不爲狂愚，則必格其不爲狂愚之理，而後不爲狂愚。而聖狂之理，夫固昭然於吾心者，是物理本吾人之良知也，而不講格物之學，則良知不致矣。仁者以天地萬物爲一體。赤子入井，則乍見惻隱；一夫向隅，則滿堂愀然。聖賢有此志，狂愚亦有此志；聖賢有此理，狂愚亦有此理，是一體本吾人之良知也，而不講從政教人之學，則良知不致矣。是立志、格物、從政、教人，正所以致良知也。良知是本體，致知是功夫。識得本體，然後可做功夫；做得功夫，然後可復本體。千流萬派而不離其源，千言萬語而不出其宗，此文成公之學所以大有功於斯道也。乃後之談良知者，多放縱決裂，爲世詬病，是空談良知，而不實用致之之功故也，於文成公何尤焉？此録出，而良知末流之病，庶幾其可救乎！

嘗考文成公門人雖盛，而世傳其學者，東南則稱安成鄒氏，西北則稱渭上南氏，自二先生傳文成公之學以來，代有聞人。元善先生三子，俱蜚聲庠校，而俱早亡。有孫曰企仲，官太僕卿，以直諫顯。有曾孫曰居業，登制科而未仕。元貞先生有子曰軒，蓋世所稱陽谷先生者也。往元善先生與三子相繼殁也，太僕爲遺腹子，伶仃孤苦，人争齕齮，而陽谷公力爲卵翼，卒抵於成，❶又爲

❶「卒」，張本作「率」。

刻《瑞泉遺稿》，仍匄天臺、廬山爲玄晏。嗚呼！學之不講久矣，孤兒寡婦，求不乘機而利其所有已難，況施恩於不報；子孫於父祖遺文，且任其散佚而不知收，況姪之於伯父哉！在陽谷公，不過自致其良知，而在輓近世，實大有裨乎風化矣。有孫四，而取科第者三，太史其季也。而其曾孫居益，今且督學晉中，世德家學，方興未艾，二先生之詒謀遠矣。夫人不講學，則不知修德，又安所獲福？雖學者原不爲獲福修德，而天道人事，亦自不爽，孰謂講學負人哉？人知南氏之盛，而不知其所以盛，余故爲之論著如此。《詩》云：「詒厥孫謀，以燕翼子。」二先生以之。又曰：「昭兹來許，繩其祖武。」其子興之謂也夫。

姜鳳阿先生語録序

蓋不佞從吾讀《鳳阿先生語録》，得七善焉。世之學者，多厭常喜異，進二氏而退六經，而其弊至不可道，先生曰：「六經之言，由聖人精藴而發，皆因性命而立言，本之則有實得，措之則有實用，由之則可以經當世而適於治。」此可以藥世俗翻案經術之病，其善一。

世之學者，多支離於口耳聞見，而不知求之於心，去危微精一之旨遠矣，先生曰：「仁道雖大，要之不外於此心，教諸生如孟子所言，求放心以求仁爲近。若求其最近易者，則正容謹節、家庭唯諾之常，自是求放心處，自是學者求仁處。」此可以藥世俗口耳支離之病，其善二。

世之學者，多侈談文詞功烈，而迂視理學，先生曰：「文詞功烈，離仁而爲之，乃是一技一能，若從此心流出做出，則古人所謂『立言』、『立功』者在焉，蓋從『立德』中來，即三者可並傳不朽也。」此可以藥世俗務華絶根之病，其善三。

世之學者，多喜放縱而惡檢束，故以禮爲僞，以肆爲真，其壞風化不小，先生曰：「禮而謂之『家禮』者，言乎其可行於家者也，而其本則始諸身家；禮而謂之『儀節』者，言乎其儀文與末節，而精微之理實在焉。以身而教家，以心性而求儀節，則是書也，豈古人之粗迹哉？」此可以藥世俗蔑棄禮法之病，其善四。

世之學者，遵道而行，半塗而廢，多起於避人譏刺，先生曰：「人固有不容於流俗，而中變以爲求合之地，亦或不堪流俗，而應之又不免於過激者，皆非所以處身之道也。毁譽利害，苟不入於吾心，則適然之來，當一以任其自至，然久之卒亦何嘗無公論哉！」此可以藥世俗逡巡畏縮之病，其善五。

世之學者，多謂學行而已，講之何爲，頓令有志之士不敢承當，先生曰：「孔子嘗以學不講爲憂，而併及於德之修，義之徙，不善之能改。人皆言聖人於此有四憂焉，予以爲義之徙，不善之能改，乃所以爲德之修，而德之修，則聖人所以爲學之講也。講學者，蓋講乎其所以修德，講乎其所以遷善而改過，要之，四事爲一事，四憂亦一憂爾。」此可以藥世俗藉口非學之病，其善六。

世之學者，多隱善揚惡，藉著述以洩私忿，殊失古人立言之體，先生曰：「吾邑中

有故鄉先生孫曜，高文潔行，足爲鄉閭式；吾郡殷生士望，篤行好學之士，能倡率講學會；尤西川書中，無一世俗語；羅念菴習静一室，趙大洲聞之，欣然有往從意。」其他稱術袁裕春、宋陽山、周訥溪、海剛峰、畢松坡、孫季泉、孫立亭、趙定宇諸正人君子，尤不啻若自其口出，而又非獻諛當途，以希名利者。此可以藥世俗嫉賢妬能之病，其善七。

嗚呼！先生斯録，其有功於世道大矣。余生也晚，不及師事先生，而先生仲子養冲先生往督學余鄉，與余善，辟之草木，吾臭味也，因漫題於簡首。

鄭溪書院志序

余嘗覽海内郡邑志，即蕞爾巖邑，其寺宇多則數十，少亦十數，至書院則晨星矣，甚且舉古勝地，或改公署，或淪寺觀，爲之太息不已。嗚呼！又何怪異端之盛，吾儒之衰也。或曰：「書院不皆真儒，何取虚設爲？」余曰：「寺宇豈皆真佛，而人不病虚設何也？寺宇不皆真佛，而佛教藉以羽翼；書院不皆真儒，而儒學藉以倡明，而況真儒又往往輩出乎！冀北之馬，豈盡追風逐電，一日而千里，然求追風逐電，一日而千里者，必冀北馬也。鄧林之材，豈盡干霄拂雲，蔽青天而蔭原野，然求干霄拂雲，蔽青天而蔭原野者，非鄧林無有也。書院亦士之冀北、鄧林也，奈何敢藐天下士而遂謂無真儒哉？吾儒異端之辨，不在口舌之争，而在修其本以勝之。廣建書院，以表章聖學，正盛則邪衰，睍見則雪消，將真儒接踵，而異端不攻自破矣，此修其本以勝之之

説也。」或曰：「今學宫徧天下，不翅足矣，又惡庸騈指爲？」余曰：「學宫博士有專責，弟子有定員，豈人人可升堂入室者？且朝廷設官分職，其權孰得而侵之？書院之設，見任縉紳固可擁比，而林下韋布亦可登壇，余嚮謂『交與一人不可妄，講學無人不可容』，正爲此也。學宫作養有限，書院教思無窮，此正補學宫所不及者，安得騈指視之？」紫海龍公，理學真儒也。吉州形勝，甲於天下，匡廬崒嵂，彭蠡瀠迴，家絃户誦，比於鄒魯。各邑書院林立，而永寧獨缺，公慨然曰：「繼往開來，豈異人任？何可當吾世而使吾寧遜它邑乎？」歲丙辰，按秦歸，創建鄭溪書院，郡邑同志講學其中，甚盛舉也。南皐鄒公爲之記，而復性堂公自爲記，今按淮歸，纂志以垂不朽，而函書命余爲序。

余不知學，安知性？且先儒論學，或云「主静」，云「主敬」，云「窮理」，云「致良知」，似各立門户，不知於復性之旨何居？蓋人性皆善，而不學則不能明善而復其初，以性善爲本體，以主静、主敬、窮理、致知爲功夫，則善明而性善之初可復，性復則諸説皆筌蹄矣。筌者所以在魚，得魚而忘筌；蹄者所以在兔，得兔而忘蹄。至於魚兔得而筌蹄忘，又何門户之可言乎？公書院以「復性」名堂，正所以融門户而偕之大道也。余讀公記，發明此理，批郤導窾，得未曾有，又何能贅一詞？惟是有感於當世寺宇之多而書院之少，致異端盛而吾儒衰，又感於吾儒借學宫以操戈，而反授異端以常勝之柄也，故爲之縷縷如此。敢以是復公命，併以質之鄒先生。

旌烈録序

余別墅在城南沙井村，距沈橋里不三里許。始，楊烈婦之死也，鄉村之人聞其事而怪之，其夫語其妻曰：「劉氏年正茂，即改適，豈乏佳耦，而胡以死爲也？」其妻亦語其夫曰：「劉氏年正茂，即改適，豈乏佳耦，而又胡以死爲也？」比余倡諸士大夫往吊後，諸生上其事於當路，當路上其事於朝，天子嘉其節而旌表其門，鄉村之人始知其爲烈而誦之。其夫悟而悔曰：「吾向者所告於妻，是何言也？是誨其妻以貳也。」其妻亦悟而悔曰：「吾向者所告於夫，是又何言也？將使夫視我爲何如人。」由是夫死而不欲守者，且守矣；守節而不欲終者，且終矣。甚且從容就義，亦知以死殉矣。數年以來，節烈之婦，項背相望。夫人等耳，何昔議其非，而今稱其是也？何昔以改適爲快，而今以殉夫爲快也？豈非良心人所同具，而不感發之，則不興哉！慨自學之不講，理道不明，於是有妻背夫，弟背兄，臣子背君父，朋友背朋友，而恬然不知其非者，世道人心，可勝搤擘！今天子一旌表此烈，而函谷以西，風俗頓爲轉移，孰謂古今人不相及哉？或曰：「烈婦之死，惟知有死耳，安知有身後之名？是無所爲而爲，真乎其真者也。若今之守節者、死節者，皆聞烈婦之風而興起，是有所爲而爲，非真也，而子反稱之何也？」余曰：「不然。烈婦之死，固無所爲而爲，固真也，而彼聞風興起者，是因感而觸其良心，良心一觸，自有勃然不容已者，其不容已之心，何心也？是亦無所爲而爲之真心也，而安得以

僞目之？ 昔夷惠以清和奮於百世之上，百世之下，聞夷惠之風者，頑夫廉，懦夫有立志，薄夫敦，鄙夫寬，孟子亟稱之，未嘗以夷惠爲真，而以聞風興起者爲僞也。 夫表揚死者，正所以興起生者，若以興起者爲僞，則死者固無心於身後之名，而生者又不免有好名之議，則死者固不必於旌，而生者亦不必於興起矣，有是理哉？」

烈婦弟諸生楊材，彙梓公移、誌傳、祭誄諸文，題曰《旌烈録》，乞余一言弁首，因書此畀之，而復爲之説曰： 表揚死者，固所以興起生者； 表揚婦人，實所以興起男子。彼張邦昌、劉豫、馮道輩，非丈夫耶？ 不衣冠耶？ 不讀書耶？ 千載而下，談之猶令人髮上指冠，恨不得食其肉而寢其皮，視此婦人，寧不愧死哉！ 嗚呼！ 讀此録而不勃然興忠臣孝子之思者，非夫也。

森玉館集序

《森玉館集》者，朱宗尉伯明詩也。伯明自幼即嗜書，而尤嗜詩，矢口成韵，即有風人之致。余喜而從臾之，俾盡讀古今之書，伯明即鍵户發憤，自《三百篇》而下，以及我明空同諸子詩，無不晝夜吾伊，朗然成誦。而伯明之詩，遂駸駸入古人堂室矣，爲漢魏則漢魏，爲盛唐則盛唐，而絶無纖巧脂粉掇拾餖飣之病，亦奇矣哉！

余與伯明居同里閈，伯明長余一歲，自七八歲即相與，相與即彼此問奇字，久之談文談詩，不作一戲謔語，里中人以道學嘲之，余兩人不爲變也。由今思昔，可發一笑。吾關中爲横渠先生之鄉，余於聖學未窺津涯，而伯明每步月過存，必劇談丙夜，

夫今之詩人理學，多枘鑿不相入，此正坐不講之過。《詩》云：「鳶飛戾天，魚躍於淵。」即善説詩者，不過以爲點景之妙耳，而孰知其言上下察？「維天之命，於穆不已。於乎不顯，文王之德之純！」即善説《詩》者，又不過以爲言天言文耳，而孰知其言天之所以爲天，言文王之所以爲文也。夫論理而至於上下察，至於天之所以爲天，文之所以爲文，其精微奥妙，亦至矣盡矣！蔑以加矣！而皆於詩中發之，詩豈易言哉？余以爲今之詩人，特患不講理學耳，使知講學，則豈止人品之高，即詩亦更長一格，更超乘而上之矣。彼謂詩不關理，以講學爲迂者，是原不深於詩者也，何足置辨？伯明嘗言：「人生天地間，惟有這一事。讀書印證乎此也，詩文發揮乎此也。」余深服其言。余與伯明有丱角之好，而又喜伯明之信學也，故不辭布鼓雷門而爲之序。

古文輯選序

余與諸生講學之暇，因輯選古文之精者，以爲諸生遊藝之一助，且欲諸生因文見道也。因進而語之曰：若知古文之辨乎？有義理之文，有勢利之文，有敬謹之文，有放肆之文，有善人之文，有惡人之文，如五經四書，乃義理、敬謹、善人之文，無容選矣；如《國策》乃勢利之文，《莊子》乃放肆之文，鞅、斯、申、韓乃惡人之文，不可不辨也。文章不關世教，雖工無益，況大壞世教者哉！古人云：與善人居，如入芝蘭之室，久而不聞其香，與之俱化也；與不善人居，如入鮑魚之肆，久而不聞其臭，亦與之俱化也。彼喜讀勢利放肆之文者，亦久而

不聞其臭者耳，豈有心於左袒哉？嗚呼！直道難容，枉道易合；與善人居難，與不善人居易，人情乎！今五經四書，科名懸於前，考較迫於後，學者尚不肯讀，至於二氏、六子諸書，既不列於學宫，又屢廑乎明禁，而人多嗜好之何也，此其故不可不思也。今之選古文者，不過論文章之工拙，至於所以爲文何如，則未之辨也。余故表而出之，匪直遊藝，且以爲志道之一助云。

馮少墟集卷十四

長安馮從吾仲好著

説

做人説上

一日與館中二三同志閲邸報，中有「做官做人」之説，咸韙其言。而余以爲做官做人，不是兩事，總之做人盡之矣。或曰：「做官做人，豈毫無所分别邪？」余曰：然。吾儕立身天地間，只有做人一事。試觀吾儕今日聚首講學，容容與與，無半點塵囂，宛然洙泗杏壇景象，固是做人；明日朝參課業，或揖讓於禁近，或唫咏於秘閣，亦是做人；異日散館之後，或留而在内，或出而在外，職業所關，鉅細不一，無大無小，無敢瘝曠，亦是做人，非曰如此爲做人，如彼爲做官也。嘗觀《大學》一書，至「平天下」章，凡理財、用人、爲君、爲相，道理具載無遺，而總謂之大人之學。若做官做人分爲兩事，是「格致誠正」屬做人，「平天下治國」屬做官也，有是理哉？是《大學》一書，乃古人做人之法則，吾儕所當時時潛心理會者也。且吾儕自七八歲入社學後，叫成「做童生」，進學後叫成「做秀才」，科第後叫成「做舉人，做進士」，入仕途叫成「做官」，林下叫成「做鄉先生」，自少至老，此身入於世套中，何時才去做人？不知「做秀才」做箇好秀才，「做官」做箇好官，就是做人，其道理工夫，説在《大學》，可無贅也。嗟嗟！耳

目口鼻，人也；視聽言動，人也。此非有餘，彼非不足，何待於做？人必待於做而後可言人也，自少至老，方汲汲做人之不暇，而暇言他哉？余曰：只有做人一事者以此。

做人說下

館中與二三同志論學，彼此拳拳以做人相印證。余曰：「做聖人易，做文人難。吾儕於難者，尚殫精竭力，圖之於易，於易者反玩日愒月，委之於難，何也？」或有疑者，欲余竟其說。余曰：「難易之間，是在自悟，非可以騰諸口說也。無已，試以舜孔觀之。古今論大聖，必曰舜孔，舜之德業，詳載《虞書》中，若不可幾及，而夫子乃曰：『舜好問而好察邇言，隱惡而揚善，執其兩端，用其中於民，其斯以爲舜乎！』玩『其斯』二字，可見《虞書》所載多少德業，都不是舜之所以爲舜處，而惟此，乃其所以爲舜。然則『好問好察』難邪？『隱惡而揚善』難邪？孔子，天縱聖人，不知有何樣高遠之爲，而其自道，第曰：『其爲人也，發憤忘食，樂以忘憂，不知老之將至云爾。』夫『發憤忘食』難邪？『樂以忘憂』難邪？由此觀之，吾儕特不肯去把做詩文之心，爲做聖賢之心耳。若是肯去好問好察，肯去隱惡揚善，肯去發憤忘食，樂以忘憂，則舜孔有何難爲？顔淵曰：『舜何人也？予何人也？有爲者亦若是。』陽明先生曰：『箇箇人心有仲尼。』豈欺我哉？吾儕衹說堯舜孔孟難爲，試觀一日十二時中，曾去好問好察否？曾去隱惡揚善否？曾去發憤忘食，曾得樂以忘憂否？途患不行，不患不

至，不用工夫，而曰堯舜孔孟難爲，真難之難也。且吾儕自入館來，朝而誦，夕而諷，行思坐想，何嘗一息不在詩文上用功，其詩文何嘗一息不在班、馬、李、杜上模擬，真可謂殫精竭力矣！試自反之，其詩文視班、馬、李、杜竟何如邪？孰難孰易，必有能辨之者。」僉以爲然。余又曰：「做人不在多言，顧力行何如耳，今言已多矣，願相與共勖之。」

講學説

客有講學者，因人言而志阻，遂不復講。余怪而問之，客曰：「子猶敢言學乎？方言學而人言隨之，何益也？」余曰：「子向日之講學也，果爲人乎？抑爲己乎？如爲人也，則人言誠所當恤；如爲己也，則方孜孜爲己之不暇，而暇計人言乎哉？聞謗而輟，則必聞譽而作，作輟由於毀譽，是好名者之所爲也，講學之謂何？且人之議之也，議其能言而行不逮耳；能言而行不逮，此正學之所禁也者，人安得不議之？吾儕而果能躬行也，即人言，庸何傷？」客又曰：「學貴躬行，固矣，講之何爲？」余曰：「講學正所以爲躬行地耳。譬之適路然，不講路程，而即啓行，未有不南越而北轅者也。又譬之醫家然，不講藥性，而即施藥，未有不妄投而殺人者也。又譬之兵家然，不講兵法，而即應敵，未有不喪師而辱國者也。天下之事，未有不講而能行者，何獨於吾儒而疑之？」客憮然曰：「有是哉！有是哉！微子今日之講，吾幾以冥行當躬行矣，豈不誤哉！」講學之益，正在於此，願與吾子共勖之。

夢說

問：「聖人立言，最平易真切，乃夫子有夢見周公之歎，毋乃玄幻乎？」余曰：「不然。晝之所爲，安得如夜之所夢更爲真切？」或曰：「子之言，更玄幻甚矣。」余曰：「不然。天地之氣復於子，人心之氣息於夜，此處發見呈露，纔是本來真心，最真最切，莫過於此。試觀吾儕發憤爲學，一日之間，喜怒哀樂恰似件件中節矣，至於夢中或喜或怒，反有不中節處。辟如性嗜酒者，一向戒之矣，至於夢中或不免於飲，或恍然悟其戒，而飲之知節，何也？此正真情發見也，然須得戒之又戒，以至於與戒俱化，斯夢中亦不飲矣。觀人心之真者，莫過於此。《中庸》論喜怒哀樂，而先之戒慎恐懼，夫戒慎不覩，恐懼不聞，工夫亦可謂至精至密矣，然使胸中猶有戒慎恐懼在，則夢中必不免有不中節處，故又曰『致中和』。致之云者，戒之又戒，以至於與戒俱化之謂也。如此，才能發皆中節，雖是已發之和，猶然未發之中，位天地，育萬物，即此便是，豈待外求哉？且吾儕平日好做詩，夜間必夢題詩，甚且有一二佳聯出來，真是晝間做不到。可見人之精神，原可以通天地，原可以貫古今，欲見堯舜，便見堯舜，欲見周孔，便見周孔，奚必羹墻哉？吾儕今日，試驗喜怒哀樂何如，夢中喜怒哀樂又何如，則此心存亡，工夫生熟，自是一毫不爽，故曰『晝之所爲，安得如夜之所夢更爲真切』也以此。昔韓子《原道》謂周公以是傳之孔子，夫周孔相去不啻百有餘歲，夫孰傳之而孰受之邪？孔子欲行周公之道，故屢接於夢寐

問，後儒日誦法孔子，而卒不能使孔子入夢，可勝歎哉！可勝歎哉！」

天道説

董子有言：「天人相與之際，可畏也。」嘗以秦論，始皇自知天下雖爲己有，而法令太酷，人心含怨，終夜皇皇，計無所出，於是不得已爲焚書坑儒之舉。若曰聖賢載籍，能發人聰明，英雄豪傑，能議人是非，從古國家搖亂，不能長久，皆始於此。焚書坑儒，自以爲天下無復有書，無復有儒，黔首可愚，而我可無恙矣，此與「鑄金人十二於咸陽」意同。然能焚書，而不能焚黄石之書；能坑儒，而不能坑子房之儒。圯上之遇，老人從何處來？十日之索，子房從何處去？當斯時也，秦之鹿已出柙矣，黔首果可愚，而一世、二世果得宴然無恙也邪？夫以始皇之雄，而無如天意何，何世人恃其聰明才辨，敢於與造物者争衡也，豈未覩秦事也乎哉？吁！亦愚矣。

名實説

學者之病，莫大乎務名。金名曰「金」，金也；玉名曰「玉」，玉也。鉛而金之，石而玉之，名孰與我？雖然，即名焉，亦名曰「鉛」而金之耳，「石」而玉之耳。其名彌大，其病彌章。名而至此，名愈乎哉？「遯世不見知而不悔」，即其所以「疾没世而名不稱」，君子蓋辨之矣。

勤儉説

越中有二士夫，其一人講學，其一人不信學，二公家俱裕，俱以「勤儉」二字訓其子，其子少年，初亦奢惰，後俱折節爲勤儉，稟稟遵父命惟謹。其講學公之子，汲汲皇皇，讀書求友，有勤無惰，自奉甚儉，即敝衣糲食，宴如也，而周族黨，賑貧乏，略不少吝，其家日裕，而聲望亦日起，卒爲名儒。其不信學者之子，亦汲汲皇皇，持籌治生，有勤無惰，自奉甚儉，即敝衣糲食，亦宴如也，而至親族黨，一毫無所施予，人多以是怨之，由是衆叛親離，訟獄煩興，家事亦漸銷落，而營利愈甚，卒爲鄉里所不與。夫此二子者，其勤同，其儉同，其稟稟遵父命同，而家道之隆替若此其異，何哉？蓋以學問爲勤儉，則雞鳴而起，孳孳爲善，吉人爲善，惟日不足，其勤也爲真勤；菲飲食而致孝乎鬼神，惡衣服而致美乎黻冕，卑宫室而盡力乎溝洫，其儉也爲真儉，故人品家道，成則俱成。以世俗爲勤儉，則其勤也爲奔忙，爲營求；其儉也爲貪鄙，爲嗇吝，故人品家道，敗則俱敗耳。然則家道之敗也，其病豈獨在惰與奢哉？夫子孫而能勤儉，亦足稱矣，而止因學之不講，遂至以此敗其家而不悞。❶嗚呼！昔人有言：「毋以嗜欲殺身，毋以貨財殺子孫，毋以學術殺天下後世。」爲人父祖者，奈何以講學爲非，而至以勤儉殺子孫也哉！悲夫！余聞其事而有感，因爲之説以貽同好。

❶「悞」，四庫本作「悟」。

孝弟説别孫生繩祖

「堯舜之道，孝弟而已矣」；「宗族稱孝，鄉黨稱弟」者，又止爲士之次，何也？蓋堯舜之孝弟，是造道之極，滿孝弟之量者也。鄉黨宗族之稱孝弟，如王祥、王覽輩，是天資之美，盡孝弟之一節者也。盡孝弟之一節，即可以爲士，可見人皆可以爲堯舜。只是人安於天資之美，未加學問之功，安於一節之善，未滿分量之全，所以爲士之次，所以堯舜不可爲耳，豈堯舜之道有出於孝弟之外哉？「原泉混混，不舍晝夜。盈科而後進，放乎四海。」「宗族稱孝，鄉黨稱弟」之士，是「原泉混混」之水也；堯舜之孝弟，則「放乎四海」矣。堯舜雖放乎四海，其實不過滿其原泉之量，又未嘗於原泉混混有所增加，故曰「孝弟而已矣」，「而已矣」者，無所增加之謂也。

華下孫生繩祖，幼而失怙，垂髫學舉子業，弱冠王母歿，生宜承重，哀毀逾禮，既襄事，廬於墓側者三年，一時以孝聞。戊申春，余偕同志講學太華山中，而生偕其師劉生若魯，友李生華實、王生國賓，徒步九十餘里，從余遊，瀕别，余勖之曰：「若不聞田晝之告鄒志完乎？願君無以此自滿，士之所當爲者，未止此也。」生聞其言，再拜而謝。明年己酉三月，生復徒步二百餘里，從余講學太乙峰下，余留居月餘，見其氣宇端凝，意向勤懇，視昔益有加焉，此其所造，將來蓋未可量者。余深喜吾道之得人也，因其歸，書《孝弟説》以遺之。

書孝弟説贈寧孝子

「堯舜之道，孝弟而已矣。」止。「而已矣」者，無所增加之謂也。往歲華下孫生繩祖爲其祖母廬墓三年，余爲此説。今歲丙辰三月，河津寧生獻誠，越數百里從余學，余聞獻誠爲其母有疾，日侍湯藥，衣不解帶者二年，母殁，哀毁踰禮，廬於墓側者又三年，一時以孝聞於秦晉間，余甚嘉之。今獻誠將歸，會余病，不能爲文以闡揚其孝，復手書此説以貽之。河東有曹真予、張緑汀二先生者，獻誠其以余言請正焉。

又書孝弟説贈馬孝子

「堯舜之道，孝弟而已矣」；「宗族稱孝，鄉黨稱弟」者，又且爲士之次，何也？蓋堯舜之孝弟，是造道之極，滿孝弟之量者也。鄉黨宗族之稱孝弟，如王祥、王覽輩，是天資之美，盡孝弟之一節者也。盡孝弟之一節，即可以爲士，可見人皆可以爲堯舜。但人安於天資之美，未加學問之功；安於一節之善，未滿分量之全，所以爲士之次，所以堯舜不可爲耳，豈堯舜之道有出孝弟之外哉？「原泉混混，不舍晝夜。盈科而後進，放乎四海。」「宗族稱孝，鄉黨稱弟」之士，是「原泉混混」之水也；堯舜之孝弟，則「放乎四海」矣。堯舜雖放乎四海，不過滿其原泉之量，又未嘗於原泉混混有所增加，故曰「孝弟而已矣」。❶「而已矣」者，無

❶ 自「宗族稱孝」至「孝弟而已矣」共二百一十四字原缺，據張本補。

所增加之謂也。

先是，華州孫孝子繩祖爲其祖母廬墓三年，余書此説遺之，而復勖之曰：「若不聞田晝之告鄒志完乎？　顧君無以此自滿，士之所當爲者，未止此也。」繩祖再拜而謝。嘗慨省會盛地，士之顯親揚名、問視定省、刲股愈親者，濟濟不乏，而廬墓孝子，自顔彩後，不少概見，余方欲藉孫生以風之，而今得揮使馬誠其人，❶不翅空谷足音，蛩然而喜，因偕咸陽同年張西華郡丞、門人張爾維孝廉往訪其廬。余素未識馬君，而識荆自此始。見其哀戚之色溢於眉端，談及母氏劬勞，泫然淚下，余益重之，因聞於學臺尹公，公爲之表厥宅里，里閈士紳，始津津稱「馬孝子，馬孝子」云。今孝子三年之喪畢，治任將歸，余偕諸士紳迎於東郊，孝子抱主而泣，觀者如堵。會余病，不能爲文，復書此説遺之。

余自倡學以來，每以「人性皆善」、「人皆可以爲堯舜」二語爲同志講。數年以來，同州有沈時泰，渭南有姚應魁，臨潼有張應珮，華陰有石之岱，藍田有王之賈、田養心、陳化龍、徐明教，而華州又有張迪光，皆相繼廬墓，而養心、之岱，余亦親至其廬，乃今又得馬君，孰謂人性不皆善，而人不皆可爲堯舜哉？　馬君勉矣，向告孫生田晝與鄒志完之言，無煩余覆説也。

顧用晦字説

姑蘇顧生唱離，初字離明，或以爲文之太著也，更之曰「元晦」，此其意甚善，而余

❶「馬誠」，張本作「馬君誠」。

以爲先儒之字，襲之不可，復更之曰「用晦」，生再拜稽首而謝。詰朝，生介許生大倫匄余爲説，以志紳佩。余惟「晦」之爲義，子思子言之詳矣：「尚絅闇然」，晦之始也；「内省敬信」，晦之功也；「篤恭而天下平」，晦之成也；「上天之載，無聲無臭」，至矣！余又何言？生聞之，喜甚，復再拜稽首謝曰：「離雖不敏，敢不書紳佩先生之教！」

箴

座右二箴有序

三載静攝，庶幾寡過。日來塵溷，頓覺茅塞。每一點檢，不自知其汗之浹背也。嗚呼！静中静易，動中静難。余未嘗一日不三復斯言，由今觀之，益信。因述《座右二箴》，用代嚴師訓戒。乙未縠日識。

呼汝從吾，慎汝存心。一念少差，百盭俱侵。毋愧汝影，毋愧汝衾。勉旃勉旃，上帝汝臨。

呼汝從吾，慎汝制行。一步少錯，終身大病。毋任汝情，毋任汝性。勉旃勉旃，庶幾希聖。

贊

秦關王先生像贊有序

藍田王秦關先生，捐館舍二十年矣，前歲丁未，督學祁公博採公議，祀先生於學宫。今歲己酉，邑侯梁公、學

博錢君、楊君復從闔邑士民之請，爲先生建專祠以祀之，一時人心翕然，稱爲盛舉。仲冬二日，安主於祠，從吾偕同年周淑遠參知，及門人任生國珣、梁生爾楨，瞻拜祠下，樂觀其盛。覩先生之像，儼若面先生而復與之上下其議論也，因贊數語，用旌山斗。贊曰：

清臞之貌，篤實之學。四呂而後，公稱先覺。昔聆公訓，今拜公祠。闢邪崇正，百世可師。

解

命解

日者以支干八字概人生平，人皆信之。余以爲人生平毁譽得失，死生榮辱，非支干八字所能概也。倘有人焉，慨然思，猛然省，即於此「毁譽得失，死生榮辱」八字勘得破，能於此中討得主張，則一切世味，自不得以籠絡之，便是鵬摶萬里，鳳翔千仞格局，便是爲聖爲賢的命。若是昏昏昧昧，營營逐逐，於此八字勘不破，於此中討不得主張，則自暴自棄，枉了一生，便是春蠶作繭，秋蛾赴燈格局，便是爲狂爲愚的命。嘗觀此八字，誤了古今多少英雄豪傑，真是可恨可憐。命乎！命乎！豈日者所能測識哉？孔子曰：「不知命，無以爲君子。」而孟子亦曰：「夭壽不貳，脩身以俟之，所以立命。」於戲深矣！

論

論荀卿非十二子 閣試。

昔荀卿以儒自命，而立言指事，壹稟於仲尼，可謂偉矣。然仲尼之徒，惟思孟獨得其宗，而卿之《非十二子》也，以思孟爲「聞見雜博」，猥與墨翟、惠施輩同類而共譏之，是何敢於高論異説而不讓邪？胡其誖也！卿之言曰：它、魏不可合文通治，陳、史不可合衆明分，墨、宋不可容辨異，縣君臣，慎、田不可經國定分，惠、鄧不可爲治綱紀。似也，而猶曰「持之有故，言之成理」，若有不盡非者，何至以「僻違無類，幽隱無説，閉約無解」，乃歸之思孟，而以唱和爲有罪哉？孔氏既没，異端棼如，戰國以來，從衡捭闔之習盛，而吾道不絶如綫矣，仲尼之道，燦然復明於世者，唱和之力也，而可曰「罪也」邪？卿固尊信仲尼者，正宜以思孟爲津筏，而後可以窺洙泗之源委，「案飾其辭而祇敬之，曰：此先君子之言也」。繇斯以觀，卿顧不當祇敬先君子哉？果爾，則卿亦「世俗之溝猶瞀儒，嚾嚾莫知其非者矣」，豈不自言而自誖之邪？尊仲尼而非仲尼之徒，亦太惑矣！

或謂卿妄以道自任，明知思孟之學，故爲排之，以自繼仲尼之統，不知有此一念之勝心，而已不可與入道矣，何足爲思孟損益哉？且卿之尊信仲尼也甚篤，而子弓雖賢，與仲尼並稱，已失低昂之實，又何論思孟？卿受學於子弓，意推尊子弓以彰己學所從來，故不得不與仲尼並稱，是卿之尊信仲尼，亦桓文之尊周室，不過陽浮慕之已

耳。不然，子弓固不在仲尼下，而思孟豈遂在子弓下哉？是仲尼而非思孟，余誠不知其何説矣。大抵卿懲叔季不學之弊，而歸咎於性惡，見霸功之算計見效也，而曰「法後王」，故聞思孟之稱性善而談法古，不翅如枘鑿然，此其詆思孟之根，不可救藥者也。獨不思相近之訓，安所稱惡，而堯、舜、湯、文，豈不惓惓於垂訓，無乃仲尼非乎！它、魏、慎、墨之流，仲尼之徒羞稱之，至如史鰌之直，固其所深嘉樂與者，亦不可概例於諸子。老莊輩詆聖侮法，不遺餘力，乃置之不論。甚矣卿之好奇也，然則卿之《非十二子》也，其誠敢爲高論異説而不顧者哉！

或又謂後世儒者借喙思孟，行實誖之，才無可用世，而竊儒名以蓋其愆，卿誠有激乎其言之者，不知果有激而言也，非其竊儒名者可矣，併真儒而非之，可乎哉？昔人稱卿才高而不見道，諒矣。嗚呼！卿一非思孟，而李斯遂焚書坑儒，以促秦二世之亡，非學而遂以亡人之國也，學可非乎哉？禍秦者斯，而禍斯者卿也，此古今治亂得失之林也。

聖之時論館課。

夫時之義，大矣哉！惟純天之聖人，而後可以當之。然所謂時者何？消息盈虚，莫窺機緘，通復禪代，莫測端倪，乃造化自然之妙，而不容一毫人力參焉者也。使人力可以一毫參，則是道爲有方之物，而聖人可以爲時矣。聖人豈能爲時哉？不惟聖人，即造化亦不得而强之，如春之不得不夏，夏之不得不秋，而秋之不得不冬也，時則使然，造化烏得而强之？造化不能强乎

時，而人恒恃其聰明智慮，以安排揀擇於其間，曰：如此則清，如此則和，如此則任。始强此以律彼，繼强彼以合此，是執夏之箑，而曰曷不爲裘之温也；執冬之裘，而曰曷不爲箑之便也，豈不盭於時哉？節概雖高，勛業雖偉，殆與純天之聖人異矣。夫惟純天之聖人，爲能含心於寂，合氣於漠，聰明在聲臭之先，而智慮在覩聞之外，夫是以自作主宰，造化爲役，時清而清，不爲絶俗；時和而和，不爲徇人；時任而任，不爲干時。静也如陰之翕，而静與天俱；動也如陽之闢，而動與天遊。《易》不云乎：「動静不失其時，其道光明。」嗚呼，深哉！是道也，乃吾夫子之道，而非夷、惠、伊尹之道也。伯夷道在於「清」，則與「和」二；柳下惠道在於「和」，則與「清」二；伊尹道在於「任」，則與「清」與「和」又二。夫二則偶，偶則可以容吾之聰明智慮，以安排揀擇之。故取其清者去其和，取其和者去其任，即其所造可以廉頑而立懦，可以寬鄙而敦薄，可以致君而澤民，而終不足以語造化自然之妙，何也？盭於時也。乃吾夫子，則毋意、毋必、毋固、毋我而已矣，可仕則仕，可止則止，可久則久，可速則速而已矣，故其自言曰：「吾道一以貫之。」一則無偶，無偶則無所安排，無所揀擇，時乎夏則箑，而非有心於箑也；時乎冬則裘，而非有心於裘也。聖人以爲時固如是，吾亦如是以應之耳矣。造化不能强乎時，而吾欲以聰明智慮强之，能乎哉？此孔子所以爲聖人之時也。時乎！時乎！豈易言哉？

後人不明於時之説，而專以「隨時變易」解之，至爲與時浮湛者藉口。嗚呼！獨不思夏之必暑，而冬之必寒乎！故曰

「信如四時」，又語其一定而不移也。伊川曰：「隨時變易，以從道也。」夫隨時變易而不從道，則小人而無忌憚，反不若夷之清，惠之和，尹之任矣，是故君子毋輕言時。❶

❶「毋」，張本作「無」。

馮少墟集卷十五

長安馮從吾仲好著

記

關中書院記

余不肖，偕諸同志講學寶慶古刹有年矣，歲己酉十月朔日，右丞汪公、憲長李公、憲副陳公、學憲段公，聯鑣會講，同志幾千餘人，相與講心性之旨甚具，驩然日晡始别。瀕别，諸公謂余曰：「寺中之會，第可暫借，而難垂久遠，當别有以圖之。」明日，即以寺東小悉園，檄咸、長兩邑改爲關中書院，延余與周淑遠諸君子講學其中。而汪公復爲書院置公田，延綏撫臺涂公聞而嘉之，以倭餘增置焉。講堂六楹，諸公扁曰「允執」，蓋取關中「中」字意也。左右各爲屋四楹，皆南向若翼。東西號房各六楹。堂後假山一座，三峰聳翠，宛然一小華嶽也。堂前方塘半畝，豎亭於中，砌石爲橋。偏西南不數十武，掘井及泉，引水注塘，井覆以亭。二門四楹，大門二楹，舊開於南，緣鄰官署，冠蓋紛遝，深山野人不便厠跡，因改於西巷，境益岑寂，且不失吾顔氏陋巷家法也。西巷地基，乃用價易民居。大門外，復搆小屋數楹，仍居數家，以供灑掃之役。前後稍爲修葺，未及數月，焕然成一大觀矣。松風明月，鳥語花香，令人有春風舞雩之意，而劉郡丞孟直復爲《八景》詩以壯之，一時同志川至雲集，吾道庶幾興起，而

余愧不足以當之也。

一日講畢，諸生請曰：「自昔書院創建皆有記，而當道諸公盛舉，又不可泯焉不彰也，先生得無意乎？」余唯唯，因進諸生諗之曰：「我關中形勝，甲於天下，羲文武周，後先崛起，弗可尚矣。自横渠後，理學名儒，代不乏人，蓋文獻之邦，而學問之藪也。吾輩生於其後，何可無高山景行之思，且書院名關中，而扁其堂爲『允執』，蓋借關中『中』字，闡『允執厥中』之秘耳。夫『中』之一字，自堯始發之，所謂堯得統於天者，此也。然中與不中，雖見於事，而實根於心，舜又恐人求中於事，而不知求中於心，故曰：『人心惟危，道心惟微；惟精惟一，允執厥中。』其旨微矣，然『危微精一』之辨，莫詳於子思《中庸》一書。蓋中之爲德，庸德也；中之爲言，庸言也。喜怒哀樂中節，子臣弟友盡道是也。於此一一中節，一一盡道，直至中和致而位育臻，然後可以合無聲無臭之妙，然後可以語盡性至命之學。嗚呼！豈易言哉！夫喜怒哀樂中節固也，若必待已發而後求中節，子臣弟友盡道固也，若必待既感而後求盡道，則晚矣，故必當一念方動之時而慎之，而後能中節盡道也，此『慎獨』之説也。故曰：『其要只在謹獨。』雖然，又必待念起而後慎之，則亦晚矣，故必當一念未起之時而慎之，而後能中節盡道也，此『戒慎不覩，恐懼不聞』之説也。故曰：『静中看喜怒哀樂未發氣象。』一念未起，則涵養此心，一念方動，則點檢此心，於此惟精，於此惟一，庶乎有不發，發皆中節，有不感，感皆盡道矣。』嗚呼！豈易言哉！然人多不肯用戒慎之功者何？蓋亦未知本體責任不容諉耳。且『天命之

謂性』，非命之甘食悦色，如告子所稱；正命之使我位天地，命之使我育萬物也。我能位育，則性盡而能復天之命；我不能位育，則性失而無以復天之命，可不畏哉！命，如君命、父命、師命，然君命、父命、師命皆着於聲臭，而惟天命不着於聲臭，故曰：『上天之載，無聲無臭。』天之命我者如此其重，而又無聲臭之可即，念及於此，喜怒哀樂，雖欲不中節，不敢也；子臣弟友，雖欲不盡道，不敢也；獨，雖欲不慎，不覩不聞，雖欲不戒慎恐懼，不敢也。孔子曰『畏天命』。又曰：『小人不知天命，而不畏也。』彼不畏者，原不知耳，若知之，豈敢不畏哉？知本體之難諉，自知功夫之當盡。而或又謂本體原自現成，用功即落意説，是謂天地本位，萬物本育，而我不必位育之也。棄天褻天甚矣，其如天命何？嗚呼！位天地，育萬物，聖人此天命，凡人亦此天命，上而天子此天命，下而庶人亦此天命，無聖凡貴賤，無弗同者。今吾輩自天生以來，俱各命之以位育之性，俱不容不講『危微精一』之學，即汲汲皇皇，異日猶未知能復天之命否也，而尚敢暇逸爲哉！『上帝臨汝，無貳爾心。』願共勉之。」諸生愯然曰：「今而後始解『允執』之義矣，敢不努力，以毋負上天所以命我之意。」於是次其語，書之以爲記。

時大參閔公、熊公，憲副劉公、張公、常公，郡守尹公，二守朱公、鄭公、沈公，節推王公咸寧署篆。别駕孫公、長安令楊公，皆興起正學，襄厥成事，例得並書。涂公諱宗濬，南昌人，癸未進士。汪公諱可受，黄梅人，庚辰進士。李公諱天麟，武定人，庚辰進士。陳公諱宁，歷城人，壬辰進士。段公

諱猷顯，固始人，壬辰進士。閔公諱洪學，烏程人，戊戌進士。熊公諱應占，隆昌人，壬辰進士。劉公諱一相，長山人，丁丑進士。張公諱問明，壽光人，辛丑進士。常公諱守信，磁州人，己丑進士。尹公諱伸，宜賓人，戊戌進士。朱公諱星耀，貴溪人，癸未進士。鄭公諱敦原，長治人，壬午鄉進士。沈公諱震龍，臨安人，乙酉鄉進士。王公諱大智，玉田人，甲辰進士。孫公諱謀，蒲州人，選貢士。楊公諱鶴，武陵人，甲辰進士。其餘捐金助修諸公姓氏，不能備書，俱載碑陰。其公田，❶周淑遠別有記，余得無言。

復性堂記

金谿吴疏山先生，理學醇儒也。家疏山之旁，自少至老，講學於斯，先生没若干年，而郡大夫即其地肖像立祠祀之，甚盛舉也。後有屋一區，顔曰「復性堂」，曩時諸名公嘗就此堂而講業焉，頃先生仲嗣中丞公馳書山中，問記於余。余與公爲同年同志，私淑先生有日，誼何容辭？

余惟聖賢之學，心性之學也。人之一身，止有此心，性在何處？不知心所具之生理爲性，非心外別有性可對言也。性不可見，而見之於情。如孩提知愛，稍長知敬，情也；而必有所以能知愛、能知敬者，性也。然其所以能知愛、能知敬者，又孰爲之？天也，故曰：「天命之謂性。」天命之以能愛之性，而後能知愛，天命之以能敬之性，而後能知敬，惟其性善，故其情善，亦惟

❶「其公田」下十三字，據張本補。

其情善，故知其性之善耳。不然，性不可見，又安所據而曰善邪？性情本一物，特因寂感而異其名，而先儒有「情其性，性其情」之説，是以性爲善，而以情爲不善也，亦不思甚矣。且是性也，一物不容，而實萬物皆備，上「物」字指欲，下「物」字指理。今有人焉或指之曰「若能孝，若能弟，若能忠信」，即再三稱之，亦欣然皆受，而不嫌其多。不然，而或指之曰「若不孝，若不弟，若不忠信」，即一言及之，且艴然不受，而何況於再。夫其欣然皆受也，是發於性之所本有也，可見萬物原來皆備，心體原來有善；其艴然不受也，是發於性之所本無也，可見一物原來不容，心體原來無惡。而或謂「無善無惡爲心之體」，何哉？以「知善知惡爲良知」，而以「無善無惡爲心體」，是又以情爲善，而以性爲無善也，尤不思甚矣。人性皆善，而習始有不善，孔子標「講學」二字，正使人變其習而復其性也，其功豈不賢於堯舜遠哉！先生之言曰：「吾人講學，卻要識得大頭腦，總只是盡性，性者天地萬物之同源。」又曰：「性一而行百，即孩提之知愛，性也而行具矣。闇於性而語行者，妄也；外其行而語性者，虚也。」嗚呼！先生可謂淵源堯舜，而得孔孟之宗矣。

先生生平行履，如爲令以「循良」稱，爲御史以「直介」稱，不具論。論其大者，當分宜柄國，先生誼托枌榆，而又資深望重，旦夕當遷卿貳，而先生獨先幾引去，若鴻冥鳳舉，不可罻羅。人咸笑先生迂拙，而不知當時巧捷之士如某某輩，雖倖取一時富貴，而卒之身名俱敗，悔之無及，然後知先生之見遠，而先生之不可及也。昔孟子推尊孔子，而斷之曰：「可以仕則仕，可以止則止，可

以久則久，可以速則速。」余故於先生出處之大者，斷先生之學，真能復性云。近世士大夫多以講學爲諱，講學者又多以心性爲諱，又何怪其躬行之不逮，而「仕止久速」之不當可也。吁！亦足憐矣。中丞公家食時，嘗約宗黨同志月三爲會，講學於此堂，以紹述先生之訓，今節鉞三晉，而猶惓惓不忘此堂，學可知也。余懵不知性，聊書此，以志私淑，若闡颺先生微言奥旨，則自有諸名公鴻筆在。

關中書院科第題名記

萬曆己酉冬，當路諸公爲余創關中書院，講學其中。越三年壬子，從遊諸生得雋者，伐石題名於書院，乞余爲記，且曰：「先生之設科有日矣，初講於家，後講於寶慶寺，自辛卯、甲午後，科第濟濟稱盛矣，題名當從辛卯始，惟先生命之。」余曰：「然。即此推讓一念，是諸君善與人同意也，敢不成諸君之美？」遂不辭而漫爲之記。往代無論，近世題名者多矣，聲聞過情，君子耻之，而余又爲之助其波，可乎？是不然。「七八月之間雨集，溝澮皆盈，涸可立待」，此無本之名，不可有也，故君子耻之。「原泉混混，不舍晝夜。盈科而後進，放乎四海」，此有本之名，不可無也，故君子取之。而説者概以名爲不必有，誤矣。昔顔淵、閔子騫、冉伯牛、仲弓，以德行名；宰我、子貢，以言語名；冉有、季路，以政事名；子游、子夏，以文學名。凡此，皆有本之名也，而其本則皆得之於學。蓋道者源也，而學則所以濬其源；道者根也，而學則所以培其根。故從講學入，則吾道一以貫之，不惟德行是，

即言語、政事、文學亦是，所以諸賢各得成其名。不然，而不從講學入，則道本一而裂而爲四：德行不過一自好之士，政事不過一功名之士，言語、文章不過一口耳辭章之士。不惟言語、政事、文學非，即德行亦非矣，又烏得與聖門諸賢論名哉？是則皆是，非則皆非，於此豪髮，於彼尋丈，故曰：「學之不講，是吾憂也。」今諸君講學於此，固欲成爲聖爲賢之名，德行必欲爲顔、閔，言語必欲爲予、賜，政事、文學必欲爲由、求、游、夏，非徒僅僅成科第之名也者，如第曰成科第之名，則鴈塔豐碑，不啻足矣，又奚取於斯邪？雖然，書院之講，固不專爲科第，而即科第，亦足見書院講學之益。惟諸君不以一時科第自多，而以聖賢有本之學自勉，使鄠鄠子厚、藍田四吕、高陵仲木再見於今日，則業與名世争流，而名與天壤俱敝，寧直諸君不負科名，即關中書院亦當與白鹿、嶽麓並名不朽矣，余不與有榮施也哉！是爲記。

書

與友人論文書館課。

今天下蓋稱文盛矣，學士大夫搦管抽思，摛葩談藻，人蛇珠而家荊玉，豈不彬彬質有其文哉！顧縱横滋而樸茂散，虚無熾而大雅微，其流弊有出文詞外者，關係人心世教，匪細故也。起弊維風，是在足下，僕敢略陳其愚，而足下察焉。

夫六經尚矣，下此談文者，不曰《國策》，則曰秦漢，不曰佛老，則曰莊列，建安而下，率置貶辭矣。然其間如昌黎、廬陵

輩，猶或寓目焉，曰「此詞人之雄也」；如濂、洛、關、閩，見謂迂遠而闊於事情，曰「此宋頭巾語耳」，不翅瓦礫置之矣。夫宋之文載於《性理》一書，其雕章琢句，焜燿耳目，不逮《國策》諸書，僕不敢强爲左袒，但其析理闡義，羽翼聖經，亡論韓、歐，即秦漢有之乎？亡論秦漢，即《左》、《國》有之乎？子輿氏以來，此爲正印，奈何以瓦礫置之也？僕嘗讀《國策》、秦漢諸書，其詞旨高古閎深，不具論，論其中所載事，多縱橫捭闔之術，其機械變詐，至不可方物；佛、老、莊、列諸書，叛經非聖，倡爲虛無寂滅之談，其不雅馴處，薦紳先生難言之。今世學者，問字《國策》，貫旨曇聃，其意甚盛，但恐數年莊嶽，不止齊其語耳。蓋常人溺於所聞，曲士局於所見，讀縱橫捭闔之書，不覺流而爲機械變詐之人；讀虛無寂滅之書，不覺流而爲放縱恣肆之人。其始也，止豔羨其文詞；其既也，耳濡目染，不知不覺，併以移易其心術，而瑕類其人品，可不慎哉！雖然，救縱橫虛無之弊者，在於明理，上而六經、孔、孟，下而濂、洛、關、閩，夫非理學之淵藪而脩詞之標的與？試取此諸書讀之，猶令人鄙吝消融，心胸開朗，勃然有正人君子之思，即不然，而亦不至於爲縱橫、爲虛無也。故曰文章以理爲主，願足下之熟計之也。

或又謂：「文章理學，原不相能，以理學爲文章，不迂則腐。」僕斷以爲不然。夫談理者，莫如《易》，而六經中稱最奇者，亦莫如《易》；談理者，莫如《孟子》，而戰國皆稱最奇者，亦莫如《孟子》，但今人未之深思耳。然今人爲文，其主意與古人異：古人爲文，主意在發理而翼聖；今人爲文，主意

在炫辭而博名。主意在理，故讀理學諸書，易入而易信；主意在辭，故不得不剽取《國策》、《莊》、《列》，以塗人耳目，詎知浸淫之久，其弊有出於文詞外哉？然則爲文者宜何如？僕以爲六經、孔、孟，其正鵠也；濂、洛、關、閩，其嚆矢也。注精凝神於此，務必至於解悟而後已。則此心確有主意，而後間取《國策》、秦漢及諸子百家之書讀之，以爲射疏及遠之一助，使不至詭遇以獲禽，庶幾乎返縱横爲樸茂，挽虚無爲大雅，乃稱藝苑良工哉！此僕所有志而未逮，亟欲請正於足下者，惟足下財督。

答同志問族譜書

承問族譜，僕至寡劣，何以復命，雖然，竊奉教於君子矣，敢無説而處於此？夫族之有譜，猶國之有史，尚矣；第史之爲道，備載善惡，用昭勸戒，要之以義爲主；譜之爲道，揚善隱惡，有勸無懲，要之以恩爲主，不可一概論也。乃今之作譜者則不然，縱筆訐發，略無顧忌，自以爲不虚美，不隱惡，自負曰「直」，人亦從而直之，居然史遷復出矣，不知其直正有不在此者，惟是家世寒微，不諱可也；事行細小，不忌可也；有可稱則傳，無可稱則闕，可也；微顯闡幽，據事實録，不至溢美，可也。即此便是直，又何必縱筆訐發，略無顧忌，而後爲直哉？無論族譜，即郡邑修誌，其載善惡，昭勸戒，此固毫髮不可諱者，尚且於「職官」一類，但寓褒貶於三十年之前，於三十年之後者則闕之，一則有自己曾相與之嫌，恐是非涉於愛憎；一則公論必久而後定，故姑以俟之異日。夫修誌且然，況修譜者可輕肆褒貶

乎？李獻吉謂「子孫而不録其先人，是悖亂之行也」，若録其先人而又訐其過，其爲悖亂孰甚焉？古人不又云乎：「作法於涼，其弊猶貪；作法於貪，弊將何極？」今之作譜者，雖似過訐，不過一時講究未明，誤以訐爲直耳，猶屬無心，倘後世子孫一有小嫌，不能捐釋，借此族譜，洩彼忿心，則是以古人敦仁廣孝之書，爲後人報復恩讐之具也，又誰爲之作俑哉？綱常風化，關係不小，奈何不慎之於始，而猶沾沾以訐爲直也。嗚呼！不虚美，不隱惡，此在作史則可，若譜，則但不虚美可耳，禮諱尊親，不隱可乎哉？先是作者，誇其門閥，多失於虚美；近日作者，懲其虚美，又失於揚惡。虚美，則以恩掩義，固不可；揚惡，則以義傷恩，尤不可。此作譜之所以難也。鄙見如斯，惟足下教之，幸甚！

奉許敬菴老師

從吾不佞，不能勉自策勵，以答老師之知，然繩趨尺步，何莫非老師賜也。猥托榆枋，敢云自致，顧影增慙，溯源感德。恭惟老師門下，主盟吾道，表範人倫，凡寓内後進之士，思挹台光而聆緒論者，不翅如泰山北斗。況從吾夙辱陶鑄，被化尤深，所不祓滌矜奮，而甘自暴棄，其若上負名教，下負生平何？徼倖以來，日夕兢兢，尤甚於諸生時，時與同志諸君子講明此理，反覆體驗，務實得於身心，而資闇學疏，恒不免二三之擾，奈何！老師時惠教言，閔其愚而匡直之，幸甚！今天子寤寐耆英，尊崇理學，行將起老師於東山，爲學士大夫典刑，爲斯世斯民造福，是又中外士紳所共爲引

領者，豈從吾一人視願之私！

答李詢蕘同年

承教「巧拙」二字，深服特識。樂只君子，民之父母，烏用巧爲也？ 昨許敬師貽書略云：「閒觀世故，知功名富貴之無常，絶不萌一毫驕侈之念。」弟又爲之説曰：「閒觀世故，知功名富貴之有數，絶不萌一毫揀擇之心。」夫既無揀擇矣，即巧將安用之？ 年丈古心質行，卓爾不群，弟年來每與淑遠諸兄弟談身心之學，惓惓念詢蕘不置，詢蕘勉旃，毋以「拙」之一字爲迂也。

答饒暎垣同年

郡守古稱「二千石」，其展布所學，使元元受福，視監司更切，弟殊爲年丈喜。至尊諭謂「此正學問明證日」，弟爽然自失矣。學問原非玄虚，臨政莅民，靡匪實際，事上接下，總屬真修，所貴透悟者，透悟乎此耳。 敝差幅員廣闊，拮据孔艱，況弟以病軀當之，其不勝明甚。 惟是兢兢一念，不敢輕易放過，此可以盟之幽獨，而亦可以質之年丈者也。 惟年丈不惜箴規，震發蒙蔀，幸甚！

答蕭慕渠老師

從吾自罪歸來，一切時事不敢聞，惟與二三同志立會講學，以求寡過於萬一，承教出力擔當，從吾雖非其人，實不敢不勉也。第聖賢道理，原不落口耳，而以口耳擔當之，則支；原不涉意氣，而以意氣擔當之，

則激；原不借興致，而以興致擔當之，則易作輟。從吾清夜沉思，惟恐墮此三者之病，奈何？惟老師終教之，幸甚！

答强睿菴侍御

承教隱居求志，行義達道。夫人之志不同，有志事功者，有志氣節者，有志道德者。要之，道德可以兼事功、氣節，事功、氣節不可以兼道德，求志者，惟求志此道德。譬如樹培其根，水濬其源，異日遇事功則事功，而非倚於事功，遇氣節則氣節，而非倚於氣節，不患其華不茂而流不長也。若不辨所求何志，而第曰求志，無論思不出位謂何，竊恐古人亦不若是之憧憧擾擾矣。昔子路志在强兵，冉求志在足民，公西華志在禮樂，其志豈不甚偉！不知由志强兵矣，如或知爾，而畀之足民之任；求志足民矣，如或知爾，而畀之禮樂之任；赤志禮樂矣，如或知爾，而又畀之强兵之任。三子者，其將何以應之？得非所行者非其所志，而所志者又非其所行者邪？雖大賢作用，臨時自有轉移，而要之畢竟有所倚，故夫子獨喟然於春風沂水之點者，誠進三子之事功、氣節於一無所倚之域也，豈徒與其逍遥曠達而已哉？夫志如三子，而夫子猶進之，況後世之志事功、氣節者，不求進於道德，可乎？不然喜談事功、氣節，而不信講學，其不爲功名、客氣所累者幾希！鄙見如斯，不知明公以爲何如？

與友人

吾儒之學，以孔孟爲宗；二氏之學，宜

所不道。門下才大學博，言孔則孔，言孟則孟，言佛老則佛老，任其揮霍，無不如意，此自門下緒餘，非可以淺近窺測者。第恐學者聽其言不得其意，志淆兩可，功分多歧，勢且必進二氏而絀吾儒，其所關係不小。且今聖學不明，異端蜂起，非門下砥柱中流，又孰與迴狂瀾而障百川哉？孟子曰：「能言距楊墨者，聖人之徒也。」余亦曰：「能言距佛老者，聖人之徒也。」昨因賤恙，不能多談别來體驗，此心覺過不去，然不爲門下一言，此心亦覺過不去，即此是良知也。不知門下以爲何如？

答逯確齋給事

王使君人至，辱翰教，展讀周環，宛如疇昔，雁塔之會，愉快可知。弟茫不知學，而比年静中體驗，益覺學問功夫，不容易言。大抵悟處欲高欲透，修處欲實欲確，故言知不言禮，名爲虚見；言禮不言知，名爲循跡。一以貫之，此吾儒之正脉，而《易大傳》「知崇禮卑」之説也。近世學者，多馳騖於虚見，而概以規矩準繩爲循跡，其弊使人猖狂自恣，流於小人而無忌憚，此關係於人心世道不細。弟方妄爲此懼，而來諭獨揭此四字爲言，真可爲近世學者對症之藥，且年兄如此用功，同志自當興起，而猶然以旁無彊輔爲歉，得非造彌實而心彌虚邪？景逸、桂渚二兄，誠吾道中不易得者，第愧弟非其人耳。聚首何日，願各努力。

答涂鏡源中丞

遠辱翰教，深感提撕。《大學》稱「至

善」，此性體也。「知止」者，知止於至善也。知止，則見不落空，心不涉妄，此所以「定静安慮得」，取之左右逢其原耳，修身爲本，功夫正在此。而世之學者，多談玄説虚，舉至善而一空之，令人茫然莫知所止，其蕩檢踰閑，無所忌憚，何怪焉？老公祖倡學榆塞，獨揭孔曾之宗，其有功於吾道甚大。從吾多病暴棄，自每旬會講外，日惟閉關静坐，每静極，則此心湛然，如皓月當空，了無一物，似乎少有所窺，然終不敢自信，不知知己何以震發之，使不終於暴棄，幸甚！神木高君，能知皈依門下，將來造詣必不可量，聖學源流，此刻大有關係。初學之士，縱有志向，苦乏見聞，得此，可以探崑源而陟華巔矣。使旋此謝，臨楮皇悚。

又 一❶

歲序更新，玩愒如舊，方切愧慢，迺辱手教，儼若對談，開我實多，敢不佩服。佳刻疏草，字字忠讜，言言經濟，蓋從學問涵養中流出者，當與古名臣奏疏並傳，什襲珍藏，三復斂衽。從吾不肖，年來與同志講切，雖茫無所得，而此心稍覺有一二悟入處。聖賢學問，要在知性。《大學》「止至善」，此性體也。性體至善，乃天生來自然而然，不假一毫人力，故曰「天命」。此至善之性體，率之則爲道，盡之則爲聖人，率性是本體，盡性是功夫。率性，衆人與聖人

❶ 此篇及以下諸篇之序號「一」、「二」、「三」等，均爲校點者所加。

同；盡性，聖人與衆人異，不可不辨也。如見孺子入井，而怵惕惻隱，此率性也，衆人與聖人同；至於知擴而充之，以至於保四海，此盡性也，聖人便與衆人異矣。孩提知愛，稍長知敬，此率性也，衆人與聖人同；至於擴知能之良，滿孝弟之量，通乎神明，溥乎四海，此盡性也，聖人便與衆人異矣。不忍觳觫之牛，不屑嘑蹴之食，此率性也，衆人與聖人同；至於推不忍之心以愛百姓，推不屑之心以不受萬鍾，此盡性也，聖人便與衆人異矣。率性無功夫，盡性有功夫。盡性者，即盡其所率之性，由功夫以合本體者也。「惻隱之心，仁之端也」，惻隱乃率性之道，而仁乃天命之性，天命之性不可見，而於惻隱見其端，由其端以窺其體，而本體之善可知，故曰「性善」，《大學》「止至善」，正止乎此耳。學問不止乎此，則「三品」之説得以摇奪。「明德」不淪於玄虚，便落於口耳；「新民」不涉於功利，便流於刑名。性學不明，源頭一差，無所不差，此「知止」所以爲《大學》第一義也。一得之愚，正欲面求指正，而承諭欲弟入榆陽，爲諸生一闡發，殊爲至願，第病體支離，不敢出門，徒抱耿耿，奈何！

又 二

承教《易義》佳刻，讀之大撤蒙蔀。夫易道難言久矣，狥迹者既泥於象數，而崇虚者又索於渺茫，聖學幾爲天下裂。老公祖此刻，由象會理，得理忘象，「不離日用常行内，直造先天未畫前」，此亦吾道當大明之一會也，夫豈偶然？承教「戒慎不覩，恐懼不聞」，此自體言，千古聖學宗旨，老公祖一

言道破矣。聖賢論學，雖有自用言者，有自體言者，而要之以體爲主，蓋得其體，則其用自然得力，但不言用，則其體又不可見，其或諄諄言用者，蓋欲人由用以識體耳。孟子謂惻隱爲仁之端，而以「乍見」明惻隱之皆有，蓋舉「乍見」知惻隱爲用，爲率性之道，欲人由端識體，知仁爲體，爲天命之性也，指點出萌蘖，正欲人從此好覓根本；既覓得根本，則不惟萌蘖是，即枝枝葉葉皆是矣。故孟子前說「惻隱之心，仁之端也」，而後直說「惻隱之心，仁也」。蓋既由用以見其體，又何用之非體？此所以直說惻隱爲仁，而不必更言其端耳。且此性體，原不覩不聞，然必不覩不聞之時，乃見性體。如見孺子入井，見觳觫之牛，此時固有怵惕惻隱之心矣，然未見之前，豈遂無是心乎？未見之前之心，不覩不聞，正以體言，正以天命之性言；既見之後之心，有覩有聞，便以用言，便以率性之道言矣，故於不覩不聞之時，然後識性體果不落於覩聞也。若謂共覩共聞之時，而不覩不聞者自在，雖已發，而根柢者固未發也，又何必論時？不知不覩不聞之時，而共覩共聞者亦自在，雖未發，而活潑者固常發也，又何爲專以不覩不聞爲性體乎？未見入井，而胸中已涵一孺子；未見觳觫，而胞内已具一全牛，先天脉理房皇周浹，故曰「至善」。至善者，性體也，在《易》謂之「太極」，在曾子謂之「至善」，在子思謂之「未發之中」。知止，則戒慎不覩，恐懼不聞，合下便見性體，合下便得未發之中，如是，則身、心、意、知，天下、國家，一以貫之，豈有不發而皆中節者哉？此《大學》「知止」二字所以兼體用而言，所以爲妙也。中懷縷縷，不知是否，又不得面

相印正，惟老公祖詳教之，是望是懇。

又 三

頃辱翰教，大慰離索。夫性學難言久矣，如知愛知敬，此良知也；然必有所以能知愛知敬者，此性體也。至善之性體，蓋自父母初生時天已命之，豈待孩提稍長而後有？知愛知敬，此感而遂通境界，然不惟愛敬未感之前，而所以能知愛知敬者，寂然不動；雖知愛知敬之時，而所以能知愛知敬者，亦寂然不動也。此所謂「未發之中」，此所謂「天命之性」。戒慎恐懼，正戒慎恐懼乎此耳。《大學》「至善」，蓋直指性體言，此曾氏之學所以獨得其宗也。承教「知止」二字，此聖人爲後學開宗立教，至精至要之言，非實體諸身，未見其妙。旨哉言乎！

從吾山中無事，閉門功課，亦只有此，第末繇一領面教，恐不無南越北轅耳。腆貺遠頒，其何以當，對使拜嘉，處此佈謝。

答楊原忠運長

不佞跧伏深山，聞門下聲稱藉甚，竊神交之日久。近余懋吾亟道門下惓惓不佞盛意，不佞方圖修訊，乃使使奉書貺，儼然先之矣。此其謙德虛懷，即古人寧多讓焉！且感且愧，其何以當！

道學之傳，肇自虞廷十六字，而孔子括以「學」之一言，此正先師喫緊爲人處，此其功真賢於堯舜遠甚。故子思解之曰：「君子尊德性而道問學。」孟子解之曰：「學問之道無他，求其放心而已矣。」可見聖門之學，全在心性上用功，非泛泛然向外馳求

也。世儒不知有心性者，多炫聞見以爲博，其究也失之泛濫，固不是；至於知有心性者，又黜聞見以爲高，其究也失之空寂，尤不是。此聖學所以不光，而世道人心所以不古若也。故以心性爲本體，以學問爲功夫，元元本本，歸根復命，此聖門一貫之學，非深造自得不及此。

承教亹亹千百言，遡聖學之淵源，抉異端之流弊，援古證今，批郤導窾，三復爲之斂衽。至於逆説云：始也陶沙見金，而終也瓦礫皆金；始也遡流窮源，而終也左右逢源。可謂直透聖真，獨得孔氏之宗矣，其有功於道術不小。明儒四語，切近精實，敬當置之座右。不佞幼不知學，長而悔恨，生平多病，居諸浪擲，不覺五十又一，老矣。幸門下不惔提撕，共弘斯道，魯陽之戈，尚可揮也。使旋，肅此報謝，馮楮神馳，不盡。

又一

不佞三年以來，雖屢奉翰誨，終是神交，不若形與。昨辱左顧，獲領面譚，生平饑渴，一朝頓釋。第卒卒別去，未得多留爲歉耳。顧生回，得接手札，婉如再晤，昨一時請教之言，業已不省爲何語，而門下一一條縷，誠爲愧悚，然藉此得堅自信，則門下教我多矣。

《疑思》拙録，徼惠弁言，奬詡過情，愧非三都，何當玄晏，銘刻銘刻。「不覩不聞」，原是至静無感時；「莫見莫顯」，原是一念方動時，豈可混而爲一？「不覩不聞」，原就至静之時論，而道體豈落於覩聞，即不覩不聞而道在也。不然，是道專屬於動，而至静之時無道矣。「莫見莫顯」，原就

方動之時論，而道體豈淪於隱微，即莫見莫顯而道在也。不然，是道又專屬之静，而方動之時無道矣。即此，才見道本不分動静，不可須臾離，於此倘一時不加戒懼功夫，則是道不離我，而我自離道矣，可乎？此所以君子戒慎恐懼，而不敢須臾離也。言「不覩不聞」，則無覩無不覩，無聞無不聞，無動無静，無寂無感，無時不戒慎恐懼可知。可見君子之心渾然全是一團虚明境界，「慎獨」云者，不過就中點出一點機括，令人倍加警省耳。「維天之命，於穆不已」，何分動静！而《易》謂「復見天地之心」，正是就中點出一陽方動一點機括，見天地之心未嘗已耳，非謂天地之心盡之乎一陽也。程子謂「其要只在謹獨」，「要」字最妙；而後儒謂「聖學只在謹獨」，是天地之心只在一陽之來復矣，豈六陰六陽獨非天地之心也

哉？「不覩不聞」，「莫見莫顯」，原就時言，而道即在其中，故曰無時不然。彼丢過時，而專以不覩不聞爲道體，則可覩可聞，鳶飛魚躍，獨非道體也耶？是道偏於静而遺乎動，如前所云云矣，又何以稱「動静無端，顯微無間」也哉？道體原是圓滿，不分動静，静時乃道之根本，方動時乃道之機括，動時乃道之發用。學者必静時根本處得力，方動機括處點檢，動時發用處停當，一切合道，然後謂之不離。然必在静時根本處預先得力，方動機括處再一點檢，然後動時發用處才得停當，故特舉「不覩不聞」與獨處言之。此先天之學，而後天自不待言。非謂道體專屬之静，而功夫專在於寂，動處感處，可以任意，縱有差錯無妨也。此處稍偏，則放縱恣肆者，得以藉口，喜怒哀樂之不節，而曰「我能冥合道體，不必一一在事

爲上點檢」，此小人所以托之乎中庸，而行無所忌憚也。毫釐千里，關係不小。不佞有慨於中久矣，承諭及，敢藉手請正，不知門下以爲是否。

小刻二部奉覽，使者不能久留，佳序容刻成覓便專致，先此附謝。

又二

恭喜長蘆之行，不佞抱痾深山，不克馳祖，至今爲歉，日惟擊壤鼓腹，歌《緇衣》、《甘棠》之詩，以寄遐思耳。

《疑思》佳弁，梓成有日，苦乏鴻羽，兹因許生之便，謹具二部呈覽。許生下帷發憤，滿望高掇，而抱璞不售，人皆扼腕，渠略不介意，此其所得，又在世俗功名之外矣，不佞益器重之。今秋敝鄉應試朋友，相從者甚衆，俱勃然有志於理學，殊爲吾道得人喜，又殊爲敝鄉士風喜，凡此皆老公祖曩日倡明之效，不佞敢貪天功以爲己力？孟子曰「人皆可以爲堯舜」，夫人既皆可以爲堯舜，則世豈不皆可以爲唐虞？今世道不及唐虞，只是人不皆爲堯舜耳。若是吾輩大家着實講明，以斯道覺斯民，則人皆爲堯舜，則世即可爲唐虞矣。「欲明明德於天下」，此等責任願欲，不論在朝在山，人人皆可做得，白沙先生謂「朝市山林皆有事」者，此也。從吾雖不敏，願與門下分任之。後晤無期，臨書悵惘。

又三

莊誦來教，益見門下別來學問之密，造詣之深，敬服！敬服！

近世學術多歧，議論不一，起於本體、功夫辨之不甚清楚。如論本體，則天命之性，率性之道，衆人與聖人同；論功夫，則至誠盡性，其次致曲，聖賢與衆人異。論本體，則人性皆善，不借聞見，不假思議，不費纖毫功力，當下便是，此天命率性，自然而然者也；論功夫，則不惟其次致曲，廢聞見、思議、功力不得，即至誠盡性，亦廢聞見、思議、功力不能，此戒慎恐懼，不得不然者也。如以不借聞見、不假思議、不費纖毫功力爲聖人事，不知見孺子入井，孩提知愛，稍長知敬，亦借聞見、假思議、費功力乎？可見，論本體，即「無思無爲」、「何思何慮」，非玄語也，衆人之所以與聖人同者，此也。若論功夫，則「惟精惟一」，「好問好察」，「博文約禮」，「忘食忘憂」，即聖人且不能廢，矧學者哉？此非聖人之好勞，而故爲是不廢也。謂廢此，則無以盡己之性，盡人物之性，贊化育而參天地也；謂廢此，則非所以致曲，無以收形著動變之妙，而造至誠之化也。論本體，雖下愚鄙夫，亦所同有，而況於聖人！論功夫，雖上知聖人，亦不能廢，而況於下愚！若不分析本體、功夫明白，而混然講説，曰「聖學不借聞見，不假思議，不費纖毫功力」，雖講的未嘗不是，卻誤人不淺矣。況本體又有寂感，功夫又有安勉，又有不容混淆者，必講究得清楚明白，從此體驗，愈體驗愈渾融，愈渾融愈體驗，造到無寂無感、無安無勉地位，便是堯舜之「執中」，孔門之「一貫」，才與自然而然不費纖毫功力之本體合，此「盡性至命」之學，聖聖相傳之正脉也。若論功夫而不合本體，則泛然用功，必失之支離纏繞；論本體而不用功夫，則懸空譚體，必失之捷徑猖

狂，其於聖學終隔燕越矣。鄙見如斯，不知高明以爲何如？

向承捐建書院厚分，同志方謀置間，會藩臬諸公聯鑣會講，别時欲另圖一講所，與老公祖所見略同。即於寺東閑署，創爲關中書院，規模闊闊，景趣幽雅，吾道似益有興起之機，第愧不佞不足以當諸公盛舉耳。向厚分業充脩理，不朽之誼，豈獨不佞一人之感！門下延州政蹟，卓犖不凡，讀《去思碑》，字字真切，然又有書不盡者，《甘棠》之詠，語豈虚哉？《辨學録》中，「直把人心作道心」一句，改爲「氣質作義理」，故再以二册往，向所奉者，亦望更之，何如？

又　四

吾儒之學，以至善爲本體，以知止爲功夫，而下文云「致知在格物」，可見必格物而後能知止也。格物，乃知止以前功夫，故曰「物格而後知至」。知至者，知止也。丢過格物而别求知止之方，此異端懸空頓悟之學，非吾儒之旨也。静坐原是吾儒養心要訣，故程子每見人静坐，便歎其善學。若必欲静坐數十日，徹夜不寐，而後心目中有真見，此異端「坐禪放光」之説，非吾儒之旨也。且人之精神有限，嚮晦入晏息，自是當然，只不如宰予晝寢可耳。若無故十數日徹夜不寐，即强壯人亦生病矣，且無論聖學，恐亦非養生之道也。況孟子「夜氣」之説，全重一「息」字，若數十日徹夜不寐，是數十日無夜息矣，其何以養平旦之氣而存仁義之良耶？吾儒之所謂太極，蓋指生生之實理而言，故曰「生生之謂易」，「維天之命，於穆不已」。故六陰既剥，一陽即復，可

見天地生生之心，未嘗一日少已，故曰「復，其見天地之心」，此吾儒之正論也。若曰：「天地原是一團陰氣，全藉日之一點真陽，才能生物，如冬天去日遠便寒，夏天去日近便暑，可見至於月與星，俱藉日之光以爲光，如人之一身，全是一團血肉陰氣，只是有此一點真陽之氣，才能不死。故仙家鍊氣，必鍊至純陽，而後可以長生」。此段議論，是仙家養生之説，與吾儒之旨全不相干，豈可以此爲吾人之性，以此爲至善，以此爲未發之中哉？吾儒所謂性，指生生之實理而言，非指此一點陽氣而言也。此儒學、玄學之辨，差毫釐而謬千里者。鄙見如斯，未知是否，便中幸不惜教，尤懇。

又 五

五月間遠承翰示，率爾裁復，殊愧不悉。近世學者病支離者什一，病猖狂者什九，皆起於爲「無善無惡」之説所誤，良可浩歎！頃得顧涇陽先生《小心齋劄記》讀之，如門下所提數款，皆大有關係，至於辨「無善無惡」之説，尤爲痛快的確。不佞向從先生遊，别來近三十年，所見不約而同，可謂奇甚。門下謂「千聖相傳之道脉，不至顛墜」，顧先生真其人，若不佞何敢當哉？

顧、許兩生，一向相聞否，今在何處，乞示之，以慰遐念。寄書者，爲真定撫院承差，因便附此，其人無他瀆也。

又　六

　　穀日雪晴，掩關嗒坐，忽墮雲翰，破我寂寥，喜可知也。聖賢學問，總在此心，彼不知求心者無論，即知求心，而索之虛無寂滅之域，是異端之所謂心，非吾儒之所謂心也，其弊尤甚於不求。故年來不得已，以「綱常倫理要盡道，天地萬物要一體，仕止久速要當可，喜怒哀樂要中節，辭受取與要不苟，視聽言動要合禮。存此，謂之『道心』；悖此，謂之『人心』；『惟精』，精此者也；『惟一』，一此者也。此之謂『允執厥中』，此之謂『盡性至命』之實學」數語，大書於書院允執堂屏，欲與同志同勉之。而來教謂：「吾輩誠能終日體此數語，時時點檢，時時收攝，如蘧伯玉之寡過未能，如曾子之戰戰兢兢，子思之戒慎恐懼，孟子之求放心、勿忘勿助，便是下學上達，功夫、本體合而爲一，而自無支離猖狂之失矣。」旨哉斯言！若以一得之語爲不甚謬妄者，千載聖學，何幸當吾世而如日中天，豈不爲吾道一快哉！

　　第東西間隔，不克聯床劇談，爲悵怏耳。聞昨夏台體有脾泄微恙，今已大愈，喜甚！喜甚！不佞亦有此疾，每入秋即發，近年夏間禁忌瓜果，至秋遂不發矣。「口之於味」一句，不惟養德，亦養身之要訣也。

答喬裕吾同年

　　昨歲郭子至，得手教，莊誦再三，如侍臯比。辱惠詩扇，詞翰兩絕。詩教中「異端此日紛無忌，先聖從來愼獨知」，只此一語，

崇正闢邪，開闢啓鑰，聖學無餘藴矣。別來精詣至此，伊洛淵源，當在年丈，敬服！敬服！弟生平善病，不耐勞役，雖深居簡出，而書院會講，必不敢輟。每會，林下諸老，有扶杖赴會者，有携子孫聽講者，其他同志咸集，彈琴歌詩，人人踴躍。第愧弟非其質耳，不知年丈何以教我，使無貽名教辱。詩扇二柄，小刻六種，請政。萬惟不吝郢削，尤仞至愛。

與楊晉庵都諫

昔横渠講《易》，聽從者已衆，一夕領二程言，而即勇撤臯比，一變至道。於此，足見同志講劘之功，最爲喫緊。從吾懵不知學，不敢望横渠萬一，而仁丈則今之二程也，顧東西間隔，不得時時領教，奈何！《孟叔龍集》一部奉覽，憶吾三人鼎足談學，曾幾何時，頓有離合存亡之感。叔龍乎！叔龍乎！九原不可作矣。後死者慨韶華之易駛，念學問之難窮，願共努力，俾千古斯文之統，不至當吾世而落寞，即東西間隔，不減芝蘭同室也。何如？何如？

答朱平涵同年

別年兄廿有三年矣，頃周達菴年兄使至，得手教，大慰饑渴。方今理學大明，真儒輩出，而年兄躬行實踐，遠宗鄒魯，近接伊洛，海内共仰爲山斗，弟即遠在西僻，必不敢暴棄以負夙昔。承教謂「今人只是自足自誇」，此誠近日學者頂門之針。先師論學，一則曰「未能」，再則曰「未能」，一則曰「何有」，再則曰「何有」，此豈過爲貶損？

蓋道理無窮，學問無盡，惟聖人見得真，識得破，所以有此言。堯之兢兢，舜之業業，文之望道未見，皆是物也。「滿街皆是聖人」，其言甚是警策。第此言是論本體，非論功夫；是論大家，非論自己。若不下功夫，而自家便認做聖人，則病狂甚矣。年兄下一轉注，謂「天下決有聖人，自己決不是聖人」，又何等警策！蓋自以爲未能，乃其所以爲真能；自以爲何有，乃其所以爲真有也。先師家法，原是如此，彼自足自誇者，原是不知，何足怪焉？

弟素多病，丙申歸來，賤體頗適，因與山林舊遊，立會講學於寶慶寺，不意自戊戌一病，閉關九年，至丙午冬，始復舉寶慶之會，而已酉冬，藩臬諸公爲寺中不便，特爲弟闢一書院，雖講有專所，同志益爲興起，第愧弟不足以當之耳。許師捐館，深爲吾道悲悼，聞師已得謚，而許長兄又得蔭，當路又爲師建祠，微年兄之力不至此，同門當共感之，寧獨弟一人也。年兄有三子二女，麟角鳳毛，方興未艾，聞之喜甚。弟有二子二孫，弟素無婢妾，一切家事，俱老妻與長兒料理，弟庶得一意講學，此微有天幸者也。負郭田百畝，俱先世所遺，可笑做官幾年，毫無增益，惟儉淡一着，稍稍度日，大抵貧者士之常，原不足患，第患學不到孔顏樂處耳。因有二詩，録在别紙博笑，承問深感，敢併及之。

答汪明卿學博

天地間，惟有此道；人生天地間，惟有此學。地無邊腹，時無古今，人無窮達，官無文武，無不可學，無不可爲賢爲聖。故曰

「人性皆善」，「人皆可以爲堯舜」。夫以皆可爲堯舜之人，而與之論道談學，或有疑而不信者，非其人甘於自棄，亦習俗移人，雖賢者不免耳。若有人焉提撕警覺，呼寐者而使之寤，雖至顓蒙，未有不醒然悟、蘧然覺者，何也？彼其性原皆善故也。不佞深信孟子之言，往歲倡學寶慶，而朋友中，初則駭，既則疑，終則駭者釋，疑者信，而且悔其知學之晚。今又移講關中書院，人心益爲踴躍，同志益爲興起，駸駸乎斯道有中天之漸，雖不佞愧不敢當，而人性之善，亦略可覩已。人人始信孟子之言果不我欺，而不佞之信孟子果非迂也。環州，邊邑也，志稱「民淳士慤」。夫士必慤而後智能，民淳而後可以興教化，今幸借門下坐鱣鳴鐸，以理學爲諸士倡。來書云：「環人士近知向學，任生秉衡尤大有長進。」聞之，喜而不寐，時雨之化，作人故自如此，此非獨環士之幸，實百二文運之幸也。

佳刻言言名理。至如「堯舜至今在，孔顔尚可尋」，又如「人心豈無過，夜氣滌吾思。夢中一點覺，觸處皆良知」，尤得聖學真脉。而末云「醉後狂言亂，醒時愧悟存」，於人情日用間提醒人心，尤爲痛快。兩牛生能付殺青，其志向可知。而來書謂能傳不佞之道於邊鄙，夫不佞何敢當？是門下能傳堯舜孔顔之道於邊鄙也。雖然，亦非堯舜孔顔之道，乃天下萬世古今聖愚所共由之道也，以天下萬世古今聖愚所共由之道，即傳之天下萬世古今聖愚所同具之人，於此無所損，於彼有所益，於彼無所損，於此有所益。在聖人，「不識不知，順帝之則」；在百姓，「日遷善而不知爲之者」，將天下萬世古今聖愚溶成一片。昔人謂「太

和在成周宇宙間」，不佞謂太和今在大明宇宙間矣。此吾道所以爲大，而聖學所以不可不講也。或謂學不必講者，真佳什中所謂「醉後狂言」，不惟不當與之較，且當憐之恤之，求解醒之方而療之矣。使醒解而醒也，寧不自悔其失言哉！不佞嘗謂「功名富貴，乃醉人之毒酒，讀書講學，乃解醒之良方」，不知門下以爲何如？

今夏書院池蓮綻蕊，庭竹交陰，即非會期，同志亦時相過從，講問未嘗一日不明卿在口，屈指相晤之期，當在明歲，明卿偕計時耳。使旋，草草佈悃，便中時惠德音，尤感。

答李翼軒老師

方今理學大明，真儒輩出，誠可爲世道喜。第高明之士，多講佛氏無善無惡之説，無惡既占地步，而無善又開便門，竊又爲世道憂。從吾生平善病，不知學問，昨《辨學》拙録，聊以敷衍師傳，私用警醒，實無所得，承示弁言，抉西極之隱病，剖東魯之微言，如靈曜當天，幽隱畢照，彼佛氏無善無惡之説，不待辨而自知其非矣。且古今闢佛者固多，如老師此序，絶未曾有，蓋天地間不可無此一篇大文字，吾道中不可無此一篇大議論，何幸借鄙言發之！此世道之幸，非徒從吾一人之私感也。

後學小子不知鄉里先正，何況尚友千古。《關學編》姑以紀述先正學術之概，愧筆力不足以發之，徽惠玄晏，諸先正没且不朽。承諭康僖公學問，實其父端毅公成之，《石渠意見》有裨經學，《康僖公傳》中業已補入矣。近又於胡可泉《秦州記》中查出周

小泉一弟子王君名爵者，亦補入《周傳》內，可見深山窮谷之中，故不乏真修實踐之士，第患無人物色耳。聖學以求友爲要，兩兄入太學，友天下善士，而老師庭訓，又日督之，不惟聯翩兩宋科名，即程氏兄弟之學，亦始基於此矣。吾道幸甚，因便肅此佈謝。極目山斗，心神飛越，不盡。

答江勖見比部

敝同年中，理學甚盛，至於挺然粹然如思岡兄者，尤不多得，雖千里間隔，末由面晤。正欲借赫蹏以商正所學，而昨見邸報，知作古人，爲之欷歔累日。頃承翰示，知家既四壁，而一子又穉未婚，何天之報施善人至此耶？益令人傷盡不已。平日不知有著述否，如此高賢，咳唾必有關係，門下便中貽書於家，令其收輯遺文，仍借大筆弁而傳之，貴精不貴多，但得一二册行世，則此兄爲不死矣。何如，何如？

答鄒南皐先生

近世學者，多口實超悟，弁髦規矩，而曰一切無礙，其害道不小。承教獨提「規矩」二字，無令放鬆，而以小心翼翼爲真家法，可謂大有功於吾道矣。是非毀譽，自是人情常態，他山之石，可以攻玉，未必無益，雖然，又安得化石爲玉，使共偕大道之爲得也？

又丁巳冬。

今歲徽州大會，汪登源、余少原諸公以

書托貴門人江汝修，跋涉數千里見召，且約會畢偕二三同志訪翁丈於水田。不肖初亦欲藉此登龍，以酬生平之願，奈賤恙偶發，留汝修兩月，而竟不克如願，奈何？見翁丈集中，亦有《答新安書院諸同盟啓》，讀至「念神交千秋比席，思道乎萬古同堂」，爲之躍然，不肖亦可藉以自解耳。

又

頃魚客至，辱詩扇佳刻，謝謝。學問要日減，又要日增，《易》之《益卦》是「日增」之説也，《損卦》是「日減」之説也。增非增其所無，不過復其所本有；減非減其所有，不過去其所本無。本體如是，功夫亦如是。此吾儒一貫自得之學也，何如？聞貴邑仁文書院重加修飭，大興講會，殊喜。不肖生平多病，又不能治家人生産業，近病體日益衰，家事日益窘，惟是講學一念，日益壯益堅，可笑也。承教林間光陰，天與君所賜，無得虚過，敬用佩服。

答余少原廷尉

頃江汝修至，辱翰教，深感道體無窮，學問無盡，學者不廣求師友，縱下苦功，終無長進。故先師當年轍環天下，周流四方，豈漫遊也哉？正所以尋師取友，講明學問也。而或者不知，謂專欲得君行道，以求一遇，則誤矣。貴郡大會，尤不肖所願分一尺光者，遠辱台命，此正可以明證學問一大機會也，即跋涉，豈敢有憚焉？第病體支離，蹣跚不前，奈何？惟老公祖時惠鞭影，策我桑榆，則雖隔數千里，與會講一堂無異

耳。汝修歸，肅函佈謝，臨楮不勝皇恐。

答楊原忠郡守

七月十七日，得門下五月間書，開緘如覿，其善可知。而又拜佳貺之辱，其何以當。❶聖賢之學，總在心性，而心性得力不得力，又全在日用行事見得。若行事縱恣，而曰「我能了悟心性」，其孰信之？此孔子講學惓惓於孝弟忠信、博約知行，有以也。且欲求孝弟忠信之理，盡知行博約之功，使日用行事，件件恰當，又不專在行事上用功，須是在心性一念上用功，庶功夫不落口耳，而行事始得恰當，此曾子所以有「慎獨」之説也。雖然，若只在一念上用功，則一念未起之前，平素豈遂無功夫耶？且無論妄念多而真念少，主人難以措手；即真念多而妄念少，主人亦不勝其點檢矣。如此，即慎獨功夫亦有不足恃者，此子思子所以又有未發之説也。未見孺子而惻隱已具，未見觳觫而不忍已涵，此所謂性體也。此理無聲無臭，不覩不聞，爲天地根，爲萬物命。於此時時戒慎，時時恐懼，隨處皆知行博約之功，滿腔皆孝弟忠信之理，有不起念，念自無妄，有不躬行，行自皆真，庶乎慎獨之功，自然省力，而日用行事，自然恰當矣。此喜怒哀樂未發之中，所以爲千古聖學之原也。慎獨未發，正所以發明孔氏之旨，非未發之説精於慎獨，而慎獨之説又精於孝弟忠信也。

至於前啓中「本體有寂感，功夫有安

❶ 自「七月十七日」至「其何以當」共三十一字原缺，據張本補。

勉」二語，尚未請教。夫聖學以心性爲本體，一念方萌，如《大學》所云「意」，是感而遂通之時，然感而未離乎寂，故謂之「獨」；一念未起，如《中庸》所云「未發」，是寂然不動之時，然寂而能涵夫感，故謂之「大本」。此俱指本體説，故曰「本體有寂感」。如「其次致曲」，下苦功夫，不待言矣；如「至誠盡性」，豈遂無功夫耶？故兢兢業業，忘食忘憂，功夫都是一樣，只是自然、勉然處不同耳，非謂至誠盡性，全不用功夫也。故曰「功夫有安勉」。至於頓漸之説，嘗謂「志頓而功漸」，如孔子「十五志學」，當下便志於「從心所欲不踰矩」，非頓乎？然雖志於「從心所欲不踰矩」，亦豈能當下便「從心所欲不踰矩」？須是由「立」而「不惑」、「知命」、「耳順」，而然後能「從心所欲不踰矩」，非漸乎？大抵學問本於心性，頓則志決，漸則功深，頓漸皆是。不然，頓則玄虛，漸則支離，頓漸皆非矣。門下以爲何如？

扇頭佳什，煞有《歸去來辭》之趣，況《去思》一記，又不減《甘棠》之詠、峴山之碑也。門下所得多矣，世態浮雲，何足道哉。使旋，草勒佈謝外，具聊以侑緘，惟台炤不勝慺慺。❶

與趙夢白先生

「講學」之名，不可鶩亦不可避，世教衰微，民不興行久矣。爲今之計，更無別法，亟宜提此二字，使學者望而趨之，期而至之，或亦可以救什一於千伯耳。譬如，豎鵠於東，必不射矢於西，雖不中，亦不甚遠。

❶ 自「扇頭佳什」以下六十二字原缺，據張本補。

且天下事有真必有僞，於數十人中，但得一二真者，相與擔聖道而砥世風，亦不啻足矣，僞者置而不論可也。若朝講學，而夕責備人人皆聖賢，堯舜其猶病諸！惟翁丈教之。

與鄧允孝布衣❶

別來三復遊秦，佳刻筆氣超脱不群，從此熟去，不患不到李杜堂室也。憶昔有一文人曰：「周程張朱不能爲詩文，托之理學，遂成名於後世。」意蓋嘲之也。一客應云：「周程張朱不能爲詩文，一托理學，尚且成名於後世，若能爲詩文者，而又從事於理學，其名豈不在周程張朱之上邪？」其人大爲惶愧，因悟而爲世名儒，不佞聞其言快之，因舉似以代面談。

答涂鏡源總督

頃辱翰教，歡若暫面。北虜自古爲中國患，從吾雖在山林，亦抱杞憂，近聞封事已成，不勝歎服。竊嘗私語人曰：「今日邊事，爲王襄毅易，爲老公祖難。」彼時俺答裔孫入降，老酋過於犢愛，欛柄在我操縱，得以自由，故曰「爲襄毅易」。今款貢多年，虜多異志，彼若不叩關請臣，我安得强求封貢？此中難處萬倍曩時，非胸中有百萬甲兵，安能令彼頫首聽命邪？故曰「爲老公祖難」。老公祖道高學邃，直契千古，而出其緒餘，奏此不世奇功，使天下後世知真儒經濟果卓犖不凡，一洗昔人道學無用之誚，

❶「布衣」二字，張本無。

其爲吾道增光豈淺鮮哉！

從吾近益多病，自書院每旬會講外，日惟閉户静攝，久之頗覺有灑然自得處，益信宋儒「静中看喜怒哀樂未發氣象」之説良有深味。第恨不獲日就函丈以印證其是否耳，使旋肅此佈謝外，新刻拙集請教，望老公祖大加改削，至感。

答吴繼疏中丞

弟素不嫻古文辭，而又以賤恙，諸凡應酬文字，概從謝絶。昨辱台命，正以老年伯爲一代理學之宗，而老年丈又趨鯉庭而執牛耳，是以藉此印正所學，實不成文也，而老年丈不加改削，遽付梓人，非弟請教意矣。近日學者多侈異説而略躬行，弟妄欲以身挽之，而力不逮。弟自歸山，一切時事不敢聞，兩京縉紳書來，一字不敢答，其餘見任諸公，非有書來，不敢先以書往。静攝荒莊，非公事不至偃室，非赴書院會講，不入城市。嘗併日而食，室人交謫，而不敢以貧告人，虚譽雖隆，而實德則病，光陰易過，而學問難窮。不知老年丈何以終教我，使不至大爲同袍辱，望之望之。詩扇一柄博笑。

答韓旻阜司李

不佞雖妄意聖學，從事有年，而質闇功疏，實無所得。頃辱詢蕘，其何以當？孟子以「雞鳴善利」一念，分舜、蹠兩途，此正喫緊爲人處。蓋論先天之本體，則一念未起，純然是善，安得有利？誠有如門下所謂「渟泓止水，一團清氣」云者，是未起念以

前之境界也，自念起，而後有利之一端，與善分途耳。論先天之功夫，則一念未起，培此善根，利從何生？誠有如門下所謂「未爲之先，加攝持法」云者，是未起念以前之功夫也，自功夫疏，而後有利之一途，與善争馳耳。然天下無一念不起之人，亦無功夫一念不疏之人，所以鷄鳴之時，不是善念，便是利念，故孟子就此起念之初，剖聖狂之路，令人審幾而致決，非謂雞未鳴、念未起之前，遂可不孳孳而任其念之或善或利也。今日雞鳴念起之後，孳孳爲善，明日鷄鳴念起之後，又孳孳爲善，則明日之孳孳，固屬既爲之後，固屬後天，而今日之孳孳，以明日言，又屬未爲之先，又屬先天矣。今日之念起是善，是從本體中露出端倪；明日之念起又是善，是從功夫中露出本體。如此做去，庶乎善念漸多，利念漸少，久之，純是善念，絶無利念矣。到此境界，則雖流衍汪洋，放乎四海之後，依然渟泓止水，一團清氣之初也。門下所謂：「未爲之先，動念之始，要加一攝持法，使箇箇走往舜路去，不走往利路去。」旨哉斯言，深得聖學之源矣。竊以爲只每日雞鳴而起，孳孳爲善，不孳孳爲利，便是攝持法，便是先天功夫，更無别法。雖上知不能無人心，既起念之後，誰敢自認其無利？雖下愚不能無道心，未起念之前，誰肯自諉其無善？審「鷄鳴善利」之一念，決舜蹠聖狂之兩途，自上知以至下愚，皆當警省，不獨中人也。臆見如斯，幸有以教之，不盡。

答羅匡湖給諫

頃接翰教，二十餘年之别，得此宛承色

笑，喜何可言。聖賢學問，要在悟性。天命之性，不覩不聞，如因觳觫而不忍，此可得而覩聞者也；而其所以能不忍觳觫者，果可得而覩聞否？因嘑蹴而不屑，此可得而覩聞者也；而其所以能不屑嘑蹴者，果可得而覩聞否？此不覩不聞之性體，在虞廷謂之「道心」，在孔門謂之「一貫」，在曾子謂之「至善」，在子思得之爲「天命之性」，爲「未發之中」，爲「天下之大本」。學問在此處得力，則本體一徹，無所不徹，即萬感萬應，與静中未發氣象毫無加損，「寂然不動，感而遂通天下之故」。雖感而遂通天下之故，而其寂然不動者，依舊寂然不動，故曰「不覩不聞」，下文「章」曰「不見」，「變」曰「不動」，「成」曰「無爲」，「敬」曰「不動」，「信」曰「不言」，「德」曰「不顯」，「天載」曰「無聲無臭」，總只是發明此意。一得如斯，方欲請正，而來札闡發更透，痛快不可言，佩服，佩服！因便此謝。外俚言五首，書呈覽笑。

答黄武臯侍御

恭惟老公祖力承正學，兄弟家庭相爲師友，真今之伯淳、正叔二先生也，景仰，景仰！從吾學未聞道，其於心性源頭未窺藩籬，正欲請教，而台翰下及，喜不可言。❶

陽明先生「致良知」三字，真得聖學真脉，有功於吾道不小，「知善知惡是良知」一語，尤爲的確痛快。第「無善無惡心之體」一句，即告子「無善無不善」，佛氏「無浄無

❶「恭惟老公祖」至「喜不可言」六十一字原缺，據張本補。

垢」之旨，不容不辨。何也？「良知」知字，即就心體之靈明處言，若云「無善無惡」，則心體安得靈明？又安能「知善知惡」耶？其靈明處就是善，其所以能知善知惡處就是善，則心體之有善無惡可知也。是「無善無惡」之説之誤，即就先生「知善知惡是良知」一句證之也。先生又云「爲善去惡是格物」，必曰「有善無惡者心之體」，則爲善者爲其心體所本有，去惡者去其心體所本無，上知可以本體爲功夫，而下學亦可以功夫合本體，庶得「致良知」之本旨。今曰「無善無惡」，是去惡固去其心體所本無，而爲善非爲其心體所本有，則功夫不合本體，不幾以人性爲仁義，坐告子義外之病耶？是「無善無惡」之説之誤，又即以先生「爲善去惡是格物」一句證之也。聞之前輩有解「未發之中」者云：「未發不可以善名，不可以惡名，止可名之曰中。」不知「中」就是善，安得謂「不可以善名」？未發純然是善，故曰「中」，此句正是子思直指心體處。若曰「無善無惡者心之體」，亦可曰「無中無不中者心之體」矣，有是理哉？是「無善無惡」之説之誤，又就子思「未發之中」一句證之也。或者又以鏡喻云：「照妍照媸者鏡之明，無妍無媸者鏡之體。」若以有善無惡爲心之體，亦可以有妍無媸爲鏡之體邪？」不知「知善知惡」之「善惡」字，即妍媸之説也，「有善無惡」之「善」字，即明之説也。鏡之能照妍媸處，就是明鏡之明處，就是善，非專以妍爲善也。是「無善無惡」之説之誤，又就以鏡喻之説證之也。且余性素喜静坐，坐久静極，不惟妄念不起，抑且真念未萌，心體惟覺湛然，當下更無紛擾，心甚樂之。間以語同志，同志曰：「子不信無善無

惡之説，今子坐久静極，不惟妄念不起，抑且真念未萌，即此可見無真無妄，非無善無惡之驗耶？」余曰：「心體惟覺湛然，當下更無紛擾，即此便見有真無妄，非有善無惡之驗邪？」是「無善無惡」之説之誤，又就自家静坐之久證之也。

此「善」字，即「未發之中」，即「天命之性」，即「心之本體」，人之所以異於物者，正在於此。不然，「知善知惡是良知」，何人能知而物不能知邪？又何人能致而物不能致邪？人能知而物不能知，人能致而物不能致，正以人之心體有善無惡，而物之心體無善無惡耳。天命之氣質，人與物同；天命之性體，人與物異。故人率人之性，便能知愛知敬，便謂之道；物率物之性，止能知飲知食，便不知飲食之道矣。先生「良知」二字，正指人之所以異於禽獸者幾希處。先生「致」之一字，正在人物之所以分途處用功。此「致良知」三字，真得聖學真脉，有功於吾道不小也。愬老公祖不吝開示，幸甚。❶

答張居白大行

承教性情善惡之旨，反覆玩味，門下近日何潛心精詣至此？聲色臭味，此氣質之性也。其或有發而中節，如聲色之得其正、臭味之得其正處，便是仁義禮智；既是仁義禮智，情安得不善，而不可遂以聲色臭味之性爲善。仁義禮智，此義理之性也。其或有發不中節，如仁義之有所偏、禮智之有所偏處，還是氣質未融；氣質既未融，情安

❶「愬」下十字原缺，據張本補。

得成善，而不可遂以仁義禮智之性爲中間尚有不善。仁義禮智，正是善之别名。復性者，變化此氣質，而復此仁義禮智之性之本體也。管蠡如此，不知門下何日入城，再爲商確。不盡。

又一

學莫先於儒佛之辨，譬之華夷然，寧使夷狄降於中國，必不可使中國叛於夷狄，所以儒佛之辨當嚴。若吾儒中標宗立旨，雖有不能盡同者，而總之皆吾儒也。既皆爲吾儒，故止當辨其意見之錯，而不可屏之門墻之外，如宗朱者非陸，宗陸者非朱；宗薛胡者非陳王，宗陳王者非薛胡，是中國與中國自相矛盾也。夫夷狄方且窺中國，而中國又自相矛盾，寧不輕中國而自開邊釁也哉？惟是深造自得，去短集長，辨其毫釐千里之差，求其殊途同歸之妙，使人人知吾儒之爲大，吾道之爲尊，不惟學儒者無他歧之惑，抑且學佛者有從正之漸，内修外攘，順治威嚴，斯足稱孔氏家法耳。承教超邁今昔，融會貫通，滙衆支以仰合洙泗，不肖其何敢當端於門下有厚望焉？❶

又二

朱文公之學，集諸儒之大成，其功甚大，其所得甚深，即間有智者千慮之一失，❷無足爲文公病也。王文成之學，其得失正不相妨，其得處在「致良知」三字，直指聖學

❶「不肖」，張本作「從吾」。
❷「失」字原缺，據卷十六《古文輯選跋》補。

真脉，且大撤晚宋以來學術支離之障。晚宋儒者，徒知文公著述之多，而不知其非有意於立言也，往往抛卻自家心性，而以考索聞見爲學，人品雖真，而學脉多雜，若曰著述不多，不足以爲道學耳。故以薛文清之賢，止因其著述少，遂久稽祀典，自良知之説行，而人始知「箇箇人心有仲尼」，不專在著述多寡，而文清始獲從祀。其默有功於世道人心何如？此文成得處，不可誣也。其失處，一在以無善無惡爲心之體，翻孟子性善之案，墮告子無善無不善、佛氏無浄無垢之病，令佞佛者至今借爲口實。一在舉《學》《庸》首章，必欲牽附而絀文公以「窮理」解「格物」之説，不知「窮理盡性以至於命」，《易》言非歟！一在低昂朱陸太過，而以影響疑朱仲晦，以《集註》、《或問》爲中年未定之見，不知文公臨終時猶改訂「誠意」章註，《集註》、《或問》，不知費一生多少心思，安得以爲未定之見，而啓後學之惑，此文成失處，不可諱也。大約孔孟而後，諸儒各有得失，不能盡同，是在學者去短集長，毋令瑕瑜相掩可耳。清任和不同，而同爲聖；去奴死不同，而同爲仁；朱、陸、薛、王不同，而同爲儒。總之，皆吾師也。近日信文成者偏信其失處，以致懲其失者，併得處亦不之信，皆非矣。妄辨如斯，不知可無毫釐千里之差，而得殊途同歸之妙否？雖然，此特就文成立言處斷其得失耳，若論其躬行處，如擒濠之事功，抗瑾之節義，居家之孝友，生平歷履，固粹乎無可議者，非若立言之猶有得失也。而論者不訾，誤以爲重知略行，則寃甚矣，惟門下詳教之。

答顧良知布衣

足下精於醫，且尤志於儒，不佞感足下，且尤愛足下，願足下益自愛。陽明之學，以「致良知」爲宗，故其詩曰：「欲識渾淪無斧鑿，須從規矩出方圓。」善學陽明者，必立身行己，無一言一動不求合於規矩準繩，而不敢有一毫踰越處，方謂之真能致良知，方見其學透本源；不然，還是知未致，還是本源未透，不可不察也。譬之用藥治病然，必深識病源，而後立方製劑，無一不精，無一不効；亦必立方製劑，無一不精，無一不効，而後見其果能深識病源。不然，即自號曰深識，其孰信之？足下精於醫，故敢以醫喻，惟足下留神。

答楊晉庵都諫

昔蘧伯玉行年五十，而知四十九年之非，今從吾六十矣，而猶不知五十九年之非，惶愧又當何如？兹小豚知弟生平芝蘭，莫如翁丈，不自揣度，唐突椽筆，誤辱珠玉，第獎借過情，令人跼蹐不敢當耳。厚貺遠頒，不敢概辭，肅此附謝，不腆侑緘，伏惟莞納。

弟居會城，人事蝟瑣，不得已避静莊居，非會講不入城市，多病之軀，頗得静攝之効。至於賤日，一切宴會交際，概從謝絶，晨興惟焚香告天，以祝聖天子萬壽，晚同一二同志在書院中，烹茶以當杯酒，歌詩以當音樂，淡中滋味，最覺深長。若張筵設樂，徵逐叫號於酒肉場中，不惟心非其好，

力亦不能給也。仁兄知我，聞之必發一笑。

答高景逸同年

學問源頭，全在悟性，而戒慎恐懼，是性體之真精神；規矩準繩，是性體之真條理。於此少有出入，終是參悟未透。今日講學，要内存戒慎恐懼，外守規矩準繩，如此，才是真悟，才是真修，才是真瀟灑受用。不知老年丈以爲是否？

答史蓮勺侍御

長安距渭上不百里，而不克時領塵誨，徒切饑渴。夫學之不講久矣，翁丈毅然任之，讀《學庸問辨》，不覺手舞足蹈，爲吾道喜，中多精語，未易縷悉。朱文公以「必至於是而不遷」解「止」字最妙；今人亦有至於是而稱止，未幾而復遷者，此古人所以有「靡不有初，鮮克有終」之戒也。翁丈以「純亦不已」解「止」字尤妙，若遷則便是已矣，必「純亦不已」，才謂之「止而不遷」。不遷者，非自足自滿，駐足於此，止而不遷也。故「止於至善」止字，爲好字眼，「止吾止也」止字，爲不好字眼。若看得不活，而第曰「止於是而不遷」，以此爲駐足處，則是「止吾止也」之「止」，非「止於至善」之「止」矣。翁丈以「未見如傷」解「純亦不已」，更得《大學》「止」字之旨。至以羞惡良知論「見君子而厭然」，以理之本體、人之静時論「無聲無臭，不覩不聞，修身須先行於妻子，慎獨在常視乎鬼神」，尤令人悚然快然，佩服不已。第蒭菲之言，亦辱採擇，不無形穢之愧，奈何！

近南元老輯《越中述傳》，真稱陽明知己，二丈山中乃作如此工夫，横渠、涇野之風，當自渭上大振，此所以喜也。使旋，草草謝教，諸容嗣布，不一。

與王保宇郡丞

從吾不佞，景仰山斗，積有歲年，近從賢肖益得有道之詳，至如平定救荒，永平佐政，尤卓卓在人耳目者，殊爲世道慶幸，第無繇音問爲歉耳。吾鄉横渠張子，其尊人當祀啓聖祠，昨畢東郊公祖業已題請矣。至如後人，二百五十年，當道諸公止在吾鄉物色，竟不可得。向待罪長蘆，灤州曾送有志書，彼時未得暇閲，且并其册籍失之。山中無事，近有一客遺所得灤州舊志，讀之，見横渠後人從金、元已流寓於灤，且累朝俱有恩典，載之甚詳。讀至此，不覺踴躍爲先儒喜，望臺下取志行查，移文吾鄉，成此盛舉，是臺下無量之功德，不朽之盛事也。即目下不能如程朱之例，大加蔭敍，然既開其端，後必有踵而行之者，則創始之功，當亦在臺下，況此事尤人人之所樂成者哉！五百年闕典，當有在於今日者，不知門下以爲何如？臨行，深有拳拳。

又

向得華翰，知横渠先生後裔在灤，大爲吾道一快。鳳翔太府沈公祖聞之喜甚，即具書奉謝，併致書永平太府項老先生，欲得永平一印信公文，可據以申呈吾省當路，便於題請耳。沈公祖篤志理學，力以表章先儒爲己任，國朝二百五十年闕典，直待今

日，良爲奇遇。吾輩爲桑梓先儒，尤當竭蹶成之，以竟千載不朽之事，諸凡借重鼎力，知不待從吾詞之畢也。謹此稱謝，鳳翔差役專爲此事，更望垂青。臨楮繾綣不盡。《灤州志》乞惠一部，尤感。❶

答王蒼坪明府

昨唐突佳刻，亦美則愛，愛則傳意耳。過承嘉惠，當與同志共之，老父母功德無涯矣，知感知重。沈刻併領，肅此佈謝。張橫渠先生後人，一向諸公祖俱在郿縣物色，而竟不可得，昨見《灤州志》載之甚詳，頃移書永平王保宇二守，查已的確，倘得借重鳳翔府移文永平府，得一印信公文，可執以呈請兩臺，縱目前不能比程朱例，遽徼恩典，則今日既開其端，他日必有竟其事者，則創始之功，當與天壤共不朽矣。此知老父母所樂聞者，敢併及之。

與沈芳揚太府❷

久聞老公祖力講理學，種種作用，卓犖不凡，私心景仰有日，第閉户深山，久缺聞問耳。頃辱翰貺先施，宛承謦欬，感何可當。横渠先生苗裔已托永平王保宇二守行查的確，辱老公祖下詢，此斯世斯文之幸也。横渠可作，亦結金蘭，老公祖自道也，從吾惟舉首加額，爲吾道稱賀，爲老公祖稱謝而已。佳刻周李二書，繼往開來，功德無量，敬用珍藏。《灤志》一部奉覽，《横渠家

❶ 「灤州志」下九字原脱，據張本補。

❷ 「太府」，張本作「公祖」。

譜》寄在張心虞處,老公祖取而觀之何如?外拙刻數種請教,臨楮不勝皇悚。

又 一

使至,辱翰教,獲覽老公祖與永平公移與横渠先生族人書禮,併與王保宇二守書,老公祖爲此舉,可謂委曲詳盡,無所不用其心矣,殊爲吾道踴躍不已。國朝二百五十年缺典,直至老公祖今日始舉,真所謂時如有待,道不虛行者也。謹此三肅稱謝外,從吾與王二守書已附使者矣,併復不一。

又 二[1]

張文運卓有道氣,一見而知爲大儒之後。承示未謁瑩而辭飲,不勝歎服,豈老公祖時雨之化之速邪?請世爵詳稿謹領。昨爲治田廬,詳不知諸公祖何以批,亦所願聞也。

答吴百昌中舍

不佞景仰有日,未繇聞問。頃江汝修至,承翰教先施,其何以當。新安爲朱文公之鄉,近佛學喧騰,而吾儒真傳,幾爲所蝕。聞門下創建崇文書院,以光大其業,又纂刻《答問》、《自省》二編,以闡揚其學,此其功在吾道不小,至《就正録》,尤見門下講習之勤,辨析之精。歎服,歎服![2]

[1] 此篇原缺,據張本補。
[2] 自「不佞景仰有日」至「歎服」共一百零二字原缺,據張本補。

文公之學，粹乎無議，故新建亦云：「吾於晦菴有罔極之恩。」可見新建實未嘗不尊信文公也。今學佛者多借新建以詆文公，是非悖文公，實悖新建矣。今爲吾道計，惟當辨佛學之非，而不當非學佛者之人，辯其佛學之非，則彼知其非，當自悟。若非其學佛者之人，則同志中先自立形跡，又安望其逃而歸哉？況亦非以善養人之道也。不佞關中書院每會雖無人不容，而必不敢容一僧，謂彼髡髮出家，已叛於儒之外，非若同志學佛，猶在於儒之中也。在儒之中，而誤信乎佛，此所以不可不辨，而又不可不以善養之耳。何如，何如？❶

答陳可績茂才

吾儒學問，要在心性。告子「生之謂性」之說，乃禪宗也，而學者多惑其說，於是孟子性善之旨，爲其所蔀，而吾道裂。《太華會語》稍稍剖析，而來札謂性學之辨，如析繭絲而別涇渭，何過譽之甚而相信之深也！❷

人心、道心，不必深求，不必遠求。如一念敬，便是道心；一念肆，便是人心。一念謙，便是道心；一念傲，便是人心。一念讓，便是道心；一念争，便是人心。一念真，便是道心；一念僞，便是人心。一念信學，便是道心；一念非學，便是人心。於此一一察識，便是惟精；一一體驗，便是惟一；察識體驗，純一不已，便是允執厥中。

❶「何如」二字原缺，據張本補。

❷自「吾儒學問」至「相信之深也」共七十八字原缺，據張本補。

至淺至深，至近至遠，而古今學者多厭常喜新，曲爲解釋，反覺支離葛藤。不知吾契以爲何如。❶

答南二太中丞 癸亥。❷

八閩夙稱海濱鄒魯，而台丈以理學世家節鉞其地，天蓋爲吾道藉重也，幸甚幸甚。「修己以敬，修己以安百姓」，承教一「敬」之内，定有許多作用，且有許多轉移妙法，原非空空作啞禪也，最是最是。《中庸》説「無爲而成」，而一則曰「有九經」，一則曰「有三重」，二「有」字，正與「無爲」無字相應，不然，則老氏矣。惟其有，才討得無，此修己以敬，所以能安人安百姓也，何如？同安有洪芳洲朝選，官刑部侍郎，因不成遼王獄，爲江陵所恨罷官，仍假他事下獄，竟斃獄中，此古今第一奇事冤事，台丈爲一表章之，何如？

❶「不知」下八字原缺，據張本補。

❷此篇原缺，據洪本補。

馮少墟集卷十六

長安馮從吾仲好著

雜著

百二别言

鏡源涂先生以理學鉅儒撫我榆陽，六載於兹，内脩外攘，功高一時。兹晉秩大司馬，總督宣大，先生戒行有日，而以書抵余山中爲别。余惟先生勛勒燕然，望隆台鼎，人人皆以事功氣節爲先生重，而不知先生之所重者在學問，彼事功氣節，特先生學問之緒餘，非先生之所重也。先生之學，以《大學》「知止」爲宗，令學者合下便見性體，余向敘先生語録，謂「開關啓鑰，直窺聖學之原」，非阿好也。孟子道性善，而性不可言，不得已，以乍見孺子入井怵惕惻隱之心驗之，蓋欲人知乍見之時，惻隱之心固始有，見未見之前，惻隱之心非遂無也。觀石中有火，必擊之始見，知火在石中，雖不擊亦有，知不擊之火，則知性矣。是性也，自天命以來，完完全全，不藉聞見，不假思議，感於君則能忠，感於親則能孝，感於兄弟則能友愛，感於朋友則能信，感於百姓則能撫綏，感於夷狄則能制禦，感於孺子入井則能怵惕惻隱。觀於既感之能如此，而知未感之先，孝弟忠信怵惕惻隱之心已具，君臣、父子、兄弟、朋友及一切華夷軍民之理已涵，所謂「不覩不聞，未發之中」此也，所謂「上天之載，無聲無臭」此也，此天地之根，

而萬物之命也，故曰「至善」。其旨微矣，學問知止乎此，是從先天未畫處立根，有不發，發皆中節，即位天地，育萬物，皆是物矣，豈待外求哉？且知一也。知而止乎此，則聰明睿知用於「容、執、敬、别」，高不至於玄虛，卑不至於機械，聰明睿知始有嚮往處，亦始有歸宿處，故曰「知止」。不然，聰明睿知不用於「容、執、敬、别」，必用於玄虛機械，其中又有不可言者，反不如不知之爲愈也，「知」之一字，豈易言哉？先正有以「致良知」爲宗者，允得聖學真脉，惟是以知愛知敬，知飲知食，皆爲良知，兼理欲而言之。不知既以欲亦爲良知，其勢必以縱欲爲致良知，流弊至於蕩檢踰閑，無所忌憚，而不可救藥，是又「知」之一字不純以理言，知而不知止於至善之過也。先生憂之，故單提「知止」二字爲宗，舉吾之良知，而一禀於理，即知即止，即止即善，又孰肯蕩檢踰閑，以自逸於規矩準繩之外哉？其救良知之末流，又真有回瀾之功矣。嗚呼！惟先生學見性體，所以見百姓之失所，見中國之見侵於夷狄，見異學之眯瞀於性宗，真不啻見孺子之將入於井，怵惕惻隱之心，真有不容不然，不知其所以然而然者。至此，則不求有功，不得已而功成；不求立節，不得已而節著。始終此學問，始終此性體，始終此知止，身心意知，家國天下，溶成一片，此吾性之所以爲大，而先生之學所以獨得孔曾之宗也，彼事功節義，又烏足以盡先生哉？

余不肖，自髫年趨庭，即知有聖賢之學，荏苒至壯，猶愧道之未聞。往歲辛卯，與先生講於京師，乙未再講於涿鹿，而心性之學，始覺有一斑之窺。又十二年，而先生

入秦，余雖病卧深山，不克與先生班荆一談，而書牘往復，動逾千言，無言不悦，受益無量。今先生行矣，余又安所印正哉？所恃此心此性，萬古同然，相契相合，千里若對，則雖别猶未别耳。先生向貽余書，舉白沙「永結無情遊，相期八荒外」二語相勖，余未嘗一日不三復斯言，今敢再爲先生歌之以爲别，先生其何以處我？

釋褐後書壁自警二則

士君子釋褐後，不可忘了秀才氣味，凡事讓人一步，凡事儉用一着，便是做人實際。不然，貽累不淺，悔之何及。

自己不能寡過，而望人容我，惑也；望人容我，而我不能容人，惑之惑也。必隨事自反，不與人較量，方能拔此病根。

董揚王韓優劣 館課。

儒者立言，所以明道也。有得於道，雖淺言之而常合；無得於道，雖深言之而常離。知此，而董、揚、王、韓優劣辨矣。

昔仲舒時，道術混殽，舒下帷發憤，潛心大業，其識已高，且進退容止，非禮不行，學士皆師尊之，自博士時已然，其行又何卓也。漢承秦後，仲尼之道蔑如，武帝襲文景業，一切制度，尚多闕略，舒對册，推明孔氏，抑黜百家，立學校之官，郡舉茂才孝廉，皆自舒始發之，此其議論鑿鑿，可見諸行，真足羽翼道術，裨益世教者。文辭云乎哉？著書立言，雖平易亡奇，要之，與道合也。真西山謂：「西漢儒者，惟仲舒一人。」余以爲知言。

揚雄制作，允稱深奥，而行事似不副之，如《太玄》，果玄也？衆人不好，與玄何損？而汲汲於《解難》之作，比之天地未已也，而又比之《典》《謨》；比之《雅》《頌》未已也，而又比之《蕭》《韶》。夫雕蟲之技，既曰「壯夫不爲」，而又不勝其誇張得意之態，深於養者如是乎？屈原雖過於忠，而耿耿一念，誠可以愧世之爲人臣而懷二心者，何物子雲，敢作《反騷》以駁之，原亦附離丁董者等耶？雄之出處大節，君臣大義，豈待《劇秦美新》而後決白黑哉？《反騷》一篇，可反觀矣。縱其言高出蒼天，大含元氣，與道術世教何補？雄也，不過詞人之雄耳，其於道，尚可在離合間論哉！

兩漢以降，歷魏晉六朝，而吾道益陵夷不可振，王仲淹起隋之末造，當衆口曉曉中，慨然以著述爲己任，其立言指事，一稟於仲尼，故曰：「通於夫子，受罔極之恩。」即此一言，而通之人品學術，可知矣。桓文借名尊周，夫子然且予之，況通之於仲尼。何後世耳食之夫，猥以吴楚獄通，不知於老莊輩又執何辭以聲罪致討乎？或又以《太平十二策》姍通出處，不知開皇孰與新莽？若以雄而律通，則與懲羹吹虀何異？況獻策不報，即翻然賦《東征》之歌，退而講道河汾，且屢徵不起，此其於出處間，豈不大有可觀哉？明道稱其「極有格言」，考亭稱其「循規蹈矩」，誠謂其與道合耳。

通之後，越百餘年而得韓愈氏，愈之文，天下宗之，而不知因文見道，蓋亦有足多者。唐以詩賦取士，故學者不得不取材於諸子百家，而孔孟之傳，不絶如綫，愈獨舉堯舜以來之統，歸之孔孟，此非有獨得之見者能之乎？佛氏之教，浸淫人心，牢不

可破，而愈上表陳言，雖蒙竄斥，而其志不隳，其有功於吾道何如？許由、龍逢、伯夷，皆特立獨行之士，皆可以維綱常而扶宇宙，愈作《通解》，惓惓於三師之教，其有功於世教又何如？愈之爲文，豈顓顓刻畫於詞句間哉？第上書及門，其出處之際，尚有遺議，愈於吾道，蓋合者多而離者少也。程子謂「愈亦近世之豪傑」，諒矣。

噫！三子之爲文也淺，而於道也合；雄之爲文也深，而於道也離。此董、揚、王、韓優劣之辨也。然則三子又孰優乎？曰：余又有取於董子「正誼不謀利，明道不計功」之説。

雪夜紀談

壬辰冬，余卧病山齋，友人蕭輝之氏雪夜過訪，相與圍爐談學，因及「賢哉回也」、「飯蔬食飲水」二章。余曰：「孔顔之樂，談何容易，古之聖賢，見得道理分明，胸中自有一段樂處，無等待，無起滅，故曰『不改其樂』，曰『樂亦在其中』。味『不改』與『亦』字，可見此心常是樂的，雖到如此貧時，猶然不改，猶然在其中耳。且真樂原不在外，乃性體也。人不堪處，正是回不改處，只不憂，便是樂，非不憂之外别求箇樂也。此『克己復禮』之説也。」輝之曰：「真樂乃吾性體，固也。夫子發憤忘食，樂以忘憂，不知老之將至，豈發憤時復有憂乎？一憂一樂，循環無端，是聖心之樂，又有間歇時矣。」余曰：「聖心只有此樂，不樂，必不肯發憤，發憤忘食，聖心必有所樂而爲之者，豈至樂以忘憂而後知其樂哉？孔子發憤忘食，顔子欲罷不能，孔子樂以忘憂，顔子

不改其樂，故曰：發聖人之蘊，教萬世無窮者，顏子也。」

輝之曰：「孔顏之樂，固不因處貧改矣，不知於富貴又何以處之？」余曰：「聖人非惡富貴而逃之，但視其義不義何如耳。『不義而富且貴，於我如浮雲』。浮雲爲太虛之障，不義之富貴，爲心體之障，聖心如太虛然，故曰『於我如浮雲』。掃浮雲而還太虛，此孔子所以樂在其中也。」輝之又曰：「仲尼不爲已甚，舉世皆憂我獨樂，無乃爲甚乎？」余曰：「聖心如太虛然，斷不肯自視太高，視人太低，故曰：從吾所好，觀一『吾』字。若曰各人所好不同，他從他所好，我從我所好，吾之樂在其中，亦各從其所好耳，敢謂天下皆憂我獨樂哉？『吾』之一字，何等平易，何等含蓄。若後世學者，便不免自視太高，視人太低，分彼此而露鋒鋩矣，孔顏之樂，談何容易？嗟乎，富貴貧賤，正學問大關鍵處。茂叔尋仲尼顏子樂處，正當在此處尋，不然，則墮於佛氏空虛間矣。」

輝之聞余言，喟然歎曰：「妙哉，道蓋至此乎！孔顏之樂，不必遠尋，即此時吾輩坐談間。燒燭啜茗，四壁蕭然，神怡心曠，當下便是孔顏樂處，又何必遠尋耶？」因相與歌堯夫詩數章而別。

馮從吾曰：「講學之益大矣哉！先君於不肖以『從吾』命名，豈徒名之已耶？不肖三十年來，有如夢夢，今一旦與同志坐談，始恍然有覺，講學之益，焉可誣也。嗚呼！顧名思義，愧汗津津，今而後所不發憤此學，而甘於暴棄，是負此良朋雪夜之談，即負先君命名之意也，可不懼哉！」因詳記之，以矢諸異日。

書周淑遠卷

周淑遠年丈終養家居，既禫，猶堅卧不起，與余講學寶慶寺，其於功名富貴，漠如也。歲戊申莫春，余偕淑遠暨劉孟直郡丞、楊工載進士、宜孟庭刺史、宜叔尚文學、王惟大郡丞爲華嶽之遊，而華陰諭張去浮率闔學諸生百餘人遮道問學，相與講於嶽廟之灝靈樓，大家充然各有所得，而淑遠因其伯母病，力别余先歸。余偕諸同志，又講於青柯坪，講於宜氏園，越數日始歸。歸而淑遠遊華新詩已爛焉充斥奚囊矣，余爲數語跋其後，一時争傳，以爲盛事，而余亦有二律，遂羞澀不敢出，匪直珠玉在前，覺我形穢而已。一日淑遠持素卷索余書，余辭，淑遠曰：「毋吾輩此遊，原不爲詩，吾之所以期望子者，亦不在詩，詩縱不工，書之庸何傷？」余唯唯，遂書之以博一笑。

别李子高言

陽明先生「致良知」三字，洩千載聖學之秘，有功於吾道甚大。而先生又曰：「無善無惡心之體，有善有惡意之動；知善知惡是良知，爲善去惡是格物。」夫「有善有惡」二句，與「致良知」三字互相發明，最爲的確痛快。「爲善去惡」一句，雖非《大學》本旨，然亦不至誤人。惟「無善無惡」一句，關係學脉不小，此不可不辨。何也？心一耳，自其發動處謂之意，自其靈明處謂之知，既「知善知惡是良知」，可見有善無惡是心之體，今曰「無善無惡心之體」，亦可曰無良無不良心之體耶？近日學者信「致良

知」之説者，并信「無善無惡」之説，固不是；非無善無惡之説者，并非致良知之説，尤不是。或曰：「果如致良知之説，然則諸儒所稱或主静，或居敬，或窮理，或静坐，或體認天理，或看喜怒哀樂未發氣象，彼皆非歟？」曰：不然。良知是本體，居敬窮理諸説，皆是致良知功夫。致之云者，非虛無寂滅如二氏之説也。致乎，致乎，豈易言哉？

華下李生崇巍，潛心致良知之學有日，頃同渭南吴生從儉負笈裹糧，不遠三百里，徒步從余學。且時方隆冬沍寒，余留居月餘，見其志堅思苦，卓有黄直卿之風，心甚嘉之。今歲暮，二生辭歸，因書此爲別。聞生有兄崇峰，亦有志於此學，歸而以余言諗之，知其必有合也。

別李士占言

靈臺李生士占，於戊申冬，介藍田楊司訓從學於余，時士占方自太學歸，因別家久，不能多留，約明年當專負笈卒業焉。越歲己酉三月，士占果來聽講，逾月而別，津津大有所得。瀕別，余無以爲贈，竊念吾鄉自横渠先生講學後，真儒代不乏人，而近日此學益覺興起，殊爲吾道慶幸。夫聖賢之學，不在玄遠，即子臣弟友間而道在，即辭受取與間而道在，即日用常行、衣冠言動間而道在，於此一一盡道，使仰不愧，俯不怍，即此便到聖賢地位。聖賢非絶德也，後世功利習熾，人不知學，即有志於學者，不求之虛無寂滅，即求之詞章口耳，於是聖賢之學，視爲絶德不可幾及矣，可勝太息！士

占今越數百里，徒步來學，此其識見力量，豈不復出風塵之外哉？余甚嘉之，於其歸也，書此爲别。嗚呼！横渠往矣，千古斯文之統，豈異人任？余不肖，願與士占共茂勉之，毋與俗同。

渭濱别言贈畢東郊侍御

夫事功、節義、理學、文章，雖士君子所並重，然三者乃其作用，理學則其根本也，根本處得力，則其作用自别。侍御東郊畢公，理學名儒也，頃奉命攬轡西秦，下車以來，凡所爲秦人士興除計者，靡不竭盡心力，如請罷榷税，請增解額，尤犖犖大者，其事功業已膾炙人口，爲秦人士尸而祝之矣。至於立朝封事，慷慨激烈，不避忌諱，而搦管摛辭，閎深奥衍，大有關於世教，即臨池緒餘，亦軼鍾王而駕顔柳，其節義文章，又何其卓爾不群也。

余不肖，屏居深山，於三者一無所有，而理學又有志而未逮，公不察，而誤以余爲可與言，命駕浚郊，縱談學問，闡名理，析疑義，聞所未聞。嗚呼！公之理學，是尚可以津涯窺邪！公今將還朝，余方杜門謝客，愧攀卧之無從，而公復走書山中爲别，公之誼高矣，余將何以報公哉？蓋公之言曰：「自聞教之後，時默默自勘，每覺經年蒿目，鎮日焦思，多從事跡上拮据，雖於地方事無有不竭之心，無有不殫之力，畢竟於性命之學，尚没干涉。兹弛擔東歸，擬從静裏鑽研，徧發聖賢經籍，及有宋以來諸儒著述，一一窮究體認，直欲從經事宰物之中取討歸宿，務使點滴歸源，庶幾心與事打成一片，然後敢言用世。」嗚呼，公之言精矣，微

矣！聖學天機，洩露無餘矣！余又何以報公哉？嘗慨世之學者，離心言事，則落渣滓；離事言心，則墮玄虚。如公心與事打成一片，此正公深於性命之學，而直接千聖不傳之統者也，詎止用世而已哉？以根本爲作用，使天下覩真儒之効，猗與盛矣！余自聞公教，曠然若醯雞之發蒙，雖愧道之未聞，而向所爲有志未逮者，或亦可以收桑榆之功於異日。時公及瓜候代駐節咸林，東望三峰，黯然神往，不知公何以終教我也，余且日夕望之矣。

書江布衣卷

新安江汝脩學道有年，近因夢蓮有感，南臯先生題《無欲真宗卷》贈之，諸同志各有言，余讀之良快。夫人能無欲，雖夢亦醒；不然，雖醒亦夢矣。有欲無欲，學不學之辨也。汝脩越數千里，訪余山房，余爲題此。嗚呼，汝脩，醒人也，余得無爲説夢也乎！

别河津甯董五生

丙辰三月，河津甯生獻誠，偕其侄綿祚、維祚，董生振祖，偕其弟振世，紹介張去浮先生書，越疆徒步，問道於盲。河津故薛文清公里也，文清公之學，以復性爲宗，諸生有志於學，惟求復性足矣，烏容枝指？晦翁云：「人性皆善，而覺有先後，後覺者必效先覺之所爲，乃可以明善而復其初，夫復其初，則復性矣，而必自效先覺之所爲得之。」余愧非先覺，而文清公即吾輩之先覺也，惟效文清公之所爲，則可以復性矣，又

烏容枝指？雖然，性爲何物？復用何功？於此參之又參，究之又究，以至於無可參究處，一旦豁然有悟，才是深造自得。如此，則居安資深，左右逢原，才謂之真能效先覺之所爲；不然，縱依樣畫葫蘆，竊恐其轉效轉遠，又何性之能復哉？故不效先覺，不可以言學，而不自得，亦不可以言效。諸生行矣，願各努力，即秦晉異地，猶如晤言一室也。

題　辭

關中四先生要語題辭

《涇野先生語録》，故二十七卷，《苑洛先生語録》，故六卷，海内傳誦已久。至《谿田先生語録》，止存數則於《嵯峨書院志》中，《斛山先生語録》，附刻於遺稿，後人多未及知。余生也晚，不獲摳衣四先生之門，而讀其語録，慨然慕之，想其爲人，因彙而録其言之尤要者，分爲四卷，以便觀省。若謂即此足以盡四先生，非余不佞之所敢也。且余之所録者，四先生言耳，四先生德業節義，炳燿今古，蓋所謂行過其言者。求四先生者，又進而求之於行，斯得四先生立言之意；不然，即取四先生全集讀之，亦徒爲口耳贅也。矧「要語」乎哉？傳曰「君子耻其言而過其行」，吾黨勉矣。

學會約題辭

歲丙申秋，余與諸君子立會講學於寶慶寺。越數會，諸君子請余言爲《會約》，余謝不敏，諸君子請益力，爰述所聞，條列如

左，亦藉手請正意也，諸君子其謂之何？

關中士夫會約題辭

夫世道隆污，係士風厚薄，而返薄還厚，倡之者當自士大夫始，使士大夫而猶然不倡，則於齊民何責焉？昔夫子歎時人論禮樂，而決之曰：「吾從先進。」當其時豈無野人夫子者，而夫子不之恤，若曰「知我者其惟先進乎，罪我者其惟先進乎」，今萬世而下，猶知有先進可從者，伊誰賜也？吾二三士大夫，誦法孔子有日，覩今世道士風，可不決所從，而徒空歎君子野人哉！頃者經軒、熙宇二先生過訪精舍，談及吾鄉士風，爲之咨嗟太息者久之，余曰：「此豈異人任也，在二先生倡之何如耳？」二先生曰：「然。是亦不可以無約，子其任之。」余謝不敏，曰：「有諸前輩在。」二先生曰：「否否。即此是前輩命也，長者命，少者不敢辭，子其任之。」余曰「唯唯」，遂載筆從事於二三士大夫之後。

輔仁館會語題辭

余講學里中，而四方同志多有擔簦至者，頃許生大倫至自榆陽，顧生唱離至自姑蘇，張生士鯤、孫生繩祖至自華下，咸寧楊生起泰輩傾蓋四生，遂成莫逆，朝夕切偲，驩如也。一日，任生國珣録其會語，就余請益，余喜甚，因進諸生諗之曰：「諸生今日之志，亦既真且猛矣，第合則作，離則輟，始則勤，終則怠，人情乎？諸生惟不以離合易志，不以終始改節，則今日之言，不啻足矣，余又何益焉？」諸生再拜謝曰：「先生

之言，益莫益於此矣，請書其言於簡端，以代韋弦之佩。」

朱貧士行録題辭

余爲《朱貧士傳》成，一時同志争傳之，而世風亦借以少砥。余門人馬生元吉輩復哀公移、墓表、祭文等篇，捐貲殺青，題曰「朱貧士行録」，仍匄余一言弁首。余惟善惡報應，人皆知之，第朝爲善而夕即望報，一不報，而遂以爲爲善無益；朝爲惡而夕亦畏報，一不報，而遂以爲爲惡無損。不知天道蓋久而後定，不在旦莫間也。嘗見世之不檢者，多得意一生，而至末始報，比既報而悔之無益，改之無及，亦足悲矣。嗚乎！使早知末之必報也，則豈有不凛凛於當年者耶？《易・坤卦》以「履霜」戒「堅冰」，而《詩》之《七月》，亦自「秀葽」計「觱發」，古人之爲慮遠矣。

朱生苦節篤行，生平不求人知，人亦無有知者，而名至末年始著，即諸公之表揚，余之爲傳，豈有所私於朱生哉？蓋自有莫之爲而爲者在也。孔子曰：「夫微之顯，誠之不可揜如此夫。」信矣，信矣！因書此以醒世之闇於天道者。

跋

孟雲浦教言跋

先生講學新安，而伊洛之間庶幾復覩二程之化，覩其「示初學用功」諸條，而先生之教之學，可窺一斑矣。頃者先生寄示不佞，不佞受而讀之，欣然有當於心也，爰付

梓人，用代韋弦之佩，并與同志者共焉。

劉孟直嶽會雜詠跋

華嶽之會，足稱一時之盛，余愧不足爲諸君子役，所幸有孟直諸什，則今日之遊，可托不朽矣。昔朱元晦與陸子静遊白鹿洞，泛舟樂曰：「自有宇宙以來，已有此溪山，還有此佳客否？」余於今日亦云。余兒康年侍行，得此詩殺青以傳，余爲跋其後。

周淑遠遊華山詩跋

古今名公遊華嶽者，代不乏人，未有徵會講學如今日者；亦人不乏詠，未有永言孝思如淑遠氏者。昔陸象山與朱晦翁講「義利」章於鹿洞，聞者流涕；今讀此詩，而有不流涕者，非夫也。余頃與同遊諸君子講，惓惓於「孝弟」二字，其於千古聖學頗足自信，蓋淑遠倡之矣。

理學詩選跋

馮從吾曰：選理學詩，與選唐人詩異，選唐人詩，論詩不論人，所謂人以詩重也；選理學詩，論人方論詩，所謂詩以人重也。嗚呼，學者將人以詩重乎？抑將詩以人重乎？讀是編可以自悟矣。輯成，復書此以諗同志。

辨學録跋

夫學一也，有異端之學，有越俎之學，有操戈之學。何謂異端之學？佛老是也，

而佛氏爲甚。二氏非毀吾儒不遺餘力，乃巧於非學之尤者，而講學者多誤信之，故不可不辨。何謂越俎之學？吾儒講學，所以明道也，講間惟當泛論道理，如孔子論「明德」、「新民」，子思論「天命」、「率性」，孟子論「夜氣」、「性善」，皆是泛論，何嘗着跡。譬如白日當天，在在皆其所臨照，時雨露足，處處皆其所潤澤，非專爲某人某人而照，某人某人而雨也。無論居官居鄉，若不講究道理，而徒比方人物，然且不可，況又譏評時事，干預朝政，犯學之所戒乎？講學而誤犯學之所戒，縱居鄉而人稱月旦，居官而人服衮鉞，秖益重其過耳。何也？謂其非孔氏講學家法也。不止居鄉，即居官，❶當講學日，不得議及他事，論及他人，方得講學家法；❷不然，是以議事當講學，以論人當講學也，不幾於越俎而失體哉！

何謂操戈之學？吾儒學問，當以孔子爲宗，而顔、曾、思、孟、周、程、張、朱，皆誦法孔子，後學所由以津梁洙泗者也。若曰學當以孔子爲宗，而周、程、張、朱皆不足法，即此一念，去學千里矣。以周、程、張、朱爲非，以孔子爲是，是孔子特不敢非耳，若孔子可非，則亦非之矣。非宋儒而宗孔子，❸亦非真宗孔子者也，且非宋儒而獨宗孔子，是其心以孔子自任也。以孔子爲宗則可，以孔子自任則不可，即此一念，去學萬里矣，況此心一慣，其勢不至并孔子而非毀之不已也，❹又何以爲宗孔子耶？世之非學

❶ 自「若不講究道理」至「即居官」共八十一字，原脱，據張本補；張本無上句「無論居官居鄉」六字。
❷ 「家法」，張本作「之體」。
❸ 「非宋儒」上，張本有「可見」二字。
❹ 「其勢不至」，張本作「此端一開，其勢不至於」。

者，方且非毀宋儒，而我又從而附和之，❶不幾於操戈而入室哉？ 蓋異端可駁也，而以駁異端者駁時事，則爲越俎；異端可闢也，而以闢異端者闢宋儒，則爲操戈。此尤人情之易流，學術之隱病，不可不亟辨者也。嗚呼！ 不講學者無論，即躬行講學，毅然以聖道自任者，多坐此病，❷而反令非學者借爲口實，其所關係不小。❸ 異端之病，余於録中已詳辨，❹而越俎、操戈之病，則未之及也，因書此，❺與同志共戒之。❻

古文輯選跋

余既輯古文成，或曰：「李斯《上秦王書》古矣，胡删之？」曰：「焚書坑儒，其人非也。」或又曰：「既删之，而目録中猶存其名，何也？」曰：「存之以爲世戒也，見做人一差，即文如李斯，亦不足傳也。」或又曰：「韓退之人則美矣，《諍臣論》不選何也？」曰：「退之果與亢宗厚善，忠告善道，密規之，可也；如規之而聽，善則歸友，不自以爲功，可也；如規之而不聽，不可則止，不成人之過，可也；如不厚善，則言與不言，置之不談，可也。乃見不出此，而著爲論以翹人過，文雖工，其如失朋友之道何？ 厥後永叔《上范司諫書》，上書極是，而中亦引退之此論，可見不惟退之不自知其非，即永叔亦不知退之之非矣。在退之不過智者千

❶「附和之」，張本作「羽翼之，衛道之謂何」。
❷「此病」，張本作「三者之病」。
❸「其」上，張本有「此」字。
❹「辨」上，張本有「爲之」二字。
❺「此」下，張本有「以跋於後」四字。
❻「同志」下，張本有「者」字。

慮之一失，原不足爲病，第懼後之人借著作以洩私忿者，以此爲口實也，故不得不辨。」或又曰：「孟子不嘗言蚳鼃乎？」曰：「不然。孟子著書於既諫之後，退之著書於未諫之前，所以不同耳。」或又曰：「是則然矣，古文名世者甚多，此得無有掛漏乎？」曰：「古人名世者誠多，余止據一時所見録之耳，非遂以此爲盡古人之長也。掛漏之説，敬聞命矣。」

墓表

明誥贈奉直大夫冀州知州東泉楊公配贈宜人陸氏合葬墓表

明興，大江以北，彬彬多理學之儒，❶先是泰州有王心齋布衣，近時廬陽有蔡肖謙符卿，乃今懷遠又有楊原忠郡伯云。余於原忠，叨一日之雅，頃千里函幣，求余表兩尊人墓，余即不文，誼曷可辭？按狀，公諱濂，字子静，別號東泉。其先蒙城人，洪武初諱選者避亂，徙懷遠，占籍，遂家焉。選生擴，擴生朗，朗生華，華生環，即公王父也。家世業農。環生三子，長諱均，❷即公父，以儒術起家，司訓永年，改長山，晉諭利津，仕終岷府教授，爲王者師。初娶御史魏公貞曾孫女，生公，八歲失恃，王母岳鞠育之。繼母徐又生二子，而公居長，英敏慷慨有大志，踰髫趨庭，學舉子業，即能解悟，人以爲進取有機矣。時教授公尚爲諸生，映雪囊螢，不治家人生産業，家徒壁立，公歎

❶「理學」，張本作「禮樂」。
❷「均」，張本作「鈞」。

曰：「有子而使其父憂俯仰，不克竟所志，又惡在其爲有子乎？」乃投筆改業，退而沽酒當壚，日夜持籌，爲事親計。教授公家貧而好客，公事之，有曾子養曾晳風。教授公自爲諸生，以及宦遊燕趙齊魯間，垂三十年，一切日用資斧，罔不周裕，皆公竭力供之，甚至稱貸以娱其心志，而教授公不知也。異母弟妹凡五人，次弟婚嫁，悉公營辦。及教授公之任，公令諸弟侍行，而已守舊廬，作業不輟。教授公歸，行李蕭然，所遺圖書及舊廬，悉推讓諸弟。教授公及繼母徐先後棄養，其喪葬悉遵《會典》及《文公家禮》，且獨力襄事，不少累諸弟，人尤以爲難。鄉人有子獲罪於父者，其父怒不解，公聞而勸慰其父，援古證今，剴切懇到，聞者莫不酸鼻，而其子遂悲號自責，請罪膝前，卒復父子之好如初。公嘗携僕之教授公任，就食旅館，其僕陰竊其直以去，❶公覺而切責之，且令識其主人，比還，令僕如數償之，主人始驚訝，感謝不已。其天性孝友，輕財重義，類如此。

公配陸宜人，爲名家子，生而柔嘉勤儉，精女紅，年二十歸公，克執婦道。家嘗貧不能供舅姑甘旨，悉脱簪珥佐之。事繼姑，更得驩心。祖姑岳病卧久，手自扶掖左右，朝夕不少怠。飲諸娣姒以和，庭幃間絶無猜忌，遇諸臧獲有恩，每見其子有督過者，輒戒之曰：「彼獨非人子邪？」理家政井井有條。與公白首相敬如賓，公以孝弟重月旦評，宜人内助之力居多。生子四：長嘉會，生員，蚤卒；次嘉言，娶徐氏；次嘉行，娶韓氏，繼尹氏；次嘉猷，即原忠，丙子

❶「直」，洪本作「財」。

舉人，官至貴州鎮遠知府，娶劉氏，封宜人。孫男四：尚耕，生員，尚古，俱言出；尚渾，太學生，猷出；尚蒙，生員，行出。孫女六：一適生員高一驥，一適生員潘士謨，一適陸爾馭，一適何某，一適莊某，一許字何某。曾孫男五：培永，渾出；培仍，耕出；培蕃，古出；培光，蒙出。曾孫女六，一許字胡某，一許字梅某，一許字劉某，餘尚幼。公生正德辛未十月二十四日，卒隆慶壬申七月二十七日，享年六十有二。宜人生正德辛未七月二十八日，卒萬曆丙子九月初四日，享年六十有六。合葬舊城北祖塋。

公没二十餘年，爲萬曆壬寅，以原忠考績，贈公奉直大夫、冀州知州，陸贈宜人。制稱公：「負薛包之至性，善處母子兄弟之間；追陳寔之高風，獨標里黨鄉閭之譽。」稱宜人：「高堂瀡瀡，佐孝子以承歡；中壼佩環，襄哲人之市義。」嗚呼，公夫婦亦可以不朽矣！馮從吾曰：諺云「芝草無根，醴泉無源」，其然，豈其然乎？原忠文章政事，大噪一時，力承正學，爲世真儒，而不知公之隱跡市廛，躬行孝弟，其發祥長而啓佑遠也。余故忘其不文，撮公行事，爲公表諸墓道，俾世之君子，知原忠學問淵源，蓋有所自云。

墓誌銘

王氏女墓誌銘

亡女，余妻趙孺人出也，適咸寧庠生王紹經，紹經先娶於秦，故亡女稱王繼婦云。女生而矐甚，然言動不凡，外舅縣尹公見而奇之。是時先大夫、先宜人棄養久，余同伯

氏居，伯氏視之，不異己女。六七歲，聞余讀書聲，即願聽，時或問其大義，余私謂孺人曰：「使此女也而男，無憂科第矣。」稍長，精女紅，鍼繡紝刺，多所妙創，家人竟日不聞笑語聲，余甚憐愛之。萬曆己丑，余成進士，讀中秘書，女與孺人如京師。壬辰，余以御史請告歸，越歲癸巳，女適王氏。王，關中鉅族，自江涯公以名御史起家，而敬齋君又以長厚繩其武，紹經英年好修，亦其家教然者。女既適王，與紹經相對如賓，相談必以道義，尤惓惓「孝弟」二字，紹經時爲余誦之。乙未，余補官，携家京師，女與紹經從，女日夜從臾紹經學，❶此外他無所及。余素性踽涼，斤斤於辭受取與，女知余非矯也，嘗曰：「父平日講學，正在此處自驗，不然，所講謂何？」余自是益有所警省。居亡何，余奉命奪官歸，家人有私悔余多言者，女則曰：「士君子立朝，不如此，安所稱臣節？」女嘗在京邸時，居恒念祖姑及舅姑不置，比抵家，事之禮彌篤。祖姑李以十九守節，今踰七望八，老矣而精神尚健，內務無鉅細，無不殫力，家人鮮能當意，女獨能得厥驩。其舅即所稱「敬齋君」，素以孝聞，知女能得李驩也，愈益喜。敬齋君有子六，而紹經爲長，女嘗爲余言曰：「每見世俗家多以兄弟妯娌生嫌疑，病根皆起於冢婦，任事者徑情，避事者推諉，諸娣何則焉，是益重舅姑憂耳。」余頷之，而女能以其言試諸踐履，舉凡內務，念祖姑老，姑薛病，欲代夫生母，顧庶母何勞也，亦無鉅細，無不殫力，故閫以內諸，靡不辨具。紹經性素儉約，女以淡泊相之，服飾器用，多秦故物，女怡然

❶「從臾」，洪本、四庫本均作「從侍」。

無少嫌，歲節必縣秦遺像祀之。紹經業舉子業，女諄諄以做人相勸勉，紹經以行誼稱庠校間，女内助之力居多。

女素無病，丁酉三月十六日，産一女，産後十三日而病，至次月初五，竟不救死，距生丙子正月初五日，生才二十有二年耳。嗚呼，痛尚忍言哉！憶昔余被逐宿固節，燈下與紹經暨女與兩兒坐談，余向紹經曰：「從此歸山，惟有着實講學，以共肩斯道。」女從旁應曰：「父平日不曾虚講，如何如今才去着實？」余聞之愯然，今言猶在耳，負愧良多。嗚呼，痛尚忍言哉！紹經卜以殁之明年九月二日，遷秦氏櫬，并葬曲江祖塋之次，而乞余爲女銘，於是揮淚爲之銘曰：

嗚呼！豐於而德，嗇於而年。吾銘而墓，用志而賢。而年雖嗇，而德則傳。疇云天道，有然不然。嗚呼！而亦足以瞑目於幽玄。

馮少墟集卷十七

長安馮從吾仲好著

傳

河南衛輝府通判一軒劉公傳

余外王父一軒劉公，諱璽，字廷節，一軒其别號也。先世宜川人，始祖諱孝先，國初從戎，隸西安前衛，因家焉。父諱俊，以季子琛貴，贈兵部主事。舉子五，先生爲中子，伯兄琰，以成化丁酉舉人，知河南新鄉縣；季弟琛，以弘治壬戌進士，歷山西僉憲，有司各豎棹楔於門，關中稱爲「三牌樓劉家」云。公幼穎敏絶人，讀書即知大義。稍長，與僉憲公同遊膠庠，每試，兄弟迭爲諸生首，督學邃菴楊公深器重之。弘治乙卯，同舉於鄉。是時縣尹公已謝政，兄弟三人，衣冠濟濟，時人榮之，公逡逡不自多，明年下第歸，閉門授徒，益修舊業。僉憲公北面從受學，出其門者，如公之甥王太府謌、王僉憲謳、内弟張憲副環，及僉憲公，先後俱成進士，公屢上春官，竟不利，謁選河南衛輝府通判，居數月，喟然歎曰：「某曩所爲下帷攻苦，爲二尊人耳，今二尊人以吾弟貴，吾志遂矣，吾老矣，又安得以五斗苦七尺哉？」且公宦情素淡，不能隨上官俛仰，會有言者，即浩然歸，歸而買田城西南，構别墅數椽，僅蔽風雨，躬耕以老，終歲，足不履城市。一日寇至，索無所有，止刼一羊裘去，已而笑曰：「不意劉官人貧至此！」復

還之。每農暇，即取《四書大全》、朱子《綱目》讀之，或誚其迂，以爲公復應舉子試耶？公曰：「吾平日所樂在此，舍此無所事事矣。」年七十九卒。公初娶於吴，繼張，再繼邢。先宜人張媪出。其子孫繁衍不具述。

馮從吾曰：余幼時，每侍先大夫，輒稱引公以訓從吾兄弟。公爲人真率質戇，絶無世俗脂韋態，即或有矯枉過直處，要不失君子先進之風也。乃今則時尚靡而人趨競矣，搤腕狂瀾，安得如公者起而障之哉？論者謂國朝人物，惟弘、正間爲最盛，嗚呼！觀公可知也。

西郭先生傳

先生姓姚氏，諱顯，字微之，咸陽人。正統九年鄉舉，在太學。三上封事，皆闢異端、崇正道、安社稷之謀。景泰五年四月，上疏言：「王振修大興隆寺，車駕不時臨幸，佛本夷狄，信佛得禍，若梁武帝足鑒。」時上欲幸隆福寺，太學生濟寧楊浩與先生相繼言，上遂罷行，名震天下。後寓居長安西郭，藩臬諸公造之，食以蔬糲，無弗飽者。令齊東、武城二縣，祀名宦循政，詳《山東通志》中。當時民歌之曰：「先有子游，後有姚公，學道愛人，同一古風。」而先生自讚其像曰：「六尺長軀，尺五長鬚。學古入官，讀孔孟書。軀兮鬚兮，五十三年，而知五十二年之非。軀兮鬚兮，碌碌庸庸，不能作邦家之基。」官至太僕寺丞。

馮從吾曰：師友之益大矣！先生之寓居長安也，以與李介菴先生講學，故介菴以理學鳴關中，而先生與之爲友，交砥互

礪，俱成名儒，是先生之氣節，蓋從學問涵養中來也。彼虛憍恃氣者視先生，當赧然愧矣。

朱貧士傳

朱蘊奇，字子節，西安右護衛人。家貧甚，僦屋而居，妻子織網巾爲生，讀書古東嶽廟，嘗併日而食，宴如也。聽講寶慶寺，寒暑不輟。一日，其子因差徭下獄，會天雨，四日不食，氣息淹淹待盡矣。時嶽廟有大户收糧米者，黄冠憐之，因取其米少許，爲粥以食。蘊奇知其故，心計以爲，此官米，何可竊也，曰：「死即死耳，豈可以臨死改節？」竟不食，而亦不明言其故，同舍生素誚蘊奇迂矯，至此，始深服其節操，以爲不可及，因出其食食之。蘊奇曰：「此可食也。」由是始得不死。而劉孝廉必達聞而義之，因白於衛官，始出其子於獄。當路諸公及士大夫有高其節而周之者，必擇而後受，一毫不肯妄取。先是，嘗之市途，有遺網巾二頂，其子拾之，蘊奇曰：「彼之失，猶我之失也，使我失此二網，則舉家懸罄矣。」即命其子追而還之。其人感甚，欲分其一爲謝，蘊奇竟謝不受。父早喪，養母曲盡其孝。母殁，毁幾滅性。秦俗，人死多用青烏之説，當於某日某時避殃，「殃」謂死者之魂來辭家，而家人或庶幾見之者也，而見之者凶，以故當避。此其説幻妄不足道，而秦人多惑之，蘊奇曰：「使果有此殃也，吾猶可藉此一見吾母；使果無此殃也，吾又何爲避之？」伏棺痛哭，竟不避，而卒亦無恙，人稱其孝，秦俗之惑，由此少破。年五十一，以布衣終，蓋己酉八月十八日也。生平苦

節篤行，一步不苟，人共稱之。歿之日，貧無以爲斂葬，聞義而賻者，幾數百人，始克襄事。有子五人，貧幾不能聊生，長安令脩齡楊公爲構屋三楹居之，仍扁其門曰「高士」。藍田令思軒梁公祭之以文。學臺青巖段公、廉憲祥宇李公，各捐金優恤其後，段公扁曰「處士」，李公扁曰「懿行範俗」。聞者莫不咨嗟太息，以爲爲善之報，而諸公之高誼，尤近世所罕覯，風世勵俗，功蓋不小云。

馮子曰：學問之於人，甚矣哉！朱生操行如是，固天性使然，亦講學之效，不可誣也。生每赴余寶慶之會，見衣敝履穿，人或誚之，以爲貧至此，不聽講可耳。余聞之應曰：「如此，是聽講者皆當鮮衣華服，以飾觀美矣？」誚者語塞。嗚呼，死生亦大矣！朱生死且不貳，天下又何物能貳之哉？傳云：「見利思義，見危授命。」若朱生者，亦庶幾近之矣。

貢士樊公傳

關中有篤行君子曰樊公，諱天敘，字敦夫，號看山，後更號與楓，世爲西安右護衛人，家世武弁。公少有遠志，父户侯公歿，公以嫡長當承廕，乃謝去，折節學舉子業，籍西安郡諸生，每試裒然前列，尤以德行屢爲督學使者所獎，顧數奇不售於棘闈，萬曆戊寅，以積廩充貢如京師時，年已六旬矣。將廷試，偶疾作，輒謁歸，隱居不仕，就城北故廬畊讀自老，號曰「與楓」，蓋自況云。公天性孝義，母病篤，忽思爐餅，苦廚無具者，求諸里舍，及歸，母逝矣，遂悲悼終身不食爐餅，廬墓數載，人多不及知。年方强仕，

内子相背，故有一侍婢，即日遣之。諸子念公起居，跽勸再娶，公峻拒之，徐而曰：「予德非閔、曾，恐貽家累爾。」由是終身不再娶。嘗苦家居不得壹志於學，偕二三友人讀書蕭寺，昕夕必整衣冠相揖，或嘲其迂，曰：「不可以燕居廢禮也。」同儕雖雅相厚善，亦不戲謔，曰：「善戲謔兮，不爲謔兮，非武公不能也。」其他一言一動，無不斤斤繩尺，自少至老，無少踰越，故至今里中月旦，皆曰「樊道學，樊道學」云。萬曆乙酉，按臺貞復董公以孝行扁其門，仍給粟帛，以風頹俗。德清許敬菴先生督關中學，延公暨藍田王秦關先生講學正學書院，亡何，公以疾卒，許先生爲七言律吊之曰：「丈人高行冠鄉閭，閉户長安只著書。恬處蕭齋同野衲，懶隨塵鞅謝公車。希蹤古道貧逾力，問學吾門老更虛。奄爾少微星殞没，令人灑淚滿襟裾。」而一時士大夫傳誦其詩，咸欷歔歎息，以爲實録云。公生平不好博奕，不親聲妓，不言人過失，杜門終日，惟知讀書，故於書無所不閲，第不輕於著述，興到或構詩歌自詠，間吮毫作水墨小畫，殊有解衣盤礴之意，惟是素寡交遊，故詩畫傳者甚少。生於正德己卯正月初一日，卒於萬曆丙戌八月二十四日，享年六十有八。子圃相繼襲祖職。

馮從吾曰：自世之降也，士以放縱爲真，以敬謹爲僞，以稱惡爲直，以揚善爲黨，士風決裂，莫可底止。如公卓然自立之死不貳者，幾人哉？公於余爲前輩，而樂與余爲忘年友。余知公最深，獨愧貌公不盡。雖然，世豈乏執鞭願焉者，士風其庶幾有瘳乎？

楊繼母傳

楊繼母姓龐氏，吾會友楊孝廉重熙之繼母也。重熙生七歲而失其母蕭，九歲而失其父縣尹公翀，然重熙得至有今日者，龐氏以也，故重熙每爲余言及繼母龐氏事，輒潸然泣屑交頤云。龐氏適縣尹公僅僅浹歲，以故子女無所出，當縣尹公捐舍時，龐氏撫棺且泣且誓曰：「傷哉！天乎！未亡人不難從夫於地下，第有此孤在耳，所不撫摩此孤而有異志者，有如此棺。」於是茹荼孤闈，幾三十年而以壽終，終之後七年，爲萬曆甲午，重熙舉於鄉，以孝廉聞。嗚呼！龐氏亦可以瞑目矣。重熙之言曰：「熙不肖，生而臞甚，母保護之，眂兄重光有加焉。不肖年已壯，不自知其非龐母出，蓋龐母素未嘗以前子子不肖，不肖又安所知以繼母母龐母也？故至今鄉黨宗族稱慈繼母者，必於龐母首僂指焉。」言已，淚下不能已。

余聞之，爲之欷歔太息者累日，重於人心世道有感云。夫人性皆善，匹夫匹婦，皆可與知能，彼世所稱繼母者，豈盡皆蘆花輩哉？奈世之人但見一繼母，不問賢不賢即曰「某繼母，某繼母」云。於是爲繼母者，苟非卓然特然，亦未有不因人言而不以「繼母」兩字自橫於中者，以此兩字橫於中，則方寸有物，所在成隙，雖有生來愛子之真心，久之，浸假而化，澌滅而歸於無有矣。由是以觀世所稱繼母之不慈也，豈盡天性然哉？亦習俗之移之耳，而其間卓然特然者，豈遂乏人？士君子闇於大較，因噎懲羹，概謂天下無慈繼母，吁！亦冤矣。余

觀龐氏事，竊怪世之繼母移於習俗者固多，而又怪士君子概以世之繼母爲移於習俗也，至使賢者無以自白，不賢者遂得而甘心也，其爲人心世道關係不小，於是作《楊繼母傳》以風之。

四先達傳

尚書雍公

公名泰，字世隆，別號誼菴，咸寧人。成化己丑進士，知吴縣。吴濱湖，湖漲，淪田千頃，公作隄，民受其利，稱「雍公隄」。吴氏有妾亡者，妾父訟其夫密殺吾女兩月，匿尸湖中石下。召訊夫，夫曰：「妾逃兩月，跡求無效，妾父脅財，始知死所。」公使人視尸，死當近日，乃訊父曰：「夫夫密殺汝女，汝安知匿於石下？此又豈兩月尸耶？必非汝女，汝殺他人女，冀得賂耳。」一拷而服。甲辰，詔擢爲御史。吴俗：令行，皆饋樓船；公獨不受，民涕泣固饋，乃駕至張家灣還之，吴人歌曰：「時苗留犢，雍公反舟。」既守御史，彈射不避權貴，褒揚不滲卑遠。時威寧伯王公典院事，語親舊曰：「棘避驄馬御史也。」初巡南城，四城咸求折訟，公曰：「去！有主者。」民崩首：「他官不辦也。」公爲折之，於是豪右斂跡，聲震京師。巡居庸、紫荆兩關，軍民讋服。嘗笞梨盜，後有首得遺驢者，訊之，乃前盜官梨者也。巡鹽兩淮且滿，巡撫都御史以公力遏權要，商民咸悦，復奏留一年。初，公至淮，竈丁貧而鰥者，幾二千人，比及二年，俱要完室。既去，淮南人詠曰：「客邊檢橐渾無硯，海上遺民盡有家。」又曰「了却

四千兒女願，春風解纜去朝天」云。己亥，陞鳳陽知府，未任，丁外艱，服闋，改南陽。唐王奏取民田千頃，命下按察勘給，公力執不從，奏曰：「民去，王誰與守？」甲辰，陞山西大同兵備副使，公至鎮，汰侵漁，振頑慢，廣墩堡，制兵車，以禦胡。胡自公至，不敢襲邊。千户韋英誣民百人謀逆，巡撫將坐實以聞，公不可，後百人竟得釋。陞山西按察使，晉獄無冤，綱紀振肅。有父訟其子失養者，公垂涕泣，喻子曰：「爾由繈褓何所食得至今日，乃不顧父母之養，私其妻子，罪當誅。」其父復號泣乞原，曰：「愚民老且死，僅有此兒，一時感怒，不知至此。」公始釋之，曰：「慎勿又犯。」乃卒爲孝子。尋與太原知府尹珍以事相揭，奏逮公錦衣獄，無證佐，遷湖廣參政，湖民被誣爲强盜者七八人，歷多官不解，御史下公勘畢，得誣狀，盡釋之，七人皆圖公像祀於家。武昌知府王達貪虐而喜媚權要，當述職，自布政、按察，率與上考，公艴然曰：「泰敢黨達，以負國邪！」獨注曰：「上官畏其暴，下民被其虐。」諸公變色，後達卒黜。辛亥，陞浙江右布政使。太宰屠公家衆鬻販私鹽，鄉人效尤，幾至千輩，盜竊横行。公先收屠僕抵罪，諸寮咸諫，公曰：「此等爲屠公禍，屠公豈知？禁此，當非大助耶！」既而丁内艱，未闋，吏部辟爲山東左布政使，固辭不起。己未，詔起右副都御史，巡撫宣府，居宣府二年，諸所奏議，咸當時務，士民祗畏，邊陲宴安，士無室者，援兩淮例來訴，公復與完娶千人。參將李傑不法，部下狀其惡，公將參奏，李跪堂下，乞受責以圖自新，公曰：「此亦軍法也。」縳下杖之，三軍股慄，已乃譖公於時相，時相於李有戚黨，言

官遂劾公擅打將官，罷歸。正德丁卯，言官潘鐸諸人交薦公有敢死之節，克亂之才，詔起公爲左副都御史董操江。或問公此出以何爲先，公曰：「請先誅劉瑾耳。」聞者咋舌。時瑾正用事，卿左遷除，❶厚賂行謝，鄉人喻公，公曰：「進退在天，若奈我何？」未幾，陞南京户部尚書，又不謝，遂勒令致仕，仍罰米千石、蒭千束，輸宣府。潘鐸諸言官，及靈寶許公進、鈞陽馬公文升、華容劉公大夏十數人，皆以薦公獲罪，而許公進嘗語人曰：「吾遥望關西，見有二高，一爲華嶽，一爲雍世隆也。」年八十卒，卒時榻下有聲若雷鳴。訃聞，上賜祭葬。

先是，禮部奏稱：「雍某才明剛斷，操行清介，至老不渝。」當時以爲確論。公善事二親，比殁，哀悼浮禮。同學李介菴先生錦，博學履道，名通天下，選公而友。比公五試禮部，不第，勸公仕，公曰：「《易》不云乎『行而未成，君子弗用也』？」李君歎服。奉身儉素，雖貴賓至，肉味止一二品。初第時歸省，鄰人遺以束薪，固辭，或詰之，公曰：「昔伊尹非其道義，一介不以取諸人，如何方入仕籍而先貪也？」巡撫王公會公，語曰：「前辟人不勝厥職，後不敢辟人矣。」公曰：「寧教人欺公，莫教公欺君，豈可因此而怠進賢之道？」王公退語藩臬諸大夫曰：「雍進士能識大體，他日樹立，非我輩所及。」致仕後居韋曲別墅，日焚香危坐，間出與田翁野叟談稼穡及鬼神事，經年不入城市，當道諸公求一見不可得，族黨有犯，必告有司，曰某是，曰某非，幸無爲某故屈法。所著有《司徒奏議》五卷，《正誼菴詩

❶「卿左」，張本作「卿佐」。

集》六卷。公無子，故遺書多散逸不傳。高陵吕涇野先生枏銘其墓，鄭端簡公《吾學編》有傳。

馮從吾曰：孔子於剛者，歎其難見，蓋歎真剛之難也。公與介菴講明理學，剛大之氣，蓋從直養無害中得者；彼剛愎自用，而自命曰剛，是曩者夫子所謂「棖也慾，焉得剛」者也，視公霄壤矣。

大參李公

公名嵩，字世瞻，别號静菴，臨潼人。聞咸寧李介菴先生講理學，遂師事之，因僑居咸寧，其作止語默，壹禀於介菴。成化己丑進士，授山西屯留知縣，時大饑，公請賑，役民鑿河渠，民多所全活。陞户部主事，歷郎中，陞直隸廬州知府，清慎自持，鋤强抑暴，興學築堤，百廢俱興。歲饑，遍歷所屬，加意安輯，出庫藏銀帛，令自易食，春初價貴，始發倉廩賑濟，全活者衆。存留所屬，起解馬疋，令輪流解馬，七户資之，民困始蘇。户口鹽鈔，存留税糧，令解價三之二給軍，一充府庫，軍民兩便。巢縣大河水急，人每溺死，創立浮橋，以便往來。自用淡薄，一書案，衣八年始易。陞河南左參政，未幾，丁外艱，復補山東參政，又以内艱歸。服闋，貧不能治裝，遂不出。比卒，幾無以爲殮，西安郡守馬公炳然捐俸，命官營葬事。夫人郝氏不能遣日，撫按兩臺奏聞，命所司月給米養終其身，亦殊典云。屯留《名宦志》稱公好學甘貧，不事華飾，賑蘇殍餓，開鑿河渠，民賴安養。而《廬陽志》稱公爲人縝密方正，廉静寡欲，有古君子風，祀廬州名宦。何大復撰《雍大紀》、馬谿田纂《陜

西通志》載公行履尤詳。今祀臨潼鄉賢祠。

論曰：世之降也，士通苞苴，充囊橐，自爲得計，即有清修之士，或不芘其妻孥，人且以迂腐誚之矣，曰廉吏安可爲也。世道至此，可勝浩歎。如公一介不苟，清節凛然，當此狂瀾，真稱砥柱，嗚呼以風矣！

給諫張公

公名原，字士元，别號玉坡，三原人。師事王康僖公，講理學，與馬谿田爲友，言動一於古人。弘治乙卯舉於鄉，正德甲戌成進士，授吏科給事中，遇事敢言，即上書言十二事，曰正守令，擇將帥，理刑獄，汰冗食，省征斂，慎工作，恤士卒，明賞罰，禮大臣，開言路，崇天道，進德學。忤旨，降貴州新添驛驛丞。至貴州，學者聞公名，莫不裹糧負笈而從，經所指授，輒充然有得。居夷八年，困心衡慮，用是造詣益精，閲歷益熟，夷方士風爲之一變。嘉靖紀元，復召兵科給事中，公感知遇，益以諫諍爲己任，言皆剴切，凡論國家大計，及進賢退不肖，詞嚴色正，凛然風生，上亦多嘉納之。三年七月，以諫大禮被逮，杖死闕下。先是公有《停司禮監請乞》一疏，中貴人銜之，所以廷杖獨重，竟至不起，年僅五十一耳。

時禁方嚴，吊客無敢至者，獨都給事安磐，與公同杖，幸不死，而爲之經紀其後事，因哭之以詩曰：「七載夷方謫，三年諫議班。家聲續臺史，封事動天顔。吊客何人至，秦川有櫬還。不才同逐放，後死淚潺湲。」康僖公贊其像曰：「穎敏絶俗，名高登第。剴切過人，職居要地。不以一時之失竄炎荒而動心，不以一時之得復青瑣而樂

意。利害滿前，何敢趨避？諫諍報上，惟知奮勵。其身雖死，其烈則著。百世之下，必有指其事而歎之曰：斯人也，誠哉乎忠義之士。」穆廟初，奉世宗遺詔，贈公官，録其後。贊曰：孔子有言，求仁而得仁，又何怨？公八年處困，人易動心，一旦賜環，竟以諫死，所稱求仁得仁者，非邪！憂國如家，視死若飴，龍逢氏之儔歟！比干氏之儔歟！

尚書劉公

公名儲秀，字士奇，別號西陂，咸寧人。舉弘治甲子鄉試，登正德甲戌進士，授刑部主事，歷郎中。武廟末，閹宦用事，大獄屢起，公不避權幸，多所平反，録囚蜀中，全活尤衆。嘉靖癸未，以文望分校禮闈，所取多名士，時同舍郎薛蕙、張治道輩與公俱以詩名，當時有「西翰林」之稱。甲申，出守鎮江，郡中大治。戊子，擢山西提學副使，崇雅黜浮，士風丕變。庚寅，陞河南左參政，尋以前提學時文移之誤，罷歸。丙申，薦起湖廣參政，未幾，遷江西按察使、浙江右布政轉湖廣左。庚子，晉都察院右副都御史，巡撫遼東時，遼鎮屢經虜變，邊事大壞，公力爲振刷。辛丑，虜酋西寇錦義，東犯開原，公督率將士戮力破虜，斬獲數多。二次奏捷，上降璽書褒嘉，仍有白金文綺之賜，特召入爲户部右侍郎，以公有破敵功，且久諳邊事，改兵部。丙午，復改吏部。丁未，擢户部尚書，總督倉場，督理西苑農事。時陶仲文方幸，上至以三孤兼禮書，蓋一時有八尚書，而公於仲文獨不爲禮，且題桃符於倉場門，有「六部七尚書，獨愧鵷班之列」之

句，仲文過而銜之，尋改公兵部尚書二品，例應疏辭，疏中語及復套事，時嚴嵩方借復套謀陷夏言，因與仲文交搆上前，遂奉旨爲民，角巾野服，優游田里者十有一載，卒年七十六。公立朝居鄉，毫無訾議，止以見忤分宜，無故削籍，生前未得復冠帶，而没後又因無子，不能請恤典，卒使一代名臣齎志泉下，豈不悲哉！公所著有《西陂集》若干卷，少師徐文貞公階爲之序。

蕭沈二先生傳

蕭先生，余啓蒙師。沈先生，余受經師也。蕭先生諱九卿，字良輔，别號後山，長安人。少爲邑諸生，累試秋闈不售，後棄去設科，爲童子師。余九歲從先生學，先生爲人嚴整，不輕言笑，篤於倫理，事父曲盡孝養，尤善事兄長，其兄貨殖建康，夏月中暑殁於舟中，先生號泣躬迎，扶櫬西歸，貨資封識宛然，悉歸嫂侄。涉獵群經，尤長於《易》，至《綱目》、《性理》，爛熟胸中，至老猶手不釋卷。生於弘治己未三月十六日，卒於隆慶壬申十月十一日，享壽七十有四。孫景德、景才俱有守。

沈先生，諱豸，字司直，西安前衛人。讀書灃芑之濱，學者稱灃源先生。自幼端方正直，爲郡庠生，鍵户誦讀，不妄交遊，席遇妓，輒避之。工舉子業，每試冠儕輩，尤以德行屢見褒於學臺。門下執經者甚衆，余年十四，從先生受《毛詩》，見先生座右大書「心術不可得罪於天地，言行要留好樣與兒孫」二語，心竊識之，知此，可以知先生爲人矣。坐數奇，竟困於棘闈，齎志而没，是在萬曆己卯十二月二十九日，距生嘉靖乙

酉正月十六日，壽僅五十有五。先生有子士奎，爲長安邑諸生，甘貧苦節有父風。

馮從吾曰：古人云：「師道立則善人多。」誠哉，是言也。今世衰教微，師道廢而不講久矣，世安得多善人哉？二先生生平，俱以敬謹自持，以嚴毅教人，即以余之不肖，而不至大有暴棄，皆二先生力也。撫今思昔，可勝感慨。因爲傳次，以識泰山梁木之痛云。

祭　文

祭王蓮塘太史文

皇明羅儁，鼎甲稱先。曰余關輔，科不乏賢。高陵武功，其最著焉。維公嗣起，於鑠光前。吁嗟呂康，位不滿德。學士大夫，歎息靡極。物望屬公，大拜在即。胡天不吊，陽九數逼。天不公壽，人爲公哀。余所哀者，不在鼎臺。維呂之學，維康之才，公也兼之，後進取裁。公昨入京，余接光霽。公曰：「小子，毋先文藝。方今世風，流波靡涕，維余與汝，交相砥礪。」余謝不敏，公曰：「勉諸。聖賢學問，不在玄虛，躬行實踐，竭盡無餘。」余聆公訓，敢不拮据。公雖云亡，言猶在耳。思公不置，嗟余無倚。斯文之阨，吾道之否。心之悲矣，曷維其已？嗚呼夭壽，理屬渺茫。哲人弗永，天道靡常。輀軒晨發，丹旐飛揚。摛辭布奠，寫我肝腸。

祭許封翁文德清敬菴先生尊人。

造翁伯子，我師督學關中兮，首倡明夫

理道。嗟余渺渺以猥劣兮，叨埏埴於鴻造。❶ 緊我師學有淵源兮，惟庭訓之無違。羌執牛耳於中原兮，俾斯道之常輝。揆元元而本本兮，景我翁於有素。秪北斗而泰山兮，憾識荆以無路。聞翁採芹於束髮兮，紛燁燁其蜚聲。奈數奇而屢躓兮，竟敝屣乎榮名。謝塵世之紛華兮，乃潛神於聖學。時徜徉於苕霅兮，信修姱而抱朴。彼蒼夙鑒其亶積兮，縱濬發而流長。爰篤生夫象賢兮，翩鳳翥而龍驤。膺南北之銓衡兮，復剖符於劇郡。繇文衡而京兆兮，益潛心於學問。以田舍爲子舍兮，展戲綵於庭除。胡我翁之不慭兮，遽騎箕於太虚。惟有子爲不死兮，翁雖没而猶在也。我師孺慕以終身兮，悲風木而永慨也。既逾耄而望耋兮，已考德而令終。且霑恩於申錫兮，肆昭假於蒼穹。將瞑目而遊九原兮，付乾坤於大運。惟頌尼山於啓聖兮，夫孰不溯源於遺訓？矧從吾等夙奉教於我師兮，誼同立雪之游楊。倏聞哲人之既萎兮，我心衋然而悲傷。寄哀悰於隻絮兮，瞻餘不而歌薤露。冀靈爽其不昧兮，洋洋乎來假而來顧。

祭西郭先生文

萬曆二十六年五月廿二日，長安馮從吾自孟村訪友歸，過興善寺前，見一塋内樹有二碑，其一將仆。余因下車省視之，乃故太僕寺丞西郭先生姚公墓也，其碑乃故督學虎谷王公題，其碑陰王公仍書西涯李公贈詩一律。余瞻其碑，讀其詩，低回留之，不能去。越數日，物色其曾孫姚春、姚冬

❶「埴」，原作「植」，據四庫本改。

輩，因命工扶其碑而樹之。碑既樹於是，❶於是年六月初九日，偕友人王境、劉必逵、蕭燿，焚楮酹酒，告於先生之墓曰：惟公之没，百有餘年。跡公行事，一代豪賢。頃過蒿里，低思惘然。虎谷題墓，錦字如鮮。顧瞻豐碑，爲扶其顛。庶幾夙夜，永永不遷。假令公在，願爲執鞭。尚饗！

祭孟雲浦先生文

嗚呼先生！秀鍾伊洛，神降嶽嵩。力承正學，大啓群蒙。往歲辛卯，幸挹高風。切劘砥礪，受益實鴻。越歲壬辰，余別先生之上谷，先生恐余之離索也，遺余曹、尤二先生之語録，余受而奉以周旋，庶幾不至於顛覆。中途請告，謝絶徵逐，幸有先生教言在，儼若坐春風而誦讀，故雖閉户三年，忘其爲獨寤寐宿也。比余病痊北上，先生業削籍西旋，余乃就而訪之，閽人辭之甚堅，匪先生之過抗，實養重之宜然。余信宿再訪之，始獲與先生把酒而談天，由是躑躅風塵，稍稍得力者，皆賴先生之教，爲之左右而後先也。亡何余亦削藉歸，比道先生之里，登先生之堂，先生已先期使使逆我伊水之陽。余時以《訂士》諸稿就正於先生，若闢荆棘而示之以周行，瀕行，復録數語於便面，用致丁寧於不忘。余於是益感先生之教，不翅更《訂頑》爲《西銘》，如宋儒之程張。別後未及浹歲，聞有採薪之憂，余方欲裁書而起居，先生已辭世而仙遊。嗚呼！人生在世，真似浮漚，訃音一至，泣涕横流。嗚呼，痛哉！

❶ 「於是」二字，疑衍。

始余别先生於函關也，見其神王氣充，竊意必享期頤之算，詎意握手之日，即爲永訣之秋也邪？嗚呼！先生筮仕計部，出納惟平，賑饑兩省，向隅更生；既遷銓部，黜陟稱明，清通簡要，遹駿有聲。此世所爲先生榮者，而余不以爲先生榮。海内學士大夫，方推轂先生大用於時，乃竟至此，天不可知，奪先生之官未已也，而又奪其年，奪先生之年未已也，而又奪其嗣。此世所爲先生悲者，而余不以爲先生悲。蓋余所爲先生榮者，在遠接二程之傳，而近契文成之旨，俾伊洛淵源，藉以常存，而萬古人心，有所底止，矧有弟有侄，又能世其家學，則先生亦庶幾乎不死。余所爲先生悲者，在吾道之運阸，而斯文之會否，同志者方有興起之意，則今悵悵乎其無所倚，豈直從吾一人抱鍾期之痛於無已也哉？嗚呼！關洛相距僅千里餘，末繇奔奠，徒切欷歔，搦管歌些，痛不盡書。先生有靈，或其鑒予。嗚呼！尚饗。

學會公祭王經軒文

維萬曆二十六年歲次戊戌，八月甲寅朔越二十七日庚辰，學會友人馮從吾偕同會某某，謹以牲帛庶儀致祭於明故四川資陽縣知縣經軒王公之靈曰：嗚呼！關中理學，推重横渠，而横渠之學，乃自晚年得之，觀「勇撤臯比，一變至道」之贊可知也。嗚呼，人患不志於道耳！苟志於道，即「蚤悦孫吴，晚逃佛老」何損焉？以今觀於我公，非所謂老而志於道者邪？公少年登科，以風流人物自命，雖未嘗從事於學，而本根稟賦，原自不凡。迨宦遊歸，杜門謝客者十年，人或疑公爲功名不遂而甘自廢棄

也。及至前歲丙申，公約不佞輩立會講學於寶慶寺，後從公講論間，得讀公批點陸象山文集、陳白沙詩教諸書，見其字字句句雌黄精確，人人始知公十年杜門，蓋耽心於斯，匪以功名不遂之故也，而向所爲疑公者，不惟憬然悟，抑且赧然退矣。寶慶月凡三會，公每會必至，每至必早，寒暑風雨，未嘗少輟，諸同志赴會者，必先問王先生至否？每會公必發一問端，使人人有所憤悱，雖講解發明時，或有所謙讓，而聯屬鼓舞，則直任之而不辭。三年以來，人人踴躍而興起者，秋毫皆公力也。今不佞輩方幸得公爲依歸，而公今遽然長逝矣，嗚呼痛哉！始公之倡斯會也，每會見公神王氣充，終日與言，不見厭倦，人皆以此卜公享耄耋之算，而今以一疾，遽至於此，嗚呼痛哉！

公生平瀟灑坦夷，不問家人生産業，故晚年家益窘甚，而公毫不介意，惟惓惓於問學。當公病時，猶勉强赴會二次，至七月朔，而公病力，始不克赴會矣，然猶厭家居多冗也，静攝於香城寺。香城距寶慶不數十武，諸同志當會期，必先過香城候公而後赴會，人人以不得公爲歉，而公亦自以爲力不能赴會爲歉，仍伏枕書數語以代面講。比至臨終，竟無一語及家事，第曰「順受其正，順受其正」云耳。嗚呼！若公者，真所謂「甘貧好學，死而後已」者哉！公知學雖晚，而自知學之後，汲汲皇皇，恨不能一蹴而進於聖賢之域；而又汲汲皇皇，恨不能舉同志之士，俱一蹴而進於聖賢之域。雖忌者之摇奪百出，而公之講自若也。至於病中，深以知學之晚自悔，而又深以晚而知學自幸，嗚呼！不悔不幸，不幸不悔。觀公之悔與幸，而公之學可知矣。公知學雖

晚，又何損於公哉？「勇撤臯比，一變至道」，人皆可以爲橫渠，特人不自信耳。嗚呼，公往矣！某等悵悵乎其無所依矣，斯文之痛，安所紀極？今爲公三七之辰，公具生芻，聊以寫哀，公其鑒之乎否邪？嗚呼，痛哉！尚饗。

祭韓旻阜郡丞

維萬曆四十六年歲次戊午，七月丁亥朔越二十二日戊申，原任河南道監察御史、通家治生馮從吾，謹以牲醴香楮之儀，致祭於明奉政大夫陝西西安府同知旻阜韓老公祖之靈曰：嗚呼！公真不起邪？抑傳者誤邪？頃公榷稅潼關，瀕行辭余，依依不忍別去，居無何，而公訃至矣。嗚呼！公真不起邪？抑傳者誤邪？公初司李鳳翔也，刑敷僑愛，清凜楊知，政聲藉甚關輔。時余杜門謝客，雖聞問未通，乃私心時嚮往之。而公不以余爲不肖，先施手翰，惓惓問學，其於善利舜蹠之辨，尤元元本本，不落言詮，而余亦妄以一得爲復，今往返書札尚藏笥中。若公者，其以理學爲政事者耶！余方望公内召蘭臺，代狩西土，以大展所學，而竟以直道不偶，量移西安郡丞。西安爲余郡，余庶得朝夕請益，心竊自幸，而余以多病莊居，非公事不至偃室，公不以我爲簡，而禮遇有加焉。愧非滅明，辱知子游，可不謂千載一時哉？公職司撫民，諸凡善政，爲秦人士造福無量，而公又以廉介見知於填撫中丞，特檄榷關，人人方期公旦夕有特擢，而公不待矣。嗚呼，痛哉！

公年不滿德，位不配望，人皆爲公哀，而公之尊人，致位金紫；公之兩弟，聯翩鄉書；

而公之象賢，又少年與偕計。父子、祖孫、兄弟齊名競爽，不翅三蘇，且兩地甘棠，並稱蔽芾。公於人間世，亦庶幾無遺恨者，惟是秦人士失所天，而海内失一正人君子，不能不爲梓里痛，爲世道痛耳。抑余之痛更有進於此者，方今邊事孔棘，中外震驚，以公之才望，使得借觀察治兵於邊，則出奇制勝，一奴酋有不足平者。而公今已矣，寧不益重余杞人之憂哉！且近世非學者多，信學者少，如公以鄰邦大夫執弟子於深山野人，其沖襟遠韻，今可數數見乎？西蜀理學，自南軒、鶴山、東窗後，代不乏人。余方幸公羽翼斯道，自南軒而上接孔孟之傳，而今若此，此夫子所以有「喪予」之悲也。嗚呼！余之痛公，豈徒僅僅如世俗生死存亡之感也歟哉？❶嗚呼！錦江涸波，玉壘摧峰，萎矣哲人！渺矣高蹤！爰筆寫哀，痛盡填胸，桐鄉尸祝，如覩音容。嗚呼，痛哉！尚饗。

祭伯兄文

維天啓元年歲次辛酉，三月癸卯朔越二十一日癸亥，太僕寺少卿期服弟從吾率男嘉年、孫湛若等，❷謹以剛鬣柔毛清酌庶品之儀，致祭於恩詔冠帶貢士伯兄斗翁先生之靈曰：嗚呼，痛哉！兄胡遽背棄弟而逝耶？先是，吾父之棄養也，兄才十八歲，弟才九歲，未及五年，而吾母亦棄養。彼時弟嬰危病，生死未卜，安敢望其成立？而兄飲之食之，教之誨之，匪手攜之，言示之事，匪面命之，言提其耳。故弟之得有今日

❶「歟」，張本作「歎」。

❷「期服」二字，張本無。

者，皆兄之以也，弟即有胸無心，寧不知感？頃弟仗庇叨賜環之命，而兄亦欲就選銓曹，方欲偕兄北上，而不意兄一疾至此，嗚呼，痛哉！兄壽踰古稀，有子有孫，又能世其家學，則兄亦可以無憾。惟是從吾以六七十年相與之兄弟，而一旦有生死之別，鶺鴒增痛，❶手足傷懷，有不能爲情之甚耳。嗚呼，痛哉！居諸易駛，倏忽三七，聊具薄奠，少盡哀思，惟兄鑒之。嗚呼，痛哉！尚饗。

詩

關中四先生詠

涇野吕先生

涇野吕夫子，矯矯崇正學。挾册遊成均，馬崔同切琢。馬谿田、崔後渠。射策冠時髦，聲華何卓犖。慷慨批龍鱗，封章凌五嶽。講學重躬行，乾坤在其握。吁嗟橫渠後，關中稱先覺。

谿田馬先生

卓彼馬光禄，聲望高山斗。弱冠崇理學，平川稱畏友。立朝無多日，强半在畎畝。富貴與功名，視之如敝帚。垂老學逾虔，一步不肯苟。吁嗟如先生，百代名難朽。

苑洛韓先生

偉矣韓司馬，造物鍾奇異。讀書探理

❶「鶺鴒」，張本作「脊令」。

窟，著作人難企。生平精樂律，書成雙鶴至。立朝著偉節，居鄉譚道義。緊有五泉子，孝弟稱昆季。嗟余生也晚，景行竊自愧。

斛山楊先生

挺挺楊侍御，直節高今古。人知直節難，不知問學苦。獄中究理學，周錢日揮麈。周訥溪、錢緒山。歲寒節彌堅，不茹亦不吐。之死誓靡他，淵源接鄒魯。嗟彼虚懦人，敢與先生伍。訥溪、緒山時俱以事下獄。

觀書吟

立言先立意，意定始修辭。欲得辭中意，當看未立時。

善利圖

聖狂分足處，善念是吾真。若要中間立，終爲蹠路人。

自省吟

日用平常自有天，如何此外覓空玄？請看魚躍鳶飛趣，多少真機在眼前。

千聖相傳只是仁，滿腔惻隱始爲真。納交要譽中何用，❶收斂精神做主人。

讀書

切己工夫只恨少，會心言語豈須多。

❶「中」，四庫本作「終」，疑是。

而今識得斲輪意，甘苦疾徐奈若何？

輕言能悟即非悟，漫道無疑便是疑。
終夜吾伊渾不寐，清風明月坐來時。

丙申春日與同志論學因及莫春章有感爲賦十二絶

春風沂水雨初晴，童冠新成洙泗盟。
兩兩三三閑玩適，歸來歌詠不勝情。

鼓瑟吾門樂有餘，强兵富國竟何如？
縱然堯舜勳華業，一點浮雲過太虚。

幾日清閑幾日忙，春風沂水任相羊。
莫教童冠空歸去，贏得當年點也狂。

行藏用舍幾人同，曾點原非鄙事功。
一自詠歌歸去後，乾坤何處不春風。

信步蹻來自坦夷，何須沂水始相宜。
風流不得前賢意，晉室清談又足悲。

富貴功名自有時，人生何苦日攢眉。
不如曾點風雩樂，省得經營也是奇。

服成麗景莫春天，童冠風雩亦灑然。
此日詠歌無足異，簞瓢不改始爲賢。

簞瓢不改亦非賢，人不堪憂徒自憐。
俗學不知吾性樂，丢過自己覓顔淵。

吾儒真樂自天然，何必求仙又學禪。
沂水風雩多少趣，孔顔樣子此中傳。

憶昔宣尼發憤年，曲肱疏水樂悠然。
狂夫但得些兒意，解脱人生名利緣。

人生有樂豈無憂，憂樂從來爲忮求。
不忮不求隨處樂，春風沂水自優遊。

鳶飛魚躍在天淵，夫子安能不喟然？
若使中間稍有物，任他行樂亦爲偏。

勉學

寥寥聖學幾多時，春色今看上柳枝。世路險夷渾是夢，人情反覆總成癡。晞賢晞聖千年事，不欲不爲一念知。莫把歲華容易過，關閩濂洛是吾師。

讀易復卦

一陽來復見天心，此際真爲不易尋。若向静中參得透，那知往古與來今。

天心方動見微陽，一念獨知夜未央。悟到庖羲未畫處，天根月窟任徜徉。

答友人問坐馳

方寸茫茫易外馳，外馳不識欲何之？能於之處常防檢，便是主翁在室時。

方寸茫茫易外馳，外馳知得是誰知。能知即是能收處，一榻清風獨坐時。

讀割烹章

人生取與要分明，少不分明百事傾。一介莫言些小事，古今因此重阿衡。

古今因此重阿衡，一介原來道匪輕。不是聖賢局面小，格天大業此中成。

野叟耕莘避世情，直將堯舜樂生平。假非一介嚴辭受，千載誰爲辨割烹？

千載誰爲辨割烹，當年心事鬼神驚。

吾儕有志希賢聖，肯把塵埃誤此生！

余自戊戌卧病閉關九年至丙午冬始勉赴學會感而賦此

衡門之下可棲遲，泌水洋洋足樂饑。旨矣詩人非漫我，病夫今日益相宜。

藥物頻爲供，塵情總不知。閉關垂十載，如在羲皇時。

偶　書

竭來學問尚繁文，千古真傳豈易聞。試問此心空洞否？池蓮窗草正芳芬。

竭來學問尚玄虛，千古真傳妄掃除。試問此身實踐否？天心月到水成渠。

戊申莫春偕王惟大郡丞宜化汝刺史劉孟直郡丞楊工載進士周淑遠大參張去浮學博宜叔尚文學講學太華山中同志至三百餘衆

徵會來蓮嶽，良朋喜共遊。白雲時去住，野鳥自夷猶。雨霽千巖翠，春深萬木稠。山靈真有待，吾道重千秋。

青柯亭榭倚山隈，喜見儒冠濟濟來。心性源頭原有辨，覩聞起處豈容猜。三峰直欲凌霄漢，九曲常看浸草萊。此會莫言閑眺玩，百年道運自今開。

讀數仞章示門人

數仞宮墻門自開，百官宗廟亦雄哉。

秖因接引無同志，遂令及門空自回。
遂令及門空自回，宫墻外望亦堪哀。從今覺悟求師友，携手同登天上來。
數仞宫墻門自開，人人皆可任徘徊。秖因自己甘封閉，遂令堦前長緑苔。
遂令堦前長緑苔，一朝剪卻即蓬萊。升堂入室誰無分，努力前途莫浪猜。

讀陋巷章自勖

命定難逃陋巷貧，機關徒惹鬼神嗔。不如打疊心源凈，做箇羲皇以上人。
命定難逃陋巷貧，奔忙徒惹世人嗔。不如閉户焚香坐，做箇乾坤無事人。

中和吟六言十絶

此心常是中和，猶恐客氣易肆。若把此心放開，客氣何所不至？
平居此心敬事，猶恐視事無傷。若把無傷視事，可憐其禍將長。
道理平常看透，猶恐一時差訛。若以道理爲迂，將來決裂必多。
學問終日相講，猶恐行時茫然。若是只行不講，行錯誰肯相憐。
未發之中得力，猶恐已發不和。若於未發不慎，發不中節奈何？
禪學空談性命，面壁求之渺茫。不知性命實理，只在日用平常。
吾儒自有精微，未發之中便是。離中求之渺茫，又與佛氏何異。

控制六馬猶易，駕馭一念爲難。喜怒哀樂中節，才得身世平寬。

不覩不聞非無，千古聖學真傳。靜中看此氣象，位育就在目前。

氣象非落幻景，觸目盡是天機。必須戒慎恐懼，才得魚躍鳶飛。

夏日郊居有以腴田求售者余辭去賦此志喜

生平甘寂寞，那得買山錢。幸有先人業，耕耘度歲年。

耕田守祖業，講學繼儒先。此外無餘事，逍遥到百年。

寄懷鄒南皋先生

憶昔嬰鱗出帝畿，志完聲價古今稀。千年絶學君能繼，一點真心我不違。桃李有情開絳帳，乾坤無事掩柴扉。何時負笈來相訪？五老峰頭爛醉歸。

與同志講學太華書院

太華峰頭好振衣，雨晴百卉競芳菲。孔顔博約傳心訣，堯舜危微洩性機。玄鶴遠從天外至，白雲時傍洞中飛。功夫須到真源處，才得吟風弄月歸。

馮少墟集卷十八

長安馮從吾仲好著

奏疏序❶

草莽臣曰：余讀馮柱史仲好氏四疏草，蓋重慨竊有祝云：「人有恒言，主聖臣直。聖有容，容祝用；直尚切，切祝俞。」此臣主相成，聖直交感之會，蓋千載一時，自古難之。柱史蚤抱奇瑰，穎出西土，起家己丑進士，儲秀館閣，簡登臺憲，諫固其職也。就列未幾，而移疾在告，還朝未幾，而忽賜罷免。計先後恪共乃職，不三二稔，輒毅然聯疏飛霜，其糾胡斥江，力奮神羊一觸，已稱骨鯁。若壬辰春正一疏，直氣凌霄，讜言犯闕，佹觸霆威，幸轉春煦，聞者爲之吐舌，咸頌「聖之容，聖之容」也。丙申之罷，或尚權輿於此。賦歸以來，瀟然四壁，脱屣凡塵。初猶聚徒古寺，牛耳道源；既益屏跡閉閤，足不履寢閾。於是過轍者必式門閭，觀風者競表宅里，縉紳惻井渫，中外望巖起。兩臺使車，洊舉遺佚，嗟嗟！不拜賜環，焉望前席？碩人考槃，誰何補闕？在《易》否泰剥復，理若循環。但願聖主元默功至，鋭意維新，隱時艱而求舊人，召賈傅於宣室，起唐介於裔土，兹草莽病臣所爲慨而日仰天竊祝焉者。或者乃謂：『信而後諫』，訓在《語》中，柱史跡未煖而驟危言，無亦左斯道乎？」余謂此非所以論臣職也。

❶「序」，原無，據文編次補。

「信而後諫」，若所謂「勿欺而犯」者，蚳鼃以數月不言見譏子輿氏，奚必信？近聞勳戚上卿相與連篇累牘規切時政，不啻維百，寧無一信？率亦群然屏息，伏聽詔書之彰信而未獲報，如之何？爲柱史祝，尚自慎理藥物，恭候恩綸之日下，魚水交成，儻容斯用而切得俞，方來有待，慎勿遂遺斯世也。

萬曆癸卯仲冬陽復日，江關倦客周宇子大甫謹序。

奏　疏

論劾險佞科臣疏 萬曆十九年十二月二十二日。

題爲險佞科臣惑亂主聽，懇乞聖明速賜罷斥，以杜釁端事。

昨者臣接邸報，見禮科都給事中胡汝寧參論兩京中卷一二可疑，及吏部推陞一事，臣不勝駭異。夫汝寧見任諫垣，言事自其職掌，而臣顧駭異者何也？謂汝寧之言，投間抵隙，假公濟私，非真爲皇上發姦摘伏也。臣意皇上必能洞燭姦膽，以折亂萌，乃反聽若轉圜，臣又不勝駭異，豈皇上不知汝寧之罪狀而誤聽其言耶？臣不暇辯其言，請先誅其心。且汝寧之爲給事已數年於此矣，自有參論饒伸之疏，而諂諛已不容於衆口，❶繼有輔臣相戕之奏，而姦邪益大犯乎公評。別號穢名，至不可道，自古小人未有狼狽若此者。舉朝臣鄰咸謂：「汝寧縱不肖，將復何顏立於掖垣間耶？」顧註籍未幾，旋稱病愈，人人相顧，咤爲異常，而臣獨私語人曰：「此不足爲異也。鄙

❶ 「諂諛」，張本作「諂訑」。

明之。

夫患失，何所不至？他日舉動，更有異於此者。」臣言未幾，而二疏相繼上矣。此二疏也，立言在此，寓意在彼，臣試爲皇上分明之。

昔者部臣饒伸發科場之弊，而汝寧劾之，人人未有不爲伸稱屈者，皇上亦鑒伸無它，准其起用矣。故汝寧亦洗瘢索垢，發科場之弊。若借此以掩其非也，而不知妄逞胸臆，以巇汚大典，適益重其參伸之罪耳。至於參論王教，又揣摩上意爲之。不知近日皇上不遽起王遴，不遽遷孟一脉、蔡時鼎者，意欲需其缺以大用之耳？汝寧敢於以私心窺皇上，遂乘機舉銓臣推陞一事言之，以滋皇上之惑。不然，何皇上罰俸科臣之旨甫下，而汝寧之疏遂上也？急於獻諛而巧於逢君，汝寧之罪，不容於誅矣。夫汝寧特一小人耳，堂堂天朝，濟濟臣鄰，何難於容此一人？而臣嘵嘵者，非論一汝寧也，蓋謂汝寧以一小人之言中於皇上，故言科場，則皇上聽之，言銓臣，則皇上又聽之，或下部覆，或命回話，使君臣上下，反覆疑二，是今日廟堂之上，已不勝其多事之擾矣。儻汝寧恃皇上之優容，而再肆傾危之巧計，則議論愈多，是非愈混，其弊不至於小人攘臂，君子裹足不止者。猶幸今日無李春開耳，使有之，則必以保吴時來者保汝寧，借此以結皇上之歡。天下國家之事，臣不知其所稅駕矣。皇上何惜汝寧一人，而不爲國家杜釁端也。且皇上昔年斥逐姦邪，曾不踰時，公論大爲稱快，何獨於汝寧過爲寬貸？湯顯祖論之而不報，樊玉衡論之而不報，蔡獻臣、周應嵩、彭好古論之而又不報。人人以汝寧爲非，而皇上若以爲是；人人以汝寧爲可斥，而皇上若以爲可留，此臣之

所未解也。即如前月汝寧因玉衡彈劾，辯疏自陳，乃皇上於彈者留，辯者下，且徑批以「照舊供職」。夫「照舊供職」之旨，自正卿以下不敢望，而一旦加於七品之汝寧，不知汝寧何德何功，而皇上優容若此，且唯其言而聽之如此，此又臣之所未解也。汝寧去就，原不足爲重輕，但以一小人，而能以其言惑亂主聽，此誠匪細故者，臣是以嘵嘵言之，且不欲以汝寧之故，傷皇上知人之明也。臣願皇上大奮乾剛，速賜罷斥，則天下萬世頌皇上之神聖於無疆矣。臣無任激切待命之至。

請修朝政疏 萬曆二十年正月十三日。

題爲中外多事，朝政當修，懇乞聖明勵精以圖萬世治安事。

臣不佞，猥以書生叨入仕籍三年於此矣，竊見皇上郊廟不親，朝講不御，章奏多留中不發，臣不勝杞人之憂。然而未敢有請者，謂在廷諸臣明諍顯諫，連篇累牘，庶幾哉萬有一之感悟上心也，又惡用臣言爲哉？第諸臣言之諄諄，而皇上聽之藐藐。屢請饗祀矣，而皇上之遣官恭代者如故；屢請朝講矣，而皇上之静攝深宫者如故；屢請發章奏矣，而皇上之留中不發者如故，豈在廷諸臣無一言之有當於皇上耶，抑皇上始勤而終怠，即諸臣言之亦不恤耶？臣竊意皇上之心，不過以爲昔年勵精，天下不見其益；近年静攝，天下不見其損，何苦舍逸而就勞？不知人君之舉動，與士庶不同，士庶久不理家，則家事廢，其爲患也小而易弭；人君久不理天下，則天下之事廢，其爲患也大而難圖。皇上試觀丁亥、戊子

以前，四夷效順，海不揚波，天下何等景象也，是勵精之效既如彼；己丑、庚寅以後，南倭報警，北虜叛盟，天變人妖疊出沓至，天下又何等景象也，是静攝之患又如此。中外多事，人心憂虞，失今不圖，長此安窮，豈必朝講一日不舉，便有一日之禍，章奏一日不發，便有一日之禍，然後爲可憂哉！且今日皇上自視，爲何如主也？皇上欲成其神聖之名，而使天下不見其太平之象，則名實不符，人誰信之？況今當朝覲之期，萬國冠裳畢集闕下，咸欲一覩其清光，而竟不可得，則必相顧而疑，相疑而議，不曰皇上困於麯蘖之御而歡飲長夜，必曰皇上倦於窈窕之娱而晏眠終日，不然，何朝政廢弛至此極也？雖皇上近頒敕諭，謂聖體違和，或可以再借静攝之名，以少掩其晏安之非，而不知皇上静攝已非一日，如以爲真疾耶，則當戒酒戒怒，以圖尊生之計；如一時倦於早起，托之乎疾耶，則鼓鐘於宫，聲聞於外，天下人心，豈可欺乎？況皇上每晚必飲，每飲必醉，每醉必怒，酒酣之後，左右近侍一言稍違，即斃杖下。如是，則既非静攝，又廢朝政，縱諭旨森嚴，恐亦不足以服天下而信後世也。臣見前歲皇上禁止章奏，非奉聖旨，不許傳布，臣意皇上不過以爲臣下章奏多有不識忌諱者，恐一傳布，則天下傳誦其章奏，必議及於皇上之舉動，故姑留中以泯其跡耳。不知今日諸臣來朝，而皇上猶然静攝，其紛紛議論，視章奏所傳，更孰多寡乎？一人之舉動，四海之觀望隨之，豈在章奏之傳不傳也，欲以泯其跡而反以彰其過，豈皇上未思及於此耶？臣願皇上勿以天變爲不足畏，勿以人言爲不足恤，勿以目前之晏安爲可恃，勿以將來之

危亂爲可忽。必乘此大班糾劾之日，亟出視朝，以答四海臣工之望，無惜此頃刻省覽之勞，發臣章奏，以昭一人納諫之明。仍望節飲以養性情，戒怒以馭左右。至於以後諸臣章奏，無論奉旨與否，准其照舊傳布，則聖德以光，聖度以宏，天下太平之治，可計日而奏矣。世道幸甚！臣愚幸甚！

秘録

萬曆壬辰，實維覲期，時從吾濫竽西臺已六閱月。先是，疏劾都給事中胡汝寧，主上幸見納。竊以爲聖明在上，正臣子披肝露膽之時，於是此疏於正月十三日上，席藁待罪者，旬日而未報。迨廿九日，聞上遣校尉百人候於廷，將杖言者，而朝論洶洶，不知爲誰。蓋數日前，曾杖給事中孟君養浩，故言者聞此，咸用愕然。比日昃，忽有旨傳免矣，當辰巳時，聞上命一内臣送一疏至閣，大學士趙公志皐見而異之，會是日爲仁聖皇太后誕辰，於是具揭上請，謂「聖母聖節，不宜有此舉」。揭入，而傳免之旨遂下，中外人始知爲杖余之舉，而余不知也。次日以註宣大差入院，見掌院左都御史李公世達將入門晤掌河南道御史陳君登雲，陳見余，執余手呼曰：「好造化，好造化，昨日之事蓋爲君也，君知之否？」余曰：「不知。」比入見李公，李公一見亦曰：「君知昨日事乎？昨日之事，蓋爲君也。幸有趙相公揭耳。」言已而别，余喟然歎曰：主上聖明，一至此乎！因聖母誕辰，而宥狂言，至孝也；納閣臣手揭而不少逆，至明也；宥臣一人，而諸臣兢勸，至仁也。一舉而三善備，即古堯舜，何以加焉？嗚呼！際聖明

之主，而不効竭身之誼，甘於緘默苟容，以自爲身家計，殆非人哉！殆非人哉！因秘録而笥存之。

請告疏萬曆二十年四月二十一日。

奏爲中途患病危篤，不能赴任，懇乞天恩，俯容回籍，以便調理事。

臣陝西西安府長安縣人，由萬曆十七年進士選翰林院庶吉士，尋授今職，於本年二月内，奉命差往宣大巡按。竊念臣猥以草茅，誤叨任使，正欲竭愚畢智，捐頂踵以報國恩，奈夙病劇發，萬分危篤，有不能一日支持者，輒敢哀鳴於君父之前。臣賦命蹇拙，素患痞病，每年春夏必發，輕則經旬，重則累月，非謝絶勞役，不能遽愈。數年以來，百計調攝，而病根尚在，不意今春自二月即發，飲食漸減，形體漸羸，心竊慮之，方欲請告調理，以圖報效於異日。而會有宣大之命，臣以爲馳驅疆埸，惟今日事，即有病焉，可勉强而行也，顧始則雖病而愈加勉强，繼因勉强而愈增之病，至於陛辭後行至涿州，而臣之身幾不爲臣有矣。然猶冀其沿途調理，稍得痊可，依期受代，而病根既深，轉覺沉重，胸膈脹滿，噯氣嘔逆。比至保定，即伏牀褥，不能動履。先後召醫尚時廉、李茂華、王繼業等診視調治，但藥餌愈攻，元氣愈損，脾胃愈虚，痞氣愈增。至於今，已三夜目不交睫，三日口不入一粒矣，形神俱脱，危在旦夕。使不以此時披情引退，而猶貪戀於功名之埸，則溝壑徒委，補報末由，是忍於負主，而甘於誤國也，臣罪不細，臣即死不瞑目矣。除將前情遵例備文彼處撫按具奏外，伏望皇上俯賜矜憫，敕

下吏部題覆，容臣回籍調理。儻萬一不至顛躋，則他日有生之年，皆感恩圖報之日矣，臣不勝惶悚待命之至。

公　移

申飭放關行蒲臺縣

爲申飭放關引鹽，以絶弊源事。

照得山東各商引鹽，自海口塲所起運，必由蒲臺過關，方得運往它處，斯咽喉鎖扼之地，雖有神奸，豈能飛越？詢之先年放關，俱委佐貳等官，每每接受奸商常例，通不稽查，以致匿引不送切角，將鹽徑發阿城、張秋等處，私自販賣，欺隱餘没課銀，並不運至洛口卸園候掣。運司懼誤掣期，只得捏報虚數，一掣常補數年，一引常補數倍，奸商日肆，積引日壅，國課日虧，鹽法日壞，誠可痛恨。已經前院徐□洞徹弊端，特委該縣清查放關，革除積蠹，所行極其詳悉，深得拔本塞源之道。本院奉命接差以來，訪得該縣練達精明，實心爲國，清查克殫辛勤，放關不避嫌怨，殊沾沾爲鹽政委托得人喜。第恐該縣以爲新舊交接，事體更易，倘或勤始怠終，其如奸弊復熾何，擬合再行申飭。爲此，牌仰本官查照先今牌内事理，每日下午親詣河下，一一查驗登記。至於本院原發該所過鹽簿内，不許間隔遲滯，如有違例大包并夾帶私鹽者，除徑追引目解院、大包私鹽入官外，仍將奸商船户照例重究招解，以憑發遣施行，毋得姑息，亦不許轉委佐貳等官，仍開弊竇。如果鹽法肅清，積弊盡釐，本院定以賢能優敘，本官務要着實留心，以副委托，俱毋違錯，未便。

禁革吏承夙弊行五道及二運司

爲出巡事。照得本院不日巡歷按屬地方，已經通行去後。訪得本院吏書承差及跟隨人役，每遇巡歷地方，千方百計苛求需索，稍有查駁，隨即揚言搜剔由己，甚至有私帶家人充覓船夫沿河詐騙者。至於承差隨行，每向所司叩頭希賞，且揑報考語，詐稱訪事，又將日給支應盡行折乾，勒令縣驛重復備辦。諸如此類，未易枚舉，良可痛恨，擬合禁革。爲此牌發該道，仰司呈堂照牌事理，即便轉行所屬各衙門官吏人等，如遇本院按臨，一切常例盡行禁革，如有仍蹈前轍者，所在官司即便據實密揭報院，以憑究遣，本官定以風力優處。如視爲常套，漫不遵行，本院別有所聞，定行連坐，干礙職官，一體參究。各具遵行過緣由報查，俱毋違錯，未便。

稽察承差行真定縣

爲稽察承差奸弊事。往本院家居時，見各院承差奉法者固多，壞法者亦不少，所恨各院苦於不知耳，未有明知而明縱之者也。本院自受代以來，雖然刻意禁約，但恐差人不等，該縣驛或隱忍不言，甚非本院革弊初意。爲此，仰縣官吏照牌事理，即查原差去承差李文福在撫、按兩院會稿公務，果於某日某時到，某日某時行回，轉行該驛備細查的，從實回報。本役如有別項需索情弊，該縣仍密揭報院，方見以心相信，且藉此覘該縣風力也。毋得遲違，未便。

嚴催掣鹽行山東運司

爲嚴催掣鹽事。　照得二十三年春秋二關掣鹽案，查止有河南鹽二萬八千餘引，其本年該銷掣十五、十六、十七等年積引十二萬，至今一年將終，尚無引鹽報掣，該司已違欽例，咎將誰諉？　揆厥所由，實係奸商覬踵夙弊，故意耽延，不肯報掣，似此巧計，三尺謂何？　據法本當參提重究，但積弊已非一日，姑記再行嚴催，爲此，仰司呈堂，照牌事理，速將今歲春關限月内呈掣，聽候本院按臨親驗，其秋關限十二月中呈掣。　如再故違遲誤，該司先將爲首奸商鎖拏二三名，同違玩吏書解院，以憑重究發遣，決不輕貸。

剔除奸蠹行蒲臺縣

爲剔除奸蠹，以肅鹽政事。　據邊商王承賜等連名揭稟内稱「奸商因見蒲臺關防嚴緊，計出百端，突於蒲臺縣西相離四十餘里開河鎮相連濱州交界附近私鹽處所，私立鹽園，結交鹽徒，驢馱車載，堆垛園内，春築大包上船，將殘引影射指作官鹽，瞞天之弊，實爲鹽政大蠹，叩法嚴行禁毁」等情到院。　看得山東鹽法向被棍商沿襲爲奸，壞之已極，即今虧損國課，壅滯積引，已經嚴行，本官於蒲臺要口立法清查，關防嚴密，以爲弊不能作矣，何又有越關於開河鎮等處私立鹽園等弊？　似此奸計，神人莫測，合行嚴拏，以肅鹽政。　爲此，牌仰本官照牌事理，即便帶領兵快密切星夜親詣開

河鎮等處地方，將越關私鹽逐一封盤，私立鹽園登時拆毀，仍拏作弊奸商與興販鹽徒車驢到官，一併究招，報院詳奪施行。本官務在神速，出其不意，毋得洩漏，以致各奸聞風脱綱，不便。

破積弊開自新以正鹽法行山東范運同

爲破積弊，開自新，以正鹽法事。照得山東内商，向來沿襲爲奸，鹽法大壞，節經申飭嚴革，各商尚爾怙終觀望，所賴以共濟分理者，惟在該司。本院素知本官才望，迎刃有餘，蒞任方新，奮然振刷，所喜鹽政得人，庶幾積弊可釐，所有本院曉諭各商告示，合行給發。爲此，仰本官照牌事理，務期同心共濟，肅清鹽法，仍將發去告示稿，大書告示，張掛蒲臺、洛口各鹽園場所，及該司門首曉諭。俾各商咸知省悟，務使盡掃它年故習，聿新今日良模，毋蹈前愆，噬臍莫及，仍具不致風雨損壞。結狀呈報查考，毋得遲違。

發山東運司告示稿

爲破積弊，開自新，以正鹽法事。照得山東鹽法決裂，已非一日，其病根全在各商之虛掣補關，而虛掣補關，其病根多在各商之家人夥計。此輩或指稱多帶，用以迎合主心，或借口打點，反以乾没主利，即所稱大包夾帶，徒以充此輩之私橐，即有一二不然，亦以博餔牙之脅制。爲利幾何，爲害無窮，加減乘除，徒滋妄費，内商之引鹽日滯，邊商之引目日壅，揆厥本原，皆此輩爲之倡率阻撓也。似此不破之弊，本院三尺

謂何？除不時密訪嚴拏以憑究遣外，爲此特示各商，務要各保身家，痛革前弊，果有此等夥計，即時分夥，此等家人，即時逐去，本院必不追咎既往，以阻將來自新。如怙終不悛，徘徊觀望，故意延遲，覬踵敝轍，本院廉知其人，定將本商盡法重處，決不輕貸。各商宜細思之，無貽後悔。

尊崇名賢行茌平縣

爲尊崇名賢，以敦教化事。照得本院觀風兹土，查有該縣已故鄉宦、原任尚寶司少卿孟諱秋，生平高節清風，允足廉頑立懦，本院素所景仰，今雖已逝，合行表揚，所有祠宇祭田等項，相應查報。爲此，仰縣官吏照牌事理，即查本官曾經山東前按院鍾□建立祠宇，見在何處地方？置有祭田若干畝？仍抄録祠内碑記，及本宦文集、墓誌，併查見有幾子，曾否入學，作速具由報院，以憑施行。毋得遲違，未便。

優禮名賢行泰安州

爲優禮名賢，以風世教事。查有已故教官李諱汝桂，謝跡紛華，潛心性命，本院景仰有日，方欲式廬，聞已物故，深爲世教民風痛悼。爲此，仰州官吏照票事理，即動該州堪動官銀，置扁一面，上書「理學名儒」四字，前列本院銜名，後書本官銜名。再動銀十兩，封折賻儀，鼓樂齎送伊子收領懸掛，用昭本院優崇之意。仍將動過銀數，并取回帖具詳繳查，毋違。

清理鹽法行山東運司

爲清理鹽法事。照得二十三年春秋二關掣鹽，迄今一年將終，尚無引鹽呈掣，多係無藉棍商堅圖虚掣，故意煽衆阻撓，合行設法查理。爲此，仰司呈堂照牌事理，即查二十三年春闕應掣商人某人，某人春闕除河南鹽二萬八千有零呈掣外，其應掣積引邊鹽六萬零，某人曾運到洛口鹽園鹽若干，某人已運未到園鹽若干，某人通未領運若干，同秋闕應掣商人姓名，逐一清查真的，備細造册，❶限二十八日送院查考。如已曾運鹽到園者，爲奉法良商，本院即行司紀録優奬，如往運而未到者次之，❷若逗遛觀望不運者，即係無藉奸商，❸定行重處，❹俱毋違錯，未便。

又

爲清理鹽法事。據該司呈送已未運鹽商人文册到院，查得已運鹽到園商人申良棟等二十七名，均係守法良商，深可嘉尚。内申良棟、杜雲鵬、王克謙三名各運到引鹽過千，尤爲奉法；其張納訓、費光輝、李邦化、李篤志、張修業等五名，俱觀望，全未領運，即係把持煽衆棍徒，俱應分别懲勸。爲此，仰司呈堂，照牌事理，先將申良棟等三名動支院銀備辦花紅，自運司當堂鼓樂迎出，以示優奬。其餘二十四名即行

❶「備細」，洪本作「詳細」。
❷「往運」，洪本作「轉運」。
❸「無藉」，洪本作「藐法」。
❹「重處」，張本作「責處」。

登簿紀録，待鹽全完之日酌量查行；仍將棍商張納訓等五名嚴拏，各正身，即時解院，以憑重究施行，毋得遲違，未便。

尊高年以重名教行齊東縣

爲尊高年，以重名教事。　查得該縣致仕教官王曉，年高有德，甘守清貧，合行資助。爲此，牌仰該縣官吏照牌事理，即動堪動官銀三兩，具侍生帖，差人齎送本官，以示優禮之意。仍將動過銀數，取回帖繳查，毋違。

批山東運司問過路上陳偉器詳

該司積引甚多，欠課年餘，正坐内商大包夾帶之病，五運司未必如此，本院惟知有長蘆，惟知有該司，安得以五運司爲解也？至於州縣私販阻滯官鹽，本院自有按季比較，法紀森然，與運司積引欠課，何相干涉？　私販阻滯，誠有此説，今止聞該司有積引，未聞各州縣有積鹽，又安得借各州縣爲解也？　至於圖賤接買，尤屬支吾，果爾，則該司不必設，本院亦不必差矣，三尺具在，誰其干之？　至於新舊相兼，果如所議，則新者行，而舊者終無疏通之日，此斷斷乎不可行者。　總之爲引，何分新舊？　總之欲其順序疏通，又何分彼此耶？　設今不嚴行振刷，則不惟已往之舊引愈舊，且恐將來之新引亦舊矣；不惟十二萬之邊引，終無復舊之日，且恐今日九萬之邊引，亦壅閼而置之無用之地矣；不惟今日之國課拖欠一年，且恐將來之拖欠，又不止於今日矣。　范運同謂先年姑息之流弊，誠可爲今日之斷

案也。大抵利之所在，人必趨之；大包不已，勢必横行夾帶；夾帶不已，勢必回頭影射，愈寬愈肆，長此安窮。究其本原，皆此虚掣補關爲之作俑耳。至於商人運鹽不前，不曰「灘無積水，鹽花不生」，則曰「河水淺涸，舟楫難行」；不曰「數商一船，循環輪載」，則曰「舊鹽未賣，新鹽難通」。此或間亦有之，未必時時如此。總之，借口數款，以圖虚掣，不然，何秤掣之委官朝起馬，而各商之運鹽夕踵至也？任意補關，豈不甚便，誰肯甘心速運，以就秤掣乎？人情大抵如此，顧當事者寬嚴何如耳。該司慎勿輕聽前言，墮彼奸計可也。大包之禁，掣鹽規制，仰司即便刊刻榜文，樹立各塲兩關，榜示洛口，一一務查，遵部文及本院節次憲牌行，毋得展轉以覬虚掣，以致各商觀望，上誤國課，下誤各商也。據招嚇詐搶奪既屬虚情，路上等本當枷號重究，姑念無知，依擬贖發爲首，路上仍加責若干板，陳偉器加責若干板，取庫收繳。

表隱德以勵世風行分守濟南道

爲表隱德，以勵世風事。照得本院巡歷地方，訪得平原縣隱士石瓛，年八十餘歲，謝跡塵囂，潛心性命，行誼久孚於月旦，著作頗闡乎道真，誠盛世之逸民，而理學之高士也，合行優禮。爲此，牌發該道照牌事理，即便轉行平原縣動支堪動官銀，置扁一面，大書「理學高隱」四字，前列本院銜名，後書「爲隱士石瓛立」。再動銀三兩，折羊酒差人鼓樂齎送本氏宅上懸掛。仍將動過銀數行過日期繳查，毋違。

馮少墟集卷十九

長安馮從吾仲好著

馮氏族譜序❶

馮氏故無譜，譜之作，自侍御少墟公始也。侍御方爲諸生，即從德清許敬菴先生講明義理之學，其指要在敦實踐而詘空譚。已連成進士，由中秘出爲御史，尋以直道忤時免歸，益與同志倡學關中，所著述板行多種，譜其一也。夫自宗法廢而天下無世家，歷世滋蔓，子孫至不知祖宗名行與身所自出，族屬不相識，有如路人，賢者傷之。譜所以原世系，序昭穆，使民相親長而敦本不忘，蓋保姓鳩族、扶義翼教之善物也。堯舜之道，不越孝弟，人人親其親，長其長，而天下平，聖賢學脉，端在於此。侍御生平以之自修自証，内聖外王，資養深矣，族譜之作，所謂「是亦爲政」者也，苟有用我，即執此以往，寧有二道乎哉？侍御往在中秘省試，《原心記》大爲王文端公所賞識，欲留之，遂以冠諸卷，他相乃抑置第二；即第二矣，例亦當留而竟不留，侍御處之裕如也。居恒雅以道自任，動容周旋，悉中規矩。終日與譚，絶不見一言有所依阿，侃侃剛直之節，已知世必不能容，豈待爲御史，發奸指佞，始爲忌者所甘心哉？侍御身退而名益重，實學實行，里人化之，天下信之，年來起用之章屢上不報，朝野無不惜之，乃侍御則但

❶「序」字原無，據文編次補。

知孳孳問學，若將終身焉。嗟乎！嗟乎！國家有真儒如是，而不使及時行其所學，爲海内一道同風，用佐聖明雍熙之治，而僅僅施家政於族譜，可慨也夫。

舊治年弟寧陵喬胤頓首撰。

蓋余讀《馮氏族譜》，而不覺憮然也。夫人産是土，猶曰是吾桑梓之鄉，即欲他徙，且顧瞻徘徊而弗忍去，況其本支百世，爲身所自出者耶？若之何其身所自出也者，而塗之人視之，於是有宗法。宗法者，合涣而統於一，沿流而溯之源，是敦睦之軌也，於是有譜牒。譜牒者，緣倫敘位，緣位著名，支衍之而圖列之，是紀乘之遺也。故譜牒本以維宗法於不廢，而譜牒之濫也，宗法之廢益甚，以至於不可復。則其説始於司馬子長，而應邵、王僧孺、柳沖、路淳、韋述、柳燦、張九齡諸人繼之，大都抑新門而襲舊望，耻寒畯而附通顯，急夸耀而緩推崇，甚至綜核姓氏，以門第官人題名慈恩，皆以望族而遥遥華胄，識者掩口，亦足羞矣。嘗試觀孩提之童，其父母鶉衣藿食，至貧賤也，有朱門貴戚欲撫而育之，則怫然不願，而寧甘其鶉衣藿食者，此至情也，乃學士大夫而反孩提之弗若，豈不異哉？幸有宋諸儒講明宗法，而廬陵、眉山二氏著爲《宗譜》，庶幾古之遺意焉。今《馮氏譜》實取法廬陵，世經人緯，類史氏年表，或以諱，或以名，間述一二行實，粤自始祖，逮於今兹，而旁及外家，一洗魏唐牽合之陋，而往往於尺幅隻字間，敦本闡幽，義指具備，又類《穀梁氏春秋》，嗟乎，是可以風矣！余族故業農，而吴中陸氏爲著姓，人亦有以梁公告身與進者，意頗厭之，而馮侍御兹譜適

符合也，遂不辭不文而爲弁諸首。

萬曆丁未九月朔旦，年家後學崑山陸夢履謹拜手撰。

馮從吾曰：夫國有史，夫家有譜，古人家譜之作，蓋自親親一念生也，後世視爲文具，失作者意矣。吾族故無譜，先君嘗有志而歿，余欲成先志而未敢自專，迺謀之伯兄敬吾，兄曰：「子其任之。」嗚呼！余嘗讀《蘇氏譜》，歎世人賤而後貴者耻言其先，爲之咨嗟太息者久之。夫爲人父祖者，孰不願子孫貴顯，以光大厥閥，比子孫貴顯矣，反耻言其先，如此，則爲人父祖者，又奚願有此子孫哉？則不孝莫大乎是。世之作譜者，率多僭托遠冑，誇耀失實，此其心亦毋乃耻言其先意歟？譜如畫工寫真，要之，取其肖而止，令後世子孫以是彷佛先人云耳，不問文也，從吾何敢以不文不勉成先君之志？夫敘事必有所由從，作《例義第一》；合族辨世，溯流於源，譜之大者，作《世系第二》；然名行不可無紀也，有可傳則傳之，用以發揚幽光，作《世傳第三》；國史紀外戚，夫家豈有異焉？作《外傳第四》；述往昭來，用垂觀省之義，又安可無訓也？作《譜訓第五》。凡五篇。

萬曆丙午秋八月識。

馮氏族譜

例義第一

吾馮氏世爲長安蒲陽里人，始祖立户公，國初隸匠籍，世居省城橋梓口，稱「橋梓口馮家」。又一支居西門，不知遷自何世。

自立户公至隱德公，系次莫可考，故特列立户公於世系圖前，而世系圖斷自隱德公始。

夫譜自一世至五世爲一圖，又自五世至九世别爲一圖，蓋起歐氏法，今倣之。

寬世居西門，莫知所自始，故自三世起别爲一圖。

大宗在可久，小宗在府，繼禰在敬吾，西門宗在應春，他諸禰不及悉。

夫自吾始祖至吾父，皆書諱某，他則直書某某。蘇氏曰：「譜吾作，尊吾所自出也。」

何以有稱公不稱公？曰：有聞者公之。又何有公而不傳？曰：悲乎！傷哉！其行實莫可詳矣。

凡兩取而上，以次書，不稱繼，省文也。妻何以有書不書？曰：不知者不書，取非其偶不書；妾有子則書副，無子者不書。

族人間有無後者，當取同族兄弟之子承嗣，不許乞養異姓，以亂宗族。其嗣子下，仍注本生父，❶示不忘本也。

❶「父」下，張本有「母」字。

世系第二

諱外家號立户公。

一世	諱泰號隱德公。葬土門老墳，作祖。	
二世	諱海號宗長公。康氏。葬土門老墳。	
三世	諱信號贈君公。贈奉政大夫、直隸保定府同知。生景泰辛未二月初三日，卒嘉靖乙未五月廿六日，壽八十五。田氏，封太宜人。葬木塔里新墳，作祖。	
四世	在號長房公，壽三十八。高氏。葬土門老墳。	守號次房公，壽三十八。馬氏。葬土門老墳。
五世	江號漢陽公，生嘉靖癸未十二月初一日，卒萬曆丁酉七月廿五日，壽七十五。朱氏，李氏。四子。葬土門老墳。	淮師氏。

	二	全盧氏。	
	興無嗣。	成薛氏。	茂王氏。
諱友號奉政公。嘉靖甲午舉人，就山西屯留學諭，行取岢嵐知州，調繁忻州，陞直隸保定府同知，進階奉政大夫。生正德丁卯正月十五日，卒嘉靖乙丑五月廿三日，壽五十九。翟氏，贈宜人；劉氏，封宜人，長子、次子；副李氏，第三子。葬木塔里新墳。		玄康氏。	啓明無嗣。
敬吾縣學生，楊氏，長子；楊氏；宋氏；宋氏；胡氏，次子。 從吾萬曆戊子舉人，己丑進士，翰林院庶吉士，授監察御史，以建言爲民，尋奉恩詔閑住。趙氏。		節無嗣。	

旺李氏。				
雲霄蕭氏。			雲龍號户首公。生嘉靖甲申十一月十五日，卒萬曆甲辰九月廿九日，壽八十一。李氏。葬土門老墳。	雲祥號教讀公。例授侯門教讀。生嘉靖戊子九月十三日，卒萬曆庚子八月初四日，壽七十三。沈氏，無嗣。葬土門老墳。
府陳氏。	縣馬氏。	衛張氏。	科袁氏。	州承嗣雲霄子。苟氏。

		盛號老四公。蒼氏。	雲漢翁氏。	一元張氏。
				一登
	四無嗣。			

五世	六世	七世	八世	九世
江	可久			
	可珍			
	可大無嗣。			
	可用孫氏。			
淮	文秀余氏，郭氏，張氏。	郅隆杜氏。		
		郅美		
敬吾	元哲生員。桑氏。	啓禎		

	承羨			
從吾	康年生員。宋氏。			
	嘉年黄氏。			
府	汝英			
州	汝璡承嗣縣子。			
縣	汝金			
	汝玉			
	汝瑞			
衛	汝光			
	汝輝			
科	汝器			
	汝和			
	汝賢			

一元	伯林			
一登	伯森			

一世	二世	三世	四世	五世
闕	闕	寬號西門公。張氏。	錦馬氏。	恩荆氏，無嗣。
				榮周氏，無嗣。
				禄袁氏。
			鉞劉氏。	申吴氏。
				仁李氏。
			鐣楊氏。	經

五世	六世	七世	八世	九世
禄	應春張氏，沈氏。	政		
		敘		
		敏		
	應夏柴氏。	孜		
	應秋劉氏，張氏。	敦		
申	世厫張氏。	通		
經	應時無嗣。			
忠劉氏。	良齊氏。	按老四公所藏《祖先圖》，有此二公，皆絕無後矣，不知與幾世同行，故附世系後。		

世傳第三

贈君公諱信，字汝實，宗長公子。家故貧，公以營業養親，弗克就學，迺喜聞書中語。每遇人言古今興亡大概，及古人忠孝節義事，聽之忘倦，至廢所業有弗恤，人多誚之，公曰：「吾少失學，不能讀書知義理，今聞古人言，不覺愉快，雖廢業，庸何傷？」聞已，輒能見諸行事，因自號曰「誠菴」，取「誠實不欺」意以自勵。公生平不飲酒，不言人過。人有犯者，輒閉户遜謝不與校，終身足跡不入公府。值歲侵，公嘗併日一食，而父母之養必備。晚歲，督先君學最嚴，以爲讀書當依書中語行，不可徒口讀也，先君每爲從吾兄弟誦之。嘉靖甲午，先君領鄉薦，時公年已八十有四，公喜，謂先君曰：「吾老矣，猶及見汝成立，吾死且無憾，第願汝將來無忘今日寒素耳。」先君爲之泣下。明年公卒。先是，公八十時，以恩例授高年爵一級，卒後十有九年歲癸丑，以先君保定考績，誥贈公奉政大夫、直隸保定府同知。中丞少華許公銘其墓曰：「慥慥先民，素履孔純。去華敦實，不淆本真。」太史石簣陶君爲公傳稱：「公隱田間，心嗜傳籍，可謂有士君子之尚。」皆實録云。

老四公盛，爲人慷慨仗義，産業不踰中人，而好施予，人多以此德之。天性尤孝，時先君宦遊燕晉，而公有兄三人，又俱貧，公雖支子不祭，每歲時伏臘，念祖先祀事不可廢，必率族人行之。祭畢，燕諸族人，講明聖諭，人人感服。以壽終。

長房公在，贈君公長子，故稱長房公。勤儉孝友，出自天性。稍長，念贈君公老，

一切家事，悉力任之，晝夜躬作不言勸。時兄弟三人同爨，而先君時爲諸生，束贄糗糒，咸取辦於公，由是鄉黨宗族，咸稱其孝弟。不幸先贈君公而殁，年僅三十八，人皆惜之，先君每言及，輒泫然泣下不能已。有子曰江。

次房公守，贈君公次子。性善飲，不治家人生産業，每飲輒醉，醉後嬉嬉如也。中無他腸，兄弟間相得甚驩。年亦三十八而殁，人皆以爲異。有子曰淮。

先君奉政公諱友，字益卿，初號南野，後更號兑泉，贈君公第三子。垂髫入鄉塾，家貧不能購書，借鈔誦讀，每至丙夜。弱冠遊邑庠，讀書常忠武祠，授徒以養父母。每試，輒詘其曹，督學漁石唐公特器重焉。嘉靖甲午，以詩舉於鄉。明年，贈君公殁，哀毁踰禮，居憂杜門，儉約尤甚諸生時。戊戌，再上禮闈，不利，歎曰：「家貧親老，奈何不就禄養，而必於一第爲哉？吾父不可起矣，如吾母何？椎牛不如雞豚之逮存，何言詘也？」乃以乙榜就屯留學諭。屯留故僻邑，人不知學，先君日爲講授經義，與作文彀率，又時自作以爲程，束脩問餽，一切謝絶，士習翕然。素許李尚智、李之茂、馮典爲決科，庚子典浙江試，爲留三幣於司訓王先生所。王先生及諸生咸駭異之，以爲屯留不發科第者數十年，且應試止六人，而今必其三，且必其爲某某，即卜筮神術，未足驗也。已而三生果皆得雋，人始歎服，晉中且相傳以爲奇事。後尚智成進士，之茂爲御史，有名，又不止一時並登已也。從此，發解登第者濟濟相望，非復曩時屯留矣。壬寅，膺行取，因送先王母西歸，稽臯途次。比至京，考選已竣事，授山西岢嵐知

州。主爵者原儗京秩，乃以送母故，止得領一州郡，或爲先君悔，先君謝曰：「母老矣，安忍急功名以貽母跋涉憂？今母得優遊里第，即州郡有餘榮矣，何必京秩哉？」欣然捧檄，復奉母之任云。旹嵐逼近虜穴，數被剽掠，歲且大侵，先君省刑薄斂，一切居之以寬，其衛卒擾民者，繩以法。又念城壖濠塹，爲扼虜之要，殫力築濬，爲久遠計。不期月，閭閻安堵，虜聞風遠遁去，一時政聲蜚三晉。會忻州凋敝，一歲三易守，衆議非先君不可，乃調忻。忻繁劇數倍旹嵐，土俗善訟，糧税不時入，而宗籓又多闌奪民田，歲額爲損。先君治之，知非旹嵐比，乃嚴立科條，與民更始。時有二豪健訟，一夕各携妻孥竄去，里人至釃酒相賀。又於婚喪不時者禁，賭博、奉左道者禁，久之，獄訟衰減，❶逋賦日完，民間去田復還，宗籓莫敢撓者。曾、翁二中丞深重之，咨詢邊計，屬以募商飛輓、繕修邊垣，有功，薦於朝。上賜金幣，加四品俸，尋晉保定府同知。保定爲京師通衢，途次多盜，行旅戒嚴，先君職清軍，爲立保甲，增墩鋪，道路肅然。屢署郡篆，循聲最畿輔，三載考績，進階奉政大夫，贈先王父如其官，王母田封太宜人。時王母年九十高矣，先君奉冠帔稱觴爲壽，喜曰：「吾志遂矣，不歸胡待焉？」於是奏記兩臺乞終養，會有言者，遂浩然歸。歸之明年，王母以上壽終，鄉人咸稱歎，以爲孝感所致。相羊泉石，十有三年卒，是在乙丑。先君至性過人，常慟先王父不逮禄養，乃以母故謁選。事先王母，色養備至，每晨昏必冠帶詣床前問安否，朔望必冠帶夙興再拜

❶「獄訟」，張本作「訟獄」。

床下，以爲常。先君有女兄三，長次蚤亡，獨季在，先王母最憐愛之，先君先意承母志，每俸入，必奉母，任所取，先王母笑曰：「我惡用此阿堵爲哉？」先君曰：「曷留之？以予季姊。」先王母大喜。先王母殁，先君體母意，奉養終其身，故居盡推與二兄，撫其子女，爲之婚嫁，不言費，其篤倫大較如此。素善臨池，楷書逼真顔魯公，草書有晉人風骨，第不輕與人書，故傳者少，今家塾有所書宋儒理學詩及論學語數幅，從吾謹裝潢珍藏之。詩工五言律，今遺墨蹟數首，從吾將模刻以傳。其他行實，詳載大參似泉曹公譔誌、太史漪園焦君譔傳中。先君生敬吾、從吾、養吾，敬吾有駿聲，博士籍。從吾重負君親，不足稱。養吾蚤殤。

馮從吾曰：我馮氏世以布衣，自先君以儒術顯，而先王父始沾恩命，余兄弟始知誦詩讀書。我馮氏得稱衣冠之族，實自先君始。是先君在吾宗，蓋家世所由光裕，所當百世尸祝焉者也。凡我後人，尚其念哉！

户首公雲龍，字汝化。爲人倜儻有才，而復寬厚有量。族衆推公爲户首，凡户内一切差徭，俱公督納，公私稱便。性尤孝友，同胞兄弟三人，父殁，有母在堂，公獨力奉養，比殁，又獨力襄大事，諸凡從厚。其兄若弟，惟視己成事已耳，在人情以爲難。卒年八十又一。

漢陽公江，長房公子，生數歲而孤，先君鞠育之。後携之宦邸，察無他腸，凡私宅門户鎖鑰，悉命收掌啓閉，公稟稟奉法惟謹，先君由是益信任之。每俸入，輒分與，辭不受。性行篤實，而短於才，凡經營商賈

事，一切茫然，至今族人稱爲人忠厚者，必曰「漢陽公」。漢陽公，所自號也。

外傳第四

田太宜人贈君公，咸寧處士畯女，以先君貴，封太宜人。中丞許公誌其墓，稱：「太宜人賦性凝重，初適公時，百事微促，太宜人以勤儉相之，而家無闕事。姑性嚴厲，太宜人以孝順承之，而婦道用光。鞠育子女，以長以教，使之各有成立，而母儀咸至。且晚從宦所，勉子克服官箴，而大有聲譽，可謂賢也已。」人以爲實録，非溢美。先君就屯留時，太宜人春秋七十五，老矣，先君以板輿迎養，徘徊邸舍者垂十有六年。至嘉靖癸丑，先君致政歸，太宜人尚白頭無恙，明年甲寅六月十六日，無疾而卒，距生天順甲申六月廿六日，壽九十有一。與贈君公結髮偕老，並登上壽，世尤以爲難。生子女各三，先君最少。

翟宜人奉政公，同邑處士紳女，贈宜人。宜人歸先君奉政公時，先君爲諸生，家徒四壁，宜人不厭糟糠，相先君學。比先君薦鄉書，而宜人歿，是在嘉靖乙未，子女無所出。歿十有九年，先君考績，宜人獲被贈典。制稱宜人：得其所歸，而乃蚤世，夫既有位，爾宜並榮，服此明恩，永光幽穸。嗚呼！宜人歿且不朽矣。

先宜人劉氏奉政公，西安前衛人，河南衛輝府通判一軒公璽女，封宜人。先宜人生三歲，而喪其母張媪，即知哀慕。稍長，事繼母邢媪甚孝。邢生二弟，復相友愛，一軒公異之，會舅憲副前溪公行守潞安，謂一軒公曰「是非凡女也，慎勿輕字」云。嘉靖

乙未，前母翟宜人歿，越三年戊戌，先宜人歸先君，是時先君初就屯留學諭，偕先宜人往。先君家故窶，且寒氊冷局，諸凡窘乏，先宜人躬操井臼炊紉，不少暇逸。事姑田太宜人先意承志，曲盡孝養。太宜人性方整，寡言笑，先宜人獨得其驩心，比病革，猶執先宜人手，連呼曰「我孝婦，我孝婦」云。從先君宦遊十有六載，公壼之内，儼若朝典，先君所至有聲，則先宜人内助之以也。先君解保定組時，翟宜人父母尚存，貧且甚，先宜人爲衣食之，終其身，仍以禮葬。乙卯，關中地震，壞翟宜人主，先宜人亟重作之，歲時躬奠祀焉。撫庶子養吾，無異從吾兄弟，不幸而殤，慟哭不已。服飾喜朴素，翟冠霞帔，非有大故，未嘗輕御。自奉甚儉，而恤孤貧、睦姻族則又甚厚。兩伯父歿，遺子女悉撫育，婚嫁仍厚遺之，俾各得所。故至今兩從兄夫婦及諸族媪每念及，輒泣數行下，則德入之深可知也。生平多病，先君歿未三年，坐不勝哀，病遂劇，伏牀蓐二年，而從先君地下遊矣，是爲隆慶己巳十二月十八日，距生嘉靖甲申七月初五日，春秋四十有六。諸懿行，詳司農大夫中南李公譔誌中。

馮從吾曰：先奉政公歿，從吾才九歲；先宜人歿，從吾才十三歲。彼時羸病纏綿，生死未卜，二尊人目且不瞑，今從吾藉餘澤叨有今日，而二尊人不及見也。風木之恨，曷維其已？嗟嗟，悲夫！

贈君公女一適盛經，一適張禄，一適馬鸞。長房公女一適王珂，一適後衛百户崔以仁。次房公女一適柴應祥。敬吾女一適黄國璋，一適弓自起。從吾女一適咸寧庠生王紹經。元哲女一適郭伊，一適劉仕明，

一適商彝。❶

馮從吾曰：族女以人衆，不盡録，且殁者又多無所考，故止録吾本支者云。

譜訓第五

馮從吾曰：譜訓，余小子不敢自爲之，古今名家言之詳矣，余因采其言之一二尤要者，列於篇，與族人共覽焉。

《蘇氏族譜》云：「嗚呼！觀吾之譜者，孝弟之心可以油然而生矣，情見乎親，親見於服，服始於衰，而至於緦麻，而至於無服。無服則親盡，親盡則情盡，情盡則喜不慶、憂不吊，喜不慶、憂不吊，則塗人也。吾之所以相視如塗人者，其初兄弟也；兄弟其初，一人之身也。悲夫！一人之身，分而至於塗人，此吾譜之所以作也。其意曰：分而至於塗人者，勢也；勢，吾無如之何也已，幸其未至於塗人也，使之無至於忽忘焉可也。嗚呼！觀吾之譜者，孝弟之心可以油然而生矣。」

羅一峰云：「夫一族之中，尊於我者，祖父行也，爲伯爲叔；同於我者，伯仲行也，爲兄爲弟；卑於我者，子孫行也，爲姪、爲從姪、爲無服姪。其初，一人之氣所爲也。譬諸一身焉，爲耳爲目，爲口爲鼻，爲手爲足，爲頭項背，爲五臟，內而爲骨髓，外而爲皮膚，百體具焉，一人之氣所爲也。一體有疾，手爲之擘，足爲之踊，口爲之呻吟，其自刃自戕，蹈水赴火，非病心風狂，或有所憤激，誰不欲保其身乎？至於視其族，則不若視其身，非惑之甚與！」

❶「一適劉仕明一適商彝」九字原缺，依洪本補。

《鄒氏譜序》云：「昔者《小宛》之詩，兄弟相勉以善而作也。曰『明發不寐，有懷二人』，蓋念其先也。曰『各敬爾儀，天命不又』，所以承先德而獲福於天也。儀也者，父子兄弟相接之禮也。父而能敬，則無弗慈矣；子而能敬，則無弗孝矣；兄而能敬，則無弗友矣；弟而能敬，則無弗恭矣；夫而能敬，則無弗義矣；妻而能敬，則無弗正矣；姑而能敬，則無弗惠矣；婦而能敬，則無弗順矣。敬，德之聚也。福，德之原也。故父慈，父之福；子孝，子之福；兄友，兄之福；弟恭，弟之福；夫義，夫之福；妻正，妻之福；姑惠，姑之福；婦順，婦之福。古所謂自求多福，在我而已。若驕慢侈肆，以喪失其儀，父子相虐，兄弟爲讎，夫妻反目，而婦姑勃磎，雖富連阡陌，官居鼎鼐，其何福之有？」

《周氏譜訓》云：「族有長幼卑尊，天所秩敘，豈貴賤、賢不肖及一人喜怒愛憎所得升降？吾不知敬長，恒忌長之不我愛，及其爲長，又不能愛幼；吾不知恤卑，遽怒卑之不我尊，乃其居卑，又不能承尊，所謂藏身以恕而躬厚薄責，恐不若是自便也。茲弊相沿，徒知右冠裳而左天倫，尚望我二三士類，常相與講明躬率之。偶閲《東園友聞》：『昔有富翁方對客談，適有垢衣敝屣如屠沽者自外至，翁肅起迎之上座，退而拱立，其人曰：「汝坐。」翁乃坐。客問翁：「彼何人？」翁曰：「某族叔父也。」客哂之曰：「吾族則無此。」翁曰：「但君族未廣耳。」客大慙。』夫一手五指，誰能齊一？矧族至數十人，寧得盡富貴賢哲？乃倫序固自在也。凡我同宗，幸尚念之，其毋令此翁與垢敝如屠沽者聞之呷然而笑。」

《齊家要約》云：「譜之作也，原世系，序昭穆，列賢否，萃涣散，睦族之道也。世之人苟無宗譜，則不知身所自出，即有之者，又數十年不一修，愈久愈湮，後來莫得其實，誠可陋也。雖然，譜之義二：譜者，普也，普載祖遠近姓名，諱字年號，以示後人之不忘；譜者，布也，敷布流澤廣遠，世德卓異，以示後人之不悖。非特著世次，章故顯，以夸耀門閥而已。凡各宗子姓之賢達者，宜溯流窮源，續加修訂，近者十年，遠者二十年。書生卒，明配適，記葬所，迹行實，以垂不朽。不惟睦族有道，而宗嗣之衍，亦無真贋之失矣。」

譜既成，或曰：「《聖諭六言》及《吕氏鄉約》、《文公家禮》，尤譜訓之最要者，子胡不言之？」馮從吾曰：「《聖諭六言》及《吕氏鄉約》、《文公家禮》今爲令甲，余不肖，自當僭爲族人倡之，以附於吾學從周之義，又何敢私取而列之吾譜中也？」或者唯唯，余復書此，以諗族人。

六世孫元哲、康年、嘉年、承羨仝校，七世孫澄若、溥若，八世孫繼先、繩先重梓。❶

❶「七世孫」至「重梓」十六字，原缺，依洪本補。

馮少墟集卷二十

長安馮從吾仲好輯

馮氏家乘序❶

萬曆丙午，余爲余族譜，而先世之載，多散逸不傳，族長老又莫能悉，嘗仰天太息曰：「嗟哉，悲乎！ 余小子將安所徵焉？ 杞宋之事，孔子傷之，爲文獻不足故也。 夫當吾世，而使先世之載散逸不傳，繼述之謂何？」於是謀諸伯氏敬吾哀輯家塾所藏誥敕及志傳諸遺文，得僅存者若干篇，彙次成帙，題曰「馮氏家乘」，爰付殺青，公諸族衆，庶使後之子孫有所藉以考證云。 嗚呼！ 嘗見士大夫子孫，蕩費者無論，即號稱能守者，往往經營産業善逐什一之利，至問及先世志文，曰「無有也」，問及先世試録，曰「無有也」，如此，又何論他藏書哉？ 此其人，與蕩費何異？ 夫子孫而曰能守，亦賢矣，豈其智不及此？ 意若曰「是皆故紙，無用者耳」，不知子孫之賢不肖正辨於此，不專在産業盛衰間論也。 嗚呼！ 先大夫歿，爲時未遠也，而今諸籍且多不可考，矧後世乎？ 後之視今，亦猶今之視昔，百爾後昆，凡有所得，尚續爲增補，毋徒以故紙視之，重余不肖之罪可也。

是歲陽月朔日，長安馮從吾書。

❶ 「序」，原無，據文編次補。

馮氏家乘

誥命

奉天承運，皇帝制曰：「國家錫命於臣，而必逮其親者，所以慰孝子之心，而益以勵其忠也。爾馮信乃直隸保定府同知友之父，德善之積，有聞於時，慶澤所鍾，乃在於子，宜加茂渥，振爾遺芳。茲特贈爾奉政大夫、直隸保定府同知，歿而尚有知也，其承朕之休命。」

制曰：「婦人之善，不出閨閫，而賴子之賢，或以表見於世，故人臣之克自砥礪者，非以顯親之故歟！爾田氏乃直隸保定府同知馮友之母，爲婦有宜家之賢，爲母有積慶之實，宜推褒賚以示寵嘉。茲封爲太宜人，承冠帔之榮，衍桑榆之慶。」

嘉靖三十一年六月初八日❶

奉天承運，皇帝制曰：「國家設郡守，以敷宣德化，保育元元，任至重也。然地大民衆，獨理爲難，故又設庶寮以佐之，而必得廉明端謹之人，乃克有濟。爾直隸保定府同知馮友，發跡賢科，歷官州守，才猷茂著，晉貳大邦，乃益能持慎秉公，贊修政務。稽年書績，上達予聞，特進爾階奉政大夫，錫之誥命。夫朕懸爵禄以待士，惟其稱而已，以爾敬事之心，而益思懋焉，則何階之不可至。欽哉！」

制曰：「朕憫士大夫之配，同艱辛於家

❶「靖三十一」四字兩側，原有「制誥」、「之寶」四字璽文，今删。

食之時，而不得同其寵貴也，於疏恩之際，必追及焉，所以厚人倫之始也。直隸保定府同知馮友妻翟氏，得其所歸，而乃蚤世，夫既有位，爾宜並榮。兹贈爲宜人，服此明恩，永光幽穸。」

制曰：「婦主饋祀，位不可虛，故室必有繼，而國典亦及焉。直隸保定府同知馮友繼妻劉氏，克修婦道，以相其夫，致能盡心於所職，兹封爲宜人，式昭中閫之榮，用爲有家者勸。」

嘉靖三十一年六月初八日❶

志銘傳表❷

明誥贈奉政大夫直隸保定府同知誠菴馮公配封太宜人田氏合葬墓誌銘

賜進士第嘉議大夫都察院右副都御史奉敕巡撫遼東兼贊理軍務西京許宗魯譔

嘉靖乙未五月二十六日，贈保定府同知誠菴馮公卒，距生景泰辛未二月三日，壽八十又五。越甲寅六月十六日，厥配封太宜人田氏卒，距生天順甲申六月廿六日，壽九十又一。卒之再期，丙辰十一月十七日，

❶「靖三十一」四字兩側，原有「制誥」、「之寶」四字璽文，今删。

❷「傳表」二字，張本作「表傳」。

合葬於長安城西南隅木塔里之新塋。

公故長安人也，諱信，字汝實，祖泰父海，母康氏實生公焉。公少慷慨有志向，然以營業事親，弗克就學，比長欲知古今事跡，日延博識之士，聽其評話，至廢所業有弗恤，里人多誚之，公曰：「吾少失學，不能知古人所爲，茲得聞古今興衰理亂，忠孝節義，亦長識補拙之一助也，雖妨其業，所得不既多乎？」聞者皆服其好學。自是若事親交友，處己待人，率以所聞者見之行事，質直以範鄉，勤儉以教族，節飲以保生，居易以俟命，鄉人爲之語曰：「誠菴公，可謂不負其名號矣。」其配太宜人者，咸寧田翁畯之女也，賦性凝重，初適公時，百事徽促，太宜人以勤儉相之，而家無闕事。姑性嚴厲，太宜人以孝順承之，而婦道用光。鞠育子女，以長以教，使之各有成立，而母儀咸至。且晚從宦所，勉子克服官箴，而大有聲譽，可謂賢也已。

有子三：長在，次守，皆守恒業。在娶高氏，生子曰江，其妻則李氏，通政公之孫女也。守娶馬氏，生子曰淮，其妻則師氏，知府公之孫女也。最少者友，生即靈悟，公教之學，嘉靖癸未得遊邑庠，甲午中式鄉試，就教屯留，行取嵩嵐，既以治平移守於忻，尋遷保定同知。三載考績，得贈公如其官，母爲太宜人，鄉人榮之，謂公母累善之報也。友娶翟氏，繼劉氏，通判公之女也，生子省吾，幼，尚未字。女三，一適盛經，一適張禄，一適馬鸞。孫女二，一適柴應祥，參政公之姪也，一適崔以仁，後衛百户也。曾孫三，曰重孫，曰年孫，曰舉孫，俱幼也，亦可謂蕃衍矣。嗚呼！公與宜人獲壽於天，食報於子，謂非積善餘慶，能然乎？爰

著銘詞，以範末俗，銘曰：

慥慥先民，素履孔純。去華敦實，不淆本真。頎頎碩人，克相其君。伯鸞之配，德耀之隣。履善不斁，嘉慶乃集。鼎養綸褒，載赫載奕。偕臻上壽，載纘其冑。福善有訓，展哉弗謬。城之兑隅，靈氣所儲。有美兹丘，二老止且。

馮封君傳

賜進士及第翰林院國史編修文林郎年家晚生會稽陶望齡著

司馬遷言：河華之間，「其民有先王遺風，好稼穡，殖五穀，地重，重爲邪」，迨漢都，四方輻輳，日以玩巧。然班固盛推西京，紱冕冠蓋，爲英俊之域，雖去質漸遠，其文物都麗，軼於往古矣。明興，關陝在西服，去京師遥，漢唐佳麗華巧之習，百千年餘，湔滅蕩盡，琱琢之後，復還於樸。然賢儁涬發，博雅方聞，君子接起，其地視諸郡國特盛焉。蓋有岐邠豐鎬淳固之舊，而加以漢氏之文采，故關以西，文質之美，莫備於兹世。

長安馮封君者，諱信，字汝實，號誠菴，以子友貴，封爲保定府同知。封君少貧，躬作務以養父母，於學弗暇也。顧喜聞書中語，每遇人言古今興亡大概，及忠孝節廉之事，聽之忘疲，或竟廢日失業，有誚之者，公謂曰：「吾不幸少賤，未嘗得讀書知義理，今聞古人言，吾耳新，心孔爲開，竊自幸所獲厚矣，諸君顧爲我虞耶？」然公聞已，輒能試之踐履，名行日有稱，人謂：「馮公耳讀，勝人以口誦也。」公有子三人，而保定公

最少，遂貴顯，所至樹吏績。至其孫從吾，讀中秘書，起爲名御史，益張大之，其好古嗜學之報哉！夫先王之隆也，其田野隱居，有士君子之雅風；其士君子，無失田野隱居之意。迨其衰也，稼穡化而玩巧，況紱冕冠蓋之儔乎？馮封君隱田間，顧心嗜傳籍，可謂士君子之尚矣，再傳益榮顯，而質行逾茂，以予觀吾友仲好，瞿然山澤士也，豈非公之詒哉？公春秋八十五乃卒，配田夫人九十加一焉。其生景泰、天順，歷成、弘、正、嘉之間，雖周世太王、王季、文、武之烈，蔑以加矣，其壽考麗固，有繇也夫。

明誥贈奉政大夫直隸保定府同知誠菴馮公配封太宜人田氏合葬墓表

賜同進士出身嘉議大夫刑部左侍郎前都察院協理院事左僉都御史寧陵吕坤譔

吕子曰：儒者之道，先根器而後問學，賤空譚而貴實體。夫苟真信真行，即一知半解，受用終身；不則破萬卷，窮五車，直書肆耳，奚貴多？堯服堯言，未必真堯，乃徐行後長者稱堯舜，奚事冠屨裳衣、聲容笑貌哉？余讀許少華誌銘及陶石簣所爲傳，乃知誠菴馮公爲真儒云。

公名信，字汝實，少貧，孝弟力田，欲讀書弗能，顧愛讀書者。比長，好親儒論說古人言行，至廢農弗治不知疲，有誚之者曰：

「士老於詩書，猶然爾，我子道聽何爲？」公曰：「忠孝節義，無若古人，我失學，倘聞長者一二語藉以成身，所得不既多乎？」自是體認所聞，砥礪刻苦，事親孝，交友信，處己約，待人恕，以勤儉教家，以節慎保身，居然學校中人，一時學校士亦相與推重，謂弗及云。封太宜人田氏者，與公匹德，公家故粟布，宜人至，日益饒。姑性嚴難事，宜人曰：「我事當無難。」期年後，終身如母子。生子三，長在，次守，皆業恒産。最少者名友，生而了慧，公命之學曰：「吾弗學，不入士林，幸與學者學，不見棄於士林，爾其學哉？」友下帷發憤，嘉靖甲午舉於鄉。明年乙未，公不待禄養矣，卒年八十有五。友曰：「幸有母在，今不及五斗，須萬鍾何時？」乃乞氊教授屯留，陞嵩嵐守，以望調忻，皆最績，陞保定府同知，三載署上上考，贈公如其官。友四仕，太宜人皆就養，有崔母盧氏風。友所至著聲稱，號名宦，則贈公之身範，宜人之母訓也。

友之子從吾，少無俗韻，自家塾日，不爲章句學，登萬曆己丑焦竑榜進士，選授翰吉，拜監察御史。在諫院數上疏，繩愆指佞，語皆切直，一時號「名侍御」。當事者銜之，遂削籍歸，而講心性學，關以西聲應景隨，從遊者幾千人，監司慕其風尚，爲建關中書院以容之。其講習指要，惟重躬行，曰：「致知者，力行之指南也。致知不力行，如跛僧談相輪，徒知何益？吾先大父贈公重躬行，常語先子云：『學者，學其所行也。吾學足以供吾行而行不及，吾恥之。』予小子惟祖武是繩，豈敢隕墜。」吁嗟乎！侍御之克肖無論已，余獨羨贈公學脉貽謀之遠也。昔泰州根器卓絶，悟心學於鹽場，遂爲姚江高弟，至其子若孫無聞焉，

無亦學樂之説不可繼與？ 夫樂，養盛自致者也，「説」由「時習」，自得由於深造，孔子「忘憂」，由於「忘食」，樂如之何可學？ 侍御之學，贈公之學也，其曰：「喜怒哀樂中節，子臣弟友盡道，非戒慎恐懼不可。」兹砥礪刻苦之心傳乎！ 余平日以憂勤惕勵自鞭策，顧躬行每不逮，常親炙侍御而向往之，因知淵源家學自贈公始。 余故表諸墓門，以諗同志，若世系之詳，則兩世志銘備矣。

明奉政大夫直隸保定府同知兑泉馮公墓誌銘

賜進士第大中大夫貴州布政使司左參政奉敕督理大造版籍咸寧曹韓撰

馮公名友，字益卿，別號兑泉，長安人也。三世祖泰生海，海生信，配田氏，生公，兄弟三。公穎敏雅重，童稚時不與群兒戲，父命之學，即苦心極力爲之。家貧不能購書，藉録誦讀，日不出户，夜或達旦忘其寢，果以文進庠生。嘉靖甲午舉於鄉，試禮闈不第，父卒終制，再試，復不第，乃就屯留學諭。屯留故山邑，人不知學，不能舉科第，公日爲講授經義，教之作文，亦自作以爲式。又食於考時，周其貧乏，不惟束脩之餽郤之而已，學規嚴整，諸生俛首聽命，無敢喧譁。素奇李尚智、李之茂、馮典，期必中，庚子聘浙江主試事，留賀幣於王司訓，已而三生果皆中式。自是科不乏人，發解登進士，非復曩日屯留矣。公作人之功，豈小小哉？壬寅，行取晉岢嵐知州，州近虜，數被剽掠，歲且大侵，公省刑薄斂，一切處以寬簡。民德之，有投白金報謝者，即怒詈斥

去。衛軍擾民，悉繩以法。曲處脩築城池，❶堅實壯固，肯嵐百世之利也。民興「青天」之謡，播諸當道，會忻州彫敝，一年三易其守，衆議非公不可治，乃調守忻州，肯嵐之民攀轅卧轍不能留，争畫像以祀之。公守忻州，政尚嚴明，立婚喪論財尚靡之禁，申賭博崇奉異端之條，始治一豪民，而二豪肆惡十餘年莫敢誰何者，一夕携家竄匿，里人至釃酒相賀。民俗健訟者，罰粟以示戒。相襲不納官糧，則峻法追徵，無敢後期。王府占種民田，悉令還之，仍按籍徵租税，以充民之逋賦，人不敢撓，公亦無所畏。監司行部者歎獎，尤爲曾、翁二都御史所重，延諮邊計，委以募商飛輓，繕修邊垣，有大功績，薦於朝。上賜金幣，加食四品俸，尋陞保定府同知。考績受誥命，贈其父奉政大夫如公官，母封太宜人。公職任清軍，乃立保甲，建墩臺，以禦譽馬。攝行府事，猶多幹濟，吏不得爲奸，鄰郡訟不能決者，率取決於公。邊情重大，委公覈勘，一時賢聲甲於畿内。薦剡沓上，前後凡有十三，❷指日擢無疑矣。値有事迕元宰，御史按郡國者希宰意，遂中以萋菲之言。先是，公以母老，屢疏乞終養，不許，至是，欣然奉母歸，曰：「吾志遂矣！」甲寅，母卒，葬視父愈厚，以爲吾力可能也。三年之喪畢，卜築别業，課農訓子。或坐茂樹下，登所作望山樓，縱飲嘯傲，時製新聲小令以自娱。張筵款客，情禮曲盡。晚年益豪放灑落，黔髮雄步，人以爲百歲可期也。遽耳後生一瘡，初不以爲意，猶莊居，及漸長，入城治之，輒不

❶ 「處」字，張本作「取」。
❷ 「有十三」三字，張本作「十有三」。

愈，五六日卒矣，時乙丑五月廿三日也。距生正德丁卯正月十五日，享年五十九，嗟嗟傷哉！公少貧，苦學以得官，尤能以廉介自持，故居盡與二兄，撫其子女，爲之嫁娶不言費，斯人所難能也。元配翟氏，處士紳之女，贈宜人。繼劉氏，通判璽之女，封宜人。長子敬吾，庠生，取楊氏，大尹楊公虞泉女。仲從吾、季養吾俱幼。孫男一，曰元哲。敬吾自狀公行，乞銘於余，卜以卒之明年十二月十有六日，葬公城南木塔里，從親兆也。兆創建於公，門堂華整，封植宏固。余習知公爲孝子，銘曰：

位不滿德，壽僅耆年。物理盩恒，天道之愆。家以公振，父以公貴。有子有孫，玉麟丹桂。不盡者福，不朽者名。貽之萬祀，逝矣如生。佳兆城南，二親中厝。左侍以昭，大夫之墓。

馮大夫傳

賜進士及第翰林院修撰
承務郎年家晚生焦竑著

馮大夫名友，字益卿，長安人，官至奉政大夫，學者稱兑泉先生。童穉入鄉塾，雅知自重，不爲群兒嬉。家貧不能購書，手寫誦讀，日夜不少休。時已知種學績業，嶄嶄自樹矣。弱冠遊膠庠，每試輒詘其曹。嘉靖甲午，舉鄉試，一再上禮闈，不第，歎曰：「母老矣，椎牛不如雞豚之逮存，何言詘乎！」乃就屯留學諭。屯留遠在山中，人不知學。大夫日爲指授經義與作文法度，亦時自作以爲程。束脩問餽卻不納，一時諸生俛首聽命，無敢諠譁者。素許李尚智、李之茂、馮典三人之爲文。庚子，之浙江典

試，留幣爲賀，已而三生皆得雋。自是發解登進士者，項臂相望，非曩時比矣。

壬寅，晉嵩嵐州知州。州苦虜，數被創，歲且大侵。大夫省刑薄征，一切居之以寬，民德之。衛卒擾民者，悉繩以法。又念城墉濠塹爲扼虜之要，殫其心計，且築且濬。蓋財無冗浮，役無罷病，而井井章章，垂百世規者，大夫力也。會忻州彫敝，一歲三易守，衆議非大夫不可，乃調守忻州。士民欲留之不得，爭晝像祀之。

至忻，知非嵩嵐比，爲嚴立科條督之，婚喪不時者禁，賭博奉左道者禁，諸惰窳頽廢爲之一新。一豪民骫法，痛懲之無貸。時有兩人肆惡，十餘年莫能問。一夕，各攜孥以竄，里人至釃酒相賀云。土風善訟，税糧不時入，又藩封闌奪民田，歲額爲損，至此獄訟衰減，逋賦日完，民間去田復還。監司行部者才大夫，藉藉不容口，曾、翁兩中丞尤重之，諮詢邊計，屬以募商飛輓，繕修垣墻，有功。薦於朝，上嘉之，賜金幣，加四品俸。尋晉丞保定，丞職清軍，乃立保甲，增墩臺，令剽掠者不得騁。攝郡事，入手輒辦，吏胥不敢仰視。鄰郡獄不能決者，率歸大夫。廉幹之聲最畿輔，薦剡且十有三上。顧以事忤元宰，御史按郡國者希宰意，中以萋菲之言。先是大夫念母老，屢乞終養，不能得，至是忻然奉母歸曰：「吾志遂矣！」方大夫登賢書，父信八十有一，未逮禄而歿，意嘗恨之。故謁銓爲奉母計，非其好也。是時母田春秋逾七十，大夫以板輿迎養，徘徊邸舍者十六年。視大夫歸榮故鄉，尚白首亡恙，鄉人嘖嘖稱歎，以爲非孝感莫能致也。巖居築别墅，課農訓子。或坐茂樹，或登所作望山樓，縱飲嘯傲，時製新聲

自娱。晚年喜客彌甚，張筵談笑，意氣霞舉。人皆謂壽徵，乃僅僅六十而卒，惜哉！

大夫少貧苦，得官顧以廉自持，故居盡推與二兄，撫其子女，爲之嫁娶，其篤倫敘理，大較如此。元配贈宜人翟氏，繼宜人劉氏，皆有賢行。劉孝事嚴姑，若養前婦之父母，撫側室之子息，人尤以爲難。其能儷美比德，垂裕後昆，有以也夫！

史氏曰：大夫二子，長敬吾，仲從吾，以文行著。余舉進士，與仲同年，又同讀書中秘，把臂論文，間及世德，涕未嘗不淫淫下也。蓋大夫逝，仲子九歲，劉宜人逝，十三歲耳。是時羸病纏綿，成立未卜，迨今遊館閣爲名御史矣，而又不逮以禄養如大夫時。第思以文字不朽其親，亦足悲已。嗟乎！立身揚名，於孝斯大。仲子方存乎圖大，何拳拳風木之恨乎？余覩仲子之悲，且以自悲，因爲傳次以慰之，并以示之人人焉。

奉政大夫同知保定府事馮公墓表

賜進士出身嘉議大夫浙江山西按察司按察使前奉敕督學陝西按察司副使翰林院國史修撰官南新市李維楨譔

三秦多豪傑士，明興，言爲文章、行爲裘綴於天下，自吕文簡而後，何寥寥也？今乃有長安馮侍御仲好，仲好之學，蓋得之其父郡丞公。公弱不好弄，獨好學，家貧無所得書，乞諸其鄰，手録之，口誦心唯。有不解，至忘寢食，羸縢履屩，負笈擔囊，辨正於師友而後已。弱冠爲邑諸生，諸生問難響答，因就常忠武祠爲塾，以教授邑人。唐

文襄公督學於秦，士鮮所當意，最器公。嘉靖甲午，以詩舉於鄉。明年父卒，慟父之不待養也，號哭不欲生，嚼菽飲水，面深墨，杖而後起。戊戌，再上春官，不第，念母老矣，不及以三釜養父，又何可失於母，乃謁選人，除山西屯留教諭。屯留人學無師承，公教之如爲諸生時，而以澹泊馴謹，身示之範，得高第弟子李尚智、李之茂、馮典三人。歲庚子，公典越試，留三幣於其僚王君所，曰：「三人者必第，是所以志也。」屯留士不第可數十年，其年入試才六人，人竊笑爲妄，已而三人皆第，三晉人傳爲神。二李後卒爲聞人，屯留自是士輩出矣，會有令徵諸博士高等，試之置臺省。

公將母還秦，比入都，後期除知岢嵐州。人度公或有介於懷，公顧色喜：吾位下大夫，禄不薄，且秦晉，婚媾之國也，母就養便，遑顧其他！岢嵐故被邊，虜數爲寇，歲比不登，公相高下，視肥磽，序五種，省農功，占祲兆，謹蓄藏，使僕力而寡能；養六畜，間樹藝，脩憲命，勸教化，趨孝弟，使安處而樂鄉；審百工，禁淫靡，辨功苦，尚完利，使足用而物不屈；脩採清，易道路，平室律，濬池隍，增城堞，遠斥候，明守望，使賓旅安而武略振，虜覘知我有備，不敢犯。

諸臺以岢嵐不足盡公才，移之守忻。

忻一歲三易守，宗人別封忻者，圉奪民田宅，民好争訟，而逋租庸。公治體則尚嚴，賞不私親近，罰不諱强大，莅政有頃，宗人斂手，戒「無犯馮公」，訟師一夕徙其家去。左道惑民者罰無赦，群飲攤錢戲者罰無赦，婚喪不以時、不以禮者罰無赦。訟簡賦平，考課爲諸邊冠首。所募商輸粟塞下，及繕治諸當路塞，樓櫓甲兵甚設。中丞上其功，

賜金幣，加秩俸一等。

尋擢同知保定府。保定，京師股肱，郡俗有燕趙俠烈風，而善騎射者往往椎埋鈔掠，爲行李患。公設五溝五涂，而樹之林，以爲阻固，道旁梐枑櫛比，候人各掌其方，聚欜之，相翔者詰之，横行者、徑踰者、以兵趨者禁之。晝三巡之；以星分夜，以詔夜禁，三橐以號，戒巡如其書，步里相望，盜無所容。三載考最，以其官贈父，封母爲太宜人。公奉笄笳帔裳以進，而太宜人年九十矣，遂上書兩臺，請歸養。問寢膳，啓居不離左右，朔望則肅衣冠、拜牀下以爲常。有三女兄，惟季在無恙，母所憐愛。俸入必白母，母曰：「老婦持此安歸？」曰：「然則乞季姊乎？」母爲喜加餐。母没，而養季姊終其身。先世遺居，以居二兄，而更爲其子女婚姻，其孝友大致如此。少學顔魯公書，以其書書宋儒講學語若理學詩，曰：「此純綿裹鐵，正人君子之道也。」詩長五言律，仲好裝潢而剞劂之以傳。仲好名從吾，其兄名敬吾，以明經貢，皆不佞所識拔也。

公名友，字益卿，别號兑泉，年五十有九，葬城南木塔里，其生卒月日、世系配偶、子女婚嫁，具仲好譜傳中。不佞見今之儒者，學曾未如肬贅，則具然欲爲人師，嚴然而好説，猶傴巫跂匡大自以爲有知，授之以政不達，民多僞態，書多稠濁，此其故矣。馮公執一無失，行微無怠，南面臨官，大城而公治之，養之無擾於時，愛之無寛於刑，吏習而民安，俗儒能辨此乎？孝弟，生人庸行，而先王至德要道也。公篤行孝弟，闇然自修，仕亦如是，不與徒衆，不白名聲，不博光輝，雖曰「未學」，吾必謂之「已學」矣。仲好他日俎豆於瞽宗，則有不先父食之禮

在，程珦、朱松其人也。不佞表公墓門之石，以詔後之學者，俾論世尚友云爾。

明誥封宜人劉氏墓誌銘

賜進士第奉訓大夫户部雲南司員外郎奉敕督理糧儲兼管通惠河事務源雍李汝蘭譔

宜人，故保定府同知兑泉馮公配也，往隆慶己巳十二月十八日卒，卜今壬申閏二月四日啓兑泉公壙合葬焉，子敬吾自爲狀，乞予銘。按宜人姓劉氏，上世宜川人，始祖孝先，洪武間從戎西安前衛，因家焉。祖俊，贈兵部主事。父璽，號一軒，弘治乙卯鄉貢士，任河南衛輝府通判。伯父琰，成化丁酉鄉貢士，任河南新鄉尹。叔父琛，弘治壬戌進士，歷官山西按察司僉事。有司建三坊於門，關中稱世科，必曰「三牌坊劉家」云。一軒公再配張氏，贈户部郎中傑女也，嘉靖甲申七月五日生宜人。甫三歲喪母，即知哀慕，長事繼母邢甚孝，邢生二弟，復相友愛，一軒公異之，會舅憲副公環行守潞安，謂一軒公曰：「是女非凡，慎勿以凡兒配。」戊戌兑泉公喪前配翟氏，母田太宜人爲擇繼室，遂婚焉。既歸，奉侍太宜人色養備至，太宜人性嚴厲，寡言笑，然以宜人故居常煦煦如也，比臨終，執宜人手連呼曰「我孝婦，我孝婦」云。

兑泉公以嘉靖甲午鄉貢士，累試春闈不第，乃就職屯留學諭，已陞嵩嵐知州，尋調忻州，已又陞直隸保定府同知。公所至，政聲丕著，士庶永思，語在大參似泉曹公誌中。今狀云：「宜人與公周旋仕途者，殆二十年，乃知勸助之功，隱哉溥矣！」兑泉公

任保定時，三載考績，朝廷封贈其父母與妻，宜人乃顯被優典，天實佑之矣。兑泉公致政歸，翟氏父母尚存，貧且甚，宜人衣食之終其身，仍禮葬焉。乙卯，關中地震，壞翟宜人主，宜人亟重作之，時躬爲奠祀。兑泉公多副室，宜人咸加體愛。李氏者，生季子養吾，不幸而夭，宜人悼惜之，且慰解李氏者再四。兑泉公卒，敬吾兄弟哀毁骨立，宜人召前，泣且謂曰：「爾父没，吾豈不能效烈婦者爲？顧以爾輩在，冀其成立，即爾父瞑目矣，踰哀奚益焉？」乃自理中外事，晝夜督二子學。已爲長男敬吾娶大城尹虞泉楊公臬女，楊氏亡，宜人撫其孫元哲。❶ 再娶楊氏，今復亡，遺女一，尚幼。爲次男從吾聘樂至尹西塘趙公三省女。二子皆充庠生，博識礪行，相率取科第，裕如也。凡此，雖丈夫者猶或難焉，乃宜人能若是，其視萊婦鴻妻之曲謹細行，果孰多哉？夫以宜人之賢，即壽躋耆頤，君子猶且少之，計没之年，僅四十有六耳。嗟乎，悲哉！此其理莫可究竟矣。

李子曰「古婦人無誌」，然予讀《碩人》之詩，非所以贊治勵俗耶？顧劉宜人者，容可弗誌哉？故予采其行實之大者，謹著如此云。至其紀述未盡者，則自有敬吾狀可考。敬吾舊名省吾，今更此，予故申之，觀者鑒哉！銘曰：

於維淑媛，毓秀名門。匪學而慧，匪爵而尊。壽算靡延，令德彌敦。既慶多男，亦育爾孫。瞻彼城南，膴膴周原。玄扃暫啓，豐壠長存。天昌厥後，

❶「元哲」，原作「元吉」，據卷十九《馮氏族譜·世系》及張本改。

帝錫重恩。光昭遺訓，永慰幽魂。

贊

兑泉先生像贊

此吾黨先進馮郡丞兑泉先生小像也，先生捐館舍有年矣，履若行語，在焦太史傳。其中子侍御君從吾奉此遺像於室，伏臘昕夕，敬事如存，不少懈，歲前悽然就余問贊，闡前美，示後昆，永孝思也。余固夙重其人，敬題三十二字於卷首，如此，若謂形容有道氣象，竊愧未能萬一焉。

萬曆癸卯新正穀旦，江關倦客周宇謹識。

金玉純資，河山秀氣。衍夏文學，希濂光霽。通籍良臣，閒居樂事。士仰前修，儒開後裔。

名宦鄉賢志傳公移

山西屯留縣志

馮友，長安人。嘉靖十七年以舉人任典浙江文衡，造士有方，從此科甲甚盛，是以績底行取，歷陞保定府同知。

山西忻州志

馮友，陝西長安人，舉人。嘉靖二十五年任，剛毅能幹，政尤恤民，陞保定府同知，民至今思之。

山西太原府志

馮友，長安人，舉人。嘉靖間知岢嵐州，嵐被虜數寇，歲比不登，友相高下，視肥磽，省農功，謹畜藏，又教化勸率，使趨孝弟，以治最移守忻州。忻一歲三易守，友治體稍嚴，强宗斂手，訟師一夕徙去，中丞上其功，賜金幣，加秩俸一等。尋擢同知保定。

直隸保定府志

馮友，陝西西安府人，由舉人嘉靖間任府同知。儀度魁偉，才力充贍，歷任三載，綽有政聲。

山西屯留縣名宦公移❶

山西潞安府屯留縣爲公舉異常教職入祀名宦事。准本縣儒學牒呈，據闔學生員孫敬祖、孫光先、霍應鵬、程行道等連名呈稱：「遵奉『學政』一款：『凡崇祀鄉賢名宦，須年久論定，公議僉同，備開某事某事，覈實呈請。』竊照本縣儒學遠年有教諭馮友，係陝西西安府長安縣人，由舉人，嘉靖十七年到任，二十一年行取。迺其去任，業已七八十年，料其蓋棺，或者四五十載。屯之人士追思本官：學能師世，化溥作人；文章兩漢之間，最稱爾雅；人物三代以上，卓有典刑；較藝談經，定優劣，明要旨，益堅

❶「公移」，張本作「公檄」。

立雪之成規；濟苦恤貧，助婚喪，賑乏絶，屢蒙觀風之薦剡；禮義範俗，清介維風，當文運之久衰，以振起爲己任。卒之留吁率作，一榜果中三人；至於浙省掄材，一門聯捷四士。即今小邑之多人傑，皆賴本官之破天荒也。顧徵召於朝，不阿求而萌覔緣之念；即推陞乎府，❶乃安命而無怨尤之心。蓋自國初以來，獨擅異品，而在嘉隆之際，鮮儷名賢，令德令聞，愈久愈著。」

一、本官筮仕屯庠，修理齋舍，日夜誦讀於中，期中高第，且門庭森嚴，有事惟一老家人傳説，門斗不得擅自出入，其清修有如此。

一、本官月考，每月一次，閲卷畢，在縣西門外公署發落，一等二等，縣上討紙給賞，鼓吹迎至文廟，三等賞罰無，四等朴責一二示戒。會課，每月六會，每會會長批評畢，呈堂親閲，次序領回，其考校有如此。

一、本官屢試生員李尚智、李之茂、馮典常居一二，不出四五人外，苦於饔飧不給，每每周濟，號舍讀書，晝夜伺察。庚子科三人應試，本官因浙江取考，預置牌扁三面，彩旗三杆，揭曉後三人果中，其家人遂將旗牌迎至各門。後尚智官至都御史，之茂官至御史，過本官家鄉，俱厚奠哭拜，其知感有如此。

一、本官見有志讀書生員苗啓東、周自西等值婚喪不能自舉，雖官況蕭然，量行周濟，後皆成立，其周恤有如此。

❶「乎」字，張本作「於」。

一、本宦遇朔望升堂，掣籤講書及子史，於不明者而發明之，諸生喜於請益，無不到者，視世之升堂畫卯虛應故事者遠矣，其模範有如此。

一、本宦遇按臺宗師行縣視學講書，見諸生作揖站立，班次前後左右，一一相對，周旋動容中禮，且講書詳明，迴院之後，遂下檄優獎，復命首薦，其獲上有如此。

一、本宦每遇上司差委署印，一一力辭，束脩不責，最貧者免之，其輕利有如此。

一、本宦行取到京，值賄賂甚行，本宦耻於折節，曰：「吾寧不得兩衙門之官，不爲此阿容之事。」竟陞保定府同知，其節操有如此。

茲遇宗師按臨，旌賢崇德，勵俗持風，特准入祀。等情具呈到學。准此，覆查相同，仍取具本學官吏師生各不扶甘結等緣由，具呈到縣。准此，案照先蒙欽差提督學校山西等處提刑按察司副使王□發下《條約》「爲學政事」款，開「一、嚴典禮，凡崇祀鄉賢名宦，須年久論定，公議僉同，備開某事某事，覈實呈府，覆查詳道」等因，蒙此，已經遵守去後。

今據前因，惟恐不的，覆勘無異。該本縣知縣藺□看得，原任本縣儒學教諭馮友課士如子，文章萬斛珠璣；禔躬若鋣，貞介一泓瀅洌；輕財重義，百年猶慕饘堂；抉旨明宗，三晉今竊虎坐；矧自行山至武林，兩地桃李滿門；即由黌序及黄堂，一盤苜蓿映日。蓋樹規於立雪之後，而衍緒乎良知之支者也。具由申詳，本府轉呈欽差提督學校山西等處提刑按察司副使王□批，據

本府呈前事，蒙批：「據申，馮公學行，允可嘉尚，而祀典甚重，務須核實，仰府查確報。」批行，本府牌仰本縣官吏，照牌備蒙批呈內事理，即查馮公學行，允宜嘉尚，而祀典甚重，務須查核的確，議擬妥當，具由取具該縣官吏師生人等不扶結狀，一樣三本，作速申詳，本府以憑轉報。蒙此，行據本縣儒學牒呈，據該學廩膳生員李坤生等連名呈稱：「覆查得原任本縣儒學教諭馮友事實：《屯留志》云：『馮友，長安人，嘉靖十七年以舉人任典浙江文衡，造士有方，從此科甲甚盛，是以績底行取，歷陞保定府同知。』山西《忻州志》云：『馮友，陝西長安人，由舉人嘉靖二十五年任，剛毅能幹，政尤恤民，陞保定府同知。』《保定府志》云：『馮友，陝西西安府人，由舉人嘉靖間任府同，儀度魁偉，才力充贍，歷任三載，綽有政聲。』」等情具呈到學。據此，查無違礙等緣由，牒呈到縣。准此，看得馮友淵汗橫溢，縹囊化弘，造士經綸，粲若製錦，政善宜民。初筮留吁，而古杭，而新興，而上谷，所涖之地，士慕菁莪，民懷召杜，載在諸志，可考而鏡也。夫士論以久而定，非誠有懿行芳規，無以係後思；人心以久而真，非誠有深仁厚澤，何以鐫峴石？宜增光於俎豆，用磨礪於世風。取有本縣并儒學官吏師生人等各不扶結狀，一樣三本，申詳本府，轉呈欽差提督學校山西等處提刑按察司副使王□批。前事蒙批：「據申，馮宦立身重名節而黜浮華，造士先器識而後文藝，行可範俗，教善作人。及轉任於名邦，益大展其實用，愛民如子，視國猶家，墾荒田，開水渠，立義倉，葺社學，其澤垂於後者未泯，則功加於時者必深。口碑尚存，志書有據，既經再三

行勘無議，允應崇祀，以彰旌勸。仰府發縣舉行，具送入日期。繳。」帖行，本縣奉此，隨將馮教官遵照批示，於萬曆三十八年三月初六日造主，鼓吹迎送入本縣名宦祠崇祀，訖。

先君歿且四十餘年，計去屯留且七十餘年矣，從吾跧伏深山，方以不克顯揚是愧。今幸遇屯留令偃師藺公，力扶輿論，上書學臺，得祀名宦。嗚呼！從吾即至不肖，聞之寧不知感！爰梓公移藏之家塾，雖萬子孫，其何敢忘諸公之誼？

不肖男從吾謹跋。

陝西長安縣鄉賢公移

西安府長安縣爲公舉儒哲乞崇祀典，以光幽潛，以振風教事。奉本府帖文，蒙欽差提督學校陝西按察司副使洪批，據本府呈，據府縣三學廩增附生員焦纘祖、邵震元、蕭如蘭、馬元善、任國珦、綫純然、桑本立、張光裕、黃運勷等呈稱：「切照遵先聖之途者，開來學之軌；貽不世之庥者，崇萬祀之報。我國朝敦尚理學，旌予循良，生不靳夫褒嘉，歿俾從於俎豆，歷稽既往，恒必由斯。已故原任保定府同知馮□，❶長安縣人，秀鍾河嶽，學本聖賢。素節白心，貞一介而弗苟；黃堂賁序，歷異地而不忘。懽養取諸束修，哀思繼以廬墓，始終備矣。送母歸而寧後考選之期，豈其攖情於利祿？讓同氣以田產，補女兄以粧奩，親愛隆矣。念兄嗣而竟回風波之變，益徵乎格於天人。

❶「□」，據本卷《直隸保定府志》，當作「友」。此爲尊諱。

造士端模，子民流惠。賻金必捐於死友，初廩尤難；地值有增於貧家，殁齒無怨。躬耕樹藝圃，疏水自如；手書理學詩，身心用淑。生平不輕謁刺，即門生故吏，如姚大參、尚督學，諸公輿丹崖翠壁之思；知人夙負照乘，即緘幣決科，如李之茂、李尚智、馮典，三晉留鑑空衡平之頌。居有守而出有爲，民誦恩而士誦德。寵旌金幣，贊比周、程，宦蹟載在志乘，不可磨也；家學世及子孫，豈易能焉？ 人品以久而具，公論以久而定。近者豫章、延平，俱准從祀，況乎新興，上黨確有表章。閭里仰其儀刑，學宮允宜崇報。伏乞台慈，俯賜張主，上光盛典，下協輿情，明振風猷，默維道脉。」等情呈府，批行長安縣查報。 間又據山西潞安府屯留縣申「爲公舉異常教職入祀名宦事」等情，申府詳批「仰長安縣查議報」。

今據該縣申稱：「行據該學回稱：『查得本縣已故鄉宦、原任保定府同知馮公，無求於人，有古之道。居家族黨，稱孝而稱弟；没世士民，爲軌而爲模。三復屯邑移文，已得安定、蘇湖之概；再詢斗城輿論，益聞彦方、君實之詳。不惟績樹晉燕，久已追禋於宦地；抑且德高堂紀，尤當從祀於鄉邦者也。』等情到縣。」據此，該知縣李□覆看得已故鄉宦馮□：「孝友因心，清直率行，養體養志，禮不怠於晨昏；恤死恤生，愛更洽乎兄姊；既藉官以奉母，又依母以忘官，一俸不私，三族併惠，則孝與友之概也。舌耕自給，必全死友之盟；甑飯欲塵，獨倍貧田之價；既先人以後己，又愛己以絶人，城市無心，鴻鷗有侶，則清與直之概也。其居鄉修姱，殆不勝書，第就輿人口碑，撮其大者如此。夫孝、友、清、直，得其

一已足維風範世，而況兼有之耶？　若其歷仕勤事諸勣，則又各誌書載之詳矣。　屯留俎豆，已彰捍禦之功；桑梓尸祝，應作明德之主。　相應申請，合候轉達詳示，以本宦與入本省鄉賢祠，以光祀典，以勵後人。」等情申詳到府。　該本府看得已故鄉宦、原任保定府同知馮公：「正道正學，實心實行，清介持身，勵冰蘗之雅，操名理訓士，期羽翼乎先傳。　屯留作人，先德行而後文藝，希蹤賢聖學術；　保定子民，急撫字而緩催科，比跡龔黄事業。　掄文若鑑，先期決入彀者三人；　選才如衡，當闈得聯科者四士。　峻節足凌霄漢，謝絶公門；　直道不借吹噓，耻事請謁。　廬墓志孝，篤一本之天親；　分賑恤貧，明敦睦之大義。　若當考選之際，正值親病之時，寧舍官以養親，不絶裾以就職，尤淡於富貴之念，而超乎功名之場者。　國爲儀刑，鄉之師表，名宦既建於晉地，鄉賢當進於宫墻。　相應呈請，合候詳示。　將本宦准入鄉賢從祀，庶幽德有光，而輿情允協矣。」等因照詳，蒙批：「馮宦政教得士民之心，品凌霄漢；　孝悌立綱常之本，學祖聖賢，此真足樹刑維風者也，准入鄉賢祠崇祀。　繳。」等因到府帖行本縣。　奉此，隨將馮宦遵照批示，於萬曆四十二年七月十八日造主，鼓吹迎送入會城鄉賢祠崇祀，訖。

原任保定府同知馮公行實

一、公爲諸生時，家貧甚，設科常開平祠，藉束修以養父母。

一、教弟子先器識而後文藝，故出其門有彬彬多德行之士。

一、當補廩，會舊者以將貢不欲補，

曰：「盍與吾路費？」因共白之督學漁石唐公，公曰：「可。」乃備十金，將與，而舊者物故，即作賻儀致之，其家人不知，駭而固辭，公告之故，卒與之。

一、廩入，俱奉父母，其父爲製一縑衣曰：「以酬爾勞。」不受，還奉其父，父不可，又奉其伯兄，父兄相讓，竟以奉父而已，仍衣布衣。

一、寧夏撫臺久聞公名，欲延爲西賓，以親老辭，厚餽之，不受。撫臺高其誼，檄行學臺獎焉。

一、爲孝廉，仍授徒以養，會父與妻相繼逝，貧不能舉葬，或有以數十金求居間者，公艴然曰：「得賄以枉人是非，如鬼神、天理何？」

一、父歿，哀毁踰禮，比葬，廬於墓側者三月。爲母老且病，不克終三年爲恨。

一、兩兄相繼物故，喪葬俱公備辦，兩兄所遺子女僅數歲，公俱鞠育，爲婚嫁之。

一、公有姊三，於歸時公尚幼，父母以貧故，不能具粧奩。公後官保定時，嫁伯兄所遺侄女，奩甚厚，公母太宜人在堂見之，喜而泣曰：「吾女則無此福也。」時公季姊尚在，公聞母言，備粧奩以遺季姊。

一、公領鄉薦，嘗痛父不待禄養，母亦七旬餘矣，遂謁選，每晨昏必冠帶問安否，朔望必冠帶夙興再拜牀下以爲常。俸必奉母，母笑曰：「老婦持此安歸？」公曰：「曷留之？以予季姊！」

一、歷任俸薪所入，多周族人之貧者，至今族人談之多淚下。

一、公以屯留學諭典試浙江，有伯兄子名江者偕行，至錢塘江舟且覆，舟人皆失色，公抱侄哭曰：「我以公事，死即死耳，奈

亡兄子何？」已而風順，幸不死。

一、宦歸後，歲大祲，鄉人有以田減直求售者，公曰：「乘人之急而利其有，是歲凶而人又益之凶也。」反倍直與之。

一、寓西南僻鄉，明農課子，終歲不履城市，非公事不至偃室。當路高其誼，請鄉飲，一再往，即辭不赴。

一、教諭屯留，并典試浙江，其所收門人多宦秦中，如姚畫溪大參、尚仰山學憲諸公至，公避不先往，諸公多至莊，公具雞黍待之，其高率如此。

一、在屯留，躬勤講課如諸生時，而以澹泊馴謹，身示之範，得高足弟子李之茂、李尚智、馮典。歲庚子，有浙江之行，乃留三幣於王司訓所，謂爲三生賀。人皆笑之，已而三生皆得雋，一時傳爲奇事。

一、屯留行取後，因送母至蒲坂渡河，稽留途次，比至京考已竣事，有勸公以賄從事者，公曰：「京秩豈足多哉？吾愛吾鼎。」故止得守山西岢嵐州云。

一、岢嵐地稱極邊，寇時闌入，公築城濬濠，嚴保甲，修武備，寇聞風遁去。當路重其才，調繁忻州。

一、忻州有二土豪健訟，聞公至，一夕各携妻孥竄去，里人至釃酒相賀。俗喜訟逋賦，公力爲化徵，久之，訟息賦完。兩臺交薦，爲三晉治行第一。

一、在忻州，承委修大同邊垣，拮据塞外者，一年餘工竣。曾翁二中丞特薦於朝，賜白金文綺，加四品俸。尋擢保定丞。

一、保定爲京師股肱，郡俗風豪健，往往禦人國門，爲行李梗。公濬溝渠，樹林木，設兵甲，嚴巡緝，躬爲稽考，道路以肅。

一、在保定，屢膺薦剡，聲重一時。時

分宜柄國，其僕嚴年爲一内相事，以侍教生刺來囑，公見刺不平，笞其人，竟置之法。年銜甚，因以主翁意嗾鹽院某論歸，當是時分宜勢焰熏灼，縉紳稱年爲鶴山先生，多借年交分宜歡，以通刺爲榮，而公獨不少徇，人皆以拙宦誚之，不恤也。

此余邑侯汶上李公所纂先君《行實》，用以呈府道者也。一字一句，皆公手裁，讀未終篇，感激泣下。蓋先君捐館舍有年，今辱表章，獲祀瞽宗，嗚呼！先君殁且不朽矣。從吾不肖，謹稽首爲跋，以付梓人。

不肖男從吾謹識。

馮少墟集卷二十一

長安馮從吾仲好著

關學編序❶

理學一脉，其盛衰關世運高下。然自東周以還，聖如孔子，戹於無位，不得行所學，徒與弟子講業於洙泗之濱，晚而贊《易》，序《書》，删《詩》，修《春秋》，定禮樂，以俟後賢，令斯道不終墜，所謂聖人既往，道在六經也。孟子紹之，皇皇救世，所如不合，徒託空言，今所存僅七篇遺書耳，又不幸火於秦。佛於東漢、宋、梁、陳、唐，老莊於晉，經既闕訛，學又誕幻，至功利之習溺，文辭之尚牽，漸靡成風，末流莫挽，蓋不知理如何，學如何矣。宋自濂溪倡明絶學，而關中有横渠出，若河南二程、新安朱子，後先崛起，皆以闡聖真、翼道統爲己任，然後斯道粲然復明。關中故文獻國，自横渠迄今又五百餘歲矣，山川深厚，鍾爲儁彦，潛心理學，代有其人。

迨我明道化翔洽，益興起焉，如涇野則尤稱領袖者。侍御馮仲好氏，關中人也。弱冠即志聖道，通籍不數載，以言事歸山中，閑暇日，惟講求正學，排斥異端爲惓惓。所著《關學編》四卷，始於横渠，訖於秦關，計姓字三十三，雖諸君子門户有同異，造詣有淺深，然皆不詭於道。設在聖門，當所嘉與者，簡册兼收，詎不宜也？其書以「關

❶「序」，原無，據文編次補。

學」名，爲關中理學而輯，表前修，風後進，用意勤矣。余不肖，嚮往古昔有年，且居子游之鄉，産晦菴之里，彬彬名儒，不一而足，未能博稽精論，倣仲好體裁，次爲成書，坐視先哲遺蹟放失，媿矣，罪矣！仲好有此舉，歎服良久，遂屬長安楊令募工梓之，用公同志。蓋理爲人人具足之理，學爲人人當講之學。編內諸君子，其力學以明理，明理以完性，皆人人可企及者，非絶德也。由諸君子而遡孔孟，是在黽勉不息哉。衡雖魯，敢與同志共勖之。

萬曆戊申八月念八日，新安後學余懋衡書於朝邑之貞肅堂。

《關學編》者，侍御史馮仲好集關西之爲理學者也。其爲孔子弟子者四人，學無所考。於宋得九人，於金得一人，於元得八人，於明得十五人。諸附見者不與焉，皆述其學之大略爲小傳，授受源委可推求也。夫伏羲畫卦，爲關西萬世理學祖，至周有文、武、周公父子兄弟，號稱極盛。周之後，置他閏位不論，西漢、李唐有天下最久，無能爲理學者。至宋，乃始有周、程三先生興於濂、洛，而張子厚先生崛起關西，與之營道同術，合志同方。蓋當是時，禪教大行，先生少年亦嘗從事於斯。久之，悟而反正，以爲佛門千五百年，「使英才間氣，生則溺耳目恬習之事，長則師世儒宗尚之言，因謂聖人可不脩而至，大道可不學而知。人倫不察，庶物不明，上無禮以防其僞，下無學以稽其弊，詖淫邪遁，亂德害治」。其持論深切著明如此。信乎所謂「獨立不懼，精一自信，有大過人之才」者矣！程子謂博聞強識之士，鮮不入於禪，卓然不惑惟子厚與

邵堯夫、范景仁、司馬君實，豈不難哉？同子厚游二程門，如游定夫以「克己」與「四勿」不相涉，吕與叔以喜怒哀樂未發由空而後中，楊中立因而執之，謝顯道以知覺爲仁。四先生且然，況其他乎？吕微仲表子厚墓稱：「學者苦聖人之微，而珍佛之易入。横渠不必以佛老合先王之道，則子厚先生著書立言，攘斥異學，生平所苦心極思，幾不白於世矣！」迨其後也，鵝湖、慈湖輩出，而周、程、張、朱之學日爲所晦蝕，然關西諸君子尚守郿縣宗指。近代學者左朱右陸，德、靖之間，天下靡然從之，關西大儒亦所不免。明聖學，正人心，扶世教，安得起子厚於九京而揚扢之哉？

仲好之爲是編也，直以子厚承洙、泗。汲公略見《進伯傳》後，雖鄉里後進，未可顯斥先正之過。其學術醇疵，臚列阽分，以俟夫人之自擇，而毫釐千里之差，隄防界限之嚴，詳於《辯學》、《疑思》二録中，要之以子厚爲正。故關學明，而濂、洛以下紫陽之學明，濂、洛以上羲、文、周、孔之學亦明矣。余謂仲好有遠慮焉，有定力焉，有兼善之量焉，有繼往之功焉。若夫侈説其鄉人，以爲游談者譽，造作者程，非仲好意也。

大泌山人李維楨本寧父。

我關中自古稱理學之邦，文、武、周公，不可尚已，有宋横渠張先生崛起郿邑，倡明斯學，皐比勇撤，聖道中天。先生之言曰：「爲天地立心，爲生民立命，爲往聖繼絶學，爲萬世開太平。」可謂自道矣。當時執經滿座，多所興起，如藍田、武功、三水，名爲尤著。至於勝國，是乾坤何等時也，而奉元諸儒猶力爲撐持，塤吹篪和，濟濟雝雝，横渠

遺風將絶復續。天之未喪斯文也，豈偶然也哉？

迨我皇明，益隆斯道，化理熙洽，真儒輩出。臯蘭創起，厥力尤囏，璞玉渾金，精光含斂，令人有有餘不盡之思。鳳翔以經術教授鄉里，真有先進遺風。小泉不繇文字，超悟於行伍之中，亦足奇矣。司徒步趨文清，允稱高弟。在中、顯思履繩蹈矩，之死靡他。至於康僖，上承庭訓，下啓光禄，而光禄與宗伯、司馬金石相宣，鈞天並奏，一時學者歙然嚮風，而關中之學益大顯明於天下。若夫集諸儒之大成而直接横渠之傳，則宗伯尤爲獨步者也。宗伯門人，幾徧海内，而梓里惟工部爲速肖。元善篤信文成，而毁譽得失，屹不能奪，其真能致良知可知。侍御直節精忠，有光斯道。博士甘貧好學，無愧藍田。嗚呼，盛矣！學者頫仰古今，必折衷於孔氏。諸君子之學，雖繇入門户各異，造詣淺深或殊，然一脉相承，千古若契，其不詭於吾孔氏之道則一也。

余不肖，私淑有日，頃山中無事，取諸君子行實，僭爲纂次，題曰「關學編」，聊以識吾關中理學之大略云。嗟夫！諸君子往矣，程子不云乎：「堯舜其心至今在！」夫堯舜其心至今在，諸君子其心至今在也。學者能誦《詩》讀《書》，知人論世，恍然見諸君子之心，而因以自見其心，則靈源濬發，一念萬年，横渠諸君子將旦莫遇之矣。不然，而徒品隲前哲，庸嘵口耳，則雖起諸君子與之共晤一堂，何益哉？

萬曆歲在丙午九月朔日，長安後學馮從吾書於静觀堂。

關學編凡例

一、是編專爲理學輯，故歷代名臣不敢泛入。

一、理學如秦子南、燕子思、壤駟子從、石作子明，俱孔門高弟，第事蹟多不詳，故另列小傳於前，而編中斷自横渠張子始。

一、次序各以時代，庶古今不相混淆。

一、宋、元諸儒有史傳諸書可考，不佞稍爲纂次，十五仍舊。至國朝諸儒中多僭妄論，著文之工拙不恤也。

一、國朝諸儒，特録其所知蓋棺論定者，其所未知者，姑闕之以俟。

關學編首卷

秦子

秦子名祖，字子南，秦人。《一統志》：西安府。孔門弟子，篤於守道。唐玄宗追封少梁伯，從祀孔子廟庭。宋真宗加封鄄城侯。國朝嘉靖中，改稱「先賢秦子」。宋高宗贊曰：「秦有子南，贇贇述作。守道之淵，成德之博。範若鑄金，契猶發藥。歷世明祀，少梁寵爵。」《聖門人物志》末二句作「紛華不撓，縻我好爵」。

燕子

燕子名伋，《家語》作「級」。字子思，秦人。一作汧陽人。孔門弟子。唐玄宗追封漁陽伯，從祀孔子廟庭。宋真宗加封汧源侯。國朝嘉靖中，改稱「先賢燕子」。宋陳知微贊曰：「八九之徒，具傳大義。賢哉子思，道本無愧。鍾靈咸鎬，浴德洙泗。增封汧源，皇澤斯被。」《聖門人物志》贊曰：「師席高振，大成是集。道傳一貫，速肖七十。善教云袤，儒風可立。漁陽之士，得跂而及。」

石作子

石作子名蜀，字子明，秦之成紀人。《一統志》：鞏昌府秦州。孔門弟子。唐玄宗追封石邑伯，從祀孔子廟庭。宋真宗加封成紀侯。國朝嘉靖中，改稱「先賢石子」。宋高宗贊曰：「在昔石邑，能知所尊。懋依有德，克述無言。鼓篋槐市，揚名里門。此道久視，

彼美常存。」按《姓氏英賢傳》有石作蜀，《氏族略·複姓篇》有石作氏，注云：「石作蜀，孔子弟子。」據此，當稱石作子，稱「石子」者誤。

壤駟子

壤駟子名赤，字子從，《家語》「壤」作「穰」，《史記》「從」作「徒」。秦人。《一統志》：西安府。孔門弟子。唐玄宗追封北徵伯，從祀孔子廟庭。宋真宗加封上邽侯。國朝嘉靖中，改稱「先賢壤子」。宋高宗贊曰：「式是壤侯，昭乎聖徒。執經請益，載道若無。詩書規矩，問學楷模。得時而駕，領袖諸儒。」按《通志略》，壤駟氏，複姓，今稱「壤子」，誤。

關學編目録

卷一

宋

横渠張先生　載

天祺張先生　戩

進伯吕先生　大忠　弟大防附❶

和叔吕先生　大鈞

與叔吕先生　大臨

季明蘇先生　昞

巽之范先生　育

師聖侯先生　仲良

天水劉先生　愿

卷二

金

君美楊先生　天德

元

紫陽楊先生　奐　鑑山宋氏規附

元甫楊先生　恭懿

維斗蕭先生　𣂏　伯充吕氏域附

寬甫同先生　恕

從善韓先生　擇

伯仁侯先生　均

士安第五先生　居仁

悦古程先生　瑁　子敬李氏附❷

卷三

明

容思段先生　堅

默齋張先生　傑

❶ 「弟大防附」，各本均無，據清光緒間長安灃西草堂刻《關學編續編》本補。正文同此。

❷ 「子敬李氏附」，各本均無，據《關學編續編》本補。正文同此。

小泉周先生 蕙

大器張先生 鼎 抑之張氏鋭附

介菴李先生 錦 仲白李氏錦附

思菴薛先生 敬之

平川王先生 承裕

卷四

明

涇野吕先生 柟

谿田馬先生 理 何氏永達附❶

苑洛韓先生 邦奇 弟邦靖附❷

瑞泉南先生 大吉 雲林尚氏班爵附

斛山楊先生 爵

愧軒吕先生 潛 石谷張氏節、正立李氏挺附

蒙泉郭先生 郛

秦關王先生 之士

❶「何氏永達附」，各本均無，據《關學編續編》本補。正文同此。

❷「弟邦靖附」，各本均無，據《關學編續編》本補。正文同此。

關學編卷一

宋

横渠張先生

先生名載，字子厚，郿人。爲人志氣不群，少孤自立，無所不學，喜談兵，至欲結客取洮西之地。年十八，以書謁范文正公，公一見知其遠器，欲成就之，乃謂之曰：「儒者自有名教可樂，何事於兵！」因勸讀《中庸》。先生讀其書，遂翻然志於道，已猶以爲未足，又訪諸釋老，累年盡究其説，知無所得，反而求之六經。嘗坐虎皮講《易》京師，聽從者甚衆。一夕，程伯淳、正叔二先生至，與論《易》，二先生於先生爲外兄弟之子，卑行也，而先生心服之，次日語人曰：「比見二程，深明《易》道，吾所弗及，汝輩可師之。」即撤坐輟講。與二程論道學之要，涣然自信，曰：「吾道自足，何事旁求！」於是盡棄異學，淳如也。文潞公以故相判長安，聞先生名行之美，以束帛聘，延之學宫，禮重之，命士子矜式焉。

嘉祐二年，舉進士，爲祁州司法參軍，遷雲巖縣名，在宜川縣西北，今廢。令。政事以敦本善俗爲先，每月吉，具酒食，召父老高年者會於縣庭，親勸酬之，使人知養老事長之義，因訪民疾苦及告所以訓戒子弟之意。有所教告，常患文檄之出不能盡達於民，每召鄉長於庭，諄諄口諭，使往告其里。閭閻有民因事至庭，或行遇於道，必問「某時命某告某事聞否」，聞即已，否則罪其受命者。故教命出，雖僻壤婦人孺子畢與聞，俗用

翕然。

熙寧初，遷著作佐郎，簽書渭州軍事判官。御史中丞吕晦叔公著薦先生於朝曰：「張載學有本原，西方之學者皆宗之，可以召對訪問。」上召見，問治道，對曰：「爲治不法三代者，終苟道也。」上説之，曰：「卿宜日見二府議事，朕且將大用卿。」先生謝曰：「臣自外官赴召，未測朝廷新政所安，願徐觀旬月，繼有所獻。」上然之。他日，見執政王安石，安石謂曰：「新政之更，懼不能任事，求助於子，何如？」先生曰：「朝廷將大有爲，天下之士願與下風。若與人爲善，則孰敢不盡！如教玉人追琢，則人亦故有不能。」執政默然。所語多不合，寖不悦。既命校書崇文，辭，未得請，復命按獄浙東。程伯淳時官御史裏行，争曰：「張載以道德進，不宜使治獄。」安石曰：「淑問如皋陶，猶且讞囚，此庸何傷！」命竟下，實疏之也。獄成，還朝。會弟御史天祺及伯淳並以言得罪，乃移疾西歸，屏居横渠。

横渠至僻陋，僅田數百畝供歲計，人不堪其憂，先生約而能足，處之裕如。終日危坐一室，左右簡編，俯而讀，仰而思。有妙契，雖中夜必取燭疾書。嘗謂門人曰：「吾學既得諸心，則修其辭命；辭命無差，然後斷事；斷事無失，吾乃沛然。」蓋其志道精思未始須臾息，亦未嘗須臾忘也。學者有問，多告以知禮成性、變化氣質之道，學必如聖人而後已。以爲知人而不知天，求爲賢人而不求爲聖人，此秦漢以來學者之大弊也。故其學以《易》爲宗，以《中庸》爲體，以禮爲的，以孔孟爲法，窮神化，一天人，立大本，斥異學，自孟子以來未之有也。

患近世喪祭無法，喪僅隆三年，期以

下，恬未有衰麻之變；祀先之禮，用流俗節序，祭以褻不嚴。於是勉修古禮，爲薄俗倡，期功而下，爲製服，輕重如儀賓；始行四時之薦，曲盡誠潔。教童子以灑掃應對，給侍長者；女子未嫁者，必使觀於祭祀，納酒漿，以養遜弟，而就成德。嘗曰：「事親奉祭，豈可使人爲之！」聞者始或疑笑，終乃信而從之，相傚復古者甚衆，關中風俗爲之大變。

熙寧九年，秦鳳帥吕微仲大防薦之曰：「張載之學，善發聖人之遺意，其術略可措之以復古，宜還舊職，訪以治體。」詔從之，召同知太常禮院。及至都，公卿聞風爭造，然亦未有深知之者。以所欲言嘗試於人，多未之信。會言者欲講行冠昏喪祭禮，詔下禮官議。禮官狃故常，以古今異俗爲説，先生力爭之不能得。適三年郊，禮官不致嚴，力爭之又不得。先生知道之終不行也，復謁告歸。中道而疾病，抵臨潼卒，年五十八。貧無以斂，門人共買棺奉其喪還。翰林學士許將言其恬於進取，乞加贈恤，詔賜館職賻。

先生氣質剛毅，望之儼然，與之居久而日親。勇於自克，人未信，惟反躬自艾，即未喻，安行之無悔也。聞風者服義，不敢以私干之。居恒以天下爲念。聞皇子生，喜見顔面；行道見饑殍輒咨嗟，對案不食者終日。聞人善輒喜。答問學者，雖多不倦，有不能者，未嘗不開其端。行遊所至，必訪人才，有可語者，必丁寧以誨之，惟恐其成就之晚。雖貧不能自給，而門人無貲者，輒麤糲與共嘗。

慨然有志三代之治。論治人先務，未始不以經界爲急，以爲「仁政必自經界始。

貧富不均，教養無法，雖欲言治，皆苟而已」。方欲與學者買田一方，畫爲數井，上不失公家之賦役，退以其私正經界，分宅里，立斂法，廣儲蓄，興學校，成禮俗，救菑恤患，敦本抑末，足以推先王之遺法，明當今之可行。有志未就而卒。

始先生爲學，亦頗秘之，不多以語人，曰：「學者雖復多聞，不務蓄德，秖益口耳，無爲也！」程伯淳聞之曰：「道之不明久矣，人善其所習，自謂至足，必欲如孔門不憤不啓，不悱不發，則師資勢隔而先王之道或幾乎熄矣！趨今之時，且當隨其資而誘之，雖識有明暗，志有淺深，亦各有得，而堯舜之道庶可馴至也。」先生用其言。故關中學者躬行之多，與洛人並歷數世不衰。

先生所著書曰《正蒙》，嘗自言：「吾爲此書，譬之樹株，根本枝葉，莫不悉備，充榮之者，其在人功而已。又如晬盤示兒，百物具在，顧取者何如耳！」書成，揭書中《乾稱篇》首尾二章，寘在左右，曰《訂頑》，曰《砭愚》。已程正叔改曰《西銘》、《東銘》。其《西銘》曰：「乾稱父，坤稱母；予茲藐焉，乃混然中處。故天地之塞，吾其體；天地之帥，吾其性。民，吾同胞；物，吾與也。大君者，吾父母宗子；其大臣，宗子之家相也。尊高年，所以長其長；慈孤弱，所以幼其幼。聖，其合德；賢，其秀也。凡天下疲癃殘疾、惸獨鰥寡，皆吾兄弟之顛連而無告者也。『於時保之』，子之翼也。『樂且不憂』，純乎孝者也。違曰悖德，害仁曰賊；濟惡者不才，其踐形，惟肖者也。知化則善述其事，窮神則善繼其志。不愧屋漏爲無忝，存心養性爲匪懈。惡旨酒，崇伯子之顧養；育英才，潁封人之錫類。不弛勞而底

豫，舜其功也；無所逃而待烹，申生其恭也；體其受而歸全者，參乎！勇於從而順令者，伯奇也。富貴福澤，將厚吾之生也；貧賤憂戚，庸玉汝於成也。存，吾順事；没，吾寧也。」程正叔謂：「《西銘》明理一而分殊，擴前聖所未發，與《孟子》性善養氣之論同功。」又謂：「自孟子後，未見此書。」

先生學古力行，篤志好禮，爲關中士人宗師，世稱爲横渠先生，門人私謚曰誠明。朱文公贊曰：「早悦孫吴，晚逃佛老。勇撤臯比，一變至道。精思力踐，妙契疾書。《訂頑》之訓，示我廣居。」理宗淳祐初，謚明公，封郿伯，從祀孔子廟庭。國朝嘉靖九年，改稱「先儒張子」。

天祺張先生

先生名戩，字天祺，横渠先生季弟。少而莊重老成，長而好學，不喜爲雕蟲之辭以從科舉。父兄敦迫，喻以爲貧，乃强起就鄉貢。既冠，登進士第，調陝州閿縣主簿，移鳳翔普潤縣令。改秘書省著作佐郎，知陝州靈寶、渠州流江、懷安軍金堂縣事，轉太常博士。熙寧二年，爲監察御史裏行。明年，以言事出知公安縣，改陝州夏縣轉運使，舉監鳳翔司竹監。熙寧九年卒，年四十有七。

先生歷治六七邑，誠心愛人，而有術以濟之，力行不怠，所至皆有顯效。視民之不得其所，若己致之，極其智力，必濟而後已。嘗攝令華州蒲城，蒲城劇邑，民悍使氣，不

畏法令，鬬訟寇盜，倍蓰它邑。先是，令長以峻法治之，姦愈不勝。先生悉寬條禁，有訟至庭，必以理敦喻，使無犯法；間召父老，使之教督子弟服學省過；作記善簿，民有小善，悉以籍之。月吉，以俸錢爲酒食，召邑之高年聚於縣廨以勞之，使其子孫侍，因勸以孝弟之道。不數月，邑人化之，獄訟爲衰。

爲御史，每進對，必以堯、舜、三代進於上前，惻怛之愛，無所遷避。其大要啓君心，進有德，謂「反經正本當自朝廷始，不先諸此而治其末，未見其可也」。累章論王安石亂法，乞罷條例司，及追還常平使者。劾曾公亮、陳升之依違不能救正；韓絳左右狗從，與爲死黨；李定以邪諂竊臺諫；呂惠卿刻薄便給，假經術以文奸言，豈宜勸講君側。又詣中書省爭之，安石舉扇掩面而笑，先生曰：「戩之狂直，宜爲公笑，然天下之笑公不少矣！」章十數上，卒不納，乃歎曰：「玆未可以已乎！」遂謝病待罪，卒罷言職。既出知公安，未嘗以諫草示人，不説人以無罪。天下士大夫聞其風者，始則聳然畏之，終乃服其厚。自公安改知夏縣。縣素號多訟，先生待以至誠，反復教喻，不逆不億，不行小惠，訟者往往叩頭自引。未幾，靈寶之民遮使者車請曰：「今夏令張公，乃吾昔日之賢令也，願使君哀吾民，乞張公還舊治。」使者欣然聽其辭而言於朝。去之日，遮道送，不得行，父老曰：「昔者，人以吾邑之人無良喜訟，自公來，民訟幾希，是惟公知吾邑民之不喜訟也。」言已，皆泣下。徙監司竹監，舉家不食笋，其清慎如此。

先生篤實寬裕，儼然正色，雖喜愠不見

於容。然與人居，温厚之意，久而益親。終日言未嘗不及於義。接人無貴賤疏戚，未嘗失色於一人。樂道人之善而不及其惡，樂進己之德而不事無益之言。其清不以能病人，其和不以物奪志。常雞鳴而起，勉勉矯强，任道力行，每若不及。德大容物，沛若有餘。常自省，小有過差，必語人曰：「我知之矣，公等察之，後此不復爲矣。」重然諾，一言之欺以爲己病。少孤，不得事親，而奉其兄，以弟就養無方，極其恭愛，推而及諸族姻故舊，罔不周恤。有妹寡居，子不克家，先生力爲經其家事。有一二故人，死不克葬十餘年，先生惻然不安，帥其知識合力聚財，乃克襄事。篤行不苟，爲一時師表。横渠先生嘗語人曰：「吾弟德性之美，吾有所不如。其不自假而勇於不屈，在孔門之列，宜與子夏後先。晚而講，學而達。」又曰：「吾弟，全器也。然語道而合，乃自今始。有弟如此，道其無憂乎！」關中學者稱爲「二張」云。

進伯吕先生弟大防附。

先生名大忠，字進伯，其先汲郡人。祖通，太常博士。父蕡，比部郎中。通葬藍田，子孫遂爲藍田人。先生登皇祐中進士，爲華陰尉、晉城令。未幾，提督永興路義勇，改秘書丞，簽書定國軍判官。熙寧中，王安石議遣使諸道，立緣邊封溝，進伯與范育被命，俱辭行。進伯陳五不可，以爲懷撫外國，恩信不洽，必致生患。罷不遣。令與劉忱使遼，議代北地，會遭父喪，起復，知代州。遼使至代，設次，據主席，先生與之爭，乃移次於長城北，遼使竟屈。已而復使求

代北地，神宗將從之，先生曰：「彼遣一使來，即與地五百里，若使魏王英弼來求關南，則何如？」神宗曰：「卿是何言也！」劉忱曰：「大忠之言，社稷大計，願陛下熟思之。」執政知其不可奪，議竟不決，罷忱還三司，先生亦終喪制。其後竟以分水嶺爲界焉。元豐中，爲河北轉運判官，徙提點淮西刑獄。尋詔歸故官。元祐初，歷工部郎中、陝西轉運副使、知陝州，以直龍圖閣知秦州，進寶文閣待制。紹聖二年，加寶文閣直學士，知渭州。後汲公及黨禍，乞以所進官爲量移，徙知同州，旋降待制致仕。卒，詔復學士官，佐其葬。

知秦州時，馬涓以狀元爲州簽判，初呼「狀元」。先生謂之曰：「狀元云者，及第未除官之稱也，既爲判官則不可。今科舉之學既無用，修身爲己之學，不可不勉。」又時時告以臨政治民之道。涓自爲得師，後爲臺官有聲，每歎曰：「吕公教我之恩也。」謝上蔡時教授州學，先生每過之，聽謝講《論語》，必正襟斂容曰：「聖人之言行在焉，吾不敢不肅。」先生爲人質直，不妄語，動有法度。從程正公學，正公稱曰：「吕進伯可愛，老而好學，理會直是到底。」所著有《輞川集》五卷，《奏議》十卷。弟大防、大鈞、大臨，兄弟四人皆爲一時賢者，世無不高之。

大防字微仲，進士及第。元祐初，以左僕射同范純仁相，垂簾聽政者八年，能使元祐之治，比隆嘉祐。封汲郡公。紹聖初，貶舒州，行至虔州信豐，薨。紹興初，贈太師、宣國公，謚正愍。

和叔吕先生

先生名大鈞，字和叔，大忠弟。嘉祐二年中進士乙科，授秦州司理參軍，監延州折博務。改光禄寺丞，知三原。移巴西，又移知候官，以薦知涇陽，皆不赴。丁外艱，服除，自以道未明，學未優，曰「吾斯之未能信」，於是不復有禄仕意。家居講道，以教育人才，變化風俗，期德成而致用。久之，以大臣薦，爲諸王宫教授。當獻文，作「天下一家」、「中國一人」論上。尋監鳳翔船務，制改宣義郎。

會伐西夏，鄜延轉運司檄爲從事。既出塞，轉運使李稷餽餉不繼，欲還安定取糧，使先生請於种諤。諤曰：「吾受命將兵，安知糧道！萬一不繼，召稷來，與一劍耳。」先生即曰：「朝廷出師，去塞未遠，遂斬轉運使，無君父乎？」諤意折，强謂先生曰：「君欲以此報稷，先稷受禍矣！」先生怒曰：「公將以此言見恐耶？吾委身事主，死無所辭，正恐公過耳。」諤見其直，乃好謂曰：「子乃爾耶？今聽汝矣。」始許稷還。是時，微先生盛氣誚諤，稷且不免。未幾，以疾卒於官，年五十有二。

先生爲人質厚剛正。初學於横渠張子，又卒業於二程子，以聖門事業爲己任，識者方之季路。先生於横渠爲同年友，及聞學，遂執弟子禮。時横渠以禮教爲學者倡，後進蔽於習尚，其才俊者急於進取，昏塞者難於領解，寂寥無有和者。先生獨信之不疑，毅然不恤人之非間己也。潛心玩理，望聖賢尅期可到，日用躬行，必取先王法度以爲宗範。居父喪，衰麻、斂、奠、比、

虞、祔，一襄之於禮。已又推之冠、婚、飲酒、相見、慶弔之事，皆不混習俗。與兄進伯微仲、弟與叔率鄉人，爲《鄉約》以敦俗，其略云：「德業相勸；過失相規；禮俗相交；患難相恤。」節文燦然可觀。自是關中風俗爲之一變。橫渠歎：「秦俗之化，和叔有力。」又歎其「勇爲不可及」。而程正公亦稱其「任道擔當，其風力甚勁」云。

先生少時贍學洽聞，無所不該，嘗言「始學必先行其所知而已，若夫道德性命之際，惟躬行久則至焉」。橫渠謂「學不造約，雖勞而艱於進德」，且謂「君勉之，當自悟」。至是博而以約，渙然冰釋矣，故比他人功敏而得之尤多。其與人語，必因其所可及而喻諸義，治經説得於身踐而心解；其文章，不作於無用，能守其師説而踐履之。尤喜講明井田、兵制，謂治道必自此始，悉撰次爲圖籍，使可見之行，曰：「如有用我，舉而措之而已。」其卒也，范巽之表其墓曰：「誠德君子。」又曰：「君性純厚易直，强明正亮，所行不二於心，所知不二於行。其學以孔子下學上達之心立其志，以孟子集義之功養其德，以顔子克己復禮之用厲其行；❶其要歸之誠明不息，不爲衆人沮之而疑，小辨奪之而屈，勢利劫之而回，知力窮之而止。其自任以聖賢之重如此。」當先生卒時，妻种氏治先生喪，一如先生治比部公喪，諸委巷浮圖事一屏不用。子義山能傳其學，人以爲道行於妻子云。所著有《四書註》、《誠德集》。其《鄉約》、《鄉儀》，朱文公表章之，行於世，《鄉約》今爲令甲。

❶「行」，原作「用」，據范育《吕和叔墓表》改。

與叔呂先生

先生名大臨，字與叔，號芸閣，大鈞弟。以門蔭入官，不復應舉，或問其故，曰：「某何敢揜祖宗之德。」元祐中，爲太學博士、秘書省正字。嘗論選舉，曰：「立士規以養德厲行，更學制以量才進藝，定試法以區別能否，修辟法以興能備用，嚴舉法以覈實得人，制考法以責任考功。」范學士祖禹薦其修身好學，行如古人，可爲講官。未及用而卒。

先生學通六經，尤邃於《禮》，每欲掇習三代遺文舊制，令可行，不爲空言以拂世駭俗。少從橫渠張先生遊，橫渠殁，乃東見二程先生，卒業焉。與謝良佐、游酢、楊時在程門號「四先生」。純公語之以「識仁」，先生默識深契豁如也，作《克己銘》以見意。其文曰：「凡厥有生，均氣同體，胡爲不仁？我則有己。立己與物，私爲町畦，勝心橫生，擾擾不齊。大人存誠，心見帝則，初無吝驕，作我蟊賊。志以爲帥，氣爲卒徒，奉辭於天，誰敢侮予？且戰且徠，勝私窒慾，昔焉寇讎，今則臣僕。方其未克，窘我室廬，婦姑勃谿，安取其餘。亦既克之，皇皇四達，洞然八荒，皆在我闥。孰曰天下，不歸吾仁？癢痾疾痛，舉切吾身。一日至之，莫非吾事，顔何人哉？晞之則是。」始先生博極群書，能文章；已涵養深醇，若無能者。賦詩云：「學如元凱方成癖，文似相如始類俳。獨立孔門無一事，只輸顔子得心齋。」婦翁張天祺語人曰：「吾得顔回爲壻矣！」而其學，尤嚴於吾儒、異端之辨。富文忠公弼致政於家，爲佛氏之

學。先生與之書曰：「古者三公無職事，惟有德者居之，内則論道於朝，外則主教於鄉。古之大人當是任者，必將以斯道覺斯民，成己以成物，豈以爵位進退、體力盛衰爲之變哉？今大道未明，人趨異學，不入於莊，則入於釋，疑聖人爲未盡善，輕理義爲不足學，人倫不明，萬物憔悴，此老成大人惻隱存心之時。以道自任，振起壞俗，在公之力，宜無難矣。若夫移精變氣，務求長年，此山谷避世之士獨善其身者所好，豈世之所以望於公者哉？」弼謝之。正公嘗曰：「與叔守横渠説甚固，每横渠無説處皆相從，有説了更不肯回。」又曰：「與叔六月中來緱氏，閒居中某常窺之，見其儼然危坐，可謂敦篤矣。」又曰：「和叔任道擔當，其風力甚勁。然深潛縝密，有所不逮於與叔。」其見重如此。所著有《大學中庸解》、《考古圖》、《玉溪集》。所述有《東見録》，録二程先生語，二先生微言粹語多載録中。其有功於程門不小，故朱文公稱其高於諸公，大段有筋骨，而又惜其早死云。

季明蘇先生

先生名昞，字季明，武功人。同邑人游師雄，師横渠張子最久，後又卒業於二程子。時尹焞彦明方業舉，造之，先生謂曰：「子以狀元及第即學乎，唯復科舉之外，更有所謂學乎？」彦明未達。一日，先生因會茶，舉盞以示曰：「此豈不是學？」彦明大悟。先生令詣程門受學焉。元祐末，吕進伯大忠薦曰：「臣某伏見京兆府處士蘇昞，德性純茂，强學篤志，行年四十，不求仕進，從故崇文校書張載學，爲門人之秀，秦之賢

士大夫亦多稱之。如蒙朝廷擢用，俾充學宮之選，必能盡其素學，以副朝廷樂育之意。」乃自布衣召爲太常博士。後坐元符上書入黨籍，編管饒州。行過洛館彦明所，伊川訪焉，既行，伊川謂：「季明殊以遷貶爲意？」彦明曰：「然。焞嘗問季明，當初上書爲國家計邪，爲身計邪？若爲國家計，自當忻然赴饒州；若爲進取計，則饒州之貶，猶爲輕典。季明以焞言爲然。」先是，横渠《正蒙》成，先生編次而序之，自謂最知大旨。熙寧九年，横渠過洛，與二程子論學，先生録程、張三子語，題曰《洛陽議論》，朱文公表章之，行於世，今刻《二程全書》中。

巽之范先生

先生名育，字巽之，三水人。父祥，進士及第，累官轉運副使，以邊功追贈秘書，録其後。先生舉進士，爲涇陽令。以養親謁歸。有薦之者，召見，授崇文校書、監察御史裏行。神宗喻之曰：「《書》稱『塈讒説殄行』，此朕任御史意也。」先生請用《大學》「誠意」、「正心」以治天下國家，因薦張載等數人。西夏入環慶，詔先生行邊。坐劾李定親喪匿服，出知韓城。久之，晉知河中府，加直集賢院，徙鳳翔，以直龍圖閣鎮秦州。元祐初，召爲太常少卿，改光禄卿，出知熙州。今臨洮府。時議棄質孤、勝如兩堡，先生争之曰：「熙河以蘭州爲要塞，此兩堡者，蘭州之蔽也。棄之則蘭州危，蘭州危則熙河有腰膂之憂矣。」又請城李諾平、汝遮川，曰：「此趙充國屯田古榆塞之地也。」不報。入爲給事中，仕終户部侍郎，卒。紹興中，採其抗論棄地西夏及進築之策，贈寶文

閣學士。

先生從程、張三先生學，伊川嘗曰：「與范巽之語，聞而多礙者，先入也。」橫渠嘗詰先生曰：「吾輩不及古人，病源何在？」先生請問，橫渠曰：「此非難悟，設此語者，欲學者存之不忘，庶游心深久，有一日脱然如大寐得醒耳。」橫渠《正蒙》成，先生序曰：「張夫子之爲此書也，有六經之所未載，聖人之所未言。蓋道一而已，語上極乎高明，語下涉乎形器，語大至於無間，語小入於無朕，一有窒而不通，則於理爲妄。《正蒙》之言，高者抑之，卑者舉之，虛者實之，礙者通之，衆者一之，合者散之。要之立乎大中至正之矩。天之所以運，地之所以載，日月之所以明，鬼神之所以幽，風雲之所以變，江河之所以流，物理以辨，人倫以正。造端者微，成能者著，知德者崇，就業者廣，本末上下，貫乎一道。過乎此者，淫遁之狂言也；不及乎此者，邪詖之卑説也。推而放諸有形而準，推而放諸無形而準，推而放諸至動而準，推而放諸至静而準，無不包矣，無不盡矣，無大可過矣，無細可遺矣，言若是乎其極矣，道若是乎其至矣，聖人復起，無有間乎斯言矣。」其篤信師説而善發其蘊如此。

師聖侯先生

先生名仲良，字師聖，華陰人。二程先生舅氏無可之孫，從二程先生游。人有欲館先生者，先生造焉，則壁垂佛像，几積佛書，其家人又常齋素，欲先生從之，先生遂行。或問之，曰：「蔬食，士之常分，若食彼之食則非矣。吾聞用夏變夷，未聞變於夷

者也。」嘗訪周濂溪，濂溪留之，對榻夜談，越三日乃還，自謂有得，如見天之廣大。伊川驚異其不凡曰：「非從濂溪來耶？」後遊荆門，胡文定留與爲隣，終焉。

文定與楊大諫書云：「侯仲良者，去春自荆門潰卒甲馬之中脱身，相就於漳水之濱，今已兩年，其安於羈苦，守節不移，固所未有。至於講論經術，則貫通不窮；商略時事，則纖微皆察。國勢安危，民情休戚，凡務之切於今者，莫不留意而皆曉也。方阽危艱難之時，❶而使此輩人老身貧賤，亦足慨矣。伏望吾兄力薦於朝，俾命以官，使得效一職，亦不爲無補。」朱文公稱其學清白勁直。所著有《論語説》及《侯子雅言》行世。按《伊洛淵源録》稱先生爲「華陰先生，無可之孫」，即當書爲華陰人，而云河東人，豈金陷關、洛時，先生曾避難河東耶？學者詳之。

天水劉先生

先生名愿，字□□，天水人。天資耿介。時王安石新書盛行，學者靡然向風，先生獨不喜穿鑿附會之説，潛心伊洛之學，後以八行舉。

❶「阽」，原脱，依洪本補。

關學編卷二

金

君美楊先生

先生名天德，字君美，高陵人。肄業大學，登興定二年進士第，釋褐，補博州聊城丞。未及赴，辟陝西行臺掾，尋權大理寺丞，繼擬主長安簿，未幾，正主慶陽安化簿，尋辟德順之隆德令，再辟安化令，補尚書都省掾，遷轉運司支度判官。京城不守，流寓宋、魯間十年，而歸長安。

先生自讀書入仕，至於晚歲，風節矯矯，始終不少變。亂後士夫或不能自守，而先生於勢利藐然如浮雲。晚讀《大學解》，沿及伊洛諸書，大嗜愛之，常語人曰：吾少時精力奪於課試，殊不省有此，今而後，知吾道之傳爲有在也。」埋没篆刻中，幾不復見天日。目昏不能視書，猶使其子講誦，而朝夕聽之，以是自樂。及有疾，親友往問之，談笑歌詠不衰，曰：「吾晚年幸聞道，死無恨矣！」卒年七十九。魯齋許先生衡誌其墓銘曰：「出也有爲，死生以之，處也有守，不變於時。日臨桑榆，學喜有得，其知益精，其行益力。吾道之公，異端之私，瞭然胸中，洞析毫釐。外私内公，息邪距詖，俯仰古今，可以無愧。受全於天，復歸其全，尚固幽藏，無窮歲年。」子恭懿，益昌其家學，爲元名儒，别有傳。

元

紫陽楊先生鑑山宋氏規附。❶

先生名奐，字煥然，號紫陽，乾州奉天人。母程嘗夢東南日光射其身，旁一神人以筆授之，已而生先生，父振以爲文明之象，因名曰奐。天性至孝，年十一喪母，哀毁如成人。未冠，夢遊紫陽閣，景趣甚異，後因以自號。長師鄉先生吴榮叔，迥出倫輩，讀書厭科舉之學，遂以濂、洛諸儒自期待。金末，嘗作《萬言策》，指陳時病，辭旨剴切，皆人所不敢言者，詣闕欲上之，不果。元初，隱居講道授徒，抵鄠縣柳塘，門生百餘人。創紫陽閣，即清風閣。稱紫陽先生。嘗避兵河朔，河朔士大夫想聞風采，求見者應接不暇。東平嚴實聞先生名，數問其行藏，先生終不一詣。歲戊戌，太宗詔宣德税課使劉用之試諸道進士。先生試東平，兩中賦論第一。以耶律楚材薦，授河南路徵收課税所長官，兼廉訪使。既至，招致一時名士，與之議，政事約束一以簡易爲事。按行境内，親問監務月課幾何、難易若何。有以增額言者，先生責之曰：「剥下欺上，汝欲我爲之耶！」即減元額四之一，公私便之。不踰月，政成，時論翕然，謂前此漕司未有也。在官十年，請老於燕之行臺。壬子，世祖在潛邸，驛召先生參議京兆宣撫司事，累上書請歸。築堂曰「歸來」，以爲佚老之所，教授著述不倦。乙卯，病革，諭子弟

❶「規」，各本均無，據原本《關學編》首卷《關學編目録》補。

孝弟、力田，以廉慎自保，戒家人無事二家齋醮。引觴大噱，命門人員擇載筆留詩三章，怡然而逝，年七十，賜謚文憲。

先生博覽强記，真積力久，猶恐不及。作文務去陳言，以蹈襲爲耻，一時諸老皆折行輩與之交。關中號稱多士，一時名未有出先生右者。不治家人生産業，而喜周人之急，雖力不贍，猶勉强爲之。人有片善，則委曲稱獎，惟恐其名不聞；或小過失，必盡言勸止，不計其怨怒也。初，翰林學士姚燧早孤，育於世父樞，樞督教甚急，先生馳書止之曰：「燧，令器也，長自有分，何以急爲！」乃以子妻之。燧後爲名儒，其學得於先生爲多。元好問譔神道碑，稱爲「關西夫子」。江漢趙復序其集，稱「其志其學粹然一出於正，即其文可以得其爲人」，其見重如此。所著有《還山前後集》百卷，《天興近鑑》三卷，《韓子》十卷，《概言》二十五篇，《硯纂》八卷，《北見記》三卷，《正統書》六十卷。

時，宋規，字漢臣，長安人。與紫陽及遺山、鹿菴、九山數儒論道洛西，弟子受業者甚衆。親歿廬墓，瑞草生塋，閻復嘗稱之曰：「天性至孝，德重三秦。才贍而敏，冠絶一時。」中統戊戌徵試，中論賦兩科，拜議事官。先是，官吏縱肆日久，數侵苦小民，公繩之以法，惕然皆莫敢犯。丙辰春，詣闕陳便宜數事，上悉加納。廉希憲云：「宋規循良，可與共事。」希憲相，知公有經濟才，議欲爲列，有嫉其文章名世者沮之，署爲講議官，不就。後徵爲耀州尹，官至蜀道憲副，政聲在在著聞。號鑑山先生，有《鑑山補暇集》梓行於世。年七十七卒。

元甫楊先生

先生名恭懿，字元甫，號潛齋，高陵人，天德之子。自少讀書强記，日數千言。會時艱，從親逃亂，而東於汴、於歸德、於天平，雖間關險阻，未嘗怠弛其業。年十七侍父西歸，家貧，假室以居。鄉鄰或繼其匱，皆謝不取，惟服勞以爲養。暇則力學，博綜於書，無不究心，而尤邃於《易》、《禮》、《春秋》，思有纂述，耻爲章句儒而止。志於用世，反覆史學，以鑒觀古昔興亡之事。從學者已衆，海内搢紳與父友者，馳書交譽，即以宗盟斯文期之。年二十四始得朱子《四書集註》、《太極圖》、小學、《近思録》諸書，讀之喜而歎曰：「人倫日用之常，天道性命之妙，皆萃此書。今入德有其門，進道有其途矣。吾何獨不可及前修踵武哉！」於是窮理反躬，一乎持敬，優遊厭飫，俟其成功於潛齋之下。自任益重，前習盡變，不事浮末矣。赫然名動一時，宣撫司、行省以掌書記、共議事辟之，皆不就。

至元七年，與魯齋許文正公同被召，先生不至。魯齋由國子祭酒，拜中書左丞，日於右丞相安童前稱譽其賢，丞相以聞。十年，帝遣協律郎申敬來召，以疾辭。十一年，太子下教中書，俾如漢惠聘四皓故事，再聘之，丞相遣郎中張元智爲書致命，不得已，乃至京師，帝遣國王和童勞其遠來。既入見，帝親詢其鄉里、族氏、師承、子姓，無不周悉。詔與學士徒單公履定科舉之法，先生議曰：「三代以德行、六藝賓興賢能，漢舉孝廉，兼策經術，魏、晉尚文辭，而經術猶未之遺。隋煬始專賦詩，唐因之，使自投

牒，貢舉之法遂熄，雖有明經，止於記誦。宋神宗始試經義，亦令典矣。哲宗復賦詩，遼、金循習。將救斯弊，惟如明詔嘗曰：『士不治經學孔孟之道，日爲賦詩空文。』斯言足立萬世治安之本。今欲取士，宜敕有司，舉有行檢、通經史之士，使無投牒自薦，試以五經四書大小義、史論、時務策。夫既從事實學，則士風還淳，民俗趍厚，國家得識治之才矣。」奏入，帝善之。會北征，辭歸。十六年，詔安西王相敦遣赴闕，詔與太史王恂等改曆。明年，曆成，授集賢館學士，兼太史院事，辭歸。當曆成進奏日，諸臣方列跪，帝命先生及魯齋起，曰：「二老自安，是年少皆受學汝者。」故終奏皆坐畢其説，蓋異禮也。二十年，以太子賓客召；二十二年，以昭文館大學士領太史院事召；二十九年，以議中書省事召，皆辭疾不行。三十一年卒，年七十。

先是，魯齋提京兆學，與先生爲友，一遇講貫，動窮日力，篤信好學，操履不苟，魯齋亟稱之。父歿，水漿不入口者五日，襄事遵朱文公《家禮》，盡祛桑門惑世之法，爲具不足，稱貸益之。魯齋會葬歸，語學者曰：「小子識之，曠世墜典，夫夫特立而獨行之，其功可當肇修人極。」聚居六年，魯齋東歸。後治母喪，一如父。三輔士大夫知由禮制自致其親者，皆本之先生云。

蕭維斗𣂏誌其墓曰：「朱文公集周、程夫子之大成，其學盛於江左。北方之士聞而知者，固有其人；求能究聖賢精微之藴、篤志於學、真知實踐、主乎敬義、表裏一致，以躬行心得之餘私淑諸人、繼前修而開後覺，粹然一出乎正者，維司徒暨公。」司徒謂魯齋也。學士姚燧譔神道碑銘曰：「維天

生賢，匪使自有，俾拯烝民，爲責已厚。公於明命，實肩實負，乾乾其行，艮艮其守。師古喪祭，如禮不苟，三綱之淪，我條自手。推得其類，無倦誨誘，學者宗之，西土山斗。」皇慶中，贈榮禄大夫、太子少保、弘農郡公，謚文康。所著有《潛齋遺稿》若干卷。

子寅，字敬伯，博通六經、百氏，累官集賢學士、國子祭酒。在成均，講明誨誘，終日忘倦，有父風。

維斗蕭先生伯充吕氏壑附。❶

先生名𣂏，字維斗，號勤齋，奉元人。天性至孝，自幼翹楚不凡。長爲府史，語當道不合，即引退，讀書終南山，力學三十年不求進。制一革衣，由身半以下，及卧，輒倚其榻，玩誦不少置，於是博極群書，凡天文、地理、律曆、算數，靡不研究。侯均謂元有天下百年，惟蕭維斗爲識字人。學者及門受業者甚衆，鄉里孚化，稱之曰蕭先生。鄉人有自城暮歸者，途遇寇，詭曰「我蕭先生也」，寇驚愕釋去。嘗出，遇一婦人失金釵道旁，疑先生拾之，謂曰：「殊無他人，獨公居後耳。」先生令隨至門，取家釵以償，其婦後得所遺釵，媿謝之。世祖初分藩在秦，用平章咸寧王野仙薦，徵侍藩邸，以疾辭，授陝西儒學提舉，不赴。省憲大臣即其家具宴爲賀，遣一從史先往，先生方灌園，從史不知其爲先生也，使飲其馬，即應之不拒。及冠帶迎客，從史見，有懼色，先生殊不爲意。後累授集賢直學士、國子司業，改集賢侍讀學士，皆不赴。武宗初，徵拜太子

❶「壑」，各本均無，據《關學編目録》補。

右諭德。不得已，扶病至京師，入覲東宮，書《酒誥》爲獻，以朝廷時尚酒故也。尋以病請去，或問其故，則曰：「在禮，東宮東面，師傅西面，此禮今可行乎？」俄除集賢學士、國子祭酒，諭德如故，固辭歸。年七十八，以壽終於家，謚貞敏。

劉致《謚議》略云：「聖王之治天下也，必有所不召之臣。蓋志意修則輕富貴，道義重則輕王公，蟬蛻塵埃之中，翱遊萬物之表，不事王侯，高尚其事者以之。傳曰『舉逸民，天下之民歸心焉』，故必蒲車、旌帛，側席以俟其至，冀以勵俗興化，猶或長往而不返，亦有既至而不屈，則『束帛戔戔，賁於丘園』者，治天下者以之也。於吾元得二人焉，曰容城劉因，京兆蕭𣂏。士君子之趣向不同，期各得所志而已。彼不求人知而人知之，不希世用而世用之，至上徹帝聰，鶴書天出，薛蘿動色，巖户騰輝，猶堅卧不起。不得已焉始一至，卒不撓其節，不隳所守而去，亦可謂得所志也已。方之於古，則嚴光、周黨之流亞歟！雖其道不周於用，而廉頑立懦，勵俗興化之功亦已多矣。且其累徵而不起，蹔出而即歸，不既『貞』乎？以勤自居，其好古好學之心，不既『敏』乎？按謚法，清白守節曰『貞』，好古不怠曰『敏』，請謚曰『貞敏』。」詔從之。

先生制行甚高，真履實踐，其教人，必自小學始。爲文，立意精深，言近指遠，一以洙、泗爲本，濂、洛、考亭爲據，關輔之士，翕然宗之，稱爲一代醇儒。門人涇陽第五居仁、平定呂思誠、南陽孛术魯翀爲最著。所著有《三禮説》、《小學標題駁論》、《九州志》及《勤齋文集》行世。

時有呂域，字伯充，其先河内人。金

末，父佑避亂關中，因家焉。伯充從許魯齋學，魯齋爲祭酒，舉爲伴讀，輔成教養，其功居多。至元間，爲四川行樞密院都事，勸主帥李德輝不殺，巴人感德，祠之。知華州，勸農興學，俱有成效。累官翰林侍讀學士，致仕，卒，追封東平郡公，謚文穆。大德中，河東、關隴地震月餘，伯充與維斗各設問答數千言，以究其理。居父憂，喪葬一倣古禮。魯齋貽書稱其「信道力行，爲楊元甫之亞」云。

寬甫同先生

先生名恕，字寬甫，號榘菴，奉元人。祖昇。父繼先，博學能文，廉希憲宣撫陝右，辟掌庫鑰。家世業儒，同居二百口，無間言。先生安静端凝，羈丱如成人。從鄉先生學，日記數千言。年十三，以《書經》魁鄉校。至元間，朝廷始分六部，選名士爲吏屬，關陝以先生貢禮曹，辭不行。仁宗初，即其家拜國子司業，階儒林郎，使三召不起。陝西行臺侍御史趙世延，請即奉元置魯齋書院，中書奏先生領教事，制可之。先後來學者殆千數。延祐設科，再主鄉試，人服其公。六年，以奉議大夫、太子左贊善召，入見東宮，賜酒慰問。繼而獻書，歷陳古誼，盡開悟涵養之道。明年春，英宗繼統，以疾歸。致和元年，拜集賢侍讀學士，以老疾辭。

先生之學由程、朱上遡孔、孟，務貫浹事理，以利於行。教人曲爲開導，使得趨向之正。性整潔，平居雖大暑，不去冠帶。母張卒，事繼母如事所生。父喪，哀毁致目疾，時祀齋肅詳至。嘗曰：「養生有不備，

事有可復；追遠有不誠，是誣神也，可逭罪乎？」與人交，雖外無適莫，而中有繩尺。里人借騾而死，償其值，不受，曰：「物之數也，何以償爲！」家無擔石之儲，聚書數萬卷，扁所居曰榘庵。時蕭先生𣂏居南山下，亦以道高當世，入城府，必主先生家，士論並稱曰「蕭同」。自京師還，家居十有三年，中外縉紳望之若景星麟鳳，鄉里稱爲「先生」而不姓。至順二年卒，年七十八。贈翰林直學士，封京兆郡侯，謚文貞。所著有《榘庵集》二十卷。

從善韓先生

先生名擇，字從善，奉元人。天資超異，信道不惑，其教學者，雖中歲以後，亦必自小學等書始。或疑爲凌節勤苦，則曰：「人不知學，白首童心，且童蒙所當知，而皓首不知可乎？」尤邃禮學，有質問者，口講指畫無倦容。士大夫遊宦過秦，必往見先生，莫不虛往而實歸焉。世祖嘗召之，疾，不果行。其卒也，門人爲服緦麻者百餘人。

伯仁侯先生

先生名均，字伯仁，蒲城人。父母蚤亡，獨與繼母居，賣薪以給奉養。積學四十年，群經百氏，無不淹貫，每讀書，必熟誦乃已。嘗言：「讀書不至千遍，終於己無益。」故其答諸生所問，窮索極探，如取諸篋笥，名振關中，學者宗之。用薦者起爲太常博士，後以上疏忤時相意，即歸休田里。先生貌魁梧，而氣剛正，人多嚴憚之，及其應接之際，則和易款洽。雖方言古語，世所未曉

者，莫不隨問而答，世咸服其博聞云。今祀蒲城鄉賢祠。

士安第五先生

先生名居仁，字士安，涇陽人。幼師蕭維斗𣂏，弱冠從同寬甫恕受學，博通經史。躬率子弟，致力農畝，而學徒滿門。其宏度雅量，能容人所不能容。嘗行田間，遇有竊其桑者，先生輒避之，鄉里高其行義，率多化服。作字必楷整。遊其門者，不惟學明，而行加修焉。卒之日，門人相與議易名之禮，私謚曰静安先生。

悦古程先生子敬李氏附。

先生名瑁，字君用，號悦古，涇陽人。隱居不仕。弱冠即以古學自力，討論六籍，雖祁寒暑雨、造次顛沛，未嘗少輟。三原李子敬創學古書院，延先生講學其中，遠近從遊者百餘人，循循然樂教不倦，學者稱悦古先生。嘗誡諸子曰：「人性本善，習之易荒，古聖賢皆以驕惰爲戒，況凡民乎？」集《家戒》一卷，以遺子孫。著述有《遼史》三卷、《異端辨》二卷、《雲陽志》二卷、《樂府文集》傳世。

李子敬字恭甫，爲人質謹孝友。家素裕，族黨因其資而葬者三十餘喪，婚者八十餘姓。捐千金創學古書院，又割田以供釋奠，廩師生學士，蕭貞敏公爲記。行省上其義，下詔旌表其門。

馮少墟集卷二十二

長安馮從吾仲好著

關學編卷三

明

容思段先生

先生名堅，字可久，蘭州人。初號栢軒，後更號容思，義取「九容」、「九思」也，學者稱容思先生。生而剛方穎異，讀書即知正學。年十四，爲郡諸生，見緱山陳先生書銘於明倫堂有「群居慎口，獨坐防心」之語，酷愛而敬誦之，遂慨然以爲聖賢可學而至。年十七，王父殁，白其父，治喪不用浮屠法。凡當世宿儒宦遊於蘭者，無不師之。於經史藴奧、性命精微，不究其極不止也。動作不苟，人以伊川擬之。正統甲子，領鄉薦。明年，下第歸，鄉之士大夫多遣子弟就學。先生以師道自尊，教法嚴而造就有等，士類興起。己巳，英廟北狩，應詔詣闕上書，不報。乃裹糧買舟南遊，由齊、魯、淮、楚以至吴、越，訪求同志之士，相與講切，得閻子與、白良輔輩定交焉。逾年始歸，學益有得。

景泰甲戌登進士，以文名差纂《山西誌》。明年，誌成，復命。尋移疾歸，讀書於五泉小圃，依巖作洞，以爲會友講習之所。有得即形於詩，有云：「風清雲净雨初晴，南畆東阡策杖行。幽鳥似知行樂意，緑楊

烟外兩三聲。」論者謂宛然有「浴沂」氣象。越五年，爲天順己卯，選山東福山知縣。福山，故僻邑，先生以德化民，刊布《小學》諸書，令邑人講誦。復以詩歌興之，必欲變其風俗。或謂其迂闊不能行，先生獨謂天下無不可化之人，無不可變之俗。嘗有詩曰：「天下有材皆可用，世間無草不從風。」始終不少懈。由是陋俗丕變，海邦島嶼，渢渢乎有絃誦風。既六載，以李文達公薦，超擢知萊州府，迺先生與文達公竟未面也。先生治萊如治福山，時召郡縣官師與燕，俾言志咏歌以申政教。未期月，萊人大化。以憂去，既禫，不遽北上，乃訪周廷芳於秦州，訪張立夫於鳳翔，講學求友，孜孜不暇，其於功名利達澹如也。久之，復補南陽。在南陽，慨近世學者以讀書媒利禄、階富貴，士鮮知聖賢之學，乃倡明周、程、張、朱與古人爲學之意，建志學書院，聚郡庠及屬治諸生，親授講説。又以民俗之偷，由未預教，乃遴屬治童蒙，授以《小學》、《孝經》、《文公家禮》、《教民俗言》諸書，俾之講習。又創刻《二程全書》、胡致堂《崇正辨》諸書，俟盈科者給授。士習翕然改觀。又創節義祠，祀古聖母烈女，以風勵郡俗。尤嚴迸巫尼，不使假左道傷風化。會有女纓而自經以殉夫死者，先生率僚屬師生往吊，爲具棺斂，卜地合葬。已又奏表其閭。由是郡人雖婦人女子皆爲感化。先生爲政，持大體，重風教，不急功利，不規規於簿書，不以毁譽得失動其心。凡屬吏不法者，即案問不少貸。民或良或奸，相宜訓治，與民休息。在南陽八年，郡人戴之如父母，其敬畏之至，若家有一段太守者。治行爲天下第一。以直道不能諧時，遂致政歸。乃結廬蘭山

之麓，扁曰「南村」，曰「東園」，取淵明詩「昔欲居南村」及「青松在東園」意。授徒講業，相羊唫詠以自樂。然於時政闕失，民情困苦，則又未嘗不憂形於色。成化甲辰卒，年六十有六。門人私謚曰文毅。

先生性素孝友，治父母喪一遵古禮，事兄椿曲盡弟道。居家嚴内治，崇禮教，凛然爲鄉邦典刑。與人尤篤於分義，友人唐知縣廷器貧甚，其殁也，爲具棺斂以襄事，併志其墓。方伯石公執中曾孫以貧鬻於人，❶乃垂涕捐貲贖還，俾主其祀。業師周公麟殁，爲撫其後，每至其家，坐必避席焉。先生雖未居言路，而屢有建白，如請脩龍逄、比干祠墓，請從祀元儒劉因，請旌表孝行節義，請開言路。諸封事皆鑿鑿有關國體，補風化。蓋先生之學，近宗程朱，遠遡孔孟，而其功一本於敬。嘗言：「學者主敬以致知格物。知吾之心即天地之心，吾心之理即天地之理，吾身可以參天地、贊化育者在於此。必以命世大儒自期，而不可自暴自棄以常人自居，有負爲人之名。」所至，從遊者衆，多所成立，如同郡董學諭芳、羅僉憲睿、彭少保澤、孫孝廉芳，秦州周布衣蕙，山西董僉憲齡，福山張同知瓛，南陽柴尚書昇、王文莊鴻儒、熊少參紀、張孝廉景純，皆門墻尤著者。

郡人陳祥贊云：「距釋排聃，吾道是遵，士趨歸正，鄉俗以淳。繼往開來，遠探濂洛，文清之統，惟公是廓。」彭澤撰墓碑云：「先儒謂道自堯舜以來，至孟子殁，失其傳焉。匪道不傳，學者託之言語文字，而無深造力踐之功也。至宋，周、程三夫子

❶「執中」，張本作「某」。

出，至晦菴朱先生始極主敬，致知力行之功，上繼孔孟之統。元魯齋許文正公，我明敬軒薛文清公，以篤實輝光之學繼其絶，此固萬世之公議也。若我南陽太守容思先生段公，其克尊信斯道而致深造力踐之學者歟！」論者以爲知言。所著有《容思集》、《栢軒語録》行世。

默齋張先生

先生名傑，字立夫，號默齋，鳳翔人。父琎，工部主事。先生生有異質，穎悟過人。稍長，入郡庠，卓然以聖賢自期。年二十一，登正統辛酉鄉薦。乙丑中乙榜。以親老，就山西趙城訓導，居官六年，惟以講學教人爲事。一日，薛文清公過趙城，與先生論身心性命之學，文清公歎服而去，先生之學由是益深。值歲祲，捐俸賑饑，雖所捐無幾，亦寒氊所難。景泰辛未，工部公捐館舍，先生徒跣奔歸，喪葬悉以禮。先是，里俗多用浮屠法，先生一切屏去，鄉人化之。久之，以養母不出。天順癸未，母棄養，既禫，有司勸駕，先生蹙然曰：「吾少也力學以明道，禄仕以養親，今吾親終矣，而學無所得，尚欲仕乎？」遂不復出。因賦詩自責曰：「年幾四十四，此理未真知。晝夜不勤勉，遷延到幾時？」益大肆力於學。居恒瞑目端坐，至於移時。起則取諸經子史，朗然諷誦，或至丙夜後已。最愛「涵養須用敬」、「進學在致知」二語，因大書揭座右。造詣日深，弟子從遊者日衆，乃拓家塾以五經教授，學者稱爲五經先生，名重一時。巡按御史某薦先生爲提學僉事，不報。成化乙酉，應天聘典文衡，謝不往。辛卯，茶臺馬公震

行部漢南，特遣諸生黄照、王宣輩奉書載幣，聘先生攝城固學事。先生復書略曰：「天地生人，無不與之以善，聖賢教人，亦無不欲其同歸於善。是知善者，人所自有而自爲之。先覺之覺後覺，如呼寐者而使之寤耳。但古之學者從事於性情，而文辭所以達其意，今之學者專務文詞，反有以累其性情。某今年五十有一矣，方知求之於此，以尋古人向上之學，雖得其門，未造其域，汲汲皇皇，恐虚此生。嘗自念僻處一方，獨學無友，每欲遠遊質正高明，奈有寒疾不可以出，況鄉黨小子相從頗衆，豈能遠及他方邪？」亦謝不往。與臯蘭段先生堅、趙侍御英、河東李學博昮、秦州周布衣蕙相與論學，而段尤稱契厚，嘗贈以詩，有云：「萬徑千蹊吾道害，四書六籍聖賢心。聖賢心學真堪學，何用奔馳此外尋！」而先生詩中亦有「今宵忘寢論收心」之句，學者争傳誦焉。或勸先生著書，曰：「吾年未艾，猶可進也，俟有所得，爲之未晚。」乃竟未及著書而卒。是爲成化壬辰十月十二日，距生永樂辛丑八月十九日，年僅五十有二。

先生爲人篤於孝友，事二親曲盡子道。與兄英爲異母，同居五十年無間言。姊早卒，撫其子若己出，教之成立。御子弟一以禮法，内外斬斬。嘗自讚曰：「讀孔孟書，學孔孟事，知有未真，行有未至，惟日孳孳，以求其所無負也！」其勤勵如此。

先生殁若干年，郡守趙公博白兩臺，爲先生建祠於家塾之左，以供祀事，長平郭公定爲記。郡倅范公吉稱先生：「以五經教授，明心學於狂瀾既倒之餘；以四禮率人，挽風化於頽靡不振之秋；以端實淡泊飭躬砥行，垂休光於千百載之後，可謂一代人物

矣！」識者以爲實録云。

小泉周先生

先生名蕙，字廷芳，號小泉，山丹衛人。後徙居秦州，因家焉。年二十聽人講《大學》首章，奮然感動，始知讀書問字。爲臨洮衛軍戍蘭州，守墩。聞容思段先生集諸儒講理學，時往聽之，有聞即服行。久之，諸儒令坐聽，既而與坐講，既而以爲畏友，有疑與訂論焉。段先生勖以聖賢可學而至，教示進爲途方。段先生曰：「非聖弗學。」先生曰：「惟聖斯學。」遂殫力就學，究通五經，篤信力行，慨然以程、朱自任。當時見者，亦翕然以爲程、朱復出也，咸敬信樂從之。又受學於清水教諭安邑李公昶，得薛文清公之傳，功密存省，造入真純，遂爲一時遠邇學者之宗。有總兵恭順侯吴瑾者，聞其賢，欲延教其子，先生固辭。或問故，先生曰：「總兵以軍士役某，召之役則往役，召之教子則不敢往。」聞者歎服，其侯亦不能强，遂親送二子於其家以受教，先生始納贄焉。時，肅藩有二樂人鄭安、鄭寧者，進啓本願除樂籍，從周先生讀書，其感發人如此。後隱居秦州之小泉，因以爲號。著深衣幅巾爲容。成紀之人薰化其德，稱爲小泉先生。嘗遊西安，與介菴李公錦論學，介菴由是大悟，遂爲關西名儒。渭南思菴薛公敬之執弟子禮，師事焉。秦州守數造其廬，舉鄉飲賓，謝不往。巡按杜公禮徵求見，講《太極》、《先天》二圖，不覺前席。嘗正冠、婚、喪、祭之禮以示學者，秦人至今遵之。

成化戊子，容思先生至小泉，訪之不

遇，留以詩，有「歷盡巉岩君不見，一天風雪野梅開」之句。後又贈以二詩，云：「小泉泉水隔烟蘿，一濯冠纓一浩歌。細細靜涵洙泗脉，源源動鼓洛川波。風埃些子無由入，寒玉一泓清更多。老我未除塵俗病，欲煩洗雪起沉痾。」又云：「白雲封鏁萬山林，卜築幽居深更深。養道不干軒冕貴，讀書探取聖賢心。何爲有大如天地，須信無窮自古今。欲鼓遺音絃絶後，關閩濂洛待君尋。」何大復謂「先生於容思先生，其始若張横渠之於范仲淹，其後若蔡元定之於朱紫陽也。」迨老以父遊江南，歷涉險蹤訪，❶没於楊子江，人皆稱其孝，而又重悲其死云。

先生初名檜，後更蕙。或作「桂」，誤。

先生門人甚衆，最著名者，渭南薛敬之、秦州王爵。爵，字錫之。自少潛心力學，及長，從遊先生門而知操存。郡守秦公與語，悦之，時與講操存之學。及教後學，切切以誠敬爲本。弘治初，以國子生仕爲保安州判，君出納公、會計當，日不憚勞，保安稱平焉。秦公後總督原州，聘君至原，三年相處如一日。及歸，秦公贈以揚州鹽引數百石，君辭之，而惡衣惡食坦如也，州人咸稱之。詳載可泉胡公纂《鞏郡志》中。敬之，余别有傳。

大器張先生 抑之張氏鋭附。❷

先生名鼎，字大器，别號自在道人，咸寧人。父廉，爲山西蒲州知州。先生少從父之任，受學於河東薛文清公之門，用是日

❶「歷」下，《關學編續編》本有「年」字。
❷「鋭」，各本均無，據《關學編目録》補。

勤勵於聖賢之學，諸子百家雖靡不研究，而一稟於濂、洛、關、閩之旨，文清公深器重之。歸補西安郡庠弟子員。景泰癸酉，以《易》舉於鄉。成化丙戌，成進士，授刑部主事，遷員外郎，冰蘖自持，推讞詳明。甲午，出知山西太原府。太原爲省會劇郡，故稱難治，先生游刃有餘，循良弁三晉，郡人德之，不忍先生離去。故九載考績，晉山西參政，仍署府事。又四載，始遷河南按察使，振肅紀綱，奸貪斂跡，嘗辨指揮董敬等人命之誣。弘治改元，擢右僉都御史，巡撫保定等府。時畿内多事，盜賊縱横於途，行旅戒嚴，先生築墻植樹，自内丘直達京師，由是道路肅然，至今賴之。值歲大祲，先生給糧賑濟，民免流亡。辛亥，晉户部右侍郎。尋以病請歸。歸四年，爲弘治乙卯，卒於家，年六十有五。

先生爲人仁厚敬慎，事不苟爲，非義一介不取，進退惟命是聽，終身恪守師説，不敢少有逾越。文清公殁，其文集散漫不傳，先生搜輯校正凡數年，稿始克成，乃爲序，梓而傳之，至今學者尚論文清必以先生之言爲徵信云。所著有《仕學日記》、《自在詩文》、《蠹齋博稿》若干卷。先生爲都憲，爲亞卿，皆三原王端毅公爲冢宰時所推轂。其卒也，端毅公銘其墓，稱其「理學傳自文清公，高名可並太華峰」，世以爲確論。

時有秦州大參張公鋭，字抑之，成化初舉於鄉。父敏以國子生爲江西布政司照磨。公從之任，受學東白張先生元禎。張先生者，豫章名儒也，公由是學益有得。乙未，登進士，授刑部主事，歷員外郎、郎中，遷江西吉安知府。在吉安，政教兼舉，士習聿興，民用安業。坐忤權貴，調湖廣漢陽六

載，以兩郡令譽，晉山東左參政。後致仕居鄉，日進執經諸弟子於庭，講學不倦，鄉閭薰德焉。故隴西學者稱爲張夫子。可泉胡中丞纘宗稱公誠確温厚，本之天性，而多學好古，汲引後進，尤人所不可及云。

介菴李先生仲白李氏錦附。❶

先生名錦，字在中，號介菴，咸寧人。幼警悟不凡。九歲失恃，如安成依舅氏韓君智，韓爲擇師教之。端坐終日，不逐群兒嬉。讀書知大義，日見英發。比成童，還爲諸生，受《易》於鄉先生董君德昭之門。大肆力於學，每試輒爲督學使者所稱賞。後遇秦州小泉周廷芳講學，得聞周、程、張、朱爲學之要，遂棄記誦辭章之習，專以主敬窮理爲事。又與渭南思菴薛氏、咸陽西廓姚氏、同邑誼菴雍氏麗澤講習，相勸相規。久之，踐履醇茂，關中學者咸以「横渠」稱之。濟南尹恭簡公爲通政時，使秦，聞先生名，延與語，大爲驚歎。天順壬午，舉於鄉。成化戊子，遊成均，友天下士，其學益進，大司成邢公讓深器異之，令諸子受業焉。後邢坐事下獄，先生倡六館士伏闕抗章，明其無罪，雖於事無益，而先生之名重京師矣。嘗愛武侯「静以修身，儉以養德」、「學須静，才須學」數語，揭之座右以自警。事親色養備至，執喪盡禮，力絀異端。至今省會士大夫不作浮屠事，實自先生始。爲孝廉居憂時，巡撫余肅敏公欲延教其子，先生以「齊衰不入公門」固辭，余益重之。後余知其喪不能舉，賻以二槨。先生卻其一，曰：「不可因

❶「錦」，各本均無，據《關學編目録》補。

喪射利也。」郡大夫有與之厚者賻米數十斛，以辭命無俸米字辭。後周廷芳復過省，與先生印證所學，設問辨難，周爲歎服。先生解經平正通達，不爲鑿説，且善誘後學，諄諄忘倦。出其門者如李參政崙、劉尚書璣、于知州寬、董員外養民，及舉人張子渭、李盛漸被尤深。先生數上春官，竟不第。成化甲辰，謁選直隸松江府同知。職親戎牒，夙夜精勤，奸無所售。有脱役垂四十載者，先生始發之，即令補伍，雖權貴居間，竟莫能奪。未究厥施，以疾卒於官。是在成化丙午，年僅五十一。貧不能爲棺斂，其僚友賻之，始克歸云。

先生性剛介，不妄交接，不苟爲然諾，義之所在，確然自信，不以一毫挫於人。尤重取予，所居僅蔽牀席，茹淡服疏，雖至屢空，終不輕有所取。學務窮理性，體之身心，不好立言語文字，以故殁之日遺稿無存，靈寶許襄毅公爲先生同志友，先生殁十年，襄毅公巡撫關中，屬督學楊文襄公表其墓。文襄公稱先生：「挺然風塵之表，不苟簡遷就，與世低昂。抱其貞璞，卒以完歸。」而督學虎谷王公亦稱其「化如和叔辭章外，貧似原思草澤間」。嗚呼，可謂深知先生者矣！

後數十年而有渭南李仲白氏者，名與先生同，字仲白，號龍坡，亦潛心理學。爲諸生時，西蜀龍灣高先生儔署高陵教事，仲白越疆從受學，與涇野吕先生同門相切磋焉。正德庚午，領鄉薦爲宿遷令。著《勸農文》、《勸孝文》以化俗，由是邑多孝子。又以税餘金買牛給民耕墾荒地。宿遷人稱爲「百年以來一人」。遷海州知州，致仕。初擢州時，不能具一花帶，吕先生遺之一圍。

後去州抵家，猶是帶也，其清苦如此。嘉靖丙申，卒於家。吕先生銘其墓，稱其「稟受懿嘉，學求根本」云。

思菴薛先生

先生名敬之，字顯思，號思菴，渭南人。生有異狀，長大雄偉，鬚髯修美，左膊一黑文字深入膚裏。生五歲，愛讀書，十一，解屬文賦詩。稍長，言動必稱古道、則先賢。景泰丙子，獲籍邑諸生，居止端嚴，不同流俗，鄉閭驚駭，稱之曰「薛道學」。爲文説理而華，每爲督學使者所賞鑑。應試省闈至十有二次，竟不售。成化丙戌，以積廩充貢入太學。太學生接其言論，咸爲歎服。一時與陳白沙並稱，由是名動京師。

自太學歸，二尊人相繼殁，徒跣奔葬。時大雪盈尺，兼淌淺泥濘，亦不知避。後遂病足，值冬月輒發。母嗜韭，母殁，終身不忍食韭。

成化丙午，謁選山西應州知州。先生治應，首勸民耕稼紡績。時當東作，循察田野。民艱於耕種者，賫以牛種。民貧負租及不能婚葬者，皆助之。買牸畜數十，給之煢民，令孳息爲養。又務積蔬粟。不三四歲，粟至四萬餘石，乾蔬數萬餘斤。尋當饑饉，應民免於死亡。其既竄而復歸者三百餘家，皆與衣食，補葺其屋廬與處。由是屬邑聞風復者沛然。又立義塚，以瘞流民之死於道者。弘治戊申秋，南山有虎患，爲文祭之，旬日間虎死於壑。己酉春，蕭家寨北平地有暴水湧出，一寨幾至沉陷。先生亦爲文祭告，水即下洩，聲如雷鳴，民免於溺。他德政異政多此類，詳守谿王公譔碑記中。

先生尤雅重學政，數至學舍，切切爲言孔孟之旨，由是應人士始知身心性命之學。奏課第一，弘治丙辰陞金華府同知。東南學者如陳聰輩數十人，皆摳衣門墻。居二年，致仕。撰《金華鄉賢祠志》若干卷。正德戊辰卒，年七十又四。

先生嗜道若飴，老而彌篤。好與人講，遇人無問人省解不，即爲説道，人或不樂聽説，亦不置。又好静坐思索，凡有所得，如横渠法，即以劄記。所著有《思菴野録》、《道學基統》、《洙泗言學録》、《爾雅便音》、《田疇百咏集》、《歸來藁》，及演作《定心性説》諸書，其言多有補於名教云。

其卒也，吕文簡公誌其墓，略曰：「初先生致仕家居，以事入長安，柟獲遇於長安之開元寺，因叩先生。先生言：『蘭州軍周蕙者字廷芳，躬行孝弟，其學近於伊、洛，吾執弟子禮事之。吾入太學時，道經陝州，陳雲逵忠信狷介，凡事皆持敬遇之，吾以爲友。凡吾所以有今日者，多此二人力也。』柟謁先生者再四，見先生年已七十，日夜讀書不釋卷。聽其論議，皆可警策惰志，則亦今日之博學好古、死而後已者也。」又謂門人胡大器曰：「爲學隆師取友，變化氣質爲本。渭南有薛先生從周先生學，常雞鳴而起，候門開，灑掃設坐。及至，則跪以請教。」又謂門人廉介曰：「予聞諸思菴薛子曰：『介菴李錦，關西之豪傑也。甘貧守道，好學，至死不倦。今亡矣夫！』夫薛子其亦見介菴而興起者乎？」其學問淵源如此云。

平川王先生

先生名承裕，字天宇，號平川，三原人。父恕，歷官太子太保、吏部尚書，贈太師，謚端毅，爲國朝名臣第一，道德功業載在國史。成化元年乙酉，先生生於河南宦邸，蓋端毅公巡撫日也。端毅公七子，而先生最少。方兒時，即重厚如老儒，恒端坐不妄言笑。七八歲作《屋隙詩》曰：「風來梁上響，月到枕邊明。」又作先師孔子木主，朝夕拜之，春秋丁日，具香果齋而祭。乃爲《齋銘》曰：「齊不齊，謹當謹，萬物安，百神統。聖賢我，古來腤。齊不齊，謹當謹。」太淑人廉知之，以白端毅公，公喜曰：「此兒足繼志矣！」十四五時，在南都從莆田蕭先生學。蕭令侍立三日，一無所授。先生歸告端毅公曰：「蕭先生待兒如此，謂不足教耶？」公曰：「善哉教也，真汝師矣！」先生由是益尊師樂學，遂深造焉。年十七八，著《進修筆録》，崇仁吳正郎宣序之以傳。年十九，應鄉試，督學戴公珊試其文，奇之。丙午，年二十二，舉於鄉。丁未，孝宗登極，召起端毅公爲冢宰。先生侍行，讀書京邸，與一時名公遊，由是聞見益廣，學益進。

癸丑，第進士。會端毅公致仕，先生予告歸，乃開門授徒，講學於釋氏之刹。堂至不能容，復講於弘道書院。先生教以宗程朱以爲階梯，祖孔顏以爲標準。語具督學虎谷王公《書院記》中。蓋先生以師道自居甚嚴，弟子咸知敬學，故自樹而成名者甚衆。久之，授兵科給事中，有《時政》、《先務》等疏，皆切中時弊。兩使藩國，饋遺一無所受。歷吏科都給事中。正德初，逆瑾

專政，群工多出其門，先生遠之。又上疏乞進君子、退小人，及諸不法事。瑾怒，罰粟三百石輸邊。其恨猶未已，會先生以外艱去，始免。服除，瑾誅，以原官遷太僕少卿、本寺卿、南太常卿。時上南巡，先生夙戒牲帛祭品待祀。或曰：「上方用武，無暇於祀，焉用備爲？」弗聽。及上至，奏祀皆行之，言者愧服。己卯，宸濠叛，欲趨南都，大臣分城以守，先生分守通濟門。乃與家人訣別登城，誓死守之。會有逆黨藏甲兵於槨以應賊者，先生覺發，服以上刑，都城肅然。壬午，世廟即位，改元嘉靖，論禦賊功，有白金文綺之賜。癸未，遷户部右侍郎，提督倉場。尋回部。爲世廟所重，賜獻皇帝睿筆「清平正直」四字。丁亥，晉南户部尚書。己丑，致仕。林居十年，惟以讀書教人爲事。當時稱其濟美，有范忠宣繼文正公之風。論薦者無虚日，廟堂方欲召用，而先生已殁，識者於是有蒼生之恨云。卒年七十有四，蓋嘉靖戊戌五月也。訃聞，賜祭葬如例，謚康僖。

先生性篤孝，能悦親養志，故端毅公愛之特甚。又善事諸兄，諸兄皆殊常友之。時序祀先唯謹，誨諸子侄以道。與人交，温乎可親而又栗然不可狎，故與之交者咸愛敬焉。與長安高御史胤先遊，久之贈詩，以堯夫、正叔與之，蓋服其和粹嚴正，不易及也。自少樂多賢友，端毅公尤夙以尚友之道誨之，故一時海内名賢無弗接者。自始學好禮，終身由之，故教人以禮爲先。凡弟子家冠婚喪祭，必令率禮而行。又刊布藍田吕氏《鄉約》、《鄉儀》諸書，俾鄉人由之。三原士風民俗至今貞美，先生之力居多。所著有《論語近説》、《論語蒙讀》、《談録漫

語》、《星軺集》、《辛巳集》、《考經堂集》、《庚寅集》、《諫垣奏草》、《草堂語録》、《三泉堂漫録》、《厚鄉録》、《童子吟藁》、《婚禮用中》、《進修筆録》、《動静圖説》等書。所述有《横渠遺書》、《太師端毅公遺事》等書行世。端毅公林居日，著《五經四書意見》，獨攄心得，自成一家，學者宗之。先生著述種種，蓋多本之庭訓云。門人馬光禄理、秦大參偉、郝大參世家、雒中丞昂、張給諫原、李憲副伸、趙僉憲瀛、秦明府寧、王明府佩、李孝廉結有名，光禄別有傳。

關學編卷四

明

涇野呂先生

先生名柟，字仲木，高陵人。世居涇水北，自號涇野，學者尊之曰涇野先生。父溥，號渭陽，有隱德。先生少儁悟絶人，羈丱爲諸生，受《尚書》於高學諭儔、邑人孫大行昂，即有志聖賢之學。又問道於渭南薛思菴氏，克乎有得。不妄語，不苟交。夙夜居一矮屋，危坐誦讀，雖炎暑不廢衣冠。年十七八，夢明道程子、東萊呂氏，就正所學，由是學益進。督學邃菴楊公、虎谷王公拔入正學書院，與群俊茂遊。大參熊公、李公延教其子，先生辭不獲，乃館於開元寺。後聞父疾，即徒步歸，二公以夫馬追送不及。先生曰：「親在牀褥，安忍俟乘爲也！」父尋愈，構雲槐精舍，聚徒講學其中，二公仍遣子熊慶浩、李繼祖卒業焉。弘治辛酉，舉於鄉。明年，計偕不第，遊成均，與三原馬伯循、秦世觀，榆次寇子惇，安陽張仲修、崔仲鳬，林縣馬敬臣諸同志講學寶邛寺。嘗約曰：「文必載道，行必顧言。毋徒舉業，以要利禄；毋徒任重，弗克有終。」日孜孜惟以古聖賢進德修業爲事。遣弟栖師事伯循，其入學儀式京師傳以爲法。同邑高朝用時爲地官郎，謂檢討王敬夫曰：「予邑有顏子，子知之乎？」敬夫曰：「豈呂仲木耶？」自是納爲厚交。乙丑，敬皇帝賓天。與諸生哭臨，先生聲出淚下，衆譁爲迂，弗恤也。孫行人殁於京，遺孤不在側，先生衰

經哭拜，弔者或曰：「禮與？」曰：「禮，喪無主，比隣爲主，況師乎？」及返葬於鄉，猶是服也。宿館下三日，哭而相葬事。既歸，復講學於精舍，從遊者日衆。

正德戊辰，舉南宮第六人，廷對擢第一，授翰林修撰。凡知先生者皆喜曰：「今得真狀元矣！」時閹瑾竊政，以枌榆故致賀，先生却之，瑾銜甚。自是遜避不與往來。在翰林二年，操介益勵。禄入，祇祀其先，父母書問至，必再拜使者受之，退而跪讀。期功喪爲位而哭，門無饋遺。時何粹夫瑭爲編修，以道自守，不爲流俗所喜，先生日相切劘，驩如也。會西夏搆亂，疏請上入宮御經筵，親政事，不報。瑾惡其言，益銜甚。乃與粹夫相繼引去。未幾，瑾敗，禍延朝紳，人咸服先生之明。家居，杜門謝客者三年，臺省交章薦其往拒逆瑾，卓識偉節，宜召擢大用。壬申，起供舊職。上疏勸學，謂：「文王『緝熙敬止』，咸和萬民，斯享靈囿之樂，元順帝廢學縱欲，盛有臺沼，我太祖代取之，人主可不深念？」或謂「元主之戒，傷於太直」，先生曰：「賈山借秦爲喻，漢文尚能用之，況主上過漢文遠甚，柟獨不能爲賈山乎？」疏入，上亦嘉納。未幾，乾清宮災，復應詔言六事：一曰逐日臨朝聽政；二曰還處宮寢，預圖儲貳；三曰郊社禘嘗，祇肅欽承；四曰日朝兩宮，承顏順志；五曰遣去義子、番僧、邊軍，令各寧業；六曰天下鎮守中官貪婪，取回别用。不報。先生復引疾去。崔仲鳧歎曰：「古有直躬進退不失其道者，吾於吕仲木見之矣！」

歸而卜築邑東門外，扁曰「東郭别墅」，四方學者日集。都御史虎谷王公薦其學行高古，乞代己任，不報。渭陽公病，先生侍

湯藥，晝夜衣不解帶，履恒無聲。如是一年，鬚髮爲白。比卒，哀毀踰禮。既葬，廬墓側，旦夕焚香號泣，門人感之，皆隨先生居。乃與平定李應箕、同邑楊九儀輩講古今喪禮。當襄事時，郡守致賻，受之，既而馳幣匄文，辭。門人問故，先生曰：「方卒哭而遽懷金爲文，吾不忍也。」既禫，釋服，❶復講學於別墅，遠方從者彌衆。別墅不能容，又築東林書屋居焉。鎮守閹廖餽以豚米，却之。廖素張甚，乃戒使者曰：「凡過高陵毋擾，有吕公在也。」有客以兼金乞居間，先生笑而謝曰：「人心如青天白日，乃以鳥獸視耶？」其人慙曰：「吾姑試子耳。」門庭蕭然，無異寒素。

世廟即位，詔起原官。時朝鮮國奏稱：「狀元吕柟、主事馬理爲中國人才第一，朝廷宜加厚遇。仍乞頒賜其文，使本國爲式。」其爲外夷敬慕如此。上御經筵，先生進講，適值仁祖淳皇后忌辰，口奏宜存黲服禮，罷賜酒饌，朝論韙之。癸未，分校禮闈，取李舜臣輩，悉名士。時陽明先生講學東南，當路某深嫉之，主試者以道學發策，有焚書禁學之議，先生力辨而扶救之，得不行。場中一士子對策，欲將今宗陸辨朱者誅其人，火其書，極肆詆毀，甚合問目意，且經書、論、表俱可，同事者欲取之。先生曰：「觀此人今日迎合主司，他日必迎合權勢。」同事者深以爲然，遂置之。念新天子即位，上疏請講聖學，略曰：「學貴於力行而知要，故慎獨克己，上對天心，親賢遠讒，下通民志，天下中興。太平之業，實在於此。」不報。在史館，與鄒東廓友善。甲申，

❶「服」，原脱，據洪本補。

奉修省詔，復以十三事上，言頗過切直。時東廓亦上封事，同下詔獄。一時直聲震天下，人人有「真鐵漢」之稱。尋謫，東廓判廣德，先生判解州。

道出上黨，隱士仇欄兄弟遮道問學。有梓匠張提者，役於仇氏，聞先生講，喜甚，跽而求教。先生誨以善言，提大悟，昔嘗取人一木作界方，至是遂還其主。仇氏兄弟益爲感動。先生喜形諸詩云：「豈有征夫能過化，雄山村裏似堯時。」既至解，仰堯舜故址，慨然以作士變俗爲己任。解士子視聖學與舉業爲二，先生曰：「苟知舉業、聖學爲一，則干祿念輕，救世意重。」於是講學崇寧宮，每誨諸士「雖舉業，拳拳不離聖賢之學」，諸士皆欣然向道，以爲聖賢復出也。會守缺，先生攝事，不以遷客自解免。恤煢減役，勸農課桑，築堤以護鹽池，開渠以興水利，善政犁然。郡庠士及四方來學者益衆，乃建解梁書院居之，選少而俊秀者歌《詩》，習《小學》諸儀；朔望，令耆德者講《會典》，行《鄉約》；廉孝弟節義者表其閭，求子夏後，教之學。建温公祠，正夷齊墓，訂《雲長集》。久之，政舉化行，俗用丕變。丁亥，轉南吏部考功郎中。解梁門人王光祖謂「先生在解三年，未嘗言及朝廷事」。爲考功，躬親吏牘。少司馬王浚川薦其性行淳篤，學問淵粹，遷南尚寶卿。久之，遷南太常少卿。往太常讌樂甚褻，先生悉革之。乙未，遷國子祭酒。

先生在南都幾九載，海内學者大集。初講於柳灣精舍，既講於鷲峰東所，後又講於太常南所，風動江南，環向而聽者前後幾千餘人。閩中林穎、浙中王健以謁選行，中途聞先生風遂止，乃買舟泛江從之遊。上

黨仇欄不遠數千里復來受學，先生猶日請益於甘泉湛先生，日切琢於鄒東廓、穆玄菴、顧東橋諸君子。時東廓亦由廣德移南，蓋相得甚驩云。其在國學，益以師道自任，自講期外，尤日進諸生，諄諄發明，使人人知聖人可學而至。嘗取《儀禮》諸篇，令按圖習之，登降俛仰，鍾鼓管籥，洋然改觀易聽。有以孝廉著者揭榜示旌。喪者弔而賻，病者問而醫，死者哭而歸骸其鄉。又奏減歷俸以通淹滯，❶絶請托以杜倖門。凡監規之久弛者，罔不畢舉。六館僚屬，觀法清慎，諸生皆循循雅飭，一時太學有古辟雍之風。京邸搢紳多執弟子禮從學，而內使大興沈東亦時時聽講焉，其感人如此。人人稱爲「真祭酒」。臺臣張景薦其德行、文學真海內碩儒、當代師表。丙申，晉南禮部右侍郎。東南學者喜先生復至，益日納履其門，乃復講於禮部南所。時上將躬視承天山陵，累疏勸止，不報。署南吏曹篆，疏薦何瑭、穆孔暉、徐階、唐順之等二十人。入賀，會有論湛先生僞學者，先生白諸當路曰：「聖皇在上，賢相輔之，豈可使明時有學禁之舉乎？」事遂已。時霍文敏爲南宗伯，與夏貴溪故有隙，時時噂詬夏，先生乘間諷曰：「大臣誼當和衷，過，規之可也，背憎非體。」霍誤疑先生黨夏。已先生來闕下，夏已柄國，數短霍於先生，先生毅然曰：「霍君性雖少褊，故天下才也。公爲相，當爲國惜才。」由是夏亦誤疑先生黨霍。會廟災，自陳，遂致仕。然先生終未嘗以此向人自白也。歸而講學北泉精舍。越四年，壬寅七月初一日卒，距生成化己亥四月

❶「俸」，原脱，據洪本補。

二十一日，年六十有四。卒之日，高陵人爲罷市。休寧門人胡大器先至高陵侍疾，遂視殮殯而執喪焉。四方門人聞者皆爲位而哭。

先生性至孝友儉朴，事繼母侯色養篤至，室無妾媵，與李淑人相敬如賓，事叔父博如父。歲饑，嘗分俸賙其族衆。姊劉家窶甚，時時濟之。憫外祖宋乏嗣，每展墓流涕。從舅瑾寓同州，特訪迓歸。平生未嘗干謁人，亦不受人干謁。不事生産。既歿，家無長物。蓋先生之學，以立志爲先，慎獨爲要，忠信爲本，格致爲功，而一準之以禮。重躬行，不事口耳。平居端嚴恪毅，接人則和易可親，至義理所執，則鏗然競烈，置死生利害弗顧也。嘗訪王心齋艮於泰州，趙玉泉初於黎城。每遇同志，雖深夜必往訪，苟非其人，即一刺不輕投。教人因材造就，總之以安貧改過爲言，不爲玄虛高遠之論。門人侍數十年，未嘗見有偷語惰容。論者謂關中之學自横渠張子後，惟先生爲集大成云。所著有《四書因問》、《周易説翼》、《尚書説要》、《毛詩説序》、《春秋説志》、《禮問内篇》《外篇》、《宋四子抄釋》、《史館獻納》、《南省奏稿》、《詩樂圖譜》、《史約》、《高陵志》、《解州志》及《涇野文集》《别集》傳世。隆慶初，贈禮部尚書，謚文簡。

谿田馬先生 何氏永達附。

先生名理，字伯循，號谿田，三原人。弘治戊午舉人，正德甲戌進士，皆高等。初授吏部稽勳司主事，尋調文選。甫一年，即謝病歸。戊寅，薦起考功。庚辰，又送母歸。嘉靖甲申，復薦起稽勳員外郎，尋遷稽

動考功郎中。丁亥，擢南京通政司右通政。戊子，又謝病歸。辛卯，復薦起光禄寺卿。甫一年，又謝病歸。歸十年，又薦起南京光禄卿，至即引年致仕。乙卯，年八十又二，其年十二月十二日夜，地大震，先生即以是夜卒，人皆慟之。

先生幼敏慧，醇雅如成人。年十四爲邑諸生，即稱説先王，則古昔，研究五經，指義多出人意表。弘治癸丑，先生年二十矣，會王端毅公致仕，康僖公以進士侍歸，講學弘道書院，先生即受講康僖公所，於是得習聞國朝典故與諸儒之學。先生一切體驗於身心，與同門友秦西澗偉作告文告先師，共爲反身循理之學，以曾子「三省」、顔子「四勿」爲約，進退容止，力追古道。康僖公深器異之，一時學者即以爲今之横渠也。邃菴楊公督學關中，見先生與康德涵、吕仲木，大驚曰：「康之文辭，馬、吕之經學，皆天下士也！」是時，身未出里中而名已傳海内，動京師矣。既如京，益與海内諸名公講學，其意見最合者，則陳雲逵、吕仲木、崔仲鳧、何粹夫、羅整菴諸君子。於是學日純，名日起，所在學者多從之遊。督學漁石唐公爲建嵯峨精舍，漁石作記，稱先生「得關、洛真傳，爲當今碩儒」，四方學徒就講者益衆。其教以主敬窮理爲主，士無問少長與及門不及門，無不聞風傾慕者。先生又特好古儀禮，時自習其節度。至冠婚、喪祭禮，則取司馬温公、朱文公與《大明集禮》折衷用之。處父喪與嫡生母之喪，關中傳以爲訓。乃其難進易退之節，人尤以爲不可及，嘗曰：「身可絀，道不可絀；見行可之仕，惟孔子能之。下此者，須自揣分量可也。」仲鳧稱先生「愛道甚於愛官」，當世以

爲確論。往安南貢使謂部郎黄清曰：「故聞馬先生名，願一見。今不在仕列，何也？」黄曰：「先生高志，不欲官。」使人嘉歎以去。朝鮮國王奏乞頒賜主事馬某文，使本國傳誦爲式。其名重外夷若此。

先生主事時，上書諫武宗巡遊者二，後伏闕諍益力，杖於廷。員外時值議大禮，率百官伏闕進諫，世宗震怒，命開伏闕者姓名，百官以先生名爲首，逮繫詔獄，復杖於廷。尋復官郎中。時奏寢莊襗之奏，即執政言亦不從。考察力罷致政私人，彭澤廣東人。力主被劾調用魏校、蕭鳴鳳爲正人，卒不改官，公論翕然，至今稱爲「真考功」。嘉靖丙戌，分校禮闈，所取皆海内名士，人尤服其藻鑑。

先生喜接人，又喜汲引後生。年七十，歸隱商山書院，名益重，來學者遠近踵集，縉紳過訪與海内求詩文者無虚日。先生亹亹應之不倦，山巾野服，鶴髮童顔，飄然望之若仙，人以是益願侍先生談，諸得詩文者，又願得先生親書。先生不談佛老，不觀非聖書，初年介而毅，方大以直，至晚年則益恭而和，直諒而有容。其執禮如横渠，其論學歸準於程、朱，然亦時與諸儒異同，蓋自有獨得之見云。所著《四書註疏》、《周易贊義》、《尚書疏義》、《詩經删義》、《周禮註解》、《春秋修義》、《陝西通志》與詩文集各若干卷。隆慶間，追贈副都御史，賜祭葬。

先生門人最盛，有河州何永達，字成章，自號拙菴。以歲貢爲清豐縣丞，尋棄去。讀書講學，老而彌篤。壽九十有四。著《春秋井鑑》、《林泉偶得》、《聖訓補註》、《井鑑續編》諸書。先生嘗寄以詩云：「楊柳灣頭撫七絃，故人零落似飛綿。河濱尚

有鍾期在，青鳥音來動隔年。」其見重如此。

苑洛韓先生弟邦靖附。

先生名邦奇，字汝節，號苑洛，朝邑人。父紹宗，號蓮峰，成化戊戌進士，仕至福建按察副使，學識才品，當世推重。先生幼靈俊異常，承訓過庭，即有志聖學。爲諸生治《尚書》時，即著《蔡傳發明》、《禹貢詳略》、《律吕直解》，見者驚服。弘治甲子，以《書》舉第二人。正德戊辰，成進士，拜吏部考功主事，尋轉員外郎。辛未考察，都御史某私袖小帙竊視，先生曰：「考覈公事，有公籍在，何以私帙爲？」乃奪其帙，封貯不檢，都御史爲遜謝，衆皆失色。調文選，太宰托意爲官擇人，欲發視缺封，先生執不可，太宰銜之。會京師地震，上疏極論時政闕失，謫平陽通判。甲戌，遷浙江按察僉事，時逆厮錢寧以鈔數萬符浙易銀，當事者斂餽恐後，先生檄知縣吉棠散其斂，卒不餽。宸濠將舉逆，先命内竪假飯僧數千人於杭天竺寺，先生立爲散遣。濠又以儀賓託名進貢，假道衢州，先生召儀賓詰曰：「進貢自當沿江而下，奚自假道？歸誥爾主，韓僉事在此，不可誑也！」後三年，濠果通鎮守欲襲浙江，賴前事發，姦不竟逞。先生謂鎮守爲浙蠹，諸不少假。鎮守銜甚，誣奏擅革進貢，誹謗朝廷，逮下詔獄，爲民。既歸，謝客講學，四方學者負笈日衆。世廟即位，改元嘉靖，詔起山東參議，尋乞休。

甲申，大同巡撫張文錦階亂遇害，時勢孔棘，復以薦起山西左參議，分守大同。人皆危之，先生聞命即行，將入城，去二舍許，逆者使二人露刃迎，且故燬參將宅以懾之，

先生奮然單車入。時諸司無官，鎮人聞先生入，皆感激泣下，人心少安。既而巡撫蔡公天佑至代州，先生親率將領，令盛裝戎服，謁蔡於代。蔡驚曰：「公何爲如此？」先生曰：「某豈過於奉上者！大同變後，巡撫之威削甚，大同人止知有某耳，不身先降禮，何以帥衆？」蔡爲歎服。會上遣户部侍郎胡公瓚提兵問罪，鎮人聞之復大譟。先生迓侍郎於天城，以處分事宜馳白巡撫。諸軍聞言出於先生，信之，始解。翌日，首惡就戮，先生謂侍郎曰：「首惡既獲，宜速給賞以示信，庶亂可弭寧。不然，人心疑懼，將有他變。」侍郎不聽，先生遂致仕歸。後果如其言。

戊子，起四川提學副使。尋改右春坊右庶子，兼翰林院修撰。其秋，主試順天，因命題爲執政所不悦，嗾言者謫南太僕寺丞。己丑，再疏歸。尋起山東按察副使，大理左少卿，以左僉都御史巡撫宣府。時大同再變，王師出討，百凡軍需倚辨，宣府悉力經理，有備無乏。乙未，入佐院事，尋改巡撫山西。時羽檄交馳，先生躬歷塞外，增飭戰守之具，拓老營堡城垣，募軍常守以代分番，諸邊屹然可恃。四疏乞休，復致仕。甲辰，復用薦起總理河道，陞刑部右侍郎，改吏部右侍郎，太宰周公用喜得佐理，翕然委重。丁未，陞南京都察院右都御史，復進南京兵部尚書，參贊機務。五疏乞歸，是在己酉。益修舊業，倡導來學。居七年，乙卯，會地震，卒，年七十七。贈少保，謚恭簡。

門人白璧曰：「先生天禀高明，學問精到，明於數學，胸次灑落，大類邵堯夫，而論道體乃獨取張横渠。少負氣節，既乃不欲

爲奇節一行，而識度汪然，涵養宏深，持守堅定，躬行心得，中正明達，則又一薛敬軒也。」所著有《苑洛語録》、《苑洛集》、《苑洛志樂》、《性理三解》、《易占經緯》、《易説》、《書説》、《毛詩未喻》諸書傳世。

弟邦靖，字汝慶，號五泉。幼稱「奇童」。年十四，舉於鄉。二十一，與先生同第進士，爲工部主事，榷税武林。比及瓜，有同年趙司李以屈安人病無子，買女婢遺之，拒不受。趙曰：「此越女有色者。」笑曰：「政恐若此耳。」既遷郎中，以建言逮獄爲民。嘉靖改元，起山西左參議，以病免。尋卒，年僅三十有六。汝慶父子兄弟以學問相爲師友，太史王敬夫銘其墓，稱爲「曠世之英，全德之士」。所著有《五泉集》、《朝邑志》若干卷。

瑞泉南先生雲林尚氏班爵附。❶

先生名大吉，字元善，號瑞泉，渭南人。正德庚午舉人，辛未進士。授户部主事，歷員外郎、郎中、浙江紹興府知府，致仕。嘉靖辛丑卒，年五十有五。

先生幼穎敏絶倫，稍長，讀書爲文，即知求聖賢之學。嘗賦詩言懷，有「誰謂予嬰小，忽焉十五齡。獨念前賢訓，堯舜皆可并」之語。弱冠，以古文辭鳴世。入仕尚友講學，漸棄其辭章之習，志於聖道，然猶豪曠不拘小節。

嘉靖癸未知紹興時，❷王文成公倡道東

❶「班爵」，各本均無，據《關學編目録》補。

❷「知」，原作「如」，據洪本改。

南，講致良知之學。王公乃先生辛未座主也。先生既從王公學，得實踐致力肯綮處，乃大悟曰：「人心果自有聖賢也，奚必他求？」於是時時就王公請益焉。嘗曰：「大吉臨政多過，先生何無一言？」王公曰：「何過？」先生歷數其事。王公曰：「吾言之矣。」先生曰：「何？」曰：「吾不言，何以知之？」曰：「良知自知之。」王公曰：「良知却是我言。」先生笑謝而去。居數日，復自數過加密，來告曰：「與其過後悔改，不若預言無犯爲佳也。」王公曰：「人言不如自悔之真。」先生笑謝而去。居數日，復自數過益密，曰：「身過可勉，心過奈何？」王公曰：「昔鏡未開，可得藏垢。今鏡明矣，一塵之落，自難住脚，此正入聖之機也。勉之！」先生謝别而去。於是闢稽山書院，聚八邑彦士，身率講習以督之，而王公之門人日益進。已又同諸同門録王公語爲《傳習録》，序刻以傳。

越丙戌，先生入覲，以考察罷官。先生治郡以循良重一時，當事者以抑王公故故斥之。先生致書王公千數百言，勤勤懇懇，惟以得聞道爲喜，急問學爲事，恐卒不得爲聖人爲憂，略無一字及於得喪榮辱之間。王公讀之歎曰：「此非真有『朝聞夕死』之志者，未易以涉斯境也！」同門遞觀傳誦，相與歎仰歆服，因而興起者甚多。王公報書爲論良知，旨甚悉，謂關中自横渠後，今實自南元善始。

先生既歸，益以道自任，尋温舊學不輟。以書抵其侶馬西玄諸君，闡明致良知之學。構湭西書院，以教四方來學之士。其示弟及諸門人詩有云：「昔我在英齡，駕車詞賦場。朝夕工步驟，追踪班與揚。中

歲遇達人，授我大道方。歸來三秦地，墜緒何茫茫。前訪周公跡，後竊橫渠芳。願言偕數子，教學此相將。」而尤惓惓於慎獨改過之訓，故出其門者多所成立。蓋先生之學以致良知爲宗旨，以慎獨改過爲致知工夫，飭躬勵行，惇倫敘理，非世儒矜解悟而略檢押者可比。故至今稱王公高第弟子，必稱渭南南元善云。所著有《紹興志》、《渭南志》、《瑞泉集》若干卷行於世。

時有同州尚公班爵，字宗周，弘治甲子經魁。父衡爲浙江參議。公隨父任，亦從王文成公學。後任安居知縣。谿田先生譔《通誌》，稱公作縣剛果勤勵，政舉民安。著有《小浄稿》、《雲林集》。

斛山楊先生

先生名爵，字伯修，號斛山，富平人。初誕時，室中如火光起，人咸驚異之。長，美姿容，身滿七尺。家故貧，年二十始發篋讀書，苦無繼晷資，嘗以薪代，夙夜攻苦，每之隴上耕，即挾册往，意欣欣也。居恒念人當以聖賢爲師，一切不稟古昔，何所稱宇宙間？兄靖以掾誤罹法，先生徒步百里外申厥冤，遂並繫獄。先生從獄中上書，辭意激烈，邑令見而驚之曰：「奇士也，胡累至是耶？」立出之，給油薪費，督之學。年二十八，聞朝邑韓恭簡公講理學，躬輦米往拜其門。公睇先生貌，行行壯也，欲却之，父蓮峰老人謂曰：「意若非凡人。」數日，叩其學，詫曰：「縱宿學老儒莫是過，吾幾失人

矣！」既省語言踐履，錚錚多古人節，歎曰：「畏友也。」同門學者皆自以爲不及。後與楊椒山稱「韓門二楊」云。年踰三十，督學漁石唐公始首拔爲邑諸生。嘉靖戊子秋，應試長安，就食食館，客有遺金者，先生守之，客至，持館人急，先生詰其實，付以金，客謝寡取，先生峻不允，乃敦請家止宿焉。是秋即以《書》舉第三名。

明年，成進士，授行人，三使藩國，饋贈俱讓不受，或以爲矯，先生曰：「彼雖禮來，名重天子使，吾獨不自重天子使邪？」聞者歎服。壬辰，選山東道監察御史。時權臣當國，草疏將劾之，疏且具，會鄉人有以垂白在堂勸止者，乃移疾歸。歸未幾，母殁，毁瘠踰禮，廬墓三年，有冬笋馴兔之瑞。服闋，家居授徒講學者又五年。庚子秋，以薦起河南道，巡視南城，權貴斂避，而所覩時事不勝扼腕。辛丑春二月初四日上封事，娓娓數千言，大約天下事内而腹心、外而百骸皆受病，足以失人心而致危亂者五：一則輔臣夏言習爲欺罔，翊國公郭勛爲國巨蠹，所當急去；二則凍餒民閔不憂恤，而爲方士修雷壇；三則大小臣工弗覩朝儀，宜慰其望；四則名器濫及緇黄，出入大内，非制；五則言事諸臣若楊最、羅洪先輩非死即斥去，所損國體不小。是時，中外頗以言爲諱，疏入，人皆愕然。上大怒，即逮繫鎮撫司，窮究其詞，拷掠備至，先生一無詘。是日，都城風大作，人面不相覿，都人呼爲「楊御史風」，其感動天地如此。先生身晝夜梗鎖中，創甚，血淋漓下，死而復甦。先是，士大夫下獄並未有梗鎖者，乃自先生始，蓋貴溪、翊國意也。户部主事周公天佐、巡按陝西御史浦公鋐相繼申救，俱箠

死。獄中守益戒嚴，人益爲先生危，而先生處之自若。刑部郎錢公德洪、工部郎劉公魁、吏科給事中周公怡，皆先生同志舊友，先後俱以事下獄，相得甚驩。然自學問相勸勉外，各相戒不得言得罪事。錢先釋獄，先生願有以爲别，錢曰：「静中收攝精神，勿使遊放，則心體湛一，高明廣大，可馴致矣。古人作聖之功，其在此乎！」先生敬識之，而乃日與周、劉切劘修諳不少輟。繹四子、諸經、百家，研精於《易》，著《周易辨録》及《中庸解》若干卷。諸所著作，略無憤惋不平語。詩文倡和，身世頓忘，如是者五年。乙巳秋八月十二日，上以受釐故，放先生及周、劉歸田里。而三人者猶相與取道潞水，講學舟中，逾臨清始别歸。會熊太宰以諫仙箕忤旨，復逮三人獄。先生抵家甫十日，聞命即日就道，親朋揮涙爲别，先生無幾微見顔面。身幽圜扉者又三年。丁未冬十一月五日，上建醮高元殿，災，火圍中恍聞呼三人名氏者。次日，釋歸爲民。上之聖明，保全諫臣如此。

既歸，教授里中，貴人莫得見其面，疏粥敝履，怡然自適。己酉冬十月九日，卒於家，年五十有七。病革時，援筆自誌，又惓惓以「作第一等事，做第一等人」教其子孫，無他辭。

蓋先生爲人硜直不阿，而内實忠淳。自少至老，孳孳學問，以韓苑洛、馬谿田爲師，以楊椒山、周訥溪、劉晴川、錢緒山、蔡汶濱諸君子爲友。險夷如一，初終不貳，磨礲精光，展拓胸次，其所涵養者誠深，以故鼎鑊湯火，百折不回，完名全節，鏗鍧一代，不偶也。彼世之淺衷寡蓄，眈眈以氣節自多者，視先生當媿死矣。先生没若干年，莊

皇帝以世廟遺詔贈光禄少卿，録其後。今上用禮官議，謚忠介。

愧軒吕先生石谷張氏節、正立李氏挺附。❶

先生名潛，字時見，涇陽人，號愧軒。嘗謂「爲學必不愧屋漏，方可爲人」，因取號以自警云。父應祥，嘉靖壬辰進士，爲禮科都給事中，以論宫寮事奪官，爲時名臣。先生幼穎敏，讀書即解大義。嘗秘書《克己銘》懷袖中，時爲展玩。稍長，從都諫公任，師事蜀進士趙木溪氏，聞木溪氏講義理之學而悦，於是學甚力。歸又師事涇野吕先生，深幸其得所依皈，凡一言一動，率以涇野爲法。於是學益力，而舉子業亦益入理，爲邑諸生試，每傾曹偶。學使者重其文行，拔入正學書院以風多士。嘉靖丙午，以詩薦鄉書，卒業成均，友天下士，而名日起。時朝紳中有講學會，每聞先生偕計至，亟延之講。

先生刻意躬行，遠聲色，慎取予，一毫不苟，而尤嚴於禮，諸冠、婚、喪、祭，咸遵文公惟謹，即置冠與祭器，式必如古人，或以爲迂，弗恤也。先是，母栢孺人病於京，先生扶母病西歸，劑醫百至。孺人病革，以先生且弱冠，命之娶，先生娶而不婚，日夜苫處喪次，既襄事，廬居墓所。服除，乃始婚事，至孝之名動關中。事都諫公與繼母張，曲盡孝養。都諫公病，至嘗糞以驗，殁則哀毁幾絶。都諫公封事，故未留稿，先生走闕下録原疏，請銘馬文莊公，文莊公亟稱之。事叔父，待諸弟，情愛備至。每歲時祭畢，

❶「節」、「挺」，各本均無，據《關學編目録》補。

燕諸族人，講明家訓。又率鄉人行鄉約，人多化之。親黨有窘乏，輒憐而周焉。與人交，平易款洽，或有過，即面規之，而未嘗背言其短。嘗與友人蒙泉郭公郛讀書講學谷口洞中，四方從學者甚衆，聽者津津有得，咸曰：「得涇野之傳者，愧軒也。」當道旌異無慮數十。

初，南祭酒姜公寶建言：「天下人才多壞於舉人之時，以其身階仕進而上無繩束甄別，故易壞也。請詔有司推擇舉人中行誼修者，特掄擢，風士習。」於是撫按張公祉等，交章以先生名上聞，遂辟入京，特授國子監學正。時馬文莊公爲祭酒，蒙泉郭公亦爲助教，乃與郭公議，以涇野先生爲祭酒時所布《學約》，請馬公力舉行之，由是講讀之聲徹於橋門。萬曆癸酉，調工部司務。會淮海孫公、楚侗耿公俱入京，先生數就兩公質所學。同志方依先生爲主盟，乃戊寅六月一病遽逝，年僅六十又二。水部郎葉君逢春狀其行，大司馬確菴魏公銘其墓，宫保李敏肅公爲之傳，皆實録，非溢美。

時從涇野先生學者，又有張公節、李公挺。節字介夫，號石谷，亦涇陽人。父幡，以文無害官通州同知，公隨之任。會甘泉湛先生講學京師，通州距京師甚邇，公從之遊，湛先生教以隨處體認天理，公大有省。無何，通州公致仕，公歸而補邑諸生，復受學涇野先生。爲諸生四十餘年，竟戹於場屋。以積廩行將膺貢，歎曰：「吾老矣，安用貢爲！」乃上書督學劉公辭廩。劉公雅知公學行，特加禮遇，仍扁其門曰「清風高節」。尋奉例遥授訓導職銜云。公爲人方正介直，涇野先生深器重之。嘗贈以詩，有「守道不回比舊堅」之句。生平不妄交遊，

獨與愧軒、蒙泉諸君子相講切。日坐南園草屋中讀書窮理，涵養本原，至老不倦，即惡衣糲食，澹如也。嘗語學者曰：「先儒有云『默坐澄心，體認天理』，又云：『靜中養出端倪』，吾輩須理會得此，方知一貫真境。不爾，縱事事求合於道，終難湊泊，不成片段矣。」人皆以爲名言。卒於萬曆壬午，壽八十。貧不能葬，李敏肅公捐金助之，始克襄事云。

挺字正立，咸寧人，正、嘉間西安郡學生。性孤直，有義氣，不隨時頫仰。會有詔藩郡如故事出諸生，分諭諸屬，公以次出某邑，贈遺一無所受。嘗自誦曰：「生須肩大事，還用讀《春秋》。」涇野先生歿，又講學谿田馬先生所。往來三原路中，以盜死，人皆惜之。

蒙泉郭先生

先生名郛，字惟藩，號蒙泉，涇陽人。器宇凝重，童時屹若成人。甫八齡，即知誦讀，諳聲律。時從都諫龍山呂公學，偶試以對句云「曉風拂水面」，先生輒應聲曰「朝日射巖頭」。龍山公計偕，屬受學東橋李公，與龍山公子愧軒先生同筆研。兩人同肆力於學，即以聖賢相期許曰：「必不爲世俗碌碌者！」補邑庠生，聲名蔚起。父母相繼逝，先生侍疾居喪，竭力盡瘁，家計窘甚，而處之裕如，朝夕攻苦，益潛心性命，不顓顓競雕蟲之技。時蓋未離庠校，而名已蜚三輔矣。邑侯樊高其行，延居講席，或有以千金求居間者，先生峻拒不納。樊侯退而省其私，益用高之。嘉靖戊午，年已四十有一

矣，始舉於鄉。辛酉冬，以吕師會葬，遂不上公車，一時郡邑争表其廬，謂得古師弟之誼焉。先生舉孝廉後，猶與愧軒先生讀書龍巖洞中，學益有得，負笈從遊者甚衆。累試春官不第。

乙丑，謁選河南獲嘉學諭，日與諸生講學課藝，多所造就。隆慶庚午，擢國子助教，值馬文莊公爲祭酒，教規肅然，先生贊襄之力居多。時年已五十有六，例不得入臺省，同列欲先生少隱庚甲應選，先生笑曰：「臺省寧可不得，年其可隱邪？」僅得户部主事，朝論偉之。榷税九江，先生處脂潤，爛然不滓，弊剔奸鋤，商旅胥悦。時有監關郡倅某者，墨吏也，束於新令不得肆，乃妄加污衊。事聞諸朝，朝大夫共知先生賢，竟爲白其誣。萬曆庚辰，出守馬瑚。馬瑚，西南夷故地，俗陋易嚚，先生恩威並濟，禮讓躬先，猓夷數十輩，從其譯酋，願望見先生顔色，歸而愛戴彌切。居未三載，聞有猶子之戚，念伯兄且老獨居，遂投牒歸。歸田二十餘年，自讀書講學外，他無所事。督學敬菴許先生雅重先生，檄縣延爲鄉飲大賓，先生雖堅遜，恒虚席以待。乙巳六月三日，無疾而卒。距生正德戊寅三月十二日，享年八十有八。士大夫及門下士追思無已，以其德履私謚曰貞懿先生。

先生學重根本，篤於倫理而兢兢持敬，自少至老，一步不肯屑越。暇中喜吟詩，卓有堯夫《擊壤》遺意，有云：「學道全憑敬作箴，須臾離敬道難尋。常從獨木橋邊過，惟願無忘此際心。」又云：「近名終喪己，無欲自通神。識遠乾坤闊，心空意見新。閉門只静坐，自是出風塵。」又云：「莫道老來積德難，古人雖老志不朽。富公八十尚書屏，

武公九十猶求友。老來聞道未爲遲，錯過一生寧不忸。從此努力惜分陰，毋徒碌碌空白首！」觀此，則知先生享上壽而完名全節非偶然矣。先生與人言，每依大節，而出之藹然可聽，令人不忍别去，雖新進少年，延見必恪。生平手不釋卷，冠履几榻，悉列箴銘，而晚年尤喜讀《易》。所著有《自警俚語》、《山居雜詠》、《語略》、《族譜》、《仰鄭堂集》。仲子九有，殺青以傳。九有，乙未進士，以猗氏令擢禮部主事，未究其用而卒，人皆惜之。

秦關王先生

先生名之士，字欲立，號秦關，學者稱秦關先生。其先咸寧人，五世祖志和遷居藍田，其後子孫因家焉。父旌，號飛泉，官代邸教授，明理學，有語録藏於家。先生幼承庭訓，七八歲即知學，教授公授之《毛詩》二《南》輒解，輒爲諸弟妹誦之。教授公喜有子。後治《大戴禮》，兼通《易》。爲諸生，以文名庠校間。嘉靖戊午，舉於鄉。己未，試春官不第，由是益肆力舉業者累年。後屢不第，幡然改曰：「所性分定，聖道遠人乎哉？一曲經生，華藻奚爲？」遂屏棄帖括，潛心理窟，毅然以道學自任。爲《養心圖》、《定氣説》，書之座右，閉關不出者九年。蒿牀糲食，尚友千古，行己必恭，與人必敬，飲食必祭必誠，兢兢遵守孔氏家法。一時學者以爲藍田吕氏復出，感慕執經者屨滿户外，士習翕然。又謂：「居鄉不能善俗，如先正和叔何！」乃立鄉約，爲十二會，赴會者百餘人。設科勸糾，身先不倦。諸灑掃應對、冠婚喪祭禮久廢，每率諸宗族弟

子，一一敦行之。於是，藍田美俗復興。萬曆甲戌，病痺，屬又哭母過毁，步履愈艱，終喪，而嚮道之心愈篤，謂「非博取遠遊，終難進道」。會仲子守亦與偕計，己卯，遂復如京。是時先生已久謝公車，第日與諸同志講學都門之蕭寺，崇正闢邪，力肩斯道。即時貴或譚及二氏，輒正辭距之不少假。既而道鄒魯，瞻闕里，偏拜先師及諸賢祠墓，低回留之不忍去，夢寐如見其人，久之始歸。由是秦關之名動海内矣，凡縉紳莅兹、道兹者，罔不式廬願見，表厥宅里云。

歲乙酉，德清許敬菴先生督關中學，講學正學書院。先生故許先生同志友也，禮徵先生爲多士式，先生亦樂就許先生，合志同方，相爲切劘，時多士皆有所興起。後許先生以應天丞謫歸，先生亦南遊講學，出武關，浮江漢而下，迂道江之右，會南昌章子潢、新城鄧子元錫、廣信、衢州楊子時喬、殷子士望。復東渡浙水，見許先生於德清，東南學者聞先生至，多從之遊。先生二子宗、容念先生疾，客久，肅迎歸，是在己丑秋。明年庚寅八月，卒於家，壽六十有三。目欲瞑，以手示二子爲訣，亦曾子「啓手足」意也。

先是，南司成趙公用賢、柱史王公以通相繼疏薦。趙疏「海内三逸，公居其一」。疏云：「孝弟力田，行不踰乎軌範；《詩》、《書》敦悦，名已動於鄉閭。雖久嬰足疾，而過廬者必式。宜如近王敬臣故事，授以京秩，俾表帥一鄉，矜式後學便。」柱史疏大略與趙符。命下宗伯議，議如薦者指。先生爲孝廉垂三十餘年，竟不仕，角巾野服，悠焉終老。至是，詔授國子監博士。除目至，而先生已先物故四越月，一命不待，君子

惜之。

先生生平修姱惇倫，篤於行誼，丁内外艱，毁幾滅性，處昆弟怡怡。未五旬失耦，誓不繼，鰥居終身，其於世俗聲色嗜好，一切漠然。性不問家而好施，喜活人，或謂：「貧，所濟幾何？」則曰：「吾盡吾心力耳！」置祠祭、墓祭二田，爲宗族置義倉、義田，即樞晦無多，實貧士所難。居恒晦迹却埽，即郡邑以幣交，未嘗苟受，亦未嘗輕謁。至於訪道求友，雖跋涉間關數千里，亦不憚遠云。先生篤信好學，見徹本原，非沾沾矜一節一善以成名者。世或止以「甘貧苦節」稱先生，是豈足盡先生哉！所著有《理學緒言》、《信學私言》、《大易圖象卷》、《道學考源録》、《易傳》、《詩傳》、《正世要言》、《正俗鄉約》、《王氏族譜》、《正學筌蹄》、《闕里瞻思》、《關洛集》、《京途集》、《南遊稿》。所述有《先師遺訓》、《先君遺訓》、《皇明四大家要言》、《性理類言》、《續孟録》諸書行世。

關學編後序

夫天覆地載，日照月臨，凡有血氣，莫不有性命，而道在焉。道在而由之、知之，則學在也。奚獨以「關學」名也？關學之編，少墟馮侍御爲吾鄉之理學作也。吾鄉居天下之西北脊，坤靈淑粹之氣自吾鄉發，是以庖羲畫卦，西伯演《易》，姬公制禮，而千萬世之道源學術自此衍且廣矣。子曰「文不在兹乎」，又曰「吾其爲東周乎」，則西方聖人發揮旁通，東方聖人懷而則之，其揆一也，此載在《詩》、《書》，無庸復贅。故此編惟列孔子弟子四人、横渠先生而至今，無不考而述焉。故不載獨行，不載文詞，不載氣節，不載隱逸，而獨載理學諸先生，炳炳爾爾也；不論升沉，不計崇卑，而學洙泗、祖義文者，無不載焉。少墟之用心亦可謂弘且遠矣！不然，自張、吕諸大儒而外，如不列於史册，則湮没而無聞，後死者惡得辭其責也。書成，人無不樂傳之。然則是學也，果何學也？誦是編而印諸其心，即心即學，即學即羲、文、周、孔未見有不得者。奚止論關中之學，即以論天下之學，論千萬世之學可也。

萬曆歲次己酉正月人日，後學岐陽張舜典書於澶淵之闇然亭。

馮少墟續集

都門稿

長安馮從吾仲好著

彙草序❶

猶記都門從諸老於古隍落日、空庭積雪下也，視少墟先生凝然沖然，正色而却寒威，冷語以破囂氛，一時漢官威儀，恍然復睹，鄒魯遺風，唐虞盛際，猗與盛歟！時雖同志相與爲賀，而有識還復慮危。無何一番風雨，鴻鴒差池，疇昔坐風立雪之場，惟見凍雲護宇，涼月照扉，亦可畏矣！亦可懷矣！顧此道關乎氣數，實繇道命。先生以三十年來缺事，復之一朝，莫能卒歲。以今視昔，或亦天之所以玉老成也。而宣又記一日與先生静坐，先生深譚「少不得，算不得」六言最痛快。竊嘗以此仰窺先生喫緊功夫全在算得處做，而不肖則謂即此「少不得」處，便自有箇算得者在，因念我輩行世不徒仕進一路，固見「少不得，算不得」，即講學亦然。如今之論學者説「躬行」，説「反求」，説「默識」，説「退藏於密」，其視講習討論，不啻如糠粃芻狗，了不相涉。顧細思之，親師取友，原屬學問得力，而審問明辨，猶爲力行入路，此處但少却些些，便不合算；若論盡頭一着，并躬行、反求、默識、

❶ 「序」，原無，據文編次補。

退藏於密，都算不得；到算不得時，即堯舜事業，亦不過太虛中一點浮雲，過目何有於他？然則天下更有何事足以人算者？

都門紅塵滿道，眼目稍不清，多被風沙瞞過。賴先生與鄒南師、曹真師及余婺源、鍾益都、喬孟津、高無錫、陳宜興、鄭建德及敝鄉蕭廬陵、鄒安成、饒進賢諸老，後先登進，提撕其間，如醒醉眼，如沃垢口。今二先生雖遠去春明，而一片饘羊地，猶時令人過而起肅，則幸有先生之《都門日抄》在。余行部關中得卒業，稍爲先生編輯，屬鄒西安爲廣而傳之，使人知落日積雪中，猶有正色冷語者。誰謂風急天寒夜，遂無當門定腳人？請以質之先生。

天啓甲子孟春元日，通家晚生吉水李日宣序。

馮少墟續集目録

行實　重立木主公移
書院賈公示　新建首善書院記
重興關中書院記

馮少墟續集卷一

長安馮從吾仲好著

都門稿

語録序❶

世之病講學者有二：曰僞，曰迂。此二者誠有之，然僞者對真而言，天下事無獨，必有對，有陽必有陰，有善必有惡，有君子必有小人，有真則必不能無僞。凡事皆然，何獨講學？若迂之爲言，則自古聖帝明王制禮作樂，經緯天下，何事不近於迂！今之科舉以時藝取士，其迂尤甚而世不能廢也，何獨於講學而迂之，而欲禁絶之？夫僞學口夷行跖不必論矣，彼真迂者，不過腐爛而不適於用，惟談空説幻，引佛老之近似以竄入於吾儒，此非迂也，乃僞之尤耳。又其甚者，反駕二氏於孔孟之上，顯然叛此而即彼，此乃賊耳，何止於僞！吾觀少墟馮先生之講學，言言辯義利，正綱常，力闢邪説，使人反躬實踐，惟心身、日用、人倫、物理之爲兢兢。繇其説，則身修、家齊、國治、天下平；背其説，則害於其身、凶於其家、貽禍於國與天下。何如近裏！何如切實！而先生生平立身行己，居鄉居官，又無一毫謬於聖賢之教，可謂極真而不迂矣！以先生而講學，何不可耶？當南宋時，學禁甚嚴，豈不以爲迂、以爲僞？而不

❶ 「序」字原無，據文編次補。

知此名一立，則必以學爲諱；以學爲諱，則必以「正心誠意」之説不可聞於人主；夫使人主而不聞「正心誠意」之説，天下豈得不亂不亡？此皆理勢之必然者。故余以爲今日講學，正當講其不僞不迂者，以力救迂僞之習，使天下曉然知學之有補於世道而不當禁，此固馮先生意也。

明興，真儒不乏，而儒效未章，其弊在於不講聖賢之學而講自己之學，又在於借聖賢之學以文飾自己之學。夫學至於孔孟，已至明至盡，無可復加，學聖賢者，只當就其意以發明，不必别開門户。而近儒必自出一意見，自立一題目，偶有所窺，遂自謂「不傳之秘」以號召天下，而天下亦遂宗之曰「某氏之學」，故愈講愈支，僞儒益得借以自匿。今馮先生所講，皆聖賢之學，而未嘗自標爲「馮氏之學」。其所最闢者，尤在於佛氏之心性與近儒之「無善無惡」，而一皆取證於聖賢，不以一毫私見與角是非。如此講學，可以萬世而無弊矣！誰得而病之？

先生到處有語録，門弟子記之，分爲數種，彙刻於都門，余得而寓目焉。因記舊歲有以講學攻先生與鄒南臯先生者，余深折其非，然二先生竟以此去。夫二先生皆今世之儒宗也，余不能爲世留二先生，意甚愧之。故於兹刻敢效一言，使世之君子取而讀之，其必不以講學爲僞且迂也，則其所裨於世道亦不淺矣。

天啓癸亥冬孟，友人福唐葉向高序。❶

❶ 「天啓」至「高序」共十四字，原本脱，依日本内閣文庫藏另一洪本補。

馮先生，今之大儒也。倡道關西，有横渠之風，而學術醇正似之。其教人多本於人倫五性，惓惓於正人心、息邪説，判人禽凡聖之所以分於最吃緊處，爲海内學者所尊信。比官京師，會東逆逼江海，羽書告急，遠近震恐，先生慨然曰：「此學術不明之禍也。」於是限日率同志士紳於城隍廟齋房爲講會，一時人心帖然，若不知有逆禍者。余嘗側席講下，見先生論説絶不作訓詁伎倆，第於學不可不講，與今日不可不講學處，泠泠轉疊，使人恍然有省。而其誠意懇惻，油然盎然，徹人肺腑，中不覺顧化之妙。於是士之向往日益衆，輪蹄雲集，至不能容，則創爲首善書院以居之。未幾，僉人目爲迂闊，異議藉藉，而先生拂衣去矣。其教言爲友人王堇父輯録，予得卒業焉。

夫昔者禹抑洪水而天下平，至孟子，闢楊墨，明先王之道以救世，識者謂功不在禹下。方今外禍，當事者議安攘，茫無借箸。迺先生獨以講學爲第一義答，亦孟子所謂「脩孝悌忠信以撻秦楚堅甲利兵」之意也。當人心崩潰之餘，先生僅以緒説渺論激發天下，當十萬師，使天下曉然知有君臣父子之倫。三綱之道明，而樽俎之容，威於折衝，則先生學之所及，於是乎遠且大矣。顧先生學足以行遠方，而不能化同氣之僉人；道足以遏寇氛，而不能息一時之邪説；則邪説之害，果甚於外患，而益知講學之不容已矣。先生豈欺我哉？今第令先生之道明於日星，彼邪説者終不能肆鬼火以憑人，則首善之地當與清廟明堂永垂不朽，聞先生之風者，雖百世下，猶將觀感興起，而況親炙之者乎！謂先生今日之功不在孟子下可也。

維時狎主齊盟者，爲吉水鄒先生，道同心同，而出處同，其教言相發明者，董父亦別有刻。余辱二先生教最深，一時聚散出處之故，多係余感慨，姑綴數語於簡端以告同志，非敢謂智足以言先生之道也。

天啓癸亥冬十月，東越劉宗周起東甫序。

京師舊有講學會，月凡三舉，自余壬辰請告歸，而會遂輟不講者三十年矣。歲辛酉秋，余起官京師，而南皋鄒公、晉菴楊公、瀘水鄒公、景逸高公、少原余公、真予曹公亦先後至，其他同志雲集，相得甚歡。因約會講學於城隍廟之道院，逢三爲期，俱薦紳先生。又增一會，逢八爲期，凡舉監、生儒、布衣皆與焉。中午而集，酉初而散。我存李公所謂「人人可來，多多益善」。是日也，不設酒醴，不用柬邀，不談朝政，不談私事，不談仙佛。千言萬語，總之不出「父子有親，君臣有義，夫婦有別，長幼有序，朋友有信」五句，及高皇聖諭「孝順父母，尊敬長上，和睦鄉里，教訓子孫，各安生理，毋作非爲」六言。嗚呼！「邦畿千里，維民所止」，京師首善之地，乃四方之所則傚者也，今各省俱有學會，而京師獨無，其何以爲四方倡？況今值國家多事之時，正當講學以修文德，使首善之地有唐虞三代之風，其於世道人心豈曰小補之哉！凡我良朋，毋負嘉會。

長安馮從吾識。

都門語録

南皋先生曰：「學問全要有規矩準繩，

離了規矩準繩，便不成學問。」

以心性爲本體，以誠敬爲功夫，以天地萬物一體爲度量，以從心所欲不踰矩爲極則。一息尚存，此志不容少懈。

曾子言「自慊」，子思言「自得」，此正是學問實受用處。學者討不得此趣味，縱十分修持，終是外面功夫。

昨余赴京，時有同志祖之郊外，問曰：「子此行仍講學否？」余云：「講學如穿衣喫飯。然難道在家穿衣，做官不穿衣？在家喫飯，做官不喫飯？」聞者大笑，因相與浮白，引滿而別。

講學原爲躬行，而非學者多借躬行爲口實，曰「只消行，何消講」，此言誤人不小。世衰教微，儘去講尚且不能行，況不講而望其能行乎？斷無此理。縱能行，亦不過冥行、妄行耳。不知冥行、妄行，可言躬行否？

有粹然之養，有卓然之識，有皭然之守，有特然之節，此之謂真人品。

無馳於功利，無墮於玄虛，無溺於辭章，無奪於毁譽，此之謂真學問。然必有此學問，然後能成此人品。

講學全要砥節礪行，切不可同流合污，以蹈「鄉原」之弊。

講學全要平心易氣，切不可忿世嫉俗，以開無忌之門。

砥節礪行之人，多忿世嫉俗；平心易氣之人，多同流合污。只因不知學問，可惜負此美質。

問：「講學者雖是惓惓，但聽講者未必皆真，奈何？」曰：「學問只要反躬實踐，自家不厭不倦做去，才是『古之學者爲己』，才是躬行君子。若終日只較量别人真不真，

功夫只在別人身上做，便是『今之學者爲人』，便不是躬行君子。」

「學而不厭」，固是古之學者爲己；「誨人不倦」，亦是古之學者爲己。

講學原是自家講學，何預他人事？

開天闢地在此講學，旋乾轉坤在此講學，致君澤民在此講學，撥亂返治在此講學，用正變邪在此講學。學者不可作屑小事看。

說者曰「講學而不躬行，不如不講」，此激人躬行之言，而後世不講學者遂借爲口實，則愈失愈遠。斯言如云「務農而不力耕，不如不務；讀書而不下帷，不如不讀；養親而不愛敬，不如不養」，即「與其有聚斂之臣，寧有盜臣」之說耳。若因人之不力耕而我遂不務農，因人之不下帷而我遂不讀書，因人之不愛敬而我遂不顧父母之養，因人有聚斂之臣而我遂用盜臣也，可乎？不可乎？此事之最易見，最可駭，而最不可解者也。

「講學而不躬行，不如不講」，此語在講學的人說得，在不講學的人說不得。在講學的人說，是因「不如不講」之言，而發憤要躬行也，學者不可無此志；在不講學的說，是因「不如不講」之言，而果然去不講也，則可笑甚矣。

「引誘」誘字，是不好字眼，若用之於正，則循循善誘，方是誨人不倦。「比暱」暱字，是不好字眼，若用之於正，則暱就賢豪，方是舍己從人。

嘉靖間，某省有一督學，約一二三鄉紳講學，一鄉紳云：「渠欲借吾輩成彼名，吾輩何必往？」衆竟不赴，而某督學名亦竟成。余聞而喟然曰：「無論渠乃與人爲善之意，

無所爲而爲；即以借此成名論，使我一往而不足以成彼之名，則不往可也；使我一往而即可以成彼之名，則我亦何憚而不往乎？『君子成人之美，不成人之惡，小人反是。』不能不爲之三歎。」

「君子成人之美，不成人之惡」，可見君子滿腔都是生意；小人成人之惡，不成人之美，可見小人滿腔都是殺機。

人人滿腔都是生意，便是羲皇唐虞世界；人人滿腔都是殺機，便是六朝五代世界。

今邪教交訌，中外震動。或曰：「此何時也而講學？」余曰：「此何時也而可不講學？講學者，正講明其父子君臣之義，提醒其忠君愛國之心，正今日要緊第一着也。」或曰：「父子君臣之義，忠君愛國之心，原是人人有的，何必講？」曰：「如是人人没有的，真不該講，如磨磚求明，磨之何益？如原是人人有的，只被功名勢利埋没了，豈可不講？講之者，正講明其所本有，提醒其所本有者也，如磨鏡求明，磨何可無？昔吾友陶石簣赴京，一客勸曰：『在仕途且勿講學。』石簣笑應曰：『仕途更急緊要學使用。』其客大爲解頤。余於今日亦云。」

問：「利瑪竇『天主』之説何如？」曰：「『道之大原出於天』，吾儒之學，何嘗不以天爲主？然又未嘗專言天，而不祖述堯舜、願學孔子也。祖述堯舜、願學孔子，正是尊天處。彼置堯、舜、孔、孟而專言天主，是挾天子以令諸侯，乃吾道中之操、莽也。世間有此不軌之徒，即誅其人，火其書，猶恐滋蔓，況從而羽翼之乎！知天、事天、畏天，吾儒何嘗不以天爲主，而沾沾求異爲

也？張子曰：『吾道自足，何事旁求！』余亦曰：『吾道自精，何事旁求！』」

問：「小人，或曰『當容』，或曰『當遠』，未知孰是？」曰：「論度量，當親君子而容小人；論交與，當敬君子而遠小人；論立朝，當進君子而退小人；論學術，當成君子而化小人。」

君子容忍乎小人，恰似小人能待君子；小人忌害乎君子，恰似君子不能待小人。

方説正直，偏排擊的是君子；方説忠厚，偏庇護的是小人。方説人不可輕信，便輕疑乎君子；方説人不可輕疑，偏輕信乎小人。

君子遠小人，是擇交之明也，而或者必欲尋箇小人是處，與君子作勍敵；小人毀君子，是不根之謗也，而或者必欲尋箇君子不是處，與小人作口實。

問：「君子洞察小人情弊，往往曲盡，可見君子腹中亦有此一副小人心腸，不然，何以能形容至此？」曰：「不然。君子胸中如明鏡然，照妍照媸，毫髮自是不爽，豈鏡中亦有此一副媸顔色哉？『見君子而後厭然，揜其不善，而著其善。人之視己，如見其肺肝然』，豈君子亦有此小人之肺肝邪？嗚呼！君子不知小人，則病君子之目，君子能知小人，則又病君子之心，然則必如何而後可乎？世之左袒小人而吹求君子，類如此。」

問：「『浸潤之譖，膚受之愬』，譖愬的是何人？」曰：「譖愬的是君子。若譖愬的是小人，使得行焉，借此去一小人，是遠佞也，是錯枉也，豈不是明？若不行焉，是護短也，是庇奸也，安得爲明？惟譖愬的是

君子，而我不行，則君子得以安其位而行其志，小人不得肆其毒以遂其奸。所以不惟爲明，而且爲明之遠耳。」

「浸潤之譖」，多乘人之多疑而譖之；「膚受之愬」，多乘人之易怒而愬之。故「浸潤之譖」易行於多疑之主，我若不多疑，則「浸潤之譖」自不敢至，即至亦自不行矣；「膚受之愬」易行於易怒之主，我若不易怒，則「膚受之愬」自不敢施，即施亦自不行矣。若不擴己之識，而不使之多疑，平己之情，而不使之易怒，只在譖愬間求其不行，豈可得哉？況有心疑人之言爲浸潤，有心怒人之愬爲膚受，則即此不行處，便又開天下譖愬之端，便就是行處，其不明愈甚，豈不愈失而愈遠？

譖愬之行，其受病處在「多疑」與「易怒」四字，而其所以受病處，尤在「忌」之一字。譖愬全是譖愬君子。若我平日有忌君子之心，無扶持正人、保安善類之心，則一聞譖愬，便信其爲真，又奚暇察之而不行哉？忠臣飲恨、孝子含冤，病正坐此。余以爲譖愬之行不行，不在察人之情僞，而在正己之心術。

問「良知」。曰：「良知聖凡無異，而聖凡之分，只在致不致之間。良知是本體，『致』字是功夫。諸凡如先儒所云『無欲』、『主靜』、『居敬』、『窮理』、『復性』、『體認天理』等語，皆是『致』字裏面功夫，非謂『居敬窮理』與『致良知』並舉而對言之也。」

問「致中和，天地位焉，萬物育焉」。曰：「中和，性體也。『惟天下至誠，爲能盡其性』，故曰『致中和』。『能盡其性，則能盡人之性，能盡人之性，則能盡物之性』，故曰『萬物育』。『能盡物之性，則可以贊天地之

化育，可以贊天地之化育，則可以與天地參矣』，故曰『天地位』。」

問：「舜舉益、禹、稷、契分治，而孟子不曰『舜以不得益、禹、稷、契爲己憂』，而曰『以不得禹、皋陶爲己憂』，突然添出『皋陶』，何也？」曰：「『舜有臣五人而天下治』，安得獨遺皋陶？且刑非治天下之可廢，而非治天下之所重。以其非所重也，故不與禹、稷並列；以其不可廢也，故於此處不可不添出耳。況明刑乃所以弼教，刑與教豈可並論？添出在後，隱然有先教化、後刑罰之意。孟子又恐人輕看了皋陶，故敘道統又以禹、皋陶爲見知，若曰必有皋陶之九德，而後可明刑。若無九德而輕言五刑，是後世刑名家之説，非古聖人制刑之意矣。刑罰豈可輕言？皋陶聖人，豈可輕議？」

問：「佛氏談心性而黜聞見，是舉本而遺末也，其失也爲玄虛；俗學侈聞見而舍心性，是騖末而遺本也，其失也爲支離。是否？」曰：「似矣，而未詳也。佛氏之失，正在言心性處與吾儒異，而不專在黜聞見；俗學之失，正在言聞見處與吾儒異，而不專在舍心性。何也？心同此理，人性皆善，此吾儒之言心性也；以理爲障，以善爲無，此佛氏之言心性也。而概以言心性者爲異端，則非矣。惟精惟一，博文約禮，此吾儒之言聞見也；誇多鬬靡，出口入耳，此俗學之言聞見也。而概以言聞見者爲俗學，則又非矣。」

問「文章性道」。曰：「譬之一株樹，有根本，有枝葉。文章乃性道之枝葉，性道乃文章之根本，枝葉可見，而根本不可見，故文章可聞，而性道不可聞。性道原是不可

聞的，若是可聞，便是文章，便不是性道矣。」

問：「性道既是不可聞的，不曰『性與天道不可得而聞』，而曰『夫子之言性與天道』，既曰『言』，便可聞，何以曰『不可聞』？」曰：「性道原是可言的，故曰『言』；原是不可聞的，故曰『不可聞』。譬之一株樹，可指而言之曰『此根也』，若因其言根遂剖其根而視之，可乎？不可乎？根可言而不可見，性道可言而不可聞。然工夫須在根上培植灌溉，然後枝葉才得暢茂條達。」

問：「性道如何不可聞？」曰：「申申夭夭可聞，而其所以能申申夭夭的這箇不可聞；誾誾侃侃可聞，而其所以能誾誾侃侃的這箇不可聞。故曰：天命之性，不覩不聞，上天之載，無聲無臭。惟知其文章可聞而性道不可聞，才可謂真能聞性道者矣。」

南臯先生曰：「『是知其不可而爲之者與』，晨門可謂深知夫子者。」余以爲知其不可爲而爲之者，上也；知其可爲而爲，知其不可爲而不爲者，中也；知其可爲而不爲，則下矣；知其可爲而不爲，而又以爲不可爲以阻人之爲，抑又下矣。且看知其不可爲而爲之是何心腸？真是聖人天地之心！真是忠臣孝子之心！知其可爲而不爲，而又以爲不可爲以阻人之爲，是何心腸？真是幸災樂禍之心！真是亂臣賊子之心！

學莫先於儒佛之辯。「白蓮」、「玄古」、「清浄」、「無爲」，名雖不同，總之皆佛法，皆邪教也。今邪教猖獗至此，禍至烈矣。或曰「異端之盛，吾道之衰」，余曰「惟吾道之衰，所以異端之盛」。此時既已猖獗，朝廷

只得用法。若平日主盟吾道，有人修其本以勝之，豈得至此？今吾儒動稱「只消行，不消講」，即有講者，又多逡巡不大擔當。譬之元氣既虛，邪氣安得不侵？今齊、魯、滕、薛之間，聞有數十大會，每會不下千人。吾儒縱不能如此之多，但得數會，猶可撐持正道，潛消邪謀。今渺無一會爲之曲突徙薪，直至焦頭爛額，不亦晚乎？且彼之猖獗，特起於二三雄黠之徒，而無知小民惑於極樂世界之説，爲其所誘者亦不少。又或有一念向善之士，自己原未嘗學問，而又苦於指點正路之無人，徬徨躊躇，無所適從，於是誤入其中者，亦多有之，一旦玉石俱焚，可恨亦爲可惜。若倡明正學，提醒人心，激發忠義，指示迷途，使吾道如日中天，而異端不攻自破。此正司風紀者之責也，願共勉之毋諉。

問「伊尹，聖之任」。曰：「此題發『任』字多在幡然以後。不知幡然以後有了責任，擔子到自家身上，勢不得不任，任還容易。若囂然以前一耕莘之農夫，没有責任，擔子不曾在自家身上，誰肯把堯舜以來相傳之道統自任？這處時的任，較出後的任更難，況出後多少功業都從處時樂堯舜之道來。可見必有囂然以前之任，才做得出幡然以後之任；任此道統，才能任此治統，故曰『伊尹，聖之任者也』。」

作此題，講「任」字，「放君」、「伐君」，且當諱言。「有伊尹之志則可，無伊尹之志則篡也」，孟子已早爲之辯，嚴爲之防矣。且只看「吾豈若」三句何等樣任，「予，天民之先覺」三句又何等樣任，「思天下之民」四句又何等樣任，況「耕有莘之野，而樂堯舜之道」，「弗顧弗視，不取不與」，又何等樣任，

只如此發揮已盡矣！「放」、「伐」二字，似當姑置，蓋「放」、「伐」乃尹所遇之不幸，非尹有心於任此事也。

樂道覺民，得堯舜真傳，故孟子列尹於見知。

問：「『居之似忠信，行之似廉潔』，何以見得他是真是似？」曰：「就同乎流俗，合乎污世處見得。且只問流俗有真忠信否？污世有真廉潔否？」

味「尚友」二字，則知千古以上聖賢，皆我師友；味「私淑艾」三字，則知萬世而下聖賢，皆我同志。

「非禮勿視」，恐其污吾目也；「非禮勿聽」，恐其污吾耳也；「非禮勿言、勿動」，恐其污吾口、污吾身也。如此便是無精無粗功夫，當下便是清淨瀟灑世界。

漢人之文，晉人之字，唐人之詩，自是宇宙奇觀，自是令人欣賞，但不可以此自足，以此驕人耳。只不以此自足，以此驕人，便是理學，又非外此而別有所謂理學也。

問：「『大人者，不失其赤子之心』，何等易簡直截！而又云『博學、審問、慎思、明辨、篤行』，何也？」曰：「人人每失此赤子之心，正是少此博學、審問、慎思、明辨、篤行功夫耳。」

問：「『知之爲知之，不知爲不知，是知也。』『無爲其所不爲，無欲其所不欲，如此而已矣。』而人多不肯知之爲知之，不知爲不知，不肯無爲其所不爲，無欲其所不欲，何也？」曰：「正是少主敬立本、窮理致知、反躬踐實工夫。」

孔子仕止久速，無可無不可，此自大聖人事。學聖人者，須在止與速一邊得力，然

後敢言無可無不可。不然，學不到「磨不磷、涅不淄」處，而輕談磨涅，鮮不磷且淄矣。

問：「聖學以自然爲宗，彼規矩準繩，戒慎恐懼，得無與自然之旨戾乎？」或曰：「久之則自然矣。」余曰：「不然。如規之圓、矩之方、準之平、繩之直，自然不自然否？如臨風濤而恐、履羊腸而慎、聞雷霆而驚、見虎狼而懼，自然不自然否？談自然者以戒慎爲强制，談戒慎者以自然爲玄虚，皆非也。」

「何莫由斯道也」，「道也者，不可須臾離也」，亘古亘今，只有此一條大路。由之則得，離之則失；由之則榮，離之則辱；由之則吉，離之則凶；由之則生，離之則死。曰「何莫」令人駭然，曰「不可」令人悚然。

亘古亘今，只有此一條大路，離此便是邪徑。自古如伊、傅、周、召、顔、曾、思、孟、韓、范、富、歐、周、程、張、朱、岳武穆、文天祥諸人，皆是從此大路行者，中間雖有吉有凶，然凶亦爲吉，死亦猶生，而況於吉，況於生乎！如操、莽、温、懿、馮道、張邦昌、章惇、蔡京、秦檜、韓侂胄諸人，皆是從彼邪徑行者，中間雖亦有凶有吉，然吉亦爲凶，生不如死，而況於凶，況於死乎！路徑一錯，關係不小。講學原是辨此路徑，豈是空談？

問：「居官講學，得無妨職業否？」曰：「講學正所以修職業也。精言之，必講學提醒其忠君愛國之本心，然後肯修；粗言之，必講學考究其宏綱細目之所在，然後能修。不然，縱終日奔忙，不過了故事以俟遷擢而已。故居官職業之不修，正坐不講學之過，而反曰妨職業乎哉？」

問：「方今兵餉不足，不講兵餉而講學何也？」曰：「試看疆土之亡，果兵餉不足乎？抑人心不固乎？大家争先逃走，以百萬兵餉，徒藉寇兵而齎盜糧，只是少此一點忠義之心耳。欲要提醒此忠義之心，不知當操何術？可見講學誠今日第一着。」

有兵而後可禦敵，有忠義之心而後兵爲我用，才謂之有兵；有餉而後可用兵，有忠義之心而後餉爲兵用，才謂之有餉。

滕之禍不止今日，當戰國時已有之。許行與其徒數十人至滕，豈是好消息？皆衣褐，是以褐衣爲號，如紅巾之類。陳相兄弟曾受學陳良，淵源亦是正的，識見亦是高的，一見許行，尚且不惟「悦」，而且「大悦」，不惟「棄其學」，而且「盡棄其學」，何況無知小民，豈有不爲蠱惑鼓動之理？如此手段，以數十人招結數百人，招結數千人，有何難？孟子看見不是好消息，所以不得已費許多唇舌去提醒轉移他，費許多精神去潛消默化他，卒之數十人解散，而滕亦不至如今日之禍。孟子之功偉矣！人知孟子闢楊、墨，其功不在禹下，不知孟子闢許行，其功不在闢楊、墨下。

孟子與陳相兄弟説許多話，恰似莫緊要去講學，卒之收曲突徙薪之功，免焦頭爛額之禍。可見嶧山揮麈數語，勝全滕甲兵百萬。

問：「兵、食，是最要緊的，聖人猶説要去；信，恰似莫要緊的，聖人到底不肯説去，何也？」曰：「兵、食，還是要足的，豈止不可去？去兵去食，不是兩權其可去，只是甚言其信之不可去。若曰縱如何不得已寧可去兵，必不可去信，寧可去食，必不可去信耳。説到去食，恰似於理難通，所以聖

人不得已以『自古皆有死，民無信不立』解之。不知説到一死，更有何説？則寧可去食，必不可去信，却是天地間自然不可那移的大道理。」

「齊景公問政」章，是「去食」章註解。説到「信如君不君、臣不臣、父不父、子不子，雖有粟，吾得而食諸」，則寧可去食，必不可去信，益明白痛快矣。

「君不君、臣不臣、父不父、子不子」四句，描寫無信光景如畫，令人悚然。

「去食」，不是我要去去食，食豈是我要去的？只是事到十分莫奈何處，寧去食必不可去信，若曰寧可死必不可逃耳。

只一箇去了信，望風而逃，縱使封疆不失，亦當服上刑，況又失封疆乎！一去了信便當死，雖有食，吾得而食諸？故去食亦時勢之不得不去，而不去信亦時勢之必不可議去者也。

去食必不去信，不專是論道理當如此，亦是論時勢不得不如此，亦是論人情不容不如此，亦是論法紀不敢不如此，豈是迂闊？

凡説要去信之人，便是機械變詐之人，便是偷生賣國之人，便是臣不臣、子不子之人。「君子一言以爲知，一言以爲不知，言不可不慎也。」

問「使貪使詐」。曰：「古今最誤國者，莫過於此四字。彼既使貪矣，不知肯容他貪而聽其剝削軍士否？既使詐矣，不知肯容他詐而聽其欺蔽上官否？明白使貪，而又禁其貪，明白使詐，而又禁其詐，豈可得乎？此貪詐之所以日熾而邊事之所以日非也。」

天下甚事不因「貪詐」二字壞了？士

君子不能砥其流已矣，反爲助其瀾乎？

「使貪使詐」，便是要「去信」的註解。

問：「『使貪使詐』蓋亦有説。曾見清而無爲、忠實而無用者之多僨事，又見貪詐者一時或能成功，是以使之非得已也。」曰：「清而無爲，忠實而無用，是彼生來無才，或所遇不齊，非清忠之過也；貪詐而或亦成功，是彼生來有才，或所遇之幸，非貪詐之效也。然天下之清者豈盡無爲，而貪者豈盡有爲？忠實者豈盡無用，而詐者豈盡有用也哉？『使貪使詐』四字，真是誤國不小。」

問：「貪詐既不可使，清而忠實者又多無爲，奈何？」曰：「天下大矣，天下武弁亦多矣，豈無清而又有爲，忠實而又有用者乎？馬之蹄齧者善走，抑豈無又不蹄齧而又善走者乎？胡不此之擇而獨彼之使也？良馬常有，而伯樂不常有，蓋自古歎之矣。」

《武經》之言多矣，獨傳「使貪使詐」四字；許魯齋之言亦多矣，獨傳「爲學以治生爲先」一句；邵二泉之言亦多矣，獨傳「寧爲真士夫，毋爲假道學」二句，何也？學者不可不深思其故。

凡「寧爲某，毋爲某」文法，須是上句是更不好的，才説得；凡「與其某，寧某」文法，須是兩句都是不好的，才説得。「真士夫」是極好的，如何説得「寧爲」？二泉真儒，豈無所見？或一時有感而不暇點檢耳。

問：「某公人品政事俱不可及，只是多了講學。」余曰：「昔年曾同一客出郭，見一農家桔槔灌田，茂甚，其客笑曰：『田是絶好的田，只是多了箇桔槔。』」

問：「講學有教無類，將苗裔來聽講，亦容之乎？」曰：「苗蠻肯來聽講，更妙。「順義久款，邊陲容然，亦中國講學之效。」或者未達。余曰：「異類叛寇乞降，以中國夫婦有別之故。使中國無聖人，不講學，夫婦安得有別？中國夫婦無別，彼安肯來降？可見講學功效甚隱甚大，豈是尋常莫要緊事？」

焚香、烹茶、掛畫，自是清福，但不知當此時所對何客？所談何事？於此能開眼，方爲知福人。

問：「夫子十五志學，不知所志何學？」曰：「當下便志於『不踰矩』，不惟志於『不踰矩』，且便志於『從心所欲不踰矩』，只是當下便不能到『從心所欲不踰矩』地位。學至三十，止得『立』；學至四十，止得『不惑』，學至五十、六十，止得『知天命』與『耳順』；必學至七十，才得『從心所欲不踰矩』耳，才滿得當日志學初心，非限定三十要立、四十要不惑云云也。如從關中往京師，當起念時已至京師矣，但行有遲速，故至有遠近，非漫無志向，行至函谷而始議孟津，行至孟津而始議金臺也。今人動曰『只消行，不消講』，不知要那裏行？『欲投人處宿，隔水問樵夫』。」

矩是必不可踰的，非曰可以踰、可以不踰，姑徐徐云爾。不踰才只是本等，才落得平常無事，一踰便有無窮之禍，便有莫大之憂。

問：「矩是何物？」曰：「矩是心之本體，非心之外另有矩也，故曰『從心所欲不踰矩』。明是目之矩，聰是耳之矩，恭是手之矩，重是足之矩，慈是父之矩，孝是子之矩，仁是君之矩，敬是臣之矩，信是與人交

之矩。故曰『有物必有則』。矩雖有聰、明、恭、重、仁、孝、敬、慈諸名色，其實只是一箇心之理，特在視曰『明』，在聽曰『聰』，在父曰『慈』，在子曰『孝』耳。且只問臣可以踰敬之矩否？子可以踰孝之矩否？」

或曰：「不踰則爲忠臣孝子，踰則爲亂臣賊子矣。」其嚴乎！

「從心所欲不踰矩」，勿看得太高，勿讓與聖人。從心所欲不踰矩，才止落得箇「不踰矩」，何也？以安排而不踰者，安排之所不及，則踰矣；以點檢而不踰者，點檢之所不到，則踰矣。必從心所欲，不待安排點檢，而自然不踰者，才得無往不踰矩。故曰：「左之左之，君子宜之。右之右之，君子有之。惟其有之，是以似之。」

問：「『從心所欲不踰矩』，豈是容易到得的？吾輩初學，何以用功？」曰：「只是要志於學。」

昔人謂「志學」章是夫子自著年譜，極是。不曰某年爲委吏乘田，某年爲魯司寇，某年攝行相事，而曰某年立，某年知命，某年從心所欲不踰矩，可見聖人一生惟知有學問，不知有官爵。

夫子説某年立，某年知命，某年從心，不過見一生惟知有學問耳，自當活看；若着跡看，而曰果某年要立，某年要知命，某年要從心，則又失聖人意矣。故曰：「其爲人也，發憤忘食，樂以忘憂，不知老之將至云爾。」可見聖人一生不惟不知有官爵，抑且不知有年歲。

夫聖人豈真不知老之將至哉？只是甚言其一生惟知有學問耳。故曰「不如丘之好學也」。

問：「『假我數年，五十以學《易》』，亦可

以無大過矣』，可見聖人亦未嘗不欲年。」曰：「聖人曷嘗不欲年？聖人豈遠於人情哉？但世人之欲年，爲自家多受用些世味；聖人之欲年，爲得以遷善改過，爲世間多幹些好事。」

志學不是草草的。「矩」之一字，在視曰「明」，而其所以能明的這箇視，又不可得而見；在聽曰「聰」，而其所以能聰的這箇聽，又不可得而聞；在父曰「慈」，在子曰「孝」，而其所以能慈能孝的這箇父，又不可得而傳諸子，子又不可得而受諸父。「無思無爲，寂然不動，感而遂通天下之故」，於此參究到源頭處，參之又參，究之又究，直至一旦豁然貫通，才能「從心所欲不踰矩」。志乎學乎，豈容草草！

問「耳順」。曰：「古人云『忠言逆耳利於行』，夫言既忠矣，又何耳逆？惟其人不知學耳，使其人知學，豈有不耳順者哉！其耳順又當何如，又無論言之忠否矣。舜聞『鬱陶思君』之言，且不逆耳，且誠信而喜之，何況其他。知舜則知孔子矣。」

問：「講學多僞者，奈何？」或曰：「不知其中亦有真者否？」曰：「有。」曰：「何不舉其真者？」其人色赧。

問：「講學中多僞者，何不禁講學？」或曰：「今做官中，亦有貪酷者否？」曰：「有。」曰：「何不禁做官？」其人大笑而悟。

問：「近日各郡邑尚有不知『講學』二字者，奈何？」曰：「天下之事，知而不行者有之矣，未有不知而能行者也。大江以北，理學真儒固不乏人，不過寥寥如晨星耳。無論窮鄉下邑，即名邦劇郡，自舉業取高科做大官外，更不知世間有講學一事，説起講

學，且駭問所講何話？講學意思何爲？嗚呼！知且不知，安望其行？世道人心至此，真可痛哭流涕！吾輩今日講於京師，正要風聲遠播，使窮鄉下邑都知道取高科做大官之外，還有此向上要緊一着。」

古人云：「富貴必從勤苦得，男兒須讀五車書。」可見讀五車書的意思，只是爲取富貴，併三冬，足萬卷，餘都不雅觀。習俗移人，賢者不免，何況其他？至程子「富貴不淫貧賤樂，男兒到此是豪雄」，才雲開日霽，水落石出矣！

問：「吾子素不好名，今講學京師，乃要風聲遠播，何也？」曰：「雖不要人知我，却欲要人知學。」

講學不專是教人，實是自家請教於人，若曰專是教人，是「講教」，非「講學」也，教只是學中事。

君子之所以異於小人者，惟有此學；中國之所以異於外國者，惟有此學；人類之所以異於禽獸者，惟有此學。故曰「人之所以異於禽獸者幾希」，又曰「逸居而無教，則近於禽獸」。

口之於味也，目之於色也，耳之於聲也，鼻之於臭也，四肢之於安佚也，禽獸與人同，故孟子不言「性」而言「命」。仁之於父子也，義之於君臣也，禮之於賓主也，智之於賢者也，聖人之於天道也，人便與禽獸異，故孟子不言「命」而言「性」。孟子「道性善」，蓋直從「人之所以異於禽獸者幾希」處論耳。

聖人言性，欲人盡性以存本然之理，而世人反借「性」之一字以縱欲；聖人言命，欲人安命以遏無涯之欲，而世人反借「命」之一字以諉理。故不得已，直以「欲」歸之

「命」，而不謂之「性」，直以「理」歸之「性」，而不謂之「命」，庶縱欲滅理者，不得借口，且更無躲閃處。此孟子之言性命大有功於天下後世也。

問：「前後二『性』字、二『命』字同否？」曰：「『性』只是一箇性，『命』只是一箇命，安有兩箇？前節有『命』，不謂之『性』，後節有『性』，不謂之命，總只是以欲歸之命，使人安命而不敢縱欲，以理歸之性，使人盡性而不敢棄理。此正是孟子剖晰『性命』二字至明白至精微處。」

「性也」、「命也」二句，就世人口氣説，原説的不是，故曰「君子不謂性」、「君子不謂命」。孟子説話何等直截痛快！

聖人教人不要縱欲滅理，不專是教人做聖賢。欲不惟不可縱，原是縱不得的，故曰「一飲一啄，莫非前定」，不然，誰不願口厭珍羞？而世更多併日而食者，何也？孟子曰「有命」，真是火坑中一服清涼飲子。理不惟不可滅，原是滅不得的，故曰「父子有親，君臣有義」，不然，亂臣賊子何以人人得而誅之也？孟子曰「有性」，真是沉痾中一粒起死金丹。

問：「『夏禮吾能言之』節，皆云夫子因周末文勝，欲復二代之禮而發，不知是否？」曰：「不然。夫子，周人也，如何敢輕復二代之禮？當周之時，自是當修夏史、殷史，今文獻不足，無所據以修二代之史，故夫子惜之，非不足於周而生今反古也。有一名公時文破云：『聖人欲復二代之禮，而深惜其無徵焉。』余爲之駭然，因改『復』爲『志』云。」

問「爲下不倍」章大意。曰：「賢知之士，多恃才妄作，忿世不平，往往借口孔子

『吾説夏禮』之言詆毀當代，自用自專，生今反古，又何怪請隧問鼎紛紛接踵邪？子思憂之，故爲是言，而前後俱引孔子之言爲証。嗚呼！『誰將西歸，懷之好音』，聖人維周之意深遠矣！孟子曰『《詩》亡，然後《春秋》作』，余亦曰『周衰，然後《中庸》作』。」

問：「蘇子云『武王非聖人也』，是否？」曰：「不然。味『善繼善述』四字，可見文王居武王之時，亦必征誅，武王居文王之時，亦必終守臣節。蘇子謂『武王非聖人』，豈不聞『善繼善述』之説耶？文王之時，『三分天下有其二』，至武王之時，又不止於二矣。武王『以服事殷』，比文王尤難，故孔子不曰『文之德，其可謂至德也已矣』，而曰『周之德』，可見『周』之一字，併武王亦在其中，只是武王後來征誅，便説不得平素『以服事殷』。孔子不曰『文』而曰『周』，有多少含蓄！多少感慨！」

「舜有臣五人」章，前二節是敘事，「孔子曰才難」以後是議論，此古今傳體之祖也。孟子「禹稷當平世」章、「曾子居武城」章，皆倣此體。或以前二節作記者之詞，誤。

前説舜，後補出堯，前説武，後補出文，卻又不明言「堯」而曰「唐」，又不明言「文」而曰「周」，此真聖人之言也！

問：「『以約失之者鮮』，不曰『無』而曰『鮮』，何也？」曰：「侈肆之人無忌憚異常，若直與他説『約者無失』，他必吹求約者一二無心之小失以爲口實，他必不服。聖人曰『約』，雖未必無失，較之放肆的人畢竟少些，如此才服得他，才少轉得他無忌憚的念頭幾分。嗚呼！循循善誘，豈獨於顏氏之

子哉？聖人天地之心固如此。」

問：「『美玉』章，子貢受病在一『求』字否？」曰：「不然。子貢不是以『藏』與『沽』並論，其心以爲美玉原是當沽不當求的，只是舍求之一途，更無沽之之路，所以莫奈何只得求，如不肯求，除非是韞匵而藏耳。夫子重言『沽之哉』，賜必駭然，以爲夫子亦求乎？不求何以能沽？及聞『我待賈者也』，必快然，以爲即求亦無所用之矣。曰待沽也在内，藏也在内，真所謂功名自有周行在也。説者謂夫子得力處在一『待』字，極是；謂子貢受病處在一『求』字，則大失子貢意矣。」

齊人東郭之行，再三不敢令妻妾知，可見羞惡之心、是非之心尚在，只是錯把仕途看壞了。恰似要做官不得不如此，不如此，只合老於山林，如何做得官？所以不得已隱忍爲之，實非其心也。若是早知富貴利達得之有命，何必求？即求之亦自有道，又何必如此求？彼必且自泣於中庭，悔其錯誤矣，又何待妻妾之泣哉？余向讀「齊人」章悲之，因口占四絶附録於此：「孔孟山林樂蔬水，皐夔朝市列簪裾。功名自有周行在，何必墦間乞餕餘？」「孔孟雖然樂蔬水，齊卿司寇亦簪裾。功名信得周行在，誰肯墦間乞餕餘？」「東郭乞墦事可羞，齊人亦謂不當求。只因舍此無别路，無奈曲從邪徑遊。」「東郭乞墦事可羞，齊人何苦日貪求。只因正路無人講，誤得賢豪邪徑遊。」

問：「求之何如有道？」曰：「古之人修其天爵而人爵從之，是也。古人之求之也，其諸異乎人之求之與？」

問：「『從』字、『要』字何以别？」曰：

「彼來隨我謂之『從』，我去迎彼謂之『要』。一般得了人爵，何苦不爲古人？」

問「沈同以其私問」章大意。曰：「嘉靖己亥，直隸新城知縣吳瑗因唐鉞被父剛訟不孝，不申上官，竟命屠儈凌遲處死，按院金清以聞，廷議欲抵償後從輕逮問，廷杖一百遣永戍。余初讀此章書甚不解，後聞吳瑗事，始知鉞有可殺之罪，瑗無可殺鉞之權，猶燕有可伐之罪，齊無可伐燕之權。此等議論，引伸觸類，天下無難處之事矣！孟子之意，可謂慮深憂遠。」

燕有可伐之罪，齊無伐燕之權，所以明有君也；父有攘羊之罪，子無證父之理，所以明有親也。聖賢閑閑議論，恰似莫緊要，其實關繫世道不小。

問：「『得志與民由之，不得志獨行其道。』夫仕以行道，隱以明道。今不得志而曰『行道』，何也？且曰『行』，便說不得『獨』；曰『獨』，便說不得『行』。」曰：「『行道』謂在山林獨力擔當，與人講學，是亦行其道也，不專是仕途才行得道。」

「行其道」是講學，「獨」不是離過人獨做，只是不靠君相之命，不靠師友之倡率，各人獨自箇要做，故曰「獨」耳。若離過人獨做，於「行」字便說不去。

孔子講學於春秋，孟子講學於戰國，當時還有非之者，依靠得誰？故曰「獨行其道」。請看風急天寒夜，誰是當門定腳人？

問：「往役往見，何以分義不義？」曰：「士與庶人，只是一箇人，以道而言則爲士，以分而言則爲庶人。往役是分所當然，故曰義；往見非道所宜然，故曰非義。往役不往見，民則爲順民，士則爲高士；往見不往役，士則爲賤士，民則爲亂民。」

問：「知者何以行所無事？」曰：「無事不是泛説，論學不雜於二氏，論治不雜於五覇，才是行所無事。若專以無機心機事説，未嘗不是，却是影響。」

問：「『諫行言聽』，何以便謂之厚臣？」曰：「『諫行言聽，膏澤下於民』，才是厚臣。可見古之人臣不以爵禄名譽望於君，惟欲行己澤民之志；古之人君亦不以爵禄名譽縻乎臣，惟欲遂臣澤民之心。故『諫行言聽，膏澤下於民』，才是君臣手足腹心之誼。後世君不厚臣、臣不報君者無論，即君有手足之視，臣有腹心之報者，各人只在自家官爵恩典上論，全然不爲百姓。在君不知臣之進言厚民即所以厚君，在臣亦不知君之聽言厚民即所以厚我，如此，即結魚水而賡喜起，何益哉！孟子此言，大有意味。」

古人做官原爲百姓，今人做官原爲一身。

問：「庾公之斯以私恩而廢公義，孟子何以稱之？」曰：「潛師掠境曰『侵』，謂之曰『追』，則孺子已出遁矣。當日衛人原多此一追，發乘矢以示威，而不窮追以取敗，斯即不遇孺子，亦不過如此處，安得謂以私恩而廢公義哉？孟子引之，第取其不背師忘本，不必深求責備，以爲蒙輩小人之口實。」

問「子莫執中」。曰：「孟子曰：『能言距楊墨者，聖人之徒也。』子莫聞孟子之言，亦是慨然要距楊墨，欣然以聖人之徒自認者，只是不該在楊墨之間求中耳。得孟子此一辨，則執中之『中』字始明。不然，子莫之執中與堯舜之執中無異矣。可見『能言距楊墨』，亦不是容易説得的。」

問「用一緩二」。曰：「戰國之時，爲蘇秦、張儀之説者，要三者並用；爲許行、白圭之説者，又欲三者並緩。所以欲足國便不能裕民，欲裕民又不能足國。孟子説既不可並用，亦不必並緩，不過一那前儹後間，民自無殍，父子自不相離，而國用又未嘗不足，此法豈不甚善？無論仁主，即暴君污吏，亦必灑然易慮矣。此孟子之經濟所以直接堯舜也。今之論治者，多以講學爲迂，豈其未覩此乎？」

問「任人食色」之說。曰：「告子、任人，是老莊一派學問，主意要翻堯、舜、周、孔以來相傳之案，非毁道學，左袒世俗，安得不惑人？告子説得深而巧，非孟子不能辨。任人見告子之説不得行，所以撒潑爲此無忌憚之言，又見屋廬子爲孟門高弟，故用此言離間之，向非孟子之辨，幾不免爲其所摇奪矣。嗚呼，危哉！」

問：「孔子何以亦獵較？」曰：「孔子主意要變俗，所以不得不先從俗；不先從俗，則身且不用，又孰爲之變俗哉？若不爲變俗，而姑從俗以希遇合，則非所以爲孔子矣。」

問：「『人而不仁，疾之已甚，亂也。』而曾子又云『迸諸四夷，不與同中國』，毋乃已甚乎？」曰：「不然。『人而不仁，疾之已甚，亂也』，此正是善處小人處，而或者誤以調停當之。故曾子不得已，又有『迸諸四夷』之説，『迸諸四夷』，正所以善處小人，而使之不爲亂也。如驅虎豹犀象而遠之，使物既不能害人，則人亦不肯害物，此正所以愛虎豹犀象也。今人動以調停爲善處，誤矣。」

調停與善處不同，非潛心學問、精義入

神者，不能晰毫釐千里之辨。

問「親親而仁民，仁民而愛物」。曰：「如舜封象於有庳，不得有爲於其國，使吏治其國而納其貢税焉，豈得暴彼民哉？ 此之謂『親親而仁民』。驅蛇龍而放之菹，驅虎豹犀象而遠之，不惟人得免吞噬之禍，而物亦得遂走壙之性，此之謂『仁民而愛物』。大聖人作用，都是一舉兩得，不是判然三件事。」

問：「今邊事未平，蜀禍又作，即終日講兵、講餉猶不給，何暇講學？」曰：「不然。譬之富家一時被盜，因而峻墻垣、固扃鑰、備弓矢、畜幹僕以防盜，誠不可緩。若爲父者日講墻垣而曰何暇講慈，爲子者日講扃鑰而曰何暇講孝，爲兄弟者日講弓矢幹僕而曰何暇講友恭，不知可否？ 果爾，竊恐其父子從此相夷，兄弟從此相尤，而家道且從此大敗也，又何言盜不盜哉？ 況父子同心，兄弟同心，才好禦盜；不然，自家家裏先做了一夥寇敵，即固扃鑰，備弓矢，何益？ 可見講學，正所以講禦敵之上策也。」

講兵、講餉，亦是講學，學無所不入。

「自古禦敵無上策」，説者謂周得中策。余敢以「講學」二字爲禦逆之上策。或曰何也？ 曰：不必廣引，「臨事而懼，好謀而成」，「天時不如地利，地利不如人和」，此孔孟之講學，非孔孟之論兵也。不知古今論兵法之精者，能過此二語否？ 以講學爲禦敵之上策，聖人復起，不易吾言。

問：「宋人講學，而叛逆之禍更甚，子以爲禦敵之上策，何也？」曰：「宋人講學，多在下位，且多在山林。即有盧扁，病家不用，豈能成功？ 而謂盧扁不能活人，則非

也。即用盧扁，豈能人人取效，人人不死？而謂盧扁不能活人，尤非也。盧扁之方，無論效不效，確乎爲活人之上劑。孔門之講學，無論成功不成功，確乎爲禦敵之上策。」

問：「『仁以爲己任』爲真，『以仁爲己任』爲僞，然否？」曰：「不然。『仁以爲己任』與『以仁爲己任』，原無兩樣。今以『以仁爲己任』爲僞，抑將以『以義制心』、『以禮制事』、『以仁存心』、『以禮存心』爲僞乎？不在義理大勢上體認，只在字句小巧上挑剔，所以聖學不明。」

「是集義所生者，非義襲而取之也。」「襲」字是解「集」字，見得是由涵養積累而生，非偶合於一事而取之也。故象山云：「涓流積至滄溟水，卷石崇成泰華岑。」偶合於一事，是真不是僞，只不是集耳。象山乃以集義爲真，義襲爲僞，鑿矣！

學問全要立志，若無志，便與他講不得話。不然，六經、四書，誰曉不得？何曾體貼一句到自家身上來？

「近有謂『堯稱大哉者，爲其能容四凶也；若舜去四凶，止稱君哉，便不如堯之大矣』，人喜傳其説，是否？」曰：「爲此言者，是隱隱以四凶待人也；喜此言者，是隱隱以四凶自待也。如此，病根如何拔得去？」

或曰：「去了小人，將誰奔走役使？」曰：「奔走役使之小人，以分位言也；妨賢病國之小人，以人品言也，如何混得？以此立言，其巧愈甚，其禍世愈不可言。」

項甌東《私録》云：同年王給事崇在陝西主考，出題「四罪而天下咸服」，及考察，汪鋐以其指己與羅峰也，爲羅峰誦之，欲去崇。羅峰曰：「爾真一箇騃子！彼自出題耳，爾非四凶，安得即與招認？」竟不去崇。

嗚呼！彼爲「君哉」之説、「奔走」之説者，抑何故爲之招認也？亦騃甚矣！

問「中行」、「狂狷」。曰：「聖人原思中行，中行不得，不得已而思其次耳。『狂者進取，狷者有所不爲』，皆是可進於中行者。故夫子思之，非與其以狂狷終也。近日謂『懲中行之僞，而思狂狷之真』，夫中行豈盡僞者哉？誤矣。」

問：「狂狷中亦有僞者乎？」曰：「有。『鄉原』是僞中行；『古之狂也肆，今之狂也蕩』，蕩是僞狂；『古之矜也廉，今之矜也忿戾』，忿戾是僞狷。『中行』中雖有僞者，而未必皆僞；『狂狷』中雖有真者，而亦未必皆真。夫子所思『中行』與『狂狷』，皆指真者言，僞者第當辨之或置而不論可也。」

問：「『寧爲真狂狷，毋爲僞中行』，若曰『寧爲有瑕玉，毋爲無瑕石』？」曰：「然曷不爲無瑕玉？」

中國與外國，天之所覆同也，地之所載同也，料天命之性，亦是同的，如何分中國、外國？或曰「在富國强兵」？曰：今外國，國不可謂不富，兵不可謂不强，如何還叫成外國？然則中國之所以異於外國者何在？請細思之。

中國、外國，開闢以來，都是一樣，只是中國有聖人教他知道理，便謂之「中國」，外國無聖人教他知道理，便謂之「外國」。然則如何能知道理？曰：請細思之。

學之當講，猶飢之當食、寒之當衣，此何待講？以不待講者而講之，蓋因天下有一種人，飢不知食，而甚且非人之食；寒不知衣，而甚且非人之衣。載胥凍餒以死者，可憐也，惟其憐之，故不得不講耳。嗚呼！以飢之當食、寒之當衣，而猶待講也，真多

言哉！真多言哉！

問：「夫子『綏來』、『動和』，原不待『得邦家』，子貢云夫子之『得邦家』者，還不免落世俗之見，何如？」曰：「不然。子禽見子貢在聖門最號通達事體，夫子亦曾許他『賜也達，於從政乎何有』，恰似夫子雖是聖人，只好講學説閑話，授之以政或未必達，此處或者還要讓子貢，如今人説『講學者不會做官』之説也。子貢窺見子禽之疑在此，故以『得邦家』説，如此，然後可以破子禽之疑，撤世俗之障。此正子貢深信夫子處。」

國朝以講學爲令甲，吾輩今日講學，雖以發明道理，實以維持國運，我明億萬載靈長之慶端在於此，豈是閑談？願言珍重。

門人録語附

先生曰：「此會切不可談及朝廷利害、官長賢否等事。」或曰：「然。但問經濟、學問，畢竟是一是二？」先生曰：「何嘗是二？有經濟者，必是有學問人；有學問者，方能辦經濟事。子豈以談朝廷利害、官長賢否爲經濟邪？誤矣。」

一日寒甚，坐中設一火爐，稍偏，先生命正之，因曰：「天下事自有個正當恰好處，如此爐置之少偏，説是堯舜置的，誰肯服？置之不偏，説是僕隸置的，誰不服？但置此爐固要自家用心，尤要大家着眼，故學問亦復如是。」

一日暑甚，先生命諸生舉扇，因曰：「夏月天暑，舉扇則暑氣減；冬月天寒，圍

爐則寒氣消。是人且能變化天地之氣，顧不能變化自身之氣質，何也？然功夫惟在學問，蓋學問亦猶夏之扇、冬之爐耳。」

會日，坐多新科觀政者，先生曰：「諸君觀政候堂時，與同年講談何事？余嚮觀政時，同年有相謔者曰：『這時只好講天命之謂性。』蓋謂登第後不消講性命耳。不知前邊何曾講得明白？此時不明白，終無明白時矣。昔有人問堯夫曰：人到『莫不飲食，鮮能知味』便糊塗了。堯夫曰：只怕自『天命之謂性』就糊塗了，孟子曰『既得人爵，而棄天爵，則惑之甚者也』。」

先生曰：「觀政諸君，《大明律》不可不讀。律雖是刑書，然刑期無刑，正理學之見諸行事者也。昔許魯齋同數人適野，見樹梨，人争取食之，魯齋獨否。人曰：『世亂，梨無主。』魯齋曰：『梨無主，吾心獨無主乎？』至今以爲美談。故律有擅食田園瓜果之禁，此禁設，則人人皆不敢擅食，人人皆魯齋矣。不然，縱終日教人學魯齋，勢必不能。誰謂刑書非理學乎？且居官者能通律，則聽斷必有定衡，猾胥奸吏自舞文不得。」

先生曰：「凡聚談間，只當講芳規，不當講覆轍。蓋講覆轍，雖是垂戒，然滿耳習聞惡德，未必無鮑肆之虞；如日取芳規而講之，則滿腔皆嘉言善行，如入芝蘭之室，久而與之俱化矣。」

不講芳規，還是惡道人善的意思，好講覆轍，還是喜稱人惡的意思。

坐友有從放生會來者，先生曰「『天地之大德曰生』，放生固是善行，但當存其心，不必襲其迹。毋論事有時窮，生亦有限，况世間原有不可放者，如殺人，理無可放，而必欲

生之，不幾令死者含冤乎？故吾人但存此心，如『遠庖厨』，此心；『不綱』、『不弋宿』，此心；『饑溺』、『由己』，此心；『如傷』、『内溝』，此心；『泣罪』、『解網』，此心。如此，則好生之德洽於上下無往，而非放生矣。」

先生曰：「伊尹『思天下之民匹夫匹婦有不被堯舜之澤者，若己推而内之溝中』；某亦思天下之民匹夫匹婦有不明孔孟之學者，若己推而内之溝中。」

一生問：「居家寧儉毋豐，居身寧方毋圓，何如？」先生曰：「此確論也，然亦有辨。如從學問中來，豐也是，儉也是，方也是，圓也是，即寧儉毋豐、寧方毋圓尤是。如只從世俗上論，豐也不是，儉也不是，方也不是，圓也不是，即寧儉毋豐、寧方毋圓也不是。」

問：「『思知人不可不知天』，『天』字如何解？」先生曰：「『天』字就是個『理』字。以此理原是自然的，故曰『天』，不必説向高遠了。凡人不知人，只是個理上不明，此理一明，隨人到前，自有定鑒，不爽毛髮。」

先生曰：「人未有不艷慕『舉人』、『進士』之名者，不知當顧名思義，要知『人』與『士』，其品在我；『舉』與『進』，其權在人。故人只要着實立志，做人做士，到仰不愧、俯不怍地位，則縱不得舉，何愧於人？縱不得進，何負於士？」

或問「不即不離」。先生曰：「天地間可即者，必其不可離者也；其可離者，必其不可即者也。蓋可即者惟恐其離，可離者惟恐其即，又何有『不即不離』之説哉？」

先生曰：「今日赴會諸君，多四方之士，或爲坐監，或爲應試，或爲選官，無非事者。向時家居，不過友一鄉之善士，至一

國，亦難之，況於天下！今借此應試選官，正好友天下之善士，人問之，即答以『爲友天下之善士而來京』亦可也。如此答，聞者必爲之絶倒，必曰『如此，將不應試選官乎』，曰：豈有不應試選官之理，但主意爲友天下之善士，庶不負此萬里跋涉，冒暑衝寒之苦，而應試選官，自在其中耳。不然，以堂堂七尺之軀，而止因『功名』兩字，萬里跋涉，冒暑衝寒，豈不小看此七尺之軀乎哉？」言畢，諸君中多有淚下者。

右山陰門人王應遴録。

壬戌孟夏，廣陵諸生修候南臯鄒師、九成，附姜興伯先生舟北上。師曰：「君老年果踐此遠涉之約，喜甚。都中有講學會，馮少墟、楊晉菴、高景逸三先生，宜往謁之。」至期，詣講所，鄒師、馮師及諸老悉至序坐，久之歌《詩》，歌「勝日尋芳」，歌「伐木」之章。馮師曰：「學者先要變化氣質，從容不迫，毋自滿假，自有受用，且不害事。」又曰：「真正爲己之學，只要收斂身心，向内尋求一箇真頭腦，自然有得。」又曰：「學道原要適用，惟能立，則當門定腳，天下一切事境不爲屈撓，此心方把握得定。苟未能權，則一切應用猶有偏執。此適道與立，皆可以教入，可以意致；惟權，則居易以俟命矣，與時而偕行矣，妙群龍於無首矣。夫子曰『未可與』者，吾以爲深於與者也。惟學者大着志願，硬着肩頭，深心默識，則學道之初志，始不虚耳。諸君共勉之！」

右廣陵門人蕭九成録。

馮少墟續集卷二

長安馮從吾仲好著

都門稿

聞斯録序❶

「獨學而無友，則孤陋而寡聞。」夫子嘉與子賤，必歸於魯之君子，故曰：「就有道而正焉。」余不肖，築室桐溪，紹明先君子之志，壹惟闇然是務，不欲求知於世，而四方之士或有取其一節者。余未敢自信，師心獨學，乏就正也。宇内開社，若吉水、關中、虞城、婺源、無錫、嵊縣，並負當世之望。意俗負笈，❷而道阻且長，艱於行李，仰止亦已有年。會天啓任戌，諸賢既已次第集京師，而余亦謬領京畿之命，但以太夫人老，躊躇維谷。太夫人語之曰：「主上新御，弓旌賁於四海，而疇昔嚮往諸賢無弗應者，而奈何尚淹，不以此時捧檄，一就正其所學，更復何待乎？」余唯唯，遂行。至中山，再領大理之命。先是，鄒先生、馮先生、鍾先生立會琳宫既數月矣，仲秋三日，余始厠講席之末。月僅三會，會僅晡時數刻。然片晌可以當千秋，一語可以慰生平，機緣所值，故自不淺。乃未及兩月，先生各别去矣。因筆其所聞於會中者，題曰《聞斯録》。蓋夫子教冉求曰「聞斯行之」，豈獨爲「求也進」

❶「序」，原無，據文編次補。

❷「俗」，依文義，疑當作「欲」。

歟？不逮則耻，不習則省，學者刻厲工夫，固宜如是，否則，雖有聞亦何益？余小子質非兼人，每患其退，所以紀聞者，激於進、疾於行也。恍然此會之未散，而虛往實歸，庶幾可以自信，長安功課，匪同浪遊矣。是爲引。

桐川寧澹居士方大鎮。

聞斯録

鄒先生曰：「學問只要一『真』。」

馮先生曰：「更須一『正』。」

鎮曰：「合此二字，始可語學。」

馮先生曰：「吾儕學宗孔子，孔子一生學脉，只在『不踰矩』，『矩』是何物？」

鎮曰：「『矩』者，吾性本體。」

馮先生曰：「此矩範圍天地，合併萬物，綿亘古今。不仁不敬，即君臣踰矩矣；不慈不孝，即父子踰矩矣。至於國人，爲士、爲農、爲工商，莫不有矩，未有踰矩而可以爲學者，未有踰矩而可以爲世教者。」

鎮曰：「夫子志學，大學也。《大學》首言『止於至善』，末言『絜矩』，『矩』者，『至善』也，『至善』者，吾性本體也，在己爲本然，不可踰，在人爲同然，故可絜。以其不踰者絜之，故治國、平天下；以其絜者不踰，故正心、誠意、修身。總一『矩』而已矣。」

鄒先生曰：「初講學貴有着力處，既講學貴有得力處。」

馮先生曰：「着力者，在『矩』中着力；得力者，在『不踰矩』中得力。鄒先生常提『規矩』爲訓，竊有味乎斯言。」

鎮曰：「『規矩』二字，以言乎法一

也，而聖人命語不曰『不踰規』，而曰『不踰矩』，似有微意。『矩』以言其方，『規』以言其圓。人性本體至圓也，至方也，而學者每易爲圓，難爲方，故工夫當在方上立腳，亦從方上起手。《易》曰：君子『立不易方』。」

馮先生曰：「近世談『從心所欲』，不談『不踰矩』，且將『從』字讀作『縱』字。夫『縱』也，安所問『矩』哉？聖人『從』以爲圓，彼『縱』以爲圓，則無忌憚而已矣。『立方』之義，所宜亟講。」

鎮曰：「《係辭》有云：《易》之爲道『屢遷』，而繼之曰：『其出入以度。』『度』者，即夫子之『矩』也。任其變動周流，而不可離於度，任其富貴、貧賤、患難、夷敵，而不可離於矩。其至變而不一者，其有常而至一者也，此實體也。」

馮先生曰：「三千三百之顯，即無聲無臭之密；無聲無臭之密，即三千三百之顯。『矩』者，正合顯密而言之也。」

又曰：「夫子『志於學』，志此『不踰矩』也；夫子『不踰矩』，不踰此志學也。故『志於學』一言，直貫於後；『不踰矩』一言，直貫於前。」

鎮曰：「以夫子至聖之質，猶且十五志學，至七十不倦。今吾儕自省於聖人之質何如？而幼則役志於舉業，壯則疲精神於世味，已去其半百光陰，始以其末路希聖人之學，即日以爲歲，猶不暇給，而奈何不責志，不守矩也？」

鎮曰：「孟子曰：不學而能，良能也；不慮而知，良知也。此四句說性

體已自完全，然下文必提出『愛』、『敬』、『仁』、『義』，豈贅語哉？蓋知食、知色、知愛、知敬，皆謂『良知』，能食、能色、能愛、能敬，皆謂『良能』；但致其食色之良，必至爲狂爲跖，致其愛敬仁義之良，始可爲聖爲賢。故孟子立教必提出此，指使天下萬世知吾所謂『良知』者，是仁義之知，别於食色之知；所謂『良能』者，是仁義之能，别於食色之能也。以食色論性，必有隔礙不能通之處；以仁義論性，則通之天下絶無隔礙之處，故曰『達道』也。然仁必出於良，斯爲真仁，不爲假仁；義必出於良，斯爲真義，不爲假義。敬以請教。」

馮先生曰：「食色是欲，仁義是理。提此『理』字爲『知』、『能』之『良』，孟子正教也。」

鄒先生曰：「説個『理』字，便是理障。」

馮先生曰：「理安得有障？」

鎮曰：「『理障』之説，所謂『非禮之禮、非義之義』乎？」

鄒先生曰：「『非禮之禮、非義之義』，此是好的，未可輕看，但是『大人弗爲』耳。」

馮先生曰：「非禮非義，愚不肖之所爲也；非禮之禮、非義之義，賢知之所爲也。惟大人一身渾是禮義。」

鎮曰：「『必信』、『必果』，近於『非禮之禮、非義之義』，夫子以爲『硜硜小人』，非如斗筲之小人也。只以較於大人體段渾成，不免有拘攣之病；若於世人中，固錚錚狷介之品也。丁丑會試，俱從取節立説，最確。」

楊先生曰：「赤子之心，現現成成，只

要人識得真耳。識得即不失，不識得即是失。」

鎮曰：「『識』字提得肯綮。」

馮先生曰：「赤子純然無知，大人經綸萬變。但此經綸萬變不從純然處得來者，即是失赤子之心；此經綸萬變都從純然處出來者，即不失赤子之心矣。」

鎮曰：「經綸萬變之體，赤子本來已具，但赤子未有工夫擴充，而大人則加擴充工夫，所以經綸萬變，卒不失其本來也。」

黃州蕭生問：「二程夫子並見周子吟風弄月有『吾與點也』之意，乃後來大程夫子云『某不及吾弟』，厥義云何？」

鄒先生曰：「『吟風弄月』，乃明道之語，所謂『吾與點也』之意，正是萬物一體之懷。明道先生見到此地，獨得其大，蓋乾道也。伊川則坤道矣。」

馮先生曰：「兩程夫子並得孔子正學之脉，未可軒輊。但明道氣象如顏子，伊川氣象如曾子，微有不同。然又一説焉，今學者樂放肆，憚檢束，往往以明道爲簡易脱灑，翕然宗之，以伊川爲規矩準繩，頗見貶焉。其流之弊，遂有不可勝言者。愚謂救弊於今日，更宜表章伊川也。」

又曰：「吾儕於明道先生，則學他脱灑簡易處；於伊川先生，則學他規矩準繩處，如是可矣。」

鎮曰：「吾輩爲學，但求本體，勿求作用。如明道先生之寬，伊川先生之嚴，皆其作用，不無小異耳；求其本體，安有不同者？吾輩得其同處，則時乎寬而寬，不必跡明道而有合於明道；時乎嚴而嚴，亦不必跡伊川而有

合於伊川。若求其作用，一一而肖之，恐有學步效顰之差矣。且人之氣質禀受斷不能同，如壽殀貴賤之類，又安所彷彿而齊之？人皆可爲堯舜，爲其同者而已。」

馮先生曰：「白沙云：『今人忙處古人閒。』愚下一轉語云：『今人閒處古人忙。』」

鍾先生曰：「古今人都如是忙，而所以忙處卻異。」

鄒先生曰：「今人忙一生，只忙一箇進賢冠，滿腔俗情纏縛不了，究竟一鄉人而已，以視古人，何啻霄壤？因歌云：茫茫四海人無數，那箇男兒是丈夫？」

鎮曰：「丈夫安能獨逃此俗，别求此情？但眼中常要光明，胸次必須擺脱，即俗而不俗，情得其情矣。」

馮先生曰：「古人忙處原無奇事，只子臣弟友、庸言庸德之間，此間能盡其道，是謂盡心。今日吾儕群居於此，自揣無不誠敬、無不盡心者，便是春風沂水氣象。故曰：『要識唐虞垂拱意，春風原在仲尼居。』此之謂也。」

蕭生問：「『《大學》言心不言性，《中庸》言性不言心，孟子合心性言之。』厥義云何？」

鄒先生曰：「『無極而太極』，『太極』是心，『無極』是性。性者，人生而静以上不容説，至於心，則可得而名言之矣。」

馮先生曰：「『太極』二字見於《易》，『無極』二字則周子創言之，蓋謂太極之理，無聲無臭云爾，豈太極之前另有無極判然兩物哉？愚謂性者，心所具之理也，未有心而無理者。故《大學》言心，而性即在是，未有理而不具於心者；故《中庸》言性，而

心即在是。曾子、子思單言之，非遺也；孟子合言之，非贅也。」

馮先生曰：「《定性篇》云：天地以其心順萬物而無心，聖人以其情應萬事而無情。二語蓋交相發明者，廓然大公，物來順應。何以能公？何以能順？」

余年兄曰：「只是至虚耳。」

鎮曰：「書中已明言之：蓋學者之患在『自私而用智』。自私矣，安得公？用智矣，安得順？吾儕反觀此中，不自私則公，不用智則順。」

馮先生曰：「心本公也，而人故私之；心本順也，而人故逆之，皆起於有我而已。無我則公，無我則順。」

又曰：「顏子之學，只在克己，而克己之功，乃在『不遷怒，不貳過』。夫怒者，過也，怒不遷，則過不貳矣。《定性篇》末亦提『怒』字爲戒，所云『忘其怒，而觀理之是非』，『理』之一字，乃學者用功最得力處。」

《聞斯録》録會中諸公語甚多，余小子但擇家君語刻《續集》中，其他不敢概入，非敢有所菽麥也。

不肖男嘉年識。

途次稿

川上會紀

先是，海内以學爲諱，無復言講學者。余謂：「所惡於講學者，爲其僞也，乃併其真者而訾之乎？豈因噎而廢食耶？只不有其名可也。」馮少墟先生之言曰：「講學正要立箇名色，使天下後世人人知學，成就方多。若怕世人譏笑，删去名目，只成就我

一箇人，恐道脉自我而任，便自我而絶。人只是恐人譏笑，故耻其名不知，不以不學爲耻，而以學爲耻，則可異矣！且講而不行，可耻孰甚？講而行，又何耻之有哉？」此其見大而言之，親切有味，余不及也。乙卯之役，余會先生於關中書院，所語如是，余聞而身之矣。至是，先生被召爲御史大夫，果以講學逐，天下於是笑先生之不逢世，而以學爲諱尤甚於昔。乃有志之士，則望先生若鳳凰芝草，幾幸一見焉。

是日方夜，篝燈團坐，共質向日之所語於關中書院者，而先生語益進。諸生皆欲身先生者，而心嗜先生語，謂是日語多不能記，且不暇記，日向余問，則余忘之矣。諸生固問不已，乃僅記憶其所問答語數端，略爲綴述，其忘者十之七，然以語求先生則亦遠矣。是日會者，先生若余，及先生之門人孫繩祖、楊道興，其子嘉年，其孫湛若、恂若，而舍弟吉孺氏，同諸生凡數十餘人，邑長吏解君與焉。是爲壬戌冬十有二月之七日，微風披拂，天寒欲雪。

新安吕維祺撰。

先生曰：「或問『孔子是生知安行聖人，何故十五志學』？吾答以『十五志學，所以爲聖人。我輩四五十尚不知學，孔子十五便志於學，所以是生知安行聖人』。」

又曰：「十五志學，便志到『不踰矩』田地，三十、四十、五十、六十、七十，總是志學，若不志到『不踰矩』田地，是志甚麼？如吾自出京來便志到家了，只是便走不到，須一步一步走將去。」

又曰：「生知安行，學知利行，困知勉行，總是要學，只是學有難易。如京師報馬

到此，只走三日便到，豈是不曾經過涿州、良鄉、孟津、雒陽？特比他時走爲捷耳。便是顧腳徒步，亦只如此經過，即飛亦須從此經過。」

又曰：「人多言：『不踰矩，是我每如此便了，惟聖人則從心所欲。』此言不是。離却『從心所欲』，便用檢點，便有不到處，便有踰時。」余曰：「我每亦是從心所欲不踰矩，只欠純耳，若不『從心』，即是皮膚上不踰，便假了。」先生曰：「然。」

余問：「何不言『規』而言『矩』？」曰：「此是聖人言外之意。『矩』是方的，人只從圓處做，所以多錯，可見學問宜從方處做。」

又曰：「人只看矩可以踰，可以不踰。孔子是聖人，故『不踰矩』；我不做聖人，踰些也罷。不知人之於矩，猶魚之於水，原自踰他不得。且不踰則得，踰之則失；不踰則吉，踰之則凶；甚且不踰則生，踰之則死。至爲得失、吉凶、[1]死生所繫，而曰可以踰，可以不踰乎？」余曰：「此言最儆省。」

先生問：「曾與王惺所、邢舜元講何語？」余曰：「王言『立志』，邢言『知耻』。然余以爲『立志』須先『知耻』，如『士志於道，而耻惡衣惡食』，便不知耻，知『不耻不若人，何若人有』便是知耻。」先生曰：「然。耻獨爲君子，乃是大耻。」余曰：「獨爲君子，自初學時無人夾持，恐便有躲閃時候。自成德言，『一夫不獲，時予之辜』，正是己之分量未曾圓滿，此正耻之近裹着己處。」

先生曰：「『德之不脩』一節，只是爲脩德而發，講學只講其如何脩德也。下面『徙義改過』，是實地脩德處。」又曰：「文公於『德

[1]「凶」，原誤作「南」，據日本内閣文庫藏另一洪刻本改。

之不脩』註解曰：『四者日新之要。』初疑『日新』字於四者何干，不知四者不日新，則亦不成其爲德矣。如今日徙義，而明日不徙，照舊是不徙；今日改過，而明日不改，照舊是不改。『日新』二字，文公極費苦心。」

又曰：「學如梳洗、穿衣、吃飯。昨日梳洗，當不得今日梳洗；今日梳洗，當不得明日梳洗。穿衣吃飯亦然。」余曰：「若昨日梳洗、穿衣、吃飯，今日不梳洗，不穿衣吃飯，便蓬首垢面，或寒而病，饑而死者矣，況終年不梳不洗，不穿不吃者乎！其生也幸耳，煞可深畏！」

又曰：「善有在今日爲善，明日即非善者；過有在今日爲過，明日却非過者，此處最精微。所以學全要日日講，才得不差。」

又曰：「孔子云：『學之不講，是吾憂也。』不講，何憂之有？只不講，便不脩德，不徙義，不改過，此中便作無窮之非僻，生無窮之隱禍。不講，不足憂也，禍猶不足憂耶？」

又曰：「只爲躬行，故不得不講。」余曰：「若既講矣，何故不躬行？」

又曰：「人不講，便差了，差亦不知，所以要講。」

又曰：「學問在做官時越發該講，事上接下，案牘紛紜，孰非講學？使無學問，便差了。如《中庸》『九經』説到『既稟稱事』、『日省月試』，不如此，則精神不周到，便是學問有不貫徹處。」

吉孺問「性相近，習相遠」章。先生曰：「人性皆善，而氣質有清濁純駁，故曰相近，只就善中相近。」

又曰：「舉業、理學，原非二事，以理學發出文字，爲真舉業，以舉業証出道理，爲

真理學。且前朝多以詞賦雜流取士，惟國朝以四書五經取士，雖曰爲科第階，倒是驅人於理學路上。如今若講佛經、道經倒難曉，只講四書五經，誰不曉得？今之爲理學，真是容易，何人之輕放過乎？」

又曰：「今日與諸賢坐一時，覺一時之天地位、萬物育了。」余曰：「是。但如此說，人未必醒。只言此中如有一夥匪人在此飲酒、嚷鬧、賭錢、争毆，其光景便不位不育，則此一時之爲位育，可反而觀矣。」

正俗俗言乙丑。

或曰：「子之爲《正俗俗言》也，似也，然胡不即曰《正俗正言》？」余曰：「俗之漸民久矣，一旦以正言正之，人將駭焉而不吾信。不若即以俗言正之，庶幾其有入乎！此余不得已作《正俗俗言》意也。」嗚呼！吾言本易，知本易行，而人多不肯知，不肯行，余言滋俗，余心滋戚矣。少墟識。

高年人齒落更生，此上壽之徵，而人家吉祥之善事也。秦俗以此爲不祥，謂之「喫兒喫女」。嗚呼！爲此言者，是詛呪父祖者也，罪豈容誅！余祖母田太宜人年八十時，齒落更生，後膺封典，享壽九十又一，子女俱榮壽，諸孫濟濟稱盛，雖謂之多兒多女可也，豈得謂之「喫兒喫女」哉？

疾病人所時有，夭壽原無定數。秦俗凡老年人偶有病，大家即以爲老病，即孝子慈孫，亦不復延醫調治，惟一味治後事以待盡，如此，不可知果天數否邪？余祖贈公七十以後屢嬰重疾，先君晝夜修藥餌，美飲

食，屢病屢愈，壽直至八十五。余有二堂兄，一諱江，一諱淮，兩兄六十以後亦時常有疾，每疾余迎之家爲醫藥飲食之，俟其愈而歸。後江壽七十五，淮亦壽八十五。使當時若委之老疾不治，豈得復享上壽哉？

喪葬稱家之有無，而厚薄又無定例。有費數緡而即爲厚者，有費數十緡而猶爲薄者，亦顧其子之家事何如耳。秦俗原爲惜費，而借口厚葬之非，大家争喜談之。不知若爲父者，而對其子議人厚，稱人薄，是教子異日棄我於溝壑也；若爲子者，而對其父稱人薄，議人厚，是使爲父者傷心淚下，曰「異日吾子必棄吾於蠅蚋也」，豈不悲哉？大抵不論家事何如，只是「薄」之一字，士居子必不可出諸口。

嫡庶既分，服制亦異，故孟子有「一日愈已」之説。至國朝，於所生子，直定爲斬衰三年，至嫡子與衆子，直定爲齊衰杖期，則其所重可知。秦俗庶所生子，多諱言其母，即墓志、登科録亦曲爲之諱，此何以解也？至生母或爲嫡所逐，或父没改適，而其子成立多不肯認，或不得已密一省視，私相對泣而已。生不爲養，死不爲葬，縱不丁憂，亦當終喪三年，況又有齊衰杖期之制在，而竟不爲一日之服，何也？習俗移人，賢者不免。朱壽昌之行，豈不聞乎？爲人子者，凡遇此等事，即當垂涕迎養，其日仍當廣集賓客，盛張鼓樂，結綵設席，躬率子弟，跪請登輿，盛服前導，上壽稱觴，豈非庭闈之榮遇，而人世之全福哉？人亦何憚而不爲之也？余特爲之論著若此，使仁子孝子知興起焉。

凡士夫子孫於先世所遺坊牌、牌扁、軸帳、試録、文集、誌文等項，俱要十分珍重。

每見南方世家於坊牌、牌扁則重新之，於軸帳則修補、裝潢、縣掛之，於試録、文集則什襲珍藏之，誌文除大石納壙外，另爲小石，或集古人法帖，或求名公另書，藏之祠堂，搨以貽客。使過其巷者曰：「此某先生之里也。」登其堂者曰：「此某先生之宅也。」覽其諸刻者曰：「此某先生之行履也。」其子孫，豈不令人敬重！而其於先世，豈不永錫之光哉！近渭上諸邑亦有此風，獨省會則不然：視坊牌爲奇貨可居，惟恐鬻之不急售矣，於錦帳或裂爲女衣，於紙軸或裹爲火樹，至試録、文集、誌文等項，或視爲故紙，化爲烏有矣。孟子曰：「諸侯惡其害己也，而去其籍。」豈子孫亦惡其先世之害己也，而去其籍乎哉？嗚呼！仁人孝子，當必有味乎余言。

傳曰：「君子修己以敬。」又曰：「小人而無忌憚。」是敬爲君子，肆爲小人，不待辨矣。秦俗明知敬之是，而百方嫉忌之，百方吹求之，使敬者必至於無所容；明知肆之非，而百方狎溺之，百方左袒之，使肆者益至於無忌憚。嗚呼！敬肆之人無論矣，彼吹求敬而左袒肆者，吾誠不知其何心也。

世間最有功德事，莫大於成人之美。南人每見人行一好事，大家必稱贊之，羽翼之，務底於成；秦俗則争譏笑之，詆毁之，務底於敗。如此，則師反受其益，而弟子多受其損。何也？師見其譏笑詆毁，則益有所警戒，弟子見其譏笑詆毁，曰：「我何苦無故自投於風波是非中也。」半途而廢者多有之矣。故楊龜山、吕與叔，皆程門之高弟也，龜山門人幾徧東南，而與叔則否。王陽明、吕涇野，皆我明之真儒也，陽明門人幾半海内，而涇野則否。雖於二公無損，卻於

闕輔無光。

怕人責備，人情皆然，而秦俗尤甚。不知人生天地間，自當明明白白做箇真男子，若徒躲避人言，豈不耽閣自己？故必不怕一鄉責備，而後可言一鄉之善士；不怕一國責備，而後可言一國之善士；不怕千古責備，而後可言千古之善士，而後不負此百年見在之身。

華亭唐汝詢，字仲言，五歲而瞽，六七歲喜聽父兄讀書，聞之輒不忘。父兄愛之，因爲講授文義，即能解悟，且出人意表。父兄因盡取古今書讀之使聽，而仲言胸中，不翅五車二酉矣，久之，能文能詩。所著有《編蓬》、《姑蔑》等集及《唐詩註解》，李翼軒先生序而傳之，而郡守許繩齋先生延爲上賓，有徐孺下陳榻之風焉。今蔚然稱一代文人，蓋父兄成就之以也。吾鄉幼而瞽者，有一劉奇卜，聽人聲音，終身記其姓名，此尤爲難。而鄉紳龔節推公子，亦聽人讀書，終身不忘。其天資俱不在仲言下，使當時有人成就，其造詣當又不在空同、槐野下，而竟以賣卜終，豈不惜哉！況如劉、龔之資者，不知凡幾，其汩没飢餓而死者，又不知凡幾，豈不尤可悲哉？吾輩凡遇幼而瞽者，令父兄教之聽書，俟其不能，而後學卜未晚也，何必汲汲哉！此亦吾輩願學相師之道云。

「師冕見」一章，謝上蔡謂「一部《論語》，只恁地看」，❶是語其精者，余語其粗者。每見余鄉諸英俊每遇瞽者，百端戲謔，及階反曰「及席」，及席反曰「及階」，某在斯反曰「某在彼」，某在彼反曰「某在斯」，令瞽者手足無所措，而應對非其人，以取大家一

❶「恁」，原作「凭」，據真德秀《四書集編》引謝顯道語改。

笑，而大家亦恬然不知其非。如此戲謔，不知可稱相師之道否？願共戒之！

曾植齋先生朝節與其兄朝符未第時，其父鋭爲延一舉業師，又延一講學師程天津先生。未幾，兄弟俱得雋，而植齋中探花，官大宗伯，爲世名儒。夫世之最愛子者，不過教子務舉業，延名師，厚館穀，嚴課業而已，未有舉業師之外，又延一講學師如曾封翁者也。封翁爲衡州郡掾，又非素知學問者，而一時能爲其子延二師，其識見豈易及哉？事載封翁志文中，而植齋又親與余述之。今東南猶有此風，而吾鄉則絶不聞有此事矣，豈愛子不若曾翁哉？不知耳。天津，諱弘忠，字汝一，徽歙布衣。

新建恒麓萬公，久欲爲其師章斗津先生刻《圖書編》，而力不給。斗津殁，公深以不及早刻爲恨。比官邵武二守，因置一篋，專貯邵武一任俸於内，即有他窘，亦未移濟。既内轉，啓篋得若干金，俱付梓人，而編始告成，復付版書肆，令廣其傳。夫世之刻書者多矣，不知有以閑曹盡捐一任俸至千餘金，而刻書至十餘套者否？一死一生，乃見交情，恒麓高誼薄秋旻矣。南昌涂鏡源、鳳翔張心虞聞而助之，亦義舉也。心虞貽余一部，余讀之有感焉。吾鄉有一士夫垂老，以千金畀其子以刻集，而其子竟未之刻，且併其集化爲烏有矣。余甚悲之，因書此，使賢者知所興起焉。恒麓諱尚烈，字思文，以鄉科官至憲副，天固酬之矣。

余同年元石李公景元撫晉時，迎養太公，而翼軒李先生時爲憲長，爲文以壽太公者四，俱奇絶，而其一更大有關於風化，余讀之有感，因録其略，與秦人士共覽焉。略曰：

中丞李公撫晉踰年，會國有大慶，

詔以其爵貤太公。踰年，太公如晉，公親迎諸所治陽曲境五十里而遠，太公趣之還臺：「兒以我絀體固當，如勤諸執事何？」翼日，晉官吏士民各以其班迎於遠郊，太公使使數輩來，爲我多謝問諸君：「諸君爲老夫地足矣，老夫不能以筋骨爲禮，敢固辭。」公復具中丞威儀，迎於近郊，長跽道左，太公輿過之，徐起而從入。晉無少長男女，傾國來觀，灑然變色易容也。中丞賜節鉞，專制一方，誅賞惟所頤指，負弩矢先驅，操拔篲侍門庭，青衣趨府，首下尻高者，孰非天子之命吏也？今爲太公挹損視官吏士民之事，中丞容有過焉。嗟乎！爲人父、爲人子，當如是矣！不佞作而歎曰：善哉禮乎！新民耳目而轉移之，何其捷也！又曰：太公拜天子命，爵秩、物服、采章、令甲得與子同，第一朝用之，以無隱君賜，以申子尊親之敬。辭吏民郊迎，不儼然當貴人父之勢；不起中丞，以明父之尊。可受則受，可辭則辭，不廢上下相臨之體，不溺世俗姑息之愛，父慈而子孝，節文斯斯之謂禮矣。過此以往，晉人明於人倫，閑於古禮，公父子表帥漸摩之功，寧淺鮮哉？

先生此文出，而長安紙價頓爲騰踴。此其大略也，若其詳，則有先生全文在。

山中稿

讀史六則 丙寅。

紂至不仁也，武王伐之，猶有牧野之

戰，扣馬之人。以秦之威力，漢兵入關，宜勝，則不知有多少堅甲利兵以應敵；不勝，則不知有多少忠臣義士以死節，而竟無一人應敵、一人死節，何也？秦王子嬰知威力不勝，與民守之，効死勿去，人猶憐之，而奉皇帝璽符迎於灞上，何也？譬之婦人，夫病革尚未死，而先盛粧以奔也，寧不令後夫一笑！或曰：「應敵死節之臣亦有，只是被始皇坑耳。」雖係謔語，實爲至論。

秦始皇是千古第一箇有才能的人，却是千古第一箇没道理的人。以千古第一箇有才能的人，一没道理，便不免二世而亡，況才能不及始皇而又没道理，其狼狽決裂又當何如？

張良於圯上老人，尚未知胸中何如，而三番蚤起，卒爲納履，如此器量，安得不爲宰相？安得不興漢？王安石往謁周濂溪不遇，亦交往常事，遂怫然不悦，如此器量，如何做得宰相？如何不禍宋？可見人終身事業，不必觀之後來，蓋自少年時，器量已定矣。

王敦之反，王導實與謀，不然，何以曰「伯仁由我而死」？秦兵壓境，廟堂震恐，此何時也？謝安即不張皇失措可矣，「携妓遊山」，此何説也？安之主意已定，玄不喻意，圍碁不勝。淝水之捷，幸得朱序反間之力。安知倖難再徼，運米救秦，玄喻安意矣。桓温入朝，人情洶洶，郗生入幕，談笑自如。安之主意亦定。海西之廢，安爲遥拜，倘苻堅之入，安爲遥拜，不言可知。且君拜於前，臣揖於後，單言君，則人人可稱，對臣而言，則明白擁戴矣。導之與謀觀望，人皆知之，安之與謀觀望，人多不知，何也？

驪山下西南五里，有坑儒谷，唐太宗立旌儒廟，賈至爲記，其文古雅可誦，而字亦有風骨。余録其文，刻《古文輯選》中。余嘗云：「坑儒有谷，秦之所以亡也；旌儒有廟，唐之所以興也。」昔高帝過魯一祀，史稱「漢家四百載精神命脉在此」；余以爲，太宗旌儒一祀，唐家三百載精神命脉亦在此。今廟廢，而碑移在臨潼儒學，尚完美無恙，若重修廟宇，仍移置此碑於中，亦一時義舉，千古盛事。

明皇幸沉香亭時，牧丹盛開，乘月夜召太真妃，選梨園子弟，將歌，明皇曰：「賞名花，對妃子，焉用舊詞？」遽命李龜年持金花牋，宣賜翰林李白進「清平調」詞三章。白欣承詔旨，猶苦宿酲未解，援筆立就，備極媚諛。龜年以詞進，上令梨園子弟調撫絲竹，太真妃持玻瓈琖，酌蒲萄酒，笑領歌意，盡歡而罷。嗚呼！太真何人？翰林何官？作詞曲以付梨園，且欣承詔旨，可羞甚矣！視章懋、莊昶、黄仲昭不奉詔作「鰲山燈火」詩，上疏極諫，甘心斥謫，其爲人之賢不肖何如也？

論管仲

管仲之功雖大，而夫子小其器，謂「塞門」、「反坫」，可以取禍也。余嘗有二絶云：「一匡九合功誠大，反坫塞門事更奇。假使人人都效此，仲雖禁止亦無辭。」「一匡九合功誠大，反坫塞門事更奇。假使桓公誅僭逆，仲雖百口亦無辭。」嗚呼，仲亦危矣！孔子斥其不知禮，正謂其不知法也，夫子雖小其器，猶大其功；至孟子併功烈亦以爲卑，何也？蓋自古帝臣王佐，其功

烈非不高，然皆從光明正大、戰戰兢兢中來，是戰兢光大，何嘗不可建功立業也？自管仲出，而以此爲迂，若曰：「如此迂闊，安能成功？欲成大功，須用機權。」將自古帝臣王佐正經建功立業一派學問被仲埋没，豈不可恨！況後之學仲者，未必有「一匡」、「九合」之功，先要做「塞門」、「反坫」之事，恐功未必成，而先受其禍也，豈不可危？自「卑」之一字出，而管氏之案定矣。

或曰：「如王守仁之功，似亦多用機權，何也？」曰：此守仁之經濟，非守仁之機權也。蓋才一也，用於正，則爲經濟；用於不正，則爲機權。第後人誤以小人之機權，信其爲經濟，以君子之經濟，疑其爲機權耳。守仁當投荒萬里之時，險阻備嘗，而猶云「自信孤忠懸日月」，何等從容！至宸濠既擒之後，謗書盈篋，而猶云「一戰功成未足奇」，又何等謙讓！自古帝臣王佐正經建功立業一派學問，自守仁始明，又安得疑經濟爲機權哉？嗚呼！此古今王霸之辨也。

讀張居正傳

昔人論管仲功大而器小，又以爲功之首而罪之魁。居正爲相，功不及管仲，而罪過之。父死不奔喪，罪一；初喪，衣緋入朝，罪二；方葬，衣蟒閲操，罪三；三十二人之輩，越分僭乘，罪四；鄒元標、趙用賢、吴中行、傅應禎、沈思孝、艾穆等廷杖遠謫，罪五；劉臺、吴仕期、洪朝選等以私忿而置死地，罪六；三子倩人作文聯翩而取鼎甲，罪七；冒邊功蔭子爲金吾，罪八；決囚千百，而無恤渭水之赤，罪九；閹宦如保，望塵雅

拜，罪十；吏兵用人，惟其所私，罪十一；王篆、王宗載、胡櫝、陳世寶、陳紳、于應昌、陳三謨、魯士楚、朱璉、勞堪、龍宗武輩，夤緣結黨，而殺人以媚人，罪十二。負此十二罪，譬之失節之婦，即有他美，何足贖哉？嗚呼！居正未嘗無才，而才浮於德；未嘗無功，而罪浮於功，又安得與管仲並論哉？敢以此兩言，斷居正千古之案。

答令問

歲壬戌，余待罪西臺，客有筮仕爲令者，就余問政，余曰：「爲令無奇法，士夫居間，雖不可聽，而禮遇不可不隆；諸生犯法，雖不可縱，而學校不可不厚。審編毋多更張，民自稱便；收納不加火耗，民自感德；聽訟毋多纏擾，民自不冤。至於毋援上又毋傲上，毋陵下又毋徇下，潔己奉公，節用愛人，此又不待緩頰者也。乃近之爲令者則不然，有一種好奇之士，百姓與諸生訟，不論是非，而非諸生，諸生與士夫訟，不論曲直，而曲士夫，若曰『吾厚吾百姓』云爾，不知諸生士夫獨非吾之百姓與！士夫且薄矣，何有於諸生？諸生且薄矣，又何有於小民？彼原爲漁獵百姓地故，反借百姓以尋討出路耳。及至百姓受其漁獵，萬不能堪，怨聲載道，彼不曰『百姓之怨我』，而曰『我果爲百姓取謗於諸生士夫也』。上官亦不以爲百姓之怨彼，而亦曰『彼果爲百姓取謗於諸生士夫也』。諸生士夫當其虛名，而百姓受其實禍。嗚呼，計亦奇矣！爲此計者無論，而當事者多墮其計中，何也？當事者不必過爲物色，即就百姓身上一察之，而其漁獵否，當自不能掩；又即就

民間口碑一察之，而其謗從諸生士夫起否，亦自不能逃。奈何不察，而反墮其計，令彼退而竊笑也？嗚呼，爲百姓者，亦難矣哉！雖然，諸生士夫可借口也，而百姓可終欺乎？上官可以計愚也，而鬼神亦可以計愚乎？縱使得意於目前，難必徼倖於他日。倘一時天寒霜降，水落石出，身名俱敗，悔之何及！是始之欺人者，乃其所以自欺；始之愚人者，乃其所以自愚也。嗟嗟悲夫！今而後，知平易近民、行所無事者之計得，而斯人之計失也。」令聞其言喜甚，請余書，因書以貽之。

策問

問：國於天地，必有與立，講學尚矣，而非學者妄謂「宋室禍敗繇於講學」。夫宋室禍敗，固繇於講學矣，五代禍敗，尤甚於宋，而講學者誰與？藩鎮竊據，京師屢陷，唐之禍敗，尤甚於宋，而講學者又誰與？六朝瓦裂，三國鼎沸，秦、隋不二世而亡，其禍敗尤遠甚於宋，而講學者又誰與？諸生亦可歷指其人與！宋時用事諸臣，如章惇、蔡京、秦檜、韓侂胄輩，未嘗講學也，而無救於宋之禍敗，何與？五代之馮道，唐之盧杞、李林甫，漢之曹操、王莽，秦之李斯、趙高輩，未嘗講學也，而無救於漢、唐、秦、隋之禍敗，又何與？諸生亦可細陳其故與！國朝表章宋儒，經筵日講，載在令甲。今天子孳孳向學，媲美堯舜，無容過慮。倘萬一聞其説曰：「宋室禍敗，果繇於講學也。」遂罷經筵日講於不御，其關係豈小？不知非學者將何以自解與？爲上爲德，爲下爲民，全在此「講學」二字。今若

此，是與？非與？諸生有慨於中久矣，尚詳著於篇，以觀其志之所存。

誠字銘

出處隱顯，厥惟一「誠」。可對天地，可質神明。真實無妄，恬澹寡營。物我同體，寵辱不驚。如玉之振，如金之聲。聖學真傳，展也大成。

敬字銘

出處隱顯，厥惟一「敬」。可質三王，可俟後聖。曰齊曰莊，惟中惟正。與天合德，與物無競。其平如衡，其明如鏡。聖學真傳，歸根復命。

鄒南臯先生手書《真字銘》示余，余倣其意，作《誠》、《敬》二銘，效顰之誚，弗恤也。

贊

國朝從祀四先生贊

薛文清公

昭代理學，公獨開先。宗標「復性」，崇正闢禪。功嚴主敬，履冰臨淵。《讀書》一録，鄒魯嫡傳。

陳文恭公

聖學迷宗，人心馳騖。靜中端倪，誰能解悟？公也倡之，如寐斯寤。勿助勿忘，

願言趨步。

胡文敬公

聖遠言湮，異端蜂起。惟公之學，中立不倚。録名《居業》，近裏着己。足繼文清，躬行君子。

王文成公

辭章口耳，聖道支離。公排群議，獨揭良知。「致」之一字，工夫靡遺。虞淵取日，人心仲尼。

馮少墟續集卷三

長安馮從吾仲好著

山中稿

存古約言序癸亥。

夫世道自醇而漓，人情自朴而華，譬之江河，愈趨愈下，不以禮教隄防之，不止也。故「寧儉」之說、「寧固」之說、「從先進」之說，孔子斷斷不置，其憂深，其慮遠矣！老氏不達，不曰「忠信之人可以學禮」，而曰「禮者，忠信之薄而亂之首」，是率天下蔑禮而爲亂也，其禍世豈小？

今天下禮教敝也久矣，薦紳習爲奢靡，青衿習爲狂肆，齊民習爲僭越，釋今不圖，長此安窮？新安豫石吕公憂之，乃纂《存古約言》一編，首「家範」，次「加冠」，次「婚姻」，次「居喪」，次「祭儀」，次「處世」，次「服式」，次「宴會」，次「交際」，次「揖讓」，而以「柬劄」終焉。大略以朱文公《家禮》爲主，而採擇諸名家言，酌古準今，删煩就簡，不泥不徇，易知易行。至宴會不用聲妓，尤爲表正風化、儆戒末俗第一義，迴狂瀾而障百川，其功豈淺鮮哉！伊洛爲二程先生之鄉，其風氣雅稱樸茂；而公邑故有孟雲浦先生，潛心理學，力追古道，與余莫逆，惜其年僅踰艾，未究其用。公今約同志弘農王惺所大參、沔池張抱初明府、雒陽邢舜玄大行，修復講會，崇正闢邪，而又爲此約，以興起禮教爲己任，則伊洛之間，行且復覩二程

之化，世道人心，有不斂華就實、返薄還醇者，吾不信也。

嗚呼！倡約在公，遵約在人，凡我同志，尚相與設誠致行之，庶不負公惓惓存古雅意。不然，公約之而吾悖之，豈惟負公，抑且自負，平日所學謂何？余不肖，願與諸同志共懋勉焉！

梅雪軒稿序甲子。

朱進父宗尉《梅雪軒詩》，膾炙詞林久矣，進父不以余爲不知詩，而强余爲序。進父之詩，蓋從學問博雅中得之，修辭鍊句，鑄古鎔今，有根據，有法度，非沾沾騁才華、任意見以爲奇者，所稱「範我馳驅，舍矢如破」者非耶。諸體俱臻妙境，而《飲酒雜詩》，尤感時憂世，有工部風。余每讀之，不覺當食噴飯，爲世道□快。嗚呼！進父恨格於例，不獲爲世用耳，假令彈冠立朝，其建豎可勝道哉！進父寓言飲酒，其詞雖慷慨激烈，而其人則坦易謙沖，粥粥若無能者；且嚮往理學，樂與賢士大夫遊，而賢士大夫亦樂與之遊。

余嘗與進父論詩，以爲詩之爲道，談何容易，必其人正大，而後其詩莊嚴；必其人恬淡，而後其詩沖雅；必其人脱灑不凡，而後其詩超然不落於塵俗。不然，即刻意效矉，終非本色，徒博識者一噱。進父以爲此仲好之論詩，乃仲好之所以論學也。余謝不敏，余不知學，安知詩？第讀進父詩有先於詩者，故不辭不知而漫爲之序。進父匪直也詩，即臨池緒餘，亦深得《聖教序》遺意。吾里中先輩以善書鳴者，有許少華中丞、張太乙都督、董陽谷布衣、朱玉華宗尉、楊積菴都

閫，乃今又得吾進父，吁，亦盛矣！余暇日欲輯關中名人書法，以爲游藝之一助，又未知果能如願否？因序進父詩併及之。

仰節堂集序 乙丑。

昔明道先生作字甚敬，曰：「非是要字好，即此是學。」余以爲作文亦然，非是要文好，即此是學。若作文甚敬，行必顧言，吾得之真予曹先生云。

先生全集梓成，余讀之喜甚，鄒魯嫡傳，濂洛正脉，其在斯乎！言言有理，言言不苟，而又言言有作意。它不具論，即如《題南皋先生教言》數語，雜之秦漢古文辭中，亦不多得。寸山起霧，勺水興波，賞心哉！觀止矣！蔑以加矣！先生以千古絕學自任，固非沾沾以文章家名者，而作文又甚敬乃爾，即世所稱操觚自豪之士，寧不避三舍退哉！

先生雖諄諄講學，而非其人，不輕發一語，即得其人，亦不輕發一語。《易》云：「擬之而後言，議之而後動，擬議以成其變化。」先生以之故，其著作雖間有應酬，而譽必有試，獨爲余文，似又輕譽，余竊愧之。而或謂：「善信如樂正子，孟子進之以『美』、『大』、『聖』、『神』，夫美大聖神，而可易言乎哉？其期望不得不如此。子惟勉之可耳，焉用愧？」猶記前歲少宰缺，廟堂誤推余，而借重先生陪，先生特膺簡任，❶余方爲銓衡，得人喜，而先生再三力辭，竟不稅冕行。夫銓衡重任也，少宰美秩也，他人争之若鶩，而先生棄之若浼，此其高風峻

❶ 「任」，原作「在」，據《馮少墟續集》卷四《請告第五疏》改。

節，尤古之人，寧數數見哉！先生之學，以「躬行」二字爲宗，而辭少宰一節，尤爲躬行之大者。讀先生集，當因言而求於言之外，不然，而徒豔羨其文辭，浮慕其理致，出口入耳，忘厥躬行，即先生所謂「没齒務學，終屬半塗，終日亹亹，猶漫道」者也，豈惟負先生，亦且自負。

或曰：「薛文清公與先生，皆晉産也，文清終身學問，只是一『敬』字，先生學問淵源，蓋有所自。」余曰：「然。青出於藍而青於藍，冰出於水而寒於水，自古讀之矣！」

都門彙草

太和軒語録序

告子曰「生之謂性」，此禪宗也，彼蓋以所以能視聽言動者爲性，而不以所以能非禮勿視聽言動者爲性，以故與吾儒異耳。何也？人能視聽言動，禽獸亦能視聽言動；若教禽獸非禮勿視聽言動，則不能矣，「人之所以異於禽獸者幾希」正在此。今不言「幾希」，而專言「生之謂性」，是混人與禽獸而無別也，豈不令人縱欲而滅性也哉？少原先生之言曰：「告子曰『生之謂性』，孟子『道性善』，則以『生』之、『理』之謂性。告子單言氣質，孟子專言義理，差之毫釐，謬以千里。」又曰：「聖學之失其傳，坐人誤認『性』字以目欲色、耳欲聲、鼻欲臭、口欲味、四肢欲安逸爲性，而不知就中有當然之節，節乃是性。」嗚呼！先生於「生」之下補一「理」字，可謂發「幾希」之微，而徹人與禽獸之所由千里者矣。性體一徹，則凡言天地，言鬼神，言古今之事變，言古今之人物，無

所不徹，有以也。

或曰：「吾輩講學，只講日用常行可矣，何必講性？」曰：不講藥性，何以施藥？不講人物之性，何以别人物之分？若止以所以能視聽言動者爲性，則不以所以能非禮勿視聽言動者爲性，則必以任視、任聽、任言、任動爲率性，爲自然，爲無心，爲高，爲真，以非禮勿視、勿聽、勿言、勿動爲拂性，爲勉然，爲有心，爲矯，爲僞，不幾率人類而爲禽獸乎哉！此孟子所以惓惓與告子辨也，若逆知後世之有禪學而預爲之防也。

孟子辨人與禽獸之所由分，而先生又辨孟子與告子之所由分，其有功於吾道大矣！余讀先生《太和軒録》，欣然會心，因書此以請正，不知先生以爲何如？

移愚録序

余與同志講學，嘗舉「少不得，算不得」六字相印正。或曰：「何也？」曰：人生如居處衣食，子女婚嫁，此少不得、算不得固矣；即如讀書取科第，可少乎？若算得，則凡高科膴仕者，皆聖賢矣。即題詩作文，可少乎？若算得，則凡操觚染翰者，皆聖賢矣。可爲不然也。曰：然則其所算得者何在？若不於此處一着力，無論與草木同腐朽，且并少不得者，反皆爲吾損，而不爲吾益。

東昌張蓬懸先生二十五爲司理，則爲名司理；三十四爲吏部，則爲名吏部；四十六爲中丞，則爲名中丞，此何以故？公蓋於算得處着力早耳。然則先生之所算得處

何在？曰：讀先生《移愚録》可知也。

嗚呼！世人皇忙一生，精神多在少不得處用。爲司理則爲司理之不暇矣，爲吏部則爲吏部之不暇矣，爲中丞則爲中丞之不暇矣，又何暇潛心理窟爲是録哉？孔子曰：「夫我則不暇。」夫孔子亦皇忙一生，精神全在算得處用，所以併少不得者，亦錫之光，此孔子所以千古稱至聖也。不然，千古亦不過稱爲魯司寇而已矣，稱其攝行相事而已矣，其何以爲孔子哉！先生固願學孔子者，余故曰：讀先生《移愚録》可知也。若「移愚」之旨，是先生自道，非人之所以道先生者，余得無言。

首善書院誌序

首善書院成，或曰「是不可以無誌」，因命門人王堇父爲之誌，且成，或曰「是不可以無序」，余因僭爲之。宋儒有云：「志於道德者，功名不足以累其心；志於功名者，富貴不足以累其心。」今京師四方，冠裳輻輳鱗集，是功名之塲也，倘得道德一脉以隄防之，則功名爲道德之羽翼，不然，則功名爲富貴之嚆矢矣，人而志於富貴，則亦何所不至哉？此京師書院之不可不建也。

「子之武城，聞絃歌之聲」，絃歌非民間之淫辭，乃道學之彈琴歌詩也，故曰：「君子學道則愛人，小人學道則易使。」夫人而愛人易使，則天下太平矣。乃以學道得之，學道又以絃歌見之，此夫子所以喜也。今邦畿千里，非武城一邑比，沖主神聖，衆正盈朝，又非一邑之君子比，今而後，絃歌其有興乎？假令夫子而在，其莞爾之喜，不

知當何如？大道而大用之，又何有割雞牛刀之戲哉？余嘗謂周家以農事開國，我國朝以理學開國，十世卜年，當必遠過周曆，兹又以書院卜之矣。

嗚呼！天下之事樂成易，慮始難，「非常之原，黎民懼焉，及臻厥成，天下晏如也」。凡我同志，覽誌中諸疏，慨人情之多端，思創造之匪易，感發興起，努力擔當，使斯道如日中天，則唐虞三代之盛，寧不於人日復見之哉！此又余之所惓惓於同志者也。

闡幽傳序

董父名應遴，史館中書，浙之山陰人。

子思謂：夫婦之愚、不肖，可與知、能。而孟子謂：「人皆可以爲堯舜。」然「可與知、能」者何物？「可以爲」者何事？余觀古今烈女烈婦視死如歸，此豈有所爲而爲？正所謂「可與知、能」而「可以爲堯舜」者也。往余待罪棘寺，覽爰書，每見節烈事，其凶人雖已正法，而其烈竟泯泯不傳，心竊悵之，方欲摘録以備表揚，而以量移不果。頃廷評黃君履素以《闡幽傳》見貽，余讀之快然，曰：「此余之所欲爲而未遂者也，而君先爲之，諸烈婦千載不死矣！」嚮所稱「可與知、能」而「人皆可爲堯舜」，顧不信哉！且言「夫」而又曰「婦」，言「人」而又曰「皆」，意正爲此。獨怪遼左之亡，身爲大臣者争相逃走，覥顔偷生。❶

❶「覥顔偷生」以下，疑有奪文。

題　辭❶

蘭臺法鑒録題辭

《蘭臺法鑒録》之刻，彰往詔來，其意甚盛，其體甚嚴。中有載可法可鑒一二語，乃後人公議爲之，非自己與曾同事者可得而私書也。後有遷擢，止書官爵，不得私增一字。若自己書可法，便不可爲法；若曾同事者書可鑒，恐亦未必爲可鑒矣。慎之哉！

城西義倉約題辭癸亥。

語云：「積貯，國家之大命。」今民間空虚極矣，一遇凶荒，便束手無策，良爲可憫。今願與吾黨約：大家不拘貧富，各出穀，不拘多寡，借其本以生其息，異日其本願收回者，聽第如原數，不加其息。賤糴貴糶，行之三年，不止餘一年之食；行之九年，不止餘三年之食。倘遇凶荒，亦可恃以無恐。此最易知，最易行，而最有利於民間者也。雖然，尤有進於是者，匪直糴賤糶貴、權子母而争尺寸之利也。且如每秋夏收成之後，其麥米必賤，而差徭逼人，勢不得不賤糶以供征，甚至數斛博不得一二緡，而農家窮。及春夏之交，兩黄不接之時，其麥米必貴，而家無蓋藏，勢不得不貴糴以糊口，甚至數緡博不得一二斛，而農家又窮。今若積穀若干，糴於穀賤之日，則糴者多而賤者必貴；糶於穀貴之日，則糶者多而貴者必賤。不過一出一入間，其利於農家，蓋不知

❶「題辭」，原無，據洪本「馮少墟續集目録」補。

其凡幾矣！因民之利，不費之惠，豈曰小補？此又今日立義倉意也。若權子母而廣積貯，特其後者耳。此舉聞於官府，而不屬於官府，公私尤爲兩便。於是衆共欣然曰：「有是哉！良法一至此乎？願相與亟行之！」作《城西義倉約》。

維風約題辭癸亥。

孔子曰：「禮與其奢也，寧儉。」夫「由儉入奢易，由奢入儉難」。秦中風俗，雅稱近古，乃今則奢極矣，流波靡涕，後將何極！撫臺拱陽孫公憂之，乃爲《維風約》，意在崇儉，其有砥柱迴瀾之思乎！夫奢費而儉省，奢勞而儉逸；喜省而惡費，喜逸而惡勞，人之常情，乃竟由儉入奢，何也？彼蓋誤以奢爲厚，而以儉爲薄，以奢爲敬，而以儉爲慢耳。然喜厚而惡薄，喜敬而惡慢，又人之常情，此所以由儉入奢，而無所底止也。不知人之相與，貴真不貴僞，貴久不貴暫，儉則真而可久，其厚其敬，孰大乎是！彼奢則以套數相加，以淫巧相競，可暫而不可久，是奢乃所以爲薄爲慢也，而人奈何反以爲厚爲敬也？知厚薄敬慢不在此，則由奢入儉，自不待辭之畢矣。思深哉，公之爲此約也！願與秦人士共守之。或曰：「今天下風俗亦奢極矣，寧止秦中？子何私一秦，而止與秦人士守之也歟哉？雖公之天下可也！」

鹺臺李公會語題辭甲子。

世人以講學爲立異，曰：「饑食渴飲，亦立異乎？」又以講學爲好名，曰：「孺子

入井，怵惕惻隱，亦好名乎？」今鹺臺緝敬李公，按部所至，必聚友講學，秦晉伊洛士風丕變。自人視之，以爲公繼千古之絶學，而自公視之，不過以爲饑食渴飲之常；自人視之，以爲公醒一世之群蒙，而自公視之，不過以爲怵惕惻隱之不容已。嗚呼！今以講學爲立異、爲好名者，是餓而待斃，而赧然於孺子之入井者也，亦足憐矣！公與余講學關中書院，余受益殊多。頃以《會語》見示，余爲題此，蓋亦饑食渴飲之常，怵惕惻隱之不容已者也。

跋❶

西臺講義跋

孔子曰：「從心所欲不踰矩。」余以爲只從心所欲，便不踰矩，若從耳目所欲，便踰矩矣。然則孔子七十以前，從耳目乎？不知孔子自十五志學時已學此從心，特至七十始滿其志耳，若過七十猶然十五志學之心也，故曰：「一息尚存，此志不容少懈。」《孟子》「耳目之官」章，真可爲孔子註疏。雖然，心與耳目，總之一體也，「心之官則思」，若不思，而不能先立乎其大，則小者奪，而心從耳目，安得不踰矩？若能思，而先立乎其大，則小者不能奪，而耳目從心，又何踰矩之有？如此，雖謂之「即耳目即心，即視聽即心」亦可也。不然，古之明目達聰，視以天下、聽以天下者，豈從耳目也與哉？然孔子不曰「不踰規」，而曰「不踰矩」，何也？曰：規圓而矩方，學聖人者，

❶「跋」，原無，據洪本「馮少墟續集目録」補。

必寧方毋圓，然後能能方能圓，此孔門微旨也。南臯先生學透心體，不落聞見，故發揮「先立乎其大」，又可爲《孟子》註疏，余何容游贊？聊跋此，以請益云。

記❶

首善書院願學祠記

凡書院必祠先師，明所宗也。《禮》：天子祀天地，諸侯祀境内山川，大夫祀五世之祖。此毫不容僭者。今孔子不稱王而稱先師，正以稱先師，則人人得而師之，故人人得而祀之也。首善書院祠先師，而扁曰「願學」，蓋取孟子「乃所願則學孔子」意耳。夫學者，所以學爲聖人也，既學爲聖人，則伯夷、伊尹、柳下惠皆古聖人也，何爲獨願學孔子？他日自解之曰：「伯夷，聖之清者也；伊尹，聖之任者也；柳下惠，聖之和者也；孔子，聖之時者也。」三子不能兼孔子，而孔子可以兼三子。此孟子所以獨願學孔子也。可曰「皆古聖人也」，而泛泛然學之哉！且自古未有以「清」、「任」、「和」三字鼎足而言者，孟子特地拈出，真是撐持天地三大柱。若少一柱，便天翻地覆矣；若多一柱，反不穩妥矣。試看古今當大任者，減一字可能成功否？此外可再增添一字否？何也？士君子立身，當先以操守品格爲主，一不清，則本實先撥，人品先壞矣，既不能信自心，又何以信天下？此第一當以清爲主也。使清矣而不任，則閃爍觀望，規避推諉，天下國家之事付之何人？

❶「記」，原無，據洪本「馮少墟續集目録」補。

縱一介不苟，亦清而無用者耳，故清矣而又不可不任也。使任矣而不和，則甲可乙否，筆戰舌争，暴戾剛愎，觸處成礙，而天下國家之事去矣；縱浮慕擔當，亦客氣用事耳，豈能成功？故任矣而又不可不和也。清而不任，不可，清而不和，又不可；任而不清，不可，任而不和，又不可；和而不清，不可，和而不任，又不可。三字雖各造其極，實各得其偏。孔子兼三子而時出之，所以撑持天地，萬古不朽。嗚呼！清任和之内，一字不可減；清任和之外，一字不可增。時乎！時乎！其不增不減之間乎！方今臣民鼠竄，邪教鴟張，正坐不知願學孔子之過。因題此以明宗，併以戒世之偷生攻異而叛孔氏之門墻者。或曰：「如子之言真足羽翼聖真，轉移世道，曷書之以爲記？」遂書之。

書❶

答姬華臺封君 癸亥。

疆土之失，逃死偷生者接踵。今令郎仗節死難，凛凛如生，朝廷予贈予祭，而門下榮膺封典，又蔭令孫而恤二僕，慰幽魂於既往，激忠義於方來。彼逃死偷生，爲人臣而懷二心者，聞此當媿死無地矣。頃辱手書至，謂「門墻桃李，學問淵源，遜庭訓而歸師傳」，不佞竊自恧甚。憶昔解山、椒山俱出韓恭簡公之門，至今稱爲「韓門二楊」，而恭簡公載錫之光。不佞愧非恭簡，而得令郎爲椒山，不佞又竊自快甚。

❶「書」，原無，據洪本「馮少墟續集目録」補。

答辛復元茂才癸亥。

李州判至辱手書，感感謝謝。昨不佞講學都門，同志雲集，興起者衆，足稱一時之盛。然物忌太盛，自是宜歸，仕止久速，無往非道，亦無往非學，非專以仕以久爲道爲學也。耕雲釣月，頗有餘適。近伊洛之間，學會復興，王惺所講於陝州，吕豫石講於新安，張抱初講於沔池。不佞昨過其地，俱赴會大講，二程之風再振，殊可喜也。

答余少原冢宰癸亥。

從吾林居廿六年，絶意春明之夢。昨冒昧小草，無裨清時，然得借以領大教，亦可謂虛往實歸矣。恭喜榮擢，簡在帝心。老公祖可以不辭而決意求歸，其自處誠高矣！如世道何？從吾多病之軀，方幸脱籠。真老之點，從吾不惟得自遂其私，而且喜銓衡得人，尤爲世道彈冠。山中無事，益理舊業，遠承翰教，如獲指南。《元儒考略》猥辱佳弁，重付殺青，諸儒可以不朽。嘗羨貴郡爲文公之鄉，昔年承召，亟欲赴會而不果，今讀吴君後序，何新安理學之盛至此！芝蘭蓬麻，恨不能卜居於此，而日與諸同志相切劘也！厚貺遠頒，敬用登嘉，肅此佈謝。外具土物，聊以侑緘，伏祈莞存。後晤無期，臨書悵惘。

與鍾龍源尚書甲子。

頃劉公祖寄台翰，併鴻製《風土志》，俱領謝。今當五年請謚之期，貴鄉王秋澄兄，

第一當謚。往秋澄在銓部爲政府私人胡汝寧所齮齕，弟不勝憤憤，抗疏論胡。彼時疏什九留中，而小疏獨得旨：「吏部都察院看了來説。」時冢宰爲陸五臺，總憲爲李漸菴，二公賢者，故不恤政府，秉公覆疏，胡調外任，公論稱快，此翁丈所知也。今後進時賢多不知當日事，即有知者，亦不甚詳，頓令秋澄兄立朝偉節湮没不傳，亦足悲矣。一死一生，乃見交情，微顯闡幽，實吾二三朋友之責也。翁丈一言九鼎，乞爲此兄一表章之，幸甚！疏刻四册奉覽，此疏今刻《萬曆疏鈔》中，翁丈再取觀之何如？茲因楊範老公祖人便，草草佈悃，併候不一。

答曹真予總憲乙丑。

張布衣至，辱手書，大慰離索。翁臺請告亦准，自爲計則遂矣，其如世道何？吾輩山中無事，益得肆力於學。昔禹抑洪水，周公兼夷狄，驅猛獸，然猶有責任也。至孔孟，則不過鄒魯一布衣，既無舜之命，又非成王之相，即不作《春秋》，不闢楊墨，人孰得而議之？而乃特地自任，即「罪我」、「好辨」，亦所不恤，何也？蓋聖賢一段憂道之心，自有所不容已耳，何論朝市山林哉？翁臺以爲何如？鄒南老猶覺衰，王憲老尚健甚，而相繼彫謝，何天之不憖遺一老至是也？可慟！可慟！力疾此復，併候《時義》二篇博笑。

與張心虞武部乙丑。

向請教：「吾輩丁時多艱，正好証驗學問，任他風浪滔天，不改中流砥柱，終自有

風恬浪静時耳。」雖然，然猶有所待也。世路自風浪滔天，吾心自風恬浪静，何快如之！此則又無所待矣。雖然，然止不爲世轉也。縱是風浪滔天，益當同心共濟，又何快如之！此則又能轉世矣。然此一念，雖人有疑信，而我無作輟；雖時有語默，而心無斷續。故時當可言，則與千百同志大闡一堂之上，是吾道之幸，斯世斯民之福也，而於此一念無所增；時不可言，則與一二知己密證一室之内，是吾道之厄，斯世斯文之不幸也，而於此一念無所減。譬之春夏發生，秋冬收斂，而造化生意，未嘗斷絶，此天理所以常存，而人心所以不死也。昔人謂：「『正心誠意』，上所厭聞。」文公曰：「平生所學，惟此四字。」今人謂：「講學，世所厭聞。」不肖亦曰：「平生所學，惟此二字。」不知明公以爲何如？

與史義伯光禄 丙寅。

時事不忍言，亦不敢言，奈何？昔程朱講學，不知遭多少風波，文公至詆「圖爲不軌」，尤爲危甚。由今觀之，適成就得一箇程朱耳。時隆則道從而隆，時晦則道從而晦。然時有隆晦，道卻無隆晦，況晦又所以爲隆乎！「不是一番寒徹骨，安得梅花噴鼻香」，患難憂戚，人所難堪處，尤不可輕易放過。隴州有一貢士劉波，敝門人也，有學有行，今爲盩厔司訓，日與諸生講不輟，或有勸非其時者，曰：「吾以盡吾訓導之職耳，他何計焉？」由是諸生益信從之。台丈亦不可不知其人也。

與劉澄源司訓乙丑。

聖賢論學，説「朋來」之樂，便説「人不知而不愠」；説「君子依乎中庸」，便説「遯世不見知而不悔」；説「人知之囂囂」，便説「人不知亦囂囂」。今日之事，正遯世人不知之時也，豈敢怨天尤人？惟有點檢自家愠不愠、悔不悔、囂囂不囂囂耳。吾契以爲何如？

傳　墓誌❶

孝子祝公傳癸亥。

昔柳下惠爲士師，夫子不稱「官」而稱「逸民」。今華松祝公嘗以明經仕南康別駕矣，又以仲子貴，累封南計部郎中，至貴倨矣，今不稱「官」而稱「孝子」，知公所重在此、不在彼云。

公諱世喬，字子遷，別號華松，世爲江西金谿人。公生六月，而其父神谷公以醫爲四方之遊，不復言歸。十一歲母故，又四年王父亦故。公伶仃孤苦，仰天長號曰：「父兮生我，母兮鞠我，今吾母不可起矣，天下豈有無父之子哉？」遂涕泣出訪，曰：「不得吾父，誓不歸矣。」而或有言神谷公往秦楚者，公陟方城，浮漢水，抵均州，而始得神谷公音耗，聞已先數月入關中之皐蘭矣，公且喜且泣，遂之關中。而先是楚有楊某者，素以痰疾，賴神谷公而愈，每思報之不得，及見公，遂欲以女妻焉。公泣辭曰：

❶「傳墓誌」，原無，據洪本「馮少墟續集目録」補。

「此出爲父，豈爲妻室哉！　即死不爲也。」遂辭去。　而秦地遼闊，時值嚴冬，冰雪凛冽，公皸瘃龜裂，體無完膚，自以爲無復生理矣。　久之，乃遇神谷公於鞏昌西和道中，父子抱首而泣，且泣且喜，曰：「今而後，始爲有父之子矣！」傍觀者爲之感動淚下，争爲館穀，蓋奇其事云。　神谷公幼時以火傷其腮，故形容易認識，而公一段精誠所感格，故遇合若此之奇。　是時父子尚無定寓，公雖跋涉重跰，風餐露宿，而讀書未輟，乃跽請於神谷公曰：「高陵爲涇野先生之里，夫子不云『里仁爲美』乎？」神谷公喜曰：「兒言是也。」遂卜居焉。　會督學月溪殷公歲試高陵，公就試，首選爲諸生。　邑有劉長者，遂以女妻之。　神谷公爲之色喜，曰：「吾老矣，即溘先朝露，夫復何恨？」居無何，而神谷公捐館舍，公遂卜兆高陵。　故關中學士大夫無不嘖嘖稱「祝孝子，祝孝子」云。

萬曆辛巳，公與余同貢入成均，余傾蓋喜曰：「兹其爲朱壽昌乎？」遂結契金蘭，相與講學。　公故金谿人，金谿之學，始於象山，公學有淵源，余得公而益可知也。　壬辰，公謁選南康郡倅，郡有白鹿洞，公時與諸生講於洞中，學道愛人，循聲大噪，屢騰薦剡，而竟坐忌者蜚語歸。　歸而復因余卜居省城。　余非涇野，而得公以長安爲高陵，竊自喜又自愧矣。　時余與諸同志講學關中書院，公每會必至，每至必早，又遣仲子萬齡從余學，且捐金助修先師閣，尤人所難。　壬子，公仲子舉於鄉，丙辰，成進士，官南户部郎，以考績封公如其官，出守廣平，以板輿迎養公宦邸，公時年八十又二矣。　天啓壬戌仲冬，余謝病歸，道出洺關，因迂道至

廣平侯公。公聞余至喜甚，夜半即披衣整巾起候之，余見而握手道故，驩動眉宇。時公弱甚，余不忍別。別不數日，而公訃至矣。嗚呼，痛哉！詎知握手之日，即永訣之日也邪？公少年卧薪嘗膽，備極辛苦，而晚歲蘭桂發祥，諸福駢臻。語云「天道無親，嘗與善人」，豈虛也哉？

馮從吾曰：孔子首言「學而」，有子即繼之曰「孝弟」，可見聖門講學宗旨矣。公爲人繩趨尺步，卓有先輩典刑，居鄉以厚德稱，居官以循良稱，表表在人耳目，不具書。書其萬里訪親，竟相遇合，爲孝之大用，以俟異日修國史者採焉。公二子：長萬春，次即萬齡，俱以孝聞。

四川樂至縣知縣西塘趙先生傳甲子。

先生諱三省，字汝誠，初號黄山，後更號西塘，先世河南鹿邑人。高祖燧，受成祖徵辟，歷官福建布政司左參政。曾祖斌，隸戎陝西西安前衛，今遂爲前衛人。祖昇，不仕。父錦，以齒德受高年爵。母王氏，生先生兄弟二人，兄三益，與先生共學，俱以才子稱，而兄不偶於時。先生髫年即穎異，嘉靖初，督學漁石唐公選充長安學宫弟子員，每試必冠儕輩，文名蔚起。辛卯，詔廷臣典各省試，先生舉於鄉。壬辰，試禮闈不第，鼓篋成均，友天下善士。其製作宗秦漢而薄時藝，爲亡奇，然操瑟徒工，抱璞不售矣。因喟然曰：「學以行道濟時，吾寧爲雕蟲困乎？不愧四境，與不愧四海一也。」丁未，

上謁銓部，授欒至知縣。欒至，蜀小邑，先生因其俗治之，政無苛刻，民得休息。既又懇荒田，法窩訪，恤貧士，正文體，部使者咸有嘉獎，大都謂「無欲而剛，以仁爲政，吏畏其威，民安其業」。一時政聲藉甚，銓部將擬優擢，而無端貝錦作矣，先生遂解組歸。歸而囊橐蕭然，徒四壁立，就陋巷數椽居之，置塉田數十畝，藉以自老。

先生體厚多鬚，望之儼然，爲人質直儉朴，有先進風。性不嗜酒，初猶好弈，後併弈亦不好，時閉户静坐，不徵逐宴會，不與里人豪奢者争勝。其先世所遺産業，盡推讓與兄，仍以兄子胤明爲己子。先是，高年公病，先生迎醫嘗藥，至廢寢食；既殁，毁幾滅性，喪祭壹遵《文公家禮》，不作佛事，至今里中稱孝友者，必取先生屈一指焉。萬曆壬午十一月二十一日，無疾而卒，距生弘治乙丑十二月二十八日，享壽七十有八。子四：胤明、胤秀、胤才、胤中。女七，而余妻乃其第五女也。詳載公門人應天府尹薇田王公譔誌中。

馮從吾曰：薇田王公譔先生誌稱：「先生長於知人，奇同年槐野王公之才，結爲文會。余童時以姻戚往來其家，先生誤以爲不愚，納爲門人。覽馮徵君從吾之作，偉其才，以子妻之。今王公文擅海内，余亦濫廁縉紳，馮君日駸駸不可量矣。」嗚呼！彼時余尚困蓬藋，而王公云「駸駸不可量」，竊自愧甚。今徼天幸，或不負先生之知，而先生不及見也，豈不悲哉！近夢炊臼，悼亡不堪，益以悲先生，因爲傳以識不忘云。

先兄斗墟馮長公墓志銘癸亥。

長公，余同胞兄也，諱敬吾，字伯恭，斗墟其别號云。先大夫通議府君，吾母劉淑人，於嘉靖戊申十二月十三日生兄保定宦邸。是時先大夫年已四十有二，尚無子，先王母田淑人在堂，年已八十有五，兄生而先父母喜可知也。兄幼聰慧異常，五歲即知讀書，八歲讀書即解大義，十歲能文，十三，督學仰山尚公選入邑庠，累試輒冠諸生。兄博極群書，不斤斤於舉子業，尤爲督學李翼軒、許敬菴二先生所重。奈數奇，弗售於棘闈，年六旬，始以積廩貢於廷，久之選期已踰，而不樂於仕。天啓改元，方奉恩詔冠帶，而即捐館舍矣。兄素壯，無恙，且健飯豪飲，即百歲可期，而忽一疾不起，嗚呼，痛哉！是爲天啓辛酉三月初一日，享壽七十有四云。憶昔先君棄養時，兄十八歲，余方九歲，嘗慨士大夫歿後子孫或孱弱不能守，家道不無中替，而兄少年理家，井井有條，且充拓先業倍於曩昔，又不止能守而已。嗚呼，善繼善述，豈專在功名間論哉！

兄初娶楊氏，繼楊氏，再繼宋氏，又宋氏。楊俱大城尹虞泉公女，宋俱青神簿龍山公女。晚繼胡氏，鴻臚少卿濛溪公孫女，俱先兄卒。子二：長元哲，先楊氏出；次自畢，胡氏出，俱庠生。哲娶桑氏，山東僉憲昆池公孫女；畢娶王氏，四川憲副熙宇公女。女二：一適黄國璋，河南内鄉令橋峰公孫；一適弓自起，丁酉舉人射斗子。孫男三：啓楨，娶王氏，延綏參將興業女；兆禎、引禎俱幼。孫女三：一適郭伊，一適劉

仕明，邑廪生，一適商彝，俱哲出。曾孫女一，尚幼，啓禎出。嗚呼！高才博學如兄，視一第不啻拾芥，而竟不售，乃子孫蕃衍，又能世其家學，則挹彼注此，天之所報施兄者，蓋又駸駸未艾也，孰謂天不可問哉？今哲等卜以卒之。又明年癸亥十二月廿四日，葬兄祖塋之次。先期，泣請余銘，余至不肖，叨有今日，皆兄教誨之力也，遂灑淚而爲之銘。銘曰：

世有奇寶，弗獻於明堂，乃竟韞匵而藏。吁嗟乎！天道靡常，我心悲傷。雖然山輝澤媚，孰閟其光？螽斯瓜瓞，長發其祥。吾兄亦可謂不亡矣！

祭　文❶

祭內子趙淑人文甲子。

維天啓四年歲次甲子十月壬午朔越十二日癸巳，南京都察院右都御史哀夫馮從吾率男嘉年，孫湛若、恂若、澄若、溥若等，謹以剛鬣柔毛、清酌庶品之儀，致祭於誥封淑人亡妻趙氏之靈曰：嗚呼！夫婦偕老，人所深願。汝少余三歲，余方望汝送余之死，而汝何先余而逝邪？以余不德，禍延及汝，嗚呼，痛哉！汝自昨冬因余病，汝數日不食，致傷脾胃，侵尋至秋，而病益甚，延醫診脉，即云難愈，余聞之驚慌失措，晝夜

❶「祭文」，原無，據洪本「馮少墟續集目録」補。

療治者兩月餘，而竟不起。嗚呼，痛哉！汝自萬曆乙亥十六歲歸余，至今天啓甲子，整五十年。余素無妾媵，而汝與余琴瑟静好者亦五十年，今若此，嗚呼，痛哉！余之家事累汝，功名累汝，養德累汝，養身累汝，教子育孫累汝，千累萬累，千苦萬苦，余尚不能酬汝於萬一，而今若此，嗚呼，痛哉！

《禮》：「毁不滅性。」先王於爲人子者尚防其過，則爲人夫者可知。余明知之，而情不能堪，奈何？至莊生妻死而歌，又爲千古罪人，而或謂「達生死」，何也？不知「達生死」者，謂不以己之生死動心，非不以人之生死動心也。一物損傷且不忍，而況於人？一孺子入井且不忍，而況於妻？以鼓盆爲達生死，是後世薄行之夫借莊生以自解者耳。余上不敢違先王之禮，而下亦不敢爲莊生之行，惟有痛哭流涕，修身以俟之，異日與汝千秋萬禩、琴瑟静好於九原之下而已。嗚呼，痛哉！茲值二七，聊陳薄奠，灑淚陳詞，肝腸俱裂，汝其鑒之！嗚呼，痛哉！尚饗。

詩❶

和王惺所大參首尾吟二首

莫負男兒過一生，無端寵辱豈能驚？旂常鐘鼎君須任，猿鶴菊松我自盟。學問徹時百感徹，本源清處萬緣清。願言努力加鞭策，莫負男兒過一生。

莫負男兒過一生，蕭蕭白髮使人驚。韶光已往皆成夢，洛社於今喜結盟。華嶽

❶「詩」，原無，據洪本「馮少墟續集目録」補。

於尋根柢厚，洪濤萬里本源清。相將努力加鞭策，莫負男兒過一生。

惺所原吟附

莫負男兒過一生，得之何喜失何驚？皇王事業今無分，童冠春風舊有盟。魚躍鳶飛原自得，秋陽江漢本來清。尋常之外别無事，莫負男兒過一生。

答客問道有引　丙寅。

晦翁云：「龜山言：『飢食渴飲、手持足行便是道。』夫手持足行未是道，手容恭，足容重，乃是道也；目視耳聽未是道，視明聽聰，乃是道也。不然，桀、紂亦會手持足履、目視耳聽，如何便喚做道？」晦翁此説極是。而或者乃曰：「此正學問一大關鍵處也。夫世有一種恣情任欲之人，冒昧承當，則晦翁之言不可忽。但執定晦翁之言，彼赤子持行而已，視聽而已，不知其他，將亦不得爲道乎哉？」嗚呼！一則曰「而已」，再則曰「而已」，又曰「不知其他」，不知「他」字何所指，必於借赤子以抹摋聰明恭重道理，何也？不知聰明恭重道理是天生來，自赤子時已完完全全的，只是尚渾含未露，如何便抹摋得他？如此立論，是又爲恣情任欲者開一自便之門也。聖學迷宗，誤人不小，因客問而爲四絶以正之。

手足持行原是道，只因恭重少人知。若知恭重天然在，手足持行更莫疑。

飲食尋常原是道，只因正味少人知。若知正味天然在，飲食尋常更莫疑。

赤子安知恭與重，不知恭重已完全。畫前有易君知否？手足持行玄又玄。

赤子安能知正味，不知正味已完全。璞中有玉君知否？飲食尋常玄又玄。

寄懷關中書院允執堂諸同志

聖學原來在此中，虞廷允執是參同。危微本體須明辨，精一工夫要渾融。悟後盈眸皆妙理，醒來舉躅盡真功。自從別我同心後，誰爲區區一啓蒙？

讀齊人章

孔孟山林樂蔬水，臯夔朝市列簪裾。功名自有周行在，何事墦間乞餕餘？

孔孟雖然樂蔬水，齊卿司寇亦簪裾。功名信得周行在，誰肯墦間乞餕餘？

東郭乞墦事可羞，齊人亦謂不當求。只因舍此無別路，無奈曲從邪徑遊。

東郭乞墦事可羞，齊人何苦日貪求。只因正路無人講，誤得賢豪邪徑遊。

依韻和楊晉庵學會自警

斯道中天本大明，祇因情識誤平生。從今洗濯源頭浄，弄月吟風策杖行。

斯道中天本大明，祇因毀譽誤平生。從今勘破人間世，雨霽雲開自在行。

斯道中天本大明，何爲佛學講無生？從今掃卻菩提障，庸德庸言努力行。

斯道中天本大明，何爲玄學講長生？

從今謝絕金丹訣，古往今來素位行。

七十自壽丙寅。

年來憶往昔，竊爲此心危。雖幸知學蚤，卻憐見道遲。人生不見道，如瞽悵無之。知學在人力，見道係天資。天資難勉强，人力可驅馳。余資苦愚鈍，余志喜堅持。奈何身多病，荏苒此歲時。今年倏七十，老態儘難支。復值夢炊臼，我心增傷悲。所以懸弧日，閉門聊自怡。開宴競稱觴，一切謝不爲。非敢博名高，自病自家醫。萬事縱灰冷，一念毋陵夷。大華有青松，商山有紫芝。物且耐歲寒，人肯爲時移？點檢生平事，一步未敢虧。況今已老矣，胡不益孳孳。誰哉我之師？人心有仲尼。考亭嚴主敬，姚江致良知。惺惺葆此念，勿復惑多歧。願收桑榆效，百歲以爲期。

又

時時危病時時憂，徼倖今年七十秋。自恨生平多罪過，不知何以答神休。

髫年不幸失椿萱，風木蕭蕭痛曷言。自恨生平多罪過，不知何以答親恩。

長楊曾賦對臨軒，八座歸來恥素飧。自恨生平多罪過，不知何以答君恩。

真傳千古最難窮，幸藉同心爲發蒙。自恨生平多罪過，不知何以答諸公。

喜晴

尼山花木正菲菲，一夕狂風落葉稀。

多少襟懷都寂寞，挑燈獨坐掩柴扉。

挑燈獨坐掩柴扉，忽報東方日已暉。依舊尼山花爛熳，大家相賞莫相違。

寄懷鄒南皋先生❶

憶昔嬰鱗出帝畿，志完聲價古今稀。千年絶學君能繼，一點真心我不違。桃李有情開絳帳，乾坤無事掩柴扉。何時負笈來相訪，五老峰頭爛醉歸。

與同志講學太華書院

太華峰頭好振衣，雨晴百卉競芳菲。孔顏博約傳心訣，堯舜危微洩性機。玄鶴遠從天外至，白雲時傍洞中飛。功夫須到真源處，才得吟風弄月歸。

先君文集傳世已久，自癸亥以迄丙寅，類成六卷，因付梓人，名曰《續集》。

❶ 此篇與下篇《與同志講學太華書院》原無，據張本補。

馮少墟續集卷四

長安馮從吾仲好著

奏　疏[1]

方輔臣議

謹議，禮部尚書孫慎行論原任大學士方從哲一疏，大有關係，議何容易。先帝賓天，雖不專係李可灼之藥，然鴻臚非保御之官，大内無用丸之事，即用之而效，亦當嚴旁投之禁，況用之而不效乎？准養病之票擬，將何以自解乎？除李可灼亟當重處外，仍當申飭左右：無論藥之效不効，大抵非太醫院官，不得擅進。此今日之所當亟講者也。

至張差一事，當日司寇執法甚堅，皇祖處分甚當，無容再議。第王之寀發張差之奸，有功國本不小，而徐紹吉、韓浚竟以拾遺處之，此其心何心乎？説者謂「拾遺之寀之人，即附和張差之人」，職不敢信，但二臣不幸有其迹矣，有其迹而曰無其心，其孰諒之？況陸大受、馬德澧、李俸、傅梅等又相繼處之乎？長君、逢君又其後者耳。不處二臣，不足以結張差之局也。善乎左都御史鄒元標之言曰：「誰秉國成而使先帝震驚？誰秉國成而使張差闖官？誰秉國成而使豺狼當路？」嗚呼，從哲又將何説之辭哉！職風紀執法官也，其論法不得不

[1] 「奏疏」，原無，據洪本「馮少墟續集目録」補。

嚴。若大臣予奪，行法寬嚴，出自朝廷，職又何容心焉？謹議。

辯講學疏 時任都察院協理院事、左副都御史。

奏爲書院當建，臣罪當斥，懇乞聖明罷臣以謝人言事。頃臣接邸報，見兵科都給事中朱童蒙一本「憲臣議開講學之壇等事」，臣讀之不勝惶愧。竊惟世道之所以常治而不亂者，惟恃有此理學之一脉，亦惟恃有此講學之一事。講學創自孔子而盛於孟子，故孟子以作《春秋》、闢楊墨爲一治。至孟子没，而異端蜂起，列國紛争，禍亂相尋，千有餘年，良可浩歎！至宋儒出，而始有以接孟氏之傳，然中興於宋而禁於宋。是宋之不兢，以禁講之故，非以講之故也。伏惟我二祖開基，表章六經，頒行天下，天子經筵講學，皇太子出閣講學。「講學」二字昔爲厲禁，今爲令申，是周家以農、國朝以理學開國也。昨二月間，因邊事暫停經筵，而言者以爲不可，旋復舉行，人人稱快。然臣子望其君以講學而自己不講，是欺也。倘皇上一日問講官曰：「諸臣望朕以講學，不知諸臣亦講學否？」不知講官何以置對？倘皇上一日御朝問諸臣：「講學亦有定所否？」不知諸臣又何以置對？今臣等創建書院於此，豈爲名？豈爲利？豈爲一身宴遊之地？豈爲子孫世守之業？原爲南京十三省俱有，而京師爲天子之都，爲首善之地反無，非所以壯帝都而昭一代文明之盛。況今外患未定，邪教猖獗，正當講學，以提醒人心，激發忠義。先臣王守仁當兵戈倥偬之際，不廢講學，卒能成功。此臣等所以不恤毁譽，不恤得失，而甘心冒昧

爲此也。臣罪良深，臣心良苦矣！夫以二百五十年所未有之事，而一旦爲之，真爲可喜。然以二百五十年所未有之事，而一旦爲之，真爲可駭，無怪乎童蒙之有此疏也。童蒙欲臣等修職業，惜精神，然講學正講其職業如何脩，精神如何惜耳，童蒙可謂愛臣厚，敬臣多矣，臣方感之服之，而文何暇與之辯？惟望皇上察臣無他，罷臣歸田，使廟堂之上省此一番議論，臣即耕鑿深山，亦有餘適。臣不勝惶悚待命之至。

天啓二年九月初六日奏。初九日奉聖旨：「已有旨了，馮從吾德望素孚，何必以人言引咎？着照舊供職，該部知道。」

請告第一疏

奏爲夙病陡發，不能供職，懇乞天恩，俯准回籍，以便調理事。臣以菲劣，誤蒙皇祖作養中秘，拔置西臺。多言獲罪，削籍家居二十六年，甘心田畝，無復他覬。不意先帝登極，首叨環召，病體侵尋，踰年始出。皇上又不罪臣稽慢，歷擢今官，臣即捐軀竭蹶，猶不能仰荅聖恩萬一！奈福過災生，於本年十月初二日，自吏部考選回，中途冒寒，終夜呻吟，次早遂不能趨朝。伏念臣自幼多病，今老且衰矣，所以一觸風寒，便卧牀褥，臣心有餘，臣力不足，則可奈何？伏望皇上慨賜憐憫，准臣回籍，倘少延殘喘，即伏枕深山，皆聖恩也。臣無任悚懼待命之至。

天啓二年十月初四日奏。初七日奉聖旨：「馮從吾端品真才，憲臺任重，又察典在邇，豈得相率求去？着即出供職，不得再辭，該部知道。」

請告第二疏

奏爲再懇天天恩，❶蚤賜休致，以延殘喘事。臣於本月初四日因感冒風寒，具疏請告，尋奉聖旨：「馮從吾端品真才，憲臺重任，又察典在邇，豈得相率求去？着即出供職，不得再辭，該部知道。欽此。」臣聞命自天，措躬無地，臣匪木石，寧不知感而再忍言去？但臣初上疏時，不過一時外感，而今且五内俱傷矣；不過終夜呻吟，而今且終日不能飲食矣。延醫診視，以爲非閉户調養，不能生全。夫西臺非閉户之所，見任非調養之時，輾轉反側，狼狽彌甚。懇祈聖明，憐臣病苦，准臣休致，儻不遽先朝露，與田庚褐父謳頌太平，願以來世爲犬馬報主。臣無任懇切祈望之至。

天啓二年十月初八日奏。十一日奉聖旨：「昨方有旨諭留，何又連疏請告？大臣誼當體國，豈在潔身？還遵旨即出供職，該部知道。」

請告第三疏

奏爲臣病愈深，三懇天恩，俯容休致，併布赤衷，以祈聖鑒事。頃臣因病再疏懇請，以爲皇上憐臣病，必放臣歸矣，不虞皇上諭以「大臣誼當體國，豈在潔身？着遵旨即出」，臣即不肖，何敢違命？但臣病入膏肓，有盧扁望而却走者，即此身且不敢保，又何言潔？又將以何者而體國？此臣之所以懼違君命，而再三冒死以請也。

❶「天天」，據文意，疑衍一「天」字。

且臣去矣，臣之一片赤衷，有不敢不爲皇上盡言者。

臣幼承庭訓，即知有講學一事。比壯歲登朝，而與一時同志如楊起元、孟化鯉、陶望齡諸臣立會講學，三四年間，寒冒風雨，未嘗少輟，世道人心，頗覺可觀。自臣壬辰告病歸，而京師學會遂廢，不講者三十年。臣昨秋入京，❶見人心世道，不及曩昔：邊臣不知忠義而争先逃走，妖賊不知正道而大肆猖獗，中外貪肆成風，縉紳奔競成俗。諸如此類，正坐道學不講之過。臣因與左都御史鄒元標立會講學，元標名世真儒，臣事之如師。凡同講諸臣，彼此皆以忠孝大義相勸勉，使人人皆知正道，皆知君親之大倫，或可以少挽江河狂瀾於萬一，此正臣與元標風紀大臣之責任也。臣衙門廳道，諸臣以爲寺廟不便久借，因捐公分建一書院，此諸臣之義舉，誠臣之所不敢當，而臣私心又不專爲自己。講學若專爲自己，則何地不可講，而必於書院？原爲臣久有去志，恐臣今一去，則此學與之俱去，如壬辰以後光景，因建此以存吾道之羊，以待後之學者，使京師首善之地，永永有尊君親上之風。先臣許孚遠有云：「斯道若明如晝日，世風何慮不陶唐？」如此，臣即死有餘快，況山林乎？然營建方新，而人言再至，人之識見原有不同，臣不復與之辨。但以臣與元標之故，而致廟堂之上議論紛紜，則臣之心不安，臣之罪益甚，此臣之病所以日劇日危，而不可救藥也。望皇上憫臣病亟，即賜罷歸，使臣得隨元標後同出都門，臣即旦夕填溝壑，亦無遺憾。

❶「臣」，原作「昨」，據文意改。

天啓二年十月十四日奏。十七日奉聖旨：「馮從吾佐憲甚著，風裁正見平日實學，何乃以此求去？還遵旨即出供職，該部知道。」

請告第四疏

奏爲四懇天恩，放歸田里事。頃臣以講學招尤，患病請告，皇上不厭煩聒，復蒙温旨：「馮從吾佐憲甚著，風裁正見平日實學，何乃以此求去？還遵旨即出供職，該部知道。欽此。」臣拜首捧讀，感激零涕，臣即至愚極陋，何忍孤負君恩？但臣之去，有萬萬不可留者。憲臣鄒元標於臣爲前輩，臣與元標同一志向，同一學術，書問切劘，非止一日。今幸追隨西臺，共脩職業，數月以來，臺綱方有整頓之漸，世道方有轉移之機，而不意人言至矣。講學脩書院，臣與元標同，而今元標行矣，臣復何待？且臣自卧病以來，日甚一日，飲食全減，藥石罔功，倘臣旦夕不起，是進不能偕元標報國，以盡君臣之義，退又不能偕元標去國，以盡朋友之情，平日所學之謂何？豈不辱朝廷而羞當世之士耶？懇乞皇上俯賜慨允，使危急病臣得與元標同去，臣死且不朽，臣感且不朽。抑臣又有説焉：二臣去矣，但恐世之士大夫因二臣以講學脩書院去，則因噎廢食，見刖棄履，相率以講學爲諱，以脩書院爲戒，使聖明之世無端有禁學之風，則關係世道，良非淺鮮，此臣所以身雖去，而心猶不安者也。望皇上明示諸臣，以學之當講，書院之當修，無以二臣爲口實。又望皇上益勵初心，緝熙聖學，經筵日講，無因此而少輟，將聖德與堯舜争流，而

世道與唐虞並盛矣。臣愚幸甚！天下幸甚！臣不勝惓惓待命之至。

天啓二年十月二十四日奏。二十七日奉聖旨：「風紀重地，馮從吾品望足任，何得托詞引避？且使朝廷有禁學之迹，言官冒攻擊之嫌，獨潔身名，罔顧國體，豈是臣子分誼？還着遵屢旨，即出供職，不得再陳，該部知道。」

請告第五疏

奏爲臣病危篤，五懇天恩，蚤賜生還事。臣病卧榻，已近一月，再四乞歸，未蒙俞允，且天語褒嘉，不一而足，至謂「風紀重地，馮從吾品望足任」。夫臣髫年學道，垂老無聞，何品何望，足任風紀？欽誦綸音，惶愧汗下。使臣病少能支持，豈敢堅意求去，負皇上以自負所學？但臣病旬月以來，始則因病用藥，以求速效，後反因藥發病，以致危篤，是臣之不學無術而自干天罰也，夫復何尤？懇望皇上憐臣病苦，亟允罷歸。倘幸而生，生當歌詠帝力；即不幸而死，死亦矢効啣結。臣無任哀懇籲天之至。

天啓二年十月二十八日奏。十一月初一日奉聖旨：「馮從吾佐憲著望，簡任方殷，連章陳懇。准暫回籍，以需起用，該部知道。」

辭南掌院疏甲子。

原任都察院協理院事、左副都御史，臣馮從吾謹奏，爲君恩太重，臣病未痊，懇乞聖明憐察，仍准在籍調理事。臣抱病家居，

不聞外事，今於本年二月十七日，接得吏部咨該本部等衙門會題奉聖旨：「馮從吾起陞南京都察院右都御史，欽此。」

欽遵備咨到臣，臣聞命震驚，莫知所措。隨即設香案，令家僮扶掖望闕，叩頭謝恩外，伏念臣藥石餘生，甘心樵漁，乃蒙皇上不棄敝帷，起臣留憲，臣即至愚，寧不知感？簡書可畏，即當不俟駕行，但人臣委身事主，必藉才力。臣賦性多迂，是才不及也，而學又不能以擴其才；生平多病，是力不及也，而學又不能以充其力。向副北院，已自多愆，今總南臺，豈能勝任？此臣所以自知自審，必不敢冒昧而復出也。伏望皇上俯鑒愚悃，仍准在籍調理，別選名賢，以充是任，臣當擊壤鼓腹，以祝聖壽於無疆。臣愚幸甚！世道幸甚！臣無任懇切祈望之至。

天啓四年三月十七日奏。二十日奉聖旨：「卿清標碩抱，品望素孚，留臺重任，特兹簡畀，着遵新命赴任，不准辭。吏部知道。」

辭工部尚書疏甲子。

原任都察院協理院事、左副都御史，臣馮從吾謹奏，爲辭免重任以安愚分事。臣於本年十一月初六日，接吏部咨該本部等衙門會題奉聖旨：「馮從吾改工部尚書，欽此。」臣聞命自驚，俯躬增愧。竊念臣西僻豎儒，久甘林壑，今春叨起南京都察院右都御史，具疏請告，未蒙俞允，更叨温旨勉留。呻吟牀褥，方欲再申前請，不意復有兹命。臣仰荷聖慈，知遇非常，寧不感激畢志，以報鴻恩於萬一！第尚書六曹之長，而工部

古司空之秩，居四民，時地利，責任匪輕。兼之年來帑藏罄懸，工役經始，即巧婦猶難拮据，矧病臣豈能勝任？且臣近又值炊臼之感，雖臣之身不因臣妻而病，而臣之病實因臣妻而增，此臣所以憂蚊負而抱冰兢，不得已哀鳴於君父之前也。伏乞皇上憐臣病苦，仍准臣在籍調理，別簡名賢，以掌邦土。臣儻不即填溝壑，則繇此巖居川觀，歌天保而效華祝，是亦銜恩圖報之地也。臣無任隕越待命之至。

天啓四年十二月十二日奏。十五日奉聖旨：「卿清望素著，特簡司空，方切倚任。覽奏情詞懇切，准照新銜致仕，以成高尚。該部知道。」

馮少墟續集卷五

附　録❶

祀　典❷

禮部謹奏，爲遵旨議奏事。内閣抄出護理陝西巡撫陶模等奏請「重修名臣祠宇，列入祀典」一摺。光緒十六年二月初七日奉硃批：「禮部議奏，欽此。」欽遵到部查原奏内稱「據司道會詳，據翰林院檢討張恩榮等禀稱：『長安縣前明工部尚書馮從吾，萬曆己丑進士，平生講求理學，正色立朝，不避權貴，里居教授生徒，多所成就，學者稱少墟先生。卒贈太子太保，謚恭定。省城西門外舊有專祠，旁有青門學舍，即當日講學之地，兵燹被毁，職等捐資，就原祠基址重加修建，附立少墟書院，爲士子肄業之所。另購墓田，爲後嗣祭掃之需，公懇詳請列入祀典』等情。臣恭讀《明史》内載：『從吾生而純慤，長志濂、洛之學。罷官歸，取先正格言，體驗身心，造詣益邃。』史稱其持名檢，勵風節，嚴氣正性，侃侃立朝，天下望之如泰山喬嶽。我朝李中孚讀從吾著述，奮然興起，遂成大儒。該紳等請將馮從吾祠宇重加修建，附設書院，洵於崇禮前賢之中，仍寓誘掖後進之意。懇恩准將祠宇重建，列入祀典，由地方官春秋致祭」等語。

❶「附録」，原無，據洪本「馮少墟續集目録」補。

❷「祀典」，原無，據洪本《續集》卷五書耳篇記補。

臣等查「例開歷代名臣賢儒建立專祠者，准由地方官致祭」等語。今陝西長安縣前明工部尚書馮從吾專祠，兵燹彼毀，❶經該處紳耆捐資重建，據該護撫臚陳事實，並援據《明史》傳贊，奏請列入祀典，自係爲景仰先賢起見。

臣等復考之《欽定四庫全書提要》，内載從吾爲御史時，拒絶閹人，劾罷胡汝寧，禁大計苞苴，諫神宗不親政事，幾遘危禍，後廷議「三案」，亦持正不阿，卓然不媿爲名臣。又稱其講學主於明理，論事主於達意，有物之言，篤實明切。生平著有《元儒考略》、《馮子節要》、《少墟集》，皆採入全書。此外如《辨學録》、《疑思録》、《關中書院語録》、《論學書》，均詳載黄宗羲《明儒學案》。是其原本關學，體用賅備，名臣賢儒，兼而有之。臣等公同酌核所有，前明工部尚書馮從吾祠宇，擬如該撫等所請，准其重加修建，列入祀典，由地方官春秋致祭，以崇學術而順輿情。如蒙俞允，恭俟命下，由臣部行文該撫，遵照辦理。所有臣等核議緣由，是否有當，伏乞聖鑒訓示遵行。爲此謹奏。

光緒十六年閏二月十三日奉旨：「依議，欽此。」

十一世玄孫馮耀祖恭録。

誥命❷

奉天承運，皇帝制曰：

朕灼究化原，深惟國紀。緊有冰凝山立之士，表著直聲，風其臣節；尤

❶「彼」，疑當作「被」。

❷「誥命」二字原無，據洪本《續集》卷五書耳篇記補。

藉居今稽古之儒，推明正學，功在人心。用雖莫究乎當年，道或可師諸没世。進退死生，天適奇其數；哀榮恤贈，國用伸其常。爾原任工部尚書，贈太子太保馮從吾，淵源邃學，骯髒英標。讀中秘書，不欲辭章，溺晞聖之志；爲真御史，每能披瀝，盡告君之誠。葵忠特鑒於宸嚴，若節豈弭夫讒忌？既斥鳴仗下，遂振鐸關西，宗主人倫，儼延觀瞿圃；❶體認天理，直溯韻龍門。光考殷求舊之思，皇兄眷維新之輔。月卿既晉，冬扈隨躋。慷慨訟言，已破盈庭之疑案；從容聚講，方開首善之信心。豈期穢起群陰，幾見清流釀禍。鸞鎩孰云道命，麟蹐空抱憫悲。肆朕光嗣前人，厥亦眷求碩德。百贖何能，若蕭條於異代；九京可作，徒惆望乎千秋。貴爾羽儀，寵兹册命，是用贈爾，階光禄大夫，錫之特誥。於戲！學山永譽，蔚爲儒行之光；少海崇銜，式彰善積之報。悠封馬鬣，永賁龍章。

崇禎二年閏四月二十三日。❷

題疏

大學士韓爌等謹題。臣等竊惟易名一節，所以風勵群工，應謚諸臣，業奉明旨，自宜蚤竣盛典。先是，臣等奏過：以後諸臣謚號，禮部手本移閣，務從實開寫政績行歷，以便擬謚，該部遵行。臣等謹據部開，

❶「瞿」，據文意，疑當作「矍」。

❷「禎二年閏」四字左右原有「制誥」、「之寶」璽文。

先擬得十一人，各於生平詳加品隲，名下註以數語，略具梗概，所擬各肖其人，進呈睿覽，仰祈欽定。當陸續補請，伏乞聖明俞允，敕下遵行。臣等未敢擅便，謹題請旨。内擬賜原任工部尚書贈太子太保馮從吾謚號：恭定、莊介。

崇禎二年八月十八日具題。九月三十日奉聖旨：「是正謚，有點。」

公移

禮部爲謚號事。祠祭清吏司案呈奉本部送准翰林院遞出揭帖，賜謚原任工部尚書贈太子太保馮從吾曰恭定。到部送司，案呈到部，擬合就行。爲此合照會該布政司，即便轉行該縣及本官原籍，一體欽遵施行，須至照會者。

右照會陝西布政使司准此。

崇禎三年正月三十日，對同都吏薛大受。

諭祭文

聞喪文

維崇禎二年十一月二十二日，皇帝遣陝西布政司分守關内道左布政使翟師雍諭祭原任工部尚書贈太子太保謚恭定馮從吾并妻淑人趙氏曰：惟卿一代真儒，兩間正氣。儲英秘館，希聖賢而薄詞章；執法憲臺，肅紀綱而繩權要。廣施濟以活民命，春藹鄉閭；屏餽餄以勵庶僚，風清京邸。肆神皇之静攝，期聖政之少裨。攄鯁直言，共仰朝陽之鳳；批鱗無隱，尋乘按部之驄。

竣事閲邊，予告歸里。起家而巡方瀛海，裕國而綜覈鹺司。剔蠹鼇奸，凛澄清於察吏；循行敷教，兼薪醮以作人。斥佞忤時，急流勇退；怡情《墳》《典》，前賢式賴。表章尚友，詩書後學，咸遵矩矱。林棲逾於廿載，斗望重於一時。薦剡交騰，璽卿即拜，施躋冏正，載陟棘卿。屬夷部之鴟張，值邊臣之鼠竄，法銓易決，棼議仍嚚，乃持畫一之刑書，用振宥三之頹紀，爲名大理，進左中丞。思人心漸以茅靡，繇臣節無所策警，約同心而講學，期立懦以廉頑。詎連茹未征，致群蜚交刺。更辨盈廷之訟案，大違狡窟之私營。突爾乞休，歸與莫挽。際元凶之煽虐，奉矯旨以株連。衆論共冤，訃音俄至。迨正類有得輿之慶，適哲人興易簀之嗟。追念高徽，良深悼惻。爰稽彝典，特霈畫章。既晉秩以易名，特加簜而營兆。尚同淑配，歆此渥恩。

七　七　文

維崇禎二年十一月二十七日，皇帝遣陝西布政司分守關内道左布政使翟師雍諭祭原任工部尚書贈太子太保謚恭定馮從吾并妻淑人趙氏曰：惟卿學術淵閎，操持介潔。先覺任天民之重，獨行得聖人之清。未克竟施，遽聞委化。七辰倏盡，貳篚載頒。靈爽如存，歆兹茂渥。

下　葬　文

維崇禎三年正月初二日，皇帝遣陝西布政司分守關内道左布政使翟師雍諭祭原任工部尚書贈太子太保謚恭定馮從吾并妻

淑人趙氏曰：惟卿四朝耆碩，八座崇階，潛修克質，神明願望，丕孚朝野。徽綸欲賁，易簀倏聞，兹留同藏，爰頒並祭。祇奉綸章之渥，式增封樹之光。

週年文

維崇禎三年正月初四日，皇帝遣陝西布政司分守關内道左布政使翟師雍諭祭原任工部尚書贈太子太保謚恭定馮從吾并妻淑人趙氏曰：惟卿經世真才，匡時正學，朝禬人欽，品望鄉閭，士仰型摹。直道不容，未究施於攝揀；典刑尚在，將垂訓於遺編。言念乘箕，遽逢改歲，載頒諭祭，庶並歆承。

諭祭品

計開每一壇：

猪一口。重三百觔。羊一腔。重一百觔。饅頭五分。每分五觔。粉湯五分。每分五觔。果子五色。每色五觔。按酒五盤。每盤五觔。鳳雞一隻。重八觔。煠骨一塊。重十觔。煠魚一尾。重十觔。酥餅四箇。每箇五觔。酥錠四箇。每箇五觔。雞湯一分。魚湯一分。降真香一炷。高三尺，徑三寸。燭一對。重三觔。酒二瓶。焚祝紙一百張。

恩卹録❶

原任工部尚書已故馮從吾男監生臣馮嘉年謹奏，爲先臣以正學忤奸，含冤就木，公道既明，沉抑猶故，懇乞天恩，亟賜優恤，以光聖治事。竊惟臣父從吾，繇萬曆己丑進士，選授庶常，尋改西臺，因請朝講建言削籍。光廟即位，起陞尚寶司卿，歷任廷尉，晉秩司空。通籍雖四十載，林棲殆三十年，屈指立朝僅數載耳。一生惟知講明正學，以忠孝節義砥礪人品，提醒人心。功名富貴，漠然不入其衷；妻子身家，從來恥掛於口。孜孜爲學一念，終身有如一日。海内識與不識，咸知鄒元標、馮從吾爲時麟鳳，且謂自周、程、張、朱而後，學道立言，法今傳後，未有若臣父從吾者。此孰非二祖列聖及我皇上培植作養之所成也！

痛念臣父取法聖賢，不過於己樹品，即倡明道學，原自與人無争。而豈意邪正不能兩立，群奸遂爾側目。逆璫主之於内，諸奸奉承於外。朱童蒙、郭允厚驅逐臣父歸里矣，喬應甲巡撫入秦，承望舊家臣王紹徽風旨，百方傾陷，嗾御史張訥誣奏污衊。逆璫遂矯旨削奪拆毁關中書院矣，猶且積怒不息，欲迫之死，時時恐喝臣父曰：「不日緹綺來逮矣。」臣父素講理學，守正不阿，一官得失，原不動念。又見逮繫相連，誅鋤相繼，而書院既毁，將先師孔子之像暴露城隅，慘然内傷，用是衄血數升，飲食俱廢，趺坐榻上，晝夜不眠者百

❶「恩卹録」，洪本「馮少墟續集目録」作「請賜恤疏」。

餘日，而竟含冤逝矣！是臣父之命，實諸奸傾之也！今其人或死或存，廟堂自有公論，皇上自有斧鉞，臣不敢臚穢狀以瀆宸聰。第痛臣父生平苦學，每思致君堯舜，向使不遭諸奸之毒手，稍待數年，得遇我皇上之聖明，以效皇上之驅策，則一腔道義，畢世孤忠，或可稍盡萬一。乃臣父何罪，竟使賚志而歿乎！此臣所以泣血腐心而不能已於哀鳴也！

又：臣母趙氏，結髮從臣父五十年來，艱苦備嘗，亦以憂懼傷心，相繼見背。兩親骸骨暴露窮簷，風雨不蔽，水火可虞，臣亦人子，能無痛心！幸值我皇上仁明天縱，業已鑒廷臣之公議，察先臣之苦節，一則曰「亟當表揚」，再則曰「准與他謚」，煌煌明旨，炳若日星。臣父九原有知，亦既泥首拜恩，可以瞑目矣。惟是奸黨慘害一段奇冤，猶未獲仰徹天聽。且臣父與鄒元標志同道合，並爲世重，生前名位與遭際陽九，抑又無異。今元標已蒙恩恤，而臣父猶未霑被，恐非聖朝崇重理學、一視名儒之義也。謹昧死伏闕，瀝血叩陳，伏乞敕下該部，照鄒元標例，將臣父應得祭葬、贈廕、謚恤諸典，速與題覆，仍將臣母一例准贈，給與應得誥命。庶屢奉之明綸不虛，而先臣之孤忠得雪，臣子子孫孫頂戴皇恩，世世不朽矣！臣不勝激切籲天，惶恐待命之至。爲此，具本親齎謹具奏聞。

崇禎貳年閏肆月拾叁日奉聖旨：「馮從吾應得恤典，着照例給與，該部知道。」

題覆❶

吏部題覆

太子太傅吏部尚書臣王永光等謹題，爲先臣以正學忤奸，含冤就木，公道既明，沉抑猶故，懇乞天恩，亟賜優恤，以光聖治事。驗封清吏司案呈奉本部送崇禎二年閏四月十九日吏科抄出原任工部尚書已故馮從吾男監生馮嘉年奏稱云云等因，奉聖旨：「馮從吾應得恤典，着照例給與，該部知道。欽此。」欽遵抄出到部送司。查得崇禎元年十一月，内該協理京營戎政兵部左侍郎等官李邦華等奏稱「原任太子少保都察院左都御史鄒元標病故，給贈廕」等因，該本部覆題，奉聖旨：「鄒元標准贈太子太保、吏部尚書，欽此。」隨該本部補牘題請「除本官贈官外，録廕一子入監讀書」等因，奉聖旨：「鄒元標准照例，廕一子入監讀書。」欽此欽遵。今該前因，通查案呈到部。

看得世道之所以不靡者，有綱常名教之主持；而名理之所以常新者，則羽翼六經、鼓吹五達之力居多也。國家二百餘年來，風俗漸弛，人心漸溺，非得真理學、真節義以維持之，其何能淑？惟馮從吾道宗賢聖，學闢詖淫，析理則微入鍼芒，持身則操嚴冰蘖。立朝正色，既已北斗泰山；勵世廉頑，争仰卿雲景曜。爲垓埏之砥，賴斯文主盟；立簪笏之巖，瞻群倫赤幟。既有功於世教，應首重其綸褒。所據贈廕，既經伊

❶「題覆」二字原無，據洪本「馮少墟續集目録」補。

男具奏前來，查與鄒元標事理相同，相應照例題請。但恩典出自朝廷，臣等未敢擅便，伏候聖裁。

緣係先臣以正學忤奸，含冤就木，公道既明，沉抑猶故，懇乞天恩，亟賜優恤，以光聖治，及奉聖旨「馮從吾應得恤典，着照例給與，該部知道」事理。謹題請旨。

崇禎貳年閏四月貳拾叁日，太子太傅吏部尚書臣王永光、左侍郎兼侍讀學士臣吴宗達、左侍郎管右侍郎事臣孫居相、驗封清吏司署司事主事臣柴挺然。本月貳拾陸日奉聖旨：「馮從吾准贈太子太保，廕一子送監讀書。」

禮部題覆

禮部尚書兼翰林院學士臣何如寵等謹題，爲先臣以正學忤奸，含冤就木，公道既明，沉抑猶故，懇乞天恩，亟賜優恤，以光聖治事。祠祭清吏司案呈，奉本部送禮科抄出原任工部尚書已故馮從吾男馮嘉年奏乞伊父恤典緣因，奉聖旨：「馮從吾應得恤典，着照例給與，該部知道。欽此。」欽遵抄出，到部送司。行准吏部驗封清吏司手本，查開本官男馮嘉年奏乞伊父身後贈恤緣因，該本部覆，奉聖旨：「馮從吾准贈太子太保，廕一子入監讀書，欽此。」欽遵回覆到司。查得《大明會典》并《恤典條例》内一款：「尚書、都御史病故者，祭二壇。其加有東宫三少，或兼大學士贈一品者，祭四壇。」又一款：「品官曾經賜葬者，妻故，俱許祔葬。」又查得都察院左都御史贈太子太保鄒元標，該本部覆：「與祭四壇，照品造葬。」今該前因，通查案呈到部。

看得原任工部尚書、今贈太子太保馮從吾恤典并妻趙氏祔葬一節。爲照本官曠世名儒，兩間正氣，以館閣之鼎才，簡畀言路，海内知爲真御史矣。朝講一請，深有裨於聖學聖政，而一鳴輒斥，繫東山之望數十年。光皇乃起之卿貳，歷任司空，誠人心所共快，而世運之轉機也。方幸絶學甫明，群迷欲醒，而孰迫之去？孰褫之職？孰使書院之蓁蕪？孰致斯文之掩蝕？彼時忌之者，設心以爲不若是無以掃除君子，恣所欲爲，而不知真儒大節，乃欲晦而彌彰也。蠖屈一時，鳳儀千載。幸遇聖明，亟爲昭雪，大賜表揚與謚之旨，與鄒元標後先輝映，人情灑濯一新，皆想見聖天子勵世維風，優崇儒碩至意。兹欽奉「恤典照例給與」之命，則品望官階，政與鄒元標無所軒輊矣。相應照例，與祭四壇，造墳安葬，伊妻淑人趙氏並祭祔葬。但恩典出自朝廷，臣等未敢擅擬，恭候命下，遵奉施行。

崇禎貳年陸月初玖日，禮部尚書兼翰林院學士臣何如寵、左侍郎兼侍讀學士臣徐光啓、右侍郎兼侍讀學士臣周延儒、祠祭清吏司郎中臣劉伸、主事臣黄鳴俊本月拾貳日奉聖旨：「馮從吾准照例與祭四壇，造墳安葬，伊妻趙氏並祭祔葬。」

工部題覆

工部尚書臣張鳳翔等謹題，爲先臣以正學忤奸，含冤就木，公道既明，沉抑猶故，懇乞天恩亟賜優恤，以光聖治事。屯田清吏司案呈，奉本部送准禮部咨該本部題禮科抄出原任工部尚書已故馮從吾男馮嘉年

奏乞伊父恤典緣因，奉聖旨：「馮從吾應得恤典，着照例給與，該部知道。欽此。」欽遵抄出，到部送司。行准吏部驗封清吏司手本，查開本官題：「贈太子太保，廕一子入監讀書。」回覆到司。查得《大明會典》并《恤典條例》内一款：「尚書都御史病故者，祭二壇，其加有東宫三少，或兼大學士贈一品者，祭四壇。」又一款：「品官曾經賜葬者，妻故，俱許祔葬。」又查得都察院左都御史贈太子太保鄒元標覆：「與祭四壇，照品造葬。」今該前因，通查案呈到部。看得原任工部尚書、今贈太子太保馮從吾恤典并妻趙氏祔葬一節，相應照例與祭四壇，造墳安葬，伊妻淑人趙氏並祭祔葬等因。題奉聖旨：「馮從吾准照例與祭四壇，造墳安葬，伊妻趙氏並祭祔葬。欽此。」欽遵咨部送司。查得正德六年六月，内該本部爲審時省禮以寬民力事議得：「大臣病故，照依今定，後開價值，轉行有司措給。喪家，自行造葬。中間果有功德昭彰、聞望素著、曾歷邊務、建立奇功、經帷纂修、効勞年久者，照例差官造葬，俱聽本部臨時斟酌，奉請定奪。」題奉武宗皇帝聖旨：「是。造墳開壙，工料價銀，則例都准擬行。欽此。」已經通行，欽遵在卷。今該前因，查呈到部。

看得原任工部尚書、今贈太子太保馮從吾照例差官造葬。爲照本官生平所學，惟毋自欺，實踐妙悟，卓有深詣。誠不忍見人心世道之日趨於江河，慨然以興起挽回爲己任。與子言孝，與父言慈，與臣言忠，相勸相規，使人人皆知正道，以自拔於禽獸。蓋進而簪紱，退而林皋，矻矻孜孜，惟日不足，豈不濂洛嫡派，鄒魯正傳哉！爲

名庶常，爲名御史，爲名總憲，爲名司空，皆此講學修德，日新富有。而彼其之子阨其位，錮其身，毁其講習討論之地，胥天下雲霧之，以自便其行險之私。蓋本官逐，而人心乃迷，世道乃蕪，逆節萌生，幾竊國家負之去矣。幸賴天地祖宗，佑我神聖，遜志時敏，道積厥躬，誅殛群姦，敷求善類。

而本官之没則予祭、予葬、予謚、予贈廕，煌煌彝典，與鄒元標、高攀龍鼎足相埒。天下於是始曉然於正學之終不湮，正人之終不朽，而道明晝日，世躋陶唐。本官一身關氣運，繫治亂，豈渺小哉？及查本部司屬官員各有差占，不敷委用。行據太常寺手本開送博士張鳳翮前來堪以差委，相應題請，恭候命下。本部照例給批定限，咨行兵部，應付本官前去，陜西布政司比號相同。着落官吏，將合用造墳工料銀兩照依後開，擬定數目，行屬派辦徵給造葬。該司仍委堂上官一員，會同本部差官前去墳所，依式督理造葬。完日備將給過銀兩數目造册奏繳，仍具數報部查考。

緣係先臣以正學忤奸，含冤就木，公道既明，沉抑猶故，懇乞天恩，亟賜優恤，以光聖治事理。臣等未敢擅便開坐，謹題請：

已故原任工部尚書、今贈太子太保馮從吾係一品文官，該造墳工料銀叁百兩，夫匠貳百名，每名出銀壹兩，通共該銀伍百兩，棺木壹副。

崇禎貳年陸月貳拾柒日，工部尚書臣張鳳翔、左侍郎臣畢懋良、右侍郎臣劉可法、屯田清吏司郎中臣周長應柒月初肆日奉聖旨：「是。」

公移

劉廣生公移[1]

欽差巡撫陝西等處地方贊理軍務、都察院右副都御史劉□□爲表章先儒以正風教事。竊維世道之所不壞者，賴有綱常名教之維持；而名誼之所常新者，端藉倡明正學、羽翼六經之力也。惟恭定公少墟馮先生，四朝元老，曠世真儒，易名既首膺於朝，而專祀豈容緩於鄉？查關中書院已奉旨修復，本院業已會同巡按御史暨在事各官，將書院更爲馮恭定公專祠，永爲禴祀蒸嘗之所。爲此仰縣官吏，即遵發來龕金字扁，用本院贖銀，製辦神龕一座，木主一位，上書「明理學太子太保工部尚書謚恭定公馮先生神位」；木扁一面，粉底墨書「馮先生祠」四大字，前書年月日，後書在省各官職銜。鼓樂迎送書院，交付馮處管理，以存永案。完日仍候本院親謁，以彰崇儒重道之公義，庶於往例有合，風教有賴矣。該縣即具遵行，繳須至牌者。

崇禎二年歲次己巳十二月吉日。欽差巡撫陝西等處地方贊理軍務都察院右副都御史劉廣生、巡按陝西監察御史吴煥、陝西等處承宣布政使司右布政王順行、分守道左布政使翟師雍、督糧道按察使兼參議洪承疇、陝西等處提刑按察司按察使都任、清軍道右布政兼副使石維屏、提學道參政兼僉事賈鴻洙、分巡道僉事許都、西安府知府

[1] 「劉廣生公移」，原缺，依洪本「馮少墟續集目録」補。以下吴甡、姜思睿、金毓峒三「公移」篇題，與此同。

楊鳳翥、同知吴養洵、郝效召、通判董其銓、推官史可法、長安縣知縣孫三傑、咸寧縣知縣陳時教、西安府學教授韓桂、訓導武連元、張文耀、孔弘燮、長安縣學教諭劉垓、訓導俞三省、黄榜、咸寧縣學教諭田汝穎、訓導孫愈昌、張文顯。

吴甡公移

欽差巡按陝西、監察御史吴□□爲優崇先賢事。炤得關中恭定公馮先生倡明正學，儀型當世，本院巡方此地，每動仰止之思。易名專祠，已經前院建立，近因霪雨傾圮，心甚惻然。仰縣官吏，即動本院贖銀置買物料，委廉幹官一員督理，重加修葺，務要焕然改觀，該縣仍不時親詣查考。將後開扁式對聯擇善書人繕寫，迎送祠堂，炤依次序張掛。完日仍候本院擇吉親謁，以伸私淑之意，以彰優理之典。其動過銀兩，另行造册申報，以憑查銷。須至牌者。

計開

大門扁一面。以下俱绿底金書「馮恭定公祠」五大字，前書年月日，後書「巡按陝西監察御史廣陵後學吴□題」。

二門扁「横渠之後一人」。

對聯：

聞先生山水之風，春露秋霜於十二諸侯府；

激來哲雲霞之氣，朝弦夕誦者三千弟子行。

水亭扁「茂對亭」。

對聯：

座裏春風，得吾與點也之意；

源頭活水，會有本如是之心。

堂前扁「理學儒宗」。

對聯：

木鐸醒群生之夢，至今風韻猶存，

欲覲芳模，洗耳聽金聲玉振；

心燈開萬世之迷，當日藜光倍朗，

思親道範，披襟看魚躍鳶飛。

堂内扁「允執堂」。

對聯：

列法象於一堂，發前聖精微之奥，

皆文章，皆性道；

環行生於四座，樹後學法守之模，

亦名世，亦真儒。

神龕對聯：

補天忠作石，

濟世道爲舟。

先師閣扁「大道中天」。

崇禎五年六月十三日，察院押。

姜思睿公移

欽差巡按山西等處、監察御史姜□□爲表章先賢事。照得政治以教化爲首功，後進以前哲爲宗印，繇來久矣。三秦創明性學，表率人倫，莫有過於少墟馮先生者。先生往矣，書院在也。本院局促簿書，匏繫蒲東，未能跨河涉渭，登陟華峰，而拜先生於關中書院，爲生平兩大憾事。然依皈景慕，固不以遠近隔，不以存亡易也。查書院有先生像，雖從祀俟請於朝，而易名私祀，宜行於邑。仰縣官吏，即動本院鹽法贖銀肆拾兩，發書院門人收貯置租，以爲春秋二祭之費。每年至丁祭次日，門人詣縣，公請該縣量備香燭，親至書院主祭。或值公出，委教諭代攝，以示尊崇道德，砥礪學脩，其於

世道人心，關係不小。以崇禎十年秋爲始，該縣先具遵行，以存永案。繳須至牌者。

右牌仰長安縣准此。

崇禎十年三月二十一日，書吏王國瓚承察院押。

金毓峒公移

欽差陝西、兼管監軍、監察御史金□□爲表章先賢事。炤得故大司空恭定馮先生，一代真儒，四朝碩德，倡明理學，繼往開來，功在名教甚鉅。近者總憲劉□□議建道揆，請復首善書院於京師，即奉先生爲替宗，率士大夫講議其中，用以正人心，維風俗。又請天下府州縣盡復社學舊制，擇老成之儒，聚子弟俊秀而教之，相與觀感漸摩，以備他日賢良方正之選。足見先生人品學術，久而彌光。本院束髮受書，嚮往有素，茲承乏關中，奔走靡定，每遇春秋，未能躬祭，誠爲缺事。爲此牌仰長安縣，即動本院銀貳拾兩，轉發書院門人收貯，以爲修葺之費。再動院銀，炤依發去字樣金扁一面，上書「聖學宗傳」四字，鼓樂迎送祠堂懸掛。並發去祭文一道，炤備豬羊祭品，於丁祭次日，該縣恭詣祠堂，代本院潔誠致祭，用展生平仰止之意。行過事宜，具繇報察，須至牌者。

右牌仰長安縣准此。

崇禎十六年七月二十三日，書吏韓孔憲承察院押。

祭文

維崇禎十六年歲次癸未，八月壬戌朔，越七日戊辰，巡按陝西、兼管監軍、監察御

史、後學金毓峒謹以剛鬣柔毛、香帛庶饈之儀，致祭於明光禄大夫、太子太保、工部尚書、謚恭定公馮先生之靈。曰：於維先生，德鍾川嶽之純氣，學祖鄒魯之嫡傳，立朝則期致君於堯舜，居鄉則思範世以聖賢。先生之道，如江河行地；先生之教，如日月中天。行藏一致，不歧顯晦，智愚畢見，無待言銓。先生雖殁，凡關中縉紳先生，莫不讀其書而感慕，過其廬而式瞻。至於四方之士，被服遺澤者，又若百川之赴海，相與聞風興起，恍然如親炙其當年。方今聖明在御，大道宏宣，以化民成俗爲本，以興學育才爲先。維會稽劉先生之總憲也，人品事業，實與先生接武而比肩，慨世風之日下，傷人心之益猾，請復首善之宗盟於京國，因祔先生百世而不遷。庶幾黨庠顧化，俊彦聯翩，舉頭見日，掘地得泉。先生雖殁，寧不念道脉之未墜而欣然！毓峒承學也昧，賦質則顓，瘖寐哲人，如立參見，風塵躑躅，簿領糾纏，私淑一念，旰夕拳拳。爰諏吉日，設醴陳籩，山高水長，維以告虔。尚饗！

祝　文常年春秋次丁用。

維年月朔越日，西安府長安縣知縣謹以香帛庶饈之儀，致奠於明敕贈光禄大夫、太子太保、工部尚書、謚恭定公理學馮先生之靈。曰：惟公鍾光嶽之間氣，衍鄒魯之真傳。文章組霧耕雲，薰班香而摘宋艷；丰采離塵絶俗，屈賈壘而短劉墻。一闔八荒，自任以天下之重；寸心千古，不讀非聖人之書。廣庭來多士之景從，絳帳環四輩而督趨。講道論德者，奚啻五千名言；問

字執經者，賸有三千學士。有獲謀野，闢是非邪正之關；不枉立朝，黜南北東西之路。斯文在兹，謚典有光。禮宜崇夫報德報功，薦攸同於釋奠釋菜。馨香百世，禋祀萬年。尚饗！

公祭文

維年月朔越日，門生某某等謹以牲醴香帛之儀，致祭於明光禄大夫、太子太保、工部尚書恭定公馮夫子之靈。曰：吾道如日中天，危微精一之旨，即此不倚不偏者，是政吾心學之淵源也。孔孟往，而漢宋以來諸大儒繼之，其在吾關西，則横渠、魯齋、涇野相與闡敷此旨，宗往聖以開來賢。涇野之後，又逾百年矣，吾馮夫子始崛起而獨得其傳，蓋躬行六要，且於及門士諄諄陶甄之。所謂「待人而行」、「至德凝道」，不其然乎！夫子之生也，扶輿純粹之氣，含毓其大全，九德三綱，體認於蠖伏淵蜎，窮理盡性，資深居安，枕籍經書，嚼茹《墳》《典》，探賾抽微，皆自得於心而不落言詮。此寧獨涉獵於竹素，搜括於葦編已也？言法行則，執經聯騈，質疑問難，啓迪無邊，開曲局之茅塞，解隱怪之徽纏，海内之士，如寐斯覺，如往斯還。擇中用中，知有吾道而已矣；紆青拖紫，廣廈細旃，又何心焉？然而道之真以治身，其緒餘以爲天下，乃宅中秘，乃啓乃沃，乃冠惠文，張膽披肝，平桁楊於九棘，振風紀於三端。若保宏父，平邦國，以經百官，此又沉潛經學之實際，而西唐、北海所不得方駕而比肩者也。夫天下之生久矣，中無定執，隨時斯在，已發未發，用行舍藏，皆適乎世之所閲，而符乎心之所

安，達固可以兼善天下，退亦可以私淑人寰。然則聖賢之道，自諸大儒後，明正學以距異端，俾來兹曉然不迷於嚮往，夫子其千百世不刊者耶！某等以夫子之道，如見夫子。載謀載惟，濟蹌吉蠲。籩豆静嘉，粢醍載虔。槀鞂既毖，馨格有嚴。尚饗！

年侄崔爾進撰。

大司空謚恭定少墟馮先生行實

計開

一、先生諱從吾，字仲好，號少墟，長安人。父諱友，官保定府同知，以先生貴，贈通議大夫。先生幼病癖，九歲始小愈。贈公手書陽明「人心仲尼」詩，命習字，且學其爲人，即犂然有當也，先生之知學，自此始。

一、九歲時，贈公殁，不二年，母亦見背。居兩喪，哀毁如禮。

一、卒業成均，督學許敬菴取入書院，同王秦關講理學，頗爲敬菴先生器重。

一、連掇兩闈，即書自警語於壁，謂：「士君子釋褐後，不可忘做秀才時氣味。」觀政，即與徐匡嶽諸公立會講學。入朝者多餂中貴家，先生獨携茶餅往，所到必以理學書一二册自隨。選庶常，以端静寡營得之。然不規規詞章，嘗以「文人何如聖人廣」勖同志，著有《做人説》二篇。及改西臺，日與同臺涂鏡源講學，莫逆。

一、巡城日，中貴以半刺通者，卻必峻，若輩聳息。都中饑，官爲設糜，無救道殣，特自取啜之，迺克有濟。壬辰大計，司偵邏，包匭肅清。相知贈答，書卷而已，人目爲「秀才御史」。

一、司城者結首揆、紀綱爲厲，疏斥之。

都科胡汝寧，權門客也，屢彈不去，以先生一疏逐。神廟中年，朝講浸廢，或飲酣，斃左右給使。先生齋心草疏，有「困麯糵而驩飲長夜，娱窈窕而宴眠終日」等語。神宗怒，傳旨廷杖，會長秋節，以閣臣趙志皐揭免，一時直聲振天下。

一、請告，閉户三年，日與故友蕭茂才講學，著有《疑思録》六卷。召還，督長蘆鹺政，每按部德教爲先，必進諸士而誨之者，有《訂士篇》。又遴其鄉之堪表率者，崇獎之。至吏而餓虎，賈而碩鼠，無逭法焉。有倚相君子求庇，竟從白簡。坐是，與要人左，遂以它言官株累，削籍抵里。授徒講學寶慶寺，著有《學會約》、《善利圖説》，人争抄録焉。乙巳秋，張心虞過訪談學，因著《辨學録》傳世。

一、先生夙有火症，長歲增以怔忡，乃静攝斗室，足不踰閾，即親知罕見其面，生平學問，於茲彌邃。歷九年始出，仍講於寶慶，人日益廣，當路創關中書院，增置學田，四方來者雲集，遂建中天閣，塑先師像祀焉。林居凡二十六年，一字不干公府，絶口不談時事，薦章百十上。世推「南鄒北馮」。光廟改元，累用符卿、冏卿、廷尉召，因兄喪未行。

一、熹宗改元，始應詔，未幾轉左少卿。值遼左失陷，經撫俱逃，先生上疏糾參，悉置之法。凡國有大獄，每獨任主持，人謂有子張之風焉。頃侍經筵賜宴，陞左僉都，尋陞左副都御史。時同官鄒南皐、鍾龍源諸公，皆理學名家，每公務之暇，即率同志講學於城隍廟之道院。紳士環聽日衆，非道院所能容。諸台官爲建首善書院，首相臺山葉先生爲記，司成元宰董先生尋書。内

祠先師，題曰「願學」，先生自爲記。工方竣而人言至，即上疏請告，屢蒙温旨慰留，曰「德望素孚」，曰「端品真才」，曰「風裁實學」，曰「品望足任」，綸音煌煌，不一而足。凡五請，始允歸里。時脩撰文震孟、御史劉廷宣俱上疏保留，而鍾龍源、高景逸亦上疏願與同去。

一、歸里之明年，推少宰，不報。又明年，起總留臺，未赴。即拜工部尚書，尋陪推吏部。是時逆璫猶以人望羈先生者，乃正氣怒張，璫亦磨牙向人。因以疾疏辭，遂准致仕，有「清望素著」、「倚任方切」温語。先生日杜門著書，不廢講學。次年，屬權璫用事，忽中旨削奪，聞者駭愕，先生絶不介意。壽七十，門下士謀爲賀，先生曰：「國家多事，豈臣子懽娱稱壽之日？」亟力止之。

一、先生素清臞善病，至老不離藥裹。同鄉踞均衡者，選一狂猘撫關中，日夜窘辱先生爲事。已而詧見其清，不忍加遣，惟毁書院，曳先師像置城隅，以洩其憤。先生痛如切膚，衄血病榻，寢食俱廢，晝夜趺坐百餘日，竟以不起。子若孫延醫請禱，先生笑曰：「從古有不死之人哉？吾生平多病，亦不意有今日。兹踰古稀，足矣！安用醫禱爲？」丁卯年二月十二日，易簀之際，整容端坐，猶惓惓以講學、做人爲訓，絶不及身後一事。越二年，崇禎改元，追崇理學，特復官爵，加增謚，賜祭葬，予廕，公論快之。

一、先生不營産業，不蓄妾媵，不赴宴會，不博奕飲酒，自讀書講學外勿論。無池臺亭榭之娱，即名琴古畫文器清供，一切無所玩好。而書法鍾、王，文宗韓、蘇，詩追

《擊壤》，片楮隻字，人争寶之，然皆先生之緒餘，不足爲先生重也。

一、先生之學，一禀孔孟，以心性爲本體，以誠敬爲功夫，以萬物一體爲度量，以從心不踰爲極則。崇正闢邪，秦俗丕變，海内道學一振。從遊者凡五千人。世稱少墟先生。

一、先生著述甚富，諸《會語》、《疑思録》、《宋元諸儒考略》、《明儒小傳》、《關學編》皆傳世。而《善利》一圖，切惺學人；《辨學》一録，力閑聖道。其書允執堂屏曰：「綱常倫理要盡道，天地萬物要一體，仕止久速要當可，喜怒哀樂要中節，辭受取與要不苟，視聽言動要合禮。存此謂之道心，悖此謂之人心。『惟精』，精此者也，『惟一』，一此者也。此之謂『允執厥中』，此之謂盡性至命之實學。」宏朗精確，真足篾和紫陽教條，而爲千百世之丹書矣！姚庶子銘云：「道山爲崗，理窟爲房。」信哉！吴按臺題其龕云：「補天忠作石，濟世道爲舟。」扁其祠云：「横渠之後一人。」文卿士脩祠碑云：「肩隨鄜伯，踵次正公。」俱稱公論。

附　品題要言

一、贈太子太保、光禄大夫，賜一品官誥。

一、部寺議謚云「恭定」。不懈爲德曰「恭」，守禮執義曰「定」。

一、吏部題覆云：從吾道宗聖賢，學闢詖淫，析理則微入鍼芒，持身則操嚴冰蘗。立朝正色，既已北斗泰山；勵世廉頑，争仰卿雲景曜。爲垓延之砥，賴斯文主盟；立簪笏之巖，瞻群倫赤幟。既有功於世教，應首重其綸褒。

一、禮部題覆云：本官曠世名儒，兩間正氣，朝講一請，深裨聖學聖政。而一鳴輒斥，繫東山之望數十年。光皇起之卿貳，歷任司空，誠人心所共快，而世運之轉機也。方幸絶學復明，群迷欲醒，而孰迫之去？孰褫之職？孰使書院之蓁蕪？孰致斯文之掩蝕？彼時忌之者以爲不若是，無以掃除君子，恣所欲爲，而不知真儒大節，乃欲晦而彌彰也。蠖屈一時，鳳儀千載。

一、工部題覆云：本官生平所學，惟毋自欺，實踐妙悟，卓有深詣。誠不忍人心世道之日趨於江河，❶慨然以興起挽回爲己任。進而簪紱，退而林臯，矻矻孜孜，惟日不足。豈非濂洛嫡派、鄒魯正傳哉！彼其之子阸其位，錮其身，毁其講習討論之地，胥天下雲霧之，以自便其私，人心乃迷，世道乃蕪，逆節萌生，几竊國家負之去矣。神聖敷求，恤典煌煌，與鄒元標、高攀龍鼎足相映，天下始曉然於正學之終不湮，而道明晝日，世躋陶唐。本官一身關氣運，繫治亂，豈渺小歟？

一、《神道碑》。庶子姚公諱希孟撰云：長安爲風氣所滙，大河縈繞，太華矗峙，原隰沃演，扶輿萃靈，往往有杰人鉅公起而應之。如漢之第五伯魚、楊伯起，唐之韓宜陽，宋之吕正獻公，皆其選也。關中往喆，史不勝書，獨臚舉四君子者，第五倫作司空，韓休作相，罷爲工部尚書，吕晦叔平章軍國事，亦以司空拜，千百年後，有官閥同者，馮先生也。伯魚在朝，忠不隱諱，直不避害；韓休直方，不務進趨，尤爲時主畏憚；晦叔自少講學，以治心養性爲本，其動

❶「日趨於」，三字原脱，據本卷前文《工部題覆》補。

業得之問學居多，而鸛雀鱣魚，啣集講堂。諸儒有「關西夫子」之稱者，惟楊伯起。千百年後，進而竭忠同，退而窮理同，合四君子而會爲一人者，馮先生也。馮先生者，大司空少墟也。王文成嘗作「人心有仲尼」之詩，鄉塾傳誦，擬於鞞鐸，俊兒郎厭其腐，弗習也，先生之父手書以授，而先生犁然有當也。居兩喪，哀毁如禮。以論學爲任德清許公孚遠所器重。連掇兩闈，觀禮部政。入朝者，多飯中貴家，先生獨携茶餅往。所到必以理學書一二册自隨。選庶常，以端静寡營得之，然不規規詞章，嘗以「文人何如聖人廣」勖同志。出山西道御史，視中城，中貴以半刺通者，卻必峻，若輩聳息。都中饑，官爲設糜，無救道殣，時自取啜之，迺克有濟。壬辰大計，以先生司偵邏，包匭肅清。生平與相知贈答，書卷而已，人目爲「秀才御史」。司城者結首揆、紀綱爲厲，疏斥之。省中胡汝寧，權門客也，屢彈不去，以先生一疏逐。神廟中年，朝講浸廢，或飲酣，斃左右給使。齋心草疏，有「困麯蘖而驩飲長夜，娱窈窕而宴眠終日」等語。神宗怒，欲賜杖闕下，會長秋節，輔臣救免，遂請告歸。三年，還故官，督長蘆鹺政。每按部，德教爲先，進諸生而誨之，遴其鄉之堪表率者而崇獎之。至吏而饑虎，賈而碩鼠，無逭法焉。有倚相君子求庇，竟從白簡。坐是，與要人左，遂以它言官株累，削籍林居二十六年。光廟改元，累用符卿、冏卿、廷尉召，因兄喪未行。熹廟初，與鄒忠介先後出山。適有遼左之警，群心惶惶，争遣其孥，先生獨盡室以從，示不返顧。亡何，廣寧失守，經撫携手入關，先生謂：「不逮治，何以勖守關將吏？」寧同官具疏，朝論韙

之。後以中丞佐西臺，而忠介爲御史大夫，善類倚兩先生爲重，兩先生方尋山中講學之盟，以興起忠愛，其衛世良苦。又因廷議進藥事，謂可灼以至尊嘗試，而許其引疾去，當國何心？至廷擊之獄，與發奸諸臣爲難者，必奸也。議甚正，群小爲之齒擊矣。於是刺講學者踵接，而先生與忠介後先乞身去。又二年，起總留臺，未赴。即家，拜工部尚書。是時逆璫猶以人望羈，先生乃正氣怒張，璫亦磨牙向人。因疏辭，予致仕。次年，褫其官，有同鄉踞均衡者，選一狂猘撫關中，日夜窘辱先生爲事。已而謍其清，不忍加遣，惟毁書院，曳先師像擲城隅，以洩其憤。先生痛如切膚，吁嗟病榻，晝夜趺坐，二百日夜不就寢，竟以此長逝矣。希孟諸生時，從奉常姜公士昌、御史大夫高公攀龍遊，而知先生。比辛酉壬戌間，相逢京邸甚驩，每爲余娓娓談林居事。方其以御史奪職歸，楗扉塊處，九年不出門，六年不踰户，燕寢三楹，竟日危坐。夫人司啓鐍，親朋罕以刺通。有問學者，一稱子肅而入，坐久，碾米牟、剪葵韭爲供。輶軒客及内外臺使者至，沽斗酒，烹一伏雌。油油而退，去後，杳不相聞若公庭。及單車應召，即號同志，撫掌大赫號相貽也。始病怔忡，以静存調之，静極而通，深造逢源，得之病中居多。有侍先生數十年，未嘗見有擇言擇行，流露從横；居然性體，擬之大儒，宋以上勿論，其在昭代，則河東、餘干之間乎？憶辛酉冬，中州某公一日集十餘客，先生與希孟俱預焉，頗商及學問事。酒三行，鄒先生振音歌「人心仲尼」之詩以侑之，余固疑其講社也。浹旬，而馮先生折簡相招，集城西道院，至者幾三十人，多一時

名卿，先生拈「若合符節」語，窮其合一何在，間有一二逆難者，迄無了義。余歸，從枕上尋繹，復念世人側目群賢久矣，輦轂下復闢講壇，謡諑之囮也。甫明，而鄒先生叩門來謂：「此會毋往。」余躍然曰：「余因欲止兩先生。」鄒先生曰：「馮子以學爲行其道者也，毀譽禍福，老夫願共之。」❶又數日而先生來，余諷曰：「國家多事，士大夫宜講求者非一端，講學宜少需乎？」先生曰：「正以國家多事，士大夫不知死，抱頭鼠竄者踵相接，宜喚起親上死長之心，講學何可置也？」余墨然不敢對。壬戌八月，余乞假還，先生召余暨魏給諫大中，盤桓抵暮而別。別後人言蜂起，先生歸秦。又二年，璫禍作，余從鋒林劍樹中留此身以事聖明。然骨脆力蹇，迄未窺學問之藩，而先生不作矣，髣髴生平，豈獨喆人之痛！茲其子嘉年以麗牲之石見委，隱括其梗概而繫之銘。先生諱從吾，字仲好，學者稱爲少墟先生，世爲長安人。官爵、存殁、卒葬、婚嫁，詳載誌狀中。銘曰：

終南惇物，縈以渭水。山高土深，民風茂美。挺生巨人，秉中蹈軌。輔世覺民，視聖而履。揚庭呼號，豈曰諂訕？生平所學，以獻天子。遇則霖施，違則霞舉。往復平陂，卜公出處。一榻經年，兀坐不起。竹徑雲封，荆扉雪壘。雍頌儒生，摳衣納屨。春滿河汾，風清濂泚。以翼天常，以維人紀。詎曰聚壇，好召徒侶？含珠布襦，狺狺未已。維蠅有矢，維蠆有尾。糾聯貂豎，毒流海宇。牖下考終，得死所

❶「共」，原無，據四庫本《明儒言行録》補。

矣。道山爲岡，理窟爲房。欝欝蒼蒼，馮公之藏。

一、入鄉賢祠傳。光禄文公諱翔鳳撰云：先生諱從吾，字仲好，曰某先生，後陽明子卒二十九年，以嘉靖丁巳十一月二十三日生。九齡聞「箇箇人心有仲尼」之句，遂知王氏學，蓋其所自入，異禀擢慧，美厥靈根。十三象璜遊，二十鱻，又五年而選士，即小脩詞之技，歛曜而問睿作之塗，從文師敬菴許公言，公亟以爲終座代我也。從成進士，年三十三矣。觀政客部，與共郎徐匡嶽氏言。選庶吉士，又與其年友焦漪園言。改監察御史，視中城，糾政府幕人胡給事，罷之。疏朝講泰切直，幾廷杖，閣學以揭免，與其同臺涂鏡源氏言。移疾去，杜客三年，與其友諸生肖燿氏言，著《疑思録》。起按鹽長蘆，視學輒前諸生言，著《訂士編》。張新建相，輒取内旨，逐言官，至按籍一筆勾，公與焉。以騾與還，會寶慶寺，屢嘗數百人，「致良知」之指，豳玢被座端矣，箸《善利圖説》，浹日輒會者三年。又以病九年杜門，足不僭丞也，而其學庚大獲，與其友孝廉張舜典氏言，著《辨學録》。出關，仍會寶慶寺。又三年，院司爲建關中書院，延主之，有田以贍士矣，而公之家食二十有六載。自九年關，他則以趙淑人棲墅，非講期弗跐市。薦疏騰數十百章，並不報。直指余少原氏、畢東郊氏以其説行世。光廟起璽卿，二冏寺，再二棘寺，兄喪不就。熹宗踐祚，始拜命，轉棘左，攝篆太平。反三，又遼西潰，失微於閭之鎮，經撫臣駢奔，公以諸卿士疏請建，竟論法。侍經筵，賜宴。晉協僉院，改副，與台長鄒南皋氏、僉院鍾龍源氏飭台綱，以方漢三君。遂與言學都

城隍廟，集嘗數十佰人。台官爲建首善書院，蓋公志而相葉福唐爲之記，董元宰宗伯勒之石。葉記蓋於鄒、馮之學有微辨，謂「馮學顓程朱」云。給事朱童蒙誹之，五疏去。即郭給事允厚大誹鄒，於馮學無譏焉。起南臺長，不就。已又拜大司空，辭，遂予告。乙丑，矯詔削籍。明年，公疾作，丁卯二月遂易簀，年七十有一也，去陽明蓋百年矣。其學雖自王氏入，終亦微救「無善無惡」之病。而孝弟自其孺子若性，失二人以丱，咸大瘠毁，佐兄，禮其父，事之者畢世。十九，趙淑人歸，賓之，即言學其閨。比貴，尚舍其光。子三。椽之舊弗湫隘，罔媵御、晏集、博叜之娛，所謂以「致實良知」者耶！其自表：以心性其體，誠敬其功，天地萬物一體其度，從心不踰矩其極。從遊殆五千人。王子後諸學士，公其魁梧桀跱者也。正如叔子嚴，類郿縣叜，兼善餘姚言「匪苟知之，厥蹈維允」，爲天下清流所嚴事。晚遭櫝禁，即阸同伐木，而諸君子之譽述益堅，迹其所聞風之緬，即名世者無胥遠矣。

一、入正學祀，大參祝公諱萬齡撰云：

先生諱從吾，字仲好，號少墟，世長安人。萬曆戊子舉於鄉，己丑成進士，累官工部尚書。以理學名世，授徒講學。在京建首善書院，在家建關中書院。以孔孟爲宗，以心性爲體，以誠敬爲功，以闢邪距異爲要。及門之士過五千餘。著《少墟全集》若干卷，《續集》若干卷傳世。嘗自贊曰：「佛老是距，鄒魯吾師。」正學宗傳，舍先生吾誰與歸？先生之節操歷履，不少概見，此特述其約略云。

一、墓内，總憲安邑曹公諱于汴真予先生誌銘。

一、楊復亨《尚友録》云：南鄒北馮，厥聲赫矣。而先生之學，尤爲精純，追張媲吕，卓然聖學之鵠，汙豈阿焉？

恭定先師之事功德業，亦既彪炳宇内，膾炙人口矣，兹特略搜其實蹟堪指數者，微載一二，獨從祀大典，尚未標舉。昔掌科杜公諱三測者曾具題，蒙旨云：「事久論定。」行今事已久，論已定，復亨等居門人之列，不能無望於後之述道統而爲斯文砥柱者，特施其闡揚云。

門人楊復亨謹述。

重立馮恭定公木主公移

西安府爲表彰先賢以廣洪恩，以勵世風事。蒙欽差提督學政陝西按察司僉事吕□憲牌，奉巡撫陝西兵部尚書加二級賈□批，據長安縣儒學生員馮澄若、馮溥若呈稱「關中書院，係澄等祖恭定創建，講明理學之地也。時值改革，貯放火藥，幾毁其跡。幸蒙大宗師力培道脉，砥柱斯文，遷火藥而捐俸，重加修葺，焕然一新，誠士風丕振，世道甫新之會。曩昔中天閣下，前院劉、按院吴立先恭定木主祀於中，按院吴重修，鹽院姜設春秋二祭，已經多年。兹蒙大宗師鼎造重新，而閣下尚在空閑，若無先恭定木主，不惟湮没先恭定品操，實非大宗師表彰先賢、廣礪世教之至意。懇祈仁恩大宗師，俯念先恭定有益世教，准賜書院閣下仍立木主，得並先儒永垂不朽，而世道士風不無攸賴矣」等語。奉此，仰提學道查議，作速議妥確，具詳報道，以憑轉報施行。蒙此，

擬合就行。爲此，仰縣官吏，文到即查：生員馮澄若、馮溥若所呈書院閣下應否立恭定木主，作速查議妥確，限二日内，具詳報府，以凴轉報，勿得遲延。須至牌者。

該縣覆云：「查得關中書院係馮恭定公先生創建，倡明理學，蓋有年矣。明季，撫台劉公廣生、按台吴公焕暨在省各官改爲馮恭定耑祀，立木主於中天閣下，鹽台姜公思睿設春秋二祭，按台吴公甡捐俸重修，光禄文公翔鳳譔文，知縣張希夏立碑，鑿鑿可據。可否應立，卑職不敢擅專，伏候上裁定奪，申府轉道。」康熙七年三月□日，蒙巡撫陝西兵部尚書加二級賈□□批云：「關中書院中天閣下既有馮恭定先生神主，該道即行置木主仍立閣下，以彰崇儒重道之典，依議速行。繳。」

書院賈公示❶

巡撫陝西兵部尚書加二級賈□□爲禁約事。照得關中書院原以繼道統、廣教育也，創建於馮恭定公，其來已久，所係最重。向因兵燹之後，爲修貯火藥之塲。本院涖任伊始，即據紳衿公呈，不憚勞怨，費盡心力，移火藥於別室，方得還爲馮氏故物。因是捐俸修葺，❷焕然一新，前後堂室可以講學課藝，東西圃廨可爲鄉紳停驂，事屬兩利，法期永久。地方官不得借爲公館，一切遊客不得擅自居停，衙役市棍不得擅入搔擾，作踐房室。如不遵前約者，執此赴督撫兩臺稟究，三尺凛

❶ 此題五字原無，據洪本「馮少墟續集目録」補。

❷ 「俸」，原作「捧」，依文義及上篇公移改。

凛，決不輕貸。須至鐫石爲榜者。

康熙七年二月二十八日立。

新建首善書院記

賜進士出身、光禄大夫、大柱國、太子太師、吏部尚書、建極殿大學士福清葉向高撰文；賜進士出身、中憲大夫、太常寺少卿、兼翰林院侍讀學士華亭董其昌書丹并篆額。

首善書院者，御史臺諸君所創，南皋鄒先生、少墟馮先生講學所也。額曰「首善」者，以在京師爲首善地也。二先生語余：「子爲我記。」余曰：「記講學者，必其素嘗學問之人，高不知學，何以爲辭？」二先生固强之，余乃言曰：

古之所爲教學，則庠序學校盡之矣，當其時，里黨之所習聞，師儒之所脩明，舍三德六行五倫之外，無他物也。自鄒魯興，斷斷於洙泗鳧繹之區，始言心言性，言道德仁義，而其指歸不出於孝弟。時庠序學校廢，而賢人君子之志於學者，始欲得聖賢爲之依歸，以共維世教於不墜，其上下之相爲補救如此。漢唐以來，以雜途詞章取士，置德行倫常於不講。至宋，而濂洛關閩諸儒，乃復緒鄒魯之微言，轉相授受，鹿洞、鵝湖始有書院以聚徒講學，亦杏壇之遺意也。明興，設科羅才雖取詞章，而學宫功令載在卧碑者，一本於德行，至以「明倫」額其堂，其大指與三代同。而末流之弊，逐功利而迷本真，乃反甚於漢唐。賢士大夫欲起而維之，不得不復脩濂洛關閩之餘業，使人知所向往。於是通邑大都在所皆有書院，而京師獨闕，欲講學者，率寄跡於琳宫梵宇、黄

冠緇流之所居，而無一敬業樂群之地，蓋二百餘年於兹矣。

夫「大學之道」，「明德」、「新民」，歸於「止至善」，其釋「止至善」，首言「邦畿千里，維民所止」，其重邦畿如此。要其所止，又不外乎君臣父子之倫，蓋聖人之教人明白顯易，不爲奥説渺論又如此。夫惟君臣父子之倫明，而後朝廷尊；朝廷尊，而後成其爲邦畿，可爲民止。故曰：「商邑翼翼，四方之極。」會極會此，歸極歸此，此之謂首善，非他之通邑大都所得而比也。二先生之惓惓於此，意念深矣。

吾所爲鄒先生之學，深參默證，以透性爲宗，以生生不息爲用，其境地所詣，似若併禪機玄旨而包括於胸中；馮先生之學，反躬實踐，以性善爲主，以居敬窮理爲程，其識力所超，又若舉柱下竺乾而悉驅於教外。要之，於規矩準繩，倫常物理，尺尺寸寸，不少踰越，與世之高談性命忽略躬行者，大相逕庭，則二先生師世淑人之模範，又無不同。故凡謁鄒先生，盎然如太和元氣之薰蒸，疑遊華胥之庭；其見馮先生，則屹然泰山喬嶽，生仰止之心。今合二先生振鐸於邦畿，又適值天子道化覃敷，統接堯舜，一時名流濟濟，如龍源鍾先生輩，相與于喁唱和，共明君臣父子之倫，闡皇極以示會歸，使凡有志於大學者，毋以至善爲荒唐，而唐虞三代之治，可復還於今日，則其所補於世道，豈淺鮮哉！

往徐文貞在政地，好講學，朝紳或借以爲市，江陵矯之，至盡毁天下之書院，使世以學爲諱。余愧不能爲文貞奉二先生於臯比，而幸與之同朝，時聆其謦欬，又讀其論學之書，目覩書院之建，未嘗不忻忻然有執

鞭之願。世得無執江陵之見以悄余乎？❶余亦甘之矣。

書院在大時雍坊，十鋪貿自民間，爲金一百八十兩，皆三廳十三道之所輪，經記其事，則司務吕君克孝、御史周君宗建。以天啓二年冬月日開講。是爲記。

吴郡温如玉，南唐張應召同摹勒上石。

重興關中書院序❷

聞喜翟鳳翥譔

關中書院，明萬曆間當道諸公爲少墟馮先生講學設也。先生正學大節，詳誌傳中，與鄒南皐、曹真予、馮慕崗諸公稱理學名臣，表表一時。而書院與白鷺、弘運並著，堂搆巋然，號舍布列，前開泮沼，後起中天閣，肖至聖像於其上，歲時祀之。從先生遊者至五千餘人，關中書院之盛，近古未有也。天啓朝，璫黨柄政，奪先生官。又以其黨郇瑕之喬撫關中，毁書院，移閣城隅，曳先師像，爲佻達所狎。文子云：「吾道中天者，城闕一隅而已。」時有地震之警。璫逆誅，書院隨復，閣還舊址，益大之。都御史劉公廣生、直指吴公焕、吴公甡暨布按諸公，即以先生木主龕於其堂，與先師並祀春秋。壬午，孫督軍假寓，弗安築，還之，皇初肇鼎，暫貯火藥；嗣有欲材其閣者，以像故，弗敢動也。梁桷半頽，雨風不蔽，聖體暴露，與向之曳狎城闕等，人心其安之？日者天子重道崇儒，廣厲學宫，而以禮樂俎豆之地委諸草莽，則又當道者過也。余不揣越俎，以紳士之議，請諸院臺恢復前業，以祀先賢，以啓後學。僉曰

❶「悄」，依文義疑當作「誚」。
❷「序」，洪本「馮少墟續集目録」作「記」。

善，且祈各輸捐以佐厥工也。

噫嘻！佛老之宫，淫邪之祠徧天下，優夷優塞之徒，争以金錢事之，而其弟子又不惜燒指跣足，持鉢延乞，以莊嚴其珠宫琳館之脱臂千手眼者，圓滿功果也。吾輩師祖何人，名教何地，蓁蓁蕪蕪，付諸秦灰，抑亦佛弟子弗若矣！振絶學而起之，其功果又何如乎？弘運書院，曹先生之教，余友吕見齊諸君子世守之矣。舊歲走吉陽，登白鷺洲，堂閣坊舍，南皋遺蹟，焕然聿新也。關中爲自古名都，先師之靈、少墟先生之祀，獨可聽其棄置而弗爲之所乎？復則實願與諸同志共成其事，足覘文教之大振也。是爲序。

巡撫陝西等處地方兵部尚書都察院右副都御史加二級賈漢復謹募。

識語❶

先祖恭定公文集傳世已久，其板藏關中書院，兵燹後遺失弗存。澄若等鬻田購搜，十年始獲一集，而力之刊不果，遂無以應求者，夙夜懷恧焉。今上龍飛十有二年，值總督鄂大宗師首倡道學，上接周程，延中孚李先生，率多士講學關中書院，復立先祖木主於中天閣下。慨然垂問前集，而邑父母郭遂以實對，蒙愍全書湮没，傳之不永，因謀之督學洪宗師，捐俸重付剞劂，閲二載乃竣。舊集既焕，典型匪遥，碩輔佑文，於斯爲至。不但澄若等瞻注祖武，如在耳目間也，覽者鑒之。

康熙乙卯桐月，嫡孫澄若、溥若，曾孫續先、繩先仝識。

❶ 標題原無，乃校點者所擬。

補刊馮少墟集書後

丙申秋，偶讀馮少墟先生集，喜其學術純正，語言明透，快心滿意，如饜粱肉。嗣知先生之學，乃繼横渠、涇野而特起者，有此模範，恨不及蚤遇之。因念吾秦講學之盛，代不乏人，近得三原復齋賀先生一倡導，甚有端緒，忽焉告終，此風又歇。使此書果能盛行，未必關學不復振也。第集板殘闕過多，勢難再印，欲加重鐫，又非力所及。友人馮鳳舞夙有補刊志，復屢致丁囑，且心久識之，矧補刊需費亦省，遂往就商。暨同志孫學讓、石確以共襄此舉。幸塾師郃陽雷柱亦篤嗜此書，爰與詳加讐校，正其錯誤，理其紛亂，漫滅者易之，破爛者完之，命梓修葺，歷三月而工粗竣。統計工一百四十五，需銀二十二兩。雜費共用銀九兩七錢。奈苦乏巨資，不能多摹，兹僅得一百五十部，已屬勉力，有能廣爲刷印，尚有待於來者。總之，今兹之舉，惟冀是集之行，覽者多而悅者衆。倘此學日明，於世道人心必將大獲裨益！若更有賢士大夫深懼斯道之墜，肯慨然集資重鐫，以期永久，則又今之所厚望也！

光緒二十二年冬月，華州馬天佑謹識。

板存少墟書院

附録補一

佚文

敕賜清真寺碑記❶

賜進士第、資政大夫、正治上卿、工部尚書、前翰林院庶吉士、奉敕巡按直隸等處監察御史、太僕、大理等寺左右少卿、侍經筵、南京都察院掌院事、右都御史、京兆馮從吾撰。

賜進士第、工部給事中、滇南馬兆羲篆。

錦衣衛、衣古所署指揮僉事、燕都可希郭書。

粵自鴻濛剖判，宇宙内操道術以鳴世者，無慮千百萬億。大抵人持一議，家操一喙。其他旁門異説，難以縷指。而惟佛老二家，其説最著。然攻佛教者，流於虛無寂滅，宗老氏者，争言清浄無爲，皆偏而未備，駁而未純。總之，未離奧窔之中，仰青天而觀白日也。惟清真一教，印以孔孟真傳。其人倫日用之典，妙乎正心誠意之理，推而可以爲齊家、治國、均平之化。注經有六千六百六十六段，意旨固出於天授，盡夫恕可能知可能行者，無異説也。昔聖有穆含默德，修斯道以立教，俾教衆竭貪畏以酬天恩，按日時以報帝德，兼以祝延聖壽，嘿佐皇圖，其視聖像畫形，假牲帛祝號

❶ 此碑記石刻現存於西安市大學習巷清真寺内。

以希照格，飾虛文縟節以邀福利者，相去蓋徑庭矣。

右長安新興坊有清真寺，廟貌巍峨，廊廡壯麗。蓋本於歷代所建，而在唐中宗時已賜名「清真寺」，在玄宗朝復敕改「唐明寺」。在元中統間，又敕名「回回萬善寺」，而督修者兵部尚書伯顏也。元大德時，又差官重修，而董其事者平章政事賽典赤也。在我朝洪武十七年，仍敕賜「清真寺」，而修建者尚書鐵鉉也。永樂十一年，又敕命重修，而與有勞者太監鄭和也。相沿至今，夫非所謂古刹一大觀勝境哉！ 松江府金山衛經歷司經歷長安馬諱化翔者，志具歷代旌表之盛典，爲之立碑，以記不朽。

時在天啓六年仲冬之十一月也。

拓建敕修清修寺記❶

夫清修寺之設，從來久矣。□建於唐之天寶，由宋逮元，暨及我太祖高皇帝璽命，歷數百年於兹。世傳寶錫，一時清教，咸知景從。經皆浩繁，未易殫述，撮其大要，「念、禮、把、舍、聚」五字而已。□曰「念」者，心心相印，口口真經也；「禮」者，仰邀帝賜，重酬國恩也；又曰「把」者，謹持修心煉性之謂也；「舍」者，好施給、急周乏之謂也；曰「聚」，則收散合離，百千爲群，明經析典，化誨詔誡，令正□邪，惟善之兢兢耳。千頭百緒，總歸五字，五字雖約，要皆真詮。若清教□，誠得先天之秘，而真人

❶ 此碑文石刻現存於西安市化覺巷清真寺內。

還真性，永永不磨乎！

我高皇帝忻而崇之重之以寺，而且敕以「清修」，有由然哉！詎意歲久，制塗規度尚狹，不增而新之，奚以副我皇上重清教之美意，又奚以焕本寺之色澤而揭清教如日月也？茲遇本寺禮部掌教官馬光元、督教哈仲賢、副教金自貴、□教馬應乾，奮然起而欲增且新之，叩長安縣主曹申、按察司憲台王准修，又以鄉老金鉞、馬大元等處心監修，□本教有力善者，各捐資不一，同心協力，營此修葺。充拓門殿，規模廣遠，棟宇高聳，較前若倍，視若吾儒之欞星殿閣不少讓焉。所謂千聖一心，萬古一道，信匪虚矣！咸邑庠士馬騰龍偕西寺掌教馬行健謁祭爲文，余不容於故屬以言。肅哉真教，□浄清明，識還□□，不著塵紛，一元秉粹，上濟真君，本寺本教，蓋不朽云。是爲記。

賜進士出身、文林郎、河南道監察御史、奉敕巡按直隸等處、督理長蘆山東鹽課兼河道、前翰林院庶吉士、長安馮從吾撰。

明萬曆三十四年歲次丙午，夏四月吉日立石。

附録補二

序　傳

重刻馮恭定先生全書序

洪琮

講學之説，起自《論語》，子曰：「學之不講，是吾憂也。」夫子所謂講學，即講德是如何脩，義如何徙，過如何改，只是一事，非有四段工夫，此孔門講學家法也。孟子願學孔子正人心，距邪説，曰：「予豈好辨哉？予不得已也。」及孟子没而其傳泯焉，後世遂有以學術殺天下者矣。二程夫子不恤浮議，毅然以講學自任。紫陽朱子始條列《白鹿洞書院講規》，嘗謂河南程氏兩夫子出而始有以接孟氏之傳。夫二程之學，得之濂溪，然濂溪精於學而不大講，至聚徒講學，自二程始，向非程朱之講，則濂溪之學其孰從而傳之？關中講學，肇自張横渠先生，當其「勇撤皋比」，以及屏居横渠，無在不講知禮成性、變化氣質之道，學必如聖人而後已，其言曰：「爲天地立心，爲生民立命，爲往聖繼絶學，爲萬世開太平。」皆講學也。傳稱先生爲學初不欲講，曰：「學者不務蓄德，祇益口耳。」程伯淳開之曰：「道之不明久矣，人善其所習自謂至足，如必孔門『不憤不啓，不悱不發』，則師資勢隔，而先王之道或幾乎熄。趨今之時，且當隨其資而誘之，雖識有明暗，志有淺深，亦各有得。堯舜之道，庶可馴至。」横渠用其言，故關中學者躬行之多，與洛下並，是其爲世道

人心計者，蓋深且切也。

馮少墟先生，弱冠入正學書院，從許敬庵講學。在翰院與同志立會講學，著《做人説》。出爲御史，按部進諸生講學，著《訂士篇》。罷歸，講學寶慶寺，著《學會約》、《善利圖》、《辨學録》，問業甚衆。關中爲立書院，著《關學編》諸書。召入副憲，與鄒南臯會講都城隍廟，環聽如堵墻，十三道奏，建首善書院。歸，疾作易簀，猶惓惓以講學、做人爲遺訓。先生一生著述，皆講學之言，自少至老，皆講學之事。嗚呼，何其勤也！每言：異端是發端處與吾儒異，辨學不可不精；《大學》「格物」即是講學；難與並爲仁，即是曾子仁處；故曰勘過「並」字，當下識仁；勘過「忌」字，當下識人；「鴛鴦繡出憑君看，莫把金針度與人」，壞人心術不小；「善」字，從「羊」從「言」，善不言不明，物之善群莫如羊，君子樂與人群，故莫大乎與人爲善。又論末世講學，有異端、越俎、操戈三大弊以爲戒，故聽其講者，如呼人之寐，而使之覺；如叩鐘，大以大鳴，小以小鳴；如晬盤示兒，無所不具，聽其自取；如白日當天，遠近皆照；如時雨潤澤，處處霑足，是真有八荒我闥，一息萬年，天地爲心，萬物一體之懷焉。昔孔子不得位，知者爲賢於堯舜；孟子闢邪説，昌黎以爲其功不在禹下。先生有詩：「救得人心千古在，勳名直與泰山高。」則謂先生勳名，直與華山高可也。

家光禄請勒先生《善利圖》於書院，與白鹿洞教規相發明，余生也晚，承家光禄遺訓，不及遊先生之門，今從中孚李子得先生全集梓而傳之，以竊附於私淑之義。至先生人品學問，諸先輩論敘甚詳，余又何贅

焉？唯是敘其終始講學之誠，直接乎孔孟以來相傳之意，則先生之書，真聖道中天矣。雖然，講不在口耳，先生有曰：講到無言處，方知道在心；曾子一「唯」，何消多説？《論語》默識，政從次章講字來。《關學》一編曰：堯舜一心至今在，諸君子其心至今在也；若不自見其心，雖起横渠諸君子共晤一堂，庸嘵口耳，此又講學微言也。今其書具在，學者當自得之，又豈游夏所能贊一詞哉？

康熙癸丑嘉平冬月，新安後學洪琮拜題。

識言

盩厔後學李顒

余生平徧閲諸儒先理學書，自洛閩而後，唯馮恭定公《少墟先生集》言言純正，字字切實，與薛文清《讀書録》相表裏，而《辨學録》、《善利圖》、《講學説》、《做人説》，開關啓鑰，尤發昔儒所未發，尤大有關於世教人心。張南軒嘗言：「居恒讀諸先生之書，惟覺二程先生書完全精粹，愈讀愈無窮。」余於先生之集亦云。第集板經明末之變，毁於兵燹，讀者苦無從得，余久欲覓有力者重壽諸梓，而機緣未遇，私竊耿耿。頃學憲洪公訪余論學，因言及斯《集》，遂慨付剞劂，以廣其傳。惟是先生至今尚未從祀，識者以爲缺典，昔東林吴覲華《真儒一脉序》謂：「西北有關中之恭定、山右之文清，東南有梁溪之端文、忠憲，皆卮然爲天柱地維，後有具隻眼議大廷之典者，知儒宗一脉的有其派，而千古真常，蓋決不容澌滅也。」余嘗以爲知言，世不乏主持名教、表章先賢之大君子，敬拭目以望。

恭定馮少墟先生傳

翟鳳翥

先生諱從吾，字仲好，號少墟，長安人也。父諱友，保定郡丞，以先生貴，贈通議大夫。先生九歲，通議公手書陽明「個個人心有仲尼」詩命習字，即命學其爲人，先生身體之。弱冠，以恩選入大學。比歸，許敬菴督學關中，延正學書院，與藍田王秦關講性理之學。萬曆戊子，舉於鄉。明年，成進士，觀禮部政，謂「士君子即釋褐，不可忘做秀才時」，書壁自警。朝會，多餂中貴家，獨携茶餅，不與往也。以庶吉士應館課，不規規詞章，曰「文人何如聖人」，著《做人説》二篇。惟與焦漪園、涂鏡源、徐匡嶽諸公立會講學。既而改御史，巡視中城，司城者結首撲、紀綱爲厲，疏斥之，權貴斂跡，天下入覲者不敢通苞苴。都掌科胡某爲政府私人，凡疏參，神廟俱留中，先生列其狀，得旨摘調。神廟中，倦朝講，酒後多斃侍者，先生疏諫切激，下廷杖也，以長秋節，輔臣趙志臯救免，一時直聲震天下。命巡按宣大，不拜，請告歸。與故友蕭茂才諸人講學寶慶寺，著《疑思録》六卷。起河南道，巡鹽長盧，清國課，禽積書。行部所至，必進講諸生，著《訂士篇》。

新建用事，台省削籍者强半，先生與焉，策蹇西歸，道宿村寺，屬吏供帳以候者，不處也。抵里，日事講學，著《學會約》、《善利圖説》，以怔忡處一斗室，足不至閾，雖親友罕見者。歷九年始出，仍講寶慶，執經問業者日以衆，當道於寺東創關中書院以居之。莊居二十年，非會講不入城市。一字不干公府，疏薦百十上，不報。庚申，光廟

即位，以少卿起。次年，熹廟改元，始應詔，歷遷左副都御史。遼左陷，疏參經撫，置之法。以「紅丸」論李可灼，又論「廷擊之獄，與發奸諸臣爲難者，皆奸黨也」，黨人齒擊矣。凡大獄，力任之。與同官鄒南皋、鍾龍源、曹真予會講都城隍廟，縉紳士庶環聽者，至廟院不能容。或曰：「輦轂講壇，謠詠之囮也。國家多事，宜講者非一端，學其已乎？」先生曰：「正以國家多事，士大夫不知學，抱頭鼠竄者踵相接也，親上死長之義，非講奚明？」鄒忠介曰：「馮子以學行其道者也，毁譽禍福，老夫願與共之！」十三道奏建首善書院，院甫成而人言至矣，先生與南皋後先去。温旨慰留，五請乃報。修撰文震孟、御史劉廷宣請留，同官鍾龍源、高景逸請同去。時權璫猶收人望，明年，起少宰。又明年，陞右副都，掌南都察院事，以疾辭。尋改工部尚書，推吏部，又以疾辭，致仕家居，杜門著書。忽降中旨褫其官，璫黨柄鈞者又使其黨撫關中，毁書院，窘辱備至，先生雖在病間，正襟危坐屹如也。丁卯二月，以正寢終，年七十二歲。易簀猶以講學、做人囑其子若孫，不及身後一語也。是歲，逆璫誅，詔復原官，贈太子太保，賜祭葬，謚曰恭定，廕其後人，復關中書院，祀之。

嗚呼！先生之學，以心性爲本體，以誠敬爲工夫，以天地萬物一體爲度量，以出處辭受一介不易爲風節。生平自讀書講學而外，唯工書法，不營産業，不畜妾媵，不赴宴會，不喜飲奕，即園亭圖畫之玩，亦弗涉也。四方從學至五千餘人，尚論者謂楊伯起、張横渠、吕涇野諸夫子而後，一人而已。余束髮知先生名，且聞書院興廢狀，慨慕久

之，今得拜先生於其里，識其後人，議復書院，以祀以教，讀先生全集，爲先生傳。

聞喜後學翟鳳翥頓首譔。

以上見洪本《馮恭定公全書》卷首。

明史馮從吾傳

馮從吾，字仲好，長安人。萬曆十七年進士。改庶吉士，授御史。巡視中城，閹人修刺謁，拒卻之。禮科都給事中胡汝寧傾邪狡猾，累劾不去。從吾發其奸，遂調外。時當大計，從吾嚴邏偵，苞苴絕跡。

二十年正月抗章言：「陛下郊廟不親，朝講不御，章奏留中不發。試觀戊子以前，四裔效順，海不揚波；己丑以後，南倭告警，北寇渝盟，天變人妖，疊出累告。勵精之效如彼，怠斁之患如此。近頌敕諭，謂聖體違和，欲借此自掩，不知鼓鐘於宮，聲聞於外。陛下每夕必飲，每飲必醉，每醉必怒。左右一言稍違，輒斃杖下，外庭無不知者。天下後世，其可欺乎！願陛下勿以天變爲不足畏，勿以人言爲不足恤，勿以目前晏安爲可恃，勿以將來危亂爲可忽，宗社幸甚。」帝大怒，欲廷杖之。會仁聖太后壽辰，閣臣力解得免。尋告歸，起巡長蘆鹽政。潔己惠商，奸宄斂跡。既還朝，適帝以軍政大黜兩京言官。從吾亦削籍，猶以前疏故也。

從吾生而純慤，長志濂、洛之學，受業許孚遠。罷官歸，杜門謝客，取先正格言，體驗身心，造詣益邃。家居二十五年，光宗踐阼，起尚寶卿，進太僕少卿，並以兄喪未赴。俄改大理。

天啓二年擢左僉都御史。甫兩月，進

左副都御史。廷議「三案」，從吾言：「李可灼以至尊嘗試，而許其引疾，當國何心！至梃擊之獄，與發奸諸臣爲難者，即奸人也。」由是群小惡之。

已，與鄒元標共建首善書院，集同志講學其中，給事中朱童蒙遂疏詆之。從吾言：「宋之不競，以禁講學故，非以講學故也。我二祖表章六經，天子經筵，皇太子出閣，皆講學也。臣子以此望君，而已則不爲，可乎？先臣守仁，當兵事倥偬，不廢講學，卒成大功。此臣等所以不恤毁譽，而爲此也。」因再稱疾求罷，帝温詔慰留。而給事中郭允厚、郭興治復相繼詆元標甚力。從吾又上言：「臣壯歲登朝，即與楊起元、孟化鯉、陶望齡輩立講學會，自臣告歸乃廢。京師講學，昔已有之，何至今日遂爲詬厲。」因再疏引歸。

四年春，起南京右都御史，累辭未上，召拜工部尚書。會趙南星、高攀龍相繼去國，連疏力辭，予致仕。明年秋，魏忠賢黨張訥疏詆從吾，削籍。鄉人王紹徽素銜從吾，及爲吏部，使喬應甲撫陝，捃摭百方，無所得。乃毁書院，曳先聖像，擲之城隅。從吾不勝憤悒，得疾卒。崇禎初，復官，贈太子太保，謚恭定。

《明史》卷二四三列傳第一百三十一

關學續編少墟馮先生傳 淑遠周氏、子真黨氏、希彩白氏、澄源劉氏附。

王心敬

先生名從吾，字仲好，學者稱少墟先生，西安府長安人。父友，保定郡丞，以先生貴，贈通議大夫。先生九歲，通議公手書王文成公「箇箇人心有仲尼」詩，命習字，即

命學其爲人，先生便亹亹有願學志。弱冠，以恩選入太學。比歸，德清許敬庵公督學關中，開正學書院，拔志趨向上士講明正學。聞先生名，延之。與藍田秦關王公講切關、洛宗旨，識力之卓犖，大爲敬庵器重。

萬曆戊子，舉於鄉。明年，成進士，觀政禮部，謂「士君子即釋褐，不可忘做秀才時」，書壁自警。時入朝，多飯中貴家，先生獨携茶餅往。尋選庶吉士，應館課，不規規於詞章。❶當以文人何如聖人，著《做人説》二篇。而其於一切翰苑浮華徵逐，概謝絶不爲，惟與焦漪園、涂敬源、徐匡嶽諸公立會講學。既而改御史，巡視中城，司城者結首揆，綱紀爲厲，先生疏斥之，權貴斂跡。督科胡某爲政府私人，前後疏參者，神廟皆留中，先生列其狀，得旨摘調。而是時神廟中年，倦於朝講，酒後數斃左右給侍。先生齋心草疏，有「困麯糵而驩飲長夜，娱窈窕而宴眠終日」等語。神廟震怒，傳旨廷杖，會長秋節，以輔臣趙志皐救免，一時直聲震天下。命巡按宣大，不拜，請告歸。與故友蕭茂才輝之諸人講學寶慶寺，著《疑思録》六卷。起河南道，巡鹽長蘆，清國課，除積弊。行部所至，必進講諸生，著《訂士篇》。

暨新建用事，臺省正人削籍者强半，先生與焉，策蹇抵里，則日事講學，不關外事。著《學會約》、《善利圖説》。既而以怔忡處一斗室，足不至閾者歷九年，蓋藉養病謝親知交遊，一意探討學術源流異同也。出則仍與周大參淑遠講學寶慶，執經問業者日以衆。當道於寺東創關中書院，爲同志會

❶「於」字原無，據《關學宗傳》卷二十四《馮恭定公傳》補。

講之所。林居凡二十年，自非會講，則不輕入城市。至於牘干公府，則一字不屑也。世推「南鄒北馮」，前後疏薦數十上。

庚申，光廟即位，以符卿、冏卿、廷尉召，俱未行。次年，熹廟改元，始應詔，歷左副都御史。遼左陷，疏參經撫置之法。以「紅丸」論李可灼，又論「梃擊之獄，與發姦諸臣爲難者，皆姦黨也」。而於一切大獄，則力任之，確乎不爲人言摇奪，坐是與要人左，群黨齒擊矣。初熹廟之立也，先生目擊時事，内則旱荒盜賊，連綿糾結，而士大夫咸懷一切，莫肯顧慮，日惟植利結黨爲汲汲；外則遼左危急，禍且剥牀及膚，而有事則將帥輒棄城宵遁，不知有死綏之義，無事則本兵經撫各自結黨，互相排陷，不知和衷共濟之道。於是挺身而出，冀以直道大義挽回其間。及出，則權所不屬，勢不可維，徒蒿目而視，殊無救濟之良策。於是遇可言處，則明目張膽，糾彈不避，以一身彰宇宙之公道。復與同官鄒南皐、鍾龍源、曹真予、高景逸數先生約會講都城隍廟，亹亹發明人性本善、堯舜可爲之旨，以啓斯人固有之良，冀以作其國爾忘家、君爾忘身之正志，兼欲借此聯絡正人同志濟國也。縉紳士庶環聽者，至廟院不能容。或曰：「輦轂講談，謡諑之囮也。國家内外多事，宜講者非一端，學其可已乎？」先生愴然曰：「正以國家多事，人臣大義不可不明耳！」鄒南皐先生曰：「馮子以學行其道者也，毁譽禍福，老夫願與共之！」於是十三道奏建首善書院。院甫成而人言至，先生與南皐後先去。温旨慰留，五請乃報。修撰文震孟、御史劉廷宣請留，同官鍾龍源、高景逸請同去。時，權璫猶收人望，明年即家，起少宰，

不拜。又明年，陞右都副，掌南都察院事，固以疾辭。尋改工部尚書，推吏部，又以疾辭，家居杜門著書。而逆璫恚恨諸正人不已，於是次第傾陷，中旨，褫其官。璫黨柄鈞者，又使其黨喬應甲撫關中，毁書院，窘辱備至。先生雖在病間，正襟危坐屹如也。丁卯二月，年七十一以正寢終。易簀猶以講學、做人囑其子若孫。是歲，璫逆誅，詔復原官，贈太子太保，賜祭葬，易名恭定，廕其後人，復關中書院，祀之。

先生之學始終以性善爲頭腦，盡性爲工夫，天地萬物一體爲度量，出處進退一介不苟爲風操，其於巖端是非之界，則辨之不遺餘力。蓋其秉性剛毅方嚴，既類伊川，又其經歷深久，洞見前此講學流弊不無淪於談空說寂之習，故一歸於正當切實，如二程、晦庵，恪守矩矱不變也。然所守雖嚴，而秉心淵虛，初不執吝成心以湮大道之公。故於姚江「四無」之旨，吹毛求疵，不少假借，而於「致良知」三字，則信之異篤。嘗謂學者曰：「『致良知』三字，洩千載聖學之秘，有功吾道甚大。」又曰：「非『無善無惡』之說，並非『致良知』之說者俱不是。」蓋不欲以虛無寂滅，令後學步趨無據，而於本領頭腦之確不可易，則又未嘗同世儒門庭之見，妄築垣塹也。生平自讀書講學立朝建白外，惟不廢書法。外此則産業不營，妾媵不畜，宴會不赴，飲弈不喜，即園亭花木之玩，亦不留意。四方從學至五千餘人。論者謂「關中自楊伯起、張橫渠、吕涇野三先生後，惟先生一人」，信不誣云。

周傳誦字淑遠，西安左衛人。萬曆中進士。官至湖廣左布政。時楚有稅璫虐焰鴟張，分巡僉憲以劾璫下獄，公力抗其鋒，

江、漢之民，賴以少安，楚人肖像祀焉。晚乃告終養歸，與馮少墟先生講學關中書院。所著有《西遊漫言草》。

黨還醇字子真，三原人。天啓乙丑進士。授休寧令，撫字勤勞，補保定，調繁良鄉，吏畏民懷，循聲藉甚。屬有震鄰之恐，蚤夜登陴，城破，遂不屈而死，署中妾、媵、僕從死者，凡十二人。事聞，特加優恤，予祭葬。還醇嘗受學馮少墟先生門，比其死也，士林以爲殺身成仁，不愧其師云。

白希彩，同州人。性孝友而志向上。自受業少墟先生門，歸聯同志，以聞諸師者切磨之，爲同州學會之先覺。

劉波字澄源，隴州人。以明經授盩厔訓導，有學有行，日與諸生以得之師者講論不輟。或以時方忌講學之風，有勸非其時者，澄源曰：「學之不講，吾夫子且爲憂。即如訓導一席，是師席以講爲職者也，以講爲職而怠於講，其如職分何？吾以盡吾訓導之職耳，他何計焉。」諸生益信從之。

清光緒長安灃西草堂本《關學編續編》卷一

附録補三

四庫全書總目

馮少墟集二十二卷 江蘇巡撫採進本

明馮從吾撰。從吾有《元儒考略》，已著録。其集初刻止於萬曆壬子，此本乃其次子嘉年益以癸丑以後至天啓辛酉作，類序重刻。自卷一至卷十二皆《語録》，卷十三至卷十八皆詩文，卷十九至卷二十爲《族譜》、《家乘》，卷二十一至卷二十二爲《關學編》。蓋生平著作，彙於此集。其中講學之作，主於明理；論事之作，主於達意，不復以辭采爲工。然有物之言，篤實切明，雖字句閒涉俚俗，固不以弇陋譏也。惟其與朱童蒙争論首善書院講學一疏，稱「宋之不競，以禁講學故，非以講學故也。先臣守仁，當兵事倥偬，不廢講學，卒成大功，此臣之所以不恤毁譽而爲此也」。又郭允厚、郭興治等劾鄒元標，從吾又上疏力争，稱「京師講學，昔已有之」云云。其説頗爲固執。夫士大夫自甲科通籍，於聖賢大義，不患不知，顧實踐何如耳，不在乎聚而講也。維古極盛之治，有皋、夔、稷、契；亦越小康之世，有房、杜、王、魏、韓、范、富、歐陽，亦何嘗招百司執事，環坐而談心性哉！無故而舍其職司，呼朋引類，使其中爲君子者，授人以攻擊之閒；爲小人者，借此爲攀附之途。黨禍之興，未必非賢者開門而揖盜也。至於謂宋之不競由禁講學，尤爲牽合。考

宋之黨禁，始於寧宗慶元二年八月，弛於嘉泰二年二月，中間不過六七年耳。至於寶慶以後，周、程、張、邵，並從祀孔子廟庭；紫陽、東萊之流，並邀褒贈。理宗得謚爲「理」，實由於是。蓋道學大盛者四五十年，而宋乃亡焉。史傳具存，可以覆案，安得以德祐之禍歸咎於慶元之禁乎？從吾初爲御史，拒絶閹人，劾罷胡汝寧，禁大計苞苴。又上疏諫神宗不親政事，幾遘危禍。後廷議三案，亦持正不阿，卓然不愧爲名臣。惟此兩疏，意雖善而未計其流弊，故附糾其失，俾來者無惑焉。

《四庫全書總目》卷一七二集部别集類二五

鳴　謝

《儒藏》精華編惠蒙善助，共襄斯文；謹列如左，用伸謝忱。

本煥法師　壹佰萬元

智海企業集團董事長　馮建新先生　壹佰萬元

NE·TIGER 時裝有限公司董事長　張志峰先生　壹佰萬元

張貞書女士　壹佰萬元

北京大學《儒藏》編纂與研究中心

本册审稿人　張忱石　朱新林　丁如明

本册責任編委　沙志利

圖書在版編目(CIP)數據

儒藏.精華編.二六四:上下/北京大學《儒藏》編纂與研究中心編.—北京：北京大學出版社，2020.6

ISBN 978-7-301-11982-2

Ⅰ.①儒… Ⅱ.①北… Ⅲ.①儒家 Ⅳ.①B222

中國版本圖書館CIP數據核字（2020）第027562號

書　　名	儒藏（精華編二六四）（上下册） RUZANG（JINGHUABIAN ERLIUSI）（SHANG-XIA CE）
著作責任者	北京大學《儒藏》編纂與研究中心　編
責任編輯	陳軍燕　魏奕元
標準書號	ISBN 978-7-301-11982-2
出版發行	北京大學出版社
地　　址	北京市海淀區成府路205號　100871
網　　址	http://www.pup.cn　新浪微博:@北京大學出版社
電子信箱	dianjiwenhua@126.com
電　　話	郵購部 010-62752015　發行部 010-62750672　編輯部 010-62756449
印 刷 者	北京中科印刷有限公司
經 銷 者	新華書店
	787毫米×1092毫米　16開本　94印張　914千字
	2020年6月第1版　2020年6月第1次印刷
定　　價	1200.00元（上下册）

ISBN 978-7-301-11982-2

9 787301 119822 >

定價:1200.00元
(上下册)